THE COMMENTARY OF
ORIGEN
ON S. JOHN'S GOSPEL

THE TEXT REVISED

WITH A CRITICAL INTRODUCTION AND INDICES

BY

A. E. BROOKE

FELLOW AND DEAN OF KING'S COLLEGE

VOL. I.

CAMBRIDGE
AT THE UNIVERSITY PRESS
1896

𝕮𝖆𝖒𝖇𝖗𝖎𝖉𝖌𝖊:

PRINTED BY J. AND C. F. CLAY,
AT THE UNIVERSITY PRESS.

IN MEMORIAM

GVILLELMI GEORGII SELWYN

QVI IN CHRISTO OBDORMIVIT.

A.D. III NON. OCT.

A.S. MDCCCXCIII

B.   *b*

CONTENTS.

FIRST VOLUME.

INTRODUCTION.

The Extant Manuscripts.

The Extant Manuscripts of Origen's Commentaries on S. John are the following[1].

I. *Codex Monacensis.* Munich. Stadt-Bibl. Gr. CXCI. Cent. XIII. Chart. Bombyc.

ff. 1—110. Origen. Comm. in S. Matt. books 10—17 (inc. τίνι δὲ λάμψουσιν ἐν τοῖς ὑποδεεστέροις κ.τ.λ.).

ff. 112 sqq. Origen. Comm. in S. Joann., books 1, 2, 6, 10, 13, 19, 20, 28, 32.

In the first part of the MS leaves have been misplaced by the binder; one or two, including the first, are missing. As a copy of this MS, made in the 14th century, before the first leaf was lost, begins with Book 10, it is unlikely that the MS ever contained any of the earlier Books.

Minuscules are used, hanging from ruled lines. The Comm. in Matt. have one column of 36 lines on each page; the Comm. in Joann., written by another scribe, one column of 30 lines. The MS is stained at top and bottom, so that some lines, or parts of them, are difficult to read. Occasionally the bottom line is illegible.

The Comm. in Joann. are preceded by a short preface (inc. ἰστέον ὡς ἐν μετωπίοις... expl. ἀπαραλλάκτως, ὡς εἶχον) in which the scribe states that he found in his exemplar several marginal notes drawing attention to Origen's blasphemies, and copied them as he found them.

---

[1] Fuller information with regard to these MSS (except VI) may be found in *Texts and Studies* (Cambridge, 1891), I. 4, *Fragments of Heracleon*, Introduction. Since the publication of that book I have received information about one MS (of the existence of which I did not then know), through the kindness of Dr J. Rendel Harris, who visited Mt Athos in 1892. It

II. *Codex Venetus.* Venice. Bibl. Marciana, Gr. 43[1].
A.D. 1374. Vellum.

ff. 1—117. Origen. Comm. in S. Matt., books 10—17
(inc. τότε ἀφεὶς τοὺς ὄχλους κ.τ.λ.).

f. 118. A preface on Origen's blasphemies (inc. πολλῶν
μὲν κ.τ.λ., expl. καὶ αὖθις ἀψώμεθα)[2].

ff. 119—294. Origen. Comm. in S. Joann. Same books
as in I.

This MS was used by Ambrosius Ferrarius, who in A.D. 1551 translated
the Comm. in Joann. into Latin. The Commentaries are divided into 32
Books, to give the work the appearance of being a complete whole. A
note at the end of the MS states that it was copied in A.D. 1555 by Georgius
Trypho[3] (vid. infra p. xii).

III. *Codex Regius.* Paris. Bibl. Nationale, Gr. CDLV.
Cent. XVI.

Origen. Comm. in S. Matt., book x. c. 4 (inc. πάλιν ὁμοία
κ.τ.λ.)—book XVII.

Origen. Comm. in S. Joann. Same books as in I.

Apparently the only MS used by Huet, though he knew of others. It
was also used by Perionius for his translation of the Comm. in Joann. into
Latin[4].

---

proves to be a copy of *Cod. Venetus* (II). Subsequent visits to Munich,
Venice and Rome, have enabled me to correct a few mistakes, and in some
few instances to strengthen the arguments by which I supported the classifi-
cation of MSS there adopted. I have seen no reason to modify that classifi-
cation, and the present edition is based upon it.

[1] I am indebted to Herr Preuschen for pointing out a mistake which I
had made as to the number of this MS (see Harnack, *Altchristliche
Litteraturgeschichte*, p. 391). I have verified the accuracy of his correc-
tion.

[2] This Preface is quite different from the Preface in *Cod. Monac.* con-
cerning the marginal notes in its ancestor. Its presence in *Cod. Ven.*
cannot determine the question of the derivation of this MS from *Cod.
Monac.*

[3] For what is known of this scribe see Gardhausen, *Griechische Palaeo-
graphie*, p. 322.

[4] This translation was made 'about 1554.' *Dict. Christian Biography*,
iv. 140 (Origen).

IV. *Codex Barberinus I.* Rome. Bibl. Barberina, Gr. v. 52.

Cent. xv, xvi.

f. 1. Origen. Comm. in S. Matt., book x. (inc. τότε ἀφεὶς τοὺς ὄχλους κ.τ.λ.)—book XVII. (expl. ἐπιστρέψαι πρὸς αὐτόν).

f. 117. Preface on Origen's blasphemies (inc. πολλῶν μὲν κ.τ.λ., expl. ἀψώμεθα) as in II.

f. 118. Origen. Comm. in S. Joann. Same books as in I. Divided into 32 Books (cf. II).

f. 281. Philo περὶ τοῦ βίου τοῦ Μωυσέως.

f. 326. Philo περὶ τοῦ βίου πολιτικοῦ (Joseph).

f. 345. Philo περὶ νόμων ἀγράφων (Abraham).

For the probable history of this MS see p. xii.

V. *Codex Barberinus II.* Rome. Bibl. Barberina, Gr. vi. 14.

Cent. xv, xvi.

f. 1. Origen. Comm. in S. Matt., book x. (inc. τίνι δὲ λάμψουσιν κ.τ.λ.)—book XVII. (ἐπιστρέψαι πρὸς αὐτόν).

f. 140 (verso). Preface on Origen's blasphemies, as in I.

f. 141. Origen. Comm. in S. Joann. Same books as in I.

VI. *Codex Batopedianus.* Mt Athos. In the Library of the Monastery at Vatopedi. Cod. 611.

Cent. xv.

Origen. Comm. in S. Joann. Same books as in I.

The text is divided into 32 Books (cf. II).

VII. *Codex Matritensis.* Madrid. Bibl. Nacional. O. 32.

A.D. 1555.

f. 2. Preface on Origen's blasphemies, as in II.

f. 3. Origen. Comm. in S. Joann. Same books as in I.

The text is divided into 32 Books, as in II. The date is given at the end, ,αφνε' ἐν μηνὶ Αὐγούστου κ, after which there is a colophon, giving in cryptograph the name of the scribe, Georgius Trypho[1]. Cf. II.

VIII.   *Codex Bodleianus.*   Oxford.   Bodleian Library. Misc. 58.

Cent. XVII.   Now bound in three volumes.
Origen. Comm. in Joann.   Same books as in I.

Two sets of conjectural emendations have been added in the margin: (i) introduced by the word τάχα, and generally based on the Latin Translation of Ferrarius. (ii) introduced by ἴσως, later and of less value.   A partial collation of this MS in Bentley's hand is preserved in a copy of Huet's edition of the Commentaries, which belongs to the Library of Trinity College, Cambridge.   Bentley has made a few emendations of his own, of which a list is given below.

IX.   A transcript of VIII, made by Herbert Thorndike, Trinity College, Cambridge.   B. 9. 11.

Most of the suggestions contained in the margin are copied from the margin of VIII.   I have not compared the two sufficiently to be able to state to what extent the transcriber has added conjectures of his own.

X.   The existence of a tenth MS is doubtful.

Miller in his Catalogue of the Escurial Library, pp. 305 ff., gives a list, found in one of the Escurial MSS (x. i. 15), of the Greek Manuscripts which belonged to Cardinal Sirlet s Library, and passed into the possession of Cardinal Ottoboni (Alexander VIII).   It is said that Benedict XIV subsequently placed them in the Vatican.   In this list a MS is mentioned, containing Origen's Commentaries on S. Matthew and S. John, and Philo περὶ τοῦ βίου Μωσέως, περὶ τοῦ βίου πολιτικοῦ, περὶ νόμων ἀγράφων.   I can find no trace of it in the Catalogue of the Ottobonian part of the Vatican Library.   But the exact correspondence of this description with that of the Barberini MS (Gr. v. 52), which I have numbered IV, suggests the probability that this MS was acquired by the Barberini from one of its former owners.   It is known that during the time when Cardinal Sirlet's Library was in the possession of the Altemps, before it was bought by Alex-

---

[1] *Cod. Matrit.* O. 47, containing the Comm. in S. Matt., is a copy of the first part of *Ven.* 43, and has a similar colophon.

ander VIII, the collection was ill kept, and several volumes passed into the hands of the Chigi and Barberini[1].

The following diagram shews the probable relations of these Manuscripts.

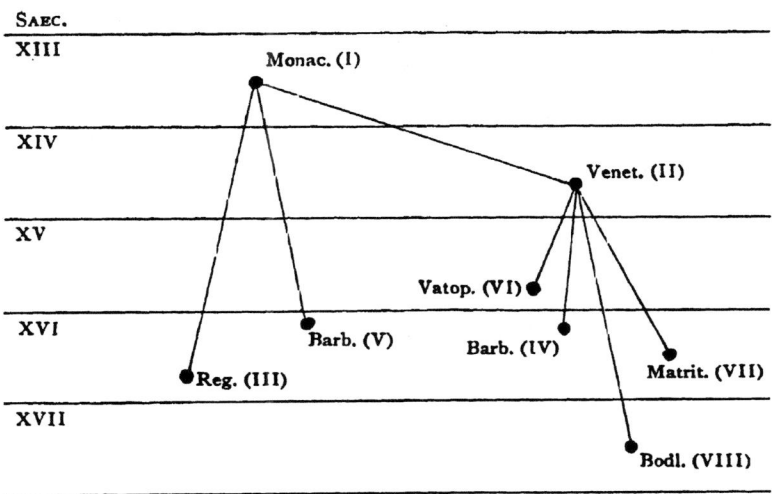

Relation of II to I.

The justification of this genealogical scheme has been given elsewhere[2]. But as the correctness of its classification has been disputed[3] in regard to one important point—the derivation of the text of *Cod. Venetus* from *Cod. Monacensis*, without any secondary source—I shall restate the evidence, with some additions and alterations. As lacunae similar to those found in *Cod. Venetus*, or omissions without any gap, occur in the same passages in all the other extant manuscripts, their derivation

[1] Cf. Batiffol, *La Vaticane de Paul III à Paul V.* Paris, 1890, p. 59.
[2] Cf. *Fragments of Heracleon*, Introd. pp. 7 ff.
[3] By Herr Preuschen. Cf. Harnack's *Altchristliche Litteraturgeschichte*, p. 391.

B. *c*

from *Cod. Monacensis* is merely a corollary of the proof of the relation in which *Cod. Venetus* stands to that manuscript.

(1) I. 4 (p. 5, Lomm. vol. i. p. 11).

M. ὑπ' αὐτοῦ γραφέντα (6)[1] ἐξουσίαν (9) ἀποστολικὴν οὐ μὴν τὸ εἰλικρινὲς κ.τ.λ. The words between γραφέντα and εἰλικρινὲς are much damaged, and very hard to read, but I am almost certain of the words here given.

V. ὑπ' αὐτοῦ γραφέντα καὶ κατ' ἐξουσίαν (25) οὐ μὴν τὸ εἰλικρινὲς κ.τ.λ. In this and all the following instances the space has been left blank. The MS has suffered no damage.

(2) I. 6 (p. 6, Lomm. p. 14).

M. παρὰ τῷ Ἰωάννῃ (14) ἐν ἀρχῇ λόγον θεὸν λόγον, ἀλλὰ καὶ Λουκᾶς εἰρηκὼς (90) διδάσκειν. At the end of the first gap I thought that I could read τὸν. The second gap is almost, if not quite, illegible; but it was certainly filled with Acts i. 1 τὸν μὲν πρῶτον κ.τ.λ.

V leaves space for 15 letters between Ἰωάννῃ and ἐν. And in the second place it omits the words of Acts i. 1, leaving a space of one line, all but three letters, blank.

(3) I. 8 (p. 9, Lomm. p. 18).

M. τῷ παραδείγματι τοῦ μικρὰ ζύμη ὅλον τὸ φύραμα ζυμοῖ (⅔ line) υἱοὺς τῶν ἀνθρώπων κ.τ.λ. The words after μικρὰ are very nearly gone, and it was not till a third attempt that I made out what they were. I thought that I could trace ὅτε after ζυμοῖ, but was not certain.

V. τῷ παραδείγματι τοῦ μικρὰ καὶ ὅτι ὅλον (11) ὅταν γὰρ (½ line) υἱοὺς κ.τ.λ.

(4) I. 9 (p. 11, Lomm. p. 20).

M. ἐν φανερῷ Ἰουδαῖός τίς ἐστι καὶ περι (28) καὶ ἄλλος ἐν κρυπτῷ οὕτω Χριστιανὸς κ.τ.λ. All the words between ἐστι and οὕτω are much damaged. Most of them are illegible, but I am almost certain of καὶ περι at the beginning, and καὶ ἄλλος ἐν κρυπτῷ at the end.

V. ἐν φανερῷ Ἰουδαῖός τις ἐστι καὶ περιτετμημένος (⅔ line) οὕτω Χριστιανὸς κ.τ.λ.

(5) I. 17 (p. 21, Lomm. p. 36).

M. ἵνα μάταια τὰ κατὰ σώματα ᾖ καὶ τὸ ποιεῖν τὰ σωματικά, ὅπερ ἀναγκαῖον (4) τῷ ἐν σώματι (1 line) ὑπάρχῃ. I think that the MS reads μάταια τὰ κατὰ, but the whole passage is very much damaged. In the text of this edition I have filled up the space, of one line, by conjecture.

[1] The numbers enclosed in brackets give the approximate number of letters which the blank, or illegible, spaces could contain.

V. ἵνα ἐν ματαιότητι τὰ σώματα ᾖ καὶ τὸ ποιεῖν τὰ σωματικὰ ὅπερ ἀναγ-
καῖον (4) τῷ ἐν σώματι (space) ὑπάρχει κ.τ.λ.

(6) I. 21 (p. 24, Lomm. p. 40).

M. τοῖς οὖσι καὶ τῇ ὕλῃ παρασχεῖν καὶ (?) τὴν πλάσιν καὶ τὰ εἴδη, ἐγὼ δὲ
ἐφίστημι εἰ καὶ τὰς οὐσίας. οὐ χαλεπὸν μὲν οὖν παχύτερον εἰπεῖν ἀρχὴν τῶν
ὄντων εἶναι κ.τ.λ. The whole passage is very much damaged, and the words
τὰς οὐσίας οὐ χαλεπὸν μὲν οὖν παχύτερον can only be recovered by reading
backwards the blot on the opposite page.

V. τοῖς οὖσι καὶ τῇ ὕλῃ (10) καὶ τὰ εἴδη ἐγὼ δὲ ἐφίστημι εἰ καὶ (23) εἰ-
πεῖν ἀρχὴν κ.τ.λ. In the margin a note is added οἶμαι παρασχεῖν τὴν ὕπαρξιν
καὶ τὴν πλάσιν καὶ τὰ εἴδη.

(7) I. 23 (p. 25, Lomm. p. 43).

M. Ἴδωμεν δὲ ἐπιμελέστερον τίς ὁ ἐν αὐτῇ λόγος. θαυμάζειν μοι πολλάκις
ἐπέρχεται σκοποῦντι κ.τ.λ. The words from τίς to ἐπέρχεται are damaged,
and the blot from the opposite page gives the appearance of there having
been another line of text after ἐπέρχεται, the last word of the last line on
the page in this MS; but if the number of lines on the page is counted, it is
clear that this was not the case.

V reads as M, but between ἐπέρχεται and σκοποῦντι leaves space for
1 line.

(8) XIII. 4 (p. 250, Lomm. vol. ii. p. 8).

M. καὶ τάχα ἐπεὶ πεινῆσαι καὶ διψῆσαι δέ τις εἰ τὴν δικαιοσύνην πρὸ τοῦ
χορτασθῆναι, ὑπὲρ τοῦ κορεσθῆναι ἐμποιητέον τὸ πεινῆν καὶ διψῆν.

V. καὶ τάχα ἐπεὶ πεινῆσαι καὶ διψῆσαι τὴν δικαιοσύνην χορτασθῆναί
ἐστιν εἴ τις τὴν δικαιοσύνην πρὸ τοῦ χορτασθῆναι ποιήσειεν, ὑπὲρ τοῦ κορε-
σθῆναι ἐμποιητέον κ.τ.λ..

A cursory glance might suggest that words belonging to the true text
and preserved in V have been omitted in M owing to the recurrence of τὴν
δικαιοσύνην, in which case we should have to assume a second source for
the text of V besides M. But though the text of V can be construed, it
does not make sense. If we replace the impossible δέ τις εἰ of M by δεήσει
(TI for H), all becomes plain. "And perchance, since it will be necessary
to have hungered and thirsted for righteousness before being filled, the
hungering and thirsting must be produced for the sake of the satisfaction."
The scribe of V has attempted a lengthier, but less satisfactory emendation,
by inserting τὴν δικαιοσύνην χορτασθῆναί ἐστιν, omitting δέ, transposing τις
and εἰ, and adding ποιήσειεν. Here again, therefore, the text of V presup-
poses a corruption already existing in M.

c 2

(9) XIII. 39 (p. 289, Lomm. p. 73).

M. τὸν καλούμενον παρ' αὐτοῖς εἰ γὰρ καὶ οὕτως. Here the true Ἰάρ has been corrupted by the scribe of M or one of its ancestors into εἰ γὰρ.

V. τὸν καλούμενον παρ' αὐτοῖς (space) καὶ γὰρ καὶ οὕτως. The most natural explanation of this is that the scribe of V discovering that the name suggested by καλούμενον was missing, left a space for it, and substituted καὶ γὰρ for εἰ γὰρ, connecting the words with what follows.

A little further on M reads ἤτοι ακ(3 or 4)οντα ἢ ἐγγύς που τοῦ λήγειν ὄντα. The true reading is certainly ἀκμάζοντα, but the letters μαζ must have been illegible or wanting in the ancestor of M, as the lacuna is left by the scribe and is not due to subsequent damage.

V reads ἤτοι (6) οντα ἢ κ.τ.λ. The scribe apparently preferred to omit the letters ακ which were unintelligible to him, and did not hazard a conjecture. This seems to be the most natural explanation, though the phenomena do not exclude the possibility that the scribe of V had access to an ancestor of M.

(10) XIII. 21 (p. 267, Lomm. p. 35).

In this passage we should certainly read καίτοι τὸ προνοοῦν τῆς αὐτῆς οὐσίας λέγοντες εἶναι τοῖς προνοουμένοις γενικῷ λόγῳ, τέλειον ἀλλ' οἷον τὸ προνοούμενον.

This is the reading of M, but ἀλλ' οἷον is written ἀλλοιον (sic). We are not surprised therefore to find that in V the following τὸ προνοούμενον has been altered to the genitive, while ὅμως has been inserted between τελεῖον and ἀλλοῖον. The scribe has again yielded to the temptation of inserting words which form a grammatical sentence, but destroy the sense of the passage.

(11) XIII. 23 (p. 269, Lomm. p. 38).

V reads ἀνάγκη αὐτὸν νοητὸν τυγχάνοντα καὶ ἀόρατον καὶ ἀσώματον τούτου ἡμᾶς αὐτὸν ὑπολαμβάνειν φῶς (10) τῷ μήποτε καὶ πῦρ καταναλίσκον (13) σωματικὸν [πῦρ σωμάτων] ἀναλωτικὸν εἶναι δοκεῖ, οἷον ξύλων καὶ χόρτου καὶ καλάμης· εἰ δὲ [ἐν ἡμῖν ἐστιν ἰδεῖν] ξύλα καὶ χόρτον κ.τ.λ. [The brackets are mine.]

M has the same text and lacunae (in this case not due to damage), except that it has lacunae instead of the words enclosed in square brackets.

Here, it would seem, the scribe of V left two of the lacunae which he found in his exemplar, and filled up two of them with the words which I have bracketed. A comparison of these conjectures with the restoration attempted in this edition (p. 269) from the data afforded by M will, I think, shew that the supplements of V have no special claim to be regarded as part of the true text.

(12) XX. 2 (vol. ii. p. 35, Lomm. p. 196).

M. ἐπεὶ ταράξαι ἄν τινα τὰ τοιαῦτα, συνθέντα μὲν ταῦτα, μὴ ἀκριβοῦντα δὲ, κινδύνῳ παραβαλοῦμεν κ.τ.λ. The words συνθέντα μὲν are damaged and difficult to read.

V has replaced them by the words καὶ γὰρ παραθέντα.

(13) XX. 23 (p. 80, Lomm. p. 267 f.).

M. ἐνθάδε μὲν γὰρ περὶ τοῦ ἀνθρώπου λέγεται τό· Ὅτι ψεύστης ἐστὶ καὶ ὁ πατὴρ αὐτοῦ· ἐν δὲ ψαλμοῖς τό· Ἐγὼ δὲ εἶπον ἐν τῇ ἐκστάσει μου Πᾶς ἄνθρωπος ψεύστης.

In the preceding sentence Origen calls attention to the fact that the term ψεύστης is applied in Holy Scripture both to the Devil and to Man. He justifies this statement by the sentence quoted above. "For here (in S. John) we read that the man (who tells a lie) is a ψεύστης, and so is his father (the Devil), and in the Psalms we find 'every man is a ψεύστης'." This is in perfect agreement with the interpretation of the passage in S. John, which Origen has given a few chapters earlier. He says there that the subject of λαλῇ (ὅταν λαλῇ τὸ ψεῦδος) is either Antichrist, the son of the Devil, or anyone who tells a lie. Whenever such an one tells a lie, he speaks of his own, for he is a liar, and so is his father (the Devil). But unless this earlier chapter is kept in mind, we should naturally expect the first quotation in the passage under consideration to justify more especially the statement that the term ψεύστης is applied to the Devil, and not to man only, as the true text seems at first sight to imply. So thought the scribe of V, who accordingly inserts the words περὶ τοῦ διαβόλου λέγων after the first quotation (i.e. after αὐτοῦ), and the words ἐπὶ ἀνθρώπου μόνου ὡς before the second (i.e. between ψαλμοῖς and τό). He has again been tampering with his text, and as usual he has failed to improve it.

(14) XXVIII. 18 (p. 141, Lomm. p. 365).

V. οὐ κατέσχητο μὲν ἄν, ὅμως δὲ οὐκ ἐπέβαλεν οὐδεὶς τὴν χεῖρα. The words ὅμως—χεῖρα interrupt the argument; the point of the sentence is that Christ would not have been taken if He had remained, not that, as a matter of fact, no one laid hands on Him.

M reads οὐ κατέσχητο μὲν ἄν ἡμεῖς, without the words ὅμως—χεῖρα. The reading of M is probably a corruption of οὐκ ἄν κατέσχητο (ΚΑΝ having disappeared before ΚΑΤ) μεμενηκώς. Here again we have to credit the scribe of V with a bad conjecture, founded on the already corrupt text of M.

(15) XXXII. 10 (p. 168, Lomm. p. 410).

M. τοὺς ἄλλους κυρίους, μὴ βουλομένους ἵνα γένηται ὡς ὁ διδάσκαλος ὡς ὁ κύριος αὐτοῦ. The words ὡς ὁ διδάσκαλος after γένηται are probably due to the words (γένηται ὡς ὁ διδάσκαλος) which occur two or three lines earlier. The true text may probably be restored by substituting for them the words ὁ δοῦλος.

V gives a more extensive change, ἵνα γένηται ὡς ὁ διδάσκαλος ὁ μαθητὴς ἦ ὡς ὁ κύριος ὁ δοῦλος αὐτοῦ. But as the sentence has to do with κύριοι exclusively, the insertion of διδάσκαλος and μαθητὴς is only cumbrous. The corruption in M requires simpler treatment.

It may be admitted that most, if not all, the readings of V which have been discussed, except those taken from Book I, could be explained by the hypothesis that its scribe had access to a second source in some MS whose text (or marginal glosses) was based on an ancestor of M. But, when considered in connexion with the evidence derived from Book I, such a theory would present so complex an array of improbabilities that we are certainly justified in adopting the simpler explanation. The scribe knew Greek, and was fond of trying to improve his text, but his zeal outran his discretion. His division of the extant Books into 32, if indeed he is to be credited with this device, points to a less commendable form of sagacity.

All the variants of V from M of which I have any knowledge may be readily explained on this hypothesis. The only tangible evidence for a second source is the fact that V contains a preface on Origen's heresies which is not found in M. But there is no difficulty in supposing that the scribe found elsewhere a preface on this subject which he preferred to the shorter statement contained in M. It offers no proof of a second textual source.

Relation of V to M in the Comm. in S. Matt.

The proof may be strengthened by the following evidence of the derivation of the text of V from M in certain passages of the Comm. in Matt. I see no reason to doubt that the whole of the text of V in these Commentaries is derived from

M, though I have not examined enough of the texts of the two MSS in this part to offer a complete proof.

(1) Comm. in Matt. xii. 10 (Lomm. p. 165).

Ἐπεὶ δὲ οὐκ ἐνεδέχετο [προφήτην ἀπο]λέσθαι ἔξω Ἱερουσαλήμ, ἀπώλειαν ἀναλογίαν ἔχουσαν πρὸς [τό· Ὁ ἀπολέσας τὴν ψυχὴν αὐτοῦ ἕνεκεν ἐ]μοῦ εὑρήσει αὐτήν· διὰ τοῦτο ἔδει αὐτὸν εἰς Ἱεροσόλυμα ἀπελθεῖν, ἵνα [πολλὰ παθὼν ἐν] ἐκείναις κ.τ.λ.

The words and letters which I have enclosed in square brackets are damaged in M. V reads τὰ τοιαῦτα ἀποτέλεσθαι instead of προφήτην ἀπολέσθαι, resorting as usual to conjecture, where the exemplar was difficult to read.

It omits τό·—ἕνεκεν, leaving space for 15 letters; and it omits πολλὰ παθών, leaving space for 10 letters.

(2) xii. 24 (Lomm. p. 170).

φέρε εἰπεῖν τὰ Βασιλίδου ἤ. These words are damaged in M. V omits Βασιλίδου, leaving space for 7 letters, and reads καὶ instead of ἤ[1].

(3) xiv. 19 (Lomm. p. 312).

M. ὕστερον (8) μὴ εὑρηκέναι χάριν. The words in the space are damaged and almost illegible. I thought that I could read δὲ ἐκείνην. V omits the words δὲ ἐκείνην, leaving space for about 9 letters between ὕστερον and μὴ εὑρηκέναι.

Relation of VI to I.

Codex Batopedianus exhibits either lacunae, or unfortunate conjectures, in places where M is damaged and illegible, and

---

[1] It may be of interest to add some information as to the readings of Vaticanus Gr. 597 in these places. In (1) it reads τὰ τοιαῦτα ἀποτέλεσθαι, with V; it omits τό·—ἕνεκεν and πολλὰ παθών, but without leaving any space in either case. There can therefore be little doubt that it is derived from V.

In consequence of this evidence I am of course unable to accept Herr Preuschen's classification of the MSS of the *Comm. in Matt.* (Harnack, *Alt. Lit.* p. 392). He has apparently not taken into account the evidence which I published in 1891 (*Fragments of Heracleon*, Introd. p. 16). The MS contains, not Libb. x—xii, as he has stated, but x—xiii c. 8 κατανόει γὰρ ὅτι ὁ μὲν πῆρ (Lomm. p. 227), some pages having been lost.

I have not fully examined the MS of the *Comm. in Matt.* in the Library of Trinity College, Cambridge (B. 8. 10); but it is certainly not copied from V, and I think that it is independent of M.

cannot therefore be independent of that MS. No fresh evidence for the text of the Commentaries can therefore be obtained from it. The following information, for which I am indebted to Dr J. Rendel Harris, makes it probable that it was copied from V, and not from M.

(1) i. 5 (p. 5, Lomm. p. 11).

Batop. γραφέντα καὶ κατ' ἐξουσίαν σωματικὴν ἀλλ' οὐ πνευματικήν, οὐ μὴ τὸ εἰλικρινές κ.τ.λ. The scribe has apparently filled up the lacuna with a very poor attempt at emendation.

(2) i. 6 (p. 6, Lomm. p. 14).

Batop. τὸ τέλος αὐτοῦ παρὰ τῷ Ἰωάννῃ φάσκοντι ἐν ἀρχῇ λόγον θῦ λόγον ἀλλὰ καὶ Λουκᾶς εἰρηκὼς (18) ἀλλά γε τηρεῖ. Here the conjecture (φάσκοντι) is not altogether satisfactory; and the space left after εἰρηκὼς is undoubtedly to be traced ultimately, though not immediately, to the damage sustained by M.

(3) i. 8 (p. 9, Lomm. p. 18).

Batop. τῷ παραδείγματι τοῦ μικρὰ καὶ ὅτι ὅλον αὐτὸν ὅταν γὰρ κατονομάζων υἱοὺς τῶν ἀνθρώπων κ.τ.λ. As M reads ζύμη after μικρὰ, and not καὶ ὅτι, these words appear first in V; Cod. Vatop. must therefore have been copied from it, or one of its descendants. The conjectural supplements αὐτὸν and κατονομάζων are not more fortunate than the scribe's other attempts.

(4) i. 21 (p. 24, Lomm. p. 41).

Batop. τοῖς οὖσι καὶ τῇ ὕλῃ οἶμαι παρασχεῖν τὴν ὕπαρξιν καὶ τὴν πλάσιν καὶ τὰ εἴδη, ἐγὼ δὲ ἐφίστημι εἰ καὶ εἰπεῖν ἀρχὴν κ.τ.λ. The scribe has inserted in his text the marginal conjectures of V, and has closed up the space which in V is rightly left between εἰ καὶ and εἰπεῖν.

It is unnecessary to quote any more passages to demonstrate the ancestry of Cod. Batop. The MS only affords further examples of the tendency to conjectural emendation, which seems to have been a confirmed habit of the scribes of the fourteenth and two following centuries.

Codex Monacensis.

We are thus wholly dependent upon M for our knowledge of the text of the extant books of Origen's *Comm. in S. Joann.* There is no reason to suppose that any help for the determination of the text of these books is to be obtained from Catenae[1], though a considerable amount of lost matter from other books may be recovered. The bad condition of M renders it more necessary than usual to resort to conjectural emendation. Fortunately it is not so badly damaged as to preclude the possibility of restoring nearly everything which it contained with tolerable certainty. But its ancestor also contained several lacunae. The number of omissions of the terminations of words, and of errors in their transmission, suggests that the exemplar of M must have been written in cursive script. And the frequent occurrence of corruptions due to confusion of the letters ε θ ο c points to an uncial stage in the transmission of the text. Beyond this we know nothing of its history. A probable connexion with Constantinople, suggested by the heading τοῦ βασιλέως, is all that we know, or can conjecture, of the history of the MS itself. But, with some few exceptions, the MS gives us material for a satisfactory restoration of Origen's text.

Bentley's Emendations.

Some of the materials which Bentley collected for the purpose of an edition of Origen's works are preserved in the Library of Trinity College, Cambridge. I subjoin a list of the few emendations which he has left in the copy of Huet's edition of the Commentaries, in which he made a partial collation of Huet's text with *Codex Bodleianus.* In the left-

---

[1] Vide inf. p. xxv.

hand column I have given the readings of Huet on which they are based. The numbers refer to the volume, page and line, of this edition.

HUET.		BENTLEY.
I.	76, 14 αὐτοῦ γενόμενον	lego χωρὶς αὐτοῦ οὐ γενόμενον μὲν, ὃν δὲ οὐδέπ.
	83, 20 δύο ἓν	lego δύο ἓν
	86, 25 αὐτὸν	leg. αὐτῶν (erased)
	99, 30 τὸ Ἰωὰ χωρὶς	Ιωαν θῦ χάρις χωρὶς
	100, 2 μνήμη	μνήμη θεοῦ
	3 ἕβδομον	ἑβδομὰς
	126, 24 ἐσχέδασται	leg. ἐσχεδίασται
	134, 32 χαλκὸς ἦσαν ἠχοῦντες	leg. vel χαλκὸς ἠχῶν vel χαλκοὶ ἠχοῦντες
	138, 25 τὸν τῶν Φαρισαίων περὶ ✻ αὐτολόγων	lege τὸ τῶν Φαρισαίων περιαυτολόγον
	143, 27 ⋀ οἱ μὲν γὰρ ὄχλοι	addendum puto τοῖς δὲ ὄχλοις, Μὴ ἄρξησθε λέγειν ἐν ἑαυτοῖς, πατέρα ἔχομεν Ἀβραάμ· omissum ob ὁμοιοτέλευτον
	143, 21 ἢ ὡς ὁ Λουκᾶς φησίν	lege Μάρκος non Λουκᾶς ut Origenes ipse p. 118
	180, 1 f. καὶ ψυχῆ ἡ ἀγάπη	leg. ψυγῆ vel ψυχθῆ. Cod. Oxon. ψυγῆ
	217, 23 ἐκβάλλει τοὺς ἀγοράζοντας	leg. τοὺς πωλοῦντας
	223, 19 καθήμενος ἀντὶ τοῦ μεταβεβηκὼς ἐπὶ πῶλον ὄνου, ἐπὶ ὑποζύγιον	leg. καὶ ἐπὶ πῶλον ὄνου, ἀντὶ τοῦ, ἐπὶ ὑποζυγίου
	244, 27 ἀνακληθῆναι	leg. κλιθ.
	273, 5 ✻ καὶ λέγειν	leg. τί δεῖ καὶ λέγειν
	275, 18 ἐπὶ τοῦτο	leg. ἐπὶ τούτῳ·
	293, 32 βασιλείοις	lege βασάνοις Thorndike, Wetstein
	312, 17 εἰς γάρ τινα	leg. εἰς γὰρ τίνα
	21 οὐκ ἀπορεῖ	leg. εὐπορεῖ vel εὐθυπορεῖ (erased)
	313, 10 τιμὴν ⋀	αὐτοῖς (leg. αὐτοὺς B.)
	315, 7 f. διὰ τὸ αὐτὸν δέχεσθαι	leg. διὰ τοῦτο
	317, 19 ἀκολουθεῖ τὸν υἱὸν	leg. τῷ
	318, 12 φησὶ καὶ ὁ σωτήρ	immo ὁ Ἰωάννης vel ὁ βαπτιστής

HUET.		BENTLEY.
II.	7, 27 ἐκκενουμένην	Marg. ἐκχεουμένην (immo ἐκχυνομέ-νην B.)
	12, 18 ἐλαχίστη μόριον	lego ἐλαχιστημόριον ut πολλοστημόριον
	57, 13 νοηθείη	leg. εἰ νοηθείη
	58, 31 εἶπεν οὖν ἀληθές	leg. εἶπερ
	70, 9 f. τὴν μνημονικὴν ‸	‸ adde παρὰ τὴν μνημονικὴν
	113, 18 διὰ λογισμοῦ	lege διαλογισμοῦ
	140, 17 μὴ κατ' ἐκείνων σκο-ποῦντες	lege μὴ καὶ τὰ ἐκ.

I have not found it worth while to make regular use of the notes of Thomas Mangey in a MS at the British Museum (Add. 6428), nor of Thorndike's marginal suggestions, in his transcript of the Bodleian MS, nor of the conjectures in the margin of that MS.

Fragments from Catenae.

For the text of the Fragments, except those taken from the Philocalia[1], I have made use of the Catena published by Corderius, and of three MSS.

(1) Rome. Vatican, Reg. Gr. 9 (= R).

S. John's Gospel, with Catena.

A vellum MS Saec x. (?) ff. 197, size 12 × 10 in. 1 col. of 38 lines on each page. A note on f. 180 states that it formerly belonged 'Matariotae Metropolitae[2].' The Catena begins with the words πᾶσα μὲν ἡ τῶν εὐαγγελίων φωνὴ μεγαλοφυεστέρα τῶν λοιπῶν κ.τ.λ. The MS is in good preservation and easy to read. Shorthand contractions occur frequently. The Catena is probably taken from the same source as that from which Corderius's Catena is derived, though more space has been given to some writers, especially to Origen and Theodore of Mopsuestia. There are two sets of attributions of which the earlier, where extant, agree with those in (2), the later differ in certain cases.

[1] The text of the Philocalia fragments is reprinted from Professor Robinson's edition, *The Philocalia of Origen*, Cambridge, 1893.

[2] See Stevenson's Catalogue.

(2) Venice. Bibl. Marciana. Gr. 27 (= V).

The Four Gospels, with Catena.

Vellum, Saec. x. ff. 372. This MS must have been copied from the same exemplar as (1). The contents, so far as concerns the Catena on S. John, are the same; and there is hardly any difference in their texts. The most obvious and easily corrected blunders are common to both. Towards the end (2) is much damaged and often illegible. I discovered no proof of the derivation of either MS from the other.

Venice Gr. 28 is a Catena on SS. Luke and John, of the eleventh century, derived ultimately from the same Catena as the preceding, but with many different extracts. The extracts are generally in a shorter form than that in which they appear in (1) and (2), but occasionally I was able to supplement the text of (1) and (2) from this source.

(3) Rome. Vat. Gr. 758 (= S).

S. Luke and S. John with Catena. Vellum. Saec. x.[1] This MS is very closely related to R and V. The three are probably copied from the same exemplar. All the phenomena presented by their texts would be consistent with the hypothesis, either (1) that R and V are copied from S, as corrected, either by the scribe himself or a nearly contemporary corrector; or (2) that S has been corrected by comparison with V. R is certainly not the exemplar of either S or V. S and V are even more closely connected by common itacisms than R and V. S was written carelessly. The readings of S*, as opposed to S², are worthless, being generally mere blunders. Occasionally S has preserved, or points to, the true reading, against R and V.

Vat. Gr. 1423 (?Saec XVI.) contains a later and much shorter form of the Catena, and of the same type as that which Cramer published on S. John. I found nothing in it which was not contained in the earlier and fuller sources.

I found the Vienna Codices Theol. Gr. 29, 38, 39, 40 (according to the numbering of Lambecius) useless.

---

[1] I was unfortunately unable to finish my collation of S, and revision of R, before the Vatican Library closed for the summer. My thanks are due to the Rev. F. Ehrle, S.J., who very kindly made arrangements for having the collation of those Fragments (70—end), which I had not time to finish, completed. In these Fragments no attempt has been made to distinguish the hands of S. For a few of them I was unable to obtain a collation of S. When S is not quoted therefore, this does not mean that the Fragment is not contained in it.

Munich. Gr. 437 contains two fragments of Origen on S. John, on the meaning of Bethsaida, and on πρόδρομος. The latter supplied some words not found in the other MSS.

In view of the difficulty of determining in many cases whether fragments, which have been attributed to Origen, are really his, I have preferred to risk error on the side of inclusion. I have therefore included some very doubtful fragments which are attributed to him, rejecting only those about which doubt was hardly possible. I have probably failed to detach some fragments, at any rate, which properly belong to Theodore of Mopsuestia. It is to be hoped that the Catenae at Rome (Vat. Gr. 758; Reg. Gr. 9) and Venice (Gr. 27) may be searched for fragments of this author, as much unpublished matter is contained in them. The discovery of a Syriac translation of his Commentary on S. John ought to make their identification easy.

Where the Catena fragments cover the same ground as the continuous text, it will be seen at once that they are very much curtailed, even in their longest Catena form. I have therefore made no use of them for the critical apparatus of the continuous text, but have printed them, in their Catena form, in their proper place among the fragments. A comparison of them with the continuous text, where it is possible to compare the two, shews that, while a considerable amount of lost matter may be recovered from Catenae of the tenth and eleventh centuries, they are practically useless for textual purposes. The later Catenae are altogether useless. These conclusions, to which an examination of the fragments of Origen leads, are probably true with regard to other writers also, except perhaps Chrysostom. In his case the extracts are much longer, and keep closer to the text. A systematic examination, however, of early Catenae is much needed.

The text of this Edition.

For the continuous text of the Commentaries the readings of *Cod. Monac.* alone are given in the critical notes, except in a very few places, where it seemed desirable to record a reading of *Cod. Venetus.* I have endeavoured to record all substantial variants; but of itacism, contraction, and clerical errors, only specimens have been given. In a few instances I have recorded a difference of accentuation, where the accent pointed to the right reading, although the letters had been altered.

The spelling of proper names which is found in the MS has generally been adopted. Where this has not been done, the MS spelling has been recorded in the notes.

The pages of Delarue's edition have been given in the margin of this edition, and the numbers of his chapters have been added in brackets where his division differs from mine.

In the critical notes to the Fragments the variants of the MSS (Rome, Vat. Gr. 758, Reg. Gr. 9; and Venice, Gr. 27) and of Corderius have been recorded.

The Index of Words is intended to illustrate the vocabulary of Origen, and to aid the student in the interpretation of the text. Words occurring in Scripture quotations, and in the Fragments of Heracleon, have accordingly been excluded from it[1].

Since some sheets of this edition were printed off an unexpected opportunity of revising my collations at Munich has enabled me to make several corrections. I found myself able to decipher more words in damaged places, as well as to correct some mistakes made in collating. Accordingly I give here a list of the passages where the information given in the text and critical notes is incorrect or incomplete.

[1] The latter are indexed in my edition of the Fragments of Heracleon.

1.

17, 9	οὐρανὸς τυγχάνοντες	leg. οὐράνιος τυγχάνοντες (Cf. Lc. ii. 14). MS οὐρανὸς
19, 33	n. ins. ἔτι (vid)	dele
20, 1	ἕως ἂν θῇ τοὺς	ἄχρι(ς) οὗ θῇ πάντας
2	δὲ	omit
22	Ἐν	extra lin. in MS
21, 12	ἐν ματαιότητι τὰ σώματα	μάταια τὰ κατὰ σώματα (vid)
23, 9	Γενηθήτω	pr. τὸ
24	n. διὸ pr. man.	ὃς pr. man. (vid.)
24, 5	καὶ τὴν πλάσιν	καὶ incert.
28, 5	Κορινθίους	κορινθίους οὓ̈ς (sic)
19	πρὸς λέξιν	pr. τὸ
21	δυναμένη	+ῆ̂
29, 21	δὲ	δὴ
29	προσιεμένοις	προσιεμένους
30, 15	f. τίνα τε αἰτίαν	τίνι τε αἰτία
3	n.	ἢ τοιάνδε leg. τοιάνδε] τοιάν δε (sic)
31, 7	ἀληθινὸν	pr. τὸ
32, 27	πρὸς Κορινθίους	pr. ἐν τῇ
34, 7	note στενάξασαν (vid)	στενάζουσαν
35, 24	οὐδέποτε	οὐ δή ποτε
36, 2	n.	leg. γινωσ̈κοσκόμενα (sic)
32	συνυπάρχουσαν	οὖν ὑπάρχουσαν
37, 9	γεγενημένην	γεγενημένον
40, 30	διστάζει	διστάξει
44, 9	ἐξελεύσεσθαι	ἐξελευσε̈ (sic)
48, 29	εἰ μὴ	εἰμὶ
49, 6	ἐλευθεροῦνται	ἐλευθερωνται
28	μὴ	omit
50, 2	ἐστὶ	ἔσται
4	ἄνθος	ἄνθους
51, 22	δὲ	δὴ
52, 9	τί	omit
10	n.	dele
54, 19	δέ	δὴ
57, 10	κυρίου	pr. τοῦ
62, 13	μόνον	μόνων
63, 29	τοῦ	τῆς
64, 3	ἐρραντισμένον	ρεραντισμένον

64, 14 note παραδέχεσθαι   παραδέξασθαι
65, 13 βεβαιώτερον   βεβαιότερον
67, 7 ἵν'   ἔν
69, 11 μεμαθήκαμεν   μεμαθήκειμεν
71, 1 παρὰ   περὶ
73, 6 n. ὑπισκνούμενον   dele
     19 n. om. καταβαῖνον &c.   l. 16

ΤΟΜΟΣ Α΄.

1. Ὃν τρόπον οἶμαι ὁ πάλαι λαὸς ἐπικληθεὶς θεοῦ εἰς φυλὰς διῄρητο δυοκαίδεκα καὶ τὴν ὑπὲρ τὰς λοιπὰς φυλὰς τάξιν λευϊτικὴν, καὶ αὐτὴν κατὰ πλείονα τάγματα ἱερατικὰ καὶ λευϊτικὰ τὸ θεῖον θεραπεύουσαν, οὕτως νομίζω 5 κατὰ τὸν κρυπτὸν τῆς καρδίας ἄνθρωπον πάντα τὸν Χριστοῦ cf. 1 Pet iii 4. λαόν, χρηματίζοντα ἐν κρυπτῷ Ἰουδαῖον καὶ ἐν πνεύματι Ro ii 29 περιτετμημένον, ἔχειν τὰς ἰδιότητας μυστικώτερον τῶν φυλῶν, ὡς ἔστι γυμνότερον ἀπὸ Ἰωάννου ἐκ τῆς Ἀποκαλύψεως μαθεῖν, οὐδὲ τῶν λοιπῶν προφητῶν τοῖς ἀκούειν 10 ἐπισταμένοις τὰ τοιαῦτα ἀποσιωπησάντων. φησὶ δὲ οὕτως ὁ Ἰωάννης· Καὶ εἶδον ἄλλον ἄγγελον ἀναβαίνοντα ἀπὸ Ap vii 2—5. ἀνατολῆς ἡλίου, ἔχοντα σφραγῖδα θεοῦ ζῶντος, καὶ ἐκέκραξε φωνῇ μεγάλῃ τοῖς δ΄ ἀγγέλοις, οἷς ἐδόθη αὐτοῖς ἀδικῆσαι τὴν γῆν καὶ τὴν θάλασσαν, λέγων Μὴ ἀδικήσητε μήτε τὴν 15 γῆν μήτε τὴν θάλασσαν μήτε τὰ δένδρα, ἄχρι σφραγίσωμεν τοὺς δούλους τοῦ θεοῦ ἡμῶν ἐπὶ τῶν μετώπων αὐτῶν. καὶ ἤκουσα τὸν ἀριθμὸν τῶν ἐσφραγισμένων, ρμδ΄ χιλιάδες, ἐσφραγισμένοι ἐκ πάσης φυλῆς υἱῶν Ἰσραήλ· ἐκ φυλῆς Ἰούδα ιβ΄ χιλιάδες ἐσφραγισμένοι, ἐκ φυλῆς Ῥουβὴμ δώδεκα 20 χιλιάδες. καὶ μετὰ τὸ διῃρῆσθαι τὰς λοιπὰς φυλὰς πάρεξ 2 τοῦ Δὰν, ἑξῆς μετὰ πλείονα ἐπιφέρει· Καὶ εἶδον, καὶ ἰδοὺ Ap xiv 1—5 τὸ ἀρνίον ἑστὼς ἐπὶ τὸ ὄρος Σιὼν, καὶ μετ᾽ αὐτοῦ αἱ ρμδ΄ χιλιάδες ἔχουσαι τὸ ὄνομα αὐτοῦ καὶ τὸ ὄνομα τοῦ πατρὸς αὐτοῦ γεγραμμένον ἐπὶ τῶν μετώπων αὐτῶν. καὶ ἤκουσα

15 σφραγίσωμεν

B.   1

φωνὴν ἐκ τοῦ οὐρανοῦ ὡς φωνὴν ὑδάτων πολλῶν, καὶ ὡς
φωνὴν βροντῆς μεγάλης, καὶ ἡ φωνὴ ἣν ἤκουσα ὡς κιθα-
ρῳδῶν κιθαριζόντων ἐν ταῖς κιθάραις αὐτῶν. καὶ ᾄδουσιν
ᾠδὴν καινὴν ἐνώπιον τοῦ θρόνου καὶ ἐνώπιον τῶν δ ζῴων
καὶ τῶν πρεσβυτέρων· καὶ οὐδεὶς ἐδύνατο μαθεῖν τὴν ᾠδὴν 5
εἰ μὴ αἱ ρμδ χιλιάδες, οἱ ἠγορασμένοι ἀπὸ τῆς γῆς· οὗτοί
εἰσιν οἱ μετὰ γυναικῶν οὐκ ἐμολύνθησαν, παρθένοι γάρ
εἰσιν· οὗτοι οἱ ἀκολουθοῦντες τῷ ἀρνίῳ ὅπου ἐὰν ὑπάγῃ·
οὗτοι ἠγοράσθησαν ἀπὸ τῶν ἀνθρώπων ἀπαρχὴ τῷ θεῷ καὶ
τῷ ἀρνίῳ· καὶ ἐν τῷ στόματι αὐτῶν οὐχ εὑρέθη ψεῦδος, 10
ἄμωμοι γάρ εἰσιν. ὅτι δὲ ταῦτα παρὰ τῷ Ἰωάννῃ περὶ τῶν
εἰς Χριστὸν πεπιστευκότων λέγεται, καὶ αὐτῶν ὑπαρχόντων
ἀπὸ φυλῶν, κἂν μὴ δοκῇ τὸ σωματικὸν αὐτῶν γένος ἀνατρέ-
χειν ἐπὶ τὸ σπέρμα τῶν πατριαρχῶν, ἔστιν οὕτως ἐπιλογί-
Ap vii 3 f. σασθαι. Μὴ ἀδικήσητε, φησί, τὴν γῆν μήτε τὴν θάλασσαν 15
μήτε τὰ δένδρα, ἄχρι σφραγίσωμεν τοὺς δούλους τοῦ θεοῦ
ἡμῶν ἐπὶ τῶν μετώπων αὐτῶν. καὶ ἤκουσα τὸν ἀριθμὸν
τῶν ἐσφραγισμένων, ρμδ χιλιάδες, ἐσφραγισμένων ἐκ πάσης
φυλῆς υἱῶν Ἰσραήλ. (2) οὐκοῦν οἱ ἐκ πάσης φυλῆς υἱῶν
Ἰσραὴλ σφραγίζονται ἐπὶ τῶν μετώπων αὐτῶν ρμδ εἰσὶ 20
χιλιάδες τὸν ἀριθμόν· αἵτινες ρμδ χιλιάδες ἐν τοῖς ἑξῆς
παρὰ τῷ Ἰωάννῃ λέγονται ἔχειν τὸ ὄνομα τοῦ ἀρνίου καὶ
τοῦ πατρὸς αὐτοῦ γεγραμμένον ἐπὶ τῶν μετώπων αὐτῶν,
οὖσαι παρθένοι καὶ μετὰ γυναικῶν οὐ μολυνθέντες. τίς οὖν
ἄλλη εἴη ἡ σφραγὶς ἡ ἐπὶ τῶν μετώπων ἢ τὸ ὄνομα τοῦ 25
ἀρνίου καὶ τὸ ὄνομα τοῦ πατρὸς αὐτοῦ, ἐν ἀμφοτέροις τοῖς
τόποις τῶν μετώπων λεγομένων ἔχειν πῇ μὲν τὴν σφραγίδα
πῇ δὲ τὰ γράμματα περιέχοντα τὸ ὄνομα τοῦ ἀρνίου καὶ
τὸ ὄνομα τοῦ πατρὸς αὐτοῦ; ἀλλὰ καὶ οἱ ἀπὸ φυλῶν εἰ
οἱ αὐτοί εἰσι τοῖς παρθένοις, ὡς προαπεδείξαμεν, σπάνιος 30
δὲ ὁ ἐκ τοῦ κατὰ σάρκα Ἰσραὴλ πιστεύων, ὡς τάχα τολ-
μῆσαι ἄν τινα εἰπεῖν μὴ συμπληροῦσθαι ἀπὸ τῶν ἐκ τοῦ

τίς
24 τιση   28 περιέχονται pr. man.

κατὰ σάρκα Ἰσραὴλ πιστευόντων μηδὲ τὸν τῶν ρμδ´ χιλιά-
δων ἀριθμόν, δῆλον ὅτι ἐκ τῶν ἀπὸ τῶν ἐθνῶν τῷ θείῳ
3 προσερχομένων λόγῳ συνίστανται αἱ ρμδ´ χιλιάδες μετὰ
γυναικῶν οὐ μολυνομένων. ὥστε μὴ ἂν ἀποπεσεῖν τῆς
5 ἀληθείας τὸν φάσκοντα ἀπαρχὴν ἑκάστης εἶναι φυλῆς τοὺς
παρθένους αὐτῆς. καὶ γὰρ ἐπιφέρεται· Οὗτοι ἠγοράσθησαν　Ap xiv 4
ἀπὸ τῶν ἀνθρώπων ἀπαρχὴ τῷ θεῷ καὶ τῷ ἀρνίῳ, καὶ ἐν τῷ
στόματι αὐτῶν οὐχ εὑρέθη ψεῦδος, ἄμωμοι γάρ εἰσιν. οὐκ
ἀγνοητέον δὲ ὅτι ὁ περὶ τῶν ρμδ´ χιλιάδων παρθένων λόγος
10 ἐπιδέχεται ἀναγωγήν. περιττὸν δὲ νῦν καὶ οὐ κατὰ τὸν προ-
κείμενον λόγον τὸ παρατίθεσθαι λέξεις προφητικὰς ταὐτὸν
περὶ τῶν ἐξ ἐθνῶν ἡμᾶς διδασκούσας.

2. (3) Τί δὴ πάντα ταῦθ᾽ ἡμῖν βούλεται; ἐρεῖς ἐντυγχά-　cf. 1 Ti vi 11
νων τοῖς γράμμασιν, Ἀμβρόσιε, ἀληθῶς θεοῦ ἄνθρωπε, καὶ　2 Co xii 2
15 ἐν Χριστῷ ἄνθρωπε, καὶ σπεύδων εἶναι πνευματικός, οὐκέτι　cf. 1 Co ii 15
ἄνθρωπος. οἱ μὲν ἀπὸ τῶν φυλῶν δεκάτας καὶ ἀπαρχὰς　cf. De xiv 21 (22)
ἀναφέρουσι τῷ θεῷ διὰ τῶν λευϊτῶν καὶ ἱερέων, οὐ πάντα　Nu xviii 26 f.
ἔχοντες ἀπαρχὰς ἢ δεκάτας· οἱ δὲ λευῖται καὶ ἱερεῖς, πάντα
δεκάταις καὶ ἀπαρχαῖς χρώμενοι, δεκάτας ἀναφέρουσι τῷ θεῷ
20 διὰ τοῦ ἀρχιερέως, οἶμαι δ᾽ ὅτι καὶ ἀπαρχάς. ἡμῶν δὴ τῶν
προσιόντων τοῖς Χριστοῦ μαθήμασιν οἱ μὲν πλεῖστοι, τὰ
πολλὰ τῷ βίῳ σχολάζοντες καὶ ὀλίγας πράξεις τῷ θεῷ ἀνατι-
θέντες, τάχα εἶεν ἂν οἱ ἀπὸ τῶν φυλῶν ὀλίγην πρὸς τοὺς ἱερεῖς
ἔχοντες κοινωνίαν καὶ ἐν βραχέσι τὸ θεραπευτικὸν τοῦ θεοῦ
25 τρέφοντες· οἱ δὲ ἀνακείμενοι τῷ θείῳ λόγῳ καὶ πρὸς μόνῃ τῇ
θεραπείᾳ τοῦ θεοῦ γινόμενοι γνησίως, κατὰ τὴν διαφορὰν τῶν
εἰς τοῦτο κοινωνημάτων, λευῖται καὶ ἱερεῖς οὐκ ἀτόπως λεχθή-
σονται. τάχα δὲ οἱ <ἐν ἡμῖν> διαφέροντες καὶ οἱονεὶ τὰ　cf. He vii 11
πρῶτα τῆς καθ᾽ ἑαυτοὺς γενεᾶς ἔχοντες ἀρχιερεῖς ἔσονται κατὰ
30 τὴν τάξιν Ἀαρών, καὶ οὐ κατὰ τὴν τάξιν Μελχισεδέκ. ἐὰν
γάρ τις ἀνθυποφέρῃ πρὸς τοῦτο, νομίζων ἡμᾶς ἀσεβεῖν τὸ τοῦ

4 μὴ ἂν] μὴ ἐᾶν　　9 λόγων pr. man. (ut videtur)
21 πλεῖστοι] sup. ras.　　27 κοινωνημάτων] κινημάτων (vid.)
28 om. ἐν ἡμῖν lac. (6) relicta　　31, 1 (p. 4) om. ἡμᾶς—
τάσσοντας] add. in mg. pr. man.

He iv 14

ἀρχιερέως ὄνομα τάσσοντας ἐπ' ἀνθρώπων, ἐπεὶ πολλαχοῦ
Ἰησοῦς μέγας ἱερεὺς προφητεύεται· Ἔχομεν γὰρ ἀρχιερέα
μέγαν, διεληλυθότα τοὺς οὐρανούς, Ἰησοῦν τὸν υἱὸν τοῦ θεοῦ·
λεκτέον πρὸς αὐτὸν ὅτι ὁ ἀπόστολος ἐπεσημήνατο λέγων

He v 6; cf.
Ps cix (cx) 4

τὸν προφήτην εἰρηκέναι περὶ Χριστοῦ· Σὺ ἱερεὺς εἰς τὸν 5
αἰῶνα κατὰ τὴν τάξιν Μελχισεδέκ· καὶ οὐ κατὰ τὴν τάξιν
Ἀαρών. ἀφ' οὗ καὶ ἡμεῖς λαβόντες φαμὲν κατὰ μὲν τὴν
τάξιν Ἀαρὼν ἀνθρώπους δύνασθαι εἶναι ἀρχιερεῖς, κατὰ δὲ
τὴν τάξιν Μελχισεδὲκ τὸν χριστὸν τοῦ θεοῦ. (4) πάσης
τοίνυν ἡμῖν πράξεως καὶ παντὸς τοῦ βίου, ἐπεὶ σπεύδομεν ἐπὶ 10
τὰ κρείττονα, ἀνακειμένης θεῷ, καὶ βουλομένων ἡμῶν ἔχειν 4
πᾶσαν αὐτὴν ἀπαρχὴν τῶν πολλῶν ἀπαρχῶν, εἴ γε μὴ
σφαλλόμεθα τοῦτο νομίζοντες, ποίαν ἐχρῆν εἶναι μετὰ τὸ
κατὰ τὸ σῶμα κεχωρίσθαι ἡμᾶς ἀλλήλων διαφέρουσαν ἢ
τὴν περὶ εὐαγγελίου ἐξέτασιν; καὶ γὰρ τολμητέον εἰπεῖν 15
πασῶν τῶν γραφῶν εἶναι ἀπαρχὴν τὸ εὐαγγέλιον. ἀπαρχὴν
οὖν πράξεως, ἐξ οὗ τῇ Ἀλεξανδρείᾳ ἐπιδεδημήκαμεν, τίνα
ἄλλην ἢ τὴν εἰς τὴν ἀπαρχὴν τῶν γραφῶν ἐχρῆν γεγονέναι;

cf. Nu xviii
12 f.

χρὴ δ' ἡμᾶς εἰδέναι οὐ ταὐτὸν εἶναι ἀπαρχὴν καὶ πρωτο-
γέννημα· μετὰ γὰρ τοὺς πάντας καρποὺς ἀναφέρεται ἡ 20
ἀπαρχή, πρὸ δὲ πάντων τὸ πρωτογέννημα. τῶν τοίνυν
φερομένων γραφῶν καὶ ἐν πάσαις ἐκκλησίαις θεοῦ πεπιστευ-
μένων εἶναι θείων, οὐκ ἂν ἁμάρτοι τις λέγων πρωτογέννημα
μὲν τὸν Μωϋσέως νόμον, ἀπαρχὴν δὲ τὸ εὐαγγέλιον. μετὰ
γὰρ τοὺς πάντας τῶν προφητῶν καρποὺς τῶν μέχρι τοῦ 25
κυρίου Ἰησοῦ ὁ τέλειος ἐβλάστησε λόγος.

3. (5) Ἐὰν δέ τις ἀνθυποφέρῃ διὰ τὴν ἔννοιαν τῆς ἀνα-
πτύξεως τῶν ἀπαρχῶν φάσκων μετὰ τὰ εὐαγγέλια τὰς πράξεις
καὶ τὰς ἐπιστολὰς φέρεσθαι τῶν ἀποστόλων, καὶ κατὰ τοῦτο
μὴ ἂν ἔτι σώζεσθαι τὸ προαποδεδομένον περὶ ἀπαρχῆς, τὸ 30
ἀπαρχὴν πάσης γραφῆς εἶναι τὸ εὐαγγέλιον· λεκτέον ἤτοι
νοῦν εἶναι σοφῶν ἐν Χριστῷ ὠφελημένων ἐν ταῖς φερομέναις
ἐπιστολαῖς, δεομένων, ἵνα πιστεύωνται, μαρτυριῶν τῶν ἐν
τοῖς νομικοῖς καὶ προφητικοῖς λόγοις κειμένων· ὥστε σοφὰ

μὲν καὶ εὔπιστα λέγειν καὶ σφόδρα ἐπιτετευγμένα τὰ ἀπο-
στολικά, οὐ μὴν παραπλήσια τῷ· Τάδε λέγει κύριος παντο- 2 Co vi 18
κράτωρ. καὶ κατὰ τοῦτο ἐπίστησον εἰ, ἐπὰν λέγῃ ὁ Παῦλος·
Πᾶσα γραφὴ θεόπνευστος καὶ ὠφέλιμος· ἐμπεριλαμβάνει καὶ 2 Ti iii 16
5 τὰ ἑαυτοῦ γράμματα, ἢ οὐ τό· Ἐγὼ λέγω, καὶ οὐχ ὁ κύριος· 1 Co vii 12,17
καὶ τό· Ἐν πάσαις ἐκκλησίαις διατάσσομαι· καὶ τό· Οἷα
5 ἔπαθον ἐν Ἀντιοχείᾳ, ἐν Ἰκονίῳ, ἐν Λύστροις· καὶ τὰ τούτοις 2 Ti iii 11
παραπλήσια ἐνίοτε ὑπ' αὐτοῦ γραφέντα, τὴν μὲν ἐξουσίαν
παρέχοντα ἀποστολικήν, οὐ μὴν τὸ εἰλικρινὲς τῶν ἐκ θείας
10 ἐπιπνοίας λόγων. ἢ καὶ τούτῳ παραστατέον ὅτι ἡ παλαιὰ
μὲν οὐκ εὐαγγέλιον, οὐ δεικνύουσα τὸν ἐρχόμενον ἀλλὰ
προκηρύσσουσα, πᾶσα δὲ ἡ καινὴ τὸ εὐαγγέλιόν ἐστιν, οὐ
μόνον ὁμοίως τῇ ἀρχῇ τοῦ εὐαγγελίου φάσκουσα· Ἰδοὺ ὁ Jo i 29
ἀμνὸς τοῦ θεοῦ, ὁ αἴρων τὴν ἁμαρτίαν τοῦ κόσμου· ἀλλὰ καὶ
15 ποικίλας δοξολογίας περιέχουσα καὶ διδασκαλίας τοῦ δι' ὃν
τὸ εὐαγγέλιον εὐαγγέλιόν ἐστιν. ἔτι δὲ εἰ ὁ θεὸς ἔθετο ἐν 1 Co xii 28;
  Eph iv 11
τῇ ἐκκλησίᾳ ἀποστόλους καὶ προφήτας καὶ εὐαγγελιστὰς
ποιμένας τε καὶ διδασκάλους, ἐπὰν ἐξετάσωμεν τί τὸ ἔργον
τοῦ εὐαγγελιστοῦ, ὅτι οὐ πάντως διηγήσασθαι τίνα τρόπον
20 ὁ σωτὴρ τυφλὸν ἀπὸ γενετῆς ἰάσατο, ὀδωδότα νεκρὸν ἀνέ- Jo ix 1 f.;
  xi 1 f.
στησεν, ἤ τι τῶν παραδόξων πεποίηκεν, οὐκ ὀκνήσομεν,
χαρακτηριζομένου τοῦ εὐαγγελιστοῦ καὶ ἐν προτρεπτικῷ
λόγῳ τῷ εἰς πιστοποίησιν τῶν περὶ Ἰησοῦ, εὐαγγέλιόν πως
εἰπεῖν τὰ ὑπὸ τῶν ἀποστόλων γεγραμμένα. ἀλλ' ὅσον ἐπὶ
25 τῇ δευτέρᾳ ἀποδόσει, τῷ ἀνθυποφέροντι διὰ τὸ μὴ ἐπιγε-
γράφθαι τὰς ἐπιστολὰς εὐαγγέλιον, ὡς οὐ καλῶς πᾶσαν τὴν
καινὴν διαθήκην εὐαγγέλιον ἡμῶν ὀνομασάντων, λεκτέον ὅτι
πολλαχοῦ τῶν γραφῶν δύο τινῶν ἢ πλειόνων τῷ αὐτῷ
ὀνόματι ὀνομαζομένων κυριώτερον ἐπὶ τοῦ ἑτέρου τῶν λεγο-
30 μένων κεῖται τὸ ὄνομα· οἷον λέγοντος τοῦ σωτῆρος· Μὴ cf. Mt xxiii
  8 f.
καλέσητε διδάσκαλον ἐπὶ τῆς γῆς· ὁ ἀπόστολός φησι τετά-

χθαι ἐν τῇ ἐκκλησίᾳ καὶ διδασκάλους. οὐκ ἔσονται οὖν οὗτοι
διδάσκαλοι ⌜ὅσον ἐπὶ τῇ ἀκριβείᾳ τῆς τοῦ εὐαγγελίου φωνῆς.
οὕτως οὐκ ἔσται⌝ εὐαγγέλιον τὸ κατὰ τὰς ἐπιστολὰς πᾶν
γράμμα, ὅταν παραβάλληται τῇ διηγήσει τῶν περὶ Ἰησοῦ
πράξεων καὶ παθημάτων καὶ λόγων αὐτοῦ. πλὴν ἀπαρχὴ 5
πάσης γραφῆς τὸ εὐαγγέλιον, καὶ πασῶν τῶν κατ' εὐχὴν
ἡμῶν πράξεων ἐσομένων ἀπαρχὴν ποιούμεθα εἰς τὴν ἀπαρχὴν
τῶν γραφῶν.

4. (6) Ἐγὼ δ' οἶμαι ὅτι καὶ δ' ὄντων τῶν εὐαγγελίων,
οἱονεὶ στοιχείων τῆς πίστεως τῆς ἐκκλησίας, ἐξ ὧν στοι- 10
χείων ὁ πᾶς συνέστηκε κόσμος ἐν Χριστῷ καταλλαγεὶς τῷ
2 Co v 19 θεῷ, καθά φησιν ὁ Παῦλος· Θεὸς ἦν ἐν Χριστῷ κόσμον καταλ-
λάσσων ἑαυτῷ· οὗ κόσμου τὴν ἁμαρτίαν ἦρεν Ἰησοῦς· περὶ
γὰρ τοῦ κόσμου τῆς ἐκκλησίας ὁ λόγος ἐστὶν ὁ γεγραμμένος· 6
Jo i 29 Ἰδοὺ ὁ ἀμνὸς τοῦ θεοῦ, ὁ αἴρων τὴν ἁμαρτίαν τοῦ κόσμου· 15
ἀπαρχὴν τῶν εὐαγγελίων εἶναι τὸ προστεταγμένον ἡμῖν ὑπὸ
σοῦ κατὰ δύναμιν ἐρευνῆσαι, τὸ κατὰ Ἰωάννην, τὸν γενεα-
λογούμενον εἰπόν, καὶ ἀπὸ τοῦ ἀγενεαλογήτου ἀρχόμενον.
Ματθαῖος μὲν γὰρ τοῖς προσδοκῶσι τὸν ἐξ Ἀβραὰμ καὶ
Mt i 1 Δαβὶδ Ἑβραίοις γράφων· Βίβλος, φησί, γενέσεως Ἰησοῦ 20
Χριστοῦ, υἱοῦ Δαβίδ, υἱοῦ Ἀβραάμ. καὶ Μάρκος, εἰδὼς ἃ
Mc i 1 γράφει, Ἀρχὴν διηγεῖται τοῦ εὐαγγελίου· τάχα εὑρισκόντων
cf. Jo i 1 ἡμῶν τὸ τέλος αὐτοῦ παρὰ τῷ Ἰωάννῃ <διηγουμένῳ> τὸν ἐν
ἀρχῇ λόγον θεὸν λόγον. ἀλλὰ καὶ Λουκᾶς εἰρηκὼς ἐν ἀρχῇ
Act i 1 τῶν Πράξεων· Τὸν μὲν πρῶτον λόγον ἐποιησάμην περὶ 25
πάντων ὧν ἤρξατο ὁ Ἰησοῦς ποιεῖν καὶ διδάσκειν· ἀλλά γε
cf. Jo xiii 25 τηρεῖ τῷ ἐπὶ τὸ στῆθος ἀναπεσόντι τοῦ Ἰησοῦ τοὺς μείζονας
καὶ τελειοτέρους περὶ Ἰησοῦ λόγους· οὐδεὶς γὰρ ἐκείνων
ἀκράτως ἐφανέρωσεν αὐτοῦ τὴν θεότητα ὡς Ἰωάννης, παρα-

---

18 εἰπόν] εἰπῶν   **19** τόν] τό pr. man. τοῖς sec. man.
20 Δαβίδ] δ͞α͞δ ut ubique   **21** ἅ] ά͞   **23** παρά] περί   post
Ἰωάννῃ laesus est codex, videtur autem plus xiv litteras intra
Ἰωάννῃ et ἐν habuisse, quarum ad finem τόν legere potui, διηγου-
μένῳ ex coniect. supplevi   **24—26** εἰρηκὼς—διδάσκειν male laesus

στήσας αὐτὸν λέγοντα· Ἐγώ εἰμι τὸ φῶς τοῦ κόσμου· Jo viii 12;
Ἐγώ εἰμι ἡ ὁδὸς καὶ ἡ ἀλήθεια καὶ ἡ ζωή· Ἐγώ εἰμι ἡ xiv 6; xi 25;
ἀνάστασις· Ἐγώ εἰμι ἡ θύρα· Ἐγώ εἰμι ὁ ποιμὴν ὁ καλός· x 9, 11
καὶ ἐν τῇ Ἀποκαλύψει· Ἐγώ εἰμι τὸ Α καὶ τὸ Ω, ἡ ἀρχὴ Ap xxii 13
καὶ τὸ τέλος, ὁ πρῶτος καὶ ὁ ἔσχατος. τολμητέον τοίνυν
εἰπεῖν ἀπαρχὴν μὲν πασῶν γραφῶν εἶναι τὰ εὐαγγέλια, τῶν
δὲ εὐαγγελίων ἀπαρχὴν τὸ κατὰ Ἰωάννην, οὗ τὸν νοῦν οὐδεὶς
δύναται λαβεῖν μὴ ἀναπεσὼν ἐπὶ τὸ στῆθος Ἰησοῦ, μηδὲ cf. Jo xiii 25;
λαβὼν ἀπὸ Ἰησοῦ τὴν Μαρίαν γινομένην καὶ αὐτοῦ μητέρα. xix 26
10 καὶ τηλικοῦτον δὲ γενέσθαι δεῖ τὸν ἐσόμενον ἄλλον Ἰωάννην,
ὥστε οἰονεὶ τὸν Ἰωάννην δειχθῆναι ὄντα Ἰησοῦν ὑπὸ Ἰησοῦ.
εἰ γὰρ οὐδεὶς υἱὸς Μαρίας κατὰ τοὺς ὑγιῶς περὶ αὐτῆς
δοξάζοντας ἢ Ἰησοῦς, φησὶ δὲ Ἰησοῦς τῇ μητρί· Ἴδε ὁ
υἱός σου· καὶ οὐχί Ἴδε καὶ οὗτος υἱός σου· ἴσον εἴρηκε τῷ
15 Ἴδε οὗτός ἐστιν Ἰησοῦς ὃν ἐγέννησας. καὶ γὰρ πᾶς ὁ τετε-
λειωμένος ζῇ οὐκέτι, ἀλλ' ἐν αὐτῷ ζῇ Χριστός, καὶ ἐπεὶ ζῇ cf. Ga ii 20
ἐν αὐτῷ Χριστός, λέγεται περὶ αὐτοῦ τῇ Μαρίᾳ· Ἴδε ὁ υἱός
σου ὁ χριστός. ἡλίκου τοίνυν νοῦ ἡμῖν δεῖ, ἵνα τὸν ἐν τοῖς cf. 2 Co iv 7
ὀστρακίνοις τῆς εὐτελοῦς λέξεως θησαυροῖς ἐναποκείμενον
20 λόγον, τοῦ ὑπὸ πάντων τῶν ἐντυγχανόντων ἀναγινωσκομένου
γράμματος καὶ ὑπὸ πάντων τῶν παρεχόντων τὰς σωματικὰς
7 ἀκοὰς ἀκουομένου αἰσθητοῦ διὰ φωνῆς λόγου, ἐκλαβεῖν
κατ' ἀξίαν δυνηθῶμεν, τί δεῖ καὶ λέγειν; τὸν γὰρ μέλλοντα
ταῦτα ἀκριβῶς καταλαμβάνειν μετὰ ἀληθείας εἰπεῖν δεῖ·
25 Ἡμεῖς δὲ νοῦν Χριστοῦ ἔχομεν, ἵνα εἰδῶμεν τὰ ὑπὸ τοῦ θεοῦ 1 Co ii 16, 12
χαρισθέντα ἡμῖν· ἔστι δὲ προσαχθῆναι ἀπὸ τῶν ὑπὸ Παύ-
λου λεγομένων περὶ τοῦ πᾶσαν τὴν καινὴν εἶναι τὰ εὐαγγέλια
ὅταν που γράφῃ· Κατὰ τὸ εὐαγγέλιόν μου· ἐν γράμμασι Ro ii 16
γὰρ Παύλου οὐκ ἔχομεν βιβλίον εὐαγγέλιον συνήθως καλού-
30 μενον· ἀλλὰ πᾶν ὃ ἐκήρυσσε καὶ ἔλεγε τὸ εὐαγγέλιον ἦν.
ἃ δὲ ἐκήρυσσε καὶ ἔλεγε, ταῦτα καὶ ἔγραφε· καὶ ἃ ἔγραφε
ἄρα εὐαγγέλιον ἦν. εἰ δὲ τὰ Παύλου εὐαγγέλιον ἦν, ἀκό-

---

12 post ὑγιῶς] ins. καὶ sup. ras. al. man.   **22** om. ἀκοὰς]
add. intra lin. al. man.   **31** ἃ δὲ] εἰ δὲ pr. man. ut videtur

λουθον λέγειν ὅτι καὶ τὰ Πέτρου εὐαγγέλιον ἦν, καὶ ἀπαξ-
απλῶς τὰ συνιστάντα τὴν Χριστοῦ ἐπιδημίαν καὶ κατα-
σκευάζοντα τὴν παρουσίαν αὐτοῦ, ἐμποιοῦντά τε αὐτὴν ταῖς
cf. Ap iii 20 ψυχαῖς τῶν βουλομένων παραδέξασθαι τὸν ἑστῶτα ἐπὶ τὴν
θύραν καὶ κρούοντα καὶ εἰσελθεῖν βουλόμενον εἰς τὰς ψυχὰς ⁵
λόγον θεοῦ.

5. (7) Τί δὲ βούλεται δηλοῦν ἡ εὐαγγέλιον προσηγορία,
καὶ διὰ τί ταύτην ἔχει τὴν ἐπιγραφὴν ταῦτα τὰ βιβλία, ἤδη
καιρὸς ἐξετάσαι. ἔστι τοίνυν τὸ εὐαγγέλιον λόγος περιέχων
ἀπαγγελίαν πραγμάτων κατὰ τὸ εὔλογον διὰ τὸ ὠφελεῖν ¹⁰
εὐφραινόντων τὸν ἀκούοντα, ἐπὰν παραδέξηται τὸ ἀπαγγελ-
λόμενον. οὐδὲν δ᾽ ἧττον ὁ τοιοῦτος λόγος εὐαγγέλιόν ἐστιν,
εἰ καὶ πρὸς τὴν σχέσιν τοῦ ἀκούοντος ἐξετάζηται. ἢ
εὐαγγέλιόν ἐστι λόγος περιέχων ἀγαθοῦ τῷ πιστεύοντι
παρουσίαν· ἢ λόγος ἐπαγγελλόμενος παρεῖναι τὸ ἀγαθὸν ¹⁵
τὸ προσδοκώμενον. πάντες δὲ οἱ προειρημένοι ἡμῖν ὅροι
ἐφαρμόζουσι τοῖς ἐπιγραφομένοις εὐαγγελίοις. ἕκαστον γὰρ
εὐαγγέλιον, σύστημα ἀπαγγελλομένων ὠφελίμων τῷ πιστεύ-
οντι καὶ μὴ παρεκδεξαμένῳ τυγχάνον ὠφέλειαν ἐμποιοῦν,
κατὰ τὸ εὔλογον εὐφραίνει, διδάσκον τὴν δι᾽ ἀνθρώπους τοῦ ²⁰
cf. Col i 15 πρωτοτόκου πάσης κτίσεως Χριστοῦ Ἰησοῦ σωτήριον αὐτοῖς
ἐπιδημίαν. ἀλλὰ καὶ ὅτι λόγος ἐστὶν ἕκαστον εὐαγγέλιον
διδάσκων τὴν τοῦ ἀγαθοῦ πατρὸς ἐν υἱῷ τοῖς βουλομένοις
παραδέξασθαι ἐπιδημίαν, παντὶ τῷ πιστεύοντι σαφές. ὅτι
δὲ καὶ ἀγαθὸν ἐπαγγέλλεται διὰ τῶν βιβλίων τούτων τὸ ²⁵
προσδοκηθὲν, οὐκ ἀσαφές. σχεδὸν γὰρ ὁ βαπτιστὴς Ἰω-
άννης τὴν παντὸς τοῦ λαοῦ λαβὼν φωνήν φησι πέμψας τῷ
Mt xi 3 Ἰησοῦ· Σὺ εἶ ὁ ἐρχόμενος, ἢ ἕτερον προσδοκῶμεν; προσ-
δοκώμενον γὰρ ἀγαθὸν τῷ λαῷ ὁ χριστὸς ἦν, περὶ οὗ
κηρυσσόντων τῶν προφητῶν μέχρι καὶ τῶν τυχόντων πάντες ⁸
εἰς αὐτὸν ἔσχον οἱ ὑπὸ νόμον καὶ προφήτας τὰς ἐλπίδας, ὡς
Jo iv 25 μαρτυρεῖ ἡ Σαμαρεῖτις λέγουσα· Οἶδα ὅτι Μεσσίας ἔρχεται,

9 ἐστι] sup. ras.   13 εἰ] sup. ras. al. man.   quid vero
primo scriptum sit hodie non licet divinare

ὁ λεγόμενος Χριστός· ὅταν ἔλθῃ ἐκεῖνος, ἀπαγγελεῖ ἡμῖν
ἅπαντα. ἀλλὰ καὶ Σίμων καὶ Κλεόπας, ὁμιλοῦντες πρὸς ⟩
ἀλλήλους περὶ πάντων τῶν συμβεβηκότων τῷ Ἰησοῦ, αὐτῷ
τῷ χριστῷ ἀναστάντι οὐδέπω γινώσκοντες ἐγηγέρθαι αὐτὸν
5 ἐκ νεκρῶν φασί· Σὺ μόνος παροικεῖς ἐν Ἱερουσαλήμ, καὶ   Lc xxiv 18 ff.
οὐκ ἔγνως τὰ γενόμενα ἐν αὐτῇ ἐν ταῖς ἡμέραις ταύταις;
εἰπόντος δέ Ποῖα; ἀποκρίνονται Τὰ περὶ Ἰησοῦ τοῦ
Ναζαρηνοῦ, ὃς ἐγένετο ἀνὴρ προφήτης, δυνατὸς ἐν ἔργῳ καὶ
λόγῳ ἐναντίον τοῦ θεοῦ καὶ παντὸς τοῦ λαοῦ· ὅπως τε παρέ-
10 δωκαν αὐτὸν οἱ ἀρχιερεῖς καὶ οἱ ἄρχοντες ἡμῶν εἰς κρίμα
θανάτου καὶ ἐσταύρωσαν αὐτόν. ἡμεῖς δὲ ἠλπίζομεν ὅτι
αὐτός ἐστιν ὁ μέλλων λυτροῦσθαι τὸν Ἰσραήλ. πρὸς τού-
τοις Ἀνδρέας ὁ ἀδελφὸς Σίμωνος Πέτρου εὑρὼν τὸν ἀδελφὸν
τὸν ἴδιον Σίμωνα λέγει· Εὑρήκαμεν τὸν Μεσσίαν, ὅ ἐστι   Jo i 41
15 μεθερμηνευόμενον Χριστός. καὶ μετ' ὀλίγα ὁ Φίλιππος
εὑρὼν τὸν Ναθαναὴλ λέγει αὐτῷ· Ὅν ἔγραψε Μωϋσῆς ἐν   Jo i 45
τῷ νόμῳ καὶ οἱ προφῆται εὑρήκαμεν, τὸν Ἰησοῦν τὸν υἱὸν
τοῦ Ἰωσὴφ τὸν ἀπὸ Ναζαρέθ.

6. (8) Δόξαι δ' ἄν τις ἐνίστασθαι τῷ πρώτῳ ὅρῳ, ἐπεὶ
20 καὶ τὰ μὴ ἐπιγεγραμμένα εὐαγγέλια ὑποπίπτει αὐτῷ· ὁ γὰρ
νόμος καὶ οἱ προφῆται λόγοι πιστεύονται εἶναι περιέχοντες
ἀπαγγελίαν πραγμάτων κατὰ τὸ εὔλογον διὰ τὸ ὠφελεῖν
εὐφραινόντων τοὺς ἀκούοντας, ἐπὰν παραδέξωνται τὰ ἀπαγ-
γελλόμενα. λεχθείη δ' ἄν πρὸς τοῦτο ὅτι πρὸ τῆς Χριστοῦ
25 ἐπιδημίας ὁ νόμος καὶ οἱ προφῆται, ἅτε μηδέπω ἐληλυθότος
τοῦ τὰ ἐν αὐτοῖς μυστήρια σαφηνίζοντος, οὐκ εἶχον τὸ
ἐπάγγελμα τοῦ περὶ τοῦ εὐαγγελίου ὅρου· ὁ δὲ σωτὴρ
ἐπιδημήσας καὶ τὸ εὐαγγέλιον σωματοποιηθῆναι ποιήσας
τῷ εὐαγγελίῳ πάντα ὡσεὶ εὐαγγέλιον πεποίηκεν. καὶ οὐκ
30 ἂν ἀπὸ σκοποῦ χρησαίμην τῷ παραδείγματι τοῦ· Μικρὰ   Ga v 9
ζύμη ὅλον τὸ φύραμα ζυμοῖ. ⟨ὅτι ἐλθὼν ὁ προφητευθεὶς   cf. Ps xliv
ὡραῖος εἶναι παρὰ τοὺς⟩ υἱοὺς τῶν ἀνθρώπων τῇ θειότητι   (xlv) 2

14 Μεσσίαν] μεσίαν   23 εὐφραίνοντες (ut videtur)   31 ζύμη
κ.τ.λ.] locus male laesus   ὅτι κ.τ.λ.] lac. (40)   υἱοὺς κ.τ.λ.

cf. 2 Co iii 16

αὐτοῦ, περιελὼν τὸ ἐν τῷ νόμῳ καὶ προφήταις κάλυμμα, πάντων τὸ θεῖον ἀπέδειξε· φανερῶς παραστήσας τοῖς βουληθεῖσι τῆς σοφίας αὐτοῦ γενέσθαι μαθηταῖς τίνα τὰ ἀληθινὰ

cf. He viii 5

τοῦ Μωϋσέως νόμου, ὧν ὑποδείγματι καὶ σκιᾷ ἐλάτρευον οἱ πάλαι, καὶ τίς ἡ ἀλήθεια τῶν ἐν ταῖς ἱστορίαις πραγμάτων, 5

cf. 1 Co x 11

ἅτινα τυπικῶς συνέβαινεν ἐκείνοις, ἐγράφη δὲ δι' ἡμᾶς, εἰς 9 οὓς τὰ τέλη τῶν αἰώνων κατήντησεν.   πᾶς οὖν ᾧ Χριστὸς

cf. Jo iv 21 ff.

ἐπεδεδήμηκεν οὔτε ἐν Ἱεροσολύμοις οὔτε ἐν τῷ τῶν Σαμαρειτῶν ὄρει προσκυνεῖ τῷ θεῷ, ἀλλὰ μαθὼν ὅτι πνεῦμα ὁ θεός, πνευματικῶς λατρεύων αὐτῷ, πνεύματι καὶ ἀληθείᾳ 10 οὐκέτι δὲ τυπικῶς προσκυνεῖ τὸν τῶν ὅλων πατέρα καὶ δημιουργόν.   οὐκοῦν πρὸ τοῦ εὐαγγελίου, ὃ γέγονε διὰ τὴν Χριστοῦ ἐπιδημίαν, οὐδὲν τῶν πάλαι εὐαγγέλιον ἦν.   τὸ δὲ

cf. Ro vii 6

εὐαγγέλιον, ὅπερ ἐστὶ διαθήκη καινὴ, ἀποστῆσαν ἡμᾶς παλαιότητος τοῦ γράμματος, τὴν μηδέποτε παλαιουμένην 15 καινότητα τοῦ πνεύματος, οἰκείαν τῆς καινῆς διαθήκης τυγχάνουσαν, ἐν πάσαις ἀνακειμένην γραφαῖς τῷ φωτὶ τῆς γνώσεως ἀνέλαμψεν.   ἐχρῆν δὲ τὸ ποιητικὸν τοῦ καὶ ἐν τῇ παλαιᾷ διαθήκῃ νομιζομένου εὐαγγελίου εὐαγγέλιον ἐξαιρέτως καλεῖσθαι εὐαγγέλιον.   20

7. (9) Πλὴν οὐκ ἀγνοητέον Χριστοῦ ἐπιδημίαν καὶ πρὸ τῆς κατὰ σῶμα ἐπιδημίας τὴν νοητὴν γεγονέναι τοῖς τελειο-

cf. Ga iii 25; v 2

τέροις καὶ οὐ νηπίοις, οὐδὲ ὑπὸ παιδαγωγοὺς καὶ ἐπιτρόπους ἐπιτυγχάνουσιν, οἷς τὸ νοητὸν τοῦ χρόνου πλήρωμα ἐνέστη,

cf. He iii 5

ὥσπερ τοῖς πατριάρχαις καὶ Μωϋσεῖ τῷ θεράποντι καὶ τοῖς 25 τεθεαμένοις Χριστοῦ τὴν δόξαν προφήταις.   ὥσπερ δὲ πρὸ τῆς ἐμφανοῦς καὶ κατὰ σῶμα ἐπιδημίας ἐπεδήμησε τοῖς τελείοις, οὕτω καὶ μετὰ τὴν κεκηρυγμένην παρουσίαν τοῖς ἔτι νηπίοις, ἅτε ὑπὸ ἐπιτρόπους τυγχάνουσι καὶ οἰκονόμους καὶ μηδέπω ἐπὶ τὸ πλήρωμα τοῦ χρόνου ἐφθακόσιν, οἱ μὲν 30 πρόδρομοι Χριστοῦ ἐπιδεδημήκασι παισὶ ψυχαῖς ἁρμόζοντες λόγοι, εὐλόγως ἂν κληθέντες παιδαγωγοί· αὐτὸς δὲ ὁ υἱὸς ὁ δεδοξασμένος θεὸς λόγος οὐδέπω, περιμένων τὴν δέουσαν γενέσθαι προπαρασκευὴν τοῖς μέλλουσι χωρεῖν αὐτοῦ τὴν

θεότητα ἀνθρώποις θεοῦ. καὶ τοῦτο δὲ εἰδέναι ἐχρῆν, ὅτι
ὥσπερ ἔστι νόμος σκιὰν περιέχων τῶν μελλόντων ἀγαθῶν   cf. He x 1
ὑπὸ τοῦ κατὰ ἀλήθειαν καταγγελλομένου νόμου δηλουμένων,
οὕτω καὶ εὐαγγέλιον σκιὰν μυστηρίων Χριστοῦ διδάσκει, τὸ
5 νομιζόμενον ὑπὸ πάντων τῶν ἐντυγχανόντων νοεῖσθαι. ὃ δέ
φησιν Ἰωάννης εὐαγγέλιον αἰώνιον, οἰκείως ἂν λεχθησόμενον   cf. Ap xiv 6
πνευματικόν, σαφῶς παρίστησι τοῖς νοοῦσι τὰ πάντα ἐνώπιον   cf. Pr viii 9
περὶ αὐτοῦ τοῦ υἱοῦ τοῦ θεοῦ, καὶ τὰ παριστάμενα μυστήρια
ὑπὸ τῶν λόγων αὐτοῦ, τά τε πράγματα ὧν αἰνίγματα ἦσαν
10 αἱ πράξεις αὐτοῦ. τούτοις δὲ ἀκόλουθόν ἐστιν ἐκλαμβάνειν
ὅτι ὃν τρόπον ἐν φανερῷ Ἰουδαῖός τίς ἐστι καὶ περιτομή   cf. Ro ii 28
<τις ἐν τῷ φανερῷ ἐν σαρκὶ> καὶ ἄλλος ἐν κρυπτῷ, οὕτω
10 χριστιανὸς καὶ βάπτισμα. καὶ Παῦλος μὲν καὶ Πέτρος, ἐν
φανερῷ πρότερον ὄντες Ἰουδαῖοι καὶ περιτετμημένοι, ὕστερον
15 καὶ ἐν τῷ κρυπτῷ τοιοῦτοι τυγχάνειν ἀπὸ Ἰησοῦ εἰλήφασι,
τὸ ἐν φανερῷ εἶναι Ἰουδαῖοι διὰ τὴν τῶν πολλῶν σωτηρίαν
κατ᾽ οἰκονομίαν οὐ μόνον λόγοις ὁμολογοῦντες ἀλλὰ καὶ διὰ
τῶν ἔργων δεικνύντες. τὸ δ᾽ αὐτὸ καὶ περὶ τοῦ χριστιανισμοῦ
αὐτῶν λεκτέον. καὶ ὥσπερ οὐκ ἔστιν ὠφελῆσαι δυνατὸν
20 Παῦλον τοὺς κατὰ σάρκα Ἰουδαίους ἐὰν μή, ὅτε ὁ λόγος αἱρεῖ,   cf. Act xvi 3 :
περιτέμῃ τὸν Τιμόθεον, καὶ, ὅτε εὔλογόν ἐστι, ξυράμενον καὶ   xxi 24 ff.
προσφορὰν ποιήσαντα καὶ ἀπαξαπλῶς τοῖς Ἰουδαίοις Ἰου-   cf. 1 Co ix 20
δαῖον γενόμενον, ἵνα τοὺς Ἰουδαίους κερδήσῃ· οὕτως τὸν
ἐκκείμενον εἰς πολλῶν ὠφέλειαν οὐκ ἔστι διὰ τοῦ ἐν κρυπτῷ
25 χριστιανισμοῦ μόνον δυνατὸν τοὺς στοιχειουμένους ἐν τῷ
φανερῷ χριστιανισμῷ βελτιῶσαι καὶ προαγαγεῖν ἐπὶ τὰ
κρείττονα καὶ ἀνωτέρω. διόπερ ἀναγκαῖον πνευματικῶς καὶ
σωματικῶς χριστιανίζειν· καὶ ὅπου μὲν χρὴ τὸ σωματικὸν
κηρύσσειν εὐαγγέλιον, φάσκοντα μηδὲν εἰδέναι τοῖς σαρ-   cf. 1 Co ii 2
30 κίνοις ἢ Ἰησοῦν Χριστὸν καὶ τοῦτον ἐσταυρωμένον, τοῦτο
ποιητέον· ἐπὰν δὲ εὑρεθῶσι κατηρτισμένοι τῷ πνεύματι καὶ

11, 12 περιτομή—σαρκὶ] περι lac. (28) καὶ ἄλλος κ.τ.λ.   12 καὶ
ἄλλος ἐν κρυπτῷ] ut videtur, sed male laesus est locus   24 κρυπτῷ]
χω   29 εἰδέναι] εἶναι

καρποφοροῦντες ἐν αὐτῷ ἐρῶντές τε τῆς οὐρανίου σοφίας,
μεταδοτέον αὐτοῖς τοῦ λόγου ἐπανελθόντος ἀπὸ τοῦ σεσαρ-
κῶσθαι ἐφ' ὃ ἦν ἐν ἀρχῇ πρὸς τὸν θεόν.

8. (10) Ταῦτα δὲ ἐξετάζοντες περὶ τοῦ εὐαγγελίου οὐ
μάτην εἰρηκέναι ἡγούμεθα, οἱονεὶ αἰσθητὸν εὐαγγέλιον νοητοῦ 5
καὶ πνευματικοῦ τῇ ἐπινοίᾳ διακρίνοντες. καὶ γὰρ νῦν πρό-
κειται τὸ αἰσθητὸν εὐαγγέλιον μεταλαβεῖν εἰς πνευματικόν·
τίς γὰρ ἡ διήγησις τοῦ αἰσθητοῦ, εἰ μὴ μεταλαμβάνοιτο εἰς
πνευματικόν; ἤτοι οὐδεμία, ἢ ὀλίγη καὶ τῶν τυχόντων ἀπὸ
τῆς λέξεως αὐτοὺς πεπεικότων λαμβάνειν τὰ δηλούμενα. 10
ἀλλὰ πᾶς ἀγὼν ἡμῖν ἐνέστηκε πειρωμένοις εἰς τὰ βάθη τοῦ
εὐαγγελικοῦ νοῦ φθάσαι, καὶ ἐρευνῆσαι τὴν ἐν αὐτῷ γυμνὴν
τύπων ἀλήθειαν. τῶν δὴ εὐαγγελιζομένων ἐν ἀγαθῶν ἀπ-
αγγελίᾳ νοουμένων, οἱ μὲν ἀπόστολοι τὸν Ἰησοῦν εὐαγ-
γελίζονται· λέγονται μέντοι ὡς ἀγαθὸν καὶ τὴν ἀνάστασιν 15
εὐαγγελίζεσθαι, καὶ αὐτήν πως οὖσαν Ἰησοῦν· Ἰησοῦς γάρ
φησιν· Ἐγώ εἰμι ἡ ἀνάστασις. Ἰησοῦς δὲ τὰ τοῖς ἁγίοις
ἀποκείμενα εὐαγγελίζεται τοῖς πτωχοῖς, παρακαλῶν αὐτοὺς
ἐπὶ τὰς θείας ἐπαγγελίας. καὶ μαρτυροῦσιν αἱ θεῖαι
γραφαὶ τοῖς ὑπὸ τῶν ἀποστόλων εὐαγγελισμοῖς, καὶ τῷ ἀπὸ 11
τοῦ σωτῆρος ἡμῶν. ὁ μὲν Δαβὶδ περὶ τῶν ἀποστόλων,
τάχα δὲ καὶ εὐαγγελιστῶν, λέγων· Κύριος δώσει ῥῆμα τοῖς
εὐαγγελιζομένοις δυνάμει πολλῇ· ὁ βασιλεὺς τῶν δυνάμεων
τοῦ ἀγαπητοῦ· ἅμα καὶ διδάσκων ὅτι οὐ σύνθεσις λόγου
καὶ προφορὰ φωνῶν καὶ ἠσκημένη καλλιλεξία ἀνύει πρὸς τὸ 25
πείθειν, ἀλλὰ δυνάμεως θείας ἐπιχορηγία. διόπερ καὶ ὁ
Παῦλός πού φησι· Γνώσομαι οὐ τὸν λόγον τῶν πεφυσιω-
μένων, ἀλλὰ τὴν δύναμιν· οὐ γὰρ ἐν λόγῳ ἡ βασιλεία τοῦ
θεοῦ ἀλλ' ἐν δυνάμει. καὶ ἐν ἄλλοις· Καὶ ὁ λόγος μου καὶ
τὸ κήρυγμά μου οὐκ ἐν πειθοῖς σοφίας λόγοις ἀλλ' ἐν 30
ἀποδείξει πνεύματος καὶ δυνάμεως. ταύτῃ τῇ δυνάμει μαρ-
τυροῦντες ὁ Σίμων καὶ ὁ Κλεόπας φασίν· Οὐχὶ ἡ καρδία
ἡμῶν καιομένη ἦν ἐν τῇ ὁδῷ, ὡς διήνοιγεν ἡμῖν τὰς γραφάς;

16 οὖσαν] οὖν   32 φασίν] φησὶν

Margin notes:
cf. Jo i 2
Jo xi 25
Ps lxvii (lxviii) 12 f.
1 Co iv 19 f
1 Co ii 4
Lc xxiv 32

οἱ δὲ ἀπόστολοι, ἐπεὶ καὶ ποσότης ἐστὶ δυνάμεως ἐπιχορη-
γουμένης ὑπὸ θεοῦ διαφέρουσα τοῖς λέγουσιν, εἶχον κατὰ
τὸ παρὰ τῷ Δαβὶδ λεγόμενον· Κύριος δώσει ῥῆμα τοῖς   Ps lxvii
εὐαγγελιζομένοις δυνάμει πολλῇ· πολλὴν δύναμιν. Ἡσαΐας   (lxviii) 12
5 δὲ φάσκων· Ὡς ὡραῖοι οἱ πόδες τῶν εὐαγγελιζομένων   Ro x 15;
ἀγαθά· τὸ ὡραῖον καὶ ἐν καιρῷ γινόμενον τῶν ἀποστόλων   cf. Is lii 7
ὁδευόντων τὸν εἰπόντα· Ἐγώ εἰμι ἡ ὁδός· κήρυγμα νοήσας,   Jo xiv 6
ἐπαινεῖ πόδας τοὺς διὰ τῆς νοητῆς ὁδοῦ Χριστοῦ Ἰησοῦ
βαδίζοντας, διά τε τῆς θύρας εἰσιόντας πρὸς τὸν θεόν.
10 ἀγαθὰ δὲ εὐαγγελίζονται οὗτοι ὧν ὡραῖοί εἰσιν οἱ πόδες
τὸν Ἰησοῦν.

9. (11) Καὶ μὴ θαυμάσῃ τις, εἰ πληθυντικῷ ὀνόματι
τῷ τῶν ἀγαθῶν τὸν Ἰησοῦν ἐξειλήφαμεν εὐαγγελίζεσθαι.
ἐκλαβόντες γὰρ τὰ πράγματα καθ’ ὧν τὰ ὀνόματα κεῖται, ἃ
15 ὁ υἱὸς τοῦ θεοῦ ὀνομάζεται, συνήσομεν πῶς πολλὰ ἀγαθά
ἐστιν ὁ Ἰησοῦς, ὃν εὐαγγελίζονται οὗτοι ὧν ὡραῖοί εἰσιν οἱ
πόδες. ἐν μὲν γὰρ ἀγαθὸν ζωὴ, Ἰησοῦς δὲ ζωή. καὶ
ἕτερον ἀγαθὸν φῶς τοῦ κόσμου, φῶς τυγχάνον ἀληθινὸν,
καὶ φῶς τῶν ἀνθρώπων· ἅπερ πάντα ὁ υἱὸς εἶναι λέγεται
20 τοῦ θεοῦ. καὶ ἄλλο ἀγαθὸν κατ’ ἐπίνοιαν παρὰ τὴν ζωὴν
καὶ τὸ φῶς ἡ ἀλήθεια, καὶ τέταρτον παρὰ ταῦτα ἡ ἐπὶ
ταύτην φέρουσα ὁδός· ἅπερ πάντα ὁ σωτὴρ ἡμῶν διδάσκει
ἑαυτὸν εἶναι λέγων· Ἐγώ εἰμι ἡ ὁδὸς, καὶ ἡ ἀλήθεια, καὶ   Jo xiv 6
ἡ ζωή. πῶς δὲ οὐκ ἀγαθὸν τὸ ἀποτιναξάμενον τὸν χοῦν καὶ   cf. Is lii 2
12 τὴν νεκρότητα ἀναστῆναι, τούτου τυγχάνοντα ἀπὸ τοῦ
κυρίου καθὸ ἀνάστασίς ἐστιν, ὃς καί φησιν· Ἐγώ εἰμι ἡ   Jo xi 25
ἀνάστασις; ἀλλὰ καὶ ἡ θύρα, δι’ ἧς τις εἰς τὴν ἄκραν
εἰσέρχεται μακαριότητα, ἀγαθόν· ὁ δὲ χριστός φησιν· Ἐγώ   Jo x 9
εἰμι ἡ θύρα. τί δὲ δεῖ περὶ σοφίας λέγειν, ἣν ἔκτισεν ὁ   Pr viii 22
30 θεὸς ἀρχὴν ὁδῶν αὐτοῦ, εἰς ἔργα αὐτοῦ, ᾗ προσέχαιρεν ὁ
πατὴρ αὐτῆς, ἐνευφραινόμενος τῷ πολυποικίλῳ νοητῷ κάλλει
αὐτῆς ὑπὸ νοητῶν ὀφθαλμῶν μόνων βλεπομένῳ, καὶ εἰς
ἔρωτα τὸν τὸ θεῖον κάλλος κατανοοῦντα οὐράνιον προκαλου-
μένῳ; ἀγαθὸν γὰρ ἡ σοφία τοῦ θεοῦ, ὅπερ μετὰ τῶν

προειρημένων εὐαγγελίζονται ὧν ὡραῖοι οἱ πόδες. ἀλλὰ καὶ
ἡ δύναμις τοῦ θεοῦ ἤδη ὄγδοον ἡμῖν ἀγαθὸν καταλέγεται,
ἥτις ἐστὶν ὁ χριστός. οὐ σιωπητέον δὲ οὐδὲ τὸν μετὰ τὸν
πατέρα τῶν ὅλων θεὸν λόγον· οὐδενὸς γὰρ ἔλαττον ἀγαθοῦ
καὶ τοῦτο τὸ ἀγαθόν. μακάριοι μὲν οὖν οἱ χωρήσαντες 5
ταῦτα τὰ ἀγαθὰ καὶ παραδεξάμενοι ἀπὸ τῶν ὡραίων τοὺς
πόδας καὶ εὐαγγελιζομένων αὐτά. πλὴν κἂν Κορίνθιός τις
cf. 1 Co ii 2 ὤν, κρίνοντος Παύλου οὐδὲν εἰδέναι παρ' αὐτῷ ἢ Ἰησοῦν
Χριστὸν καὶ τοῦτον ἐσταυρωμένον, τὸν δι' ἡμᾶς ἄνθρωπον
μανθάνων παραδέξηται, ἐν ἀρχῇ τῶν ἀγαθῶν γίνεται, ὑπὸ 10
cf. 1 Ti vi 11 τοῦ ἀνθρώπου Ἰησοῦ ἄνθρωπος γινόμενος θεοῦ. καὶ ἀπὸ τοῦ
Ro vi 10 θανάτου αὐτοῦ ἀποθνήσκων τῇ ἁμαρτίᾳ. καὶ γὰρ ἐκεῖνος
ὃ ἀπέθανε, τῇ ἁμαρτίᾳ ἀπέθανεν ἐφάπαξ. ἀπὸ δὲ τῆς ζωῆς
αὐτοῦ, ἐπεὶ Ἰησοῦς ὃ ζῇ, ζῇ τῷ θεῷ, πᾶς ὁ σύμμορφος
γενόμενος τῆς ἀναστάσεως αὐτοῦ λαμβάνει τὸ ζῆν τῷ θεῷ. 15
τίς δὲ διστάξει, εἰ αὐτοδικαιοσύνη ἀγαθόν ἐστι, καὶ αὐτο-
αγιασμὸς καὶ αὐτοαπολύτρωσις; ἅπερ καὶ αὐτὰ οἱ Ἰησοῦν
εὐαγγελιζόμενοι εὐαγγελίζονται, λέγοντες αὐτὸν γεγονέναι
1 Co i 30 ἡμῖν δικαιοσύνην ἀπὸ θεοῦ καὶ ἁγιασμὸν καὶ ἀπολύτρωσιν.

10. Παρέσται δὲ ἀπὸ τούτων τὰ γεγραμμένα περὶ 20
αὐτοῦ δυσεξαρίθμητα παριστάντα πῶς πλῆθος ἀγαθῶν ἐστιν
Ἰησοῦς, ἀπὸ τῶν δυσεξαριθμήτων καὶ γεγραμμένων κατα-
Col i 19; ii 9 στοχάζεσθαι τῶν ὑπαρχόντων μὲν ἐν αὐτῷ, εἰς ὃν εὐδόκησεν
ἅπαν τὸ πλήρωμα τῆς θεότητος κατοικῆσαι σωματικῶς, οὐ
μὴν ὑπὸ γραμμάτων κεχωρημένων. καὶ τί λέγω ὑπὸ γραμ- 13
μάτων, ὅτε καὶ περὶ ὅλου τοῦ κόσμου φησὶν ὁ Ἰωάννης
Jo xxi 25 ὅτι Οὐδὲ αὐτὸν οἶμαι τὸν κόσμον χωρῆσαι τὰ γραφόμενα
βιβλία; ταὐτὸν οὖν ἐστιν εἰπεῖν ὅτι οἱ ἀπόστολοι τὸν
σωτῆρα εὐαγγελίζονται, καὶ τὰ ἀγαθὰ εὐαγγελίζονται.
οὗτος γάρ ἐστιν ὁ ἀπὸ τοῦ ἀγαθοῦ πατρὸς τὸ ἀγαθὰ εἶναι 30
λαβών, ἵνα ἕκαστος ὃ χωρεῖ, ἢ ἃ χωρεῖ, διὰ Ἰησοῦ λαβὼν
ἐν ἀγαθοῖς τυγχάνῃ. οὐχ οἷοί τε δὲ ἦσαν οἱ ἀπόστολοι, ὧν
ὡραῖοι οἱ πόδες, καὶ οἱ τούτων ζηλωταὶ εὐαγγελίζεσθαι τὰ

25 κεχωρημενω

ἀγαθὰ, μὴ πρότερον Ἰησοῦ αὐτοῖς αὐτὰ εὐαγγελισαμένου,
ὡς ὁ Ἡσαΐας φησίν· Αὐτὸς ὁ λαλῶν πάρειμι· ὡς ὥρα ἐπὶ Is lii 7
τῶν ὀρέων, ὡς πόδες εὐαγγελιζομένου ἀκοὴν εἰρήνης, ὡς
εὐαγγελιζόμενος ἀγαθὰ, ὅτι ἀκουστὴν ποιήσω τὴν σωτηρίαν
5 σου λέγων Σιὼν Βασιλεύσει σου ὁ θεός.　τίνα γὰρ τὰ ὄρη
ἐφ᾽ ὧν αὐτὸς ὁ λαλῶν παρεῖναι ὁμολογεῖ, ἢ οἱ μηδενὸς τῶν
ἐπὶ γῆς ὑψηλοτάτων καὶ μεγίστων ἥττονες; οὕστινας ζη-
τεῖσθαι δεῖ ὑπὸ τῶν ἱκανῶν διακόνων τῆς καινῆς διαθήκης, cf. 2 Co iii 6
ἵνα τηρήσωσι τὴν λέγουσαν ἐντολήν· Ἐπ᾽ ὄρος ὑψηλὸν Is xl 9
10 ἀνάβηθι ὁ εὐαγγελιζόμενος Σιών, ὕψωσον τῇ ἰσχύϊ τὴν
φωνήν σου ὁ εὐαγγελιζόμενος Ἱερουσαλήμ.　οὐ θαυμαστὸν
δὲ εἰ τοῖς μέλλουσιν εὐαγγελίζεσθαι τὰ ἀγαθὰ Ἰησοῦς
εὐαγγελίζεται τὰ ἀγαθὰ, οὐκ ἄλλα τυγχάνοντα ἑαυτοῦ·
ἑαυτὸν γὰρ εὐαγγελίζεται ὁ υἱὸς τοῦ θεοῦ τοῖς δυναμένοις οὐ cf. Ga i 1
15 δι᾽ ἄλλων αὐτὸν μαθεῖν.　πλὴν ὁ ἐπιβαίνων τῶν ὀρῶν καὶ
εὐαγγελιζόμενος αὐτοῖς τὰ ἀγαθὰ, μαθητευθεὶς τῷ ἀγαθῷ
πατρὶ, ἀνατέλλοντι τὸν ἥλιον ἐπὶ πονηροὺς καὶ ἀγαθοὺς καὶ Mt v 45
βρέχοντι ἐπὶ δικαίους καὶ ἀδίκους, τοὺς τὴν ψυχὴν πτωχοὺς
οὐχ ὑπερηφανεῖ.　καὶ τούτοις γὰρ εὐαγγελίζεται, ὡς αὐτὸς
20 μαρτυρεῖ λαβὼν τὸν Ἡσαΐαν καὶ ἀναγνούς· Τὸ πνεῦμα Lc iv 18—21;
κυρίου ἐπ᾽ ἐμὲ, οὗ ἕνεκεν ἔχρισέ με εὐαγγελίσασθαι πτωχοῖς, cf. Is lxi 1
ἀπέσταλκέ με κηρύξαι αἰχμαλώτοις ἄφεσιν καὶ τυφλοῖς
ἀνάβλεψιν.　πτύξας γὰρ τὸ βιβλίον καὶ ἀποδοὺς τῷ ὑπη-
ρέτῃ ἐκάθισε.　καὶ πάντων ἐνατενιζόντων αὐτῷ φησί
25 Σήμερον πεπλήρωται ἡ γραφὴ αὕτη ἐν τοῖς ὠσὶν ὑμῶν.

ΙΙ.　(12) Ἀναγκαῖον δὲ εἰδέναι ὅτι ἐμπεριλαμβάνεται
τῷ τηλικούτῳ εὐαγγελίῳ καὶ πᾶσα ἡ εἰς Ἰησοῦν γινομένη
πρᾶξις ἀγαθὴ, ὥσπερ καὶ τῆς τὰ πονηρὰ ἔργα πεποιηκυίας
καὶ μετανενοηκυίας εὐωδίαν δεδυνημένης διὰ τὴν ἀπὸ τῶν
30 κακῶν γνησίαν μετάστασιν καταχέαι τοῦ Ἰησοῦ, καὶ παντὶ
14 τῷ οἴκῳ τὴν τοῦ μύρου πνοὴν εἰς αἴσθησιν πάντων τῶν ἐν
αὐτῷ ἐμπεποιηκυίας.　διὸ καὶ γέγραπται· Ὅπου ἂν κη- Mt xxvi 13
ρυχθῇ τὸ εὐαγγέλιον τοῦτο ἐν πᾶσι τοῖς ἔθνεσι, λαληθήσεται
καὶ ὃ ἐποίησεν αὕτη εἰς μνημόσυνον αὐτῆς.　σαφὲς δὲ ὅτι

εἰς Ἰησοῦν γίνεται τὰ εἰς τοὺς μαθητευθέντας αὐτῷ ἐπι-
τελούμενα· δεικνὺς γοῦν τοὺς εὖ πεπονθότας φησὶ τοῖς
Mt xxv 40 πεποιηκόσι· Τούτοις ὃ ἐποιήσατε ἐμοὶ ἐποιήσατε· ὥστε
πᾶσα πρᾶξις ἀγαθὴ ἡ εἰς τὸν πλησίον ὑφ' ἡμῶν ἐπιτελου-
cf. Test Aser μένη εἰς τὸ εὐαγγέλιον ἀναφέρεται, τὸ ἐν ταῖς πλαξὶ τοῦ 5
7 οὐρανοῦ γραφόμενον, καὶ ὑπὸ πάντων τῶν ἠξιωμένων τῆς
τῶν ὅλων γνώσεως ἀναγινωσκόμενον. ἀλλὰ καὶ ἐκ τοῦ
ἐναντίου μέρος ἐστὶ τοῦ εὐαγγελίου εἰς κατηγορίαν τῶν
πραξάντων τὰ εἰς Ἰησοῦν ἁμαρτανόμενα. ἡ γοῦν Ἰούδα
προδοσία καὶ ἡ τοῦ ἀσεβοῦς λαοῦ καταβόησις φάσκοντος· 10
Jo xix 15 Αἶρε ἀπὸ τῆς γῆς τὸν τοιοῦτον, καί Σταύρου, σταύρου
cf. Act xxii αὐτόν· καὶ οἱ ἐμπαιγμοὶ τῶν αὐτὸν τῇ ἀκάνθῃ στεφανω-
22 σάντων, καὶ τὰ τούτοις παραπλήσια ἐγκατατέτακται τοῖς
εὐαγγελίοις. ἀκόλουθον δὲ τούτοις ἐστὶ νοῆσαι ὅτι πᾶς ὁ
<τῶν μαθητῶν> τοῦ Ἰησοῦ προδότης Ἰησοῦ προδότης εἶναι 15
λελόγισται. πρὸς γοῦν τὸν ἔτι διώκοντα Σαῦλον· Σαούλ,
Act ix 4 f. Σαούλ, τί με διώκεις; καί Ἐγώ εἰμι Ἰησοῦς, ὃν σὺ διώκεις.
τινὲς δὲ τὰς ἀκάνθας ἔχουσιν, αἷς τὸν Ἰησοῦν ἀτιμάζοντες
Lc viii 14 στεφανοῦσιν, οἱ ὑπὸ μεριμνῶν καὶ πλούτου καὶ ἡδονῶν τοῦ
βίου συμπνιγόμενοι λαβόντες τὸν λόγον τοῦ θεοῦ οὐ τελεσ- 20
φοροῦσι. διόπερ φυλακτέον μήποτε καὶ ἡμεῖς, ὡς ταῖς
ἰδίαις ἀκάνθαις στεφανοῦντες τὸν Ἰησοῦν, ἀναγραφόμενοι
τοιοῦτοι ἀναγινωσκώμεθα παρὰ τοῖς τὸν ἐν πᾶσι καὶ παρὰ
πᾶσι λογικοῖς ἢ ἁγίοις Ἰησοῦν μανθάνουσι, τίνα τε τρόπον
μύρῳ ἀλείφεται καὶ δειπνίζεται καὶ δοξάζεται, ἢ ἐκ τῶν 25
ἐναντίων ἀτιμάζεται καὶ ἐμπαίζεται καὶ τύπτεται. ἀναγ-
καίως δὴ ταῦθ' ἡμῖν εἴρηται δεικνύουσιν ὡς αἱ ἀγαθαὶ ἡμῶν
πράξεις καὶ αἱ ἁμαρτίαι τῶν πταιόντων τῷ εὐαγγελίῳ ἐγ-
cf. Dan xii 2 κατατάσσονται, ἤτοι εἰς ζωὴν αἰώνιον, ἢ εἰς ὀνειδισμὸν καὶ
εἰς αἰσχύνην αἰώνιον. 30

12. (13) Εἰ δὲ ἐν ἀνθρώποις εἰσὶν οἱ τετιμημένοι δια-
κονίᾳ τῇ τῶν εὐαγγελιστῶν, καὶ αὐτὸς ὁ Ἰησοῦς εὐαγγελίζεται
ἀγαθὰ καὶ πτωχοῖς εὐαγγελίζεται, οὐκ ἔδει τοὺς πεποιημένους
15 τῶν μαθητῶν] om.

ὑπὸ τοῦ θεοῦ πνεύματα ἀγγέλους καὶ τοὺς ὄντας πυρὸς   cf. He i 7;
15 φλόγα, λειτουργοὺς τοῦ τῶν ὅλων πατρὸς, ἐστερῆσθαι τοῦ   Ps ciii(civ) 4
καὶ αὐτοὺς εἶναι εὐαγγελιστάς. διὰ τοῦτο καὶ ἄγγελος
ἐπιστὰς τοῖς ποιμέσι φησὶ, δόξαν ποιήσας περιλάμπειν
5 αὐτούς· Μὴ φοβεῖσθε, ἰδοὺ γὰρ εὐαγγελίζομαι ὑμῖν χαρὰν   Lc ii 10
μεγάλην ἥτις ἔσται παντὶ τῷ λαῷ, ὅτι ἐτέχθη ὑμῖν σήμερον
σωτὴρ ὅς ἐστι χριστὸς κύριος ἐν πόλει Δαβίδ. ὅτε καὶ
μηδέπω ἀνθρώπων συνιέντων τὸ τοῦ εὐαγγελίου μυστήριον
οἱ κρείττονες αὐτῶν, οὐρανὸς τυγχάνοντες, στρατεία θεοῦ,
10 αἰνοῦντες τὸν θεὸν λέγουσι· Δόξα ἐν ὑψίστοις θεῷ καὶ ἐπὶ   Lc ii 14
γῆς εἰρήνη, ἐν ἀνθρώποις εὐδοκία. καὶ ταῦτα εἰπόντες
ἀπέρχονται ἀπὸ τῶν ποιμένων εἰς τὸν οὐρανὸν οἱ ἄγγελοι,
καταλιπόντες ἡμῖν νοεῖν πῶς ἡ εὐαγγελισθεῖσα ἡμῖν διὰ τῆς
γενέσεως Χριστοῦ Ἰησοῦ χαρὰ δόξα ἐστὶν ἐν ὑψίστοις θεῷ,
15 τῶν ταπεινωθέντων εἰς χοῦν ἐπιστρεφόντων εἰς τὴν ἀνά-   cf. Ps cxiv
παυσιν αὐτῶν, καὶ ἐν ὑψίστοις διὰ Χριστοῦ μελλόντων   (cxvi) 6, 7
δοξάζειν τὸν θεόν. ἀλλὰ καὶ θαυμάζουσιν οἱ ἄγγελοι τὴν
ἐπὶ γῆς ἐσομένην διὰ Ἰησοῦν εἰρήνην, τοῦ πολεμικοῦ
χωρίου, εἰς ὃ ἐκπεσὼν ἐκ τοῦ οὐρανοῦ ὁ ἑωσφόρος, ὁ πρωὶ   Is xiv 12
20 ἀνατέλλων, ὑπὸ Ἰησοῦ συντρίβεται.

13. (14) Πρὸς τοῖς εἰρημένοις καὶ τοῦτο περὶ εὐαγγελίου
ἰστέον, ὅτι πρώτως τῆς κεφαλῆς τοῦ ὅλου τῶν σωζομένων   cf. Eph i 22 f.
σώματος Χριστοῦ Ἰησοῦ ἐστι τὸ εὐαγγέλιον, ὥς φησιν ὁ
Μάρκος· Ἀρχὴ τοῦ εὐαγγελίου Χριστοῦ Ἰησοῦ. ἤδη δὲ καὶ   Mc i 1
25 τῶν ἀποστόλων τυγχάνει· διὸ λέγει ὁ Παῦλος· Κατὰ τὸ   Ro ii 16
εὐαγγέλιόν μου. πλὴν ἡ ἀρχὴ τοῦ εὐαγγελίου, ἔστι γὰρ
αὐτοῦ μέγεθος ἀρχὴν καὶ τὰ ἑξῆς καὶ μέσα καὶ τέλη ἔχοντος,
ἤτοι πᾶσά ἐστιν ἡ παλαιὰ διαθήκη, τύπου αὐτῆς ὄντος
Ἰωάννου, ἢ διὰ τὴν συναφὴν τῆς καινῆς πρὸς τὴν παλαιὰν
30 τὰ τέλη τῆς παλαιᾶς διὰ Ἰωάννου παριστάμενα. φησὶ γὰρ
ὁ αὐτὸς Μάρκος· Ἀρχὴ τοῦ εὐαγγελίου Ἰησοῦ Χριστοῦ,   Mc i 1
καθὼς γέγραπται ἐν Ἡσαΐᾳ τῷ προφήτῃ Ἰδοὺ ἐγὼ ἀπο-   cf. Mal iii 1
στέλλω τὸν ἄγγελόν μου πρὸ προσώπου σου ὃς κατα-   Is xl 3
σκευάσει τὴν ὁδόν σου. φωνὴ βοῶντος ἐν τῇ ἐρήμῳ

Ἐτοιμάσατε τὴν ὁδὸν κυρίου, εὐθείας ποιεῖτε τὰς τρίβους
αὐτοῦ. ὅθεν θαυμάζειν μοι ἔπεισι πῶς δυσὶ θεοῖς προσά-
πτουσιν ἀμφοτέρας τὰς διαθήκας οἱ ἑτερόδοξοι, οὐκ ἔλαττον
καὶ ἐκ τούτου τοῦ ῥητοῦ ἐλεγχόμενοι. πῶς γὰρ δύναται
ἀρχὴ εἶναι τοῦ εὐαγγελίου ὡς αὐτοὶ οἴονται ἑτέρου τυγχάνων 5
θεοῦ ὁ Ἰωάννης, ὁ τοῦ δημιουργοῦ ἄνθρωπος, καὶ ἀγνοῶν, 16
ὡς νομίζουσι, τὴν καινὴν θεότητα;

14. Οὐ μίαν δὲ καὶ βραχεῖαν πιστεύονται διακονίαν
εὐαγγελικὴν ἄγγελοι οὐδὲ μόνην τὴν πρὸς τοὺς ποιμένας
γεγενημένην· ἀλλὰ γὰρ ἐπὶ τέλει μετέωρος καὶ ἱπτάμενος 10
ἄγγελος εὐαγγέλιον ἔχων εὐαγγελιεῖται πᾶν ἔθνος, τοῦ
ἀγαθοῦ πατρὸς οὐ.πάντη καταλιπόντος τοὺς ἀποπεπτωκότας
αὐτοῦ. φησὶ γοῦν ἐν τῇ Ἀποκαλύψει ὁ τοῦ Ζεβεδαίου
Ap xiv 6 f. Ἰωάννης· Καὶ εἶδον ἄγγελον πετόμενον ἐν μεσουρανήματι,
ἔχοντα εὐαγγέλιον αἰώνιον εὐαγγελίσασθαι ἐπὶ τοὺς καθημέ- 15
νους ἐπὶ τῆς γῆς καὶ ἐπὶ πᾶν ἔθνος καὶ φυλὴν καὶ γλῶσσαν
καὶ λαόν, λέγων ἐν φωνῇ μεγάλῃ Φοβήθητε τὸν θεὸν καὶ
δότε αὐτῷ δόξαν, ὅτι ἦλθεν ἡ ὥρα τῆς κρίσεως αὐτοῦ, καὶ
προσκυνήσατε τὸν ποιήσαντα τὸν οὐρανὸν καὶ τὴν γῆν καὶ
τὴν θάλασσαν καὶ πηγὰς ὑδάτων. 20

15. Ἐπεὶ τοίνυν ἀρχὴ τοῦ εὐαγγελίου κατὰ μίαν
ἐκδοχὴν τὴν πᾶσαν παρεστήσαμεν εἶναι παλαιὰν διαθήκην
διὰ τοῦ ὀνόματος Ἰωάννου σημαινομένην, ὑπὲρ τοῦ μὴ
ἀμάρτυρον εἶναι τὴν ἐκδοχὴν ταύτην παραθησόμεθα τὸ ἐκ
Πράξεων περὶ τοῦ τῆς Αἰθιόπων βασιλίδος εὐνούχου εἰρη- 25
Act viii 35
cf. Is liii 7 μένον καὶ Φιλίππου· Ἀρξάμενος γάρ, φησίν, ὁ Φίλιππος
ἀπὸ τῆς Ἡσαΐου γραφῆς τῆς Ὡς πρόβατον ἐπὶ σφαγὴν
ἤχθη, καὶ ὡς ἀμνὸς ἐνώπιον τοῦ κείροντος ἄφωνος· εὐηγγε-
λίσατο αὐτῷ τὸν κύριον Ἰησοῦν. πῶς γὰρ ἀρχόμενος ἀπὸ
τοῦ προφήτου εὐαγγελίζεται Ἰησοῦν, εἰ μὴ τῆς ἀρχῆς τοῦ 30
εὐαγγελίου μέρος τι ὁ Ἡσαΐας ἦν; ἅμα δὲ καὶ τὰ ἐν πρώ-
τοις ἡμῖν εἰρημένα περὶ τοῦ δύνασθαι εὐαγγέλιον εἶναι
πᾶσαν θείαν γραφὴν ἐντεῦθεν δύναται δηλοῦσθαι. καὶ γὰρ

16 φυλὴν] φυλακὴν

εἰ ὁ εὐαγγελιζόμενος ἀγαθὰ εὐαγγελίζεται, πάντες δὲ οἱ πρὸ
τῆς σωματικῆς Χριστοῦ ἐπιδημίας Χριστὸν εὐαγγελίζονται
ὄντα τὰ ἀγαθά, ὡς ἀπεδείξαμεν, πάντων πώς εἰσιν οἱ λόγοι
τοῦ εὐαγγελίου μέρος. ὅπερ εὐαγγέλιον λεγόμενον λα-
5 λεῖσθαι ἐν ὅλῳ τῷ κόσμῳ ἡμεῖς ἐκλαμβάνομεν ἀπαγγέλ-
λεσθαι ἐν ὅλῳ τῷ κόσμῳ, οὐ μόνον τῷ περιγείῳ τόπῳ
ἀλλὰ καὶ παντὶ τῷ συστήματι τῷ ἐξ οὐρανοῦ καὶ γῆς, ἢ ἐξ
οὐρανῶν καὶ γῆς. καὶ τί δεῖ ἐπὶ πλεῖον μηκύνειν τὸν περὶ
τοῦ τί τὸ εὐαγγέλιόν ἐστι λόγον; αὐτάρκως δὲ τούτων
10 εἰρημένων, καὶ ἐκ τούτων τῶν μὴ ἀνεντρεχῶν δυναμένων τὰ
παραπλήσια συναγαγεῖν ἀπὸ τῶν γραφῶν καὶ βλέπειν τίς
17 ἡ δόξα τῶν ἐν Ἰησοῦ Χριστῷ ἀγαθῶν ὑπὸ τοῦ εὐαγγελίου,
διακονουμένου ὑπὸ ἀνθρώπων καὶ ἀγγέλων, ἐγὼ δ' οἶμαι ὅτι
καὶ ἀρχῶν καὶ ἐξουσιῶν καὶ θρόνων καὶ κυριοτήτων καὶ cf. Eph i 21
15 παντὸς ὀνόματος ὀνομαζομένου, οὐ μόνον ἐν τούτῳ τῷ αἰῶνι
ἀλλὰ καὶ ἐν τῷ μέλλοντι, εἴγε καὶ ὑπ' αὐτοῦ τοῦ Χριστοῦ,
αὐτοῦ που καταπαύσομεν τὰ πρὸ τῆς συναναγνώσεως τῶν
γεγραμμένων. ἤδη δὲ θεὸν αἰτώμεθα συνεργῆσαι διὰ
Χριστοῦ ἡμῖν ἐν ἁγίῳ πνεύματι πρὸς ἀνάπτυξιν τοῦ ἐν ταῖς
20 λέξεσιν ἐναποτεθησαυρισμένου μυστικοῦ νοῦ.

16. Ἐν ἀρχῇ ἦν ὁ λόγος. Οὐ μόνον Ἕλληνες πολλά
φασι σημαινόμενα εἶναι ἀπὸ τῆς ἀρχῆς προσηγορίας· ἀλλὰ
γὰρ εἴ τις τηρήσαι συνάγων πάντοθεν τοῦτο τὸ ὄνομα καὶ
ἀκριβῶς ἐξετάζων βούλοιτο κατανοεῖν ἐν ἑκάστῳ τόπῳ τῶν
25 γραφῶν ἐπὶ τίνος τέτακται, εὑρήσει καὶ κατὰ τὸν θεῖον λόγον
τὸ πολύσημον τῆς φωνῆς. ἡ μὲν γάρ τις ὡς μεταβάσεως,
αὕτη δέ ἐστιν ἡ ὡς ὁδοῦ καὶ μήκους· ὅπερ δηλοῦται ἐκ τοῦ·
Ἀρχὴ ὁδοῦ ἀγαθῆς τὸ ποιεῖν τὰ δίκαια. τῆς γὰρ ἀγαθῆς ὁδοῦ Pr xvi 7
μεγίστης τυγχανούσης, κατὰ μὲν τὰ πρῶτα νοητέον εἶναι τὸ
30 πρακτικόν, ὅπερ παρίσταται διὰ τοῦ· Ποιεῖν τὰ δίκαια· κατὰ
δὲ τὰ ἑξῆς τὸ θεωρητικόν· εἰς ὃ καταλήγειν οἶμαι καὶ τὸ
τέλος αὐτῆς ἐν τῇ λεγομένῃ ἀποκαταστάσει, διὰ τὸ μηδένα
καταλείπεσθαι τότε ἐχθρόν, εἴγε ἀληθὲς τό· Δεῖ γὰρ αὐτὸν 1 Co xv 25 f.

33 post αὐτὸν] ins. ἔτι intra lin. (ut videtur)

βασιλεύειν, ἕως ἂν θῇ τοὺς ἐχθροὺς αὐτοῦ ὑπὸ τοὺς πόδας
αὐτοῦ· ἔσχατος δὲ ἐχθρὸς καταργεῖται ὁ θάνατος. τότε
γὰρ μία πρᾶξις ἔσται τῶν πρὸς θεὸν διὰ τὸν πρὸς αὐτὸν
λόγον φθασάντων, ἡ τοῦ κατανοεῖν τὸν θεόν, ἵνα γένωνται
οὕτως ἐν τῇ γνώσει τοῦ πατρὸς μορφωθέντες πάντες ἀκρι- 5

cf. Mt xi 27;
Lc x 22 βῶς υἱός, ὡς νῦν μόνος ὁ υἱὸς ἔγνωκε τὸν πατέρα· εἰ γὰρ
ἐπιμελῶς τις ἐξετάζοι πότε γνώσονται, οἷς ἀποκαλύπτει ὁ
ἐγνωκὼς τὸν πατέρα υἱός, τὸν πατέρα, καὶ †βλέποι† τὸ νῦν
1 Co xiii 12 δι' ἐσόπτρου καὶ ἐν αἰνίγματι τὸν βλέποντα βλέπειν,
1 Co viii 2 οὐδέπω ἐγνωκότα καθὼς δεῖ γνῶναι, οὐκ ἂν ἁμάρτοι λέγων 10
μηδένα ἐγνωκέναι, κἂν ἀπόστολος κἂν προφήτης τις ᾖ, τὸν
cf. Jo xvii 21 πατέρα, ἀλλ' ὅταν γένωνται ἓν ὡς ὁ υἱὸς καὶ ὁ πατὴρ ἕν
εἰσιν. εἰ καὶ δόξει τις ἡμᾶς παρεκβεβηκέναι, ἓν σημαι-
νόμενον τῆς ἀρχῆς σαφηνίζοντας καὶ ταῦτα εἰρηκότας,
δεικτέον ὅτι ἡ παρέκβασις πρὸς τὸ προκείμενον ἀναγκαία 18
καὶ χρήσιμος ἦν. εἰ γὰρ ἀρχὴ ὡς μεταβάσεώς ἐστι καὶ
Pr xvi 7 ὁδοῦ καὶ μήκους, ἀρχὴ δὲ ὁδοῦ ἀγαθῆς τὸ ποιεῖν τὰ δίκαια,
ἔστιν εἰδέναι εἰ πᾶσα ὁδὸς ἀγαθή πως ἀρχὴν μὲν ἔχει τὸ
ποιεῖν τὰ δίκαια, μετὰ δὲ τὴν ἀρχὴν τὴν θεωρίαν, καὶ τίνα
τρόπον τὴν θεωρίαν. 20

17. Ἔστι δὲ ἀρχὴ καὶ ἡ ὡς γενέσεως, ἢ δόξαι ἂν ἐπὶ
Ge i 1 τοῦ· Ἐν ἀρχῇ ἐποίησεν ὁ θεὸς τὸν οὐρανὸν καὶ τὴν γῆν·
οἶμαι δὲ σαφέστερον ἐν τῷ Ἰὼβ τοῦτο καταγγέλλεσθαι τὸ
Job xl 14 (19) σημαινόμενον κατὰ τό· Τοῦτ' ἐστιν ἀρχὴ πλάσματος, πεποιη-
μένον ἐγκαταπαίζεσθαι ὑπὸ τῶν ἀγγέλων αὐτοῦ. ὑπο- 25
λάβοι γὰρ ἄν τις τῶν ἐν γενέσει τῇ τοῦ κόσμου τυγχανόντων
ἐν ἀρχῇ πεποιῆσθαι τὸν οὐρανὸν καὶ τὴν γῆν· βέλτιον δέ,
ὡς πρὸς τὸ δεύτερον ῥητόν, πολλῶν ὄντων τῶν ἐν σώμασι
γεγενημένων, πρῶτον τῶν ἐν σώματι τὸν καλούμενον εἶναι
Job iii 8 δράκοντα, ὀνομαζόμενον δέ που καὶ μέγα κῆτος ὅπερ ἐχειρώ- 30
σατο ὁ κύριος. καὶ ἀναγκαῖον ἐπιστῆσαι εἰ ἄϋλον πάντη
καὶ ἀσώματον ζωὴν ζώντων ἐν μακαριότητι τῶν ἁγίων, ὁ
καλούμενος δράκων ἄξιος γεγένηται, ἀποπεσὼν τῆς καθαρᾶς
ζωῆς, πρὸ πάντων ἐνδεθῆναι ὕλῃ καὶ σώματι, ἵνα διὰ τοῦτο

χρηματίζων ὁ κύριος διὰ λαίλαπος καὶ νεφῶν λέγῃ· Τοῦτ' ἐ- Job xl 14 (19)
στιν ἀρχὴ πλάσματος κυρίου, πεποιημένον ἐγκαταπαί-
ζεσθαι ὑπὸ τῶν ἀγγέλων αὐτοῦ.   δυνατὸν μέντοι γε τὸν
δράκοντα μὴ ἀπαξαπλῶς εἶναι ἀρχὴν πλάσματος κυρίου,
5 ἀλλὰ πολλῶν ἐν σώματι ἐγκαταπαίζεσθαι πεποιημένων ὑπὸ
τῶν ἀγγέλων, τοῦτον ἀρχὴν τῶν τοιούτων εἶναι, δυναμένων
τινῶν ὑπάρχειν ἐν σώματι οὐχ οὕτως· καὶ γὰρ ἡ ψυχὴ τοῦ
ἡλίου ἐν σώματι, καὶ πᾶσα ἡ κτίσις, περὶ ἧς ὁ ἀπόστολός
φησι· Πᾶσα ἡ κτίσις στενάζει καὶ συνωδίνει ἄχρι τοῦ νῦν. Ro viii 22, 20
10 καὶ τάχα περὶ ἐκείνης ἐστὶ τό· Τῇ ματαιότητι ἡ κτίσις
ὑπετάγη οὐχ ἑκοῦσα, ἀλλὰ διὰ τὸν ὑποτάξαντα τῇ ἐλπίδι,
ἵνα ἐν ματαιότητι τὰ σώματα ᾖ, καὶ τὸ ποιεῖν τὰ σωματικά,
ὅπερ ἀναγκαῖον <ἐστι> τῷ ἐν σώματι <ἐπιμένοντι, οὐχ ἑκόντι
αὐτῷ ἀλλὰ διὰ τὴν ἐλπίδα> ὑπάρχῃ.   ὁ ἐν σώματι οὐχ ἑκὼν
15 ποιεῖ τὰ σώματος· διὰ τοῦτο τῇ ματαιότητι ἡ κτίσις ὑπετάγη
19 οὐχ ἑκοῦσα, καὶ οὐχ ἑκὼν ποιῶν τὰ σώματος ὃ ποιεῖ ποιεῖ
διὰ τὴν ἐλπίδα, ὡς εἰ λέγοιμεν Παῦλον θέλειν ἐπιμένειν τῇ cf. Phil i 23 f.
σαρκὶ οὐχ ἑκόντα ἀλλὰ διὰ τὴν ἐλπίδα.   προτιμῶντα γὰρ
κατ' αὐτὸ τὸ ἀναλῦσαι καὶ σὺν Χριστῷ εἶναι, οὐκ ἄλογον
20 ἦν βούλεσθαι ἐπιμένειν τῇ σαρκὶ διὰ τὴν ἑτέρων ὠφέλειαν
καὶ προκοπὴν τὴν ἐν τοῖς ἐλπιζομένοις, οὐ μόνον αὐτοῦ
ἀλλὰ καὶ τῶν ὠφελουμένων ὑπ' αὐτοῦ.   κατὰ τοῦτο δὲ τὸ
ὡς γενέσεως σημαινόμενον τὴν ἀρχὴν καὶ τὸ ὑπὸ τῆς σοφίας
ἐν παροιμίαις λεγόμενον ἐκδέξασθαι δυνησόμεθα· Ὁ θεὸς Pr viii 22
25 γάρ, φησίν, ἔκτισέ με ἀρχὴν ὁδῶν αὐτοῦ εἰς ἔργα αὐτοῦ.
δύναται μέντοι γε καὶ ἐπὶ τὸ πρῶτον ἀνάγεσθαι, τουτέστι τὸ
ὡς ὁδοῦ, διὰ τὸ λέγεσθαι· Ὁ θεὸς ἔκτισέ με ἀρχὴν ὁδῶν
αὐτοῦ.   οὐκ ἀτόπως δὲ καὶ τὸν τῶν ὅλων θεὸν ἐρεῖ τις
ἀρχήν, σαφῶς προπίπτων, ὅτι ἀρχὴ υἱοῦ ὁ πατήρ, καὶ ἀρχὴ
30 δημιουργημάτων ὁ δημιουργός, καὶ ἀπαξαπλῶς ἀρχὴ τῶν
ὄντων ὁ θεός.   παραμυθήσεται δὲ διὰ τοῦ· Ἐν ἀρχῇ ἦν ὁ
λόγος, λόγον νοῶν τὸν υἱόν, παρὰ τὸ εἶναι ἐν τῷ πατρὶ

---

13 post ἀναγκαῖον] lac. iv circa litt.   post σώματι] lac. xl
circa litt.   Quae uncinis concluduntur, ex coniectura supplevi.

λεγόμενον εἶναι ἐν ἀρχῇ. (18) τρίτον δὲ τὸ ἐξ οὗ οἴονται ἐξ
ὑποκειμένης ὕλης, ἀρχὴ παρὰ τοῖς ἀγένητον αὐτὴν ἐπιστα-
μένοις, ἀλλ' οὐ παρ' ἡμῖν τοῖς πειθομένοις, ὅτι ἐξ οὐκ ὄντων
τὰ ὄντα ἐποίησεν ὁ θεός, ὡς ἡ μήτηρ τῶν ἑπτὰ μαρτύρων ἐν

cf. 2 Macc vii 28
Μακκαβαϊκοῖς, καὶ ὁ τῆς μετανοίας ἄγγελος ἐν τῷ ποιμένι 5
Hermas Vis i i 6
ἐδίδαξε. (19) πρὸς τούτοις ἀρχὴ καὶ τὸ καθ' οἷον κατὰ τὸ
Col i 15
εἶδος, οὕτως· εἴπερ εἰκὼν τοῦ θεοῦ τοῦ ἀοράτου ὁ πρωτότοκος
πάσης κτίσεως, ἀρχὴ αὐτοῦ ὁ πατήρ ἐστιν. ὁμοίως δὲ καὶ
Χριστὸς ἀρχὴ τῶν κατ' εἰκόνα γενομένων θεοῦ. εἰ γὰρ οἱ
ἄνθρωποι κατ' εἰκόνα, ἡ εἰκὼν δὲ κατὰ τὸν πατέρα, τὸ μὲν 10
καθὸ τοῦ χριστοῦ ὁ πατὴρ ἀρχή, τὸ δὲ καθὸ τῶν ἀνθρώπων
ὁ χριστὸς γενομένων οὐ κατὰ τὸ οὗ ἐστιν εἰκών, ἀλλὰ
Jo i 1
κατὰ τὴν εἰκόνα· ἁρμόσει δὲ τό· Ἐν ἀρχῇ ἦν ὁ λόγος,
εἰς τὸ αὐτὸ παράδειγμα.

18. (20) Ἔστιν ἀρχὴ καὶ ὡς μαθήσεως, καθὸ τὰ στοι- 15
χεῖά φαμεν ἀρχὴν εἶναι γραμματικῆς. κατὰ τοῦτό φησιν ὁ
He v 12
ἀπόστολος ὅτι Ὀφείλοντες εἶναι διδάσκαλοι διὰ τὸν χρόνον,
πάλιν χρείαν ἔχετε τοῦ διδάσκειν ὑμᾶς τίνα τὰ στοιχεῖα τῆς
ἀρχῆς τῶν λογίων τοῦ θεοῦ. διττὴ δὲ ἡ ὡς μαθήσεως
ἀρχή, ἡ μὲν τῇ φύσει, ἡ δὲ ὡς πρὸς ἡμᾶς· ὡς εἰ λέγοιμεν 20
ἐπὶ Χριστοῦ, φύσει μὲν αὐτοῦ ἀρχὴ ἡ θεότης, πρὸς ἡμᾶς
δέ, μὴ ἀπὸ τοῦ μεγέθους αὐτοῦ δυναμένους ἄρξασθαι τῆς 20
περὶ αὐτοῦ ἀληθείας, ἡ ἀνθρωπότης αὐτοῦ, καθὸ τοῖς
1 Co ii 2
νηπίοις καταγγέλλεται Ἰησοῦς Χριστός, καὶ οὗτος ἐσταυ-
ρωμένος. ὡς κατὰ τοῦτο εἰπεῖν ἀρχὴν εἶναι μαθήσεως τῇ 25
cf. 1 Co i 24
μὲν φύσει Χριστὸν καθὸ σοφία καὶ δύναμις θεοῦ, πρὸς ἡμᾶς
Jo i 14
δὲ ὁ λόγος σὰρξ ἐγένετο, ἵνα σκηνώσῃ ἐν ἡμῖν, οὕτω
μόνον πρῶτον αὐτὸν χωρῆσαι δυναμένοις. καὶ τάχα διὰ
Col i 15
τοῦτο οὐ μόνον πρωτότοκός ἐστι πάσης κτίσεως, ἀλλὰ καὶ
Ἀδὰμ ἑρμηνεύεται ἄνθρωπος. ὅτι δὲ Ἀδάμ ἐστι, φησὶν ὁ 30
1 Co xv 45
Παῦλος· Ὁ ἔσχατος Ἀδὰμ εἰς πνεῦμα ζωοποιοῦν. (21) ἔστι
δὲ ἀρχὴ καὶ ὡς ἡ πράξεως, ἐν ᾗ πράξει ἐστί τι τέλος μετὰ

6 καθ' οἷον] καθ' ὁποῖον pr. man. ut videtur 22 μὴ] ἡ

τὴν ἀρχήν. καὶ ἐπίστησον εἰ ἡ σοφία ἀρχὴ τῶν πράξεων
οὖσα τοῦ θεοῦ οὕτω δύναται νοεῖσθαι ἀρχή.

19. (22) Τοσούτων σημαινομένων ἐπὶ τοῦ παρόντος ἡμῖν
ὑποπεσόντων περὶ ἀρχῆς, ζητοῦμεν ἐπὶ τίνος δεῖ λαμβάνειν
5 τό· Ἐν ἀρχῇ ἦν ὁ λόγος. καὶ σαφὲς ὅτι οὐκ ἐπὶ τοῦ ὡς
μεταβάσεως, ἢ ὡς ὁδοῦ καὶ μήκους· οὐκ ἄδηλον δὲ ὅτι οὐδὲ
ἐπὶ τοῦ ὡς γενέσεως. πλὴν δυνατὸν ὡς τὸ ὑφ' οὗ, ὅπερ
ἐστὶ ποιοῦν, εἴγε ἐνετείλατο ὁ θεὸς καὶ ἐκτίσθησαν. δημι- Ps cxlviii 5
ουργὸς γάρ πως ὁ χριστός ἐστιν, ᾧ λέγει ὁ πατήρ· Γενηθή- Ge i 3, 6
10 τω φῶς, καί· Γενηθήτω στερέωμα. δημιουργὸς δὲ ὁ χριστὸς
ὡς ἀρχή, καθὸ σοφία ἐστί, τῷ σοφία εἶναι καλούμενος
ἀρχή. ἡ γὰρ σοφία παρὰ τῷ Σαλομῶντί φησιν· Ὁ θεὸς Pr viii 22
ἔκτισέ με ἀρχὴν ὁδῶν αὐτοῦ εἰς ἔργα αὐτοῦ, ἵνα ἐν ἀρχῇ cf. Jo i 1
ᾖ ὁ λόγος, ἐν τῇ σοφίᾳ· κατὰ μὲν τὴν σύστασιν τῆς περὶ
15 τῶν ὅλων θεωρίας καὶ νοημάτων τῆς σοφίας νοουμένης,
κατὰ δὲ τὴν πρὸς τὰ λογικὰ κοινωνίαν τῶν τεθεωρημένων
τοῦ λόγου λαμβανομένου. καὶ οὐ θαυμαστὸν εἰ, ὡς προ-
ειρήκαμεν, πολλὰ ὢν ἀγαθὰ ὁ σωτὴρ ἐνεπινοούμενα ἔχει
ἐν αὐτῷ πρῶτα καὶ δεύτερα καὶ τρίτα. ὁ γοῦν Ἰωάννης
20 ἐπήνεγκε φάσκων περὶ τοῦ λόγου· Ὃ γέγονεν, ἐν αὐτῷ ζωὴ Jo i 4
ἦν· γέγονεν οὖν ἡ ζωὴ ἐν τῷ λόγῳ· καὶ οὔτε ὁ λόγος
ἕτερός ἐστι τοῦ χριστοῦ, ὁ θεὸς λόγος, ὁ πρὸς τὸν πατέρα,
δι' οὗ τὰ πάντα ἐγένετο, οὔτε ἡ ζωὴ ἑτέρα τοῦ υἱοῦ τοῦ θεοῦ·
διό φησιν· Ἐγώ εἰμι ἡ ὁδὸς καὶ ἡ ἀλήθεια καὶ ἡ ζωή. Jo xiv 6
25 ὥσπερ οὖν ἡ ζωὴ γέγονεν ἐν τῷ λόγῳ, οὕτως ὁ λόγος ἦν ἐν
21 ἀρχῇ. ἐπίστησον δὲ εἰ οἷόν τέ ἐστι καὶ κατὰ τὸ σημαι-
νόμενον τοῦτο ἐκδέχεσθαι ἡμᾶς τό· Ἐν ἀρχῇ ἦν ὁ λόγος·
ἵνα κατὰ τὴν σοφίαν καὶ τοὺς τύπους τοῦ συστήματος τῶν
ἐν αὐτῷ νοημάτων τὰ πάντα γίνηται. οἶμαι γάρ, ὥσπερ
30 κατὰ τοὺς ἀρχιτεκτονικοὺς τύπους οἰκοδομεῖται ἢ τεκταί-
νεται οἰκία καὶ ναῦς, ἀρχὴν τῆς οἰκίας καὶ τῆς νεὼς ἐχόντων
τοὺς ἐν τῷ τεχνίτῃ τύπους καὶ λόγους, οὕτω τὰ σύμπαντα

20 ἐπενέγκῃ   24 διό] pr. man. ut videtur

γεγονέναι κατὰ τοὺς ἐν τῇ σοφίᾳ προτρανωθέντας ὑπὸ θεοῦ
τῶν ἐσομένων λόγους· Πάντα γὰρ ἐν σοφίᾳ ἐποίησε. καὶ
λεκτέον ὅτι κτίσας, ἵν᾽ οὕτως εἴπω, ἔμψυχον σοφίαν ὁ θεός,
αὐτῇ ἐπέτρεψεν ἀπὸ τῶν ἐν αὐτῇ τύπων τοῖς οὖσι καὶ τῇ
ὕλῃ παρασχεῖν καὶ τὴν πλάσιν καὶ τὰ εἴδη, ἐγὼ δὲ ἐφίστημι 5
εἰ καὶ τὰς οὐσίας. οὐ χαλεπὸν μὲν οὖν παχύτερον εἰπεῖν
ἀρχὴν τῶν ὄντων εἶναι τὸν υἱὸν τοῦ θεοῦ, λέγοντα· Ἐγώ
εἰμι ἡ ἀρχὴ καὶ τὸ τέλος, τὸ Α καὶ τὸ Ω, ὁ πρῶτος καὶ ὁ
ἔσχατος· ἀναγκαῖον δὲ εἰδέναι ὅτι οὐ κατὰ πᾶν ὃ ὀνομάζεται
ἀρχή ἐστιν αὐτός. πῶς γὰρ καθὸ ζωή ἐστι δύναται εἶναι 10
ἀρχή, ἥτις ζωὴ γέγονεν ἐν τῷ λόγῳ, δηλονότι ἀρχῇ τυγχά-
νοντι αὐτῆς; ἔτι δὲ σαφέστερον ὅτι καθὸ πρωτότοκός ἐστιν
ἐκ τῶν νεκρῶν οὐ δύναται εἶναι ἀρχή. καὶ ἐὰν ἐπιμελῶς
ἐξετάζωμεν αὐτοῦ πάσας τὰς ἐπινοίας, μόνον κατὰ τὸ εἶναι
σοφία ἀρχή ἐστιν, οὐδὲ κατὰ τὸ εἶναι λόγος ἀρχὴ τυγχάνων, 15
εἴγε ὁ λόγος ἐν ἀρχῇ ἦν· ὡς εἰπεῖν ἄν τινα τεθαρρηκότως
ὅτι πρεσβύτερον πάντων τῶν ἐπινοουμένων ταῖς ὀνομασίαις
τοῦ πρωτοτόκου πάσης κτίσεώς ἐστιν ἡ σοφία.

20. Ὁ θεὸς μὲν οὖν πάντη ἕν ἐστι καὶ ἁπλοῦν· ὁ δὲ
σωτὴρ ἡμῶν διὰ τὰ πολλά, ἐπεὶ προέθετο αὐτὸν ὁ θεὸς 20
ἱλαστήριον καὶ ἀπαρχὴν πάσης τῆς κτίσεως, πολλὰ γίνεται,
ἢ καὶ τάχα πάντα ταῦτα, καθὰ χρῄζει αὐτοῦ ἡ ἐλευθεροῦσθαι
δυναμένη πᾶσα κτίσις. καὶ διὰ τοῦτο γίνεται φῶς τῶν
ἀνθρώπων, ὅτε ἄνθρωποι ὑπὸ τῆς κακίας σκοτισθέντες δέον-
ται φωτὸς τοῦ ἐν τῇ σκυτίᾳ φαίνοντος καὶ ὑπὸ σκοτίας μὴ 25
καταλαμβανομένου, οὐκ ἄν, εἰ μὴ γεγόνεισαν ἐν τῷ σκότῳ
οἱ ἄνθρωποι, γενόμενος ἀνθρώπων φῶς. τὸ δ᾽ ὅμοιόν ἐστι
νοῆσαι καὶ ἐπὶ τοῦ εἶναι αὐτὸν πρωτότοκον τῶν νεκρῶν. εἰ
γὰρ καθ᾽ ὑπόθεσιν ἡ γυνὴ μὴ ἠπάτητο καὶ ὁ Ἀδὰμ μὴ 22
παραπέπτωκε, κτισθεὶς δὲ ὁ ἄνθρωπος ἐπὶ ἀφθαρσίᾳ κεκρά- 30
τήκει τῆς ἀφθαρσίας, οὔτ᾽ ἂν εἰς χοῦν θανάτου καταβεβήκει,
οὔτ᾽ ἂν ἀπέθανεν οὐκ οὔσης ἁμαρτίας, ἢ διὰ τὴν φιλανθρω-

Ps ciii (civ) 24

Ap xxii 13

Col i 18

Jo i 1

cf. Ro iii 25

cf. Jo i 5

cf. Ap i 5

cf. Ps xxi (xxii) 16

4 τοῖς οὖσι κ.τ.λ.] Vide Introd. 17 ὅτι] om. 22 καθὰ
χρῄζει] e coniect. MS. καθαρίζει

πίαν αὐτὸν ἐχρῆν ἀποθανεῖν· ταῦτα δὲ μὴ ποιήσας οὐκ
ἐγίνετο πρωτότοκος ἐκ τῶν νεκρῶν. ἐξεταστέον δέ, μήποτε
καὶ ποιμὴν οὐκ ἂν ἐγίνετο, τοῦ ἀνθρώπου μὴ παρασυμ-
βληθέντος τοῖς κτήνεσι τοῖς ἀνοήτοις μηδ᾽ ὁμοιωθέντος Ps xlviii
(xlix) 13
5 αὐτοῖς. εἰ γὰρ ἀνθρώπους καὶ κτήνη σώζει ὁ θεός, σώζει ἃ Ps xxxv
(xxxvi) 7
σώζει κτήνη ποιμένα αὐτοῖς χαρισάμενος τοῖς μὴ χωροῦσι
τὸν βασιλέα. βασανιστέον οὖν συναγαγόντα τὰς ὀνομα-
σίας τοῦ υἱοῦ, ποῖαι αὐτῶν ἐπιγεγόνασιν, οὐκ ἂν ἐν μακα-
ριότητι ἀρξαμένων καὶ μεινάντων τῶν ἁγίων γενόμεναι τὰ
10 τοσάδε. τάχα γὰρ σοφία ἔμενε μόνον ἢ καὶ λόγος ἢ καὶ
ζωή, πάντως δὲ καὶ ἀλήθεια· οὐ μὴν δὲ καὶ τὰ ἄλλα ὅσα
δι᾽ ἡμᾶς προσείληφε. καὶ μακάριοί γε ὅσοι δεόμενοι τοῦ
υἱοῦ τοῦ θεοῦ τοιοῦτοι γεγόνασιν ὡς μηκέτι αὐτοῦ χρῄζειν
ἰατροῦ τοὺς κακῶς ἔχοντας θεραπεύοντος μηδὲ ποιμένος μηδὲ
15 ἀπολυτρώσεως, ἀλλὰ σοφίας καὶ λόγου καὶ δικαιοσύνης, ἢ
εἴ τι ἄλλο τοῖς διὰ τελειότητα χωρεῖν αὐτοῦ τὰ κάλλιστα
δυναμένοις. τοσαῦτα περὶ τοῦ· Ἐν ἀρχῇ.

21. (23) Ἴδωμεν δὲ ἐπιμελέστερον τίς ὁ ἐν αὐτῇ
λόγος. θαυμάζειν μοι πολλάκις ἐπέρχεται σκοποῦντι τὰ ὑπό
20 τινων πιστεύειν εἰς τὸν χριστὸν βουλομένων λεγόμενα περὶ
αὐτοῦ, τί δήποτε δυσεξαριθμήτων ὀνομάτων τασσομένων
ἐπὶ τοῦ σωτῆρος ἡμῶν τὰ μὲν πλεῖστα παρασιωπῶσιν,
ἀλλὰ καὶ εἴ ποτε μνήμη αὐτῶν γένοιτο μεταλαμβάνουσιν
οὐ κυρίως ἀλλὰ τροπικῶς ταῦτα αὐτὸν ὀνομάζεσθαι, ἐπὶ δὲ
25 μόνης τῆς λόγος προσηγορίας ἱστάμενοι, οἱονεὶ λόγον
μόνον φασὶν εἶναι τὸν Χριστὸν τοῦ θεοῦ, καὶ οὐχὶ ἀκολού-
θως τοῖς λοιποῖς τῶν ὀνομαζομένων ἐρευνῶσι τοῦ σημαινο-
μένου τὴν δύναμιν ἐκ τῆς λόγος φωνῆς. ὃ δέ φημι
θαυμάζειν τῶν πολλῶν, σαφέστερον γὰρ ἐρῶ, τοιοῦτόν
30 ἐστι. φησί που ὁ υἱὸς τοῦ θεοῦ· Ἐγώ εἰμι τὸ φῶς Jo viii 12
τοῦ κόσμου· καὶ ἐν ἄλλοις· Ἐγώ εἰμι ἡ ἀνάστασις· Jo xi 25
καὶ πάλιν· Ἐγώ εἰμι ἡ ὁδὸς καὶ ἡ ἀλήθεια καὶ ἡ ζωή· Jo xiv 6

Jo x 9 γέγραπται δὲ καὶ τό· Ἐγώ εἰμι ἡ θύρα· εἴρηται καὶ τό·

Jo x 11 Ἐγώ εἰμι ὁ ποιμὴν ὁ καλός· καὶ πρὸς τὴν Σαμαρεῖτιν

Jo iv 25 f. φάσκουσαν· Οἴδαμεν ὅτι Μεσσίας ἔρχεται, ὁ λεγόμενος 23
Χριστός· ὅταν ἔλθῃ ἐκεῖνος ἀναγγελεῖ ἡμῖν πάντα· ἀποκρί-
νεται· Ἐγώ εἰμι ὁ λαλῶν σοι. πρὸς τούτοις, ὅτε ἔνιψε 5
τοὺς πόδας τῶν μαθητῶν, κύριος καὶ διδάσκαλος αὐτῶν

Jo xiii 13 εἶναι διὰ τούτων ὁμολογεῖ· Ὑμεῖς φωνεῖτέ με Ὁ διδάσκα-
λος καὶ Ὁ κύριος, καὶ καλῶς λέγετε, εἰμὶ γάρ. ἀλλὰ καὶ

Jo x 36 υἱὸν εἶναι θεοῦ σαφῶς ἑαυτὸν καταγγέλλει λέγων· Ὃν ὁ
πατὴρ ἡγίασε καὶ ἀπέστειλεν εἰς τὸν κόσμον ὑμεῖς λέγετε 10

Jo xvii 1 ὅτι Βλασφημεῖς, ὅτι εἶπον Υἱὸς τοῦ θεοῦ εἰμι; καί· Πάτερ,
ἐλήλυθεν ἡ ὥρα· δόξασόν σου τὸν υἱόν, ἵνα ὁ υἱὸς δοξάσῃ
σε. εὑρίσκομεν δὲ καταγγέλλοντα ἑαυτὸν καὶ βασιλέα, ὡς

Jo xviii 33, 36 ἐπὰν ἀποκρινόμενος τῷ Πιλάτῳ πρὸς τό· Σὺ εἶ ὁ βασιλεὺς
τῶν Ἰουδαίων; λέγῃ· Ἡ βασιλεία ἡ ἐμὴ οὐκ ἔστιν ἐκ τοῦ 15
κόσμου τούτου· εἰ ἐκ τοῦ κόσμου τούτου ἦν ἡ βασιλεία ἡ
ἐμή, οἱ ὑπηρέται οἱ ἐμοὶ ἠγωνίζοντο ἄν, ἵνα μὴ παραδοθῶ
τοῖς Ἰουδαίοις· νῦν δὲ ἡ βασιλεία ἡ ἐμὴ οὐκ ἔστιν ἐν-

Jo xv 1, 5 τεῦθεν. ἀνέγνωμεν καὶ τό· Ἐγώ εἰμι ἡ ἄμπελος ἡ ἀληθινή,
καὶ ὁ πατήρ μου ὁ γεωργός ἐστι· καὶ πάλιν· Ἐγώ εἰμι 20
ἄμπελος, ὑμεῖς τὰ κλήματα. συναριθμείσθω τούτοις καὶ

Jo vi 35, 51, τό· Ἐγώ εἰμι ὁ ἄρτος τῆς ζωῆς· καὶ πάλιν· Ἐγώ εἰμι ὁ
33 ἄρτος ὁ ζῶν, ὁ ἐκ τοῦ οὐρανοῦ καταβὰς καὶ ζωὴν διδοὺς τῷ
κόσμῳ. καὶ ταῦτα μὲν ἐπὶ τοῦ παρόντος ὑποπεσόντα ἀπὸ
τῶν ἐν τοῖς εὐαγγελίοις κειμένων παρεθέμεθα, τοσαῦτα 25
αὐτὸν λέγοντος εἶναι τοῦ υἱοῦ τοῦ θεοῦ.

Ap. i 17 f. 22. Ἀλλὰ καὶ ἐν τῇ Ἰωάννου ἀποκαλύψει λέγει· Ἐγώ
εἰμι ὁ πρῶτος καὶ ὁ ἔσχατος, καὶ ὁ ζῶν, καὶ ἐγενόμην νεκρὸς,
καὶ ἰδοὺ ζῶν εἰμι εἰς τοὺς αἰῶνας τῶν αἰώνων. καὶ πάλιν·

Ap xxii 13; Γέγονα ἐγὼ τὸ Α καὶ τὸ Ω, καὶ ὁ πρῶτος καὶ ὁ ἔσχατος, ἡ 30
cf. xxi 6 ἀρχὴ καὶ τὸ τέλος. ἔστι δὲ οὐκ ὀλίγα τὸν μετὰ παρατηρή-
σεως ἐντυγχάνοντα ταῖς ἁγίαις βίβλοις καὶ ἀπὸ τῶν προφη-

3 Μεσσίας] μεσίας

τῶν παραπλήσια λαβεῖν, οἷον ὅτι βέλος ἐκλεκτὸν ἑαυτὸν
καλεῖ καὶ δοῦλον τοῦ θεοῦ καὶ φῶς τῶν ἐθνῶν· λέγει δὲ
οὕτω Ἡσαΐας· Ἐκ κοιλίας μητρός μου ἐκάλεσέ με τὸ Is xlix 1 —3
ὄνομά μου καὶ ἔθηκε τὸ στόμα μου ὡς μάχαιραν ὀξεῖαν καὶ
5 ὑπὸ τὴν σκέπην τῆς χειρὸς αὐτοῦ ἔκρυψέ με· ἔθηκέ με ὡς
βέλος ἐκλεκτὸν καὶ ἐν τῇ φαρέτρᾳ αὐτοῦ ἔκρυψέ με, καὶ
εἶπέ μοι Δοῦλός μου εἶ σὺ Ἰσραὴλ καὶ ἐν σοὶ δοξασθή-
σομαι. καὶ μετ᾽ ὀλίγα· Καὶ ὁ θεός μου ἔσται μοι ἰσχύς. Is xlix 5 f.
καὶ εἶπέ μοι Μέγα σοί ἐστι τοῦτο κληθῆναί σε παῖδά
10 μου, τοῦ στῆσαι τὰς φυλὰς Ἰακὼβ καὶ τὴν διασπορὰν
τοῦ Ἰσραὴλ ἐπιστρέψαι; ἰδοὺ τέθεικά σε εἰς φῶς ἐθνῶν,
τοῦ εἶναί σε εἰς σωτηρίαν ἕως ἐσχάτου τῆς γῆς. ἀλλὰ
καὶ ἐν τῷ Ἰερεμίᾳ οὕτως αὐτὸν ἀρνίῳ ὁμοιοῖ· Ἐγὼ ὡς Jer xi 19
ἀρνίον ἄκακον ἀγόμενον τοῦ θύεσθαι. ταῦτα μὲν οὖν καὶ
24 τὰ τούτοις παραπλήσια αὐτὸς ἑαυτόν φησιν· ἔστι δὲ καὶ
παρὰ τοῖς εὐαγγελίοις καὶ παρὰ τοῖς ἀποστόλοις καὶ διὰ
τῶν προφητῶν μυρίας ὅσας προσηγορίας συναγαγεῖν ἃς
καλεῖται ὁ υἱὸς τοῦ θεοῦ, ἤτοι τῶν τὰ εὐαγγέλια γραψάντων
τὴν ἰδίαν διάνοιαν τῶν περὶ τοῦ ὅ τί ποτέ ἐστιν ἐκτιθεμένων,
20 ἢ τῶν ἀποστόλων ἐξ ὧν μεμαθήκασι δοξολογούντων αὐτόν,
καὶ τῶν προφητῶν προκηρυσσόντων αὐτοῦ τὴν ἐσομένην
ἐπιδημίαν καὶ τὰ περὶ αὐτοῦ ἀπαγγελλόντων διαφόροις
ὀνόμασιν. οἷον ὁ Ἰωάννης αὐτὸν ἀμνὸν θεοῦ ἀναγορεύει
λέγων· Ἴδε ὁ ἀμνὸς τοῦ θεοῦ, ὁ αἴρων τὴν ἁμαρτίαν τοῦ Jo i 29—31
25 κόσμου· καὶ ἄνδρα διὰ τούτων· Οὗτός ἐστιν ὑπὲρ οὗ ἐγὼ
εἶπον ὅτι ὀπίσω μου ἔρχεται ἀνὴρ ὃς ἔμπροσθέν μου γέγονεν,
ὅτι πρῶτός μου ἦν· κἀγὼ οὐκ ᾔδειν αὐτόν. ἐν δὲ τῇ καθο-
λικῇ ἐπιστολῇ ὁ Ἰωάννης παράκλητον περὶ τῶν ψυχῶν ἡμῶν
πρὸς τὸν πατέρα φησὶν αὐτὸν εἶναι, λέγων· Καὶ ἐάν τις 1 Jo ii 1 f.
30 ἁμάρτῃ, παράκλητον ἔχομεν πρὸς τὸν πατέρα, Ἰησοῦν
Χριστὸν δίκαιον. ἐπιφέρει δὲ ὅτι καὶ ἱλασμός ἐστι περὶ
τῶν ἁμαρτιῶν ἡμῶν· ᾧ παραπλησίως ὁ Παῦλος λέγει αὐτὸν

12 εἰσωτηρίαν

Ro iii 25 f. εἶναι ἱλαστήριον, φάσκων· Ὃν προέθετο ὁ θεὸς ἱλαστήριον
διὰ πίστεως ἐν τῷ αἵματι αὐτοῦ, διὰ τὴν πάρεσιν τῶν
προγεγονότων ἁμαρτημάτων ἐν τῇ ἀνοχῇ τοῦ θεοῦ. κεκή-
ρυκται δὲ κατὰ τὸν Παῦλον σοφία εἶναι καὶ δύναμις θεοῦ,
1 Co i 24, 30 ὡς ἐν τῇ πρὸς Κορινθίους, ὅτι Χριστὸς δύναμίς ἐστι καὶ 5
θεοῦ σοφία· πρὸς τούτοις, ὅτι καὶ ἁγιασμός ἐστι καὶ ἀπολύ-
τρωσις· Ὃς ἐγενήθη γάρ, φησί, σοφία ἡμῖν ἀπὸ θεοῦ,
δικαιοσύνη τε καὶ ἁγιασμὸς καὶ ἀπολύτρωσις. ἀλλὰ καὶ
ἀρχιερέα μέγαν διδάσκει ἡμᾶς αὐτὸν τυγχάνειν, πρὸς Ἑβραί-
He iv 14 ους γράφων· Ἔχοντες οὖν ἀρχιερέα μέγαν, διεληλυθότα 10
τοὺς οὐρανούς, Ἰησοῦν τὸν υἱὸν τοῦ θεοῦ, κρατῶμεν τῆς
ὁμολογίας.

23. Οἱ δὲ προφῆται παρὰ ταῦτα καὶ ἑτέροις ὀνόμασιν
αὐτὸν καλοῦσιν· ὁ μὲν Ἰακὼβ ἐν τῇ πρὸς τοὺς υἱοὺς
Ge xlix 8 f. εὐλογίᾳ, Ἰούδαν, τὸ γάρ· Ἰούδα, σὲ αἰνέσαισαν οἱ ἀδελφοί 15
σου· αἱ χεῖρές σου ἐπὶ νώτου τῶν ἐχθρῶν σου. σκύμνος
λέοντος Ἰούδα· ἐκ βλαστοῦ, υἱέ μου, ἀνέβης· ἀναπεσὼν
ἐκοιμήθης ὡς λέων, καὶ ὡς σκύμνος, τίς ἐγερεῖ αὐτόν; οὐ
κατὰ τὸν ἐνεστηκότα δὲ καιρόν ἐστι πρὸς λέξιν παραστῆσαι
πῶς τὰ τῷ Ἰούδᾳ λεγόμενα περὶ Χριστοῦ ἐστιν. ἀλλὰ καὶ 20
Ge xlix 10 ἀνθυποφορὰ εὐλόγως ἐπενεχθῆναι δυναμένη· Οὐκ ἐκλείψει
ἄρχων ἐξ Ἰούδα, καὶ ἡγούμενος ἐκ τῶν μηρῶν αὐτοῦ· ἐν
ἄλλοις εὐκαιρότερον λυθήσεται. οἶδε δὲ τὸν χριστὸν Ἰακὼβ
Is xlii 1—4; καὶ Ἰσραὴλ ὀνομαζόμενον Ἡσαΐας λέγων· Ἰακὼβ ὁ παῖς
cf. Mt xii 18--
21 μου, ἀντιλήψομαι αὐτοῦ· Ἰσραὴλ ὁ ἐκλεκτός μου, προσε- 25
δέξατο αὐτὸν ἡ ψυχή μου· κρίσιν τοῖς ἔθνεσιν ἀπαγγελεῖ. 25
οὐκ ἐρίσει οὐδὲ κράξει οὐδὲ ἀκούσει τις ἐν ταῖς πλατείαις
τὴν φωνὴν αὐτοῦ· κάλαμον συντετριμμένον οὐ κατεάξει καὶ
λίνον τυφόμενον οὐ σβέσει, ἕως ἂν ἐκβάλῃ ἐκ νίκους τὴν
κρίσιν, καὶ τῷ ὀνόματι αὐτοῦ ἔθνη ἐλπιοῦσιν. ὅτι γὰρ ὁ 30
χριστός ἐστι, περὶ οὗ ταῦτα προφητεύεται, σαφῶς ὁ Ματ-
θαῖος δηλοῖ ἐν τῷ εὐαγγελίῳ, μνησθεὶς ἀπὸ μέρους τῆς
Mt xii 17 περικοπῆς, εἰπών· Ἵνα πληρωθῇ τὸ εἰρημένον Οὐκ ἐρίσει
οὐδὲ κράξει, καὶ τὰ ἑξῆς. καλεῖται δὲ καὶ Δαβὶδ ὁ χριστός,

ὡς ἐπὰν Ἰεζεκιὴλ προφητεύσας πρὸς τοὺς ποιμένας ἐπιφέρῃ
ἐκ προσώπου θεοῦ· Ἀναστήσω Δαβὶδ τὸν παῖδά μου, ὃς   Ez xxxiv 23
ποιμανεῖ αὐτούς· οὐ γὰρ Δαβὶδ ὁ πατριάρχης ἀναστήσεται
ποιμαίνειν μέλλων τοὺς ἁγίους ἀλλὰ Χριστός. ἔτι δὲ ὁ
5 Ἡσαΐας ῥάβδον καὶ ἄνθος ὀνομάζει τὸν χριστὸν ἐν τῷ
Ἐξελεύσεται ῥάβδος ἐκ τῆς ῥίζης Ἰεσσαὶ καὶ ἄνθος ἐκ τῆς   Is xi 1—3
ῥίζης ἀναβήσεται, καὶ ἐπαναπαύσεται ἐπ' αὐτὸν πνεῦμα τοῦ
θεοῦ, πνεῦμα σοφίας καὶ συνέσεως, πνεῦμα βουλῆς καὶ
ἰσχύος, πνεῦμα γνώσεως καὶ εὐσεβείας, καὶ ἐμπλήσει αὐτὸν
10 πνεῦμα φόβου θεοῦ. καὶ λίθος δὲ ἐν τοῖς ψαλμοῖς ὁ κύριος   Ps cxvii
ἡμῶν εἶναι λέγεται οὕτως· Λίθον ὃν ἀπεδοκίμασαν οἱ   (cxviii) 22 f.
οἰκοδομοῦντες, οὗτος ἐγενήθη εἰς κεφαλὴν γωνίας· παρὰ
κυρίου ἐγένετο αὕτη, καὶ ἔστι θαυμαστὴ ἐν ὀφθαλμοῖς ἡμῶν.
δηλοῖ δὲ τὸ εὐαγγέλιον, καὶ ἐν ταῖς Πράξεσιν ὁ Λουκᾶς, οὐκ
15 ἄλλον ἢ τὸν χριστὸν εἶναι τὸν λίθον· τὸ μὲν εὐαγγέλιον   Lc xx 17 f.
οὕτως· Οὐδέποτε ἀνέγνωτε Λίθος ὃν ἀπεδοκίμασαν οἱ οἰκο-   cf. Mt xxi 42,
δομοῦντες, οὗτος ἐγενήθη εἰς κεφαλὴν γωνίας; πᾶς ὁ πεσὼν   44
ἐπὶ τὸν λίθον τοῦτον συνθλασθήσεται· ἐφ' ὃν δ' ἂν πέσῃ,
λικμήσει αὐτόν· ἐν δὲ ταῖς Πράξεσιν ὁ Λουκᾶς γράφει·
20 Οὗτός ἐστιν ὁ λίθος ὁ ἐξουδενωθεὶς ὑφ' ὑμῶν τῶν οἰκοδόμων,   Act iv 11
ὁ γενόμενος εἰς κεφαλὴν γωνίας. ἐν δὲ τῶν ἐπὶ τοῦ σωτῆρος
τεταγμένων ὀνομάτων, ἀλλ' οὐχ ὑπ' αὐτοῦ λεγόμενον ὑπὸ
δὲ τοῦ Ἰωάννου ἀναγεγραμμένον, ἐστὶ καί· Ὁ ἐν ἀρχῇ   cf. Jo i 1 f.
λόγος πρὸς τὸν θεὸν θεὸς λόγος.

25   24. Καὶ ἔστιν ἄξιον ἐπιστῆσαι τοῖς τὰ τοσαῦτα τῶν
ὀνομαζομένων παραπεμπομένοις καὶ τούτῳ ὡς ἐξαιρέτῳ
χρωμένοις, καὶ πάλιν ἐπ' ἐκείνοις μὲν διήγησιν ζητοῦσιν, εἴ
τις αὐτοῖς προσάγοι αὐτά, ἐπὶ δὲ τούτῳ ὡς σαφὲς προσιεμέ-
νοις τὸ τί ποτέ ἐστιν ὁ υἱὸς τοῦ θεοῦ λόγος ὀνομαζόμενος,
30 καὶ μάλιστα ἐπεὶ συνεχῶς χρῶνται τῷ· Ἐξηρεύξατο ἡ   Ps xliv (xlv)
καρδία μου λόγον ἀγαθόν· οἰόμενοι προφορὰν πατρικὴν   2
26 οἰονεὶ ἐν συλλαβαῖς κειμένην εἶναι τὸν υἱὸν τοῦ θεοῦ, καὶ

27 ἐπ' ἐκείνοις] sup. ras.

κατὰ τοῦτο ὑπόστασιν αὐτῷ, εἰ ἀκριβῶς αὐτῶν πυνθανοίμεθα,
οὐ διδόασιν, οὐδὲ οὐσίαν αὐτοῦ σαφηνίζουσιν, οὐδέπω
φαμὲν τοιάνδε, ἀλλ᾽ ὅπως ποτὲ οὐσίαν. λόγον γὰρ ἀπαγ-
γελλόμενον υἱὸν εἶναι νοῆσαι καὶ τῷ τυχόντι ἐστὶν ἀμή-
χανον. καὶ λόγον τοιοῦτον καθ᾽ αὑτὸν ζῶντα, καὶ ἤτοι οὐ 5
κεχωρισμένον τοῦ πατρὸς, καὶ κατὰ τοῦτο τῷ μὴ ὑφεστάναι
οἷδὲ υἱὸν τυγχάνοντα, ἢ καὶ κεχωρισμένον καὶ οὐσιωμένον
ἀπαγγελλέτωσαν ἡμῖν θεὸν λόγον. λεκτέον οὖν ὅτι ὥσπερ
καθ᾽ ἕκαστον τῶν προειρημένων ὀνομάτων ἀπὸ τῆς ὀνομασίας
ἀναπτυκτέον τὴν ἔννοιαν τοῦ ὀνομαζομένου, καὶ ἐφαρμοστέον 10
μετὰ ἀποδείξεως πῶς ὁ υἱὸς τοῦ θεοῦ τοῦτο τὸ ὄνομα εἶναι
λέγεται, οὕτως καὶ ἐπὶ τοῦ λόγον αὐτὸν ὀνομάζεσθαι ποιη-
τέον. τίς γὰρ ἡ ἀποκλήρωσις ἐφ᾽ ἑνὸς μὲν ἑκάστου μὴ
ἵστασθαι ἐπὶ τῆς λέξεως, ἀλλὰ φέρε εἰπεῖν ζητεῖν πῶς
αὐτὸν ἐκδεκτέον θύραν καὶ τίνα τρόπον ἄμπελον τίνα τε 15
αἰτίαν ὁδὸν, ἐπὶ δὲ μόνου τοῦ λόγον αὐτὸν ἀναγεγράφθαι
τὸ παραπλήσιον οὐ ποιητέον; ἵνα τοίνυν μᾶλλον δυσωπη-
τικώτερον παραδεξώμεθα τὰ λεχθησόμενα εἰς τὰ περὶ τοῦ
πῶς λόγος ἐστὶν ὁ υἱὸς τοῦ θεοῦ, ἀρκτέον ἀπὸ τῶν ἐξ ἀρχῆς
ἡμῖν προτεθέντων ὀνομάτων αὐτοῦ. καὶ ὅτι μὲν δόξει τισὶ 20
σφόδρα παρεκβατικὸν εἶναι τὸ τοιοῦτον οὐκ ἀγνοοῦμεν·
πλὴν ἐπιστήσαντι καὶ πρὸς τὸ προκείμενον χρήσιμον ἔσται
τὸ βασανίσαι τὰς ἐννοίας καθ᾽ ὧν τὰ ὀνόματα κεῖται, καὶ
προόδου τῶν ἐπιφερομένων ὑπάρξει ἡ κατανόησις τῶν πραγ-
μάτων. ἅπαξ δὲ εἰς τὴν περὶ τοῦ σωτῆρος θεολογίαν 25
ἐμπεσόντες, ἀναγκαίως ὅση δύναμις τὰ περὶ αὐτοῦ μετὰ
ἐρεύνης εὑρίσκοντες πληρέστερον αὐτὸν οὐ μόνον ᾗ λόγος
ἐστὶ νοήσομεν ἀλλὰ καὶ τὰ λοιπά.

cf. Jo viii 12;
ix 5

25. (24) Ἔλεγεν οὖν ἑαυτὸν εἶναι φῶς τοῦ κόσμου· καὶ
τὰ παρακείμενα ταύτῃ τῇ ὀνομασίᾳ συνεξεταστέον, δόξαντα 30
ἄν τισιν οὐχὶ παρακείμενα μόνον ἀλλὰ καὶ τὰ αὐτὰ τυγχά-

ἢ τοιάνδε
2 σαφηνίζουσαν   3 τοιάνδε] τοιόνδε (sic)   14 ζητεῖν]
βητεῖν   26 ὅση] ὡς ἡ

νειν. ἔστι δὲ τὸ φῶς τῶν ἀνθρώπων, καὶ τὸ φῶς τὸ ἀλη-
θινόν, καὶ φῶς ἐθνῶν· φῶς μὲν ἀνθρώπων ἐν τῇ τοῦ προκει-
μένου εὐαγγελίου ἀρχῇ· Ὃ γέγονε γὰρ, φησὶν, ἐν αὐτῷ Jo i 4 f.
ζωὴ ἦν, καὶ ἡ ζωὴ ἦν τὸ φῶς τῶν ἀνθρώπων· καὶ τὸ φῶς ἐν
5 τῇ σκοτίᾳ φαίνει, καὶ ἡ σκοτία αὐτὸ οὐ κατέλαβε· φῶς δὲ
27 ἀληθινὸν ἐν τοῖς ἑξῆς τῆς αὐτῆς γραφῆς ἐπιγέγραπται·
Ἦν τὸ φῶς ἀληθινὸν ὃ φωτίζει πάντα ἄνθρωπον ἐρχόμενον
εἰς τὸν κόσμον. φῶς δὲ ἐθνῶν ἐν τῷ Ἡσαΐᾳ, ὡς προείπομεν
παρατιθέμενοι τό· Ἰδοὺ τέθεικά σε εἰς φῶς ἐθνῶν, τοῦ εἶναί Is xlix 6
10 σε εἰς σωτηρίαν ἕως ἐσχάτου τῆς γῆς. φῶς δὲ κόσμου
αἰσθητὸν ὁ ἥλιός ἐστι, καὶ μετὰ τοῦτον οὐκ ἀπᾳδόντως ἡ
σελήνη καὶ οἱ ἀστέρες τῷ αὐτῷ ὀνόματι προσαγορευθήσονται.
ἀλλὰ φῶς μὲν αἰσθητὸν τυγχάνοντες οἱ γεγονέναι παρὰ
Μωσεῖ λεγόμενοι τῇ δ᾽ ἡμέρᾳ, καθὸ φωτίζουσι τὰ ἐπὶ γῆς,
15 οὐκ εἰσὶ φῶς ἀληθινόν· ὁ δὲ σωτὴρ ἐλλάμπων τοῖς λογικοῖς
καὶ ἡγεμονικοῖς, ἵνα αὐτῶν ὁ νοῦς τὰ ἴδια ὁρατὰ βλέπῃ, τοῦ
νοητοῦ κόσμου ἐστὶ φῶς, λέγω δὲ τῶν λογικῶν ψυχῶν τῶν
ἐν τῷ αἰσθητικῷ κόσμῳ, καὶ εἴ τι παρὰ ταῦτα συμπληροῖ
τὸν κόσμον, ἀφ᾽ οὗ ὁ σωτὴρ εἶναι ἡμᾶς διδάσκει, τάχα
20 μέρος αὐτοῦ τὸ κυριώτατον καὶ διαφέρον τυγχάνων καὶ, ὡς
ἔστιν εἰπεῖν, ἥλιος ἡμέρας μεγάλης κυρίου ποιητής. δι᾽ ἣν cf. Ap xvi
ἡμέραν φησὶ τοῖς τοῦ φωτὸς αὐτοῦ μεταλαμβάνουσιν· 14; vi 17;
                                                      Joel ii 11
Ἐργάζεσθε ἕως ἡμέρα ἐστίν· ἔρχεται νὺξ ὅτε οὐκέτι οὐδεὶς Zeph i 14
δύναται ἐργάζεσθαι. ὅταν ἐν τῷ κόσμῳ ὦ, φῶς εἰμι τοῦ Jo ix 4 f.
25 κόσμου. ἐπεὶ δὲ καὶ τοῖς μαθηταῖς φησιν· Ὑμεῖς ἐστε τὸ Mt v 14, 16
φῶς τοῦ κόσμου· καί· Λαμψάτω τὸ φῶς ὑμῶν ἔμπροσθεν
τῶν ἀνθρώπων· τὸ δ᾽ ἀνάλογον σελήνη καὶ ἄστροις ὑπολαμ-
βάνομεν εἶναι περὶ τὴν νύμφην ἐκκλησίαν καὶ τοὺς μαθητὰς,
ἔχοντας οἰκεῖον φῶς ἢ ἀπὸ τοῦ ἀληθινοῦ ἡλίου ἐπίκτητον,
30 ἵνα φωτίσωσι μὴ δεδυνημένους πηγὴν ἐν αὐτοῖς κατασκευάσαι
φωτός· οἷον Παῦλον μὲν καὶ Πέτρον φῶς ἐροῦμεν τοῦ
κόσμου, τοὺς δὲ τυχόντας τῶν παρ᾽ αὐτοῖς μαθητευομένων,

13 παρά] περὶ

φωτιζομένους μὲν, οὐ μὴν φωτίζειν ἑτέρους δυναμένους, τὸν
κόσμον, οὗ κόσμου φῶς οἱ ἀπόστολοι ἦσαν. ὁ δὲ σωτήρ,
φῶς ὢν τοῦ κόσμου, φωτίζει οὐ σώματα ἀλλὰ ἀσωμάτῳ
δυνάμει τὸν ἀσώματον νοῦν, ἵνα ὡς ὑπὸ ἡλίου ἕκαστος ἡμῶν
φωτιζόμενος καὶ τὰ ἄλλα δυνηθῇ βλέπειν νοητά. ὥσπερ 5
δὲ ἡλίου φωτίζοντος ἀμαυροῦται τὸ δύνασθαι φωτίζειν
σελήνην καὶ ἀστέρας, οὕτως οἱ ἐλλαμπόμενοι ὑπὸ Χριστοῦ
καὶ τὰς αὐγὰς αὐτοῦ κεχωρηκότες οὐδέν τινων διακονουμένων
ἀποστόλων καὶ προφητῶν δέονται, τολμητέον γὰρ λέγειν
τὴν ἀλήθειαν, οὐδὲ ἀγγέλων, προσθήσω δὲ ὅτι οὐδὲ τῶν 10
κρειττόνων δυνάμεων, αὐτῷ τῷ πρωτογεννήτῳ μαθητευό- 28
μενοι φωτί. τοῖς δὲ μὴ χωροῦσι τὰς ἡλιακὰς Χριστοῦ
ἀκτῖνας οἱ ἅγιοι διακονοῦντες παρέχουσι φωτισμὸν πολλῷ
τοῦ προειρημένου ἐλάττονα, μόγις καὶ τοῦτον χωρεῖν δυνα-
μένοις καὶ ὑπ' αὐτοῦ πληρουμένοις. 15

26. Ἔστι δὲ ὁ χριστός, φῶς τυγχάνων κόσμου, φῶς
ἀληθινὸν πρὸς ἀντιδιαστολὴν αἰσθητοῦ, οὐδενὸς αἰσθητοῦ
ὄντος ἀληθινοῦ. ἀλλ' οὐχὶ ἐπεὶ οὐκ ἀληθινὸν τὸ αἰσθητὸν
ψεῦδος τὸ αἰσθητόν· δύναται γὰρ ἀναλογίαν ἔχειν τὸ αἰσθη-
τὸν πρὸς τὸ νοητόν, οὐ μὴν τὸ ψεῦδος ὑγιῶς παντὸς κατηγο- 20
ρεῖσθαι τοῦ οὐκ ἀληθινοῦ. ζητῶ δὲ εἰ ταὐτόν ἐστι τὸ φῶς
τοῦ κόσμου τῷ φωτὶ τῶν ἀνθρώπων, καὶ ἡγοῦμαι πλείονα
δύναμιν παρίστασθαι τοῦ φωτὸς ὅτε φῶς τοῦ κόσμου
προσαγορεύεται ἤπερ φῶς τῶν ἀνθρώπων· ὁ γὰρ κό-
σμος κατὰ μίαν ἐκδοχὴν οὐ μόνον ἄνθρωποι. καὶ παρα- 25
στήσει τὸ πλεῖον ἢ ἕτερον εἶναι τὸν κόσμον παρὰ τοὺς
ἀνθρώπους ὁ Παῦλος πρὸς Κορινθίους προτέρᾳ λέγων·
Θέατρον ἐγενήθημεν τῷ κόσμῳ καὶ ἀγγέλοις καὶ ἀνθρώ-
ποις. ἐπίστησον δὲ εἰ κατὰ μίαν ἐκδοχὴν κόσμος ἐστὶν ἡ
ἐλευθερουμένη κτίσις ἀπὸ τῆς δουλείας τῆς φθορᾶς εἰς τὴν 30
ἐλευθερίαν τῆς δόξης τῶν τέκνων τοῦ θεοῦ, ἧς ἡ ἀποκαρα-
δοκία τὴν ἀποκάλυψιν τῶν υἱῶν τοῦ θεοῦ ἀπεκδέχεται.

1 Co iv 9

cf. Ro viii 21, 19

20 παντῶς

Ἐπίστησον δὲ προσεθήκαμεν διὰ τὸ παρακεῖσθαι τὸ δυνά-
μενον τῷ· Ἐγὼ φῶς εἰμι τοῦ κόσμου· συνεξετάζεσθαι τὸ   Jo viii 12
ἐπὶ τῶν μαθητῶν ὑπὸ Ἰησοῦ λεγόμενον· Ὑμεῖς ἐστε τὸ   Mt v 14
φῶς τοῦ κόσμου. εἰσὶ γὰρ οἱ ὑπολαμβάνοντες μείζονας
5 εἶναι τοὺς ἀνθρώπους τοὺς τῷ Ἰησοῦ γνησίως μεμαθητευ-
μένους τῶν ἄλλων κτισμάτων, οἱ μὲν φύσει τοιούτους γεγε-
νημένους, οἱ δὲ καὶ ἐν λόγῳ τῷ κατὰ τὸν χαλεπώτερον
ἀγῶνα. πλείους γὰρ οἱ πόνοι καὶ ἐπισφαλὴς ἡ ζωὴ τῶν ἐν
σαρκὶ καὶ αἵματι παρὰ τοὺς ἐν αἰθερίῳ σώματι, οὐκ ἂν τῶν
10 ἐν οὐρανῷ φωστήρων ἐν τῷ ἀναλαβεῖν τὰ γήϊνα σώματα
ἀκινδύνως καὶ πάντως ἀναμαρτήτως διανυσάντων τὴν ἐνταῦθα
ζωήν· οἱ δὲ τῷ λόγῳ τούτῳ παριστάμενοι τὰ μέγιστα περὶ
ἀνθρώπων ἀποφαινομέναις χρήσονται λέξεσι τῶν γραφῶν
τὸ ἀνυπέρθετον τῆς ἐπαγγελίας ὅτι τὸν ἄνθρωπον φθάνει
15 φασκούσαις, οὐ μὴν ταὐτὸν τοῦτο καὶ περὶ τῆς κτίσεως
ἤ, ὡς ἐδεξάμεθα, κόσμου ἀπαγγελλούσαις. τὸ γάρ· Ὡς   Jo xvii 21
ἐγὼ καὶ σὺ ἕν ἐσμεν, ἵνα καὶ αὐτοὶ ἐν ἡμῖν ἓν ὦσι· καί·
29 Ὅπου εἰμὶ ἐγὼ ἐκεῖ καὶ ὁ διάκονος ὁ ἐμὸς ἔσται, σαφῶς   Jo xii 26
περὶ ἀνθρώπων ἀναγέγραπται· περὶ δὲ τῆς κτίσεως, ὅτι
20 ἐλευθεροῦται ἀπὸ τῆς δουλείας τῆς φθορᾶς εἰς τὴν ἐλευθε-   cf. Ro viii 21
ρίαν τῆς δόξης τῶν τέκνων τοῦ θεοῦ· καὶ προσθήσουσιν ὅτι
οὐχὶ, εἰ ἐλευθεροῦται, ἤδη καὶ κοινωνεῖ τῆς δόξης τῶν τέκνων
τοῦ θεοῦ. οὐκ ἀποσιωπήσουσι δὲ οὗτοι καὶ τὸ τὸν πρω-
τότοκον πάσης κτίσεως διὰ τὴν πρὸς τὸν ἄνθρωπον ὑπὲρ   cf. Col i 15
25 πάντα τιμὴν ἄνθρωπον μὲν γεγονέναι, οὐ μὴν ζῷόν τι τῶν ἐν
οὐρανῷ· ἀλλὰ καὶ δεύτερον καὶ διάκονον καὶ δοῦλον τῆς
γνώσεως Ἰησοῦ τὸν ἐν τῇ ἀνατολῇ φανέντα ἀστέρα δεδη-   cf. Mt ii 2
μιουργῆσθαι, ἤτοι ὅμοιον ὄντα τοῖς λοιποῖς ἄστροις, ἢ τάχα
καὶ κρείττονα, ἅτε τοῦ πάντων διαφέροντος γενόμενον
30 σημεῖον. καὶ εἰ τὰ καυχήματα τῶν ἁγίων ἐστὶν ἐν θλίψ-
εσιν, εἰδότων ὅτι Ἡ θλῖψις ὑπομονὴν κατεργάζεται, ἡ δὲ   Ro v 3 ff
ὑπομονὴ δοκιμήν, ἡ δὲ δοκιμὴ ἐλπίδα, ἡ δὲ ἐλπὶς οὐ καται-

2 τῷ] τὸ   τὸ] om.

B.   3

Ro viii 20

cf. 2 Co v 4

σχύνει, οὔτε ὑπομονὴν οὔτε δοκιμὴν οὔτε ἐλπίδα ἕξει ἡ μὴ τεθλιμμένη κτίσις τὴν ἴσην ἀλλὰ ἑτέραν, ἐπεί· Τῇ ματαιότητι ἡ κτίσις ὑπετάγη, οὐχ ἑκοῦσα ἀλλὰ διὰ τὸν ὑποτάξαντα, ἐπ᾽ ἐλπίδι. ὁ δὲ μὴ τολμῶν τὰ τηλικαῦτα τῷ ἀνθρώπῳ κατακεχαρίσθαι, ὁμόσε χωρήσας τῷ προβλήματι, 5 φήσει τῇ ματαιότητι τὴν κτίσιν ὑποτασσομένην θλίβεσθαι, μᾶλλον στενάζουσαν ἢ οἱ ὄντες ἐν τῷ σκήνει στενάζουσιν, ἅτε καὶ πλεῖστον ὅσον χρόνον καὶ πολλαπλασίονα τοῦ ἀνθρωπίνου ἀγῶνος τῇ ματαιότητι δουλεύουσαν. διὰ τί γὰρ οὐχ ἑκοῦσα τοῦτο ποιεῖ, ἢ ὅτι παρὰ φύσιν ἐστὶν αὐτῇ τῇ 10 ματαιότητι ὑποτετάχθαι, καὶ μὴ τὴν προηγουμένην ἔχειν τῆς ζωῆς κατάστασιν, ἣν ἀπολήψεται ἐλευθερουμένη ἐν τῇ τοῦ κόσμου φθορᾷ καὶ τῆς τῶν σωμάτων ματαιότητος ἀπολυομένη; ἀλλ᾽ ἐπεὶ πλείονα καὶ οὐ κατὰ τὸ προκείμενον πρόβλημα δοκοῦμεν εἰρηκέναι, ἐπανελευσόμεθα ἐπὶ τὸ ἐξ 15

cf. Jo viii 12;
ix 5
cf. Jo i 9, 4

ἀρχῆς, ὑπομιμνήσκοντες διὰ τί φῶς τοῦ κόσμου ὁ σωτὴρ λέγεται καὶ φῶς ἀληθινὸν καὶ φῶς τῶν ἀνθρώπων. ἀποδέδοται μὲν γὰρ ὅτι διὰ τὸ φῶς τοῦ κόσμου τὸ αἰσθητὸν λέγεται φῶς ἀληθινόν, καὶ ὅτι ἤτοι ταυτόν ἐστι τὸ φῶς τοῦ κόσμου τῷ φωτὶ τῶν ἀνθρώπων ἢ ἐπιδέχεται ἐξέτασιν ὡς οὐ 20 ταὐτόν. ἀναγκαίως δὲ διὰ τοὺς μηδὲν ἐξειληφότας ἐκ τοῦ λόγου εἶναι τὸν σωτῆρα ταῦτα ἠρεύνηται ἵνα πειθώμεθα μὴ κατὰ ἀποκλήρωσιν ἵστασθαι μὲν ἐπὶ τῆς λόγος ἐννοίας καὶ 30 προσηγορίας χωρὶς μεταλήψεως τῆς δυναμένης μεταλαμβάνεσθαι, ἀνάγειν δὲ καὶ ἀλληγορεῖν τὴν φῶς τοῦ κόσμου 25 φωνὴν καὶ τὰ λοιπὰ τῶν πολλῶν ἃ παρεθέμεθα.

cf. Jo i 4

27. (25) Ὥσπερ δὲ παρὰ τὸ φωτίζειν καὶ καταλάμπειν τὰ ἡγεμονικὰ τῶν ἀνθρώπων, ἢ ἀπαξαπλῶς τῶν λογικῶν, φῶς

---

5 καταχαρίσθαι   ὁμόσε] ..οσε   προβλήματι] προ·λήματι. Cod. Venetus habet θελήματι, Cod. Regius προσλήματι. Equidem Lommatzschii coniecturae προσλήμματι ita assentiri velim, ut Origenem pro usitatiore προσλήψει (assumptioni, *minor premiss*) hoc scripsisse crediderim. Potius vero legendum προβλήματι   **7** στενάξασαν (ut videtur)   **24** προσηγορίας] προσήκοι τῷ, vid. Lomm. p. 57

ἐστιν ἀνθρώπων καὶ φῶς ἀληθινὸν καὶ φῶς τοῦ κόσμου, cf. Jo i 9; viii 12; ix 5
οὕτως ἐκ τοῦ ἐνεργεῖσθαι τὴν ἀπόθεσιν πάσης νεκρότητος
καὶ ἐμφύεσθαι τὴν κυρίως καλουμένην ζωὴν, ἐκ νεκρῶν
ἀνισταμένων τῶν αὐτὸν γνησίως κεχωρηκότων, καλεῖται ἡ
5 ἀνάστασις.   τοῦτο δὲ οὐ μόνον ἐπὶ τοῦ παρόντος ἐνεργεῖ cf. Jo xi 25
τοῖς δυναμένοις λέγειν· Συνετάφημεν τῷ χριστῷ διὰ τοῦ Ro vi 4
βαπτίσματος καὶ συνανέστημεν αὐτῷ· ἀλλὰ πολλῷ μᾶλλον
ὅτε ἄκρως πᾶσάν τις ἀποθέμενος νεκρότητα κατὰ τὴν αὐτοῦ
τοῦ υἱοῦ καινότητα ζωῆς περιπατεῖ· τὴν γὰρ νέκρωσιν τοῦ 2 Co iv 10
10 Ἰησοῦ ἐν τῷ σώματι πάντοτε ἐνταῦθα περιφέρομεν, ὅτε
ἀξιολόγως ὠφελήμεθα, ἵνα ἡ ζωὴ τοῦ Ἰησοῦ ἐν τοῖς σώμα-
σιν ἡμῶν φανερωθῇ. (26) ἀλλὰ καὶ ἡ ἐν σοφίᾳ πορεία, καὶ
πρακτικὴ τῶν σωζομένων ἐν αὐτῷ γινομένη κατὰ τὰς περὶ
ἀληθείας ἐν λόγῳ θείῳ διεξόδους καὶ πράξεις τὰς κατὰ τὴν
15 ἀληθῆ δικαιοσύνην, παρίστησιν ἡμῖν νοεῖν πῶς αὐτός ἐστιν cf. Jo xiv 6
ἡ ὁδὸς, ἐφ' ἣν ὁδὸν οὐδὲν αἴρειν δεῖ, οὔτε πήραν οὔτε cf. Lc ix 3 ;: Mc vi 8 f.
ἱμάτιον, ἀλλ' οὐδὲ ῥάβδον ἔχοντα ὁδεύειν χρὴ, οὐδὲ ὑποδή- Mt x 10
ματα ὑποδεδέσθαι κατὰ τοὺς πόδας. αὐτάρκης γάρ ἐστι
παντὸς ἐφοδίου αὐτὴ ἡ ὁδὸς, καὶ ἀνενδεὴς τυγχάνει πᾶς ὁ
20 ταύτης ἐπιβαίνων, κεκοσμημένος ἐνδύματι ᾧ πρέπει κεκοσμῆ-
σθαι τὸν ἐπὶ τὴν κλῆσιν τοῦ γάμου ἀπιόντα, οὐδενός τε
χαλεποῦ δυναμένου ἀπαντῆσαι κατὰ ταύτην τὴν ὁδόν.
ἀμήχανον γὰρ ὁδοὺς ὄφεως ἐπὶ πέτρας εὑρεῖν, κατὰ τὸν cf. Pr xxiv 54 (xxx 19)
Σαλομῶντα, φημὶ δ' ἐγὼ ὅτι καὶ οὐδέποτε θηρίου.   διὸ οὐδὲ
25 χρεία ῥάβδου ἐν ὁδῷ οὐδὲ ἴχνη τῶν ἐναντίων ἐχούσῃ, καὶ
ἀνεπιδέκτῳ διὰ τὸ στερρὸν, διόπερ καὶ πέτρα λέγεται, τῶν
χειρόνων τυγχανούσῃ. (27) ἀλήθεια δὲ ὁ μονογενής ἐστι
πάντα ἐμπεριειληφὼς τὸν περὶ τῶν ὅλων κατὰ τὸ βούλημα
τοῦ πατρὸς μετὰ πάσης τρανότητος λόγον, καὶ ἑκάστῳ κατὰ
30 τὴν ἀξίαν αὐτοῦ, ᾗ ἀλήθειά ἐστι, μεταδιδούς.   ἐὰν δέ τις
ζητῇ, εἰ πᾶν ὅ τί ποτε ἐγνωσμένον ὑπὸ τοῦ πατρὸς κατὰ
τὸ βάθος τοῦ πλούτου καὶ τῆς σοφίας καὶ τῆς γνώσεως cf. Ro xi 33

2 post ἐκ τοῦ] ins. διὰ τοῦ   8 κατὰ τὴν] καὶ τὴν   9 καινό-
τητι   γὰρ] om.

αὐτοῦ ἐπίσταται ὁ σωτὴρ ἡμῶν, καὶ φαντασίᾳ τοῦ δοξάζειν 31
τὸν πατέρα ἀποφαίνηταί τινα γινωσκόμενα ὑπὸ τοῦ πατρὸς
ἀγνοεῖσθαι ὑπὸ τοῦ υἱοῦ, διαρκοῦντος ἐξισωθῆναι ταῖς κατα-
λήψεσι τοῦ ἀγεννήτου θεοῦ, ἐπιστατέον αὐτὸν ἐκ τοῦ ἀλή-
θειαν εἶναι τὸν σωτῆρα, καὶ προσακτέον ὅτι εἰ ὁλόκληρός 5

cf. Jo xiv 6   ἐστιν ἡ ἀλήθεια, οὐδὲν ἀληθὲς ἀγνοεῖ, ἵνα μὴ σκάζῃ λεί-
πουσα ἡ ἀλήθεια οἷς οὐ γινώσκει, κατ' ἐκείνους, τυγχάνουσιν
ἐν μόνῳ τῷ πατρὶ, ἢ δεικνύτω τις ὅτι ἔστιν ἃ γινωσκόμενα
τῆς ἀληθείας προσηγορίας οὐ τυγχάνοντα ἀλλὰ ὑπὲρ αὐτὴν
ὄντα.   (28) σαφὲς δὲ ὅτι κυρίως τῆς εἰλικρινοῦς καὶ ἀμιγοῦς 10

cf. Col i 15   πρός τι ἕτερον ζωῆς ἡ ἀρχὴ ἐν τῷ πρωτοτόκῳ πάσης
κτίσεως τυγχάνει· ἀφ' ἧς οἱ μέτοχοι τοῦ χριστοῦ λαμβά-
νοντες τὴν ἀληθῶς ζῶσι ζωήν, τῶν παρ' αὐτὸν νομι-
ζομένων ζῆν, ὥσπερ οὐκ ἐχόντων τὸ ἀληθινὸν φῶς, οὕτως
οὐδὲ τὸ ἀληθινὸν ζῆν.   (29) καὶ ἐπεὶ ἐν τῷ πατρὶ οὐκ ἔστι 15
γενέσθαι, ἢ παρὰ τῷ πατρὶ, μὴ φθάσαντα πρῶτον κάτωθεν
ἀναβαίνοντα ἐπὶ τὴν τοῦ υἱοῦ θεότητα, δι' ἧς τις χειρα-

cf. Jo x 7   γωγηθῆναι δύναται καὶ ἐπὶ τὴν πατρικὴν μακαριότητα, θύρα
ὁ σωτὴρ ἀναγέγραπται.   φιλάνθρωπος δὲ ὢν καὶ τὴν ὅπως
ποτὲ ἐπὶ τὸ βέλτιον ἀποδεχόμενος τῶν ψυχῶν ῥοπὴν, τῶν 20
ἐπὶ τὸν λόγον μὴ σπευδόντων ἀλλὰ δίκην προβάτων οὐκ
ἐξητασμένον ἀλλὰ ἄλογον τὸ ἥμερον καὶ πρᾷον ἐχόντων,

Ps xxxv
(xxxvi) 7
Je xxxviii
(xxxi) 27   ποιμὴν γίνεται· Ἀνθρώπους γὰρ καὶ κτήνη σώζει ὁ κύριος·
καὶ ὁ Ἰσραὴλ δὲ καὶ ὁ Ἰούδας σπείρεται σπέρμα οὐ μόνον
ἀνθρώπων ἀλλὰ καὶ κτηνῶν.   25

28. (30) Πρὸς τούτοις ἐπισκοπητέον ἐξ ἀρχῆς τὴν
χριστὸς προσηγορίαν, καὶ προσληπτέον τὴν βασιλεὺς, ἵνα τῇ

Ps xliv (xlv)
8   παραθέσει ἡ διαφορὰ νοηθῇ.   λέγεται δὴ ἐν τῷ μδ´ ψαλμῷ ὁ
ἠγαπηκὼς δικαιοσύνην καὶ ἀνομίαν μεμισηκὼς παρὰ τοὺς
μετόχους αἰτίαν τοῦ κεχρῖσθαι τὸ οὕτω δικαιοσύνην προσ- 30
εληλυθέναι ἐσχηκέναι καὶ τὴν ἀνομίαν μεμισηκέναι, ὡς
οὐχ ἅμα τῷ εἶναι τὴν χρίσιν συνυπάρχουσαν καὶ συγκτι-

2 γινωσώσκόμενα (sic)   14 ζῆν] ζωὴν   19 φιλάνθροπος
20 τῶν] τὴν

σθεῖσαν λαβών, ἥτις χρίσις βασιλείας ἐπὶ γεννητοῖς ἐστι
σύμβολον, ἔσθ' ὅτε δὲ καὶ ἱερωσύνης· ἆρ' οὖν ἐπιγενητή
ἐστιν ἡ τοῦ υἱοῦ τοῦ θεοῦ βασιλεία, καὶ οὐ συμφυὴς αὐτῷ;
καὶ πῶς οἴονται τὸν πρωτότοκον πάσης κτίσεως, οὐκ ὄντα   cf. Col i 15
5 βασιλέα, ὕστερον βασιλέα γεγονέναι διὰ τὸ ἠγαπηκέναι   cf. Ps xliv
                                                            (xlv) 8
32 δικαιοσύνην, καὶ ταῦτα τυγχάνοντα δικαιοσύνην; μήποτε
δὲ λανθάνει ἡμᾶς ὁ μὲν ἄνθρωπος αὐτοῦ χριστὸς ὤν, κατὰ
τὴν ψυχὴν διὰ τὸ ἀνθρώπινον καὶ τεταραγμένην καὶ   cf. Jo xii 27;
περίλυπον γεγενημένην μάλιστα νοούμενος, ὁ δὲ βασιλεὺς   Mt xxvi 38
10 κατὰ τὸ θεῖον. παραμυθοῦμαι δὲ τοῦτο ἐξ ἑβδομηκοστοῦ
πρώτου ψαλμοῦ λέγοντος· Ὁ θεός, τὸ κρίμα σου τῷ   Ps lxxi
βασιλεῖ δός, καὶ τὴν δικαιοσύνην σου τῷ υἱῷ τοῦ βασιλέως,   (lxxii) 1 f.
κρίνειν τὸν λαόν σου ἐν δικαιοσύνῃ, καὶ τοὺς πτωχούς σου
ἐν κρίσει· σαφῶς γὰρ εἰς Σαλομῶντα ἐπιγεγραμμένος ὁ
15 ψαλμὸς περὶ Χριστοῦ προφητεύεται. καὶ ἄξιον ἰδεῖν τίνι
βασιλεῖ τὸ κρίμα εὔχεται δοθῆναι ὑπὸ θεοῦ ἡ προφητεία
καὶ τίνι υἱῷ βασιλέως καὶ ποίου βασιλέως τὴν δικαιοσύνην.
ἡγοῦμαι οὖν βασιλέα μὲν λέγεσθαι τὴν προηγουμένην τοῦ
πρωτοτόκου πάσης κτίσεως φύσιν, ᾗ δίδοται διὰ τὸ ὑπερέ-
20 χειν τὸ κρίνειν· τὸν δὲ ἄνθρωπον, ὃν ἀνείληφεν, ὑπ' ἐκείνης
μορφούμενον κατὰ δικαιοσύνην καὶ ἐκτυπούμενον, υἱὸν τοῦ
βασιλέως. καὶ προσάγομαι εἰς τὸ τοῦθ' οὕτως ἔχειν παρα-
δέξασθαι ἀπὸ τοῦ εἰς ἕνα λόγον συνῆχθαι ἀμφότερα καὶ
τὰ ἐπιφερόμενα οὐκέτι ὡς περὶ δύο τινῶν ἀπαγγέλεσθαι
25 ἀλλ' ὡς περὶ ἑνός. πεποίηκε γὰρ ὁ σωτὴρ τὰ ἀμφότερα   cf. Eph ii 14
ἕν, κατὰ τὴν ἀπαρχὴν τῶν γινομένων ἀμφοτέρων ἐν ἑαυτῷ
πρὸ πάντων ποιήσας· ἀμφοτέρων δὲ λέγω καὶ ἐπὶ τῶν
ἀνθρώπων, ἐφ' ὧν ἀνακέκραται τῷ ἁγίῳ πνεύματι ἡ ἑκάστου
ψυχὴ καὶ γέγονεν ἕκαστος τῶν σωζομένων πνευματικός.
30 ὥσπερ οὖν εἰσί τινες ποιμαινόμενοι ὑπὸ Χριστοῦ, διὰ τὸ
σφῶν αὐτῶν, ὡς προειρήκαμεν, πρᾶον μὲν καὶ εὐσταθὲς
ἀλογώτερον δέ, οὕτω καὶ βασιλευόμενοι κατὰ τὸ λογι-

κώτερον προσιέναι τῇ θεοσεβείᾳ. καὶ βασιλευομένων διαφοραί, ἤτοι μυστικώτερον καὶ ἀπορρητότερον καὶ θεοπρεπέστερον βασιλευομένων, ἢ ὑποδεέστερον. καὶ εἴποιμ᾽ ἂν τοὺς μὲν τεθεωρηκότας τὰ ἔξω σωμάτων, καλούμενα παρὰ τῷ Παύλῳ ἀόρατα καὶ μὴ βλεπόμενα, ἔξω παντὸς 5 αἰσθητοῦ λόγῳ γεγενημένους, βασιλευομένους ὑπὸ τῆς προηγουμένης φύσεως τοῦ μονογενοῦς· τοὺς δὲ μέχρι τοῦ περὶ τῶν αἰσθητῶν λόγου ἐφθακότας καὶ διὰ τούτων δοξάζοντας τὸν πεποιηκότα καὶ αὐτοὺς ὑπὸ λόγου βασιλευομένους, ὑπὸ τοῦ χριστοῦ βασιλεύεσθαι. μηδεὶς δὲ προσ- 10 κοπτέτω διακρινόντων ἡμῶν τὰς ἐν τῷ σωτῆρι ἐπινοίας, οἰόμενος καὶ τῇ οὐσίᾳ ταὐτὸν ἡμᾶς ποιεῖν.   33

29. (31) Πάνυ δὲ καὶ τοῖς τυχοῦσιν σαφὲς πῶς ἐστι διδάσκαλος καὶ σαφηνιστὴς τῶν εἰς εὐσέβειαν συντεινόντων ὁ κύριος ἡμῶν, καὶ κύριος δούλων τῶν ἐχόντων πνεῦμα 15 δουλείας εἰς φόβον· προκοπτόντων δὲ καὶ ἐπὶ τὴν σοφίαν σπευδόντων καὶ ταύτης ἀξιουμένων, ἐπεὶ ὁ δοῦλος οὐκ οἶδε τί θέλει ὁ κύριος αὐτοῦ, οὐ μένει κύριος, γινόμενος αὐτῶν φίλος. καὶ αὐτὸς τοῦτο διδάσκει, ὅπου μὲν ἔτι δοῦλοι ὑπῆρχον οἱ ἀκρώμενοι φάσκων· Ὑμεῖς φωνεῖτέ με Ὁ 20 διδάσκαλος καὶ Ὁ κύριος, καὶ καλῶς λέγετε, εἰμὶ γάρ· ὅπου δέ· Οὐκέτι ὑμᾶς λέγω δούλους, ὅτι ὁ δοῦλος οὐκ οἶδε, τί τὸ θέλημα τοῦ κυρίου αὐτοῦ· ἀλλὰ λέγω ὑμᾶς φίλους, ὅτι διαμεμενήκατε μετ᾽ ἐμοῦ ἐν πᾶσι τοῖς πειρασμοῖς μου. οἱ οὖν κατὰ φόβον βιοῦντες, ὃν ἀπαιτεῖ ἀπὸ τῶν οὐ καλῶν δούλων 25 ὁ θεός, ὡς ἀνέγνωμεν ἐν τῷ Μαλαχίᾳ· Εἰ κύριός εἰμι ἐγώ, ποῦ ἐστιν ὁ φόβος μου; δοῦλοι τυγχάνουσι κυρίου τοῦ σωτῆρος αὐτῶν καλουμένου. (32) ἀλλὰ διὰ τούτων πάντων οὐ σαφῶς ἡ εὐγένεια παρίσταται τοῦ υἱοῦ, ὅτε δὲ τό· Υἱός μου εἶ σύ, ἐγὼ σήμερον γεγέννηκά σε· λέγεται πρὸς αὐτὸν 30 ὑπὸ τοῦ θεοῦ, ᾧ ἀεί ἐστι τὸ σήμερον, οὐκ ἔνι γὰρ ἑσπέρα θεοῦ, ἐγὼ δὲ ἡγοῦμαι ὅτι οὐδὲ πρωΐα, ἀλλὰ ὁ συμπαρεκτείνων τῇ ἀγενήτῳ καὶ ἀϊδίῳ αὐτοῦ ζωῇ, ἵν᾽ οὕτως εἴπω,

Marginal references:
cf. Col i 16; 2 Co iv 18

Ro viii 15

Jo xv 15

Jo xiii 13

cf. Jo xv 15

cf. Lc xxii 28

Mal i 6

Ps ii 7; He i 5

16 δὲ] om.

χρόνος ἡμέρα ἐστὶν αὐτῷ σήμερον, ἐν ᾗ γεγέννηται ὁ υἱός,
ἀρχῆς γενέσεως αὐτοῦ οὕτως οὐχ εὑρισκομένης ὡς οὐδὲ τῆς
ἡμέρας.

30. (33) Προσθετέον τοῖς εἰρημένοις πῶς ἐστιν ὁ υἱὸς
ἀληθινὴ ἄμπελος. τοῦτο δὲ δῆλον ἔσται τοῖς συνιεῖσιν   cf. Jo xv 1
ἀξίως χάριτος προφητικῆς τό· Οἶνος εὐφραίνει καρδίαν   Ps ciii (civ)
ἀνθρώπου. εἰ γὰρ ἡ καρδία τὸ διανοητικόν ἐστι, τὸ δὲ   15
εὐφραῖνον αὐτὸ ὁ ποτιμώτατός ἐστι λόγος, ἐξιστῶν ἀπὸ
τῶν ἀνθρωπικῶν καὶ ἐνθουσιᾶν ποιῶν καὶ μεθύειν μέθην
10 οὐκ ἀλόγιστον ἀλλὰ θείαν, ἣν οἶμαι καὶ Ἰωσὴφ τοὺς   cf. Gen xliii
ἀδελφοὺς μεθύειν ποιεῖ, εὐλόγως ὁ τὸν εὐφραίνοντα καρ-   34
δίαν ἀνθρώπου οἶνον φέρων ἄμπελός ἐστιν ἀληθινή· διὰ
τοῦτο ἀληθινή, ἐπεὶ βότρυς ἔχει τὴν ἀλήθειαν καὶ κλήματα   cf. Jo xv 5
τοὺς μαθητάς, μιμητὰς αὐτοῦ καὶ αὐτοὺς καρποφοροῦντας
15 τὴν ἀλήθειαν. ἔργον δὲ διαφορὰν παραστῆσαι ἄρτου καὶ
ἀμπέλου, ἐπεὶ οὐ μόνον ἄμπελος ἀλλὰ καὶ ἄρτος ζωῆς εἶναί   cf. Jo vi 48
φησιν. ὅρα δὲ μήποτε ὥσπερ ὁ ἄρτος τρέφει καὶ ἰσχυρο-
ποιεῖ, καὶ στηρίζειν λέγεται καρδίαν ἀνθρώπου, ὁ δὲ οἶνος
34 ἥδει καὶ εὐφραίνει καὶ διαχεῖ, οὕτως τὰ μὲν ἠθικὰ μαθή-
20 ματα, ζωὴν περιποιοῦντα τῷ μανθάνοντι καὶ πράττοντι,
ἄρτος ἐστὶ τῆς ζωῆς, οὐκ ἂν ταῦτα γεννήματα λέγοιτο τῆς
ἀμπέλου, τὰ δὲ εὐφραίνοντα καὶ ἐνθουσιᾶν ποιοῦντα ἀπόρ-
ρητα καὶ μυστικὰ θεωρήματα, τοῖς κατατρυφῶσι τοῦ κυρίου
ἐγγινόμενα καὶ οὐ μόνον τρέφεσθαι ἀλλὰ καὶ τρυφᾶν
25 ποθοῦσιν, ἔστιν ἀπὸ τῆς ἀληθινῆς ἀμπέλου ἐρχόμενα οἶνος
καλούμενα.

31. (34) Πρὸς τούτοις δὲ τῷ πῶς πρῶτος καὶ ἔσχατος ἐν   Ap i 17
τῇ Ἀποκαλύψει ἀναγέγραπται, ἕτερος, κατὰ τὸ πρῶτος εἶναι,
τυγχάνων τοῦ ἄλφα καὶ τῆς ἀρχῆς, καὶ κατὰ τὸ ἔσχατος,
30 οὐκ ὁ αὐτὸς τῷ Ω καὶ τῷ τέλει. ἡγοῦμαι τοίνυν τῶν
λογικῶν ζῴων ἐν πολλοῖς εἴδεσι χαρακτηριζομένων, εἶναί τι
πρῶτον αὐτῶν καὶ δεύτερον καὶ τρίτον καὶ τὰ καθεξῆς ἕως
ἐσχάτου. καὶ τὸ μὲν ἀκριβὲς εἰπεῖν τί πρῶτον, καὶ ποῖον

27 δὲ] ut videtur

τὸ δεύτερον, καὶ ἐπὶ τίνος ἀληθὲς τὸ τρίτον, καὶ οὕτως μέχρι τοῦ τελευταίου φθάσαι οὐ πάνυ τι ἀνθρώπινον, ἀλλὰ ὑπὲρ τὴν ἡμετέραν ἐστὶ φύσιν. στῆναι δὲ καὶ περιλαλῆσαι τὰ εἰς τὸν τόπον ὡς οἷοί τέ ἐσμεν πειρασόμεθα. εἰσί τινες θεοὶ ὧν ὁ θεὸς θεός ἐστιν, ὡς αἱ προφητεῖαί φασιν· Ἐξομολο- 5
γεῖσθε τῷ θεῷ τῶν θεῶν· καί· Θεὸς θεῶν ἐλάλησε κύριος,
καὶ ἐκάλεσε τὴν γῆν· θεὸς δέ, κατὰ τὸ εὐαγγέλιον, οὐκ ἔστι
νεκρῶν ἀλλὰ ζώντων· ζῶντες ἄρα εἰσὶ καὶ οἱ θεοὶ ὧν ὁ θεὸς
θεός ἐστι. καὶ ὁ ἀπόστολος δὲ γράφων ἐν τῇ πρὸς
Κορινθίους· Ὥσπερ εἰσὶ θεοὶ πολλοὶ καὶ κύριοι πολλοί· 10
κατὰ τὰ προφητικά, τὸ τῶν θεῶν ἐξείληφεν ὄνομα ὡς
τυγχανόντων. εἰσὶ δὲ παρὰ τοὺς θεούς, ὧν ὁ θεὸς θεός
ἐστιν, ἕτεροί τινες οἳ καλοῦνται θρόνοι, καὶ ἄλλοι λεγόμενοι
ἀρχαί, κυριότητές τε καὶ ἐξουσίαι παρὰ τούτους ἄλλοι.
διὰ δὲ τό· Ὑπὲρ πᾶν ὄνομα ὀνομαζόμενον οὐ μόνον ἐν 15
τούτῳ τῷ αἰῶνι ἀλλὰ καὶ ἐν τῷ μέλλοντι· καὶ ἄλλα παρὰ
ταῦτα οὐ πάνυ συνήθως ἡμῖν ὀνομαζόμενα δεῖ πιστεύειν
εἶναι λογικά, ὧν ἓν τι γένος ἐκάλει Σαβαὶ ὁ Ἑβραῖος, παρὸ
ἐσχηματίσθαι τὸν Σαβαώθ, ἄρχοντα ἐκείνων τυγχάνοντα,
οὐχ ἕτερον τοῦ θεοῦ. καὶ ἐπὶ πᾶσι θνητὸν λογικὸν ὁ 20
ἄνθρωπος. ὁ τοίνυν τῶν ὅλων θεὸς πρῶτόν τι τῇ τιμῇ
γένος λογικὸν πεποίηκεν, ὅπερ οἶμαι τοὺς καλουμένους 35
θεούς, καὶ δεύτερον ἐπὶ τοῦ παρόντος καλείσθωσαν θρόνοι,
καὶ τρίτον χωρὶς διαστάσεως ἀρχαί. οὕτω δὲ τῷ λογικῷ
καταβατέον ἐπὶ ἔσχατον λογικόν, τάχα οὐκ ἄλλο τι τοῦ 25
ἀνθρώπου τυγχάνον. ὁ τοίνυν σωτὴρ θειότερον πολλῷ ἢ
Παῦλος γέγονε τοῖς πᾶσι πάντα, ἵνα πάντα ἢ κερδήσῃ ἢ
τελειώσῃ, καὶ σαφῶς γέγονεν ἀνθρώποις ἄνθρωπος καὶ ἀγγέ-
λοις ἄγγελος. καὶ περὶ μὲν τοῦ ἄνθρωπον αὐτὸν γεγονέναι
οὐδεὶς τῶν πεπιστευκότων διστάζει· περὶ δὲ τοῦ ἄγγελον 30
πειθώμεθα τηροῦντες τὰς τῶν ἀγγέλων ἐπιφανείας καὶ
λόγους, ὅτε τῆς τῶν ἀγγέλων ἐξουσίας φαίνεται, ἔν τισι
τόποις τῆς γραφῆς ἀγγέλων λεγόντων, ὥσπερ ἐπὶ τοῦ·

Ps cxxxv (cxxxvi) 2
Ps xlix (l) 1
Mt xxii 32
1 Co viii 5
cf. Col i 16
Eph i 21
cf. 1 Co ix 22

11 ἐξειλήφαμεν   18 ὁ] om.

Ὤφθη ἄγγελος κυρίου ἐν πυρὶ φλογὸς βάτου. καὶ εἶπεν· Ex iii 2, 6
Ἐγὼ θεὸς Ἀβραὰμ καὶ Ἰσαὰκ καὶ Ἰακώβ· ἀλλὰ καὶ ὁ
Ἡσαΐας φησί· Καλεῖται τὸ ὄνομα αὐτοῦ μεγάλης βουλῆς Is ix 6
ἄγγελος. πρῶτος οὖν καὶ ἔσχατος ὁ σωτήρ, οὐχ ὅτι οὐ τὰ
5 μεταξύ, ἀλλὰ τῶν ἄκρων, ἵνα δηλωθῇ ὅτι τὰ πάντα γέγονεν
αὐτός. ἐπίστησον δὲ πότερον ἄνθρωπός ἐστι τὸ ἔσχατον
ἢ τὰ καλούμενα καταχθόνια, ὧν εἰσι καὶ οἱ δαίμονες, ἤτοι
πάντες ἢ τινες. ζητητέον τὰ εἰς ἃ καὶ αὐτὰ γενόμενος ὁ
σωτὴρ διὰ τοῦ προφήτου Δαβίδ φησι· Καὶ ἐγενόμην ὡσεὶ Ps lxxxvii
10 ἄνθρωπος ἀβοήθητος, ἐν νεκροῖς ἐλεύθερος. ὥσπερ πλέον (lxxxviii) 5
ἔχων παρὰ ἀνθρώπους κατὰ τὴν ἐκ παρθένου γένεσιν καὶ
κατὰ τὸν λοιπὸν ἐν παραδόξοις βίον, οὕτως ἐν νεκροῖς,
κατὰ τὸ μόνος ἐκεῖ εἶναι ἐλεύθερος, οὐκ ἐγκαταλέλειπται ἡ Ps xv (xvi)
ψυχὴ αὐτοῦ εἰς τὸν ᾅδην. οὕτως μὲν οὖν πρῶτος καὶ 10: Act ii 27
15 ἔσχατος. εἰ δέ ἐστι γράμματα θεοῦ, ὥσπερ ἐστίν, ἅπερ cf. Prec.
ἀναγινώσκοντες οἱ ἅγιοί φασιν ἀνεγνωκέναι τὰ ἐν ταῖς Joseph. ap.
πλαξὶ τοῦ οὐρανοῦ, τὰ στοιχεῖα ἐκεῖνα, ἵνα δι' αὐτῶν τὰ Euseb.
Praep. Ev.
36 οὐράνια ἀναγνωσθῇ, αἱ ἔννοιαι τυγχάνουσιν, κατακερματι- 292 b
ζόμεναι εἰς ἄλφα καὶ τὰ ἑξῆς μέχρι τοῦ Ω, τοῦ υἱοῦ τοῦ cf. Ap i 8
20 θεοῦ. πάλιν δὲ ἀρχὴ καὶ τέλος ὁ αὐτός, ἀλλ' οὐ κατὰ τὰς
ἐπινοίας ὁ αὐτός. ἀρχὴ γάρ, ὡς ἐν ταῖς παροιμίαις μεμα-
θήκαμεν, καθὸ σοφία τυγχάνει ἐστί· γέγραπται γοῦν· Ὁ Pr viii 22
θεὸς ἔκτισέ με ἀρχὴν ὁδῶν αὐτοῦ εἰς ἔργα αὐτοῦ. καθὸ δὲ
λόγος ἐστὶν οὐκ ἔστιν ἀρχή· Ἐν ἀρχῇ γὰρ ἦν ὁ λόγος. Jo i 1
25 οὐκοῦν αἱ ἐπίνοιαι αὐτοῦ ἔχουσιν ἀρχὴν καὶ δεύτερόν τι
παρὰ τὴν ἀρχὴν καὶ τρίτον καὶ οὕτως μέχρι τέλους· ὡσεὶ
ἔλεγεν, ἀρχή εἰμι καθὸ σοφία εἰμί, δεύτερον δέ, εἰ οὕτω
τύχοι, καθὸ ἀόρατός εἰμι, καὶ τρίτον καθὸ ζωή, ἐπεὶ ὃ Jo i 4
γέγονεν ἐν αὐτῷ ζωὴ ἦν. καὶ εἴ τις ἱκανὸς βασανίζων τὸν
30 νοῦν τῶν γραφῶν ὁρᾶν, τάχα εὑρήσει πολλὰ τῆς τάξεως
καὶ τὸ τέλος· οὐκ οἶμαι γὰρ εἰ πάντα. σαφέστερον δ' ἡ
ἀρχὴ καὶ τέλος δοκεῖ κατὰ τὴν συνήθειαν ὡς ἐπὶ ἡνωμένου
λέγεσθαι, οἷον ἀρχὴ οἰκίας ὁ θεμέλιος, καὶ τέλος ἡ στεφάνη. cf. Eph ii
καὶ ἐφαρμοστέον γε διὰ τὸ ἀκρογωνιαῖον εἶναι λίθον τὸν 20; Is xxviii
16

χριστὸν τῷ ἡνωμένῳ παντὶ σώματι τῶν σωζομένων τὸ

cf. 1 Co xv 28   παράδειγμα τό· Πάντα γὰρ καὶ ἐν πᾶσι Χριστὸς ὁ μονο-
γενής, ὡς μὲν ἀρχὴ ἐν ᾧ ἀνείληφεν ἀνθρώπῳ, ὡς δὲ τέλος
ἐν τῷ τελευταίῳ τῶν ἁγίων δηλονότι τυγχάνων καὶ ἐν τοῖς
μεταξύ, ἢ ὡς μὲν ἀρχὴ ἐν Ἀδάμ, ὡς δὲ τέλος ἐν τῇ 5

1 Co xv 45   ἐπιδημίᾳ, κατὰ τὸ εἰρημένον· Ὁ ἔσχατος Ἀδὰμ εἰς πνεῦμα
ζωοποιοῦν. πλὴν τοῦτο τὸ ῥητὸν ἐφαρμόσει καὶ τῇ ἀπο-
δόσει τοῦ πρῶτος καὶ ἔσχατος. (35) Τηρήσαντες μέντοι τὰ
εἰρημένα περὶ πρώτου καὶ ἐσχάτου καὶ περὶ ἀρχῆς καὶ
τέλους, ὅπου μὲν εἰς εἴδη λογικῶν ἀνηνέγκαμεν, ὅπου δὲ εἰς 10
διαφόρους ἐπινοίας τοῦ υἱοῦ τοῦ θεοῦ, τὸν λόγον, καὶ ἔχομεν

cf. Ap i 17 f.   τὴν διαφορὰν πρώτου καὶ ἀρχῆς, καὶ ἐσχάτου καὶ τέλους,
ἔτι δὲ καὶ τοῦ Α καὶ τοῦ Ω. οὐκ ἄδηλον οὐδὲ τὸ ζῶν καὶ
νεκρός, καὶ μετὰ τὸ νεκρὸς ζῶν εἰς τοὺς αἰῶνας τῶν αἰώνων.
ἐπεὶ γὰρ οὐκ ὠφελήμεθα ἀπὸ τῆς προηγουμένης ζωῆς αὐτοῦ, 15
γενόμενοι ἐν ἁμαρτίᾳ, κατέβη ἐπὶ τὴν νεκρότητα ἡμῶν, ἵνα

2 Co iv 10   ἀποθανόντος αὐτοῦ τῇ ἁμαρτίᾳ τὴν νέκρωσιν τοῦ Ἰησοῦ
ἐν τῷ σώματι περιφέροντες, τὴν μετὰ τὴν νεκρότητα ζωὴν
αὐτοῦ εἰς τοὺς αἰῶνας τῶν αἰώνων τάξει χωρῆσαι δυνηθῶμεν.
οἱ γὰρ τὴν νέκρωσιν τοῦ Ἰησοῦ ἐν τῷ σώματι πάντοτε 20
περιφέροντες καὶ τὴν ζωὴν τοῦ Ἰησοῦ ἕξουσιν ἐν τοῖς 37
σώμασιν αὐτῶν φανερουμένην.

32. (36) Καὶ ταῦτα μὲν ἀπὸ τῶν τῆς καινῆς διαθήκης
βιβλίων ἐλέγετο ὑπ᾽ αὐτοῦ περὶ ἑαυτοῦ. ἐν δὲ τῷ Ἡσαΐᾳ

Is xlix 2 f.   ἔφασκεν ὑπὸ τοῦ πατρὸς τεθεῖσθαι αὐτοῦ τὸ στόμα ὡς 25
μάχαιραν ὀξεῖαν, καὶ κεκρύφθαι ὑπὸ τὴν σκέπην τῆς χειρὸς
αὐτοῦ, βέλει ἐκλεκτῷ ὡμοιωμένος καὶ ἐν τῇ φαρέτρᾳ τοῦ
πατρὸς κεκρυμμένος, δοῦλος τοῦ θεοῦ τῶν ὅλων ὑπ᾽ αὐτοῦ

cf. Is xlix 6   καλούμενος καὶ Ἰσραὴλ καὶ φῶς ἐθνῶν. μάχαιρα μὲν οὖν

He iv 12   ὀξεῖά ἐστι τὸ στόμα τοῦ υἱοῦ τοῦ θεοῦ, ἐπεὶ ζῶν τυγχάνει 30
ὁ λόγος τοῦ θεοῦ καὶ ἐνεργὴς καὶ τομώτερος ὑπὲρ πᾶσαν
μάχαιραν δίστομον καὶ διϊκνούμενος ἄχρι μερισμοῦ ψυχῆς
καὶ πνεύματος, ἁρμῶν τε καὶ μυελῶν, καὶ κριτικὸς ἐν-

18 μετά] κατά   28 κεκρυμμένως

θυμήσεων καὶ ἐννοιῶν καρδίας· ἄλλως τε καὶ ἐλθὼν οὐκ   cf. Mt x 34
εἰρήνην ἐπὶ τὴν γῆν, τοῦτ' ἔστιν ἐπὶ τὰ σωματικὰ καὶ αἰσ-
θητά, βαλεῖν ἀλλὰ μάχαιραν, καὶ διακόπτων τὴν, ἵν' οὕτως
εἴπω, ἐπιβλαβῆ φιλίαν ψυχῆς καὶ σώματος, ἵν' ἡ ψυχὴ
5 ἐπιδιδοῦσα αὑτὴν τῷ στρατευομένῳ κατὰ τῆς σαρκὸς πνεύ-   cf. Ga v 17
ματι φιλιωθῇ τῷ θεῷ, μάχαιραν ἢ ὡς μάχαιραν ὀξεῖαν κατὰ
τὸν προφητικὸν λόγον ἔσχε τὸ στόμα· ἀλλὰ καὶ βλέπων
τοσούτους τετρωμένους τῇ θείᾳ ἀγάπῃ, ὁμοίως τῇ ὁμολο-
γούσῃ τοῦτο πεπονθέναι ἐν τῷ Ἄσματι τῶν ἀσμάτων διὰ
10 τοῦτο· Ὅτι τετρωμένη ἀγάπης ἐγώ· τὸ τρῶσαν βέλος τὰς   Cant ii 5
τῶν τοσούτων εἰς ἀγάπην θεοῦ ψυχὰς οὐκ ἄλλο τι εὑρήσει
ἢ τὸν εἰπόντα· Ἔθηκέ με ὡς βέλος ἐκλεκτόν. (37) ἔτι δὲ   Is xlix 2
πᾶς ὁ συνιεὶς πῶς τοῖς μαθητευομένοις ὁ Ἰησοῦς γεγένηται
οὐχ ὡς ὁ ἀνακείμενος ἀλλ' ὡς ὁ διακονῶν, μορφὴν δούλου   cf. Lc. xxii
15 ὁ υἱὸς τοῦ θεοῦ ὑπὲρ ἐλευθερίας τῶν δουλευσάντων τῇ   27; Phil ii 7
ἁμαρτίᾳ λαβών, οὐκ ἀγνοήσει τίνα τρόπον ὁ πατήρ φησι
πρὸς αὐτὸν τό· Δοῦλός μου εἶ σύ· καὶ μετ' ὀλίγα· Μέγα   Is xlix 3, 6
σοί ἐστι τοῦτο κληθῆναί σε παῖδά μου. τολμητέον γὰρ
εἰπεῖν πλείονα καὶ θειοτέραν καὶ ἀληθῶς κατ' εἰκόνα τοῦ
20 πατρὸς τὴν ἀγαθότητα φαίνεσθαι τοῦ χριστοῦ ὅτε ἑαυτὸν   Phil ii 6, 8
ἐταπείνωσε γενόμενος ὑπήκοος μέχρι θανάτου, θανάτου δὲ
σταυροῦ, ἢ εἰ ἁρπαγμὸν ἡγήσατο τὸ εἶναι ἴσα θεῷ, καὶ μὴ
βουληθεὶς ἐπὶ τῇ τοῦ κόσμου σωτηρίᾳ γενέσθαι δοῦλος.
διὰ τοῦτο διδάξαι ἡμᾶς βουλόμενος μέγα δῶρον εἰληφέναι
25 ἀπὸ τοῦ πατρὸς τὸ οὕτως δεδουλευκέναι φησί· Καὶ ὁ θεός   Is xlix 5 f.
38 μου ἔσται μοι ἰσχύς. καὶ εἰπέ μοι Μέγα σοί ἐστι τοῦτο
κληθῆναί σε παῖδά μου. μὴ γενόμενος γὰρ δοῦλος οὐκ ἂν
ἔστησε τὰς φυλὰς τοῦ Ἰακώβ, οὐδὲ τὴν διασπορὰν τοῦ
Ἰσραὴλ ἐπέστρεψεν, ἀλλ' οὐδὲ γεγόνει ἂν εἰς φῶς ἐθνῶν, τοῦ
30 εἶναι εἰς σωτηρίαν ἕως ἐσχάτου τῆς γῆς. καὶ μέτριόν γε
τὸ δοῦλον αὐτὸν γενέσθαι, εἰ καὶ μέγα ὑπὸ τοῦ πατρὸς
εἶναι τοῦτο λέγεται, συγκρίσει ἀρνίου ἀκάκου καὶ ἀμνοῦ.

32 συγκρίσει] συγκρίνει pr. man.

cf. Is liii 7   ὡς γὰρ ἀρνίον ἄκακον γεγένηται ἀγόμενον τοῦ θύεσθαι ὁ

cf. Jo i 29   ἀμνὸς τοῦ θεοῦ ἵνα ἄρῃ τὴν ἁμαρτίαν τοῦ κόσμου, ὁ πᾶσι

τοῦ λόγου χορηγός, ὁμοιωθεὶς ἀμνῷ ἐνώπιον τοῦ κείροντος

ἀφώνῳ, ὅπως τῷ θανάτῳ αὐτοῦ ἡμεῖς πάντες καθαρθῶμεν,

ἀναδιδομένῳ τρόπον φαρμάκου ἐπὶ τὰς ἀντικειμένας ἐνερ- 5

γείας καὶ τὴν τῶν βουλομένων ἀναδέξασθαι τὴν ἀλήθειαν

ἁμαρτίαν· ἀτονῆσαι γὰρ ὁ θάνατος τοῦ χριστοῦ τὰς πολε-

μούσας τῷ τῶν ἀνθρώπων γένει πεποίηκε δυνάμεις, καὶ

ἐξελεύσεσθαι τὴν ἐν ἑκάστῳ τῶν πιστευόντων ζωὴν τῇ

cf. 1 Co xv 26   ἁμαρτίᾳ ἀφάτῳ δυνάμει. ἐπεὶ δὲ ἕως πᾶς ἐχθρὸς αὐτοῦ 10

καταργηθῇ, καὶ τελευταῖός γε ὁ θάνατος, αἴρει τὴν ἁμαρ-

τίαν, ἵνα ὁ πᾶς γένηται χωρὶς ἁμαρτίας κόσμος, διὰ τοῦτο

Jo i 29   ὁ Ἰωάννης δεικνὺς αὐτόν φησιν· Ἴδε ὁ ἀμνὸς τοῦ θεοῦ ὁ

αἴρων τὴν ἁμαρτίαν τοῦ κόσμου· οὐχὶ ὁ μέλλων μὲν αἴρειν

οὐχὶ δὲ καὶ αἴρων ἤδη, καὶ οὐχὶ ὁ ἄρας μὲν οὐχὶ δὲ καὶ 15

αἴρων· ἔτι γὰρ τὸ αἴρειν ἐνεργεῖ ἀπὸ ἑνὸς ἑκάστου τῶν ἐν

τῷ κόσμῳ, ἕως ἀπὸ παντὸς τοῦ κόσμου ἀφαιρεθῇ ἡ ἁμαρτία

cf. 1 Co xv 24   καὶ παραδῷ ἕτοιμον βασιλείαν τῷ πατρὶ ὁ σωτήρ, τῷ μὴ

εἶναι μηδὲ τὴν τυχοῦσαν ἁμαρτίαν χωροῦσαν τὸ ὑπὸ πατρὸς

βασιλεύεσθαι, καὶ πάλιν ἐπιδεχομένην τὰ πάντα τοῦ θεοῦ 20

1 Co xv 28   ἐν ὅλῃ ἑαυτῇ καὶ πάσῃ, ὅτε πληροῦται τό· Ἵνα γένηται ὁ

θεὸς τὰ πάντα ἐν πᾶσιν· ἀλλὰ καὶ ἀνὴρ πρὸς τούτοις λέγε-

cf. Jo i 30 f.   ται ὀπίσω Ἰωάννου ἐρχόμενος, ἔμπροσθεν αὐτοῦ γεγενημένος

καὶ πρὸ αὐτοῦ ὤν, ἵνα διδαχθῶμεν καὶ τὸν ἄνθρωπον τοῦ

υἱοῦ τοῦ θεοῦ τὸν τῇ θεότητι αὐτοῦ ἀνακεκραμμένον πρε- 25

σβύτερον εἶναι τῆς ἐκ Μαρίας γενέσεως, ὅντινα ἄνθρωπόν

φησιν ὁ βαπτιστὴς ὅτι οὐκ ᾔδει. πῶς δὲ οὐκ ᾔδει ὁ

cf. Lc i 41, 44   σκιρτήσας ἐν ἀγαλλιάσει ἔτι βρέφος τυγχάνων ἐν τῇ κοιλίᾳ

τῆς Ἐλισάβετ ὅτε ἐγένετο ἡ φωνὴ τοῦ ἀσπασμοῦ τῆς

Μαρίας εἰς τὰ ὦτα τῆς Ζαχαρίου γυναικός; ἐπίστησον οὖν 30

εἰ δύναται τὸ οὐκ ᾔδειν κατὰ τὰ πρὸ σώματος λέγειν· εἰ δὲ

καὶ οὐκ ᾔδει μὲν αὐτὸν πρὸ τοῦ τότε ἥκειν εἰς σῶμα, ἔγνω 39

16 ἔτι γὰρ τὸ] ἐπὶ τὸ γάρ

δὲ ἔτι ὄντα ἐν τῇ κοιλίᾳ τῆς μητρὸς, τάχα μανθάνει τι περὶ
αὐτοῦ ἕτερον παρ' ὃ ἐγίνωσκεν, ὅτι ἐφ' ὃν ἂν τὸ πνεῦμα cf. Jo i 33
καταβὰν μείνῃ ἐπ' αὐτὸν, οὗτός ἐστιν ὁ βαπτίζων ἐν
πνεύματι ἁγίῳ καὶ πυρί· καὶ γὰρ εἰ ᾔδει αὐτὸν ἔτι ἐκ
5 κοιλίας μητρὸς, οὔτι γε ἐγίνωσκε πάντα τὰ περὶ αὐτοῦ.
τάχα δὲ καὶ ἠγνόει ὅτι οὗτός ἐστιν ὁ βαπτίζων ἐν πνεύματι
ἁγίῳ καὶ πυρί, ὅτε τεθέαται τὸ πνεῦμα καταβαῖνον καὶ μένον
ἐπ' αὐτόν. πλὴν ἄνδρα αὐτὸν τυγχάνοντα καὶ πρῶτον οὐκ
ᾔδει ὁ Ἰωάννης.

10 33. (38) Οὐδὲν δὲ τῶν προειρημένων ὀνομάτων τὴν
περὶ ἡμῶν πρὸς τὸν πατέρα προστασίαν αὐτοῦ δηλοῖ, παρα-
καλοῦντος ὑπὲρ τῆς ἀνθρώπων φύσεως καὶ ἱλασκομένου, ὡς
ὁ παράκλητος καὶ ἱλασμὸς καὶ τὸ ἱλαστήριον. ὁ μὲν
παράκλητος ἐν τῇ Ἰωάννου λεγόμενος ἐπιστολῇ· Ἐὰν γάρ 1 Jo ii 1 f.
15 τις ἁμάρτῃ, παράκλητον ἔχομεν πρὸς τὸν πατέρα Ἰησοῦν
Χριστὸν δίκαιον, καὶ οὗτος ἱλασμός ἐστι περὶ τῶν ἁμαρτιῶν
ἡμῶν. καὶ ὁ ἱλασμὸς ἐν τῇ αὐτῇ ἐπιστολῇ λεγόμενος
ἱλασμὸς εἶναι περὶ τῶν ἁμαρτιῶν ἡμῶν. ὁμοίως δὲ καὶ ἐν
τῇ πρὸς Ῥωμαίους ἱλαστήριον· Ὃν προέθετο ὁ θεὸς ἱλα- Ro iii 25
20 στήριον διὰ πίστεως· οὗ ἱλαστηρίου εἰς τὰ ἐσώτατα καὶ cf. Ex xxv 17—19
ἅγια τῶν ἁγίων σκιά τις ἐτύγχανε τὸ χρυσοῦν ἱλαστήριον,
ἐπικείμενον τοῖς δυσὶ Χερουβείμ. πῶς δ' ἂν παράκλητος
καὶ ἱλασμὸς καὶ ἱλαστήριον χωρὶς δυνάμεως θεοῦ ἐξαφανι-
ζούσης ἡμῶν τὴν ἀσθένειαν γενέσθαι οἷός τε ἦν, ἐπιρρε-
25 ούσης ταῖς τῶν πιστευόντων ψυχαῖς, ὑπὸ Ἰησοῦ διακονου-
μένης, ἧς πρῶτός ἐστιν, αὐτοδύναμις θεοῦ, δι' ὃν εἴποι τις
ἂν· Πάντα ἰσχύω ἐν τῷ ἐνδυναμοῦντί με Χριστῷ Ἰησοῦ· Phil iv 13
διόπερ Σίμωνα μὲν τὸν Μάγον αὐτὸν ἀναγορεύοντα δύναμιν cf. Act viii 10, 20
θεοῦ, τὴν καλουμένην μεγάλην, ἴσμεν ἅμα τῷ ἀργυρίῳ
30 αὐτοῦ εἰς ὄλεθρον καὶ ἀπώλειαν κεχωρηκέναι· Χριστὸν δὲ
ὁμολογοῦντες ἀληθῶς εἶναι δύναμιν θεοῦ, πάντα τὰ ὅπου cf. 1 Co i 24
ποτὲ δυναμούμενα μετέχειν αὐτοῦ, καθὸ δύναμίς ἐστι,
πεπιστεύκαμεν.

4 ἔτι] ὅτι   27 με—28 ἀναγορεύοντα] bis

cf. 1 Co i 24

34. (39) Μὴ παρασιωπηθήτω δ' ἡμῖν μηδὲ θεοῦ σοφία
εὐλόγως τυγχάνων, καὶ διὰ τοῦτο τοῦτ' εἶναι λεγόμενος. οὐ
γὰρ ἐν ψιλαῖς φαντασίαις τοῦ θεοῦ καὶ πατρὸς τῶν ὅλων
τὴν ὑπόστασιν ἔχει ἡ σοφία αὐτοῦ, κατὰ τὰ ἀνάλογον τοῖς
ἀνθρωπίνοις ἐννοήμασι φαντάσματα. εἰ δέ τις οἷός τέ ἐστιν 5
ἀσώματον ὑπόστασιν ποικίλων θεωρημάτων περιεχόντων
τοὺς τῶν ὅλων λόγους ζῶσαν καὶ οἱονεὶ ἔμψυχον ἐπινοεῖν, 40
εἴσεται τὴν ὑπὲρ πᾶσαν κτίσιν σοφίαν τοῦ θεοῦ καλῶς περὶ

Pr viii 22

αὐτῆς λέγουσαν· Ὁ θεὸς ἔκτισέ με ἀρχὴν ὁδῶν αὐτοῦ εἰς
ἔργα αὐτοῦ. δι' ἣν κτίσιν δεδύνηται καὶ πᾶσα κτίσις 10
ὑφεστάναι, οὐκ ἀνένδοχος οὖσα θείας σοφίας, καθ' ἣν

Ps ciii (civ) 24

γεγένηται· Πάντα γάρ, κατὰ τὸν προφήτην Δαβὶδ, ἐν
σοφίᾳ ἐποίησεν ὁ θεός. ἀλλὰ πολλὰ μὲν μετοχῇ σοφίας
γεγένηται, οὐκ ἀντιλαμβανόμενα αὐτῆς, ᾗ ἔκτισται, σφό-
δρα δὲ ὀλίγα οὐ μόνον τὴν περὶ αὐτῶν καταλαμβάνει 15
σοφίαν ἀλλὰ καὶ περὶ πολλῶν ἑτέρων, Χριστοῦ τῆς πάσης
τυγχάνοντος σοφίας. ἕκαστος δὲ τῶν σοφῶν καθ' ὅσον
χωρεῖ σοφίας τοσοῦτον μετέχει Χριστοῦ, καθὸ σοφία ἐστίν·
ὥσπερ ἕκαστος τῶν δύναμιν ἐχόντων κρείττονα ὅσον εἴληχε
τῆς δυνάμεως τοσοῦτον Χριστοῦ, καθὸ δύναμίς ἐστι, κε- 20
κοίνωνηκεν. τὸ παραπλήσιον δὲ καὶ περὶ ἁγιασμοῦ καὶ
ἀπολυτρώσεως νοητέον· αὐτὸς μὲν γὰρ ἁγιασμός, ὅθεν οἱ
ἅγιοι ἁγιάζονται, ἡμῖν ὁ Ἰησοῦς γεγένηται, καὶ ἀπολύ-
τρωσις· ἕκαστος δὲ ἡμῶν ἐκείνῳ τῷ ἁγιασμῷ ἁγιάζεται,
καὶ κατ' ἐκείνην τὴν ἀπολύτρωσιν ἀπολυτροῦται. ἐπίστη- 25
σον δὲ εἰ μὴ μάτην τὸ ἡμῖν παρὰ τῷ ἀποστόλῳ
προσκαλεῖται λέγοντι· Ὃς ἐγενήθη σοφία ἡμῖν ἀπὸ

1 Co i 30

θεοῦ, δικαιοσύνη τε καὶ ἁγιασμὸς καὶ ἀπολύτρωσις· καὶ
εἰ μὴ ἐν ἄλλοις περὶ τοῦ χριστοῦ, καθὸ σοφία ἐστίν,

1 Co i 24

ἀπολελυμένως ἐλέγετο καὶ καθὸ δύναμις, ὅτι Χριστὸς 30
θεοῦ δύναμίς ἐστι καὶ θεοῦ σοφία, κἂν ὑπενοήσαμεν
μὴ καθάπαξ αὐτὸν εἶναι σοφίαν μηδὲ δύναμιν θεοῦ

26 παρὰ] περί 32 μή] bis

ἀλλὰ ἡμῖν· νῦν δὲ ἐπὶ μὲν τῆς σοφίας καὶ δυνάμεως
πρὸς τῷ ἡμῖν καὶ τὸ ἀπόλυτον ἀναγέγραπται, ἐπὶ δὲ τοῦ
ἁγιασμοῦ καὶ τῆς ἀπολυτρώσεως ἡ αὐτὴ ἀπόφασις οὐκ
εἴρηται. διόπερ ὅρα, ἐπεὶ ὁ ἁγιάζων καὶ οἱ ἁγιαζόμενοι   He ii 11
5 ἐξ ἑνὸς πάντες, εἰ αὐτοῦ τοῦ ἡμετέρου ἁγιασμοῦ ἁγιασμός
ἐστιν ὁ πατὴρ, ὥσπερ Χριστοῦ ὄντος ἡμετέρας κεφαλῆς ὁ   cf. 1 Co xi 3
πατὴρ αὐτοῦ ἐστι κεφαλή. ἀπολύτρωσις δὲ ἡμῶν ὁ
χριστὸς τῶν διὰ τὸ ᾐχμαλωτεῦσθαι ἀπολυτρώσεως δεδε-
μένων. αὐτοῦ δὲ τὴν ἀπολύτρωσιν οὐ ζητῶ τοῦ πεπει-   He iv 15
10 ραμένου κατὰ πάντα καθ᾽ ὁμοιότητα χωρὶς ἁμαρτίας, καὶ
μηδέποτε ὑπὸ τῶν ἐχθρῶν εἰς αἰχμαλωσίαν κεκρατημένου.
(40) ἅπαξ δὲ διασταλέντων τοῦ ἡμῖν καὶ τοῦ ἁπλῶς, ἡμῖν
μὲν καὶ οὐχ ἁπλῶς τοῦ ἁγιασμοῦ καὶ τῆς ἀπολυτρώσεως,
41 καὶ ἡμῖν δὲ καὶ ἁπλῶς τῆς σοφίας καὶ τῆς δυνάμεως, οὐκ
15 ἀνεξέταστον ἐατέον τὸν περὶ τῆς δικαιοσύνης λόγον. καὶ
ὅτι μὲν ἡμῖν δικαιοσύνη ὁ χριστὸς δῆλον ἐκ τοῦ· Ὃς ἐγε-   1 Co i 30
νήθη σοφία ἡμῖν ἀπὸ θεοῦ, δικαιοσύνη τε καὶ ἁγιασμὸς
καὶ ἀπολύτρωσις. ἐὰν δὲ μὴ εὑρίσκωμεν ἁπλῶς αὐτὸν
δικαιοσύνην, ὥσπερ ἁπλῶς σοφίαν καὶ δύναμιν θεοῦ, βασα-
20 νιστέον εἰ καὶ αὐτῷ τῷ χριστῷ ὥσπερ ἁγιασμὸς ὁ πατὴρ
οὕτω καὶ δικαιοσύνη ὁ πατήρ. καὶ γὰρ οὐκ ἀδικία παρὰ   cf. Ro ix 14
τῷ θεῷ, καὶ δίκαιος καὶ ὅσιος κύριος καὶ ἐν δικαιοσύνῃ τὰ   cf. Ap xvi 5, 7
κρίματα αὐτοῦ· δίκαιος δὲ ὢν δικαίως τὰ πάντα διέπει.

35. Τὸ δὲ σῆναν τοὺς ἀπὸ τῶν αἱρέσεων εἰς τὸ ἕτερον
25 εἰπεῖν τὸν δίκαιον τοῦ ἀγαθοῦ, μὴ τρανωθὲν δὲ παρ᾽ αὐτοῖς,
οἰηθεῖσι δίκαιον μὲν εἶναι τὸν δημιουργὸν ἀγαθὸν δὲ τὸν
τοῦ χριστοῦ πατέρα, οἶμαι μετ᾽ ἐξετάσεως ἀκριβῶς βασα-
νισθὲν δύνασθαι λέγεσθαι ἐπὶ τοῦ πατρὸς καὶ τοῦ υἱοῦ·
τοῦ μὲν υἱοῦ τυγχάνοντος δικαιοσύνης, ὃς ἔλαβεν ἐξουσίαν   Jo v 27;
Act xvii 31
30 κρίσιν ποιεῖν, ὅτι υἱὸς ἀνθρώπου ἐστὶ, καὶ κρινεῖ τὴν   cf. Ps ix 9;
xcv (xcvi) 13
οἰκουμένην ἐν δικαιοσύνῃ· τοῦ δὲ πατρὸς τοὺς ἐν τῇ δικαιο-
σύνῃ τοῦ υἱοῦ παιδευθέντας μετὰ τὴν Χριστοῦ βασιλείαν

16 δικαιοσύνης χ͞ς   21 παρά] περί   24 σῆναν] ὃ ἦν ἂν
28 υἱοῦ] ι͞υ

εὐεργετοῦντος, τὴν ἀγαθὸς προσηγορίαν ἔργοις δείξοντος,

1 Co xv 28 ὅταν γένηται ὁ θεὸς τὰ πάντα ἐν πᾶσιν. καὶ τάχα τῇ
αὐτοῦ δικαιοσύνῃ ὁ σωτὴρ εὐτρεπίζει τὰ πάντα καιροῖς
ἐπιτηδείοις καὶ λόγῳ καὶ τάξει καὶ κολάσεσι καὶ τοῖς, ἵν'
οὕτως εἴπω, πνευματικοῖς αὐτοῦ ἰατρικοῖς βοηθήμασι, πρὸς 5
τὸ χωρῆσαι ἐπὶ τέλει τὴν ἀγαθότητα τοῦ πατρός· ἥν τινα
Mc x 18 νοήσας πρὸς τὸν μονογενῆ λέγοντα· Διδάσκαλε ἀγαθέ·
φησί· Τί με λέγεις ἀγαθόν; οὐδεὶς ἀγαθὸς εἰ μὴ εἷς ὁ θεός,
ὁ πατήρ. τὸ δ' ὅμοιον ἐν ἑτέροις ἐδείξαμεν καὶ ἐπὶ τοῦ
μείζονά τινα εἶναι τοῦ δημιουργοῦ, δημιουργὸν μὲν ἐκλα- 10
βόντες τὸν χριστὸν μείζονα δὲ τούτου τὸν πατέρα· οὗτος
δὴ ὁ τὰ τοσαῦτα τυγχάνων, ὁ παράκλητος, ὁ ἱλασμός, τὸ
cf. He iv 15 ἱλαστήριον, συμπαθήσας ταῖς ἀσθενείαις ἡμῶν τῷ πεπει-
ρᾶσθαι κατὰ πάντα τὰ ἀνθρώπινα καθ' ὁμοιότητα χωρὶς
ἁμαρτίας, μέγας ἐστὶν ἀρχιερεύς, οὐχ ὑπὲρ ἀνθρώπων μόνον 15
cf. He ix 28 ἀλλὰ καὶ παντὸς λογικοῦ τὴν ἅπαξ θυσίαν προσενεχθεῖσαν
He ii 9 ἑαυτὸν ἀνενεγκών· χωρὶς γὰρ θεοῦ ὑπὲρ παντὸς ἐγεύσατο
θανάτου, ὅπερ ἔν τισι κεῖται τῆς πρὸς Ἑβραίους ἀντι-
γράφοις χάριτι θεοῦ. εἴτε δὲ χωρὶς θεοῦ ὑπὲρ παντὸς
ἐγεύσατο θανάτου, οὐ μόνον ὑπὲρ ἀνθρώπων ἀπέθανεν 42
ἀλλὰ καὶ ὑπὲρ τῶν λοιπῶν λογικῶν· εἴτε χάριτι θεοῦ
ἐγεύσατο τοῦ ὑπὲρ παντὸς θανάτου, ὑπὲρ πάντων χωρὶς
θεοῦ ἀπέθανε· χάριτι γὰρ θεοῦ ὑπὲρ παντὸς ἐγεύσατο
θανάτου. καὶ γὰρ ἄτοπον ὑπὲρ ἀνθρωπίνων μὲν αὐτὸν
φάσκειν ἁμαρτημάτων γεγεῦσθαι θανάτου, οὐκ ἔτι δὲ καὶ 25
ὑπὲρ ἄλλου τινὸς παρὰ τὸν ἄνθρωπον ἐν ἁμαρτήμασι
γεγενημένου, οἷον ὑπὲρ ἄστρων, οὐδὲ τῶν ἄστρων πάντως
καθαρῶν ὄντων ἐνώπιον τοῦ θεοῦ, ὡς ἐν τῷ Ἰὼβ ἀνέγνωμεν·
Job xxv 5 Ἄστρα δὲ οὐ καθαρὰ ἐνώπιον αὐτοῦ, εἰ μὴ ἄρα ὑπερβολικῶς
τοῦτο εἴρηται. διὰ τοῦτο μέγας ἐστὶν ἀρχιερεύς, ἐπειδήπερ 30
πάντα ἀποκαθίστησι τῇ τοῦ πατρὸς βασιλείᾳ, οἰκονομῶν
τὰ ἐν ἑκάστῳ τῶν γενητῶν ἐλλιπῆ ἀναπληρωθῆναι πρὸς τὸ

23 γάρ] bis

χωρῆσαι δόξαν πατρικήν. οὗτος ὁ ἀρχιερεὺς κατά τινα
ἑτέραν παρὰ τὰ εἰρημένα ἐπίνοιαν Ἰούδας ὀνομάζεται, ἵνα
οἱ ἐν κρυπτῷ Ἰουδαῖοι μὴ ἀπὸ τοῦ υἱοῦ Ἰακὼβ Ἰούδα   cf. Ro ii 29;
Ἰουδαῖοι χρηματίζωσιν ἀλλὰ ἀπὸ τούτου, ὄντες αὐτοῦ   Ge xlix 8
5 ἀδελφοὶ καὶ αἰνοῦντες αὐτόν, ἀντιλαμβανόμενοι τῆς ἐλευ-
θερίας ἣν ἐλευθεροῦνται ὑπ᾽ αὐτοῦ ῥυσθέντες ἀπὸ τῶν
ἐχθρῶν, αὐτοῦ τὰς χεῖρας αὐτοῦ τῷ νώτῳ αὐτῶν ἐπιτιθέντος
καὶ ὑποτάξαντος αὐτούς. ἀλλὰ καὶ πτερνίσας τὴν ἀντικει-
μένην ἐνέργειαν, μόνος τε ὁρῶν τὸν πατέρα καὶ ὅτε ἄνθρωπος
10 γεγένηται, Ἰακώβ ἐστι καὶ Ἰσραήλ· ἀφ᾽ οὗ, ὥσπερ γινό-
μεθα φῶς φωτὸς ὄντος τοῦ κόσμου, οὕτως Ἰακὼβ καλου-
μένου Ἰακώβ, καὶ Ἰσραὴλ ὀνομαζομένου Ἰσραήλ.

36 (41). Ἐπεὶ δὲ παραλαμβάνει τὴν βασιλείαν ἀπὸ   cf. 1 Reg vlii;
βασιλέως ὃν ἑαυτοῖς ἐβασίλευσαν οἱ υἱοὶ Ἰσραήλ, καὶ οὐ   xxv 28
15 διὰ τοῦ θεοῦ ἄρξαντες αὐτὸν καὶ μὴ γνωρίσαντες τῷ θεῷ,
πολέμους τε τοῦ κυρίου πολεμῶν ἑτοιμάζει εἰρήνην τῷ υἱῷ
αὐτοῦ, λαῷ, τάχα διὰ τοῦτο Δαβὶδ προσαγορεύεται· καὶ
μετὰ ταῦτα ῥάβδος, τοῖς δεομένοις ἐπιπόνου καὶ σκληροτέρας   cf. Is xi 1
ἀγωγῆς, καὶ μὴ ἐμπαρεσχηκόσιν ἑαυτοὺς τῇ ἀγάπῃ καὶ
20 τῇ πραότητι τοῦ πατρός. διὰ τοῦτο ἐὰν ῥάβδος καλῆται,
ἐξελεύσεται· οὐ γὰρ μένει ἐν αὐτῷ, ἀλλ᾽ ἔξω τῆς προη-
γουμένης καταστάσεως εἶναι δοκεῖ. ἐξελθὼν δὲ καὶ γε-
νόμενος ῥάβδος οὐ μένει ῥάβδος, ἀλλὰ μετὰ τὴν ῥάβδον
ἄνθος γίνεται ἀναβαῖνον, καὶ πέρας τοῦ εἶναι ῥάβδος τὸ
25 ἄνθος ἀποδείκνυται τοῖς διὰ τοῦ αὐτὸν γεγονέναι ῥάβδον
ἐπισκοπῆς τετυχηκόσιν· ἐπισκέψεται γὰρ ὁ θεὸς ἐν ῥάβδῳ,   Ps lxxxviii
43 τῷ χριστῷ, τὰς ἀνομίας αὐτῶν ὧν ἐπισκέψεται. τὸ δὲ   (lxxxix) 33 f.
ἔλεος οὐ μὴ διασκεδάσει ἀπ᾽ αὐτοῦ· αὐτὸν γὰρ ἐλεεῖ, ὅτε
οὓς βούλεται ὁ υἱὸς ἐλεεῖσθαι ὁ πατὴρ ἐλεεῖ. ἔστι δὲ καὶ
30 μὴ ἐπὶ τῶν αὐτῶν λαμβάνειν ῥάβδον αὐτὸν γίνεσθαι καὶ
ἄνθος, ἀλλὰ ῥάβδος μὲν τοῖς δεομένοις κολάσεως, ἄνθος
δὲ τοῖς σωζομένοις· βέλτιον δ᾽ οἶμαι τὸ πρότερον. πλὴν

11 om. φῶς] add. in mg.   17 post τάχα] ins. δὲ   26 τετευχόσιν

τοῦτο προσθετέον κατὰ τὸν τόπον ὅτι τάχα διὰ τὸ τέλος,
εἴ τινι μὲν γίνεται ῥάβδος, ἐστὶ πάντως ἄνθος, οὐ μὴν εἴ
τινι ἄνθος, ἐκείνῳ πάντως καὶ ῥάβδος· εἰ μὴ ἄρα ἐπεί ἐστιν
ἄνθος τελειότερον τοῦ ἄνθους, καὶ τοῦ ἀνθεῖν ἐπὶ τῶν
μηδέπω τελείως καρποφορούντων ὀνομαζομένου, οἱ τέλειοι 5
τὸ ὑπὲρ τὸ ἄνθος χωροῦσι τοῦ χριστοῦ, οἱ δὲ ῥάβδον
αὐτοῦ πεπειραμένοι ἅμα τῇ ῥάβδῳ οὐ τῆς τελειότητος
αὐτοῦ ἀλλὰ τοῦ ἄνθους τοῦ πρὸ τῶν καρπῶν αὐτοῦ μετα-

cf. Ps cxvii (cxviii) 22
λήψονται. τελευταῖον πρὸ τοῦ λόγου ἦν λίθος ὁ χριστὸς,
ἀποδοκιμαζόμενος ὑπὸ τῶν οἰκοδόμων, καὶ εἰς κεφαλὴν 10

cf. 1 Pet ii 5; Eph ii 20
γωνίας κατατασσόμενος· ἐπεὶ γὰρ λίθοι ζῶντες οἰκοδομοῦν-
ται ἐπὶ θεμελίῳ ἑτέροις λίθοις τῶν ἀποστόλων καὶ προ-
φητῶν, ὄντος ἀκρογωνιαίου αὐτοῦ Χριστοῦ Ἰησοῦ τοῦ
κυρίου ἡμῶν, διὰ τὸ εἶναι αὐτὸν μέρος τῆς ἐκ λίθων ζώντων
ἐν χώρᾳ ζώντων οἰκοδομῆς, λίθος προσαγορεύεται. ταῦτα 15
δὲ ἡμῖν πάντα εἴρηται τὸ τῶν πολλῶν ἀποκληρωτικὸν καὶ
ἀβασάνιστον ἐλέγξαι βουλομένοις, ὅτι τοσούτων ὀνομάτων
εἰς αὐτὸν ἀναφερομένων ἵστανται ἐπὶ μόνης τῆς λόγος

cf. Jo i 1, 3
ὀνομασίας, οὐκ ἐξετάζοντες τί δήποτε λόγος εἶναι θεὸς ἐν
ἀρχῇ πρὸς τὸν πατέρα, δι᾽ οὗ τὰ πάντα ἐγένετο, ἀναγέ- 20
γραπται ὁ υἱὸς τοῦ θεοῦ.

37. (42) Ὥσπερ τοίνυν παρὰ τὴν ἐνέργειαν ἐκ τοῦ
φωτίζειν τὸν κόσμον, οὗ φῶς ἐστι, φῶς κόσμου προσ-
αγορεύεται, καὶ παρὰ τὸ ποιεῖν ἀποτίθεσθαι τὴν νεκρότητα
τοὺς γνησίως αὐτῷ προσιόντας καὶ ἀναλαμβάνειν καινότητα 25
ζωῆς ἀνισταμένους ἀνάστασις καλεῖται, καὶ παρ᾽ ἑτέραν
πρᾶξιν ποιμὴν καὶ διδάσκαλος καὶ βασιλεὺς, βέλος τε
ἐκλεκτὸν καὶ δοῦλος, πρὸς τούτοις παράκλητος καὶ ἱλασμὸς
καὶ ἱλαστήριον, οὕτως καὶ λόγος καὶ πᾶν ἄλογον ἡμῶν
περιαιρῶν καὶ κατὰ ἀλήθειαν λογικοὺς κατασκευάζων, πάντα 30

1 Co x 31
εἰς δόξαν θεοῦ πράττοντας μέχρι τοῦ ἐσθίειν καὶ τοῦ πίνειν,
εἰς δόξαν θεοῦ ἐπιτελοῦντας διὰ τὸν λόγον καὶ τὰ κοινω- 44
νικώτερα καὶ τελειότερα τοῦ βίου ἔργα. εἰ γὰρ μετέχοντες
αὐτοῦ ἀνιστάμεθα καὶ φωτιζόμεθα, τάχα δὲ καὶ ποιμαινό-

μεθα ἢ βασιλευόμεθα, δῆλον ὅτι καὶ ἐνθέως λογικοὶ γινό-
μεθα, τὰ ἐν ἡμῖν ἄλογα καὶ τὴν νεκρότητα ἀφανίζοντος
αὐτοῦ καθὸ λόγος ἐστὶ καὶ ἀνάστασις. ἐπίστησον δὲ εἰ
μετέχουσί πως αὐτοῦ πάντες ἄνθρωποι καθὸ λόγος ἐστί.
5 διόπερ ζητεῖσθαι οὐκ ἔξω τῶν ζητούντων ὑπὸ τῶν εὑρεῖν
αὐτὸν προαιρουμένων διδάσκει ἡμᾶς ὁ ἀπόστολος, λέγων·
Μὴ εἴπῃς ἐν τῇ καρδίᾳ σου Τίς ἀναβήσεται εἰς τὸν Ro x 6 ff.
οὐρανόν; τοῦτ' ἔστι Χριστὸν καταγαγεῖν· ἢ Τίς καταβήσεται cf. Deut xxx
εἰς τὴν ἄβυσσον; τοῦτ' ἔστι Χριστὸν ἐκ νεκρῶν ἀναγαγεῖν. 12 ff.
10 ἀλλὰ τί λέγει ἡ γραφή; Ἐγγύς σου τὸ ῥῆμά ἐστι σφόδρα
ἐν τῷ στόματί σου καὶ ἐν τῇ καρδίᾳ σου· ὡς τοῦ αὐτοῦ
ὄντος Χριστοῦ καὶ ῥήματος τοῦ ζητουμένου. ἀλλὰ καὶ ὅτε
αὐτός φησιν ὁ κύριος· Εἰ μὴ ἦλθον καὶ ἐλάλησα αὐτοῖς, Jo xv 22
ἁμαρτίαν οὐκ εἴχοσαν· νῦν δὲ πρόφασιν οὐκ ἔχουσι περὶ τῆς
15 ἁμαρτίας αὐτῶν· οὐκ ἄλλο νοητέον ἢ ὅτι ὁ λόγος φησὶν
οἷς οὐδέπω συμπεπλήρωται μὴ εἶναι ἁμαρτίαν, τούτους δὲ
ἐνόχους αὐτῆς τυγχάνειν, οἳ ἂν μετεσχηκότες ἤδη αὐτοῦ
πράττωσι παρὰ τὰς ἐννοίας τὰς ἐξ ὧν οὗτος ἐν ἡμῖν συμ-
πληροῦται, καὶ μόνως οὕτως ἀληθὲς τό· Εἰ μὴ ἦλθον καὶ
20 ἐλάλησα αὐτοῖς, ἁμαρτίαν οὐκ εἴχοσαν. φέρε γὰρ ἐπὶ
Ἰησοῦ τοῦ ὁρατοῦ, ὡς οἱ πολλοὶ οἰήσονται, τοῦτ' ἐξετα-
ζέσθω· πῶς δὲ ἀληθὲς τὸ μὴ ἔχειν ἁμαρτίαν τούτους, οἷς
οὐκ ἐλήλυθε; πάντες γὰρ οἱ πρὸ τῆς ἐπιδημίας τοῦ
σωτῆρος ἔσονται ἁμαρτίας πάσης ἀπολελυμένοι, ἐπεὶ οὐκ
25 ἐληλύθει ὁ βλεπόμενος κατὰ σάρκα Ἰησοῦς. ἀλλὰ καὶ
πάντες οἷς οὐδαμῶς ἀνηγγέλη περὶ αὐτοῦ οὐχ ἕξουσιν cf. Is lii 15
ἁμαρτίαν, καὶ δῆλον ὅτι οἱ μὴ ἔχοντες ἁμαρτίαν κρίσει οὐχ
ὑπόκεινται. λόγος δὲ ὁ ἐν ἀνθρώποις, οὗ μετέχειν εἰρήκα-
μεν τὸ γένος ἡμῶν, διχῶς λέγεται, ἤτοι κατὰ τὴν συμπλή-
30 ρωσιν τῶν ἐννοιῶν ἥτις ἐν παντὶ τῷ ὑπερβεβηκότι τὸν
παῖδα τυγχάνει, ὑπεξαιρουμένων τῶν τεράτων, ἢ κατὰ τὴν
ἀκρότητα ἥτις ἐν μόνοις τοῖς τελείοις εὑρίσκεται. κατὰ
μὲν οὖν τὸ πρότερον τό· Εἰ μὴ ἦλθον καὶ ἐλάλησα αὐτοῖς,
ἁμαρτίαν οὐκ εἴχοσαν· νῦν δὲ πρόφασιν οὐκ ἔχουσι περὶ

τῆς ἁμαρτίας αὐτῶν· τὰ ῥητὰ ἐκλεκτέον· κατὰ δὲ τὸ

Jo x 8
δεύτερον· Πάντες ὅσοι πρὸ ἐμοῦ ἦλθον, κλέπται εἰσὶ καὶ
λῃσταί, καὶ οὐκ ἤκουσαν αὐτῶν τὰ πρόβατα. πρὸ γὰρ τῆς
τελειώσεως τοῦ λόγου πάντα ψεκτὰ τὰ ἐν ἀνθρώποις, ἅτε
ἐνδεῆ καὶ ἐλλιπῆ, οἷς τελείως οὐχ ὑπακούει τὰ ἐν ἡμῖν 5
ἄλογα, πρόβατα τροπικώτερον εἰρημένα. καὶ τάχα κατὰ
Jo i 14
μὲν τὸ πρότερον· Ὁ λόγος σὰρξ ἐγένετο· κατὰ δὲ τὸ
Jo i 1
δεύτερον· Θεὸς ἦν ὁ λόγος. τούτῳ δ' ἀκόλουθόν ἐστι 45
ζητεῖν τί ἐστι μεταξὺ τοῦ· Ὁ λόγος σὰρξ ἐγένετο· καὶ·
Θεὸς ἦν ὁ λόγος· ἐν τοῖς ἀνθρωπίνοις ἰδεῖν, οἷον ἀναστοι- 10
χειουμένου τοῦ λόγου ἀπὸ τοῦ γεγονέναι αὐτὸν σάρκα καὶ
κατὰ βραχὺ λεπτυνομένου, ἕως γένηται ὅπερ ἦν ἐν ἀρχῇ,
θεὸς λόγος ὁ πρὸς τὸν πατέρα· οὗ λόγου τὴν δόξαν εἶδεν
ὁ Ἰωάννης ἀληθῶς μονογενοῦς ὡς ἀπὸ πατρός.

38. Δύναται δὲ καὶ ὁ λόγος υἱὸς εἶναι παρὰ τὸ 15
ἀπαγγέλλειν τὰ κρύφια τοῦ πατρὸς ἐκείνου, ἀνάλογον τῷ
καλουμένῳ υἱῷ λόγῳ νοῦ τυγχάνοντος. ὡς γὰρ ὁ παρ'
ἡμῖν λόγος ἄγγελός ἐστι τῶν ὑπὸ τοῦ νοῦ ὁρωμένων, οὕτως
ὁ τοῦ θεοῦ λόγος ἐγνωκὼς τὸν πατέρα, οὐδενὸς τῶν γενητῶν
προσβαλεῖν αὐτῷ χωρὶς ὁδηγοῦ δυναμένου, ἀποκαλύπτει 20
Mt xi 27
ὃν ἔγνω πατέρα. Οὐδεὶς γὰρ ἔγνω τὸν πατέρα εἰ μὴ ὁ
cf. Is ix 6
υἱὸς καὶ ᾧ ἂν ὁ υἱὸς ἀποκαλύψῃ· καὶ καθὸ λόγος ἐστὶ
μεγάλης τυγχάνει βουλῆς ἄγγελος ὤν, οὗ ἐγενήθη ἡ ἀρχὴ
ἐπὶ τοῦ ὤμου αὐτοῦ· ἐβασίλευσε γὰρ διὰ τοῦ πεπονθέναι
cf. Ap xix 11
τὸν σταυρόν. ἐν δὲ τῇ ἀποκαλύψει ἐπὶ λευκοῦ ἵππου 25
καθέζεσθαι λέγεται λόγος πιστὸς καὶ ἀληθινός, ὡς οἶμαι
παριστᾶν τὸ σαφὲς τῆς φωνῆς ὃ ἠχεῖται ὁ ἡμῖν ἐπιδημῶν
ἀληθείας λόγος. οὐ τοῦ παρόντος δὲ καιροῦ δεῖξαι ὅτι
ἐπὶ τῆς φωνῆς πολλαχοῦ τῆς γραφῆς, ἐν ᾗ ἐστι τὰ προ-
κείμενα δι' ὧν ὠφελούμεθα θείων μαθημάτων ἀκροώμενοι, 30
κεῖται ἡ ἵππος προσηγορία. μόνον δὲ ἑνὸς καὶ δευτέρου
Ps xxxii (xxxiii) 17
Ps xix (xx) 8
ὑπομνηστέον, τοῦ· Ψευδὴς ἵππος εἰς σωτηρίαν· καί· Οὗτοι

10 ἀναστοιχειομένου

ἐν ἅρμασι καὶ οὗτοι ἐν ἵπποις, ἡμεῖς δὲ ἐν ὀνόματι κυρίου
θεοῦ ἡμῶν μεγαλυνθησόμεθα.   τὸ δέ· Ἐξηρεύξατο ἡ καρδία Ps xliv
(xlv) 2
μου λόγον ἀγαθόν, λέγω ἐγὼ τὰ ἔργα μου τῷ βασιλεῖ· ἐν
τεσσαρακοστῷ τετάρτῳ ψαλμῷ ἀναγεγραμμένον, συνεχέσ-
5 τατα ὑπὸ τῶν πολλῶν φερόμενον ὡς νενοημένον, ἡμῖν οὐκ
ἀβασάνιστον ἐατέον.   ἔστω γὰρ τὸν πατέρα ταῦτα λέγειν,
τίς οὖν ἡ καρδία αὐτοῦ, ἵνα ἀκολούθως τῇ καρδίᾳ ὁ ἀγαθὸς
λόγος φανῇ; εἰ γὰρ ὁ λόγος οὐ δεῖται διηγήσεως, ὡς
ἐκεῖνοι ὑπολαμβάνουσι, δῆλον ὅτι οὐδ' ἡ καρδία· ὅπερ ἐστὶν
10 ἀτοπώτατον, νομίζειν τὴν καρδίαν ὁμοίως τῷ ἐν ἡμετέρῳ
σώματι εἶναι μέρος τοῦ θεοῦ.   ἀλλ' ὑπομνηστέον αὐτοὺς
ὅτι ὥσπερ χεὶρ καὶ βραχίων καὶ δάκτυλος ὀνομάζεται θεοῦ,
οὐκ ἐρειδόντων ἡμῶν τὴν διάνοιαν εἰς ψιλὴν τὴν λέξιν ἀλλ'
ἐξεταζόντων πῶς ταῦτα ὑγιῶς ἐκλαμβάνειν καὶ ἀξίως θεοῦ
15 δεῖ, οὕτως καὶ τὴν καρδίαν τοῦ θεοῦ τὴν νοητικὴν αὐτοῦ καὶ
46 προθετικὴν περὶ τῶν ὅλων δύναμιν ἐκληπτέον, τὸν δὲ
λόγον τῶν ἐν ἐκείνῃ τὸ ἀπαγγελτικόν.   τίς δὲ ἀπαγγέλλει
τὴν βουλὴν τοῦ πατρὸς τοῖς τῶν γενητῶν ἀξίοις καὶ παρ'
αὐτοὺς γεγενημένοις ἢ ὁ σωτήρ; τάχα δὲ καὶ οὐ μάτην τὸ
20 Ἐξηρεύξατο· μυρία γὰρ ἕτερα ἐδύνατο λέγεσθαι ἀντὶ τοῦ
Ἐξηρεύξατο· προέβαλεν ἡ καρδία μου λόγον ἀγαθόν·
ἐλάλησεν ἡ καρδία μου λόγον ἀγαθόν· ἀλλὰ μήποτε
ὥσπερ πνεύματός τινος ἀποκρύφου εἰς φανερὸν πρόοδός
ἐστιν ἡ ἐρυγὴ τοῦ ἐρευγομένου, οἱονεὶ διὰ τούτου ἀναπνέον-
25 τος, οὕτω τὰ τῆς ἀληθείας θεωρήματα οὐ συνέχων ὁ πατὴρ
ἐρεύγεται, καὶ ποιεῖ τὸν τύπον αὐτῶν ἐν τῷ λόγῳ, καὶ διὰ
τοῦτο εἰκόνι καλουμένῳ τοῦ ἀοράτου θεοῦ.   καὶ ταῦτα μὲν Col i 15
ἵνα συμπεριφερόμενοι τῇ τῶν πολλῶν ἐκδοχῇ παραδεξώ-
μεθα ἀπὸ τοῦ πατρὸς λέγεσθαι τό· Ἐξηρεύξατο ἡ καρδία Ps xliv
(xlv) 2
30 μου λόγον ἀγαθόν.

    39.   Οὐ πάντῃ δὲ αὐτοῖς παραχωρητέον ὡς ὁμολογου-
μένως ταῦτα ἀπαγγέλλοντος τοῦ θεοῦ.   διὰ τί γὰρ οὐχὶ ὁ

---

14 ταῦταῦτα (sic)   20 ἀντί] quid scriptum sit in codice non
liquet

προφήτης ἔσται λέγων πληρωθεὶς τοῦ πνεύματος καὶ προ-
φερόμενος λόγον ἀγαθὸν περὶ προφητείας τῆς περὶ Χριστοῦ,
συνέχειν αὐτὸν οὐ δυνάμενος, τό· Ἐξηρεύξατο ἡ καρδία
μου λόγον ἀγαθόν, λέγω ἐγὼ τὰ ἔργα μου τῷ βασιλεῖ·
ἡ γλῶσσά μου κάλαμος γραμματέως ὀξυγράφου· ὡραῖος 5
κάλλει παρὰ τοὺς υἱοὺς τῶν ἀνθρώπων· εἶτα πρὸς αὐτὸν
τὸν χριστόν· Ἐξεχύθη ἡ χάρις ἐν χείλεσί σου; πῶς γάρ,
εἰ ὁ πατὴρ ταῦτ' ἔλεγεν, ἐπεφέρετο τῷ· Ἐξεχύθη ἡ χάρις
ἐν χείλεσί σου· τό· Διὰ τοῦτο εὐλόγησέ σε ὁ θεὸς εἰς τὸν
αἰῶνα· καὶ μετ' ὀλίγα· Διὰ τοῦτο ἔχρισέ σε ὁ θεός, ὁ θεός 10
σου, ἔλαιον ἀγαλλιάσεως παρὰ τοὺς μετόχους σου; ἀνθυ-
πενέγκοι δέ τις βουλόμενος ἐκ τοῦ πατρὸς τὰ ἐν τῷ ψαλμῷ
ἀπαγγέλλεσθαι τό· Ἄκουσον, θύγατερ, καὶ ἴδε καὶ κλῖνον
τὸ οὖς σου, καὶ ἐπιλάθου τοῦ λαοῦ σου καὶ τοῦ οἴκου τοῦ
πατρός σου· οὐ γὰρ ὁ προφήτης πρὸς τὴν ἐκκλησίαν ἐρεῖ 15
τό· Ἄκουσον, θύγατερ. οὐ χαλεπὸν δὲ δεῖξαι καὶ ἀπὸ
ἑτέρων ψαλμῶν ὅτι προσώπων γίνονται ἐπὶ πλεῖον ἐναλλα-
γαί, ὥστε καὶ ἐνθάδε δύνασθαι ἀπὸ τοῦ· Ἄκουσον, θύγατερ·
τὸν πατέρα λέγειν. παραθετέον δὲ εἰς τὴν περὶ τοῦ λόγου
ἐξέτασιν καὶ τό· Τῷ λόγῳ τοῦ κυρίου οἱ οὐρανοὶ ἐστερεώ- 20
θησαν, καὶ τῷ πνεύματι τοῦ στόματος αὐτοῦ πᾶσα ἡ δύναμις
αὐτῶν· ἅπερ τινὲς ἡγοῦνται ἐπὶ τοῦ σωτῆρος καὶ τοῦ ἁγίου
τάσσεσθαι πνεύματος, δυνάμενα δηλοῦν τὸ λόγῳ θεοῦ τοὺς
οὐρανοὺς ἐστερεῶσθαι, ὡς εἰ λέγοιμεν λόγῳ ἀρχιτεκτονικῷ
τὴν οἰκίαν καὶ λόγῳ ναυπηγικῷ τὴν ναῦν γεγονέναι, οὕτως 25
οὖν λόγῳ θεοῦ τοὺς οὐρανούς, θειοτέρου τυγχάνοντας σώματος 47
καὶ διὰ τοῦτο καλουμένου στερεοῦ, οὐκ ἔχοντος τὸ ἐπιπολὺ
ῥευστὸν καὶ εὐδιάλυτον τῶν λοιπῶν καὶ κατωτέρω, ἐστερεῶ-
σθαι καὶ διὰ τὸ διάφορον ἐσχηκέναι ἐξαιρέτως τῷ θείῳ λόγῳ.
ἐπεὶ οὖν πρόκειται τό· Ἐν ἀρχῇ ἦν ὁ λόγος· σαφῶς ἰδεῖν, 30
ἀρχὴ δὲ μετὰ μαρτυριῶν τῶν ἐκ τῶν παροιμιῶν ἀποδέδοται
εἰρῆσθαι ἡ σοφία, καὶ ἔστι προεπινοουμένη ἡ σοφία τοῦ

Ps xliv (xlv) 2 f.

Ps xliv (xlv) 8

Ps xliv (xlv) 11

Ps xxxii (xxxiii) 6

Jo i 1

cf. Pr viii 22

11 ἀνθυπενέγκῃ   26 τυγχάνοντος

αὐτὴν ἀπαγγέλλοντος λόγου, νοητέον τὸν λόγον ἐν τῇ ἀρχῇ,
τοῦτ' ἔστι τῇ σοφίᾳ, ἀεὶ εἶναι· ὄντα δὲ ἐν τῇ σοφίᾳ, καλου-
μένῃ ἀρχῇ, μὴ κωλύεσθαι εἶναι πρὸς τὸν θεόν, καὶ αὐτὸν
θεὸν τυγχάνοντα, καὶ οὐ γυμνῶς εἶναι αὐτὸν πρὸς τὸν
5 θεόν, ἀλλὰ ὄντα ἐν τῇ ἀρχῇ τῇ σοφίᾳ εἶναι πρὸς τὸν θεόν.
ἐπιφέρει γοῦν καί φησιν· Οὗτος ἦν ἐν ἀρχῇ πρὸς τὸν
θεόν· ἐδύνατο γὰρ εἰρηκέναι· Οὗτος ἦν πρὸς τὸν θεόν·
ἀλλ' ὥσπερ ἦν ἐν ἀρχῇ, οὕτως καὶ πρὸς τὸν θεὸν ἐν ἀρχῇ
ἦν, καὶ πάντα δι' αὐτοῦ ἐγένετο ὄντος ἐν τῇ ἀρχῇ· πάντα   cf. Ps ciii (civ)
10 γὰρ ἐν σοφίᾳ ὁ θεὸς κατὰ τὸν Δαβὶδ ἐποίησε. καὶ ἔτι εἰς   24
τὸ παραδέξασθαι τὸν λόγον ἰδίαν περιγραφὴν ἔχοντα, οἷον
τυγχάνοντα ζῆν καθ' ἑαυτόν, λεκτέον καὶ περὶ δυνάμεως,
οὐ μόνον δυνάμεως· Τάδε λέγει κύριος τῶν δυνάμεων·
πολλαχοῦ κεῖται, λογικῶν τινων θείων ζώων δυνάμεων
15 ὀνομαζομένων, ὧν ἡ ἀνωτέρω καὶ κρείττων Χριστὸς ἦν, οὐ
μόνον σοφία θεοῦ ἀλλὰ καὶ δύναμις προσαγορευόμενος.   cf. 1 Co i 24
ὥσπερ οὖν δυνάμεις θεοῦ πλείονές εἰσιν, ὧν ἑκάστη κατὰ
περιγραφήν, ὧν διαφέρει ὁ σωτήρ, οὕτως καὶ λόγος, εἰ καὶ
ὁ παρ' ἡμῖν οὐκ ἔστι κατὰ περιγραφὴν ἐκτὸς ἡμῶν νοη-
20 θήσεται ὁ χριστὸς διὰ τὰ προεξητασμένα, ἐν ἀρχῇ τῇ
σοφίᾳ τὴν ὑπόστασιν ἔχων. ταῦτα ἡμῖν ἐπὶ τοῦ παρόντος
ἀρκέσει εἰς τό· Ἐν ἀρχῇ ἦν ὁ λόγος.

2 τῇ σοφίᾳ 1°] τῆς σοφίας pr. man. ut videtur

ΤΟΜΟΣ Β΄.

Jo i 1

1. Καὶ ὁ λόγος ἦν πρὸς τον θεόν, καὶ θεὸς ἦν ὁ λόγος. Αὐτάρκως κατὰ τὴν παροῦσαν δύναμιν, ἱερὲ ἀδελφὲ Ἀμβρόσιε, καὶ κατὰ τὸ εὐαγγέλιον μεμορφωμένε, ἐν τοῖς πρὸ τούτων διαλαβόντες τί ἐστιν εὐαγγέλιον καὶ τίς ἡ ἀρχή, ἐν ᾗ ἦν ὁ λόγος, τίς τε ὁ λόγος ὁ ἐν ἀρχῇ, ἀκολούθως νῦν ἐπι- 5 σκοποῦμεν πῶς ὁ λόγος ἦν πρὸς τὸν θεόν. χρήσιμον τοίνυν συναγαγεῖν εἰς τοῦτο λόγον ἀναγεγραμμένον γεγονέναι πρός

Hos i 1

τινας, οἷον· Λόγος κυρίου ὃς ἐγενήθη πρὸς Ὠσῆε, τὸν τοῦ

Is ii 1

Βεηρεί· καί· Ὁ λόγος ὁ γενόμενος πρὸς Ἡσαΐαν, υἱὸν

Jer xiv 1

Ἀμὼς, περὶ τῆς Ἰουδαίας καὶ περὶ Ἱερουσαλήμ· καί· Ὁ 10 λόγος ὁ γενόμενος πρὸς Ἱερεμίαν περὶ τῆς ἀβροχίας. πῶς οὖν λόγος κυρίου ἐγενήθη πρὸς Ὠσῆε, καὶ ὁ λόγος ἐστὶν ὁ γενόμενος πρὸς Ἡσαΐαν, υἱὸν Ἀμὼς, καὶ πάλιν ὁ λόγος πρὸς Ἱερεμίαν περὶ τῆς ἀβροχίας ἐπισκοπητέον, ἵν᾿ ὡς παρακεί- μενον εὑρεθῆναι δυνηθῇ πῶς ὁ λόγος ἦν πρὸς τὸν θεόν. ὁ 15 μὲν οὖν πολὺς ἁπλούστερον ἐκλήψεται τὰ περὶ τῶν προ- φητῶν εἰρημένα ὡς λόγου κυρίου ἢ τοῦ λόγου γενομένου πρὸς αὐτούς. μήποτε δὲ ὡς φαμεν τόνδε τινὰ πρὸς τόνδε γίνεσθαι, οὕτως ὁ νῦν θεολογούμενος υἱὸς λόγος ἐγενήθη πρὸς Ὠσῆε, ἀποσταλεὶς ὑπὸ τοῦ πατρὸς πρὸς αὐτόν· κατὰ 20 μὲν τὴν ἱστορίαν πρὸς τὸν υἱὸν τοῦ Βεηρεί, προφήτην Ὠσῆε, κατὰ δὲ μυστικὸν λόγον πρὸς τὸν σωζόμενον, Ὠσῆε γὰρ ἑρμηνεύεται Σωζόμενος, υἱὸν Βεηρεὶ, ὃς ἑρμηνεύεται Φρέατα· πηγῆς γὰρ ἐκ βάθους ἀναβλυστανούσης σοφίας θεοῦ ἕκαστος τῶν σωζομένων υἱὸς γίνεται. καὶ οὐδὲν θαυμαστὸν οὕτως 25

23 ὃς] οὗ

υἱὸν φρεάτων εἶναι τὸν ἅγιον, ἀπὸ τῶν ἀνδραγαθημάτων
πολλαχοῦ υἱὸν ὀνομαζόμενον, παρὰ μὲν τὸ λάμπειν αὐτοῦ cf. Mt v 16;
τὰ ἔργα ἔμπροσθεν τῶν ἀνθρώπων, φωτός, παρὰ δὲ τὸ ἔχειν Jo xii 36;
τὴν εἰρήνην τοῦ θεοῦ τὴν ὑπερέχουσαν πάντα νοῦν, εἰρήνης· 1 Th v 5
5 ἔτι δὲ διὰ τὴν ἀπὸ τῆς σοφίας ὠφέλειαν, τέκνον σοφίας· cf. Phil iv 7;
Ἐδικαιώθη γὰρ, φησὶν, ἡ σοφία ἀπὸ τῶν τέκνων αὐτῆς. Lc x 6
49 οὕτως οὖν ὁ πάντα ἐρευνῶν θείῳ πνεύματι καὶ τὰ βάθη τοῦ Lc vii 35
θεοῦ, ὥστε ἀποφθέγξασθαι αὐτόν· Ὦ βάθος πλούτου καὶ cf. Mt xi 19
σοφίας καὶ γνώσεως θεοῦ· δύναται εἶναι φρεάτων υἱὸς πρὸς cf. 1 Co ii 10
10 ὃν ὁ λόγος κυρίου γίνεται. ὁμοίως λόγος καὶ πρὸς Ἡσαΐαν Ro xi 33
ἔρχεται, διδάσκων τὰ ἐν ἐσχάταις ἡμέραις ἀπαντησόμενα τῇ
Ἰουδαίᾳ καὶ Ἰερουσαλήμ· ὡσαύτως δὲ καὶ πρὸς Ἰερεμίαν
θείῳ μετεωρισμῷ ἐπαρθέντα, ἑρμηνεύεται γὰρ Μετεωρισμὸς
Ἰάω. ἀλλὰ πρὸς μὲν τοὺς ἀνθρώπους πρότερον οὐ χωροῦντας
15 τὴν τοῦ υἱοῦ τοῦ θεοῦ, λόγου τυγχάνοντος, ἐπιδημίαν ὁ λόγος
γίνεται· πρὸς δὲ τὸν θεὸν οὐ γίνεται, ὡς πρότερον οὐκ ὢν
πρὸς αὐτόν, παρὰ δὲ τὸ ἀεὶ συνεῖναι τῷ πατρὶ λέγεται· Καὶ Jo i 1
ὁ λόγος ἦν πρὸς τὸν θεόν· οὐ γὰρ ἐγένετο πρὸς τὸν θεόν.
καὶ ταὐτὸν ῥῆμα τὸ Ἦν τοῦ λόγου κατηγορεῖται, ὅτε ἐν ἀρχῇ
20 ἦν καὶ ὅτε πρὸς τὸν θεὸν ἦν, οὔτε τῆς ἀρχῆς χωριζόμενος
οὔτε τοῦ πατρὸς ἀπολειπόμενος, καὶ πάλιν οὔτε ἀπὸ τοῦ μὴ
εἶναι ἐν ἀρχῇ γινόμενος ἐν ἀρχῇ οὔτε ἀπὸ τοῦ μὴ τυγχάνειν
πρὸς τὸν θεὸν ἐπὶ τῷ πρὸς τὸν θεὸν εἶναι γινόμενος· πρὸ
γὰρ παντὸς χρόνου καὶ αἰῶνος ἐν ἀρχῇ ἦν ὁ λόγος, καὶ ὁ
25 λόγος ἦν πρὸς τὸν θεόν. ἐπεὶ τοίνυν εἰς εὕρεσιν τοῦ· Καὶ
ὁ λόγος ἦν πρὸς τὸν θεόν· παρεθέμεθα λέξεις προφητικὰς,
πῶς ἐγένετο πρὸς Ὠσηὲ καὶ Ἡσαΐαν καὶ Ἰερεμίαν, παρετηρή-
σαμέν τε οὐ τὴν τυχοῦσαν διαφορὰν τοῦ Ἐγενήθη καὶ Ἐγέ-
νετο πρὸς τὸ Ἦν, προσθήσομεν ὅτι ἐν μὲν τῷ πρὸς τοὺς
30 προφήτας γίνεσθαι φωτίζει τοὺς προφήτας τῷ φωτὶ τῆς
γνώσεως, ποιῶν αὐτοὺς ἅτε ἔμπροσθεν βλέποντας, ὁρᾶν ἃ
πρὸ αὐτοῦ οὐ κατενόουν· πρὸς δὲ τὸν θεὸν τὸ Θεός ἐστι
τυγχάνων ἀπὸ τοῦ εἶναι πρὸς αὐτόν. καὶ τάχα τοιαύτην τινὰ

19 ὅτε] ὅτι

Jo i 1

τάξιν ὁ Ἰωάννης ἐν τῷ λόγῳ ἰδὼν οὐ προέταξε τό· Θεὸς ἦν
ὁ λόγος· τοῦ· Ὁ λόγος ἦν πρὸς τὸν θεόν· ὅσον ἐπὶ ταῖς
ἀποφάσεσιν οὐδὲν ἂν κωλυθέντος τοῦ εἱρμοῦ πρὸς τὸ καθ'
αὑτὸ ἰδεῖν ἑκάστου τῶν ἀξιωμάτων τὴν δύναμιν· ἐν γὰρ
ἀξίωμα τό· Ἐν ἀρχῇ ἦν ὁ λόγος· καὶ δεύτερον τό· Ὁ λόγος 5
ἦν πρὸς τὸν θεόν· καὶ ἑξῆς· Καὶ θεὸς ἦν ὁ λόγος. ἀλλ'
ἐπεὶ τάχα τάξιν τινὰ δηλοῖ τὸ πρῶτον τετάχθαι τό· Ἐν
ἀρχῇ ἦν ὁ λόγος· κατὰ τὸ οὕτως ἑξῆς τό· Καὶ ὁ λόγος ἦν
πρὸς τὸν θεόν· καὶ τρίτον τό· Καὶ θεὸς ἦν ὁ λόγος· διὰ
τοῦτο, ἵνα δυνηθῇ ἀπὸ τοῦ πρὸς τὸν θεὸν εἶναι ὁ λόγος 10
νοηθῆναι γινόμενος θεός, λέγεται· Καὶ ὁ λόγος ἦν πρὸς τὸν
θεόν· ἔπειτα· Καὶ θεὸς ἦν ὁ λόγος.

2. Πάνυ δὲ παρατετηρημένως καὶ οὐχ ὡς ἑλληνικὴν 50
ἀκριβολογίαν οὐκ ἐπιστάμενος ὁ Ἰωάννης ὅπου μὲν τοῖς
ἄρθροις ἐχρήσατο ὅπου δὲ ταῦτα ἀπεσιώπησεν, ἐπὶ μὲν τοῦ 15
λόγου προστιθεὶς τὸ Ὁ, ἐπὶ δὲ τῆς θεὸς προσηγορίας ὅπου
μὲν τιθεὶς ὅπου δὲ διαιρῶν. τίθησι μὲν γὰρ τὸ ἄρθρον ὅτε
ἡ θεὸς ὀνομασία ἐπὶ τοῦ ἀγενήτου τάσσεται τῶν ὅλων
αἰτίου, σιωπᾷ δὲ αὐτὸ ὅτε ὁ λόγος θεὸς ὀνομάζεται. ὡς δὲ
διαφέρει κατὰ τούτους τοὺς τόπους ὁ θεὸς καὶ θεός, οὕτως 20
μήποτε διαφέρῃ ὁ λόγος καὶ λόγος. ὃν τρόπον γὰρ ὁ ἐπὶ
πᾶσι θεὸς ὁ θεὸς καὶ οὐχ ἁπλῶς θεός, οὕτως ἡ πηγὴ τοῦ ἐν
ἑκάστῳ τῶν λογικῶν λόγου ὁ λόγος, τοῦ ἐν ἑκάστῳ λόγου
οὐκ ἂν κυρίως ὁμοίως τῷ πρώτῳ ὀνομασθέντος καὶ λεχθέντος
ὁ λόγος. καὶ τὸ πολλοὺς φιλοθέους εἶναι εὐχομένους 25
ταράσσον, εὐλαβουμένους δύο ἀναγορεῦσαι θεοὺς καὶ παρὰ
τοῦτο περιπίπτοντας ψευδέσι καὶ ἀσεβέσι δόγμασιν, ἤτοι
ἀρνουμένους ἰδιότητα υἱοῦ ἑτέραν παρὰ τὴν τοῦ πατρός, ὁμο-
λογοῦντας θεὸν εἶναι τὸν μέχρι ὀνόματος παρ' αὐτοῖς υἱὸν
προσαγορευόμενον, ἢ ἀρνουμένους τὴν θεότητα τοῦ υἱοῦ 30
τιθέντας δὲ αὐτοῦ τὴν ἰδιότητα καὶ τὴν οὐσίαν κατὰ περι-
γραφὴν τυγχάνουσαν ἑτέραν τοῦ πατρός, ἐντεῦθεν λύεσθαι
δύναται. λεκτέον γὰρ αὐτοῖς ὅτι τότε μὲν αὐτόθεος ὁ θεός
ἐστι, διόπερ καὶ ὁ σωτήρ φησιν ἐν τῇ πρὸς τὸν πατέρα εὐχῇ·

Ἵνα γινώσκωσι σὲ τὸν μόνον ἀληθινὸν θεόν· πᾶν δὲ τὸ Jo xvii 3
παρὰ τὸ αὐτόθεος μετοχῇ τῆς ἐκείνου θεότητος θεοποιούμενον
οὐχ ὁ θεὸς ἀλλὰ θεὸς κυριώτερον ἂν λέγοιτο, ᾧ πάντως ὁ
πρωτότοκος πάσης κτίσεως, ἅτε πρῶτος τῷ πρὸς τὸν θεὸν   cf. Col i 15
51 εἶναι σπάσας τῆς θεότητος εἰς ἑαυτόν, ἐστὶ τιμιώτερος τοῖς
λοιποῖς παρ' αὐτὸν θεοῖς ὧν ὁ θεὸς θεός ἐστι κατὰ τὸ λεγό-
μενον· Θεὸς θεῶν κύριος ἐλάλησε, καὶ ἐκάλεσε τὴν γῆν·   Ps xlix (l) 1
διακονήσας τὸ γενέσθαι θεοῖς, ἀπὸ τοῦ θεοῦ ἀρύσας εἰς τὸ
θεοποιηθῆναι αὐτούς, ἀφθόνως κἀκείνοις κατὰ τὴν αὐτοῦ
10 χρηστότητα μεταδιδούς. ἀληθινὸς οὖν θεὸς ὁ θεός, οἱ δὲ κατ'
ἐκεῖνον μορφούμενοι θεοὶ ὡς εἰκόνες πρωτοτύπου· ἀλλὰ
πάλιν τῶν πλειόνων εἰκόνων ἡ ἀρχέτυπος εἰκὼν ὁ πρὸς τὸν
θεὸν ἐστι λόγος ὃς ἐν ἀρχῇ ἦν, τῷ εἶναι πρὸς τὸν θεὸν ἀεὶ   cf. Jo i 1
μένων θεός, οὐκ ἂν δ' αὐτὸ ἐσχηκὼς εἰ μὴ πρὸς τὸν θεὸν ἦν,
15 καὶ οὐκ ἂν μείνας θεὸς εἰ μὴ παρέμενε τῇ ἀδιαλείπτῳ θέᾳ
τοῦ πατρικοῦ βάθους.

3. Ἀλλ' ἐπεὶ εἰκὸς προσκόψειν τινὰς τοῖς εἰρημένοις,
ἑνὸς μὲν ἀληθινοῦ θεοῦ τοῦ πατρὸς ἀπαγγελλομένου παρὰ
δὲ τὸν ἀληθινὸν θεὸν θεῶν πλειόνων τῇ μετοχῇ τοῦ θεοῦ
20 γινομένων, εὐλαβουμένους τὴν τοῦ πᾶσαν κτίσιν ὑπερέχοντος
δόξαν ἐξισῶσαι τοῖς λοιποῖς τῆς θεὸς προσηγορίας τυγχά-
νουσι, πρὸς τῇ ἀποδεδομένῃ διαφορᾷ, καθ' ἣν ἐφάσκομεν
πᾶσι τοῖς λοιποῖς θεοῖς διάκονον εἶναι τῆς θεότητος τὸν θεὸν
λόγον, καὶ ταύτην παραστατέον. ὁ γὰρ ἐν ἑκάστῳ λόγος
25 τῶν λογικῶν τοῦτον τὸν λόγον ἔχει πρὸς τὸν ἐν ἀρχῇ λόγον
πρὸς τὸν θεὸν ὄντα λόγον θεόν, ὃν ὁ θεὸς λόγος πρὸς τὸν
θεόν· ὡς γὰρ αὐτόθεος καὶ ἀληθινὸς θεὸς ὁ πατὴρ πρὸς
εἰκόνα καὶ εἰκόνας τῆς εἰκόνος, διὸ καὶ κατ' εἰκόνα λέγονται   cf. Gen i 26
εἶναι οἱ ἄνθρωποι, οὐκ εἰκόνες, οὕτως ὁ αὐτόλογος πρὸς τὸν
30 ἐν ἑκάστῳ λόγον. ἀμφότερα γὰρ πηγῆς ἔχει χώραν, ὁ μὲν
πατὴρ θεότητος, ὁ δὲ υἱὸς λόγου. ὥσπερ οὖν θεοὶ πολλοὶ   1 Co viii 6
ἀλλ' ἡμῖν εἷς θεός, ὁ πατήρ, καὶ πολλοὶ κύριοι ἀλλ' ἡμῖν εἷς

14 τὸν] om.   29 αὐτὸς λόγος

cf. Jo i 1
cf. Jo i 14
cf. Ro xi 7
cf. Mt xxii 32
Deut iv 19

κύριος, Ἰησοῦς Χριστὸς, οὕτως πολλοὶ λόγοι ἀλλ' ἡμῖν
εὐχόμεθα ὅπως ὑπάρξῃ ὁ ἐν ἀρχῇ λόγος ὁ πρὸς τὸν θεὸν ὤν,
ὁ θεὸς λόγος. ὃς γὰρ οὐ χωρεῖ τοῦτον τὸν λόγον, τὸν ἐν
ἀρχῇ πρὸς τὸν θεὸν, ἤτοι αὐτῷ γενομένῳ σαρκὶ προσέξει, ἢ
μεθέξει τῶν μετεσχηκότων τινὸς τούτου τοῦ λόγου, ἢ ἀπο-   5
πεσὼν τοῦ μετέχειν τοῦ μετεσχηκότος ἐν πάντη ἀλλοτρίῳ
τοῦ λόγου ἔσται καλουμένῳ. σαφὲς δὲ ἔσται τὸ εἰρημένον
ἐκ παραδειγμάτων τῶν περὶ τοῦ θεοῦ καὶ τοῦ θεοῦ λόγου
καὶ θεῶν ἤτοι μετεχόντων θεοῦ ἢ λεγομένων μὲν οὐδαμῶς δὲ   52
ὄντων θεῶν, καὶ πάλιν λόγου θεοῦ καὶ λόγου γενομένου θεοῦ   10
σαρκὸς καὶ λόγων ἤτοι μετεχόντων πως τοῦ λόγου λόγων
δευτέρων ἢ τρίτων παρὰ τὸν πρὸ πάντων νομιζομένων μὲν
λόγων οὐκ ὄντων δὲ ἀληθῶς λόγων ἀλλ', ἵν' οὕτως εἴπω,
ὅλον τοῦτο ἀλόγων λόγων, ὥσπερ καὶ ἐπὶ τῶν λεγομένων
μὲν, οὐκ ὄντων δὲ θεῶν τάξαι τις ἂν ἀντὶ τοῦ ἀλόγων λόγων   15
τὸ οὐ θεῶν θεῶν. ὁ μὲν οὖν θεὸς τῶν ὅλων τῆς ἐκλογῆς
ἐστι θεός, καὶ πολὺ μᾶλλον τοῦ τῆς ἐκλογῆς σωτῆρος·
ἔπειτα τῶν ἀληθῶς θεῶν ἐστι θεός, καὶ ἀπαξαπλῶς ζώντων
καὶ οὐ νεκρῶν ἐστι θεός. ὁ δὲ θεὸς λόγος τάχα τῶν ἐν αὐτῷ
ἱστάντων τὸ πᾶν καὶ τῶν πατέρα αὐτὸν νομιζόντων ἐστὶ   20
θεός. ἥλιος δὲ καὶ σελήνη καὶ ἀστέρες, ὥς τινες τῶν πρὸ
ἡμῶν διηγήσαντο, ἀπενεμήθησαν τοῖς μὴ ἀξίοις ἐπιγρά-
φεσθαι τὸν θεὸν τῶν θεῶν θεὸν αὐτῶν εἶναι. οὕτω δὲ ἐξεδέ-
ξαντο κινηθέντες ἐκ τῶν ἐν τῷ Δευτερονομίῳ τὸν τρόπον
τοῦτον ἐχόντων· Μὴ ἀναβλέψας εἰς τὸν οὐρανὸν καὶ ἰδὼν   25
τὸν ἥλιον καὶ τὴν σελήνην καὶ πάντα τὸν κόσμον τοῦ
οὐρανοῦ, πλανηθεὶς προσκυνήσῃς αὐτοῖς καὶ λατρεύσῃς αὐ-
τοῖς. ἃ ἀπένειμεν αὐτὰ κύριος ὁ θεός σου πᾶσι τοῖς ἔθνεσιν.
ὑμῖν δὲ οὐχ οὕτως ἔδωκε κύριος ὁ θεός σου. πῶς γὰρ ἀπέ-
νειμε πᾶσι τοῖς ἔθνεσιν ἥλιον καὶ σελήνην καὶ πάντα τὸν   30
κόσμον τοῦ οὐρανοῦ ὁ θεός, οὐχ οὕτως δεδωκὼς αὐτὰ τῷ
Ἰσραήλ; τῷ τοὺς μὴ δυναμένους ἐπὶ τὴν νοητὴν ἀναδραμεῖν

4 ἤτοι] ἤτοι   11 λόγων 1°] λόγον   29 ἔδοκε

φύσιν, δι' αἰσθητῶν θεῶν κινουμένους περὶ θεότητος, ἀγαπη-
τῶς κἂν ἐν τούτοις ἵστασθαι καὶ μὴ πίπτειν ἐπὶ εἴδωλα καὶ
δαιμόνια. οὐκοῦν οἱ μὲν θεὸν ἔχουσι τὸν τῶν ὅλων θεόν, οἱ
δὲ παρὰ τούτους δεύτεροι ἱστάμενοι ἐπὶ τὸν υἱὸν τοῦ θεοῦ
5 τὸν χριστὸν αὐτοῦ· καὶ τρίτοι οἱ τὸν ἥλιον καὶ τὴν σελήνην
καὶ πάντα τὸν κόσμον τοῦ οὐρανοῦ, ἀπὸ θεοῦ μὲν πλανη-
θέντες, πλὴν πλάνην πολλῷ διαφέρουσαν καὶ κρείττονα τῶν
καλούντων θεοὺς ἔργα χειρῶν ἀνθρώπων, χρυσὸν καὶ   cf. Ps cxiii 12
ἄργυρον, τέχνης ἐμμελέτημα. τελευταῖοι δὲ εἰσιν οἱ λεγο-   (cxv 4)
10 μένοις μὲν θεοῖς ἀνακείμενοι οὐδαμῶς δὲ οὖσιν θεοῖς. οὕτω
53 τοίνυν οἱ μέν τινες μετέχουσιν αὐτοῦ τοῦ ἐν ἀρχῇ λόγου καὶ   cf. Jo i 1
πρὸς τὸν θεὸν λόγου καὶ θεοῦ λόγου, ὥσπερ Ὠσηὲ καὶ
Ἡσαΐας καὶ Ἰερεμίας καὶ εἴ τις ἕτερος τοιοῦτον ἑαυτὸν παρέ-
στησεν ὡς τὸν λόγον κυρίου ἢ τὸν λόγον γενέσθαι πρὸς
15 αὐτόν. ἕτεροι δὲ οἱ μηδὲν εἰδότες εἰ μὴ Ἰησοῦν Χριστὸν   1 Co ii 2
καὶ τοῦτον ἐσταυρωμένον, τὸν γενόμενον σάρκα λόγον τὸ   cf. Jo i 14
πᾶν νομίσαντες εἶναι τοῦ λόγου, Χριστὸν κατὰ σάρκα μόνον   cf. 2 Co v 16
γινώσκουσι· τοιοῦτον δέ ἐστι τὸ πλῆθος τῶν πεπιστευκέναι
νομιζομένων. καὶ τρίτοι λόγοις μετέχουσί τι τοῦ λόγου ὡς
20 πάντα ὑπερέχουσι λόγον προσεσχήκασι, καὶ μήποτε οὗτοί
εἰσιν οἱ μετερχόμενοι τὰς εὐδοκιμούσας καὶ διαφερούσας ἐν
φιλοσοφίᾳ παρ' Ἕλλησιν αἱρέσεις. τέταρτοι δὲ παρὰ τού-
τους οἱ πεπιστευκότες λόγοις πάντη διεφθορόσι καὶ ἀθέοις,
τὴν ἐναργῆ καὶ σχεδὸν αἰσθητὴν πρόνοιαν ἀναιροῦσι καὶ
25 ἄλλο τι τέλος παρὰ τὸ καλὸν ἀποδεχομένοις. εἰ καὶ ἐδό-
ξαμεν δὲ παρεκβεβηκέναι, οἶμαι δ' ὅτι παρακειμένως ὑπὲρ
τοῦ σαφῶς ἰδεῖν τέσσαρα πράγματα κατὰ τὸ θεὸς ὄνομα καὶ
τέσσαρα κατὰ τὸ λόγος τοῦτο πεποιήκαμεν. ἦν γὰρ ὁ θεὸς
καὶ θεός, εἶτα θεοὶ διχῶς, ὧν τοῦ κρείττονος τάγματος
30 ὑπερέχει ὁ θεὸς λόγος ὑπερεχόμενος ὑπὸ τοῦ τῶν ὅλων θεοῦ.
καὶ πάλιν ἦν ὁ λόγος, τάχα δὲ καὶ λόγος, ὁμοίως τῷ ὁ θεὸς
καὶ θεός, καὶ οἱ λόγοι διχῶς. οἰκεῖοί τε ἄνθρωποι οἱ μὲν

30 ὑπερέχειν   **32** ἀνθρώπινοι

τῷ πατρὶ, μερίδες ὄντες αὐτοῦ· καὶ τούτοις παρακείμενοι οὓς
νῦν σαφέστερον ὁ λόγος ἡμῖν παρίστησιν, οἱ ἐπὶ τὸν σωτῆρα
φθάσαντες καὶ τὸ πᾶν ἐν αὐτῷ ἱστάντες. καὶ τρίτοι οἱ
προειρημένοι, ἥλιον καὶ σελήνην καὶ ἀστέρας νομίζοντες
θεοὺς καὶ ἐν αὐτοῖς ἱστάμενοι. ἐπὶ πᾶσι δὲ καὶ ἐν τῇ κάτω 5
χώρᾳ οἱ τοῖς ἀψύχοις καὶ νεκροῖς εἰδώλοις ἐκκείμενοι. τὸ δὲ
ἀνάλογον καὶ ἐπὶ τῶν κατὰ τὸν λόγον εὑρίσκομεν. οἱ μὲν
γὰρ αὐτῷ τῷ λόγῳ κεκόσμηνται· οἱ δὲ παρακειμένῳ τινὶ
αὐτῷ καὶ δοκοῦντι εἶναι αὐτῷ τῷ πρώτῳ λόγῳ, οἱ μηδὲν
εἰδότες εἰ μὴ Ἰησοῦν Χριστὸν καὶ τοῦτον ἐσταυρωμένον, οἱ 10
τὸν λόγον σάρκα ὁρῶντες· καὶ τρίτοι, οὓς πρὸ βραχέως εἰρή-
καμεν. τί δὲ δεῖ λέγειν περὶ τῶν νομιζομένων μὲν ἐν λόγῳ
τυγχάνειν, ἀποπεπτωκότων δὲ οὐ μόνον αὐτοῦ τοῦ καλοῦ
ἀλλὰ καὶ τῶν ἰχνέων καὶ μετεχόντων αὐτοῦ;

Jo i 2   4. Οὗτος ἦν ἐν ἀρχῇ πρὸς τὸν θεόν. Διὰ τῶν 54
προειρημένων τριῶν προτάσεων τάγματα τρία διδάξας ἡμᾶς
ὁ εὐαγγελιστὴς συγκεφαλαιοῦται τὰ τρία εἰς ἕν, λέγων τό·
Οὗτος ἦν ἐν ἀρχῇ πρὸς τὸν θεόν. πρῶτον δὲ τῶν τριῶν
μεμαθήκαμεν ἐν τίνι ἦν ὁ λόγος, ὅτι ἐν ἀρχῇ, καὶ πρὸς
τίνα οὗτος ἦν, ὅτι πρὸς τὸν θεόν, καὶ τίς ὁ λόγος ἦν, ὅτι 20
θεός. οἱονεὶ οὖν δεικνὺς τὸν προειρημένον θεὸν λόγον διὰ
τοῦ Οὗτος, καὶ συνάγων εἰς τετάρτην πρότασιν τό τε· Ἐν
ἀρχῇ ἦν ὁ λόγος· καὶ τό· Ὁ λόγος ἦν πρὸς τὸν θεὸν,
καὶ θεὸς ἦν ὁ λόγος· φησίν· Οὗτος ἦν ἐν ἀρχῇ πρὸς
τὸν θεόν. δύναται μέντοι γε τὸ τῆς ἀρχῆς ὄνομα λαμβά- 25
νεσθαι καὶ ἐπὶ τῆς τοῦ κόσμου ἀρχῆς, μανθανόντων ἡμῶν
διὰ τῶν λεγομένων ὅτι πρεσβύτερος ὁ λόγος τῶν ἀπ' ἀρχῆς
Gen i 1   γενομένων ἦν. εἰ γὰρ ἐν ἀρχῇ ἐποίησεν ὁ θεὸς τὸν
οὐρανὸν καὶ τὴν γῆν, τὸ δέ· Ἐν ἀρχῇ ἦν· σαφῶς πρεσ-
βύτερόν ἐστι τοῦ ἐν ἀρχῇ πεποιημένου, οὐ μόνον στερεώ- 30
ματος καὶ ξηρᾶς ἀλλὰ οὐρανοῦ καὶ γῆς πρεσβύτερός ἐστιν
ὁ λόγος. τάχα δὲ οὐκ ἀτόπως τις ζητήσαι ἂν διὰ τί οὐκ

28 post ἀρχῇ] ins. ἦν

εἴρηται· Ἐν ἀρχῇ ἦν ὁ λόγος τοῦ θεοῦ, καὶ ὁ λόγος τοῦ
θεοῦ ἦν πρὸς τὸν θεόν, καὶ θεὸς ἦν ὁ λόγος τοῦ θεοῦ.
ἀκόλουθον δέ ἐστι τὸν ζητοῦντα τί δήποτε οὐ γέγραπται·
Ἐν ἀρχῇ ὁ λόγος τοῦ θεοῦ, καὶ τὰ ἑξῆς, πλείονας ἀπο-
5 φαίνεσθαι λόγους καὶ τάχα ἑτερογενεῖς, ἢ ὁ μέν τις τοῦ
θεοῦ λόγος ἕτερος δὲ φέρε εἰπεῖν ἀγγέλων λόγος καὶ ἄλλος
ἀνθρώπων, καὶ οὕτως ἐπὶ τῶν λοιπῶν λόγων.   εἰ δὲ λόγος,
τάχα καὶ σοφία καὶ δικαιοσύνη.   ἄτοπον δὲ πλείονας
φάσκειν τῆς λόγος προσηγορίας κυρίως τυγχάνειν καὶ τῆς
10 σοφία καὶ τῆς δικαιοσύνη.   καὶ πληχθησόμεθα πρὸς τὸ
μὴ δεῖν ζητεῖν πλείονας λόγους καὶ σοφίας καὶ δικαιοσύνας,
κυρίως οὕτως ὀνομαζομένας, ἀπὸ τῆς ἀληθείας.   πᾶς γὰρ
ὁστισοῦν ὁμολογήσαι ἂν μίαν εἶναι τὴν ἀλήθειαν· οὐ γὰρ
καὶ ἐπ' αὐτῆς τολμήσαι τις λέγειν ἑτέραν εἶναι τὴν τοῦ
15 θεοῦ ἀλήθειαν καὶ ἑτέραν τὴν τῶν ἀγγέλων καὶ ἄλλην τὴν
τῶν ἀνθρώπων· ἐν γὰρ τῇ φύσει τῶν ὄντων μία ἡ περὶ
ἑκάστου ἀλήθεια.   εἰ δὲ ἀλήθεια μία, δῆλον ὅτι καὶ ἡ
κατασκευὴ αὐτῆς, καὶ ἡ ἀπόδειξις σοφία τυγχάνουσα μία
εὐλόγως ἂν νοοῖτο πάσης τῆς νομιζομένης σοφίας, οὐ κρα-
20 τούσης τῆς ἀληθείας οὐδὲ σοφίας ἂν ὑγιῶς χρηματιζούσης.
εἰ δ' ἀλήθεια μία καὶ σοφία μία, καὶ λόγος ὁ ἀπαγγέλλων
τὴν ἀλήθειαν καὶ τὴν σοφίαν ἁπλῶν καὶ φανερῶν εἰς τοὺς
55 χωρητικοὺς εἷς ἂν τυγχάνοι.   καὶ οὐχὶ ταῦτά φαμεν ἀρ-
νούμενοι τὴν ἀλήθειαν καὶ τὴν σοφίαν καὶ τὸν λόγον εἶναι
25 τοῦ θεοῦ, ἀλλὰ δεικνύντες τὸ χρήσιμον τοῦ σεσιωπῆσθαι
Τοῦ θεοῦ, καὶ μὴ ἀναγεγράφθαι· Ἐν ἀρχῇ ἦν ὁ λόγος
τοῦ θεοῦ.

5.   Ὁ αὐτὸς δὲ Ἰωάννης ἐν τῇ Ἀποκαλύψει καὶ μετὰ
τῆς προσθήκης αὐτὸν ὀνομάζει τοῦ θεοῦ λέγων· Καὶ εἶδον Ap xix 11 f.
30 οὐρανὸν ἀνεῳγμένον, ἰδοὺ ἵππος λευκὸς καὶ ὁ καθήμενος
ἐπ' αὐτὸν καλούμενος πιστὸς καὶ ἀληθινός, καὶ ἐν δικαιο-
σύνῃ κρίνει καὶ πολεμεῖ· οἱ δὲ ὀφθαλμοὶ αὐτοῦ ὡς φλὸξ

9 τῆς 2°] τῇ   10 τῆς] τῇ   12 ὀνομαζόμενα

Ap xix 12—
16
πυρός, καὶ ἐπὶ τὴν κεφαλὴν αὐτοῦ διαδήματα πολλά· ἔχων
ὄνομα γεγραμμένον ὃ οὐδεὶς οἶδεν εἰ μὴ αὐτός, καὶ περι-
βεβλημένος ἱμάτιον ἐρραντισμένον αἵματι, καὶ ἐκέκλητο
τὸ ὄνομα αὐτοῦ Λόγος τοῦ θεοῦ. καὶ τὰ στρατεύματα
αὐτοῦ ἐν τῷ οὐρανῷ ἠκολούθει αὐτῷ ἐπὶ ἵπποις λευκοῖς 5
ἐνδεδυμένοις βύσσινον καθαρόν. καὶ ἐκ τοῦ στόματος αὐτοῦ
ἐκπορεύεται ῥομφαία ὀξεῖα, ἵνα ἐν αὐτῇ πατάξῃ τὰ ἔθνη,
καὶ αὐτὸς ποιμανεῖ αὐτοὺς ἐν ῥάβδῳ σιδηρᾷ· καὶ αὐτὸς
πατεῖ τὴν ληνὸν τοῦ οἴνου τῆς ὀργῆς τοῦ θυμοῦ τοῦ θεοῦ
τοῦ παντοκράτορος. καὶ ἔχει ἐπὶ τὸ ἱμάτιον καὶ ἐπὶ τὸν 10
μηρὸν αὐτοῦ ὄνομα γεγραμμένον Ὁ βασιλεὺς βασιλέων καὶ
κύριος κυρίων. ἀναγκαίως δὲ καὶ ἀπολύτως εἴρηται καὶ
λόγος, καὶ μετὰ προσθήκης λόγος τοῦ θεοῦ· ὧν εἰ τὸ
ἕτερον σεσιώπητο, ἀφορμὰς ἂν εἴχομεν τοῦ παρεκδέξασθαι,
καὶ ἀποπεσεῖν τῆς περὶ τοῦ λόγου ἀληθείας. εἰ γὰρ λόγος 15
μὲν ἀναγέγραπτο λόγος δὲ θεοῦ μὴ εἴρητο, οὐ σαφῶς
ἐμανθάνομεν ὅτι οὗτος ὁ λόγος λόγος τοῦ θεοῦ ἐστι. πάλιν
γ' αὖ εἰ λόγος μὲν θεοῦ προσηγορεύετο λόγος δὲ ἀπο-
λύτως οὐκ εἴρητο, κἂν πολλοὺς λόγους ἀναπλάσσοντες κατὰ
τὴν πρὸς ἕκαστον τῶν λογικῶν σχέσιν μάτην ἂν πολλοὺς 20
κυρίως οὕτως ὀνομαζομένους παρεδεξάμεθα. καλῶς μέντοι
γε διαγράφων τὰ περὶ τοῦ λόγου τοῦ θεοῦ ἐν τῇ Ἀποκα-
λύψει ὁ ἀπόστολος καὶ ὁ εὐαγγελιστής, ἤδη δὲ καὶ διὰ
τῆς Ἀποκαλύψεως καὶ προφήτης, φησὶ τὸν τοῦ θεοῦ λόγον
ἑωρακέναι ἐν ἀνεῳγότι τῷ οὐρανῷ ἐφ' ἵππῳ λευκῷ ὀχού- 25
μενον. τί δὲ αἰνίττεται τὸ ἀνεῷχθαι τὸν οὐρανὸν καὶ ὁ
λευκὸς ἵππος καὶ τὸ ἐπ' αὐτοῦ καθέζεσθαι τὸν καλούμενον
τοῦ θεοῦ λόγον, πρὸς τῷ εἶναι θεοῦ λόγον καὶ πιστὸν καὶ
ἀληθινὸν καὶ ἐν δικαιοσύνῃ κρινοῦντα καὶ πολεμοῦντα
λεγόμενον, κατανοητέον, ἵνα ἔτι μᾶλλον προβιβασθῶμεν 30
τῷ ἐκλαβεῖν τὰ περὶ τοῦ λόγου τοῦ θεοῦ. κεκλεῖσθαι δὲ
cf. 1 Co xv 49 ἡγοῦμαι τὸν οὐρανὸν τοῖς ἀσεβέσι καὶ τὴν εἰκόνα τοῦ

7 post ῥομφαία] ins. ἃ (sic)   14 παραδέχεσθαι. Coniecit
Huetius παρεκδέξασθαι   15 τοῦ] τῆς (ut videtur)   28 τῷ] τὸ

56 χοϊκοῦ φέρουσιν, ἀνεῷχθαι δὲ τοῖς δικαίοις καὶ κεκοσμη- cf. 1 Co xv
μένοις τῇ τοῦ ἐπουρανίου εἰκόνι· τοῖς μὲν γὰρ, ἅτε κάτω 49
τυγχάνουσι καὶ ἐν σαρκὶ ἔτι ὑπάρχουσιν, ἀποκέκλεισται τὰ
κρείττονα οὐ συνιεῖσιν αὐτὰ οὐδὲ τὸ κάλλος αὐτῶν δυνα-
5 μένοις, ἐπεὶ μὴ βούλονται κατανοεῖν συγκύπτοντες καὶ μὴ
ἐπιδιδόντες αὑτοὺς εἰς τὸ ἀνακύπτειν· τοῖς δὲ διαφέρουσιν,
ἅτε τὸ πολίτευμα ἔχουσιν ἐν οὐρανοῖς, τὰ οὐράνια τῇ κλειδὶ cf. Phil iii 20:
τοῦ Δαβὶδ ἀνέῳγε θεωρούμενα, τοῦ θείου λόγου ἀνοίγοντος Ap iii 7
αὐτὰ καὶ σαφηνίζοντος διὰ τοῦ ὀχεῖσθαι ἵππῳ, φωναῖς τὰ cf. Ap xix 11
10 σημαινόμενα ἀπαγγελλούσαις, λευκῷ διὰ τὸ φανερὸν καὶ
τὸ λευκὸν καὶ φωτεινὸν τῆς γνώσεως.

6. Καθέζεται δὲ ἐπὶ τὸν λευκὸν ἵππον ὁ καλούμενος
πιστὸς, ἱδρυμένος βεβαιώτερον καὶ, ἵν' οὕτως εἴπω, βασι-
λικώτερον ἐν φωναῖς ἀνατραπῆναι μὴ δυναμέναις, παντὸς
15 ἵππου ὀξύτερον καὶ τάχιον τρεχούσαις, καὶ παρευδοκιμούσαις
ἐν τῇ φορᾷ πάντα τὸν ἀνταγωνιστὴν ὑποκριτὴν λόγου νομι-
ζόμενον λόγον καὶ ἀληθείας δοκοῦσαν ἀλήθειαν. καλεῖται
δὲ πιστὸς ὁ ἐπὶ τοῦ λευκοῦ ἵππου οὐ διὰ τὸ πιστεύειν ὅσον
διὰ τὸ πιστευτὸς εἶναι, τουτέστι, τοῦ πιστεύεσθαι ἄξιος·
20 κύριος γὰρ, κατὰ τὸν Μωσέα, πιστὸς καὶ ἀληθινός. καὶ cf. Deut
ἀληθινὸς γὰρ πρὸς ἀντιδιαστολὴν σκιᾶς καὶ τύπου καὶ xxxii 4
εἰκόνος, ἐπεὶ τοιοῦτος ὁ ἐν τῷ ἀνεῳγότι οὐρανῷ λόγος· ὁ γὰρ
ἐπὶ γῆς οὐ τοιοῦτος ὁποῖος ὁ ἐν οὐρανῷ, ἅτε γενόμενος cf. Jo i 14
σὰρξ καὶ διὰ σκιᾶς καὶ τύπων καὶ εἰκόνων λαλούμενος. τὰ
25 δὲ πλήθη τῶν πεπιστευκέναι νομιζομένων τῇ σκιᾷ τοῦ
λόγου καὶ οὐχὶ τῷ ἀληθινῷ λόγῳ θεοῦ ἐν τῷ ἀνεῳγότι
οὐρανῷ τυγχάνοντι μαθητεύεται. διόπερ ὁ Ἰερεμίας φησί·
Πνεῦμα προσώπου ἡμῶν χριστὸς κύριος, οὗ εἴπομεν Ἐν Thren iv 20
τῇ σκιᾷ αὐτοῦ ζησόμεθα ἐν τοῖς ἔθνεσιν. οὗτος δὴ ὁ λόγος
30 τοῦ θεοῦ ὁ πιστὸς καλούμενος καὶ ἀληθινὸς καλεῖται καὶ
ἐν δικαιοσύνῃ κρίνει καὶ πολεμεῖ, τῇ αὐτοδικαιοσύνῃ καὶ
αὐτοκρίσει τὸ κατ' ἀξίαν ἑκάστου τῶν ὄντων ἀπονέμειν ἀπὸ
θεοῦ δύνασθαι λαβὼν καὶ κρίνειν. οὐδεὶς γὰρ τῶν μετε-
χόντων δικαιοσύνης καὶ τῆς τοῦ κρίνειν λαὸν δυνάμεως οὕτω

πάντη ἐναπομάξασθαι ἑαυτοῦ τῇ ψυχῇ δυνήσεται τοὺς τῆς
δικαιοσύνης τύπους καὶ τοῦ κρίνειν ὥστε ἐν μηδενὶ ἀποδεῖν
τῆς αὐτοδικαιοσύνης καὶ τῆς αὐτοκρίσεως, ὡς οὐδὲ ὁ γράφων
εἰκόνα οἷός τε ἔσται μεταδοῦναι πάντων τῶν τοῦ γραφομένου
ἰδιωμάτων τῇ γραφῇ. διὰ τοῦτο δὲ ἡγοῦμαι τὸν Δαβὶδ 5
Ps cxlii (cxliii) 2
λέγειν τό· Οὐ δικαιωθήσεται ἐνώπιόν σου πᾶς ζῶν· οὐ γὰρ
ἀπαξαπλῶς εἶπε πᾶς ἄνθρωπος ἢ πᾶς ἄγγελος ἀλλὰ πᾶς 57
ζῶν, ὅτι κἂν τῆς ζωῆς τις μετέχῃ καὶ πάντη τὴν νεκρότητα
ἀποσείσηται, οὐδ᾽ οὕτως ὡς πρὸς σὲ δικαιωθῆναι δυνήσεται
παραπλησίως τῇ ζωῇ, οὐδὲ δυνατὸν τὸν μετέχοντα τῆς ζωῆς 10
καὶ διὰ τοῦτο ζῶντα χρηματίζοντα αὐτὸν γενέσθαι ζωήν, καὶ
τὸν μετέχοντα δικαιοσύνης καὶ διὰ τοῦτο δίκαιον καλού-
μενον ἐξισωθῆναι πάντη τῇ δικαιοσύνῃ.

cf. Ap xix 11
7. Ἔργον δὲ τούτου λόγου ὥσπερ κρίνειν ἐν δικαι-
οσύνῃ οὕτω καὶ πολεμεῖν ἐν δικαιοσύνῃ, ἵν᾽ ἐκ τοῦ τοὺς 15
ἐχθροὺς λόγῳ καὶ δικαιοσύνῃ οὕτω πολεμεῖν ἀναιρουμένων
τῶν ἀλόγων καὶ τῆς ἀδικίας λέγεσθαι ἐνοικήσῃ καὶ δι-
καιώσῃ, ἐκβάλλων τὰ ἐναντία τῆς ψυχῆς τοῦ, ἵν᾽ οὕτως
εἴπω, ἐπὶ σωτηρίᾳ αἰχμαλωτισθέντος ὑπὸ Χριστοῦ. ἔτι δὲ
μᾶλλόν ἐστι τὸν τοῦ λόγου πόλεμον ἰδεῖν ὃν πολεμεῖ, ἐπὰν 20
αὐτὸς μὲν πρεσβεύῃ περὶ ἀληθείας, ὁ δ᾽ ὑποκρινόμενος
εἶναι λόγος οὐ λόγος ὤν, καὶ ἡ ἑαυτὴν ἀναγορεύσασα
ἀλήθεια οὐκ ἀλήθεια τυγχάνουσα ἀλλὰ ψεῦδος φάσκῃ
εἶναι ἑαυτὴν τὴν ἀλήθειαν. τότε γὰρ καθοπλισάμενος ὁ
2 Thess ii 8 f.
λόγος κατὰ τοῦ ψεύδους ἀναλοῖ αὐτὸ τῷ πνεύματι τοῦ 25
στόματος αὐτοῦ, καὶ καταργεῖ τῇ ἐπιφανείᾳ τῆς παρουσίας
αὐτοῦ. καὶ ὅρα εἰ δύναται κατὰ τὸ νοητὸν ταῦτα ὑπὸ τοῦ
ἀποστόλου ἐν τῇ πρὸς Θεσσαλονικεῖς παρίστασθαι ἐπι-
στολῇ. τί γάρ ἐστι τὸ ἀναλούμενον τῷ πνεύματι τοῦ
στόματος Χριστοῦ, Χριστοῦ τυγχάνοντος λόγου καὶ ἀλη- 30
θείας καὶ σοφίας, ἢ τὸ ψεῦδος; καὶ τί τὸ καταργούμενον
τῇ ἐπιφανείᾳ τῆς παρουσίας Χριστοῦ, σοφίας καὶ λόγου

14 om. ἔργον—δικαιοσύνῃ] add. in mg.   22 ἑαυτὴν] ἑαυτοῦ
τὴν

νοουμένου, ἢ πᾶν τὸ ἐπαγγελλόμενον εἶναι σοφία, τυγχάνον
δὲ ἐν τούτων, ὧν ὁ θεὸς δράσσεται ἐν τῇ πανουργίᾳ αὐτῶν; cf. 1 Co iii 19
ὅτι ὁ Ἰωάννης θαυμασιώτατα ἐν τοῖς περὶ τοῦ ὀχουμένου
τῷ λευκῷ ἵππῳ λόγου φησὶ καὶ τό· Οἱ ὀφθαλμοὶ δὲ αὐτοῦ Ap xix 12
5 ὡς φλὸξ πυρός. ὡς γὰρ ἡ φλὸξ τὸ λαμπρὸν ἅμα καὶ
φωτιστικόν, ἔτι δὲ καὶ πυρῶδες ἔχει καὶ ἀναλωτικὸν τῶν
ὑλικωτέρων, οὕτως οἱ, ἵν᾽ οὕτως εἴπω, ὀφθαλμοὶ τοῦ λόγου,
οἷς βλέπει καὶ πᾶς ὁ μετέχων αὐτοῦ, πρὸς τῷ διὰ τῶν
ἐνυπαρχουσῶν αὐτῷ ἀντιλαμβάνεσθαι τῶν νοητῶν ἀναλοῦσι
10 καὶ ἀφανίζουσι τὰ ὑλικώτερα καὶ παχύτερα τῶν νοημάτων·
πάντα δὲ τὴν ἰσχνότητα καὶ λεπτότητα ἐκπέφευγε τῆς
ἀληθείας τὰ ὁπωσποτοῦν ψευδόμενα.

8. Πάνυ δὲ τεταγμένως μετὰ τὸν ἐν δικαιοσύνῃ κρί- cf. Ap xix
58 νοντα, καὶ κατὰ τὸ ἐν δικαιοσύνῃ κρίνειν πολεμοῦντα, ἑξῆς 11 f.
15 δὲ τῷ πολεμεῖν φωτίζοντα, ἐπιφέρεται τὸ ἐπὶ τὴν κεφαλὴν
εἶναι αὐτοῦ πολλὰ διαδήματα. εἰ μὲν γὰρ ἓν ἦν καὶ
μονοειδὲς τὸ ψεῦδος καθ᾽ οὗ τὸν στέφανον ἡττωμένου
ἐλάμβανεν ὁ νικήσας πιστὸς καὶ ἀληθινὸς λόγος, καὶ ἓν
διάδημα περικεῖσθαι εὐλόγως ἀναγέγραπτο ὁ ἐπικρατήσας
20 τῶν ἐναντίων θεοῦ λόγος. νυνὶ δὲ πολλῶν ὄντων τῶν ἐπαγ-
γελλομένων τὴν ἀλήθειαν ψευδῶν καθ᾽ ὧν στρατευσάμενος
ὁ λόγος στεφανοῦται, πολλὰ γινόμενα τὰ διαδήματα τῇ
κεφαλῇ τοῦ πάντα νικήσαντος περικείμενα, καὶ ἑκάστης
δὲ ἀποστατησάσης ἐνεργείας κρατῶν πολλὰ διαδήματα τῷ
25 νικᾶν περιτίθεται. ἑξῆς μετὰ τὰ διαδήματα ἀναγέγραπται
ἔχειν ὄνομα γεγραμμένον ὃ οὐδεὶς οἶδεν εἰ μὴ αὐτός· οὗτος
γὰρ ὁ ἔμψυχος λόγος ἐπίσταταί τινα μόνος, διὰ τὸ ὑπο-
δεέστερον ἐν τοῖς ἑξῆς γενητοῖς τῆς φύσεως αὐτοῦ οὐδενὸς
χωροῦντος πάντα ἃ ἐκεῖνος καταλαμβάνει θεωρεῖν. τάχα
30 δὲ καὶ οἱ μετέχοντες ἐκείνου τοῦ λόγου μόνοι παρὰ τοὺς μὴ
μετέχοντας ἴσασι τὰ μὴ εἰς ἐκείνους φθάνοντα. οὐ γυμνὸς
δὲ τῷ Ἰωάννῃ ὁρᾶται τῷ ἵππῳ ὀχούμενος ὁ τοῦ θεοῦ λόγος,

1 νοουμένης   3 ὅτι] τί   81 ἴσασι] ἴασι

5—2

cf. Ap xix 13 περιβέβληται γὰρ ἱμάτιον ῥεραμμένον αἵματι, ἐπείπερ ἴχνη
περίκειται ὁ γενόμενος λόγος σάρξ, καὶ διὰ τὸ γεγονέναι
σὰρξ ἀποθανών, ὡς προχυθῆναι αὐτοῦ καὶ αἷμα ἐπὶ τὴν
cf. Jo xix 34 γῆν, νύξαντος τοῦ στρατιώτου τὴν πλευρὰν αὐτοῦ, ἐκεί-
νου τοῦ πάθους· τάχα γὰρ κἂν ὁπωσποτὲ ἐν τῇ τοῦ λόγου 5
ὑψηλοτάτῃ καὶ ἀνωτάτῃ θεωρίᾳ γενώμεθα, καὶ τῆς ἀληθείας
οὐ πάντη ἐπιλησόμεθα, τῆς ἐν σώματι ἡμῶν γενομένης δι'
cf. Ap xix 14 αὐτοῦ εἰσαγωγῆς. τούτῳ τῷ τοῦ θεοῦ λόγῳ τὰ ἐν τῷ
οὐρανῷ στρατεύματα ἀκολουθεῖ πάντα, λόγῳ ἑπόμενα ἡ-
γουμένῳ καὶ μιμούμενα αὐτὸν ἐν πᾶσι, καὶ μάλιστα τῷ 10
cf. Pr viii 9 ἐπιβεβηκέναι ὁμοίως αὐτῷ ἵπποις λευκοῖς· πάντα γὰρ
Is xxxv 10 ἐνώπιον τοῖς νοοῦσι. καὶ ὥσπερ ἀπέδρα ὀδύνη καὶ λύπη
καὶ στεναγμὸς ἐπὶ τῷ τέλει τῶν πραγμάτων, οὕτως οἶμαι
ὅτι ἀπέδρα ἀσάφεια καὶ ἀπορία, πάντων ἐπιμελῶς καὶ τρανῶς
προπιπτόντων τῶν τῆς τοῦ θεοῦ σοφίας μυστηρίων. ἐπι- 15
σκέψαι δὲ τοὺς λευκοὺς ἵππους τῶν ἀκολουθούντων τῷ
λόγῳ, ἐνδεδυμένους βύσσινον λευκὸν καὶ καθαρόν, εἰ μὴ,
ἐπεὶ βύσσος ἀπὸ γῆς γίνεται, τῶν ἐπὶ γῆς διαλέκτων ἃς
ἠμφιεσμέναι εἰσὶν αἱ σημαίνουσαι φωναὶ καθαρῶς τὰ
πράγματα τύποι τυγχάνουσι τὰ βύσσινα ἐνδύματα. ταῦτα 20
δὴ ἐπὶ πλεῖον ἐκ τῆς Ἀποκαλύψεως διδασκούσης περὶ
λόγου θεοῦ εἴρηται, ἵνα ἀκριβέστερον τὰ περὶ αὐτοῦ νοή- 59
σωμεν.

Jo i 2   9. (5) Οὗτος ἦν ἐν ἀρχῇ πρὸς τὸν θεόν. Τοῖς
μὴ ἀκριβοῦσιν τὰς διαφόρους ἐν τοῖς ἀπαγγελλομένοις 25
προτάσεις δόξει ταυτολογεῖν ὁ εὐαγγελιστής, οὐδὲν πλέον
λέγων ἐν τῷ· Οὗτος ἦν ἐν ἀρχῇ πρὸς τὸν θεόν· παρὰ τό·
Jo i 1   Καὶ ὁ λόγος ἦν πρὸς τὸν θεόν. τηρητέον δὲ ὅτι ἐν μὲν
τῷ· Ὁ λόγος ἦν πρὸς τὸν θεόν· οὐ μανθάνομεν τὸ πότε
ἢ ἐν τίνι ἦν πρὸς τὸν θεόν, κατὰ τὸ τέταρτον ἀξίωμα 30
προσκείμενον· τέσσαρα γὰρ ἀξιώματα, ἅπερ παρά τισι
προτάσεις καλοῦνται, ἔστιν ἐνθάδε, ὧν τὸ τέταρτον· Οὗτος
ἦν ἐν ἀρχῇ πρὸς τὸν θεόν. οὐ ταὐτὸν δὲ τό· Ὁ λόγος ἦν
πρὸς τὸν θεόν· καὶ τό· Οὗτος ἦν· οὐχὶ ἁπλῶς πρὸς τὸν

θεόν, ἀλλὰ πότε ἢ ἐν τίνι πρὸς τὸν θεόν· Οὗτος γάρ, Jo i 2
φησὶν, ἦν ἐν ἀρχῇ πρὸς τὸν θεόν. ἀλλὰ καὶ τὸ Οὗτος
κατὰ δεῖξιν ἐκφερόμενον νομισθήσεται ἐπὶ τοῦ λόγου τε-
τάχθαι ἢ ἐπὶ τοῦ θεοῦ, ὑπὸ τοῦ μὴ συχνότερον ἐρευνῶντος
5 ἵνα καὶ εὕρῃ σύλληψιν τῶν προτέρων γινομένων ἐν τῇ
οὗτος προσηγορίᾳ τῆς τε λόγος ἐπινοίας καὶ τῆς θεός, ἵνα
ἡ δεῖξις συναγάγῃ εἰς ἓν τὰ τῇ ἐπινοίᾳ διάφορα· οὐ γὰρ
ἐν τῇ ἐπινοίᾳ τῇ λόγος ἐστὶν ἡ θεός, οὐδὲ ἐν τῇ θεός ἡ
λόγος.   τάχα δὲ συγκεφαλαίωσίς ἐστι τῶν τριῶν προ-
10 τάσεων εἰς μίαν τήν· Οὗτος ἦν ἐν ἀρχῇ πρὸς τὸν θεόν.
καθὸ γὰρ ἐν ἀρχῇ ἦν ὁ λόγος οὐ μεμαθήκαμεν ὅτι πρὸς τὸν
θεόν· καθὸ δὲ πρὸς τὸν θεὸν ὁ λόγος ἦν οὐκ ἐγινώσκομεν
σαφῶς ὅτι ἐν ἀρχῇ πρὸς τὸν θεὸν ἦν· καθὸ δὲ θεὸς ὁ λόγος
ἦν οὔτε τὸ ἐν ἀρχῇ αὐτὸν εἶναι ἐδηλοῦτο οὔτε ὅτι πρὸς τὸν
15 θεὸν ἐτύγχανεν. ἐν δὲ τῇ· Οὗτος ἦν ἐν ἀρχῇ πρὸς τὸν
θεόν· ἀπαγγελίᾳ, τοῦ Οὗτος ἐπὶ τοῦ λόγου καὶ θεοῦ
νοουμένου, καὶ τοῦ Ἐν ἀρχῇ οὕτω συναπτομένου, τοῦ τε
Πρὸς τὸν θεὸν προστιθεμένου, οὐδὲν παραλείπεται τῶν ἐν
ταῖς τρισὶ προτάσεσιν ὃ οὐ συγκεφαλαιοῦται συναγομένων
20 εἰς ἕν. ὅρα δὲ εἰ κατὰ τὸ δισσὸν ὀνομάζεσθαι τὸ Ἐν
ἀρχῇ δυνατὸν ἡμᾶς μανθάνειν πράγματα δύο· ἐν μὲν ὅτι
ἐν ἀρχῇ ἦν ὁ λόγος, ὡς εἰ καὶ καθ' αὑτὸν ἦν καὶ μὴ πάντως Jo i 1
πρός τινα· ἕτερον δὲ ὅτι ἐν ἀρχῇ πρὸς τὸν θεὸν ἦν. καὶ
24 οἶμαι ὅτι οὐ ψεῦδος εἰπεῖν περὶ αὐτοῦ ὅτι ἐν ἀρχῇ ἦν καὶ
60 ἐν ἀρχῇ πρὸς τὸν θεόν, οὔτε πρὸς τὸν θεὸν μόνον τυγχάνων,
ἐπεὶ καὶ ἐν ἀρχῇ ἦν, οὔτε ἐν ἀρχῇ μόνον ὢν καὶ οὐχὶ
πρὸς τὸν θεὸν ὤν, ἐπεί· Οὗτος ἦν ἐν ἀρχῇ πρὸς τὸν θεόν.

10. (6) ΠΑΝΤΑ ΔΙ' ΑΥΤΟΥ ΕΓΕΝΕΤΟ. Οὐδέποτε τὴν Jo i 3
πρώτην χώραν ἔχει τὸ δι' οὗ, δευτέραν δὲ ἀεί· οἷον ἐν τῇ
30 πρὸς Ῥωμαίους· Παῦλος δοῦλος, φησὶ, Χριστοῦ Ἰησοῦ, Ro i 1 f.
κλητὸς ἀπόστολος, ἀφωρισμένος εἰς εὐαγγέλιον θεοῦ, ὃ
προεπηγγείλατο διὰ τῶν προφητῶν αὐτοῦ ἐν γραφαῖς ἁγίαις

12 om. καθὸ—θεὸν] add. in mg.

Ro i 3 ff.

περὶ τοῦ υἱοῦ αὐτοῦ, τοῦ γενομένου ἐκ σπέρματος Δαβὶδ
κατὰ σάρκα, τοῦ ὁρισθέντος υἱοῦ θεοῦ ἐν δυνάμει κατὰ
πνεῦμα ἁγιωσύνης ἐξ ἀναστάσεως νεκρῶν, Ἰησοῦ Χριστοῦ
τοῦ κυρίου ἡμῶν, δι' οὗ ἐλάβομεν χάριν καὶ ἀποστολὴν εἰς
ὑπακοὴν πίστεως ἐν πᾶσι τοῖς ἔθνεσιν ὑπὲρ τοῦ ὀνόματος 5
αὐτοῦ. ὁ γὰρ θεὸς τὸ εὐαγγέλιον ἑαυτοῦ προεπηγγείλατο
διὰ τῶν προφητῶν, ὑπηρετούντων τῶν προφητῶν καὶ ἐχόν-
των τὸν λόγον τοῦ δι' οὗ, καὶ πάλιν ὁ θεὸς ἔδωκε χάριν καὶ
ἀποστολὴν εἰς ὑπακοὴν πίστεως ἐν πᾶσι τοῖς ἔθνεσι,
Παύλῳ καὶ τοῖς λοιποῖς, καὶ ἔδωκε διὰ Χριστοῦ Ἰησοῦ τοῦ 10
σωτῆρος, ἔχοντος τὸ δι' οὗ. καὶ ἐν τῇ πρὸς Ἑβραίους ὁ

He i 2

αὐτὸς Παῦλός φησιν· Ἐπ' ἐσχάτου τῶν ἡμερῶν ἐλάλησεν
ἡμῖν ἐν υἱῷ, ὃν ἔθηκε κληρονόμον πάντων, δι' οὗ καὶ
ἐποίησε τοὺς αἰῶνας· διδάσκων ἡμᾶς ὅτι ὁ θεὸς τοὺς αἰῶνας
πεποίηκε διὰ τοῦ υἱοῦ, ἐν τῷ τοὺς αἰῶνας γίνεσθαι τοῦ 15
μονογενοῦς ἔχοντος τὸ δι' οὗ. οὕτω τοίνυν καὶ ἐνθάδε εἰ
πάντα διὰ τοῦ λόγου ἐγένετο, οὐχ ὑπὸ τοῦ λόγου ἐγένετο,
ἀλλ' ὑπὸ κρείττονος καὶ μείζονος παρὰ τὸν λόγον. τίς δ' ἂν
ἄλλος οὗτος τυγχάνῃ ἢ ὁ πατήρ; ἐξεταστέον δὲ, ἀληθοῦς

Jo i 3

ὄντος τοῦ· Πάντα δι' αὐτοῦ ἐγένετο· εἰ καὶ τὸ πνεῦμα τὸ 20
ἅγιον δι' αὐτοῦ ἐγένετο. οἶμαι γὰρ ὅτι τῷ μὲν φάσκοντι
γενητὸν αὐτὸ εἶναι καὶ προιεμένῳ τό· Πάντα δι' αὐτοῦ
ἐγένετο· ἀναγκαῖον παραδέξασθαι ὅτι τὸ ἅγιον πνεῦμα διὰ
τοῦ λόγου ἐγένετο, πρεσβυτέρου παρ' αὐτὸ τοῦ λόγου
τυγχάνοντος. τῷ δὲ μὴ βουλομένῳ τὸ ἅγιον πνεῦμα διὰ 25
τοῦ χριστοῦ γεγονέναι ἕπεται τὸ ἀγέννητον αὐτὸ λέγειν,
ἀληθῆ τὰ ἐν τῷ εὐαγγελίῳ τούτῳ εἶναι κρίνοντι. ἔσται δέ
τις καὶ τρίτος παρὰ τοὺς δύο, τόν τε διὰ τοῦ λόγου παρα-
δεχόμενον τὸ πνεῦμα τὸ ἅγιον γεγονέναι καὶ τὸν ἀγέννητον 29
αὐτὸ εἶναι ὑπολαμβάνοντα, δογματίζων μηδὲ οὐσίαν τινὰ 61
ἰδίαν ὑφεστάναι τοῦ ἁγίου πνεύματος ἑτέραν παρὰ τὸν
πατέρα καὶ τὸν υἱόν· ἀλλὰ τάχα προστιθέμενος μᾶλλον,

8 ἔδοκε   18 παρὰ] περί

ἐὰν ἕτερον νομίζῃ εἶναι τὸν υἱὸν παρὰ τὸν πατέρα, τῷ τὸ
αὐτὸ αὐτῷ τυγχάνειν τῷ πατρί, ὁμολογουμένως διαιρέσεως
δηλουμένης τοῦ ἁγίου πνεύματος παρὰ τὸν υἱὸν ἐν τῷ· Ὃς   Mt xii 32
ἐὰν εἴπῃ λόγον κατὰ τοῦ υἱοῦ τοῦ ἀνθρώπου, ἀφεθήσεται
5 αὐτῷ· ὃς δ' ἂν βλασφημήσῃ εἰς τὸ ἅγιον πνεῦμα, οὐχ ἕξει
ἄφεσιν οὔτε ἐν τούτῳ τῷ αἰῶνι οὔτε ἐν τῷ μέλλοντι. ἡμεῖς
μέντοι γε τρεῖς ὑποστάσεις πειθόμενοι τυγχάνειν, τὸν πατέρα
καὶ τὸν υἱὸν καὶ τὸ ἅγιον πνεῦμα, καὶ ἀγέννητον μηδὲν
ἕτερον τοῦ πατρὸς εἶναι πιστεύοντες, ὡς εὐσεβέστερον καὶ
10 ἀληθὲς προσιέμεθα τὸ πάντων διὰ τοῦ λόγου γενομένων τὸ   cf. Jo i 3
ἅγιον πνεῦμα πάντων εἶναι τιμιώτερον, καὶ τάξει πάντων
τῶν ὑπὸ τοῦ πατρὸς διὰ Χριστοῦ γεγενημένων. καὶ τάχα
αὕτη ἐστὶν ἡ αἰτία τοῦ μὴ καὶ αὐτὸ υἱὸν χρηματίζειν τοῦ
θεοῦ, μόνου τοῦ μονογενοῦς φύσει υἱοῦ ἀρχῆθεν τυγχάνοντος,
15 οὗ χρῄζειν ἔοικε τὸ ἅγιον πνεῦμα διακονοῦντος αὐτοῦ τῇ
ὑποστάσει, οὐ μόνον εἰς τὸ εἶναι ἀλλὰ καὶ σοφὸν εἶναι καὶ
62 λογικὸν καὶ δίκαιον καὶ πᾶν ὁτιποτοῦν χρὴ αὐτὸ νοεῖν
τυγχάνειν κατὰ μετοχὴν τῶν προειρημένων ἡμῖν Χριστοῦ
ἐπινοιῶν. οἶμαι δὲ τὸ ἅγιον πνεῦμα τὴν, ἵν' οὕτως εἴπω,
20 ὕλην τῶν ἀπὸ θεοῦ χαρισμάτων παρέχειν τοῖς δι' αὐτὸ καὶ
τὴν μετοχὴν αὐτοῦ χρηματίζουσιν ἁγίοις, τῆς εἰρημένης
ὕλης τῶν χαρισμάτων ἐνεργουμένης μὲν ἀπὸ τοῦ θεοῦ
διακονουμένης δὲ ὑπὸ τοῦ χριστοῦ, ὑφεστώσης δὲ κατὰ τὸ·
ἅγιον πνεῦμα. καὶ κινεῖ με εἰς τὸ ταῦθ' οὕτως ἔχειν ὑπο-
25 λαβεῖν Παῦλος περὶ χαρισμάτων οὕτω που γράφων· Διαι-   1 Co xii 4 ff
ρέσεις δὲ χαρισμάτων εἰσί, τὸ δ' αὐτὸ πνεῦμα· καὶ
διαιρέσεις διακονιῶν εἰσι, καὶ ὁ αὐτὸς κύριος· καὶ διαιρέσεις
ἐνεργημάτων εἰσί, καὶ ὁ αὐτός ἐστι θεὸς ὁ ἐνεργῶν τὰ
πάντα ἐν πᾶσιν.
30 11. Ἔχει δὲ ἐπαπόρησιν διά τε τό· Πάντα δι' αὐτοῦ   Jo i 3
ἐγένετο· καὶ τὸ ἀκολουθεῖν τὸ πνεῦμα γενητὸν ὂν διὰ τοῦ
λόγου γεγονέναι, πῶς οἱονεὶ προτιμᾶται τοῦ χριστοῦ ἔν τισι

8 παρά] περί

γραφαῖς, ἐν μὲν τῷ Ἡσαΐᾳ ὁμολογοῦντος Χριστοῦ οὐχ ὑπὸ
τοῦ πατρὸς ἀπεστάλθαι μόνον ἀλλὰ καὶ ὑπὸ τοῦ ἁγίου πνεύ-
ματος· φησὶ γάρ· Καὶ νῦν κύριος ἀπέστειλέ με καὶ τὸ

Is xlviii 16
cf. Mt xii 32

πνεῦμα αὐτοῦ· ἐν δὲ τῷ εὐαγγελίῳ ἄφεσιν μὲν ἐπαγγελλο-
μένου ἐπὶ τῆς εἰς αὐτὸν ἁμαρτίας, ἀποφαινομένου δὲ περὶ 5
τῆς εἰς τὸ ἅγιον πνεῦμα βλασφημίας, ὡς οὐ μόνον ἐν τούτῳ
τῷ αἰῶνι μὴ ἐσομένης ἀφέσεως τῷ εἰς αὐτὸ δυσφημήσαντι
ἀλλ' οὐδὲ ἐν τῷ μέλλοντι. καὶ μήποτε οὐ πάντως διὰ τὸ
τιμιώτερον εἶναι τὸ πνεῦμα τὸ ἅγιον τοῦ χριστοῦ, οὐ γίνεται
ἄφεσις τῷ εἰς αὐτὸν ἡμαρτηκότι, ἀλλὰ διὰ τὸ Χριστοῦ μὲν 10
πάντα μετέχειν τὰ λογικά, οἷς δίδοται συγγνώμη μεταβαλ-
λομένοις ἀπὸ τῶν ἁμαρτημάτων, τοῦ δὲ ἁγίου πνεύματος
τοὺς κατηξιωμένους μηδεμιᾶς εὔλογον εἶναι συγγνώμης
τυχεῖν μετὰ τηλικαύτης καὶ τοιαύτης συμπνοίας τοῖς εἰς τὸ
κακὸν ἔτι ἀποπίπτουσι καὶ ἐκτρεπομένοις τὰς τοῦ ἐνυπάρ- 15
χοντος πνεύματος συμβουλίας. εἰ δὲ κατὰ τὸν Ἡσαΐαν
φησὶν ὁ κύριος ἡμῶν ὑπὸ τοῦ πατρὸς ἀπεστάλθαι καὶ τοῦ
πνεύματος αὐτοῦ, ἔστι καὶ ἐνταῦθα περὶ τοῦ ἀποστείλαντος
τὸν χριστὸν πνεύματος ἀπολογήσασθαι, οὐχ ὡς φύσει
διαφέροντος ἀλλὰ διὰ τὴν γενομένην οἰκονομίαν τῆς ἐνανθρω- 20
πήσεως τοῦ υἱοῦ τοῦ θεοῦ ἐλαττωθέντος παρ' αὐτὸ τοῦ
σωτῆρος. εἰ δέ τις ἐν τούτῳ προσκόπτει τῷ λέγειν ἠλατ-
τῶσθαι παρὰ τὸ ἅγιον πνεῦμα τὸν σωτῆρα ἐνανθρωπήσαντα,
προσακτέον αὐτὸν ἀπὸ τῶν ἐν τῇ πρὸς Ἑβραίους λεγομένων
ἐπιστολῇ, καὶ ἀγγέλων ἐλάττονα διὰ τὸ πάθημα τοῦ θανάτου 63
ἀποφηναμένου τοῦ Παύλου γεγονέναι τὸν Ἰησοῦν, φησὶ γάρ·

He ii 9

Τὸν δὲ βραχύ τι παρ' ἀγγέλους ἠλαττωμένον βλέπομεν
Ἰησοῦν διὰ τὸ πάθημα τοῦ θανάτου δόξῃ καὶ τιμῇ ἐστεφα-

cf. Ro viii 21

νωμένον. ἢ τάχα ἔστι καὶ τοῦτο εἰπεῖν, ὅτι ἐδεῖτο ἡ κτίσις
ὑπὲρ τοῦ ἐλευθερωθῆναι ἀπὸ τῆς δουλείας τῆς φθορᾶς, ἀλλὰ 30
καὶ τὸ τῶν ἀνθρώπων γένος μακαρίας καὶ θείας δυνάμεως
ἐνανθρωπούσης, ἥτις διορθώσεται καὶ τὰ ἐπὶ τῆς γῆς καὶ

15 κακὸν] καλὸν   22 τις] om.

ὡσπερεὶ ἐπέβαλλέ πως τῷ ἁγίῳ πνεύματι ἡ πρᾶξις αὕτη,
ἥντινα ὑπομένειν οὐ δυνάμενον προβάλλεται τὸν σωτῆρα, ὡς
τὸ τηλικοῦτον ἆθλον μόνον ἐνεγκεῖν δυνάμενον, καὶ τοῦ
πατρὸς ὡς ἡγουμένου ἀποστέλλοντος τὸν υἱὸν συναπο-
5 στέλλει καὶ συμπροπέμπει τὸ ἅγιον πνεῦμα αὐτὸν, ἐν καιρῷ
ὑπισχνούμενον καταβῆναι πρὸς τὸν υἱὸν τοῦ θεοῦ καὶ συνερ-
γῆσαι τῇ τῶν ἀνθρώπων σωτηρίᾳ. τοῦτο δὲ πεποίηκεν ὅτε
τῷ σωματικῷ εἴδει ὡσεὶ περιστερὰ ἐφίπταται μετὰ τὸ λου- cf. Lc iii 22; Jo i 33
τρον αὐτῷ καὶ ἐπιστὰν οὐ παρέρχεται, τάχα ἐν ἀνθρώποις
10 τοῦτο πεποιηκότος τοῖς μὴ δυνηθεῖσιν ἀδιαλείπτως φέρειν
αὐτοῦ τὴν δόξαν. διόπερ σημαίνων ὁ Ἰωάννης περὶ τοῦ
γνῶναι ὅστις ποτέ ἐστιν ὁ χριστὸς, οὐχὶ μόνην τὴν ἐπὶ τὸν
Ἰησοῦν κατάβασιν τοῦ πνεύματος ἀλλὰ πρὸς τῇ καταβάσει
τὴν ἐν αὐτῷ μονήν. γέγραπται γὰρ εἰρηκέναι τὸν Ἰωάννην
15 ὅτι Ὁ πέμψας με βαπτίζειν εἶπεν Ἐφ' ὃν ἂν ἴδῃς τὸ Jo i 33
πνεῦμα καταβαῖνον καὶ μένον ἐπ' αὐτὸν, οὗτός ἐστιν ὁ βα-
πτίζων ἐν πνεύματι ἁγίῳ καὶ πυρί. οὐ γὰρ λέγεται· ἐφ' ὃν
ἂν ἴδῃς τὸ πνεῦμα καταβαῖνον μόνον, τάχα καὶ ἐπ' ἄλ-
λους καταβεβηκότος αὐτοῦ, ἀλλά· καταβαῖνον καὶ μένον
20 ἐπ' αὐτόν. ταῦτα δὲ ἐπιπολὺ ἐξήτασται σαφέστερον ἰδεῖν
βουλομένοις πῶς, εἰ πάντα δι' αὐτοῦ ἐγένετο, καὶ τὸ πνεῦμα cf. Jo i 3
διὰ τοῦ λόγου ἐγένετο, ἓν τῶν πάντων τυγχάνον ὑποδεεστέρων
τοῦ δι' οὗ ἐγένετο νοούμενον, εἰ καὶ λέξεις τινὲς περισπᾶν
ἡμᾶς εἰς τὸ ἐναντίον δοκοῦσιν.

25 12. Ἐὰν δὲ προσίηταί τις τὸ καθ' Ἑβραίους εὐαγγέλιον
64 ἔνθα αὐτὸς ὁ σωτήρ φησιν· Ἄρτι ἔλαβέ με ἡ μήτηρ μου, τὸ
ἅγιον πνεῦμα, ἐν μιᾷ τῶν τριχῶν μου καὶ ἀπένεγκέ με εἰς τὸ
ὄρος τὸ μέγα Θαβώρ· ἐπαπορήσει πῶς μήτηρ Χριστοῦ τὸ
διὰ τοῦ λόγου γεγενημένον πνεῦμα ἅγιον εἶναι δύναται.
30 ταῦτα δὲ καὶ τοῦτο οὐ χαλεπὸν ἑρμηνεῦσαι· εἰ γὰρ ὁ ποιῶν cf. Mt xii 50
τὸ θέλημα τοῦ πατρὸς τοῦ ἐν τοῖς οὐρανοῖς ἀδελφὸς καὶ
ἀδελφὴ καὶ μήτηρ ἐστὶν αὐτοῦ, καὶ φθάνει τὸ ἀδελφὸς

Χριστοῦ ὄνομα οὐ μόνον ἐπὶ τὸ τῶν ἀνθρώπων γένος ἀλλὰ
καὶ ἐπὶ τὰ τούτου θειότερα, οὐδὲν ἄτοπον ἔσται μᾶλλον
πάσης χρηματιζούσης μητρὸς Χριστοῦ διὰ τὸ ποιεῖν τὸ
θέλημα τοῦ ἐν τοῖς οὐρανοῖς πατρὸς τὸ πνεῦμα τὸ ἅγιον

Jo i 3   εἶναι μητέρα. ἔτι εἰς τό· Πάντα δι' αὐτοῦ ἐγένετο· καὶ 5
ταῦτα ζητητέον· τῇ ἐπινοίᾳ ὁ λόγος ἕτερός ἐστι παρὰ τὴν

Jo i   ζωήν, καὶ ὃ γέγονεν ἐν τῷ λόγῳ ζωὴ ἦν, καὶ ἡ ζωὴ ἦν τὸ
φῶς τῶν ἀνθρώπων. ἆρ' οὖν ὡς πάντα δι' αὐτοῦ ἐγένετο,
καὶ ἡ ζωὴ δι' αὐτοῦ ἐγένετο, ἥτις ἐστὶ τὸ φῶς τῶν ἀνθρώπων,
καὶ αἱ ἄλλαι τοῦ σωτῆρος ἐπίνοιαι, ἢ καθ' ὑπεξαίρεσιν τῶν 10
ἐν αὐτῷ νοητέον τό· Πάντα δι' αὐτοῦ ἐγένετο; ὅπερ δοκεῖ μοι
εἶναι κρεῖττον. ἵνα γὰρ συγχωρηθῇ διὰ τοῦ γεγονέναι τὴν
ζωὴν τὸ φῶς τῶν ἀνθρώπων, τί λεκτέον περὶ τῆς προεπινοου-
μένης τοῦ λόγου σοφίας; οὐ γὰρ δήπου διὰ τοῦ λόγου τὸ
περὶ τὸν λόγον γεγένηται. ὥστε χωρὶς τῶν ἐπινοουμένων 15
τῷ χριστῷ πάντα διὰ τοῦ λόγου γεγένηται τοῦ θεοῦ, ποιή-

Ps ciii (civ) 24   σαντος ἐν σοφίᾳ αὐτὰ τοῦ πατρός· Πάντα γάρ, φησίν, ἐν
σοφίᾳ ἐποίησας· οὐ· διὰ τῆς σοφίας ἐποίησας.

Jo i 3   13. (7) Ἴδωμεν δέ, διὰ τί πρόσκειται τό· Καὶ χωρὶς
αὐτοῦ ἐγένετο οὐδὲ ἕν. τισὶ κἂν δόξαι περιττὸν τυγχάνειν 20
τό· Χωρὶς αὐτοῦ ἐγένετο οὐδὲ ἕν· ἐπιφερόμενον τῷ· Πάντα
δι' αὐτοῦ ἐγένετο. εἰ γὰρ πᾶν ὁτιποτοῦν διὰ τοῦ λόγου
γεγένηται, οὐδὲν χωρὶς τοῦ λόγου γεγένηται. οὐκέτι μέντοι
γε ἀκολουθεῖ τῷ χωρὶς τοῦ λόγου μὴ γεγενῆσθαί τι τὸ πάντα
διὰ τοῦ λόγου γεγενῆσθαι· ἔξεστι γὰρ οὐδενὸς χωρὶς τοῦ 25
λόγου γεγενημένου, μὴ μόνον διὰ τοῦ λόγου γεγονέναι πάντα
ἀλλὰ καὶ ὑπὸ τοῦ λόγου τινά. χρὴ τοίνυν εἰδέναι, πῶς δεῖ
ἀκούειν τοῦ Πάντα καὶ πῶς τοῦ Οὐδέν. δυνατὸν γὰρ ἐκ τοῦ
μὴ τετρανωκέναι ἀμφοτέρας τὰς λέξεις ἐκδέξασθαι ὅτι εἰ
πάντα διὰ τοῦ λόγου ἐγένετο, τῶν δὲ πάντων ἐστὶ καὶ ἡ 30
κακία καὶ πᾶσα ἡ χύσις τῆς ἁμαρτίας καὶ τὰ πονηρά, ὅτι καὶ
ταῦτα διὰ τοῦ λόγου ἐγένετο. τοῦτο δὲ ψεῦδος· κτίσματα

32 ante λόγου] ras. 1 litt.

65 μὲν γὰρ διὰ τοῦ λόγου γεγονέναι οὐκ ἄτοπον, ἀλλὰ καὶ διὰ
τοῦ λόγου τὰ ἀνδραγαθήματα καὶ πάντα τὰ κατορθώματα
κατωρθῶσθαι τοῖς μακαρίοις νοεῖν ἀναγκαῖον· οὐκέτι δὲ καὶ
τὰ ἁμαρτήματα καὶ τὰ ἀποπτώματα. ἐξειλήφασιν οὖν τινες
5 τῷ ἀνυπόστατον εἶναι τὴν κακίαν, οὔτε γὰρ ἦν ἀπ' ἀρχῆς
οὔτε εἰς τὸν αἰῶνα ἔσται, ταῦτ' εἶναι τὰ Μηδέν· καὶ ὥσπερ
Ἑλλήνων τινές φασιν, εἶναι τῶν Οὔ τινων τὰ γένη καὶ τὰ
εἴδη, οἷον τὸ ζῷον καὶ τὸν ἄνθρωπον, οὕτως ὑπέλαβον Οὐδὲν
τυγχάνειν πᾶν τὸ οὐχ ὑπὸ θεοῦ οὐδὲ διὰ τοῦ λόγου τὴν δο-
10 κοῦσαν σύστασιν εἰληφός. καὶ ἐφίσταμεν εἰ δυνατὸν ἀπὸ
τῶν γραφῶν πληκτικώτατα ταῦτα παραστῆσαι. ὅσον
τοίνυν ἐπὶ τοῖς σημαινομένοις τοῦ Οὐδὲν καὶ τοῦ Οὐκ ὄν,
δόξει εἶναι συνώνυμα, τοῦ Οὐκ ὄντος Οὐδενὸς ἂν λεγομένου,
καὶ τοῦ Οὐδενὸς Οὐκ ὄντος. φαίνεται δὲ ὁ ἀπόστολος τὰ
15 Οὐκ ὄντα οὐχὶ ἐπὶ τῶν μηδαμῇ μηδαμῶς ὄντων ὀνομάζων   cf. Ro iv 17
ἀλλ' ἐπὶ τῶν μοχθηρῶν, Μὴ ὄντα νομίζων τὰ πονηρά· Τὰ
μὴ ὄντα γάρ, φησὶν, ὁ θεὸς ὡς ὄντα ἐκάλεσεν. ἀλλὰ καὶ ὁ
Μαρδοχαῖος ἐν τῇ κατὰ τοὺς Ἑβδομήκοντα Ἐσθὴρ μὴ ὄντας   Esth iv 22
τοὺς ἐχθροὺς τοῦ Ἰσραὴλ καλεῖ, λέγων· Μὴ παραδῷς τὸ   (xiv 11)
20 σκῆπρόν σου, κύριε, τοῖς μὴ οὖσιν. καὶ ἔστι προσαγαγεῖν
πῶς διὰ τὴν κακίαν μὴ ὄντες οἱ πονηροὶ προσαγορεύονται ἐκ
τοῦ ἐν τῇ Ἐξόδῳ ὀνόματος ἀναγραφομένου τοῦ θεοῦ· Εἶπε   cf. Ex iii 14 f.
γὰρ κύριος πρὸς Μωϋσῆν· Ὁ ὢν τοῦτό μοί ἐστι τὸ ὄνομα.
καθ' ἡμᾶς δὲ τοὺς εὐχομένους εἶναι ἀπὸ τῆς ἐκκλησίας ὁ
25 ἀγαθὸς θεὸς ταῦτά φησιν, ὃν δοξάζων ὁ σωτὴρ λέγει· Οὐ-   Mc x 18;
δεὶς ἀγαθὸς εἰ μὴ εἷς ὁ θεός, ὁ πατήρ. οὐκοῦν ὁ ἀγαθὸς τῷ   cf. Lc xviii
ὄντι ὁ αὐτός ἐστιν. ἐναντίον δὲ τῷ ἀγαθῷ τὸ κακὸν ἢ τὸ   19
πονηρόν, καὶ ἐναντίον τῷ Ὄντι τὸ Οὐκ ὄν· οἷς ἀκολουθεῖ ὅτι
τὸ πονηρὸν καὶ κακὸν Οὐκ ὄν. καὶ τάχα τοῦτο ἔσηνε τοὺς
30 εἰπόντας τὸν διάβολον μὴ εἶναι θεοῦ δημιούργημα· καθὸ
γὰρ διάβολός ἐστιν οὐκ ἔστι θεοῦ δημιούργημα, ᾧ δὲ συμβέ-
βηκε διαβόλῳ εἶναι, γενητὸς ὤν, οὐδενὸς κτιστοῦ ὄντος
παρὲξ τοῦ θεοῦ ἡμῶν, θεοῦ ἐστι κτίσμα· ὡς εἰ ἐφάσκομεν

16 om. νομίζων—17 μὴ ὄντα] add. in mg.

καὶ τὸν φονέα μὴ εἶναι θεοῦ δημιούργημα, οὐκ ἀναιροῦντες
τὸ ᾗ ἄνθρωπός ἐστι πεποιῆσθαι αὐτὸν ὑπὸ θεοῦ. τιθέντες 66
γὰρ τὸ ᾗ ἄνθρωπος τυγχάνει ἀπὸ θεοῦ αὐτὸν τὸ εἶναι εἰλη-
φέναι, καὶ ἡμεῖς οὐ τίθεμεν τὸ ᾗ φονεύς ἐστιν ἀπὸ θεοῦ
τοῦτ' αὐτὸν εἰληφέναι. πάντες μὲν οὖν οἱ μετέχοντες τοῦ 5
Ὄντος, μετέχουσι δὲ οἱ ἅγιοι, εὐλόγως ἂν Ὄντες χρηματί-
ζοιεν· οἱ δὲ ἀποστραφέντες τὴν τοῦ Ὄντος μετοχήν, τῷ
ἐστερῆσθαι τοῦ Ὄντος γεγόνασιν Οὐκ ὄντες. προείπομεν
δὲ ὅτι συνωνυμία ἐστὶ τοῦ Οὐκ ὄντος καὶ τοῦ Οὐδενός, καὶ
διὰ τοῦτο οἱ Οὐκ ὄντες Οὐδέν εἰσι, καὶ πᾶσα ἡ κακία Οὐδέν 10
ἐστιν ἐπεὶ καὶ Οὐκ ὂν τυγχάνει, καὶ Οὐδὲν καλουμένη χωρὶς
γεγένηται τοῦ λόγου, τοῖς Πᾶσιν οὐ συγκαταριθμουμένη.

cf. Jo i 3 ἡμεῖς μὲν οὖν κατὰ τὸ δυνατὸν παρεστήσαμεν τίνα τὰ διὰ
τοῦ λόγου γεγενημένα πάντα, καὶ τί τὸ χωρὶς αὐτοῦ γενό-
μενον μὲν, ὂν δὲ οὐδέποτε, καὶ διὰ τοῦτο Οὐδὲν καλούμενον. 15

14. (8) Βιαίως δὲ οἶμαι καὶ χωρὶς μαρτυρίου τὸν Οὐα-
λεντίνου λεγόμενον εἶναι γνώριμον Ἡρακλέωνα, διηγούμενον
Jo i 3 τό· Πάντα δι' αὐτοῦ ἐγένετο· ἐξειληφέναι Πάντα τὸν κόσμον
καὶ τὰ ἐν αὐτῷ, ἐκκλείοντα τῶν πάντων, τὸ ὅσον ἐπὶ τῇ
ὑποθέσει αὐτοῦ, τὰ τοῦ κόσμου καὶ τῶν ἐν αὐτῷ διαφέροντα. 20
φησὶ γάρ· Οὐ τὸν αἰῶνα ἢ τὰ ἐν τῷ αἰῶνι γεγονέναι διὰ τοῦ
λόγου, ἅτινα οἴεται πρὸ τοῦ λόγου γεγονέναι. ἀναιδέστερον
δὲ ἱστάμενος πρὸς τό· Καὶ χωρὶς αὐτοῦ ἐγένετο οὐδὲ ἕν· μὴ
εὐλαβούμενος τό· Μὴ προσθῇς τοῖς λόγοις αὐτοῦ, ἵνα μὴ
Pr xxiv 29
(xxx 6) ἐλέγξῃ σε καὶ ψευδὴς γένῃ· προστίθησι τῷ Οὐδὲ ἕν· Τῶν ἐν 25
τῷ κόσμῳ καὶ τῇ κτίσει. καὶ ἐπεὶ προφανῆ ἐστι τὰ ὑπ' αὐ-
τοῦ λεγόμενα σφόδρα βεβιασμένα καὶ παρὰ τὴν ἐνάρ-
γειαν ἐπαγγελλόμενα, εἰ τὰ νομιζόμενα αὐτῷ θεῖα ἐκκλείεται
τῶν Πάντων, τὰ δὲ, ὡς ἐκεῖνος οἴεται, παντελῶς φθειρόμενα
κυρίως Πάντα καλεῖται, οὐκ ἐπιδιατριπτέον τῇ ἀνατροπῇ 30
τῶν αὐτόθεν τὴν ἀτοπίαν ἐμφαινόντων· οἷον δὴ καὶ τὸ τῆς
γραφῆς λεγούσης· Χωρὶς αὐτοῦ ἐγένετο οὐδὲ ἕν· προστι-

2 μὴ πεποιῆσθαι   15 om. δέ] add. intra lin.   27 ἐνέργειαν
31 δή] δέ

θέντα αὐτὸν ἄνευ παραμυθίας τῆς ἀπὸ τῆς γραφῆς τό· Τῶν
ἐν τῷ κόσμῳ καὶ τῇ κτίσει· μηδὲ μετὰ πιθανότητος ἀποφαί-
νεσθαι, πιστεύεσθαι ἀξιοῦντα ὁμοίως προφήταις ἢ ἀποστό-
λοις τοῖς μετ' ἐξουσίας καὶ ἀνυπευθύνως καταλείπουσι τοῖς
5 καθ' αὑτοὺς καὶ μεθ' αὑτοὺς σωτήρια γράμματα. ἔτι δὲ
ἰδίως καὶ τοῦ· Πάντα δι' αὐτοῦ ἐγένετο· ἐξήκουσε φάσκων· Jo i 3
Τὸν τὴν αἰτίαν παρασχόντα τῆς γενέσεως τοῦ κόσμου τῷ
67 δημιουργῷ, τὸν λόγον ὄντα, εἶναι οὐ τὸν ἀφ' οὗ, ἢ ὑφ' οὗ,
ἀλλὰ τὸν δι' οὗ, παρὰ τὴν ἐν τῇ συνηθείᾳ φράσιν ἐκ-
10 δεχόμενος τὸ γεγραμμένον. εἰ γὰρ ὡς νοεῖ ἡ ἀλήθεια τῶν
πραγμάτων ἦν, ἔδει διὰ τοῦ δημιουργοῦ γεγράφθαι πάντα
γεγονέναι ὑπὸ τοῦ λόγου, οὐχὶ δὲ ἀνάπαλιν διὰ τοῦ λόγου
ὑπὸ τοῦ δημιουργοῦ. καὶ ἡμεῖς μὲν τῇ δι' οὗ χρησάμενοι
ἀκολούθως τῇ συνηθείᾳ, οὐκ ἀμάρτυρον τὴν ἐκδοχὴν ἀφή-
15 καμεν· ἐκεῖνος δὲ πρὸς τῷ μὴ παραμεμνῆσθαι ἀπὸ τῶν
θείων γραμμάτων τὸν καθ' ἑαυτὸν νοῦν, φαίνεται καὶ
ὑποπτεύσας τὸ ἀληθὲς καὶ ἀναιδῶς αὐτῷ ἀντιβλέψας· φησὶ
γάρ· Ὅτι οὐχ ὡς ὑπ' ἄλλου ἐνεργοῦντος αὐτὸς ἐποίει ὁ
λόγος, ἵν' οὕτω νοηθῇ τὸ δι' αὐτοῦ, ἀλλ' αὐτοῦ ἐνεργοῦντος
20 ἕτερος ἐποίει. οὐ τοῦ παρόντος δὲ καιροῦ ἐλέγξαι τὸ μὴ
τὸν δημιουργὸν ὑπηρέτην τοῦ λόγου γεγενημένον τὸν κόσμον
πεποιηκέναι, καὶ ἀποδεικνύναι ὅτι ὑπηρέτης τοῦ δημιουργοῦ
γενόμενος ὁ λόγος τὸν κόσμον κατεσκεύασε. κατὰ γὰρ τὸν
προφήτην Δαβίδ· Ὁ θεὸς εἶπε καὶ ἐγενήθησαν, ἐνετείλατο Ps cxlviii 5
25 καὶ ἐκτίσθησαν. ἐνετείλατο γὰρ ὁ ἀγέννητος θεὸς τῷ
πρωτοτόκῳ πάσης κτίσεως καὶ ἐκτίσθησαν, οὐ μόνον ὁ cf. Col i 15 ff.
κόσμος καὶ τὰ ἐν αὐτῷ, ἀλλὰ καὶ τὰ λοιπὰ πάντα, εἴτε
θρόνοι εἴτε κυριότητες εἴτε ἀρχαὶ εἴτε ἐξουσίαι· πάντα γὰρ
δι' αὐτοῦ καὶ εἰς αὐτὸν ἔκτισται, καὶ αὐτός ἐστι πρὸ πάντων.

30   15. (9) Ἔτι εἰς τό· Χωρὶς αὐτοῦ ἐγένετο οὐδὲ ἕν· οὐκ Jo i 3
ἀγύμναστον ἐατέον καὶ τὸν περὶ τῆς κακίας λόγον· κἂν γὰρ
σφόδρα ἀπεμφαίνειν δοκῇ, οὐ πάνυ τι δοκεῖ μοι εὐκατα-

9 παρὰ τὴν] περὶ ὧν   15 παραμεμυ...σξ

φρόνητον εἶναι. ζητητέον γὰρ εἰ καὶ ἡ κακία διὰ τοῦ λόγου
γεγένηται, νῦν λόγου προσεχῶς λαμβανομένου τοῦ ἐν
ἑκάστῳ, ὡς καὶ αὐτὸς ἀπὸ τοῦ ἐν ἀρχῇ λόγου ἑκάστῳ

Ro vii 8 f. ἐγγεγένηται. φησὶ τοίνυν ὁ ἀπόστολος· Χωρὶς νόμου
ἁμαρτία νεκρά· καὶ ἐπιφέρει· Ἐλθούσης δὲ τῆς ἐντολῆς 5
ἡ μὲν ἁμαρτία ἀνέζησε· καθολικὸν διδάσκων περὶ τῆς
ἁμαρτίας ὡς μηδεμίαν ἐνέργειαν αὐτῆς ἐχούσης πρὶν νόμου
καὶ ἐντολῆς· πῶς δὲ ἔχων ὁ λόγος νόμος εἶναι καὶ ἐντολὴ,

Ro v 13 καὶ οὐκ ἂν εἴη ἁμαρτία μὴ ὄντος νόμου, ἁμαρτία γὰρ οὐκ
ἐλλογεῖται μὴ ὄντος νόμου· καὶ πάλιν οὐκ ἂν εἴη ἁμαρτία 10

Jo xv 22 μὴ ὄντος λόγου· Εἰ γὰρ μὴ ἦλθον, φησὶ, καὶ ἐλάλησα
αὐτοῖς ἁμαρτίαν οὐκ εἴχοσαν. πᾶσα γὰρ πρόφασις ἀφαι- 68
ρεῖται τοῦ βουλομένου ἐπὶ τῇ ἁμαρτίᾳ ἀπολογήσασθαι,
ἐπὰν ἐνυπάρχοντος λόγου καὶ παραδεικνύοντος ὃ πρακτέον
μὴ πείθηταί τις αὐτῷ. τάχα οὖν πάντα μέχρι καὶ τῶν 15

cf. Jo i 3 χειρόνων διὰ τοῦ λόγου γεγένηται καὶ χωρὶς αὐτοῦ, ἁπλού-
στερον ἡμῶν ἐκλαμβανόντων τὸ Οὐδὲν, ἐγένετο οὐδέν. καὶ
οὐ πάντως τῷ λόγῳ ἐγκλητέον, εἰ πάντα δι᾽ αὐτοῦ ἐγένετο
καὶ χωρὶς αὐτοῦ ἐγένετο οὐδὲ ἕν, ὡς οὐδὲ ἐγκλητέον τῷ διδα-
σκάλῳ παραδείξαντι τὰ δέοντα τῷ μανθάνοντι ἐπὰν διὰ τὰ 20
τούτου μαθήματα μηκέτι τόπος καταλείπηται τῷ ἁμαρτά-
νοντι ἀπολογίας ὡς περὶ ἀγνοίας, καὶ μάλιστα ἐὰν νοήσωμεν
διδάσκαλον τοῦ μανθάνοντος ἀχώριστον. οἱονεὶ γὰρ διδά-
σκαλος τοῦ μανθάνοντος ἀχώριστός ἐστιν ὁ ἐνυπάρχων τῇ
φύσει τῶν λογικῶν λόγος, ἀεὶ ὑποβάλλων τὰ πρακτέα κἂν 25
παρακούωμεν αὐτοῦ τῶν ἐντολῶν, ἐπιδιδόντες αὐτοὺς ταῖς
ἡδοναῖς καὶ παραπεμπόμενοι τὰς ἀρίστας αὐτοῦ συμβουλάς.
ὥσπερ δὲ ὑπηρέτῃ τῷ ὀφθαλμῷ ἐπὶ τοῖς κρείττοσιν ἡμῖν
γεγενημένῳ, καὶ ἐφ᾽ ὧν οὐ καλῶς ὁρῶμεν χρώμεθα, ὁμοίως
καὶ τῇ ἀκοῇ ὅταν παρέχωμεν ἑαυτοὺς ἀκροάσεσι κρίσεως 30
ᾀσμάτων καὶ τῶν ἀπηγορευμένων ἀκουσμάτων, οὕτως ἐνυβρί-
ζοντες τὸν ἐν ἡμῖν λόγον καὶ οὐκ εἰς δέον αὐτῷ χρώμενοι,

17 post ἐγένετο] ins. τὸ   29 οὐκ ἄλλως

δι' αὐτοῦ παρανομοῦμεν εἰς κρίμα τοῖς ἁμαρτάνουσιν ἐνυπάρ-
χοντος καὶ διὰ τοῦτο κρίνοντος τὸν μὴ πάντων αὐτὸν προ-
τιμήσαντα. ὅθεν καί φησιν· Ὁ λόγος ὃν ἐλάλησα αὐτὸς Jo xii 48
κρινεῖ ὑμᾶς· ἴσον διδάσκων τῷ· Ἐγὼ ὁ λόγος ὁ ἐν ὑμῖν ἀεὶ
5 ἐνηχῶν, αὐτὸς ὑμᾶς καταδικάσω τόπον ἀπολογίας καταλειπό-
μενον ἔχοντας οὐδαμῶς. δόξει μέντοι γε βιαιοτέρα εἶναι
αὕτη ἡ ἐκδοχὴ, ἄλλον μὲν λόγον τὸν ἐν ἀρχῇ ἡμῶν ἐξειλη-
φότων τὸν πρὸς τὸν θεόν, τὸν θεὸν λόγον, ἄλλως δὲ αὐτὸν
νοούντων, ὅτε οὐ μόνον ἐπὶ τῶν προηγουμένων δημιουργημά-
10 των τό· Πάντα δι' αὐτοῦ ἐγένετο λέγεσθαι ἐφάσκομεν,
ἀλλὰ καὶ ἐπὶ πάντων ὑπὸ τῶν λογικῶν πραττομένων, οὗ
λόγου χωρὶς οὐδὲν ἁμαρτάνομεν. καὶ ζητητέον, εἰ καὶ τὸν
ἐν ἡμῖν λόγον τὸν αὐτὸν λεκτέον τῷ ἐν ἀρχῇ καὶ τῷ πρὸς cf. Jo i i
τὸν θεὸν καὶ τῷ θεῷ λόγῳ, μάλιστα ἐπεὶ οὐχ ὡς ἑτέρου
15 τούτου τυγχάνοντος παρὰ τὸν ἐν ἀρχῇ πρὸς τὸν θεὸν λόγον
ἔοικεν ὁ ἀπόστολος διδάσκειν τό· Μὴ εἴπῃς ἐν τῇ καρδίᾳ Ro x 6 ff.
cf. Deut xxx
σου Τίς ἀναβήσεται εἰς τὸν οὐρανόν; τοῦτ' ἔστιν Χριστὸν 12 ff.
69 καταγαγεῖν· ἢ Τίς καταβήσεται εἰς τὴν ἄβυσσον; τοῦτ' ἔστιν
Χριστὸν ἐκ νεκρῶν ἀναγαγεῖν· ἀλλὰ τί λέγει ἡ γραφή;
20 Ἐγγύς σου τὸ ῥῆμά ἐστιν σφόδρα ἐν τῷ στόματί σου καὶ ἐν
τῇ καρδίᾳ σου.

16. (10) Ὃ ΓΕΓΟΝΕΝ ΕΝ ΑΥΤῼ ΖΩΗ· ΗΝ, ΚΑΙ Ἡ ΖΩΗ Jo i 4
ΗΝ ΤΟ ΦΩϹ ΤΩΝ ΑΝΘΡΩΠΩΝ. Ἔστι τινὰ δόγματα παρ' Ἕλ-
λησι καλούμενα παράδοξα, τῷ κατ' αὐτοὺς σοφῷ πλεῖστα
25 ὅσα προσάπτοντα μετά τινος ἀποδείξεως ἢ φαινομένης
ἀποδείξεως, καθά φησι μόνον καὶ πάντα τὸν σοφὸν εἶναι
ἱερέα, τῷ μόνον καὶ πάντα τὸν σοφὸν ἐπιστήμην ἔχειν τῆς
τοῦ θεοῦ θεραπείας, καὶ μόνον καὶ πάντα τὸν σοφὸν εἶναι
ἐλεύθερον, ἐξουσίαν αὐτοπραγίας ἀπὸ τοῦ θείου νόμου
30 εἰληφότα· καὶ τὴν ἐξουσίαν δὲ ὁρίζονται νόμιμον ἐπιτροπήν.
καὶ τί δεῖ νῦν ἡμᾶς λέγειν περὶ τῶν καλουμένων παραδόξων,
πολλῆς οὔσης τῆς εἰς αὐτὰ πραγματείας, καὶ δεομένων

9 ὅτε] ἅτε

συγκρίσεως τῆς πρὸς τὸ βούλημα τῆς γραφῆς τῶν ὑπ' αὐ-
τῶν κατὰ τὰ παράδοξα ἀπαγγελλομένων, ἵνα ἐπὶ τίνων ὁ τῆς
θεοσεβείας λόγος συμφῇ καὶ ἐπὶ τίνων τὸ ἐναντίον τοῖς
ὑπ' ἐκείνων λεγομένοις βούλεται παραστῆσαι δυνηθῶμεν;

Jo i 4 τούτων δὲ ἡμῖν μνήμη γεγένηται ζητοῦσι τό· *Ὃ γέγονεν ἐν 5
αὐτῷ ζωὴ ἦν· διὰ τὸ οἱονεὶ τῷ χαρακτῆρι τῶν παραδόξων
καὶ, εἰ δεῖ εἰπεῖν, παραδοξότερον παρὰ τὰ ὑπ' ἐκείνων λεγό-
μενα, δύνασθαι ἄν τινα ἑπόμενον τῇ γραφῇ δεῖξαι τοιαῦτα

cf. Jo i 1 πλείονα. ἐὰν γὰρ νοήσωμεν τὸν ἐν ἀρχῇ λόγον, τὸν πρὸς
τὸν θεόν, τὸν θεὸν λόγον, τάχα δυνησόμεθα μόνον τὸν 10
τούτου, καθὰ τοιοῦτος, μετέχοντα λογικὸν εἰπεῖν· ὥστε καὶ
ἀποφήνασθαι ἂν ὅτι μόνος ὁ ἅγιος λογικός. πάλιν ἐὰν

Jo xi 25 συνῶμεν τὴν γενομένην ἐν τῷ λόγῳ ζωήν, τὸν εἰπόντα· Ἐγώ
εἰμι ἡ ζωή· ἐροῦμεν μηδένα τῶν ἔξω τῆς πίστεως Χριστοῦ

cf. Ro vi 11 ζῆν, πάντας εἶναι νεκροὺς τοὺς μὴ ζῶντας θεῷ, τό τε ζῆν 15
αὐτῶν ζῆν εἶναι τῆς ἁμαρτίας καὶ διὰ τοῦτο, ἵν' οὕτως εἴπω,
ζῆν θανάτου τυγχάνειν. ἐπίστησον δὲ εἰ μὴ τοῦτο πολλαχοῦ
παριστᾶσιν αἱ θεῖαι γραφαί, τὸ ὅπου μὲν τοῦ σωτῆρος φά-

Mc xii 26 f. σκοντος· *Ἢ οὐκ ἀνέγνωτε τὸ ῥηθὲν ἐπὶ τῆς βάτου Ἐγὼ θεὸς
Ἀβραὰμ καὶ θεὸς Ἰσαὰκ καὶ θεὸς Ἰακώβ; οὐκ ἔστι θεὸς 20

Ps cxlii
(cxliii) 2 νεκρῶν ἀλλὰ ζώντων· καί· Οὐ δικαιωθήσεται κατενώπιόν
σου πᾶς ζῶν. τί δὲ περὶ αὐτοῦ λέγειν δεῖ τοῦ θεοῦ ἢ τοῦ
σωτῆρος; ἀμφιβάλλεται γὰρ ὁποτέρου εἶναι ἡ λέγουσα ἐν

Nu xiv 28
Ez xxxiv 8
Mc xii 27 τοῖς προφήταις φωνή· Ζῶ ἐγώ, λέγει κύριος.

17. (11) Καὶ πρῶτόν γε ἴδωμεν τό· Οὐκ ἔστι θεὸς 70
νεκρῶν ἀλλὰ ζώντων· ἴσον δυνάμενον τῷ· οὐκ ἔστιν ἁμαρ-
τωλῶν ἀλλὰ ἁγίων θεός. μεγάλη γὰρ δωρεὰ τοῖς πατρι-
άρχαις τὸ τὸν θεὸν ἀντὶ ὀνόματος προσάψαι τὴν ἐκείνων
ὀνομασίαν τῇ θεὸς ἰδίᾳ αὐτοῦ προσηγορίᾳ, καθὰ καὶ ὁ

He xi 16 Παῦλός φησι· Διὸ οὐκ ἐπαισχύνεται ὁ θεὸς θεὸς καλεῖσθαι 30
αὐτῶν. οὐκοῦν θεός ἐστι τῶν πατέρων καὶ πάντων τῶν ἁγίων·
καὶ οὐκ ἄν που ἀναγεγραμμένον εὑρίσκοιτο τὸν θεὸν εἶναι

---

1 συγκρίσεων

τὸν θεόν τινος τῶν ἀσεβῶν. εἰ τοίνυν ὁ θεὸς ἁγίων ἐστὶ καὶ
θεὸς ζώντων εἶναι λέγεται, οἱ ἅγιοι ζῶντές εἰσι καὶ οἱ ζῶντες
ἅγιοι, οὔτε ἁγίου ὄντος ἔξω τῶν ζώντων οὔτε ζῶντος χρημα-
τίζοντος μόνον καὶ οὐχὶ μετὰ τοῦ ζῆν ἔχοντος καὶ τὸ ἅγιον
5 αὐτὸν τυγχάνειν. τὸ παραπλήσιον δέ ἐστι καὶ ἐπὶ τοῦ·
Εὐαρεστήσω τῷ κυρίῳ ἐν χώρᾳ ζώντων· ἰδεῖν, ὡς εἰ ἔλεγεν　Ps cxiv
(cxvi) 9
ἐν τάξει ἁγίων, ἢ ἐν τῷ τόπῳ τῶν ἁγίων τῆς κυρίως εὐαρε-
στήσεως, ἤτοι ἐν τῇ τάξει τῶν ἁγίων ἢ ἐν τῷ τόπῳ τῶν
ἁγίων τυγχανούσης, οὐδέπω ἄκρως εὐαρεστοῦντος τοῦ μὴ εἰς
10 τὴν τάξιν τῶν ἁγίων κεχωρηκότος ἢ τοῦ μὴ εἰς τὸν τόπον
τῶν ἁγίων γεγενημένου· εἰς ὃν χωρῆσαι δεήσει πάντα τὸν
οἰονεὶ σκιὰν καὶ εἰκόνα τῆς εὐαρεστήσεως τῆς ἀληθινῆς ἐν
τῷ βίῳ τούτῳ προανειληφότα. καὶ τὸ οὐ δικαιωθήσεσθαι δὲ　cf. Ps cxlii
(cxliii) 2
κατ' ἐνώπιον τοῦ θεοῦ πάντα ζῶντα δηλοῖ ὅτι ὡς πρὸς θεὸν
15 καὶ τὴν ἐν αὐτῷ δικαιοσύνην οὐδεὶς δικαιωθήσεται τῶν πάνυ
μακαρίων, ὡς εἰ καὶ ἐλέγομεν ἐπὶ ἑτέρου παραδείγματος
τοιοῦτον· οὐ φωτιεῖ πᾶς λύχνος ἐνώπιον ἡλίου· φωτιεῖ μὲν
γὰρ πᾶς λύχνος, ἀλλ' ὅταν μὴ καταυγάζηται ὑπὸ ἡλίου·
δικαιωθήσεται δὲ καὶ πᾶς ζῶν, ἀλλ' οὐκ ἐνώπιον τοῦ θεοῦ,
20 ὅτε δὲ τοῖς κάτω συγκρίνεται καὶ ὑπὸ τοῦ σκότους κεκρα-
τημένοις παρ' οἷς λάμψει αὐτῶν τὸ φῶς. καὶ ὅρα εἰ κατὰ
τοῦτο καὶ τὸ ἐν τῷ εὐαγγελίῳ νοητέον· Λαμψάτω τὸ φῶς　Mt v 16
ὑμῶν ἔμπροσθεν τῶν ἀνθρώπων. οὐ γάρ· λαμψάτω τὸ φῶς
ὑμῶν ἔμπροσθεν τοῦ θεοῦ· τοῦτο γὰρ εἰ ἐνετέλλετο, ἀδύνατον
25 ἂν ἐδίδου ἐντολήν, ὡς εἰ καὶ τοῖς λύχνοις ἐμψύχοις οὖσιν
ἐντολὴν ἐδίδου τὸ λάμψαι τὸ φῶς αὐτῶν ἔμπροσθεν τοῦ
ἡλίου. οὐχ οἱ τυχόντες οὖν μόνοι τῶν ζώντων οὐ δικαιωθή-
σονται κατενώπιον τοῦ θεοῦ, ἀλλὰ καὶ οἱ ὡς ἐν ζῶσι τῶν
ἐλαττόνων διαφέροντες· ἢ, ὅπερ μᾶλλον, ἅμα ἡ πάντων τῶν
30 ζώντων δικαιοσύνη οὐ δικαιωθήσεται ὡς πρὸς τὴν τοῦ θεοῦ
δικαιοσύνην· ὡς εἰ καὶ ἅμα πάντα τὰ ἐπὶ γῆς νυκτερινὰ
συναγαγὼν φῶτα ἔφασκον μὴ δύνασθαι ταῦτα φωτίζειν ὡς
71 πρὸς τὰς τούτου τοῦ ἡλίου αὐγάς. κατ' ἐπανάβασιν δὲ ἐκ
τῶν εἰρημένων νοητέον καὶ τό· Ζῶ ἐγώ, λέγει κύριος· τάχα　Nu xiv 28

τοῦ κυρίως ζῆν, μάλιστα ἐκ τῶν εἰρημένων περὶ τοῦ ζῆν,
παρὰ μόνῳ τυγχάνοντος τῷ θεῷ. καὶ ὅρα εἰ διὰ τοῦτο
δύναται ὁ ἀπόστολος τὴν εἰς ὑπερβολὴν ὑπεροχὴν νοήσας

Nu xiv 28
τῆς ζωῆς τοῦ θεοῦ, καὶ ἀξίως θεοῦ συνιεὶς τό· Ζῶ ἐγώ, λέγει
1 Tim vi 16
κύριος· εἰρηκέναι περὶ θεοῦ· Ὁ μόνος ἔχων ἀθανασίαν· οὐ- 5
δενὸς τῶν παρὰ τὸν θεὸν ζώντων ἔχοντος τὴν ἄτρεπτον πάντῃ
καὶ ἀναλλοίωτον ζωήν. καὶ τί διστάζομεν περὶ τῶν λοιπῶν
cf. He ii 9
ὅτε οὐδὲ ὁ χριστὸς ἔσχε τὴν τοῦ πατρὸς ἀθανασίαν; ἐγεύ-
σατο γὰρ ὑπὲρ παντὸς θανάτου.

18. (12) Ἅμα δὲ ἐξετάζοντες τὰ περὶ τοῦ ζῆν τοῦ θεοῦ 10
καὶ ζωῆς, ἥτις ἐστὶν ὁ χριστός, καὶ ζώντων ἐν χώρᾳ ἰδίᾳ
τυγχανόντων καὶ ζώντων οὐ δικαιουμένων ἐνώπιον τοῦ θεοῦ,
ἀκολούθως τούτοις παρατιθέμενοι τό· Ὁ μόνος ἔχων ἀθανα-
σίαν· τὰ ὑπονοούμενα συμπαραληψόμεθα περὶ τοῦ πᾶν
ὅτιποτοῦν λογικὸν μὴ οὐσιωδῶς ἔχειν ὡς ἀχώριστον συμβε- 15
βηκὸς τὴν μακαριότητα. ἐὰν γὰρ ἀχώριστον ἔχῃ τὴν μακα-
ριότητα καὶ τὴν προηγουμένην ζωήν, πῶς ἔτι ἔσται ἀληθὲς
τὸ περὶ τοῦ θεοῦ λεγόμενον· Ὁ μόνος ἔχων ἀθανασίαν· χρὴ
μέντοι γε εἰδέναι ὅτι τινὰ ὁ σωτὴρ οὐχ αὑτῷ εἶναι ἀλλ' ἑτέ-
ροις, τινὰ δὲ αὑτῷ καὶ ἑτέροις· ζητητέον δὲ εἴ τινα ἑαυτῷ καὶ 20
cf. Ez xxxiv
οὐδενί. σαφῶς μὲν γὰρ ἑτέροις ἐστὶ ποιμήν, οὐχ ὡς οἱ
παρὰ ἀνθρώποις ποιμένες ὄνησιν ἐκ τοῦ ποιμαίνειν εἰς ἑαυτὸν
λαμβάνων, εἰ μὴ ἄρα τὴν τῶν ποιμαινομένων ὠφέλειαν διὰ
φιλανθρωπίαν ἰδίαν εἶναι λογίσαιτο. ἀλλὰ καὶ ὁδός ἐστιν
ἑτέροις ὁμοίως καὶ θύρα, ὁμολογουμένως δὲ καὶ ῥάβδος· 25
ἑαυτῷ δὲ καὶ ἑτέροις σοφία, τάχα δὲ καὶ λόγος. ζητητέον
δὲ εἰ συστήματος θεωρημάτων ὄντος ἐν αὐτῷ καθὸ σοφία
ἐστίν, ἐστί τινα θεωρήματα ἀχώρητα τῇ λοιπῇ παρ' αὐτὸν
γεννητῇ φύσει ἅτινα οἶδεν ἑαυτῷ. καὶ οὐκ ἀνεξέταστον
λόγον ἐατέον διὰ τὴν περὶ τοῦ ἁγίου πνεύματος εὐλάβειαν. 30
ὅτι μὲν γὰρ καὶ αὐτὸ αὑτῷ μαθητεύεται, σαφὲς ἐκ τοῦ λεγο-
Jo xvi 14
μένου περὶ παρακλήτου καὶ ἁγίου πνεύματος· Ὅτι ἐκ τοῦ

3 ἀπόστολος] extra lin.   15 σαχώριστον   31 σαφῶς

ἐμοῦ λήψεται, καὶ ἀναγγελεῖ ὑμῖν. εἰ δὲ μαθητευόμενον
72 πάντα χωρεῖ ἃ ἐνατενίζων τῷ πατρὶ ἀρχόμενος ὁ υἱὸς γινώ-
σκει ἐπιμελέστερον ζητητέον. εἰ τοίνυν ὁ σωτὴρ ἃ μέν τινα
ἑτέροις, τινὰ δὲ τάχα που αὐτῷ καὶ ἢ οὐδενὶ ἢ ἑνὶ ἢ ὀλίγοις,
5 καθὸ ζωή ἐστιν ἡ γενομένη ἐν τῷ λόγῳ βασανιστέον πότερον
αὐτῷ καὶ ἑτέροις ζωή ἐστιν ἢ ἑτέροις, καὶ εἰ ἑτέροις, τίσι τού-
τοις. εἰ δὴ ταὐτόν ἐστι ζωὴ καὶ φῶς τῶν ἀνθρώπων, φησὶ
γάρ· Ὃ γέγονεν ἐν αὐτῷ ζωὴ ἦν καὶ ἡ ζωὴ ἦν τὸ φῶς   Jo i 4
τῶν ἀνθρώπων· τὸ δὲ φῶς τῶν ἀνθρώπων τινῶν ἐστι φῶς,
10 καὶ τοῦτο οὐ πάντων τῶν λογικῶν, ὅσον ἐπὶ τῷ κεῖσθαι τὸ
Ἀνθρώπων, ἀλλὰ τῶν ἀνθρώπων ἐστὶ φῶς· εἴη ἂν καὶ ζωὴ
ἀνθρώπων ὧν καὶ φῶς ἐστιν· καὶ καθὸ ζωὴ λέγοιτο ἂν ὁ
σωτὴρ οὐχ αὑτῷ ἀλλὰ ἑτέροις εἶναι ζωὴ ὧν ἐστι καὶ φῶς.
αὕτη δὲ ἡ ζωὴ τῷ λόγῳ ἐπιγίνεται, ἀχώριστος αὐτοῦ μετὰ τὸ
15 ἐπιγενέσθαι τυγχάνουσα. λόγον γὰρ προϋπάρξαι τὸν καθαί-
ροντα τὴν ψυχὴν ἐν τῇ ψυχῇ δεῖ, ἵνα μετὰ τοῦτον καὶ τὴν
ἀπ᾽ αὐτοῦ κάθαρσιν, πάσης περιαιρεθείσης νεκρότητος καὶ
ἀσθενείας, ἡ ἀκραιφνὴς ζωὴ ἐγγένηται παρὰ παντὶ τῷ τοῦ
λόγου καθὸ θεός ἐστιν αὐτὸν ποιήσαντι χωρητικόν.

20   19. (13) Τηρητέον δὲ τὰ δύο Ἕν, καὶ τὴν διαφορὰν
αὐτῶν ἐξεταστέον· πρῶτον μὲν γὰρ ἐν τῷ· λόγος ἐν ἀρχῇ·
δεύτερον δὲ ἐν τῷ· ζωὴ ἐν λόγῳ. ἀλλὰ λόγος μὲν ἐν ἀρχῇ
οὐκ ἐγένετο· οὐκ ἦν γὰρ ὅτε ἡ ἀρχὴ ἄλογος ἦν, διὸ λέγεται·
Ἐν ἀρχῇ ἦν ὁ λόγος· ζωὴ δὲ ἐν τῷ λόγῳ οὐκ ἦν, ἀλλὰ ζωὴ   Jo i 1
25 ἐγένετο, εἴγε ζωή ἐστι τὸ φῶς τῶν ἀνθρώπων. ὅτε γὰρ
οὐδέπω ἄνθρωπος ἦν, οὐδὲ φῶς τῶν ἀνθρώπων ἦν, τοῦ φωτὸς
τῶν ἀνθρώπων κατὰ τὴν πρὸς ἀνθρώπους σχέσιν νοουμένου.
μηδεὶς δ᾽ ἡμᾶς θλιβέτω χρονικῶς οἰόμενος ταῦτα ἀπαγ-
γέλλειν, τῆς τάξεως τὸ πρῶτον καὶ τὸ δεύτερον καὶ τὰ
30 ἐφεξῆς ἀπαιτούσης, κἂν χρόνος μὴ εὑρίσκηται ὅτε τὰ ὑπὸ
τοῦ λόγου ὑποβαλλόμενα τρίτα καὶ τέταρτα οὐδαμῶς ἦν.
ὃν τρόπον τοίνυν πάντα δι᾽ αὐτοῦ ἐγένετο, καὶ οὐχὶ πάντα   cf. Jo i 3
δι᾽ αὐτοῦ ἦν, καὶ χωρὶς αὐτοῦ ἐγένετο οὐδὲ ἕν, οὐχὶ δὲ χωρὶς

6 εἰ] om.

6—2

αὐτοῦ ἦν οὐδὲ ἕν, οὕτως ὃ γέγονεν ἐν αὐτῷ, οὐχὶ ὃ ἦν ἐν αὐτῷ,
ζωὴ ἦν. καὶ πάλιν οὐχὶ ὃ ἐγένετο ἐν ἀρχῇ ὁ λόγος ἦν, ἀλλὰ

cf. Jo i 1
ὃ ἦν ἐν ἀρχῇ λόγος ἦν. τινὰ μέντοι γε τῶν ἀντιγράφων
Jo i 4
ἔχει, καὶ τάχα οὐκ ἀπιθάνως· Ὃ γέγονεν ἐν αὐτῷ ζωή ἐστιν.
εἰ δὲ ζωὴ ταὐτόν ἐστι τῷ τῶν ἀνθρώπων φωτί, οὐδεὶς ἐν σκότῳ 5
τυγχάνων ζῇ καὶ οὐδεὶς τῶν ζώντων ἐν σκότῳ ἐστίν, ἀλλὰ
πᾶς ὁ ζῶν καὶ ἐν φωτὶ ὑπάρχει, καὶ πᾶς ὁ ἐν φωτὶ ὑπάρχων
ζῇ· ὥστε μόνον τὸν ζῶντα καὶ πάντα εἶναι φωτὸς υἱόν· φωτὸς 73
cf. Mt v 16
δὲ υἱός, οὗ λάμπει τὰ ἔργα ἔμπροσθεν τῶν ἀνθρώπων.

20. (14) Πάλιν, ἐπεί ἐστι τὰ παραλελειμμένα τῶν 10
ἐναντίων νοεῖσθαι ἐκ τῶν εἰρημένων περὶ τῶν ἐναντίων, λέ-
γεται δὲ περὶ ζωῆς καὶ φωτὸς ἀνθρώπων, ἐναντίον δὲ τῇ ζωῇ
θάνατος καὶ ἐναντίον φωτὶ ἀνθρώπων σκότος ἀνθρώπων,
ἔστιν ἰδεῖν ὅτι ὁ ἐν σκότῳ τῶν ἀνθρώπων τυγχάνων ἐν
θανάτῳ ἐστὶν καὶ ὁ τὰ τοῦ θανάτου πράττων οὐκ ἀλλαχόσε 15
τοῦ σκότους ἐστίν. ὁ δὲ μνημονεύων τοῦ θεοῦ, ἐάν γε νοῶμεν
τί τὸ μνημονεύειν αὐτοῦ, οὐκ ἔστιν ἐν τῷ θανάτῳ, κατὰ τὸ
Ps vi 6
εἰρημένον· Οὐκ ἔστιν ἐν τῷ θανάτῳ ὁ μνημονεύων σου.
εἴτε δὲ σκότος ἀνθρώπων εἴτε θάνατος οὐ φύσει τοιαῦτά
Eph v 8
ἐστιν, ἄλλου λόγου· Ἡμεῖς ἤμεθά ποτε σκότος, νῦν δὲ φῶς 20
ἐν κυρίῳ. κἂν μάλιστα ἅγιοι καὶ πνευματικοὶ ἤδη χρηματί-
ζωμεν. ὥσπερ δὲ δεκτικὸς ὁ Παῦλος σκότος ὢν γέγονε τοῦ
γενέσθαι φῶς ἐν κυρίῳ, οὕτως ὅστις ποτ᾽ ἂν ᾖ σκότος. κατὰ
δὲ τοὺς οἰομένους εἶναι φύσεις πνευματικὰς, ὥσπερ τὸν
Παῦλον καὶ τοὺς ἁγίους ἀποστόλους, οὐκ οἶδα εἰ σώζεται τὸ 25
τὸν πνευματικὸν εἶναί ποτε σκότος καὶ ὕστερον αὐτὸν γε-
γονέναι φῶς. εἰ γὰρ ὁ πνευματικός ποτε σκότος ἦν, ὁ χοϊκὸς
τίς ἐστιν; εἰ δ᾽ ἀληθές ἐστι τὸ σκότος γεγονέναι φῶς, τίς ἡ
ἀποκλήρωσις τοῦ μὴ πᾶν σκότος δύνασθαι γενέσθαι φῶς; εἰ
μὴ γὰρ ἐπὶ Παύλου ἐλέγετο ὅτι ἤμεθά ποτε ἐν σκότῳ, νῦν 30
δὲ φωτεινοὶ ἐν κυρίῳ, ἐπὶ δὲ ὧν οἴονται φύσεων ἀπολ-
λυμένων, ὅτι σκότος ἦσαν ἢ σκότος εἰσί, κἂν χώραν εἶχεν ἡ

23 οὕτως ὅστις ποτ᾽ ἂν ᾖ σκότος] ante ὥσπερ κ.τ.λ.   28 ἐστι] ὅτι

περὶ φύσεως ὑπόθεσις.   νυνὶ δὲ ὁ Παῦλός φησι γεγονέναι
ποτὲ σκότος, νῦν δὲ φῶς ἐν κυρίῳ, ὡς δυνατοῦ ὄντος τοῦ
σκότους εἰς φῶς μεταβαλεῖν.   οὐ χαλεπὸν δὲ τὰ περὶ παντὸς
σκότους ἀνθρώπων καὶ περὶ τοῦ θανάτου τούτου τυγχάνοντος
5 τῷ σκότῳ τῶν ἀνθρώπων ἐπιμελῶς ἰδεῖν ἐκ τῶν εἰρημένων,
τὸ ἐνδεχόμενον ὁρῶντα τῆς ἐπὶ τὸ χεῖρον καὶ κρεῖττον ἑκάστου
μεταβολῆς.

21. (15) Πάνυ δὲ βιαίως κατὰ τὸν τόπον γενόμενος ὁ
Ἡρακλέων τό· Ὃ γέγονεν ἐν αὐτῷ ζωὴ ἦν· ἐξείληφεν ἀντὶ Jo i 4
10 τοῦ Ἐν αὐτῷ· Εἰς τοὺς ἀνθρώπους τοὺς πνευματικούς, οἱονεὶ
ταὐτὸν νομίσας εἶναι τὸν λόγον καὶ τοὺς πνευματικούς, εἰ καὶ
μὴ σαφῶς ταῦτ᾽ εἴρηκε· καὶ ὡσπερεὶ αἰτιολογῶν φησιν·
Αὐτὸς γὰρ τὴν πρώτην μόρφωσιν τὴν κατὰ τὴν γένεσιν
αὐτοῖς παρέσχε, τὰ ὑπ᾽ ἄλλου σπαρέντα εἰς μορφὴν καὶ εἰς
74 φωτισμὸν καὶ περιγραφὴν ἰδίαν ἀγαγὼν καὶ ἀναδείξας.   οὐ
παρετήρησε δὲ καὶ τὸ περὶ τῶν πνευματικῶν παρὰ τῷ Παύλῳ
λεγόμενον, ὅτι ἀνθρώπους αὐτοὺς εἶναι ἀπεσιώπησε· Ψυχικὸς 1 Co ii 14 f.
ἄνθρωπος οὐ δέχεται τὰ τοῦ πνεύματος τοῦ θεοῦ, μωρία γὰρ
αὐτῷ ἐστιν· ὁ δὲ πνευματικὸς ἀνακρίνει πάντα.   ἡμεῖς γὰρ
20 οὐ μάτην αὐτὸν φαμεν ἐπὶ τοῦ πνευματικοῦ μὴ προστεθει-
κέναι τὸ Ἄνθρωπος· κρεῖττον γὰρ ἢ ἄνθρωπος ὁ πνευ-
ματικός, τοῦ ἀνθρώπου ἤτοι ἐν ψυχῇ ἢ ἐν σώματι ἢ ἐν
συναμφοτέροις χαρακτηριζομένου, οὐχὶ δὲ καὶ ἐν τῷ τούτων
θειοτέρῳ πνεύματι, οὗ κατὰ μετοχὴν ἐπικρατοῦσαν χρηματίζει
25 ὁ πνευματικός.   ἅμα δὲ καὶ τὰ τῆς τοιαύτης ὑποθέσεως
χωρὶς κἂν φαινομένης ἀποδείξεως ἀποφαίνεται, οὐδὲ μέχρι
τῆς τυχούσης πιθανότητος φθάσαι εἰς τὸν περὶ τούτων δυνη-
θεὶς λόγον.   καὶ ταῦτα μὲν περὶ ἐκείνου.

22. (16) Φέρε δὲ καὶ ἡμεῖς καὶ τοῦτο ζητήσωμεν, εἰ ἡ
30 ζωὴ ἦν μόνων ἀνθρώπων φῶς καὶ μὴ παντὸς οὑτινοσοῦν ἐν
μακαριότητι τυγχάνοντος.   ἐὰν γὰρ ταὐτὸν ἦν ζωὴ καὶ φῶς
ἀνθρώπων, καὶ μόνων ἀνθρώπων εἴη τὸ τοῦ χριστοῦ φῶς,

15 παραγραφὴν   22 ἐν] ἐ

μόνων ἀνθρώπων καὶ ἡ ζωή. τοῦτο δ' ὑπολαμβάνειν ἐστὶν
ἠλίθιον ἅμα καὶ ἀσεβὲς, ἀντιμαρτυρουσῶν τῶν ἄλλων γρα-
φῶν ταύτῃ τῇ ἐκδοχῇ, εἴγε ὅταν προκόψωμεν ἰσάγγελοι ἐσό-
μεθα. οὕτω δὲ λυτέον τὸ ἀπορηθὲν· οὐχὶ εἴ τι λέγεταί τινων,
ἐκείνων μόνων ἐστὶ τὸ λεγόμενον· οὕτως οὖν οὐχὶ ᾗ λέγεται 5
φῶς ἀνθρώπων μόνων ἀνθρώπων ἐστὶ φῶς· ἐδύνατο γὰρ προσ-
κεῖσθαι· ἡ ζωὴ ἦν τὸ τῶν ἀνθρώπων μόνων φῶς. ἔξεστι
γὰρ φῶς τῶν ἀνθρώπων καὶ ἑτέρων παρὰ τοὺς ἀνθρώπους
εἶναι φῶς, ὡς ἔξεστι τάδε τὰ ζῶα καὶ τάδε τὰ φυτά, ἀνθρώ-
πων ὄντα τροφὴν, καὶ ἑτέρων παρὰ τοὺς ἀνθρώπους τὰ αὐτὰ 10
εἶναι τροφήν. καὶ τοῦτο μὲν ἀπὸ τῆς συνηθείας τὸ παρά-
δειγμα, ἄξιον δὲ ἀπὸ τῶν θεοπνεύστων λόγων ὅμοιον ἀντιπα-
ραβαλεῖν. ἐνθάδε τοίνυν ζητοῦμεν εἰ μηδὲν κωλύει τὸ φῶς
τῶν ἀνθρώπων καὶ ἑτέρων εἶναι φῶς, λέγοντες ὅτι οὐχὶ
ἐπεὶ λέγεται φῶς ἀνθρώπων ἤδη ἀποκέκλεισται καὶ ἑτέρων 15
παρὰ τοὺς ἀνθρώπους κρειττόνων ἢ ἀνθρώποις ὁμοίων εἶναι
φῶς. ἀναγέγραπται δὲ ὁ θεὸς θεὸς εἶναι Ἀβραὰμ καὶ θεὸς
Ἰσαὰκ καὶ θεὸς Ἰακώβ· ὁ δὴ βουλόμενος, ἐπειδὴ εἴρηται·
Ἡ ζωὴ ἦν τὸ φῶς τῶν ἀνθρώπων· τὸ φῶς μηδενὸς ἑτέρου
εἶναι ἢ τῶν ἀνθρώπων, κατὰ τὸ ὅμοιον οἰήσεται τὸν θεὸν 20
Ἀβραὰμ καὶ θεὸν Ἰσαὰκ καὶ θεὸν Ἰακὼβ μηδενὸς εἶναι θεὰν
ἢ τῶν τριῶν μόνων τούτων πατέρων. ἔστι δέ γε καὶ Ἠλίου
θεὸς, καὶ ὡς φησιν Ἰουδὶθ τοῦ πατρὸς αὐτῆς Συμεὼν, καὶ 75
θεὸς τῶν Ἑβραίων. διόπερ κατὰ τὸ ὅμοιον εἰ μηδὲν κωλύει
εἶναι αὐτὸν καὶ ἑτέρων θεὸν, οὐδὲν κωλύει εἶναι τὸ φῶς τῶν 25
ἀνθρώπων καὶ ἑτέρων παρὰ τοὺς ἀνθρώπους φῶς.

23. (17) Ἄλλος δέ τις προσχρησάμενος τῷ· Ποιήσω-
μεν ἄνθρωπον κατ' εἰκόνα καὶ ὁμοίωσιν ἡμετέραν· πᾶν τὸ
κατ' εἰκόνα καὶ ὁμοίωσιν γενόμενον θεοῦ ἄνθρωπον εἶναι
φήσει, μυρίοις χρώμενος εἰς τοῦτο παραδείγμασιν ὅτι οὐδὲν 30
διαφέρει τῇ γραφῇ ἄνθρωπον ἢ ἄγγελον φάναι· ἐπὶ γὰρ τοῦ

Marginal references (left column):
cf. Lc xx 36
cf. Ex iii 6
Jo i 4
cf. 4 Reg ii 14
cf. Judith ix 2
cf. Ex iii 18
Gen i 26

8 ante φῶς ins. τὸ intra lin. 16 ἄνθρωποι ὁμοίων εἶναι ut
videtur, codex autem laesus est. 23 Ἰουδὴθ 28 om.
ἡμετέραν—29 ὁμοίωσιν sed add. in mg. 30 φησι

αὐτοῦ ὑποκειμένου κεῖται ἡ Ἄγγελος καὶ Ἄνθρωπος προση-
γορία, ὥσπερ ἐπὶ τῶν ξενισθέντων παρὰ τῷ Ἀβραὰμ τριῶν,   cf. Gen xviii
καὶ γενομένων ἐν Σοδόμοις δύο· καὶ ἐν ὅλῳ τῷ εἱρμῷ τῆς   2;
He xiii 2;
γραφῆς ὅτε μὲν ἄνδρες ὅτε δὲ ἄγγελοι εἶναι λέγονται.   πλὴν   Gen xix 1
5 ὁ τοῦτο νομίζων ἐρεῖ ὅτι ὥσπερ παρὰ τοῖς ὁμολογουμένοις
ἀνθρώποις εἰσὶν ἄγγελοι, ὡς ὁ Ζαχαρίας λέγων· Ἄγγελος   cf. Hag i 13;
Zech i
θεοῦ, ἐγὼ μεθ᾽ ὑμῶν εἰμι, λέγει κύριος παντοκράτωρ· καὶ ὁ
Ἰωάννης, περὶ οὗ γέγραπται· Ἰδοὺ ἐγὼ ἀποστέλλω τὸν   Mal iii 1
ἄγγελόν μου πρὸ προσώπου σου· οὕτως καὶ οἱ τοῦ θεοῦ
10 ἄγγελοι παρὰ τὸ ἔργον τοῦτο χρηματίζουσι καὶ οὐ παρὰ τὴν
φύσιν ἄνδρες κληθέντες.   καὶ ἔτι μᾶλλον παραμυθήσεται ὅτι
ἐπὶ τῶν κρειττόνων δυνάμεων τὰ ὀνόματα οὐχὶ φύσεων ζώων
ἐστὶν ὀνόματα ἀλλὰ τάξεων, ὧν ἥδε τις καὶ ἥδε λογικὴ φύσις
τέτευχεν ἀπὸ θεοῦ.   θρόνος γὰρ οὐκ εἶδος ζώου, οὐδὲ ἀρχὴ   cf. Eph i 21
15 οὐδὲ κυριότης οὐδὲ ἐξουσία, ἀλλὰ ὀνόματα πραγμάτων ἐφ᾽
ὧν ἐτάχθησαν οἱ οὕτω προσαγορευόμενοι, ὧν τὸ ὑποκείμενον
οὐκ ἄλλο τί ἐστιν ἢ ἄνθρωπος, καὶ τῷ ὑποκειμένῳ συμβέβηκε
τὸ θρόνῳ εἶναι ἢ κυριότητι ἢ ἀρχῇ ἢ ἐξουσίᾳ.   καὶ ἐν τῷ
Ἰησοῦ δὲ τῷ τοῦ Ναυῆ κεῖται τό· Ὤφθη τῷ Ἰησοῦ ἄν-   Jos v 13 f
20 θρωπος ἐν Ἱεριχῶ· ὅς φησιν· Ἐγὼ ἀρχιστράτηγος δυνάμεως
κυρίου νυνὶ παραγέγονα.   κατὰ τοῦτο οὖν ὡς ἴσον δυνάμενον
ἐκλήψεται τὸ φῶς τῶν ἀνθρώπων καὶ φῶς παντὸς λογικοῦ,
παντὸς λογικοῦ τῷ κατ᾽ εἰκόνα καὶ ὁμοίωσιν εἶναι θεοῦ ἀν-   cf. Gen i 26
θρώπου τυγχάνοντος.   τὸ αὐτὸ μέντοι γέ ἐστι τριχῶς ὀνο-
25 μαζόμενον· φῶς τῶν ἀνθρώπων, καὶ ἀπαξαπλῶς φῶς, καὶ
φῶς ἀληθινόν.   φῶς μὲν οὖν ἀνθρώπων, ἤτοι, ὡς προαποδέ-
δεικται, οὐδενὸς κωλύοντος τὸ ἐκλαμβάνειν καὶ ἑτέρων παρὰ
τὸν ἄνθρωπον εἶναι τὸ φῶς φῶς, ἢ πάντων τῶν λογικῶν
76 διὰ τὸ κατ᾽ εἰκόνα θεοῦ γεγονέναι ἀνθρώπων καλουμένων.
30 (18) ἐπεὶ δὲ φῶς ἀπαξαπλῶς ἐνταῦθα μὲν ὁ σωτήρ, ἐν δὲ
τῇ καθολικῇ τοῦ αὐτοῦ Ἰωάννου ἐπιστολῇ λέγεται ὁ θεὸς   1 Jo i 5
εἶναι φῶς, ὁ μέν τις οἴεται καὶ ἐντεῦθεν κατασκευάζεσθαι τῇ

---

1 post ὑποκειμένου] ins. οὐ   **15** post πραγμάτων] ins. τῶν

οὐσίᾳ μὴ διεστηκέναι τοῦ υἱοῦ τὸν πατέρα· ὁ δέ τις ἀκρι-
βέστερον τηρήσας, ὁ καὶ ὑγιέστερον λέγων, φήσει οὐ ταὐτὸν
cf. Jo i 5 εἶναι τὸ φαῖνον ἐν τῇ σκοτίᾳ φῶς καὶ μὴ καταλαμβανόμενον
cf. 1 Jo i 5 ὑπ᾽ αὐτῆς, καὶ τὸ φῶς ἐν ᾧ οὐδαμῶς ἐστι σκοτία. τὸ μὲν
γὰρ φαῖνον ἐν τῇ σκοτίᾳ φῶς οἱονεὶ ἐπέρχεται τῇ σκοτίᾳ, 5
καὶ διωκόμενον ὑπ᾽ αὐτῆς καὶ, ἵν᾽ οὕτως εἴπω, ἐπιβουλευόμε-
νον οὐ καταλαμβάνεται· τὸ δὲ φῶς ἐν ᾧ οὐδεμία ἐστὶ σκοτία
οὔτε φαίνει ἐν τῇ σκοτίᾳ οὔτε τὴν ἀρχὴν διώκεται ὑπ᾽ αὐτῆς,
ἵνα καὶ ὡς νικῶν ἀναγράφηται τῷ μὴ καταλαμβάνεσθαι
ὑπ᾽ αὐτῆς διωκούσης. τρίτον ἦν τὸ λεγόμενον τοῦτο τὸ φῶς 10
φῶς ἀληθινόν· ᾧ δὲ λόγῳ ὁ πατὴρ τῆς ἀληθείας θεὸς πλείων
ἐστὶ καὶ μείζων ἢ ἀλήθεια, καὶ ὁ πατὴρ ὢν σοφίας κρείττων
ἐστὶ καὶ διαφέρων ἢ σοφία, τούτῳ ὑπερέχει τοῦ εἶναι φῶς
ἀληθινόν. παραστατικώτερον δὲ δύο φῶτα τὸν πατέρα καὶ
τὸν υἱὸν ἀπὸ τοῦ Δαβὶδ τυγχάνειν διὰ τούτων εἰσόμεθα, ὅγε 15
Ps xxxv
(xxxvi) 10 φησὶν ἐν τριακοστῷ πέμπτῳ ψαλμῷ· Ἐν φωτί σου ὀψόμεθα
φῶς. ταὐτὸ δὲ αὐτὸ τὸ φῶς τῶν ἀνθρώπων, τὸ ἐν τῇ σκοτίᾳ
φαῖνον, τὸ ἀληθινὸν φῶς, ἐν τοῖς ἑξῆς τοῦ εὐαγγελίου φῶς
Jo viii 12 τοῦ κόσμου ἀναγορεύεται, φάσκοντος Ἰησοῦ· Ἐγώ εἰμι τὸ
φῶς τοῦ κόσμου. μηδὲ τοῦτο δὴ ἀπαρασήμαντον ἐάσωμεν, 20
ὅτι ἐνδεχομένου γεγράφθαι· Ὃ γέγονεν ἐν αὐτῷ φῶς ἦν τῶν
ἀνθρώπων, καὶ τὸ φῶς τῶν ἀνθρώπων ζωὴ ἦν, τὸ ἀνάπαλιν
πεποίηκε· προτάσσει γὰρ τὴν ζωὴν τοῦ τῶν ἀνθρώπων
φωτός, εἰ καὶ ταὐτόν ἐστι ζωὴ καὶ ἀνθρώπων φῶς, τῷ προ-
απαντᾷν ἡμᾶς ἐπὶ τῶν μετεχόντων τῆς ζωῆς, τυγχανούσης 25
καὶ φωτὸς ἀνθρώπων, τὸ ζῆν αὐτοὺς τὴν προειρημένην θείαν
ζωὴν παρὰ τὸ πεφωτίσθαι· ὑποκεῖσθαι γὰρ δεῖ τὸ ζῆν, ἵν᾽ ὁ
ζῶν πεφωτισμένος γένηται· οὐκ ἦν δὲ ἀκόλουθον πεφωτίσθαι
τὸν μηδέπω ζῆν νενοημένον καὶ ἐπιγίνεσθαι τῷ πεφωτίσθαι
τὸ ζῆν. εἰ γὰρ καὶ ταὐτόν ἐστιν ἡ ζωὴ καὶ τὸ φῶς τῶν ἀν- 30
θρώπων, ἀλλ᾽ αἵ γε ἐπίνοιαι καθ᾽ ἕτερον καὶ ἕτερον λαμ-
βάνονται. τοῦτο δὴ τὸ φῶς τῶν ἀνθρώπων καὶ φῶς ἐθνῶν
Is xlii 6 παρὰ τῷ προφήτῃ Ἡσαΐᾳ λέγεται κατὰ τό· Ἰδοὺ τέθεικά σε
εἰς διαθήκην γένους, εἰς φῶς ἐθνῶν· καὶ τούτῳ τῷ φωτὶ πε- 77

ποιθὼς ὁ Δαβὶδ φησιν ἐν εἰκοστῷ ἕκτῳ ψαλμῷ· Κύριος Ps xxvi
φωτισμός μου καὶ σωτήρ μου, τίνα φοβηθήσομαι;   (xxvii) 1

24. (19) Πρὸς δὲ τοὺς τὴν περὶ αἰώνων ἀναπλάσαντας
ἐν συζυγίαις μυθολογίαν καὶ οἰομένους ὑπὸ νοῦ καὶ ἀληθείας
5 προβεβλῆσθαι λόγον καὶ ζωὴν οὐκ ἀπίθανον καὶ ταῦτα
ἀπορῆσαι. πῶς γὰρ ἡ κατ' αὐτοὺς σύζυγος τοῦ λόγου ζωή
τὸ γεγονέναι ἐν τῷ συζύγῳ λαμβάνει; Ὃ γέγονε γὰρ, Jo i 4
φησὶν, ἐν αὐτῷ, δηλονότι τῷ προειρημένῳ λόγῳ, ζωὴ ἦν.
λεγέτωσαν οὖν ἡμῖν πῶς ἡ σύζυγος τοῦ λόγου ζωὴ γέγονεν
10 ἐν τῷ λόγῳ, καὶ πῶς μᾶλλον τοῦ λόγου ἡ ζωὴ φῶς ἐστι τῶν
ἀνθρώπων. εἰκὸς δὲ τοὺς εὐγνωμονεστέρους ἐν ταῖς ζητή-
σεσιν ἀνατρεπομένους, πληγέντας ὑπὸ τοῦ ἐπαπορήματος,
ἀντερωτήσειν ἡμᾶς, καὶ αὐτοὺς θλιβομένους ἐὰν μὴ εὕρωμεν
αἰτίαν δι' ἣν οὐχὶ λόγος εἴρηται τὸ φῶς τῶν ἀνθρώπων
15 ἀλλ' ἡ γενομένη ἐν τῷ λόγῳ ζωή. πρὸς οὓς τοιαῦτα ἀπο-
κρινούμεθα, ὅτι ζωὴ ἐνταῦθα οὐχ ἡ κοινὴ λογικῶν καὶ
ἀλόγων λέγεται ἀλλ' ἡ ἐπιγινομένη τῷ ἐν ἡμῖν συμπληρου-
μένῳ λόγῳ, τῆς μετοχῆς ἀπὸ τοῦ πρώτου λαμβανομένης
λόγου· καὶ κατὰ μὲν τὸ ἀποστραφῆναι τὴν δοκοῦσαν ζωήν,
20 οὐκ οὖσαν δὲ ἀληθῶς, καὶ ποθεῖν χωρῆσαι τὴν ἀληθῶς
ζωὴν πρῶτον κοινωνοῦμεν αὐτῇ, ἥτις γενομένη ἐν ἡμῖν καὶ
φωτὸς γνώσεως ὑπόστασις γίνεται. καὶ τάχα αὕτη ἡ ζωὴ cf. Hos x 12
παρ' οἷς μὲν δυνάμει καὶ οὐκ ἐνεργείᾳ φῶς ἐστι, τοῖς τὰ τῆς
γνώσεως ἐξετάζειν μὴ φιλοτιμουμένοις, παρ' ἑτέροις δὲ καὶ
25 ἐνεργείᾳ γινομένη φῶς· δῆλον δὲ ὅτι παρ' οἷς κατορθοῦται
τὸ ὑπὸ τοῦ Παύλου προστεταγμένον· Ζηλοῦτε τὰ χαρί- 1 Co xii 31
σματα τὰ κρείττονα· μείζονα δὲ τῶν χαρισμάτων τὸ καὶ
πάντων προτεταγμένον, ὅπερ ἐστὶ λόγος σοφίας, καὶ τούτῳ cf. 1 Co xii 8
ἕπεται λόγος γνώσεως. περὶ δὲ τῆς διαφορᾶς αὐτῶν, παρα-
30 κειμένων ἀλλήλοις τῶν σημαινομένων σοφίας καὶ γνώσεως,
οὐ τοῦ παρόντος ἐστιν εἰπεῖν καιροῦ.

25. (20) Καὶ τὸ φῶς ἐν τῇ σκοτίᾳ φαίνει, καὶ ἡ Jo i 5

25 γινομένης

ϹΚΟΤΊΑ ΑΫΤΟ ΟΫ ΚΑΤΈΛΑΒΕΝ. Ἔτι περὶ τοῦ τῶν ἀνθρώπων,
ἐπεὶ προτέτακται, ζητοῦμεν φωτός, οἶμαι δ᾽ ὅτι καὶ τοῦ
ἐναντίου καλουμένου σκοτίας, ἂν δὲ οὕτω δοκιμασθείσης,
τῶν ἀνθρώπων φημὶ, ὅτι τάχα γενικόν ἐστι τὸ φῶς τῶν
ἀνθρώπων δύο ἰδικῶν πραγμάτων, ὁμοίως δὲ καὶ ἡ σκοτία 78
αὐτῶν. ἔστι γὰρ τὸν τὸ φῶς τῶν ἀνθρώπων κεκτημένον
καὶ κοινωνοῦντα τῶν αὐγῶν αὐτοῦ ἔργα φωτὸς ἐπιτελεῖν καὶ
cf. Hos x 12 γινώσκειν φωτιζόμενον φῶς γνώσεως· τὸ δὲ ἀνάλογον καὶ
ἐκ τῶν ἐναντίων νοητέον, τῶν τε μοχθηρῶν πράξεων καὶ τῆς
νομιζομένης γνώσεως, οὐκ οὔσης κατὰ ἀλήθειαν, τὸν λόγον 10
τῆς σκοτίας ἐχόντων. καὶ ὅτι μὲν τὰ πρακτικὰ φῶς ὁ ἱερὸς
Is xxvi 9 οἶδε λόγος, φησὶν ὁ Ἠσαΐας· Διότι φῶς τὰ προστάγματά
Ps xviii (xix) 9 σου ἐπὶ τῆς γῆς· καὶ ὁ Δαβὶδ ἐν ιη΄ ψαλμῷ· Ἡ ἐντολὴ
κυρίου τηλαυγὴς, φωτίζουσα ὀφθαλμούς. ὅτι δὲ φῶς παρὰ
τὰ προστάγματα καὶ τὰς ἐντολάς ἐστι τι γνώσεως, παρά 15
Hos x 12 τινι τῶν ιβ΄ εὕρομεν· Σπείρατε ἑαυτοῖς εἰς δικαιοσύνην,
τρυγήσατε εἰς καρπὸν ζωῆς, φωτίσατε ἑαυτοῖς φῶς γνώσεως.
ὡς γὰρ ὄντος καὶ ἑτέρου φωτὸς παρὰ τὰς ἐντολὰς τῆς
γνώσεως λέγεται τό· Φωτίσατε ἑαυτοῖς φῶς· οὐχ ἁπλῶς
φῶς ἀλλὰ ποιὸν φῶς, ὅτι τὸ τῆς γνώσεως· εἰ γὰρ πᾶν 20
φῶς ὃ φωτίζει ἄνθρωπος ἑαυτῷ φῶς γνώσεως ἦν, μάτην
προσέκειτο τό· Φωτίσατε ἑαυτοῖς φῶς γνώσεως. πάλιν
ὅτι ἡ σκοτία ἐπὶ τῶν μοχθηρῶν ἔργων παραλαμβάνεται
διδάσκει ὁ αὐτὸς ἐν τῇ ἐπιστολῇ Ἰωάννης φάσκων ὅτι
1 Jo i 6 Ἐὰν εἴπωμεν ὅτι κοινωνίαν ἔχομεν μετ᾽ αὐτοῦ, καὶ ἐν τῷ 25
σκότει περιπατῶμεν, ψευδόμεθα καὶ οὐ ποιοῦμεν τὴν
1 Jo ii 9, 11 ἀλήθειαν· καὶ πάλιν· Ὁ λέγων ἐν τῷ φωτὶ εἶναι καὶ τὸν
ἀδελφὸν αὐτοῦ μισῶν, ἐν τῇ σκοτίᾳ ἐστὶν ἕως ἄρτι· καὶ
ἔτι· Ὁ δὲ μισῶν τὸν ἀδελφὸν αὐτοῦ ἐν τῇ σκοτίᾳ ἐστὶ
καὶ ἐν τῇ σκοτίᾳ περιπατεῖ, καὶ οὐκ οἶδε ποῦ ὑπάγει, ὅτι ἡ 30
σκοτία ἐτύφλωσε τοὺς ὀφθαλμοὺς αὐτοῦ. τὸ γὰρ ἐν τῷ
σκότῳ περιπατεῖν ἐμφαίνει τὴν ψεκτὴν πρᾶξιν· καὶ τὸ

28 om. ἕως ἄρτι—29 ἐστὶ sed add. in mg.

μισεῖν δὲ τὸν ἀδελφὸν αὐτοῦ οὐ τῆς κυρίως καλουμένης
γνώσεώς ἐστιν ἀπόπτωμα; ὅτι δὲ καὶ ὁ ἀγνοῶν τὰ θεῖα
κατ᾽ αὐτὸ τὸ ἀγνοεῖν ἐν σκότῳ διαπορεύεται, φησὶν ὁ Δαβίδ·   Ps lxxxi
Οὐκ ἔγνωσαν οὐδὲ συνῆκαν, ἐν σκότει διαπορεύονται. ἐπί-   (lxxxii) 5
5 στησον δὲ τῷ· Ὁ θεὸς φῶς ἐστι καὶ σκοτία ἐν αὐτῷ οὐκ   1 Jo i 5
ἔστιν οὐδεμία· εἰ μὴ διὰ τοῦτο λέγεται τῷ εἶναι μὴ μίαν
σκοτίαν, ἀλλ᾽ ἤτοι διὰ τὸ γενικὸν δύο, ἢ καὶ διὰ τὸ καθ᾽
ἕκαστον τῶν ἰδικῶν πολλὰς εἶναι πράξεις μοχθηρὰς καὶ
πολλὰ δόγματα ψευδῆ, πολλαί εἰσι σκοτίαι ὧν οὐδεμία ἐν
10 τῷ θεῷ ἐστιν· οὐκ ἂν λεχθέντος ἐπὶ τοῦ ἁγίου ᾧ φησιν ὁ
σωτὴρ τό· Ὑμεῖς ἐστε τὸ φῶς τοῦ κόσμου· ὅτι φῶς ἐστιν   Mt v 14
ὁ ἅγιος, καὶ σκοτία οὐκ ἔστιν ἐν αὐτῷ οὐδεμία.

26. (21) Ζητήσει δέ τις, εἰ ἐπὶ τοῦ πατρὸς τέτακται
τό· Σκοτία οὐκ ἔστιν ἐν αὐτῷ οὐδεμία· πῶς τὸ ἐξαίρετον
79 ἐροῦμεν εἶναι ἐν αὐτῷ, πάντη ἀναμάρτητον καὶ τὸν σωτῆρα
νοοῦντες, ὥστε καὶ περὶ αὐτοῦ ἂν εἰπεῖν ὅτι Φῶς ἐστι καὶ
σκοτία οὐκ ἔστιν ἐν αὐτῷ οὐδεμία. ἀπὸ μέρους μὲν οὖν ἐν
τοῖς ἀνωτέρω τὴν διαφορὰν παρεστήσαμεν· τολμηρότερόν
δὲ ἔτι ἐκείνοις καὶ νῦν προσθήσομεν, ὅτι εἰ τὸν μὴ γνόντα   cf. 2 Co v 21
20 ἁμαρτίαν ὑπὲρ ἡμῶν ἁμαρτίαν ἐποίησε τὸν χριστόν, εἰ
ἐποίησεν αὐτὸν ὑπὲρ ἡμῶν ἁμαρτίαν ὁ θεός, οὐκ ἂν δύναιτο
λέγεσθαι περὶ αὐτοῦ· Σκοτία ἐν αὐτῷ οὐκ ἔστιν οὐδεμία.
κἂν γὰρ ἐν ὁμοιώματι σαρκὸς ἁμαρτίας κατακρίνας τυγχάνῃ   cf. Ro viii 3
ὁ Ἰησοῦς τὴν ἁμαρτίαν τῷ τὸ ὁμοίωμα τῆς σαρκὸς τῆς
25 ἁμαρτίας ἀνειληφέναι, οὐκέτι ἕξει πάντη ὑγιῶς λεγόμενα
περὶ αὐτοῦ ὅτι Σκοτία ἐν αὐτῷ οὐκ ἔστιν οὐδεμία. προσ-   1 Jo i 5
θήσομεν δ᾽ ὅτι αὐτὸς τὰς ἀσθενείας ἡμῶν ἔλαβε καὶ τὰς   cf. Mt viii 17;
νόσους ἐβάστασε, καὶ ἀσθενείας τὰς τῆς ψυχῆς καὶ νόσους   Is liii 4
τὰς τοῦ κρυπτοῦ τῆς καρδίας ἡμῶν ἀνθρώπου· δι᾽ ἃς ἀσθε-   cf. 1 Pe iii 4
30 νείας καὶ νόσους, βαστάσας αὐτὰς ἀφ᾽ ἡμῶν, περίλυπον   cf. Mc xiv 34;
ἔχειν τὴν ψυχὴν ὁμολογεῖ καὶ τεταραγμένην, καὶ ῥυπαρὰ   Jo xii 27
ἱμάτια ἐνδεδύσθαι παρὰ τῷ Ζαχαρίᾳ ἀναγέγραπται· ἅπερ,   cf. Zech iii 3

10 ᾧ] δ   11 post ἐστι] ins. τοῦ κόσμου   23 post ἁμαρτίας]
ins. περὶ ἁμαρτίας intra lin. al. (?) man.

ὅτε ἐκδύεσθαι ἔμελλε, λέγεται εἶναι ἁμαρτήματα. ἐπιφέρει
γοῦν ἐκεῖ· Ἰδοὺ ἀφῄρηκα τὰς ἁμαρτίας σου. διὰ γὰρ τὸ
ἀναλαβεῖν αὐτὸν τὰ τοῦ λαοῦ τῶν πιστευόντων εἰς αὐτὸν
ἁμαρτήματα, πολλαχοῦ φησι· Μακρὰν ἀπὸ τῆς σωτηρίας
μου οἱ λόγοι τῶν παραπτωμάτων μου· καί· Σὺ ἔγνως τὴν 5
ἀφροσύνην μου, καὶ αἱ πλημμέλειαί μου ἀπὸ σοῦ οὐκ
ἐκρύβησαν. μηδεὶς δ' ἡμᾶς ὑπολαμβανέτω ταῦτα λέγειν
ἀσεβοῦντας εἰς τὸν χριστὸν τοῦ θεοῦ· ᾧ γὰρ λόγῳ ὁ πατὴρ
μόνος ἔχει ἀθανασίαν, τοῦ κυρίου ἡμῶν διὰ φιλανθρωπίαν
θάνατον τὸν ὑπὲρ ἡμῶν ἀνειληφότος, τούτῳ ὁ πατὴρ ἔχει 10
μόνος τό· Σκοτία ἐν αὐτῷ οὐκ ἔστιν οὐδεμία· τοῦ χριστοῦ
διὰ τὴν πρὸς ἀνθρώπους εὐεργεσίαν ἐφ' αὐτὸν τὰς ἡμῶν
σκοτίας ἀναδεδεγμένου, ἵνα τῇ δυνάμει αὐτοῦ καταργήσῃ
ἡμῶν τὸν θάνατον καὶ ἐξαφανίσῃ τὸ ἐν τῇ ψυχῇ ἡμῶν
σκότος, ἵνα πληρωθῇ τὸ παρὰ τῷ Ἡσαΐᾳ· Ὁ λαὸς ὁ 15
καθήμενος ἐν σκοτίᾳ φῶς εἶδε μέγα. τοῦτο δὲ τὸ φῶς
ὃ γέγονεν ἐν τῷ λόγῳ, τυγχάνον καὶ ζωή, φαίνει ἐν
τῇ σκοτίᾳ τῶν ψυχῶν ἡμῶν, καὶ ἐπιδεδήμηκεν ὅπου οἱ
κοσμοκράτορες τοῦ σκότους τούτου, οἵτινες διὰ τοῦ πα-
λαίειν τῷ τῶν ἀνθρώπων γένει τῷ σκότῳ ὑπάγειν ἀγωνί- 20
ζονται τοὺς μὴ παντὶ τρόπῳ ἱσταμένους ὑπὲρ τοῦ αὐτοὺς
πεφωτισμένους φωτὸς χρηματίσαι υἱούς. καὶ φαῖνον ἐν
τῇ σκοτίᾳ τοῦτο τὸ φῶς διώκεται μὲν ὑπ' αὐτῆς, οὐ
καταλαμβάνεται δέ. 80

27. (22) Ἐὰν δέ τις νομίσῃ τὸ μὴ γεγραμμένον ἡμᾶς 25
προστιθέναι, τὸ διώκεσθαι τὸ φῶς ὑπὸ τῆς σκοτίας, ἀκουέτω,
ὅτι τό· Ἡ σκοτία αὐτὸ οὐ κατέλαβε· μηδαμοῦ τῆς σκοτίας
διωξάσης τὸ φῶς, μάτην λέγεται. ὡς δὲ ἔχουσι νοῦν ἐκ-
δέξασθαι δυνάμενον ἀκολούθως τοῖς γεγραμμένοις τὰ νομι-
ζόμενα παραλελεῖφθαι ἔγραψεν ὁ Ἰωάννης τό· Ἡ σκοτία 30
αὐτὸ οὐ κατέλαβεν· εἰ γὰρ οὐ κατέλαβε, διώξασα οὐ κατέ-
λαβε. καὶ ὅτι ἐδίωξεν ἡ σκοτία τὸ φῶς δῆλον ἔκ τε ὧν
πέπονθεν ὁ σωτὴρ καὶ οἱ παραδεξάμενοι αὐτοῦ τὰ μαθήματα,
τὰ ἴδια τέκνα, τῆς σκοτίας ἐνεργούσης κατὰ τῶν υἱῶν τοῦ

Marginalia (left column):
Zech iii 4
Ps xxi (xxii) 2
Ps lxviii (lxix) 6
cf. 1 Tim vi 16
cf. 2 Tim i 10
Mt iv 16; cf. Is ix 2
cf. Eph vi 12
Jo i 5

φωτὸς καὶ βουληθείσης ἀποδιῶξαι ἀπὸ τῶν ἀνθρώπων
τὸ φῶς. ἀλλ' ἐπεὶ, ἐὰν θεὸς ὑπὲρ ἡμῶν, οὐδεὶς κἂν βούληται   Ro viii 31
δυνήσεται καθ' ἡμῶν, ὅσῳ ἑαυτοὺς ἐταπείνουν, τοσούτῳ   cf. Ex i 12
πλείους ἐγίνοντο, καὶ κατίσχυον σφόδρα σφόδρα. διχῶς δὲ
5 ἡ σκοτία τὸ φῶς οὐ κατείληφεν, ἢ σφόδρα αὐτοῦ ἀπολει-
πομένη καὶ διὰ τὴν ἰδίαν βραδύτητα τῇ ὀξύτητι τοῦ δρόμου
τοῦ φωτὸς οὐδὲ κατὰ τὸ ποσὸν παρακολουθῆσαι δυναμένη,
ἢ εἴ που ἐνεδρεῦσαι βεβούληται τὸ φῶς τὴν σκοτίαν καὶ
κατ' οἰκονομίαν παρέμεινεν ἐπερχομένην αὐτὴν, ἐγγίσασα ἡ
10 σκοτία τοῦ φωτὸς ἠφανίζετο. πλὴν ἑκατέρῳ ἡ σκοτία οὐ
κατέλαβε τὸ φῶς.

28. (23) Ἀναγκαῖον δὲ ἐν τούτοις ἡμᾶς γενομένους
ἐπισημειῶσαι ὅτι οὐ πάντως, εἴ που ὀνομάζεται σκότος, ἐπὶ
τῷ χείρονι λαμβάνεται, ἔσθ' ὅτε δὲ καὶ ἐπὶ τῷ κρείττονι
15 ἀναγέγραπται· ὅπερ οἱ ἑτερόδοξοι μὴ διαστειλάμενοι δυσ-
φημότατα περὶ τοῦ δημιουργοῦ δόγματα παραδεξάμενοι
ἀπέστησαν αὐτοῦ, ἀναπλάσμασι μύθων ἑαυτοὺς ἐπιδεδω-
κότες. πῶς οὖν καὶ πότε καὶ ἐπὶ τοῦ κρείττονος τὸ ὄνομα
τοῦ σκότους παραλαμβάνεται παραδεικτέον ἤδη. σκότος,   cf. Ex xix,
20 γνόφος, θύελλα ἐν τῇ Ἐξόδῳ περὶ τὸν θεὸν εἶναι λέγεται,   xx
καὶ ἐν τῷ ιζ΄ ψαλμῷ· Ὁ θεὸς ἔθετο σκότος ἀποκρυφὴν   Ps xvii
αὐτοῦ, κύκλῳ αὐτοῦ ἡ σκηνὴ αὐτοῦ, σκοτεινὸν ὕδωρ ἐν   (xviii) 12
νεφέλαις ἀέρων. ἐὰν γάρ τις κατανοήσῃ τὸ πλῆθος τῶν
περὶ θεοῦ θεωρημάτων καὶ γνώσεως, ἄληπτον τυγχάνον
25 ἀνθρωπίνῃ φύσει, τάχα δὲ καὶ ἑτέροις παρὰ Χριστὸν καὶ
τὸ ἅγιον πνεῦμα γενητοῖς, εἴσεται πῶς περὶ τὸν θεόν ἐστι
σκότος, κατὰ τὸ ἀγνοεῖσθαι τὸν κατ' ἀξίαν περὶ αὐτοῦ
πλούσιον λόγον, ἐν ᾧ σκότῳ ἔθετο αὐτοῦ τὴν ἀποκρυφήν,
81 τῷ τὰ περὶ αὐτοῦ ἀγνοεῖσθαι ἀχώρητα ὄντα τοῦτο πεποι-
30 ηκώς. ἐὰν δέ τις ταῖς τοιαύταις προσκόπτῃ ἐκδοχαῖς, προσ-
αγέσθω ἀπό τε τῶν σκοτεινῶν λόγων καὶ τῶν διδομένων

2 τὸ φῶς] τοῦ φωτὸς   5 ἀπολειπομένει   6 post καὶ
lacuna sex ut videtur litt.   post ὀξύτητι ins. καὶ ταχύτητι
intra lin. al. man.   19 περιλαμβάνεται

ὑπὸ θεοῦ Χριστῷ θησαυρῶν σκοτεινῶν, ἀποκρύφων, ἀοράτων·
οὐκ ἄλλο γάρ τι ἡγοῦμαι εἶναι τοὺς σκοτεινοὺς θησαυροὺς
ἐν Χριστῷ ἀποκαλυπτομένους, τό· Σκότος ἔθετο ὁ θεὸς
ἀποκρυφὴν ἑαυτοῦ· καί· Ὁ ἅγιος νοήσει παραβολὴν καὶ
σκοτεινὸν λόγον. ἐπίσκεψαι δὲ εἰ διὰ τοῦτό φησιν ὁ σωτὴρ 5
τοῖς μαθηταῖς· Ἀνθ' ὧν ὅσα ἠκούσατε ἐν τῇ σκοτίᾳ εἴπατε
ἐν τῷ φωτί. τὰ γὰρ ἐν ἀπορρήτῳ καὶ μὴ ἐπηκόῳ πολλῶν
δύσγνωστα καὶ ἀσαφῆ αὐτοῖς παραδεδομένα μυστήρια προσ-
τάσσει αὐτούς, φωτιζομένους καὶ διὰ τοῦτο λεγομένους εἶναι
ἐν φωτί, ἀπαγγέλλειν παντὶ τῷ γινομένῳ φωτί. παραδο- 10
ξότερον δ' ἂν ἐπὶ τοῦ ἐπαινουμένου σκότους εἴποιμι, ὅτι τοῦτο
σπεύδει ἐπὶ τὸ φῶς καὶ καταλαμβάνει αὐτὸ καὶ γίνεταί
ποτε, διὰ τὸ ἀγνοεῖσθαι σκότος, τῷ μὴ ὁρῶντι τὴν δύναμιν
αὐτοῦ οὕτω μεταβάλλον, ὥστε τὸν μεμαθηκότα ἀποφαίνεσθαι
γεγονέναι φῶς τὸ γνωσθέν ποτε ὑπάρχον αὐτῷ σκότος. 15

29. (24) Ἐγένετο ἄνθρωπος ἀπεσταλμένος παρὰ
θεοῦ, ὄνομα αὐτῷ Ἰωάννης. Ἀκριβέστερόν τις ἀκούων
τοῦ Ἀπεσταλμένος, ἐπειδὴ ὁ ἀπεσταλμένος ποθέν που
ἀποστέλλεται, ζητήσει πόθεν ὁ Ἰωάννης ἀπεστάλη καὶ
ποῦ. σαφοῦς δ' ὄντος τοῦ ποῦ, κατὰ μὲν τὴν ἱστορίαν, ὅτι 20
πρὸς τὸν Ἰσραὴλ καὶ τοὺς βουλομένους αὐτοῦ ἀκούειν ἐν τῇ
ἐρήμῳ τῆς Ἰουδαίας διατρίβοντος καὶ παρὰ τῷ Ἰορδάνῃ
ποταμῷ βαπτίζοντος, κατὰ δὲ βαθύτερον λόγον, ὅτι εἰς τὸν
κόσμον, κόσμου λαμβανομένου τοῦ περιγείου τόπου ἔνθα
εἰσὶν οἱ ἄνθρωποι, ἐξετάσει πῶς δεῖ λαμβάνειν τὸ πόθεν. 25
ἐπιπλεῖον δὲ βασανίζων τὴν λέξιν, τάχα καὶ ἀποφαίνεται
ὅτι ὥσπερ ἐπὶ τοῦ Ἀδὰμ γέγραπται· Καὶ ἐξαπέστειλεν
αὐτὸν κύριος ὁ θεὸς ἐκ τοῦ παραδείσου τῆς τρυφῆς, ἐργά-
ζεσθαι τὴν γῆν ἐξ ἧς ἐλήφθη· οὕτω καὶ ὁ Ἰωάννης ἀπε-
στάλη, εἴτε ἐξ οὐρανοῦ ἢ ἐκ τοῦ παραδείσου ἢ ὅθεν δήποτε 30
ἑτέρωθεν παρὰ τὸν ἐπὶ γῆς τοῦτον τόπον, καὶ ἀπεστάλη
ἵνα μαρτυρήσῃ περὶ τοῦ φωτός. ἔχει δὲ ἀνθυποφορὰν οὐκ
εὐκαταφρόνητον ὁ λόγος, ἐπεὶ καὶ παρὰ Ἡσαΐᾳ γέγραπται·

Pr i 6

Lc xii 3;
cf. Mt x 27

Jo i 6

Gen iii 23

Τίνα ἀποστείλω καὶ τίς πορεύσεται πρὸς τὸν λαὸν τοῦτον; Is vi 8
82 ὅτε ἀποκρινόμενος ὁ προφήτης φησίν· Ἰδοὺ εἰμὶ ἐγώ,
ἀπόστειλόν με. ἐρεῖ γὰρ ὁ ἐνιστάμενος τῇ βαθυτέρᾳ
ἐμφαινομένῃ ὑπονοίᾳ ὅτι ὥσπερ ὁ Ἡσαΐας ἀπεστάλη, οὐχὶ
5 ἀφ' ἑτέρου τόπου παρὰ τὸν κόσμον τοῦτον ἀλλὰ μετὰ τὸ
ἑωρακέναι τὸν κύριον καθήμενον ἐπὶ θρόνου ὑψηλοῦ καὶ cf. Is vi 1, 9
ἐπηρμένου πρὸς τὸν λαόν, ἵνα εἴπῃ· Ἀκοῇ ἀκούσετε καὶ
οὐ μὴ συνῆτε, καὶ τὰ ἑξῆς· οὕτω καὶ ὁ Ἰωάννης, σιωπωμένης
τῆς ἀρχῆς τῆς ἀποστολῆς, ἀναλογίαν ἐχούσης πρὸς τὴν
10 ἀποστολὴν τοῦ Ἡσαΐου, ἀποστέλλεται βαπτίζειν καὶ ἑτοι- cf. Lc i 17
μάζειν κυρίῳ λαὸν κατεσκευασμένον καὶ μαρτυρεῖν περὶ τοῦ
φωτός. τούτων δ' οὕτως λεχθέντων ἂν πρὸς τὸν πρῶτον
λόγον, λύσεις τοιαῦται προσάγονται συγκατάθεσιν ἐπισπώ-
μεναι πρὸς τὸ περὶ Ἰωάννου βαθύτερον ὑπονοούμενον· αὐ-
15 τόθεν μὲν ἐπιφέρεται· Οὗτος ἦλθεν εἰς μαρτυρίαν, ἵνα Jo i 7
μαρτυρήσῃ περὶ τοῦ φωτός· εἰ γὰρ ἦλθεν, ποθὲν ἦλθε.
καὶ λεκτέον πρὸς τὸν δυσπαραδεκτοῦντα τὸ ἐν τοῖς ἑξῆς ὑπὸ
Ἰωάννου λεγόμενον ἐπὶ τῷ ἑωρακέναι τὸ πνεῦμα τὸ ἅγιον
ὡς περιστερὰν κατερχόμενον ἐπὶ τὸν σωτῆρα· φησὶ γάρ·
20 Ὁ πέμψας με βαπτίσαι ἐν τῷ ὕδατι ἐκεῖνός μοι εἶπεν Ἐφ' Jo i 33
ὃν ἂν ἴδῃς τὸ πνεῦμα καταβαῖνον καὶ μένον ἐπ' αὐτόν, οὗτός
ἐστιν ὁ βαπτίζων ἐν πνεύματι ἁγίῳ καὶ πυρί. πότε γὰρ
πέμψας τοῦτ' ἐνετείλατο; ἀλλ' εἰκὸς ἀποκρίνεσθαι πρὸς τὸ
πύσμα τοῦτο ὅτι, ὅτε δήποτε ἔπεμπεν ἐπὶ τὸ ἄρξασθαι βα-
25 πτίζειν, τότε τοῦτον τὸν λόγον εἶπεν ὁ χρηματίζων πρὸς αὐτόν.
   30. Ἔτι δὲ ἐκπληκτικώτερον πρὸς τὸ ἑτέρωθέν ποθεν
ἀπεστάλθαι τὸν Ἰωάννην ἐνσωματούμενον, ὑπόθεσιν οὐκ
ἄλλην τῆς εἰς τὸν βίον ἐπιδημίας ἔχοντα ἢ τὴν περὶ τοῦ
φωτὸς μαρτυρίαν, τὸ πνεύματος ἁγίου πλησθῆναι ἔτι ἐκ cf. Lc i 15,
30 κοιλίας μητρὸς αὐτοῦ, λεγόμενον ὑπὸ Γαβριὴλ εὐαγγελι- 44
ζομένου τῷ μὲν Ζαχαρίᾳ τὴν Ἰωάννου γένεσιν τῇ δὲ
Μαριὰμ τὴν τοῦ σωτῆρος ἡμῶν ἐν ἀνθρώποις ἐπιδημίαν, καὶ

28 ἔχοντος

Lc i 44 τό· Ἰδοὺ γὰρ ὡς ἐγένετο ἡ φωνὴ τοῦ ἀσπασμοῦ εἰς τὰ ὦτά
μου, ἐσκίρτησεν ἐν ἀγαλλιάσει τὸ βρέφος ἐν τῇ κοιλίᾳ μου.
τῷ γὰρ τηροῦντι τὸ μηδὲν ἀδίκως μηδὲ κατὰ συντυχίαν ἢ
ἀποκλήρωσιν ποιεῖν ἀναγκαῖον παραδέξασθαι πρεσβυτέραν
οὖσαν τὴν Ἰωάννου ψυχὴν τοῦ σώματος καὶ πρότερον 5
ὑφεστῶσαν πεπέμφθαι ἐπὶ διακονίαν τῆς περὶ τοῦ φωτὸς
μαρτυρίας. πρὸς τούτοις δὲ οὐ καταφρονητέον καὶ τοῦ·
Mt xi 14 Οὗτός ἐστιν Ἠλίας ὁ μέλλων ἔρχεσθαι. ἐὰν δὲ κρατῇ ὁ
καθόλου περὶ ψυχῆς λόγος ὡς οὐ συνεσπαρμένης τῷ σώματι 83
ἀλλὰ πρὸ αὐτοῦ τυγχανούσης καὶ διὰ ποικίλας αἰτίας ἐνδου- 10
μένης σαρκὶ καὶ αἵματι, τό· Ἀπεσταλμένος ὑπὸ θεοῦ·
οὐκέτι δόξει ἐξαίρετον εἶναι περὶ Ἰωάννου λεγόμενον. ὁ
cf. 2 Thess ii 3 γοῦν πάντων κάκιστος, ὁ ἄνθρωπος τῆς ἁμαρτίας, ὁ υἱὸς τῆς
ἀπωλείας, λέγεται παρὰ τῷ Παύλῳ πέμπεσθαι ὑπὸ τοῦ θεοῦ·
2 Thess ii 11 f. Διὰ τοῦτο γάρ, φησί, πέμπει αὐτοῖς ὁ θεὸς ἐνέργειαν πλάνης 15
εἰς τὸ πιστεῦσαι αὐτοὺς τῷ ψεύδει, ἵνα κριθῶσι πάντες οἱ μὴ
πιστεύσαντες τῇ ἀληθείᾳ ἀλλ' εὐδοκήσαντες τῇ ἀδικίᾳ. τὸ
δὲ ζητηθὲν ὅρα εἰ οὕτως λῦσαι δυνησόμεθα, ὅτι ὥσπερ
ἁπλούστερον πᾶς ἄνθρωπος τῷ ὑπὸ θεοῦ ἐκτίσθαι ἄνθρωπός
ἐστι θεοῦ, ἀλλ' οὐ χρηματίζει πᾶς ἄνθρωπος θεοῦ, ἢ μόνος 20
ὁ θεῷ ἀνακείμενος, ὃν τρόπον Ἠλίας καὶ οἱ ἐν ταῖς γραφαῖς
ἀναγεγραμμένοι ἄνθρωποι θεοῦ, οὕτως δύναται κατὰ μὲν τὸ
κοινότερον πᾶς ἄνθρωπος ἀπεστάλθαι ἀπὸ θεοῦ, κυρίως δὲ
λέγεσθαι ἀπεστάλθαι ὑπὸ θεοῦ οὐκ ἄλλος ἢ ὁ ἐπὶ διακονίᾳ
θείᾳ καὶ λειτουργίᾳ σωτηρίας γένους ἀνθρώπων ἐπιδημῶν 25
τῷ βίῳ. οὐχ εὕρομεν γοῦν τὸ ἀποστέλλεσθαι ἀπὸ θεοῦ
ἐπ' ἄλλου του ἢ τῶν ἁγίων κείμενον· ἐπὶ μὲν τοῦ Ἡσαΐου, ὡς
Jer i 7 προπαρεθέμεθα· ἐπὶ δὲ τοῦ Ἰερεμίου· Πρὸς πάντας οὓς ἐὰν
cf. Ez ii 3 ἐξαποστείλω σε πορεύσῃ· ἐπὶ δὲ τοῦ Ἰεζεκιήλ· Ἰδοὺ ἐγὼ
ἀποστέλλω σε πρὸς ἔθνη τὰ ἀφεστηκότα καὶ ἀπιστήσαντά 30
μοι. δόξει δὲ οὐ πρὸς τὸ προκείμενον παρειλῆφθαι τὰ
παραδείγματα ἀποστολῆς τῆς εἰς τὸν βίον ζητουμένης,

8 Ἠλίας] pr. man.　　　30 ἀποστήσαντα

ἀποστολὴν λέγοντα οὐ γυμνῶς τὴν ἔξωθεν τοῦ βίου ἐπὶ τὸν
βίον. πλὴν καὶ οὕτως οὐκ ἀπίθανον μετάγειν τὸν λόγον
ἐπὶ τὸ ζητηθὲν, φάσκοντα ὅτι ὥσπερ μόνους τοὺς ἁγίους, ἐφ'
ὧν παρεθέμεθα, ἀποστέλλειν λέγεται ὁ θεός, οὕτως καὶ ἐπὶ
5 τῶν εἰς τὸν βίον ἀποστελλομένων ἐκδεκτέον.

31. (25) Καὶ ἐπεὶ ἀπαξαπλῶς ἐν τῷ περὶ τοῦ Ἰωάννου
ἐσμὲν λόγῳ, ζητοῦντες αὐτοῦ τὴν ἀποστολήν, οὐκ ἀκαίρως
ὑπόνοιαν ἡμετέραν ἣν περὶ αὐτοῦ ἔχομεν προσθήσομεν.
ἐπεὶ γὰρ ἀνέγνωμεν περὶ αὐτοῦ προφητείαν· Ἰδοὺ ἐγὼ Mt xi 10
10 ἀποστέλλω τὸν ἄγγελόν μου πρὸ προσώπου σου, ὃς κατα-
σκευάσει τὴν ὁδόν σου ἔμπροσθέν σου· ἐφίσταμεν μήποτε
εἷς τῶν ἁγίων ἀγγέλων τυγχάνων ἐπὶ λειτουργίᾳ καταπέμ-
πεται τοῦ σωτῆρος ἡμῶν πρόδρομος. καὶ οὐδὲν θαυμαστὸν
84 τοῦ πρωτοτόκου πάσης κτίσεως ἐνσωματουμένου κατὰ φι- cf. Col i 15
15 λανθρωπίαν ζηλωτάς τινας καὶ μιμητὰς γεγονέναι Χριστοῦ,
ἀγαπήσαντας τὸ διὰ τοῦ ὁμοίου τοῦ σώματος ὑπηρετῆσαι
τῇ εἰς ἀνθρώπους αὐτοῦ χρηστότητι. τίνα δ' οὐκ ἂν κινῆσαι
σκιρτῶν ἐν ἀγαλλιάσει ἔτι ἐν τῇ κοιλίᾳ τυγχάνων, ὡς τὴν cf. Lc i 44
κοινὴν τῶν ἀνθρώπων ὑπερπαίων φύσιν; εἰ δέ τις προσίεται
20 καὶ τῶν παρ' Ἑβραίοις φερομένων ἀποκρύφων τὴν ἐπιγρα-
φομένην Ἰωσὴφ προσευχήν, ἄντικρυς τοῦτο τὸ δόγμα καὶ
σαφῶς εἰρημένον ἐκεῖθεν λήψεται· ὡς ἄρα οἱ ἀρχῆθεν ἐξαί-
ρετόν τι ἐσχηκότες παρὰ ἀνθρώπους, πολλῷ κρείττους τυγ-
χάνοντες τῶν λοιπῶν ψυχῶν, ἀπὸ τοῦ εἶναι ἄγγελοι ἐπὶ τὴν
25 ἀνθρωπίνην καταβεβήκασι φύσιν. φησὶ γοῦν ὁ Ἰακώβ· Ὁ
γὰρ λαλῶν πρὸς ὑμᾶς ἐγὼ Ἰακὼβ καὶ Ἰσραὴλ ἄγγελος θεοῦ
εἰμι ἐγὼ καὶ πνεῦμα ἀρχικόν, καὶ Ἀβραὰμ καὶ Ἰσαὰκ προ-
εκτίσθησαν πρὸ παντὸς ἔργου· ἐγὼ δὲ Ἰακώβ, ὁ κληθεὶς
ὑπὸ ἀνθρώπων Ἰακώβ, τὸ δὲ ὄνομά μου Ἰσραήλ, ὁ κληθεὶς
30 ὑπὸ θεοῦ Ἰσραήλ, ἀνὴρ ὁρῶν θεόν, ὅτι ἐγὼ πρωτόγονος
παντὸς ζώου ζωουμένου ὑπὸ θεοῦ. καὶ ἐπιφέρει· Ἐγὼ δὲ
ὅτε ἠρχόμην ἀπὸ Μεσοποταμίας τῆς Συρίας, ἐξῆλθεν Οὐριὴλ

---

23 περὶ   **25** φύσιν] intra lin.

ὁ ἄγγελος τοῦ θεοῦ, καὶ εἶπεν ὅτι κατέβην ἐπὶ τὴν γῆν καὶ
κατεσκήνωσα ἐν ἀνθρώποις, καὶ ὅτι ἐκλήθην ὀνόματι Ἰακώβ·
ἐζήλωσε καὶ ἐμαχέσατό μοι, καὶ ἐπάλαιε πρός με, λέγων
προτερήσειν ἐπάνω τοῦ ὀνόματός μου τὸ ὄνομα αὐτοῦ καὶ
τοῦ πρὸ παντὸς ἀγγέλου. καὶ εἶπα αὐτῷ τὸ ὄνομα αὐτοῦ ₅
καὶ πόσος ἐστὶν ἐν υἱοῖς θεοῦ· Οὐχὶ σὺ Οὐριὴλ ὄγδοος ἐμοῦ,
κἀγὼ Ἰσραὴλ ἀρχάγγελος δυνάμεως κυρίου καὶ ἀρχιχιλίαρ-
χός εἰμι ἐν υἱοῖς θεοῦ; οὐχὶ ἐγὼ Ἰσραὴλ ὁ ἐν προσώπῳ
θεοῦ λειτουργὸς πρῶτος, καὶ ἐπεκαλεσάμην ἐν ὀνόματι ἀ-
σβέστῳ τὸν θεόν μου; εἰκὸς γὰρ τούτων ἀληθῶς ὑπὸ τοῦ ₁₀
Ἰακὼβ λεγομένων καὶ διὰ τοῦτο ἀναγεγραμμένων, καὶ τό·
Hos xii 3 Ἐν κοιλίᾳ ἐπτέρνισε τὸν ἀδελφὸν αὐτοῦ· συνετῶς γεγονέναι.
ἐπίστησον δὲ εἰ τὸ διαβόητον περὶ Ἰακὼβ καὶ Ἡσαῦ
Ro ix 11—14 ζήτημα λύσιν ἔχει, ἐπεὶ μηδέπω γεννηθέντων μηδὲ πραξάν-
των τι ἀγαθὸν ἢ φαῦλον, ἵνα ἡ κατ᾽ ἐκλογὴν πρόθεσις τοῦ ₁₅
θεοῦ μένῃ, οὐκ ἐξ ἔργων ἀλλ᾽ ἐκ τοῦ καλοῦντος, ἐρρέθη ὅτι
Ὁ μείζων δουλεύσει τῷ ἐλάσσονι· καθάπερ γέγραπται· Τὸν
Ἰακὼβ ἠγάπησα τὸν δὲ Ἡσαῦ ἐμίσησα. τί οὖν ἐροῦμεν;
μὴ ἀδικία παρὰ τῷ θεῷ; μὴ γένοιτο· μήπω δὲ γεννη- 85
θέντων μηδὲ πραξάντων τι ἀγαθὸν ἢ φαῦλον, ἵν᾽ ἡ κατ᾽ ₂₀
ἐκλογὴν πρόθεσις τοῦ θεοῦ μένῃ, οὐκ ἐξ ἔργων ἀλλ᾽ ἐκ
τοῦ καλοῦντος, ἐρρέθη. οὐ κατατρεχόντων οὖν ἡμῶν ἐπὶ τὰ
πρὸ τοῦ βίου τούτου ἔργα, πῶς ἀληθὲς τὸ μὴ εἶναι ἄδικον
παρὰ θεῷ τοῦ μείζονος δουλεύοντος τῷ ἐλάττονι καὶ μισου-
μένου, πρὶν ποιῆσαι τὰ ἄξια τοῦ δουλεύειν καὶ τὰ ἄξια τοῦ ₂₅
μισεῖσθαι; ἐπὶ πλεῖον δὲ παρεξέβημεν παραλαβόντες τὸν
περὶ Ἰακὼβ λόγον, καὶ μαρτυράμενοι ἡμῖν οὐκ εὐκατα-
φρόνητον γραφήν, ἵνα πιστικώτερον ὁ περὶ Ἰωάννου γένηται
λόγος, κατασκευάζων αὐτὸν, κατὰ τὴν τοῦ Ἡσαΐου φωνὴν,
ἄγγελον ὄντα ἐν σώματι γεγονέναι ὑπὲρ τοῦ μαρτυρῆσαι τῷ ₃₀
φωτί. καὶ ταῦτα μὲν περὶ Ἰωάννου τοῦ ἀνθρώπου.

32. (26) Ἡγοῦμαι δὲ ὅτι ὥσπερ ἐν ἡμῖν φωνὴ καὶ
λόγος διαφέρουσι, δυναμένης μέντοι γέ ποτε φωνῆς τῆς
μηδὲν σημαινούσης προφέρεσθαι χωρὶς λόγου, οἷόν τε δὲ

ὄντος καὶ λόγου χωρὶς τῷ νῷ ἀπαγγέλλεσθαι φωνῆς, ὡς ἐπὰν
ἐν ἑαυτοῖς διεξοδεύωμεν, οὕτω τοῦ σωτῆρος κατά τινα ἐπί-
νοιαν ὄντος λόγου διαφέρει τούτου ὁ Ἰωάννης, ὡς πρὸς τὴν
ἀναλογίαν τοῦ χριστοῦ τυγχάνοντος λόγου, φωνὴ ὤν. ἐπὶ
5 τοῦτο δέ με προκαλεῖται αὐτὸς ὁ Ἰωάννης, ὅστις ποτὲ εἴη
πρὸς τοὺς πυνθανομένους ἀποκρινόμενος· Ἐγὼ φωνὴ βοῶν- Jo i 23;
τος ἐν τῇ ἐρήμῳ Ἐτοιμάσατε τὴν ὁδὸν κυρίου, εὐθείας Mc i 3
ποιεῖτε τὰς τρίβους αὐτοῦ. καὶ τάχα διὰ τοῦτο ἀπιστήσας
ὁ Ζαχαρίας τῇ γενέσει τῆς δεικνυούσης τὸν λόγον τοῦ θεοῦ
10 φωνῆς ἀπόλλυσι τὴν φωνήν, λαμβάνων αὐτὴν ὅτε γεννᾶται
ἡ πρόδρομος τοῦ λόγου φωνή. ἐνωτίσασθαι γὰρ δεῖ φωνήν,
ἵνα μετὰ ταῦτα ὁ νοῦς τὸν δεικνύμενον ὑπὸ τῆς φωνῆς λόγον
δέξασθαι δυνηθῇ. διόπερ καὶ ὀλίγῳ πρεσβύτερος κατὰ τὸ
γενέσθαι ὁ Ἰωάννης ἐστὶ τοῦ χριστοῦ· φωνῆς γὰρ πρὸ
15 λόγου ἀντιλαμβανόμεθα. ἀλλὰ καὶ δείκνυσι τὸν χριστὸν
ὁ Ἰωάννης· φωνῇ γὰρ παρίσταται ὁ λόγος. ἀλλὰ καὶ
βαπτίζεται ὑπὸ Ἰωάννου ὁ χριστός, ὁμολογοῦντος χρείαν cf. Mt iii 14
ἔχειν ὑπ' αὐτοῦ βαπτισθῆναι· ἀνθρώποις γὰρ ὑπὸ φωνῆς
καθαίρεται λόγος, τῇ φύσει τοῦ λόγου καθαίροντος πᾶσαν
20 τὴν σημαίνουσαν φωνήν. καὶ ἁπαξαπλῶς ὅτε Ἰωάννης τὸν
χριστὸν δείκνυσιν, ἄνθρωπος θεὸν δείκνυσι καὶ σωτῆρα τὸν
86 ἀσώματον, καὶ φωνὴ τὸν λόγον.

33. (27) Χρήσιμον δ' ἂν ἦν ὥσπερ ἐπὶ πολλῶν ἡ τῶν
ὀνομάτων ἐνέργεια, οὕτω καὶ ἐπὶ τοῦ τόπου τούτου τὸ ἰδεῖν
25 ὅ τι σημαίνει ὁ Ἰωάννης καὶ ὁ Ζαχαρίας. καὶ γὰρ ὡς ὄντος
τινὸς οὐκ εὐκαταφρονήτου κατὰ τὴν τοῦ ὀνόματος θέσιν, οἱ
μὲν συγγενεῖς Ζαχαρίαν αὐτὸν καλεῖσθαι βούλονται, ξενι-
ζόμενοι ἐπὶ τῷ βούλεσθαι τὴν Ἐλισάβετ Ἰωάννην αὐτὸν
ὀνομάζειν· ὁ δὲ Ζαχαρίας γράψας τό· Ἰωάννης ἔσται ὄνομα Lc i 63
30 αὐτῷ· ἀπολύεται τῆς ἐπιπόνου σιωπῆς. εὕρομεν τοίνυν ἐν
τῇ ἑρμηνείᾳ τῶν ὀνομάτων Ἰωάννης· τὸ Ἰωὰ χωρὶς τοῦ
νης μεταλαμβανόμενον, ὅπερ ταὐτὸν οἰόμεθα εἶναι τῷ Ἰω-
άννης· ἐπεὶ καὶ ἄλλα ἡ καινὴ διαθήκη Ἑβραίων ὀνόματα
ἐξελλήνισε, χαρακτῆρι αὐτὰ εἰποῦσα ἑλληνικῷ, ὥσπερ ἐπὶ

Ἰακὼβ Ἰάκωβον, καὶ ἐπὶ Συμεὼν Σίμων. Ζαχαρίας δὲ μνή-
μη εἶναι λέγεται, ἡ δὲ Ἐλισάβετ θεοῦ μου ὅρκος, ἢ θεοῦ
μου ἕβδομον. ἀπὸ θεοῦ δὲ χάρις ἐκ τῆς περὶ θεοῦ μνήμης
κατὰ τὸν τοῦ θεοῦ ἡμῶν ὅρκον τὸν περὶ τοὺς πατέρας ἐγεν-

cf. Lc i 17
νήθη ὁ Ἰωάννης, ἑτοιμάζων κυρίῳ λαὸν κατεσκευασμένον 5
ἐπὶ τέλει τῆς παλαιᾶς γενομένης διαθήκης, ἥ ἐστι σαββα-
τισμοῦ κορωνίς· δι' ὃ οὐ δύναται γεγενῆσθαι ἀπὸ τῆς
ἑβδομάδος τοῦ θεοῦ ἡμῶν τὴν μετὰ τὸ σάββατον ἀνάπαυσιν,
τοῦ σωτῆρος ἡμῶν κατὰ τὴν ἀνάπαυσιν αὐτοῦ ἐμποιοῦντος

cf. Ro vi 5
τοῖς συμμόρφοις τῷ θανάτῳ αὐτοῦ γεγενημένοις καὶ διὰ 10
τοῦτο καὶ τῆς ἀναστάσεως.

Jo i 7
34. (28) Οὗτος ἦλθεν εἰς μαρτυρίαν, ἵνα μαρτυ-
ρήσῃ περὶ τοῦ φωτός, ἵνα πάντες πιστεύσωσι δι'
αὐτοῦ. Τῶν ἑτεροδόξων τινὲς πιστεύειν φάσκοντες εἰς τὸν
χριστόν, καὶ διὰ τὸ ἀναπλάσσειν ἕτερον παρὰ τὸν δη- 15
μιουργὸν ὡς ἀκόλουθον αὐτοῖς οὐ προσιέμενοι τὴν ἐπιδημίαν
αὐτοῦ ὑπὸ τῶν προφητῶν προκατηγγέλθαι, ἀνατρέπειν πει-
ρῶνται τὰς διὰ τῶν προφητῶν περὶ Χριστοῦ μαρτυρίας,
φάσκοντες μὴ δεῖσθαι μαρτύρων τὸν υἱὸν τοῦ θεοῦ, ἔχοντα
τὸ τοῦ πιστεύεσθαι ἄξιον ἔν τε οἷς κατήγγειλε σωτηρίοις 20
λόγοις δυνάμεως πεπληρωμένοις, καὶ ἐν τεραστίοις ἔργοις
αὐτόθεν καταπλήξασθαι πάνθ' ὁντινοῦν δυναμένοις. καί
φασιν· Εἰ Μωσῆς πεπίστευται διὰ τὸν λόγον καὶ τὰς 87
δυνάμεις, οὐ δεηθεὶς μαρτύρων πρὸ αὐτοῦ τινων αὐτὸν κατ-
αγγειλάντων, ἀλλὰ καὶ ἕκαστος τῶν προφητῶν παρεδέχθη 25
ὑπὸ τοῦ λαοῦ ὡς ἀπὸ θεοῦ ἀποσταλείς, πῶς οὐχὶ μᾶλλον
Μωϋσέως καὶ τῶν προφητῶν διαφέρων δύναται χωρὶς προ-
φητῶν μαρτυρούντων τὰ περὶ αὐτοῦ ἀνῦσαι ὃ βούλεται καὶ
ὠφελῆσαι τὸ τῶν ἀνθρώπων γένος; παρέλκειν οὖν οἴονται
τὸ ὑπὸ προφητῶν αὐτὸν νομίζεσθαι προκατηγγέλθαι, τοῦτο 30
πραγματευσαμένων, ὡς εἴποιεν ἂν ἐκεῖνοι, τῶν τὴν καινότητα
τῆς θεότητος παραδέξασθαι τοὺς εἰς Χριστὸν πιστεύοντας οὐ

15 ἀναπλάσειν

βουλομένων, ἀλλὰ ἐπὶ τὸν αὐτὸν καταντῆσαι θεὸν ὃν καὶ
πρὸ Ἰησοῦ Μωσῆς καὶ οἱ προφῆται ἐδίδαξαν. λεκτέον οὖν
πρὸς αὐτοὺς ὅτι πολλῶν αἰτίων δυναμένων γενέσθαι προ-
καλουμένων εἰς τὸ πιστεύειν, ἐνίοτέ τινων ἀπὸ τῆσδε μὲν τῆς
5 ἀποδείξεως οὐ πληττομένων ἀπὸ ἑτέρας δὲ, ἔχειν τὸν θεὸν
πλείονας ἀφορμὰς ἀνθρώποις παρέχειν, ἵνα παραδεχθῇ ὅτι
θεὸς ὁ ὑπὲρ πάντα τὰ γενητὰ ἐνηνθρώπησεν. ἐναργῶς γοῦν
ἔστιν ἰδεῖν τινας ἐκ τῶν προφητικῶν προρρήσεων εἰς θαυ-
μασμὸν τοῦ χριστοῦ ἐρχομένους, καταπληττομένους τὴν τῶν
10 τοσούτων πρὸ αὐτοῦ προφητῶν φωνὴν, συνιστᾶσαν τόπον
γενέσεως αὐτοῦ καὶ χώραν ἀνατροφῆς καὶ ἰσχὺν διδασκαλίας,
δυνάμεών τε θαυμασίων ποίησιν καὶ πάθος ἀνθρώπινον ὑπὸ
ἀναστάσεως καταλυόμενον. καὶ τοῦτο δὲ ἐπισκεπτέον, ὅτι
αἱ μὲν τεράστιοι δυνάμεις τοὺς κατὰ τὸν χρόνον τοῦ κυρίου
15 γενομένους προκαλεῖσθαι ἐπὶ τὸ πιστεύειν ἐδύναντο· οὐκ
ἔσωζον δὲ τὸ ἐμφατικὸν μετὰ χρόνους πλείονας ἤδη καὶ
μύθους εἶναι ὑπονοηθεῖσαι. πλεῖον γὰρ τῶν τότε γενομένων
δυνάμεων ἰσχύει πρὸς πειθὼ ἡ νῦν συνεξεταζομένη ταῖς
δυνάμεσι προφητεία, κἀκείναις ἀπιστεῖσθαι ὑπὸ τῶν ἐρευ-
20 νώντων αὐτὰς κωλύουσα. τάχα δὲ αἱ προφητικαὶ μαρτυρίαι
οὐ μόνον κηρύσσουσι Χριστὸν ἐλευσόμενον, οὐδὲ τοῦθ᾽ ἡμᾶς
διδάσκουσι καὶ ἄλλο οὐδὲν, ἀλλὰ πολλὴν θεολογίαν, σχέσιν
τε πατρὸς πρὸς υἱὸν καὶ υἱοῦ πρὸς πατέρα, ἔστι μαθεῖν οὐκ
ἔλαττον ἀπὸ τῶν προφητῶν, δι᾽ ὧν ἀπαγγέλλουσι τὰ περὶ
25 αὐτοῦ, ἢ ἀπὸ τῶν ἀποστόλων διηγουμένων τὴν μεγαλειότητα
τοῦ υἱοῦ τοῦ θεοῦ. ἔστι δὲ τολμήσαντα καὶ χωρὶς τούτων
88 τοιοῦτόν τι εἰπεῖν, ὅτι εἰσὶ Χριστοῦ μάρτυρες τῷ μαρτυρεῖν
περὶ αὐτοῦ κοσμούμενοι, καὶ οὐ πάντως ἐκείνῳ τι διὰ τοῦ
μαρτυρεῖν περὶ τοῦ υἱοῦ τοῦ θεοῦ καταχαριζόμενοι, ὡς ὁμο-
30 λογήσαιεν ἂν πάντες περὶ τῶν ἰδίως ὀνομαζομένων μαρτύρων
Χριστοῦ. τί οὖν θαυμαστὸν εἰ ὥσπερ ἐκοσμήθησαν τῷ

---

7 γεννητὰ pr. man.   ἐνηνθρόπησεν   17 ὑπονοηθείσας
18 ἰσχύει] ἴσχει   22 οὔθὲν   24 ᵃἐπαγγέλλουσι   25 ἀπὸ] ὑπὸ

μάρτυρες εἶναι Χριστοῦ πολλοὶ τῶν γνησίων Χριστοῦ μαθη-
τῶν, οὕτως οἱ προφῆται τὸ προκαταγγεῖλαι Χριστὸν νοή-
σαντες αὐτὸν δῶρον ὑπὸ θεοῦ εἰλήφασι, διδάσκοντες οὐ
μόνον τοὺς μετὰ τὴν Χριστοῦ ἐπιδημίαν ἃ δεῖ φρονεῖν περὶ
τοῦ υἱοῦ τοῦ θεοῦ, ἀλλὰ καὶ τοὺς ἐν προτέραις ἐκείνων 5

cf. 1 Jo ii 23 γενεαῖς; ὥσπερ ὁ μὴ ἐγνωκὼς τὸν υἱὸν νῦν οὐδὲ τὸν πατέρα
cf. Jo viii 56 ἔχει, οὕτω καὶ πρότερον νοητέον. διόπερ Ἀβραὰμ ἠγαλλι-
άσατο ἵνα ἴδῃ τὴν ἡμέραν Χριστοῦ, καὶ εἶδε καὶ ἐχάρη.
ἀποστερεῖν τοίνυν βούλεται τὸν χορὸν τῶν προφητῶν χάριν
τὴν μεγίστην ὁ βουλόμενος αὐτοὺς μὴ δεῖν μαρτυρεῖν περὶ 10
Χριστοῦ· τί γὰρ ἂν καὶ ἡ προφητεία ἡ ἐξ ἐπιπνοίας ἁγίου
πνεύματος εἶχε τηλικοῦτον, εἰ ὑπεξήρητο αὐτῆς τὰ περὶ τῆς
κυρίου ἡμῶν οἰκονομίας; ὡς γὰρ ἡ θεοσέβεια κεκόσμηται
τῶν διὰ μεσίτου καὶ ἀρχιερέως καὶ παρακλήτου καὶ ἐπιστη-
μονικῶς προσερχομένων τῷ τῶν ὅλων θεῷ, σκάζουσα ἂν εἰ 15

cf. Jo x 9 μὴ διὰ τῆς θύρας τις εἰσίῃ πρὸς τὸν πατέρα, οὕτως καὶ ἡ
τῶν πάλαι θεοσέβεια τῇ νοήσει καὶ πίστει καὶ προσδοκίᾳ
Χριστοῦ ἱερὰ ἦν καὶ παρὰ θεῷ ἀπόδεκτη· ἐπεὶ τετηρήκαμεν
ὅτι ὁ θεὸς μάρτυς εἶναι ὁμολογεῖ, καὶ περὶ τοῦ χριστοῦ τὸ
αὐτὸ ἀποφαίνεσθαι, πάντας ἐπὶ τὸ μιμητὰς αὐτοὺς καὶ τοῦ 20
χριστοῦ γενέσθαι παρακαλῶν, κατὰ τὸ μαρτυρεῖν αὐτοῦ οἷς

Is xliii 10 χρὴ μαρτυρεῖν· φησὶ γάρ· Γένεσθέ μοι μάρτυρες, κἀγὼ
μάρτυς, λέγει κύριος ὁ θεός, καὶ ὁ παῖς ὃν ἐξελεξάμην. πᾶς
δὲ ὁ μαρτυρῶν τῇ ἀληθείᾳ, εἴτε λόγοις εἴτε ἔργοις εἴτε
ὁπωσποτὲ ταύτῃ παριστάμενος, μάρτυς εὐλόγως ἂν χρημα- 25
τίζοι. ἀλλ' ἤδη κυρίως τὸ τῆς ἀδελφότητος ἔθος, ἐκπλα-
γέντες διάθεσιν τῶν ἕως θανάτου ἀγωνισαμένων ὑπὲρ ἀλη-
θείας ἢ ἀνδρείας, κυρίως μόνους μάρτυρας ὠνόμασαν τοὺς
τῇ ἐκχύσει τοῦ ἑαυτῶν αἵματος μαρτυρήσαντας τῷ τῆς
θεοσεβείας μυστηρίῳ, τοῦ σωτῆρος πάντα τὸν μαρτυροῦντα 30
τοῖς περὶ αὐτοῦ καταγγελλομένοις μάρτυρας ὀνομάζοντος.

Act i 8 φησὶ γοῦν ἀναλαμβανόμενος τοῖς ἀποστόλοις· Ἔσεσθέ μου
μάρτυρες ἔν τε Ἰερουσαλὴμ καὶ ἐν πάσῃ τῇ Ἰουδαίᾳ καὶ

89 Σαμαρείᾳ καὶ ἕως ἐσχάτου τῆς γῆς. ἔστι δὲ ὥσπερ ὁ
καθαρθεὶς λεπρὸς τὸ προστεταγμένον ὑπὸ Μωσέως προσ- cf. Mt viii 4
άγων δῶρον, εἰς μαρτύριον τοῦτο ποιῶν τοῖς μὴ πιστεύσασιν
εἰς τὸν χριστὸν, οὕτως εἰς μαρτύριον τοῖς ἀπίστοις οἱ
5 μάρτυρες μαρτυροῦσι καὶ πάντες οἱ ἅγιοι, ὧν λάμπει τὰ cf. Mt v 16
ἔργα ἔμπροσθεν τῶν ἀνθρώπων· πολιτεύονται γὰρ παρρησι-
αζόμενοι ἐν τῷ σταυρῷ τοῦ χριστοῦ καὶ μαρτυροῦντες
περὶ τοῦ ἀληθινοῦ φωτός.

35. (29) Καὶ Ἰωάννης τοίνυν ἦλθεν, ἵνα μαρτυρήσῃ
10 περὶ τοῦ φωτός· ὃς μαρτυρῶν κέκραγε λέγων· Ὁ ὀπίσω μου Jo i 15—18
ἐρχόμενος ἔμπροσθέν μου γέγονεν, ὅτι πρῶτός μου ἦν. ὅτι
ἐκ τοῦ πληρώματος αὐτοῦ ἡμεῖς πάντες ἐλάβομεν, καὶ χάριν
ἀντὶ χάριτος· ὅτι ὁ νόμος διὰ Μωσέως ἐδόθη, ἡ χάρις καὶ ἡ
ἀλήθεια διὰ Ἰησοῦ Χριστοῦ ἐγένετο. θεὸν οὐδεὶς ἑώρακε
15 πώποτε· ὁ μονογενὴς θεὸς ὁ ὢν εἰς τὸν κόλπον τοῦ πατρὸς
ἐκεῖνος ἐξηγήσατο. πᾶς γοῦν οὗτος ὁ λόγος ἐκ τοῦ προσώ-
που τοῦ βαπτιστοῦ μαρτυροῦντος τῷ χριστῷ εἴρηται, ὅπερ
λανθάνει τινὰς οἰομένους ἀπὸ τοῦ· Ἐκ τοῦ πληρώματος αὐ-
τοῦ ἡμεῖς πάντες ἐλάβομεν· ἕως τοῦ· Ἐκεῖνος ἐξηγήσατο·
20 ἐκ τοῦ προσώπου Ἰωάννου τοῦ ἀποστόλου λέγεσθαι. πρὸς
τῇ προειρημένῃ δὲ τοῦ βαπτιστοῦ μαρτυρίᾳ, ἀρχομένῃ ἀπὸ
τοῦ· Ὁ ὀπίσω μου ἐρχόμενος ἔμπροσθέν μου γέγονε· καὶ
ληγούσῃ εἰς τό· Ἐκεῖνος ἐξηγήσατο· καὶ αὕτη ἡ μαρτυρία
ἐστὶν Ἰωάννου μετ' ἐκείνην δευτέρα, ὅτε πρὸς τοὺς ἀποστεί- cf. Jo i 19—
25 λαντας ἐξ Ἱεροσολύμων ἱερεῖς καὶ Λευίτας, Ἰουδαίων αὐτοὺς 23
ἀποστειλάντων, ὁμολογεῖ οὐκ ἀρνούμενος τὸ ἀληθές, ὡς ἄρα
οὐκ αὐτὸς εἴη ὁ χριστὸς οὐδὲ Ἡλίας οὐδὲ ὁ προφήτης,
ἀλλὰ φωνὴ βοῶντος ἐν τῇ ἐρήμῳ Εὐθύνατε τὴν ὁδὸν κυρίου,
καθὼς εἶπεν Ἡσαΐας ὁ προφήτης. μετὰ δὲ ταῦτα ἄλλη
30 μαρτυρία τοῦ αὐτοῦ βαπτιστοῦ περὶ Χριστοῦ ἐστι, τὴν
προηγουμένην αὐτοῦ ὑπόστασιν ἔτι διδάσκουσα διήκουσαν
ἐπὶ πάντα τὸν κόσμον κατὰ τὰς ψυχὰς τὰς λογικὰς, ὅτε φησί·
Μέσος ὑμῶν ἕστηκεν ὃν ὑμεῖς οὐκ οἴδατε, ὀπίσω μου ἐρχό- Jo i 26 f.
μενος, οὗ οὐκ εἰμὶ ἄξιος ἐγὼ ἵνα λύσω αὐτοῦ τὸν ἱμάντα τοῦ

ὑποδήματος. καὶ ἐπίσκεψαι εἰ διὰ τὸ ἐν μέσῳ τοῦ παντὸς
εἶναι σώματος τὴν καρδίαν, ἐν δὲ τῇ καρδίᾳ τὸ ἡγεμονικόν,
κατὰ τὸν ἐν ἑκάστῳ λόγον δύναται νοεῖσθαι τό· Μέσος ὑμῶν
ἔστηκεν ὃν ὑμεῖς οὐκ οἴδατε. τετάρτη δὲ πρὸς τούτοις μαρ-
τυρία Ἰωάννου περὶ Χριστοῦ ἤδη καὶ τὸ ἀνθρώπινον αὐτοῦ 5

Jo i 29 ff.

πάθος ὑπογράφουσα, ὅτε λέγει· Ἴδε ὁ ἀμνὸς τοῦ θεοῦ, ὁ
αἴρων τὴν ἁμαρτίαν τοῦ κόσμου. οὗτός ἐστιν ὑπὲρ οὗ ἐγὼ
εἶπον ὅτι ὀπίσω μου ἔρχεται ἀνὴρ ὃς ἔμπροσθέν μου γέγονεν,
ὅτι πρῶτός μου ἦν· κἀγὼ οὐκ ᾔδειν αὐτόν, ἀλλ' ἵνα φανε- 90
ρωθῇ τῷ Ἰσραήλ, διὰ τοῦτο ἦλθον ἐγὼ ἐν ὕδατι βαπτίζων. 10

Jo i 32 ff.

καὶ πέμπτη μαρτυρία ἀναγέγραπται κατὰ τό· Τεθέαμαι τὸ
πνεῦμα καταβαῖνον ὡς περιστερὰν ἐξ οὐρανοῦ, καὶ ἔμεινεν
ἐπ' αὐτόν· κἀγὼ οὐκ ᾔδειν αὐτόν, ἀλλ' ὁ πέμψας με βαπτί-
ζειν ἐν ὕδατι, ἐκεῖνός μοι εἶπεν· Ἐφ' ὃν ἂν ἴδῃς τὸ πνεῦμα
καταβαῖνον καὶ μένον ἐπ' αὐτόν, οὗτός ἐστιν ὁ βαπτίζων ἐν 15
πνεύματι ἁγίῳ. κἀγὼ ἑώρακα, καὶ μεμαρτύρηκα ὅτι οὗτός

Jo i 35 ff.

ἐστιν ὁ υἱὸς τοῦ θεοῦ. ἕκτον δὲ μαρτυρεῖ τῷ χριστῷ ἐπὶ
δύο μαθητῶν ὁ Ἰωάννης, ὅτε ἐμβλέψας τῷ Ἰησοῦ περιπα-
τοῦντι λέγει· Ἴδε ὁ ἀμνὸς τοῦ θεοῦ. μεθ' ἣν μαρτυρίαν, ἀκου-
σάντων τῶν δύο μαθητῶν τοῦ Ἰωάννου καὶ ἀκολουθησάντων 20
τῷ Ἰησοῦ, στραφεὶς ὁ Ἰησοῦς καὶ θεασάμενος τοὺς δύο ἀκο-
λουθοῦντας ἀποκρίνεται λέγων· Τί ζητεῖτε;

36. Καὶ τάχα οὐ μάτην μετὰ ἓξ μαρτυρίας παύεται μὲν
ὁ Ἰωάννης μαρτυρῶν, Ἰησοῦς δὲ κατὰ τὸ ἕβδομον προτείνει

Jo i 38

τό· Τί ζητεῖτε; πρέπουσα δὲ ὠφελημένοις ὑπὸ τῆς Ἰωάννου 25
μαρτυρίας ἡ φωνὴ ἀναγορεύουσα τὸν χριστὸν διδάσκαλον
καὶ ὁμολογοῦσα τὸ οἰκητήριον ποθεῖν θεάσασθαι τοῦ υἱοῦ
τοῦ θεοῦ· φασὶ γὰρ αὐτῷ· Ῥαββί, ὃ λέγεται μεθερμη-

cf. Lc xi 10

νευόμενον Διδάσκαλε, ποῦ μένεις; καὶ ἐπεὶ πᾶς ὁ ζητῶν
εὑρίσκει, ζητήσασι τὴν Ἰησοῦ μονὴν τοῖς Ἰωάννου μαθηταῖς 30

Jo i 39

ὑποδείκνυσι, λέγων αὐτοῖς· Ἔρχεσθε καὶ ὄψεσθε· τάχα διὰ
τοῦ μὲν Ἔρχεσθε ἐπὶ τὸ πρακτικὸν αὐτοὺς παρακαλῶν, διὰ

8 κατά] καί

δὲ τοῦ Ὄψεσθε τὴν ἀκολουθοῦσαν τῇ κατορθώσει τῶν πρά-
ξεων θεωρίαν πάντως ἔσεσθαι τοῖς βουλομένοις ὑπογράφων,
γινομένην ἐν τῇ τοῦ Ἰησοῦ μονῇ. προύκειτο δὲ τοῖς ζητή- cf. Jo i 39 f.
σασι ποῦ μένει Ἰησοῦς ἀκολουθήσασι τῷ διδασκάλῳ καὶ
5 θεασαμένοις παραμεῖναι τῷ Ἰησοῦ, καὶ τὴν ἡμέραν ἐκείνην
συνδιατρίψαι τῷ υἱῷ τοῦ θεοῦ. ἐπεὶ δὲ ὁ δέκατος ἀριθμὸς
τετήρηται ὡς ἅγιος, οὐκ ὀλίγων μυστηρίων ἐν τῇ δεκάδι
ἀναγραφομένων γεγονέναι, νοητέον οὐ μάτην καὶ ἐν τῷ εὐαγ-
γελίῳ τὴν δεκάτην ἀναγράφεσθαι ὥραν τῆς τῶν Ἰωάννου
10 μαθητῶν παρὰ τῷ Ἰησοῦ καταγωγῆς, ὧν Ἀνδρέας ὁ ἀδελφὸς
Σίμωνος Πέτρου ἦν, ὅστις ὠφεληθεὶς ἐν τῷ παραμεμενηκέναι
τῷ Ἰησοῦ, εὑρὼν τὸν ἀδελφὸν τὸν ἴδιον Σίμωνα, τάχα
γὰρ πρότερον οὐχ εὕρητο, φησὶν εὑρηκέναι τὸν Μεσσίαν,
ὅ ἐστι μεθερμηνευόμενον Χριστός. ἐπεὶ γὰρ ὁ ζητῶν εὑ- cf. Lc xi 10
15 ρίσκει, ἐζήτησε δὲ ποῦ μένει ὁ Ἰησοῦς, καὶ ἀκολουθήσας,
θεωρήσας αὐτοῦ τὴν μονήν, παραμένει τῷ κυρίῳ ἐν τῇ δε-
κάτῃ ὥρᾳ καὶ εὑρίσκει τὸν υἱὸν τοῦ θεοῦ, τὸν λόγον καὶ τὴν
91 σοφίαν, βασιλεύεταί τε ὑπ' αὐτοῦ, διὰ τοῦτό φησιν Εὑρή- Jo i 41
καμεν τὸν Μεσσίαν. αὕτη δὲ ἡ φωνὴ ὑπὸ παντὸς ἂν λέγοιτο
20 τοῦτον τοῦ θεοῦ λόγον εὑρηκότος καὶ ὑπὸ τῆς θειότητος αὐτοῦ
βασιλευομένου. καρπὸν δὲ εὐθέως προσάγει τὸν ἀδελφὸν
τῷ χριστῷ, ᾧ Σίμωνι ἐχαρίσατο ὁ Ἰησοῦς τὸ ἐμβλέψαι
αὐτῷ, ὅπερ ἐστι διὰ τοῦ ἐμβλέψαι ἐπισκοπῆσαι καὶ φωτίσαι
αὐτοῦ τὸ ἡγεμονικόν· καὶ δεδύνηται διὰ τὸ ἐμβεβλεφέναι
25 αὐτῷ τὸν Ἰησοῦν ὁ Σίμων βεβαιωθῆναι, ὥστε τοῦ ἔργου τῆς
βεβαιότητος καὶ τῆς στερρότητος ἐπώνυμος γενέσθαι καὶ
κληθῆναι Πέτρος.

37. (30) Ἀλλ' ἐρεῖ τις, τί δήποτε προκειμένου διηγή-
σασθαι τό· Οὗτος ἦλθεν εἰς μαρτυρίαν, ἵνα μαρτυρήσῃ περὶ Jo i 7
30 τοῦ φωτός· πάντα ταῦτα διεξεληλύθαμεν; λεκτέον δὲ ὅτι
ἔδει παραστῆσαι τὰς μαρτυρίας τοῦ Ἰωάννου τὰς περὶ τοῦ
φωτός, καὶ τὴν τάξιν αὐτῶν ἐκθέσθαι, τήν τε ἀκολουθήσασαν

13 μεσίαν

οἷς ἐμαρτύρησεν ὠφέλειαν, γενομένην μετὰ τὴν Ἰωάννου
μαρτυρίαν ἀπὸ τοῦ Ἰησοῦ, ἵνα τὸ ἀνύσιμον τῆς Ἰωάννου
μαρτυρίας δηλωθῇ. καὶ πρὸ τῶν ἐνταῦθα δὲ μαρτυριῶν ἡ ἐν

cf. Lc i 44

τῇ ἀγαλλιάσει σκίρτησις τοῦ βαπτιστοῦ ἐν τῇ κοιλίᾳ τῆς
Ἐλισάβετ ἐπὶ τῷ ἀσπασμῷ τῆς Μαρίας μαρτυρία περὶ 5
Χριστοῦ ἦν, μαρτυροῦντος τῇ θειότητι τῆς συλλήψεως καὶ
γενέσεως αὐτοῦ. καὶ τί γὰρ ἢ πανταχοῦ μάρτυς καὶ πρό-
δρομος τοῦ Ἰησοῦ ἐστιν ὁ Ἰωάννης, προλαμβάνων τὴν
γένεσιν αὐτοῦ καὶ πρὸ ὀλίγου τοῦ θανάτου ἀποθνῄσκων τοῦ
υἱοῦ τοῦ θεοῦ, ἵνα μὴ μόνον τοῖς ἐν γενέσει ἀλλὰ καὶ τοῖς 10
προσδοκῶσι τὴν διὰ Χριστοῦ ἀπὸ θανάτου ἐλευθερίαν πρὸ

cf. Lc i 17

τοῦ χριστοῦ ἐπιδημῶν, πανταχοῦ ἑτοιμάσῃ κυρίῳ λαὸν κατε-
σκευασμένον; φθάνει δὲ καὶ ἐπὶ τὴν δευτέραν Χριστοῦ

Mt xi 14 f.

παρουσίαν καὶ θειοτέραν ἡ Ἰωάννου μαρτυρία· Εἰ γὰρ
θέλετε, φησί, δέξασθαι, αὐτός ἐστιν Ἡλίας ὁ μέλλων ἔρχε- 15
σθαι. ὁ ἔχων ὦτα ἀκούειν, ἀκουέτω. οὔσης δὲ ἀρχῆς ἐν

cf. Pr viii 22

ᾗ ὁ λόγος, ἥντινα σοφίαν εἶναι ἀπὸ τῶν Παροιμιῶν
ἀπεδείξαμεν, ὄντος δὲ καὶ τοῦ λόγου, γενομένης τε ἐν
τούτῳ ζωῆς, τῆς τε ζωῆς τυγχανούσης φωτὸς ἀνθρώπων,

cf. Jo i 6 f.

ζητῶ τί δήποτε ὁ γενόμενος ἄνθρωπος ἀπεσταλμένος παρὰ 20
θεοῦ, ᾧ ὄνομα Ἰωάννης, ἦλθεν εἰς μαρτυρίαν, ἵνα μαρτυρήσῃ
περὶ τοῦ φωτός. διὰ τί γοῦν οὐχ ἵνα μαρτυρήσῃ περὶ τῆς
ζωῆς, ἢ ἵνα μαρτυρήσῃ περὶ τοῦ λόγου, ἢ περὶ τῆς ἀρχῆς, ἢ
ὁποιασδήποτε ἄλλης ἐπινοίας τοῦ χριστοῦ; ἐπίσκεψαι δὲ εἰ

Mt iv 16;
cf. Is ix 2
Jo i 5

μὴ ὁ λαὸς ὁ καθήμενος ἐν σκότῳ φῶς εἶδε μέγα, καὶ ἐπεὶ τὸ 25
φῶς ἐν τῇ σκοτίᾳ φαίνει μὴ καταλαμβανόμενον ὑπ' αὐτῆς,
οἱ ἐν σκότῳ τυγχάνοντες δέονται φωτός, τοῦτ' ἔστιν οἱ ἄν-
θρωποι. εἰ γὰρ τὸ φῶς τῶν ἀνθρώπων ἐν τῇ σκοτίᾳ φαίνει,
ἔνθα οὐδαμῶς ἐνέργεια σκοτίας τυγχάνει, ἑτέρων ἐπινοιῶν 92
τοῦ χριστοῦ κοινωνήσομεν, νῦν κυρίως καὶ κατὰ τὸ ἀκριβὲς 30
οὐ μετέχοντες αὐτῶν. πῶς γὰρ μετέχομεν ζωῆς οἱ ἔτι τὸ

cf. Col iii 3 f.

σῶμα τοῦ θανάτου περικείμενοι, ὧν ἡ ζωὴ κέκρυπται σὺν τῷ

17 ἥντινα] ἥν τι

χριστῷ ἐν τῷ θεῷ; ὅταν γὰρ ὁ χριστὸς φανερωθῇ, ἡ ζωὴ
ἡμῶν, τότε καὶ ἡμεῖς σὺν αὐτῷ φανερωθησόμεθα ἐν δόξῃ.
οὐχ οἷόν τε οὖν ἦν τὸν ἐλθόντα μαρτυρῆσαι περὶ τῆς ζωῆς
τῆς ἔτι κρυπτομένης σὺν τῷ χριστῷ ἐν τῷ θεῷ· ἀλλ'
οὐδὲ ἦλθεν εἰς μαρτυρίαν, ἵνα μαρτυρήσῃ περὶ τοῦ λόγου, cf. Jo i 7
λόγον ἡμῶν νοούντων τὸν ἐν ἀρχῇ πρὸς τὸν θεὸν καὶ θεὸν
λόγον· ἐπὶ γῆς γὰρ ὁ λόγος σὰρξ ἐγένετο.   καὶ ἦν ἂν μαρ- Jo i 14
τυρία, εἰ καὶ ἐδόκει γίνεσθαι περὶ τοῦ λόγου, κυρίως ἂν
λεχθησομένη ἡ περὶ λόγου γενομένου σαρκός, οὐχὶ δὲ λόγου
θεοῦ· διόπερ οὐκ ἦλθεν ἵνα μαρτυρήσῃ περὶ τοῦ λόγου.
πῶς δὲ μαρτυρία ἐδύνατο γίνεσθαι περὶ τῆς σοφίας τοῖς, κἂν
δοκῶσιν ἐγνωκέναι, οὐ τὸ καθαρῶς ἀληθὲς κατανοοῦσιν ἀλλὰ
βλέπουσι δι' ἐσόπτρου καὶ ἐν αἰνίγματι; εἰκὸς μέντοι γε πρὸ cf. 1 Co xiii
τῆς δευτέρας καὶ θειοτέρας Χριστοῦ ἐπιδημίας ἐλεύσεσθαι   12
μαρτυρήσοντα τὸν Ἰωάννην, ἢ Ἡλίαν, περὶ ζωῆς πρὸ ὀλίγου
τὸν χριστὸν φανερωθήσεσθαι τὴν ζωὴν ἡμῶν, καὶ τότε μαρ- cf. Col iii 4
τυρήσειν περὶ τοῦ λόγου, παραστήσειν τε τὸ περὶ τῆς σοφίας
μαρτύριον.   βασάνου δὲ δεῖται εἰ ἔνεστιν οἷον ἡ Ἰωάννου
μαρτυρία πρόδρομος ἑκάστῃ τῶν τοῦ χριστοῦ ἐπινοιῶν.
ταῦτα μὲν εἰς τό· Οὗτος ἦλθεν εἰς μαρτυρίαν, ἵνα μαρτυρήσῃ
περὶ τοῦ φωτός.   ἑξῆς δὲ ἐπισκεπτέον τί δεῖ νοεῖν εἰς τό·
Ἵνα πάντες πιστεύσωσι δι' αὐτοῦ.

11 ἐδύνατο] ἐγίνετο

ΤΟΜΟΣ ϛ'.

1. Πᾶσα μὲν οἰκία, ὡς ἔνι μάλιστα στερρότατα κατα- 100
σκευασθησομένη, ἐν εὐδίᾳ καὶ νηνεμίᾳ οἰκοδομεῖται, ἵνα μὴ
ἐμποδίζηται τὴν δέουσαν πῆξιν ἀναλαβεῖν, ὅπως δύνηται
cf. Lc vi 48 καὶ τοιαύτη γενέσθαι ὥστε ὑπομεῖναι πλημμύρας ὁρμὴν
καὶ πρόσρηξιν ποταμοῦ, καὶ ὅσα φιλεῖ χειμῶνος συμβαί- 5
νοντος ἐλέγχειν μὲν τὰ σαθρὰ τῶν οἰκοδομημάτων δεικνύναι
δὲ τὰ τὴν οἰκείαν ἀρετὴν ἀπειληφότα τῶν κατασκευασμάτων.
ἐξαιρέτως δὲ ἡ τῶν τῆς ἀληθείας θεωρημάτων δεκτικὴ λογικὴ
ὡς ἐν ἐπαγγελίᾳ ἢ γράμμασιν οἰκοδομὴ τότε μάλιστα οἰκο-
δομεῖται, καλῶς συνοικοδομοῦντος τῷ προθεμένῳ τὸ ἄριστον 10
τοῦτο ἔργον ἐπιτελεῖν τοῦ θεοῦ, ἐπὰν γαληνιάζῃ τῇ ὑπερε-
cf. Phil iv 7 χούσῃ πάντα νοῦν εἰρήνῃ χρωμένη ἡ ψυχὴ, πάσης ταραχῆς
ἀλλοτριουμένη καὶ οὐδαμῶς κυματουμένη. ταῦτα δή μοι
δοκοῦσιν ἀκριβῶς κατανενοηκότες οἱ τοῦ προφητικοῦ πνεύ-
ματος ὑπηρέται καὶ οἱ τοῦ εὐαγγελικοῦ κηρύγματος διάκονοι 15
ἀξίους ἑαυτοὺς παρειληφέναι τοῦ λαβεῖν τὴν ἐν κρυπτῷ
εἰρήνην ἀπὸ τοῦ ἀεὶ τοῖς ἀξίοις διδόντος αὐτὴν, τοῦ εἰρη-
Jo xiv 27 κότος· Εἰρήνην ἀφίημι ὑμῖν, εἰρήνην τὴν ἐμὴν δίδωμι ὑμῖν·
οὐ καθὼς ὁ κόσμος δίδωσιν εἰρήνην κἀγὼ δίδωμι εἰρήνην.
ἐπισκόπησον δὲ μήποτε τοιοῦτόν τι αἰνίττεται ἡ περὶ τὸν 20
Δαβὶδ καὶ Σολομῶντα περὶ τοῦ ναοῦ ἱστορία. Δαβὶδ μὲν
γὰρ πολέμους κυρίου πολεμῶν καὶ πρὸς πλείονας ἱστά-
μενος ἐχθροὺς ἑαυτοῦ καὶ τοῦ Ἰσραηλ, θέλων οἰκοδομῆσαι
ναὸν τῷ θεῷ, ὑπὸ τοῦ θεοῦ διὰ τοῦ Ναθὰν κωλύεται λέγοντος

20 δὲ] δὴ

πρὸς αὐτόν· Οὐκ οἰκοδομήσεις μοι οἶκον, ὅτι ἀνὴρ αἱμάτων   1 Ch xxii 8;
σύ. Σολομὼν δὲ ὄναρ τὸν θεὸν ἰδὼν καὶ ὄναρ τὴν σοφίαν   2 Reg xvi 8
λαβών, ἐτηρεῖτο γὰρ τὸ ὕπαρ τῷ λέγοντι· Ἰδού, πλεῖον   Mt xii 42
Σολομῶντος ὧδε· ἐν βαθυτάτῃ γενόμενος εἰρήνῃ, ὡς ἀνα-
5 παύεσθαι τότε ἕκαστον ὑποκάτω τῆς ἀμπέλου αὐτοῦ καὶ   cf. Mic iv 4
ὑποκάτω τῆς συκῆς αὐτοῦ, καὶ τῆς κατὰ τοὺς χρόνους αὐτοῦ
εἰρήνης ἐπώνυμος τυγχάνων, Σολομὼν γὰρ ἑρμηνεύεται   cf. 1 Ch xxii
εἰρηνικός, διὰ τὴν εἰρήνην σχολάζει τὸν διαβόητον οἰκοδο-   9
μῆσαι ναὸν τῷ θεῷ. καὶ κατὰ τοὺς Ἔσδρα δὲ χρόνους, ὅτε   cf. 3 Esdr iv
0 νικᾷ ἡ ἀλήθεια τὸν οἶνον καὶ τὸν ἐχθρὸν βασιλέα καὶ τὰς
γυναῖκας, ἀνοικοδομεῖται ὁ ναὸς τῷ θεῷ.

2. Ταῦτα δ' ἡμῖν ἀπολογουμένοις πρὸς σέ, ἱερὲ Ἀμ-
βρόσιε, εἴρηται, ἐπεὶ τὸν εὐαγγελικὸν πύργον κατὰ τὴν   cf. Lc xiv
ἁγίαν σου προτροπὴν ἐν γράμμασιν οἰκοδομῆσαι θελήσαν-   28 ff.
5 τες ἐψηφίσαμεν μὲν καθεσθέντες τὴν δαπάνην, εἰ ἔχομεν τὰ
πρὸς ἀπαρτισμόν, ἵνα μὴ ἐμπαιζώμεθα ὑπὸ τῶν θεωρούντων
καταγινωσκόμενοι ὡς θεμέλιον μὲν καταβαλλόμενοι ἐκτελέσαι
δὲ τὸ ἔργον μὴ δεδυνημένοι. ψηφίσαντες δὲ ἕτοιμα μὲν τὰ
εἰς ἀπαρτισμὸν τῆς οἰκοδομῆς ἡμῖν παρόντα οὐ κατειλή-
20 φαμεν, τῷ θεῷ δὲ πεπιστεύκαμεν τῷ πλουτίζοντι ἐν παντὶ   cf. 1 Co i 5
λόγῳ καὶ πάσῃ γνώσει, ὅτι ἀγωνιζομένους ἡμᾶς αὐτοὺς
τηρεῖν τοὺς πνευματικοὺς νόμους πλουτίσει, καὶ ἐκ τῶν
ἐπιχορηγουμένων ὑπ' αὐτοῦ προκόπτοντες ἐν τῷ οἰκοδομεῖν
φθάσομεν καὶ ἐπὶ τὴν στεφάνην τοῦ οἰκοδομήματος, κωλύ-
25 ουσαν πίπτειν τὸν ἀνεληλυθότα ἐπὶ τὸ δῶμα τοῦ λόγου, ἀπὸ
μόνων τῶν ἐστερημένων τῆς στεφάνης πιπτόντων τῶν
πιπτόντων διὰ τὸ ἀτελὲς τῶν οἰκοδομημάτων, φόνων αἰτίων
τοῖς ἐν αὐτῷ τυγχάνουσι καὶ πτωμάτων γινομένων. καὶ
μέχρι γε τοῦ πέμπτου τόμου, εἰ καὶ ὁ κατὰ τὴν Ἀλεξαν-
30 δρείαν χειμὼν ἀντιπράττειν ἐδόκει, τὰ διδόμενα ὑπηγορεύσα-
μεν, ἐπιτιμῶντος τοῖς ἀνέμοις καὶ τοῖς κύμασι τῆς θαλάσσης   cf. Mt viii 26;
τοῦ Ἰησοῦ· καὶ ἕκτου δὲ ἐπὶ ποσὸν προεληλυθότες ἐξειλ-   Lc viii 24

9 Ἔσδρα] corr.   14 θελήσαντος   16 ἐμποδιζώμεθα
32 ἐκ τοῦ δε ἔπι πεσὸν

κύσθημεν ἀπὸ τῆς Αἰγύπτου, ῥυσαμένου ἡμᾶς τοῦ θεοῦ τοῦ
ἐξαγαγόντος τὸν λαὸν αὐτοῦ ἀπ' αὐτῆς. ἔπειτα τοῦ ἐχθροῦ
πικρότατα ἡμῶν καταστρατευσαμένου διὰ τῶν καινῶν αὐτοῦ
γραμμάτων τῶν ἀληθῶς ἐχθρῶν τῷ εὐαγγελίῳ, καὶ πάντας
τοὺς ἐν Αἰγύπτῳ ἀνέμους τῆς πονηρίας καθ' ἡμῶν ἐγείραντος, 5
στῆναι μᾶλλόν με πρὸς τὸν ἀγῶνα παρεκάλει ὁ λόγος καὶ
τηρῆσαι τὸ ἡγεμονικόν, μήποτε μοχθηροὶ λογισμοὶ ἐξι-
σχύσωσι τὸν χειμῶνα καὶ τῇ ψυχῇ μου ἐπεισαγαγεῖν, ἥπερ
ἀκαίρως, πρὶν γαλήνην τὴν διάνοιαν λαβεῖν, συνάπτειν τὰ
ἑξῆς τῆς γραφῆς. καὶ οἱ συνήθεις δὲ ταχυγράφοι μὴ 102
παρόντες τοῦ ἔχεσθαι τῶν ὑπαγορεύσεων ἐκώλυον. νῦν
cf. Eph vi 16 δ' ὅτε τὰ καθ' ἡμῶν πεπυρωμένα πολλὰ σβεννῦντος θεοῦ
βέλη ἤμβλυνται, καὶ ἐνεθισθεῖσα ἡμῶν ἡ ψυχὴ τοῖς συμ-
βεβηκόσι διὰ τὸν οὐράνιον λόγον φέρειν ῥᾷον βιάζεται τὰς
γεγενημένας ἐπιβουλάς, ὡσπερεὶ ποσῆς εὐδίας λαβόμενοι 15
οὐκέτι ὑπερτιθέμενοι ὑπαγορεύειν τὰ ἀκόλουθα βουλόμεθα,
θεὸν διδάσκαλον ὑπηχοῦντα ἐν τῷ ἀδύτῳ τῆς ψυχῆς ἡμῶν
παρεῖναι εὐχόμενοι, ἵνα τέλος λάβῃ ἡ τῆς διηγήσεως τοῦ
κατὰ Ἰωάννην εὐαγγελίου οἰκοδομή. γένοιτο δ' ὁ θεὸς
ἐπήκοος ἡμῶν τῇ εὐχῇ, εἰς τὸ συνάψαι δυνηθῆναι τὸ σῶμα 20
τοῦ ὅλου λόγου, μηκέτι μεσολαβούσης περιστάσεως δια-
κοπὴν τοῦ εἱρμοῦ τῆς γραφῆς ὁποιανδήποτε ἐνεργήσασθαι
δυναμένης. ἴσθι δὲ ὅτι ἀπὸ πολλῆς προθυμίας δευτέραν
ταύτην ἀρχὴν ποιοῦμαι ἕκτου τόμου, διὰ τὸ τὰ προϋπαγορευ-
θέντα ἡμῖν ἐν τῇ Ἀλεξανδρείᾳ οὐκ οἶδ' ὅπως μὴ κεκομίσθαι. 25
βέλτιον γὰρ ἡγησάμην, ὑπὲρ τοῦ μὴ ἀπράκτως μοι τοῦδε τοῦ
ἔργου παρελθεῖν καὶ τοῦτον τὸν χρόνον, ἤδη τῶν λοιπῶν
ἄρξασθαι καὶ μή, μετ' ἀδήλῳ τῷ εὑρεθήσεσθαι τὰ προ-
ϋπαγορευθέντα ἡμῖν ἀναμένων, κέρδος οὐκ ὀλίγον ἀπολέσαι
τὸ τῶν μεταξὺ ἡμερῶν. καὶ ταῦτα μὲν αὔταρκες πεπροοι- 30
μιάσθω, ἤδη δὲ καὶ τῆς λέξεως ἐχώμεθα.

Jo i 19 3. (2) Καὶ αὕτη ἐστὶν ἡ μαρτυρία τοῦ Ἰωάννου.
Δευτέρα αὕτη ἀναγεγραμμένη Ἰωάννου τοῦ βαπτιστοῦ περὶ
Jo i 15 Χριστοῦ μαρτυρία, τῆς προτέρας ἀρξαμένης ἀπὸ τοῦ· Οὗτος

ἦν ὁ εἰπὼν Ὁ ὀπίσω μου ἐρχόμενος· καὶ ληγούσης εἰς τό·
Μονογενὴς θεὸς ὁ ὢν εἰς τὸν κόλπον τοῦ πατρὸς ἐκεῖνος   Jo i 18
ἐξηγήσατο. οὐχ ὑγιῶς δὲ ὁ Ἡρακλέων ὑπολαμβάνει· Οὐδεὶς
τὸν θεὸν ἑώρακεν πώποτε· καὶ τὰ ἑξῆς, φάσκων εἰρῆσθαι
5 οὐκ ἀπὸ τοῦ βαπτιστοῦ ἀλλ' ἀπὸ τοῦ μαθητοῦ. εἰ γὰρ καὶ
κατ' αὐτὸν τό· Ἐκ τοῦ πληρώματος αὐτοῦ ἡμεῖς πάντες ἐλά-   Jo i 16 f.
βομεν, καὶ χάριν ἀντὶ χάριτος· ὅτι ὁ νόμος διὰ Μωυσέως
ἐδόθη, ἡ χάρις καὶ ἡ ἀλήθεια διὰ Ἰησοῦ Χριστοῦ ἐγένετο·
ὑπὸ τοῦ βαπτιστοῦ εἴρηται, πῶς οὐκ ἀκόλουθον τὸν ἐκ τοῦ
10 πληρώματος τοῦ χριστοῦ εἰληφότα καὶ χάριν δευτέραν ἐπὶ
προτέρας χάριτος, ὁμολογοῦντά τε διὰ Μωσέως μὲν δε-
δόσθαι τὸν νόμον, τὴν δὲ χάριν καὶ τὴν ἀλήθειαν διὰ Ἰησοῦ
Χριστοῦ γεγονέναι, ἐκ τῶν ἀπὸ τοῦ πληρώματος εἰς αὐτὸν
ἐληλυθότων νενοηκέναι πῶς θεὸν οὐδεὶς ἑώρακεν πώποτε, καὶ
15 τὸ τὸν μονογενῆ εἰς τὸν κόλπον ὄντα τοῦ πατρὸς τὴν
)3 ἐξήγησιν αὐτῷ καὶ πᾶσι τοῖς ἐκ τοῦ πληρώματος εἰληφόσι
παραδεδωκέναι; οὐ γὰρ νῦν πρῶτον ἐξηγήσατο ὁ ὢν εἰς
τὸν κόλπον τοῦ πατρός, ὡς οὐδενὸς ἐπιτηδείου πρότερον
γεγενημένου λαβεῖν, ἃ τοῖς ἀποστόλοις διηγήσατο· εἴγε   cf. Jo viii 58,
20 πρὶν Ἀβραὰμ γενέσθαι ὢν διδάσκει ἡμᾶς τὸν Ἀβραὰμ   56
ἠγαλλιᾶσθαι ἵνα ἴδῃ τὴν ἡμέραν αὐτοῦ καὶ ἐν χαρᾷ γε-
γονέναι. καὶ τό· Ἐκ τοῦ πληρώματος δὲ αὐτοῦ ἡμεῖς πάντες
ἐλάβομεν· καὶ τό· Χάριν ἀντὶ χάριτος, ὡς ἐν τοῖς πρὸ
τούτων εἰρήκαμεν, δηλοῖ καὶ τοὺς προφήτας ἀπὸ τοῦ πληρώ-
25 ματος Χριστοῦ τὴν δωρεὰν κεχωρηκέναι, καὶ τὴν δευτέραν
χάριν ἀντὶ τῆς προτέρας αὐτοὺς εἰληφέναι· ἐφθάκεισαν γὰρ
κἀκεῖνοι ὑπὸ τοῦ πνεύματος χειραγωγούμενοι μετὰ τὴν ἐν
τοῖς τύποις εἰσαγωγὴν ἐπὶ τὴν τῆς ἀληθείας θέαν. διόπερ
οὐ πάντες οἱ προφῆται ἀλλὰ πολλοὶ ἐπεθύμησαν ἰδεῖν ἃ   cf. Mt xiii 1
30 οἱ ἀπόστολοι ἔβλεπον. εἰ γὰρ ἦν προφητῶν διαφορά, οἱ

ὃν εἶπον   ὁ   υἱὸς
1 ὁ εἰπὼν   2 μονογενὴς θ̄ς̄   5 βαπτιστοῦ...μαθητοῦ]
Sic cod. recte: sed litt. αβγδ seriori manu inter lineas insertis
transponuntur β. et μ.   6 κατ' αὐτὸν] κατὰ ταυτ̈ (sic)   17 ὁ
ὢν] om.

τετελειωμένοι καὶ διαφέροντες οὐκ ἐπεθύμησαν ἰδεῖν ἃ εἶδον
οἱ ἀπόστολοι, τεθεωρήκασι γὰρ αὐτά· οἱ δὲ μὴ φθάσαντες
ὁμοίως τούτοις εἰς τὸ ὕψος ἀναβῆναι τοῦ λόγου ἐν ὀρέξει
γεγόνασι τῶν τοῖς ἀποστόλοις διὰ Χριστοῦ ἐγνωσμένων.
τὸ γὰρ ἰδεῖν ἡμεῖς οὐ σωματικῶς εἰρῆσθαι ἐξειλήφαμεν, καὶ 5
τὸ ἀκοῦσαι πνευματικῶς ἀπαγγελλόμενον νενοήκαμεν, μόνου
τοῦ ὦτα κτησαμένου ἀκούειν παρεσκευασμένου τῶν λόγων
τοῦ Ἰησοῦ· ὅπερ οὐ πάνυ ἀθρόως γίνεται.

4. Ἔτι δὲ περὶ τοῦ τοὺς πρὸ τῆς σωματικῆς ἐπιδημίας
τοῦ Ἰησοῦ ἁγίους πλέον τι τῶν πολλῶν τῶν πιστευόντων 10
ἐσχηκότας τὰ τῆς θειότητος μυστήρια κατανενοηκέναι, τοῦ
λόγου τοῦ θεοῦ διδάσκοντος αὐτοὺς καὶ πρὶν γένηται σάρξ,
ἀεὶ γὰρ εἰργάζετο, μιμητὴς τοῦ πατρὸς ὢν περὶ οὗ λέγει·
Jo v 17 Ὁ πατήρ μου ἕως ἄρτι ἐργάζεται· ἔστιν ἐπιλογίσασθαι καὶ
ἀπὸ τούτων τῶν λέξεων. φησί που πρὸς τοὺς Σαδδου- 15
Mt xxii 31 f.;
Mc xii 26 f.; καίους ἀπιστοῦντας τῷ περὶ ἀναστάσεως λόγῳ· Οὐκ ἀνέγ-
Lc xx 37 f. νωτε τὸ ῥηθὲν ἐπὶ τῆς βάτου ὑπὸ τοῦ θεοῦ· Ἐγὼ θεὸς
Ἀβραὰμ καὶ θεὸς Ἰσαὰκ καὶ θεὸς Ἰακώβ; θεὸς δὲ οὐκ ἔστι
cf. He xi 16 νεκρῶν ἀλλὰ ζώντων. εἰ τοίνυν ὁ θεὸς οὐκ ἐπαισχύνεται
θεὸς τῶν ἀνδρῶν τούτων καλεῖσθαι, καὶ ἐν ζῶσιν ὑπὸ 20
cf. Ro iv 11 Χριστοῦ καταριθμοῦνται, υἱοί τε τοῦ Ἀβραὰμ πάντες εἰσὶν
cf. Gal iii 8; οἱ πιστεύοντες, ἐπεὶ ἐνευλογοῦνται τῷ πιστῷ Ἀβραὰμ
Ge xvii 5 πάντα τὰ ἔθνη, πατρὶ τῶν ἐθνῶν ὑπὸ τοῦ θεοῦ τεθειμένῳ,
διστάζομεν παραδέξασθαι ἐγνωκέναι τοὺς ζῶντας τὰ τῶν
cf. Ps cix ζώντων μαθήματα, μαθητευθέντας Χριστῷ τῷ πρὸ Ἑωσ- 25
(cx) 3 φόρου γεγενημένῳ πρὶν γένηται σάρξ; διὰ τοῦτο δὲ ἔζων,
Jo xi 25 ἐπεὶ μετεῖχον τοῦ εἰπόντος· Ἐγώ εἰμι ἡ ζωή· καὶ ἐχώρουν 104
ὡς τηλικούτων κληρονόμοι ἐπαγγελιῶν ἐπιφάνειαν οὐ μόνον
ἀγγέλων ἀλλὰ καὶ θεοῦ ἐν Χριστῷ, καὶ τάχα ὁρῶντες τὴν
cf. Col i 15; εἰκόνα τοῦ θεοῦ τοῦ ἀοράτου, ἐπεὶ ὁ ἑωρακὼς τὸν υἱὸν 30
Jo xiv 9 ἑώρακε τὸν πατέρα, ἀναγεγραμμένοι εἰσί, θεὸν νενοηκότες
καὶ θεοῦ λόγων θεοπρεπῶς ἀκηκοότες, ἑωρακέναι θεὸν καὶ

7 κτισαμένου   παρασκευασαμένου

ἀκηκοέναι αὐτοῦ. ἐγὼ δ' οἶμαι ὅτι οἱ τελείως καὶ γνησίως
υἱοὶ τοῦ Ἀβραὰμ τῶν πνευματικῶν νοουμένων πράξεων
αὐτοῦ εἰσιν υἱοὶ καὶ τῆς φανερωθείσης αὐτῷ γνώσεως, τῶν
ἐκείνῳ γνωσθέντων καὶ πραχθέντων ἐγγινομένων τοῖς χρη-
5 ματίζουσιν υἱοῖς τοῦ πατριάρχου, καθὰ διδάσκει τοὺς ἔχοντας
ὦτα λέγων· Εἰ τέκνα τοῦ Ἀβραὰμ ἦτε, τὰ ἔργα τοῦ
Ἀβραὰμ ἐποιεῖτε. καὶ εἰ· Σοφὸς νοήσει τὰ ἀπὸ ἰδίου
στόματος, ἐπὶ δὲ χείλεσι φορέσει ἐπιγνωμοσύνην· ἀναγκαῖον
ἤτοι προπετῶς ἀποφήνασθαί τινα περὶ προφητῶν ὡς οὐ
10 σοφῶν, εἰ μὴ νενοήκασι τὰ ἀπὸ τοῦ ἰδίου στόματος, ἢ τὸ
εὔφημον καὶ ἀληθὲς παραδεξαμένους ὅτι ἦσαν οἱ προφῆται
σοφοί, ὁμολογεῖν νενοηκέναι αὐτοὺς τὰ ἀπὸ ἰδίου στόματος,
καὶ ἐπὶ τοῖς χείλεσι πεφορεκέναι τὴν ἐπιγνωμοσύνην. καὶ
δῆλον ὅτι Μωσῆς ἑώρα τῷ νοῒ τὴν ἀλήθειαν τοῦ νόμου
15 καὶ τὰς κατὰ ἀναγωγὴν ἀλληγορίας τῶν ἀναγεγραμμένων
παρ' αὐτῷ ἱστοριῶν. Ἰησοῦς δὲ τὴν ἀληθῆ κληροδοσίαν
γενομένην μετὰ τὴν καθαίρεσιν τῶν εἴκοσι καὶ ἐννέα βασι-
λέων συνίει, μᾶλλον ἡμῶν δυνάμενος συνορᾶν τίνων ἀληθῶν
σκιαὶ ἐτύγχανον τὰ δι' αὐτοῦ ἐπιτελούμενα. δῆλον δ' ὅτι
20 καὶ Ἡσαΐας τὸ μυστήριον ἑώρα τοῦ ἐπὶ τοῦ θρόνου καθε-
ζομένου, καὶ τῶν δύο Σεραφὶμ καὶ τῶν πτερύγων αὐτοῦ, τοῦ
τε θυσιαστηρίου καὶ τῆς λαβίδος, καὶ τῆς ἐπικαλύψεως τοῦ
προσώπου καὶ τῶν ποδῶν γινομένης ὑπὸ τῶν Σεραφίμ.
Ἰεζεκιὴλ δὲ τὰ Χερουβὶμ καὶ τὴν πορείαν αὐτῶν, καὶ τὸ
25 ἐπ' αὐτῶν στερέωμα, καὶ τὸν ἐπικαθεζόμενον τῷ θρόνῳ, ὧν
τί ἂν εἴη ἐνδοξότερον καὶ ὑψηλότερον; καὶ ἵνα μὴ καθὲν
λέγων ἐπὶ πολὺ μηκύνω τὸν λόγον, βουλόμενος κατα-
σκευάζειν οὐκ ἔλαττον τῶν τοῖς ἀποστόλοις ὑπὸ Χριστοῦ
ἀποκαλυφθέντων ἐγνωκέναι τοὺς τετελειωμένους ἐν ταῖς
30 προτέραις γενεαῖς, ἀποκαλύπτοντος αὐτοῖς τοῦ καὶ τοὺς
ἀποστόλους διδάξαντος τὰ ἀπόρρητα τῆς θεοσεβείας μυσ-
τήρια, ἔτι ὀλίγα προσθεὶς κρίνειν τοῖς ἐντυγχάνουσι κατα-

cf. Mt xi 15

Jo viii 39

Pr xvi 23

cf. Jos xii
9 ff.

Is vi 1 ff.

cf. Ez i 4 ff.

λείψω καὶ ὃ βούλονται περὶ τούτων σκοπεῖν. φησὶ γὰρ ἐν

Ro xvi 25 f. τῇ πρὸς τοὺς Ῥωμαίους ἐπιστολῇ ὁ Παῦλος· Τῷ δὲ δυνα-
μένῳ ὑμᾶς στηρίξαι κατὰ τὸ εὐαγγέλιόν μου κατὰ ἀποκά-
λυψιν μυστηρίου χρόνοις αἰωνίοις σεσιγημένου, φανερωθέντος

cf. 2 Tim i 10 δὲ νῦν διά τε γραφῶν προφητικῶν καὶ τῆς ἐπιφανείας τοῦ 105
κυρίου ἡμῶν Ἰησοῦ Χριστοῦ. εἰ γὰρ διὰ γραφῶν προφη-
τικῶν τὸ πάλαι σεσιωπημένον μυστήριον πεφανέρωται τοῖς

cf. Pr xvi 23 ἀποστόλοις, καὶ οἱ προφῆται ἐνόουν τὰ ἀπὸ ἰδίου στόματος,
ἅτε ὄντες σοφοί, τὰ πεφανερωμένα τοῖς ἀποστόλοις οἱ
προφῆται ᾔδεσαν. ἐπεὶ δὲ τοῖς πολλοῖς οὐκ ἀπεκαλύπτετο, 10

Eph iii 5 f. διὰ τοῦτό φησιν ὁ Παῦλος· Ἑτέραις γενεαῖς οὐκ ἐγνωρίσθη
τοῖς υἱοῖς τῶν ἀνθρώπων, ὡς νῦν ἀπεκαλύφθη τοῖς ἁγίοις
ἀποστόλοις αὐτοῦ καὶ προφήταις ἐν πνεύματι, εἶναι τὰ ἔθνη
συγκληρονόμα καὶ σύσσωμα.

5. Ὅρα δὲ εἰ καὶ οὕτως οἷόν τε ἀνθυπενεχθησομένην 15
ἀνθυποφορὰν ὑπὸ τῶν μὴ παραδεχομένων τὸν λόγον <λῦσαι,
τῷ> τὴν λέξιν ταύτην οὕτως ἐκλαβεῖν τὸ ἀποκαλυπτόμενον,
μήποτε διχῶς ἔστιν ἰδεῖν ἀποκαλυπτόμενον, καθ᾽ ἕνα μὲν
τρόπον ὅτε νοεῖται, καθ᾽ ἕτερον δὲ ἐὰν ᾖ τοῦτο προφητευό-
μενον, ὥστε γενέσθαι καὶ πληρωθῆναι αὐτό· τότε γὰρ 20
ἀποκαλύπτεται, ὅτε ἐπιτελεῖται πληρούμενον. τὸ τοίνυν
τὰ ἔθνη συγκληρονόμα καὶ σύσσωμα καὶ συμμέτοχα εἶναι
τῆς ἐπαγγελίας ἐν Χριστῷ, ὅσον μὲν ἐπὶ τῇ γνώσει τοῦ
ἔσεσθαι τὰ ἔθνη συγκληρονόμα καὶ σύσσωμα καὶ συμ-
μέτοχα, καὶ πότε ἔσεσθαι, καὶ διὰ τί, καὶ τίνα ὄντα, καὶ πῶς 25

cf. Eph ii 12 ξένα τῶν διαθηκῶν τυγχάνοντα καὶ ἀλλότρια τῆς ἐπαγγε-
λίας σύσσωμα καὶ συμμέτοχα ὕστερον ἐσόμενα, ᾔδεσαν οἱ
προφῆται, ἀποκαλυφθέντος αὐτοῖς τούτου. ἀλλ᾽ οὐχ οὕτως
τοῖς νοοῦσιν, οὐχ ὁρῶσι δὲ ἐπιτελούμενα, τὰ προφητευόμενα
ἀποκεκάλυπται τὰ ἐσόμενα ὡς τοῖς ὑπ᾽ ὄψιν θεωροῦσι τὴν 30
ἔκβασιν αὐτῶν· ὅπερ γέγονεν ἐπὶ τῶν ἀποστόλων. οὕτω

5 om. καὶ τῆς—6, 7 προφητικῶν] sed add. in mg. 16, 17 λῦσαι τῷ
om. 19 locus valde corruptus. equidem e coniectura sensum qui-
dem restituere velim pro ᾖ τοῦτο legendo τελῆται τὸ

γὰρ, ὡς οἶμαι, ἐνόουν τὰ πράγματα οὐ μᾶλλον τῶν πατέρων
καὶ προφητῶν, ἀληθεύεται δὲ περὶ αὐτῶν τό· Ὁ ἑτέραις   Eph iii 5 f.
γενεαῖς οὐκ ἀπεκαλύφθη, ὡς νῦν τοῖς ἀποστόλοις καὶ προ-
φήταις, εἶναι τὰ ἔθνη συγκληρονόμα καὶ σύσσωμα καὶ
5 συμμέτοχα τῆς ἐπαγγελίας ἐν Χριστῷ· τῷ πρὸς τῷ νοεῖν
αὐτοὺς τὰ μυστήρια καὶ τὴν ἐνέργειαν διὰ τοῦ πράγματος
ἐπιτελουμένου κατανοεῖν. δύναται δὲ καὶ τό· Πολλοὶ προ-   Mt xiii 17
φῆται καὶ δίκαιοι ἐπεθύμησαν ἰδεῖν ἃ ὑμεῖς βλέπετε, καὶ
οὐκ εἶδον, καὶ ἀκοῦσαι ἃ ἀκούετε, καὶ οὐκ ἤκουσαν· τὴν
10 ὁμοίαν ἔχειν διήγησιν, οἱονεὶ ἐπιθυμησάντων κἀκείνων ἰδεῖν
οἰκονομούμενον τὸ μυστήριον τῆς τοῦ υἱοῦ τοῦ θεοῦ ἐνσωμα-
τώσεως καὶ καταβάσεως ἐπὶ τὴν οἰκονομίαν τοῦ σωτηρίου
τοῖς πολλοῖς πάθους αὐτοῦ· ὡς ἐπὶ παραδείγματος καὶ ἄλλο
)6 τι τοιοῦτον λαμβάνωμεν· ἔστω τινὰ τῶν ἀποστόλων, συν-
15 ιέντα τὰ ἄρρητα ῥήματα ἃ οὐκ ἐξὸν ἄνθρωπον λαλῆσαι,   cf. 2 Co xii 4
μὴ ὀψόμενον τὴν παρὰ τοῖς πεπιστευκόσι κατηγγελμένην
δευτέραν σωματικὴν Ἰησοῦ ἔνδοξον ἐπιδημίαν, ἐπιθυμεῖν
αὐτὴν ὁρᾶν· ἕτερον δέ τινα οὐ μόνον τὰ αὐτὰ τῷ ἀποστόλῳ
ἠκριβωκότα καὶ νενοηκότα, ἀλλὰ καὶ πολλῷ αὐτοῦ ἔλαττον
20 ἀντεχόμενον τῆς θείας ἐλπίδος καταλαμβάνειν τὴν δευτέραν
τοῦ σωτῆρος ἡμῶν ἐπιδημίαν, ἣν ἐπιτεθυμηκέτω μὲν κατὰ
τὸ παράδειγμα ὁ ἀπόστολος, μὴ τεθεωρηκέτω δέ. οὐ ψεῦ-
δος δὴ ἐροῦμεν ὅτι οἶδε δύο, ἃ ἐπεθύμησεν ὁ ἀπόστολος
ἰδεῖν, ἢ καὶ ἀπόστολοι, τεθέανται, καὶ οὐ πάντως παρὰ τοῦτο
25 συνετωτέρους αὐτοὺς ἢ μακαριωτέρους ἀνάγκη λέγειν τῶν
ἀποστόλων· οὕτως οὐδὲ τοὺς ἀποστόλους σοφωτέρους τῶν
πατέρων ἢ Μωσέως καὶ τῶν προφητῶν, καὶ μάλιστα τῶν
ἐπιπλεῖον δι' ἀρετὴν ἀξιωθέντων ἐπιφανειῶν καὶ ἐμφανειῶν
θείων, καὶ ἀποκαλύψεων μυστηρίων μεγάλων.

30   6. (3) Ἐπιπλέον δὲ διετρίψαμεν ἐξετάζοντες περὶ τού-
των, ἐπεὶ τῇ φαντασίᾳ τοῦ δοξάζειν τὴν Χριστοῦ ἐπιδημίαν
πολλοὶ σοφωτέρους τοὺς ἀποστόλους τῶν πατέρων καὶ τῶν

14 ἐλαμβάνομεν   24 παρὰ] περὶ   31 ἐπεὶ] ἐπὶ

προφητῶν λέγοντες, οἱ μὲν καὶ ἕτερον ἀναπεπλάκασι θεὸν
μείζονα, οἱ δὲ μὴ τοῦτο τολμήσαντες, ὅσον ἐπὶ τῷ αὐτῶν
λόγῳ, διὰ τὸ ἀβασάνιστον τῶν δογμάτων χρεοκοποῦσι τὴν
δεδομένην τοῖς πατράσι καὶ τοῖς προφήταις ἀπὸ θεοῦ διὰ
Χριστοῦ δωρεάν, δι᾽ οὗ τὰ πάντα ἐγένετο· εἰ δὲ τὰ πάντα, 5
δῆλον ὅτι καὶ τὰ ἐκείνοις ἀποκαλυφθέντα καλὰ καὶ πεπραγ-
μένα σύμβολα μυστηρίων θεοσεβείας ἁγίων. ἐπεὶ δὲ
πάντη φράσσεσθαι δεῖ τοὺς γενναίους Χριστοῦ στρατιώτας
ὑπὲρ ἀληθείας, οὐδαμοῦ κατὰ τὸ δυνατὸν παρείσδυσιν ἐῶντας
ἐγγενέσθαι τῇ ἀπὸ τοῦ ψεύδους πιθανότητι, φέρε καὶ ταῦτα 10
σκοπήσωμεν. τάχα γὰρ φήσουσι τὴν προτέραν Ἰωάννου
περὶ Χριστοῦ μαρτυρίαν εἶναι· Ὁ ὀπίσω μου ἐρχόμενος
ἔμπροσθέν μου γέγονεν, ὅτι πρῶτός μου ἦν. τὸ δέ· Ὅτι ἐκ
τοῦ πληρώματος αὐτοῦ ἡμεῖς πάντες ἐλάβομεν καὶ χάριν
ἀντὶ χάριτος, καὶ τὰ ἑξῆς, εἰρῆσθαι ἐκ προσώπου τοῦ μαθητοῦ. 15
ἀναγκαῖον δὲ καὶ οὕτως διελέγξαι ὡς βεβιασμένην καὶ
ἀνακόλουθον τὴν ἐκδοχήν· πάνυ γὰρ βίαιον τὸ οἴεσθαι
αἰφνίδιον οἱονεὶ ἀκαίρως διακόπτεσθαι τὸν τοῦ βαπτιστοῦ
λόγον ὑπὸ τοῦ λόγου τοῦ μαθητοῦ, καὶ παντὶ τῷ καὶ ἐπὶ
ποσὸν ἀκούειν συμφράσεως λεγομένων ἐπισταμένῳ σαφὲς 20
τὸ τοῦ εἱρμοῦ τῆς λέξεως· Οὗτος ἦν ὁ εἰπὼν Ὁ ὀπίσω μου 107
ἐρχόμενος ἔμπροσθέν μου γέγονεν, ὅτι πρῶτός μου ἦν. δι-
δάσκει δὲ ὁ βαπτιστὴς πῶς ἔμπροσθεν αὐτοῦ γέγονεν
Ἰησοῦς τῷ πρῶτος αὐτοῦ, ἐπεὶ πρωτότοκος πάσης κτίσεως,
εἶναι διὰ τοῦ· Ὅτι ἐκ τοῦ πληρώματος αὐτοῦ ἡμεῖς πάντες 25
ἐλάβομεν. διὰ τοῦτο γάρ, φησίν, ἔμπροσθέν μου γέγονεν,
ὅτι πρῶτός μου ἦν. διὰ τοῦτο δὲ νοῶ αὐτὸν πρῶτόν μου
ὄντα καὶ τιμιώτερον παρὰ τῷ πατρί, ἐπεὶ ἐκ τοῦ πληρώμα-
τος αὐτοῦ ἐγώ τε καὶ οἱ πρὸ ἐμοῦ προφῆται εἰλήφαμεν
χάριν τὴν θειοτέραν καὶ μείζονα καὶ προφητικὴν ἀντὶ 30
χάριτος τῆς κατὰ τὴν προαίρεσιν ἡμῶν ἀποδεχθείσης παρ᾽
αὐτοῦ. διὰ τοῦτο δὲ καὶ ἔμπροσθεν γέγονεν ὅτι πρῶτός

7 ἐπειδὴ   25 διὰ τοῦ] δι᾽ αὐτοῦ   31 ἀποδεχθεῖσαν παρ᾽
αὐτῷ

cf. Jo i 3

Jo i 15 f.

cf. Col i 15

μου ἦν, ἐπεὶ καὶ νενοήκαμεν ἐκ τοῦ πληρώματος αὐτοῦ
εἰληφότες, τὸν μὲν νόμον διὰ Μωσέως δεδόσθαι, οὐχ ὑπὸ
Μωσέως, τὴν δὲ χάριν καὶ τὴν ἀλήθειαν διὰ Ἰησοῦ Χριστοῦ
οὐ δεδόσθαι μόνον ἀλλὰ καὶ γεγονέναι, τοῦ θεοῦ καὶ πατρὸς
5 αὐτοῦ τόν τε νόμον διὰ Μωσέως δεδωκότος, τὴν χάριν καὶ
τὴν ἀλήθειαν διὰ Ἰησοῦ Χριστοῦ πεποιηκότος, χάριν δὲ
καὶ ἀλήθειαν πεποιηκότος διὰ Ἰησοῦ Χριστοῦ τὴν ἐπ'
ἀνθρώπους φθάσασαν. εὐγνωμονέστερον γὰρ ἀκούσαντες
τῆς λέξεως τῆς φασκούσης· Ἡ χάρις καὶ ἡ ἀλήθεια διὰ Jo i 17
10 Ἰησοῦ Χριστοῦ ἐγένετο· οὐ ταραχθησόμεθα, ὡς ὑπὸ ἐναν-
τιώματος ταύτῃ τῇ φωνῇ ὄντος τοῦ· Ἐγώ εἰμι ἡ ὁδὸς καὶ Jo xiv 6
ἡ ἀλήθεια καὶ ἡ ζωή. εἰ γὰρ Ἰησοῦς ἐστιν ὁ φάσκων·
Ἐγώ εἰμι ἡ ἀλήθεια· πῶς ἡ ἀλήθεια διὰ Ἰησοῦ Χριστοῦ
γίνεται; αὐτὸς γάρ τις δι' ἑαυτοῦ οὐ γίνεται. ἀλλὰ νοητέον
15 ὅτι ἡ αὐτοαλήθεια ἡ οὐσιώδης καί, ἵν' οὕτως εἴπω, πρωτό-
τυπος τῆς ἐν ταῖς λογικαῖς ψυχαῖς ἀληθείας, ἀφ' ἧς ἀληθείας
οἱονεὶ εἰκόνες ἐκείνης ἐντετύπωνται τοῖς φρονοῦσι τὴν ἀλή-
θειαν, οὐχὶ διὰ Ἰησοῦ Χριστοῦ ἐγένετο οὐδ' ὅλως διά τινος,
ἀλλ' ὑπὸ θεοῦ ἐγένετο· ὡς καὶ ὁ λόγος οὐ διά τινος ὁ ἐν cf. Jo i 2
20 ἀρχῇ πρὸς τὸν θεόν, καὶ ἡ σοφία ἣν ἔκτισεν ἀρχὴν ὁδῶν Pr viii 22
αὐτοῦ ὁ θεὸς οὐ διά τινος, οὕτως οὐδὲ ἡ ἀλήθεια διά τινος.
ἡ δὲ παρ' ἀνθρώποις ἀλήθεια διὰ Ἰησοῦ Χριστοῦ ἐγένετο·
οἷον ἡ ἐν Παύλῳ ἀλήθεια καὶ τοῖς ἀποστόλοις διὰ Ἰησοῦ
Χριστοῦ ἐγένετο. καὶ οὐ θαυμαστὸν μιᾶς οὔσης ἀληθείας
25 οἱονεὶ πολλὰς ἀπ' ἐκείνης λέγειν ἐρρυηκέναι. οἶδε γοῦν
ὁ προφήτης Δαβὶδ πολλὰς ἀληθείας, λέγων· Ἀληθείας Ps xxx
ἐκζητεῖ κύριος· οὐ γὰρ τὴν μίαν ἐκζητεῖ ἀλήθειαν ὁ πατὴρ (xxxi) 24
αὐτῆς ἀλλὰ τὰς πολλάς, δι' ἃς σώζονται οἱ ἔχοντες αὐτάς.
τὸ δ' ὅμοιον τῷ περὶ τῆς ἀληθείας καὶ τῶν ἀληθειῶν λόγῳ
30 εὑρίσκομεν εἰρημένον περὶ δικαιοσύνης καὶ δικαιοσυνῶν.
08 τὸ γὰρ αὐτοδικαιοσύνη ἡ οὐσιώδης Χριστός ἐστιν· Ὃς 1 Co i 30
ἐγενήθη σοφία ἡμῖν ἀπὸ θεοῦ, δικαιοσύνη τε καὶ ἁγιασμὸς

3 om. τὴν ἀλήθειαν—4 οὐ, sed add. in mg. pr. man.

καὶ ἀπολύτρωσις. ἀπ' ἐκείνης δὲ τῆς δικαιοσύνης ἡ ἐν
ἑκάστῳ δικαιοσύνη τυποῦται, ὡς γίνεσθαι ἐν τοῖς σωζο-
μένοις πολλὰς δικαιοσύνας· διὸ καὶ γέγραπται· Ὅτι δίκαιος
κύριος, καὶ δικαιοσύνας ἠγάπησεν· οὕτω γὰρ ἐν τοῖς ἀκρι-
βέσιν ἀντιγράφοις εὕρομεν καὶ ταῖς λοιπαῖς παρὰ τοὺς 5
ἑβδομήκοντα ἐκδόσεσι καὶ τῷ Ἑβραϊκῷ. ἐπίστησον δὲ εἰ
δύναται ὁμοίως καὶ τὰ ἄλλα, ὅσα Χριστὸς εἶναι λέγεται
ἑνικῶς, πληθυνόμενα ἀνάλογον ὀνομάζεσθαι πληθυντικῶς,
οἷον· Χριστός ἐστιν ἡ ζωὴ ἡμῶν, ὡς αὐτὸς ὁ σωτήρ φησιν·
Ἐγώ εἰμι ἡ ὁδὸς καὶ ἡ ἀλήθεια καὶ ἡ ζωή· καὶ ὁ ἀπόστολος· 10
Ὅταν Χριστὸς φανερωθῇ, ἡ ζωὴ ὑμῶν, τότε καὶ ὑμεῖς σὺν
αὐτῷ φανερωθήσεσθε ἐν δόξῃ. ἐν ψαλμοῖς δὲ πάλιν ἀνα-
γέγραπται· Κρεῖττον τὸ ἔλεός σου ὑπὲρ ζωάς· διὰ γὰρ τὸν
ἐν ἑκάστῳ χριστὸν ὄντα ζωὴν πληθύνονται αἱ ζωαί. τάχα δὲ
οὕτω ζητητέον καὶ τό· Εἰ δοκιμὴν ζητεῖτε τοῦ ἐν ἐμοὶ 15
λαλοῦντος χριστοῦ; οἱονεὶ γὰρ καθ' ἕκαστον ἅγιον Χριστὸς
εὑρίσκεται, καὶ γίνονται διὰ τὸν ἕνα χριστὸν πολλοὶ χριστοὶ
οἱ ἐκείνου μιμηταὶ καὶ κατ' αὐτὸν εἰκόνα ὄντα θεοῦ μεμορ-
φωμένοι· ὅθεν ὁ θεὸς διὰ τοῦ προφήτου φησί· Μὴ ἅψησθε
τῶν χριστῶν μου. ὃ τοίνυν ἐδόξαμεν παρεληλυθέναι διη- 20
γούμενοι τό· Ἡ χάρις καὶ ἡ ἀλήθεια διὰ Ἰησοῦ Χριστοῦ
ἐγένετο· τοῦτο νῦν κατὰ τὸ ἐμπεσὸν ἀνεπτύξαμεν· ἅμα δὲ
παρεστήσαμεν ὅτι τοῦ βαπτιστοῦ Ἰωάννου ἐστὶν ἡ φωνὴ,
ἔτι καὶ διὰ τούτων μαρτυροῦντος τῷ υἱῷ τοῦ θεοῦ.

7. (4) Ἤδη οὖν ἴδωμεν τὴν δευτέραν Ἰωάννου μαρτυ- 25
ρίαν. Ἀπὸ Ἱεροσολύμων Ἰουδαῖοι, ὡς συγγενεῖς ὄντες τοῦ
Βαπτιστοῦ ἀπὸ γένους ἱερατικοῦ τυγχάνοντος, ἱερεῖς πέμ-
πουσι καὶ Λευΐτας πευσομένους ὅστις ποτὲ εἴη ὁ Ἰωάννης.
ὁ δὲ λέγων τό· Ἐγὼ οὐκ εἰμὶ ὁ χριστός· δι' αὐτοῦ τούτου
ὁμολογίαν ἀληθείας πεποίηται, καὶ οὐχ ὡς ἄν τις ὑπολάβοι 30
διὰ τό· Οὐκ εἰμὶ ὁ χριστός· ἠρνήσατο· οὐ γάρ ἐστιν
ἄρνησις τὸ εἰς δόξαν Χριστοῦ λέγειν μὴ αὐτὸν εἶναι
Χριστόν. ἅπαξ δὲ οἱ πεμφθέντες ἀπὸ Ἱεροσολύμων ἱερεῖς
καὶ Λευΐται ἀκούσαντες τὸ μὴ εἶναι αὐτὸν τὸν προσδοκώ-

Ps x (xi) 7

Jo xiv 6

Col iii 4

Ps lxii (lxiii) 4

2 Co xiii 3

Ps civ (cv) 15

Jo i 17

Jo i 19 ff.

μενον χριστὸν, πυνθάνονται περὶ τοῦ δευτέρου ἐλπιζομένου
παρ' αὐτοῖς τιμίου ὀνόματος Ἠλίου, εἰ αὐτὸς εἴη ἐκεῖνος.
λέγει δὲ μὴ τυγχάνειν Ἠλίας, πάλιν ὁμολογῶν διὰ τοῦ Οὐκ
εἰμὶ τὸ ἀληθές. ἐπεὶ δὲ πολλῶν προφητῶν γινομένων ἐν
5 Ἰσραὴλ εἷς τις ὁ ὑπὸ Μωσέως προφητευθεὶς ἐξαιρέτως
προσεδοκᾶτο κατὰ τὸ φάσκον ῥητόν· Προφήτην ὑμῖν ἀνα- Act iii 22 f.
09 στήσει κύριος ὁ θεὸς ἡμῶν ἐκ τῶν ἀδελφῶν ὑμῶν ὡς ἐμέ, cf. Deut xviii 15 f.
αὐτοῦ ἀκούσεσθε. καὶ ἔσται πᾶσα ἡ ψυχὴ ἥτις ἂν μὴ
ἀκούσῃ τοῦ προφήτου ἐκείνου ἐξολοθρευθήσεται ἐκ τοῦ
10 λαοῦ αὐτοῦ· τρίτον ἐρωτῶσιν οὐχὶ εἰ προφήτης εἴη, ἀλλ' εἰ
ὁ προφήτης. καὶ τοῦτο τὸ ὄνομα ἐκείνων οὐκ ἐπὶ Χριστοῦ
ταττόντων ἀλλ' οἰομένων ἕτερον παρὰ τὸν χριστὸν αὐτὸν
εἶναι, αὐτὸς γινώσκων τὸν οὗ πρόδρομός ἐστιν ὅτι καὶ ὁ
χριστὸς καὶ ὁ προφήτης οὗτός ἐστιν ὁ προφητευθείς, φησίν
15 Οὔ· τάχα τὸ Ναί ἀποκρινάμενος, εἰ χωρὶς τοῦ ἄρθρου
ἠρωτήκεισαν· οὐ γὰρ ἠγνόει προφήτης ὤν. καὶ ἐν ταύταις
ὕλαις ταῖς ἀποκρίσεσιν ἡ δευτέρα οὐδέπω τετέλεσται μαρ-
τυρία Ἰωάννου, ἕως τοῖς αἰτοῦσιν ἀπόκρισιν ἀπαγγελθησο-
μένην τοῖς πέμψασιν ἑαυτὸν ἀπὸ προφητικῆς κατήγγειλε
20 φωνῆς τῆς τοῦ Ἠσαΐου οὕτως ἐχούσης· Φωνὴ βοῶντος ἐν Is xl 3
τῇ ἐρήμῳ, εὐθύνατε τὴν ὁδὸν κυρίου.

8. (5) Ἄξιον δὲ ζητῆσαι πότερον τετέλεσται ἡ δευτέρα
μαρτυρία, καὶ τρίτη γίνεται πρὸς ἀπεσταλμένους ἐκ τῶν
Φαρισαίων καὶ βουλομένους μαθεῖν τί δήποτε βαπτίζει,
25 μήτε Χριστὸς μήτε Ἠλίας μήτε ὁ προφήτης τυγχάνων, ἐν cf. Jo i 25
τῷ· Ἐγὼ βαπτίζω ἐν ὕδατι· μέσος δὲ ὑμῶν ἕστηκεν ὃν Jo i 26
ὑμεῖς οὐκ οἴδατε, ὁ ὀπίσω μου ἐρχόμενος, οὗ οὐκ εἰμὶ ἐγὼ
ἄξιος ἵνα λύσω αὐτοῦ τὸν ἱμάντα τοῦ ὑποδήματος· ἢ μέρος
τῆς δευτέρας ἐστὶ καὶ τὸ ἀπαγγελλόμενον πρὸς τοὺς Φαρι-
30 σαίους. ἐγὼ δ' ὅσον ἐκ τῆς λέξεως στοχάσασθαι εἴποιμ'
ἂν τρίτην εἶναι μαρτυρίαν τὸν πρὸς τοὺς ἀπεσταλέντας ἀπὸ
τῶν Φαρισαίων λόγον. παρατηρητέον μέντοι γε ὅτι ἡ
πρώτη μαρτυρία τὸ ἔνθεον τοῦ σωτῆρος παρίστησιν, ἡ δὲ
δευτέρα τὴν ὑπόνοιαν τῶν διστάζοντων μήποτε Ἰωάννης εἴη

Χριστὸς καθαιρεῖ, ἡ δὲ τρίτη τὸν ἀοράτως τοῖς ἀνθρώποις
παρόντα κηρύττει ὅσον οὐδέπω ἐλευσόμενον. πρὶν δὲ τῶν
ἑξῆς μαρτυριῶν, καθ᾽ ἃς δεικνύμενος μαρτυρεῖται, ἑκάστην
λέξιν ἴδωμεν τῆς δευτέρας καὶ τρίτης μαρτυρίας, τοῦτο
πρῶτον ἐπιτηρήσαντες ὅτι δύο ἀποστολαὶ γίνονται πρὸς τὸν 5
cf. Jo i 19 βαπτιστὴν, μία μὲν ἀπὸ Ἱεροσολύμων ὑπὸ Ἰουδαίων πεμ-
πόντων ἱερεῖς καὶ Λευίτας ἵνα ἐρωτήσωσιν αὐτόν Σὺ τίς εἶ;
cf. Jo i 24 ἑτέρα δὲ Φαρισαίων ἀποστελλόντων καὶ πρὸς τὴν γεγενη-
μένην ἀπόκρισιν τοῖς ἱερεῦσι καὶ Λευίταις ἐπαπορούντων.
παρατήρει τοίνυν πῶς κατὰ τὸ ἱερατικὸν καὶ λευιτικὸν 10
πρόσωπόν ἐστι μεθ᾽ ἡμερότητος λεγόμενα καὶ φιλομαθείας
Jo i 21 f. τό· Σὺ τίς εἶ; καὶ τό· Τί οὖν; σὺ Ἠλίας εἶ; καὶ τό· Ὁ
προφήτης ἄρα εἶ σύ; καὶ ἐπὶ τούτοις· Τίς εἶ, ἵνα ἀπόκρισιν
δῶμεν τοῖς πέμψασιν ἡμᾶς; τί λέγεις περὶ σεαυτοῦ; οὐδὲν
γὰρ αὔθαδες οὐδὲ θρασὺ ἐν τῇ τούτων ἐστὶ πεύσει, ἀλλὰ 15
πάντα ἁρμόττοντα ἀκριβέσι θεραπευταῖς θεοῦ. οἱ δὲ ἀπὸ 110
τῶν Φαρισαίων ἀπεσταλμένοι οὐδὲν περιεργασαμένων πρὸς
τὰ εἰρημένα τῶν Λευιτῶν καὶ ἱερέων, οἱονεὶ ὑβριστικὰς καὶ
ἀπανθρωποτέρας προσάγουσι τῷ βαπτιστῇ φωνὰς διὰ τοῦ·
Jo i 25 Τί οὖν βαπτίζεις, εἰ σὺ οὐκ εἶ ὁ χριστὸς οὐδὲ Ἠλίας οὐδὲ ὁ 20
προφήτης; καὶ σχεδὸν οὐ μαθεῖν βουλόμενοι, ὡς οἱ προει-
ρημένοι ἱερεῖς καὶ Λευῖται ἀποστέλλουσιν, ἀλλὰ κωλῦσαι
ἀπὸ τοῦ βαπτίζειν, ἴσως οἰόμενοι οὐδενὸς ἑτέρου ἔργον
τυγχάνειν τὸ βαπτίζειν ἢ Χριστοῦ καὶ Ἠλίου καὶ τοῦ
προφήτου. καὶ πανταχοῦ ἐπιμέλειαν τὸν ἀκριβῶς ἐντευξό- 25
μενον τῇ γραφῇ ποιητέον, τηρεῖν ἀναγκαῖον ὄντος τὰ λεγό-
μενα, ὑπὸ τίνων καὶ πότε λέγεται, ἵν᾽ εὑρίσκωμεν τὸ τοῖς
προσώποις ἁρμοζόντως περιτεθεῖσθαι λόγους δι᾽ ὅλων τῶν
ἁγίων βιβλίων.

Jo i 19 f. 9. (6) Τότε ἀπέστειλαν οἱ Ἰουδαῖοι ἐξ Ἱεροσολύμων 30
ἱερεῖς καὶ Λευίτας ἵνα ἐρωτήσωσιν αὐτόν Σὺ τίς εἶ;
καὶ ὡμολόγησε καὶ οὐκ ἠρνήσατο, καὶ ὡμολόγησεν ὅτι

19 ἀνθρωποτέρας   24 τοῦ] intra lin.

Ἐγὼ ογκ εἰμὶ ὁ χριστός. Καὶ τίνας ἐχρῆν πρεσβύτας
πεπέμφθαι πρὸς τὸν Ἰωάννην ἀπὸ Ἰουδαίων καὶ πόθεν ἢ
τοὺς διαφέρειν νενομισμένους κατ' ἐκλογὴν θεοῦ ἀπὸ τοῦ
ἐξειλεγμένου παρὰ πᾶσαν τὴν λεγομένην γῆν ἀγαθὴν τόπου
5 Ἱεροσολύμων, ἔνθα ὁ ναὸς ἦν τοῦ θεοῦ; Ἰωάννου μὲν οὖν
μετὰ τοσαύτης πυνθάνονται τιμῆς· περὶ Χριστοῦ δὲ οὐδὲν
τοιοῦτον ἀναγέγραπται γεγονέναι ὑπὸ Ἰουδαίων· ἀλλ' ὅπερ
Ἰουδαῖοι πρὸς Ἰωάννην ποιοῦσι, τοῦτο Ἰωάννης πρὸς
Χριστὸν διὰ τῶν ἰδίων μαθητῶν πυνθανόμενος· Σὺ εἶ ὁ   Mt xi 3
10 ἐρχόμενος ἢ ἕτερον προσδοκῶμεν; καὶ Ἰωάννης μὲν πρὸς
τοὺς ἐληλυθότας ὁμολογήσας καὶ μὴ ἀρνησάμενος, ὕστερον
τό· Ἐγὼ φωνὴ βοῶντος ἐν τῇ ἐρήμῳ· ἀποφαίνεται· Χριστὸς   Jo i 23
δὲ τὴν ἀπόκρισιν ποιεῖται ὡς μείζονα τὴν μαρτυρίαν   cf. Jo v 36
Ἰωάννου ἔχων λόγοις καὶ ἔργοις, φάσκων· Πορευθέντες   Mt xi 4 f.
15 ἀπαγγείλατε Ἰωάννῃ ἃ βλέπετε καὶ ἀκούετε· τυφλοὶ ἀνα-
βλέπουσι, χωλοὶ περιπατοῦσι, λεπροὶ καθαρίζονται, κωφοὶ
ἀκούουσι, πτωχοὶ εὐαγγελίζονται· περὶ ὧν εὐκαιρότερον,
θεοῦ διδόντος, ἐν τοῖς οἰκείοις διαληψόμεθα τόποις. ἴσως δ'
ἂν οὐκ ἀλόγως τις ἐπιστήσειε τί δήποτε τῶν ἱερέων καὶ
20 Λευϊτῶν πυνθανομένων Ἰωάννου οὐχὶ εἰ αὐτὸς εἴη ὁ χριστός,   cf. Jo i 19
ἀλλά· Σὺ τίς εἶ; ἀποκρίνεται ὁ βαπτιστὴς οὐχ ὅπερ ἐχρῆν
πρὸς τό· Σὺ τίς εἶ; Ἐγὼ φωνὴ βοῶντος ἐν τῇ ἐρήμῳ· ἀλλ'
ὅπερ οἰκείως ἂν ἐλέγετο εἰ ἦσαν πυθόμενοι Σὺ εἶ ὁ χριστός;
ἥρμοττε γὰρ πρὸς τό· Σὺ εἶ ὁ χριστός; τό· Ἐγὼ οὐκ εἰμὶ ὁ
111 χριστός· πρὸς δὲ τό· Σὺ τίς εἶ; τό· Ἐγὼ φωνὴ βοῶντος
ἐν τῇ ἐρήμῳ. λεκτέον δὲ πρὸς τοῦτο ὅτι, ὡς εἰκός, ἑώρα
ἀπὸ τῆς πεύσεως τὸ εὐλαβὲς τῶν ἱερέων καὶ Λευϊτῶν, ἐμ-
φαινόντων μὲν ὑπόνοιαν ὑπολήψεως, μήποτ' εἴη βαπτίζων
Χριστός, γυμνότερον δὲ ὀνομάσαι τοῦτο ὑπὲρ τοῦ μὴ δοκεῖν
30 εἶναι προπετεῖς φυλαττομένων. ὅθεν εὐλόγως ὑπὲρ τοῦ
πᾶσαν ὑπόνοιαν αὐτῶν πρῶτον περιαιρεθῆναι ψευδῆ τὴν
περὶ ἑαυτοῦ, εἶθ' οὕτως παραστῆσαι τὸ ἀληθές, τὸ οὐκ εἶναι

28 εἴης pr. man.

Χριστὸς πρὸ πάντων ἀποφαίνεται. δηλοῖ δὲ τὸ τοιοῦτόν τι
αὐτοὺς ὑπονενοηκέναι ἡ δευτέρα ἐρώτησις καὶ ἔτι ἡ τρίτη.
ἐπεὶ γὰρ καὶ δεύτερον τῇ τιμῇ ἐλπιζόμενον μὲν καὶ μετὰ
Χριστὸν αὐτοῖς τετιμημένον Ἠλίαν εἶναι ὑπελάμβανον,
ἀποφαινομένου τοῦ Ἰωάννου ὡς οὐκ εἴη Χριστός, ἠρώτησαν· 5

Jo i 21   Τί οὖν; σὺ Ἠλίας εἶ; καὶ εἶπεν Οὐκ εἰμί. τὸ τρίτον εἰ
αὐτὸς εἴη ὁ προφήτης βούλονται μαθεῖν· οὗ ἀποκριναμένου
τὸ Οὔ, οὐκέτι ἔχοντες ἰδικῶς ὄνομα ἐλπιζομένου ἐπιδημήσειν

Jo i 22   αὐτοῖς εἰπεῖν, φασί· Τίς εἶ; ἵνα ἀπόκρισιν δῶμεν τοῖς
πέμψασιν ἡμᾶς· τί λέγεις περὶ σεαυτοῦ; τοῦτο δηλοῦντες· 10
ταῦτα μὲν οὐκ εἶ ἅπερ ἐλπιζόμενα τῷ Ἰσραὴλ παρέσεσθαι
προσδοκᾶται, ὅστις δὲ ὢν βαπτίζεις οὐκ ἴσμεν· διόπερ
τοῦτο ἡμᾶς δίδαξον, ἵν' ἔχωμεν ἀπαγγεῖλαι τοῖς ἡμᾶς διὰ
τοῦτο πέμψασι πρὸς σέ. ἔτι δὲ καὶ τοῦτο ἐχόμενον τῶν
προκειμένων προσθήσομεν, ὅτι ὁ καιρὸς τῆς Χριστοῦ ἐπι- 15
δημίας ἔσαινε τὸν λαόν, ἤδη πως ἐνεστηκὼς περὶ τὰ ἔτη τὰ
ἀπὸ τῆς γενέσεως τοῦ Ἰησοῦ καὶ ὀλίγῳ ἀνωτέρω μέχρι τῆς
ἀναδείξεως τοῦ κηρύγματος. διόπερ, ὡς εἰκός, τῶν γραμ-
ματέων καὶ νομικῶν τὸν ἐλπιζόμενον, ἀπὸ τῶν θείων γραφῶν

cf. Act v 36 f. καταγαγόντων αὐτοῦ τὸν χρόνον, ἤδη προσδοκώντων, ἐπε- 20
φύησαν Θευδᾶς, οὐκ ὀλίγον πλῆθος ὡς Χριστός, οἶμαι,
συναγαγών, καὶ μετ' ἐκεῖνον Ἰούδας ὁ Γαλιλαῖος ἐν ταῖς τῆς
ἀπογραφῆς ἡμέραις. εἰκὸς οὖν θερμότερον τῆς Χριστοῦ

cf. Jo i 19 ἐπιδημίας προσδοκωμένης καὶ λαλουμένης, οἱ Ἰουδαῖοι ἀπὸ
Ἱεροσολύμων τοὺς ἱερεῖς καὶ Λευΐτας πέμπουσι πρὸς τὸν 25
Ἰωάννην, διὰ τοῦ· Σὺ τίς εἶ; μαθεῖν βουλόμενοι εἰ αὐτὸς
Χριστὸς εἶναι ὁμολογήσει.

Jo i 21   10. (7) Καὶ ἠρώτησαν αὐτόν Τί οὖν; σὺ Ἠλίας
εἶ; καὶ λέγει Οὐκ εἰμί. Τίς οὐκ ἂν ζητήσαι τῶν ἀκουόν-

Mt xi 14 των Ἰησοῦ λέγοντος περὶ Ἰωάννου· Εἰ θέλετε δέξασθαι, 30
αὐτός ἐστιν Ἠλίας ὁ μέλλων ἔρχεσθαι· πῶς πρὸς τοὺς
ἐρωτῶντας τό· Σὺ Ἠλίας εἶ; λέγει ὁ Ἰωάννης Οὐκ εἰμί·

---

5 ἐρωτήσιν pr. man.   8 Οὔ] intra lin.

πῶς δὲ καὶ νοῆσαι δεῖ τὸν Ἰωάννην αὐτὸν εἶναι Ἠλίαν τὸν
112 μέλλοντα ἔρχεσθαι κατὰ τὸ εἰρημένον ὑπὸ τοῦ Μαλαχίου
οὕτως ἔχον· Καὶ ἰδοὺ, ἐγὼ ἀποστέλλω ὑμῖν Ἠλίαν τὸν   Mal iv 4 f.
Θεσβίτην πρὶν ἐλθεῖν ἡμέραν κυρίου τὴν μεγάλην καὶ ἐπι-   (iii 22 f.)
5 φανῆ, ὃς ἀποκαταστήσει καρδίαν πατρὸς πρὸς υἱὸν καὶ
καρδίαν ἀνθρώπου πρὸς τὸν πλησίον αὐτοῦ, μὴ ἔλθω καὶ
πατάξω τὴν γῆν ἄρδην; καὶ ὁ τοῦ ὀφθέντος δὲ τῷ Ζαχαρίᾳ   cf. Lc i 11
ἀγγέλου κυρίου, ἑστῶτος ἐκ δεξιῶν τοῦ θυσιαστηρίου τοῦ
θυμιάματος, λόγος πρὸς τὸν Ζαχαρίαν παραπλήσιόν τι
10 ἐμφαίνει τοῖς ὑπὸ τοῦ Μαλαχίου εἰρημένοις διὰ τούτων·
Καὶ ἡ γυνή σου Ἐλισάβετ γεννήσει υἱόν σοι, καὶ καλέσεις   Lc i 13, 17
τὸ ὄνομα αὐτοῦ Ἰωάννην· καὶ μετ' ὀλίγα· Αὐτὸς προελεύ-
σεται ἐνώπιον αὐτοῦ ἐν πνεύματι καὶ δυνάμει Ἠλίου, ἐπι-
στρέψαι καρδίας πατέρων ἐπὶ τέκνα καὶ ἀπειθεῖς ἐν φρονήσει
15 δικαίων, ἑτοιμάσαι κυρίῳ λαὸν κατεσκευασμένον. πρὸς δὴ
τὸ πρῶτον ὁ μέν τις ἐρεῖ ὅτι ἑαυτὸν ἠγνόει Ἰωάννης Ἠλίαν
ὄντα· καὶ τάχα τούτῳ χρήσονται οἱ ἐκ τούτων τῷ περὶ
μετενσωματώσεως παριστάμενοι λόγῳ, ὡς τῆς ψυχῆς με-
ταμφιεννυμένης σώματα καὶ οὐ πάντως μεμνημένης τῶν
20 προτέρων βίων. οἱ δ' αὐτοὶ οὗτοι ἐροῦσι καί τινας τῶν
Ἰουδαίων τῷ δόγματι συγκατατιθεμένους περὶ τοῦ σωτῆρος
εἰρηκέναι ὡς ἄρα εἷς τις εἴη τῶν ἀρχαίων προφητῶν, ἀναστὰς   cf. Lc ix 19
οὐκ ἀπὸ τῶν μνημείων ἀλλ' ἀπὸ τῆς γενέσεως. πῶς γὰρ
ἐδύναντο, σαφῶς δεικνυμένης τῆς μητρὸς αὐτοῦ Μαρίας,
25 ὑπολαμβανομένου τε πατρὸς αὐτῷ τυγχάνειν Ἰωσὴφ τοῦ
τέκτονος, νομίζειν ἕνα τινὰ τῶν προφητῶν αὐτὸν τυγχάνοντα   cf. Lc ix 8;
ἐγηγέρθαι ἀπὸ τῶν νεκρῶν; καὶ τῷ· Ἐξαλείψω δὲ πᾶσαν   Mt xiv 2
τὴν ἐξανάστασιν· ἀναγεγραμμένῳ ἐν τῇ Γενέσει οἱ αὐτοὶ   Ge vii 4
χρώμενοι τὸν πεφροντικότα πιθανότητας ἀπατηλὰς προσ-
30 αγομένας ἀπὸ τῶν γραφῶν λύειν εἰς ἀγῶνα περιστήσουσιν
ἱστάμενον πρὸς τὸ δόγμα.

11. Ἕτερος δέ τις ἐκκλησιαστικὸς τὸν περὶ τῆς μετεν-

5 πρὸς] intra lin.   10 ante εἰρημένοις ins. εἰρή   24 ἐδύνατο

σωματώσεως ἀποπτύων ὡς ψευδῆ λόγον, μὴ προσιέμενος τὸ
τὴν ψυχὴν Ἰωάννου Ἡλίαν ποτὲ γεγονέναι, τῷ προειρημένῳ
λόγῳ τοῦ ἀγγέλου χρήσεται, ψυχὴν Ἡλίου μὴ ὀνομάσαντος
ἐπὶ τῆς Ἰωάννου γενέσεως ἀλλὰ πνεῦμα καὶ δύναμιν διὰ τοῦ·

Lc i 17 Καὶ αὐτὸς προελεύσεται ἐνώπιον αὐτοῦ ἐν πνεύματι καὶ 5
δυνάμει Ἡλίου, ἐπιστρέψαι καρδίας πατέρων ἐπὶ τέκνα· διὰ
μυρίων δυνάμενος ἀποδεικνύναι γραφῶν ἕτερον εἶναι τὸ
πνεῦμα τῆς ψυχῆς, καὶ τὴν ὀνομαζομένην δύναμιν τοῦ
πνεύματος καὶ τῆς ψυχῆς· περὶ ὧν οὐκ εὔκαιρον νῦν παρα- 113
τίθεσθαι τὰ πολλά, ἵνα μὴ πάνυ τὸν λόγον περισπάσωμεν. 10
ἀρκεσθήσεται δὲ ἐπὶ τοῦ παρόντος πρὸς μὲν τὸ διαφέρειν

Lc i 35 δύναμιν πνεύματος τό· Πνεῦμα ἅγιον ἐπελεύσεται ἐπὶ σὲ,
καὶ δύναμις ὑψίστου ἐπισκιάσει σοι· πρὸς δὲ τὰ ἐν τοῖς
προφήταις πνεύματα, ἅτε δεδωρημένα αὐτοῖς ὑπὸ θεοῦ,

1 Co xiv 32 οἱονεὶ ἐκείνων ὀνομάζεσθαι κτήματα, τό· Πνεύματα προ- 15
4 Reg ii 15 φητῶν προφήταις ὑποτάσσεται· καὶ τό· Ἀναπέπαυται τὸ
πνεῦμα Ἡλίου ἐπὶ Ἐλισσαιέ. οὕτω γὰρ οὐδὲν ἄτοπον,
φησὶν, ἔσται τὸν Ἰωάννην, ἐν πνεύματι καὶ δυνάμει Ἡλίου
ἐπιστρέφοντα καρδίας πατέρων ἐπὶ τέκνα, διὰ τοῦτο τὸ
πνεῦμα Ἡλίαν λέγεσθαι τὸν μέλλοντα ἔρχεσθαι. εἰς παρα- 20
μυθίαν δὲ τούτων καὶ τούτῳ χρήσεται τῷ λόγῳ· εἰ ὁ τῶν
ὅλων θεὸς οἰκειωθεὶς τοῖς ἁγίοις αὐτῶν γίνεται, οὕτως
ὀνομαζόμενος θεὸς Ἀβραὰμ καὶ θεὸς Ἰσαὰκ καὶ θεὸς
Ἰακώβ, πόσῳ πλέον τὸ ἅγιον πνεῦμα οἰκειωθὲν τοῖς προφή-
ταις πνεῦμα αὐτῶν χρηματίζειν οἷόν τε ἔσται, ἵν᾽ ᾖ οὕτως 25
πνεῦμα Ἡλίου καὶ πνεῦμα Ἡσαΐου λεγόμενον τὸ πνεῦμα;
ὁ αὐτός τε οὗτος ἐκκλησιαστικὸς ἐρεῖ δύνασθαι μὲν τοὺς
ὑπειληφότας ἕνα τῶν προφητῶν εἶναι τὸν Ἰησοῦν ἀναστάντα
ἐκ νεκρῶν ἠπατῆσθαι κατά τε τὸ προειρημένον δόγμα καὶ
κατὰ τὸ ὑπολαμβάνειν αὐτὸν ἕνα τῶν προφητῶν τυγχάνειν, 30
δύνασθαι δὲ πρὸς τῷ κατὰ τὸ νομίζειν αὐτὸν τῶν προφητῶν
εἶναι ἕνα πταίειν καὶ ψευδοδοξεῖν καὶ κατὰ τὸ ἀγνοεῖν αὐτοῦ

12 τό] τῷ   15 τό] τῷ   16 τό] τῷ   20 πνεῦμα]
π̅ν̅α̅ extra lin.

τὸν λεγόμενον πατέρα καὶ τὴν οὖσαν μητέρα, οἴεσθαί τε
αὐτὸν ἀπὸ τῶν μνημείων ἐγηγέρθαι. καὶ πρὸς τὸ ἐν τῇ
Γενέσει τε περὶ τῆς ἐξαναστάσεως ἀπαντήσεται ὁ ἐκκλησι-
αστικὸς χρώμενος τῷ· Ἐξανέστησε γάρ μοι ὁ θεὸς σπέρμα   Ge iv 25
5 ἕτερον ἀντὶ Ἄβελ, ὃν ἀπέκτεινε Κάϊν· τῆς ἐξαναστάσεως
καὶ ἐπὶ γενέσεως κειμένης. οὗτος δὴ πρὸς τὸ πρῶτον
ἀπορηθὲν ἑτέρως παρὰ τὸν ὑπολαμβάνοντα μετενσωμάτωσιν
ἀπολογούμενος ἐρεῖ διὰ μὲν τὰ ἀρτίως κατασκευασθέντα
λόγῳ τινὶ εἶναι τὸν Ἰωάννην Ἡλίαν τὸν μέλλοντα ἔρχεσθαι,
10 ἀποκεκρίσθαι δὲ πρὸς τοὺς ἱερεῖς καὶ Λευίτας τὸ Οὐκ εἰμὶ   cf. Jo i 21
στοχασάμενον τοῦ βουλήματος τῆς ἐρωτήσεως αὐτῶν. οὐ
γὰρ τοῦτο ἤθελεν ἡ προλεγομένη ἐξέλευσις τῷ Ἰωάννῃ ἀπὸ
τῶν ἱερέων καὶ Λευιτῶν, τὸ μαθεῖν εἰ τὸ αὐτὸ πνεῦμα ἐν
ἀμφοτέροις ἐτύγχανεν, ἀλλ' εἰ ὁ Ἰωάννης αὐτὸς Ἡλίας ὁ
15 ἀναληφθεὶς, νῦν ἐπιφαινόμενος κατὰ τὸ Ἰουδαίοις προσδο-
κώμενον χωρὶς γενέσεως, ἣν τάχα καὶ ἠγνόουν οἱ ἀπὸ Ἱε-
ροσολύμων ἀποσταλέντες· πρὸς ἣν πεῦσιν εἰκότως ἀπο-
κρίνεται τὸ Οὐκ εἰμί, οὐ γὰρ Ἡλίας ὁ ἀναληφθεὶς ἀμείψας
σῶμα ἐληλύθει Ἰωάννης ὀνομαζόμενος.

114   12. Ὁ δὲ πρῶτος, οὗ τὸν νοῦν παρεθήκαμεν οἰόμενον
μετενσωμάτωσιν ἐντεῦθεν κατασκευάζεσθαι, προσδιατρίβων
τῇ βασάνῳ τῆς λέξεως ἐρεῖ πρὸς τὸν δεύτερον, ὅτι οὐκ ἀκό-
λουθον τὸν τηλικούτου ἱερέως Ζαχαρίου υἱὸν, ἐπὶ γήρᾳ
γεγενημένον ἀμφοτέροις γονεῦσι παρὰ πᾶσαν ἀνθρωπίνην
25 προσδοκίαν, ἀγνοεῖσθαι ὑπὸ τῶν τοσούτων ἐν Ἱεροσολύμοις
Ἰουδαίων καὶ τῶν πεμφθέντων ὑπ' αὐτῶν Λευιτῶν καὶ
ἱερέων, οὐ γινωσκόντων τὸ γεγενῆσθαι αὐτόν· καὶ μάλιστα
Λουκᾶ μαρτυροῦντος ὅτι· Ἐγένετο ἐπὶ πάντας φόβος τοὺς   Lc i 65
περιοικοῦντας αὐτούς, δῆλον δὲ ὅτι τὸν Ζαχαρίαν καὶ τὴν
30 Ἐλισάβετ, καὶ ἐν ὅλῃ τῇ ὀρεινῇ τῆς Ἰουδαίας διελαλεῖτο
πάντα τὰ ῥήματα ταῦτα. εἰ δὲ οὐκ ἠγνοεῖτο ἡ ἐκ Ζαχαρίου
γένεσις Ἰωάννου, ἔπεμπον δὲ οἱ ἀπὸ Ἱεροσολύμων Ἰουδαῖοι

12 ἐξέλευσις] ἐξέτασις   19 ante Ἰωάννης] ὁ
28 τοὺς] intra lin.

διὰ τῶν Λευϊτῶν καὶ ἱερέων πευσόμενοι τό· Σὺ Ἠλίας εἶ;
δῆλον ὅτι τοῦτο ἔλεγον τὸ περὶ μετενσωματώσεως δόγμα
οἰόμενοι εἶναι ἀληθές, ὡς πάτριον τυγχάνον καὶ οὐκ ἀλλό-
τριον τῆς ἐν ἀπορρήτοις διδασκαλίας αὐτῶν.   διὰ τοῦτο οὖν
λέγει· Οὐκ εἰμὶ Ἠλίας· ὁ Ἰωάννης, ἐπεὶ ἀγνοεῖ τὸν ἴδιον 5
πρότερον βίον.

13.   Τούτων δὴ οὐκ εὐκαταφρόνητον πιθανότητα ἐχόν-
των, πάλιν ὁ ἐκκλησιαστικὸς ἀπορήσει πρὸς τὸν πρότερον
εἰ κατὰ τὸν προφήτην ἐστὶν ὑπὸ τοῦ πνεύματος φωτιζόμενον
καὶ ὑπὸ Ἠσαΐου προφητευόμενον, ὑπό τε τηλικούτου τοῦ 10

cf. Jo i 16 ff.   ἀγγέλου πρὶν γεννηθῆναι τεχθήσεσθαι προειρημένον, ἐκ τοῦ
πληρώματος Χριστοῦ εἰληφότα, χάριτος τηλικαύτης μετε-
σχηκότα, τὴν ἀλήθειαν διὰ Ἰησοῦ Χριστοῦ γεγενῆσθαι
νενοηκότα. περὶ θεοῦ καὶ τοῦ μονογενοῦς τοῦ εἰς τὸν κόλπον
τοῦ πατρὸς διηγησάμενον τὰ τοσαῦτα, τὸ ψεύσασθαι καὶ 15
ὅπερ ἦν οὐκ ἐγνωκότα μηδ᾽ ἐπισχεῖν. ἐχρῆν γὰρ περὶ τῶν
ἀδηλοτέρων ἐπέχειν ὁμολογεῖν, καὶ μήτε τιθέναι μήτε αἴρειν
τὴν πρότασιν. πῶς δὲ οὐκ ἦν εὔλογον, εἰ πολλῶν τοῦτο
δόγμα ἐτύγχανεν, ἐπισχεῖν τὸν Ἰωάννην περὶ αὐτοῦ, μήποτε
ἡ ψυχὴ αὐτοῦ ποτε ἐν Ἠλίᾳ ἦν; καὶ ἐπὶ τὴν ἱστορίαν δὲ 20
ὁ ἐκκλησιαστικὸς προκαλέσεται τὸν πρότερον πευσόμενον
παρὰ τῶν τὰ ἀπόρρητα ἐγνωκέναι παρ᾽ Ἑβραίοις ἐπαγγελ-
λομένων, εἰ τοιοῦτόν τι δόγμα ἐστὶ παρ᾽ αὐτοῖς· ἐὰν γὰρ
μηδαμῶς φαίνηται τοῦθ᾽ οὕτως ἔχον, δῆλον ὅτι ἐσκέδασται
ὁ τοῦ προτέρου λόγος. οὐδὲν τοίνυν ἧττον ὁ ἐκκλησιαστι- 25
κὸς χρήσεται τῇ προαποδεδομένῃ λύσει, ἔτι καὶ αὐτὸς τὸ
βούλημα τῶν πυθομένων παραστῆσαι ἀπαιτούμενος. εἰ
γὰρ, ὡς κατεσκεύασεν, οἱ πέμψαντες ἴσασι γεγενημένον ἐκ
Ζαχαρίου καὶ Ἐλισάβετ τὸν Ἰωάννην, καὶ πολλῷ πλέον
οἱ πεμφθέντες γένους ὄντες ἱερατικοῦ, οὓς οὐκ ἂν ἔλαθεν ἡ 115
τοῦ οὕτως ἐπιφανοῦς συγγενοῦς Ζαχαρίου παράδοξος εὐ-

Jo i 21   παιδία, τί νοήσαντες πυνθάνονται τό· Σὺ Ἠλίας εἶ; ἄνδρες

16 μηδ᾽] κἂν   19 δόγμα] δόγματα   25 λόγου   28 κατε-
σκεύασαν   29 τὸν] τῶν

ἀνεγνωκότες ἀνειλῆφθαι αὐτὸν ὡς εἰς τὸν οὐρανὸν καὶ
προσδοκῶντες ἐπιδημίαν αὐτοῦ; τάχα οὖν, ἐπεὶ πρὸς τῇ
συντελείᾳ προσδοκῶσιν Ἠλίαν πρὸ Χριστοῦ καὶ ἐπὶ τούτῳ
Χριστόν, οἱονεὶ τροπικώτερον φαίνονται ἐρωτῶντες Εἰ σὺ εἶ
5 ὁ προκαταγγέλλων τὸν πρὸ Χριστοῦ ἐπὶ συντελείᾳ ἐλευ-
σόμενον λόγον; καὶ ἐπιστημόνως πρὸς τοῦτο ἀποκρίνεται
τὸ· Οὐκ εἰμί.

14. Ἔτι δὲ ὁ ἐκκλησιαστικὸς ἱστάμενος πρὸς τὰ ἐξη-
τασμένα ὑπὸ τοῦ ἑτέρου ἀποδεικνύαι πειρωμένου μὴ ἂν
10 λεληθέναι τοὺς ἱερεῖς οὕτως ἐπιφανῆ γεγενημένην τὴν
Ἰωάννου γένεσιν διὰ τὸ ἐν τῇ ὀρεινῇ τῆς Ἰουδαίας δια-
λελαλῆσθαι πάντα τὰ ῥήματα ταῦτα, φήσει τὴν παρα-
πλησίαν ἀπάτην πολλοῖς γεγονέναι καὶ περὶ τοῦ σωτῆρος,
ἐπεὶ Οἱ μὲν ἔλεγον αὐτὸν Ἰωάννην τὸν βαπτιστήν, ἄλλοι δὲ   Mt xvi 14
15 Ἠλίαν, ἄλλοι δὲ Ἰερεμίαν ἢ ἕνα τῶν προφητῶν· ὡς καὶ οἱ
μαθηταὶ πυνθανομένῳ τῷ κυρίῳ, γενομένῳ ἐν τοῖς μέρεσι
Καισαρείας τῆς Φιλίππου, εἰρήκασι. καὶ ὁ Ἡρώδης δὲ
λέγων· Ὃν ἐγὼ ἀπεκεφάλισα Ἰωάννην, αὐτὸς ἠγέρθη ἀπὸ   Mc vi 16
τῶν νεκρῶν· περὶ τοῦ χριστοῦ ἔοικε μὴ εἰδέναι τὰ λεγόμενα
20 ὑπὸ τῶν φασκόντων· Οὐχ οὗτός ἐστιν ὁ τοῦ τέκτονος υἱός;   Mt xiii 55 f.
οὐχ ἡ μήτηρ αὐτοῦ λέγεται Μαριάμ, καὶ οἱ ἀδελφοὶ αὐτοῦ
Ἰάκωβος καὶ Ἰωσὴφ καὶ Σίμων καὶ Ἰούδας; καὶ ἀδελφαὶ
αὐτοῦ οὐχὶ πᾶσαι πρὸς ἡμᾶς εἰσιν; οὐδὲν οὖν θαυμαστόν,
ὥσπερ ἐπὶ τοῦ σωτῆρος, πολλῶν ἐγνωκότων τὴν ἐκ Μαρίας
25 γένεσιν αὐτοῦ, ἄλλους ἠπατῆσθαι, οὕτω καὶ ἐπὶ τοῦ Ἰωάννου
οὓς μὲν μὴ λεληθέναι τὴν ἐκ Ζαχαρίου γένεσιν αὐτοῦ,
ἑτέρους δὲ διστάζειν μήποτε ὁ προσδοκώμενος Ἠλίας ἐπε-
φάνη κατὰ τὸν Ἰωάννην. καὶ οὐ χώραν γε μᾶλλον ἔχει ἡ
περὶ τοῦ Ἰωάννου ἐπαπόρησις, μήποτε εἴη Ἠλίας, ἤπερ ἡ
30 περὶ τοῦ σωτῆρος, μὴ ἄρα αὐτὸς τυγχάνῃ Ἰωάννης; ὧν τοῦ
Ἠλίου μὲν τὸν χαρακτῆρα ἀπὸ μόνης τῆς λέξεως, καὶ οὐχὶ
ἀπὸ τῆς αἰσθήσεως ἀποβάλλεσθαι διὰ τό· Ἀνὴρ δασὺς   4 Reg i 8
καὶ ζώνην δερματίνην περιεζωσμένος περὶ τὴν ὀσφὺν αὐτοῦ·
τοῦ δὲ Ἰωάννου τὸ εἶδος προεγνωσμένον τάχα, οὐδὲ παρα-

πλήσιον τυγχάνον τῷ χαρακτῆρι τοῦ Ἰησοῦ, οὐδὲν ἧττον
ὑπόνοιάν τισι παρεσχηκέναι, μήποτε ὁ Ἰωάννης ἀνέστη ἐκ
νεκρῶν Ἰησοῦς μετονομαζόμενος. καὶ περὶ μετωνυμίας
γὰρ, ὡς ἐν ἀπορρήτοις, οὐκ οἶδα πόθεν κινούμενοι οἱ
Ἑβραῖοι παραδιδόασι Φινεὲς, τὸν Ἐλεαζάρου υἱὸν, ὁμολο- 5
γουμένως παρατείναντα τὴν ζωὴν ἕως πολλῶν κριτῶν, ὡς ἐν

cf. Jud xx 28 τοῖς Κριταῖς ἀνέγνωμεν, αὐτὸν εἶναι Ἡλίαν, καὶ τὸ ἀθά- 116
νατον ἐν τοῖς Ἀριθμοῖς αὐτῷ διὰ τῆς ὀνομαζομένης εἰρήνης
ἐπηγγέλθαι, ἀνθ' ὧν ζηλώσας θείῳ ζήλῳ κεκινημένος ἐξε-
κέντησε τὴν Μαδιανῖτιν καὶ τὸν Ἰσραηλίτην καὶ κατέπαυσε 10

cf. Nu xxv 11 τὸν λεγόμενον θυμὸν τοῦ θεοῦ κατὰ τὸ γεγραμμένον· Φινεὲς
υἱὸς Ἐλεάζαρ υἱοῦ Ἀαρὼν κατέπαυσε τὸν θυμόν μου, ἀνθ'
ὧν ἐζήλωσε τὸν ζηλόν μου. θαυμαστὸν οὖν οὐδὲν εἰ οἱ τὸν
αὐτὸν ὑπολαμβάνοντες Φινεὲς καὶ Ἡλίαν, ἤτοι ὑγιῶς λέγον-
τες ἢ μὴ, οὐ γὰρ περὶ τούτου νῦν πρόκειται ἐξετάζειν, τὸν 15
αὐτὸν ἐνόμιζον εἶναι Ἰωάννην καὶ Ἰησοῦν. ἢ ἐδίσταζόν γε
περὶ τούτου, μαθεῖν τε ἐβούλοντο εἰ ὁ αὐτός ἐστιν Ἰωάννης
καὶ Ἡλίας. προηγουμένως δὲ ἐν ἄλλοις ἐπιμελέστερον
ἐξεταστέον καὶ ἐπὶ πλεῖον τὸν λόγον ἐρευνητέον τὸν περὶ
τῆς οὐσίας τῆς ψυχῆς καὶ τῆς ἀρχῆς τῆς συστάσεως αὐτῆς 20
καὶ τῆς εἰς τὸ γήϊνον σῶμα εἰσκρίσεως αὐτῆς, τῶν τε
ἐπιμερισμῶν τοῦ ἑκάστης βίου καὶ τῆς ἐντεῦθεν ἀπαλλαγῆς,
καὶ εἰ ἐνδέχεται αὐτὴν εἰσκριθῆναι δεύτερον ἐν σώματι ἢ μὴ,
καὶ τῇ αὐτῇ περιόδῳ καὶ τῇ αὐτῇ διακοσμήσει ἢ οὔ, καὶ τῷ
αὐτῷ σώματι ἢ ἑτέρῳ, καὶ εἰ τῷ αὐτῷ, πότερον καθ' ὑπο- 25
κείμενον μένοντι τῷ αὐτῷ κατὰ δὲ ποιότητα μεταβαλο-
μένῳ, ἢ καὶ καθ' ὑποκείμενον καὶ ποιότητα ἐσομένῳ τῷ
αὐτῷ, καὶ εἰ ἀεὶ τῷ αὐτῷ σώματι χρήσεται ἢ ἀμείψει αὐτό.
ἐν οἷς καὶ τί ἐστι κυρίως μετενσωμάτωσις ἐξετάσαι δεήσει,
τί τε αὕτη διαφέρει ἐνσωματώσεως, καὶ εἰ ἀκολουθεῖ τῷ 30
λέγοντι μετενσωμάτωσιν ἄφθαρτον τηρεῖν τὸν κόσμον. ἐν
οἷς ἀναγκαῖον ἔσται παραθεῖναι καὶ τοὺς λόγους τῶν θελόν-

τῶν κατὰ τὰς γραφὰς συσπείρεσθαι τὴν ψυχὴν τῷ σώματι
καὶ τὰ ἀκολουθοῦντα αὐτοῖς. καὶ ἀπαξαπλῶς ὁ περὶ ψυχῆς
λόγος πολὺς καὶ δυσερμήνευτος ὤν, ἀναλεχθησόμενος ἀπὸ   cf. He v 11
τῶν ἐν ταῖς γραφαῖς σποράδην κειμένων, ἰδίας δεῖται πραγ-
5 ματείας. διόπερ νῦν κατὰ τὸ παρῆκον ἐκ τῶν περὶ Ἡλίου
καὶ Ἰωάννου ἐζητημένων ἐπὶ βραχὺ ἐξετάσαντες τὸ πρό-
βλημα μετίωμεν ἐπὶ τὰ ἑξῆς.

15. (8) Ὁ ΠΡΟΦΗΤΗϹ ΕΙ ϹΥ, ΚΑΙ ἈΠΕΚΡΙΘΗ ΟΥ.   Jo i 21
Εἰ ὁ νόμος καὶ οἱ προφῆται ἕως Ἰωάννου, καὶ τί ἄλλο ἂν   cf. Lc xvi 16
117 λέγοιμεν εἶναι Ἰωάννην ἢ προφήτην; ὡς καὶ ὁ πατὴρ αὐτοῦ   cf. Lc 67
Ζαχαρίας πλησθεὶς πνεύματος ἁγίου προφητεύων φησί· Καὶ   Lc i 76
σὺ δέ, παιδίον, προφήτης ὑψίστου κληθήσῃ, προπορεύσῃ
γὰρ ἐνώπιον κυρίου ἑτοιμάσαι ὁδοὺς αὐτοῦ· εἰ μὴ ἄρα τις
ἐπιλήψεται τοῦ Κληθήσῃ, μὴ εἰρημένου τοῦ Ἔσῃ, καὶ
15 μάλιστα διὰ τὸ πρὸς τοὺς οἰομένους αὐτὸν προφήτην εἶναι
εἰρηκέναι τὸν σωτῆρα· Ἀλλὰ τί ἐξήλθετε ἰδεῖν; προφήτην;   Mt xi 9
ναί, λέγω ὑμῖν, καὶ περισσότερον προφήτου. παρατηρητέον
δὲ ὅτι τό· Ναί, λέγω ὑμῖν· τίθησι τὸ προφήτην εἶναι τὸν
Ἰωάννην, καὶ οὐκ ἀναιρεῖται τὸ προφήτην αὐτὸν εἶναι. ἐὰν
20 δὲ πρὸς τῷ προφήτης τυγχάνειν καὶ περισσότερον προφήτου
ὑπὸ τοῦ σωτῆρος λέγηται, πῶς οὖν, εἰ προφήτης ἐστί, πρὸς
τοὺς ἱερεῖς καὶ Λευίτας ἐρωτῶντας· Ὁ προφήτης εἶ σύ;
ἀπεκρίθη Οὔ; λεκτέον δὲ πρὸς τοῦτο ὅτι οὐ ταὐτόν ἐστιν·
Ὁ προφήτης εἶ σύ; τῷ· Προφήτης εἶ σύ; τὰ δὲ ὅμοια τετη-
25 ρήκαμεν ἐξετάζοντες τί διαφέρει τὸ Ὁ θεὸς τοῦ Θεός, καὶ
Ὁ λόγος τοῦ Λόγος. ἐπεὶ τοίνυν ἐν τῷ Δευτερονομίῳ
γέγραπται· Προφήτην ὑμῖν ἀναστήσει ὁ θεὸς ὑμῶν ἐκ τῶν   Act iii 22 f.;
ἀδελφῶν ὑμῶν ὡς ἐμέ, αὐτοῦ ἀκούσεσθε· καὶ ἔσται πᾶσα   cf. Deut xviii
ψυχὴ ἥτις ἂν μὴ ἀκούσῃ τοῦ προφήτου ἐκείνου ἐξολοθρευ-   15 f.
30 θήσεται ἐκ τοῦ λαοῦ αὐτοῦ, προσεδοκᾶτο. ἐξαιρέτως τις
προφήτης ὅμοιον Μωσεῖ τι ἔχων, τὸ μεσιτεῦσαι θεοῦ καὶ
ἀνθρώπων καὶ τὸ λαβὼν διαθήκην ἀπὸ θεοῦ δοῦναι τοῖς

---

24 om. τῷ—σύ, sed add. in mg.   **26** τοῦ Λόγος] τοῦ λόγου

μαθητευομένοις τὴν καινήν· καὶ καθ' ἕκαστον τῶν προφητῶν
ἐγίνωσκον ὁ λαὸς Ἰσραὴλ μηδένα ἐκείνων εἶναι τὸν ὑπὸ τοῦ
Μωσέως προφητευθέντα. ὥσπερ οὖν ἐδίσταζον περὶ Ἰω-
άννου μήποτε ἄρα Χριστὸς αὐτὸς ἦν, οὕτως καὶ μήποτε ὁ
προφήτης. οὐ θαυμαστὸν δὲ εἰ μὴ ἠκρίβουν ὅτι ὁ αὐτός   5
ἐστι Χριστὸς καὶ ὁ προφήτης, οἱ διστάζοντες περὶ Ἰωάννου,
μήποτε αὐτὸς ὁ χριστὸς ἦν· ἀκόλουθον γὰρ τῷ περὶ τούτου
δισταγμῷ τὸ ἀγνοεῖν τὸν αὐτὸν εἶναι Χριστὸν καὶ τὸν
προφήτην. ἔλαθε δὲ τοὺς πολλοὺς ἡ διαφορὰ τοῦ Ὁ
προφήτης καὶ Προφήτης, ὡς καὶ τὸν Ἡρακλέωνα, ὅστις   10
αὐταῖς λέξεσί φησιν ὡς ἄρα Ἰωάννης ὡμολόγησε μὴ εἶναι
ὁ χριστός, ἀλλὰ μηδὲ προφήτης μηδὲ Ἡλίας. καὶ δέον
αὐτὸν οὕτως ἐκλαβόντα ἐξετάσαι τὰ κατὰ τοὺς τόπους,
πότερον ἀληθεύει λέγων μὴ εἶναι προφήτης, μηδὲ Ἡλίας,
ἢ οὔ. ὁ δὲ μὴ ἐπιστήσας τοῖς τόποις, ἐν οἷς καταλέλοιπεν   15
ὑπομνήμασιν ἀνεξετάστως παρελήλυθε τὰ τηλικαῦτα, σφό-
δρα ὀλίγα καὶ μὴ βεβασανισμένα ἐν τοῖς ἑξῆς εἰπών, περὶ
ὧν εὐθέως ἐροῦμεν.   118

16. (9) Εἶπον οὖν αὐτῷ Τίς εἶ; ἵνα ἀπόκρισιν
δῶμεν τοῖς πέμψασιν ἡμᾶς· τί λέγεις περὶ σεαυτοῦ;   20
Δυνάμει τοῦτο λέγουσιν οἱ ἀποσταλέντες· Ὅπερ ὑπονο-
οῦντες εἶναί σε ἐληλύθαμεν μαθησόμενοι ἔγνωμεν οὐκ ὄντα·
λείπεται δὲ μετὰ ταῦτα ἀπὸ σοῦ ἀκοῦσαι τὸ ὅστις εἶ, ἵνα
τοῖς πέμψασιν τὴν σὴν ἀπόκρισιν περὶ σοῦ ἀπαγγείλωμεν.

17. (10) Ἐγὼ φωνὴ βοῶντος ἐν τῇ ἐρήμῳ Εὐ-   25
θύνατε τὴν ὁδὸν κυρίου, καθὼς εἶπεν Ἡσαΐας ὁ
προφήτης. Ὥσπερ ὁ κυρίως υἱὸς τοῦ θεοῦ, οὐχ ἕτερος
λόγου τυγχάνων, χρῆται λόγῳ, αὐτὸς γὰρ ὁ ἐν ἀρχῇ λόγος
ἦν, ὁ πρὸς τὸν θεόν, ὁ λόγος θεός, οὕτως Ἰωάννης ὁ
ὑπηρέτης ἐκείνου τοῦ λόγου, εἰ κυρίως ἀκούοιμεν τῆς γρα-   30
φῆς, οὐχ ἕτερος ὢν φωνῆς, χρῆται φωνῇ δεικνυούσῃ τὸν

cf. Lc iii 15

Jo i 22

Jo i 23

cf. Jo i 1

---

1 καί] intra lin.   5 ante αὐτὸς om. ὁ   11 ἄρα] ἄρ' εἰ
14 ante λέγων ins. ἢ   20 πεμψασιῶν (sic)

λόγον. οὗτος δὴ συνιεὶς τὴν περὶ ἑαυτοῦ προφητείαν παρὰ
τῷ Ἡσαΐᾳ εἰρημένην φησὶν εἶναι φωνή, οὐχὶ βοῶσα ἐν τῇ
ἐρήμῳ, ἀλλὰ βοῶντος ἐν τῇ ἐρήμῳ, τοῦ ἑστῶτος καὶ κε-
κραγότος· Ἐάν τις διψᾷ, ἐρχέσθω πρός μὲ καὶ πινέτω· Jo vii 37
5 λέγοντος καὶ τό· Εὐθύνατε τὴν ὁδὸν κυρίου, εὐθείας ποιεῖτε Lc iii 4 f.
τὰς τρίβους αὐτοῦ. πᾶσα φάραγξ πληρωθήσεται καὶ πᾶν   Is xl 3 f.
ὄρος καὶ βουνὸς ταπεινωθήσεται, καὶ ἔσται πάντα τὰ σκολιὰ
εἰς εὐθεῖαν. ὥσπερ γὰρ ἐν τῇ Ἐξόδῳ γέγραπται πρὸς
Μωσέα λέγεσθαι ὑπὸ θεοῦ· Ἰδοὺ δέδωκά σε θεὸν Φαραώ, Ex vii 1
10 καὶ Ἀαρὼν ὁ ἀδελφός σου ἔσται σου προφήτης· οὕτω
νοητέον ἀνάλογόν τι τούτοις, εἰ καὶ μὴ πάντη ὅμοιον, εἶναι
τὸν ἐν ἀρχῇ λόγον θεὸν καὶ Ἰωάννην· φωνὴ γὰρ δεικτικὴ cf. Jo i 1
καὶ παραστατικὴ ἐκείνου τοῦ λόγου ὁ Ἰωάννης ἦν. διόπερ
πάνυ ἁρμοζόντως οὐκ ἄλλῃ κολάσει περιβάλλεται Ζα-
15 χαρίας, εἰπὼν πρὸς τὸν ἄγγελον· Κατὰ τί γνώσομαι τοῦτο; Lc i 18
ἐγὼ γὰρ εἰμι πρεσβύτης, καὶ ἡ γυνή μου προβεβηκυῖα ἐν
ταῖς ἡμέραις αὐτῆς· ἢ τῇ στερήσει τῆς φωνῆς διὰ τὴν
ἀπιστίαν τῆς γενέσεως τῆς φωνῆς, κατὰ τὸ εἰρημένον ὑπὸ
τοῦ Γαβριὴλ πρὸς αὐτόν· Ἰδοὺ ἔσῃ σιωπῶν καὶ μὴ δυνά- Lc i 20
20 μενος λαλῆσαι ἄχρι ἧς ἡμέρας γένηται ταῦτα, ἀνθ' ὧν οὐκ
ἐπίστευσας τοῖς λόγοις μου, οἵτινες πλησθήσονται εἰς τὸν
καιρὸν αὐτῶν· οὗτος δὴ ὁ Ζαχαρίας, ὅτε Αἰτήσας πινακίδιον Lc i 63 f.
ἔγραψε λέγων Ἰωάννης ἐστὶν ὄνομα αὐτοῦ, καὶ ἐθαύμασαν
πάντες, ἀπείληφε τὴν φωνήν· Ἀνεῴχθη γὰρ τὸ στόμα αὐτοῦ
25 παραχρῆμα καὶ ἡ γλῶσσα αὐτοῦ, καὶ ἐλάλει εὐλογῶν τὸν
θεόν.

18. Ὥσπερ δὲ διαλαμβάνοντες περὶ τοῦ τίνα τρόπον
νοητέον λόγον εἶναι τὸν υἱὸν τοῦ θεοῦ τὰ παριστάμενα
ἐδηλώσαμεν, οὕτως κατὰ τὴν ἁρμόζουσαν ἀκολουθίαν, ἐπεὶ
30 ὁ Ἰωάννης ἦλθεν εἰς μαρτυρίαν, ἄνθρωπος ἀπεσταλμένος cf. Jo i 6
119 παρὰ θεοῦ, ἵνα μαρτυρήσῃ περὶ τοῦ φωτός, ἵνα πάντες
πιστεύσωσι δι' αὐτοῦ, νοητέον φωνὴν εἶναι μόνην χωρῆσαι
κατ' ἀξίαν τὸν ἀπαγγελλόμενον λόγον δυναμένην τὸν Ἰω-
άννην. καὶ μάλιστα τοῦτο συνήσομεν ἐὰν ὑπομνησθῶμεν

Jo i 7   ὧν προπαρεθέμεθα διηγούμενοι τό· ῞Ινα πάντες πιστεύσωσι
Mt xi 10   δι' αὐτοῦ· περὶ τοῦ· Οὗτός ἐστι περὶ οὗ γέγραπται Ἰδοὺ ἐγὼ
ἀποστέλλω τὸν ἄγγελόν μου πρὸ προσώπου σου, ὃς κατα-
σκευάσει τὴν ὁδόν σου ἔμπροσθέν σου. καλῶς δὲ καὶ τὸ
cf. Jo i 23   μὴ εἶναι αὐτὸν τὴν φωνὴν λέγοντος ἐν τῇ ἐρήμῳ, ἀλλὰ 5
βοῶντος ἐν τῇ ἐρήμῳ· ὁ μὲν γὰρ βοῶν τό· Εὐθύνατε τὴν
ὁδὸν κυρίου, καὶ λέγει· ἐνδέχεται δὲ τὸ αὐτὸ τοῦτο λέγειν
cf. Jo i 15   μὴ βοῶντα. βοᾷ δὲ καὶ κέκραγεν ἵνα καὶ οἱ μακρὰν τοῦ
λέγοντος ἀκούσωσι καὶ οἱ βαρυήκοοι συνῶσι τοῦ μεγέθους
τῶν λεγομένων, μετὰ μεγέθους ἀπαγγελλομένου φωνῆς, 10
βοηθῶν τοῖς τε ἀφεστῶσι θεοῦ καὶ τοῖς τὸ ὀξὺ τῆς ἀκοῆς
Jo vii 37   ἀπολωλεκόσιν. διὰ τοῦτο γὰρ καὶ εἱστήκει ὁ Ἰησοῦς καὶ
ἔκραξε λέγων Ἐάν τις διψᾷ ἐρχέσθω πρὸς μὲ καὶ πινέτω.
διὰ τοῦτο καὶ ὁ Ἰωάννης μαρτυρεῖ περὶ αὐτοῦ καὶ κέκραγε
λέγων. διὰ τοῦτο καὶ κελεύει ὁ θεὸς τῷ Ἡσαΐᾳ βοᾶν ἐν 15
Is xl 6   τῇ φωνῇ λέγοντος Βόησον· κἀγὼ εἶπον Τί βοήσω; ἐὰν δὲ
μὴ παντελῶς ᾖ νοητὴ τῶν εὐχομένων φωνὴ μεγάλη καὶ οὐ
βραχεῖα, οὐδὲ ἂν αὐξήσωσι τὴν βοὴν καὶ τὴν κραυγὴν ἀκούει
τῶν οὕτως εὐχομένων ὁ θεός, ὁ λέγων πρὸς Μωσέα· Τί
Ex xiv 15   βοᾷς πρός μέ; οὐκ αἰσθητῶς βεβοηκότα, οὐ γὰρ ἀναγέ- 20
γραπται τοῦτο ἐν τῇ Ἐξόδῳ, μεγάλως δὲ τὴν ἀκουομένην
μόνῳ θεῷ φωνὴν βεβοηκότα διὰ τῆς εὐχῆς. διὰ τοῦτο καὶ
Ps lxxvi   Δαβίδ φησι· Φωνῇ μου πρὸς κύριον ἐκέκραξα καὶ ἐπήκουσέ
(lxxvii) 2   μου. χρεία δὲ τῆς φωνῆς τοῦ βοῶντος ἐν τῇ ἐρήμῳ, ἵνα
καὶ ἡ ἐστερημένη θεοῦ ψυχὴ καὶ ἔρημος ἀληθείας, (τίς γὰρ 25
ἄλλη χαλεπωτέρα ἐρημία ψυχῆς θεοῦ καὶ πάσης ἀρετῆς
ἠρημωμένης;) διὰ τὸ ἔτι σκολιῶς πορεύεσθαι δεομένη
διδασκαλίας, ἐπὶ τὸ εὐθύνειν τὴν ὁδὸν κυρίου παρακαλῆται.
ἥντινα ὁδὸν εὐθύνει μὲν ὁ μηδαμῶς τὴν σκολιότητα τῆς τοῦ
ὄφεως πορείας μιμούμενος, ὁ δὲ τούτῳ ἐναντίος διαστρέφει. 30
διόπερ καὶ ἐπιπλήσσεται ἅμα τοῖς ὁμοίοις ὁ τοιοῦτος διὰ
Act xiii 10   τοῦ· ῞Ινα τί διαστρέφετε τὰς ὁδοὺς κυρίου τὰς εὐθείας;

19. (11) Διχῶς δὲ ἡ ὁδὸς κυρίου εὐθύνεται, κατά τε
τὸ θεωρητικόν, τρανούμενον ἐν ἀληθείᾳ ἀπαραμίκτως τοῦ
ψεύδους, καὶ κατὰ τὸ πρακτικόν, μετὰ τὴν ὑγιῆ θεωρίαν τοῦ
πρακτέου ἁρμονίου πράξεως ἀποδιδομένης τῷ περὶ τῶν
120 πρακτέων ὑγιεῖ λόγῳ. καὶ ἵνα ἀκριβέστερον τό· Εὐθύνατε   Jo i 23
τὴν ὁδὸν κυρίου· νοήσωμεν, εὔκαιρον ἔσται παραθέσθαι τὸ
ἐν ταῖς Παροιμίαις εἰρημένον· Μὴ ἐκκλίνῃς μήτε δεξιὰ μήτε   Pr iv 27
ἀριστερά· ὁ γὰρ ἐκκλίνων εἰς ὁποτέραν τὸ εὐθύνειν ἀπο-
λώλεκεν, οὐκέτι ἐπισκοπῆς ἄξιος γινόμενος ὅταν παρεκ-
10 βαίνῃ τὴν τῆς πορείας εὐθύτητα· ὅτι γὰρ δίκαιος ὁ κύριος   Ps x (xi) 7
καὶ δικαιοσύνας ἠγάπησε καὶ εὐθύτητα εἶδε τὸ πρόσωπον
αὐτοῦ. ὅπερ δὲ ὁρᾷ φωτίζει· διὰ τοῦτο ὁ ἐπισκοπούμενος
ἀντιλαμβανόμενος τῆς ἀπὸ τῆς ἐπισκοπῆς ὠφελείας φησίν·
Ἐσημειώθη ἐφ' ἡμᾶς τὸ φῶς τοῦ προσώπου σου, Κύριε.   Ps iv 7
15 στῶμεν τοίνυν κατὰ τὰ ὑπὸ Ἰερεμίου εἰρημένα ἐπὶ ταῖς   cf. Jer vi 16
ὁδοῖς, καὶ ἰδόντες ἐρωτήσωμεν τρίβους κυρίου αἰωνίους καὶ
ἴδωμεν ποῖα ἐστιν ἡ ὁδὸς ἡ ἀγαθή, καὶ πορευθῶμεν ἐν
αὐτῇ, ὡς παρέστησαν οἱ ἀπόστολοι καὶ ἠρώτησαν τὰς τοῦ
κυρίου αἰωνίους τρίβους τοὺς πατριάρχας καὶ τοὺς προ-
20 φήτας, ὧν τὰ γράμματα ἐρωτήσαντες ὕστερον τῷ νενοη-
κέναι αὐτὰ εἶδον τὴν ἀγαθὴν ὁδόν, Ἰησοῦν Χριστόν, τὸν
εἰπόντα· Ἐγώ εἰμι ἡ ὁδός· καὶ ἐπορεύθησαν ἐν αὐτῇ. ἀγα-   Jo xiv 6
θὴ γὰρ ὁδὸς ἡ ἀπάγουσα πρὸς τὸν ἀγαθὸν πατέρα τὸν   cf. Mt vii 13;
ἀγαθὸν ἄνθρωπον, ἐκ τοῦ ἀγαθοῦ θησαυροῦ προφέροντα   xii 35
25 τὰ ἀγαθά, καὶ τὸν ἀγαθὸν δοῦλον καὶ πιστόν. αὕτη δὲ   cf. Mt xxv 21
ὁδὸς στενὴ μέν, τῶν πολλῶν οὐ χωρούντων ὁδεύειν αὐτὴν
καὶ μεγαλοσάρκων, ἀλλὰ καὶ τεθλιμμένη ὑπὸ τῶν βια-
ζομένων πορεύεσθαι δι' αὐτῆς ἐστιν ὁδός, ἐπεὶ οὐκ εἴρηται
θλίβουσα ἀλλὰ τεθλιμμένη. θλίβει γὰρ ζῶσαν τὴν ὁδὸν
30 καὶ αἰσθομένην τῶν ἰδιωμάτων τοῦ ὁδεύοντος ὁ μὴ ὑπο-   cf. Ex iii 5
λυσάμενος τὰ ὑποδήματα ἐκ τῶν ποδῶν, μηδὲ γνησίως
παραδεχόμενος ὅτι ὁ τόπος ἐν ᾧ ἔστηκεν, ἢ καὶ ὃν βαδίζει,

δ
4 ἁρμονίου (sic)

γῆ ἁγία ἐστίν. ἀπάξει δὲ ἐπὶ τὴν ζωὴν ὄντα τὸν εἰπόντα·

Jo xiv 6 Ἐγώ εἰμι ἡ ζωή. ὁ γὰρ σωτήρ, εἰς ὃν πᾶσά ἐστιν ἀρετή,
ταῖς ἐπινοίαις πολύς· διὰ τοῦτ' ἐστι τῷ μὲν μηδέπω φθά-
σαντι ἐπὶ τὸ τέλος ἀλλ' ἔτι προκόπτοντι ὁδός, τῷ δ' ἤδη
πᾶσαν νεκρότητα ἀποθεμένῳ ζωή. ταύτην τὴν ὁδὸν ὁδεύων 5

cf. Mc vi 8 f. διδάσκεται μηδὲν αἴρειν εἰς αὐτὴν ἔχουσαν ἄρτους καὶ τὰ
πρὸς ζωήν, διὰ τὸ μηδὲν δύνασθαι τοὺς πολεμίους ἐν αὐτῇ
οὐδὲ ῥάβδου χρῄζων, καὶ ἐπεὶ ἁγία ἐστὶν οὐδ' ὑποδημάτων.

Jo i 23 20. (12) Δύναται μέντοι γε τό· Ἐγώ φωνὴ βοῶντος
ἐν τῇ ἐρήμῳ, καὶ τὸ ἑξῆς, ἴσον εἶναι τῷ Ἐγώ εἰμι περὶ οὗ 10
γέγραπται φωνὴ βοῶντος, ὡς βοῶντα εἶναι τὸν Ἰωάννην,
καὶ τούτου τὴν φωνὴν ἐν τῇ ἐρήμῳ βοᾶν· Εὐθύνατε τὴν
ὁδὸν κυρίου. δυσφημότερον δὲ ὁ Ἡρακλέων περὶ Ἰωάννου
καὶ τῶν προφητῶν διαλαμβάνων φησὶν ὅτι Ὁ λόγος μὲν ὁ 12ᵇ
σωτήρ ἐστιν, φωνὴ δὲ ἡ ἐν τῇ ἐρήμῳ ἡ διὰ Ἰωάννου δια- 15
νοουμένη, ἦχος δὲ πᾶσα προφητικὴ τάξις. λεκτέον δὲ

1 Co xiv 8 πρὸς αὐτὸν ὅτι ὥσπερ ἐὰν ἄδηλον σάλπιγξ φωνὴν δῷ οὐδεὶς
cf. 1 Co xiii παρασκευάζεται εἰς πόλεμον, καὶ ὁ χωρὶς ἀγάπης ἔχων
1 f.
γνῶσιν μυστηρίων ἢ προφητείαν γέγονε χαλκὸς ἠχῶν ἢ
κύμβαλον ἀλαλάζον, οὕτως εἰ μηδέν ἐστιν ἕτερον ἢ ἦχος ἢ 20
προφητικὴ φωνή, πῶς ἀναπέμπων ἡμᾶς ἐπ' αὐτὴν ὁ σωτὴρ

Jo v 39 Ἐρευνᾶτε, φησί, τὰς γραφάς, ὅτι ὑμεῖς δοκεῖτε ἐν αὐταῖς
ζωὴν αἰώνιον ἔχειν· καὶ ἐκεῖναί εἰσιν αἱ μαρτυροῦσαι· καί·

Jo v 46 Εἰ ἐπιστεύετε Μωσεῖ, ἐπιστεύετε ἂν ἐμοί, περὶ γὰρ
Mt xv 7 f. ἐμοῦ ἐκεῖνος ἔγραψε· καί· Καλῶς ἐπροφήτευσε περὶ ὑμῶν 25
cf. Is xxix 13 Ἡσαΐας, λέγων Ὁ λαὸς οὗτος τοῖς χείλεσί με τιμᾷ; οὐκ
οἶδα γὰρ εἰ τὸν ἄσημον ἦχον παραδέξεταί τις εὐλόγως ὑπὸ
τοῦ σωτῆρος ἐπαινεῖσθαι, ἢ ἔνεστι παρασκευάσασθαι ἀπὸ
τῶν γραφῶν ὡς ἀπὸ φωνῆς σάλπιγγος, ἐφ' ἃς ἀναπεμπόμεθα,
εἰς τὸν πρὸς τὰς ἀντικειμένας ἐνεργείας πόλεμον, ἀδήλου 30
φωνῆς ἤχου τυγχανούσης. τίνα δὲ τρόπον, εἰ μὴ ἀγάπην
εἶχον οἱ προφῆται καὶ διὰ τοῦτο χαλκὸς ἦσαν ἠχοῦντες ἢ
κύμβαλον ἀλαλάζον, ἐπὶ τὸν ἦχον αὐτῶν, ὡς ἐκεῖνοι εἰλή-
φασιν, ἀναπέμπει ὁ κύριος ὠφεληθησομένους; οὐκ οἶδα

δ' ὅπως χωρὶς πάσης κατασκευῆς ἀποφαίνεται τὴν φωνὴν
οἰκειοτέραν οὖσαν τῷ λόγῳ λόγον γίνεσθαι, ὡς καὶ τὴν
γυναῖκα εἰς ἄνδρα μετατίθεσθαι. καὶ ὡς ἐξουσίαν ἔχων τοῦ
δογματίζειν καὶ πιστεύεσθαι, καὶ προκόπτειν τῷ ἤχῳ φησὶν
5 ἔσεσθαι τὴν εἰς φωνὴν μεταβολήν, μαθητοῦ μὲν χώραν
διδοὺς τῇ μεταβαλλούσῃ εἰς λόγον φωνῇ, δούλου δὲ τῇ ἀπὸ
ἤχου εἰς φωνήν. καὶ εἰ μὲν ὅπως ποτὲ πιθανότητα ἔφερεν
ἐπὶ τῷ αὐτὰ κατασκευάσαι, κἂν ἠγωνισάμεθα περὶ τῆς
τούτων ἀνατροπῆς· ἀρκεῖ δὲ εἰς ἀνατροπὴν ἡ ἀπαραμύθητος
10 ἀπόφασις. ὅπερ δὲ ὑπερεθέμεθα ἐν τοῖς πρὸ τούτων
ἐξετάσαι, πῶς κεκίνηται, νῦν φέρε διαλάβωμεν. ὁ μὲν γὰρ
σωτήρ, κατὰ τὸν Ἡρακλέωνα, φησὶν αὐτὸν καὶ προφήτην   cf. Mt xi 13 f.
καὶ Ἡλίαν, αὐτὸς δὲ ἑκάτερον τούτων ἀρνεῖται. καὶ προ-
φήτην μὲν καὶ Ἡλίαν ὁ σωτὴρ ἐπὰν αὐτὸν λέγῃ, οὐκ αὐτὸν
15 ἀλλὰ τὰ περὶ αὐτοῦ, φησί, διδάσκει· ὅταν δὲ μείζονα προ-
φητῶν καὶ ἐν γεννητοῖς γυναικῶν, τότε αὐτὸν τὸν Ἰωάννην   cf. Lc vii 28;
χαρακτηρίζει· αὐτὸς δὲ, φησί, περὶ ἑαυτοῦ ἐρωτώμενος   Mt xi 11
122 ἀποκρίνεται ὁ Ἰωάννης, οὐ τὰ περὶ αὐτόν. ὅσην δὲ βά-
σανον ἡμεῖς περὶ τούτων κατὰ τὸ δυνατὸν πεποιήμεθα,
20 οὐδὲν ἀπαραμύθητον ἐῶντες τῶν λεγομένων ὅρων, συγκρῖναι
τοῖς ὑπὸ Ἡρακλέωνος, ἅτε οὐκ ἐξουσίαν ἔχοντος τοῦ λέγειν
ὃ βούλεται, ἀποφανθεῖσι. πῶς γὰρ ὅτι περὶ τῶν περὶ
αὐτόν ἐστι τὸ Ἡλίαν αὐτὸν καὶ προφήτην εἶναι, καὶ περὶ
αὐτοῦ τὸ φωνὴν αὐτὸν εἶναι βοῶντος ἐν τῇ ἐρήμῳ, οὐδὲ
25 κατὰ τὸ τυχὸν πειρᾶται ἀποδεικνύναι· ἀλλὰ χρῆται παρα-
δείγματι, ὅτι τὰ περὶ αὐτὸν οἱονεὶ ἐνδύματα ἦν ἕτερα αὐτοῦ,
καὶ οὐκ ἂν ἐρωτηθεὶς περὶ τῶν ἐνδυμάτων εἰ αὐτὸς εἴη τὰ
ἐνδύματα, ἀπεκρίθη ἂν τὸ Ναί. πῶς γὰρ ἐνδύματα τὸ εἶναι
τὸν Ἡλίαν τὸν μέλλοντα ἔρχεσθαι Ἰωάννου, οὐ πάνυ τι   cf. Mt xi 14
30 κατ' αὐτὸν θεωρῶ· τάχα καθ' ἡμᾶς, ὡς δεδυνήμεθα διη-
γησαμένους τό· Ἐν πνεύματι καὶ δυνάμει Ἡλίου· δυνα-   Lc i 17
μένου πως λέγεσθαι τοῦτο τὸ πνεῦμα Ἡλίου ἔνδυμα εἶναι
τῆς Ἰωάννου ψυχῆς.

6 φωνῇ] φωνὴν ἡ   8 ἠγωνισόμεθα   25 τὸ] intra lin.
82 ἔνδυμα] coniec. Thorndike; MS. ἐν δυνάμει

21. Θέλων δ᾽ ἔτι παραστῆσαι διὰ τί ἱερεῖς καὶ Λευῖ-
ται οἱ ἐπερωτῶντες ἀπὸ τῶν Ἰουδαίων πεμφθέντες εἰσίν, οὐ
κακῶς μὲν λέγει τὸ Ὅτι τούτοις προσῆκον ἦν περὶ τούτων
πολυπραγμονεῖν καὶ πυνθάνεσθαι, τοῖς τῷ θεῷ προσκαρτε-
ροῦσιν, οὐ πάνυ δὲ ἐξητασμένως τὸ Ὅτι καὶ αὐτὸς ἐκ τῆς 5
λευϊτικῆς φυλῆς ἦν, ὥσπερ προαπορ”οῦντες ἡμεῖς ἐξητάσα-
μεν, ὅτι εἰ ᾔδεισαν τὸν Ἰωάννην οἱ πεμφθέντες καὶ τὴν
γένεσιν αὐτοῦ, πῶς χώραν εἶχον πυνθάνεσθαι περὶ τοῦ εἰ
cf. Jo i 21 αὐτὸς Ἠλίας ἐστίν; καὶ πάλιν ἐν τῷ περὶ τοῦ εἰ ὁ προ-
φήτης εἶ σύ; μηδὲν ἐξαίρετον οἰόμενος σημαίνεσθαι κατὰ 10
τὴν προσθήκην τοῦ ἄρθρου, λέγει ὅτι Ἐπηρώτησαν εἰ
προφήτης εἴη τὸ κοινότερον βουλόμενοι μαθεῖν. ἔτι δὲ
οὐ μόνος Ἡρακλέων, ἀλλ᾽ ὅσον ἐπ᾽ ἐμῇ ἱστορίᾳ καὶ πάντες
οἱ ἑτερόδοξοι, εὐτελῆ ἀμφιβολίαν διαστείλασθαι μὴ δεδυ-
νημένοι, μείζονα Ἠλίου καὶ πάντων τῶν προφητῶν τὸν 15
Lc vii 28;
cf. Mt xi 11 Ἰωάννην ὑπειλήφασι διὰ τό· Μείζων ἐν γεννητοῖς γυναικῶν
Ἰωάννου οὐδείς ἐστιν· οὐχ ὁρῶντες ὅτι ἀληθὲς τό· Οὐδεὶς
μείζων Ἰωάννου ἐν γεννητοῖς γυναικῶν· διχῶς γίνεται, οὐ
μόνον τῷ αὐτὸν εἶναι πάντων μείζονα, ἀλλὰ καὶ τῷ ἴσους
αὐτῷ εἶναί τινας· ἀληθὲς γάρ, ἴσων ὄντων αὐτῷ πολλῶν 20
cf. Ro xii 6 προφητῶν, κατὰ τὴν δεδομένην αὐτῷ χάριν τὸ μηδένα
τούτου μείζονα εἶναι. οἴεται δὲ κατασκευάζεσθαι τὸ 123
Μείζονα τῷ προφητεύεσθαι ὑπὸ Ἡσαΐου, ὡς μηδενὸς ταύτης
τῆς τιμῆς ἠξιωμένου ὑπὸ θεοῦ τῶν πώποτε προφητευσάν-
των. ἀληθῶς δ᾽ ὡς καταφρονῶν τῆς παλαιᾶς χρηματι- 25
ζούσης διαθήκης καὶ μὴ τηρήσας καὶ αὐτὸν Ἠλίαν προ-
φητευόμενον τοῦτ᾽ ἀπετόλμησεν εἰπεῖν· καὶ γὰρ Ἠλίας προ-
Mal iv 4 f.
(iii 22 f.) φητεύεται ὑπὸ Μαλαχίου λέγοντος· Ἰδοὺ ἀποστέλλω ὑμῖν
Ἠλίαν τὸν Θεσβίτην, ὃς ἀποκαταστήσει καρδίαν πατρὸς
πρὸς υἱόν. καὶ Ἰωσίας δέ, ὡς ἐν τῇ τρίτῃ τῶν Βασιλειῶν 30
ἀνέγνωμεν, προφητεύεται ὀνομαστὶ ὑπὸ τοῦ ἐληλυθότος ἐξ

1 Θέλων δ᾽ ἔτι] θέλοντες　 2 πεμφθέντες] hic male laesus
est codex, videtur autem plus x litt. habuisse. Cod. Ven. οἱ
πεμφθέντες　 3 λέγοι　 22 post δέ] ins. τὸ　 23 post
Μείζονα ins. εἶναι in mg. ut videtur　 τῷ] om.

Ἰούδα προφήτου λέγοντος, παρόντος καὶ τοῦ Ἱεροβοάμ,
Θυσιαστήριον, τάδε λέγει κύριος Ἰδοὺ υἱὸς τίκτεται τῷ   3 Reg xiii 2
Δαβὶδ, Ἰωσίας ὄνομα αὐτῷ. φασὶ δέ τινες καὶ τὸν
Σαμψὼν ὑπὸ τοῦ Ἰακὼβ προφητεύεσθαι λέγοντος· Δὰν   Ge xlix 16
5 κρινεῖ τὸν ἑαυτοῦ λαόν, ὡσεὶ καὶ μία φυλὴ ἐν Ἰσραήλ·
ἐπεὶ ἀπὸ τῆς φυλῆς τοῦ Δὰν γενόμενος ὁ Σαμψὼν ἔκρινε
τὸν Ἰσραήλ. καὶ ταῦτα δὲ εἰς ἔλεγχον τῆς προπετείας
τοῦ ἀποφηναμένου μηδένα πλὴν Ἰωάννου προφητεύεσθαι
εἰρήσθω, ταῦτα εἰρηκότος ἐν τῷ θέλειν αὐτὸν διηγεῖσθαι
10 τί τό· Ἐγὼ φωνὴ βοῶντος ἐν τῇ ἐρήμῳ.   Jo i 23

22. (13) Καὶ ἀπεσταλμένοι ἦσαν ἐκ τῶν Φαρι-   Jo i 24 f.
σαίων. καὶ ἠρώτησαν αὐτὸν καὶ εἶπαν αὐτῷ Τί οὖν
βαπτίζεις εἰ σὺ οὐκ εἶ ὁ χριστὸς οὐδὲ Ἡλίας οὐδὲ ὁ
προφήτης; Οἱ μὲν ἀπὸ Ἱεροσολύμων πέμψαντες τοὺς
15 ἐρωτήσοντας τὸν Ἰωάννην ἱερεῖς καὶ Λευίτας μαθόντες ὅστίς
τε οὐκ ἦν ὁ Ἰωάννης καὶ ὃς ἦν, σεμνοπρεπέστατα ἡσυχά-
ζουσιν, οἱονεὶ συγκατατιθέμενοι διὰ τῆς σιωπῆς καὶ ἐμφαί-
νοντες τὸ παραδέχεσθαι τὰ εἰρημένα, ὅτι ἁρμόζει τῇ τοῦ
βοῶντος ἐν τῇ ἐρήμῳ φωνῇ εἰς τὸ εὐθύνειν τὴν ὁδὸν κυρίου
20 τὸ βαπτίζειν. οἱ δὲ Φαρισαῖοι, ἅτε κατὰ τὸ ὄνομα ὄντες
διῃρημένοι τινὲς καὶ στασιώδεις, τὸ μὴ ὁμονοεῖν παριστᾶσι
τοῖς ἐν τῇ μητροπόλει Ἰουδαίοις καὶ τοῖς λειτουργοῖς τῆς
τοῦ θεοῦ θεραπείας, ἱερεῦσι καὶ Λευίταις, διὰ τοῦ ἀπο-
στεῖλαι οἱονεὶ ἐπιπληκτικῶς καὶ τὸ ὅσον ἐπ' αὐτοῖς κωλυ-
25 τικῶς τοῦ βαπτίζειν τοὺς ἐρωτήσοντας· Τί οὖν βαπτίζεις   Jo i 25
εἰ σὺ οὐκ εἶ ὁ χριστὸς οὐδὲ Ἡλίας οὐδὲ ὁ προφήτης; καὶ
τάχα εἰ συγκλώσαιμεν εἰς ἓν σωματοποιοῦντες τὰ ἐν τοῖς
εὐαγγελίοις γεγραμμένα, εἴποιμεν ἂν νῦν μὲν αὐτοὺς ταῦτα
εἰρηκέναι ὕστερον δὲ οὐκ οἶδ' ὅπως αὐτοὺς ἐπιδεδωκότας τῷ
124 βαπτίσασθαι ἀκηκοέναι ὑπὸ τοῦ Ἰωάννου τό· Γεννήματα   Lc iii 7 f.
ἐχιδνῶν, τίς ὑπέδειξεν ὑμῖν φυγεῖν ἀπὸ τῆς μελλούσης   cf. Mt iii 7 f.

---

7 προπετείας] coniec. Ruaeus; MS. προφητείας   οἱ
11 ἀπεσταλ-
μένοι (sic)

ὀργῆς; ποιήσατε οὖν ἀξίους καρποὺς τῆς μετανοίας. ταῦτα
γὰρ ὑπὸ τοῦ βαπτιστοῦ εἴρηται παρὰ τῷ Ματθαίῳ ἰδόντος
πολλοὺς τῶν Φαρισαίων καὶ Σαδδουκαίων ἐρχομένους ἐπὶ
τὸ βάπτισμα, δηλονότι οὐκ ἔχοντας καρποὺς μετανοίας καὶ
φαρισαϊκῶς ἀλαζονευομένους ἐν ἑαυτοῖς ἐπὶ τῷ Ἀβραὰμ 5
ὡς πατρί· διόπερ ἐπιπλήσσονται ὑπὸ τοῦ τὸν ζῆλον Ἡλίου
κατὰ τὴν κοινωνίαν τοῦ ἁγίου πνεύματος ἔχοντος Ἰωάννου.

Mt iii 9 f. ἐπιπληκτικὸς γὰρ λόγος ὁ Μὴ δόξητε λέγειν ἐν ἑαυτοῖς
Πατέρα ἔχομεν τὸν Ἀβραάμ· καὶ διδασκαλικὸς ὁ περὶ τοῦ
καὶ τοὺς διὰ τὴν λιθίνην καρδίαν ἀπίστους λίθους ὀνομα- 10
ζομένους δυνάμει θεοῦ μεταβαλεῖν οἵους τε εἶναι ἀπὸ λίθων
εἰς τέκνα Ἀβραάμ, ἐπεὶ γεγόνασιν ἐν ὀφθαλμοῖς τοῦ προ-
φήτου, μὴ φεύγοντες τὴν θείαν αὐτοῦ ὄψιν· διόπερ τό·
Λέγω ὑμῖν, ὅτι δύναται ὁ θεὸς ἐκ τῶν λίθων τούτων ἐγεῖραι
τέκνα τῷ Ἀβραάμ· ὑπ' αὐτοῦ λέγεται. καὶ ἐπεὶ μὴ ποιή- 15
σαντες καρπὸν ἄξιον τῆς μετανοίας ἔρχονται ἐπὶ τὸ βάπτισ-
μα, ἁρμονιώτατα πρὸς αὐτοὺς λέγεται τό· Ἤδη δὲ ἡ ἀξίνη
πρὸς τὴν ῥίζαν τῶν δένδρων κεῖται· πᾶν δένδρον μὴ ποιοῦν
καρπὸν καλὸν ἐκκόπτεται καὶ εἰς τὸ πῦρ βάλλεται· οἱονεὶ
γὰρ ἀντικρὺς φησι πρὸς αὐτοὺς Ἐπεὶ ἐληλύθατε ἐπὶ τὸ 20
βάπτισμα μὴ ποιήσαντες καρπὸν μετανοίας, δένδρον ἐστὲ
μὴ ποιοῦν καρπὸν καλόν, ἐκκοπησόμενον ἀπὸ τῆς ὀξυτάτης
cf. He iv 12 καὶ εὐτονωτάτης ἀξίνης τοῦ ζῶντος λόγου καὶ ἐνεργοῦς καὶ
τομωτέρου ὑπὲρ πᾶσαν μάχαιραν δίστομον.

23. Παρέστησε δὲ τὸν τῶν Φαρισαίων περὶ αὐτῶν 25
Lc xviii 10 f. λόγον καὶ ὁ Λουκᾶς διὰ τοῦ· Ἄνθρωποι δύο ἀνέβησαν εἰς
τὸ ἱερὸν προσεύξασθαι, ὁ εἷς Φαρισαῖος καὶ ὁ ἕτερος
τελώνης. καὶ ὁ Φαρισαῖος σταθεὶς ταῦτα πρὸς ἑαυτὸν
προσηύχετο· Ὁ θεός, εὐχαριστῶ σοι ὅτι οὐκ εἰμὶ ὡς οἱ
λοιποὶ τῶν ἀνθρώπων, ἅρπαγες, ἄδικοι, μοιχοί, ἢ καὶ ὡς 30
οὗτος ὁ τελώνης· ὅτε διὰ τούτους τοὺς λόγους ὁ τελώνης
μᾶλλον αὐτοῦ εἰς τὸν οἶκον καταβαίνει δεδικαιωμένος, καὶ

αὐ
17 αὐτούς] τοὺς (sic)   25 τὸν] τὸ   αὐτῶν λόγον] αὐτο-
λόγων

ἐπιλέγεται πάντα τὸν ὑψοῦντα ἑαυτὸν ταπεινοῦσθαι. ὡς   cf. Lc xviii
ὑποκριταὶ τοίνυν, κατὰ τοὺς τοῦ σωτῆρος πρὸς αὐτοὺς ἐλεγ-   14
κτικοὺς λόγους, ἔρχονται ἐπὶ τὸ βάπτισμα, οὐ λανθάνοντες
τὸν βαπτίζοντα, ἔτι ἔχοντες τῶν ἐχιδνῶν ἰὸν ὑπὸ τὰς γλώσ-
5 σας αὐτῶν καὶ τὸν τῶν ἀσπίδων· Ἰὸς γὰρ ἀσπίδων ὑπὸ   Ps xiii (xiv)
τὰ χείλη αὐτῶν. ἀληθῶς τε θυμὸς αὐτοῖς κατὰ τὴν ὁμοί-   3
ωσιν τοῦ ὄφεως ἦν ἐμφαινόμενος καὶ διὰ τῆς πικρᾶς ταύτης
125 ἐρωτήσεως τῆς· Τί οὖν βαπτίζεις, εἰ σὺ οὐκ εἶ ὁ χριστὸς   Jo i 25
οὐδὲ Ἠλίας οὐδὲ ὁ προφήτης; πρὸς οὓς εἴποιμ᾽ ἂν ὡς
10 Χριστοῦ καὶ Ἠλίου καὶ τοῦ προφήτου βαπτιζόντων, τῆς δὲ
ἐν τῇ ἐρήμῳ φωνῆς τοῦ βοῶντος ταύτην τὴν ἐξουσίαν μὴ
εἰληφυίας, Ὦ οὗτοι, ἀπηνῶς πυνθάνεσθε τοῦ ἀπεσταλ-   cf. Mc i 2
μένου ἀγγέλου πρὸ προσώπου Χριστοῦ κατασκευάσαι τὴν
ὁδὸν αὐτοῦ ἔμπροσθεν αὐτοῦ, ὅλα τὰ κατὰ τὸν τόπον αὐτοῦ
15 ἀγνοοῦντες μυστήρια· ὁ γὰρ χριστὸς, Ἰησοῦς ὢν κἂν μὴ
βούλησθε, αὐτὸς οὐκ ἐβάπτιζεν, ἀλλ᾽ οἱ μαθηταὶ αὐτοῦ,   Jo iv 2
αὐτὸς ὢν ὁ προφήτης. πόθεν δὲ ὑμῖν πεπίστευται Ἠλίαν
βαπτίσειν τὸν ἐλευσόμενον, οὐδὲ τὰ ἐπὶ τοῦ θυσιαστηρίου
ξύλα κατὰ τοὺς τοῦ Ἀχαὰβ χρόνους δεόμενα λουτροῦ ἵνα
20 ἐκκαυθῇ, ἐπιφανέντος ἐν πυρὶ τοῦ κυρίου, βαπτίσαντα;
ἐπικελεύεται γὰρ τοῖς ἱερεῦσι τοῦτο ποιῆσαι οὐ μόνον ἅπαξ,
λέγει γάρ· Δευτερώσατε· ὅτε καὶ ἐδευτέρωσαν, καί· Τρισ-   3 Reg xviii
σώσατε· ὅτε καὶ ἐτρίσσωσαν. ὁ τοίνυν μὴ αὐτὸς βαπτίσας   34
τότε ἀλλ᾽ ἑτέροις τοῦ ἔργου παραχωρήσας, πῶς κατὰ τὰ
25 ὑπὸ τοῦ Μαλαχίου λεγόμενα ἐπιδημήσας βαπτίζειν ἔμελλε;   cf. Mal iv
Χριστὸς οὖν ἐν ὕδατι οὐ βαπτίζει, ἀλλ᾽ οἱ μαθηταὶ αὐτοῦ·   4 ff.
ἑαυτῷ δὲ τηρεῖ τὸ ἁγίῳ πνεύματι βαπτίζειν καὶ πυρί.   cf. Mt iii 11;
παραδεξάμενος δὲ ὁ Ἡρακλέων τὸν τῶν Φαρισαίων λόγον,   Lc iii 16
ὡς ὑγιῶς εἰρημένον περὶ τοῦ ὀφείλεσθαι τὸ βαπτίζειν
30 Χριστῷ καὶ Ἠλίᾳ καὶ παντὶ προφήτῃ, αὐταῖς λέξεσί φησιν
Οἷς μόνοις ὀφείλεται τὸ βαπτίζειν, καὶ ἐκ τῶν εἰρημένων
μὲν ἡμῖν ἔναγχος ἐλεγχόμενος, μάλιστα δὲ ὅτι κοινότερον

τὸν προφήτην νενόηκεν· οὐ γὰρ ἔχει δεῖξαί τινα τῶν
προφητῶν βαπτίσαντα. οὐκ ἀπιθάνως δέ φησι πυνθά-
νεσθαι τοὺς Φαρισαίους κατὰ τὴν αὐτῶν πανουργίαν, οὐχὶ
ὡς μαθεῖν θέλοντας.

24. (14) Ἐπεὶ δὲ ἀναγκαῖον ἡμῖν φαίνεται παρατιθέ- 5
ναι τὰς ὁμοίας τῶν εὐαγγελίων λέξεις τοῖς ἐν χερσὶ ῥητοῖς,
καὶ τοῦτο καθ' ἕκαστον μέχρι τέλους ποιεῖν ὑπὲρ τοῦ τὰ
μὲν συγκρούειν δοκοῦντα ἀποδείκνυσθαι σύμφωνα, τὰ δ'
ὁμοίως ἔχοντα ἕκαστον κατ' ἰδίαν σαφηνίζεσθαι, φέρε τοῦτο
Jo i 23 καὶ ἐνταῦθα ποιήσωμεν. τὸ γάρ· Φωνὴ βοῶντος ἐν τῇ 10
ἐρήμῳ Εὐθύνατε τὴν ὁδὸν κυρίου· παρὰ μὲν τῷ μαθητῇ τῷ
Ἰωάννῃ ἐκ προσώπου τοῦ βαπτιστοῦ λέγεται· παρὰ δὲ τῷ
Μάρκῳ ὡς ἀρχὴ τοῦ εὐαγγελίου Ἰησοῦ Χριστοῦ κατὰ τὴν
Mc i 1 ff. Ἡσαΐου γραφὴν ἀναγέγραπται οὕτως· Ἀρχὴ τοῦ εὐαγ-
γελίου Ἰησοῦ Χριστοῦ, καθὼς γέγραπται ἐν τῷ Ἡσαΐᾳ τῷ 15
Mal iii 1 προφήτῃ Ἰδοὺ ἐγὼ ἀποστέλλω τὸν ἄγγελόν μου πρὸ
Is xl 3 προσώπου σου, ὃς κατασκευάσει τὴν ὁδόν σου· Φωνὴ
βοῶντος ἐν τῇ ἐρήμῳ Ἑτοιμάσατε τὴν ὁδὸν κυρίου, εὐθείας
ποιεῖτε τὰς τρίβους αὐτοῦ. οὐ κεῖται μέντοι γε ἐν τῷ 126
προφήτῃ Εὐθύνατε τὴν ὁδὸν κυρίου, ὅπερ παρέθετο ὁ 20
Ἰωάννης. μήποτ' οὖν ὁ Ἰωάννης ἐπιτεμνόμενος τό· Ἑτοι-
μάσατε τὴν ὁδὸν κυρίου, εὐθείας ποιεῖτε τὰς τρίβους τοῦ
θεοῦ ἡμῶν· ἀνέγραψεν Εὐθύνατε τὴν ὁδὸν κυρίου· ὅ τι
ὁ Μάρκος δύο προφητείας ἐν διαφόροις εἰρημένας τόποις
ὑπὸ δύο προφητῶν εἰς ἓν συνάγων πεποίηκε· Καθὼς γέ- 25
γραπται ἐν τῷ Ἡσαΐᾳ τῷ προφήτῃ Ἰδοὺ ἐγὼ ἀποστέλλω
τὸν ἄγγελόν μου πρὸ προσώπου σου, ὃς κατασκευάσει
τὴν ὁδόν σου. φωνὴ βοῶντος ἐν τῇ ἐρήμῳ Ἑτοιμάσατε
τὴν ὁδὸν κυρίου, εὐθείας ποιεῖτε τὰς τρίβους αὐτοῦ. τὸ
μὲν γάρ· Φωνὴ βοῶντος ἐν τῇ ἐρήμῳ· μετὰ τὴν περὶ τοῦ 30
Ἐζεκίου ἱστορίαν ἀναστάντος ἐκ τῆς νόσου εὐθέως ἀνα-
γέγραπται, τὸ δέ· Ἰδοὺ ἐγὼ ἀποστέλλω τὸν ἄγγελόν μου

8 σύγκρουσιν   9 ὁμοίως] ὅμως ὡς   21 Ἰωάννης] Μάρκος
28 om. ἐρήμῳ, sed add. extra lin.

πρὸ προσώπου σου· ὑπὸ Μαλαχίου. ὅπερ δὲ ἐποίησεν
Ἰωάννης ἐπιτεμνόμενος ὃ παρέθετο ῥητόν, τοῦτο ἐπ' ἄλλης
λέξεως ὁ Μάρκος καὶ αὐτὸς ἐνέφηνεν· ὁ μὲν γὰρ προφήτης
φησίν· Ἑτοιμάσατε τὴν ὁδὸν κυρίου, εὐθείας ποιεῖτε τὰς   Is xl 3
5 τρίβους τοῦ θεοῦ ἡμῶν· ὁ δὲ Μάρκος· Ἑτοιμάσατε τὴν   Mc i 3
ὁδὸν κυρίου, εὐθείας ποιεῖτε τὰς τρίβους αὐτοῦ. τὴν δ'
ὁμοίαν ἐπιτομὴν πεποίηται καὶ ἐπὶ τοῦ· Ἰδοὺ ἐγὼ ἀπο-   Mc i 2
στέλλω τὸν ἄγγελόν μου πρὸ προσώπου σου, ὃς κατα-
σκευάσει τὴν ὁδόν σου. οὐ παρέθετο γὰρ τὸ προκείμενον
10 τὸ Ἔμπροσθέν μου.

25. Ἔτι ἐπὶ τό· Ἀπεσταλμένοι ἦσαν ἐκ τῶν Φαρι-   Jo i 24
σαίων, καὶ ἠρώτησαν αὐτόν· ἐξετάζοντες ἡμεῖς προετάξαμεν
τὴν ἐρώτησιν τῶν Φαρισαίων, ὡς σεσιωπημένην παρὰ τῷ
Ματθαίῳ, τοῦ ἀναγεγραμμένου γεγονέναι παρὰ τῷ Ματθαίῳ,
15 ὅτι Ἰδὼν ὁ Ἰωάννης πολλοὺς τῶν Φαρισαίων καὶ Σαδδου-   Mt iii 7
καίων ἐρχομένους ἐπὶ τὸ βάπτισμα εἶπεν αὐτοῖς Γεννήματα
ἐχιδνῶν, καὶ τὰ ἑξῆς· ἀκόλουθον γάρ ἐστι πρῶτον πυθέσθαι,
εἶτ' ἐληλυθέναι. καὶ τοῦτο παρατηρητέον, ὅτι ὁ μὲν Ματ-
θαῖος ἐκπορευομένους πρὸς τὸν Ἰωάννην τὰ Ἱεροσόλυμα   Mt iii 5 f.
20 καὶ πᾶσαν τὴν Ἰουδαίαν καὶ πᾶσαν τὴν περίχωρον τοῦ
Ἰορδάνου ἐπὶ τῷ βαπτίσασθαι ἐν τῷ Ἰορδάνῃ ποταμῷ,
ἐξομολογουμένους ἑαυτῶν τὰς ἁμαρτίας, οὐδένα λόγον
ἐπιπληκτικὸν καὶ ἐλεγκτικόν φησιν ἀκηκοέναι ἀπὸ τοῦ
βαπτιστοῦ, μόνους δὲ τοὺς ἑωραμένους πολλοὺς τῶν Φαρι-
25 σαίων καὶ Σαδδουκαίων ἐληλυθότας ἀκηκοέναι τό· Γεννή-
ματα ἐχιδνῶν, καὶ τὰ ἑξῆς· ὁ δὲ Μάρκος οὐδέν φησιν ἐπι-
πληκτικὸν εἰρῆσθαι ὑπὸ τοῦ Ἰωάννου τοῖς ἐληλυθόσιν,
οὖσι πάσῃ τῇ Ἰουδαίᾳ καὶ Ἱεροσολυμίταις πᾶσι, καὶ βα-
127 πτιζομένοις ὑπ' αὐτοῦ ἐν τῷ Ἰορδάνῃ καὶ ἐξομολογουμένοις
30 τὰς ἁμαρτίας αὐτῶν, ἀκολούθως τῷ μηδὲ ὠνομακέναι τοὺς
Φαρισαίους καὶ Σαδδουκαίους. ἔτι δὲ καὶ τοῦτο ἀναγκαῖον
ἡμᾶς παραθέσθαι, ὅτι ἀμφότεροι μὲν, ὅ τε Ματθαῖος καὶ   Mt iii 5 f.
                                                            Mc i 5

11 Ἔτι] ὅτι   15 τῶν] τὸν   29 καὶ] ἦν

ὁ Μάρκος, ἐξομολογουμένους τὰς ἁμαρτίας αὐτῶν φασι
βαπτίζεσθαι πᾶσαν Ἱεροσόλυμα καὶ πᾶσαν τὴν Ἰουδαίαν
καὶ πᾶσαν τὴν περίχωρον τοῦ Ἰορδάνου, ἢ πᾶσαν τὴν
Ἰουδαίαν χώραν καὶ τοὺς Ἱεροσολυμίτας πάντας· ὁ δὲ
Ματθαῖος εἰσάγει μὲν ἐρχομένους ἐπὶ τὸ βάπτισμα τοὺς 5
Φαρισαίους καὶ Σαδδουκαίους, οὐ μὴν ἐξομολογουμένους τὰς
ἁμαρτίας αὐτῶν· διόπερ εἰκὸς καὶ τοῦτο εὔλογον εἶναι
αἴτιον τοῦ ἀκηκοέναι αὐτοὺς Γεννήματα ἐχιδνῶν.

26. Μὴ ὑπολάβῃς δ' ἡμᾶς καὶ ἀκαίρως τὰ ἀπὸ τῶν
ἑτέρων εὐαγγελίων παρατεθεῖσθαι, τὰ ἐκ τῶν ἀπεσταλμένων 10
ἐκ τῶν Φαρισαίων καὶ ἐρωτησάντων τὸν Ἰωάννην ἐξετά-
ζοντας. εἰ γὰρ καλῶς ἐφηρμόσαμεν τὴν τῶν Φαρισαίων
πεῦσιν, ἀναγεγραμμένην παρὰ τῷ μαθητῇ Ἰωάννῃ, τῷ
βαπτισμῷ αὐτῶν παρὰ τῷ Ματθαίῳ κειμένῳ, ἀκόλουθον
ἦν ἐξετάσαι τὰ κατὰ τοὺς τόπους καὶ παραθέσθαι τὰ εὑρε- 15
θέντα παρατηρήματα. ὁμοίως δὲ τῷ Μάρκῳ καὶ ὁ Λουκᾶς
τοῦ· Φωνὴ βοῶντος ἐν τῇ ἐρήμῳ· μέμνηται ἀπὸ ἰδίου
προσώπου οὕτως· Ἐγένετο ῥῆμα θεοῦ ἐπὶ Ἰωάννην τὸν
Ζαχαρίου υἱὸν ἐν τῇ ἐρήμῳ, καὶ ἦλθεν εἰς πᾶσαν περίχωρον
τοῦ Ἰορδάνου κηρύσσων βάπτισμα μετανοίας εἰς ἄφεσιν 20
ἁμαρτιῶν, ὡς γέγραπται ἐν βίβλῳ λόγων Ἡσαίου τοῦ
προφήτου· Φωνὴ βοῶντος ἐν τῇ ἐρήμῳ Ἑτοιμάσατε τὴν
ὁδὸν κυρίου, εὐθείας ποιεῖτε τὰς τρίβους αὐτοῦ. προσέθηκε
δὲ ὁ Λουκᾶς καὶ τὰ ἑξῆς τῆς προφητείας· Πᾶσα φάραγξ
πληρωθήσεται καὶ πᾶν ὄρος καὶ βουνὸς ταπεινωθήσεται, 25
καὶ ἔσται τὰ σκολιὰ εἰς εὐθείας καὶ αἱ τραχεῖαι εἰς ὁδοὺς
λείας· καὶ ὄψεται πᾶσα σὰρξ τὸ σωτήριον τοῦ θεοῦ· ὁμοίως
τῷ Μάρκῳ ἀναγράψας τό· Εὐθείας ποιεῖτε τὰς τρίβους
αὐτοῦ, ἐπιτεμνόμενος, ὡς προειρήκαμεν, τό· Εὐθείας ποιεῖτε
τὰς τρίβους τοῦ θεοῦ ἡμῶν. ἀντὶ δὲ τοῦ· Καὶ ἔσται πάντα 30
σκολιὰ εἰς εὐθείας· χωρὶς τοῦ Πάντα τὴν λέξιν ἔθηκε,
μετὰ τοῦ ἀντὶ ἑνικοῦ τοῦ Εἰς εὐθεῖαν πεποιηκέναι πλη-

cf. Mt iii 7
Lc iii 2 ff.
Is xl 3—6

23 προσέθηκε] προέθηκε pr. man.

θυντικὸν Εὐθείας. ἔτι δὲ καὶ ἀντὶ τοῦ· Ἡ τραχεῖα εἰς
πεδία· ἐποίησε· Καὶ αἱ τραχεῖαι εἰς ὁδοὺς λείας· παραλιπών
τε· Καὶ ὀφθήσεται ἡ δόξα κυρίου· παρέθετο τὸ ἑξῆς, τό·
Καὶ ὄψεται πᾶσα σὰρξ τὸ σωτήριον τοῦ θεοῦ. χρήσιμοι
5 δὲ αἱ παρατηρήσεις πρὸς ἀπόδειξιν περὶ τοῦ ἐπιτέμνεσθαι
τοὺς εὐαγγελιστὰς τὰ προφητικά.

27. Ἔτι δὲ καὶ τοῦτο παρατηρητέον, ὅτι τὸ Γεννήματα
28 ἐχιδνῶν καὶ τὰ ἑξῆς ὁ μὲν Ματθαῖος τοῖς Φαρισαίοις καὶ
Σαδδουκαίοις ἐρχομένοις ἐπὶ τὸ βάπτισμα εἰρῆσθαί φησιν,
10 ἑτέροις οὖσιν παρὰ τοὺς ἐξομολογουμένους τὰς ἁμαρτίας
αὐτῶν καὶ μηδὲν τοιοῦτον ἀκούοντας· ὁ δὲ Λουκᾶς τοῖς
ἐκπορευομένοις ὄχλοις βαπτισθῆναι ὑπ' αὐτοῦ ταῦτ' εἰρῆσθαι
ἀναγράφει, οὐ ποιήσας δύο τάγματα βαπτιζομένων, ὅπερ
παρὰ τῷ Ματθαίῳ εὕρομεν. εἰκότως δὲ καὶ οὗτος, ἐπεὶ οἱ
15 ὄχλοι οὐκ ἐν ἐπαίνῳ τάσσονται, ὡς τοῖς τηροῦσι σαφὲς
ἔσται, τοῖς ὄχλοις εἰσάγει λέγοντα τὸν βαπτιστὴν τὸ
Γεννήματα ἐχιδνῶν καὶ τὰ ἑξῆς. ἔτι δὲ πρὸς μὲν τοὺς
Φαρισαίους καὶ Σαδδουκαίους Ποιήσατε εἴρηται ἑνικῶς Mt iii 8
καρπὸν ἄξιον τῆς μετανοίας· πρὸς δὲ τοὺς ὄχλους πλη-
20 θυντικῶς ἀξίους καρποὺς τῆς μετανοίας. τάχα γὰρ οἱ μὲν
Φαρισαῖοι τὸν ἐξαίρετον ἀπαιτοῦνται καρπὸν μετανοίας,
οὐκ ἄλλον ὄντα τοῦ υἱοῦ καὶ τῆς εἰς αὐτὸν πίστεως, οἱ δὲ
ὄχλοι, οὐδὲ ἀρχὴν ἔχοντες ἀγαθῶν, πάντας ἀπαιτοῦνται
τοὺς καρποὺς τῆς μετανοίας· διόπερ πρὸς αὐτοὺς τὸ πλη-
25 θυντικὸν εἴρηται. λέγεται πρὸς τούτοις τοῖς Φαρισαίοις·
Μὴ δόξητε λέγειν ἐν ἑαυτοῖς Πατέρα ἔχομεν τὸν Ἀβραάμ, Mt iii 9
οἱ μὲν γὰρ ὄχλοι νῦν ἀρχὴν ἔχουσι, δοκοῦντες εἰσάγεσθαι
εἰς τὸν θεῖον λόγον, τοῦ προσιέναι τῇ ἀληθείᾳ· διόπερ
ἄρχονται λέγειν ἐν ἑαυτοῖς· Πατέρα ἔχομεν τὸν Ἀβραάμ· cf. Lk iii 8
30 οἱ δὲ Φαρισαῖοι οὐκ ἄρχονται, ἀλλὰ πρὸ πολλοῦ τοῦτο
δοξάζουσι. πλὴν ἑκάτεροι τοὺς προειρημένους λίθους δεικ-
νυμένους ἀκούουσιν δύνασθαι ἐγερθῆναι τέκνα τῷ Ἀβραάμ,
ἀπὸ τῆς ἀναισθησίας καὶ νεκρότητος ἀναστησομένους.

25 εἰρῆσθαι

28. Παρατήρει δὲ ὅτι τοῖς μὲν Φαρισαίοις, κατὰ τὸ εἰρη-
μένον ἐν τῷ προφήτῃ· Ἐφάγετε καρπὸν ψευδῆ· ἔχουσι μὲν
καρπὸν ψευδῆ, λέγεται· Πᾶν οὖν δένδρον μὴ ποιοῦν καρπὸν
καλὸν ἐκκόπτεται καὶ εἰς πῦρ βάλλεται, τοῖς δὲ ὄχλοις,
οὐδ᾽ ὅλως καρποφοροῦσι, τό· Πᾶν οὖν δένδρον μὴ ποιοῦν 5
καρπὸν ἐκκόπτεται. τὸ μὲν γὰρ μὴ ἔχον καρπὸν οὐδὲ καλὸν
ἔχει καρπόν· διόπερ ἐκκοπῆς ἐστιν ἄξιον. τὸ δὲ ἔχον
καρπὸν οὐ πάντως καλὸν ἔχει καρπόν· διόπερ καὶ αὐτὸς
εὐλόγως ὑπὸ τῆς ἀξίνης καταβάλλεται. ἐὰν δὲ ἀκριβέ-
στερον ἐρευνήσωμεν τὰ περὶ τοὺς καρπούς, εὑρήσομεν ὅτι 10
ἀμήχανον τὸ ἄρτι τοῦ γεωργεῖσθαι ἀρχόμενον, κἂν καρπο-
φορῇ, τοὺς πρώτους ἐνεγκεῖν καρποὺς καλούς. ἀγαπᾷ δὲ
ὁ γεωργὸς πρῶτον τὸ ἐνεγκεῖν αὐτὸ τοὺς ἐπιβάλλοντας
καρποὺς τῷ ἀρχομένῳ γεωργίας, ὕστερον ὁδῷ διὰ τῶν πρε-
πόντων γεωργικῇ καθαρσίων μετὰ τοὺς ὁποίους δήποτε 129
καρποὺς ληψόμενος καὶ καρποὺς καλούς· καὶ ὁ νόμος δὲ
ταύτῃ τῇ ἐκδοχῇ ἡμῶν μαρτυρεῖ, λέγων δεῖν τὸν φυτεύοντα
τρία ἔτη ποιεῖν ἀπερικάθαρτον ἐῶντα τὸ πεφυτευμένον,
οὐκ ἐσθιομένων αὐτοῦ τῶν καρπῶν· Τρία γάρ, φησίν, ἔτη
ὑμῖν ὁ καρπὸς ἀπερικάθαρτος οὐ βρωθήσεται, τῷ δὲ τετάρτῳ 20
ἔτει ἔσται πᾶς ὁ καρπὸς ἅγιος, αἰνετὸς τῷ κυρίῳ. εὐλόγως
τοίνυν πρὸς τοὺς ὄχλους χωρὶς τῆς τοῦ Καλοῦ προσθήκης
λέγεται· Πᾶν οὖν δένδρον μὴ ποιοῦν καρπὸν ἐκκόπτεται
καὶ εἰς πῦρ βάλλεται· καὶ τὸ ἐπὶ πλεῖον δὲ φέρον καρπὸν
ὅμοιον τῇ ἀρχῇ, δένδρον τυγχάνον μὴ ποιοῦν καρπὸν καλόν, 25
ἐκκόπτεται καὶ εἰς πῦρ βάλλεται, ἐπὰν ἐνστάσης τῆς μετὰ
τὴν τριάδα εἰσαγωγῆς ἐν τῇ τετράδι γενομένης μὴ ποιῇ
καρπὸν ἅγιον, αἰνετὸν τῷ κυρίῳ. ταῦτα δὲ πάντα εἰ καὶ
μετὰ παρεκβάσεως ἡμῖν εἰρῆσθαι δοκεῖ παρατιθεμένοις καὶ
τὰ ἀπὸ τῶν λοιπῶν εὐαγγελίων, οὐκ ἄκαιρα δὲ ἐμοὶ φαί- 30
νεται οὐδὲ ἀλλότρια τῆς ἐνεστηκυίας σκέψεως. Φαρισαῖοι
γὰρ ἀποστέλλουσι πρὸς τὸν Ἰωάννην μετὰ τοὺς ἀπὸ

Hos x 13
Mt iii 10
Le xix 23 f.

10 εὑρίσωμεν   13 αὐτὸ τούς] αὐτοὺς pr. man.   17 φη-
τεύοντα   19 οὐ καὶ σθιομένων   27 γενόμενος

Ἱεροσολύμων ἱερεῖς καὶ Λευΐτας πεμφθέντας ἐρωτῆσαι
αὐτὸν ὅστις εἴη, ἐξετάζοντες· Τί οὖν βαπτίζεις, εἰ σὺ Joi 25
οὐκ εἶ ὁ χριστὸς οὐδὲ Ἠλίας οὐδὲ ὁ προφήτης; καὶ ἐξε-
τάσαντες ἐνταῦθα, ἑξῆς παραγινόμενοι βαπτισόμενοι, ὡς ὁ cf. Mt iii 7
5 Ματθαῖος ἀναγράφει, ἀκούουσι δὲ τὰ ἁρμόζοντα αὐτῶν τῇ
ἀλαζονείᾳ καὶ ὑποκρίσει. ἐπεὶ δὲ ὅμοια ἦν τὰ τούτοις
εἰρημένα τοῖς λεγομένοις πρὸς τοὺς ὄχλους, ἐχρῆν τὴν τῶν
ῥητῶν σύγκρισιν καὶ σαφήνειαν ποιήσασθαι· ὧν γινομένων
πλείονα ἀπήτησεν ἡμᾶς ἡ ἀκολουθία θεωρῆσαι. ἔτι δὲ καὶ
10 ταῦτα τοῖς εἰρημένοις δεόντως προσθήσομεν· δύο τάγματα
πεμπόντων παρὰ τῷ Ἰωάννῃ ἀναγέγραπται, ἓν μὲν Ἰουδαίων
τῶν ἀπὸ Ἱεροσολύμων ἀποστελλόντων ἱερεῖς καὶ Λευΐτας,
ἕτερον δὲ Φαρισαίων ἐπαπορούντων διὰ τί βαπτίζει. καὶ
ἀποδεδώκαμεν ὅτι μετὰ τὴν πεῦσιν οἱ Φαρισαῖοι παρα-
15 γίνονται βαπτισόμενοι. μήποτ' οὖν πρὸ τούτων οἱ πρὸ
τούτων ἀποστείλαντες ἀπὸ Ἱεροσολύμων Ἰουδαῖοι παρα-
δεξάμενοι τοὺς Ἰωάννου λόγους, ἅτε πρότεροι τῶν Φαρισαίων
πέμψαντες, καὶ πρότεροι ἔρχονται. Ἱεροσόλυμα γὰρ, πᾶσα cf. Mt iii 5
Ἰουδαία καὶ ἀκολούθως πᾶσα ἡ περίχωρος τοῦ Ἰορδάνου
20 ἐβαπτίζοντο ἐν τῷ Ἰορδάνῃ ποταμῷ ὑπ' αὐτοῦ, ἐξομολο-
γούμενοι τὰς ἁμαρτίας αὐτῶν, ἢ ὡς ὁ Μάρκος φησίν·
130 Ἐξεπορεύετο πρὸς αὐτὸν πᾶσα ἡ Ἰουδαία χώρα καὶ οἱ Mci 5
Ἱεροσολυμῖται πάντες, καὶ ἐβαπτίζοντο ὑπ' αὐτοῦ ἐν τῷ
Ἰορδάνῃ ποταμῷ, ἐξομολογούμενοι τὰς ἁμαρτίας αὐτῶν.
25 οὔτε μέντοι Ματθαῖος τοὺς Φαρισαίους καὶ Σαδδουκαίους,
πρὸς οὓς λέγεται Γεννήματα ἐχιδνῶν, οὔτε Λουκᾶς τοὺς
ὄχλους τὴν αὐτὴν ἐπίπληξιν ἀκούοντας εἰσάγουσιν ἐξο-
μολογουμένους τὰς ἁμαρτίας αὐτῶν.
29. Ἄξιον δὲ ἐπαπορῆσαι πῶς πάσης τῆς Ἱεροσολυ-
30 μιτῶν πόλεως καὶ πάσης τῆς Ἰουδαίας καὶ πάσης τῆς περι-
χώρου τοῦ Ἰορδάνου βαπτιζομένων ἐν τῷ Ἰορδάνῃ ὑπὸ
Ἰωάννου ὁ σωτήρ φησιν· Ἐλήλυθεν ὁ Ἰωάννης ὁ βα- Mt xi 18

9 ἀπήτησεν   15 βαπτισάμενοι   17 τούς] τοῦ pr. man.
21 Μάρκος] Λουκᾶς   30 om. καὶ—Ἰουδαίας, sed add. in mg.

B.   10

πτιστὴς μήτε ἐσθίων μήτε πίνων, καὶ λέγετε Δαιμόνιον ἔχει·

Mt xxi 23 ff. καὶ πρὸς τοὺς πυθομένους· Ἐν ποίᾳ ἐξουσίᾳ ταῦτα ποιεῖς;
λέγει· Κἀγὼ ἐρωτήσω ὑμᾶς ἕνα λόγον, ὃν ἐὰν εἴπητέ μοι,
κἀγὼ ὑμῖν ἐρῶ ἐν ποίᾳ ἐξουσίᾳ ταῦτα ποιῶ· Τὸ βάπτισμα
τὸ Ἰωάννου πόθεν ἦν; ἐξ οὐρανοῦ ἢ ἐξ ἀνθρώπων; ὅτε καὶ 5
διαλογιζόμενοί φασιν· Ἐὰν εἴπωμεν Ἐξ οὐρανοῦ, ἐρεῖ Διὰ
τί οὐκ ἐπιστεύσατε αὐτῷ; λύεται δὲ τὸ ἀπορηθὲν οὕτως·

cf. Mt iii 7 Φαρισαῖοι, ὡς προτετηρήκαμεν, οἱ ἀκούσαντες Γεννήματα
ἐχιδνῶν, οὐ πεπιστευκότες αὐτῷ παραγίνονται ἐπὶ τὸ βά-
πτισμα, εἰκὸς ὅτι τὸν ὄχλον φοβούμενοι καὶ κατὰ τὴν πρὸς 10
ἐκείνους ὑπόκρισιν ἀξιοῦντες λούσασθαι, ἵνα μὴ δοκοῖεν
ἐναντιοῦσθαι τοῖς τοιούτοις. φρονοῦντες γοῦν αὐτὸν ἀπ᾽
ἀνθρώπων ἔχειν καὶ οὐκ ἀπ᾽ οὐρανοῦ τὸ βαπτίζειν, διὰ τὸν

cf. Lc xx 6 ὄχλον, μήποτε λιθασθῶσιν, φοβοῦνται ὅπερ ὑπολαμβά-
νουσιν εἰπεῖν· ὥστε οὐκ ἐναντιοῦται ὑπὸ τοῦ σωτῆρος 15
εἰρημένα πρὸς τοὺς Φαρισαίους τοῖς ἀναγεγραμμένοις ἐν
τοῖς εὐαγγελίοις περὶ τοῦ πλήθους τῶν παρὰ τῷ Ἰωάννῃ

cf. Lc vii 33;
xi 15 βαπτισαμένων. τοῦ θράσους δὲ τῶν Φαρισαίων ἦν δαι-
μόνιον ἔχειν λέγειν τὸν Ἰωάννην, καὶ ἐν Βεελζεβοὺλ τῷ
ἄρχοντι τῶν δαιμονίων τὰς δυνάμεις φάσκειν τὸν Ἰησοῦν 20
πεποιηκέναι.

Jo i 26 f. 30. (15) ἈΠΕΚΡΊΝΑΤΟ ΑΥ̓ΤΟΙ͂Σ Ὁ ἸΩΆΝΝΗΣ ΛΈΓΩΝ
ἘΓῺ ΒΑΠΤΊΖΩ ἘΝ ὝΔΑΤΙ· ΜΈΣΟΣ ὙΜῶΝ ἜΣΤΗΚΕΝ ὋΝ
ὙΜΕῖΣ ΟΥ̓Κ ΟἼΔΑΤΕ, ὈΠΊΣΩ ΜΟΥ ἘΡΧΌΜΕΝΟΣ, ΟὟ ΟΥ̓Κ ΕἰΜῚ
ἘΓῺ ἌΞΙΟΣ ἽΝΑ ΛΎΣΩ ΑΥ̓ΤΟΥ͂ ΤῸΝ ἹΜΆΝΤΑ ΤΟΥ͂ ὙΠΟΔΗ- 25
ΜΑΤΟΣ. Ὁ μὲν Ἡρακλέων οἴεται ὅτι ἀποκρίνεται ὁ Ἰωάννης
τοῖς ἐκ τῶν Φαρισαίων πεμφθεῖσιν, οὐ πρὸς ὃ ἐκεῖνοι ἐπη-
ρώτων, ἀλλ᾽ ὃ αὐτὸς ἐβούλετο, ἑαυτὸν λανθάνων ὅτι κατη-
γορεῖ τοῦ προφήτου ἀμαθίας, εἴγε ἄλλο ἐρωτώμενος περὶ
ἄλλου ἀποκρίνεται· χρὴ γὰρ καὶ τοῦτο φυλάττεσθαι ὡς 30
ἐν κοινολογίᾳ ἁμάρτημα τυγχάνον. ἡμεῖς δέ φαμεν ὅτι 131

---

3 ὃν] intra lin. **12** τοσούτοις **23** post μέσος ins. δὲ
intra lin. ἔστηκεν **24** ante ὀπίσω add. in mg. pr. man.
αὐτός ἐστιν ὁ **28** μανθάνων

μάλιστα πρὸς ἔπος ἐστὶν ἡ ἀπόκρισις· πρὸς γὰρ τό· Τί Jo i 25
οὖν βαπτίζεις, εἰ σὺ οὐκ εἶ ὁ χριστός; τί ἄλλο ἐχρῆν εἰπεῖν
ἢ τὸ ἴδιον παραστῆσαι βάπτισμα σωματικώτερον τυγχάνον;
Ἐγὼ γάρ, φησίν, βαπτίζω ἐν ὕδατι. καὶ τοῦτο εἰπὼν πρὸς Jo i 26
5 τό· Τί οὖν βαπτίζεις; πρὸς τὸ δεύτερον· Εἰ σὺ οὐκ εἶ ὁ
χριστός· δοξολογίαν περὶ τῆς προηγουμένης οὐσίας Χριστοῦ
διηγεῖται, ὅτι δύναμιν τοσαύτην ἔχει ὡς καὶ ἀόρατος εἶναι
τῇ θειότητι αὐτοῦ, παρὼν παντὶ ἀνθρώπῳ παντὶ δὲ καὶ
ὅλῳ τῷ κόσμῳ συμπαρεκτεινόμενος· ὅπερ δηλοῦται διὰ τοῦ·
10 Μέσος ὑμῶν ἕστηκεν. καὶ ἐπεὶ οὐδὲν οἱ προσδοκῶντες
Χριστοῦ ἐπιδημίαν Φαρισαῖοι τηλικοῦτον περὶ αὐτοῦ ἑώρων,
ἄνθρωπον τέλειον ἅγιον μόνον ὑπολαμβάνοντες αὐτὸν εἶναι,
ἐμμελῶς ἐλέγχει τὴν περὶ τῆς ὑπεροχῆς αὐτοῦ Φαρισαίων
ἄγνοιαν, προστιθεὶς τῷ· Μέσος ὑμῶν ἕστηκε· τό· Ὃν ὑμεῖς
15 οὐκ οἴδατε. καὶ ἵνα μή τις ὑπολάβῃ ἕτερον εἶναι τὸν
ἀόρατον καὶ διήκοντα ἐπὶ πάντα ἄνθρωπον, ἢ καὶ ἐπὶ ὅλον
τὸν κόσμον, παρὰ τὸν ἐνανθρωπήσαντα καὶ ἐπὶ τῆς γῆς
ὀφθέντα καὶ τοῖς ἀνθρώποις συναναστραφέντα, συνάπτει τῷ·
Μέσος ὑμῶν ἕστηκεν, ὃν ὑμεῖς οὐκ οἴδατε· τό· Ὀπίσω μου
20 ἐρχόμενος· τοῦτ' ἔστι μετ' ἐμὲ φανερωθησόμενος. οὗ καὶ
τὴν ὑπερβάλλουσαν ὑπεροχὴν συνιεὶς παρὰ τὴν ἑαυτοῦ
φύσιν, ἀμφιβαλλομένην ὑπό τινων μήποτ' ἄρ' αὐτὸς εἴη
Χριστός, ὅσον ἀπολείπεται τῆς τοῦ χριστοῦ μεγαλειότητος
παραστῆσαι βουλόμενος, ἵνα μή τις εἰς αὐτὸν λογίσηται cf. 2 Co xii 6
25 ὑπὲρ ὃ βλέπει ἢ ἀκούει ἐξ αὐτοῦ, λέγει καὶ τό· Οὗ οὐκ εἰμὶ
ἐγὼ ἄξιος ἵνα λύσω αὐτοῦ τὸν ἱμάντα τοῦ ὑποδήματος·
αἰνιττόμενος τὸ οὐχ ἱκανὸς εἶναι τὸν περὶ τῆς ἐνσωματώσεως
αὐτοῦ λόγον, οἱονεὶ δεδεμένον καὶ κεκρυμμένον τοῖς μὴ
νοοῦσι, λῦσαι καὶ σαφηνίσαι, ὥστε ἄξιόν τι τῆς τοσαύτης
30 ἐπιδημίας εἰς οὕτω βραχύτητα συνεσταλμένης εἰπεῖν.

31. (16) Οὐκ ἄκαιρον δὲ ἐξετάζουσιν ἡμῖν τό· Ἐγὼ

---

1 Τί οὖν] intra lin.   2 τί ἄλλοις χρὴν (sic)   3 τε (sic)
23 ὅσον] ὃν (sic)   28 δεδομένον

Jo i 26   βαπτίζω ἐν ὕδατι· τὰς ὁμοίας τῶν εὐαγγελιστῶν παραθέσθαι
περὶ τούτου λέξεις καὶ συγκρῖναι τῇ προκειμένῃ. φησὶ
Mt iii 7, 11   τοίνυν ὁ Ματθαῖος· Ἰδὼν πολλοὺς τῶν Φαρισαίων καὶ Σαδ-
δουκαίων ἐρχομένους ἐπὶ τὸ βάπτισμα, μετὰ τὰ ἐπιπλη-
κτικὰ περὶ ὧν ἐξητάσαμεν· Ἐγὼ μὲν ὑμᾶς ἐν ὕδατι βαπτίζω   5
εἰς μετάνοιαν· ὁ δὲ ὀπίσω μου ἐρχόμενος ἰσχυρότερός μού
ἐστιν, οὗ οὐκ εἰμὶ ἱκανὸς τὰ ὑποδήματα βαστάσαι· αὐτὸς
ὑμᾶς βαπτίσει ἐν πνεύματι ἁγίῳ καὶ πυρί· σύμφωνον τῷ
κατὰ Ἰωάννην λόγῳ τὴν ὁμολογίαν τοῦ ἐν ὕδατι βαπτίσμα-
τος πρὸς τοὺς πεμφθέντας ἐκ τῶν Φαρισαίων λέγοντι. ὁ δὲ   10
Mc i 7 f.   Μάρκος· Ἐκήρυσσε, φησίν, Ἰωάννης λέγων Ἔρχεται ὁ
ἰσχυρότερός μου ὀπίσω, οὗ οὐκ εἰμὶ ἱκανὸς κύψας λῦσαι τὸν   132
ἱμάντα τῶν ὑποδημάτων αὐτοῦ. ἐγὼ ἐβάπτισα ὑμᾶς ὕδατι,
αὐτὸς δὲ βαπτίσει ὑμᾶς ἐν πνεύματι ἁγίῳ· πρὸς πλείονας
καὶ πάντας τοὺς ἀκούοντας διδάσκων ταῦτα κεκηρῦχθαι.   15
Lc iii 15 f.   ὁ δὲ Λουκᾶς φησιν ὅτι Προσδοκῶντος τοῦ λαοῦ, καὶ διαλογι-
ζομένων πάντων ἐν ταῖς καρδίαις αὐτῶν περὶ τοῦ Ἰωάννου,
μήποτε αὐτὸς εἴη ὁ χριστός, ἀπεκρίνατο λέγων πᾶσιν ὁ
Ἰωάννης Ἐγὼ μὲν ὕδατι βαπτίζω ὑμᾶς· ἔρχεται δὲ ἰσχυρό-
τερός μου, οὗ οὐκ εἰμὶ ἱκανὸς λῦσαι τὸν ἱμάντα τῶν ὑπο-   20
δημάτων αὐτοῦ· αὐτὸς ὑμᾶς βαπτίσει ἐν πνεύματι ἁγίῳ καὶ
πυρί.

32. (17) Ἔχοντες τοίνυν τὰς ὁμοίας λέξεις τῶν τεσσά-
ρων, φέρε κατὰ τὸ δυνατὸν ἴδωμεν ἰδίᾳ τὸν νοῦν ἑκάστης
καὶ τὰς διαφορὰς, ἀρξάμενοι ἀπὸ τοῦ Ματθαίου, ὃς καὶ   25
παραδέδοται πρῶτος τῶν λοιπῶν τοῖς Ἑβραίοις ἐκδεδωκέναι
Mt iii 11   τὸ εὐαγγέλιον, τοῖς ἐκ περιτομῆς πιστεύουσιν. Ἐγὼ μὲν,
φησίν, ὑμᾶς ἐν ὕδατι βαπτίζω εἰς μετάνοιαν· οἱονεὶ καθαί-
ρων καὶ ἀποτρεπόμενος ἀπὸ τῶν χειρόνων καὶ ἐπὶ μετάνοιαν
cf. Lc i 17   παρακαλῶν· Ἑτοιμάσαι γὰρ κυρίῳ λαὸν κατεσκευασμένον   30
ἐγὼ ἐλήλυθα, καὶ χώραν διὰ τοῦ βαπτίσματος τῆς μετα-
νοίας εὐτρεπίσαι τῷ μετ' ἐμὲ ἥξοντι, καὶ διὰ τοῦτο ἰσχυ-

4 ἐπιπληκτικὰ] ἐπικλητικὰ pr. man.   25 η (sic)   32 καὶ]
ὅς
intra lin.

ρότερον πολλῷ τῆς ἐμῆς δυνάμεως καὶ κρεῖττον ὑμᾶς
ὠφελήσοντι· οὐ σωματικὸν γὰρ τὸ ἐκείνου βάπτισμα, τὸν
μετανοοῦντα πληροῦντος ἁγίου πνεύματος, καὶ θειοτέρῳ
πυρὸς πᾶν ὑλικὸν ἀφανίζοντος καὶ πᾶν γεῶδες ἐξαναλίσκον-
5 τος, οὐ μόνον ἀπὸ τοῦ χωρήσαντος αὐτὸ ἀλλὰ καὶ ἀπὸ τοῦ
τῶν ἐχόντων ἀκούοντος. τοσοῦτον δέ ἐστιν ἐμοῦ ἰσχυ-
ρότερος ὁ μετ᾽ ἐμὲ ἐρχόμενος, ὡς μηδὲ τὰ τῆς περιβολῆς
τῶν περὶ αὐτὸν δυνάμεων ἐσχάτων, οὐχὶ γυμνῶν ἐκκει-
μένων, ὥστε καὶ τοὺς τυχόντας νοεῖν αὐτὰ δύνασθαι, ἱκανόν
10 με τυγχάνειν βαστάσαι, μηδὲ ταῦτα ὑπομένοντας φέρειν.
οὐκ οἶδα δὲ ὁπότερον εἴπω, πότερον τὴν πολλήν μου
ἀσθένειαν, τὰ εὐτελῆ τοῦ χριστοῦ συγκρίσει τῶν περὶ
ἑαυτὸν μειζόνων φέρειν μὴ δυναμένην, ἢ δὴ τὴν ἐκείνου
ὑπερβάλλουσαν καὶ μείζονα παντὸς τοῦ κόσμου θειότητα·
15 εἴγε ἐγώ, ὁ τηλικαύτην χωρήσας χάριν ὡς καὶ προφητείας
ἠξιῶσθαί με, προλεγούσης τὰ περὶ τῆς εἰς τὸν βίον τῶν
ἀνθρώπων ἐπιδημίας μου ἐν τῷ Ἐγὼ φωνὴ βοῶντος ἐν τῇ   Jo i 23
ἐρήμῳ· καί· Ἰδοὺ ἐγὼ ἀποστέλλω τὸν ἄγγελόν μου πρὸ   Mt xi 10
προσώπου σου· ἐγώ, οἷ τὴν γένεσιν Γαβριὴλ ὁ παρεστηκὼς   cf. Lc i 19
133 ἐνώπιον τοῦ θεοῦ παραδόξως εὐηγγελίσατο ἐν γήρᾳ γε-
γενημένῳ τῷ πατρί μου, ἐγώ, ἐφ᾽ οὗ τῷ ὀνόματι Ζαχαρίας
ἅμα ἀπέλαβε τὴν φωνὴν καὶ τὸ προφητεύειν δι᾽ αὐτῆς,   cf. Lc i 64
ἐγώ, ὁ ὑπὸ τοῦ κυρίου μου μαρτυρούμενος ὡς ἄρα μείζων
ἐν γεννητοῖς γυναικῶν ἐμοῦ οὐδεὶς τυγχάνει, οὐδὲ τὰ ὑπο-   Mt xi 11
25 δήματα βαστάσαι ἱκανός· εἰ μὴ γὰρ μηδὲ τὰ ὑποδήματα,
τί λεκτέον περὶ τῶν ἐνδυμάτων αὐτοῦ; τίς οὗτος ὃς ὁλό-
κληρον αὐτοῦ τὸ ἱμάτιον τηρῆσαι δυνήσεται; τίς, ὃς νοήσει
τὸν ἐκ τῶν ἄνωθεν χιτῶνα ἄραφον διὰ τὸ δι᾽ ὅλου ὑφαντὸν   cf. Jo xix 23
τυγχάνειν καταλαβεῖν ὃν ἔχει λόγον;

30 33. Παρατηρητέον δὲ ὅτι τῶν τεσσάρων εἰρηκότων τὸ
ἐν ὕδατι ὁμολογεῖν Ἰωάννην ἐληλυθέναι βαπτίζειν, μόνος
Ματθαῖος τούτῳ προσέθεικε τὸ Εἰς μετάνοιαν· διδάσκων   cf. Mt iii 11

1 καὶ] intra lin.   4 πᾶν 2°] intra lin.   11 δὲ] δὴ   13 δὴ]
διὰ   24 post ἐμοῦ ins. ἐμοῦ   31 ἐν ὕδατι] ἐνδύματι

τὴν ἀπὸ τοῦ βαπτίσματος ὠφέλειαν ἔχεσθαι τῆς προαι-
ρέσεως τοῦ βαπτιζομένου, τῷ μετανοοῦντι μὲν ἐγγινομένην,
μὴ οὕτω δὲ προσιόντι εἰς κρίμα χαλεπώτερον ἐσομένην.
χρὴ δὲ εἰδέναι ὅτι ὥσπερ αἱ κατὰ τὰς γεγενημένας ὑπὸ τοῦ
σωτῆρος θεραπείας τεράστιοι δυνάμεις, σύμβολα τυγχά- 5
νουσαι τῶν ἀεὶ λόγῳ τοῦ θεοῦ ἀπαλλαττομένων πάσης
νόσου καὶ μαλακίας, οὐδὲν ἧττον καὶ σωματικῶς γενόμεναι
ὤνησαν εἰς πίστιν προσκαλεσάμεναι τοὺς εὐεργετηθέντας,

cf. Basil de
Sp Sanct
c 29

οὕτως καὶ τὸ διὰ τοῦ ὕδατος λουτρόν, σύμβολον τυγχάνον
καθαρσίου ψυχῆς πάντα ῥύπον ἀπὸ κακίας ἀποπλυνομένης, 10
οὐδὲν ἧττον καὶ καθ᾽ αὑτὸ τῷ ἐμπαρέχοντι ἑαυτὸν τῇ θειό-
τητι τῆς δυνάμεως τῶν τῆς προσκυνητῆς τριάδος ἐπικλήσεων

1 Co xii 4

ἐστιν ἡ χαρισμάτων θείων ἀρχὴ καὶ πηγή· διαιρέσεις γὰρ
χαρισμάτων εἰσί. μαρτυρεῖ δέ μου τῷ λόγῳ ἡ ἐν ταῖς τῶν

cf. Act viii
16 ff.

ἀποστόλων Πράξεσιν ἀναγεγραμμένη ἱστορία περὶ τοῦ 15
οὕτως ἐναργῶς τότε τὸ πνεῦμα τοῖς βαπτιζομένοις ἐπι-
δεδημηκέναι, προευτρεπίσαντος αὐτῷ τοῦ ὕδατος τοῖς γνη-
σίως προσιοῦσιν ὁδόν, ὡς καὶ τὸν μάγον Σίμωνα κατα-
πλαγέντα θέλειν μὲν τὴν χάριν ταύτην ἀπὸ τοῦ Πέτρου

cf. Lc xvi 9

λαβεῖν, ἐθέλειν δὲ τὸ δικαιότατον διὰ τοῦ μαμωνᾶ τῆς 20
ἀδικίας. καὶ τοῦτο δὲ παρασημειωτέον, ὅτι τὸ Ἰωάννου
βάπτισμα ὑποδεέστερον ἐτύγχανε τοῦ βαπτίσματος Ἰησοῦ,

cf. Act xix 2
ff.

διδομένου διὰ τῶν μαθητῶν αὐτοῦ. οἱ γοῦν ἐν ταῖς Πράξεσι
βεβαπτισμένοι εἰς τὸ Ἰωάννου βάπτισμα, μηδὲ εἰ πνεῦμα
ἅγιόν ἐστιν ἀκούσαντες, βαπτίζονται δεύτερον ὑπὸ τοῦ 25
ἀποστόλου. τὸ γὰρ τῆς ἀναγεννήσεως οὐ παρὰ τῷ Ἰωάννῃ 134
ἀλλὰ παρὰ τῷ Ἰησοῦ διὰ τῶν μαθητῶν αὐτοῦ ἐγίνετο, καὶ

cf. Tit iii 5

παλιγγενεσίας ὀνομαζόμενον λουτρὸν μετὰ ἀνακαινώσεως

cf. Ge i 2

γινόμενον πνεύματος, τοῦ καὶ νῦν ἐπιφερομένου, ἐπειδὴ παρὰ
θεοῦ ἐστιν, ἐπάνω τοῦ ὕδατος, ἀλλ᾽ οὐ πᾶσι μετὰ τὸ ὕδωρ 30

1 τὴν] τό   10 τὸν ἀπὸ κακίας Bas.   ἀποπλυνόμενος
11 καθ αὐτον   11 τῇ θεότητι—14 εἰσί] τῇ θεότητι τῆς προσκυ-
νητῆς τριάδος διὰ τῆς δυνάμεως τῶν ἐπικλήσεων χαρισμάτων ἀρχὴν
ἔχει καὶ πηγὴν Bas.   om. 13 θείων—14 χαρισμάτων sed add. pr.
man. intra lin.   29 παρὰ] περί

ἐγγινομένου. καὶ ταῦτα μὲν εἰς τὴν ἐξέτασιν τῶν ἐν τῷ κατὰ Ματθαῖον.

34. (18) Ἤδη δὲ καὶ τὰ Μάρκου κατανοήσωμεν, ὃς ἀνέγραψε κηρύσσοντα τὸν Ἰωάννην ταῦτα μὲν εἰρηκέναι cf. Mc i 7 5 κατὰ τό· Ἔρχεται ὁ ἰσχυρότερός μου ὀπίσω μου· ἰσοδυναμεῖ γὰρ ταῦτα τῷ· Ὁ ὀπίσω μου ἐρχόμενος ἰσχυρότερός μού Mt iii 11 ἐστιν· οὐκέτι δὲ τὰ αὐτὰ ἐν τῷ· Οὐκ εἰμὶ ἱκανὸς κύψας λῦσαι τὸν ἱμάντα τῶν ὑποδημάτων αὐτοῦ. ἕτερον μὲν γὰρ τὸ βαστάζειν τὰ ὑποδήματα, δηλονότι ἤδη λελυμένα ἀπὸ τῶν 10 τοῦ ὑποδεδεμένου ποδῶν, ἕτερον δὲ τὸ κύψαντα λῦσαι τὸν ἱμάντα τῶν ὑποδημάτων. καὶ ἀκόλουθόν γε, μηδενὸς σφαλλομένου τῶν εὐαγγελιστῶν μηδὲ ψευδομένου, ὡς εἴποιεν ἂν οἱ πιστεύοντες, ἀμφότερα κατὰ διαφόρους καιροὺς εἰρηκέναι τὸν βαπτιστὴν καθ' ἕτερον καὶ ἕτερον νοῦν κινούμενον. οὐ 15 γὰρ περὶ τῶν αὐτῶν, ὡς οἴονταί τινες, οἱ ἀπομνημονεύοντες διαφόρως ἠνέχθησαν μὴ ἀκριβοῦντες τῇ μνήμῃ ἕκαστον τῶν εἰρημένων ἢ γεγενημένων. μέγα μὲν οὖν τὸ βαστάσαι τοῦ Ἰησοῦ τὰ ὑποδήματα, μέγα δὲ καὶ τὸ ἐπὶ τὰ σωματικὰ αὐτοῦ κάτω που γεγενημένα κύψαντα, ὑπὲρ τοῦ τὴν εἰκόνα 20 κάτω θεάσασθαι, λῦσαι ἕκαστον τῶν περὶ τοῦ μυστηρίου τῆς ἐνσωματώσεως ἀσαφῶν, οἱονεὶ τὸν ἱμάντα τῶν ὑποδημάτων τυγχάνοντα. εἷς γὰρ ὁ τῆς ἀσαφείας δεσμός, ὥσπερ καὶ μία ἡ τῆς γνώσεως κλείς, ἅτινα οὐδὲ ὁ μείζων ἐν cf. Lc xi 52; vii 28 γεννητοῖς γυναικῶν καθ' αὐτὸν ἱκανὸς λῦσαι ἢ ἀνοῖξαι, τοῦ cf. Apoc v 2; iii 7 25 δήσαντος καὶ κλείσαντος μόνου δωρουμένου οἷς βούλεται τὸ λῦσαι καὶ ἀνοῖξαι τὸν ἱμάντα τῶν ὑποδημάτων καὶ τὰ κεκλεισμένα.

35. Εἰ δὲ μυστικὸς ὁ περὶ τῶν ὑποδημάτων τόπος, οὐδὲ τοῦτον παρελθετέον. οἶμαι τοίνυν τὴν μὲν ἐνανθρώπησιν, 30 ὅτε σάρκα καὶ ὀστέα ἀναλαμβάνει ὁ τοῦ θεοῦ υἱός, τὸ ἕτερον 135 εἶναι τῶν ὑποδημάτων, τὴν δὲ εἰς ᾅδου κατάβασιν, ὅστις ποτέ ἐστιν ὁ ᾅδης, καὶ τὴν εἰς φυλακὴν μετὰ τοῦ πνεύματος

3 κατανοήσομεν sup. ras.   25 κλίσαντος   27 κεκλιμένα

Ps xv (xvi) 10

πορείαν τὸ λοιπόν. περὶ τῆς εἰς ᾅδου καταβάσεως τό· Οὐκ
ἐγκαταλείψεις τὴν ψυχήν μου εἰς τὸν ᾅδην, ἐν ιε΄ ψαλμῷ
εἴρηται· καὶ περὶ τῆς ἐν φυλακῇ πορείας μετὰ πνεύματος

1 Pet iii 18 ff

παρὰ τῷ Πέτρῳ ἐν τῇ καθολικῇ ἐπιστολῇ· Θανατωθεὶς γάρ,
φησὶ, σαρκὶ, ζωοποιηθεὶς δὲ πνεύματι· ἐν ᾧ καὶ τοῖς ἐν 5
φυλακῇ πνεύμασι πορευθεὶς ἐκήρυξεν, ἀπειθήσασί ποτε
ὅτε ἀπεξεδέχετο ἡ τοῦ θεοῦ μακροθυμία ἐν ἡμέραις Νῶε
κατασκευαζομένης κιβωτοῦ. ὁ τοίνυν κατ᾽ ἀξίαν ἀμφοτέρων
τῶν ἐπιδημιῶν τοὺς λόγους παραστῆσαι δυνάμενος, τὸν
ἱμάντα λύειν τῶν Ἰησοῦ ἱκανός ἐστιν ὑποδημάτων, καὶ 10
αὐτὸς τῷ νοῒ κύπτων καὶ συγκαταβαίνων τῷ καταβεβηκότι
εἰς ᾅδου, καὶ ἀπὸ οὐρανοῦ καὶ τῶν περὶ τῆς θεότητος
Χριστοῦ μυστηρίων καταβαίνων ἐπὶ τὴν ἀναγκαίως γεγε-
νημένην παρ᾽ ἡμῖν αὐτοῦ ἐπιδημίαν, ὅτε τὸν ἄνθρωπον
ὑπεδήσατο. ὁ δὲ τὸν ἄνθρωπον ὑποδησάμενος καὶ τὸν 15

Ro xiv 9

νεκρὸν ὑπεδήσατο· Εἰς τοῦτο γὰρ Ἰησοῦς ἀπέθανε καὶ
ἀνέστη, ἵνα καὶ νεκρῶν καὶ ζώντων κυριεύσῃ· καὶ διὰ τοῦτο
ζῶντα καὶ νεκρὸν ὑπεδήσατο, τοῦτ᾽ ἔστι τὸν ἐν γῇ καὶ τὸν ἐν
ᾅδου, ἵνα καὶ νεκρῶν καὶ ζώντων κυριεύσῃ. τίς οὖν ἄρα
ἱκανὸς κύψας λῦσαι τὸν ἱμάντα τῶν τοιούτων ὑποδημάτων, 20
καὶ λύσας μὴ ἐάσαι ἀλλὰ κατὰ δευτέραν ἱκανότητα ἀνα-
λαβεῖν αὐτὰ καὶ βαστάσαι διὰ τοῦ ἐν τῇ μνήμῃ περιφέρειν
τὰ νενοημένα; (19) μὴ ἀνεξέταστον δὲ ἐάσθω τὸ χωρὶς
τοῦ Κύψας ὁμοίως παρὰ τῷ Λουκᾷ καὶ Ἰωάννῃ εἰρημένον.
καὶ τάχα ἐνδέχεται μὲν κύψαντα λῦσαι κατὰ τὸ προειρη- 25
μένον· δυνατὸν δὲ καὶ τὸ ἀνάστημα τοῦ ἀπὸ τοῦ λόγου
ἐπάρματος φυλάττοντα εὑρεῖν τὴν λύσιν τῶν ἐν τῷ ζητεῖσθαι
δεδεμένων ὑποδημάτων, ἵνα τὰ αὐτά τις λύσας τὸν χωρὶς τῶν
ὑποδημάτων ἴδῃ λόγον γυμνὸν τῶν ὑποδεεστέρων καθ᾽ αὑτὸν,
υἱὸν τοῦ θεοῦ. 30

36. (20) Οὐ ταὐτὸν δὲ τὸ μὴ εἶναι ἱκανὸν τῷ μὴ εἶναι 136
ἄξιον ἀναγράφει ὁ Ἰωάννης. δυνατὸν γὰρ μὴ ὄντα ἄξιον

28 χωριστῶν·

γενέσθαι ἱκανόν· δυνατὸν δὲ καὶ ἄξιον ὄντα μηδέπω εἶναι
ἱκανόν. εἰ γὰρ καὶ πρὸς τὸ συμφέρον δίδοται τὰ χαρί-
σματα, καὶ οὐ μόνον κατὰ τὴν ἀναλογίαν τῆς πίστεως, cf. Ro xii 6
φιλανθρώπου ἂν εἴη θεοῦ ἔργον, προορωμένου βλάβην ἀπὸ
5 οἰήματος ἐπακολουθήσοντος ἢ φυσιώσεως, τὸ καὶ τῷ ἀξίῳ
ποτὲ μὴ διδόναι τὴν ἱκανότητα· οἰκεῖον δὲ τῆς χρηστότητος
τοῦ θεοῦ νικᾶν ἐν τῷ εὐεργετεῖν τὸν εὐεργετούμενον, προ-
λαμβάνοντα τὸν ἐσόμενον ἄξιον, καὶ πρὶν γένηται ἄξιος
κοσμοῦντα αὐτὸν τῇ ἱκανότητι, ἵνα μετὰ τὴν ἱκανότητα ἔλθῃ
10 ἐπὶ τὸ γενέσθαι ἄξιος, καὶ μὴ πάντως ἀπὸ τοῦ εἶναι ἄξιος,
φθάνων τὸν δωρούμενον καὶ προλαβὼν αὐτοῦ τὰς χάριτας,
ἔλθῃ ἐπὶ τὸ γενέσθαι ἱκανός. ὁ τοίνυν Ἰωάννης φησὶ
παρὰ μὲν τοῖς τρισὶν οὐκ εἶναι ἱκανὸς, παρὰ δὲ τῷ Ἰωάννῃ
οὐκ εἶναι ἄξιος. οὐκ ἀποκλείεται δὲ ὃς γε ἔλεγεν οὐδέπω
15 ὢν ἱκανὸς γεγονέναι ἱκανός, εἰ καὶ μὴ ἀξιός πω ἦν· καὶ
πάλιν ὅτε ἔλεγεν οὐκ εἶναι ἄξιος, οὐκ ὢν ἄξιος ἐφθακέναι
ἐπὶ τὸ γεγονέναι ἄξιος. εἰ μὴ ἄρα τις ἐρεῖ, ἐπὶ τὸ κατ'
ἀξίαν τῆς λύσεως καὶ βαστάξεως αὐτῶν μὴ χωροῦσαν τὴν
θνητὴν φύσιν ἥκειν ποτὲ ἀληθευόμενον ἔχειν τὸ μηδέποτε
20 γενέσθαι ἱκανὸν λῦσαι τὸν ἱμάντα τῶν ὑποδημάτων καὶ
ἄξιον τοῦ αὐτοῦ. ὅσα δὲ ἐὰν χωρήσωμεν ἔτι ὑπολείπεται
τὰ μηδέπω νενοημένα, ἐπεί· Ὅταν συντελέσῃ ἄνθρωπος τότε Sap Sir
ἄρχεται, καὶ ὅταν παύσηται τότε ἀπορηθήσεται· κατὰ τὴν xviii (6) 7
Ἰησοῦ υἱοῦ Σειρὰχ Σοφίαν.

25 37. (21) Ἔτι περὶ τῶν ὑποδημάτων τῶν παρὰ τοῖς
τρισὶν οὕτως ὀνομασθέντων εὐαγγελισταῖς διαλάβωμεν,
συγκρίνοντες ἐκεῖνα τῷ παρὰ τῷ μαθητῇ Ἰωάννῃ ἑνικῶς
ὀνομασθέντι· Οὐκ εἰμὶ γάρ, φησίν, ἐγὼ ἄξιος ἵνα λύσω
αὐτοῦ τὸν ἱμάντα τοῦ ὑποδήματος. τάχα οὖν νικώμενος
30 ὑπὸ τῆς τοῦ θεοῦ χάριτος δωρεὰν εἴληφε, μηδέπω τὸ ὅσον cf. Mt x 8
ἐφ' ἑαυτῷ ἄξιος ὢν λῦσαι τὸν ἱμάντα τοῦ ἑτέρου τῶν
ὑποδημάτων, νοήσας αὐτοῦ τὴν ἐν ἀνθρώποις ἐπιδημίαν,

13 παρὰ 2°] περὶ

περὶ ἧς καὶ μαρτυρεῖ· ἐπεὶ δὲ ἔλειπεν αὐτῷ ἡ περὶ τῶν
ἑξῆς κατάληψις, οὐκ εἰδότι πότερον Ἰησοῦς ἐστιν ὁ κἀκεῖ
Mt xi 3   ἐρχόμενος, ὅπου ἀπὸ τῆς φυλακῆς γίνεσθαι ἔμελλεν ἀπο-
κεφαλισθεὶς, ἢ ἕτερον προσδοκᾶν ἐχρῆν, διὰ τοῦτο τὴν
σαφέστερον ὕστερον ἐπαπόρησιν ἡμῖν δηλουμένην καὶ νῦν 5
Jo i 27   αἰνιττόμενος φησὶ τό· Οὐκ εἰμὶ ἐγὼ ἄξιος ἵνα λύσω αὐτοῦ 137
τὸν ἱμάντα τοῦ ὑποδήματος. ὁ δὲ οἰόμενος περιερ-
γότερον τοῦτο εἰρῆσθαι εἰς ταὐτὸν συνάξει τὸ τῶν ὑποδη-
μάτων καὶ τοῦ ὑποδήματος, ἵνα οἱονεὶ λέγῃ Οὐδαμῶς ἄξιός
εἰμι λῦσαι τὸν ἱμάντα οὐδὲ κατὰ τὴν ἀρχὴν, κἂν τοῦ ἑνὸς 1d
ὑποδήματος· ἢ καὶ οὕτως δυνατὸν εἰς ἓν συνάγεσθαι τὰ
παρὰ τοῖς τέσσαρσιν εἰρημένα· εἰ γὰρ ὁ Ἰωάννης συνίει μὲν
τὰ περὶ τῆς ἐνταῦθα αὐτοῦ ἐπιδημίας, ἐνηπόρει δὲ περὶ τῶν
ἑξῆς, ἀληθεύει λέγων καὶ τὸ μὴ εἶναι ἱκανὸν λύειν τὸν
ἱμάντα τῶν ὑποδημάτων, οὐ γὰρ λύει ἀμφότερα λύσας τοῦ 15
ἑνός, ἀληθεύει δὲ λέγων καὶ τὸν ἱμάντα τοῦ ὑποδήματος,
ἐπεὶ, ὡς προείρηται, ἔτι διαπορεῖ περὶ τοῦ πότερον αὐτός
ἐστιν ἐρχόμενος ἢ ἕτερος, ὁ κἀκεῖ προσδοκητέος.

Jo i 26   38. (22) Καὶ περὶ δὲ τοῦ· Μέσος ὑμῶν ἕστηκεν, ὃν
ὑμεῖς οὐκ οἴδατε· ταῦτα διαληπτέον περὶ τοῦ υἱοῦ τοῦ θεοῦ, 20
τοῦ λόγου, δι' οὗ τὰ πάντα γέγονεν, ὑφεστηκότος οὐσιωδῶς
κατὰ τὸ ὑποκείμενον, τοῦ αὐτοῦ ὄντος τῇ σοφίᾳ. οὗτος γὰρ
δι' ὅλης πεφοίτηκε τῆς κτίσεως, ἵνα ἀεὶ τὰ γινόμενα δι'
αὐτοῦ γίνηται, καὶ περὶ παντὸς οὑτινοσοῦν ἀεὶ ἀληθὲς ἦν τό·
Jo i 3   Πάντα δι' αὐτοῦ ἐγένετο καὶ χωρὶς αὐτοῦ ἐγένετο οὐδὲ ἕν· 25
Ps ciii (civ) καὶ τό· Πάντα ἐν σοφίᾳ ἐποίησας. εἰ δὲ δι' ὅλης τῆς
24
Jo i 25   κτίσεως πεφοίτηκε, δῆλον ὅτι καὶ τῶν πυνθανομένων Τί οὖν
βαπτίζεις, εἰ σὺ οὐκ εἶ ὁ χριστὸς οὐδὲ Ἠλίας οὐδὲ ὁ
προφήτης; μέσος ἕστηκεν ὁ αὐτὸς καὶ βέβαιος ὢν λόγος,
ὑπὸ τοῦ πατρὸς ἐστηριγμένος πανταχοῦ· ἢ τό· Μέσος ὑμῶν 30
ἕστηκεν· ἀκουέσθω ὅτι ὑμῶν τῶν ἀνθρώπων διὰ τὸ εἶναι
ὑμᾶς λογικοὺς μέσος ὑμῶν ἑστὼς, τῷ τοῦ παντὸς σώματος

---

12 παρὰ] περὶ   **19** δὲ] intra lin.   post τοῦ ins. δὲ
31 ὑμῶν] pr. man.; ἡμῶν sec.

ἐν μέσῳ εἶναι τὸ ἡγεμονικὸν ἀποδείκνυσθαι κατὰ τὰς γραφὰς
ἐν τῇ καρδίᾳ τυγχάνον. οἱ τοίνυν ἔχοντες τὸν λόγον ἐν μέσῳ
ἑαυτῶν, μὴ διαλαμβάνοντες δὲ περὶ τῆς φύσεως αὐτοῦ, μηδὲ
ἀπὸ ποίας πηγῆς καὶ ἀρχῆς ἐλήλυθεν, μηδ' ὅπως ποτὲ
5 συνέστηκεν αὐτοῖς, οὗτοι μέσον αὐτὸν ἔχοντες οὐκ ἴσασιν.
ὁ δὲ Ἰωάννης αὐτὸν οἶδε· τὸ γάρ· Ὃν ὑμεῖς οὐκ οἴδατε· Jo i 26
ὀνειδιστικῶς λεγόμενον πρὸς τοὺς Φαρισαίους, ἐμφαίνει τὸν
λόγον τῷ ἐπιμελῶς ἐγνωκέναι τὸ ὑπ' ἐκείνων ἀγνοούμενον.
δι' ὃ καὶ γινώσκων αὐτὸν ὁ βαπτιστὴς οἶδεν ὀπίσω αὐτοῦ
10 ἐρχόμενον τὸν ἐν μέσῳ τυγχάνοντα, τοῦτ' ἔστι μετ' αὐτὸν
καὶ τὴν ὑπ' αὐτοῦ ἐν τῷ βαπτίσματι διδασκαλίαν ἐπιδη-
138 μοῦντα τοῖς κατὰ λόγον ἀπολουσαμένοις. οὐ ταὐτὸν δὲ
σημαίνεται ἐκ τῆς ὀπίσω φωνῆς ἐνθάδε, καὶ ὅταν ὁ Ἰησοῦς
πέμπῃ ἡμᾶς ὀπίσω ἑαυτοῦ. ἐκεῖ μὲν γὰρ ἵνα κατ' ἴχνη βαί-
15 νοντες αὐτοῦ φθάσωμεν πρὸς τὸν πατέρα, ὀπίσω αὐτοῦ
γίνεσθαι κελευόμεθα· ἐνθάδε ἵνα δηλωθῇ τὸ μετὰ τὰς
Ἰωάννου διδασκαλίας, ἐπεὶ ἐλήλυθεν οὗτος ἵνα πάντες Jo i 7
πιστεύσωσι δι' αὐτοῦ, τοῖς προευτρεπισαμένοις ἐπιδημεῖν
προκεκαθαρμένοις διὰ τῶν ἡττόνων καὶ τὸν τέλειον λόγον.
20 προηγουμένως μὲν οὖν ἔστηκεν ὁ πατήρ, ἄτρεπτος καὶ
ἀναλλοίωτος ὤν· ἔστηκε δὲ καὶ ὁ λόγος αὐτοῦ ἀεὶ ἐν τῷ
σώζειν, κἂν γένηται σάρξ, κἂν μέσος ᾖ ἀνθρώπων, οὐ κατα-
λαμβανόμενος ἀλλ' οὐδὲ βλεπόμενος. ἔστηκε δὲ καὶ
διδάσκων, προκαλούμενος πάντας ἐπὶ τὸ πίνειν ἀπὸ τῆς
25 ἀφθόνου πηγῆς αὐτοῦ· Εἱστήκει γὰρ ὁ Ἰησοῦς καὶ ἔκραζε Jo vii 37
λέγων Ἐάν τις διψᾷ, ἐρχέσθω πρὸς μὲ καὶ πινέτω.

39. (23) Ὁ δὲ Ἡρακλέων τό· Μέσος ὑμῶν ἔστηκε· Jo i 26
φησὶν ἀντὶ τοῦ Ἤδη πάρεστι καὶ ἔστιν ἐν τῷ κόσμῳ καὶ
ἐν ἀνθρώπῳ, καὶ ἐμφανής ἐστιν ἤδη πᾶσιν ὑμῖν. διὰ
30 τούτων δὲ περιαιρεῖ τὸ παρασταθὲν περὶ τοῦ διαπεφοιτη-
κέναι αὐτὸν δι' ὅλου τοῦ κόσμου. λεκτέον γὰρ πρὸς αὐτόν·
πότε γὰρ οὐ πάρεστιν; πότε δὲ οὐκ ἔστιν ἐν τῷ κόσμῳ; καὶ

---

1 ἀποδείκνυται   5 συνέστησεν   7 γενόμενον

Jo i 10 ταῦτα τοῦ εὐαγγελίου λέγοντος· Ἐν τῷ κόσμῳ ἦν, καὶ ὁ
κόσμος δι' αὐτοῦ ἐγένετο. καὶ διὰ τοῦτο καὶ οὗτοι, πρὸς
Jo i 26 οὓς ὁ λόγος ὁ ·Ὃν ὑμεῖς οὐκ οἴδατε, οὐκ οἴδασιν αὐτόν, ἐπεὶ
οὐδέπω τοῦ κόσμου ἐξεληλύθασιν, ὁ δὲ κόσμος αὐτὸν οὐκ
ἔγνω. ποῖον δὲ χρόνον διέλειπε τοῦ ἐν ἀνθρώπῳ εἶναι; ἢ 5
Is lxi 1 οὐκ ἐν Ἠσαΐα ἦν, λέγοντι· Πνεῦμα κυρίου ἐπ' ἐμέ, οὗ εἵνεκεν
Is lxv 1 ἔχρισέ με· καὶ· Ἐμφανὴς ἐγενόμην τοῖς ἐμὲ μὴ ζητοῦσι;
cf. Ro x 20 λεγέτωσαν δὲ εἰ μὴ καὶ ἐν Δαβὶδ ἦν, οὐκ ἀφ' αὐτοῦ λέγοντι·
Ps ii 6 Ἐγὼ δὲ κατεστάθην βασιλεὺς ὑπ' αὐτοῦ ἐπὶ Σιὼν ὄρος τὸ
ἅγιον αὐτοῦ· καὶ ὅσα ἐκ προσώπου Χριστοῦ ἐν ψαλμοῖς 10
ἀναγέγραπται. καὶ τί με δεῖ καθ' ἕκαστον ἀποδεικνύναι,
δυσεξαριθμήτων ὄντων τῶν παραστῆσαι ἐναργῶς δυναμέ-
νων, ὅτι ἀεὶ ἐν ἀνθρώπῳ ἦν, πρὸς τὸ ἐλέγξαι οὐχ ὑγιῶς
εἰρημένον τὸ Ἤδη πάρεστι καὶ ἔστιν ἐν κόσμῳ καὶ ἐν
Jo i 26 ἀνθρώπῳ εἰς διήγησιν παρὰ τῷ Ἡρακλέωνι τοῦ· Μέσος 15
ὑμῶν ἔστηκεν; οὐκ ἀπιθάνως δὲ παρ' αὐτῷ λέγεται ὅτι τό·
Ὀπίσω μου ἐρχόμενος· τὸ πρόδρομον εἶναι τὸν Ἰωάννην τοῦ
χριστοῦ δηλοῖ· ἀληθῶς γὰρ ὡσπερεὶ οἰκέτης ἐστὶ προτρέ-
Jo i 27 χων τοῦ κυρίου. πολὺ δὲ ἁπλούστερον τό· Οὐκ εἰμὶ ἄξιος 139
ἵνα λύσω αὐτοῦ τὸν ἱμάντα τοῦ ὑποδήματος· ἐξείληφεν ὅτι 20
οὐδὲ τῆς ἀτιμοτάτης ὑπηρεσίας τῆς πρὸς τὸν χριστὸν ἄξιος
εἶναι διὰ τούτων ὁ βαπτιστὴς ὁμολογεῖ. πλὴν μετὰ ταύτην
τὴν ἐκδοχὴν οὐκ ἀπιθάνως ὑποβέβληκε τὸ Οὐκ ἐγώ εἰμι
ἱκανὸς ἵνα δι' ἐμὲ κατέλθῃ ἀπὸ μεγέθους, καὶ σάρκα λάβῃ
ὡς ὑπόδημα, περὶ ἧς ἐγὼ λόγον ἀποδοῦναι οὐ δύναμαι οὐδὲ 25
διηγήσασθαι ἢ ἐπιλῦσαι τὴν περὶ αὐτῆς οἰκονομίαν. ἁδρό-
τερον δὲ καὶ μεγαλοφυέστερον ὁ αὐτὸς Ἡρακλέων κόσμον
τὸ ὑπόδημα ἐκδεξάμενος μετέστη ἐπὶ τὸ ἀσεβέστερον ἀπο-
φήνασθαι ταῦτα πάντα δεῖν ἀκούεσθαι καὶ περὶ τοῦ προσ-
ώπου τοῦ διὰ τοῦ Ἰωάννου νοουμένου. οἴεται γὰρ τὸν 30
δημιουργὸν τοῦ κόσμου ἐλάττονα ὄντα τοῦ χριστοῦ τοῦτο
ὁμολογεῖν διὰ τούτων τῶν λέξεων, ὅπερ ἐστὶ πάντων ἀσεβέ-

12 δυσεξαρίθμητον (ο sup. ras.) ὄντως   τῶν] om.   δυναμένω
21 ἀτιμωτάτης   30 τοῦ] τούτου

στατον· ὁ γὰρ πέμψας αὐτὸν πατὴρ, ὁ τῶν ζώντων θεὸς,
ὡς αὐτὸς Ἰησοῦς μαρτυρεῖ, τοῦ Ἀβραὰμ καὶ τοῦ Ἰσαὰκ   cf. Mt xxii
καὶ τοῦ Ἰακὼβ, ὁ διὰ τοῦτο κύριος τοῦ οὐρανοῦ καὶ τῆς γῆς,   32
ὅτι πεποίηκεν αὐτὰ, οὗτος καὶ μόνος ἀγαθὸς καὶ μείζων τοῦ   cf. Lc xviii
5 πεμφθέντος. εἰ δὲ καὶ, ὡς προειρήκαμεν, ἀδρότερον νε-   19;
νόηται καὶ πᾶς ὁ κόσμος ὑπόδημα εἶναι τοῦ Ἰησοῦ τῷ   Mt xix 17;
Ἡρακλέωνι, ἀλλ' οὐκ οἶμαι δεῖν συγκατατίθεσθαι. πῶς   Jo xiv 28
γὰρ μετὰ τῆς τοιαύτης ἐκδοχῆς σωθήσεται τό· Οὐρανός μοι   Is lxvi 1
θρόνος, ἡ δὲ γῆ ὑποπόδιον τῶν ποδῶν μου· μαρτυρούμενον   cf. Act vii 49
10 ὡς περὶ τοῦ πατρὸς εἰρημένον ὑπὸ τοῦ Ἰησοῦ; Μὴ γὰρ   Mt v 34 f.
ὀμόσητε, φησὶ, τὸν οὐρανὸν, ὅτι θρόνος ἐστὶ τοῦ θεοῦ,
μηδὲ τὴν γῆν, ὅτι ὑποπόδιόν ἐστι τῶν ποδῶν αὐτοῦ. πῶς
δὲ μετὰ τοῦ τὸν ὅλον κόσμον ὑπόδημα νοεῖσθαι τοῦ Ἰησοῦ
παραστῆσαι νοήσεται τό· Οὐχὶ τὸν οὐρανὸν καὶ τὴν γῆν   Jer xxiii 24
15 ἐγὼ πληρῶ; λέγει κύριος; πλὴν ἄξιον ἐπιστῆσαι πότερον
τῷ τὸν λόγον καὶ τὴν σοφίαν διαπεφοιτηκέναι δι' ὅλου τοῦ
κόσμου, τὸν δὲ πατέρα ἐν τῷ υἱῷ εἶναι, ὡς παρεθέμεθα, τὰ
ῥητὰ δεῖ νοῆσαι, ἢ ὁ προηγουμένως περιζωσάμενος πᾶσαν
τὴν κτίσιν παρὰ τὸ τὸν υἱὸν εἶναι ἐν αὐτῷ ἐχαρίσατο τῷ
20 σωτῆρι, ὡς μετ' αὐτὸν δευτέρῳ καὶ θεῷ λόγῳ τυγχάνοντι,
δι' ὅλης ἐφθακέναι τῆς κτίσεως. καὶ μάλιστα τοῖς δυνα-
μένοις κατανοεῖν τὴν τοῦ τηλικούτου οὐρανοῦ ἀδιάλειπτον
κίνησιν, ἀπὸ ἀνατολῶν ἐπὶ δυσμὰς συμπεριάγοντος ἑαυτῷ
τὸ τοσοῦτο τῶν ἀστέρων πλῆθος, ἄξιον ἔσται ζητήσεως
25 περὶ τοῦ τίς ἡ ἐνυπάρχουσα δύναμις τοσαύτη καὶ τηλικαύτη
140 τῷ παντὶ κόσμῳ. ἕτερον γὰρ παρὰ τὸν πατέρα καὶ τὸν
υἱὸν ταύτην τολμῆσαι εἰπεῖν μήποτε οὐκ ἔστιν εὐσεβές.

40. (24) ΤΑΥΤΑ ἐν ΒΗΘΑΒΑΡᾼ ἐγένετο πέραν τοῦ   Jo i 28
Ἰορδάνου, ὅπου ἦν Ἰωάννης βαπτίζων. Ὅτι μὲν σχε-
30 δὸν ἐν πᾶσι τοῖς ἀντιγράφοις κεῖται· Ταῦτα ἐν Βηθανίᾳ
ἐγένετο· οὐκ ἀγνοοῦμεν, καὶ ἔοικε τοῦτο καὶ ἔτι πρότερον
γεγονέναι· καὶ παρὰ Ἡρακλέωνι γοῦν Βηθανίαν ἀνέγνωμεν.

---

5 προσειρήκαμεν   **19** τό] τῷ   **26** παρά] περὶ
28 Βηθαρὰ   ἐγένετο] bis

ἐπείσθημεν δὲ μὴ δεῖν Βηθανίᾳ ἀναγινώσκειν, ἀλλὰ Βηθα-
βαρᾷ, γενόμενοι ἐν τοῖς τόποις ἐπὶ ἱστορίαν τῶν ἰχνῶν
cf. Jo xi 1 Ἰησοῦ καὶ τῶν μαθητῶν αὐτοῦ καὶ τῶν προφητῶν. Βηθανία
γὰρ, ὡς ὁ αὐτὸς εὐαγγελιστής φησιν, ἡ πατρὶς Λαζάρου καὶ
cf. Jo xi 1, 18 Μάρθας καὶ Μαρίας, ἀπέχει τῶν Ἱεροσολύμων σταδίους 5
δέκα πέντε· ἧς πόρρω ἐστὶν ὁ Ἰορδάνης ποταμὸς ὡς ἀπὸ
σταδίων πλατεῖ λόγῳ ρπ'. ἀλλ' οὐδὲ ὁμώνυμος τῇ Βηθανίᾳ
τόπος ἐστὶν περὶ τὸν Ἰορδάνην· δείκνυσθαι δὲ λέγουσι παρὰ
τῇ ὄχθῃ τοῦ Ἰορδάνου τὰ Βηθαβαρᾶ, ἔνθα ἱστοροῦσι τὸν
Ἰωάννην βεβαπτικέναι. ἔστι τε ἡ ἑρμηνεία τοῦ ὀνόματος 10
cf. Lc i 17 ἀκόλουθος τῷ βαπτίσματι τοῦ ἑτοιμάζοντος κυρίῳ λαὸν
κατεσκευασμένον· μεταλαμβάνεται γὰρ εἰς οἶκον κατα-
σκευῆς, ἡ δὲ Βηθανία εἰς οἶκον ὑπακοῆς. ποῦ γὰρ ἀλλα-
χόσε ἐχρῆν βαπτίζειν τὸν ἀποσταλέντα ἄγγελον πρὸ
προσώπου τοῦ χριστοῦ, κατασκευάσαι τὴν ὁδὸν αὐτοῦ 15
ἔμπροσθεν αὐτοῦ, ἢ εἰς τὸν τῆς κατασκευῆς οἶκον; ποία δὲ
cf. Lc x 42 οἰκειοτέρα πατρὶς τῇ τὴν ἀγαθὴν μερίδα ἐκλεξαμένῃ μὴ
ἀφαιρουμένην αὐτῆς Μαριὰμ καὶ τῇ περισπωμένῃ διὰ τὴν
Ἰησοῦ ὑποδοχὴν Μάρθᾳ καὶ τῷ τούτων ἀδελφῷ, φίλῳ ὑπὸ
τοῦ σωτῆρος εἰρημένῳ, Λαζάρῳ, ἢ Βηθανία ὁ τῆς ὑπακοῆς 20
οἶκος; οὐ καταφρονητέον οὖν τῆς περὶ τὰ ὀνόματα ἀκριβείας
τῷ ἀπαραλείπτως βουλομένῳ συνεῖναι τὰ ἅγια γράμματα.

41. Τὸ μέντοι γε ἡμαρτῆσθαι ἐν τοῖς Ἑλληνικοῖς
ἀντιγράφοις τὰ περὶ τῶν ὀνομάτων πολλαχοῦ καὶ ἀπὸ
τούτων ἄν τις πεισθείη ἐν τοῖς εὐαγγελίοις. ἡ περὶ τοὺς 25
cf. Mt viii ὑπὸ τῶν δαιμονίων κατακρημνιζομένους καὶ ἐν τῇ θαλάσσῃ
28 ff.
Mc v 1 ff. συμπνιγομένους χοίρους οἰκονομία ἀναγέγραπται γεγονέναι
Lc viii 26 ff. ἐν τῇ χώρᾳ τῶν Γερασηνῶν. Γέρασα δὲ τῆς Ἀραβίας ἐστὶ
πόλις, οὔτε θάλασσαν οὔτε λίμνην πλησίον ἔχουσα. καὶ
οὐκ ἂν οὕτως προφανὲς ψεῦδος καὶ εὐέλεγκτον οἱ εὐαγγε- 30
λισταὶ εἰρήκεσαν, ἄνδρες ἐπιμελῶς γινώσκοντες τὰ περὶ τὴν
Ἰουδαίαν. ἐπεὶ δὲ ἐν ὀλίγοις εὕρομεν· Εἰς τὴν χώραν τῶν 141

9 Βηθαρά

Γαδαρηνῶν· καὶ πρὸς τοῦτο λεκτέον. Γάδαρα γὰρ πόλις
μέν ἐστι τῆς Ἰουδαίας, περὶ ἣν τὰ διαβόητα θερμὰ τυγχάνει,
λίμνη δὲ κρημνοῖς παρακειμένη οὐδαμῶς ἐστιν ἐν αὐτῇ ἡ
θάλασσα. ἀλλὰ Γέργεσα, ἀφ' ἧς οἱ Γεργεσαῖοι, πόλις
5 ἀρχαία περὶ τὴν νῦν καλουμένην Τιβερίαδα λίμνην, περὶ ἣν
κρημνὸς παρακείμενος τῇ λίμνῃ, ἀφ' οὗ δείκνυται τοὺς χοί-
ρους ὑπὸ τῶν δαιμόνων καταβεβλῆσθαι. ἑρμηνεύεται δὲ ἡ
Γέργεσα παροικία ἐκβεβληκότων, ἐπώνυμος οὖσα τάχα
προφητικῶς οὗ περὶ τὸν σωτῆρα πεποιήκασι παρακαλέσαν-
10 τες αὐτὸν μεταβῆναι ἐκ τῶν ὁρίων αὐτῶν οἱ τῶν χοίρων
πολῖται. τὸ δ' ὅμοιον περὶ τὰ ὀνόματα σφάλμα πολλαχοῦ
τοῦ νόμου καὶ τῶν προφητῶν ἔστιν ἰδεῖν, ὡς ἠκριβώσαμεν
ἀπὸ Ἑβραίων μαθόντες, καὶ τοῖς ἀντιγράφοις αὐτῶν τὰ
ἡμέτερα συγκρίναντες, μαρτυρηθεῖσιν ὑπὸ τῶν μηδέπω δια-
15 στραφεισῶν ἐκδόσεων Ἀκύλου καὶ Θεοδοτίωνος καὶ Συμμά-
χου. ὀλίγα τοίνυν παραθησόμεθα ὑπὲρ τοῦ τοὺς φιλομαθεῖς
ἐπιστρεφεστέρους γενέσθαι περὶ ταῦτα· εἷς τῶν υἱῶν Λευὶ ὁ
πρῶτος Γεσὼν ἐν τοῖς πλείστοις τῶν ἀντιγράφων ὠνόμασται
ἀντὶ τοῦ Γηρσών, ὁμώνυμος τυγχάνων τῷ πρωτοτόκῳ Μω-
20 σέως, ἑκατέρων διὰ τὴν παροικίαν ἐν γῇ ἀλλοτρίᾳ γεννηθέν-
των τοῦ ὀνόματος ἑτοίμως κειμένου. πάλιν τῷ Ἰούδα παρ'
ἡμῖν μὲν ὁ δεύτερος Αὐνὰν εἶναι λέγεται, παρὰ δὲ Ἑβραίοις cf. Ge xlvi 12
Ὠνάν ἐστι, πόνος αὐτῶν. πρὸς τούτοις ἐν ταῖς ἀπάρσεσι
τῶν υἱῶν Ἰσραὴλ ἐν τοῖς Ἀριθμοῖς εὕρομεν ὅτι Ἀπῆραν ἐκ cf. Nu xxxiii
25 Σοχὼθ καὶ παρενέβαλον εἰς Βουθάν· τὸ δὲ Ἑβραϊκὸν ἀντὶ 6
Βουθὰν Αἰμὰν λέγει. καὶ τί με δεῖ διατρίβοντα πλείονα
παρατίθεσθαι, παρόντος τῷ βουλομένῳ τοῦ ἐξετάζειν καὶ
γινώσκειν τὰ κατὰ τὰ ὀνόματα ἀληθῆ; μάλιστα δὲ ὑπ-
οπτευτέον τοὺς τόπους τῶν γραφῶν, ἔνθα κατάλογός ἐστιν
30 ἅμα ὀνομάτων πλειόνων, ὡς ἐν τῷ Ἰησοῦ τὰ περὶ τῆς κλη-
ροδοσίας, καὶ ἐν τῇ πρώτῃ τῶν Παραλειπομένων ἀρχῆθεν
ἑξῆς μέχρι τοῦ ἐγγύς που ὑπὲρ τὸν Λαυ· ὁμοίως δὲ καὶ ἐν

3 ἢ] om.

τῷ Ἔσδρᾳ. καὶ οὐ καταφρονητέον τῶν ὀνομάτων, πραγμά- 142
των σημαινομένων ἀπ' αὐτῶν χρησίμων τῇ τῶν τόπων ἑρμη-
νείᾳ. οὐκ εὔκαιρον δὲ νῦν τὸν περὶ τῆς θεωρίας τῶν ὀνομά-
των ἐξετάσαι λόγον, ἀφέμενον τῶν προκειμένων.

42. (25) Ἴδωμεν τοίνυν τὰ τῆς εὐαγγελικῆς λέξεως. 5
Ἰορδάνης μὲν ἑρμηνεύεται Κατάβασις αὐτῶν. τούτῳ δὲ, ἵν'
οὕτως εἴπω, γειτνιᾷ τὸ ὄνομα τοῦ Ἰαρὲδ, ὃ καὶ αὐτὸ ἑρμη-
νεύεται Καταβαίνων, ἐπειδήπερ γεγένηται τῷ Μαλελεήλ, ὡς
ἐν τῷ Ἐνὼχ γέγραπται, εἴ τῳ φίλον παραδέχεσθαι ὡς ἅγιον 〳
τὸ βιβλίον, ταῖς ἡμέραις τῆς τῶν υἱῶν τοῦ θεοῦ καταβάσεως 10
cf. Ge vi 2
ἐπὶ τὰς θυγατέρας τῶν ἀνθρώπων· ἥντινα κατάβασιν αἰνίσ-
σεσθαί τινες ὑπειλήφασι τὴν τῶν ψυχῶν κάθοδον ἐπὶ τὰ
σώματα, θυγατέρας ἀνθρώπων τροπικώτερον τὸ γήϊνον σκῆ-
νος λέγεσθαι ὑπειληφότες. εἰ δὴ τοῦθ' οὕτως ἔχει, τίς ἂν
εἴη ποταμὸς κατάβασις αὐτῶν, ἐφ' ὃν ἐρχόμενον καθαίρε- 15
σθαι δεῖ οὐκ ἰδίαν κατάβασιν καταβεβηκότα, ἀλλὰ τὴν τῶν
ἀνθρώπων, ἢ ὁ σωτὴρ ἡμῶν διορίζων τοὺς ὑπὸ Μωσέως
κληροδοτουμένους ἀπὸ τῶν διὰ Ἰησοῦ τὰς οἰκείους ἀπολαμ-
βανόντων μερίδας; τούτου δὴ τοῦ διὰ τοῦ καταβεβηκότος
Ps xlv (xlvi)
5
ποταμοῦ τὰ ὁρμήματα εὐφραίνουσιν, ὡς ἐν ψαλμοῖς εὕρομεν, 20
τὴν πόλιν τοῦ θεοῦ, οὐ τὴν αἰσθητὴν Ἰερουσαλήμ, οὐ γὰρ
ἔχει παρακείμενον ποταμόν, ἀλλὰ τὴν ἄμωμον τοῦ θεοῦ
Eph ii 20
ἐκκλησίαν, οἰκοδομουμένην ἐπὶ τῷ θεμελίῳ τῶν ἀποστόλων
καὶ τῶν προφητῶν, ὄντος ἀκρογωνιαίου Χριστοῦ Ἰησοῦ τοῦ
κυρίου ἡμῶν. Ἰορδάνην μέντοι γε νοητέον τοῦ θεοῦ λόγον 25
cf. Jo i 14
τὸν γενόμενον σάρκα καὶ σκηνώσαντα ἐν ἡμῖν, Ἰησοῦν δὲ
τὸν κληροδοτήσαντα ὃ ἀνείληφεν ἀνθρώπινον, ὅπερ ἐστὶ καὶ
cf. 1 Pe ii 6
ἀκρογωνιαῖος λίθος, ὁ καὶ αὐτὸς ἐν τῇ θεότητι τοῦ υἱοῦ τοῦ
θεοῦ γενόμενος τῷ ἀνειλῆφθαι ὑπ' αὐτοῦ λούεται, καὶ τότε
χωρεῖ τὴν ἀκέραιον καὶ ἄδολον περιστερὰν τοῦ πνεύματος, 30
Jo i 33
συνδεδεμένην αὐτῷ καὶ μηκέτι ἀποπτῆναι δυναμένην· Ἐφ'
ὃν γάρ, φησίν, ἐὰν ἴδῃς τὸ πνεῦμα καταβαῖνον καὶ μένον ἐπ'

15 καταίρεσθαι   21 οὐ 1°] om.   24 ἀκρογωνιαῖον

αὐτόν, οὗτός ἐστιν ὁ βαπτίζων ἐν πνεύματι ἁγίῳ, διὰ τοῦτο
λαβὼν τὸ πνεῦμα μένον ἐπ' αὐτὸν ἵν' ἐν αὐτῷ μείναντι
βαπτίζειν τοὺς ἐρχομένους αὐτῷ δυνηθῇ. πέραν δὲ τοῦ
Ἰορδάνου, κατὰ τὰ ἔξω τῆς Ἰουδαίας νεύοντα κλίματα, ἐν τῇ
5 Βηθαβαρᾷ βαπτίζει ὁ Ἰωάννης, πρόδρομος ὢν τοῦ ἐληλυ-
·3 θότος καλέσαι οὐ δικαίους ἀλλὰ ἁμαρτωλούς, διδάσκοντος   cf. Mt ix 12
μὴ χρείαν ἔχειν τοὺς ἰσχύοντας ἰατρῶν ἀλλὰ τοὺς κακῶς
ἔχοντας· καὶ γὰρ εἰς ἄφεσιν ἁμαρτιῶν τὸ λουτρὸν δίδοται.
43. (26) Εἰκὸς δέ τινα τὰς διαφόρους ἐπινοίας τοῦ σω-
10 τῆρος μὴ νενοηκότα προσκόψειν τῇ ἀποδοθείσῃ περὶ τοῦ
Ἰορδάνου ἑρμηνείᾳ, διὰ τὸ λέγειν τὸν Ἰωάννην· Ἐγὼ βα-   Mt iii 11
πτίζω ἐν ὕδατι, ὁ δὲ ἐρχόμενος μετ' ἐμὲ ἰσχυρότερός μού
ἐστιν, αὐτὸς ὑμᾶς βαπτίσει ἐν πνεύματι ἁγίῳ. πρὸς ὃν
λεκτέον ὅτι ὥσπερ ποτὸν τυγχάνων ὁ τοῦ θεοῦ λόγος οἷς μέν
15 ἐστιν ὕδωρ, ἑτέροις δὲ οἶνος εὐφραίνων καρδίαν ἀνθρώπου,   cf. Ps ciii
(civ) 15
ἄλλοις δὲ αἷμα διὰ τό· Ἐὰν μὴ πίητέ μου τὸ αἷμα, οὐκ   Jo vi 53
ἔχετε ζωὴν ἐν ἑαυτοῖς· ἀλλὰ καὶ τροφὴ λεγόμενος οὐ κατὰ
τὰ αὐτὰ νοεῖται ἄρτος ζῶν καὶ σάρξ· οὕτως ὁ αὐτός ἐστι
βάπτισμα ὕδατος καὶ πνεύματος καὶ πυρός, τισὶ δὲ καὶ αἵμα-
20 τος. περὶ δὲ τοῦ τελευταίου βαπτίσματος, ὥς τινες, φησὶν
ἐν τῷ· Βάπτισμα δὲ ἔχω βαπτισθῆναι, καὶ πῶς συνέχομαι   Lc xii 50
ἕως ὅτου τελεσθῇ; τούτῳ τε συμφώνως ἐν τῇ ἐπιστολῇ ὁ
μαθητὴς Ἰωάννης τὸ πνεῦμα καὶ τὸ ὕδωρ καὶ τὸ αἷμα ἀνέ-   cf. 1 Jo v 8
γραψε τὰ τρία εἰς ἓν γινόμενα. καὶ ὁδὸς δέ που καὶ θύρα
25 εἶναι ὁμολογῶν, σαφής ἐστι μηδέπω τυγχάνων θύρα ᾧ ἔτι
ὁδός ἐστι, καὶ μηκέτι ὁδὸς ᾧ ἤδη θύρα. πάντες οὖν οἱ
στοιχειούμενοι τῇ ἀρχῇ τῶν λογίων τοῦ θεοῦ, τῇ φωνῇ τοῦ   cf. He v 12
ἐν τῇ ἐρήμῳ βοῶντος Εὐθύνατε τὴν ὁδὸν κυρίου προσιόντες,   Jo i 23, 28
πέραν τοῦ Ἰορδάνου τυγχανούσῃ παρὰ τῷ οἴκῳ τῆς κατα-
30 σκευῆς, εὐτρεπιζέσθωσαν πρὸς τὸ δυνηθῆναι διὰ τῆς προ-
ετοιμασίας χωρῆσαι τὸν πνευματικὸν λόγον, ἐγγινόμενον διὰ
τοῦ φωτισμοῦ τοῦ πνεύματος. ἐχομένως δὴ τοῦ προκειμένου

2 ἵν'] ἴν,   18 αὐτὰ νοεῖται] αὐτ῁ οειται   22 ὁ] om.
26 ἤδη] δὴ

τὰ περὶ τοῦ Ἰορδάνου συνάγοντες ἀκριβέστερον τὸν ποταμὸν
νοήσομεν. ὁ θεὸς τοίνυν διὰ Μωσέως διαβιβάζει τὸν λαὸν

cf. Ex xiv 22 τὴν ἐρυθρὰν θάλασσαν, αὐτὸ τὸ ὕδωρ αὐτοῖς ποιήσας τεῖχος
ἐκ δεξιῶν καὶ ἐξ εὐωνύμων, διὰ δὲ τοῦ Ἰησοῦ τὸν Ἰορδάνην.

44. Ἐντυχὼν δὲ τῇ γραφῇ ὁ Παῦλος, οὐκέτι κατὰ τὴν 5

2 Co x 3 σάρκα στρατευόμενος αὐτῆς, ᾔδει γὰρ ὅτι ὁ νόμος πνευμα-
τικός ἐστι, πνευματικῶς διδάσκει ἡμᾶς ἐξειληφέναι τὰ τῆς
κατὰ τὴν ἐρυθρὰν θάλασσαν διόδου, λέγων ἐν τῇ πρὸς Κοριν-

1 Co x 1 f. θίους προτέρᾳ· Οὐ θέλω γὰρ ὑμᾶς ἀγνοεῖν, ἀδελφοί, ὅτι οἱ
πατέρες ἡμῶν πάντες ὑπὸ τὴν νεφέλην ἦσαν καὶ πάντες διὰ 10
τῆς θαλάσσης διῆλθον, καὶ πάντες εἰς τὸν Μωυσῆν ἐβαπτί-
σαντο ἐν τῇ νεφέλῃ καὶ ἐν τῇ θαλάσσῃ, καὶ πάντες τὸ αὐτὸ
βρῶμα πνευματικὸν ἔφαγον καὶ πάντες τὸ πνευματικὸν ἔπιον 144
πόμα· ἔπινον γὰρ ἐκ πνευματικῆς ἀκολουθούσης πέτρας, ἡ
πέτρα δὲ ἦν ὁ χριστός. οἷς ἀκολούθως καὶ ἡμεῖς αἰτήσωμεν 15
λαβεῖν ἀπὸ τοῦ θεοῦ τὸ νοῆσαι πνευματικῶς τὴν διὰ Ἰησοῦ
δίοδον τοῦ Ἰορδάνου, λέγοντες ὅτι εἶπεν ἂν καὶ περὶ ταύτης
ὁ Παῦλος· οὐ θέλω ὑμᾶς ἀγνοεῖν, ἀδελφοί, ὅτι οἱ πατέρες
ἡμῶν πάντες διὰ τοῦ Ἰορδάνου διῆλθον, καὶ πάντες εἰς τὸν
Ἰησοῦν ἐβαπτίσαντο ἐν τῷ πνεύματι καὶ τῷ ποταμῷ. τύπος 20
δὲ ὁ διαδεξάμενος ἦν Μωσῆν Ἰησοῦς τοῦ διαδεξαμένου τὴν
διὰ τοῦ νόμου οἰκονομίαν τῷ εὐαγγελικῷ κηρύγματι Ἰησοῦ
τοῦ χριστοῦ· διόπερ εἰ καὶ πάντες ἐκεῖνοι εἰς Μωσῆν βαπτί-
ζονται ἐν τῇ νεφέλῃ καὶ ἐν τῇ θαλάσσῃ, πικρὸν μέν τι ἔχει
καὶ ἁλμυρὸν τὸ ἐκείνων βάπτισμα, ἔτι φοβουμένων τοὺς 25
ἐχθροὺς παρ' αὐτῶν, καὶ ἀναβοώντων πρὸς τὸν κύριον καὶ τῷ

Ex xiv 11 Μωσῇ λεγόντων· Παρὰ τὸ μὴ ὑπάρχειν μνήματα ἐν Αἰγύπτῳ
ἐξήγαγες ἡμᾶς θανατῶσαι ἐν τῇ ἐρήμῳ· τί τοῦτο ἐποίησας
ἡμῖν, ἐξαγαγὼν ἐξ Αἰγύπτου; τὸ δὲ εἰς Ἰησοῦν βάπτισμα ἐν
τῷ ἀληθῶς γλυκεῖ καὶ ποτίμῳ ποταμῷ πολλὰ ἔχει παρ' 30
ἐκεῖνο ἐξαίρετα, ἤδη τρανουμένης καὶ πρέπουσαν τάξιν λαμ-
βανούσης τῆς θεοσεβείας· κιβωτὸς γὰρ τῆς διαθήκης κυρίου

30 ἔχειν

τοῦ θεοῦ ἡμῶν καὶ ἱερεῖς καὶ Λευῖται προπορεύονται, τοῦ λαοῦ
ἑπομένου τοῖς θεραπευταῖς τοῦ θεοῦ, κἀκείνου δὲ τοῖς χωροῦσι
τὴν περὶ ἀγνείας ἐντολήν. Ἰησοῦς δὲ λέγει τῷ λαῷ· Ἀγνίσασθε Jos iii 5
εἰς τὴν αὔριον, ποιήσει ἐν ἡμῖν κύριος θαυμάσια. καὶ τοῖς
5 ἱερεῦσι μετὰ τῆς κιβωτοῦ τῆς διαθήκης κελεύει προπορεύ-
εσθαι ἔμπροσθεν τοῦ λαοῦ, ὅτε καὶ τὸ μυστήριον τῆς τοῦ
πατρὸς πρὸς τὸν υἱὸν οἰκονομίας ἐμφαίνεται, ὑπερυψούμενον
ὑπ' αὐτοῦ διδόντος χάρισμα Ἵν' ἐν τῷ ὀνόματι Ἰησοῦ πᾶν γόνυ Phil ii 10 f.
κάμψῃ ἐπουρανίων καὶ ἐπιγείων καὶ καταχθονίων, καὶ πᾶσα
10 γλῶσσα ἐξομολογήσηται ὅτι κύριος Ἰησοῦς Χριστὸς εἰς
δόξαν θεοῦ πατρός. διὰ γὰρ τούτων δηλοῦται ἐν τῷ Ἰησοῦ
ἀναγεγραμμένων ταῦτα· Καὶ εἶπε κύριος πρὸς Ἰησοῦν Ἐν Jos iii 7
τῇ ἡμέρᾳ ταύτῃ ἄρξομαι ὑψῶσαί σε κατενώπιον τῶν υἱῶν
Ἰσραήλ· καὶ ἀκουστέον τοῦ κυρίου ἡμῶν Ἰησοῦ λέγοντος
15 τοῖς υἱοῖς Ἰσραήλ· Προσάγετε ὧδε καὶ ἀκούσετε τὸ ῥῆμα Jos iii 9 f.
κυρίου τοῦ θεοῦ ἡμῶν· ἐν τούτῳ γνώσεσθε, ὅτι θεὸς ζῶν ἐν
ὑμῖν ἐστιν· ἐν γὰρ τῷ βαπτίσασθαι εἰς Ἰησοῦν γνωσόμεθα
ὅτι θεὸς ζῶν ἐν ἡμῖν ἐστι.

45. Κἀκεῖ μὲν τὸ πάσχα ποιήσαντες ἐν Αἰγύπτῳ, ἀρχὴν
20 τῆς ἐξόδου ποιοῦνται· παρὰ δὲ τῷ Ἰησοῦ μετὰ τὴν δίοδον τοῦ
Ἰορδάνου, τῇ δεκάτῃ τοῦ πρώτου μηνὸς κατεστρατοπέδευσαν
15 ἐν Γαλγάλοις, ὅτε πρῶτον ἔδει λαβόντα τὸ πρόβατον ἐπονο-
μάσαι τοὺς εὐωχηθησομένους μετὰ τὸ Ἰησοῦ βάπτισμα. καὶ
τῇ ἀκροτόμῳ πέτρᾳ ὑπὸ Ἰησοῦ οἱ υἱοὶ Ἰσραήλ, ὅσοι ποτὲ cf. Jos v 2 ff.
25 ἀπερίτμητοι ἦσαν τῶν ἐξεληλυθότων ἐξ Αἰγύπτου, περιτέμ-
νονται· τὸν δὲ ὀνειδισμὸν τῆς Αἰγύπτου ἀφελεῖν κύριος
ὁμολογεῖ τῇ ἡμέρᾳ τοῦ εἰς Ἰησοῦν βαπτίσματος, ὅτε Ἰησοῦς
περιεκάθαιρεν τοὺς υἱοὺς Ἰσραήλ. γέγραπται γάρ· Καὶ εἶπε Jos v 9
κύριος τῷ Ἰησοῦ υἱῷ Ναυῆ Ἐν τῇ σήμερον ἡμέρᾳ ἀφεῖλον
30 τὸν ὀνειδισμὸν Αἰγύπτου ἀφ' ὑμῶν. τότε ἐποίησαν οἱ υἱοὶ
Ἰσραὴλ τὸ πάσχα τῇ τεσσαρεσκαιδεκάτῃ ἡμέρᾳ τοῦ μηνός,
πολλῷ τοῦ ἐν Αἰγύπτῳ ἱλαρώτερον, ὅτε καὶ ἔφαγον ἀπὸ τοῦ

7 υἱὸν] ῦ   24 ὅσοι] ὅποι   26 Αἰγύπτου] αἰγύ

σίτου τῆς ἁγίας γῆς ἄζυμα, καὶ νέᾳ τροφῇ τοῦ μάννα κρείτ-
τονι. οὐ γὰρ ὅτε τὴν κατ' ἐπαγγελίαν γῆν ἀπειλήφασι
τοῖς ἐλάττοσιν αὐτοὺς ἑστιᾷ θεός, οὐδὲ διὰ τοῦ τηλικούτου
Ἰησοῦ ὑποδεεστέρου ἄρτου τυγχάνουσι. τοῦτ' ἔσται σαφὲς
τῷ τὴν ἀληθῆ ἁγίαν νοήσαντι γῆν καὶ τὴν ἄνω Ἰερουσαλήμ. 5

Jo vi 49, 51 διὰ τοῦτο καὶ ἐν τῷ αὐτῷ εὐαγγελίῳ κεῖται· Οἱ πατέρες ἐν τῇ
ἐρήμῳ ἔφαγον τὸ μάννα καὶ ἀπέθανον· ὁ φαγὼν τοῦτον τὸν
ἄρτον ζήσει εἰς τὸν αἰῶνα. τὸ μὲν γὰρ μάννα, εἰ καὶ ἀπὸ
τοῦ θεοῦ διδόμενος, ἄρτος ἦν προκοπῆς, ἄρτος τοῖς ἔτι παι-

cf. Gal iv 2 δαγωγουμένοις χορηγούμενος, ἄρτος τοῖς ὑπὸ ἐπιτρόπους καὶ 10
οἰκονόμους ἁρμονιώτατος. ὁ δὲ ἐν τῇ ἁγίᾳ γῇ νέος ἀπὸ τοῦ
σίτου τῆς γῆς Ἰησοῦ προξενοῦντος θεριζόμενος, ἄλλων μὲν

cf. Jo iv 38 κεκοπιακότων τῶν δὲ μαθητῶν αὐτοῦ θεριζόντων, ἄρτος ἦν
ἐκείνου ζωτικώτερος, τοῖς τὴν πατρῴαν κληρονομίαν διὰ τὴν
τελειότητα ἀπολαβεῖν δυναμένοις ἀποδιδόμενος. διόπερ ὁ μὲν 15
ἐκείνῳ ἔτι παιδευόμενος τῷ ἄρτῳ τὸ λόγῳ θάνατον δέξασθαι
δύναται, ὁ δὲ φθάσας ἐπὶ τὸν μετ' ἐκεῖνον ἄρτον φαγὼν αὐτὸν
ζήσεται εἰς τὸν αἰῶνα. ταῦτα δὲ πάντα οὐκ ἀκαίρως οἶμαι πα-
ρατεθεῖσθαι τοῦ παρὰ τῷ Ἰορδάνῃ βαπτίσματος, ἐν Βηθα-
βαρᾷ ὑπὸ Ἰωάννου γινομένου, ἐξεταζομένου. 20

46. (27) Ἔτι δὲ καὶ τοῦτο παρατηρητέον, ὅτι μέλλων

4 Reg ii 1, 8 ἀναλαμβάνεσθαι Ἠλίας ἐν συσσεισμῷ ὡς εἰς τὸν οὐρανόν,
λαβὼν τὴν μηλωτὴν αὐτοῦ καὶ εἰλήσας ἐπάταξε τὸ ὕδωρ,
ὅπερ διῃρέθη ἔνθα καὶ ἔνθα, καὶ διέβησαν ἀμφότεροι, δη-
λονότι αὐτὸς καὶ ὁ Ἐλισαῖος· ἐπιτηδειότερος γὰρ πρὸς τὸ 25
ἀναληφθῆναι γεγένηται ἐν τῷ Ἰορδάνῃ βαπτισάμενος, ἐπεὶ

cf. 1 Co x 2 τὴν δι' ὕδατος παραδοξοτέραν διάβασιν βάπτισμα, ὡς προ-
παρεθέμεθα, ὠνόμασεν ὁ Παῦλος. διὰ τὸν αὐτὸν δὴ τοῦτον 146
Ἰορδάνην χωρεῖ ὃ βεβούληται χάρισμα διὰ Ἠλίου ὁ Ἐλι-

4 Reg ii 9 σαῖος λαβεῖν, εἰπών· Γενηθήτω δὴ διπλᾶ ἐν πνεύματί σου ἐπ' 30
ἐμέ. καὶ τάχα διὰ τοῦτο διπλοῦν ἔλαβε τὸ χάρισμα ἐν

1 κρείττονα   4 τό τ'   13 κεκοπιακότων] κεκληκότων
15 post τελειότητα] ins. δεῖ   16 ἐκεῖνα ἐπιπαιδευόμενος
19 Βηθάρα

πνεύματι Ἡλίου ἐφ' ἑαυτόν, ἐπεὶ δὶς διῆλθε τὴν Ἰορδάνην,
ἅπαξ μὲν μετὰ τοῦ Ἡλίου, δεύτερον δὲ ὅτε λαβὼν τὴν   4 Reg ii 14
μηλωτὴν τοῦ Ἡλίου ἐπάταξε τὸ ὕδωρ, καὶ εἶπε Ποῦ ὁ Θεὸς
Ἡλίου ἀφφώ; καὶ ἐπάταξε τὰ ὕδατα καὶ διεῖλεν ἔνθα καὶ
5 ἔνθα. (28) ἐὰν δέ τις προσκόπτῃ τῷ· Ἐπάταξε τὸ ὕδωρ· διὰ
τὰ παραδεδομένα ἡμῖν περὶ τοῦ Ἰορδάνου, ὃς τύπος ἦν τοῦ
τὴν κατάβασιν ἡμῶν καταβάντος λόγου, λεκτέον ὅτι παρὰ
τῷ ἀποστόλῳ σαφῶς ἡ πέτρα Χριστὸς ἦν, ἥτις τῇ ῥάβδῳ   cf. 1 Co x 4
δὶς πλήσσεται, ἵνα δυνηθῶσι πιεῖν ἀπὸ τῆς πνευματικῆς ἀκο-
10 λουθούσης πέτρας. ἔστιν οὖν τις καὶ ἀγαπώντων πληγὴ ἐν
τῇ ἐπαπορήσει πρὶν μαθεῖν τὸ ζητούμενον τὰ ἐναντία προφε-
ρομένων τῷ τοῦ λόγου συμπεράσματι, ὧν ἀπαλλάττων ἡμᾶς
ὁ θεὸς ὅπου μὲν διψῶσι δίδωσι πότον, ὅπου δὲ τὸ ἄβατον
ἡμῖν καὶ ἀχώρητον διὰ τὸ βάθος διόδευτον τῇ διαιρέσει τοῦ
15 λόγου παρασκευάζει, τῶν πλείστων τῷ διαιρετικῷ λόγῳ ἡμῖν
σαφηνιζομένων.

47. Ἔτι δὲ εἰς τὸ παραδέξασθαι τὴν περὶ τοῦ ποτι-
μωτάτου καὶ χαριστικωτάτου Ἰορδάνου ἑρμηνείαν, χρήσιμον
παραθέσθαι τόν τε ἀπὸ τῆς λέπρας καθαριζόμενον Ναιμὰν
20 τὸν Σύρον, καὶ τὰ λεγόμενα περὶ τῶν παρὰ τοῖς πολεμίοις
τῆς θεοσεβείας ποταμῶν. περὶ μὲν οὖν Ναιμὰν γέγραπται
ὅτι Ἦλθεν ἐν ἵππῳ καὶ ἅρματι, καὶ ἔστη ἐπὶ θύραις οἴκου   4 Reg v 9 f.
Ἐλισαιέ. καὶ ἀπέστειλεν Ἐλισαιὲ ἄγγελον πρὸς αὐτὸν
λέγων Πορευθεὶς λοῦσαι ἑπτάκις ἐν τῷ Ἰορδάνῃ, καὶ ἐπι-
25 στρέψει ἡ σάρξ σού σοι καὶ καθαρισθήσῃ. ὅτε καὶ θυμοῦται
Ναιμάν, οὐ νοῶν ὅτι ὁ Ἰορδάνης ἡμῶν ἐστιν ὁ ἀπολύων
τοὺς διὰ τὴν λέπραν ἀκαθάρτους τῆς ἀκαθαρσίας καὶ ἰώμενος,
οὐχὶ δὲ ὁ προφήτης· προφήτου γὰρ ἔργον πέμψαι ἐπὶ τὸ
θεραπεῦον. μὴ συνιεὶς τοίνυν τὸ τοῦ Ἰορδάνου μέγα μυ-
30 στήριον ὁ Ναιμὰν φησιν· Ἰδοὺ δὴ ἔλεγον ὅτι πάντως   4 Reg v 11
ἐξελεύσεται πρὸς μὲ καὶ στήσεται καὶ ἐπικαλέσεται ἐν
ὀνόματι κυρίου θεοῦ αὐτοῦ καὶ ἐπιθήσει τὴν χεῖρα αὐτοῦ ἐπὶ

13 ἄβατον] ἄβα   20 παρὰ] περὶ   25 καθαρισθῇ

τὸν τόπον καὶ ἀποσυνάξει τὸ λεπρόν. τὸ γὰρ ἐπιθεῖναι τὴν
χεῖρα λέπρᾳ καὶ καθαρίσαι μόνου τοῦ κυρίου μου Ἰησοῦ
ἔργον ἦν, οὐ μόνον εἰπόντος τῷ μετὰ πίστεως ἀξιώσαντι
Mt viii 2 f. Ἐὰν θέλῃς δύνασαί με καθαρίσαι, τό· Θέλω, καθαρίσθητι·
πρὸς γὰρ τῷ λόγῳ καὶ ἥψατο αὐτοῦ, καὶ ἐκαθαρίσθη ἀπὸ 147
τῆς λέπρας αὐτοῦ. ἔτι δὲ πλανώμενος ὁ Ναιμὰν καὶ οὐχ
ὁρῶν ὅσον ἀπολείπονται οἱ ἕτεροι τοῦ Ἰορδάνου ποταμοὶ
πρὸς θεραπείαν τῶν πεπονθότων, ἐπαινεῖ τοὺς τῆς Δαμασκοῦ
4 Reg v 12 ποταμούς, Ἀβανὰ καὶ Φαρφά, λέγων· Οὐχὶ ἀγαθὸς Ἀβανὰ
καὶ Φαρφά, ποταμοὶ Δαμασκοῦ, ὑπὲρ πάντα τὰ ὕδατα 10
Ἰσραήλ; οὐχὶ πορευθεὶς λούσομαι ἐν αὐτοῖς καὶ καθα-
Mc x 18 ρισθήσομαι; ὥσπερ γὰρ οὐδεὶς ἀγαθὸς εἰ μὴ εἷς ὁ θεὸς ὁ
πατήρ, οὕτως ἐν ποταμοῖς οὐδεὶς ἀγαθὸς εἰ μὴ ὁ Ἰορδάνης,
καὶ λέπρας ἀπαλλάξαι δυνάμενος τὸν μετὰ πίστεως τὴν
ψυχὴν λουόμενον εἰς τὸν Ἰησοῦν. οἶμαι δὲ διὰ τοῦτον 15
cf. Ps cxxxvi κλαίειν ἀναγεγράφθαι πᾶσι τοῖς Βαβυλῶνος ποταμοῖς καθε-
(cxxxvii) 1 ζομένους τοὺς μνησθέντας τῆς Σιών· ἄλλων γὰρ ὑδάτων
γευσάμενοι μετὰ τὸν ἅγιον Ἰορδάνην οἱ διὰ τὴν κακίαν
αἰχμαλωτευθέντες εἰς ὑπόμνησιν καὶ ποθὴν ἔρχονται τοῦ
οἰκείου καὶ σωτηρίου ποταμοῦ. διόπερ ἐπὶ τῶν ποταμῶν 20
Βαβυλῶνός φησιν· Ἐκεῖ ἐκαθίσαμεν, δηλονότι διὰ τὸ μὴ
δύνασθαι στῆναι, καὶ ἐκλαύσαμεν. καὶ ὁ Ἰερεμίας δὲ
ἐπιπλήσσει τοῖς θέλουσιν Αἰγύπτιον ὕδωρ πιεῖν καὶ κατα-
λείπουσι τὸ ἐξ οὐρανοῦ καταβαῖνον καὶ ἐπώνυμον τῆς κατα-
Jer ii 18 βάσεως τυγχάνον, τὸν Ἰορδάνην, λέγων· Τί σοι καὶ τῇ ὁδῷ 25
Αἰγύπτου τοῦ πιεῖν ὕδωρ Γηῶν, καὶ τοῦ πιεῖν ὕδωρ ποταμῶν;
ἢ ὡς τὸ Ἑβραϊκὸν ἔχει τοῦ πιεῖν ὕδωρ Σιών· περὶ οὗ οὐ
νῦν πρόκειται λέγειν.

48. (29) Ὅτι δὲ οὐ περὶ αἰσθητῶν ποταμῶν ὁ προηγού-
μενος λόγος ἐστὶ τῷ ἐν ταῖς θεοπνεύστοις γραφαῖς λαλοῦντι 30
πνεύματι καὶ ἀπὸ τῶν ἐν τῷ Ἐζεκιὴλ ἐπὶ Φαραώ, βασιλέα
Ez xxix 3 ff. Αἰγύπτου, προφητευομένων ἔστιν ἰδεῖν οὕτως ἐχόντων· Ἰδοὺ,

6 δὴ   19 πόθεν   25 τυγχάνων   · 27 οὗ] τοῦ

ἐγὼ ἐπὶ σὲ Φαραώ, βασιλεῦ Αἰγύπτου, τὸν δράκοντα τὸν
μέγαν τὸν ἐγκαθήμενον ἐν μέσῳ ποταμῶν αὐτοῦ, λέγοντα
Ἐμοί εἰσιν οἱ ποταμοί, καὶ ἐγὼ ἐποίησα αὐτούς. καὶ ἐγὼ
δώσω παγίδας εἰς τὰς σιαγόνας σου, καὶ προσκολλήσω τοὺς
5 ἰχθύας τοῦ ποταμοῦ πρὸς τὰς πτέρυγάς σου, καὶ ἀνάξω σε
ἐκ μέσου τοῦ ποταμοῦ σου καὶ πάντας τοὺς ἰχθύας τοῦ
ποταμοῦ, καὶ καταβαλῶ σε ἐν τάχει καὶ πάντας τοὺς ἰχθύας
148 τοῦ ποταμοῦ· ἐπὶ προσώπου τοῦ πεδίου σου πέσῃ καὶ οὐ μὴ
συναχθῇς καὶ οὐ μὴ περισταλῇς. ποῖος γὰρ σωματικὸς
10 δράκων ἐν τῷ σωματικῷ τῆς Αἰγύπτου ποταμῷ ὀφθεὶς
ἱστόρηταί ποτε; ἀλλὰ μήποτε χωρίον ἐστὶ τοῦ ἐχθροῦ ἡμῶν
δράκοντος ὁ τῆς Αἰγύπτου ποταμός, μηδὲ παιδίον ἀποκτεῖναι
Μωσέα δυνηθείς. ὥσπερ δὲ δράκων ἐν τῷ Αἰγυπτίῳ ἐστὶ
ποταμῷ, οὕτως ὁ θεὸς ἐν τῷ εὐφραίνοντι τὴν πόλιν τοῦ θεοῦ   cf. Ps xlv
15 ποταμῷ· ὁ πατὴρ γὰρ ἐν τῷ υἱῷ. διὰ τοῦτο οἱ γινόμενοι   (xlvi) 5
ἐν αὐτῷ ἐπὶ τῷ λούσασθαι, τὸν ὀνειδισμὸν ἀποτίθενται τῆς
Αἰγύπτου, καὶ ἐπιτηδειότεροι πρὸς τὸ ἀναλαμβάνεσθαι
γίνονται, καὶ ἀπὸ τῆς μιαρωτάτης λέπρας καθαρίζονται, καὶ
διπλασιασμὸν χωροῦσι χαρισμάτων, καὶ ἕτοιμοι πρὸς πνεύ-
20 ματος ἁγίου παραδοχὴν γίνονται, ἄλλῳ ποταμῷ οὐκ ἐφιπτα-
μένης τῆς πνευματικῆς περιστερᾶς. διόπερ θεοπρεπέστερον
νοήσαντες τὸν Ἰορδάνην, καὶ τὸ ἐν αὐτῷ λουτρὸν, καὶ τὸν
Ἰησοῦν ἐν αὐτῷ λουόμενον, καὶ τὸν τῆς κατασκευῆς οἶκον,
ὅσον δεόμεθα τῆς τοιαύτης ὠφελείας ἀπὸ τοῦ ποταμοῦ
25 ἀρυσώμεθα.

49. (30) Τῇ ἐπαύριον βλέπει τὸν Ἰησοῦν ἐρχό-   Jo i 29
μενον πρὸς αὐτόν. Πρότερον ἡ μήτηρ τοῦ Ἰησοῦ ἅμα
τῷ συλλαβεῖν αὐτὸν τῇ μητρὶ τοῦ Ἰωάννου καὶ αὐτῇ ἐγκύ-
μονι τυγχανούσῃ ἐπεδήμει, ὅτε ὁ μορφούμενος τῷ μορφου-
30 μένῳ ἀκριβέστερον τὴν μόρφωσιν χαρίζεται, σύμμορφον   cf. Phil iii 2
ἐνεργῶν αὐτὸν γενέσθαι τῇ δόξῃ αὐτοῦ, ὥστε διὰ τὸ κοινὸν
τῆς μορφῆς Ἰωάννην τε Χριστὸν ὑπονοεῖσθαι τυγχάνειν,   cf. Lc iii 15
Mt xiv 2

2 αὐτόν   6 τοῦ 1°] om.

καὶ Ἰησοῦν Ἰωάννην ἀναστάντα ἐκ νεκρῶν νομίζεσθαι παρὰ
cf. Gen i 26 τοῖς μὴ διακρίνουσι τὴν εἰκόνα ἀπὸ τοῦ κατὰ τὴν εἰκόνα·
νῦν δὴ ὁ Ἰησοῦς μετὰ τὰ προεξετασθέντα μαρτύρια Ἰωάννου
περὶ αὐτοῦ αὐτὸς βλέπεται ὑπὸ τοῦ βαπτιστοῦ ἐρχόμενος
πρὸς αὐτόν. παρατηρητέον δὲ ὅτι ἐκεῖ μὲν διὰ τὴν τοῦ 5
Μαρίας ἀσπασμοῦ φωνὴν ἐληλυθυῖαν εἰς τὰ ὦτα τῆς
Ἐλισάβετ, σκιρτᾷ τὸ βρέφος Ἰωάννης ἐν τῇ κοιλίᾳ τῆς
μητρός, τότε, ὡς ἀπὸ τῆς γῆς, λαμβανούσης πνεῦμα ἅγιον·
Lc i 41 f Ἐγένετο· γὰρ, φησὶν, ὡς ἤκουσε τὸν ἀσπασμὸν τῆς Μαρίας
ἡ Ἐλισάβετ, ἐσκίρτησε τὸ βρέφος ἐν τῇ κοιλίᾳ αὐτῆς, καὶ 149
ἐπλήσθη πνεύματος ἁγίου ἡ Ἐλισάβετ καὶ ἀνεφώνησε
Jo i 29 κραυγῇ μεγάλῃ καὶ εἶπεν· ἔνθα δέ· Βλέπει ὁ Ἰωάννης τὸν
Ἰησοῦν ἐρχόμενον πρὸς αὐτόν, καὶ λέγει Ἴδε ὁ ἀμνὸς τοῦ
θεοῦ ὁ αἴρων τὴν ἁμαρτίαν τοῦ κόσμου· ἀκοῇ δὲ τῇ περὶ
τῶν κρειττόνων πρότερόν τις παιδεύεται, καὶ μετὰ ταῦτα 15
αὐτόπτης αὐτῶν γίνεται. ὅτι μέντοι γε εἰς τὴν μόρφωσιν
ὠφέληται ὁ Ἰωάννης ἀπὸ τοῦ ἔτι μορφουμένου τοῦ κυρίου,
γενομένου ἐν τῇ μητρὶ πρὸς τὴν Ἐλισάβετ, τῷ κεκρατηκότι
τῶν εἰρημένων περὶ τοῦ φωνὴν μὲν εἶναι τὸν Ἰωάννην, λόγον
δὲ τὸν Ἰησοῦν, δῆλον ἔσται· μεγάλη γὰρ φωνὴ γίνεται ἐν τῇ 20
Ἐλισάβετ πληρωθείσῃ πνεύματος ἁγίου διὰ τὸν ἀσπασμὸν
τῆς Μαρίας, ὡς αὐτὴ ἡ λέξις παρίστησιν οὕτως ἔχουσα·
Καὶ ἀνεφώνησε κραυγῇ μεγάλῃ, δηλονότι ἡ Ἐλισάβετ, καὶ
εἶπεν. ἡ γὰρ φωνὴ τοῦ ἀσπασμοῦ τῆς Μαρίας γενομένη ἐν
τοῖς ὠσὶ τῆς Ἐλισάβετ ἐπλήρωσε τὸν Ἰωάννην ἑαυτῆς· 25
διόπερ σκιρτᾷ ὁ Ἰωάννης, καὶ οἱονεὶ στόμα τοῦ υἱοῦ καὶ
προφῆτις ἡ μήτηρ γίνεται ἀναφωνοῦσα κραυγῇ μεγάλῃ καὶ
λέγουσα· Εὐλογημένη σὺ ἐν γυναιξὶ, καὶ εὐλογημένος ὁ
καρπὸς τῆς κοιλίας σου. ἤδη οὖν δύναται δῆλος ἡμῖν
γίνεσθαι καὶ ἡ μετὰ σπουδῆς πορεία τῆς Μαρίας εἰς τὴν 30
ὀρεινήν, καὶ ἡ εἴσοδος εἰς τὸν οἶκον Ζαχαρίου, καὶ ὁ ἀσπα-
σμὸς ὃν ἀσπάζεται τὴν Ἐλισάβετ· ἵνα γὰρ μεταδῷ ἀφ' ἧς

24 ἡ] om.

ἔχει ἐξ οὗ συνείληφε δυνάμεως τῷ Ἰωάννῃ ἔτι ἐν τῇ μήτρᾳ
τυγχάνοντι τῆς μητρὸς ἡ Μαριάμ, καὶ αὐτῷ μεταδώσοντι τῇ
μητρὶ ἀφ' ἧς ἔλαβε χάριτος προφητικῆς, ταῦτα πάντα
γίνεται. καὶ εὐλογώτατά γε ἐν τῇ ὀρεινῇ αἱ τοιαῦται
5 οἰκονομίαι ἐπιτελοῦνται, οὐδενὸς μεγάλου χωρουμένου ὑπὸ
τῶν διὰ τὴν ταπεινότητα κοιλάδων κληθησομένων. καὶ
ἐνθάδε οὖν μετὰ τὰς Ἰωάννου μαρτυρίας, πρώτην μὲν τὴν
ὑπὸ κεκραγότος λεγομένην καὶ θεολογοῦντος, δευτέραν δὲ
πρὸς τοὺς ἱερεῖς καὶ Λευίτας τοὺς ἀπὸ Ἰεροσολύμων ὑπὸ cf. Jo i 19
10 Ἰουδαίων ἀπεσταλμένους, καὶ τρίτην τὴν πρὸς τοὺς ἐκ τῶν
Φαρισαίων πικρότερον ἐρωτήσαντας, Ἰησοῦς ἤδη βλέπεται cf. Jo i 24
ὑπὸ τοῦ μαρτυρήσαντος, ἐρχόμενος πρὸς αὐτὸν ἔτι προ-
κόπτοντα καὶ βελτίονα γινόμενον· ἧς προκοπῆς καὶ βελ-
τιώσεως σύμβολον ἡ ὠνομασμένη αὔριον· οἱονεὶ γὰρ ἐν
15 ἑξῆς φωτισμῷ καὶ δευτέρᾳ ἡμέρᾳ παρὰ τὰ πρότερον ὁ
Ἰησοῦς ἔρχεται, οὐ μόνον γινωσκόμενος ὡς μέσος ἑστηκὼς cf. Jo i 26
καὶ τῶν οὐκ εἰδότων, ἀλλ' ἤδη καὶ ὁρώμενος ἥκων τῷ ταῦτα
πρότερον ἀποφηναμένῳ. πρώτῃ οὖν ἡμέρᾳ αἱ μαρτυρίαι
150 γίνονται, καὶ δευτέρᾳ Ἰησοῦς πρὸς Ἰωάννην ἔρχεται· τρίτῃ
20 δὲ ἑστὼς ὁ Ἰωάννης μετὰ δύο μαθητῶν, ἐνιδὼν Ἰησοῦ περι-
πατοῦντι εἰπὼν τό· Ἴδε ὁ ἀμνὸς τοῦ θεοῦ· προτρέπει τοὺς Jo i 36
παρόντας ἀκολουθῆσαι τῷ υἱῷ τοῦ θεοῦ. καὶ τετάρτῃ
θελήσας ἐξελθεῖν εἰς τὴν Γαλιλαίαν ὁ ἐξελθὼν ζητῆσαι τὸ
ἀπολωλὸς εὑρίσκει Φίλιππον καὶ λέγει αὐτῷ Ἀκολούθει Jo i 44
25 μοι. τρίτῃ δὲ ἀπὸ τῆς τετάρτης, ἥτις ἐστὶν ἕκτη τῶν
ἀρχῆθεν ἡμῖν κατειλεγμένων, ὁ γάμος γίνεται ἐν Κανᾷ τῆς cf. Jo ii 1
Γαλιλαίας, περὶ οὗ εἰσόμεθα γενόμενοι κατὰ τὸν τόπον.
παρατηρητέον δὲ καὶ τοῦτο, ὅτι ἡ διαφέρουσα Μαρία πρὸς
τὴν ὑποδεεστέραν Ἐλισάβετ ἔρχεται, καὶ ὁ υἱὸς τοῦ θεοῦ
30 πρὸς τὸν βαπτιστὴν, δι' ὧν εἰς τὸ ἄοκνον πρὸς τὸ ὠφελεῖν
τοὺς ἥττονας καὶ μετριότητα ὠφελούμεθα.

50. (31) Ἐπεὶ δὲ παρὰ τῷ μαθητῇ Ἰωάννῃ πόθεν

1 μήτρᾳ] μητρὶ   13 ἧς] ἡ   25 τρίτῃ] τῇ

πρὸς τὸν βαπτιστὴν Ἰωάννην ὁ σωτὴρ ἔρχεται οὐ λέγεται,

Mt iii 13   τοῦτο μανθάνομεν ἀπὸ τοῦ Ματθαίου γράψαντος· Τότε παρα-
γίνεται ὁ Ἰησοῦς ἀπὸ τῆς Γαλιλαίας ἐπὶ τὸν Ἰορδάνην πρὸς
τὸν Ἰωάννην, τοῦ βαπτισθῆναι ὑπ' αὐτοῦ. ὁ δὲ Μάρκος

Mc i 9   καὶ τὸν τόπον τῆς Γαλιλαίας προσέθηκεν εἰπών· Καὶ ἐγένετο 5
ἐν ἐκείναις ταῖς ἡμέραις, ἦλθεν Ἰησοῦς ἀπὸ Ναζαρὲτ τῆς
Γαλιλαίας καὶ ἐβαπτίσθη εἰς τὸν Ἰορδάνην ὑπὸ Ἰωάννου.
Λουκᾶς δὲ τὸν μὲν τόπον ἀπεσιώπησεν ὅθεν Ἰησοῦς ἔρχεται,
παραχωρήσας τοῖς εἰρηκόσι τὸν λόγον, ὅπερ δὲ ἀπ' ἐκείνων
οὐ μεμαθήκαμεν αὐτὸς ἡμᾶς διδάσκει, ὡς ἄρα μετὰ τὸ 10

Lc iii 21   βάπτισμα αὐτῷ προσευχομένῳ ἀνεῴχθη ὁ οὐρανός, καὶ
κατέβη τὸ ἅγιον πνεῦμα σωματικῷ εἴδει ὡς περιστερά.
πάλιν τὸ Ἰωάννην διακεκωλυκέναι τὸν κύριον λέγοντα τῷ

Mt iii 14   σωτῆρι· Ἐγὼ χρείαν ἔχω ὑπὸ σοῦ βαπτισθῆναι, καὶ σὺ
ἔρχῃ πρός με; τῷ Ματθαίῳ εἰρηκότι οὐδεὶς προσέθηκεν, ἵνα 15
μὴ ταυτολογῶσι. καὶ τὸ ὑπὸ τοῦ κυρίου δὲ πρὸς αὐτὸν

Mt iii 15   εἰρημένον· Ἄφες ἄρτι, οὕτω γὰρ πρέπον ἐστὶν ἡμῖν πλη-
ρῶσαι πᾶσαν δικαιοσύνην· μόνος ἀνέγραψεν ὁ Ματθαῖος.

Jo i 29   51. (32) Καὶ λέγει Ἴδε ὁ ἀμνὸς τοῦ θεοῦ ὁ
αἴρων τὴν ἁμαρτίαν τοῦ κόσμου. Πέντε ζῴων προσ- 20
φερομένων ἐπὶ τὸ θυσιαστήριον, τριῶν μὲν χερσαίων πτηνῶν
δὲ δύο, ἄξιόν μοι ζητεῖν φαίνεται τί δήποτε ὑπὸ τοῦ
Ἰωάννου ὁ σωτὴρ ἀμνὸς λέγεται, καὶ οὐδὲν τῶν λοιπῶν,
ἀλλὰ καὶ ἐπὶ τῶν χερσαίων καθ' ἕκαστον τριῶν ἡλικιῶν
προσαγομένων, ἀπὸ τοῦ γένους τῶν προβάτων τὸν ἀμνὸν 25
ὠνόμασε. πέντε δὲ ζῷα ταῦτά ἐστι· μόσχος, πρόβατον, 151
αἴξ, τρυγών, περιστερά. καὶ τρεῖς ἡλικίαι ἑκάστου τῶν
χερσαίων αὗται· μόσχος, βοῦς, μοσχάριον, κριὸς, ἀμνὸς,
ἀρνίον, τράγος, αἴξ, ἔριφος· πτηνῶν δὲ, περιστερῶν μὲν
ζεῦγος νεοσσῶν μόνων, τρυγόνων ζεῦγος τέλειον. ζητητέον 30
οὖν τῷ βουλομένῳ ἀκριβῶς τὸν περὶ τῶν θυσιῶν πνευματι-
κὸν καταλαβεῖν λόγον τίνων ἐπουρανίων ὑποδείγματι καὶ

11 προσερχομένῳ   29 δὲ] μὲν   περιστερὰς

σκιᾷ ταῦτ' ἐγίνετο, καὶ ἕκαστον τῶν ζώων ἐπὶ τίνι νομοθετεῖ
ὁ λόγος θύεσθαι· καὶ ἰδίᾳ συνακτέον τὰ περὶ τοῦ ἀμνοῦ.
ὅτι δὲ ὁ περὶ τῶν θυσιῶν λόγος περί τινων οὐρανίων
μυστηρίων νοεῖσθαι ὀφείλει φησί που ὁ ἀπόστολος· Οἵτινες   He viii 5
5 ὑποδείγματι καὶ σκιᾷ λατρεύουσι τῶν ἐπουρανίων· καὶ
πάλιν· Ἀνάγκη οὖν τὰ μὲν ὑποδείγματα τῶν ἐν τοῖς   He ix 23
οὐρανοῖς τούτοις καθαρίζεσθαι, αὐτὰ δὲ τὰ ἐπουράνια
κρείττοσι θυσίαις παρὰ ταύτας.   τὸ δὲ καθ' ἓν δυνηθῆναι
τούτων εὑρόντα ἐκλαβεῖν τὴν διὰ Ἰησοῦ Χριστοῦ γεγενη-   cf. Jo i 17
10 μένην τοῦ πνευματικοῦ νόμου ἀλήθειαν, σφόδρα μεῖζον
τυγχάνον τῆς ἀνθρωπίνης φύσεως, οὐδενὸς ἄλλου ἔργον ἢ
τοῦ τελείου ἐστὶ, τοῦ διὰ τὴν ἕξιν τὰ αἰσθητήρια γεγυμνα-   He v 14
σμένα ἔχοντος πρὸς διάκρισιν καλοῦ τε καὶ κακοῦ, δυναμένου
ἀπὸ διαθέσεως ἀληθευούσης εἰπεῖν· Σοφίαν δὲ λαλοῦμεν   1 Co ii 6
15 ἐν τοῖς τελείοις.   καὶ ἀληθῶς ἐπὶ τούτων ἐστὶν εἰπεῖν καὶ
τῶν τούτοις παραπλησίων· Ἣν οὐδεὶς τῶν ἀρχόντων τούτου   1 Co ii 8
τοῦ αἰῶνος ἔγνωκε.

52. (33) Πλὴν τὸν ἀμνὸν ἐν ταῖς θυσίαις τοῦ ἐνδελεχι-
σμοῦ εὑρίσκομεν προσφερόμενον.   οὕτω δὲ γέγραπται· Καὶ   Ex xxix
20 ταῦτά ἐστιν ἃ ποιήσεις ἐπὶ τοῦ θυσιαστηρίου· ἀμνοὺς ἐνιαυ-   38—44
σίους ἀμώμους δύο τὴν ἡμέραν ἐπὶ τὸ θυσιαστήριον ἐνδελεχῶς,
κάρπωμα ἐνδελεχισμοῦ.   τὸν ἀμνὸν τὸν ἕνα ποιήσεις τὸ
πρωῒ, καὶ τὸν ἀμνὸν τὸν δεύτερον ποιήσεις τὸ δειλινόν.   καὶ
δέκατον σεμιδάλεως πεφυραμένης ἐν ἐλαίῳ κεκομμένῳ τῷ
25 τετάρτῳ τοῦ εἲν· καὶ σπονδὴν τὸ τέταρτον τοῦ εἲν οἴνου τῷ
ἀμνῷ τῷ ἑνί.   καὶ τὸν ἀμνὸν τὸν δεύτερον ποιήσεις τὸ δει-
λινὸν κατὰ τὴν θυσίαν τὴν πρώτην καὶ κατὰ τὴν σπονδὴν
αὐτοῦ.   ποιήσεις ὀσμὴν εὐωδίας, κάρπωμα κυρίῳ, θυσίαν ἐν-
δελεχισμοῦ εἰς τὰς γενεὰς ὑμῶν ἐπὶ θύραις τῆς σκηνῆς τοῦ
30 μαρτυρίου ἔναντι κυρίου, ἐν οἷς γνωσθήσομαί σοι ἐκεῖ ὥστε
λαλῆσαί σοι.   καὶ τάξομαι ἐκεῖ τοῖς υἱοῖς Ἰσραὴλ καὶ ἁγια-
σθήσομαι ἐν δόξῃ μου καὶ ἁγιασμῷ ἁγιάσω τὴν σκηνὴν τοῦ

10 ἡ ἀλήθια σφόδρα μεῖζων   24 πεφυραμένη   25 καὶ—
εἲν] om.   32 ἁγιάσω] om.

μαρτυρίου. ποία δὲ ἑτέρα θυσία δύναται ἐνδελεχισμοῦ εἶναι 152
τῷ λογικῷ νοητὴ ἢ λόγος ἀκμάζων, λόγος ἀμνὸς συμβολι-
κῶς καλούμενος ἅμα τῷ φωτίζεσθαι τὴν ψυχὴν ἀναπεμπό-
μενος, αὕτη γὰρ ἂν εἴη ἡ ἑωθινὴ τοῦ ἐνδελεχισμοῦ θυσία, καὶ
πάλιν ἐπὶ τέλει τῆς τοῦ νοῦ ἐν τοῖς θειοτέροις διατριβῆς 5
ἀναφερόμενος· οὐ γὰρ ἀεὶ δύναται διαρκεῖν τὸ εἶναι ἐν τοῖς
κρείττοσιν, ὅσον κεκλήρωται ἡ ψυχὴ συνεζεῦχθαι τῷ γηΐνῳ
καὶ βαροῦντι σώματι. (34) ἐὰν δέ τις ζητῇ τί ἐν τοῖς
μεταξὺ τῆς ἔω καὶ ἑσπέρας ποιήσει ὁ ἅγιος, μεταφερέτω
ἀπὸ τῶν κατὰ τὴν λατρείαν τὸν λόγον, ἔπειτα καὶ ἐν τούτοις 10
ἀκολουθείτω. καὶ γὰρ ἐκεῖ οἱ ἱερεῖς ἀρχὴν μὲν τῶν θυσιῶν
προσφέρουσι τὴν τοῦ ἐνδελεχισμοῦ, ἑξῆς δὲ πρὸ τῆς ἑσπε-
ρινῆς τοῦ ἐνδελεχισμοῦ τὰς κατὰ τὸν νόμον λοιπάς, οἷον
περὶ πλημμελείας ἢ ἀκουσίων ἢ σωτηρίου ἢ εὐχῆς ἢ ζηλο-
τυπίας ἢ σαββάτου ἢ νουμηνίας καὶ τῶν λοιπῶν, ἃ μακρὸν 15
ἂν εἴη ἐπὶ τοῦ παρόντος λέγειν. οὕτω τοίνυν καὶ ἡμεῖς ἀπὸ
τοῦ περὶ τῆς εἰκόνος λόγου πεποιημένοι τὴν ἀρχὴν τῆς ἀνα-
φορᾶς, ὅς ἐστιν ὁ χριστός, διαλαμβάνειν περὶ πολλῶν καὶ
ὠφελιμωτάτων δυνησόμεθα. καὶ πάλιν ἐν τοῖς περὶ Χριστοῦ
καταλήξαντες ἐπὶ τὴν οἱονεὶ ἑσπέραν φθάσομεν καὶ νύκτα, 20
ἐρχόμενοι καὶ ἐπὶ τὰ σωματικά.

53. (35) Ἐὰν δὲ τὸν λόγον ἐξετάζωμεν τὸν περὶ τοῦ
δεικνυμένου Ἰησοῦ ὑπὸ τοῦ Ἰωάννου κατὰ τό· Οὗτός ἐστιν ὁ
ἀμνὸς τοῦ θεοῦ ὁ αἴρων τὴν ἁμαρτίαν τοῦ κόσμου, ἱστάμενοι
ἐπ' αὐτὴν τὴν οἰκονομίαν τῆς σωματικῆς τοῦ υἱοῦ τοῦ θεοῦ 25
εἰς τὸν τῶν ἀνθρώπων βίον ἐπιδημίας, τὸν ἀμνὸν οὐκ ἄλλον τοῦ
ἀνθρώπου ὑποληψόμεθα· οὗτος γὰρ ὡς πρόβατον ἐπὶ σφαγὴν
ἤχθη, καὶ ὡς ἀμνὸς ἐνώπιον τοῦ κείραντος αὐτὸν ἄφωνος,
λέγων· Ἐγὼ ὡς ἀρνίον ἄκακον ἀγόμενον τοῦ θύεσθαι. διόπερ
καὶ ἐν τῇ Ἀποκαλύψει ἀρνίον ὁρᾶται ἑστηκὸς ὡς ἐσφαγμέ- 30
νον. οὗτος δὴ ὁ ἀμνὸς σφαγεὶς καθάρσιον γεγένηται, κατά
τινας ἀπορρήτους λόγους, τοῦ ὅλου κόσμου, ὑπὲρ οὗ κατὰ

Jo i 29

Is liii 7

Jer xi 19

cf. Apoc v 6

11 ἀκολουθεῖ   17 πεποιημένου

τὴν τοῦ πατρὸς φιλανθρωπίαν καὶ τὴν σφαγὴν ἀνεδέξατο,
ὠνούμενος τῷ ἑαυτοῦ αἵματι ἀπὸ τοῦ ταῖς ἁμαρτίαις ἡμᾶς
πιπρασκομένους ἀγοράσαντος. ὁ δὲ προσαγαγὼν τοῦτον
τὸν ἀμνὸν ἐπὶ τὴν θυσίαν ὁ ἐν τῷ ἀνθρώπῳ ἦν θεὸς, μέγας
5 ἀρχιερεὺς, ὅστις τοῦτο δηλοῖ διὰ τοῦ· Οὐδεὶς αἴρει τὴν ψυχήν Jo x 18
153 μου ἀπ᾿ ἐμοῦ, ἀλλ᾿ ἐγὼ τίθημι αὐτὴν ἀπ᾿ ἐμαυτοῦ. ἐξου-
σίαν ἔχω θεῖναι, καὶ πάλιν ἐξουσίαν ἔχω λαβεῖν αὐτήν.

54. (36) Καὶ ταύτῃ θυσίᾳ συγγενεῖς εἰσιν αἱ λοιπαὶ,
ὧν σύμβολόν εἰσιν αἱ νομικαί. λοιπαὶ δὲ καὶ συγγενεῖς
10 ταύτῃ τῇ θυσίᾳ θυσίαι ἐκχύσεις εἶναί μοι φαίνονται τοῦ
τῶν γενναίων μαρτύρων αἵματος, οὐ μάτην ὁρωμένων ἑστάναι
ὑπὸ τοῦ μαθητοῦ Ἰωάννου παρὰ τῷ οὐρανίῳ θυσιαστηρίῳ. cf. Apoc vi 9
Τίς δὲ σοφὸς καὶ συνήσει ταῦτα; ἢ συνετὸς καὶ ἐπιγνώσεται Hos xiv 9
αὐτά; πρὸς δὲ τὸ θεωρητικώτερον κἂν ἐπὶ ποσὸν παραδέ-
15 ξασθαι τὸν περὶ τῶν τοιούτων θυσιῶν λόγον, καθαιρουσῶν
τοὺς ὑπὲρ ὧν προσάγονται, κατανοητέον τὸν λόγον τῆς ὁλο-
καυτουμένης θυγατρὸς Ἰεφθάε, διὰ ταύτην εὐχὴν νικήσαντος
τοὺς υἱοὺς Ἀμμὼν, ᾗ συνηυδόκησε καὶ ἡ ὁλοκαυτουμένη, λέ-
γουσα πρὸς τὸν πατέρα, εἰπόντα Ἀνέῳξα τὸ στόμα μου Jud xi 35 f.
20 κατὰ σοῦ πρὸς κύριον, Καὶ εἰ ἀνέῳξας τὸ στόμα σου κατ᾿
ἐμοῦ πρὸς κύριον, ποίει τὴν εὐχήν σου. ἔμφασις μὲν οὖν
πολλῆς ὠμότητος διὰ τούτων παρεισφέρεται τοῦ ᾧ τοιαῦται
ὑπὲρ σωτηρίας ἀνθρώπων ἐπιτελοῦνται θυσίαι. μεγαλοφυε-
στέρου δὲ νοῦ καὶ βλέποντος τὰ λεγόμενα κατὰ τῆς προνοίας
25 λύειν χρῄζομεν, ἵν᾿ ἅμα περὶ πάντων ὡς ἀπορρητοτέρων
ὄντων καὶ ὑπὲρ ἀνθρωπίνην φύσιν ἀπολογώμεθα· Μεγάλαι Sap xvii 1
γὰρ αἱ κρίσεις τοῦ θεοῦ καὶ δυσδιήγητοι· διὰ τοῦτο ἀπαί-
δευτοι ψυχαὶ ἐπλανήθησαν. μεμαρτύρηται δὲ καὶ παρὰ τοῖς
ἔθνεσιν ὅτι πολλοί τινες, λοιμικῶν ἐνσκηψάντων νοσημάτων,
30 ἑαυτοὺς σφάγια ὑπὲρ τοῦ κοινοῦ παραδεδώκασι. καὶ παρα- cf. Clem. ad
δέχεται ταῦθ᾿ οὕτως γεγονέναι οὐκ ἀλόγως πιστεύσας ταῖς Cor. c. LV.

---

8 ταύτης   14 τὸ] τοῦτο   19, 20 μου κατὰ σοῦ] σου κατ᾿
ἐμοῦ   20 ἀνέῳξας] ἀνέῳξα   22 παρεισφέρεται τοῦ] om.
φέρεται τοῦ, relicto spat.   25 λύειν] λύσιν

Phil iv 3 ἱστορίαις ὁ πιστὸς Κλήμης, ὑπὸ Παύλου μαρτυρούμενος
λέγοντος· Μετὰ Κλήμεντος καὶ τῶν λοιπῶν συνεργῶν μου,
ὧν τὰ ὀνόματα ἐν βίβλῳ ζωῆς. τὴν ὁμοίαν δὲ ἔχει ἀπέμ-
φασιν παρὰ τῷ θέλοντι τῶν τοὺς πολλοὺς λανθανόντων
μυστηρίων κατηγορεῖν καὶ τὰ περὶ τῶν μαρτύρων προστε-   5
ταγμένα· εὐδοκοῦντος τοῦ θεοῦ μᾶλλον ἡμᾶς ἀναδέξασθαι
πάσας χαλεπωτάτας αἰκίας ἐν τῷ ὁμολογεῖν αὐτοῦ τὴν θειό-
τητα, ἤπερ ἀπαλλαγῆναι τῶν τοσούτων νομιζομένων κακῶν
πρὸς βραχὺν χρόνον, λόγῳ συμπεριενεχθέντας τῷ θελήματι
τῶν ἐχθρῶν τῆς ἀληθείας. κατάλυσιν οὖν νομιστέον γίνεσθαι   10
δυνάμεων κακοποιῶν διὰ τοῦ θανάτου τῶν ἁγίων μαρτύρων,
οἷον τῆς ὑπομονῆς αὐτῶν καὶ τῆς ὁμολογίας τῆς μέχρι θανά-
του καὶ τῆς εἰς τὸ εὐσεβὲς προθυμίας ἀμβλυνούσης τὸ ὀξὺ 154
τῆς ἐκείνων κατὰ τοῦ πάσχοντος ἐπιβουλῆς, ὥστε ἀμβλυνο-
μένης καὶ ἀτονησάσης τῆς δυνάμεως αὐτῶν καὶ ἑτέρους πλεί-   15
ονας τῶν νενικημένων ἀνίεσθαι ἐλευθερουμένους τοῦ βάρους
οὗ αἱ πονηραὶ δυνάμεις ἐπικείμεναι ἐφόρτιζον καὶ ἔβλαπτον.
ἀλλὰ καὶ οἱ παθόντες ἄν, μὴ ἀτονησάντων τῶν ἐνεργησάντων
εἰς ἑτέρους τὰ χείρονα, οὐκέτι περιπίπτουσι τῷ πάθει, νική-
σαντος τοῦ τὴν τοιαύτην θυσίαν προσαγαγόντος τήνδε τὴν   20
ἀντικειμένην δύναμιν, ὡς εἰ ἀπὸ μέρους ἐχρησάμην εἰκόνι
χρησίμῳ πρὸς τὰ προκείμενα τοιαύτῃ· ὅτι ἀναιρῶν τὸ ἰοβό-
λον ἢ κατακοιμίζων ἐπῳδῇ ἢ δυνάμει τινὶ κενῶν αὐτὸ τοῦ
ἰοῦ πολλοὺς εὐεργετεῖ τῶν ὕστερον πεισομένων τι ἀπ' αὐτοῦ,
εἰ μὴ ἀνῄρητο ἢ κατακεκοίμιστο ἢ τοῦ ἰοῦ κεκένωτο. εἰ   25
δὲ καὶ τῶν δηχθέντων τινὶ φανερὸν γένοιτο περὶ τῆς ἐπὶ τῷ
δήγματι βλάβης ἀπαλλαγῆς, εἰ ἐνατενίσαι ἀποθανόντι τῷ
βλάψαντι, ἢ ἐπιβαίη νεκροῦ, ἢ ἐφάψαιτο τεθνηκότος, ἢ γεύ-
σαιτο μέρους τοῦδε, γένοιτ' ἂν καὶ τῷ προπεπονθότι ἴασις
καὶ εὐεργεσία ἀπὸ τοῦ τὸ βλάψαν ἀνῃρηκότος. τοιοῦτόν τι   30
δὴ νοητέον τῷ θανάτῳ τῶν εὐσεβεστάτων μαρτύρων γίνεσθαι,
πολλῶν ἀφάτῳ τινὶ δυνάμει ὠφελουμένων ἀπὸ τοῦ θανάτου
αὐτῶν.

19 νικήσαντες   **22** τοιαῦτοι

55. (37) Προσδιετρίψαμεν δὲ, ὑπὲρ τοῦ τὸ ἐξαίρετον
ἰδεῖν τοῦ ὡς πρόβατον ἐπὶ σφαγὴν ἀχθέντος καὶ ὡς ἀμνοῦ   cf. Is liii 7
ἐνώπιον τοῦ κείραντος ἀφώνου, τῷ περὶ τῶν μαρτύρων λόγῳ
καὶ τῷ ὑπὲρ τῶν τεθνηκότων διὰ λοιμικὰ καταστήματα διη-
5 γήματι. εἰ γὰρ τάδε μὲν ὑπὸ Ἑλλήνων οὐ μάτην ἱστόρηται,
τὰ δὲ καλῶς περὶ τῶν μαρτύρων εἴρηται περικαθαρμάτων   cf. 1 Co iv 13
τοῦ κόσμου γινομένων, καὶ πάντων περίψημα λεγομένων διὰ
ταῦτα τῶν ἀποστόλων, τί ὑποληπτέον καὶ πηλίκον περὶ τοῦ
ἀμνοῦ τοῦ θεοῦ, διὰ τοῦτο θυομένου ἵνα ἄρῃ ἁμαρτίαν οὐκ   cf. Jo i 29
10 ὀλίγων ἀλλ' ὅλου τοῦ κόσμου, ὑπὲρ οὗ καὶ πέπονθε; κἂν   1 Jo ii 1 f.
γάρ τις ἁμάρτῃ, παράκλητον ἔχομεν πρὸς τὸν πατέρα Ἰησοῦν
155 Χριστὸν δίκαιον, καὶ αὐτὸς ἱλασμός ἐστι περὶ τῶν ἁμαρτιῶν
ἡμῶν, οὐκ ἐπὶ τῶν ἡμετέρων δὲ μόνον ἀλλὰ καὶ περὶ ὅλου
τοῦ κόσμου· ἐπεὶ σωτήρ ἐστι πάντων ἀνθρώπων, μάλιστα   1 Tim iv 10
15 πιστῶν, ὁ ἐξαλείψας τὸ καθ' ἡμῶν χειρόγραφον τῷ ἑαυτοῦ   Col ii 14 f.
αἵματι καὶ ἄρας αὐτὸ ἐκ τοῦ μέσου, ἵνα μηδὲ ἴχνη κἂν
ἀπαληλειμμένων τῶν ἁμαρτημάτων εὑρίσκηται, καὶ προσ-
ηλώσας τῷ σταυρῷ· ὃς ἀπεκδυσάμενος τὰς ἀρχὰς καὶ τὰς
ἐξουσίας ἐδειγμάτισεν ἐν παρρησίᾳ θριαμβεύσας ἐν τῷ ξύλῳ.
20 καὶ θαρρεῖν γοῦν θλιβόμενοι ἐν τῷ κόσμῳ διδασκόμεθα, τὴν
αἰτίαν τοῦ θαρρεῖν μανθάνοντες ταύτην εἶναι, τὸ νενικῆσθαι
τὸν κόσμον καὶ δηλονότι ὑποτετάχθαι τῷ νικήσαντι αὐτόν.
διὰ τοῦτο πάντα τὰ ἔθνη ἀνεθέντα ἀπὸ τῶν πρότερον ἐπικρα-
τούντων δουλεύσουσιν αὐτῷ, ὅτι ἐρρύσατο πτωχὸν ἐκ δυνάστου   Ps lxxi (lxxii)
25 διὰ τοῦ ἰδίου πάθους, καὶ πένητα ᾧ οὐχ ὑπῆρχε βοηθός.   12
οὗτος δὴ ὁ σωτὴρ ταπεινώσας συκοφάντην διὰ τοῦ ἑαυτὸν
τεταπεινωκέναι, συμπαραμένει τῷ νοητῷ ἡλίῳ πρὸ τῆς   Ps lxxi (lxxii)
λαμπροτάτης ἐκκλησίας, τροπικώτερον σελήνης λεγομένης,   4 f.
τυγχάνων γενεῶν γενεαῖς. ἀνελὼν δὲ διὰ τοῦ πάθους τοὺς
30 πολεμίους ὁ ἐν πολέμῳ δυνατὸς καὶ κραταιὸς κύριος καθαρ-   cf. Ps xxiii
σίου δεόμενος τοῦ ἀπὸ μόνου τοῦ πατρὸς αὐτῷ δοθῆναι ἐπὶ   (xxiv) 8
τοῖς ἀνδραγαθήμασι δυναμένου, κωλύει αὐτοῦ ἅψασθαι τὴν
Μαρίαν λέγων· Μή μου ἅπτου, οὔπω γὰρ ἀναβέβηκα πρὸς   Jo xx 17
τὸν πατέρα· ἀλλὰ πορεύου καὶ εἰπὲ τοῖς ἀδελφοῖς μου

Πορεύομαι πρὸς τὸν πατέρα μου καὶ πατέρα ὑμῶν καὶ θεόν
μου καὶ θεὸν ὑμῶν.

56. Ὅτε δὲ πορεύεται νικηφόρος καὶ τροπαιοφόρος μετὰ
τοῦ ἐκ νεκρῶν ἀναστάντος σώματος, πῶς γὰρ ἄλλως δεῖ
νοεῖν τό· Οὔπω ἀναβέβηκα πρὸς τὸν πατέρα μου; καὶ τό· 5
Πορεύομαι δὲ πρὸς τὸν πατέρα μου; τότε αἱ μέν τινες
λέγουσι δυνάμεις· Τίς οὗτος ὁ παραγενόμενος ἐξ Ἐδὼμ,
ἐρύθημα ἱματίων ἐκ Βοσόρ, οὕτως ὡραῖος; οἱ δὲ προπέμ-
ποντες αὐτὸν τοῖς ἐπὶ τῶν οὐρανίων πυλῶν τεταγμένοις
φασὶ τό· Ἄρατε πύλας, οἱ ἄρχοντες, ὑμῶν, καὶ ἐπάρθητε 10
πύλαι αἰώνιοι, καὶ εἰσελεύσεται ὁ βασιλεὺς τῆς δόξης. ἔτι
δὲ πυνθάνονται οἱονεί, εἰ δεῖ οὕτως εἰπεῖν, ἡμαγμένην αὐτοῦ
βλέποντες τὴν δεξιάν, καὶ ὅλον πεπληρωμένον τῶν ἀπὸ τῆς
ἀριστείας ἔργων· Διὰ τί σου ἐρυθρὰ τὰ ἱμάτια, καὶ τὰ ἐνδύ-
ματά σου ὡς ἀποπάτημα ληνοῦ πλήρους καταπεπατημένης; 15
ὅτε καὶ ἀποκρίνεται· Κατέθλασα αὐτούς. ἀληθῶς γὰρ ἐπὶ
τούτοις δεδέηται τοῦ πλῦναι ἐν οἴνῳ τὴν στολὴν αὐτοῦ,
καὶ ἐν αἵματι σταφυλῆς τὴν περιβολὴν αὐτοῦ. τὰς γὰρ 156
ἀσθενείας ἡμῶν λαβὼν καὶ τὰς νόσους βαστάξας, παντός
τε τοῦ κόσμου ἄρας τὴν ἁμαρτίαν καὶ τοὺς τοσούτους εὐερ- 20
γετήσας, τάχα τότε βάπτισμα εἴληφε τὸ παντὸς τοῦ
ὑπονοηθέντος ἂν παρὰ τοῖς ἀνθρώποις μεῖζον, περὶ οὗ οἶμαι
αὐτὸν εἰρηκέναι· Βάπτισμα δὲ ἔχω βαπτισθῆναι, καὶ πῶς
συνέχομαι ἕως ὅτου τελεσθῇ; ἵνα γὰρ τολμηρότερον
βασανίζων τὸν λόγον στῶ πρὸς τὰ ὑπὸ τῶν πλείστων 25
ὑπονοούμενα, λεγέτωσαν ἡμῖν οἱ τὸ βάπτισμα τὸ μέγιστον,
ὑπὲρ ὃ ἄλλο οὐκ ἔστι νοῆσαι βάπτισμα, νομίσαντες αὐτοῦ
εἶναι τὸ μαρτύριον, τί δήποτε μετὰ τοῦτο λέγει τῇ Μαριάμ·
Μή μου ἅπτου; ἐχρῆν γὰρ μᾶλλον ἑαυτὸν ἐμπαρέχειν τῇ
ἀφῇ, ἅτε τὸ τέλειον βάπτισμα διὰ τοῦ μυστηρίου τοῦ 30
πάθους εἰληφότα.

57. Ἀλλ' ἐπεί, ὡς προείπομεν, τὰ κατὰ τῶν ἀντικει-
μένων ἀνδραγαθήματα πεποιηκὼς ἐδεῖτο τοῦ πλῦναι ἐν οἴνῳ
τὴν στολὴν αὐτοῦ, καὶ ἐν αἵματι σταφυλῆς τὴν περιβολὴν

Is lxiii 1
Ps xxiii
(xxiv) 7
Is lxiii 2
Gen xlix 11
Mt viii 17;
cf. Is liii 4
cf. Jo i 29
Lc xii 50
Jo xx 17
cf. Gen xlix
11

αὐτοῦ, ἀνῄει πρὸς τὸν γεωργὸν τῆς ἀληθινῆς ἀμπέλου   cf. Jo xv 1
πατέρα, ἵν' ἐκεῖ ἀποπλυνάμενος μετὰ τὸ ἀναβῆναι εἰς ὕψος,   cf. Eph iv 8;
αἰχμαλωτεύσας τὴν αἰχμαλωσίαν, καταβῇ φέρων τὰ ποικίλα   Ps lxvii (lxviii) 18
χαρίσματα, τὰς διαμεμερισμένας τοῖς ἀποστόλοις γλώσσας   cf. Act ii 3
5 ὡσεὶ πυρός, καὶ τοὺς παρεσομένους ἐν πάσῃ πράξει ἁγίους   cf. Ps xxxiii
ἀγγέλους καὶ ῥυσομένους αὐτούς. πρὸ γὰρ τούτων τῶν   (xxxiv) 8
οἰκονομιῶν ἅτε μηδέπω κεκαθαρμένοι οὐκ ἐχώρουν ἀγγέλων
παρ' αὐτοῖς ἐπιδημίαν, τάχα οὐδ' αὐτῶν βουλομένων πω τοῖς
μὴ εὐτρεπισαμένοις καὶ κεκαθαρμένοις ὑπὸ τοῦ Ἰησοῦ
10 παρεῖναι. τῆς γὰρ Ἰησοῦ μόνου φιλανθρωπίας ἦν μετὰ
ἁμαρτωλῶν καὶ τελωνῶν ἐσθίειν καὶ πίνειν, καὶ παρέχειν   cf. Mc ii 16
ἑαυτοῦ τοὺς πόδας τοῖς δακρύοις τῆς μετανοούσης ἁμαρ-   cf. Lc vii 38
τωλοῦ, καὶ μέχρι θανάτου καταβαίνειν ὑπὲρ ἀσεβῶν, οὐχ
ἁρπαγμὸν ἡγουμένου τὸ εἶναι ἴσα θεῷ, καὶ κενοῦν ἑαυτὸν   cf. Phil ii 6 ff.
15 τὴν τοῦ δούλου λαμβάνοντος μορφήν. ταῦτα δὲ πάντα
ἐπιτελῶν μᾶλλον τὸ θέλημα τοῦ πατρὸς τοῦ παραδόντος
ἑαυτὸν ὑπὲρ ἀσεβῶν ἐπετέλει ἤπερ τὸ ἑαυτοῦ· ὁ μὲν γὰρ
πατὴρ ἀγαθός, ὁ δὲ σωτὴρ εἰκὼν τῆς ἀγαθότητος αὐτοῦ.   Sap vii 26
πάντα δὲ τὸν κόσμον εὐεργετῶν, ἐπεὶ θεὸς ἐν Χριστῷ   2 Co v 19
20 κόσμον καταλλάσσει ἑαυτῷ, πρότερον διὰ τὴν κακίαν
ἐχθρὸν γεγενημένον, ὁδῷ καὶ τάξει τὰ εὐεργετούμενα εὐερ-
γετεῖ, οὐκ ἀθρόως λαμβάνων ὑποπόδιον τῶν ποδῶν πάντας
τοὺς ἐχθρούς· λέγει γὰρ αὐτῷ ὁ πατὴρ τῷ κυρίῳ ἑκάστου
ἡμῶν· Κάθου ἐκ δεξιῶν μου, ἕως ἂν θῶ τοὺς ἐχθρούς σου   Ps cix (cx) 1
25 ὑποπόδιον τῶν ποδῶν σου. καὶ ταῦτα γίνεται ἕως ὁ ἔσχα-   cf. 1 Co xv 26
17 τος ἐχθρός, ὁ θάνατος, ὑπ' αὐτοῦ καταργηθῇ. ἐὰν δὲ τὸ
ὑποτάσσεσθαι τῷ χριστῷ νοήσωμεν ὅ τί ποτ' ἐστι μάλιστ'
ἐκ τοῦ· Ὅταν δὲ αὐτῷ τὰ πάντα ὑποταγῇ, τότε αὐτὸς ὁ   1 Co xv 28
υἱὸς ὑποταγήσεται τῷ ὑποτάξαντι αὐτῷ πάντα· ἀξίως τῆς
30 ἀγαθότητος τοῦ τῶν ὅλων θεοῦ νοήσωμεν τὸν ἀμνὸν τοῦ   Jo i 29
θεοῦ αἴροντα τὴν ἁμαρτίαν τοῦ κόσμου.

58. Οὐ πάντων δὲ ἡ ἁμαρτία ὑπὸ τοῦ ἀμνοῦ αἴρεται, μὴ

9 κεκαρμένοις   25 γίνεται ἕως] γείνεται ὡς

ἀλγούντων μηδὲ βασανιζομένων ἕως ἀρθῇ. ἄκανθαι γὰρ οὐ
μόνον ἐμπαρεῖσαι ἀλλὰ καὶ ἐπιπολὺ ῥιζῶσαι ἐν ταῖς χερσὶ
παντὸς τοῦ διὰ τὴν κακίαν μεθυσθέντος καὶ τὸ νήφειν
ἀπολωλεκότος, κατὰ τὸ ἐν Παροιμίαις εἰρημένον· Ἄκανθαι
φύονται ἐν χειρὶ τοῦ μεθύσου· ὅσον πόνον ἐνεργάσονται τῷ 5
τὰ τοιαῦτα φυτὰ εἰς τὸ ἑαυτοῦ σῶμα τῆς ψυχῆς παραδεξα-
μένῳ τί δεῖ καὶ λέγειν; κατατμηθῆναι γὰρ ὑπὸ τοῦ τομω-
τέρου πάσης μαχαίρας διστόμου λόγου ζῶντος θεοῦ καὶ
ἐνεργοῦς καὶ καυστικωτέρου παντὸς πυρὸς ἀνάγκη τὸν ἐπὶ
τοσοῦτον εἰς βάθος τῆς ἑαυτοῦ ψυχῆς τὴν κακίαν χωρήσαντα, 10
ὡς γενέσθαι αὐτὸν γῆν ἀκανθοφόρον. καὶ δεήσει ἐπὶ τὴν
τοιαύτην ψυχὴν πεμφθῆναι τὸ εὑρίσκον τὰς ἀκάνθας πῦρ,
καὶ μέχρι αὐτῶν στησόμενον διὰ τὴν ἑαυτοῦ θειότητα, καὶ
οὐ προσεμπρῆσον ἅλωνας ἢ στάχυας πεδίων. τοῦ αἴροντος
δὲ τὴν ἁμαρτίαν τοῦ κόσμου ἀμνοῦ διὰ τῆς ἰδίας σφαγῆς 15
ἀρχομένου ὁδοὶ τυγχάνουσι πλείονες, ὧν αἱ μὲν σαφεῖς
εἶναι τοῖς πολλοῖς δύνανται, αἱ δὲ τοὺς τοσούτους λανθά-
νουσαι τοῖς τῆς θείας σοφίας ἀξιουμένοις, οἷς μόνοις εἰσὶ
γνώριμοι. τί γὰρ δεῖ λέγειν δι' ὅσων ὁδῶν τις ἐπὶ τὸ
πιστεύειν ἔρχεται ἐν ἀνθρώποις, ἔτι ἐν τῷ τοιούτῳ σώματι 20
παρὸν ἑκάστῳ καθ' αὑτὸν ἐπισκοπεῖν; πλὴν ἔνια τῶν ὁδῶν
ἐστι τοῦ πιστεύειν καὶ αἴρεσθαι τὴν ἁμαρτίαν διὰ μαστίγων
καὶ πνευμάτων πονηρῶν καὶ νόσων χαλεπωτάτων καὶ μαλα-
κιῶν ἐπιπονωτάτων. τίς οὖν οἶδε καὶ τὰ μετὰ ταῦτα;
ἀναγκαῖον δὲ ἦν ὑπὲρ τοῦ μὴ ἀναινεθῆναι τὸν δοκοῦντα 25
τῇ ἐξετάσει τοῦ λόγου παρακολουθεῖν τοῦ λέγοντος· Ἴδε
ὁ ἀμνὸς τοῦ θεοῦ ὁ αἴρων τὴν ἁμαρτίαν τοῦ κόσμου· ἐπὶ-
πλεῖον περὶ τούτων διαλαβεῖν, ἵν' εἰδότες ὅτι καὶ θυμῷ θεοῦ
ἔστιν ἐλεγχθῆναι καὶ ὀργῇ θεοῦ παιδευθῆναι, διὰ τὸ εἰς
ὑπερβολὴν φιλάνθρωπον οὐδένα πάντῃ ἀνέλεγκτον καὶ ἀπαί- 30
δευτον ἐῶντος, πάντα ποιήσωμεν εἰς τὸ μὴ δεηθῆναι τοιούτων
ἐλέγχων καὶ τῆς διὰ τῶν ἐπιπονωτάτων παιδείας.

Pr xxvi 9

cf. He iv 12

cf. Ex xxii 6

Jo i 29

2 ῥιζῶσ͞   7 τί δεῖ] ἤδει   14 τοῦ] om.   15 κόσμου] κόσ
20 ἔρχεται] ἄρχεται   21 ἔνια] διὰ   31 μὴ] om

158   59. (38) Ἐπισκεπτέον δὲ τῷ ἐντυγχάνοντι τὰ· ἐν τοῖς
προτέροις ἡμῖν εἰρημένα μετὰ παραθέσεως πλειόνων παρα-
δειγμάτων περὶ τοῦ τί σημαίνεται κατὰ τὴν γραφὴν ἐκ τῆς
Κόσμος φωνῆς· οὐ γὰρ εὔλογον ἡγησάμην παλιλλογεῖν.
5 οὐκ ἀγνοοῦμεν δέ τινα κόσμον ἐξειληφέναι τὴν ἐκκλησίαν
μόνην, κόσμον οὖσαν τοῦ κόσμου, ἐπεὶ καὶ φῶς λέγεται
τοῦ κόσμου· Ὑμεῖς γάρ ἐστε, φησί, τὸ φῶς τοῦ κόσμου·   Mt v 14
κόσμος δὲ τοῦ κόσμου ἡ ἐκκλησία, κόσμου αὐτῆς γινομένου
Χριστοῦ, τοῦ πρώτου φωτὸς τοῦ κόσμου.   κατανοητέον δὴ
10 εἰ μὴ τοῦ αὐτοῦ κόσμου φῶς εἶναι λέγεται ὁ χριστὸς καὶ
οἱ μαθηταὶ αὐτοῦ· ἀλλ' ὅτε μὲν Χριστὸς φῶς τοῦ κόσμου
ἐστί, τάχα τῆς ἐκκλησίας ἐστὶ φῶς· ὅτε δὲ οἱ μαθηταὶ
αὐτοῦ φῶς τοῦ κόσμου, μήποτε τῶν παρακαλουμένων εἰσὶ
φῶς, ἑτέρων ὄντων παρὰ τὴν ἐκκλησίαν, ὥσπερ τῷ Παύλῳ
15 περὶ τούτων εἴρηται ἐν τῷ προοιμίῳ τῆς προτέρας πρὸς
Κορινθίους ἐπιστολῆς γράφοντι· Τῇ ἐκκλησίᾳ τοῦ θεοῦ   1 Co i 2
σὺν πᾶσι τοῖς ἐπικαλουμένοις τὸ ὄνομα τοῦ κυρίου Ἰησοῦ
Χριστοῦ· ἐάν τις ὑπονοῇ τοῦ κόσμου φῶς λέγεσθαι τὴν
ἐκκλησίαν, οἱονεὶ τοῦ λοιποῦ γένους τῶν ἀνθρώπων καὶ τῶν
20 ἀπίστων, εἰ μὲν προφητικῶς τοῦτο διὰ τὸν περὶ τέλους
λόγον ἐκλήψεται, τάχα ἔχει χώραν τὸ λεγόμενον· εἰ δὲ ὡς
ἤδη γινόμενον, ἐπεὶ τὸ φῶς τινος φωτίζει ἐκεῖνο οὗ ἐστι
φῶς, δεικνύτωσαν πῶς τὸ λοιπὸν γένος φωτίζεται ὑπὸ τῆς
παρεπιδημούσης τῷ κόσμῳ ἐκκλησίας.   εἰ δὲ τοῦτο δεικνύναι
25 οὐ δύνανται, ἐπιστησάτωσαν μήποτε ὑγιῶς ἐξειλήφαμεν
φῶς μὲν εἶναι τὴν ἐκκλησίαν κόσμον δὲ τοὺς ἐπικαλου-
μένους.   ἡ δὲ ἑξῆς φωνή, κειμένη ἐν τῷ κατὰ Ματθαῖον, τῷ
ἐπιμελέστατα ἐρευνῶντι τὰς γραφὰς παραστήσει τὴν διή-   cf. Jo v 39
γησιν· Ὑμεῖς γάρ, φησίν, ἐστὲ τὸ ἅλας τῆς γῆς· τάχα   Mt v 13
30 τῆς γῆς τῶν λοιπῶν ἀνθρώπων νοουμένων, ὧν ἅλας εἰσὶν οἱ
πεπιστευκότες, αἴτιοι τοῦ τηρεῖσθαι τὸν κόσμον διὰ τοῦ
πιστεύειν τυγχάνοντες· τότε γὰρ ἡ συντέλεια ἔσται ἐὰν τὸ
ἅλας μωρανθῇ καὶ μηκέτι ᾖ τὸ ἀλίζον καὶ συντηροῦν τὴν

16 ἐπιστολή   29, 30, 33 ἅλας] ἁλα

Mt xxiv 12 γῆν, ἐπεὶ σαφὲς ὅτι ἐὰν πληθυνθῇ ἡ ἀνομία, καὶ ψυγῇ ἡ
ἀγάπη ἐπὶ τῆς γῆς, ὡς καὶ αὐτὸν τὸν σωτῆρα διστακτικὴν προ-
ενέγκασθαι περὶ τῶν ἐν τῇ ἐπιδημίᾳ ἑαυτοῦ φωνήν, λέγοντα·
Lc xviii 8 Πλὴν ὁ υἱὸς τοῦ ἀνθρώπου ἐλθὼν ἆρα εὑρήσει τὴν πίστιν
ἐπὶ τῆς γῆς; τότε συντέλεια ἔσται τοῦ πρὸ αἰῶνος. 5
λεγέσθω τοίνυν ἡ ἐκκλησία κόσμος ὅτε ὑπὸ τοῦ σωτῆρος
φωτίζεται· ἡμεῖς δὲ ζητοῦμεν εἰ κατὰ τό· Ἴδε ὁ ἀμνὸς τοῦ
θεοῦ ὁ αἴρων τὴν ἁμαρτίαν τοῦ κόσμου· κόσμον νοητέον 159
ὑγιῶς τὴν ἐκκλησίαν, περικλειομένου τοῦ αἴρεσθαι τὴν
ἁμαρτίαν εἰς μόνην τὴν ἐκκλησίαν. πῶς γὰρ τὸ ἐν τῇ 10
ἐπιστολῇ ὑπὸ τοῦ αὐτοῦ μαθητοῦ εἰρημένον περὶ τοῦ
σωτῆρος ἱλασμοῦ περὶ τῶν ἁμαρτιῶν τυγχάνοντος διηγησό-
1 Jo ii 1 f. μεθα οὕτως ἔχον· Καὶ ἐάν τις ἁμάρτῃ, παράκλητον ἔχομεν
πρὸς τὸν πατέρα Ἰησοῦν Χριστὸν δίκαιον· καὶ αὐτὸς ἱλασμός
ἐστι περὶ τῶν ἁμαρτιῶν ἡμῶν, οὐ περὶ τῶν ἡμετέρων δὲ 15
μόνον, ἀλλὰ καὶ περὶ ὅλου τοῦ κόσμου; καὶ τὸ παρὰ τῷ
Παύλῳ δὲ τούτῳ νομίζω εἶναι παραπλήσιον οὕτως ἔχον·
1 Tim iv 10 Ὅς ἐστι σωτὴρ πάντων ἀνθρώπων, μάλιστα πιστῶν.

60. Πάλιν ἐν τῷ τόπῳ ὁ Ἡρακλέων γενόμενος, χωρὶς
πάσης κατασκευῆς καὶ παραθέσεως μαρτυριῶν ἀποφαίνεται 20
ὅτι τὸ μέν· Ἀμνὸς τοῦ θεοῦ· ὡς προφήτης φησὶν ὁ Ἰωάννης,
τὸ δέ· Ὁ αἴρων τὴν ἁμαρτίαν τοῦ κόσμου· ὡς περισσότερον
προφήτου. καὶ οἴεται τὸ μὲν πρότερον περὶ τοῦ σώματος
αὐτοῦ λέγεσθαι, τὸ δὲ δεύτερον περὶ τοῦ ἐν τῷ σώματι, τῷ
τὸν ἀμνὸν ἀτελῆ εἶναι ἐν τῷ τῶν προβάτων γένει, οὕτω δὲ 25
καὶ τὸ σῶμα παραθέσει τοῦ ἐνοικοῦντος αὐτῷ. τὸ δὲ
τέλειον εἰ ἐβούλετο, φησί, τῷ σώματι μαρτυρῆσαι, κριὸν
εἶπεν ἂν τὸ μέλλον θύεσθαι. οὐχ ἡγοῦμαι δὲ εἶναι ἀναγ-
καῖον μετὰ τηλικαύτας γεγενημένας ἐξετάσεις τευτάζειν περὶ
τὸν τόπον, ἀγωνιζομένους πρὸς τὰ εὐτελῶς ὑπὸ τοῦ Ἡρα- 30
κλέωνος εἰρημένα. μόνον δὲ τοῦτο ἐπισημειωτέον, ὅτι
cf. Phil ii 7 ὥσπερ μόγις ἐχώρησεν ὁ κόσμος τὸν κενώσαντα ἑαυτόν,
οὕτως ἀμνοῦ καὶ οὐ κριοῦ ἐδεήθη, ἵνα ἀρθῇ αὐτοῦ ἡ ἁμαρτία.

16 τό] τῷ   **27** σώματι] σῶμα· τό   **28** εἶπεν ἂν] εἰπεῖν· αὐτὸ

ΤΟΜΟΣ Ι'.

160 1. Μετὰ τοῦτο κατέβη εἰς Καφαρναοὺμ αὐτὸς καὶ Jo ii 12—23
ἡ μήτηρ αὐτοῦ καὶ οἱ ἀδελφοὶ καὶ οἱ μαθηταὶ, καὶ ἐκεῖ
ἔμειναν οὐ πολλὰς ἡμέρας. καὶ ἐγγὺς ἦν τὸ πάσχα
τῶν Ἰουδαίων, καὶ ἀνέβη εἰς Ἱεροσόλυμα ὁ Ἰησοῦς.
5 καὶ εὗρεν ἐν τῷ ἱερῷ τοὺς πωλοῦντας βόας καὶ
πρόβατα καὶ περιστερὰς καὶ τοὺς κερματιστὰς καθη-
μένους, καὶ ποιήσας ὡς φραγέλλιον ἐκ σχοινίων πάντας
ἐξέβαλεν ἐκ τοῦ ἱεροῦ τά τε πρόβατα καὶ τοὺς βόας,
καὶ τῶν κολλυβιστῶν ἐξέχεε τὰ κέρματα καὶ τὰς
10 τραπέζας ἀνέστρεψε, καὶ τοῖς τὰς περιστερὰς πωλοῦσιν
εἶπεν Ἄρατε ταῦτα ἐντεῦθεν, μὴ ποιεῖτε τὸν οἶκον τοῦ
πατρός μου οἶκον ἐμπορίου. τότε ἐμνήσθησαν οἱ
μαθηταὶ αὐτοῦ, ὅτι γεγραμμένον ἐστὶν ὅτι Ὁ ζῆλος
τοῦ οἴκου σου καταφάγεταί με. ἀπεκρίθησαν οὖν οἱ
15 Ἰουδαῖοι καὶ εἶπαν αὐτῷ Τί σημεῖον δεικνύεις ἡμῖν, ὅτι
ταῦτα ποιεῖς; ἀπεκρίθη Ἰησοῦς, καὶ εἶπε Λύσατε τὸν
ναὸν τοῦτον, καὶ ἐν τρισὶν ἡμέραις ἐγερῶ αὐτόν.
ἀπεκρίθησαν οὖν οἱ Ἰουδαῖοι Τεσσαράκοντα καὶ ἒξ
ἔτεσιν ᾠκοδομήθη ὁ ναὸς οὗτος, καὶ σὺ ἐν τρισὶν
20 ἡμέραις ἐγερεῖς αὐτόν; ἐκεῖνος δὲ ἔλεγε περὶ τοῦ ναοῦ
τοῦ σώματος αὐτοῦ. ὅτε οὖν ἠγέρθη ἐκ νεκρῶν,
ἐμνήσθησαν οἱ μαθηταὶ αὐτοῦ ὅτι τοῦτο ἔλεγε, καὶ
ἐπίστευσαν τῇ γραφῇ καὶ τῷ λόγῳ ὃν εἶπεν ὁ Ἰησοῦς.
ὡς δὲ ἦν ἐν τοῖς Ἱεροσολύμοις ἐν τῷ πάσχα ἐν τῇ

Jo ii 23 ff. ἑορτῇ, ἐπίϲτεγϲαν εἰϲ τὸ ὄνομα αὐτοῦ πολλοί, θεωροῦν-
τεϲ αὐτοῦ τὰ ϲημεῖα ἃ ἐποίει· αὐτὸϲ δὲ ὁ Ἰηϲοῦϲ οὐκ
ἐπίϲτεγϲεν ἑαυτὸν αὐτοῖϲ, διὰ τὸ αὐτὸν γινώϲκειν
πάνταϲ καὶ ὅτι οὐ χρείαν εἶχεν ἵνα τιϲ μαρτγρήϲῃ περὶ
ἀνθρώπογ, αὐτὸϲ γὰρ ἐγίνωϲκε τί ἦν ἐν τῷ ἀνθρώπῳ. 5
Ἐν αὐτῇ ἀναγεγραμμένοι ἀριθμοί, κατά τινα ἀναλογίαν
ἁρμόζουϲαν ἑκάϲτῳ πράγματι, γραφῆϲ ἠξιώθηϲαν. ἐξετα-
ϲτέον δὲ μήποτε μία τῶν βίβλων Μωϲέωϲ, ἐπιγεγραμμένη
Ἀριθμοί, ἐξαιρέτωϲ τὸν περὶ ἀριθμῶν τοῖϲ τὰ τοιαῦτα ἐξι-
χνεύειν δυναμένοιϲ διδάϲκει λόγον. ταῦτα δέ μοι ἐν ἀρχῇ 10
τοῦ δεκάτου τόμου λέγεται πρὸϲ σέ, πολλαχοῦ ὁρῶντι τῆϲ 161
γραφῆϲ διαφερούϲηϲ προνομίαϲ τετευχότα τὸν δέκα ἀριθμόν,
ὡϲ ἔνεϲτι καί ϲοι ἐπιμελῶϲ κατανοεῖν, ἐλπίζοντί τε λήψεϲθαι
ἀπὸ θεοῦ πλέον τι καὶ εἰϲ τοῦτον τὸν τόμον· ὅπερ ἵνα
ὑπαρχῇ, κατὰ δύναμιν ἐμπαρέχειν ἑαυτοὺϲ τῷ δωρεῖϲθαι 15
τὰ κάλλιϲτα βουλομένῳ θεῷ πειρώμεθα. ἀρκτέον δὲ τοῦ
Jo ii 12 βιβλίου ἐντεῦθεν· Μετὰ τοῦτο κατέβη εἰϲ Καφαρναοὺμ
αὐτὸϲ καὶ ἡ μήτηρ αὐτοῦ καὶ οἱ ἀδελφοὶ καὶ οἱ μαθηταί, καὶ
ἐκεῖ ἔμειναν οὐ πολλὰϲ ἡμέραϲ. καὶ οἱ λοιποὶ γ΄ γράψαντεϲ
τὰ εὐαγγέλια μετὰ τὸν πρὸϲ τὸν διάβολον ἀγῶνα τοῦ κυρίου 20
εἰϲ τὴν Γαλιλαίαν φαϲὶν αὐτὸν ἀνακεχωρηκέναι. Ματθαῖοϲ
δὲ καὶ Λουκᾶϲ, πρότερον γενόμενον ἐν Ναζάροιϲ μετὰ ταῦτα
καταλελοιπότα αὐτὰ ἐλθόντα κατῳκηκέναι εἰϲ Καφαρναούμ.
ὁ δὲ Ματθαῖοϲ καὶ Μάρκοϲ καὶ αἰτίαν τινὰ λέγουϲι τοῦ
αὐτὸν ἐκεῖθεν ἀνακεχωρηκέναι, τὸ ἀκηκοέναι ὅτι Ἰωάννηϲ 25
παρεδόθη.
Mt iv 11—15 2. Ἔχει δὲ οὕτωϲ τὰ ῥητά, τοῦ μὲν Ματθαίου· Τότε
ἀφίηϲιν αὐτὸν ὁ διάβολοϲ, καὶ ἰδοὺ ἄγγελοι προϲῆλθον
καὶ διηκόνουν αὐτῷ. ἀκούϲαϲ δὲ ὅτι Ἰωάννηϲ παρεδόθη,
ἀνεχώρηϲεν εἰϲ τὴν Γαλιλαίαν καὶ καταλιπὼν τὴν Ναζαρὲθ 30
ἐλθὼν κατῴκηϲεν εἰϲ Καφαρναοὺμ τὴν παραθαλαϲϲίαν, ἐν
ὁρίοιϲ Ζαβουλὼν καὶ Νεφθαλείμ, ἵνα πληρωθῇ τὸ ῥηθὲν διὰ

---

1 πολλοί] intra lin.

Ἡσαΐου τοῦ προφήτου, λέγοντος Γῆ Ζαβουλών· καὶ μετὰ
τὰ ἐν τῷ Ἡσαΐᾳ ῥητὰ λέγει· Ἀπὸ τότε ἤρξατο ὁ Ἰησοῦς   Mt iv 17
κηρύσσειν καὶ λέγειν Μετανοεῖτε, ἤγγικε γὰρ ἡ βασιλεία
τῶν οὐρανῶν. ὁ δὲ Μάρκος· Καὶ ἦν, φησὶν, ἐν τῇ ἐρήμῳ   Mc i 13 ff.
5 τεσσαράκοντα ἡμέρας πειραζόμενος ὑπὸ τοῦ Σατανᾶ, καὶ ἦν
μετὰ τῶν θηρίων, καὶ οἱ ἄγγελοι διηκόνουν αὐτῷ. μετὰ δὲ
τὸ παραδοθῆναι τὸν Ἰωάννην ἦλθεν ὁ Ἰησοῦς εἰς τὴν
Γαλιλαίαν, κηρύσσων τὸ εὐαγγέλιον τοῦ θεοῦ, ὅτι Πε-
πλήρωται ὁ καιρὸς καὶ ἤγγικεν ἡ βασιλεία τοῦ θεοῦ· μετα-
10 νοεῖτε καὶ πιστεύετε τῷ εὐαγγελίῳ. ἔπειτα διηγησάμενος
καὶ περὶ Ἀνδρέου καὶ Πέτρου, Ἰακώβου τε καὶ Ἰωάννου,
ἀναγράφει ταῦτα· Καὶ εἰσπορευόμενος εἰς Καφαρναοὺμ, καὶ   Mc i 21
εὐθέως τοῖς σάββασιν ἐδίδασκεν εἰς τὴν συναγωγήν. ὁ δὲ
Λουκᾶς· Καὶ συντελέσας, φησὶ, τὸν πειρασμὸν ὁ διάβολος   Lc iv 13—16
15 ἀπέστη ἀπ' αὐτοῦ ἄχρι καιροῦ. καὶ ὑπέστρεψεν ὁ Ἰησοῦς
ἐν τῇ δυνάμει τοῦ πνεύματος εἰς τὴν Γαλιλαίαν. καὶ φήμη
ἐξῆλθε καθ' ὅλης τῆς περιχώρου περὶ αὐτοῦ. καὶ αὐτὸς
ἐδίδασκεν ἐν ταῖς συναγωγαῖς αὐτῶν, δοξαζόμενος ὑπὸ
πάντων. καὶ ἦλθεν εἰς Ναζάρα, οὗ ἦν τεθραμμένος, καὶ
162 εἰσῆλθε κατὰ τὸ εἰωθὸς αὐτῷ ἐν τῇ ἡμέρᾳ τῶν σαββάτων
εἰς τὴν συναγωγήν. παραστήσας δὲ τὰ ἐν Ναζάροις αὐτῷ
εἰρημένα, καὶ τὸν κατ' αὐτοῦ θυμὸν τῶν ἐν τῇ συναγωγῇ,   cf. Lc iv 28 ff.
ἐκβαλλόντων αὐτὸν ἔξω τῆς πόλεως καὶ ἀγαγόντων ἕως
ὀφρύος τοῦ ὄρους, ἐφ' οὗ ἡ πόλις αὐτῶν ᾠκοδόμητο, ὥστε
25 κατακρημνίσαι αὐτὸν, καὶ ὡς διελθὼν διὰ μέσου αὐτῶν ὁ
κύριος ἐπορεύετο, ἐπισυνάπτει ταῦτα· Καὶ κατῆλθεν εἰς   Lc iv 31
Καφαρναοὺμ πόλιν τῆς Γαλιλαίας καὶ ἦν διδάσκων αὐτοὺς
ἐν τοῖς σάββασι.

3. (2) Δεῖ τὴν περὶ τούτων ἀλήθειαν ἀποκεῖσθαι ἐν
30 τοῖς νοητοῖς, ἢ μὴ λυομένης τῆς διαφωνίας ἀφεῖσθαι τῆς
περὶ τῶν εὐαγγελίων πίστεως, ὡς οὐκ ἀληθῶν οὐδὲ θειοτέρῳ
πνεύματι γεγραμμένων, ἢ ἐπιτετευγμένως ἀπομνημονευθέν-

24 ἢ πολειϲ   30 om. ἢ   31 θειοτέρων   32 γεγραμμένον

των· ἑκατέρως γὰρ λέγεται συντετάχθαι ἡ τούτων γραφή.
λεγέτωσαν γὰρ ἡμῖν οἱ παραδεχόμενοι τὰ τέσσαρα εὐ-
αγγέλια, καὶ τὴν δοκοῦσαν διαφωνίαν οἰόμενοι μὴ λύεσθαι
διὰ τῆς ἀναγωγῆς, πρὸς ταῖς προειρημέναις ἡμῖν ἐπαπο-
ρήσεσι περὶ τῶν τεσσαράκοντα τοῦ πειρασμοῦ ἡμερῶν, 5
οὐδαμῶς δυναμένων χώραν ἔχειν παρὰ τῷ Ἰωάννῃ, πότε
γέγονεν ἐν τῇ Καφαρναοὺμ ὁ κύριος· εἰ γὰρ μετὰ τὰς ἓξ

cf. Jo ii 1
τοῦ ὅτε ἐβαπτίσθη ἡμέρας, τῇ ἕκτῃ γενομένης τῆς κατὰ τὸν
ἐν Κανᾷ τῆς Γαλιλαίας γάμον οἰκονομίας, δῆλον ὅτι οὔτε
πεπείρασται οὔτε ἐν Ναζάροις ἐγένετο οὔτε Ἰωάννης πω 10

cf. Jo ii
12—15
παρεδέδοτο. μετὰ οὖν τὴν Καφαρναούμ, ἔνθα ἔμεινεν οὐ
πολλὰς ἡμέρας, τοῦ πάσχα τῶν Ἰουδαίων ἐγγὺς ὄντος
ἀνέβη εἰς Ἱεροσόλυμα, ὅτε ἐκβάλλει ἐκ τοῦ ἱεροῦ τά τε
πρόβατα καὶ τοὺς βόας, καὶ ἐκχέει τῶν κερματιστῶν τὰ

cf. Jo iii 1
κέρματα. ἔοικε δὲ ἐν τοῖς Ἱεροσολύμοις ὁ τῶν Φαρισαίων 15
ἄρχων Νικόδημος νυκτὸς πρὸς αὐτὸν ἀρχὴν ἐληλυθέναι, καὶ

Jo iii 22 ff.
ἀκηκοέναι ταῦτα ἃ ἔξεστιν ἐκ τοῦ εὐαγγελίου λαβεῖν. Μετὰ
δὲ ταῦτα ἦλθεν ὁ Ἰησοῦς καὶ οἱ μαθηταὶ αὐτοῦ εἰς τὴν
Ἰουδαίαν γῆν, καὶ ἐκεῖ διέτριβε μετ᾽ αὐτῶν καὶ ἐβάπτιζε·
καθ᾽ ὃν καιρὸν ἦν καὶ Ἰωάννης βαπτίζων ἐν Αἰνὼν ἐγγὺς 20
τοῦ Σαλείμ, ὅτι ὕδατα πολλὰ ἦν ἐκεῖ, καὶ παρεγίνοντο καὶ
ἐβαπτίζοντο· οὔπω γὰρ ἦν βεβλημένος εἰς τὴν φυλακὴν ὁ

cf. Jo iii 25
Ἰωάννης· ὅτε καὶ ἐγένετο ζήτησις ἐκ τῶν μαθητῶν Ἰωάννου
μετὰ Ἰουδαίων περὶ καθαρισμοῦ, καὶ ἦλθον πρὸς τὸν

Jo iii 26
Ἰωάννην, λέγοντες περὶ τοῦ σωτῆρος τό· Ἴδε οὗτος βαπτίζει 25
καὶ πάντες ἔρχονται πρὸς αὐτόν. ἀκηκόασιν ἀπὸ τοῦ
βαπτιστοῦ λόγους οὓς ἔστιν ἀπ᾽ αὐτῆς τῆς γραφῆς ἀκρι-
βέστερον λαβεῖν. εἰ δὲ πυνθανομένοις ἡμῖν περὶ τοῦ πότε 163
γέγονε πρῶτον ἐν τῇ Καφαρναοὺμ ὁ χριστός, τῇ λέξει
Ματθαίου καὶ τῶν λοιπῶν δύο ἀκολουθοῦντες φήσουσι μετὰ 30

Mt iv 13;
cf. Mc i 13 ff.
Lc iv 13 ff.
τὸν πειρασμόν, ὅτε καταλείπων τὴν Ναζαρὲθ ἐλθὼν κατῴ-
κησεν εἰς Καφαρναοὺμ τὴν παραθαλασσίαν, πῶς ἅμα ἀληθῆ

6 πότε] τότε   9 οὔτε] ὅτε   16 ἀρχῶν
21 Σαλείμ] ἀλίμ   24 ἦλθεν

εἶναι ἐροῦσι τό τε παρὰ τῷ Ματθαίῳ καὶ Μάρκῳ εἰρημένον,
ὡς διὰ τὸ ἀκηκοέναι αὐτὸν περὶ τοῦ Ἰωάννου παραδοθέντος　cf. Mt iv 12
εἰς τὴν Γαλιλαίαν ἀναχωρήσαντος, καὶ τὸ παρὰ τῷ Ἰωάννῃ
μετὰ καὶ ἄλλας οἰκονομίας πρὸς τῇ ἐν Καφαρναοὺμ μονῇ　cf. Jo ii 12 f
5 κείμενον, καὶ τὴν Ἱεροσόλυμα ἄνοδον, τήν τε εἰς τὴν　iii 23 f.
Ἰουδαίαν ἐκεῖθεν κάθοδον, ὅτι οὔπω βεβλημένος ἦν εἰς
φυλακὴν ὁ Ἰωάννης, ἀλλ' ἐβάπτιζεν ἐν Αἰνὼν ἐγγὺς τοῦ
Σαλείμ; καὶ ἐπὶ ἄλλων δὲ πλειόνων εἴ τις ἐπιμελῶς ἐξε-
τάζοι τὰ εὐαγγέλια περὶ τῆς κατὰ τὴν ἱστορίαν ἀσυμφωνίας,
10 ἥντινα καθ' ἕκαστον πειρασόμεθα κατὰ τὸ δυνατὸν παρα-
στῆσαι, σκοτοδεινιάσας ἤτοι ἀποστήσεται τοῦ κυροῦν ὡς
ἀληθῶς τὰ εὐαγγέλια, καὶ ἀποκληρωτικῶς ἑνὶ αὐτῶν προσ-
θήσεται, μὴ τολμῶν πάντη ἀθετεῖν τὴν περὶ τοῦ κυρίου
ἡμῶν πίστιν, ἢ προσιέμενος τὰ τέσσαρα εἶναι ἀληθὲς αὐτῶν
15 οὐκ ἐν τοῖς σωματικοῖς χαρακτῆρσιν.

4. (3) Ὑπὲρ δὲ τοῦ ποσὴν ἐπίνοιαν τοῦ βουλήματος
τῶν εὐαγγελίων περὶ τῶν τοιούτων λαβεῖν, καὶ τοῦτο ἡμῖν
λεκτέον. ἔστω τισὶ προκείμενον βλέπουσι τῷ πνεύματι τὸν
θεὸν καὶ τοὺς τούτου πρὸς τοὺς ἁγίους λόγους, τήν τε
20 παρουσίαν, ἣν πάρεστιν αὐτοῖς ἐξαιρέτοις καιροῖς τῆς προ-
κοπῆς αὐτῶν ἐπιφαινόμενος, πλέοσιν οὖσι τὸν ἀριθμὸν καὶ
ἐν διαφόροις τόποις, οὐχ ὁμοειδεῖς τε πάντη εὐεργεσίας
εὐεργετουμένοις, ἑκάστῳ ἰδίᾳ ἀπαγγεῖλαι ἃ βλέπει τῷ
πνεύματι περὶ τοῦ θεοῦ καὶ τῶν λόγων αὐτοῦ, τῶν τε πρὸς
25 τοὺς ἁγίους ἐμφανειῶν, ὥστε τόνδε μὲν περὶ τῶνδε τῷδε τῷ
δικαίῳ κατὰ τόνδε τὸν τόπον λεγομένων ὑπὸ θεοῦ καὶ
πραττομένων ἀπαγγέλλειν, τόνδε δὲ περὶ τῶν ἑτέρῳ χρη-
σμῳδουμένων καὶ ἐπιτελουμένων, καὶ ἄλλον περί τινος
τρίτου παρὰ τοὺς προειρημένους δύο θέλειν ἡμᾶς διδάσκειν·
30 ἔστω δέ τις καὶ τέταρτος τὸ ἀνάλογον τοῖς τρισὶ περί τινος
ποιῶν. συμφερέσθωσαν δὲ οἱ τέσσαρες οὗτοι περί τινων
ὑπὸ τοῦ πνεύματος αὐτοῖς ὑποβαλλομένων ἀλλήλοις, καὶ

12 ἑνὶ] ἐν　　17 τοιούτων] bis　　21 αὐτῶν] αὐτὴν
30 ἔστω] ἔστιν

περὶ ἑτέρων ἐν ὀλίγῳ παραγγελλέτωσαν, ὥστε εἶναι τοι-
αύτας αὐτῶν τὰς διηγήσεις· ὤφθη ὁ θεὸς τῷδε κατὰ τόνδε
τὸν καιρὸν ἐν τῷδε τῷ τόπῳ, καὶ τάδε αὐτῷ πεποίηκεν·
οὕτως εἰ αὐτῷ ἐπιφαινόμενος τοιῷδε τῷ σχήματι, καὶ ἐχει- 164
ραγώγησε τόνδε τὸν τόπον, ἔνθα πεποίηκε τάδε. ὁ δεύτερος 5
κατὰ τὸν αὐτὸν τοῖς εἰρημένοις γεγονέναι παρὰ τῷ προτέρῳ
χρόνον ἔν τινι πόλει ἀπαγγελλέτω τὸν θεὸν ὦφθαι, ᾧ καὶ
αὐτὸς νοεῖ, τινὶ δευτέρῳ ὄντι ἐν πολὺ ἀπεσχοινισμένῳ τόπῳ
παρὰ τὸν τόπον τὸν τοῦ προτέρου, καὶ ἑτέρους λόγους
ἀναγραφέτω κατὰ τὸν αὐτὸν καιρὸν εἰρῆσθαι ᾧ κατὰ τὴν 10
ὑπόθεσιν εἰλήφαμεν δευτέρῳ. τὰ δὲ παραπλήσια περὶ τοῦ
τρίτου καὶ τοῦ τετάρτου νοητέον. συμφερέσθωσαν δὲ, ὡς
προειρήκαμεν, οὗτοι τὰ ἀληθῆ ἀπαγγέλλοντες περὶ τοῦ θεοῦ
καὶ τῶν πρός τινας εὐεργεσιῶν αὐτοῦ ἀλλήλοις ἐπί τινων
ἀπαγγελλομένων ὑπ' αὐτῶν διηγήσεων. δόξει τοίνυν τῷ 15
ἱστορίαν εἶναι νομίζοντι τὴν τούτων γραφὴν, ἢ διὰ εἰκόνος
ἱστορικῆς προσθετὰ ὄντα παραστῆσαι πράγματα, καὶ τὸν
θεὸν ὑπολαμβάνοντι κατὰ περιγραφὴν εἶναι ἐν τόπῳ, μὴ
δυνάμενον τῷ αὐτῷ πλείονας ἑαυτοῦ ἐμποιῆσαι φαντασίας
πλείοσιν ἐν πλείοσι τόποις καὶ πλείονα ἅμα λέγειν, ἀδύνα- 20
τον εἶναι ἀληθεύειν οὓς ὑπεθέμην τέσσαρας, τῷ ἀδύνατον
εἶναι ἐν τῷδέ τινι τῷ τεταγμένῳ καιρῷ τὸν θεὸν εἶναι, ἅτε
καὶ κατὰ περιγραφὴν αὐτὸν νενοημένον ἐν τόπῳ εἶναι, καὶ
τῷδε καὶ τῷδε λέγειν τάδε καὶ τάδε, καὶ ποιεῖν τάδε καὶ τὰ
τούτοις ἐναντία, καὶ, φέρε εἰπεῖν, καθεζόμενον ἅμα καὶ 25
ἑστῶτα εἶναι, εἰ ὁ μὲν τῷδε τῷ καιρῷ λέγων αὐτὸν ἑστῶτα
τάδε τινὰ εἰρηκέναι ἢ πεποιηκέναι ἐν τῷδε τῷ τόπῳ, ὁ δὲ
καθεζόμενον.

5. (4) Ὥσπερ οὖν ἐπὶ τούτων, ὧν ὑπεθέμην, ἐκληφθεὶς
ὁ νοῦς τῶν ἱστορικῶν, χαρακτῆρι βουληθέντων ἡμᾶς διδάξαι 30
τὰ ὑπὸ τοῦ νοῦ αὐτῶν τεθεωρημένα, οὐδεμίαν ἂν εὑρεθείη
ἔχων διαφωνίαν, εἰ οἱ τέσσαρες εἶεν σοφοί· οὕτω νοητέον

16 ἱστορία   ἢ διὰ] ἴδια   17 προσθετὰ] προσθοιτ˙˙
21 δυνατὸν

καὶ ἐπὶ τῶν τεσσάρων ἔχειν εὐαγγελιστῶν, καταχρησαμένων
μὲν πολλοῖς τῶν κατὰ τὸ τεράστιον καὶ παραδοξότατον τῆς
δυνάμεως Ἰησοῦ πεπραγμένοις καὶ εἰρημένοις, ἔσθ᾽ ὅπου καὶ
προσυφανάντων τῇ γραφῇ μετὰ λέξεως ὡς περὶ αἰσθητῶν
5 τὸ καθαρῶς νοητῶς αὐτοῖς τετρανωμένον. οὐ καταγινώσκω
δέ που καὶ τὸ ὡς κατὰ τὴν ἱστορίαν ἑτέρως γενόμενον πρὸς
τὸ χρήσιμον τούτων μυστικοῦ σκοποῦ μετατιθέναι πως
65 αὐτούς, ὥστε εἰπεῖν τὸ ἐν τόπῳ γενόμενον ὡς ἐν ἑτέρῳ, ἢ τὸ
ἐν τῷδε τῷ καιρῷ ὡς ἐν ἄλλῳ, καὶ τὸ οὑτωσὶ ἀπαγγελλό-
10 μενον μετά τινος παραλλαγῆς αὐτοὺς πεποιηκέναι. προέ-
κειτο γὰρ αὐτοῖς ὅπου μὲν ἐνεχώρει ἀληθεύειν πνευματικῶς
ἅμα καὶ σωματικῶς, ὅπου δὲ μὴ ἐνεδέχετο ἀμφοτέρως,
προκρίνειν τὸ πνευματικὸν τοῦ σωματικοῦ, σωζομένου
πολλάκις τοῦ ἀληθοῦς πνευματικοῦ ἐν τῷ σωματικῷ, ὡς
15 ἂν εἴποι τις, ψεύδει· ὡς εἰ καὶ ἀπὸ τῆς ἱστορίας λέγοιμεν
ὅτι ὁ Ἰακὼβ φάσκων τῷ Ἰσαάκ· Ἐγὼ Ἡσαῦ ὁ πρωτότοκός   Ge xxvii 19
σου υἱός· κατὰ μὲν τὸ πνευματικὸν ἠλήθευε, μεταλαβὼν
τῶν πρωτοτοκίων ἤδη ἐν τῷ ἀδελφῷ παραπολλυμένων, καὶ   cf. Ge xxv
διὰ τῆς στολῆς τῶν τε ἐριφίων δερμάτων τὸν ἔξωθεν χα-   31; xxvii 16
20 ρακτῆρα τοῦ Ἡσαῦ ἀναλαβών, καὶ γενόμενος χωρὶς τῆς
αἰνούσης τὸν θεὸν φωνῆς Ἡσαῦ, ἵνα χώραν λάβῃ πρὸς τὸ
εὐλογηθῆναι ὕστερον ὁ Ἡσαῦ. τάχα γὰρ εἰ μὴ ηὐλόγητο
Ἰακὼβ ὡς Ἡσαῦ, οὐκ ἂν οὐδὲ Ἡσαῦ καθ᾽ ἑαυτὸν δέξασθαι
τὴν εὐλογίαν οἷός τε ἦν. καὶ ὁ Ἰησοῦς τοίνυν πολλά ἐστι
25 ταῖς ἐπινοίαις, ὧν ἐπινοιῶν εἰκὸς τοὺς εὐαγγελιστὰς δια-
φόρους ἐννοίας λαμβάνοντας, ἔσθ᾽ ὅτε καὶ συμφερομένους
ἀλλήλοις περί τινων ἀναγεγραφέναι τὰ εὐαγγέλια· οἷον
ἀληθὲς εἰπεῖν τὰ ὡς πρὸς τὴν λέξιν ἀντικείμενα περὶ τοῦ
κυρίου ἡμῶν, ὅτι γέγονεν ἐκ Δαβίδ, καὶ οὐ γέγονεν ἐκ
30 Δαβίδ. ἀληθὲς μὲν γὰρ τὸ Γέγονεν ἐκ Δαβίδ, ὡς καὶ ὁ
ἀπόστολός φησι· Τοῦ γενομένου ἐκ σπέρματος Δαβὶδ κατὰ   Ro i 3

1 καταχρησάμενον   2 περιδοξότατον   5 τετρανωμένων
9 ἐν ἄλλῳ] σεν ἀλλω   10 πεπονηκέναι   27 ἀλλήλοις] ἄλλους
29 κυρίου] ιϲ

σάρκα, εἰ τὸ σωματικὸν αὐτοῦ ἐκλάβοιμεν· ψευδὲς δὲ αὐτὸ
τοῦτο, εἰ ἐπὶ τῆς θειοτέρας δυνάμεως ἀκούοιμεν τὸ γεγονέναι
αὐτὸν ἐκ σπέρματος Δαβίδ· ὡρίσθη γὰρ υἱὸς θεοῦ ἐν
δυνάμει.

6. Καὶ τάχα διὰ τοῦτο αἱ ἅγιαι προφητεῖαι ὅπου μὲν 5
δοῦλον ὅπου δὲ υἱὸν αὐτὸν ἀναγορεύουσι· δοῦλον μὲν διὰ
τὴν δούλου μορφὴν καὶ τὸν ἐκ σπέρματος Δαβίδ, υἱὸν δὲ
κατὰ τὴν πρωτότοκον αὐτοῦ δύναμιν. οὕτως αὐτὸν ἀληθὲς
εἰπεῖν ἄνθρωπον καὶ οὐκ ἄνθρωπον· ἄνθρωπον μὲν κατὰ τὸ
θανάτου δεκτικόν, οὐκ ἄνθρωπον δὲ κατὰ τὸ ἀνθρώπου 10
θειότερον. ἐγὼ δ᾽ οἶμαι καὶ τὸν Μαρκίωνα παρεκδεξάμενον
ὑγιεῖς λόγους, ἀθετοῦντα αὐτοῦ τὴν ἐκ Μαρίας γένεσιν κατὰ
τὴν θείαν αὐτοῦ φύσιν, ἀποφήνασθαι ὡς ἄρα οὐκ ἐγεννήθη
ἐκ Μαρίας, καὶ διὰ τοῦτο τετολμηκέναι περιγράψαι τούτους
τοὺς τόπους ἀπὸ τοῦ εὐαγγελίου· ᾧ παραπλήσιον πεπον- 15
θέναι φαίνονται οἱ ἀναιροῦντες αὐτοῦ τὴν ἀνθρωπότητα, καὶ
μόνην αὐτοῦ τὴν θεότητα παραδεξάμενοι, οἵ τε τούτοις 166
ἐναντίοι καὶ τὴν θεότητα αὐτοῦ περιγράψαντες, τὸν δὲ
ἄνθρωπον ὡς ἅγιον καὶ δικαιότατον πάντων ἀνθρώπων
ὁμολογήσαντες. καὶ οἱ τὴν δόκησιν δὲ εἰσάγοντες, τὸν 20
ταπεινώσαντα αὐτὸν μέχρι θανάτου καὶ ὑπήκοον γενόμενον
μέχρι σταυροῦ μὴ νοήσαντες, μόνον δὲ τὸ ἀπαθὲς καὶ τὸ
κρεῖττον παντὸς τοιούτου συμπτώματος φαντασθέντες, ἀπο-
στερεῖν ἡμᾶς τὸ ὅσον ἐφ᾽ ἑαυτοῖς θέλουσι τοῦ πάντων
ἀνθρώπων δικαιοτάτου ἀνθρώπου, οὐ δυναμένους δι᾽ ἐκείνου 25
σώζεσθαι. ὡς γὰρ δι᾽ ἑνὸς ἀνθρώπου ὁ θάνατος, οὕτως καὶ
δι᾽ ἑνὸς ἀνθρώπου ἡ τῆς ζωῆς δικαίωσις· οὐκ ἂν χωρὶς τοῦ
ἀνθρώπου χωρησάντων ἡμῶν τὴν ἀπὸ τοῦ λόγου ὠφέλειαν,
μένοντος ὁποῖος ἦν τὴν ἀρχὴν πρὸς τὸν πατέρα θεόν, καὶ μὴ
ἀναλαβόντος ἄνθρωπον, τὸν πάντων πρῶτον καὶ πάντων 30
τιμιώτερον καὶ πάντων μᾶλλον καθαρώτερον αὐτὸν χωρῆσαι
δυνάμενον· μεθ᾽ ὃν καὶ ἡμεῖς δέξασθαι οἷοί τε αὐτὸν ἐσόμεθα,
ἕκαστος τοσοῦτον καὶ τοιοῦτον, ὁποῖος ἦν, αὐτῷ ποιοῦμεν

cf. Ro i 4

cf. Phil ii 7

cf. Phil ii 8

cf. Ro v 12, 18

Jo i 1

80 ἀναλαβόντα

καὶ πηλίκην χώραν ἐν τῇ ψυχῇ ἡμῶν.   ταῦτα δέ μοι πάντα
εἴρηται τὰς ἐμφαινομένας διαφωνίας τῶν εὐαγγελίων παρα-
στῆσαι θέλοντι ὁδῷ τῆς πνευματικῆς ἐκδοχῆς.

7. (5) Εἰς δὲ τὸν αὐτὸν τόπον καὶ τοιούτῳ παραδεί-
γματι χρηστέον, ὅτι Παῦλος ὁ μὲν σαρκικὸς πεπρᾶσθαι   Ro vii 14
λέγει ὑπὸ τὴν ἁμαρτίαν, καὶ οὐδὲν ἀνακρίνειν οἷός τε ἦν, ὁ   1 Co ii 15
δὲ πνευματικὸς ἀνέκρινε πάντα, καὶ ὑπ' οὐδενὸς ἀνεκρίνετο.
καὶ τοῦ μὲν σαρκικοῦ εἰσι φωναί· Οὐ γὰρ ὃ θέλω τοῦτο   Ro vii 15
πράσσω, ἀλλ' ὃ μισῶ τοῦτο ποιῶ· τοῦ δὲ πνευματικοῦ· ὃ
10 θέλω πράσσω, καὶ ὃ μισῶ οὐ ποιῶ.   ἀλλὰ καὶ ὁ ἁρπαγεὶς   2 Co xii 4 f.
ἕως τρίτου οὐρανοῦ καὶ ἀκούσας ἄρρητα ῥήματα ἕτερος ἦν
παρὰ τὸν λέγοντα· Περὶ τοῦ τοιούτου καυχήσωμαι, ὑπὲρ
δὲ ἐμαυτοῦ οὐ καυχήσομαι.   εἰ δὲ καὶ τοῖς Ἰουδαίοις ὡς   1 Co ix 20 ff.
Ἰουδαῖος γίνεται, ἵνα Ἰουδαίους κερδήσῃ, καὶ τοῖς ὑπὸ
15 νόμον ὡς ὑπὸ νόμον, ἵνα τοὺς ὑπὸ νόμον κερδήσῃ, τοῖς τε
ἀνόμοις ὡς ἄνομος, μὴ ὢν ἄνομος θεοῦ ἀλλ' ἔννομος
Χριστοῦ, ἵνα κερδήσῃ τοὺς ἀνόμους, καὶ τοῖς ἀσθενέσιν
ἀσθενής, ἵνα τοὺς ἀσθενεῖς κερδήσῃ, δῆλον ὅτι ἐξεταστέον
αὐτοῦ τοὺς λόγους, ἰδίᾳ μὲν ὡς Ἰουδαῖος, ἰδίᾳ δὲ ὅτε ἐστὶν
20 ὡς ὑπὸ νόμον, καὶ ἄλλοτε ὅτε ἐστὶν ὡς ἄνομος, ἔσθ' ὅτε δὲ
ὅτε γίνεται ἀσθενής.   οἷον ἃ λέγει κατὰ συγγνώμην, οὐ   1 Co vii 6
167 κατ' ἐπιταγήν, ἀσθενὴς ὢν λέγει· Τίς γάρ, φησίν, ἀσθενεῖ   2 Co xi 29
καὶ οὐκ ἀσθενῶ; ὅτε δὲ ξύρεται καὶ προσφορὰν προσφέρει,   cf. Act xxi
                                                      24 ff.
ἢ τὸν Τιμόθεον περιτέμνει, Ἰουδαῖος γίνεται· ὅτε δὲ Ἀθη-   Act xvi 3
25 ναίοις φησίν· Εὗρον βωμὸν ἐν ᾧ ἐγέγραπτο Ἀγνώστῳ θεῷ·   Act xvii 23
ὃ οὖν ἀγνοοῦντες εὐσεβεῖτε, τοῦτο ἐγὼ καταγγέλλω ὑμῖν·
καὶ τό· Ὡς καί τινες τῶν καθ' ὑμᾶς ποιητῶν εἰρήκασι Τοῦ
γὰρ καὶ γένος ἐσμέν· τοῖς ἀνόμοις ὡς ἄνομος γίνεται, εὐσέ-
βειαν μαρτυρῶν τοῖς ἀσεβεστάτοις καὶ τῷ εἰπόντι Ἐκ Διὸς   cf. Arati
                                                       Phaen 5
30 ἀρχώμεθα· τοῦ γὰρ καὶ γένος ἐσμέν· καταχρησάμενος πρὸς ὃ
ἐβούλετο.   τάχα δ' ἔσθ' ὅπου τοῖς μὴ Ἰουδαίοις, ὑπὸ νόμον
δὲ, ὑπὸ νόμον γίνεται.

2 τῆς ἐμφαινομένης   6 ἦν] η   7 ἀνέκρινε] ἀνακρίνειν
ἀνεκρίνετο   15 ἵνα—νόμον] om.   19 ὡς] τοὺς   Ἰουδαίους

8. (6) Ταῦτα δὲ οὐ μόνον εἰς τὰ περὶ τοῦ σωτῆρος χρήσιμα ἡμῖν ἐστι τὰ παραδείγματα, ἀλλὰ καὶ εἰς τὰ περὶ τῶν μαθητῶν, περὶ ὧν καὶ αὐτῶν ἐστί τις κατὰ τὸ ῥητὸν διαφωνία. τάχα γὰρ τῇ ἐπινοίᾳ εὑρισκόμενος ὑπὸ τοῦ ἰδίου

Jo i 41 f.

ἀδελφοῦ Σίμων Ἀνδρέου καὶ ἀκούων· Σὺ κληθήσῃ Κηφᾶς· 5 ἕτερός ἐστι παρὰ τὸν ὁρώμενον ἅμα τῷ ἀδελφῷ ὑπὸ τοῦ περιπατοῦντος παρὰ τὴν θάλασσαν τῆς Γαλιλαίας Ἰησοῦ,

Mt iv 18 f.;
cf. Mc i 16 f.

καὶ ἀκούοντα ἅμα ἐκείνῳ τῷ Ἀνδρέᾳ· Δεῦτε ὀπίσω μου καὶ ποιήσω ὑμᾶς ἁλιεῖς ἀνθρώπων. ἔπρεπε γὰρ τῷ λογικώτερον

cf. Jo i 14

ἀπαγγέλλοντι περὶ τοῦ γενομένου σαρκὸς λόγου, καὶ τὴν 10

cf. Jo i 2

γένεσιν διὰ τοῦτο μὴ ἀναγράψαντι τοῦ ἐν ἀρχῇ πρὸς τὸν θεὸν λόγου, μηδὲ τὸν παρὰ τῇ θαλάσσῃ εὑρημένον καὶ ἐκεῖθεν καλούμενον εἰπεῖν, ἀλλὰ τὸν εὑρισκόμενον ὑπὸ τοῦ ἀδελφοῦ, μείναντος παρὰ τῷ Ἰησοῦ τῇ δεκάτῃ ὥρᾳ, καὶ διὰ τὸ οὕτως εὑρίσκεσθαι εὐθέως λαμβάνοντα τὸ Κηφᾶς. ὁ 15 γὰρ ὁρώμενος ὑπὸ τοῦ περιπατοῦντος παρὰ τὴν θάλασσαν

Mt xvi 18

τῆς Γαλιλαίας μόλις ποτὲ καὶ ὕστερον λαμβάνει τό· Σὺ εἶ Πέτρος, καὶ ἐπὶ ταύτῃ τῇ πέτρᾳ οἰκοδομήσω μου τὴν ἐκκλησίαν. καὶ ὁ μὲν παρὰ τῷ Ἰωάννῃ Ἰησοῦς γινώσκεται παρὰ τοῖς Φαρισαίοις βαπτίζων, ἐν τοῖς μαθηταῖς αὐτοῦ 20 βαπτίζων, μετὰ καὶ τῶν ἄλλων ἐξαιρέτων καὶ τοῦτο ποιῶν· ὁ δὲ παρὰ τοῖς γ΄ Ἰησοῦς οὐδαμῶς βαπτίζει. ἔτι δὲ καὶ ὁ βαπτιστὴς Ἰωάννης μέχρι πολλοῦ παρὰ τῷ ὁμωνύμῳ εὐ- αγγελιστῇ διαρκεῖ μὴ βεβλημένος εἰς φυλακήν. ὁ δὲ παρὰ τῷ Ματθαίῳ σχεδὸν Ἰησοῦ πειραζομένου εἰς τὴν φυλακὴν 25 παραδίδοται· δι᾽ ὃν καὶ ἀναχωρεῖ ὁ Ἰησοῦς εἰς τὴν Γαλιλαίαν, περιϊστάμενος τὸ γενέσθαι ἐν τῇ φυλακῇ. ἀλλ᾽ 168 οὐδὲ εὑρίσκεται ἐν τῷ Ἰωάννῃ ὁ βαπτιστὴς παραδιδόμενος εἰς φυλακήν. τίς δ᾽ οὕτως σοφὸς καὶ ἐπὶ τοσοῦτον ἱκανὸς ὡς πάντα τὸν Ἰησοῦν ἀπὸ τῶν δ΄ εὐαγγελιστῶν μαθεῖν, καὶ 30 ἕκαστον ἰδίᾳ χωρῆσαι νοῆσαι, καὶ πάσας αὐτοῦ τὰς καθ᾽

9 τῷ] τῷ θῷ· Forsan legendum θεολογικώτερον

ἕκαστον τόπον ἰδεῖν ἐπιδημίας καὶ λόγους καὶ ἔργα; κατὰ
μέντοι γε τὸν προκείμενον τόπον ἀκολουθῶς νομίζομεν τῇ
ἕκτῃ ἡμέρᾳ τὸν σωτῆρα, ὅτε γεγένηται ἡ κατὰ τὸν γάμον
οἰκονομία ἐν Κανᾷ τῆς Γαλιλαίας, καταβεβηκέναι ἅμα τῇ   cf. Jo ii 12
5 μητρὶ καὶ τοῖς ἀδελφοῖς καὶ τοῖς μαθηταῖς εἰς τὴν Καφαρ-
ναοὺμ, ὅπερ ἑρμηνεύεται ἀγρὸς παρακλήσεως. ἐχρῆν γὰρ
μετὰ τὴν ἐν τῷ οἴνῳ εὐωχίαν καὶ εἰς τὸν τῆς παρακλήσεως
ἀγρὸν ἅμα τῇ μητρὶ καὶ τοῖς μαθηταῖς ἐληλυθέναι τὸν
σωτῆρα, παρακαλέσοντα ἐπὶ τοῖς ἐν τῷ πλήρει ἀγρῷ ἐσο-
10 μένοις καρποῖς τοὺς μαθητευομένους καὶ τὴν συνειληφυῖαν
αὐτὸν ψυχὴν ἐκ τοῦ ἁγίου πνεύματος, ἢ τοὺς ἐκεῖ ὠφελη-
μένους.

9. (7) Ζητητέον μέντοι γε διὰ τί εἰς μὲν τὸν γάμον
οὐ καλοῦνται οἱ ἀδελφοὶ αὐτοῦ· ἀλλ' οὐδὲ ἦσαν ἐκεῖ, οὐ
15 γὰρ εἴρηται· εἰς δὲ Καφαρναοὺμ καταβαίνουσι μετ' αὐτοῦ
καὶ τῆς μητρὸς αὐτοῦ καὶ τῶν μαθητῶν. ἔτι δὲ ἐξεταστέον
διὰ τί νῦν οὐκ εἰσέρχονται εἰς τὴν Καφαρναοὺμ μηδὲ ἀνα-
βαίνουσιν εἰς αὐτὴν ἀλλὰ καταβαίνουσιν. ὅρα οὖν εἰ
ἐνταῦθα τοὺς ἀδελφοὺς ἀντὶ τῶν συγκαταβεβηκυιῶν αὐτῷ
20 δυνάμεων ἐκληπτέον, οὐ καλουμένων εἰς τὸν γάμον καθ' ἃς
εἴπαμεν διηγήσεις, κατωτέρω δὲ ἐν ὑποδεεστέροις τῶν χρη-
ματιζόντων μαθητῶν τοῦ χριστοῦ καὶ ἀλλοειδῶς ὠφελη-
μένων· ὅτι εἰ καλεῖται μήτηρ αὐτοῦ, εἰσί τινες καρποφο-
ροῦντες, πρὸς οὓς αὐτός τε καταβαίνει ὁ κύριος σὺν τοῖς
25 ὑπηρέταις τοῦ λόγου καὶ μαθηταῖς, τοὺς τοιούτους ὠφελῶν,
καὶ τῆς μητρὸς αὐτῷ συμπαρούσης. ἐοίκασί γε οἱ κα-
λούμενοι Καφαρναοὺμ μὴ χωρεῖν τὴν ἐπιπλεῖον διατριβὴν
παρ' αὐτοῖς τοῦ Ἰησοῦ καὶ τῶν συγκαταβαινόντων αὐτῷ·
ὅθεν μένουσι μὲν παρ' αὐτοῖς, οὐ μὴν πολλὰς ἡμέρας· τὸν
30 γὰρ περὶ τῶν πλειόνων δογμάτων φωτισμὸν ὁ τῆς κατωτέρω
παρακλήσεως ἀγρὸς οὐ χωρεῖ, ὀλιγωτέρων τυγχάνων δεκ-
τικός. παραθετέον δὲ πρὸς τὸ θεωρῆσαι διαφορὰς τῶν

1 κατὰ] καὶ a   2 τὸν] bis   9 πλήθει
22 ἀλλοειδῶς] ἄλλου εἴδους

Jo ii 12   ἐπιπλεῖον ἢ ἔλαττον δεχομένων τὸν Ἰησοῦν τῷ· Ἐκεῖ ἔμειναν
οὐ πολλὰς ἡμέρας· τὸ ἐν τῷ κατὰ Ματθαῖον τῷ ἀναστάντι 169
ἐκ νεκρῶν μεμαθητευμένοις λεγόμενον καὶ ἀποστελλομένοις
Mt xxviii 20   μαθητεῦσαι πάντα τὰ ἔθνη οὕτως ἔχον· Ἰδοὺ ἐγὼ μεθ' ὑμῶν
εἰμι πάσας τὰς ἡμέρας ἕως τῆς συντελείας τοῦ αἰῶνος.   5
τοῖς μὲν γὰρ πάντα ὅσα ἐνδέχεται φύσιν ἀνθρωπίνην γνῶναι
ἔτι ἐνταῦθα τυγχάνουσαν εἰσομένοις λέγεται δεικτικῶς τό·
Ἰδοὺ ἐγὼ μεθ' ὑμῶν εἰμι· καὶ περὶ πάσης τῆς ἐν τοῖς
θεωρησομένοις ἀνατολῆς ἡμέρας πλείονας ποιούσης τοῖς
μακαριωτάτοις τό· Πάσας τὰς ἡμέρας ἕως τῆς συντελείας   10
τοῦ αἰῶνος· περὶ δὲ τῶν ἐν Καφαρναούμ, πρὸς οὓς ὡς
ὑποδεεστέρους καταβαίνουσιν οὐ μόνον ὁ Ἰησοῦς ἀλλὰ καὶ
ἡ μήτηρ αὐτοῦ καὶ οἱ ἀδελφοὶ αὐτοῦ καὶ οἱ μαθηταί· Ἐκεῖ
ἔμειναν οὐ πολλὰς ἡμέρας.

  10. (8) Εἰκὸς δὲ οὐκ ἀλόγως ζητήσειν τινὰς εἰ μετὰ   15
πάσας τὰς ἡμέρας τούτου τοῦ αἰῶνος οὐκέτι ἔσται ὁ εἰπών·
Ἰδοὺ ἐγὼ μεθ' ὑμῶν· μετὰ τῶν χωρησάντων αὐτὸν ἕως τῆς
συντελείας τοῦ αἰῶνος· τὸ γὰρ ἕως οἱονεὶ περιγραφήν τινα
δηλοῖ χρόνου. λεκτέον δὲ καὶ πρὸς τοῦτο ὅτι οὐ ταὐτόν
ἐστι τὸ Μεθ' ὑμῶν εἰμι τῷ Ἐν ὑμῖν εἰμι. τάχα οὖν κυρι-   20
ώτερον λέγοιμεν οὐκ ἐν τοῖς μαθητευομένοις εἶναι τὸν
σωτῆρα, ἀλλὰ μετ' αὐτῶν ὅσον τῷ νῷ οὐκ ἐφθάκασιν ἐπὶ
cf. Ga vi 14   τὴν τοῦ αἰῶνος συντέλειαν. ἐπὰν δὲ τοῦ κόσμου σταυρω-
θέντος αὐτοῖς τὴν συντέλειαν αὐτοῦ ἐνστᾶσαν τὸ ὅσον ἐπὶ
τῇ αὐτῶν παρασκευῇ θεωρήσωσι, τότε οὐκέτι μετ' αὐτῶν   25
Ga ii 20   ἀλλὰ ἐν αὐτοῖς γενομένου τοῦ Ἰησοῦ ἐροῦσι τό· Οὐκέτι ζῶ
2 Co xiii 3   ἐγώ, ζῇ δὲ ἐν ἐμοὶ Χριστός· καὶ τό· Εἰ δοκιμὴν ζητεῖτε τοῦ
ἐν ἐμοὶ λαλοῦντος χριστοῦ. ταῦτα δὲ λέγομεν τηρουμένης
πως ἰδίᾳ καὶ τῆς παριστάσης ἐκδοχῆς τὸ πάσας τὰς ἡμέρας
λέγεσθαι τὰς ἕως συντελείας τοῦ αἰῶνος κατὰ τὰ ἐφικτὰ τῇ   30
ἀνθρωπίνῃ φύσει καταλαβεῖν ἔτι ἐνταῦθα τυγχανούσῃ. ἔστι
γὰρ καὶ ἐκείνης τῆς ἑρμηνείας τηρουμένης ἐπιστῆσαι τῷ

ἐγώ, ἵνα ὁ μὲν ἕως τῆς συντελείας μετὰ τῶν ἀποστελλο- cf. Mt xxviii
μένων μαθητεύειν πάντα τὰ ἔθνη ᾖ ὁ κενώσας ἑαυτὸν καὶ ²⁰Phil ii 7
τὴν τοῦ δούλου μορφὴν λαβών· ὡσπερεὶ δὲ τούτου ἕτερος
ἐν τῇ καταστάσει ὢν τῇ πρὸ τοῦ κενῶσαι ἑαυτὸν, μετὰ τὴν
5 συντέλειαν τοῦ αἰῶνος γένηται μετὰ τούτων, ἕως ὑπὸ τοῦ cf. He x 13
πατρὸς τεθῶσι πάντες οἱ ἐχθροὶ αὐτοῦ ὑποπόδιον τῶν ποδῶν
αὐτοῦ, μετὰ ταῦτα, ὅτε παραδίδωσιν ὁ υἱὸς τὴν βασιλείαν 1 Co xv 24
70 τῷ θεῷ καὶ πατρί, τοῦ πατρὸς ἐρούντος αὐτοῖς τό· Ἰδοὺ ἐγὼ
μεθ᾽ ὑμῶν εἰμι· πότερον δὲ πάσας ἡμέρας ἕως τοῦδε τοῦ
10 χρόνου, ἢ ἁπλῶς πάσας τὰς ἡμέρας, ἢ οὐδὲ πάσας ἀλλὰ
πᾶσαν, ἐνέστω σκοπεῖν τῷ βουλομένῳ. νῦν γὰρ ἡμᾶς
οὐκ ἀπαιτεῖ τὰ προκείμενα ἐπὶ τοσοῦτον παρεκβῆναι τοῦ
λόγου.

11. (9) Ὁ μέντοι γε Ἡρακλέων τό· Μετὰ τοῦτο κατ-Jo ii 12
15 έβη εἰς Καφαρναοὺμ αὐτός· διηγούμενος ἄλλης πάλιν
οἰκονομίας ἀρχὴν φησι δηλοῦσθαι, οὐκ ἀργῶς τοῦ Κατέβη
εἰρημένου· καί φησι τὴν Καφαρναοὺμ σημαίνειν ταῦτα τὰ
ἔσχατα τοῦ κόσμου, ταῦτα τὰ ὑλικὰ εἰς ἃ κατῆλθε, καὶ διὰ τὸ
ἀνοίκειον, φησὶν, εἶναι τὸν τόπον οὐδὲ πεποιηκώς τι λέγεται
20 ἐν αὐτῇ ἢ λελαληκώς. εἰ μὲν οὖν μηδὲ ἐν τοῖς λοιποῖς
εὐαγγελίοις πεποιηκώς τι ἢ λελαληκὼς ἐν τῇ Καφαρναοὺμ
ὁ κύριος ἡμῶν ἀνεγέγραπτο, τάχα ἂν ἐδιστάξαμεν περὶ τοῦ
παραδέξασθαι αὐτοῦ τὴν ἑρμηνείαν. νυνὶ δὲ ὁ μὲν Ματ- Mt iv 13, 17
θαῖος καταλιπόντα φησὶ τὸν κύριον ἡμῶν τὴν Ναζαρά,
25 ἐλθόντα κατῳκηκέναι εἰς Καφαρναοὺμ τὴν παραθαλασσίαν,
καὶ ἀπὸ τότε ἀρχὴν τοῦ κηρύσσειν πεποιῆσθαι λέγοντα·
Μετανοεῖτε, ἤγγικε γὰρ ἡ βασιλεία τῶν οὐρανῶν. ὁ δὲ Mc i 13 ff.
Μάρκος ἀπὸ τοῦ πρὸς τὸν διάβολον πειρασμοῦ, μετὰ τὸ
παραδοθῆναι τὸν Ἰωάννην ἀπαγγέλλει ἡμῖν εἰς τὴν Γαλι-
30 λαίαν κηρύσσοντα τὸ εὐαγγέλιον τοῦ θεοῦ ἐληλυθέναι τὸν
κύριον· καὶ μετὰ τὴν εἰς ἀποστολὴν ἐκλογὴν τῶν δ᾽ ἁλιέων
εἰσπορεύονται εἰς Καφαρναούμ· καὶ εὐθὺς τοῖς σάββασιν

3 τούτου] τοῦτο   7 τήν] bis   10 ἢ οὐδὲ] τοῦδε   16 κατε
23 περιδέξασθαι

B.   13

ἐδίδασκεν εἰς τὴν συναγωγήν, καὶ ἐξεπλήσσοντο ἐπὶ τῇ
διδαχῇ αὐτοῦ. ἀλλὰ καὶ πρᾶξιν αὐτοῦ ἀναγράφει γεγενη-

Mc i 23 ff. μένην ἐν Καφαρναούμ, εὐθὺς γάρ φησιν· Ἐν τῇ συναγωγῇ
αὐτῶν ἦν ἄνθρωπος ἐν πνεύματι ἀκαθάρτῳ, καὶ ἀνέκραξε
λέγων Ἔα, τί ἡμῖν καὶ σοί, Ἰησοῦ Ναζαρηνέ; ἦλθες 5
ἀπολέσαι ἡμᾶς; οἴδαμέν σε τίς εἶ, ὁ υἱὸς τοῦ θεοῦ. καὶ
ἐπετίμησεν αὐτῷ ὁ Ἰησοῦς λέγων Φιμώθητι καὶ ἔξελθε ἐξ

cf. Mc i 26 f. αὐτοῦ· ὅτε ἐσπάραξεν αὐτὸν τὸ πνεῦμα τὸ ἀκάθαρτον καὶ
φωνῆσαν φωνῇ μεγάλῃ ἐξῆλθεν ἐξ αὐτοῦ· καὶ ἐθαμβήθησαν

cf. Mc i 30 ἅπαντες. καὶ ἡ πενθερὰ Σίμωνος τοῦ πυρετοῦ ἀπαλ- 10
λάσσεται ἐν τῇ Καφαρναούμ. πρὸς τούτοις ὁ Μάρκος

cf. Mc i 32, φησὶν ἑσπέρας γεγενημένης ἐν τῇ Καφαρναούμ τεθερα-
34 πεῦσθαι πάντας τοὺς κακῶς ἔχοντας καὶ δαιμονιζομένους.

Lc iv 31—35 καὶ ὁ Λουκᾶς δὲ τὰ παραπλήσια τῷ Μάρκῳ ἀπαγγέλλει
περὶ τῆς Καφαρναοὺμ λέγων· Καὶ ἦλθεν εἰς Καφαρναούμ, 15
πόλιν τῆς Γαλιλαίας, καὶ ἦν διδάσκων αὐτοὺς ἐν τοῖς
σάββασι, καὶ ἐξεπλήσσοντο ἐπὶ τῇ διδαχῇ αὐτοῦ, ὅτι 171
ἐν ἐξουσίᾳ ἦν ὁ λόγος αὐτοῦ. καὶ ἐν τῇ συναγωγῇ ἦν
ἄνθρωπος ἔχων πνεῦμα δαιμονίου ἀκαθάρτου, καὶ ἀνέκραξε
φωνῇ μεγάλῃ Ἔα, τί ἡμῖν καὶ σοί, Ἰησοῦ Ναζαρηνέ; 20
οἶδά σε τίς εἶ, ὁ ἅγιος τοῦ θεοῦ. καὶ ἐπετίμησεν αὐτῷ ὁ
Ἰησοῦς λέγων Φιμώθητι καὶ ἔξελθε ἀπ᾽ αὐτοῦ. τότε καὶ
ῥῖψαν αὐτὸν τὸ δαιμόνιον εἰς μέσον ἐξῆλθεν ἀπ᾽ αὐτοῦ

Lc iv 38 μηδὲν βλάψαν αὐτόν. καὶ μετ᾽ αὐτὰ ἀπαγγέλλει ὡς Ἀνα-
στὰς ὁ κύριος ἀπὸ τῆς συναγωγῆς εἰσῆλθεν εἰς τὴν οἰκίαν 25

cf. Lc iv 39 Σίμωνος, καὶ ἐπιτιμήσας τῷ ἐν τῇ πενθερᾷ αὐτοῦ πυρετῷ

Lc iv 40 f. ἀπήλλαξεν αὐτὴν τῆς νόσου· μεθ᾽ ἣν θεραπευθεῖσαν Δυντὸς,
φησὶ, τοῦ ἡλίου πάντες ὅσοι εἶχον ἀσθενοῦντας νόσοις
ποικίλαις ἦγον αὐτοὺς πρὸς αὐτόν· ὁ δὲ ἑνὶ ἑκάστῳ αὐτῶν
τὰς χεῖρας ἐπιθεὶς ἐθεράπευεν αὐτούς. ἐξήρχοντο δὲ καὶ 30
δαιμόνια ἀπὸ πολλῶν, κραυγάζοντα καὶ λέγοντα ὅτι Σὺ εἶ
ὁ υἱὸς τοῦ θεοῦ· καὶ ἐπιτιμῶν οὐκ εἴα αὐτὰ λαλεῖν, ὅτι

7 ἔξελθε] ἐξῆλθεν   15 λέγων—Καφαρναούμ] bis   18 ἐξουσι
20 σοὶ] σὺ   26 ἐπετιμήσας   28 ἀσθενοῦντας] ἀσθένιαν

ἤδεισαν Χριστὸν αὐτὸν εἶναι. ταῦτα δὲ πάντα περὶ τῶν ἐν
Καφαρναοὺμ τῷ σωτῆρι εἰρημένων καὶ πεπραγμένων παρε-
στήσαμεν ὑπὲρ τοῦ ἐλέγξαι τὴν Ἡρακλέωνος ἑρμηνείαν
λέγοντος· Διὰ τοῦτο οὐδὲ πεποιηκώς τι λέγεται ἐν αὐτῇ
5 ἢ λελαληκώς. ἢ γὰρ δύο ἐπινοίας διδότω καὶ αὐτὸς τῆς
Καφαρναοὺμ καὶ παριστάτω καὶ πεισάτω ποίας· ἢ τοῦτο
ποιῆσαι μὴ δυνάμενος ἀφιστάσθω τοῦ λέγειν τὸν σωτῆρα
μάτην τινὶ τόπῳ ἐπιδεδημηκέναι. καὶ ἡμεῖς δὲ, θεοῦ διδόν-
τος, γενόμενοι κατὰ τὰ τοιαῦτα χωρία τῆς συναναγνώσεως
10 ὅπου δόξαι ἂν μηδὲν ἠνυκέναι ἐπιδημήσας χωρίοις τισὶ,
πειρασόμεθα τὸ μὴ μάταιον τῆς ἐπιδημίας αὐτοῦ τρανῶσαι.

12. (10) Ἔτι δὲ ὁ Ματθαῖος εἰσελθόντος τοῦ κυρίου
εἰς τὴν Καφαρναοὺμ φησι τὸν ἑκατόνταρχον αὐτῷ προσε-
ληλυθέναι λέγοντα· Ὁ παῖς μου βέβληται ἐν τῇ οἰκίᾳ   Mt viii 6
15 παραλυτικὸς, δεινῶς βασανιζόμενος· καὶ ἀκηκοέναι μεθ'
ἕτερα εἰρημένα τῷ κυρίῳ περὶ αὐτοῦ τό· Ὕπαγε, καὶ ὡς   Mt viii 13
ἐπίστευσας γενηθήτω σοι· καὶ τὰ περὶ τῆς Πέτρου   cf. Mt viii 14
πενθερᾶς συμφώνως τοῖς ἄλλοις δυσὶ καὶ αὐτὸς παρέστησεν.
ἡγοῦμαι δὲ εἶναι φιλότιμον καὶ πρέπον τῷ ἐν Χριστῷ
20 φιλομαθεῖ, συναγαγεῖν ἀπὸ τῶν δ εὐαγγελίων πάντα τὰ
περὶ τῆς Καφαρναοὺμ ἀναγεγραμμένα, καὶ τοὺς ἐν αὐτῇ
λόγους καὶ ἔργα τοῦ κυρίου, καὶ ὁσάκις εἰς αὐτὴν ἐπιδεδή-
72 μηκε, καὶ πότε μὲν λέγεται καταβεβηκέναι εἰς αὐτὴν,
πότε δὲ εἰσεληλυθέναι, καὶ πόθεν. ταῦτα γὰρ ἀλλήλοις
25 συντεθέντα οὐκ ἐάσει ἡμᾶς διαπεσεῖν εἰς τὴν περὶ τῆς
Καφαρναοὺμ ἐκδοχήν. πλὴν εἰ καὶ νοσοῦντες ἐκεῖ θερα-
πεύονται καὶ ἄλλαι δυνάμεις ἐκεῖ γίνονται, τό τε κηρύσσειν·
Ἤγγικεν ἡ βασιλεία τῶν οὐρανῶν· ἐκεῖθεν ἄρχεται, ἔοικεν   Mt iv 17
εἶναι σύμβολον, ὡς κατὰ τὰς ἀρχὰς ὑπεδειξάμεθα, ὑπο-
30 δεεστέρου τινὸς χωρίου παρακλήσεως, τάχα διὰ τὸν Ἰησοῦν
γινομένου, παρακαλέσαντα ἐφ' οἷς ἐδίδαξε καὶ πεποίηκεν
ἐκεῖ, τούτου τόπου χωρίου παρακλήσεως· ἴσμεν γὰρ καὶ

8 τινὶ τῶ   10 τοῦ δοξεᾶν μηδὲν ἂν, ἢν υκέναι   16 παρ'
αὐτοῦ   18 συμφώνοις   32 τούτου] τοῦτο   περικλήσεως

τόπων ὀνόματα ἐπώνυμα τυγχάνοντα τοῖς κατὰ τὸν Ἰησοῦν
πράγμασιν· ὥσπερ τὰ Γέργεσα, ἔνθα παρεκάλεσαν αὐτὸν
μεταβῆναι ἐκ τῶν ὁρίων αὐτῶν οἱ τῶν χοίρων πολῖται,
ἑρμηνεύεται παροικία ἐκβεβληκότων. ἔτι δὲ καὶ τοῦτο περὶ
τῆς Καφαρναοὺμ τετηρήκαμεν, ὅτι οὐ μόνον ἐν αὐτῇ κη- 5
ρύσσειν τό· Ἤγγικεν ἡ βασιλεία τῶν οὐρανῶν· ἤρξατο, ἀλλὰ
κατὰ τοὺς γ΄ εὐαγγελιστὰς τὰς πρώτας δυνάμεις ἐκεῖ πεποί-
ηκεν. οὐδεὶς δὲ τῶν τριῶν ἐφ᾽ οἷς πρῶτον ἀνέγραψε παρα-
δόξοις ἐν τῇ Καφαρναοὺμ γεγενημένοις τὴν τοῦ μαθητοῦ
Ἰωάννου ἐπὶ τῷ πρώτῳ ἔργῳ σημείωσιν πεποίηται λέγοντος· 10
Ταύτην ἀρχὴν τῶν σημείων ἐποίησεν ὁ Ἰησοῦς ἐν Κανᾷ τῆς
Γαλιλαίας. οὐ γὰρ ἦν ἀρχὴ τῶν σημείων τὸ ἐν Καφαρ-
ναούμ, τῷ προηγούμενον μὲν σημείων εἶναι τοῦ υἱοῦ τοῦ
θεοῦ τὴν εὐφροσύνην, διὰ δὲ τὰ τοῖς ἀνθρώποις συμβεβη-
κότα περιστατικόν, οὐχ οὕτως τὴν θεραπείαν ἐπιδεικνυμένου 15
τοῦ λόγου τὸ ἴδιον κάλλος, ἐν τῷ θεραπεύειν τοὺς πεπον-
θότας, ὅσον ἐν τῷ εὐφραίνειν τῷ νηφαλίῳ πόματι τοὺς διὰ
τοῦ ὑγιαίνειν καὶ εὐωχίᾳ σχολάζειν δυναμένους.

13. (11) Καὶ ἐγγὺϲ ἦν τὸ πάϲχα τῶν Ἰουδαίων.
Τὴν τοῦ σοφωτάτου Ἰωάννου ἐξετάζων ἀκρίβειαν κατ᾽ ἐμαυ- 20
τὸν ἐζήτουν τί βούλεται αὐτῷ ἡ προσθήκη Τῶν Ἰουδαίων.
ποίου γὰρ ἄλλου ἔθνους ἐστὶν ἑορτὴ τὸ πάσχα; διόπερ
αὔταρκες ἦν εἰπεῖν Καὶ ἦν ἐγγὺς τὸ πάσχα. μήποτε δέ,
ἐπεὶ τὸ μέν τί ἐστι πάσχα ἀνθρώπινον, τῶν μὴ κατὰ
βούλησιν τῆς γραφῆς ἐπιτελούντων αὐτό, τὸ δέ τι θεῖον, 25
τὸ ἀληθὲς πνεύματι καὶ ἀληθείᾳ ἐνεργούμενον ὑπὸ τῶν
πνεύματι καὶ ἀληθείᾳ προσκυνούντων τὸν θεόν, ἀντιδιέ-
σταλται πρὸς τὸ θεῖον τὸ λεγόμενον τῶν Ἰουδαίων. ἀκού-
σωμεν γοῦν τοῦ κυρίου νομοθετοῦντος τὸ πάσχα, τί φησιν
ὅτε καὶ πρῶτον ὠνόμασται ἐν τῇ γραφῇ· Καὶ εἶπε κύριος 30
πρὸς Μωϋσῆν καὶ Ἀαρὼν ἐν γῇ Αἰγύπτου λέγων Ὁ μὴν
οὗτος ὑμῖν ἀρχὴ μηνῶν, πρῶτός ἐστιν ὑμῖν ἐν τοῖς μησὶ τοῦ

Marginal references:
- cf. Mt viii 34
- Mt iv 17
- Jo ii 11
- Jo ii 13
- cf. Jo iv 24
- Ex xii 1 f.

23 ἦν εἰπεῖν] ἴ εἶπεν   27 πνεύματι] πνα   ἀντιδιεστάλθαι

ἐνιαυτοῦ. λάλησον πρὸς πᾶσαν συναγωγὴν υἱῶν Ἰσραὴλ   Ex xii 3

173 λέγων Τῇ δεκάτῃ τοῦ μηνὸς τούτου λαβέτωσαν ἕκαστος
πρόβατον κατ᾽ οἴκους πατριῶν· καὶ μετ᾽ ὀλίγα, ἐν οἷς
οὐδέπω τὸ πάσχα ὀνομαστὶ εἴρητο, ἐπιφέρει· Οὕτω δὲ   Ex xii 11
5 φάγεσθε αὐτό· αἱ ὀσφύες ὑμῶν περιεζωσμέναι καὶ τὰ ὑπο-
δήματα ὑμῶν ἐν τοῖς ποσὶν ὑμῶν καὶ αἱ βακτηρίαι ἐν ταῖς
χερσὶν ὑμῶν, καὶ ἔδεσθε αὐτὸ μετὰ σπουδῆς. πάσχα ἐστὶ
τοῦ κυρίου. οὐ γάρ φησι Πάσχα ἐστὶν ὑμῶν. καὶ μετ᾽
ὀλίγα δεύτερον οὕτως ὀνομάζει τὴν ἑορτήν· Καὶ ἔσται ἐὰν   Ex xii 26 f.
10 λέγωσι πρὸς ὑμᾶς οἱ υἱοὶ ὑμῶν Τίς ἡ λατρεία αὕτη; καὶ
ἐρεῖτε αὐτοῖς Θυσία τὸ πάσχα τοῦ κυρίου, ὡς ἐσκέπασε τοὺς
οἴκους τῶν υἱῶν Ἰσραήλ. καὶ πάλιν δὲ μετ᾽ ὀλίγα· Εἶπε   Ex xii 43
δὲ κύριος πρὸς Μωϋσῆν καὶ Ἀαρὼν λέγων Οὗτος ὁ νόμος
τοῦ πάσχα· πᾶς ἀλλογενὴς οὐκ ἔδεται ἀπ᾽ αὐτοῦ. καὶ
15 πάλιν μετ᾽ ὀλίγα· Ἐὰν δέ τις προσέλθῃ πρὸς ὑμᾶς προσή-   Ex xii 48
λυτος καὶ ποιῇ τὸ πάσχα κυρίου, περιτεμεῖται αὐτοῦ πᾶν
ἀρσενικόν. παρατηρητέον γὰρ ὅτι ἐν τῇ νομοθεσίᾳ οὐδαμοῦ
λέγεται Πάσχα ὑμῶν, ἀλλ᾽ ἅπαξ μὲν ἐν οἷς προεθέμεθα
χωρὶς πάσης προσθήκης, τρὶς δὲ Τὸ πάσχα τοῦ κυρίου.
20 πρὸς δὲ τὸ παραδέξασθαι τοῦθ᾽ οὕτως ἔχειν περὶ τῆς δια-
φορᾶς τοῦ πάσχα κυρίου καὶ πάσχα Ἰουδαίων, ἴδωμεν καὶ
τὰ ἐν τῷ Ἡσαΐᾳ τοῦτον τὸν τρόπον εἰρημένα· Τὰς νου-   Is i 13 f.
μηνίας ὑμῶν καὶ τὰ σάββατα καὶ ἡμέραν μεγάλην οὐκ
ἀνέχομαι· νηστείαν καὶ ἀργείαν καὶ τὰς νουμηνίας ὑμῶν καὶ
25 τὰς ἑορτὰς ὑμῶν μισεῖ ἡ ψυχή μου. οὐκ ἴδια γὰρ ἑαυτοῦ
φησιν ὁ κύριος τὰ ὑπὸ τῶν ἁμαρτανόντων ἐπιτελούμενα,
ὑπὸ τῆς ψυχῆς αὐτοῦ, εἴ τίς ποτέ ἐστι, μισούμενα, οὔτε τὰς
νουμηνίας οὔτε τὰ σάββατα οὔτε ἡμέραν μεγάλην οὔτε
νηστείαν οὔτε τὰς ἑορτάς. ἐν μέντοι γε τῇ νομοθεσίᾳ τῆς
30 Ἐξόδου περὶ σαββάτου ταῦτα λέγεται· Εἶπε δὲ Μωϋσῆς   Ex xvi 23,
πρὸς αὐτούς Τοῦτο τὸ ῥῆμα ὃ ἐλάλησε κύριος Σάββατα   25
ἀνάπαυσις ἁγία τῷ κυρίῳ. καὶ μετ᾽ ὀλίγα· Εἶπε δὲ ὁ

3 πρόβατων

Μωϋσῆς Φάγετε, σήμερον γάρ ἐστι σάββατα τῷ κυρίῳ.
καὶ ἐν Ἀριθμοῖς πρὸ τούτων ἐφ' ἑκάστῃ ἑορτῇ θυσιῶν, ὡς
ἑορτῆς οὔσης κατὰ τὸν νόμον τοῦ ἐνδελεχισμοῦ καὶ ἑκάστης

Nu xxviii
1 ff.

ἡμέρας, ταῦτα γέγραπται· Καὶ ἐλάλησε κύριος πρὸς
Μωϋσῆν Ἀπάγγειλαι τοῖς υἱοῖς Ἰσραὴλ καὶ ἐρεῖς πρὸς 5
αὐτοὺς λέγων Τὰ δῶρά μου, δόματά μου, καρπώματά μου
εἰς ὀσμὴν εὐωδίας διατηρήσετε προσφέρειν μοι ἐν ταῖς
ἑορταῖς μου. καὶ ἐρεῖς πρὸς αὐτούς Ταῦτα τὰ καρπώματα,
ὅσα προσάξετε τῷ κυρίῳ. ἰδίας γὰρ ἑορτὰς ὠνόμασε καὶ
οὐ τῶν νομοθετουμένων τὰς ἐκκειμένας ἐν τῇ γραφῇ, καὶ 10
δῶρα αὐτοῦ, καὶ δόματα αὐτοῦ.

14. Ὅμοιον δέ τι τούτοις ἐστὶ καὶ περὶ τοῦ λαοῦ ἐν τῇ
Ἐξόδῳ ἀναγεγραμμένον, ὅστις ὑπὸ τοῦ θεοῦ ἴδιος εἶναι 174
λέγεται ὅτε μὴ ἁμαρτάνει· ἀποκηρύττων δὲ αὐτὸν ἐν τῇ

Ex viii 20
(16)—23 (19)

μοσχοποιίᾳ λαὸν Μωϋσέως ὠνόμασε· πρὸς μὲν γὰρ τὸν 15
Φαραὼ Ἐρεῖς, φησί, Τάδε λέγει κύριος Ἐξαπόστειλον τὸν
λαόν μου ἵνα λατρεύσῃ μοι ἐν τῇ ἐρήμῳ. ἐὰν δὲ μὴ βούλῃ
ἐξαποστεῖλαι τὸν λαόν μου, ἰδοὺ ἐγὼ ἐξαποστέλλω ἐπὶ σὲ
καὶ ἐπὶ τοὺς θεράποντάς σου καὶ ἐπὶ τὸν λαόν σου καὶ ἐπὶ
τοὺς οἴκους σου κυνόμυιαν, καὶ πλησθήσονται αἱ οἰκίαι τῶν 20
Αἰγυπτίων τῆς κυνομυίας, καὶ εἰς τὴν γῆν ἐφ' ἧς εἰσιν
ἐπ' αὐτῆς. καὶ παραδοξάσω τῇ ἡμέρᾳ ἐκείνῃ τὴν γῆν
Γεσὲμ, ἐφ' ἧς ὁ λαός μου ἔπεστιν ἐπ' αὐτῆς, ἐφ' ᾧ οὐκ ἔσται
κυνόμυια, ἵνα εἰδῇς ὅτι ἐγώ εἰμι κύριος ὁ κύριος πάσης τῆς
γῆς. καὶ δώσω διαστολὴν ἀνὰ μέσον τοῦ ἐμοῦ λαοῦ. πρὸς 25

Ex xxxii 7

δὲ τὸν Μωϋσέα ἐλάλησε κύριος λέγων Βάδιζε, κατάβηθι τὸ
τάχος· ἠνόμησε γὰρ ὁ λαός σου οὓς ἐξήγαγες ἐκ γῆς
Αἰγύπτου. ὥσπερ οὖν ὁ λαὸς μὴ ἁμαρτάνων μὲν τοῦ θεοῦ
ἐστιν, ἁμαρτάνων δὲ οὐκέτι λέγεται εἶναι αὐτοῦ· οὕτω καὶ
αἱ ἑορταί, ὅτε μὲν μισοῦνται ὑπὸ τῆς τοῦ κυρίου ψυχῆς, 30
τῶν ἁμαρτανόντων εἰσὶν ἑορταί, ὅτε δὲ ὑπὸ τοῦ κυρίου
νομοθετοῦνται, κυρίου εἶναι προσαγορεύονται. τῶν δὲ
ἑορτῶν μία ἐστὶ καὶ τὸ πάσχα, ὅπερ ἐν τῇ προκειμένῃ τοῦ

23 ἔσται] ἔστι

εὐαγγελίου γραφῇ οὐ τοῦ κυρίου ἀλλὰ τῶν Ἰουδαίων εἶναι
λέγεται· καὶ ἀλλαχοῦ δέ· Αὗται, φησίν, αἱ ἑορταὶ κυρίου Le xxiii
ἃς καλέσετε αὐτὰς κλητὰς ἁγίας. ἀπὸ μὲν οὖν τῆς τοῦ
κυρίου φωνῆς οὐκ ἔστιν ἀντιλέγειν οἷς παρεστήσαμεν.
5 πιθανῶς δέ τις ἀπὸ τοῦ ἀποστόλου ζητήσει ἐν τῇ πρὸς
Κορινθίους ἀναγράφοντος· Καὶ γὰρ τὸ πάσχα ἡμῶν ἐτύθη ι Co v 7
Χριστός· οὐ γάρ φησι Τὸ πάσχα κυρίου ἐτύθη Χριστός.
καὶ πρὸς τοῦτο δὲ λεκτέον ἤτοι ὅτι ἀπλούστερον πάσχα
ἡμῶν τυθὲν τὸ δι' ἡμᾶς τυθὲν εἴρηκεν, ἢ ὅτι πᾶσα ἑορτὴ
10 ἀληθῶς κυρίου, ὧν μία ἐστὶ τὸ πάσχα, οὐκ ἐν τούτῳ τῷ
αἰῶνι οὐδὲ ἐπὶ γῆς ἀλλ' ἐν τῷ μέλλοντι καὶ ἐν οὐρανοῖς,
ἐνστάσης τῆς βασιλείας τῶν οὐρανῶν, ἐπιτελεσθήσεται. καὶ
περὶ ἐκείνων γε τῶν ἑορτῶν ὁ μὲν εἷς τῶν ιβ΄ προφητῶν
φησι Τί ποιήσετε ἐν ἡμέραις πανηγύρεως καὶ ἐν ἡμέραις Hos ix 5
15 ἑορτῆς τοῦ κυρίου; ὁ δὲ Παῦλος ἐν τῇ πρὸς Ἑβραίους·
Ἀλλὰ προσεληλύθατε Σιὼν ὄρει καὶ πόλει θεοῦ ζῶντος, He xii 22 f.
Ἰερουσαλὴμ ἐπουρανίῳ, καὶ μυριάσιν ἀγγέλων, πανηγύρει
καὶ ἐκκλησίᾳ πρωτοτόκων ἀπογεγραμμένων ἐν οὐρανοῖς.
καὶ ἐν τῇ πρὸς Κολασσαεῖς· Μὴ οὖν τις ὑμᾶς κρινέτω ἐν Col ii 16 f.
20 βρώσει καὶ ἐν πόσει, ἢ ἐν μέρει ἑορτῆς ἢ νουμηνίας ἢ
σαββάτων, ἅ ἐστι σκιὰ τῶν μελλόντων.

175   15. (12) Τίνα δὲ τρόπον ἐν τοῖς ἐπουρανίοις, ὧν σκιὰ cf. He viii 5
παρὰ τοῖς σωματικοῖς Ἰουδαίοις ἦν, ἑορτάσομεν, ὑπὸ τὸν
ἀληθῆ πρότερον παιδαγωγούμενοι νόμον παρὰ ἐπιτρόποις cf. Gal iii 24;
25 καὶ οἰκονόμοις ἕως τὸ ἐκεῖ πλήρωμα τοῦ χρόνου ἐνστῇ καὶ   iv 2, 4
τὴν τελειότητα τοῦ υἱοῦ τοῦ θεοῦ χωρήσωμεν, ἔργον σοφίας cf. ι Co ii 7
τῆς ἐν μυστηρίῳ ἀποκεκρυμμένης ἐστι φανερῶσαι, καὶ τὰ
περὶ βρωμάτων νομοθετούμενα, σύμβολα τῶν ἐκεῖ μελλόν-
των τρέφειν καὶ ἰσχυροποιεῖν ἡμῶν τὴν ψυχὴν τυγχάνοντα,
30 θεωρεῖν. εἰκὸς δὲ φαντασιωθέντα τινὰ τὸ πέλαγος τῶν
τοσούτων νοημάτων καὶ βουλόμενον σῶσαι πῶς ἡ κατὰ
τόπον λατρεία ὑπόδειγμα καὶ σκιά ἐστι τῶν ἐπουρανίων,
τά τε θύματα καὶ τὸ πρόβατον νοῆσαι βουλόμενον, προσ-

23 ἑορτὰς οἱ μὲν   30 εἰκῇ   32 σκιαὶ   33 προκόψαι

κόψαι καὶ τῷ ἀποστόλῳ, ἐπᾶραι μὲν ἡμῶν τὸ φρόνημα
βουληθέντι ἀπὸ τῶν γηΐνων περὶ τοῦ νόμου δογμάτων οὐ
πάνυ δὲ παραστήσαντι πῶς ταῦτα μέλλει γίνεσθαι. ἐὰν δὲ
καὶ ἑορταί, ὧν μία τὸ πάσχα ἐστὶ, καὶ ἐπὶ τὸν μέλλοντα
ἀνάγωνται αἰῶνα, ἔτι μᾶλλον ἐπισκοπητέον πῶς καὶ νῦν 5

ι Cor v 7 τὸ πάσχα ἡμῶν ἐτύθη Χριστὸς καὶ μετὰ ταῦτα τυθήσεται.

16. (13) Ὀλίγα δὲ εἰς τὴν ἐπαπόρησιν τῶν δογμάτων
παραθετέον ἡμῖν, ἰδίας δεομένων πραγματείας ἐξαιρέτου
καὶ πολυβίβλου, παντός τε τοῦ κατὰ νόμον μυστικοῦ λόγου,
καὶ ἰδίᾳ τῶν κατὰ τὰς ἑορτὰς, καὶ ἔτι ἰδικώτερον περὶ τοῦ 10
πάσχα. Ἰουδαίων μὲν οὖν τὸ πάσχα πρόβατόν ἐστι θυό-
cf. Ex xii 3 μενον, λαμβανόμενον ἑκάστῳ κατ᾽ οἴκους πατριῶν καὶ
ἐπιτελούμενον μυριάσι σφαζομέναις ἀμνῶν καὶ ἐρίφων,
πλείοσι κατὰ τὴν ἀναλογίαν τοῦ ἀριθμοῦ τῶν οἴκων τοῦ
λαοῦ· τὸ δὲ ἡμῶν πάσχα ἐτύθη Χριστός. καὶ πάλιν ἐκεί- 15
cf. Ex xii 15 νων μέν ἐστι τὰ ἄζυμα ἀφανιζομένης πάσης ζύμης ἐκ τῶν
cf. ι Co v 8 οἴκων αὐτῶν· ἡμεῖς δὲ ἑορτάζομεν οὐ ζύμῃ παλαιᾷ οὐδὲ
ζύμῃ κακίας καὶ πονηρίας, ἀλλ᾽ ἐν ἀζύμοις εἰλικρινείας καὶ
ἀληθείας. εἰ δέ ἐστί τι τρίτον παρὰ τὰ εἰρημένα δύο τὸ
πάσχα τοῦ κυρίου καὶ ἀζύμων ἑορτὴ, ἀκριβέστερον ἐξετα- 20
cf. He viii 5 στέον διὰ τὸ ὑποδείγματι καὶ σκιᾷ λατρεύειν ἐκείνους τῶν
cf. He ix 10;
Col ii 16 f. ἐπουρανίων ἐκείνων, καὶ οὐ μόνον βρώματα καὶ πόματα καὶ
νεομηνίας καὶ σάββατα ἀλλὰ καὶ τὰς ἑορτὰς σκιὰν εἶναι
ι Co v 7 τῶν μελλόντων. πρῶτον δὴ τοῦ ἀποστόλου λέγοντος· Τὸ
πάσχα ἡμῶν ἐτύθη Χριστός· ἐπαπορήσει τις πρὸς αὐτὸν 25
ταῦτα· εἰ τύπος ἐστὶ τῆς Χριστοῦ θύσεως τὸ παρὰ Ἰουδαίοις
πρόβατον, ἤτοι ἐχρῆν ἓν καὶ μὴ πολλὰ θύεσθαι παρ᾽ αὐτοῖς
πρόβατα, ὥσπερ εἷς ἐστιν ὁ χριστὸς, ἢ πολλῶν θυομένων 176
προβάτων οἰονεὶ πολλοὺς Χριστοὺς θυομένους ἀκολούθως
τῷ τύπῳ ζητητέον. ἵνα δὲ τοῦτο παραπεμψώμεθα, πῶς τὸ 30
θυόμενον πρόβατον Χριστοῦ περιέχει εἰκόνα, τοῦ μὲν προ-
βάτου ὑπὸ τῶν τηρούντων τὸν νόμον θυομένου, Χριστοῦ δὲ

4 ἑορταί] ἑορτα   8 ἡμῶν ἰδέας

ὑπὸ τῶν παραβαινόντων αὐτὸν ἀναιρουμένου, ἔτι δὲ πῶς
ἐπὶ Χριστοῦ τό· Φάγονται τὰ κρέα ταύτῃ τῇ νυκτὶ ὀπτὰ   Ex xii 8 ff.
πυρί, καὶ ἄζυμα ἐπὶ πικρίδων ἔδονται· ἑρμηνευτέον· καὶ τό·
Οὐκ ἔδεσθε ἀπ' αὐτῶν ὠμὸν οὐδὲ ἡψημένον ἐν ὕδατι, ἀλλ' ἢ
5 ὀπτὰ πυρί· κεφαλὴν σὺν τοῖς ποσὶ καὶ τοῖς ἐνδοσθίοις· οὐκ
ἀπολείψετε ἀπ' αὐτῶν ἕως πρωΐ, καὶ ὀστοῦν οὐ συντρίψετε
ἀπ' αὐτῶν· τὰ δὲ καταλειπόμενα ἀπ' αὐτῶν ἕως πρωῒ κατα-
καύσετε· ἔοικε δὲ τῷ· Ὀστοῦν οὐ συντρίψεται ἀπ' αὐτοῦ·
ὁ Ἰωάννης ἐν τῷ εὐαγγελίῳ κεχρῆσθαι ὡς ἀναφερομένῳ
10 ἐπὶ τὴν περὶ τὸν σωτῆρα οἰκονομίαν, καὶ ὅτε ἐν τῷ νόμῳ
κελεύονται τὸ πρόβατον ἐσθίοντες ὀστοῦν αὐτοῦ μὴ συντρί-
βειν. λέγει δὲ οὕτως· Ἦλθον οὖν οἱ στρατιῶται, καὶ τοῦ   Jo xix 32—
μὲν πρώτου κατέαξαν τὰ σκέλη καὶ τοῦ ἄλλου τοῦ συνσταυ-   36
ρωθέντος αὐτῷ· ἐπὶ δὲ τὸν Ἰησοῦν ἐλθόντες, ὡς εἶδον ἤδη
15 αὐτὸν τεθνηκότα οὐ κατέαξαν αὐτοῦ τὰ σκέλη. ἀλλ' εἷς
τῶν στρατιωτῶν λόγχῃ τὴν πλευρὰν αὐτοῦ ἔνυξε· καὶ
ἐξῆλθεν εὐθὺς αἷμα καὶ ὕδωρ. καὶ ὁ ἑωρακὼς μεμαρτύρηκε,
καὶ ἀληθινὴ αὐτοῦ ἐστιν ἡ μαρτυρία· καὶ ἐκεῖνος οἶδεν ὅτι
ἀληθῆ λέγει, ἵνα καὶ ὑμεῖς πιστεύητε. ἐγένετο γὰρ ταῦτα
20 ἵνα ἡ γραφὴ πληρωθῇ Ὀστοῦν αὐτοῦ οὐ συντριβήσεται.

17. Καὶ ἄλλα δὲ μυρία παρὰ ταῦτά ἐστι τὰ πρὸς τὴν
τοῦ ἀποστόλου λέξιν ἀναζητηθησόμενα καὶ περὶ τοῦ πάσχα
καὶ ἀζύμων, ἐξετασθησόμενα δέ, ὡς προειρήκαμεν, προηγου-
μένης πολυβίβλου συγγραφῆς. νῦν δὲ ὡς ἐν ἐπιτομῇ διὰ
25 τὴν προκειμένην λέξιν ταῦτα παραθέμενοι, τὰ φαινόμενα
ὡς ἐν βραχέσιν οὕτω λύειν πειρασόμεθα, ὑπομνησθέντες
καὶ τοῦ· Οὗτός ἐστιν ὁ ἀμνὸς τοῦ θεοῦ ὁ αἴρων τὴν ἁμαρ-   Jo i 29
τίαν τοῦ κόσμου· ἐπεὶ καὶ ἐν τῷ πάσχα Ἀπὸ τῶν ἀμνῶν,   Ex xii 5
φησὶ, καὶ τῶν ἐρίφων λήψεσθε. δόξει γὰρ καὶ ὁ εὐαγγε-
30 λιστὴς συνᾴδων τῷ Παύλῳ τοιαύταις ἐνέχεσθαι τῶν ἐξη-
τασμένων ἀπορίαις. λεκτέον δὲ ὅτι εἰ ὁ λόγος γέγονε σάρξ,
καί φησιν ὁ κύριος· Ἐὰν μὴ φάγητε τὴν σάρκα τοῦ υἱοῦ   Jo vi 53

2 φάγοντͣ   6 σιντρίψετε   18 καὶ τοῦ ἄλλου] ἀλλοῦ
20 ἢ] om.   συντριβήσετε   31 γεγονέναι

τοῦ ἀνθρώπου καὶ πίητε αὐτοῦ τὸ αἷμα, οὐκ ἔχετε ζωὴν ἐν

Jo vi 54 ff.   ἑαυτοῖς. ὁ τρώγων μου τὴν σάρκα καὶ πίνων μου τὸ αἷμα
ἔχει ζωὴν αἰώνιον, κἀγὼ ἀναστήσω αὐτὸν ἐν τῇ ἐσχάτῃ
ἡμέρᾳ· ἡ γὰρ σάρξ μου ἀληθής ἐστι βρῶσις, καὶ τὸ αἷμά 177
μου ἀληθής ἐστι πόσις. ὁ τρώγων μου τὴν σάρκα καὶ 5
πίνων μου τὸ αἷμα ἐν ἐμοὶ μένει κἀγὼ ἐν αὐτῷ· μήποτε
αὕτη ἐστιν ἡ σὰρξ τοῦ αἴροντος τὴν ἁμαρτίαν τοῦ κόσμου

cf. Ex xii 7 f.   ἀμνοῦ, καὶ τοῦτ' ἔστι τὸ αἷμα ἀφ' οὗ τιθέναι δεῖ ἐπὶ τῶν δύο
σταθμῶν, καὶ ἐπὶ τὴν φλιὰν ἐν τοῖς οἴκοις, ἐν οἷς ἐσθίομεν
τὸ πάσχα, καὶ ἀπὸ τῶν τοῦ ἀμνοῦ τούτου δεῖ φαγεῖν κρέα 10
ἐν τῷ τοῦ κόσμου χρόνῳ, ὅς ἐστι νύξ. ὀπτὰ δὲ τὰ κρέα πυρὶ
βρωτέον μετὰ τοῦ ἀπὸ ἀζύμων ἄρτου· ὁ γὰρ τοῦ θεοῦ λόγος

Jo vi 48, 50 f.   οὐ μόνον ἐστὶ σάρξ· φησὶ γοῦν· Ἐγώ εἰμι ὁ ἄρτος τῆς
ζωῆς· καί· Οὗτός ἐστιν ὁ ἄρτος ὁ ἐκ τοῦ οὐρανοῦ κατα-
βαίνων ἵνα τις ἐξ αὐτοῦ φάγῃ καὶ μὴ ἀποθάνῃ. ἐγώ εἰμι 15
ὁ ἄρτος ὁ ζῶν ὁ ἐκ τοῦ οὐρανοῦ καταβάς· ἐάν τις φάγῃ ἐκ
τούτου τοῦ ἄρτου ζήσει εἰς τὸν αἰῶνα. οὐκ ἀγνοητέον
μέντοι γε ὅτι πᾶσα τροφὴ καταχρηστικώτερον ἄρτος λέ-
γεται, ὡς ἐπὶ Μωϋσέως ἐν τῷ Δευτερονομίῳ γέγραπται·

Ex xxxiv 28;
cf. Deut ix 9   Τεσσαράκοντα ἡμέρας ἄρτον οὐκ ἔφαγε καὶ ὕδωρ οὐκ ἔπιεν· 20
ἀντὶ τοῦ· οὔτε ξηρᾶς, οὔτε ὑγρᾶς μετείληφε τροφῆς. τοῦτο
δέ μοι τετήρηται διὰ τὸ καὶ ἐν τῷ κατὰ Ἰωάννην λέγεσθαι·

Jo vi 51   Καὶ ὁ ἄρτος δὲ ὃν ἐγὼ δώσω ἡ σάρξ μού ἐστιν ὑπὲρ τῆς
τοῦ κόσμου ζωῆς. ἤτοι δὲ διὰ τὰς ἐπὶ τοῖς ἁμαρτήμασιν

2 Co vii 10   ἡμῶν μετανοίας τὴν κατὰ θεὸν λύπην λυπούμενοι, μετάνοιαν 25

cf. Ex xii 8   εἰς σωτηρίαν ἀμεταμέλητον ἡμῖν ἐργαζομένην, ἐπὶ πικρίδων
ἐσθίομεν τὰ κρέα τοῦ ἀμνοῦ καὶ τὰ ἄζυμα, ἢ διὰ τὰς
βασάνους ζητοῦντες καὶ τρεφόμενοι ἀπὸ τῶν εὑρισκομένων
τῆς ἀληθείας θεωρημάτων.

18. Οὐκ ᾤμην οὖν βρωτέον τὴν σάρκα τοῦ ἀμνοῦ, 30
ὥσπερ ποιοῦσιν οἱ τῆς λέξεως δοῦλοι, τρόπον ἀλόγων ζῴων
καὶ ἀποτεθηριωμένων πρὸς τοὺς ἀληθῶς λογικοὺς διὰ τοῦ

25 λυπουμένων

συνιέναι βούλεσθαι τὰ πνευματικὰ λόγου, μεταλαμβάνοντες
θηρίων ἀπηγριωμένων. φιλοτιμητέον δὲ τῷ εἰς ἕψησιν
μεταλαμβάνοντι τὸ ὠμὸν τῆς γραφῆς μὴ ἐπὶ τὸ πλαδαρώ-
τερον καὶ ὑδαρέστερον καὶ ἐκλελυμένον μεταλαμβάνειν τὰ
5 γεγραμμένα, ὅπερ ποιοῦσιν οἱ κνηθόμενοι τὴν ἀκοὴν καὶ   cf. 2 Tim iv
ἀπὸ μὲν τῆς ἀληθείας ἀποστρέφοντες αὐτήν, ἐπὶ δὲ τὸ   3 f.
ἀνειμένον καὶ ὑδαρέστερον τῆς πολιτείας μεταλαμβάνοντες
τὰς κατ' αὐτοὺς ἀναγωγάς. ἡμεῖς δὲ τῷ ζέοντι πνεύματι,   cf. Ro xii 11
καὶ τοῖς διδομένοις ὑπὸ θεοῦ διαπύροις λόγοις, ὁποίους
10 Ἰερεμίας εἰλήφει ἀπὸ τοῦ λέγοντος πρὸς αὐτόν· Ἰδοὺ   Jer v 14
δέδωκα τοὺς λόγους μου εἰς τὸ στόμα σου πῦρ· ὀπτὰ
ποιήσωμεν τὰ κρέα τοῦ ἀμνοῦ, ὥστε τοὺς μεταλαμβάνοντας
αὐτῶν λέγειν, Χριστοῦ ἐν ἡμῖν λαλοῦντος, ὅτι Ἡ καρδία   cf. 2 Co xiii
178 ἡμῶν καιομένη ἦν ἐν τῇ ὁδῷ, ὡς διήνοιγεν ἡμῖν τὰς γραφάς.   Lc xxiv 32
15 εἰ δὲ εἰς τὸ τοιοῦτον ἡμᾶς ζητῆσαι πυρὶ ὀπτῆσαι δεήσει τὰ
τοῦ ἀμνοῦ κρέα, παραθετέον τὴν ὁμολογίαν οὗ ἐπεπόνθει
ἐπὶ τοῖς λόγοις τοῦ θεοῦ πάθους Ἰερεμίας λέγων· Καὶ   Jer xx 9
ἐγένετο ὡς πῦρ καιόμενον, φλέγον ἐν τοῖς ὀστέοις μου, καὶ
παρεῖμαι πάντοθεν καὶ οὐ δύναμαι φέρειν. ἀρκτέον δὲ ἐν
20 τῷ ἐσθίειν ἀπὸ τῆς κεφαλῆς, τουτέστι τῶν κορυφαιοτάτων
καὶ ἀρχικῶν δογμάτων περὶ τῶν ἐπουρανίων, καὶ κατα-
ληκτέον ἐπὶ τοὺς πόδας, τὰ ἔσχατα τῶν μαθημάτων τὰ
ζητοῦντα περὶ τῆς τελευταίας ἐν τοῖς οὖσι φύσεως, ἤτοι
τῶν ὑλικωτέρων ἢ τῶν καταχθονίων ἢ τῶν πονηρῶν πνευ-
25 μάτων καὶ ἀκαθάρτων δαιμονίων. ὁ γὰρ περὶ αὐτῶν λόγος,
ἕτερος ὢν αὐτῶν, ἐναποκείμενος τοῖς μυστηρίοις τῆς γραφῆς
δύναται τροπικώτερον πόδες ὠνομάσθαι τοῦ ἀμνοῦ. καὶ
τῶν ἐνδοσθίων δὲ καὶ ἐσωτερικῶν καὶ ἀποκεκρυμμένων οὐκ
ἀφεκτέον· ὡς ἑνὶ δὲ σώματι τῇ ἁπάσῃ προσελθετέον γραφῇ,
30 καὶ τὰς ἐν τῇ ἁρμονίᾳ τῆς πάσης συνθέσεως αὐτῆς εὐτονω-
τάτας καὶ στερροτάτας συνοχὰς οὐ συντριπτέον οὐδὲ δια-

---

2 τῷ] τῶν ut videtur   **3** πλαδαρώτερον] in mg. ἐκλυτώτε-
ρον. add. intra lin. χαῦνον ἢ ἀσθενές.   **4** ὑδωρέστερον
8 αὐτοῦ   **15** εἰ] εἰς   δεήσει] δὲ ἥξει

κοπτέον, ὅπερ πεποιήκασιν οἱ τὴν ἑνότητα τοῦ ἐν πάσαις
ταῖς γραφαῖς πνεύματος τὸ ὅσον ἐπ' αὐτοῖς συντρίβοντες.
αὕτη μέντοι γε ἡ ἀπὸ τοῦ ἀμνοῦ προειρημένη προφητεία
τὴν νύκτα μόνην ἡμᾶς τρεφέτω τοῦ ἐν τῷ βίῳ σκότους· ὡς
γὰρ τῆς ἀνατολῆς τῆς ἡμέρας τῶν μετὰ τὸν βίον τοῦτον 5
οὐδὲν καταλειπτέον ἔσται ἡμῖν τῆς ἐπὶ τοῦ παρόντος μόνου
χρησίμου ἡμῖν οὕτω τροφῆς. παρελθούσης γὰρ τῆς νυκτὸς
καὶ ἐπελθούσης τῆς μετὰ ταῦτα ἡμέρας, τὸν μηδαμῶς ἀπὸ
τῶν παλαιοτέρων καὶ κάτωθεν ζυμούντων ἄζυμον ἔχοντες
ἄρτον φαγόμεθα, χρήσιμον ἡμῖν ἐσόμενον ἕως δοθῇ τὸ μετὰ 10
cf. Ps lxxvii
(lxxviii) 25
τὸν ἄζυμον μάννα, ἡ ἀγγελικὴ καὶ μὴ ἀνθρωπίνη τροφή.
ἑκάστῳ τοίνυν ἡμῶν θυέσθω τὸ πρόβατον ἐν παντὶ οἴκῳ
πατριᾶς ἡμῶν, καὶ δυνατὸν ἔστω τόνδε μέν τινα παρανομεῖν
μὴ θύοντα τὸ πρόβατον, τὸν δὲ πᾶσαν φυλάττειν τὴν
ἐντολὴν θύοντα καὶ περιέψοντα καὶ ὀστέον αὐτοῦ μὴ συν- 15
τρίβοντα. καὶ οὕτως ἐν βραχέσι συμφώνως τῇ ἀποστολικῇ
ἐκδοχῇ καὶ τῷ ἐν τῷ εὐαγγελίῳ ἀμνῷ ἀποδιδόσθω τὸ τυθὲν
cf. 1 Co v 7
πάσχα Χριστός. οὐ γὰρ νομιστέον τὰ ἱστορικὰ ἱστορικῶν
εἶναι τύπους καὶ τὰ σωματικὰ σωματικῶν, ἀλλὰ τὰ σωμα-
τικὰ πνευματικῶν καὶ τὰ ἱστορικὰ νοητῶν. ἀναβῆναι τῷ 20
λόγῳ καὶ ἐπὶ τὸ τρίτον πάσχα ἐπιτελεσθησόμενον ἐν μυριά- 179
cf. He xii 23
σιν ἀγγέλων, πανηγύρει ἐπιτελειοτάτῃ καὶ μακαριωτάτῃ
ἐξόδῳ, νῦν οὐκ ἔστιν ἀναγκαῖον, καὶ τούτων ἐπιπλεῖον καὶ
περισσότερον παρ' ὃ ἀπῄτει τὸ ἀνάγνωσμα εἰρημένων ἡμῖν.
cf. Jo ii 13
    19. (14) Οὐκ ἀζήτητον δὲ οὐδὲ ἐατέον πῶς ἐγγὺς ἦν 25
τὸ πάσχα τῶν Ἰουδαίων, ὅτε ἦν ὁ κύριος ἅμα τῇ μητρὶ καὶ
τοῖς ἀδελφοῖς καὶ τοῖς μαθηταῖς ἐν τῇ Καφαρναούμ. ἐν
cf. Mt iv 11 ff.
μὲν οὖν τῷ κατὰ Ματθαῖον, ἀφεθεὶς ἀπὸ τοῦ διαβόλου, τῶν
ἀγγέλων προσελθόντων καὶ διακονούντων αὐτῷ, ἀκούσας
Ἰωάννην παραδεδόσθαι ἀνεχώρησεν εἰς τὴν Γαλιλαίαν, καὶ 30
καταλιπὼν τὴν Ναζαρὰ ἐλθὼν κατῴκησεν εἰς Καφαρναούμ·
cf. Mt iv 18 ff.
ἔπειτα ἀρξάμενος κηρύσσειν καὶ ἐκλεξάμενος τοὺς δ΄ ἁλιεῖς

17 ἀποδιδόσθαι   22 μακαριοτάτῃ   28 τὸ   32 ἀλεεῖς

ἀποστόλους, διδάξας τε ἐν ταῖς συναγωγαῖς ὅλης τῆς Γαλι-   cf. Mt iv 23
λαίας καὶ θεραπεύσας τοὺς προσενεχθέντας αὐτῷ ἀνέρχεται
εἰς τὸ ὄρος καὶ λέγει τοὺς μακαρισμοὺς καὶ τὰ ἐχόμενα
αὐτῶν· τελέσας δὲ ἐκείνην τὴν διδασκαλίαν, καταβὰς ἐκ τοῦ   cf. Mt viii 1 ff.
5 ὄρους εἰσέρχεται εἰς Καφαρναοὺμ δεύτερον, κἀκεῖθεν δὲ
ἐμβὰς εἰς πλοῖον περᾷ εἰς τὴν χώραν τῶν Γεργεσηνῶν·
παρακληθείς τε μεταβῆναι ἀπὸ τῶν ὁρίων αὐτῶν, ἐμβὰς
εἰς πλοῖον διεπέρασε καὶ ἦλθεν εἰς τὴν ἰδίαν πόλιν, ἔνθα
θεραπείας ἐπιτελέσας τινὰς περιῆγε τὰς πόλεις πάσας καὶ
10 τὰς κώμας, διδάσκων ἐν ταῖς συναγωγαῖς αὐτῶν· καὶ ἄλλα
δὲ πλεῖστα μετὰ ταῦτα γίνεται πρὶν ἐπισημειώσασθαι τὸν
Ματθαῖον τὸν τοῦ πάσχα καιρόν. καὶ παρὰ τοῖς λοιποῖς
δὲ εὐαγγελισταῖς μετὰ τὴν ἐν τῇ Καφαρναοὺμ διατριβὴν
οὐχ εὑρίσκεται ἐγγὺς τὸ πάσχα εἶναι λεγόμενον. σῶσαι δὲ
15 βούλημα τῶν ἀνδρῶν ἐστιν ἐννοήσαντα τὰ περὶ τῆς Κα-
φαρναοὺμ εἰρημένα ἡμῖν ἐν τοῖς πρὸ τούτων. ἐνδιατριβὴ
πλησίον τυγχάνει τοῦ τῶν Ἰουδαίων πάσχα, ὀλίγῳ βελτιου-
μένη παρ' αὐτὸ καὶ κρείττων αὐτοῦ τυγχάνουσα, καὶ μάλιστα
ἐπεὶ ἐν τῷ πάσχα τῶν Ἰουδαίων εὑρίσκονται ἐν τῷ ἱερῷ οἱ   Jo ii 14
20 πωλοῦντες τοὺς βόας καὶ τὰ πρόβατα καὶ τὰς περιστεράς·
δι' οὓς ἔτι μᾶλλον πρόκειται μὴ τοῦ κυρίου ἀλλὰ τῶν
Ἰουδαίων εἶναι τὸ πάσχα· ὡς γὰρ ὁ οἶκος τοῦ πατρὸς
γέγονεν οἶκος ἐμπορίου παρὰ τοῖς μὴ ἁγιάζουσιν αὐτόν,
οὕτω καὶ τὸ πάσχα κυρίου ἀνθρώπινον καὶ Ἰουδαϊκὸν πάσχα
25 παρὰ τοῖς ταπεινότερον καὶ σωματικώτερον αὐτὸ ἐκλεξα-
μένοις. εὐκαιρότερον δὲ ἐν ἄλλοις ἔσται ἰδεῖν καὶ τὰ περὶ
τοῦ χρόνου τοῦ πάσχα, περὶ τὴν ἐαρινὴν ἰσημερίαν γινο-
μένου, καὶ εἴ τι ἕτερον ἀπαιτεῖ τὸ πρόβλημα ἐπεξεργά-
σασθαι. ὁ μέντοι γε Ἡρακλέων· Αὕτη, φησίν, ἡ μεγάλη
30 ἑορτή· τοῦ γὰρ πάθους τοῦ σωτῆρος τύπος ἦν, ὅτε οὐ
180 μόνον ἀνῃρεῖτο τὸ πρόβατον, ἀλλὰ καὶ ἀνάπαυσιν παρεῖχεν
ἐσθιόμενον, καὶ θυόμενον τοῦ πάθους τοῦ σωτῆρος τὸ ἐν

6, 8 πλοῖον] πλεῖον   21 πρόσκειται sup. ras.

κόσμῳ ἐσήμαινεν, ἐσθιόμενον δὲ τὴν ἀνάπαυσιν τὴν ἐν
γάμῳ. παρεθέμεθα δὲ αὐτοῦ τὴν λέξιν ἵνα τὸ ὡς ἐν
τηλικούτοις ἀναστρέφειν τὸν ἄνδρα παρερριμμένως καὶ
ὑδαρῶς μετὰ μηδενὸς κατασκευαστικοῦ θεωρήσαντες, μᾶλλον
αὐτοῦ καταφρονήσωμεν. 5

Jo ii 14—17 20. (15) Καὶ ἀνέβη εἰς Ἱεροϲόλυμα Ἰηϲοῦϲ, καὶ
εὗρεν ἐν τῷ ἱερῷ τοὺϲ πωλοῦντας βόαϲ καὶ πρόβατα
καὶ περιϲτερὰϲ καὶ τοὺϲ κερματιϲτὰϲ καθημένουϲ, καὶ
ποιήϲαϲ φραγέλλιον ἐκ ϲχοινίων ἐξέβαλεν ἐκ τοῦ ἱεροῦ
τά τε πρόβατα καὶ τοὺϲ βόαϲ, καὶ τῶν κολλυβιϲτῶν 10
ἐξέχεε τὰ κέρματα καὶ τὰϲ τραπέζαϲ ἀνέϲτρεψε, καὶ
τοῖϲ τὰϲ περιϲτερὰϲ πωλοῦϲιν εἶπεν Ἄρατε ταῦτα ἐν-
τεῦθεν, μὴ ποιεῖτε τὸν οἶκον τοῦ πατρόϲ μου οἶκον
ἐμπορίου. τότε ἐμνήϲθηϲαν οἱ μαθηταὶ αὐτοῦ ὅτι
γεγραμμένον ἐϲτίν Ὁ ζῆλοϲ τοῦ οἴκου ϲου καταφάγεταί 15
με. Σημειωτέον ὅτι ὁ μὲν Ἰωάννης δεύτερον ἔργον τοῦ
Ἰησοῦ ἀναγράφει τὸ περὶ τῶν ἐν τῷ ἱερῷ εὑρεθέντων ὑπ'
αὐτοῦ πωλούντων βόας καὶ πρόβατα καὶ περιστεράς, οἱ δὲ
λοιποὶ σχεδὸν πρὸς τῷ τέλει ἐπὶ τῆς κατὰ τὸ πάθος οἰκονο-
Mt xxi 10—
13μίας τὸ παραπλήσιον ποιοῦσιν. καὶ ὁ μὲν Ματθαῖος οὕτως· 20
Καὶ εἰσελθόντος αὐτοῦ εἰς Ἱεροσόλυμα ἐσείσθη πᾶσα ἡ
πόλις λέγουσα Τίς ἐστιν οὗτος; οἱ δὲ ὄχλοι ἔλεγον Οὗτός
ἐστιν ὁ προφήτης Ἰησοῦς, ὁ ἀπὸ Ναζαρὲτ τῆς Γαλιλαίας.
καὶ εἰσῆλθεν Ἰησοῦς εἰς τὸ ἱερὸν καὶ ἐξέβαλλε πάντας τοὺς
πωλοῦντας καὶ ἀγοράζοντας ἐν τῷ ἱερῷ, καὶ τὰς τραπέζας 25
τῶν κολλυβιστῶν κατέστρεψε καὶ τὰς καθέδρας τῶν πωλούν-
των τὰς περιστεράς. καὶ λέγει αὐτοῖς Γέγραπται Ὁ οἶκός
μου οἶκος προσευχῆς κληθήσεται, ὑμεῖς δὲ αὐτὸν ποιεῖτε
Mc xi 15 ff.σπήλαιον λῃστῶν. ὁ δὲ Μάρκος· Καὶ ἔρχονται εἰς Ἱερο-
σόλυμα. καὶ εἰσελθὼν εἰς τὸ ἱερὸν ἤρξατο ἐκβαλεῖν τοὺς 30
πωλοῦντας καὶ ἀγοράζοντας ἐν τῷ ἱερῷ, καὶ τὰς τραπέζας
τῶν κολλυβιστῶν ἀνέστρεψε καὶ τὰς καθέδρας τῶν πωλούν-

1 ἐσήμαινον   9 σφραγέλλιον   31 πολοῦντας

των τὰς περιστερὰς, καὶ οὐκ ἤφιεν ἵνα τις διενέγκῃ σκεῦος
διὰ τοῦ ἱεροῦ· καὶ ἐδίδασκε καὶ ἔλεγεν αὐτοῖς Οὐ γέγραπται
ὅτι Ὁ οἶκός μου οἶκος προσευχῆς κληθήσεται πᾶσι τοῖς
ἔθνεσιν; ὑμεῖς δὲ πεποιήκατε αὐτὸν σπήλαιον λῃστῶν.   ὁ
5 δὲ Λουκᾶς· Καὶ ὡς ἤγγισεν, ἰδὼν τὴν πόλιν ἔκλαυσεν ἐπ'   Lc xix 41—
αὐτήν, λέγων ὅτι Εἰ ἔγνως ἐν τῇ ἡμέρᾳ ταύτῃ καὶ σὺ τὰ   46
πρὸς εἰρήνην· νῦν δὲ ἐκρύβη ἀπὸ ὀφθαλμῶν σου.   ὅτι
ἥξουσιν ἡμέραι ἐπὶ σὲ καὶ περικυκλώσουσι καὶ συνέξουσί
σε πάντοθεν, καὶ ἐδαφιοῦσί σε καὶ τὰ τέκνα σου, καὶ οὐκ
181 ἀφήσουσι λίθον ἐπὶ λίθον ἐν σοί, ἀνθ' ὧν οὐκ ἔγνως τὸν
καιρὸν τῆς ἐπισκοπῆς σου.   καὶ εἰσελθὼν εἰς τὸ ἱερὸν
ἤρξατο ἐκβάλλειν τοὺς πωλοῦντας, λέγων αὐτοῖς Γέγραπται
Καὶ ἔσται ὁ οἶκός μου οἶκος προσευχῆς, ὑμεῖς δὲ ἐποιήσατε
αὐτὸν σπήλαιον λῃστῶν.
15   21.   Ἔτι δὲ καὶ τοῦτο παρατηρητέον, ὅτι τοῖς εἰρημένοις
παρὰ τοῖς τρισὶν ἐπὶ τῇ εἰς Ἱεροσόλυμα ἀνόδῳ τοῦ κυρίου,
καθ' ἣν ταῦτα πεποίηκεν ἐν τῷ ἱερῷ, τὰ παραπλήσια ἀνέ-
γραψεν ὁ Ἰωάννης μετὰ πολλὰ γεγονέναι, μετὰ ἑτέραν
αὐτοῦ παρὰ ταύτην ἐπιδημίαν τοῖς Ἱεροσολύμοις.   οὕτω δὲ
20 κατανοητέον τὰ εἰρημένα, καὶ πρῶτόν γε τὰ Ματθαίῳ λεγό-
μενα· Καὶ ὅτε ἤγγισεν εἰς Ἱεροσόλυμα καὶ ἦλθεν εἰς   Mt xxi 1—6
Βηθφαγῆ πρὸς τὸ ὄρος τῶν ἐλαιῶν, τότε Ἰησοῦς ἀπέστειλε
δύο μαθητάς, λέγων αὐτοῖς Πορεύεσθε εἰς τὴν κώμην τὴν
κατέναντι ὑμῶν, καὶ εὐθέως εὑρήσετε ὄνον δεδεμένην καὶ
25 πῶλον μετ' αὐτῆς· λύσαντες ἀγάγετέ μοι.   καὶ ἐάν τις ὑμῖν
εἴπῃ Τί ποιεῖτε; ἐρεῖτε ὅτι Ὁ κύριος αὐτῶν χρείαν ἔχει·
εὐθὺς δὲ ἀποστέλλει αὐτούς.   τοῦτο δὲ γέγονεν ἵνα πλη-
ρωθῇ τὸ ῥηθὲν διὰ τοῦ προφήτου λέγοντος Εἴπατε τῇ
θυγατρὶ Σιών Ἰδοὺ ὁ βασιλεύς σου ἔρχεται πραΰς καὶ ἐπι-
30 βεβηκὼς ἐπὶ ὄνον καὶ πῶλον ὑποζυγίου.   πορευθέντες δὲ οἱ
μαθηταὶ καὶ ποιήσαντες καθὼς προσέταξεν αὐτοῖς ὁ Ἰησοῦς,
ἤγαγον τὴν ὄνον καὶ τὸν πῶλον καὶ ἐπέθηκαν ἐπ' αὐτῶν

19 ταύτην] τὴν   22 βηθσφαγῆ

Mt xxi 7 ff. τὰ ἱμάτια αὐτῶν, καὶ ἐπεκάθισεν ἐπάνω αὐτῶν. ὁ δὲ πλεῖστος
ὄχλος ἔστρωσαν ἑαυτῶν τὰ ἱμάτια ἐν τῇ ὁδῷ· οἱ δὲ ὄχλοι
οἱ προάγοντες αὐτὸν καὶ οἱ ἀκολουθοῦντες ἔκραξαν Ὡσαννὰ
τῷ υἱῷ Δαβίδ, εὐλογημένος ὁ ἐρχόμενος ἐν ὀνόματι κυρίου·
Mt xxi 10 Ὡσαννὰ ἐν τοῖς ὑψίστοις. ἑξῆς δὲ τούτων ἐστί· Καὶ εἰσελ- 5
θόντος αὐτοῦ εἰς Ἱεροσόλυμα ἐσείσθη πᾶσα ἡ πόλις· ἅτινα
Mc xi 1—12 παρεθέμεθα ἐν τοῖς πρὸ τούτων. δεύτερα δὲ τὰ Μάρκου·
Καὶ ὅτε ἐγγίζουσιν εἰς Ἱεροσόλυμα εἰς Βηθφαγῆ καὶ Βη-
θανίαν πρὸς τὸ ὄρος τῶν ἐλαιῶν, ἀποστέλλει δύο τῶν μαθη-
τῶν αὐτοῦ καὶ λέγει αὐτοῖς Ὑπάγετε εἰς τὴν κώμην τὴν 10
κατέναντι ὑμῶν, καὶ εὐθὺς εἰσπορευόμενοι εἰς αὐτὴν εὑρήσετε
πῶλον δεδεμένον, ἐφ' ὃν οὐδεὶς οὔπω ἀνθρώπων ἐκάθισε·
λύσατε αὐτὸν καὶ φέρετε. καὶ ἐάν τις ὑμῖν εἴπῃ Τί ποιεῖτε
τοῦτο; εἴπατε ὅτι Ὁ κύριος αὐτοῦ χρείαν ἔχει· καὶ εὐθὺς
αὐτὸν ἀποστέλλει ὧδε. καὶ ἀπῆλθον καὶ εὗρον πῶλον 15
δεδεμένον πρὸς θύραν ἔξω ἐπὶ τοῦ ἀμφόδου, καὶ λύουσιν
αὐτόν. καί τινες τῶν ἐκεῖ ἑστώτων ἔλεγον αὐτοῖς Τί ποιεῖτε
λύοντες τὸν πῶλον; οἱ δὲ εἶπαν αὐτοῖς καθὼς εἶπεν Ἰησοῦς·
καὶ ἀφῆκαν αὐτούς. καὶ φέρουσι τὸν πῶλον πρὸς τὸν
Ἰησοῦν, καὶ ἐπιβάλλουσιν αὐτῷ τὰ ἱμάτια αὐτῶν. ἄλλοι 182
δὲ στιβάδας κόψαντες ἐκ τῶν ἀγρῶν ἔστρωσαν εἰς τὴν ὁδόν.
καὶ οἱ προάγοντες καὶ οἱ ἀκολουθοῦντες ἔκραζον Ὡσαννά·
εὐλογημένος ὁ ἐρχόμενος ἐν ὀνόματι κυρίου· εὐλογημένη ἡ
ἐρχομένη βασιλεία τοῦ πατρὸς ἡμῶν Δαβίδ· ὡσαννὰ ἐν τοῖς
ὑψίστοις. καὶ εἰσῆλθεν εἰς Ἱεροσόλυμα εἰς τὸ ἱερόν· καὶ 25
περιβλεψάμενος πάντα ὀψὲ ἤδη οὔσης τῆς ὥρας ἐξῆλθεν εἰς
Βηθανίαν μετὰ τῶν δώδεκα. καὶ τῇ ἐπαύριον ἐξελθόντων
αὐτῶν ἀπὸ Βηθανίας ἐπείνασεν. εἶτα μετὰ τὴν τῆς ξηραι-
Mc xi 15 νομένης συκῆς οἰκονομίαν· Ἔρχονται εἰς Ἱεροσόλυμα. καὶ
εἰσελθὼν εἰς τὸ ἱερὸν ἤρξατο ἐκβάλλειν τοὺς πωλοῦντας. 30
Lc xix 29 καὶ τὰ ἑξῆς τῷ Λουκᾷ τοῦτον τὸν τρόπον· Καὶ ἐγένετο ὡς
ἤγγισεν εἰς Βηθφαγῆ καὶ Βηθανίαν πρὸς τὸ ὄρος τὸ καλού-

24 post ἐρχομένη] ins. ἡ

μένον Ἐλαιῶν, ἀπέστειλε δύο τῶν μαθητῶν λέγων Ὑπάγετε Lc xix 30—
εἰς τὴν κατέναντι κώμην, ἐν ᾗ εἰσπορευόμενοι εὑρήσετε ⁴¹
πῶλον δεδεμένον, ἐφ' ὃν οὐδεὶς πώποτε ἀνθρώπων ἐκάθισε,
λύσαντες αὐτὸν ἀγάγετε. καὶ ἐάν τις ὑμᾶς ἐρωτᾷ Διὰ τί
5 λύετε; οὕτως ἐρεῖτε ὅτι Ὁ κύριος αὐτοῦ χρείαν ἔχει. ἀπελ-
θόντες δὲ οἱ μαθηταὶ εὗρον ὡς εἶπεν αὐτοῖς. λυόντων δὲ
αὐτῶν τὸν πῶλον εἶπαν οἱ κύριοι αὐτοῦ πρὸς αὐτούς Τί
λύετε τὸν πῶλον; οἱ δὲ εἶπαν ὅτι Ὁ κύριος αὐτοῦ χρείαν
ἔχει. καὶ ἤγαγον αὐτὸν πρὸς τὸν Ἰησοῦν, καὶ ἐπιρίψαντες
10 αὐτῶν τὰ ἱμάτια ἐπὶ τὸν πῶλον ἐπεβίβασαν τὸν Ἰησοῦν·
πορευομένου δὲ αὐτοῦ ὑπεστρώννυον τὰ ἱμάτια αὐτῶν ἐν τῇ
ὁδῷ. ἐγγίζοντος δὲ αὐτοῦ ἤδη πρὸς τῇ καταβάσει τοῦ
ὄρους τῶν ἐλαιῶν ἤρξατο ἀπαντᾶν πλῆθος τῶν μαθητῶν
χαίροντες καὶ αἰνοῦντες τὸν θεὸν φωνῇ μεγάλῃ περὶ πασῶν
15 ὧν εἶδον δυνάμεων, λέγοντες Εὐλογημένος ὁ βασιλεὺς ἐν
ὀνόματι κυρίου· ἐν οὐρανῷ εἰρήνη καὶ δόξα ἐν ὑψίστοις.
καί τινες τῶν Φαρισαίων ἀπὸ τοῦ ὄχλου εἶπαν πρὸς αὐτόν
Διδάσκαλε, ἐπιτίμησον τοῖς μαθηταῖς σου. καὶ ἀποκριθεὶς
εἶπε Λέγω ὑμῖν ὅτι ἐὰν οὗτοι σιωπήσωσιν, οἱ λίθοι κεκρά-
20 ξονται. καὶ ὡς ἤγγισεν, ἰδὼν τὴν πόλιν ἔκλαυσεν ἐπ' αὐτήν·
καὶ τὰ ἑξῆς, ἅπερ παρεθέμεθα.

22. Ὁ μέντοι γε Ἰωάννης μετὰ πλεῖστα ὅσα τοῦ· Καὶ Jo ii 13 f.
ἀνέβη εἰς Ἱεροσόλυμα ὁ Ἰησοῦς, καὶ εὗρεν ἐν τῷ ἱερῷ τοὺς
πωλοῦντας τοὺς βόας καὶ πρόβατα· ἑτέραν διηγούμενος
25 ἄνοδον τοῦ κυρίου εἰς Ἱεροσόλυμα, ταῦτά φησι μετὰ τὸ
πρὸ ἓξ ἡμερῶν τοῦ πάσχα ἐν Βηθανίᾳ δεῖπνον, ἐν ᾧ ἡ Μάρθα cf. Jo xii 1 f.
διηκόνει καὶ ὁ Λάζαρος ἀνέκειτο· Τῇ ἐπαύριον ὄχλος πολὺς Jo xii 12 ff.
ὁ ἐλθὼν εἰς τὴν ἑορτήν, ἀκούσαντες ὅτι ἔρχεται Ἰησοῦς εἰς
83 Ἱεροσόλυμα, ἔλαβον τὰ βαΐα τῶν φοινίκων καὶ ἐξῆλθον εἰς
30 ἀπάντησιν αὐτῷ, καὶ ἔκραζον Ὡσαννά, εὐλογημένος ἐν
ὀνόματι κυρίου ὁ βασιλεὺς τοῦ Ἰσραήλ. εὑρὼν δὲ ὁ Ἰησοῦς
ὀνάριον ἐκάθισεν ἐπ' αὐτό, καθώς ἐστι γεγραμμένον Μὴ

6 εὗρον] εὑρόντες

B.   14

Jo xii 15

φοβοῦ, θυγάτηρ Σιών· ἰδοὺ ὁ βασιλεύς σου ἔρχεται καθήμε-
νος ἐπὶ πῶλον ὄνου. ταῦτα δὲ νομίζω, εἰ καὶ ἐπιπλεῖον τῆς
λέξεως παρεθέμην τῶν εὐαγγελιστῶν, ἀναγκαίως πεποιη-
κέναι ὑπὲρ τοῦ καταστῆσαι τὴν κατὰ τὸ ῥητὸν διαφωνίαν·
τῶν μὲν τριῶν ἐν μιᾷ τῇ αὐτῇ εἰς Ἱεροσόλυμα ἐπιδημίᾳ 5
τοῦ κυρίου λεγόντων τὰ νομιζόμενα παρὰ τοῖς πολλοῖς τὰ
αὐτὰ εἶναι καὶ τῷ Ἰωάννῃ γεγραμμένα· τοῦ δὲ Ἰωάννου ἐν
δυσὶν ὑπὸ πολλῶν πράξεσι διϊσταμέναις μεταξὺ δηλου-
μένων καὶ εἰς διαφόρους τόπους ἐπιδημιῶν τοῦ κυρίου εἰς
Ἱεροσόλυμα ἀνόδοις ἀπαγγέλλοντος γεγονέναι τὰ ἐκκείμενα. 10
ἐγὼ μὲν οὖν ὑπολαμβάνω ἀδύνατον εἶναι τοῖς μηδὲν πέρα
τῆς ἱστορίας ἐν τούτοις ἐκδεχομένοις παραστῆσαι τὴν
δοκοῦσαν διαφωνίαν σύμφωνον ὑπάρχειν. εἰ δέ τις οἴεται
μὴ ὑγιῶς ἡμᾶς ἐξειληφέναι, συνετῶς ἀντιγραψάτω τῇ τοι-
αύτῃ ἡμῶν ἀποφάσει. 15

23. (16) Τὰ δὲ κινοῦντα ἡμᾶς εἰς τὴν περὶ τούτων
συμφωνίαν αἰτήσαντες τὸν διδόντα παντὶ τῷ αἰτοῦντι καὶ
ὀξέως ζητεῖν ἀγωνιζομένῳ, κρούοντές τε ὑπὲρ τοῦ ἀνοιχθῆναι
ἡμῖν ταῖς τῆς γνώσεως κλεισὶ τὰ κεκρυμμένα τῆς γραφῆς,
τὸν αὐτὸν κατὰ τὴν διδομένην ἡμῖν δύναμιν ἐκθησόμεθα 20
τρόπον. καὶ πρῶτόν γε ἴδωμεν τὴν τοῦ Ἰωάννου λέξιν
ἀρχομένην ἀπὸ τοῦ· Καὶ ἀνέβη εἰς Ἱεροσόλυμα ὁ Ἰησοῦς.

Jo ii 13

Ἱεροσόλυμα τοίνυν ἐστίν, ὡς αὐτὸς ἐν τῷ κατὰ Ματθαῖον
διδάσκει ὁ κύριος, τοῦ μεγάλου βασιλέως πόλις, οὐκ ἐν
κοιλάδι ἢ κάτω που κειμένη, ἀλλ' ἐν ὑψηλῷ ὄρει ᾠκοδο- 25
μημένη, καὶ Ὄρη κύκλῳ αὐτῆς· ἧς ἡ μετοχὴ αὐτῆς ἐπὶ τὸ
αὐτό· καὶ Ἐκεῖ ἀνέβησαν αἱ φυλαὶ κυρίου, μαρτύριον τῷ
Ἰσραήλ. καλεῖται δὲ καὶ ἡ πόλις αὐτὴ καὶ Ἱερουσαλήμ,
εἰς ἣν οὐδεὶς τῶν ἐπὶ γῆς ἀναβαίνει οὐδὲ εἰσέρχεται, καὶ
πᾶσά γε ἡ φυσικὸν ἔχουσα διάρμα ψυχή, καὶ ὀξύτητα 30
νοητῶν διορατικὴν ταύτης τῆς πόλεως πολίτης ὑπάρχει.
καὶ δυνατὸν ἐν ἁμαρτίᾳ εἶναι καὶ τὸν Ἱεροσολυμίτην· δυνα-

cf. Mt vii 7 f.

Mt v 35; cf. Ps xlvii (xlviii) 3; Mt v 14 Ps cxxiv (cxxv) 2 Ps cxxi (cxxii) 3 f.

1 θύγατηρ 20 τὸν αὐτὸν] ταυτ"

τὸν γὰρ καὶ τοὺς εὐφυεστάτους ἁμαρτάνειν, εἰ μὴ ἐπι-
στρέψαιεν μετὰ τὴν ἁμαρτίαν τάχιον, ἀπολόντας τὴν
εὐφυΐαν, καὶ μίαν τῶν ἀλλοτρίων τῆς Ἰουδαίας πόλεων οὐ
μόνον παροικήσοντας ἀλλὰ καὶ ἐγγραφησομένους. ἀνα-
5 βαίνει εἰς Ἱεροσόλυμα Ἰησοῦς μετὰ τὸ βοηθῆσαι τοῖς ἐν
Κανᾷ τῆς Γαλιλαίας καὶ ἑξῆς εἰς τὴν Καφαρναοὺμ κατα-
βεβηκέναι, ἵνα ποιήσῃ ἐν τοῖς Ἱεροσολύμοις τὰ γεγραμμένα.
184 εὗρε γοῦν ἐν τῷ ἱερῷ, ὅπερ καὶ οἶκος τοῦ πατρὸς εἶναι   Jo ii 14, 16
λέγεται τοῦ σωτῆρος, τουτέστιν ἐν τῇ ἐκκλησίᾳ, ἢ ἐν τῇ
10 ἐπαγγελίᾳ τοῦ ἐκκλησιαστικοῦ καὶ ὑγιαίνοντος λόγου τινὰς
τὸν οἶκον τοῦ πατρὸς ἐμπορίου ποιοῦντας οἶκον. καὶ ἀεί
τινας εὑρίσκει ὁ Ἰησοῦς ἐν τῷ ἱερῷ. πότε γὰρ ἐν τῇ
ὀνομαζομένῃ ἐκκλησίᾳ, ἥτις ἐστὶν οἶκος θεοῦ ζῶντος, στῦλος   1 Tim iii 15
καὶ ἑδραίωμα τῆς ἀληθείας, οὐκ εἰσί τίνες κερματισταὶ
15 καθήμενοι, δεόμενοι πληγῶν ἐκ τοῦ ἀπὸ Ἰησοῦ πεποιημένου   cf. Jo ii 15
φραγελλίου ἐκ σχοινίων, καὶ χρῄζοντες κολλυβισταὶ τοῦ
ἐκχεῖσθαι αὐτῶν τὰ κέρματα ἀνατρέπεσθαί τε αὐτῶν τὰς
τραπέζας; πότε δὲ οὐκ εἰσὶν οἱ ἀποδιδόμενοι ἐμπορικῶς οὓς
ἐχρῆν τηρεῖν ἐπ᾽ ἄροτρον βοῦς, ἵνα βαλόντες ἐπ᾽ αὐτὸ τὰς   cf. Lc ix 62
20 χεῖρας, καὶ μὴ στρεφόμενοι εἰς τὰ ὀπίσω γένωνται τῇ τοῦ
θεοῦ βασιλείᾳ εὔθετοι· πότε δὲ οὐκ εἰσὶν οἱ προτιμῶντες
τὸν τῆς ἀδικίας μαμωνᾶν τῶν τὴν ὕλην τοῦ κοσμεῖσθαι   cf. Lc xvi 9
αὐτοῖς παρεχόντων προβάτων; ἀεὶ δὲ πολλοί εἰσι καὶ οἱ
τοῦ ἀδόλου καὶ ἀκεραίου, ἐστερημένου γε πάσης πικρότητος
25 καὶ χολῆς, καταφρονοῦντες καὶ ταλαιπώρου κέρδους ἕνεκεν
προδιδόντες τὴν τῶν τροπικώτερον λεγομένων περιστερῶν
ἐπιμέλειαν. ἐπὰν οὖν εὕρῃ ὁ σωτὴρ ἐν τῷ ἱερῷ, οἴκῳ τοῦ
πατρὸς, τοὺς πωλοῦντας βόας καὶ πρόβατα καὶ περιστερὰς,
καὶ τοὺς κερματιστὰς καθημένους, ἐξελαύνει αὐτοὺς χρησά-
30 μενος τῷ ἐκ σχοινίων ὑπ᾽ αὐτοῦ πεποιημένῳ φραγελλίῳ,
ἅμα τοῖς ἐμπορικοῖς προβάτοις καὶ βουσὶν αὐτῶν, καὶ ἐκχεῖ

ὡς μὴ ἄξια τοῦ συνέχεσθαι τὰ κέρματα, δεικνὺς αὐτῶν τὸ
ἄχρηστον· ἀνατρέπει τε τὰς ἐν ταῖς ψυχαῖς τῶν φιλαργύρων
τραπέζας, λέγων καὶ τοῖς τὰς περιστερὰς πωλοῦσιν· Ἄρατε
ταῦτα ἐντεῦθεν· ἵνα μηκέτι ἐν τῷ ἱερῷ τοῦ θεοῦ ἐμπο-
ρεύωνται.

24. Οἶμαι δὲ ἔτι καὶ σημεῖον πεποιηκέναι αὐτὸν διὰ
τῶν εἰρημένων βαθύτερον, ὥστε σύμβολον ἡμᾶς νοεῖν γε-
γονέναι ταῦτα τοῦ μηκέτι μέλλειν τὴν περὶ τὸ ἱερὸν ἐκεῖνο
λατρείαν ὑπὸ τῶν ἱερέων κατὰ τὰς αἰσθητὰς θυσίας ἐπι-
τελεῖσθαι, μηδὲ τὸν νόμον τηρεῖσθαι κἂν ὡς ἐβούλοντο οἱ
σωματικοὶ Ἰουδαῖοι δύνασθαι ἔτι ἅπαξ· Ἰησοῦ γὰρ ἐκ-
βάλλοντος τοὺς βόας καὶ τὰ πρόβατα καὶ κελεύοντος
ἐκεῖθεν αἴρεσθαι τὰς περιστερὰς, οὐκέτι δὲ βόες καὶ πρό-
βατα καὶ περιστεραὶ ἐπὶ πολὺ θύεσθαι κατὰ Ἰουδαίων ἔθη
ἔμελλον. καὶ οἷόν τέ ἐστι τὰ νομίσματα, τῶν σωματικῶν
νόμων καὶ μὴ τοῦ θεοῦ ἐχόντων τοὺς χαρακτῆρας τύπους
τυγχάνοντα, ἐκκεχύσθαι, ἐπεὶ ἡ σεμνὴ εἶναι δοκοῦσα κατὰ
τὸ ἀποκτεῖνον γράμμα νομοθεσία Ἰησοῦ ἐληλυθότος καὶ 185
ταῖς κατὰ τοῦ λαοῦ μάστιξι χρησαμένου διαλύεσθαι καὶ
ἐκχεῖσθαι ἔμελλε, μεθισταμένης τῆς ἐπισκοπῆς ἐπὶ τοὺς
ἀπὸ τῶν ἐθνῶν πιστεύοντας, εἰς θεὸν διὰ Χριστοῦ πιστεύ-
οντας, καὶ αἰρομένης ἀπ' ἐκείνων τῆς βασιλείας τοῦ θεοῦ,
διδομένης τε ἐν ἔθνει ποιοῦντι τοὺς καρποὺς αὐτῆς. δύναται
δὲ καὶ φύσει ἱερὸν εἶναι ἡ εὐφυὴς ἐν λόγῳ ψυχή, διὰ τὸν
συμπεφυκότα λόγον ἀνωτέρω τυγχάνουσα τοῦ σώματος, εἰς
ἣν ἀπὸ τῆς Καφαρναοὺμ, κάτω που κειμένης ταπεινότερα,
ἀναβαίνει ὁ Ἰησοῦς, ἐν ᾧ εὑρίσκεται τὰ πρὸ τῆς ἀπὸ Ἰησοῦ
παιδεύσεως γήϊνα καὶ ἀνόητα καὶ χαλεπὰ κινήματα, καὶ τὰ
νομιζόμενα οὐκ ὄντα δὲ καλά, ἅπερ τῷ πεπλεγμένῳ ἐξ
ἀποδεικτικῶν ἐλεγκτικῶν δογμάτων λόγῳ ἀπελαύνεται ὑπὸ
τοῦ Ἰησοῦ, ἵνα μηκέτι ὁ τοῦ πατρὸς αὐτοῦ οἶκος ἐμπορίου ᾖ,
ἀλλὰ ἀπολάβῃ τὴν κατὰ τοὺς οὐρανίους καὶ πνευματικοὺς

Margin references:
Jo ii 16
cf. Jo ii 15
cf. 2 Co iii 6
cf. Mt xxi 43
cf. Jo ii 16

Line numbers: 5, 10, 15, 185, 20, 25, 30

---

1 τοῦ νέχεσθαι τὰ συνέχεσθαι τὰ   6 ἔτι] ὅτι   15 ἔμελλεν
16 νόμων] νᵒνᵒ   24 ἱεροῦ   32 οὐρανοὺς

νόμους ἐπιτελουμένην ὑπὲρ σωτηρίας αὐτῆς τε καὶ πλειόνων
θεραπείαν τοῦ θεοῦ. σύμβολον δὲ τῶν μὲν γηΐνων ὁ βοῦς,
γεωπόνος γάρ· τῶν δὲ ἀνοήτων καὶ κτηνωδῶν τὸ πρόβατον,
ἐπειδὴ τὸ ζῶον ἀνδραποδῶδες παρὰ πολλὰ τῶν ἀλόγων
5 ἐστί· τῶν δὲ κούφων καὶ εὐριπίστων λογισμῶν ἡ περιστερά·
τῶν δὲ νομιζομένων καλῶν τὰ κέρματα.

25. Ἐὰν δέ τις προσκόπτῃ τῇ τοιαύτῃ ἀποδόσει διὰ
τὸ καθαρὰ εἶναι τὰ παραληφθέντα εἰς τὴν γραφὴν ζῶα,
λεκτέον ὅτι ἀπίθανος ἂν ἦν ἡ γραφὴ κατὰ τὴν ἐνδεχομένην
10 ἱστορίαν γεγονέναι ἀπαγγελλομένη· ἐν τῷ ναῷ γὰρ τοῦ
θεοῦ οὐχ οἷόν τε ἦν ἀπαγγέλλεσθαι γεγονέναι ἑτέρων παρὰ
τὰ καθαρὰ ζώων ἀγέλης εἴσοδον, καὶ εἰς ἐμπορίαν ἄλλων
παρὰ τὰ θυόμενα. διόπερ τῷ ὑπὸ τῶν ἐμπόρων κατὰ τοὺς
τῶν Ἰουδαϊκῶν ἑορτῶν χρόνους γενομένῳ, ἐπεισαγόντων τῷ
15 ἐξωτέρῳ περιβόλῳ τοῦ ναοῦ ταῦτα τὰ ζῶα, ἐχρήσατο ὁ
εὐαγγελιστὴς, ὡς οἶμαι, καὶ γεγενημένῳ συγχρησάμενος
πράγματι. καίτοιγε ᾧ μέλει τῆς ἀκριβεστέρας ἐξετάσεως
ἐπισκοπήσει εἰ κατὰ τὸ ἐν τῷ βίῳ τούτῳ ἀξίωμα τοῦ Ἰησοῦ
ἦν, νομιζομένου υἱοῦ εἶναι τέκτονος, τὸ τηλικοῦτο ποιῆσαι
20 θαρρῆσαι ὥστε ἐξελάσαι πλῆθος ἐμπόρων, ἐπὶ τὴν ἑορτὴν
ἀνεληλυθότων τοσούτῳ ἀποδίδοσθαι λαῷ πρόβατα τυθησό- cf. Ex xii 3
μενα κατ' οἴκους πατριῶν αὐτῶν, ἐν πλειόνων μυριάδων
ἀριθμῷ τυγχάνοντα, καὶ βοῦς τοῖς πλουσιωτέροις καὶ τηλι-
καῦτα εὐξαμένοις παραθησομένους, περιστεράς τε ἅς τινες
25 πολλοὶ ὡς ἐν πανηγύρει εὐωχηθησόμενοι ὠνοῦντο ἄν· τῶν cf. Jo ii 14 f.
τε τραπεζιτῶν μὴ ὕβρεως κατηγορῆσαι τοῦ Ἰησοῦ ἐκχεό-
μενα ἰδόντων τὰ χρήματα καὶ ἀνατρεπομένας τὰς τραπέζας.
186 τίς δὲ τῷ ἐκ σχοινίων φραγελλίῳ ὑπὸ τοῦ νομιζομένου παρ'
αὐτοῖς εὐτελοῦς τυπτόμενος καὶ ἀπελαυνόμενος οὐκ ἂν
30 ἐπιλαβόμενος κατεβόησε καὶ ἐκ χειρὸς τὴν δίκην ἐποιήσατο,
καὶ ταῦτα τοσοῦτο πλῆθος τῶν συνυβρίζεσθαι δοξάντων
συνεργοῦν κατὰ τοῦ Ἰησοῦ ἔχων; ἐπινοήσωμεν δὲ τὸν υἱὸν

τοῦ θεοῦ λαμβάνοντα τὰ σχοινία καὶ ἑαυτῷ φραγέλλιον ἐπὶ
τῷ ἐξελάσαι τοῦ ναοῦ πλέκοντα εἰ μὴ ἐμφαίνει πρὸς τῷ
αὐθάδει καὶ θρασυτέρῳ καὶ τὸ ἄτακτον. μία δὲ καταφυγὴ
τῆς πρὸς ταῦτα ἀπολογίας καταλείπεται τῷ καὶ τὴν ἱστορίαν
σῶσαι θέλοντι, ἡ θειοτέρα τοῦ Ἰησοῦ δύναμις, οἷου τε ὄντος, 5
ὅτε ἐβούλετο, καὶ θυμὸν ἐχθρῶν ἀναπτόμενον σβέσαι καὶ
μυριάδων θείᾳ χάριτι περιγενέσθαι καὶ λογισμοὺς θορυ-
Ps xxxii
(xxxiii) 10 f. βοῦντας διασκεδάσαι· Κύριος γὰρ διασκεδάσει βουλὰς
ἐθνῶν, καὶ ἀθετεῖ δὲ λογισμοὺς λαῶν, ἡ δὲ βουλὴ τοῦ
κυρίου εἰς τὸν αἰῶνα μένει· ὥστε μηδενὸς τῶν σφόδρα 10
παραδόξως ὑπ᾽ αὐτοῦ γεγενημένων καὶ προκαλεσαμένων διὰ
τῆς θειότητος εἰς πίστιν τοὺς τεθεωρηκότας ἐλάττονα ἐμ-
φαίνειν ἐνεργηθεῖσαν δύναμιν τὴν κατὰ τὸν τόπον ἱστορίαν,
εἴ γε καὶ αὐτὴ γεγένηται. καὶ μείζονα δ᾽ αὐτὴν ἔστιν
ἀποφήνασθαι τῆς γεγενημένης περὶ τοῦ ἐν Κανᾷ τῆς 15
Γαλιλαίας μεταβεβληκότος ὕδατος εἰς οἶνον, τῷ ἐκεῖ μὲν
ἄψυχον ὕλην εἶναι τὴν γεγραμμένην, ἐνθάδε δὲ τῶν τοσού-
των μυριάδων δεδουλῶσθαι τὰ ἡγεμονικά. παρατηρητέον
cf. Jo ii 1 μέντοι γε ὅτι ἐν μὲν τῷ γάμῳ ἡ μήτηρ τοῦ Ἰησοῦ εἶναι
λέγεται, κεκλῆσθαι δὲ ὁ Ἰησοῦς καὶ οἱ μαθηταὶ αὐτοῦ· εἰς 20
cf. Jo ii 12 f. δὲ τὴν Καφαρναοὺμ καταβεβηκέναι οὐδεὶς πλὴν Ἰησοῦ
κατείλεκται. φαίνονται δ᾽ ὕστερον καὶ οἱ μαθηταὶ παρόν-
Jo ii 17 τες, εἴ γε ἐμνήσθησαν ὅτι Ὁ ζῆλος τοῦ οἴκου σου κατα-
φάγεταί με. καὶ τάχα ἐν ἑκάστῳ τῶν μαθητῶν ὁ Ἰησοῦς
ἀναβαίνων εἰς Ἱεροσόλυμα ἦν, διόπερ οὐκ εἴρηται τὸ Ἀνέβη 25
Ἰησοῦς εἰς Ἱεροσόλυμα καὶ οἱ μαθηταὶ αὐτοῦ· ὥσπερ
Κατέβη εἰς Καφαρναοὺμ αὐτὸς καὶ ἡ μήτηρ αὐτοῦ καὶ οἱ
ἀδελφοὶ καὶ οἱ μαθηταὶ αὐτοῦ.
cf. Jo ii 15 f. 26. (17) Ἤδη δὲ τὰ συγγενῆ τῷ τόπῳ, ἐκβεβλῆσθαι
ἀπὸ τοῦ ἱεροῦ τοὺς ποιοῦντας αὐτὸν οἶκον ἐμπορίου, παρὰ 30
τοῖς λοιποῖς κείμενα κατανοητέον. καὶ πρῶτόν γε τὰ παρὰ

8 διασκεδάσαι   17 γεγραμμένην] ut vid. litt. ρα male laesae
sunt   21 τὴν Καφαρναοὺμ καταβεβηκέναι] Forsan legendum τὰ
Ἱεροσόλυμα ἀναβεβηκέναι   31 παρὰ] περὶ

τῷ Ματθαίῳ, ὅς φησιν εἰσελθόντος τοῦ κυρίου εἰς Ἱερο- Mt xxi 11
σόλυμα σεσεῖσθαι πᾶσαν τὴν πόλιν, λέγουσαν· Τίς ἐστιν
οὗτος; πρὸ δὲ τούτων διηγεῖται τὰ περὶ τὴν ὄνον καὶ τὸν cf. Mt xxi 1 ff.
πῶλον, ληφθέντα προστάξει τοῦ κυρίου, ὑπὸ δύο μαθητῶν
187 ἀποσταλέντων ὑπ' αὐτοῦ ἀπὸ Βηθφαγὴ εἰς τὴν κατέναντι
αὐτῆς κώμην εὑρημένα, ὅπου καὶ λύεται ὑπὸ τῶν δύο μαθη-
τῶν ἡ πρότερον δεδεμένη ὄνος κελευσθέντων, ἐάν τις αὐτοῖς
εἴπῃ τι, ἀποκρίνασθαι ὡς ἄρα Ὁ κύριος αὐτῶν χρείαν ἔχει·
καὶ εὐθὺς αὐτοὺς ἀποστέλλει. ἀπαγγέλλει δὲ πληροῦσθαι
10 προφητείαν διὰ τούτων γεγενημένων τὴν φάσκουσαν· Ἰδοὺ cf. Zech ix 9
ὁ βασιλεὺς ἔρχεται πραῢς καὶ ἐπιβεβηκὼς ἐπὶ ὄνον καὶ
πῶλον υἱὸν ὑποζυγίου, ἥντινα παρὰ τῷ Ζαχαρίᾳ εὕρομεν.
ὡς δὲ πορευθέντες οἱ μαθηταὶ καὶ ποιήσαντες ὡς προσέ- Mt xxi 6—9
ταξεν αὐτοῖς ὁ Ἰησοῦς ἤγαγον τὴν ὄνον καὶ τὸν πῶλον, καὶ
15 ἐπέθηκαν, φησὶν, ἐπ' αὐτῶν τὰ ἱμάτια ἑαυτῶν καὶ ἐπεκά-
θισεν ἐπάνω αὐτῶν ὁ κύριος, δῆλον δ' ὅτι καὶ τῆς ὄνου καὶ
τοῦ πώλου, ὅτε καὶ ὁ πλεῖστος ὄχλος ἔστρωσαν τὰ ἱμάτια
ἐν τῇ ὁδῷ, ἄλλοι δὲ ἔκοπτον κλάδους ἀπὸ τῶν δένδρων καὶ
ἔστρωσαν ἐν τῇ ὁδῷ, τῶν προαγόντων καὶ ἀκολουθούντων
20 ὄχλων κεκραγότων Ὡσαννὰ τῷ υἱῷ Δαβίδ, εὐλογημένος ὁ
ἐρχόμενος ἐν ὀνόματι κυρίου, ὡσαννὰ ἐν τοῖς ὑψίστοις.
πλὴν ὡς διὰ ταῦτα εἰσελθόντος αὐτοῦ εἰς Ἱεροσόλυμα Mt xxi 11—
ἐσείσθη πᾶσα ἡ πόλις, λέγουσα Τίς ἐστιν οὗτος; οἱ ὄχλοι, 13
δηλονότι οἱ προάγοντες καὶ ἀκολουθοῦντες, ἀπεκρίναντο
25 τοῖς ἐρωτῶσι τίς εἴη τό· Οὗτός ἐστιν ὁ προφήτης Ἰησοῦς,
ὁ ἀπὸ Ναζαρὲτ τῆς Γαλιλαίας. καὶ εἰσῆλθεν Ἰησοῦς εἰς
τὸ ἱερὸν, καὶ ἐξέβαλλε πάντας τοὺς πωλοῦντας καὶ ἀγο-
ράζοντας ἐν τῷ ἱερῷ καὶ τὰς τραπέζας τῶν κολλυβιστῶν
κατέστρεψε καὶ τὰς καθέδρας τῶν πωλούντων τὰς περι-
30 στεράς. καὶ λέγει αὐτοῖς Γέγραπται Ὁ οἶκός μου οἶκος
προσευχῆς κληθήσεται· ὑμεῖς δὲ αὐτὸν ποιεῖτε σπήλαιον
λῃστῶν. πευσόμεθα δὴ τῶν πέρα τῆς ἱστορίας μηδὲν οἰο-

14 τὸν ὄνον   καὶ 2°] om.   **20** ὄχλον   **23** ἡ] om.
25 εἴη τό] ἐλῆτο   **32** πνευσόμεθα

μένων προκεῖσθαι γράφοντι τῷ Ματθαίῳ τὸ εὐαγγέλιον, τί
ἦν τὸ ἐπεῖγον πεμφθῆναι τῶν μαθητῶν δύο εἰς τὴν κατέ-
ναντι τῆς Βηθφαγῆς κώμην ὑπὲρ τοῦ εὑρόντας αὐτοὺς
δεδεμένην ὄνον καὶ πῶλον μετ᾽ αὐτῆς λῦσαι καὶ ἀγαγεῖν
αὐτῷ; τί δὲ ἄξιον ἀναγραφῆς ἦν γενόμενον τῷ ἐπικαθε- 5
σθέντι ὄνῳ καὶ πώλῳ καὶ εἰσεληλυθότι εἰς τὴν πόλιν; τί δὲ
μετὰ περὶ τοῦ χριστοῦ προφητεύων ὁ Ζαχαρίας φησί·

Zech ix 9 Χαῖρε σφόδρα, θύγατερ Σιών· κήρυσσε, θύγατερ Ἱερου-
σαλήμ· ἰδοὺ ὁ βασιλεύς σου ἔρχεταί σοι δίκαιος καὶ σώζων,
αὐτὸς πραῢς καὶ ἐπιβεβηκὼς ἐπὶ ὑποζύγιον καὶ πῶλον νέον; 10
εἰ γὰρ ἡ προφητεία αὕτη τὸ παρὰ τοῖς εὐαγγελισταῖς δη-
λούμενον σωματικὸν μόνον προλέγει, τὴν ἀκολουθίαν τῆς
προφητείας σωζέτωσαν ἡμῖν οἱ ἐπὶ τοῦ γράμματος ἱστάμενοι
Zech ix 10 οὕτως ἔχουσαν· Καὶ ἐξολοθρεύσει ἅρματα ἐξ Ἐφραὶμ καὶ 188
ἵππον ἐξ Ἱερουσαλήμ, καὶ ἐξολοθρευθήσεται τόξον πολε- 15
μικόν, καὶ πλῆθος καὶ εἰρήνη ἐξ ἐθνῶν, καὶ κατάρξει ὑδάτων
ἕως θαλάσσης, καὶ ποταμῶν διεκβολὰς γῆς, καὶ τὰ ἑξῆς.
ἰστέον μέντοι γε ὅτι οὐχ ὡς κεῖται παρὰ τῷ προφήτῃ ἡ
λέξις ἐξέθετο αὐτὴν ὁ Ματθαῖος. ἀντὶ γὰρ τοῦ· Χαῖρε
σφόδρα, θύγατερ Σιών· κήρυσσε, θύγατερ Ἱερουσαλήμ· 20
Mt xxi 5 πεποίηκεν· Εἴπατε τῇ θυγατρὶ Σιών· ἐπιτεμνόμενος τὸ
προφητικόν· παρεσιώπησε δὲ καὶ τό· Δίκαιος καὶ σώζων
αὐτός· καὶ εἰπὼν ὡς κεῖται τό· Πραῢς καὶ ἐπιβεβηκώς·
ἀντὶ τοῦ· Ἐπὶ ὑποζύγιον καὶ πῶλον νέον· ἀνέγραψεν· Ἐπὶ
ὄνον καὶ πῶλον υἱὸν ὑποζυγίου. 25

27. Καὶ Ἰουδαῖοι δὲ συνεξετάζοντες τὸν τῆς προφητείας
εἱρμὸν τοῖς περὶ Ἰησοῦ ἀναγεγραμμένοις, οὐκ εὐκαταφρο-
νήτως ἡμᾶς θλίβουσιν ἀπαιτοῦντες πῶς ὁ Ἰησοῦς ἐξωλό-
θρευσεν ἅρματα ἐξ Ἐφραὶμ καὶ ἵππον ἐξ Ἱερουσαλήμ, καὶ
ἐξωλόθρευσε τόξον πολεμικόν, καὶ τὰ ἑξῆς πεποίηκε· καὶ 30
ταῦτα μὲν περὶ τῆς προφητείας. ἐὰν δὲ τὸ μῆκος τῆς ὁδοῦ
αἰτιάσωνται, μηδὲν ἄξιον τῆς τοῦ υἱοῦ τοῦ θεοῦ οἰκονομίας

12 προλέγειν   21 ἐπιτεμόμενος

εὑρίσκοντες εἰς τὸν περὶ τῆς ὄνου καὶ πώλου λόγον, πρῶτον
μὲν οἱ ιε´ σταδίοις βραχεῖ διαστήματι οὖσι προσχρώμενοι οὐ
πάνυ τι ἀπολογίαν εὔλογον κομιοῦσι τῆς ὁδοῦ· δεύτερον δὲ
πῶς δύο κτηνῶν εἰς τὴν οὕτω βραχεῖαν δεῖται ὁδὸν λεγέ-
5 τωσαν ἡμῖν· Ἐπεκάθισε γάρ, φησίν, ἐπάνω αὐτῶν.   ἔτι δὲ   Mt xxi 7, 3
καὶ τό· Ἐάν τις ὑμῖν εἴπῃ, ἐρεῖτε ὅτι ὁ κύριος αὐτῶν χρείαν
ἔχει· εὐθὺς δὲ ἀποστέλλει αὐτούς· οὐκ οἶμαι ἄξιον εἶναι τοῦ
μεγέθους τῆς τοῦ υἱοῦ θειότητος, ὥστε εἰπεῖν τὴν τηλι-
καύτην φύσιν χρείαν ὁμολογεῖν ἔχειν ὄνου ἀπὸ δεσμῶν
10 λυομένης, καὶ πώλου σὺν αὐτῇ ἐρχομένου· δεῖ γὰρ μέγα
εἶναι πᾶν, οὗ χρείαν ἔχει ὁ υἱὸς τοῦ θεοῦ, καὶ ἄξιον τῆς
χρηστότητος αὐτοῦ.   πρὸς δὲ τούτοις ὁ στρωννύων αὐτοῦ τὰ   cf. Mt xxi 8
ἱμάτια πλεῖστος ὄχλος ἐν τῇ ὁδῷ, ἀνεχομένου τούτων τοῦ
Ἰησοῦ καὶ μὴ ἐπιτιμῶντος, ὡς δῆλον ἐκ τῶν παρ᾽ ἄλλοις
15 κειμένων· Ἐὰν οὗτοι σιωπήσωσιν, οἱ λίθοι κράξουσιν· οὐκ   Lc xix 40
οἶδα εἰ μὴ βλακείαν τινὰ ἐμφαίνουσι τοῦ ἐπὶ τοῖς τοιούτοις,
εἰ μηδὲν ἄλλο ἀπ᾽ αὐτῶν δηλοῦται, εὐφραινομένου.   τὸ δὲ
καὶ κοπτομένους κλάδους ἀπὸ τῶν δένδρων στρωννῦσθαι ἐν
τῇ ὁδῷ ὄνων διερχομένων ἐμπόδια μᾶλλον δόξαι ἂν εἶναι τοῦ
20 ὀχλουμένου ἤπερ λελογισμένη ἀποδοχή.   ὅσα δὲ ἐπηπορή-
σαμεν ἐκ τῶν τοῦ ἱεροῦ ὑπ᾽ αὐτοῦ ἐκβαλλομένων, ταῦτα καὶ
189 ἔτι μείζονα ἐνθάδε λεκτέον.   ἐν μὲν γὰρ τῷ κατὰ Ἰωάννην
ἐκβάλλει τοὺς ἀγοράζοντας· ὁ δὲ Ματθαῖος φησιν ὅτι
Ἐξέβαλε πάντας τοὺς πωλοῦντας καὶ ἀγοράζοντας ἐν τῷ   Mt xxi 12
25 ἱερῷ.   πολλῷ δὲ ὡς εἰκὸς ἀριθμὸς τῶν ἀγοραζόντων πλείων
ἦν παρὰ τοὺς πωλοῦντας.   καὶ ἐπιστήσωμεν εἰ μὴ τὸ πάντας
ἐκβάλλεσθαι τοὺς πωλοῦντας καὶ ἀγοράζοντας ἐν τῷ ἱερῷ
παρὰ τὸ ἀξίωμα τοῦ νομιζομένου υἱοῦ τέκτονος εἶναι ἐτύγ-   cf. Mt xiii 55:
χανεν, εἰ μὴ ἄρα, ὡς κἀκεῖ ἐλέγομεν, θειοτέρᾳ δυνάμει τοὺς   Mc vi 3
30 πάντας ὑπέτασσεν, χαλεπώτερα ὅσον ἐπὶ τοῖς λοιποῖς εὐ-
αγγελισταῖς παρὰ τὸν Ἰωάννην ἀκούσαντας.   ὁ μὲν γὰρ

1 πώλον   2 ιε´] incert. ιε´ an κ´ leg. MS. quod male laesum
est   16 τι ἀνεμφαίνουσιν   17 τὸ] om.   19 μᾶλλον]
λαμβα   20 ἀποδοχῆς   22 ἔτι] ἐπί τι

Jo ii 16 Ἰωάννης φησὶν αὐτοῖς εἰρῆσθαι ὑπὸ τοῦ Ἰησοῦ· Μὴ ποιεῖτε
τὸν οἶκον τοῦ πατρός μου οἶκον ἐμπορίου· οἱ δὲ λοιποὶ
cf. Mt xxi 13 σπήλαιον λῃστῶν ἐλέγχονται πεποιηκότες τὸν οἶκον τῆς
προσευχῆς, οὐ χωροῦντος τοῦ οἴκου τοῦ πατρὸς ὥστε γε-
νέσθαι σπήλαιον λῃστῶν, ἀλλὰ μέχρι τοσούτου ὑπὸ τῶν 5
ἁμαρτανόντων φερομένου ὡς οἶκον ἐμπορίου αὐτὸν γενέσθαι.
μόνον δὲ τῆς προσευχῆς οἶκος, οὐ πάντως οἶκος τοῦ πατρὸς
ὤν, ἀμεληθεὶς καὶ λῃστὰς παραδέξεται, οὐ γινόμενος αὐτῶν
οἶκος, ἀλλὰ σπήλαιον, πρᾶγμα οὐχ ὑπὸ ἀρχιτεκτονικῆς καὶ
λογικῆς ἐντρεχείας γεγενημένον.   10

28. (18) Τὸ μὲν οὖν ἰδεῖν ὡς ἔχει ταῦτα νοῦ ἀληθοῦς
1 Co ii 16, 12 τοῦ δοθέντος τοῖς λέγουσιν· Ἡμεῖς δὲ νοῦν Χριστοῦ ἔχομεν,
ἵνα ἴδωμεν τὰ ὑπὸ τοῦ θεοῦ χαρισθέντα ἡμῖν· μεῖζον ἢ καθ'
ἡμᾶς εἶναι πειθόμεθα. οὐδὲ γὰρ ἀδόλωτον ἡμῶν ἐστι τὸ
ἡγεμονικόν, οὐδὲ οἱ ὀφθαλμοὶ ὁποίους δεῖ εἶναι τοὺς τῆς 15
καλῆς νύμφης Χριστοῦ ὀφθαλμούς, περὶ ὧν φησιν ὁ
Cant i 15 νυμφίος· Ὀφθαλμοί σου περιστεραί· τάχα αἰνισσόμενος
τὴν τῶν πνευματικῶν κατανοητικὴν δύναμιν, διὰ τὸ καὶ τὸ
πνεῦμα τὸ ἅγιον ὡς περιστερὰν ἐληλυθέναι ἐπὶ τὸν κύριον
καὶ τὸν ἐν ἑκάστῳ κύριον· ἀλλ' ὅμως καὶ οὕτως ἔχοντες 20
οὐκ ἀποκνήσομεν, ψηλαφῶντες τοὺς εἰρημένους τῆς ζωῆς
λόγους, πειραθῆναι λαβέσθαι αὐτῶν τῆς ἀπορρεούσης εἰς
τὸν μετὰ πίστεως ἁψάμενον δυνάμεως. Ἰησοῦς τοίνυν ἐστὶν
ὁ τοῦ θεοῦ λόγος, ὅστις εἰσέρχεται εἰς τὴν Ἱεροσόλυμα
καλουμένην ψυχήν, ὀχούμενος τῇ ὑπὸ τῶν μαθητῶν λελυμένῃ 25
ἀπὸ τῶν δεσμῶν ὄνῳ, λέγω δὲ τοῖς ἀφελέσι τῆς παλαιᾶς
διαθήκης γράμμασι, σαφηνιζομένοις ὑπὸ τῶν λυόντων αὐτὰ
μαθητῶν δύο· τοῦ τ' ἐπὶ τὴν θεραπείαν τῆς ψυχῆς ἀνάγοντος
τὰ γεγραμμένα, καὶ ἐπ' αὐτὴν αὐτὰ ἀλληγοροῦντος, καὶ τοῦ
τὰ μέλλοντα ἀγαθὰ καὶ ἀληθινὰ διὰ τῶν ἐν τῇ σκιᾷ κειμένων 30
παριστάντος. ὀχεῖται δὲ καὶ τῷ νέῳ πώλῳ, τῇ καινῇ δια-
θήκῃ· ἐν ἀμφοτέραις γὰρ ἔστιν εὑρεῖν τὸν καθαίροντα ἡμᾶς

11 ὡς] ἔχει ἢ   15 οἱ] om.   21 ἀποκνήσομεν (vid.)

190 τῆς ἀληθείας λόγον καὶ ἀπελαύνοντα τοὺς πωλοῦντας καὶ cf. 2 Co vi 7
ἀγοράζοντας ἐν ἡμῖν πάντας λογισμούς. μόνος δὲ εἰς τὴν
Ἱεροσόλυμα ψυχὴν οὐκ ἔρχεται, ἀλλ᾽ οὐδὲ μετὰ ὀλίγων
τινῶν· πολλὰ γὰρ τὰ προάγοντα τὸν τελειοῦντα ἡμᾶς λόγον cf. Mt xxi 9
5 θεοῦ δεῖ ἐν ἡμῖν γενέσθαι, καὶ ἕτερα πλεῖστα ὅσα τὰ
ἑπόμενα αὐτῷ· πάντα μέντοι γε αὐτὸν ὑμνοῦντα καὶ δοξά-
ζοντα, καὶ τὸν ἴδιον κόσμον καὶ περιβολὴν αὐτῷ ὑποτιθέντα,
ἵνα αὐτοῦ τὰ ὀχήματα μὴ ἅπτηται γῆς, ἔχοντα τὸν οὐρανόθεν cf. Dan viii 5
καταβεβηκότα ἐπαναπαυόμενον αὐτοῖς. ἵνα δὲ ἔτι μᾶλλον
10 ἀνωτέρω τῆς γῆς τυγχάνωσιν οἱ ὀχοῦντες αὐτὸν παλαιοὶ
καὶ καινοὶ λόγοι τῶν γραφῶν, ἐκκόπτεσθαι κλάδους δεῖ ἀπὸ cf. Mt xxi 8
τῶν δένδρων, ἵνα βαίνωσιν ἐπὶ τῶν εὐλόγως ἐκκειμένων.
δύνανται δὲ οἱ προάγοντες καὶ ἀκολουθοῦντες αὐτῷ ὄχλοι
δηλοῦν καὶ τὰς ἀγγελικὰς συνεργείας, τινὰς μὲν εὐτρεπι-
15 ζούσας αὐτῷ τὴν ὁδὸν ἐν ταῖς ψυχαῖς ἡμῶν, δι᾽ ὧν αὐταὶ
κεκόσμηνται, τινῶν δὲ ἐπακολουθούντων τῇ αὐτοῦ ἐν ἡμῖν
παρουσίᾳ, περὶ ἧς πολλάκις εἰρηκότες νῦν εἰς τοῦτο μαρτυ-
ριῶν οὐ χρήζομεν.

29. Καὶ τάχα οὐκ ἀλόγως ὄνῳ εἴκασα τὰς περιστάσας
20 φωνὰς τὸν ἄγοντα αὐτὸν εἰς τὴν ψυχὴν λόγον· ἀχθοφόρον
γὰρ τὸ ζῶον, πολὺ δὲ τὸ ἄχθος καὶ φορτίον βαρὺ δηλοῦται
ἀπὸ τῆς λέξεως, καὶ μάλιστα τῆς παλαιοτέρας, ὡς δῆλον τῷ
ἐφιστάντι τοῖς ὑπὸ Ἰουδαίων γινομένοις. οὐχ οὕτω δὲ ὁ
πῶλος ἀχθοφόρον ὡς ἡ ὄνος. εἰ γὰρ καὶ βαρὺ πᾶν τὸ τοῦ
25 γράμματος φορτίον ἐστὶ τὸ ἀνώφορον καὶ κουφότατον τοῦ
πνεύματος χωρεῖν μὴ δυναμένοις, ἀλλά γε ἔλαττον ἔχει
βάρος τὸ καινὸν γράμμα παρὰ τὸ πρεσβύτερον. οἶδα δέ
τινας τὴν μὲν δεδεμένην ὄνον ἐξειληφότας τοὺς ἐκ περιτομῆς
πιστεύοντας, πολλῶν δεσμῶν ὑπὸ τῶν γνησίως τῷ λόγῳ
30 πνευματικῶς μεμαθητευμένων ἀπολυομένους, τὸν δὲ πῶλον
τοὺς ἀπὸ τῶν ἐθνῶν, ἀνέτους πρὶν παραδέξωνται τὸν Ἰησοῦ

4 προσάγοντα pr. man.   8 οὐρανόθεν] οὐρανὸν ὅθεν   9 ἔτι]
ἐπὶ   10 παλαιοὶ] παλαρὶ   15 αὐτοὶ   19 εἴκασε   20 αὐτὰς
21 δηλοῦνται   26 χωροῦν

λόγον καὶ ἔξω παντὸς ἐπικειμένου ζυγοῦ κατὰ τὸ ἀφηνια-
στικὸν καὶ φιλήδονον γεγενημένους. εἰ καὶ μὴ εἰρήκασι
δὲ οὗτοι τοὺς προάγοντας καὶ ἀκολουθοῦντας ὄχλους, οὐκ
ἀπίθανόν ἐστιν ἐφαρμόσαι τοὺς μὲν προάγοντας Μωσεῖ καὶ
τοῖς προφήταις, τοὺς δὲ ἐπακολουθοῦντας τοῖς ἱεροῖς ἀπο- 5
στόλοις, οἵτινες ἅπαντες εἰσέρχονται εἰς ποιὰν Ἰεροσόλυμα,
ὅσον κατὰ τοῦτον τὸν λόγον ζητητέον, ἔχοντα πωλοῦντας
καὶ ἀγοράζοντας πολλοὺς ἐξελαυνομένους ὑπὸ τοῦ υἱοῦ τοῦ
θεοῦ.

cf. Ps cxxi (cxxii) 3 f. καὶ τάχα ἡ ἄνω Ἰερουσαλήμ, εἰς ἣν ἀναβήσεται ὁ 191
κύριος, ἡνιοχῶν τοὺς ἐκ περιτομῆς καὶ ἐθνῶν πιστεύοντας, 10
προαγόντων αὐτὸν καὶ ἀκολουθούντων ἤτοι προφητῶν καὶ
ἀποστόλων, ἢ τῶν διακονούντων αὐτῷ ἀγγέλων, δύνανται
γὰρ καὶ οὕτω δηλοῦσθαι ἀπὸ τῶν προαγόντων καὶ ἀκολου-
θούντων αὐτῷ, λέγεται νῦν, ἢ εἶχε πρὸ τῆς ἀνόδου αὐτοῦ
Eph vi 12 τὰ λεγόμενα πνευματικὰ τῆς πονηρίας ἐν τοῖς ἐπουρανίοις, 15
ἢ τοὺς Χαναναίους καὶ Χετταίους καὶ Ἀμορραίους καὶ τοὺς
λοιποὺς πολεμίους τοῦ λαοῦ, καὶ ἁπαξαπλῶς τοὺς ἀλλο-
τρίους, κἀκεῖ πως δυναμένης τῆς προφητείας πεπληρῶσθαι,
Is i 7 λεγούσης· Ἡ γῆ ὑμῶν ἔρημος, αἱ πόλεις ὑμῶν πυρίκαυστοι,
τὴν χώραν ὑμῶν ἐνώπιον ὑμῶν ἀλλότριοι κατεσθίουσιν αὐτήν. 20
οὗτοι γάρ εἰσιν οἱ τὸν οὐράνιον τοῦ πατρὸς οἶκον, τὴν ἁγίαν
Ἰερουσαλήμ, τὸν οἶκον τῆς προσευχῆς μολύνοντες καὶ
σπήλαιον λῃστῶν ποιήσαντες, οὐκ ἄλλων ἢ ἑαυτῶν, ἀργύριον
ἔχοντες ἀδόκιμον καὶ διδόντες ὀβολοὺς καὶ κόλλυβα τοῖς
προσιοῦσιν, εὐτελῆ καὶ εὐκαταφρόνητα νομίσματα. οὗτοί 25
εἰσιν οἱ λαμβάνοντες ἀπὸ τῶν ψυχῶν ἐν τῷ παλαίειν αὐταῖς
τὰ τιμιώτερα, καὶ συλῶσι τὰ κρείττονα ἵνα δῶσι τὰ μηδενὸς
ἄξια.

30. Πλὴν πορευθέντες οἱ μαθηταὶ εὑρίσκουσι τὴν δεδε-
cf. 2 Co iii 15 μένην ὄνον καὶ λύουσι, διὰ τὸ ἐπικείμενον κάλυμμα τῷ 30
νόμῳ Ἰησοῦν οὐκ ἔχουσαν. καὶ ὁ πῶλος δὲ μετ᾽ αὐτῆς
εὑρίσκεται, ἐπεὶ ἀμφότερα πρὸ Ἰησοῦ ἦν ἀπολωλότα· λέγω

12 ἀπαγγέλων

δὲ οἱ ἐκ περιτομῆς καὶ οἱ ἀπὸ τῶν ἐθνῶν ὕστερον πιστεύ-
σαντες. πῶς δὲ οὗτοι εὐθὺς πάλιν ἀποστέλλονται μετὰ τὸ
ἐπικαθεσθέντα τὸν Ἰησοῦν εἰς τὰ Ἱεροσόλυμα ἀναβεβηκέναι
οὐκ ἀκίνδυνον εἰπεῖν, μυστικὸν γὰρ ἐχόμενον τῆς περὶ τῶν
5 ἁγίων εἰς ἀγγέλους μεταβολῆς, ἀποσταλησομένους κατὰ
τὸν μετὰ τοῦτον αἰῶνα, παραπλησίως τοῖς εἰς διακονίαν
ἀποστελλομένοις λειτουργικοῖς πνεύμασι διὰ τοὺς κατά γε   cf. He i 14
ταῦτα μέλλοντας κληρονομεῖν ζωὴν αἰώνιον. εἰ δὲ ἡ ὄνος
καὶ ὁ πῶλος τὰ παλαιὰ καὶ τὰ καινὰ εἴη γράμματα, οἷς ὁ
10 λόγος ὀχεῖται τοῦ θεοῦ, οὐ πάνυ τι χαλεπὸν ἔσται παρα-
στῆσαι πῶς ἀποστέλλονται τοῦ λόγου ἐν αὐτοῖς φανέντος,
οὐ μένουσι μετὰ τὸ εἰσελθεῖν εἰς Ἱεροσόλυμα τὸν λόγον ἐν
τοῖς ἀποβεβληκόσι πάντας τοὺς πωλοῦντας καὶ ἀγοράζοντας
λογισμούς. ἐγὼ δὲ οἶμαι μὴ μάτην κώμην τε εἶναι τὸν   cf. Mt xxi 2
15 τόπον τοῦτον, ὅπου ἦν ἡ δεδεμένη ὄνος καὶ ὁ πῶλος, καὶ
τοῦτο ἀνώνυμον· κώμη γὰρ ὡς πρὸς τὸν ἐν οὐρανῷ πάντα
κόσμον ἡ πᾶσά ἐστι γῆ, ὅπου ἐστὶν ἡ δεδεμένη ὄνος καὶ
ὁ πῶλος, καὶ ἡ κώμη αὐτάρκως χωρὶς προσθήκης ἑτέρου
ὀνόματος καλουμένη. ἀπὸ Βηθφαγῆ δὲ ὁ Ματθαῖός φησιν
192 ἀποστέλλεσθαι τοὺς παραληψομένους τὴν ὄνον καὶ τὸν
πῶλον, ἥτις τόπος ἦν ἱερατικός, οἶκος σιαγόνων ἑρμηνευό-
μενος. καὶ ταῦτα μὲν κατὰ δύναμιν εἰς τὰ παρὰ τῷ Ματθαίῳ
λεκτέον, τοῦ ὁλοκλήρου καὶ παρὰ ταῦτα ἀκριβεστέρου λόγου
εὐκαιρότερον, ὅταν εἰς τὸ κατὰ Ματθαῖον ἡμῖν λέγειν δοθῇ,
25 λεχθησομένου. ὁ δὲ Μάρκος καὶ ὁ Λουκᾶς πῶλον δεδε-   cf. Mc xi 2;
Lc xix 30
μένον, ἐφ᾽ ὃν οὐδείς πω ἀνθρώπων ἐκάθισεν, εὑρῆσθαί φησι
κατὰ τὴν πρόσταξιν τοῦ κυρίου ὑπὸ τῶν δύο μαθητῶν, ὅντινα
λύσαντες ἤγαγον πρὸς τὸν κύριον. προστίθησι δὲ ὁ Μάρκος   Mc xi 4
ὅτι εὗρον τὸν πῶλον δεδεμένον πρὸς θύραν, ἔξω ἐπὶ τοῦ
30 ἀμφόδου· τίς δὲ ἔξω; οἱ ἀπὸ τῶν ἐθνῶν, οἳ ἦσαν ξένοι τῶν   Eph ii 12
διαθηκῶν καὶ ἀλλότριοι τῆς ἐπαγγελίας τοῦ θεοῦ, ἐπὶ τοῦ
ἀμφόδου καὶ οὐχὶ ὑπὸ στέγην ἢ οἰκίαν ἀναπαυόμενοι, δεδε-
μένοι ταῖς ἰδίαις ἁμαρτίαις καὶ λυόμενοι ὑπὸ τῆς προειρημένης
διπλῆς ἐπιστήμης τῶν Ἰησοῦ γνωρίμων. οἱ δὲ δεσμοὶ τοῦ

cf. Mc xi 2 δεδεμένου πώλου, καὶ αἱ ἁμαρτίαι περὶ τὸν ὑγιῆ γεγενημέναι
λόγον ἐλεγχόμεναι ὑπ' αὐτοῦ, θύρας τυγχάνοντος ζωῆς, πρὸς
ἐκείνην λέγω δὴ τῆς θύρας ἦσαν οὐκ ἔνδον, ἀλλ' ἔξω· τάχα
γὰρ ἔνδον τῆς θύρας δεσμὸς γενέσθαι τῆς κακίας οὐ δύναται.

cf. Mc xi 5 ἑστήκασι δέ τινες παρὰ τῷ δεδεμένῳ πώλῳ, ὡς ὁ Μάρκος 5
φησίν, οἶμαι ὅτι οἱ δήσαντες αὐτόν· ὡς Λουκᾶς ἀναγράφει,

Lc xix 33 Εἶπαν οἱ κύριοι τοῦ πώλου πρὸς τοὺς μαθητάς Τί λύετε τὸν
πῶλον; κύριοι γὰρ οἱ ὑποτάξαντες καὶ δήσαντες τὸν ἡμαρτη-
κότα παράνομοι, οἵτινες οὐ δύνανται ἀντιβλέψαι τῷ ἀληθῶς
κυρίῳ ἀφέλκοντι τοῦ δεσμοῦ αὐτῶν τὸν πῶλον. ὅτι οὖν 10
φασιν οἱ μαθηταί· Ὁ κύριος αὐτοῦ χρείαν ἔχει· μηδὲν
δυνηθέντων τῶν πονηρῶν κυρίων ἀποκρίνασθαι, ἄγουσι πρὸς
τὸν Ἰησοῦν τὸν πῶλον γυμνόν, ἐπιρρίπτουσι τὸν ἴδιον
κόσμον, ἵνα τοῖς ἐπιβληθεῖσι τῶν μαθητῶν ἱματίοις ἐπι-
καθεσθεὶς ὁ κύριος ἀναπαύσηται.   15

31. Τὰ δὲ λοιπὰ ἐκ τῶν εἰρημένων παρὰ τῷ Ματθαίῳ
Mc xi 15 οὐ πάνυ τι ἔσται ἀσαφῆ, τίνα τρόπον ἔρχονται εἰς Ἱεροσό-
λυμα, καὶ εἰσελθὼν εἰς τὸ ἱερὸν ἤρξατο ἐκβάλλειν τοὺς
Lc xix 41, 45 πωλοῦντας καὶ ἀγοράζοντας ἐν τῷ ἱερῷ ἤ· Ὡς ἤγγισεν,
ἰδὼν τὴν πόλιν ἔκλαυσεν ἐπ' αὐτήν· καὶ εἰσελθὼν εἰς τὸ 20
ἱερὸν ἤρξατο ἐκβάλλειν τοὺς πωλοῦντας. ἐν οἷς μὲν γὰρ
τῶν ἐχόντων τὸ ἱερὸν ἐν αὑτοῖς ἐκβάλλει πάντας τοὺς
πωλοῦντας καὶ ἀγοράζοντας ἐν τῷ ἱερῷ· ἐν ἑτέροις δὲ μὴ
σφόδρα πειθομένοις τῷ λόγῳ τοῦ θεοῦ μόνον τὴν ἀρχὴν
ποιεῖται τοῦ ἐκβάλλειν τοὺς πωλοῦντας καὶ ἀγοράζοντας. 25
τρίτοι δέ εἰσι παρὰ τούτους, ἐν οἷς ἤρξατο ἐκβάλλειν μόνους
τοὺς πωλοῦντας, οὐχὶ δὲ καὶ τοὺς ἀγοράζοντας. οἱ δὲ παρὰ 193
cf. Jo ii 15 τῷ Ἰωάννῃ πάντες ἅμα τοῖς προβάτοις καὶ τοῖς βουσὶ τῷ
πλακέντι ἐκ σχοινίων φραγελλίῳ ἐκβάλλονται. ἐπίστησον
δὲ ἐπιμελῶς εἰ δυνατὸν ὡς τάς γε ἐναλλαγὰς τῶν γεγραμ- 30
μένων καὶ τὰς διαφωνίας διαλύεσθαι παρὰ τὸν τῆς ἀναγωγῆς
τρόπον, ἑκάστου τῶν εὐαγγελιστῶν διαγράφοντος διαφόρους

25 τοῦ] τοὺς

τοῦ λόγου ἐνεργείας, ἐν διαφόροις ἤθεσι ψυχῶν οὐ τὰ αὐτὰ
ἀλλά τινα παραπλήσια ἐπιτελούσας. καὶ ἡ δοκοῦσα δὲ
διακοπὴ τῶν εἰς Ἱεροσόλυμα ἀνόδων τοῦ Ἰησοῦ παρὰ τῷ τὸ
ἐν χερσὶν εὐαγγέλιον ἀναγράψαντι ἑτέρως παρὰ τοὺς τρεῖς,
5 ὡς ἐξεθέμεθα τὰς λέξεις αὐτῶν, οὕτω μόνως σώζεσθαι
δύναται· τοῖς παραπλησίοις πράγμασιν ἐπιπεσόντος τοῦ
Ἰωάννου ἀντὶ τῶν κοπτομένων ἀπὸ τῶν δένδρων κλάδων, ἢ
στιβάδων ἐκ τῶν ἀγρῶν, καὶ στρωννυμένων ἐν τῇ ὁδῷ βαΐα
τῶν φοινίκων εἰληφέναι, λέγοντος τὸν πολὺν ἐξεληλυθέναι   Jo xii 12 f.
10 εἰς τὴν ἑορτὴν ὄχλον, καὶ ἐξεληλυθέναι εἰς ἀπάντησιν αὐτῷ
κεκραγότα· Εὐλογημένος ὁ ἐρχόμενος ἐν ὀνόματι κυρίου,
καὶ ὁ βασιλεὺς τοῦ Ἰσραήλ.   πλὴν οὗτος ὑπ' αὐτοῦ φησι
τοῦ Ἰησοῦ εὑρίσκεσθαι τὸ ὀνάριον, ἐφ' ὃ καθέζεται ὁ χριστός,   cf. Jo xii 14
πλέον τι περὶ τούτου τροπικώτερον δηλουμένου ὀναρίου
15 παριστάς, μείζονα εὐεργεσίαν χωρήσαντος τὴν οὐκ ἀπὸ   Gal i 1
ἀνθρώπων οὐδὲ δι' ἀνθρώπων, ἀλλὰ διὰ Ἰησοῦ Χριστοῦ.   οὐδὲ
Ἰωάννης δὲ αὐτολεξεὶ τὸ προφητικὸν ἐξέθετο, ἀλλ' ἀντ'
αὐτοῦ τό· Μὴ φοβοῦ, θύγατερ Σιών· ἰδοὺ ὁ βασιλεύς σου   cf. Jo xii 15;
ἔρχεται καθήμενος ἐπὶ πῶλον ὄνου· ἀντὶ τοῦ· Ἐπιβεβηκὼς   Zech ix 9
20 ἐπὶ ὑποζύγιον καὶ πῶλον νέον.   τὸ δέ· Μὴ φοβοῦ, ἡ θυγάτηρ
Σιών· οὐδ' ὅλως εἴρηται.

32.   Πλὴν ἴδωμεν ὑπὸ πάντων ἐκτεθέντος τοῦ προφη-
τικοῦ λόγου, εἰ μὴ χαίρειν σφόδρα θυγατέρα Σιὼν ἀναγκαῖον,
τὴν δὲ κρείττονα ταύτης θυγατέρα Ἱερουσαλὴμ οὐ μόνον
25 χαίρειν σφόδρα ἀλλὰ καὶ κηρύσσειν δεῖ, τοῦ βασιλέως
αὐτῆς ἐρχομένου τοῦ δικαίου καὶ σώζοντος καὶ πράου, διὰ
τοῦ ἐπιβεβηκέναι τῷ ὑποζυγίῳ καὶ τῷ νέῳ πώλῳ.   πᾶς γοῦν
ὁ δεξάμενος αὐτὸν οὐκέτι φοβηθήσεται τοὺς τῶν ἑτεροδόξων
ὡπλισμένους τοῖς πιθανοῖς λόγοις, ἅρματα Ἐφραὶμ λεγόμενα
30 ὑπὸ τοῦ κυρίου ἐξολοθρευόμενα, οὐδὲ τὸν ψευδῆ ἵππον εἰς   cf. Ps xxxii
σωτηρίαν, θηλυμανῆ ἐπιθυμίαν τοῖς αἰσθητοῖς οἰκειουμένην,   (xxxiii) 17

---

13 ἀναριον   19 ἀντὶ τοῦ ἐπιβεβηκὼς] ante ἐπὶ πῶλον ὄνου
24 θυγθαγατέρα   31 οἰκειωμένην

καὶ πολλοὺς τῶν ἐν Ἱερουσαλὴμ οἰκεῖν θελόντων καὶ τῷ
ὑγιεῖ λόγῳ προσέχειν βλάπτοντα. ἔστι δὲ χαίρειν ἄξιον
ἐπὶ τῷ ἐξολοθρεύεσθαι ὑπὸ τοῦ ὀχουμένου τῷ ὑποζυγίῳ καὶ

cf. Eph vi 16 τῷ νέῳ πώλῳ πᾶν τόξον πολεμικὸν, οὐκέτι τῶν πεπυρωμένων
βελῶν τοῦ ἐχθροῦ κατισχυόντων τοῦ παραδεξαμένου τὸν 194

cf. Zech ix 10 Ἰησοῦν εἰς τὸ ἑαυτοῦ ἱερόν. ἔσται δὲ καὶ πλῆθος μετὰ
εἰρήνης ἀπὸ τῶν ἐθνῶν ἐν τῇ Ἱερουσαλὴμ τοῦ σωτῆρος

Ps lxxiii (lxxiv) 13 ἐπιδημία, ἄρχοντος τῶν ὑδάτων, ἵνα συντρίψῃ τὰς κεφαλὰς
τῶν δρακόντων ἐπὶ τοῦ ὕδατος, καὶ πατήσωμεν τὰ κύματα

cf. Zech ix 10 τῆς θαλάσσης, φθάνοντες ἕως τῶν διεκβολῶν πάντων τῶν 10
ἐπὶ γῆς ποταμῶν. ὁ μέντοι γε Μάρκος περὶ τῆς ὄνου
γράφων εἰρῆσθαι ὑπὸ τοῦ κυρίου· Ἐφ' ὃν οὐδεὶς οὔπω
ἀνθρώπων ἐκάθισε· δοκεῖ μοι αἰνίττεσθαι τὸ μηδέπω ποτὲ
λόγῳ ὑποτεταχέναι ἑαυτοὺς πρὸ τῆς Ἰησοῦ ἐν αὐτοῖς ἐπι-
δημίας τοὺς ὕστερον πεπιστευκότας. τάχα γὰρ ἀνθρώπων 15
μὲν οὐδείς πω καθίσας ἐπὶ τὸν πῶλον ἦν, θηρίων δὲ ἢ τῶν
ἀλλοτρίων τοῦ λόγου δυνάμεών τινες ἐπεκάθισαν, ἐπεὶ ὁ
πλοῦτος τῶν ἀντικειμένων δυνάμεων καὶ παρὰ τῷ προφήτῃ
Ἡσαΐᾳ ἐπὶ ὄνων φέρεσθαι καὶ καμήλων λέγεται διὰ τούτων·

Is xxx 6 Ἐν τῇ θλίψει καὶ τῇ στενοχωρίᾳ λέων καὶ σκύμνος, ἐκεῖθεν 20
καὶ ἔκγονα ἀσπίδων πετομένων, οἳ ἔφερον ἐπὶ ὄνων καὶ
καμήλων τὸν πλοῦτον αὐτῶν. πυστέον δὲ πάλιν τῶν ψιλῇ
τῇ λέξει προσεχόντων εἰ μὴ κατ' αὐτοὺς ματαίως ἂν δόξαι

Mc xi 2 γεγράφθαι τό· Ἐφ' ὃν οὐδεὶς οὔπω ἀνθρώπων ἐκάθισε. τίς
γὰρ παρὰ ἄνθρωπον καθέζεται ἐπὶ πῶλον ; καὶ ταῦτα μὲν τὰ 25
ἡμέτερα.

33. (19) Ἴδωμεν δὲ καὶ τὰ Ἡρακλέωνος, ὅς φησι τὴν
εἰς Ἱεροσόλυμα ἄνοδον σημαίνειν τὴν ἀπὸ τῶν ὑλικῶν εἰς
τὸν ψυχικὸν τόπον, τυγχάνοντα εἰκόνα τῆς Ἱερουσαλήμ,
ἀνάβασιν τοῦ κυρίου. τὸ δέ· Εὗρεν ἐν τῷ ἱερῷ καὶ οὐχὶ 30

Jo ii 14 προνάῳ, οἴεται εἰρῆσθαι ὑπὲρ τοῦ μὴ τὴν κλῆσιν μόνην
νοηθῆναι τὴν χωρὶς πνεύματος βοηθεῖσθαι ὑπὸ τοῦ κυρίου·

1, 2 τὸν ὑγιῆ λόγον   21 ἔκγο   πετόμενα· ὧν
28 εἰς 1°] om.   σημαίνει   31 προνάῳ] τῶν ἄνω

ἡγεῖται γὰρ τὰ μὲν ἅγια τῶν ἁγίων εἶναι τὸ ἱερόν, εἰς ἃ
μόνος ὁ ἀρχιερεὺς εἰσίει, ἔνθα οἴομαι αὐτὸν λέγειν τοὺς cf. Heb ix 7
πνευματικοὺς χωρεῖν· τὰ δὲ τοῦ προνάου, ὅπου καὶ οἱ
Λευῖται, σύμβολον εἶναι τῶν ἔξω τοῦ πληρώματος ψυχικῶν
5 εὑρισκομένων ἐν σωτηρίᾳ. πρὸς τούτοις τοὺς εὑρισκομένους cf. Jo ii 14
ἐν τῷ ἱερῷ, πωλοῦντας βόας καὶ πρόβατα καὶ περιστεράς,
καὶ τοὺς καθημένους κερματιστὰς ἐξεδέξατο λέγεσθαι ἀντὶ
τῶν μηδὲν χάριτι διδόντων, ἀλλ' ἐμπορίαν καὶ κέρδος τὴν
τῶν ξένων εἰς τὸ ἱερὸν εἴσοδον νομιζόντων, τοῦ ἰδίου κέρδους
10 καὶ φιλαργυρίας ἔνεκεν τὰς εἰς τὴν λατρείαν τοῦ θεοῦ θυσίας
χορηγούντων. καὶ τὸ φραγέλλιον δὲ πεποιῆσθαι ἐκ σχοινίων cf. Jo ii 15
ὑπὸ τοῦ Ἰησοῦ, οὐχὶ παρ' ἄλλου λαβόντος ἰδιοτρόπως
ἀπαγγέλλει, λέγων τὸ φραγέλλιον εἰκόνα τυγχάνειν τῆς
195 δυνάμεως καὶ ἐνεργείας τοῦ ἁγίου πνεύματος ἐκφυσῶντος
15 τοὺς χείρονας, καί φησι τὸ φραγέλλιον καὶ τὸ λίνον καὶ τὴν
σινδόνα, καὶ ὅσα τοιαῦτα, εἰκόνα τῆς δυνάμεως καὶ τῆς
ἐνεργείας εἶναι τοῦ ἁγίου πνεύματος. ἔπειτα ἑαυτῷ προσ-
είληφε τὸ μὴ γεγραμμένον, ὡς ἄρα εἰς ξύλον ἐδέδετο τὸ
φραγέλλιον· ὅπερ ξύλον τύπον ἐκλαβὼν εἶναι τοῦ σταυροῦ
20 φησι Τούτῳ τῷ ξύλῳ ἀνηλῶσθαι καὶ ἠφανίσθαι τοὺς κυ-
βευτὰς ἐμπόρους καὶ πᾶσαν τὴν κακίαν. καὶ οὐκ οἶδ' ὅπως
φλυαρῶν φησιν ἐκ δύο τούτων πραγμάτων φραγέλλιον
κατασκευάζεσθαι, ζητῶν τὸ ὑπὸ τοῦ Ἰησοῦ γενόμενον· Οὐ
γὰρ ἐκ δέρματος, φησὶ, νεκροῦ ἐποίησεν αὐτό, ἵνα τὴν
25 ἐκκλησίαν κατασκευάσῃ οὐκέτι λῃστῶν καὶ ἐμπόρων σπή- cf. Mt xxi 13
λαιον, ἀλλὰ οἶκον τοῦ πατρὸς αὐτοῦ. λεκτέον δὲ τὸ
ἀναγκαιότατον περὶ τῆς θεότητος καὶ ἐκ τῶν ῥητῶν τούτων
πρὸς αὐτόν. εἰ γὰρ τὸ ἐν Ἱεροσολύμοις ἱερὸν οἶκον τοῦ
ἰδίου πατρός φησιν εἶναι ὁ Ἰησοῦς, τοῦτο δὲ τὸ ἱερὸν εἰς
30 δόξαν τοῦ κτίσαντος τὸν οὐρανὸν καὶ τὴν γῆν γέγονε, πῶς
οὐκ ἄντικρυς διδασκόμεθα μὴ ἑτέρου τινὸς νομίζειν υἱὸν εἶναι
παρὰ τὸν ποιητὴν οὐρανοῦ καὶ γῆς, τὸν υἱὸν τοῦ θεοῦ;

34. Εἰς τοῦτον οὖν τὸν οἶκον τοῦ πατρὸς Ἰησοῦ, ὡς οἶκον τυγχάνοντα τῆς προσευχῆς, καὶ οἱ τοῦ χριστοῦ ἀπόστολοι, ὡς ἐν ταῖς Πράξεσιν αὐτῶν εὕρομεν, ὑπὸ τοῦ ἀγγέλου κελεύονται πορευθέντες στῆναι καὶ λαλεῖν τῷ λαῷ πάντα τὰ ῥήματα τῆς ζωῆς ταύτης. ἀλλὰ καὶ διὰ τῆς ὡραίας πύλης 5 ἐκεῖσε προσεύξασθαι ὡς εἰς οἶκον προσευχῆς προσέρχονται, οὐκ ἂν τοῦτο ποιήσαντες, εἰ μὴ τὸν αὐτὸν ᾔδεσαν θεὸν τῷ ὑπὸ τῶν ἐκθιαζόντων τὸν ναὸν ἐκεῖνον προσκυνουμένῳ. διόπερ καὶ λέγουσιν οἱ πειθαρχοῦντες θεῷ μᾶλλον ἢ ἀνθρώ-ποις Πέτρος καὶ οἱ ἀπόστολοι· Ὁ θεὸς τῶν πατρῶν ἡμῶν 10 ἤγειρεν Ἰησοῦν, ὃν ὑμεῖς διεχειρίσασθε κρεμάσαντες ἐπὶ ξύλου· οὐ γὰρ ὑπ᾽ ἄλλου ἴσασιν ἐκ νεκρῶν ἐγηγερμένον Ἰησοῦν θεοῦ ἢ τούτων πατέρων, ὃν καὶ ὁ χριστὸς δοξάζων θεὸν τοῦ Ἀβραὰμ καὶ Ἰσαὰκ καὶ Ἰακὼβ φησιν εἶναι, οὐκ ὄντων νεκρῶν ἀλλὰ ζώντων. πῶς δὲ καὶ οἱ μαθηταί, εἰ μὴ 15 τοῦ αὐτοῦ θεοῦ θεῷ τοῦ χριστοῦ ὁ οἶκος ἦν, ἐμέμνηντο ἂν τοῦ ἐν ξη´ εἰρημένου ψαλμῷ· Ὁ ζῆλος τοῦ οἴκου σου κατα-φάγεταί με; οὕτω γὰρ κεῖται ἐν τῷ προφήτῃ καὶ οὐχὶ Κατέφαγέ με. ζηλοῖ δὲ μάλιστα ὁ χριστὸς τὸν ἐν ἑκάστῳ ἡμῶν οἶκον τοῦ θεοῦ, μὴ βουλόμενος αὐτὸν εἶναι οἶκον 20 ἐμπορίου, μηδὲ τὸν οἶκον τῆς προσευχῆς λῃστῶν σπήλαιον, ἅτε θεοῦ ζηλωτοῦ υἱὸς ὤν, ἐὰν εὐγνωμονέστερον ἀκούωμεν 196 τῶν τοιούτων ἀπὸ τῶν γραφῶν φωνῶν, κατὰ μεταφορὰν εἰρημένων ἀπὸ τῶν ἀνθρωπίνων εἰς παράστασιν τοῦ μηδὲν ἀλλότριον βούλεσθαι τὸν θεὸν ἐπιμίγνυσθαι τοῦ βουλήματος 25 αὐτοῦ τῇ ψυχῇ πάντων μὲν ἀνθρώπων, ἐξαιρέτως δὲ τῶν τὰ τῆς θειοτάτης πίστεως παραδέξασθαι θελόντων. πλὴν τὸν ξη´ ψαλμόν, ἔχοντα τό· Ὁ ζῆλος τοῦ οἴκου σου καταφάγεταί με· καὶ μετ᾽ ὀλίγα· Ἔδωκαν εἰς τὸ βρῶμά μου χολὴν, καὶ εἰς τὴν δίψαν μου ἐπότισάν με ὄξος· ἀμφότερα ἐν τοῖς 30 εὐαγγελίοις ἀναγεγραμμένα, ἰστέον ἐκ προσώπου λέγεσθαι τοῦ χριστοῦ, οὐδεμίαν ἐμφαίνοντα τοῦ λέγοντος προσώπου

Act v 20
cf. Act iii 2
Act v 29 f.
cf. Mt xxii 32
Ps lxviii (lxix) 10
Ps lxviii (lxix) 10, 22

1 τοῦτον οὖν] τονοῦν   26, 27 τὰ τῆς] om.
27 τὸν] τῶν

μεταβολήν. σφόδρα δὲ ἀπαρατηρήτως ὁ Ἡρακλέων οἴεται
τό· Ὁ ζῆλος τοῦ οἴκου σου καταφάγεταί με· ἐκ προσώπου   Ps lxviii(lxix)
τῶν ἐκβληθέντων καὶ ἀναλωθέντων ὑπὸ τοῦ σωτῆρος δυνά-   10
μεων λέγεσθαι, μὴ δυνάμενος τὸν εἱρμὸν τῆς ἐν τῷ ψαλμῷ
5 προφητείας τηρῆσαι νοούμενον ἐκ προσώπου τῶν ἐκβλη-
θέντων καὶ ἀναλωθέντων δυνάμεων λέγεσθαι. ἀκόλουθον
δέ ἐστι κατ᾽ αὐτὸν καὶ τό· Ἔδωκαν εἰς τὸ βρῶμά μου χολήν·   Ps lxviii(lxix)
ἀπ᾽ ἐκείνων λέγεσθαι ἐν τῷ αὐτῷ ἀναγεγραμμένον ψαλμῷ·   22
ἀλλ᾽, ὡς εἰκὸς, ἐτάραξεν αὐτὸν τό· Καταφάγεταί με· ὡς μὴ
10 δυνάμενον ὑπὸ Χριστοῦ ἀπαγγέλλεσθαι, οὐχ ὁρῶντα τὸ ἔθος
τῶν ἀνθρωποπαθῶν περὶ θεοῦ καὶ Χριστοῦ λόγων.

35. (20) Ἀπεκρίθησαν οὖν οἱ Ἰουδαῖοι καὶ εἶπαν   Jo ii 18 f.
αὐτῷ Τί σημεῖον δεικνύεις ἡμῖν, ὅτι ταῦτα ποιεῖς;
ἀπεκρίθη Ἰησοῦς καὶ εἶπεν αὐτοῖς Λύσατε τὸν ναὸν
15 τοῦτον καὶ ἐν τρισὶν ἡμέραις ἐγερῶ αὐτόν. Οἱ σωματι-
κοὶ καὶ τοῖς αἰσθητοῖς φίλοι δοκοῦσί μοι νῦν διὰ τῶν Ἰουδαίων
δηλοῦσθαι, οἵτινες ἐπὶ τοῖς ὑπὸ τοῦ Ἰησοῦ ἀπελαυνομένοις,   cf. Jo ii 16
ποιοῦσιν οἶκον ἐμπορίου τὸν οἶκον τοῦ πατρός, ἀγανακτοῦντες
πράγμασιν ὑπ᾽ αὐτοῦ περιεπομένοις ἀπαιτοῦσι σημεῖον, καθὸ
20 σημεῖον πρεπόντως φανήσεται ὁ λόγος, ὃν μὴ παραδέχονται
ἐκεῖνοι, ταῦτα ποιῶν. συνάπτων δὲ ὁ σωτὴρ ὡς ἕνα τῷ
περὶ τοῦ ἱεροῦ ἐκείνου τὸν περὶ τοῦ ἰδίου σώματος λόγον,
ἀποκρίνεται πρὸς τό· Τί σημεῖον δεικνύεις, ὅτι ταῦτα ποιεῖς;
τό· Λύσατε τὸν ναὸν τοῦτον καὶ ἐν τρισὶν ἡμέραις ἐγερῶ
25 αὐτόν· εἰ γὰρ καὶ μυρία ὅσα σημεῖα ἄλλα δεικνύναι οἷός τε
ἦν, ἀλλ᾽ οὔτι γε πρὸς τό· Ὅτι ταῦτα ποιεῖς; τὰ δὲ κατὰ τὸν
ναὸν πρεπόντως ἀντὶ τῶν ἑτέρων παρὰ τὸν ναὸν σημείων
197 ἀπεκρίνατο. ἀμφότερα μέντοι γε, τό τε ἱερὸν καὶ τὸ σῶμα
τοῦ Ἰησοῦ, κατὰ μίαν τῶν ἐκδοχῶν τύπος μοι εἶναι φαίνεται
30 τῆς ἐκκλησίας, τῷ ἐκ λίθων ζώντων οἰκοδομεῖσθαι αὐτήν,   1 Pe ii 5
οἶκον πνευματικὸν εἰς ἱεράτευμα ἅγιον γινομένην, ἐποικοδο-

16 διὰ] δὴ   19 αὐτῶν   21 τῷ] τὸν
22 τὸν] τοῦ   26 γε] σε   δὲ] om.   30 τῷ] τὸ

15—2

μουμένην ἐπὶ τῷ θεμελίῳ τῶν ἀποστόλων καὶ προφητῶν, ὄντος ἀκρογωνιαίου Χριστοῦ Ἰησοῦ, χρηματίζουσαν ναόν. διὰ δὲ τοῦ· Ὑμεῖς δέ ἐστε σῶμα Χριστοῦ, καὶ μέλη ἐκ μέρους· κἂν λύεσθαι δὲ ἡ τῶν λίθων τοῦ ναοῦ ἁρμονία δοκῇ ἢ διασκορπίζεσθαι, ὡς ἐν κα΄ ψαλμῷ γέγραπται, πάντα τὰ 5 ὀστᾶ τοῦ χριστοῦ ὑπὸ τῶν ἐν διωγμοῖς καὶ θλίψεσιν ἐπιβουλῶν, ἀπὸ τῶν προσπολεμούντων τῇ ἑνότητι τοῦ ναοῦ ἐν διωγμοῖς, ἐγερθήσεται ὁ ναὸς καὶ ἀναστήσεται τὸ σῶμα τῇ τρίτῃ ἡμέρᾳ μετὰ τὴν ἐνεστηκυῖαν ἐν αὐτῷ κακίας ἡμέραν καὶ τὴν μετὰ ταύτην τῆς συντελείας· τρίτη γὰρ ἐν τῷ καινῷ 10 οὐρανῷ καὶ καινῇ γῇ ἐνστήσεται, ὅτε τὰ ὀστᾶ ταῦτα, πᾶς οἶκος Ἰσραήλ, ἐν τῇ μεγάλῃ κυριακῇ ἐγερθήσεται τοῦ θανάτου νενικημένου· ὥστε καὶ τὴν γενομένην ἀνάστασιν τοῦ χριστοῦ ἀπὸ τοῦ κατὰ τὸν σταυρὸν πάθους περιέχειν μυστήριον τῆς ἀναστάσεως τοῦ παντὸς Χριστοῦ σώματος. ὥσπερ 15 δὲ ἐκεῖνο τὸ αἰσθητὸν τοῦ Ἰησοῦ σῶμα ἐσταύρωται καὶ τέθαπται καὶ μετὰ τοῦτο ἐγήγερται, οὕτως τὸ ὅλον τῶν ἁγίων Χριστοῦ σῶμα Χριστῷ συνεσταύρωται καὶ νῦν οὐκέτι ζῇ· ἕκαστος γὰρ τῶν ὡς Παῦλος ἐν οὐδενὶ ἄλλῳ καυχᾶται ἢ ἐν τῷ σταυρῷ τοῦ κυρίου ἡμῶν Χριστοῦ Ἰησοῦ, δι' οὗ αὐτὸς 20 κόσμῳ ἐσταύρωται καὶ κόσμος αὐτῷ. οὐ μόνον οὖν Χριστῷ συνεσταύρωται καὶ κόσμῳ ἐσταύρωται, ἀλλὰ καὶ Χριστῷ συνθάπτεται· Συνετάφημεν γάρ, φησί, τῷ χριστῷ, ὁ Παῦλος. καὶ ὡσπερεὶ ἔν τινι ἀρραβῶνι ἀναστάσεως γενόμενος λέγει τὸ Συνανέστημεν αὐτῷ· ἐπεὶ ἐν καινότητι ζωῆς τινι 25 περιπατεῖ, ὡς κατὰ τὴν ἐλπιζομένην μακαρίαν καὶ τελείαν ἀνάστασιν μηδέπω ἀναστάς. ἤτοι οὖν νῦν μὲν ἐσταύρωται, μετὰ δὲ ταῦτα θάπτεται, ἢ νῦν θάπτεται καὶ ἀρθεὶς ἀπὸ τοῦ σταυροῦ, ποτὲ δέ, καθὸ νῦν τέθαπται, ἀναστήσεται.

36. Μέγα δέ ἐστι τὸ τῆς ἀναστάσεως καὶ δυσθεώρητον 30 τοῖς πολλοῖς ἡμῶν μυστήριον, ὅπερ καὶ ἐν ἄλλοις πολλοῖς λέγεται τῶν γραφῶν τόποις, οὐχ ἧττον καὶ ἐν τῷ Ἐζεκιὴλ

Eph ii 20

1 Co xii 27

Ps xxi (xxii) 15

cf. Ap xxi 1

cf. Ez xxxvii 11

cf. Gal ii 20

cf. Gal vi 14

Ro vi 4

cf. Ro vi 5

9 ἐνεστηκυῖα   κακίαν   24 ὡσπερεὶ] ὥσπερ οἱ

διὰ τούτων ἀπαγγέλλεται· Καὶ ἐγένετο ἐπ' ἐμὲ χεὶρ κυρίου,   Ez xxxvii
καὶ ἐξήγαγέ με ἐν πνεύματι κυρίου καὶ ἔθηκέ με ἐν μέσῳ   1—4
τοῦ πεδίου, καὶ τοῦτο ἦν μεστὸν ὀστῶν ἀνθρωπίνων. καὶ
περιήγαγέ με ἐπ' αὐτὰ κύκλοθεν κύκλῳ, καὶ ἰδοὺ πολλὰ
5 σφόδρα ἐπὶ προσώπου τοῦ πεδίου, καὶ ἰδού, ξηρὰ σφόδρα.
καὶ εἶπε πρός μέ· Υἱὲ ἀνθρώπου, εἰ ζήσεται τὰ ὀστᾶ ταῦτα;
198 καὶ εἶπα Κύριε, κύριε, σὺ ἐπίστῃ ταῦτα. καὶ εἶπε πρός μέ
Προφήτευσον ἐπὶ τὰ ὀστᾶ ταῦτα, καὶ ἐρεῖς αὐτοῖς Τὰ ὀστᾶ
τὰ ξηρά, ἀκούσατε λόγον κυρίου· καὶ μετ' ὀλίγα· Καὶ   Ez xxxvii 11
10 ἐλάλησε κύριος πρός μὲ λέγων Υἱὲ ἀνθρώπου, τὰ ὀστᾶ
ταῦτα πᾶς οἶκος Ἰσραήλ ἐστι. καὶ αὐτοὶ λέγουσι Ξηρὰ
γέγονε τὰ ὀστᾶ ἡμῶν, ἀπόλωλεν ἡ ἐλπὶς ἡμῶν, διαπεφωνή-
καμεν. ποίοις γὰρ ὀστοῖς λέγεται· Ἀκούσατε λόγον κυρίου·
ὡς αἰσθανομένοις λόγου κυρίου, ἅτε οὖσιν οἴκῳ Ἰσραὴλ, ἢ
15 τῷ Χριστοῦ σώματι, περὶ οὗ ἔλεγεν ὁ κύριος· Διεσκορπίσθη   Ps xxi (xxii)
πάντα τὰ ὀστᾶ μου· τῶν σωματικῶν ὀστέων αὐτοῦ μὴ διασκε-   15 cf. Jo xix 36
δασθέντων, ἀλλὰ μηδὲ συντριβέντος τινὸς ἐξ αὐτῶν; ὅτε δὲ
γίνεται αὕτη ἡ ἀνάστασις τοῦ ἀληθινοῦ καὶ τελειοτέρου
Χριστοῦ σώματος, τότε τὰ μέλη τοῦ χριστοῦ τὰ νῦν, ὡς
20 πρὸς τὸ μέλλον, ξηρὰ ὀστᾶ συναχθήσεται, ὀστοῦν πρὸς   cf. Ez xxxvii
ὀστοῦν καὶ ἁρμονία πρὸς ἁρμονίαν, οὐδενὸς τῶν ἐστερημένων   7
ἁρμονίας καταντήσοντος εἰς τὸν τέλειον ἄνδρα, εἰς τὸ μέτρον   Eph iv 13
τῆς ἡλικίας τοῦ πληρώματος τοῦ σώματος τοῦ χριστοῦ.
καὶ τότε τὰ πολλὰ μέλη τὸ ἓν ἔσται σῶμα, πάντων τῶν τοῦ   cf. 1 Co xii
25 σώματος μελῶν πολλῶν ὄντων γινομένων ἑνὸς σώματος· τὴν   12 cf. 1 Co xii
δὲ κρίσιν ποδὸς καὶ χειρὸς καὶ ὀφθαλμοῦ καὶ ἀκοῆς καὶ   12 ff.
ὀσφρήσεως τῶν συμπληρούντων ἰδίᾳ μὲν τὴν κεφαλήν,
ἰδίᾳ δὲ τοὺς πόδας, καὶ τὰ λοιπὰ τῶν μελῶν τά τε ἀσθε-
νέστερα καὶ τὰ ταπεινότερα καὶ ἀσχήμονα καὶ εὐσχήμονα   cf. 1 Co xii
30 μόνου θεοῦ ἔστι ποιήσασθαι, ὃς συγκεράσει τὸ σῶμα, καὶ   24 f.
τότε μᾶλλον τοῦ νῦν τῷ ὑστεροῦντι περισσοτέραν διδοὺς
τιμὴν, ἵνα μηδαμῶς ᾖ σχίσμα ἐν τῷ σώματι, ἀλλὰ τὸ αὐτὸ

4 post κύκλοθεν] ins. ἦν   8 ἐρεῖς] ἐρεῖ   13 ποιος
14 λόγον

cf. 1 Co xii 26 ὑπὲρ ἀλλήλων μεριμνῶσι τὰ μέλη, καὶ εἴ τινα εὐπάθειαν
ἔχει μέλος, συνευπαθήσῃ πάντα τὰ μέλη, εἴτε δοξάζεται,
συγχαίρῃ τὰ πάντα.

37. (21) Ταῦτά μοι οὐκ ἀλλοτρίως τοῦ ἱεροῦ καὶ τῶν
Ps lxviii (lxix) 9; ἀπ' αὐτοῦ ἐξελαυνομένων, περὶ οὗ λέγει ὁ σωτήρ· Ὁ ζῆλος 5
cf. Jo ii 17 τοῦ οἴκου σου καταφάγεταί με· εἴρηται, τῶν τε αἰτούντων
σημεῖον Ἰουδαίων αὐτοῖς δειχθῆναι, καὶ τῆς τοῦ κυρίου πρὸς
αὐτοὺς ἀποκρίσεως, συνάπτοντος τὸν τοῦ ναοῦ λόγον τῷ τοῦ
ἰδίου σώματος, καὶ φάσκοντος· Λύσατε τὸν ναὸν τοῦτον, καὶ
Jo ii 19 ἐν τρισὶν ἡμέραις ἐγερῶ αὐτόν. ἀπὸ γὰρ τούτου τοῦ ναοῦ 10
ὄντος σώματος Χριστοῦ δεῖ ἀπελαύνεσθαι ταῦτα τὰ ἄλογα
καὶ ἐμπορικά, ἵνα μηκέτι οἶκος ἐμπορίου ᾖ. καὶ τοῦτον τὸν
ναὸν λυθῆναι δεῖ ὑπὸ τῶν ἐπιβουλευόντων τῷ λόγῳ τοῦ
θεοῦ, καὶ μετὰ τὸ λυθῆναι τῇ προειρημένῃ ἡμῖν τρίτῃ ἡμέρᾳ
ἐγερθῆναι· ὅτε καὶ οἱ μαθηταὶ ὅ τε ἔλεγε πρὶν λυθῆναι τὸν 199
ναὸν τοῦ θεοῦ ὁ λόγος αὐτοῦ μνησθήσονται οὗ ἔλεγε καὶ
cf. Jo ii 22 πιστεύσουσι, τελειουμένης αὐτῶν μετὰ τῆς γνώσεως τότε καὶ
τῆς πίστεως, οὐ τῇ γραφῇ μόνῃ ἀλλὰ καὶ τῷ λόγῳ ὃν εἶπεν
ὁ Ἰησοῦς. καὶ ἕκαστος δὲ τῶν τοιῶνδε, Ἰησοῦ αὐτὸν
καθαίροντος, ἀποθέμενος τὰ ἄλογα καὶ τὰ πωλοῦντα διὰ τὸν 20
τοῦ ἐν αὐτοῖς λόγου ζῆλον καταλυθήσεται, ἐπὶ τῷ ὑπὸ Ἰησοῦ
ἐγερθῆναι οὐ τῇ τρίτῃ ἡμέρᾳ, ὅσον ἐπὶ τῇ προκειμένῃ λέξει,
οὐ γὰρ γέγραπται Λύσατε τὸν ναὸν τοῦτον καὶ τῇ τρίτῃ
ἡμέρᾳ ἐγερῶ αὐτόν· ἀλλ'· Ἐν τρισὶν ἡμέραις. ἐγείρεται γὰρ
ἡ τοῦ ναοῦ τῇ πρώτῃ μετὰ τὸ λυθῆναι ἡμέρᾳ καὶ τῇ δευτέρᾳ, 25
τελειοῦται δὲ αὐτοῦ ἡ ἔγερσις ἐν ὅλαις ταῖς τρισὶν ἡμέραις.
διὰ τοῦτο καὶ γέγονεν ἀνάστασις καὶ ἔσται ἀνάστασις, εἴ γε
cf. Ro vi 4 συνετάφημεν τῷ χριστῷ καὶ συνανέστημεν αὐτῷ. καὶ ἐπεὶ
1 Co xv 22 ff. οὐκ ἀρκεῖ εἰς τὴν ὅλην ἀνάστασιν τὸ Συνανέστημεν· Ἐν τῷ
χριστῷ πάντες ζωοποιηθήσονται, ἕκαστος δὲ ἐν τῷ ἰδίῳ 30
τάγματι· ἀπαρχὴ Χριστός, ἔπειτα οἱ τοῦ χριστοῦ ἐν τῇ
παρουσίᾳ αὐτοῦ, εἶτα τὸ τέλος. ἀναστάσεως γὰρ ἦν καὶ τὸ

----

14 ἡμέρᾳ] μετὰ   **17** πιστεύουσι   **18** οὐ τῇ γὰρ ἀφημονη
(sic)

ἐν τῇ πρώτῃ ἡμέρᾳ γενέσθαι ἐν τῷ παραδείσῳ τοῦ θεοῦ,
ἀναστάσεως δὲ ὅτε φαινόμενός φησι· Μή μου ἅπτου, οὔπω Jo xx 17
γὰρ ἀναβέβηκα πρὸς τὸν πατέρα· τὸ δὲ τέλειον τῆς ἀνα-
στάσεως ἦν ὅτε γίνεται πρὸς τὸν πατέρα. ἐπεὶ δὲ οἱ
5 συγχεόμενοι ἐν τῷ περὶ πατρὸς καὶ υἱοῦ τόπῳ, συνάγοντες
τό· Εὑρισκόμεθα δὲ καὶ ψευδομάρτυρες τοῦ θεοῦ, ὅτι ἐμαρ- 1 Co xv 15
τυρήσαμεν κατὰ τοῦ θεοῦ ὅτι ἤγειρε τὸν χριστόν, ὃν οὐκ
ἤγειρε· καὶ τὰ τούτοις ὅμοια, δηλοῦντα ἕτερον εἶναι τὸν
ἐγείραντα παρὰ τὸν ἐγηγερμένον, καὶ τό· Λύσατε τὸν ναὸν Jo ii 19
10 τοῦτον, καὶ ἐν τρισὶν ἡμέραις ἐγερῶ αὐτόν· οἷον τὸ ἐκ τούτων
παρίστασθαι μὴ διαφέρειν τῷ ἀριθμῷ τὸν υἱὸν τοῦ πατρός,
ἀλλ' ἐν οὐ μόνον οὐσίᾳ ἀλλὰ καὶ ὑποκειμένῳ τυγχάνοντας
ἀμφοτέρους, κατά τινας ἐπινοίας διαφόρους, οὐ κατὰ ὑπό-
στασιν λέγεσθαι πατέρα καὶ υἱόν· λεκτέον πρὸς αὐτοὺς
15 πρῶτον μὲν τὰ προηγουμένως κατασκευαστικὰ ῥητὰ τοῦ
ἕτερον εἶναι τὸν υἱὸν παρὰ τὸν πατέρα, καὶ ὅτι ἀνάγκη τὸν
υἱὸν πατρὸς εἶναι υἱόν, καὶ τὸν πατέρα υἱοῦ πατέρα. μετὰ
δὲ τοῦτο οὐκ ἄτοπόν ἐστι τὸν ὁμολογοῦντα μηδὲν δύνασθαι
ποιεῖν ἐὰν μή τι βλέπῃ τὸν πατέρα ποιοῦντα, καὶ λέγοντα cf. Jo v 19
20 ὅτι ὅσ' ἂν ὁ πατὴρ ποιῇ, ταῦτα ὁμοίως καὶ ὁ υἱὸς ποιεῖ, τὸν
νεκρὸν ὅπερ τὸ σῶμα ἦν ἐγηγερκέναι τοῦ πατρὸς αὐτῷ τοῦτο
χαριζομένου, ὃν προηγουμένως λεκτέον ἐγηγερκέναι τὸν
χριστὸν ἐκ νεκρῶν. ὁ μέντοι γε Ἡρακλέων τό· Ἐν τρισί·
200 φησὶν ἀντὶ τοῦ Ἐν τρίτῃ, μὴ ἐρευνήσας, καίτοι γε ἐπιστή-
25 σας τῷ· Ἐν τρισί· πῶς ἐν τρισὶν ἡ ἀνάστασις ἐνεργεῖται
ἡμέραις. ἔτι δὲ καὶ τὴν τρίτην φησὶ τὴν πνευματικὴν
ἡμέραν, ἐν ᾗ οἴονται δηλοῦσθαι τὴν τῆς ἐκκλησίας ἀνά-
στασιν. τούτων δὲ ἀκόλουθόν ἐστι πρώτην λέγειν εἶναι τὴν
χοϊκὴν ἡμέραν καὶ τὴν δευτέραν τὴν ψυχικήν, οὐ γεγενημένης
30 τῆς ἐκκλησίας τῆς ἀναστάσεως ἐν αὐταῖς. ἔοικε μὲν τοίνυν
τὰ ὑπὸ τῶν ἐν τῷ κατὰ Ματθαῖον καὶ Μάρκον ἀναγεγραμ-
μένα εὐαγγελίῳ ψευδομαρτύρων, πρὸς τῷ τέλει τοῦ εὐαγγε-

16 παρὰ] περὶ   20 ὅσ'] ὃ δ'

λίου κατηγορούντων τοῦ κυρίου ἡμῶν Ἰησοῦ Χριστοῦ, τὴν

Jo ii 19, 21
ἀναφορὰν ἔχειν ἐπὶ τό· Λύσατε τὸν ναὸν τοῦτον κἀγὼ ἐν
τρισὶν ἡμέραις ἐγερῶ αὐτόν. ὁ μὲν γὰρ ἔλεγε περὶ τοῦ ναοῦ
τοῦ σώματος αὐτοῦ, οἱ δ' ὑπονοοῦντες περὶ τοῦ ἐκ λίθων
οἰκοδομηθέντος ναοῦ λέγεσθαι τὰ ἐνταῦθα εἰρημένα ἔφασκον 5

Mt xxvi 61
κατηγοροῦντες· Οὗτος ἔφη Δύναμαι καταλῦσαι τὸν ναὸν τοῦ
θεοῦ καὶ διὰ τριῶν ἡμερῶν αὐτὸν οἰκοδομῆσαι· ἢ ὡς ὁ Μάρ-

Mc xiv 58
κος· Ἡμεῖς ἠκούσαμεν αὐτοῦ λέγοντος ὅτι Ἐγὼ καταλύσω
τὸν ναὸν τοῦτον τὸν χειροποίητον καὶ διὰ τριῶν ἡμερῶν
ἄλλον ἀχειροποίητον οἰκοδομήσω· ὅτε καὶ ὁ ἀρχιερεὺς 10

Mt xxvi 62
ἀναστὰς εἶπεν αὐτῷ Οὐδὲν ἀποκρίνῃ; τί οὗτοί σου κατα-
μαρτυροῦσιν; ὁ δὲ Ἰησοῦς ἐσιώπα· ἢ ὡς ὁ Μάρκος φησί·

Mc xiv 60
Καὶ ἀναστὰς ὁ ἀρχιερεὺς εἰς μέσον ἐπηρώτησε τὸν Ἰησοῦν
λέγων Οὐκ ἀποκρίνῃ οὐδέν; τί οὗτοί σου καταμαρτυροῦσιν;
ὁ δὲ ἐσιώπα καὶ οὐκ ἀπεκρίνατο οὐδέν. νομίζω δ' ἀναγκαίως 15
καὶ ταῦτα παρατεθεῖσθαι τὴν ἀναφορὰν ἔχοντα ἐπὶ τὸ ἐν
χερσὶ ῥητόν.

Jo ii 20
38. (22) Εἶπαν οὖν οἱ Ἰουδαῖοι Τεσσαράκοντα καὶ
ἓξ ἔτεσιν ᾠκοδομήθη ὁ ναὸς οὗτος, καὶ σὺ ἐν τρισὶν
ἡμέραις ἐγερεῖς αὐτόν; Πῶς τεσσαράκοντα καὶ ἓξ ἔτεσιν 20
ᾠκοδομῆσθαί φασι τὸν ναὸν οἱ Ἰουδαῖοι λέγειν οὐκ ἔχομεν,
εἰ τῇ ἱστορίᾳ κατακολουθήσωμεν. γέγραπται γὰρ ἐν τῇ

3. Reg v 17; vi 1—5
τρίτῃ τῶν Βασιλειῶν ὡς Ἡτοίμασαν τοὺς λίθους καὶ τὰ
ξύλα τρισὶν ἔτεσιν· ἐν δὲ τῷ τετάρτῳ ἔτει, μηνὶ δευτέρῳ,
βασιλεύοντος τοῦ βασιλέως Σαλομῶντος ἐπὶ Ἰσραήλ, ἐνετεί- 25
λατο ὁ βασιλεὺς καὶ αἴρουσι λίθους μεγάλους τιμίους εἰς
τὸν θεμέλιον τοῦ οἴκου καὶ λίθους ἀπελεκήτους. καὶ
ἐπελέκησαν οἱ υἱοὶ Σαλομῶντος καὶ οἱ υἱοὶ Χειρὰμ καὶ
ἔβαλον αὐτοὺς ἐν τῷ τετάρτῳ ἔτει, καὶ ἐθεμελίωσαν τὸν
οἶκον κυρίου ἐν μηνὶ Νεισὰν καὶ τῷ δευτέρῳ μηνί· ἐν- 30
δεκάτῳ ἐνιαυτῷ, μηνὶ Βαάλ, ὃς ἦν μὴν ὄγδοος, συνετελέσθη 201

7 αὐτόν] Cod. Ven. τοῦτον   10 ἀχειροποιήτων   12 Μάρ-
κος] Λουκᾶς   21 ᾠκοδομῆσαι   λέγονται   24, 29 ἔτει] ἔτι
31 ἐνιαυτῷ] ἐν ἑαυτῷ   25 Σολομῶντος   28 Σαλωμῶντος

ὁ οἶκος εἰς πάντα λόγον αὐτοῦ καὶ εἰς πᾶσαν διάταξιν
αὐτοῦ. ἵνα οὖν καὶ τὴν ἑτοιμασίαν αὐτοῦ συγκατατάξωμεν
τῷ χρόνῳ τῆς οἰκοδομῆς, ἕνδεκα ἔτη τὰ πάντα οὐ συμπλη-
ροῦται εἰς τὴν οἰκοδομὴν τοῦ ναοῦ. πῶς οὖν οἱ Ἰουδαῖοι   cf. Jo ii 20
5 λέγουσι τεσσαράκοντα καὶ ἓξ ἔτεσιν ᾠκοδομήθη ὁ ναὸς
οὗτος; εἰ μὴ ἄρα τις βιασάμενος φιλοτιμήσηται παρα-
στῆσαι τὸν τεσσαράκοντα καὶ ἓξ ἐτῶν πληρουμένων χρόνον,
ἀφ᾽ οὗ ὁ Δαβὶδ φησι πρὸς Νάθαν τὸν προφήτην, βου-
λευσάμενος περὶ τῆς οἰκοδομῆς τοῦ ναοῦ· Ἰδοὺ, ἐγὼ κατοικῶ   2 Reg vii 2
10 ἐν οἴκῳ κεδρίνῳ, καὶ ἡ κιβωτὸς τοῦ θεοῦ κάθηται ἐν
μέσῳ τῆς σκηνῆς· εἰ γὰρ κεκώλυται, ὡς ἀνὴρ αἱμάτων,   cf. 1 Chron
οἰκοδομῆσαι αὐτὸν, ἔοικέ γε ἠσχολῆσθαι περὶ τὴν συνα-   xxii 8;
γωγὴν τῆς ὕλης τοῦ ναοῦ. φησὶ γοῦν ἐν τῇ πρώτῃ τῶν   2 Reg xvi 8
Παραλειπομένων Δαβὶδ ὁ βασιλεὺς πάσῃ τῇ ἐκκλησίᾳ·
15 Σολομῶν ὁ υἱός μου, εἰς ὃν ᾑρέτικεν αὐτὸν κύριος, νέος   1 Chron xxix
καὶ ἁπαλὸς, καὶ τὸ ἔργον μέγα, ὅτι οὐκ ἀνθρώπῳ οἰκοδομὴ   1—5
ἀλλὰ κυρίῳ θεῷ. κατὰ πᾶσαν τὴν δύναμιν ἡτοίμακα εἰς
οἶκον θεοῦ μου χρυσίον, ἀργύριον, χαλκὸν καὶ σίδηρον,
ξύλα, λίθους Σοὸμ καὶ πληρώσεως, καὶ λίθους πολυτελείας
20 καὶ ποικίλους, καὶ πάντα λίθον τίμιον, καὶ Πάριον πολύ.
ἔτι ἐν τῷ εὐδοκῆσαί με ἐν οἴκῳ θεοῦ μου, ἔστι μοι ὃ
περιπεποίημαι χρυσίον καὶ ἀργύριον, καὶ ἰδοὺ δέδωκα
εἰς οἶκον κυρίου μου εἰς ὕψος, ἐκτὸς ὧν ἡτοίμασα εἰς τὸν
οἶκον τῶν ἁγίων, τρισχίλια τάλαντα χρυσίου τοῦ ἐκ Σουφεὶρ,
25 καὶ ἑπτακισχίλια τάλαντα ἀργυρίου δοκίμου, ἐπαλειφῆναι
ἐν αὐτοῖς τοὺς οἴκους τοῦ θεοῦ διὰ χειρὸς τεχνιτῶν.
ἐβασίλευσε γὰρ ὁ Δαβὶδ ἑπτὰ ἔτη ἐν Χεβρὼν καὶ λγ´ ἐν
Ἰερουσαλήμ. ἐὰν οὖν τις δυνηθῇ ἀποδεῖξαι τὴν ἀρχὴν
τῆς περὶ τοῦ ναοῦ κατασκευῆς γεγονέναι, συνάγοντος αὐτοῦ
30 τὴν ἐπιτήδειον ὕλην ἀπὸ τοῦ ε´ τῆς βασιλείας αὐτοῦ χρόνου,
δυνήσεται βιασάμενος περὶ τῶν μϚ´ ἐτῶν εἰπεῖν· ἄλλος δέ
τις ἐρεῖ τὸν δεικνύμενον μὴ τὸν ὑπὸ Σολομῶντος ᾠκοδομη-
μένον εἶναι, ἐκεῖνον γὰρ κατεστράφθαι κατὰ τοὺς τῆς

19 λίθους   32 οἰκοδομημένον   33 ἐκεῖνον γὰρ] τὸν ἐκεῖνον

cf. 2 Esdr vi αἰχμαλωσίας χρόνους, ἀλλὰ τὸν ἐπὶ Ἔσδρᾳ οἰκοδομηθέντα,
περὶ οὗ οὐκ ἔχομεν τρανῶς τὸν τῶν τεσσαράκοντα καὶ ἓξ
ἐτῶν ἀποδεῖξαι ἀληθευόμενον λόγον. ἔοικε δὲ καὶ κατὰ τὰ
cf. 1 Macc
i 22 ff. Μακκαβαϊκὰ πολλή τις ἀκαταστασία γεγονέναι περὶ τὸν
λαὸν καὶ τὸν ναόν, καὶ οὐκ οἶδα εἰ τότε ἀνῳκοδομήθη 5
τοσούτοις ἔτεσιν ὁ ναός. ὁ μέντοι γε Ἡρακλέων μηδὲ 202
ἐπιστήσας τῇ ἱστορίᾳ φησὶ τὸν Σολομῶντα τεσσαράκοντα
καὶ ἓξ ἔτεσι κατεσκευακέναι τὸν ναόν, εἰκόνα τυγχάνοντα
τοῦ σωτῆρος, καὶ τὸν ς΄ ἀριθμὸν εἰς τὴν ὕλην, τουτέστι τὸ
πλάσμα, ἀναφέρει, τὸν δὲ τῶν τεσσαράκοντα, ὃ τετράς ἐστι, 10
φησὶν, ἡ ἀπρόσπλοκος, εἰς τὸ ἐμφύσημα καὶ τὸ ἐν τῷ
ἐμφυσήματι σπέρμα. ὅρα δὲ εἰ δυνατὸν τὸν μὲν μ΄ διὰ
τὰ τέσσαρα τοῦ κόσμου στοιχεῖα ἐν τοῖς ἀγωνισμένοις
εἰς τὸν ναὸν ἐγκατατασσόμενα λαμβάνειν, τὸν δὲ ς΄ διὰ τὸ
τῇ ἕκτῃ ἡμέρᾳ γεγονέναι τὸν ἄνθρωπον. 15

Jo ii 21 f. 39. (23). Ἐκεῖνοϲ δὲ ἔλεγε περὶ τοῦ ναοῦ τοῦ ϲώ-
ματοϲ αὐτοῦ. ὅτε οὖν ἠγέρθη ἐκ νεκρῶν, ἐμνήϲθηϲαν
οἱ μαθηταὶ αὐτοῦ ὅτι τοῦτο ἔλεγε, καὶ ἐπίϲτευϲαν τῇ
γραφῇ καὶ τῷ λόγῳ ὃν εἶπεν ὁ Ἰηϲοῦϲ. Εἰ τὸ σῶμα
τοῦ Ἰησοῦ ναὸς αὐτοῦ εἴρηται, ζητῆσαι ἄξιον πότερον 20
ἁπλούστερον τοῦτο ἐκληπτέον, ἢ ἕκαστον τῶν ἀναγεγραμ-
μένων περὶ τοῦ ναοῦ φιλοτιμητέον ἀνάγειν εἰς τὸν περὶ
τοῦ σώματος Ἰησοῦ λόγον, ἤτοι οὗ εἴληφεν ἐκ τῆς παρ-
θένου, ἢ τῆς ἐκκλησίας σώματος αὐτοῦ λεγομένης εἶναι,
cf. Eph v 30 ὡς καὶ ἡμᾶς μέλη τοῦ σώματος αὐτοῦ παρὰ τῷ ἀποστόλῳ 25
ὀνομάζεσθαι. ὁ μὲν οὖν τις πραγμάτων αὐτὸν ἀπαλλάττων
τῷ ἀπογινώσκειν ἕκαστον δύνασθαι τῶν κατὰ τὸν ναὸν
ἀναφέρειν ἐπὶ τὸ σῶμα, ὁποτέρως ἂν ἔχῃ ἐπὶ τὸ ἁπλού-
στερον καταφεύξεται, λέγων διὰ τοῦτο σῶμα ἑκατέρως
cf. Jo i 14: νοούμενον τὸν ναὸν ὠνομάσθαι, ἐπεὶ ὥσπερ ὁ ναὸς δόξαν 30
cf. Col i 15 εἶχε θεοῦ κατασκηνοῦσαν ἐν αὐτῷ, οὕτως εἰκόνα καὶ δόξαν
θεοῦ ὑπάρχοντα τὸν πρωτότοκον πάσης κτίσεως, τὸ σῶμα

5 ἀνοικοδομήθη   19 εἰ] εἰς   21 ἐκληπτέον] ἐκλεκτέον
28 ἀναφέρειν] ἀφερεῖν

ἢ τὴν ἐκκλησίαν ἀγαλματοφοροῦντα ναὸν εὐλόγως εἰρῆσθαι
θεοῦ. ἡμεῖς δὲ τὸ μὲν περὶ ἑκάστου τῶν ἐν τῇ τρίτῃ τῶν
Βασιλειῶν περὶ τοῦ ναοῦ εἰπεῖν δυσδιήγητον ὁρῶντες καὶ
πολλῷ τῆς λέξεως ἡμῶν μεῖζον, ἄλλως τε καὶ οὐ κατὰ τὴν
5 παροῦσαν γραφήν, ὑπερτιθέμεθα. πλὴν ἐν τοῖς τοιούτοις
μάλιστα δὴ τὸ ὑπὲρ τὴν ἀνθρωπίνην εἶναι φύσιν καὶ κατὰ
τὴν τοῦ θεοῦ σοφίαν τὸ ἴδιον τῆς θεοπνεύστου γραφῆς
ἐμφαίνεσθαι πειθόμενοι, σοφίαν ἐν μυστηρίῳ τὴν ἀποκε-   1 Co ii 7 f.
κρυμμένην, ἣν οὐδεὶς τῶν ἀρχόντων τοῦ αἰῶνος τούτου
10 ἔγνωκε, παριστάσης, καὶ καταλαμβάνοντες ἐξαιρέτου πνεύ-
ματος σοφίας ἑαυτοὺς δεομένους πρὸς τὸ τὰ τηλικαῦτα
ἱεροπρεπῶς νοῆσαι, ὡς ἔνι μάλιστα δι᾽ ὀλίγων τὴν περίνοιαν
τῶν κατὰ τὸν τόπον διαγράψαι πειρασόμεθα, σῶμα τὴν
ἐκκλησίαν καὶ οἶκον θεοῦ ἐκ λίθων ζώντων οἰκοδομούμενον,   1 Pe ii 5
203 οἶκον πνευματικὸν εἰς ἱεράτευμα ἅγιον μανθάνοντες ἀπὸ
τοῦ Πέτρου τυγχάνον, ὡς τὸν οἰκοδομοῦντα τὸν ναὸν υἱὸν
Δαβὶδ κατὰ τοῦτο Χριστοῦ εἶναι τύπον, μετὰ τοὺς πολέμους   cf. 3 Reg
εἰρήνης βαθυτάτης γεγενημένης οἰκοδομοῦντα εἰς δόξαν τοῦ   v 3 ff.
θεοῦ τὸν ναὸν ἐν τῇ ἐπιγείῳ Ἰερουσαλήμ, ἵνα μηκέτι παρὰ   4 Macc iii 20
20 μετακινητῷ πράγματι τῇ σκηνῇ λατρεία ἐπιτελῆται, ἕκαστον
τῶν κατὰ τὸν ναὸν ἐπὶ τὴν ἐκκλησίαν ἀνάγειν πειρασό-
μεθα. τάχα γὰρ ἐὰν πάντες οἱ ἐχθροὶ ὑποπόδιον γένωνται   cf. 1 Co xv
τῶν Χριστοῦ ποδῶν, καὶ ὁ ἔσχατος ἐχθρὸς θάνατος καταρ-   25 f.
γηθῇ, ἡ τελειοτάτη εἰρήνη ἔσται ὅτε Χριστὸς ἔσται Σαλομών,
25 ὅπερ ἑρμηνεύεται Εἰρηνικός, πληρουμένης τῆς προφητείας
εἰς αὐτὸν λεγούσης· Μετὰ τῶν μισούντων τὴν εἰρήνην   Ps cxix
ἤμην εἰρηνικός. καὶ τότε ἕκαστος τῶν ζώντων λίθων κατὰ   (cxx) 6 f.
τὴν ἀξίαν τοῦ ἐνταῦθα βίου ἔσται τοῦ ναοῦ λίθος, ὁ
μέν τις ἐν τῷ θεμελίῳ ἀπόστολος ἢ προφήτης βαστά-   cf. Eph ii 20
30 ζων τοὺς ἐπικειμένους, ὁ δέ τις μετὰ τοὺς ἐν τῷ θε-
μελίῳ ὑπὸ μὲν τῶν ἀποστόλων βασταζόμενος καὶ αὐτὸς
σὺν τοῖς ἀποστόλοις συμβαστάζων τοὺς ὑποδεεστέρους·   cf. 3 Reg vi
καὶ ὁ μέν τις ἔσται λίθος τῶν ἐνδοτάτων, ἔνθα ἡ κιβωτὸς   18, 26 (27)

2 εἰμεῖς   6 δὴ] διὰ   φύσιν] φησὶ   21 ἐπὶ] καὶ

καὶ τὰ Χερουβεὶν καὶ τὸ ἱλαστήριον· ἕτερος δὲ τοῦ
περιβόλου, καὶ ἄλλος ἔτι ἔξω τοῦ περιβόλου τῶν Λευϊτῶν
καὶ ἱερέων λίθος τοῦ θυσιαστηρίου τῶν ὁλοκαρπωμάτων.
τὴν δὲ περὶ τούτων οἰκονομίαν καὶ λειτουργίαν ἐγχειρι-

cf. Eph i 21
σθήσονται ἅγιαι δυνάμεις, ἄγγελοι θεοῦ, αἱ μέν τινες οὖσαι 5
κυριότητες, ἢ θρόνοι, ἢ ἀρχαί, ἢ ἐξουσίαι, αἱ δὲ τούτοις ὑπο-

cf. 3 Reg v
15 ff.
τεταγμέναι, ὧν τύποι οἱ τρισχίλιοι καὶ ἑξακόσιοι ἄρχοντες
ἐπιστάται, ἄρχοντες κατεσταμένοι ἐπὶ τῶν ἔργων τῶν
Σαλομῶν, καὶ ἑβδομήκοντα χιλιάδες τῶν αἱρόντων ἄρσιν,
καὶ αἱ τῶν λατόμων ὀγδοήκοντα χιλιάδες ἐν τῷ ὄρει, οἱ 10
ποιοῦντες τὰ ἔργα καὶ ἑτοιμάσαντες τοὺς λίθους καὶ τὰ
ξύλα.   παρατηρητέον δὲ ὅτι οἱ μὲν ἀναγεγραμμένοι αἴρειν
ἄρσιν ἑβδομάδος εἰσὶ συγγενεῖς· οἱ δὲ λατόμοι καὶ ἐκ-
τυποῦντες τοὺς λίθους, πρὸς τὸ ἁρμονίους αὐτοὺς γενέσθαι
τῷ ναῷ, ὀγδοάδι προσῳκειῶνται· οἱ δὲ ἐπιστάται, ἑξακόσιοι 15
τυγχάνοντες, τῷ τοῦ ἓξ τελείῳ ἀριθμῷ οἰονεὶ ἐφ' ἑαυτὸν
πολυπλασιαζομένῳ συνάπτονται· τά μέντοι γε τῆς ἑτοι-
μασίας τῶν λίθων αἱρομένων καὶ εὐτρεπιζομένων εἰς τὴν
οἰκοδομήν, τρισὶν ἔτεσιν ἐπιτελούμενα, ἐμφαίνειν μοι δοκεῖ
τοῦ ἐν αἰωνίῳ τῇ τριάδι συγγενοῦς διαστήματος τὸν οἷον 20
χρόνον.   ταῦτα δὲ ἔσται ὅταν ἡ εἰρήνη τελειωθῇ μετὰ 204

cf. 3 Reg vi 1
ἔτη τῆς οἰκονομίας τῶν κατὰ τὴν ἀπ' Αἰγύπτου ἔξοδον
πραγμάτων τετρακόσια καὶ τριάκοντα, καὶ τῶν κατὰ τὴν
Αἴγυπτον οἰκονομηθέντων μετὰ ν΄ καὶ λ΄ ἔτη τῆς πρὸς τὸν
Ἀβραὰμ ἀπὸ θεοῦ διαθήκης, ὡς εἶναι ἀπὸ τοῦ Ἀβραὰμ ἐπὶ 25
τὴν ἀρχὴν τῆς οἰκοδομῆς τοῦ ναοῦ σαββατικοὺς ἀριθμοὺς
δύο, τὸν ἑπτακόσια καὶ ἑβδομήκοντα, ὅτε καὶ ἐντελεῖται ὁ

cf. 3 Reg v
15; vi 2
βασιλεὺς ἡμῶν ὁ χριστὸς ταῖς τῶν νωτοφόρων ἑβδομή-
κοντα χιλιάσιν μὴ τοὺς τυχόντας παραλαμβάνειν λίθους εἰς
τὸν θεμέλιον τοῦ οἴκου, ἀλλὰ λίθους μεγάλους, τιμίους, 30
ἀπελεκήτους, ἵνα πελεκηθῶσιν οὐχ ὑπὸ τῶν τυχόντων ἐρ-

14 αὐτ   15 forsan legendum τρεῖς χιλιάδες καὶ ἑξακόσιοι
16 ἀριθμοῦ   24 ν΄] λῦ

γατῶν ἀλλ' ὑπὸ τῶν Σαλομῶντος υἱῶν· τοῦτο γὰρ ἐν τῇ
τρίτῃ τῶν Βασιλειῶν γεγραμμένον εὕρομεν. τότε δὲ διὰ
τὴν πολλὴν εἰρήνην καὶ ὁ τῆς Τύρου βασιλεὺς Χειρὰμ
συνεργεῖ τῇ οἰκοδομῇ τοῦ ναοῦ, διδοὺς ἑαυτοῦ τοὺς υἱοὺς
5 τοῖς υἱοῖς τοῦ Σαλομῶντος, συμπελεκᾶν τοὺς μεγάλους καὶ
τιμίους λίθους τῷ ἁγίῳ καὶ αἰνετῷ τετάρτῳ ἔτει ἱδρυμένους
εἰς τὴν θεμελίωσιν τοῦ οἴκου κυρίου. ὀγδοάδι μέντοι γε
ἐτῶν συντελεῖται ὁ οἶκος τῷ ὀγδόῳ μηνὶ τοῦ ὀγδόου ἔτους   cf. 3 Reg vi
ἀπὸ τῆς θεμελιώσεως.   5 (38)

10   40. (24) Οὐδὲν δὲ ἄτοπον ἔσται διὰ μέσου τοῖς μηδὲν
πέρα τῆς ἱστορίας οἰομένοις διὰ τούτων δηλοῦσθαι δυσωπη-
τικοὺς λόγους προσαγαγεῖν πρὸς τὸ ὡς πνεύματος γραμμά-
των ζητῆσαι τοῦ πνεύματος νοῦν ἐν τούτοις ἄξιον. ἆρα γὰρ   cf. 3 Reg vi
οἱ τῶν βασιλέων υἱοὶ ἐσχόλαζον τῇ πελεκήσει τῶν μεγάλων   3 (v 32)
15 καὶ τιμίων λίθων, ἀναλαμβάνοντες τέχνην βασιλικῆς εὐ-
205 γενείας ἀλλοτρίαν; καὶ ὁ ἀριθμὸς τῶν νωτοφόρων καὶ   cf. 2 Chr ii
λατόμων καὶ ἐπιστατῶν, τοῦ γε χρόνου τῆς ἑτοιμασίας τῶν   2 (1)
λίθων καὶ τῆς ἐπισημειώσεως τῶν ὁμοίων ὡς ἔτυχεν ἀναγέ-
γραπται; ἐχρῆν δὲ τὸν ἅγιον ἐν εἰρήνῃ κατασκευαζόμενον   cf. 3 Reg vi
20 οἶκον τῷ θεῷ ᾠκοδομῆσθαι χωρὶς σφύρας καὶ πελέκεως καὶ   12 (7)
παντὸς σιδηροῦ σκεύους, ἵνα μηδὲν ἀκολουθῇ θορυβῶδες ἐν
τῷ ναῷ τοῦ θεοῦ. πάλιν δὲ ἀπορῶ πρὸς τοὺς τῇ λέξει
δουλεύοντας πῶς δυνατὸν ὀγδοήκοντα χιλιάδων λατόμων   cf. 3 Reg v
τυγχανουσῶν λίθοις ἀκροτόμοις ἀργοῖς ᾠκοδομῆσθαι τὸν   15 (29);
                                                            vi 12 (7)
25 οἶκον τοῦ θεοῦ, σφύρας καὶ πελέκεως καὶ παντὸς σκεύους
σιδηροῦ οὐκ ἀκουσθέντος ἐν τῷ οἴκῳ αὐτοῦ ἐν τῷ οἰκοδο-
μεῖσθαι αὐτόν; ἀλλὰ μήποτε οἱ λατομούμενοι λίθοι ζῶντες
ἀψοφητὶ καὶ ἀταράχως λατομοῦνται ἔξω τοῦ κατὰ τὸν ναόν,
ἵνα ἕτοιμοι ἔλθωσιν ἐπὶ τὸ ἁρμόζον αὐτοῖς τῆς οἰκοδομῆς
30 χωρίον. καὶ ἀνάβασις δέ τις περὶ τὸν οἶκον τοῦ θεοῦ μὴ
γεγωνιωμένη, ἀνακλάσεις εὐθειῶν ἔχουσα. γέγραπται γάρ·
Καὶ ἑλικτὴ ἀνάβασις εἰς τὸ μέσον, καὶ ἐκ τῆς μέσης ἐπὶ   3 Reg vi 13
                                                            (8)

5 Σαλομῶν   24 οἰκοδομῆσθαι   32 ἀνάβασεις

τὰ τριώροφα· ἑλικοειδῆ γὰρ ἐχρῆν εἶναι τὴν ἐν τῷ ναῷ τοῦ
θεοῦ ἄνοδον τῆς ἕλικος ἀναβάσει τὸν ἰσαίτατον κύκλον
μιμουμένης. ἵνα δὲ οὗτος ὁ οἶκος βέβαιος ᾖ, ὡς ἔνι

cf. 3 Reg vi
15 (10)
κάλλιστα οἰκοδομοῦνται ἔνδεσμοι αὐτῷ δι᾽ ὅλου οἴκου πέντε
ἐν πήχει τὸ ὕψος, ἵνα ἡ ἀπὸ τῶν αἰσθητῶν ἐπὶ τὰς κα- 5
λουμένας θείας αἰσθήσεις ἄνοδος δηλωθῇ ἐν ὕψει τυγχά-
νουσα, πρὸς κατανόησιν τῶν νοητῶν. μακαριωτέρων δὲ

cf. 3 Reg vi
17 (16)
λίθων χωρίον ἔοικεν εἶναι τὸ καλούμενον Δαβεὶρ, ἔνθα ἡ
κιβωτὸς τῆς διαθήκης τοῦ κυρίου ἦν, ἵν᾽ οὕτως εἴπω, τὸ
χειρόγραφον ἐτύγχανε τοῦ θεοῦ, αἱ πλάκες γεγραμμέναι 10

3 Reg vi 21
(22)
τῷ δακτύλῳ αὐτοῦ. ὁ δὲ οἶκος ὅλος χρυσοῦται· Ὅλον γάρ,
φησί, τὸν οἶκον περιέχρισε χρυσίῳ, ἕως συντελείας παντὸς

cf. 3 Reg vi
22 (23)
τοῦ οἴκου. τὰ μέντοι δύο Χερουβεὶμ ἐν τῷ Δαβεὶρ ἦν,
ὅπερ οὐ δεδύνηνται ἑρμηνεῦσαι κυρίως οἱ μεταλαμβάνοντες
εἰς Ἑλληνισμὸν τὰ Ἑβραίων. καταχρηστικώτερον δέ τινες 15
ναὸν αὐτὸν εἰρήκασι, τοῦ ναοῦ τιμιώτερον τυγχάνοντα.
πάντα μέντοι γε χρυσὸς τὰ κατὰ τὸν οἶκον γεγένηται, εἰς
σύμβολον τοῦ τελειουμένου πάντως νοῦ πρὸς τὴν τῶν
νοητῶν ἀκριβῆ ἀπόταξιν. ἐπεὶ δὲ παντάπασιν οὐκ ἔστι

cf. 3 Reg vi
34 (36)
βατὰ καὶ γνωστά, οἰκοδομεῖται καταπέτασμα τῆς αὐλῆς, 20
τοῖς πολλοῖς τῶν ἱερέων καὶ Λευϊτῶν οὐκ ἀποκαλυπτομένων
τῶν ἐνδοτάτω.   206

41. (25) Ἄξιον δὲ ζητῆσαι πῶς ὡς μὲν βασιλεὺς Σα-
λομὼν καὶ οἰκοδομεῖν τὸν ναὸν λέγεται, ὡς δ᾽ ἀρχιτέκτων

3 Reg vii 1
(13) f.
ὃν ἔλαβεν ἀποστείλας ὁ Σαλομὼν Χειρὰμ ἐκ Τύρου, υἱὸν 25
γυναικὸς χήρας· καὶ οὗτος ἀπὸ τῆς φυλῆς Νεφθαλείμ, καὶ
ὁ πατὴρ αὐτοῦ Τύριος, τέκτων χαλκοῦ καὶ πεπληρωμένος
τῆς συνέσεως καὶ ἐπιγνώσεως, τοῦ ποιεῖν πᾶν ἔργον ἐν
χαλκῷ, ὃς εἰσήχθη πρὸς τὸν βασιλέα Σαλομών, καὶ ἐποίησε
πάντα τὰ ἔργα. ἐφίστημι δὲ μήποτε ὁ μὲν Σαλομὼν εἰς 30

cf. Col i 15
τὸν πρωτότοκον πάσης κτίσεως λαμβάνεσθαι δύναται, ὁ δὲ
Χειρὰμ εἰς ὃν ἀνείληφεν οὗτος ἄνθρωπον, ἀπὸ τῆς τῶν

3 ᾖ] ἦν   16 τυχάνον   18 πάντως] πάντων
                 23 Σολομὼν   25 Σαλωμὼν

ἀνθρώπων συνοχῆς, Τύριοι γὰρ ἑρμηνεύονται συνέχοντες,
τῇ φύσει τὸ γένος ἔχοντα, ὅστις πεπληρωμένος πάσης
τέχνης καὶ συνέσεως καὶ ἐπιγνώσεως εἰσήχθη, συνεργῶν τῷ
πρωτοτόκῳ πάσης κτίσεως, ἵνα οἰκοδομήσῃ τὸν ναόν, ἐν
5 ᾧ καὶ θυρίδες παρακυπτόμεναι κρυπταὶ κατασκευάζονται,   cf. 3 Reg vi
? (4)
πρὸς τὰς ἐλλάμψεις τοῦ φωτὸς τοῦ θεοῦ σωτηρίως δυνηθῆναι
χωρῆσαι, καὶ (τί με δεῖ λέγειν καθ᾽ ἕκαστον;) ἵνα εὑρεθῇ
τὸ σῶμα Χριστοῦ ἡ ἐκκλησία τὸν λόγον ἔχουσα τοῦ πνευ-
ματικοῦ οἴκου καὶ ναοῦ τοῦ θεοῦ· ὡς γὰρ προεῖπον, τῆς ἐν   cf. 1 Co ii 7
10 μυστηρίῳ ἀποκεκρυμμένης δεόμεθα σοφίας, χωρητῆς τυγχα-
νούσης μόνῳ τῷ δυναμένῳ εἰπεῖν· Ἡμεῖς δὲ νοῦν Χριστοῦ   1 Co ii 16
ἔχομεν· ἵνα κατὰ τὸ βούλημα τοῦ οἰκονομήσαντος ταῦτα
γραφῆναι πνευματικῶς ἐκλάβωμεν ἕκαστον τῶν εἰρημένων.
ἄλλως δὲ καὶ οὐ κατὰ τὸ παρόν ἐστιν ἀνάγνωσμα ἕκαστον
15 τούτων ἀναπλῶσαι. καὶ ταῦτα οὖν αὐτάρκη πρὸς τὸ ἰδεῖν
πῶς· Ἐκεῖνος δὲ ἔλεγεν περὶ τοῦ ναοῦ τοῦ σώματος αὐτοῦ.   Jo ii 21

42. (26) Ἄξιον δὲ μετὰ ταῦτα ἰδεῖν εἰ δυνατὸν τὰ
ἱστορούμενα γεγονέναι κατὰ τὸν ναὸν συμβεβηκέναι ποτὲ
ἢ συμβήσεσθαι περὶ τὸν πνευματικὸν οἶκον. δόξει δὲ ὁ
20 λόγος θλίβειν ἑκατέρωθεν· εἴ τε γὰρ ἐροῦμεν οἷόν τε γενέ-
σθαι ἢ γεγονέναι τινὰ λόγον τοῖς κατὰ τὴν ἱστορίαν περὶ τὸν
ναόν, δυσόκνως μετάπτωσιν τῶν τηλικούτων ἀγαθῶν παρα-
δέξονται οἱ ἀκούοντες, πρῶτον μὲν διὰ τὸ μὴ βούλεσθαι,
δεύτερον δὲ διὰ τὸ ἀπεμφαίνειν τροπὴν τῶν ἀγαθῶν ἔσεσθαι.
25 εἰ δὲ βουλόμενοι ἄτρεπτα τηρεῖν τὰ ἅπαξ δοθέντα τοῖς ἁγίοις   cf. Jud 3
ἀγαθὰ οὐκ ἐφαρμόσομεν τὰ τῆς ἱστορίας, δόξομεν ὅμοιόν
τι τοῖς ἀπὸ τῶν αἱρέσεων ἐν τούτῳ ποιεῖν, τὴν συμφωνίαν
τῆς διηγήσεως τῶν γραφῶν ἀρχῆθεν μέχρι τέλους μὴ φυ-
λάττοντες. εἰ μέντοι γε μὴ μέλλομεν γραώδως καὶ Ἰου-
30 δαϊκῶς τὰς παρὰ τοῖς προφήταις, μάλιστα δὲ τῷ Ἡσαΐᾳ,
207 ἀναγεγραμμένας ἐπαγγελίας νοεῖν ὡς ἐσομένας περὶ τὴν ἐπὶ
γῆς Ἰερουσαλήμ, ἀνάγκη ἔτι, εἰ μετὰ τὴν αἰχμαλωσίαν καὶ

10 post ἀποκεκρυμμένης] ins. ης

τὴν καταστροφὴν τοῦ ναοῦ λέγεταί τινα ἔνδοξα συμβεβῆσθαι
εἰς οἰκοδομὴν τοῦ ναοῦ καὶ τὴν ἀποκατάστασιν τοῦ λαοῦ ἀπὸ
τῆς αἰχμαλωσίας, λέγειν ἡμᾶς γεγονέναι τὸν ναὸν καὶ ἠχμα-
λωτεῦσθαι τὸν λαόν, ἐπανελεύσεσθαι δὲ ἐπὶ τὴν Ἰουδαίαν καὶ
τὴν Ἰερουσαλὴμ καὶ οἰκοδομηθήσεσθαι τοῖς ἐντίμοις λίθοις 5
τὴν Ἰερουσαλήμ. οὐκ οἶδα δέ, εἰ μακραῖς χρόνων περιόδοις
ἀνακυκλουμέναις τὰ παραπλήσια πάλιν δυνατὸν γενέσθαι ὡς
ἐπὶ τὸ χεῖρον. ἔχει δὲ τὰ τῶν ἐπαγγελιῶν ἐν τῷ Ἡσαΐᾳ
Is liv 11—14 οὕτως· Ἰδού, ἐγὼ ἑτοιμάζω σοι ἄνθρακα τὸν λίθον σου, καὶ
τὰ θεμέλιά σου σάπφειρον, καὶ θήσω τὰς ἐπάλξεις σου 10
ἴασπιν, καὶ τὰς πύλας σου λίθους κρυστάλλου, καὶ τὸν περί-
βολόν σου λίθους ἐκλεκτούς, καὶ πάντας τοὺς υἱούς σου
διδακτοὺς θεοῦ, καὶ ἐν πολλῇ εἰρήνῃ τὰ τέκνα σου, καὶ ἐν
δικαιοσύνῃ οἰκοδομηθήσῃ. καὶ μετ᾽ ὀλίγα πρὸς τὴν αὐτὴν
Is lx 13—20 Ἰερουσαλήμ· Καὶ ἡ δόξα τοῦ Λιβάνου πρὸς σὲ ἥξει ἐν 15
κυπαρίσσῳ καὶ πεύκῃ καὶ κέδρῳ ἅμα δοξάσουσι τὸν τόπον
ἅγιόν μου. καὶ πορεύσονται πρὸς σὲ δεδοικότες υἱοὶ ταπει-
νωσάντων καὶ παροξυνάντων σε· καὶ κληθήσῃ πόλις κυρίου,
Σιὼν ἁγίου Ἰσραήλ, διὰ τὸ γεγενῆσθαί σε ἐγκαταλελειμμέ-
νην καὶ μεμισημένην, καὶ οὐκ ἦν ὁ βοηθῶν· καὶ θήσω σε 20
ἀγαλλίαμα αἰώνιον, εὐφροσύνην γενεῶν γενεαῖς. καὶ θη-
λάσεις γάλα ἐθνῶν, καὶ πλοῦτον βασιλέων φάγεσαι, καὶ
γνώσῃ ὅτι ἐγὼ κύριος σώζων σε καὶ ἐξαιρούμενός σε θεὸς
Ἰσραήλ. καὶ ἀντὶ χαλκοῦ οἴσω σοι χρυσίον, ἀντὶ δὲ
σιδήρου οἴσω σοι ἀργύριον, ἀντὶ δὲ ξύλων οἴσω σοι χαλκόν, 25
ἀντὶ δὲ λίθων σίδηρον. καὶ δώσω τοὺς ἄρχοντάς σου ἐν
εἰρήνῃ, καὶ τοὺς ἐπισκόπους σου ἐν δικαιοσύνῃ. καὶ οὐκ
ἀκουσθήσεται ἔτι ἀδικία ἐν τῇ γῇ σου, οὐδὲ σύντριμμα καὶ
ταλαιπωρία ἐν τοῖς ὁρίοις σου, ἀλλὰ κληθήσεται σωτήριον
τὰ τείχη σου, καὶ αἱ πύλαι σου γλύμμα. καὶ οὐκ ἔσται σοι 30
ἔτι ὁ ἥλιος εἰς φῶς ἡμέρας, οὐδὲ ἀνατολὴ σελήνης φωτιεῖ
σοι τὴν νύκτα· ἀλλ᾽ ἔσται σοι Χριστὸς φῶς αἰώνιον, καὶ ὁ

3 ἠχμαλωτεύεσθαι   18 πόλεις   23 ἐξαιρούμενον pr. man.

θεὸς δόξα σοι. οὐ γὰρ δύσεταί σοι ὁ ἥλιος, καὶ ἡ σελήνη
σοι οὐκ ἐκλείψει· ἔσται γὰρ κύριός σοι φῶς αἰώνιον, καὶ
πληρωθήσονται αἱ ἡμέραι τοῦ πένθους σου. ταῦτα γὰρ
σαφῶς περὶ τοῦ μέλλοντος αἰῶνος προφητεύεται τοῖς ἐν
5 αἰχμαλωσίᾳ οὖσιν υἱοῖς Ἰσραήλ, ἐφ' οὓς ἦλθεν ἀποσταλεὶς
ὁ λέγων· Οὐκ ἀπεστάλην εἰ μὴ εἰς τὰ πρόβατα τὰ ἀπολω- Mt xv 24
λότα οἴκου Ἰσραήλ. εἰ δὲ αἰχμάλωτοι ὄντες ταῦτα ἐν τῇ
πατρίδι αὐτῶν ἀπολήψονται, ὅτε καὶ προσήλυτοι προσελεύ-
208 σονται αὐτοῖς διὰ τοῦ χριστοῦ καὶ ἐπ' αὐτοὺς καταφεύξον-
10 ται, κατὰ τὸ λεγόμενον· Ἰδοὺ προσήλυτοι προσελεύσονταί Is liv 15
σοι δι' ἐμοῦ καὶ ἐπὶ σὲ καταφεύξονται· δῆλον ὅτι περὶ τὸν
ναὸν τυγχάνοντές ποτε οἱ αἰχμαλωτευθέντες καὶ πάλιν ἐκεῖσε
ἐπανελεύσονται ἀνοικοδομηθησόμενοι, τιμιώτατοι γεγενημένοι cf. Ap xxi 11
λίθων· νικῶν γάρ τις καὶ παρὰ τῷ Ἰωάννῃ ἐν τῇ Ἀποκα- cf. Ap iii 12
15 λύψει ἐπαγγελίαν ἔχει στῦλος ἔσεσθαι ἐν τῷ ναῷ τοῦ θεοῦ,
μὴ ἐξελευσόμενος ἔξω. ταῦτα δέ μοι πάντα εἴρηται ὑπὲρ
τοῦ κἂν ἐν βραχείᾳ περινοίᾳ γενέσθαι ἡμᾶς τῶν κατὰ τὸν
ναὸν καὶ τὸν οἶκον τοῦ θεοῦ καὶ τὴν ἐκκλησίαν καὶ τὴν
Ἰερουσαλὴμ πραγμάτων, περὶ ὧν οὐκ ἔστι νῦν λέγειν cf. Heb ix 5
20 κατὰ μέρος. τὴν δὲ ἀκριβεστάτην καὶ μέχρι τοῦ τυχόντος
περὶ ταῦτα ἐπιμελῆ ἐξέτασιν ποιητέον τοῖς μὴ ἀπαυδῶσι
πρὸς τοὺς ἐν τῷ ἐντυγχάνειν ταῖς προφητείαις ζητεῖν τὸν
ἐν αὐταῖς πνευματικὸν νοῦν καμάτους. καὶ ταῦτα μὲν
περὶ τοῦ ναοῦ τοῦ σώματος αὐτοῦ. cf. Jo ii 21

25 43. (27) Ἐπεὶ δὲ ὅτε ἠγέρθη ἐκ νεκρῶν, ἐμνήσθησαν Jo ii 22
οἱ μαθηταὶ αὐτοῦ ὅτι τοῦτο ἔλεγε, καὶ ἐπίστευσαν τῇ γραφῇ,
καὶ τῷ λόγῳ ὃν εἶπεν ὁ Ἰησοῦς· ἐκδεκτέον, ὡς κατὰ τὴν
λέξιν, ὅτι οἱ μαθηταὶ μετὰ τὸ ἐγηγέρθαι ἐκ νεκρῶν τὸν
κύριον συνῆκαν τὰ περὶ τοῦ ναοῦ εἰρημένα ἀναφέρεσθαι
30 εἰς τὸ πάθος αὐτοῦ καὶ τὴν ἀνάστασιν, ὑπομνησθέντες
ὅτι τό· Ἐν τρισὶν ἡμέραις ἐγερῶ αὐτόν· τὴν ἀνάστασιν Jo ii 19
ἐδήλου, ὅτε καὶ ἐπίστευσαν τῇ γραφῇ καὶ τῷ λόγῳ ὃν

17 βραχει   27 ἐκδετέον

B.   16

cf. Jo ii 22
εἶπεν ὁ Ἰησοῦς, πρότερον οὐ μεμαρτυρημένοι πεπιστευκέναι
τῇ γραφῇ οὐδὲ τῷ λόγῳ τούτῳ ὃν εἶπεν ὁ Ἰησοῦς· κυρίως
γὰρ πίστις ἐστὶ κατὰ τὸ βάπτισμα τοῦ ὅλῃ ψυχῇ παρα-
δεχομένου τὸ πιστευόμενον. ὡς δὲ πρὸς τὴν ἀναγωγήν,
ἐπεὶ προείρηται ἡμῖν ἡ ἐκ νεκρῶν ἀνάστασις τοῦ παντὸς 5
τοῦ κυρίου σώματος, εἰδέναι χρὴ ὅτι οἱ μαθηταὶ ὑπομνη-
σθέντες διὰ τῶν ἀποτελεσμάτων τῆς, ὅτε ἦσαν ἐν τῷ βίῳ,
μὴ ἠκριβωμένης αὐτοῖς γραφῆς, ὑπὸ ὄψιν γινομένης καὶ
He viii 5
φανερουμένης τίνων ἐπουρανίων ὑπόδειγμα καὶ σκιὰ
ἐτύγχανε, πιστεύουσιν οἷς πρότερον οὐκ ἐπίστευον, καὶ 10
τῷ λόγῳ τοῦ Ἰησοῦ ὃν πρὸ τῆς ἀναστάσεως ὡς ἐβούλετο
ὁ λέγων οὐ συνίεσαν. πῶς γὰρ δύναταί τις πιστεύειν
κυρίως λέγεσθαι τῇ γραφῇ, τὸν ἐν αὐτῇ τοῦ ἁγίου πνεύματος
νοῦν μὴ θεωρῶν, ὃν πιστεύεσθαι μᾶλλον ὁ θεὸς βούλεται
ἢ τὸ τοῦ γράμματος θέλημα; κατὰ τοῦτο λεκτέον μηδένα 15
cf. 2 Co x 2
τῶν κατὰ σάρκα περιπατούντων πιστεύειν τοῖς πνευματικοῖς
τοῦ νόμου, οἷς μηδὲ τὴν ἀρχὴν φαντάζεται. πλὴν φασι 209
cf. Jo xx 29
μακαριωτέρους εἶναι τοὺς μὴ ἰδόντας καὶ πιστεύσαντας
τῶν ἑωρακότων καὶ πεπιστευκότων, παρεκδεξάμενοι τὸ ἐν
τῷ κατὰ Ἰωάννην ἐπὶ τέλει εἰρημένον πρὸς τὸν Θωμᾶν 20
Jo xx 29
ὑπὸ τοῦ κυρίου· Μακάριοι οἱ μὴ ἰδόντες καὶ πιστεύσαντες·
οὐ γὰρ μακαριωτέρους εἶναι τοὺς μὴ ἰδόντας καὶ πιστεύ-
σαντας τῶν ἑωρακότων καὶ πεπιστευκότων. κατὰ γοῦν
τὴν ἐκδοχὴν αὐτῶν τῶν ἀποστόλων μακαριώτεροι οἱ μετὰ
τοὺς ἀποστόλους εἰσίν, ὅπερ ἐστὶ πάντων ἠλιθιώτατον. 25
ἰδεῖν δὲ τῷ νῷ τὰ πιστευόμενα δεῖ τὸν ἐσόμενον μακάριον
Mt xiii 16 f.
ὡς οἱ ἀπόστολοι, δυνηθέντα ἀκούειν τό· Μακάριοι οἱ
ὀφθαλμοὶ ὑμῶν ὅτι βλέπουσι, καὶ τὰ ὦτα ὑμῶν ὅτι
ἀκούουσι· καὶ τό· Πολλοὶ προφῆται καὶ δίκαιοι ἐπεθύμησαν
ἰδεῖν ἃ βλέπετε καὶ οὐκ εἶδον, καὶ ἀκοῦσαι ἃ ἀκούετε καὶ 30
οὐκ ἤκουσαν. ἀγαπητὸν δὲ καὶ τὸν ὑποδεέστερον λαβεῖν
μακαρισμὸν λέγοντα· Μακάριοι οἱ μὴ ἰδόντες καὶ πιστεύ-

10 οἱς (ut videtur)   17 φασι] φησὶ

σαντες. πῶς δὲ οὐ μακαριώτεροι οἱ ὀφθαλμοὶ οἱ ὑπὸ τοῦ
Ἰησοῦ μακαριζόμενοι ἐπὶ τοῖς θεωρουμένοις τῶν μὴ φθασάν-
των ἐπὶ τὴν τῶν τοιούτων θέαν; ὁ δὲ Συμεὼν ἀγαπᾷ εἰς   cf. Lc ii 28
τὰς ἀγκάλας λαβὼν τὸ σωτήριον τοῦ θεοῦ, καὶ θεασάμενος
5 αὐτὸ εἶπε· Νῦν ἀπολύεις τὸν δοῦλόν σου, δέσποτα, κατὰ   Lc ii 29 f.
τὸ ῥῆμά σου ἐν εἰρήνῃ, ὅτι εἶδον οἱ ὀφθαλμοί μου τὸ
σωτήριόν σου. διόπερ φιλοτιμητέον ἀνοίγειν τοὺς ὀφθαλ-
μούς, κατὰ τὸν Σολομῶντα, ἵνα ἄρτων ἐμπλησθῶμεν· φησὶ
γάρ· Διάνοιξον τοὺς ὀφθαλμούς σου καὶ ἐμπλήσθητι   Pr xx 16 (13)
10 ἄρτων. καὶ ταῦτά μοι διὰ τό· Ἐπίστευσαν τῇ γραφῇ   Jo ii 22
καὶ τῷ λόγῳ ὃν εἶπεν ὁ Ἰησοῦς· εἰρήσθω, ἵνα τὸ τέλειον
τῆς πίστεως ἐκ τῶν περὶ πίστεως ἐξητασμένων καταλάβω-
μεν ἡμῖν δοθήσεσθαι ἐν τῇ μεγάλῃ ἐκ νεκρῶν ἀναστάσει
τοῦ παντὸς Ἰησοῦ σώματος, τῆς ἁγίας ἐκκλησίας αὐτοῦ.
15 ὅπερ γὰρ ἐπὶ γνώσεως εἴρηται· Ἄρτι γινώσκω ἐκ μέρους·   1 Co xiii 12
τόδε καὶ ἐπὶ παντὸς καλοῦ ἀκόλουθον οἶμαι λέγειν· ἐν δὲ
τῶν ἄλλων ἡ πίστις. διόπερ ἄρτι πιστεύω ἐκ μέρους· ὅταν   1 Co xiii 10
δὲ ἔλθῃ τὸ τέλειον τῆς πίστεως τὸ ἐκ μέρους καταργηθή-
σεται, τῆς διὰ εἴδους πίστεως πολλῷ διαφερούσης τῆς,   cf. 2 Co v 7
20 ἵν' οὕτως εἴπω, δι' ἐσόπτρου καὶ ἐν αἰνίγματι, ὁμοίως τῇ
νῦν γνώσει, πίστεως.

44. (28) Ὡς δὲ ἦν ἐν τοῖς Ἱεροσολύμοις ἐν τῷ   Jo ii 23 ff.
πάσχα ἐν τῇ ἑορτῇ, πολλοὶ ἐπίστευσαν εἰς τὸ ὄνομα
αὐτοῦ, θεωροῦντες αὐτοῦ τὰ σημεῖα ἃ ἐποίει. αὐτὸς δὲ
25 Ἰησοῦς οὐκ ἐπίστευεν αὐτὸν αὐτοῖς, διὰ τὸ αὐτὸν γινώ-
σκειν πάντας καὶ ὅτι οὐ χρείαν εἶχεν ἵνα τις μαρτυρήσῃ
περὶ ἀνθρώπου, αὐτὸς γὰρ ἐγίνωσκε τί ἦν ἐν τῷ ἀν-
210 θρώπῳ. Ζητήσαι τις ἂν πῶς τοῖς μεμαρτυρημένοις
πιστεύειν ἑαυτὸν οὐκ ἐπίστευεν ὁ Ἰησοῦς. λεκτέον δὲ πρὸς
30 τοῦτο ὅτι οὐχὶ τοῖς πιστεύουσιν εἰς αὐτὸν οὐ πιστεύει
ἑαυτὸν ὁ Ἰησοῦς, ἀλλὰ τοῖς πιστεύουσιν εἰς τὸ ὄνομα
αὐτοῦ· διαφέρει γὰρ τοῦ πιστεύειν εἰς αὐτὸν τὸ πιστεύειν

2 θεωρημένοις

16—2

εἰς τὸ ὄνομα αὐτοῦ. ὁ γοῦν διὰ πίστιν μὴ κριθησόμενος
τῷ εἰς αὐτὸν πιστεύειν οὐ κρίνεται, οὐχὶ δὲ εἰς τὸ ὄνομα
αὐτοῦ· φησὶ γὰρ ὁ κύριος· Ὁ πιστεύων εἰς ἐμὲ οὐ κρίνεται·
οὐχὶ δέ· Ὁ πιστεύων εἰς τὸ ὄνομά μου οὐ κρίνεται. οὐκέτι
δέ φησιν· Ὁ μὴ πιστεύων εἰς ἐμὲ ἤδη κέκριται· τάχα γὰρ ὁ 5
πιστεύων εἰς τὸ ὄνομα αὐτοῦ πιστεύει μὲν, διόπερ οὐκ ἔστιν
ἄξιος ἤδη κεκρίσθαι, ἐλάττων δέ ἐστι τοῦ πιστεύοντος εἰς
αὐτόν. διὰ τοῦτο τῷ πιστεύοντι εἰς τὸ ὄνομα αὐτοῦ ἑαυτὸν
οὐ πιστεύει ὁ Ἰησοῦς. αὐτοῦ τοίνυν μᾶλλον ἢ τοῦ
ὀνόματος αὐτοῦ ἔχεσθαι δεῖ, ἵνα μὴ τῷ ὀνόματι αὐτοῦ 10
δυνάμεις ποιοῦντες ἀκούσωμεν τὰ ἐπὶ τῷ ὀνόματι μόνῳ
καυχησαμένων αὐτοῦ εἰρημένα· ἀλλὰ θαρρήσωμεν μιμηταὶ
τοῦ Παύλου γινόμενοι εἰπεῖν· Πάντα ἰσχύω ἐν τῷ ἐνδυνα-
μοῦντί με Χριστῷ Ἰησοῦ. παρατηρητέον δὲ καὶ τοῦτο,
ὅτι ἀνωτέρω μὲν Ἐγγὺς, φησίν, ἦν τὸ πάσχα τῶν Ἰουδαίων, 15
ἐνθάδε δὲ οὐκ ἐν τῷ πάσχα τῶν Ἰουδαίων, ἀλλ' ἐν τῷ
πάσχα ἐν Ἱεροσολύμοις ἦν ὁ Ἰησοῦς· κἀκεῖ μὲν ὅτε
Ἰουδαίων λέγεται τὸ πάσχα, οὐκ εἴρηται ἑορτή· ἐνθάδε
δὲ ὁ Ἰησοῦς ἀναγέγραπται εἶναι ἐν τῇ ἑορτῇ· ἐν τοῖς
Ἱεροσολύμοις γὰρ τυγχάνων ἐν πάσχα καὶ ἑορτῇ ἦν, πολλῶν 20
πιστευόντων κἂν εἰς τὸ ὄνομα αὐτοῦ. καὶ παρατηρητέον
γε ὅτι πολλοὶ οὐκ εἰς αὐτὸν, ἀλλ' εἰς τὸ ὄνομα αὐτοῦ
πιστεύειν λέγονται. οἱ δὲ εἰς αὐτὸν πιστεύοντες οἱ τὴν
στενὴν καὶ τεθλιμμένην εἰσὶν ὁδεύοντες, ἀπάγουσαν εἰς
τὴν ζωὴν, ὅσον ὑπὸ τῶν ὀλίγων εὑρισκομένην. δυνατὸν 25
μέντοι γε πολλοὺς τῶν εἰς τὸ ὄνομα αὐτοῦ πιστευόντων
ἀνακλιθῆναι μετὰ Ἀβραὰμ καὶ Ἰσαὰκ καὶ Ἰακὼβ ἐν τῇ
βασιλείᾳ τῶν οὐρανῶν, ἐπεί· Πολλοὶ ἀπ' ἀνατολῶν καὶ
δυσμῶν ἥξουσι καὶ ἀνακλιθήσονται μετὰ Ἀβραὰμ καὶ
Ἰσαὰκ καὶ Ἰακὼβ ἐν τῇ βασιλείᾳ τῶν οὐρανῶν, τυγχανοίσῃ 30
οἰκίᾳ τοῦ πατρὸς, ἐν ᾗ πολλαὶ μοναί εἰσι. καὶ τοῦτο δὲ
τηρητέον, ὅτι πολλοὶ πιστεύοντες εἰς τὸ ὄνομα αὐτοῦ, οὐχ

cf. Jo iii 18

cf. Jo ii 24

cf. Mt vii 22

Phil iv 13

cf. Jo ii 13

Jo ii 23

Mt vii 14

Mt viii 11

cf. Jo xiv 2

5 om. μὴ   11 δύναμϊς   16 τῷ 2°] τῶν   27 ἀνακληθὴν

ὡς Ἀνδρέας καὶ Πέτρος καὶ Ναθαναὴλ καὶ Φίλιππος πι- cf. Jo i 40,
στεύουσιν, ἀλλὰ τῇ μαρτυρίᾳ Ἰωάννου πείθονται λέγοντος· ⁴¹, 45, 43
Ἰδοὺ, ὁ ἀμνὸς τοῦ θεοῦ· ἢ τῷ ὑπ' Ἀνδρέου εὑρεθέντι Jo i 36
χριστῷ, ἢ τῷ εἰπόντι τῷ Φιλίππῳ Ἰησοῦ· Ἀκολούθει μοι· Jo i 43
5 ἢ τῷ φάσκοντι Φιλίππῳ· Ὃν ἔγραψε Μωϋσῆς καὶ οἱ Jo i 45
211 προφῆται εὑρήκαμεν, Ἰησοῦν υἱὸν τοῦ Ἰωσὴφ ἀπὸ Να-
ζαρέτ. οὗτοι δὲ ἐπίστευσαν εἰς τὸ ὄνομα αὐτοῦ, θεωροῦντες Jo ii 23 ff.
αὐτοῦ τὰ σημεῖα ἃ ἐποίει· καὶ σημεῖα πιστεύουσιν, οὐκ εἰς
αὐτὸν ἀλλ' εἰς τὸ ὄνομα αὐτοῦ, ὁ Ἰησοῦς οὐκ ἐπίστευεν
10 ἑαυτὸν αὐτοῖς, πάντας γινώσκων, καὶ μὴ χρείαν ἔχων ἵνα
τις μαρτυρήσῃ περὶ ἀνθρώπου, τῷ γινώσκειν τί ἐστιν ἐν
ἑκάστῳ τῶν ἀνθρώπων.

45. (29) Τῷ δέ· Οὐ χρείαν εἶχεν ἵνα τις μαρτυρήσῃ Jo ii 25
περὶ ἀνθρώπου· εὐκαίρως χρηστέον εἰς παράστασιν τοῦ
15 υἱοῦ τοῦ θεοῦ ἀφ' ἑαυτοῦ δυναμένου θεωρεῖν περὶ ἑκάστου
τῶν ἀνθρώπων, καὶ μηδαμῶς μαρτυρίου δεῖσθαι τοῦ ἀπό
τινος. τὸ δέ· Οὐ χρείαν εἶχεν ἵνα τις μαρτυρήσῃ περὶ
ἀνθρώπου· ἀντιδιασταλτέον πρὸς τό· Οὐ χρείαν ἔχει ἵνα τις
μαρτυρήσῃ περί τινος. εἰ μὲν γὰρ τὸ Ἀνθρώπου λαμβανό-
20 μενον ἐπὶ παντὸς τοῦ κατ' εἰκόνα θεοῦ ἢ παντὸς λογικοῦ, οὐ
χρείαν ἕξει ἵνα τις μαρτυρήσῃ περὶ αὐτοῦ, περὶ οὗ δήποτε
τῶν λογικῶν, ἀφ' ἑαυτοῦ γινώσκων τοὺς πάντας κατὰ τὴν
δεδομένην αὐτῷ δύναμιν ἀπὸ τοῦ πατρός. εἰ δὲ τὸ Ἀνθρώ-
που τηρήσαιμεν ὑπὸ τοῦ θνητοῦ λογικοῦ ζῴου μόνον, ὁ μέν
25 τις ἐρεῖ χρείαν ἔχειν αὐτὸν ἵνα τις μαρτυρήσῃ περὶ τῶν
ὑπὲρ τὸν ἄνθρωπον, οὐδὲ ἀρκοῦντα ὁμοίως τοῖς ἀνθρωπίνοις
γινώσκειν καὶ τὰ περὶ ἐκείνων. ἄλλος δέ τις φήσει τὸν
κενώσαντα ἑαυτὸν μὴ χρείαν ἔχειν ἵνα τις μαρτυρήσῃ περὶ cf. Phil ii 7
ἀνθρώπου, χρείαν δὲ ἔχειν περὶ τῶν κρειττόνων ἢ κατὰ
30 ἄνθρωπον.

30. Καὶ τοῦτο δὲ ζητητέον, πόσα σημεῖα αὐτοῦ θεω-
ροῦντες οἱ πολλοὶ ἐπίστευον εἰς αὐτόν· οὐ γὰρ ἀναγέγραπται

27 φησι

σημεῖα πεποιηκέναι ἐν Ἱεροσολύμοις, εἰ μὴ ἄρα γεγένηται
μὲν σημεῖα οὐκ ἀναγέγραπται δέ· σκόπει δὲ εἰ δυνατὸν εἰς
σημεῖα λογισθῆναι τὸ πεποιηκέναι φραγέλλιον ἐκ σχοινίων,
καὶ πάντας ἐκβεβληκέναι τοῦ ἱεροῦ, τά τε πρόβατα καὶ τοὺς
βόας, καὶ τῶν κολλυβιστῶν τὰ κέρματα ἐκκεχυκέναι, καὶ τὰς 5
τραπέζας ἀνατετραφέναι. πρὸς μέντοι γε τοὺς ὑπονοήσαν-
τας ἂν περὶ μόνων ἀνθρώπων μὴ χρείαν ἔχειν αὐτὸν μαρ-
τύρων, λεκτέον ὅτι δύο αὐτῷ ὁ εὐαγγελιστὴς μεμαρτύρηκε, τό
τε γινώσκειν πάντας, καὶ τὸ μὴ χρείαν ἔχειν ἵνα τις μαρ-
τυρήσῃ περὶ ἀνθρώπου. εἰ γὰρ πάντας ἐγίνωσκεν, οὐ 10
μόνον ἀνθρώπους ἀλλὰ καὶ τὰ ὑπὲρ τὸν ἄνθρωπον ἐγίνωσκε,
καὶ πάντας τοὺς ἔξω τοιούτων σωμάτων· ἐγίνωσκέ τε τί ἦν
ἐν τῷ ἀνθρώπῳ, ἅτε μείζων τυγχάνων τῶν ἐν τῷ προφητεύειν
ἐλεγχόντων καὶ κρινόντων, καὶ τὰ κρυπτὰ τῆς καρδίας εἰς 212
φανερὸν ἀγόντων πάντων ὧν τὸ πνεῦμα ὑποβάλλει αὐτοῖς. 15
δύναται δὲ τό· Ἐγίνωσκε τί ἦν ἐν τῷ ἀνθρώπῳ· λαμβάνεσθαι
καὶ ἐπὶ τῶν ἐνεργουσῶν δυνάμεων χειρόνων ἢ κρειττόνων ἐν
ἀνθρώποις. εἰ μὲν γὰρ δίδωσί τις τόπον τῷ διαβόλῳ,
εἰσέρχεται εἰς αὐτὸν ὁ σατανᾶς, ὥσπερ ἔδωκεν Ἰούδας, τοῦ
διαβόλου βεβληκότος εἰς τὴν καρδίαν αὐτοῦ ἵνα παραδῷ 20
τὸν Ἰησοῦν· διὸ καὶ μετὰ τὸ ψωμίον εἰσῆλθεν εἰς αὐτὸν ὁ
σατανᾶς. εἰ δὲ δίδωσι τόπον τῷ θεῷ, μακάριος γίνεται·
Μακάριος γὰρ οὗ ἐστιν ἀντίληψις αὐτοῦ παρὰ τοῦ θεοῦ, καὶ
ἀνάβασις ἐν τῇ καρδίᾳ αὐτοῦ ἀπὸ τοῦ θεοῦ. γινώσκει οὖν
τί ἦν ἐν τῷ ἀνθρώπῳ ὁ γινώσκων πάντα υἱὸς τοῦ θεοῦ. 25
ἤδη δὲ τὴν αὐτάρκη περιγραφὴν εἰληφότος καὶ τοῦ δεκάτου
τόμου, ἐνταῦθά που καταπαύσωμεν τὸ βιβλίον.

In margin:
cf. Jo ii 15
cf. Jo ii 25
cf. 1 Co xiv 24 f.
cf. Eph iv 27
cf. Jo xiii 27, 2
Ps lxxxiii (lxxxiv) 6

8 λέγειν   **23** ἀντίλημψεις   **25** υἱὲ

ΤΟΜΟΣ ΙΓ΄.

1. *Ἴσως μὲν ἂν ἔδοξέ σοι, φιλοθεώτατε καὶ εὐσεβέ-
στατε Ἀμβρόσιε, τὸν περὶ τῆς Σαμαρείτιδος λόγον μὴ
διακοπῆναι, ὥστε μέρος μέν τι αὐτοῦ εἶναι ἐν τῷ δωδεκάτῳ
τόμῳ, τὰ δὲ ἑξῆς ἐν τῷ τρισκαιδεκάτῳ. ἀλλ' ἐπεὶ ἑωρῶμεν
5 αὐτάρκη περιγραφὴν εἰληφέναι τὸν δωδέκατον τῶν ἐξηγητι-
κῶν, ἔδοξεν ἡμῖν καταλῆξαι εἰς τὸν τῆς Σαμαρείτιδος λόγον
περὶ τοῦ λεγομένου ὑπ' αὐτῆς φρέατος, ὡς ὁ Ἰακὼβ ἔδωκεν   cf. Jo iv 12
αὐτό, καὶ αὐτὸς ἐξ αὐτοῦ ἔπιε καὶ οἱ υἱοὶ αὐτοῦ καὶ τὰ
θρέμματα αὐτοῦ, ἵνα ἀρξώμεθα τοῦ τρισκαιδεκάτου ἀπὸ τῆς
10 ἀποκρίσεως τοῦ κυρίου ἡμῶν πρὸς αὐτήν· Ἀπεκρίθη ὁ   Jo iv 13 f.
Ἰησοῦς καὶ εἶπεν αὐτῇ Πᾶς ὁ πίνων ἐκ τοῦ ὕδατος τούτου
διψήσει πάλιν· ὃς δ' ἂν πίῃ ἐκ τοῦ ὕδατος οὗ ἐγὼ δώσω
αὐτῷ, γενήσεται πηγὴ ἐν αὐτῷ ὕδατος ἀλλομένου εἰς ζωὴν
αἰώνιον. δεύτερον τοῦτο ἀποκρίνεται πρὸς τὴν Σαμαρεῖτιν ὁ
15 Ἰησοῦς, πρότερον μὲν λέγων· Εἰ ᾔδεις τὴν δωρεὰν τοῦ θεοῦ   Jo iv 10
καὶ τίς ἐστιν ὁ λέγων σοι Δός μοι πιεῖν, σὺ ἂν ᾔτησας
αὐτὸν καὶ ἔδωκεν ἄν σοι ὕδωρ ζῶν· καὶ νῦν ὡς προτρέπων
13 αὐτὴν ἐπὶ τὸ αἰτῆσαι τὸ ζῶν ὕδωρ λέγει τὰ ἐκκείμενα. καὶ
ἐπὶ μὲν τῷ προτέρῳ οὐκ εἶπεν, ἀλλὰ ἐπαπορεῖ περὶ τῆς
20 συγκρίσεως τῶν ὑδάτων ἡ Σαμαρεῖτις· μετὰ δὲ τὴν δευτέραν
ἀπόκρισιν τοῦ κυρίου παραδεξαμένη τὰ εἰρημένα φησί· Δός   Jo iv 15
μοι τοῦτο τὸ ὕδωρ. τάχα γὰρ δόγμα τί ἐστι μηδένα λαμ-
βάνειν θείαν δωρεὰν τῶν μὴ αἰτούντων αὐτήν. καὶ αὐτὸν
γοῦν τὸν σωτῆρα διὰ τοῦ ψαλμοῦ προτρέπει αἰτεῖν ὁ πατὴρ

ἵνα αὐτῷ δωρήσηται, ὡς αὐτὸς ἡμᾶς διδάσκει ὁ υἱὸς λέγων·
Κύριος εἶπε πρὸς μέ Υἱός μου εἶ σύ, αἴτησαι παρ' ἐμοῦ
καὶ δώσω σοι ἔθνη τὴν κληρονομίαν σου, καὶ τὴν κατάσχε-
σίν σου τὰ πέρατα τῆς γῆς· καὶ ὁ σωτήρ φησιν· Αἰτεῖτε,
καὶ δοθήσεται ὑμῖν· πᾶς γὰρ ὁ αἰτῶν λαμβάνει. πείθεται 5
μέντοι γε ἡ Σαμαρεῖτις αἰτῆσαι τὸν Ἰησοῦν ὕδωρ, εἰκών, ὡς
προείπομεν, τυγχάνουσα γνώμης ἑτεροδοξούντων περὶ τὰς
θείας ἀσχολουμένων γραφάς, ὅτε ἀκούει περὶ τῆς συγκρίσεως
ἀμφοτέρων τῶν ὑδάτων. καὶ ὅρα ἐξ ὧν ἐπεπόνθει πῶς
πίνουσα ἐκ τοῦ νομιζομένου αὐτῇ βαθέως εἶναι φρέατος οὐκ 10
ἀνεπαύετο, οὐδὲ τῆς δίψης ἀπηλλάττετο.

2. Ἴδωμεν οὖν τί σημαίνεται ἐκ τοῦ· Πᾶς ὁ πίνων ἐκ
τοῦ ὕδατος τούτου διψήσει πάλιν. ἔστι δὲ ἐκ τῆς διψῆν
φωνῆς καὶ ἐκ τῆς πεινῆν κατὰ τὸ σωματικὸν δύο σημαινό-
μενα· ἐν μὲν καθ' ὃ δεόμεθα τροφῆς κενωθέντες καὶ ὀρεγό- 15
μενοι αὐτῆς ὑπὸ τοῦ ὑγροῦ ἡμῖν ἐπιλείποντος· ἕτερον δὲ καθ'
ὃ πολλάκις οἱ πένητες καὶ ἐν ἀπορίᾳ ὄντες τῶν ἐπιτηδείων
φασὶ κεκορεσμένοι τὸ πεινῆν ἢ διψῆν. καὶ μαρτύριόν γε
τοῦ μὲν πρώτου ἐν τῇ Ἐξόδῳ, ὅτε ἀπορ$οῦντες τροφῶν τῇ
ἐννεακαιδεκάτῃ ἡμέρᾳ, τῷ μηνὶ τῷ δευτέρῳ ἐξεληλυθότων 20
αὐτῶν ἐκ γῆς Αἰγύπτου, διεγόγγυζε πᾶσα συναγωγὴ υἱῶν
Ἰσραὴλ ἐπὶ Μωϋσῆν καὶ Ἀαρών. καὶ εἶπαν πρὸς αὐτοὺς οἱ
υἱοὶ Ἰσραὴλ Ὄφελον ἀπεθάνομεν πληγέντες ὑπὸ κυρίου ἐν
γῇ Αἰγύπτῳ, ὅταν ἐκαθίσαμεν ἐπὶ τῶν λεβήτων τῶν κρεῶν
καὶ ἠσθίομεν ἄρτους εἰς πλησμονήν, ὅτι ἐξηγάγετε ἡμᾶς εἰς 25
τὴν ἔρημον ταύτην, ἀποκτεῖναι πᾶσαν τὴν συναγωγὴν ταύτην
ἐν λιμῷ. εἶπε δὲ κύριος πρὸς Μωϋσῆν Ἰδοὺ ἐγὼ ὕω ὑμῖν
ἄρτους ἐκ τοῦ οὐρανοῦ, καὶ ἐξελεύσεται ὁ λαὸς καὶ συλ-
λέξουσι τὸ τῆς ἡμέρας εἰς ἡμέραν, ὅπως πειράσω αὐτοὺς
εἰ πορεύσονται τῷ νόμῳ μου ἢ οὔ. πεινώντων γὰρ καὶ 30
ἀπορούντων τῆς ἀναγκαίας τροφῆς οὗτοί εἰσιν οἱ λόγοι.

1 ὡς αὐτὸς] ὁ σαυτός   10 βαθέος   15 ἐν] ἕνα   16 τοῦ]
τούτου   ἑτέρα   26 ἀπέκτειναι   30 εἰ] ἢ   31 οὗτοί
εἰσιν] ὅσον ἐπὶ

214 ἀλλὰ καὶ ὕδατος ἀποροῦντες καὶ διψῶντες διεγόγγυζον κατὰ Ex xv 24 f.
Μωϋσέως· Τί πιόμεθα; ὅτε ἐβόησε Μωσῆς πρὸς κύριον, καὶ
ἔδειξεν αὐτῷ κύριος ξύλον, καὶ ἐνέβαλεν αὐτὸ εἰς τὸ ὕδωρ καὶ
ἐγλυκάνθη τὸ ὕδωρ. καὶ μετ' ὀλίγα, ἡνίκα ἦλθεν εἰς Ῥαφι- cf. Ex xvii
5 δεῖν, γέγραπται ὅτι ἐδίψησεν ὁ λαὸς ἐκεῖ ὕδατι, καὶ ἐγόγ- 1, 3
γυζεν ὁ λαὸς ἐκεῖ ἐπὶ Μωϋσῆν. δόξει δὲ τοῦ δευτέρου τῶν
σημαινομένων εἶναι παρὰ τῷ Παύλῳ παράδειγμα, λέγοντι·
Ἄχρι τῆς ἄρτι ὥρας καὶ πεινῶμεν καὶ διψῶμεν καὶ γυμνι- 1 Co iv 11
τεύομεν. τὸ μὲν οὖν πρῶτον πεινῆν καὶ διψῆν ἀναγκαίως
10 γίνεται τοῖς ὑγιαίνουσι σώμασι· τὸ δὲ δεύτερον τοῖς πενο-
μένοις συμβαίνει. ζητητέον οὖν καὶ ἐκ τοῦ· Πᾶς ὁ πίνων Jo iv 13
ἐκ τούτου τοῦ ὕδατος διψήσει πάλιν· ποῖον διψήσει λέγεται.

3. Πρῶτον ὡς ἐπὶ σωματικοῦ τάχα τὸ δηλούμενόν
ἐστιν ὅτι κἂν πρὸς τὸ παρὸν κορεσθῇ, ἀλλ' εὐθέως ὑποβι-
15 βασθέντος τοῦ ποτοῦ τὸ αὐτὸ πάθος πείσεται ὁ πιών,
τουτέστι διψήσει πάλιν, εἰς ὅμοιον τῷ ἀρχῆθεν ἀποκαταστάς.
ἐπιφέρει οὖν τό· Ὃς δ' ἂν πίῃ ἐκ τοῦ ὕδατος οὗ ἐγὼ δώσω Jo iv 14
αὐτῷ, γενήσεται πηγὴ ἐν αὐτῷ ὕδατος ἁλλομένου εἰς ζωὴν
αἰώνιον· τίς δὲ ἐν ἑαυτῷ ἔχων πηγὴν διψῆσαι οἷός τε ἔσται;
20 τὸ μέντοι γε προηγουμένως δηλούμενον τοιοῦτον ἂν εἴη· ὁ
μεταλαμβάνων, φησί, βάθους λόγων, κἂν πρὸς ὀλίγον ἀνα-
παύσηται, παραδεξάμενος ὡς βαθύτατα τὰ ἀνιμώμενα καὶ
εὑρίσκεσθαι δοκοῦντα νοήματα, ἀλλά γε πάλιν δεύτερον
ἐπιστήσας ἐπαπορήσει περὶ τούτων ὅσοις ἐπανεπαύσατο,
25 ἐπεὶ τρανὴν καὶ ἔκτυπον περὶ τῶν ζητουμένων κατάληψιν οὐ
δύναται τὸ νομιζόμενον ὑπ' αὐτοῦ βάθος παρασχεῖν. διόπερ
κἂν συναρπασθεὶς συγκαταθῆταί τις τῇ πιθανότητι τῶν
λεγομένων, ἀλλά γε ὕστερον εὑρήσει τὴν αὐτὴν ἀπορίαν
τυγχάνουσαν ἐν αὐτῷ, ἥνπερ εἶχε πρὶν τάδε τινὰ μαθεῖν·

---

2 Μωυσεῖ   7 περὶ   13 post σωματικοῦ] ins. ἢ καὶ, (?)
per dittographiam τικου (Η ΚΑΙ) vel τικ' (τις)   16 ομοιαν
21 φησὶ, βάθους] οὐ φὴ βάθος, forsan legendum τοῦ νομιζομένου,
φησίν, βάθους   25 ἐπεὶ] om. relict. spat.   τρανὴν] ταρανὴν
29 ἦν περιεῖχεν

ἐγὼ δὲ τοιοῦτον ἔχω λόγον, ὥστε τὴν πηγὴν γενέσθαι τοῦ
ζωτικοῦ πόματος ἐν τῷ παραδεξαμένῳ τὰ ὑπ' ἐμοῦ ἀπαγ-
γελλόμενα· καὶ ἐπὶ τοσοῦτόν γε ὁ λαβὼν τοῦ ἐμοῦ ὕδατος
εὐεργετηθήσεται, ὥστε πηγὴν εὑρετικὴν πάντων τῶν ζητου-
μένων ἀναβλυσθάνειν ἐν αὐτῷ ἄνω πηδώντων ὑδάτων, τῆς 5
διανοίας ἀλλομένης καὶ τάχιστα διϊπταμένης, ἀκολούθως τῷ
εὐκινήτῳ τούτῳ ὕδατι, φέροντος αὐτοῦ τοῦ ἅλλεσθαι καὶ
πηδᾶν ἐπὶ τὸ ἀνώτερον, ἐπὶ τὴν αἰώνιον ζωήν· οἷον.........
τὴν τοῦ ἀλλομένου, ὥς φησιν, εἶναι τὴν αἰώνιον ζωήν.
ὥσπερ δὲ περὶ τοῦ νυμφίου ἐν τῷ ᾄσματι τῶν ᾀσμάτων 10

Cant ii 8 διαλεγόμενος Σολομῶν φησιν· Ἰδοὺ οὗτος ἥκει πηδῶν ἐπὶ 215
τὰ ὄρη, διαλλόμενος ἐπὶ τοὺς βουνούς· ὡς γὰρ ἐκεῖ ὁ νυμφίος
ἐπὶ τὰς μεγαλοφυεστέρας καὶ θειοτέρας πηδᾷ ψυχάς, ὄρη
λεγομένας, ἐπὶ δὲ τὰς ὑποδεεστέρας διάλλεται, βουνοὺς
ὀνομαζομένας, οὕτως ἐνταῦθα ἡ γενομένη ἐν τῷ πιόντι ἐκ 15
τοῦ ὕδατος, οὗ δίδωσιν ὁ Ἰησοῦς, πηγὴ ἅλλεται εἰς τὴν
αἰώνιον ζωήν. τάχα δὲ καὶ πηδήσει μετὰ τὴν αἰώνιον ζωὴν

cf. Jo xi 25;
xiv 6, 29 εἰς τὸν ὑπὲρ τὴν αἰώνιον ζωὴν πατέρα· Χριστὸς γὰρ ἡ ζωή·
ὁ δὲ μείζων τοῦ χριστοῦ, μείζων τῆς ζωῆς.

cf. Jo iv 14 4. Τότε δὲ ὁ πιὼν ἐκ τοῦ ὕδατος οὗ δώσει ὁ Ἰησοῦς, 20
ἕξει τὴν γενομένην ἐν αὐτῷ πηγὴν ὕδατος ἁλλομένου εἰς
ζωὴν αἰώνιον, ὅτε πληροῦται τοῦ μακαριζομένου ἐπὶ τοῦ
πεινῆν καὶ διψῆν τὴν δικαιοσύνην ἡ ἐπαγγελία. φησὶ γὰρ ὁ

Mt v 6 λόγος· Μακάριοι οἱ πεινῶντες καὶ διψῶντες τὴν δικαιοσύνην,
ὅτι αὐτοὶ χορτασθήσονται. καὶ τάχα ἐπεὶ πεινῆσαι καὶ 25
διψῆσαι τὴν δικαιοσύνην δεήσει πρὸ τοῦ χορτασθῆναι, ὑπὲρ
τοῦ κορεσθῆναι ἐμποιητέον τὸ πεινῆν καὶ τὸ διψῆν, ἵνα

Ps xli (xlii)
2 f. εἴπωμεν· Ὃν τρόπον ἐπιποθεῖ ἡ ἔλαφος ἐπὶ τὰς πηγὰς τῶν
ὑδάτων, οὕτως ἐπιποθεῖ ἡ ψυχή μου πρὸς σὲ ὁ θεός.
ἐδίψησεν ἡ ψυχή μου πρὸς τὸν θεὸν τὸν ἰσχυρόν, τὸν ζῶντα· 30
πότε ἥξω καὶ ὀφθήσομαι τῷ προσώπῳ τοῦ θεοῦ; ἵν' οὖν

6 διειπταμένης   7 φέροντι   8 post οἷον] lac. x circa
litt.   15 ὀνομαζομένους   23 post φησὶ] ins. ὁ   26 δεήσει]
δέ τις εἰ   31 πρόσωπον

διψήσωμεν, καλόν ἐστι πιεῖν πρῶτον ἐκ τῆς πηγῆς τοῦ
Ἰακώβ, οὐ λέγοντα αὐτὴν ὁμοίως τῇ Σαμαρείτιδι φρέαρ.
ὁ γοῦν σωτὴρ οὐδὲ νῦν πρὸς τὸν ἐκείνης ἀπαντῶν λόγον ἐκ   Jo iv 13
φρέατός φησιν εἶναι τὸ ὕδωρ, ἀλλὰ ἁπλῶς φησι· Πᾶς ὁ
5 πίνων ἐκ τοῦ ὕδατος τούτου διψήσει πάλιν. εἴπερ δὲ μὴ
ἐγίνετό τι χρήσιμον ἐκ τοῦ πιεῖν ἀπὸ τῆς πηγῆς, οὔτ' ἂν   cf. Jo iv 6 f.
ἐκαθέζετο ἐπὶ τῇ πηγῇ ὁ Ἰησοῦς, οὔτ' ἂν ἔλεγε τῇ Σαμα-
ρείτιδι Δός μοι πιεῖν. παρατηρητέον οὖν ὅτι καὶ αἰτούσῃ
τὸ ὕδωρ τῇ Σαμαρείτιδι τὸν Ἰησοῦν οἰονεὶ ἐπηγγέλλετο
10 παρέξειν αὐτὸ οὐ παρ' ἄλλῳ τόπῳ ἀλλ' ἢ παρὰ τῇ πηγῇ,
λέγων αὐτῇ· Ὕπαγε φώνησον τὸν ἄνδρα σου καὶ ἐλθὲ   Jo iv 16
ἐνθάδε.

5. Ἔτι δὲ ἐπιστήσομεν εἰ δύναται δηλοῦσθαι τὸ ἑτερο-
γενὲς τῆς τῶν αὐτῇ τῇ ἀληθείᾳ ὁμιλησάντων καὶ συνεσο-
15 μένων ὠφελείας παρὰ τὴν νομιζομένην ὠφέλειαν γίνεσθαι
ἡμῖν ἀπὸ τῶν γραφῶν, κἂν νοηθῶσιν ἀκριβῶς, ἐκ τοῦ τὸν
μὲν πιόντα ἀπὸ τῆς πηγῆς τοῦ Ἰακώβ διψῆν πάλιν, τὸν δὲ   cf. Jo iv 13
πιόντα ἐκ τοῦ ὕδατος οὗ δίδωσιν ὁ Ἰησοῦς πηγὴν ὕδατος ἐν
216 ἑαυτῷ ἴσχειν ἁλλομένου εἰς ζωὴν αἰώνιον. καὶ γὰρ τὰ
20 κυριώτερα καὶ θειότερα τῶν μυστηρίων τοῦ θεοῦ, ἔνια μὲν οὐ
κεχώρηκε γραφὴ, ἔνια δὲ οὐδὲ ἀνθρωπίνη φωνή· καὶ τὰ
συνήθη τῶν σημαινομένων, ἡ γλῶσσα ἀνθρωπική· Ἔστι   Jo xxi 25
γὰρ καὶ ἄλλα πολλὰ, ἃ ἐποίησεν ὁ Ἰησοῦς, ἅτινα ἐὰν
γράφηται καθ' ἕν, οὐδὲ αὐτὸν οἶμαι τὸν κόσμον χωρήσειν τὰ
25 γραφόμενα βιβλία. καὶ ὅσα δὲ ἐλάλησαν αἱ ζ' βρονταὶ   cf. Ap. x 4
μέλλων γράφειν Ἰωάννης κωλύεται· ὁ δὲ Παῦλος ἀκηκοέναι
φησὶν ἄρρητα ῥήματα, οὐχὶ ἃ οὐκ ἐξόν τινι λαλῆσαι ἦν,   cf. 2 Co xii 4
ἐξὸν γὰρ ἦν αὐτὰ λαλῆσαι ἀγγέλοις, ἀνθρώποις δὲ οὐκ
ἐξῆν· Πάντα μὲν γὰρ ἔξεστιν, ἀλλ' οὐ πάντα συμφέρει. ἃ   1 Co vi 12
30 δὲ ἤκουσεν ἄρρητα ῥήματα οὐκ ἐξόν, φησὶν, ἀνθρώπῳ
λαλῆσαι. οἶμαι δὲ τῆς ὅλης γνώσεως στοιχεῖά τινα ἐλάχιστα

2 Σαμαρειτι   7 οὔτ' ἂν] ὅταν   8 πιεῖν] ποιεῖν   10 παρ']
γὰρ   19 ἴσχει   22 συνήθη] οὖν ἤθη   27 ἦν] ἢ   30 post
ῥήματα] ins. ἃ   31 ἐλαχίστας

καὶ βραχυτάτας εἶναι εἰσαγωγὰς ὅλας γραφάς, κἂν πάνυ
νοηθῶσιν ἀκριβῶς. ὅρα τοιγαροῦν εἰ δύναται ἡ μὲν πηγὴ
τοῦ Ἰακὼβ ἀφ' ἧς ἔπιέ ποτε ὁ Ἰακώβ, ἀλλ' οὐκέτι πίνει
νῦν, ἔπιον δὲ καὶ οἱ υἱοὶ αὐτοῦ, ἀλλὰ νῦν ἔχουσι τὸ κρεῖττον
ἐκείνου ποτόν, πεπώκασι δὲ καὶ τὰ θρέμματα αὐτῶν, ἡ πᾶσα 5
cf. 1 Co iv 6 εἶναι γραφή· τὸ δὲ τοῦ Ἰησοῦ ὕδωρ τὸ ὑπὲρ ἃ γέγραπται.
οὐ πᾶσι δὲ ἔξεστιν ἐρευνᾶν τὰ ὑπὲρ ἃ γέγραπται, ἐὰν μή τις
Sap Sir iii 21 (22) αὐτοῖς ἐξομοιωθῇ, ἵνα μὴ ἐπιπλήσσηται ἀκούων τό· Χαλε-
πώτερά σου μὴ ζήτει, καὶ ἰσχυρότερά σου μὴ ἐρεύνα.

cf. 1 Co iv 6 6. Ἐὰν δὲ λέγωμεν τὸ ὑπὲρ ἃ γέγραπται εἶναί τινα, οὐ 10
τοῦτό φαμεν ὅτι γνωστὰ τοῖς πολλοῖς εἶναι δύναται, ἀλλὰ
cf. Ap x 4 Ἰωάννῃ ἀκούοντι καὶ γράφειν αὐτὰ μὴ ἐπιτρεπομένῳ, ὁποῖα
ἦν τὰ τῶν βροντῶν ῥήματα, καὶ μανθάνοντι καὶ διὰ τὸ
φείδεσθαι τοῦ κόσμου οὐ γράφοντι αὐτά· ᾤετο γὰρ μηδὲ
cf. Jo xxi 25 αὐτὸν τὸν κόσμον χωρεῖν τὰ γραφόμενα βιβλία. ἀλλὰ καὶ 15
ἅπερ ὁ Παῦλος μεμάθηκεν ἄρρητα ῥήματα ὑπὲρ ἃ γέγρα-
πται, εἴ γε τὰ γεγραμμένα ἄνθρωποι λελαλήκασι· καὶ ἃ
cf. 1 Co ii 9 ὀφθαλμὸς οὐκ εἶδεν ἐστὶν ὑπὲρ τὰ γεγραμμένα, καὶ ἃ οὖς
οὐκ ἤκουσε γραφῆναι οὐ δύναται. καὶ τὰ ἐπὶ καρδίαν δὲ
cf. Jo iv 5, 14 ἀνθρώπου μὴ ἀναβεβηκότα μείζονά ἐστι τῆς τοῦ Ἰακὼβ 20
πηγῆς, ἀπὸ πηγῆς ὕδατος ἁλλομένου εἰς ζωὴν αἰώνιον
φανερούμενα τοῖς οὐκέτι καρδίαν ἀνθρώπου ἔχουσιν, ἀλλὰ
1 Co ii 16, 12 δυναμένοις λέγειν· Ἡμεῖς δὲ νοῦν Χριστοῦ ἔχομεν, ἵνα
εἰδῶμεν τὰ ὑπὸ τοῦ θεοῦ χαρισθέντα ἡμῖν, ἃ καὶ λαλοῦμεν
οὐκ ἐν διδακτοῖς ἀνθρωπίνης σοφίας λόγοις ἀλλ' ἐν διδακ- 25
τοῖς πνεύματος. καὶ ἐπίστησον εἰ οἷόν τ' ἐστιν ἀνθρωπίνην
σοφίαν μὴ τὰ ψευδῆ καλεῖν δόγματα, ἀλλὰ τὰ στοιχειωτικὰ
τῆς ἀληθείας καὶ εἰς τοὺς ἔτι ἀνθρώπους φθάνοντα· τὰ δὲ 217
διδακτὰ τοῦ πνεύματος τάχα ἐστὶν ἡ πηγὴ τοῦ ἁλλομένου
ὕδατος εἰς ζωὴν αἰώνιον. εἰσαγωγαὶ οὖν εἰσιν αἱ γραφαὶ 30
ἀφ' ὧν ἀκριβῶς νενοημένων, νῦν ὀνομαζομένων πηγῆς τοῦ
cf. Jo iv 14 Ἰακώβ, ἀνελθετέον πρὸς τὸν Ἰησοῦν, ἵν' οὖν ἡμῖν χαρίσηται
πηγὴν τοῦ ἁλλομένου ὕδατος εἰς ζωὴν αἰώνιον. οὐχ ὁμοίως

28 φθάνοντας

δὲ πᾶς ἀντλεῖ ἀπὸ τῆς πηγῆς τοῦ Ἰακώβ· εἰ γὰρ ἔπιεν cf. Jo iv 12
Ἰακὼβ ἐξ αὐτῆς καὶ οἱ υἱοὶ αὐτοῦ καὶ τὰ θρέμματα αὐτοῦ,
διψῶσα δὲ καὶ ἡ Σαμαρεῖτις διέρχεται ἐπ' αὐτοῦ καὶ ἀντλεῖ,
μήποτε καὶ ἄλλως ἔπινε καὶ ἐπιστημόνως ὁ Ἰακὼβ σὺν τοῖς
5 υἱοῖς· ἄλλως δὲ καὶ ἁπλούστερον καὶ κτηνωδέστερον καὶ τὰ
θρέμματα αὐτοῦ· ἄλλως δὲ παρὰ τὸν Ἰακὼβ καὶ τοὺς υἱοὺς
καὶ τὰ θρέμματα αὐτοῦ ἡ Σαμαρεῖτις.   οἱ μὲν γὰρ κατὰ τὰς
γραφὰς σοφοὶ πίνουσιν ὡς ὁ Ἰακὼβ καὶ οἱ υἱοὶ αὐτοῦ· οἱ δὲ
ἁπλούστεροι καὶ ἀκερέστεροι, οἱ λεγόμενοι πρόβατα Χριστοῦ,
10 πίνουσιν ὡς τὰ θρέμματα τοῦ Ἰακώβ· οἱ δὲ παρεκδεχόμενοι
τὰς γραφὰς καὶ δύσφημά τινα συνιστάντες προφάσει τοῦ
νενοηκέναι αὐτὰς πίνουσιν ὡς ἡ πρὸ τοῦ πιστεῦσαι εἰς
Ἰησοῦν Σαμαρεῖτις ἔπινε.

7.   ΛΕΓΕΙ ΠΡΟΣ ΑΥΤΟΝ Η ΓΥΝΗ ΚΥΡΙΕ, ΔΟΣ ΜΟΙ ΤΟΥΤΟ Jo iv 15
15 ΤΟ ΥΔΩΡ, ΙΝΑ ΜΗ ΔΙΨΩ, ΜΗΔΕ ΔΙΕΡΧΩΜΑΙ ΕΝΘΑΔΕ ΑΝΤΛΕΙΝ.
Ἤδη δεύτερον κύριον ἀναγορεύει τὸν σωτῆρα ἡ Σαμαρεῖτις·
πρότερον μὲν ὅτε φησί· Κύριε, οὔτε ἄντλημα ἔχεις καὶ τὸ Jo iv 11
φρέαρ ἐστὶ βαθύ· ὅτε καὶ ἐπιποθεῖ πόθεν ἔχει τὸ ζῶν ὕδωρ,
καὶ εἰ μείζων εἴη τοῦ νομιζομένου πατρὸς αὐτῆς Ἰακώβ· νῦν
20 δὲ ὅτε καὶ αἰτεῖ ἀπὸ τοῦ ὕδατος τοῦ γινομένου πηγῆς ἐν τῷ cf. Jo iv 14
πίνοντι ὕδατος ἁλλομένου εἰς ζωὴν αἰώνιον.   καὶ εἴπερ ἀληθὲς
τό· Σὺ ἂν ᾔτησας αὐτὸν καὶ ἔδωκεν ἄν σοι ὕδωρ ζῶν δῆλον Jo iv 10
ὅτι εἰποῦσα· Δός μοι τοῦτο τὸ ὕδωρ· ἔλαβε τὸ ζῶν ὕδωρ, ἵνα Jo iv 15
μηκέτι ἀπορῇ διψῶσα μηδὲ διέρχηται ἐπὶ τὴν πηγὴν τοῦ
25 Ἰακὼβ διὰ τὸ ἀντλεῖν, ἀλλὰ χωρὶς τοῦ ὕδατος τοῦ Ἰακὼβ
θεωρῆσαι τὴν ἀλήθειαν ἀγγελικῶς καὶ ὑπὲρ ἄνθρωπον δυνηθῇ.
οὐδὲ γὰρ οἱ ἄγγελοι δέονται τῆς τοῦ Ἰακὼβ πηγῆς ἵνα
πίωσιν, ἀλλ' ἕκαστος ἐν ἑαυτῷ ἔχει πηγὴν ὕδατος ἁλλομένου
εἰς ζωὴν αἰώνιον, γεγενημένην καὶ ἀποκαλυφθεῖσαν ἀπὸ
30 αὐτοῦ τοῦ λόγου καὶ αὐτῆς τῆς σοφίας.   οὐ δυνατὸν μέντοι
γε τὸ ἕτερον παρὰ τὸ ἐκ τῆς πηγῆς τοῦ Ἰακὼβ ὕδωρ χωρῆσαι
τὸ ὑπὸ τοῦ λόγου διδόμενον μὴ ἐπιμελέστατα ἀσχοληθέντα
ἐκ τοῦ διψᾶν παρὰ τὸ διέρχεσθαι καὶ ἀντλεῖν ἐντεῦθεν,

33 παρά] περί

ὥστε κατὰ τοῦτο πολλὰ ἐνδεῖν τοῖς πολλοῖς μὴ ἐπιπλεῖον 218
ἐγγεγυμνασμένοις τῷ ἀντλεῖν ἀπὸ τῆς τοῦ Ἰακὼβ πηγῆς.

Jo iv 16 f. 8. Λέγει αὐτῇ Ὕπαγε φώνησόν σου τὸν ἄνδρα καὶ
ἐλθὲ ἐνθάδε. ἀπεκρίθη ἡ γυνὴ καὶ εἶπεν Οὐκ ἔχω
ἄνδρα. Ἐλέγομεν καὶ ἐν τοῖς ἀνωτέρω τὸν ἄρχοντα τῆς 5
ψυχῆς νόμον, ᾧ ἕκαστος ὑπέταξεν ἑαυτόν, τοῦτον εἶναι τὸν
ἄνδρα. νῦν δὲ καὶ τοῦ ἀποστόλου ἐκ τῆς πρὸς Ῥωμαίους
Ro vii 1 ἐπιστολῆς εἰς τοῦτο μαρτύριον παραθησόμεθα λέγοντος· Ἢ
ἀγνοεῖτε, ἀδελφοί, γινώσκουσι γὰρ νόμον λαλῶ, ὅτι ὁ νόμος
κυριεύει τοῦ ἀνθρώπου ἐφ' ὅσον χρόνον ζῇ; τίς δὲ ζῇ; ἀπὸ 10
κοινοῦ λαμβανόντων ἡμῶν τὸν νόμον, ὁ νόμος. εἶτ' εὐθέως
Ro vii 2 φησίν· Ἡ γὰρ ὕπανδρος γυνὴ τῷ ζῶντι ἀνδρὶ δέδεται νόμῳ·
ὡς εἰ ἔλεγε· Ζῶντι ἀνδρὶ ὅστις ἀνὴρ νόμος ἐστίν. εἶτα
πάλιν φησίν· Ἐὰν δὲ ἀποθάνῃ ὁ ἀνήρ, κατήργηται ἀπὸ τοῦ
νόμου τοῦ ἀνδρός· οἱονεὶ γυνὴ κατήργηται ἀποθανόντος τοῦ 15
νόμου καὶ οὐκέτι τὰ τῆς γυναικὸς ὡς πρὸς ἄνδρα ἐνεργεῖ.
Ro vii 3 εἶτα λέγει· Ἆρ' οὖν ζῶντος τοῦ ἀνδρὸς μοιχαλὶς χρηματίσει
ἐὰν γένηται ἀνδρὶ ἑτέρῳ· ἐὰν δὲ ἀποθάνῃ ὁ ἀνήρ, ἐλευθέρα
ἐστὶν ἀπὸ τοῦ νόμου, τοῦ μὴ εἶναι αὐτὴν μοιχαλίδα γενο-
μένην ἀνδρὶ ἑτέρῳ. ἀπέθανε δὲ ὁ νόμος κατὰ τὸ γράμμα, 20
καὶ οὐκ ἔστιν ἡ ψυχὴ μοιχαλὶς γενομένη ἀνδρὶ ἑτέρῳ, τῷ
νόμῳ τῷ κατὰ τὸ πνεῦμα· ἀποθανόντος δὲ τοῦ ἀνδρὸς τῇ
γυναικὶ ἀποτεθνηκέναι πως ἂν λέγοιτο καὶ ἡ γυνὴ τῷ ἀνδρὶ,
Ro vii 4 ὥστε οὕτως ἡμᾶς ἐκλαμβάνειν τό· Ὥστε, ἀδελφοί μου, καὶ
ὑμεῖς ἐθανατώθητε τῷ νόμῳ διὰ τοῦ σώματος τοῦ χριστοῦ, 25
εἰς τὸ γενέσθαι ὑμᾶς ἑτέρῳ, τῷ ἐκ νεκρῶν ἐγερθέντι ἵνα
καρποφορήσωμεν τῷ θεῷ. εἰ τοίνυν νόμος ἐστὶν ὁ ἀνήρ, καὶ
ἡ Σαμαρεῖτις ἔχει τινὰ ἄνδρα, ὑποτάξασα ἑαυτὴν κατὰ τὴν
παρεκδοχὴν τῶν ὑγιαινόντων λόγων νόμῳ τινί, καθ' ὃν βιοῦν
ἕκαστος τῶν ἑτεροδόξων θέλει, βούλεται ἐνταῦθα τὴν ἑτερό- 30
δοξον ψυχὴν ὁ θεῖος λόγος παρατιθεῖσαν τὸν ἄρχοντα ἑαυτῆς
νόμον διελεγχθῆναι, εἰς τὸ καταφρονήσασαν αὐτὴν ὡς οὐ

1 ὥστε] ὦ ἐτὸν   ἐνδεῖν] ἐνδεινὰ   μὴ] ὡς   8 λέγοντες
11 εἰτευθέσεως   18 ἀποθάνει

νομίμου ἀνδρὸς ζητῆσαι ἄνδρα ἕτερον, εἰς τὸ γενέσθαι αὐτὴν   cf. Ro vii 4
ἑτέρῳ, τῷ ἐκ νεκρῶν ἀναστησομένῳ λόγῳ, μὴ ἀνατρεπομένῳ
μηδὲ τεθνηξομένῳ, ἀλλ᾽ ἀϊδίῳ μενοῦντι καὶ βασιλεύοντι,
πάντας τε τοὺς ἐχθροὺς ὑποτάσσοντι· Χριστὸς γὰρ ἐγερθεὶς   Ro vi 9 f.
5 ἐκ νεκρῶν οὐκέτι ἀποθνήσκει, θάνατος αὐτοῦ οὐκέτι κυριεύει·
219 ὃ γὰρ ἀπέθανε, τῇ ἁμαρτίᾳ ἀπέθανεν ἐφάπαξ· ὃ δὲ ζῇ, ζῇ τῷ
θεῷ· ἐν δεξιᾷ ὢν αὐτοῦ ἕως πάντες οἱ ἐχθροὶ αὐτοῦ ὑποπόδιον   cf. He x
τεθῶσιν αὐτῷ. ποῦ δὲ ἔδει ἐλεγχθῆναι τὸν νομιζόμενον   12 f.
ἄνδρα τῆς Σαμαρείτιδος ὡς οὐκ ἄνδρα ἢ παρὰ τῇ πηγῇ τοῦ
10 Ἰακὼβ ὑπὸ τοῦ Ἰησοῦ, εἰ μὴ ἀφ᾽ ἑαυτῆς ἡ γυνὴ ἤρνητο τὸν
ἄνδρα; διὰ τοῦτο λέγει αὐτῇ ὁ Ἰησοῦς· Ὕπαγε φώνησόν σου   Jo iv 16
τὸν ἄνδρα καὶ ἐλθὲ ἐνθάδε. οἷον δὲ ἔχουσά τι ἤδη τοῦ
ἁλλομένου εἰς ζωὴν αἰώνιον ὕδατος διὰ τὸ εἰρηκέναι· Δός   cf. Jo iv 14 f.
μοι τοῦτο τὸ ὕδωρ· καὶ ἀψευδεῖν τὸν προεπαγγειλάμενον ὅτι
15 Σὺ ἂν ᾔτησας αὐτὸν καὶ ἔδωκέ σοι ὕδωρ ζῶν· ἀπεκρίθη ἡ   Jo iv 10
γυνή, καταγνοῦσα ἑαυτῆς ἐπὶ τῇ κοινωνίᾳ τῇ πρὸς τὸν
τοιοῦτον ἄνδρα, καὶ εἶπεν Οὐκ ἔχω ἄνδρα.

9. Λέγει αὐτῇ ὁ Ἰησοῦς Καλῶς εἶπας ὅτι Ἄνδρα   Jo iv 17 f.
οὐκ ἔχω· πέντε γὰρ ἄνδρας ἔσχες, καὶ νῦν ὃν ἔχεις οὐκ
20 ἔστι σου ἀνήρ· τοῦτο ἀληθὲς εἴρηκας. Οἶμαι πᾶσαν τὴν
εἰσαγομένην ψυχὴν εἰς τὴν διὰ τῶν γραφῶν ἐν Χριστῷ
θεοσέβειαν, ἀπὸ τῶν αἰσθητῶν καὶ σωματικῶν λεγομένων
ἀρχομένην, τοὺς πέντε ἄνδρας καθ᾽ ἑκάστην τῶν αἰσθήσεων
ἀνδρός τινος γινομένου ἴσχειν· ἐπὰν δὲ μετὰ τὸ ὡμιληκέναι
25 τοῖς αἰσθητοῖς ἀνακύψαί τις θέλων καὶ προτραπεὶς ἐπὶ τὰ
νοητὰ περιτύχῃ λόγῳ προφάσει ἀλληγορίας καὶ πνευματικῶν
οὐχ ὑγιαίνοντι οὗτος μετὰ τοὺς πέντε ἄνδρας ἑτέρῳ προσέρ-
χεται, δοὺς, ἵν᾽ οὕτως εἴπω, τὸ ἀποστάσιον τοῖς προτέροις
ε΄ καὶ κρίνων συνοικεῖν τῷ ἕκτῳ. καὶ ὥς γε ἐλθὼν ὁ Ἰησοῦς
30 εἰς συναίσθησιν ἡμᾶς ἀγάγῃ τοῦ τοιούτου ἀνδρὸς ἐκείνῳ
σύνεσμεν· ἐλθόντος δὲ τοῦ κυρίου λόγου καὶ διαλεχθέντος
ἡμῖν, ἀρνούμενοι ἐκεῖνον τὸν ἄνδρα φαμέν· Οὐκ ἔχω ἄνδρα·

3 ἀλλὰ ἰδίῳ μὲν οὖν τι   20 οἶναι

ὅτε καὶ ἐπαινεῖ ἡμᾶς ὁ κύριος λέγων· Καλῶς εἶπας ὅτι Οὐκ
ἔχω ἄνδρα. τὸ δέ· Τοῦτο ἀληθὲς εἴρηκας· οἰονεὶ ἐλεγκτικόν
ἐστιν, ὡς τῶν προτέρων οὐκ ἀληθῶς ὑπ᾿ αὐτῆς εἰρημένων.
καὶ τάχα οὐκ ἦν ἀληθὲς τό· Οὐ συγχρῶνται Ἰουδαῖοι Σα-
μαρείταις· αὐτὸς γοῦν ὁ Ἰησοῦς, ὡς ἐν τοῖς πρὸ τούτων 5
εἰρήκαμεν, συγχρῆται Σαμαρείταις ἵνα καὶ αὐτοὺς ὠφελήσῃ.
οὐκ ἀληθὲς δὲ καὶ τό· Οὔτε ἄντλημα ἔχεις καὶ τὸ φρέαρ
ἐστὶ βαθύ. τάχα δὲ οὐκ ἀληθὲς καὶ τό· Ἰακὼβ ἐκ τοῦ
φρέατος ἔπιε καὶ οἱ υἱοὶ αὐτοῦ καὶ τὰ θρέμματα αὐτοῦ· εἰ
γὰρ οὐχ ὁμοίως ἔπιε τῇ Σαμαρείτιδι ὁ Ἰακὼβ καὶ οἱ υἱοὶ 10
αὐτοῦ καὶ τὰ θρέμματα αὐτοῦ, οἴεται δὲ ἡ Σαμαρεῖτις τὸ
ὅμοιον καὶ ταυτὸν πάντῃ ποτὸν πεπωκέναι τῷ Ἰακὼβ καὶ
τοῖς υἱοῖς αὐτοῦ καὶ τοῖς θρέμμασιν αὐτοῦ, δῆλον ὅτι
ψεύδεται.

10. Ἴδωμεν δὲ καὶ τὰ Ἡρακλέωνος εἰς τοὺς τόπους, 220
ὅστις φησὶν ἄτονον καὶ πρόσκαιρον καὶ ἐπιλείπουσαν ἐκείνην
γεγονέναι τὴν ζωὴν καὶ τὴν κατ᾿ αὐτὴν δόξαν· κοσμικὴ γάρ,
φησίν, ἦν· καὶ οἴεται τοῦ κοσμικὴν αὐτὴν εἶναι ἀπόδειξιν
φέρειν ἐκ τοῦ τὰ θρέμματα τοῦ Ἰακὼβ ἐξ αὐτῆς πεπωκέναι.
καὶ εἰ μὲν ἄτονον καὶ πρόσκαιρον καὶ ἐπιλείπουσαν ἐλάμβανε 20
τὴν ἐκ μέρους γνῶσιν, ἤτοι τὴν ἀπὸ τῶν γραφῶν συγκρίσει
τῶν ἀρρήτων ῥημάτων ἃ οὐκ ἐξὸν ἀνθρώπῳ λαλῆσαι, ἢ πᾶσαν
τὴν νῦν δι᾿ ἐσόπτρου καὶ αἰνίγματος γινομένην γνῶσιν, κατ-
αργουμένην ὅταν ἔλθῃ τὸ τέλειον, οὐκ ἂν αὐτὸ ἐνεκαλέσα-
μεν· εἰ δὲ ὑπὲρ τοῦ διαβάλλειν τὰ παλαιὰ τοῦτο ποιεῖ, ἐγκλη- 25
τέος ἂν εἴη. ὁ δὲ δίδωσιν ὕδωρ ὁ σωτὴρ φησὶν εἶναι ἐκ τοῦ
πνεύματος καὶ τῆς δυνάμεως αὐτοῦ, οὐ ψευδόμενος. καὶ εἰς
τό· Οὐ μὴ διψήσῃ δὲ εἰς τὸν αἰῶνα· ἀποδέδωκεν αὐταῖς
λέξεσιν οὕτως· αἰώνιος γὰρ ἡ ζωὴ αὐτοῦ καὶ μηδέποτε
φθειρομένη, ὡς καὶ ἡ πρώτη ἡ ἐκ τοῦ φρέατος, ἀλλὰ 30
μένουσα· ἀναφαίρετος γὰρ ἡ χάρις καὶ ἡ δωρεὰ τοῦ σωτῆρος
ἡμῶν καὶ μὴ ἀναλισκομένη μηδὲ φθειρομένη ἐν τῷ μετέ-

21 τὴν] τῇ   22 om. ἡ

Jo iv 17
Jo iv 18

Jo iv 9

Jo iv 11
cf. Jo iv 12

cf. Jo iv 12

cf. 1 Co xiii 9
cf. 2 Co xii 4
cf. 1 Co xiii 12, 10

Jo iv 14

χοντι αὐτῆς. φθειρομένην δὲ τὴν πρώτην διδοὺς εἶναι ζωήν,
εἰ μὲν τὴν κατὰ τὸ γράμμα ἔλεγε, ζητῶν τὴν περιαιρέσει τοῦ cf. 2 Co iii 16
καλύμματος γινομένην κατὰ τὸ πνεῦμα καὶ εὑρίσκων, ὑγιῶς
ἂν ἔλεγεν· εἰ δὲ πάντη φθορὰν κατηγορεῖ τῶν παλαιῶν,
5 δῆλον ὅτι τοῦτο ποιεῖ ὡς μὴ ὁρῶν τὰ ἀγαθὰ τῶν μελλόντων cf. He x 1
ἔχειν ἐκεῖνα τὴν σκιάν. οὐκ ἀπιθάνως δὲ τὸ ἀλλομένου
διηγήσατο καὶ τοὺς μεταλαμβάνοντας τοῦ ἄνωθεν ἐπιχορη- cf. 2 Pe i 11
γουμένου πλουσίως καὶ αὐτοὺς ἐκβλύσαι εἰς τὴν ἑτέρων
αἰώνιον ζωὴν τὰ ἐπικεχορηγημένα αὐτοῖς. ἀλλὰ καὶ ἐπαινεῖ
10 τὴν Σαμαρεῖτιν ὡσὰν ἐνδειξαμένην τὴν ἀδιάκριτον καὶ κατ-
άλληλον τῇ φύσει ἑαυτῆς πίστιν, μὴ διακριθεῖσαν ἐφ' οἷς
ἔλεγεν αὐτῇ. εἰ μὲν οὖν τὴν προαίρεσιν ἀπεδέχετο, μηδὲν
περὶ φύσεως αἰνιττόμενος ὡς διαφερούσης, καὶ ἡμεῖς ἂν
συγκατεθέμεθα· εἰ δὲ τῇ φυσικῇ κατασκευῇ ἀναφέρει τὴν τῆς
15 συγκαταθέσεως αἰτίαν, ὡς οὐ πᾶσι ταύτης παρούσης, ἀνα-
τρεπτέον αὐτοῦ τὸν λόγον. οὐκ οἶδα δὲ πῶς ὁ Ἡρακλέων τὸ
μὴ γεγραμμένον ἐκλαβὼν φησι πρὸς τό· Δός μοι τοῦτο τὸ Jo iv 15
ὕδωρ· ὡς ἄρα βραχέα διανυχθεῖσα ὑπὸ τοῦ λόγου ἐμίσησε
λοιπὸν καὶ τὸν τόπον ἐκείνου τοῦ λεγομένου ζῶντος ὕδατος.
20 ἔτι δὲ καὶ πρὸς τό· Δός μοι τοῦτο τὸ ὕδωρ, ἵνα μὴ διψῶ
221 μηδὲ διέρχωμαι ἐνθάδε ἀντλεῖν· φησὶν ὅτι ταῦτα λέγει ἡ
γυνὴ ἐμφαίνουσα τὸ ἐπίμοχθον καὶ δυσπόριστον καὶ ἄτροφον
ἐκείνου τοῦ ὕδατος. πόθεν γὰρ δεικνύναι ἔχει ἄτροφον εἶναι
τὸ τοῦ Ἰακὼβ ὕδωρ;

25 11. Ἔτι δὲ ὁ Ἡρακλέων πρὸς τό· Λέγει αὐτῇ· φησί· Jo iv 16
δῆλον ὅτι τοιοῦτό τι λέγων, εἰ θέλεις λαβεῖν τοῦτο τὸ ὕδωρ,
ὕπαγε φώνησον τὸν ἄνδρα σου· καὶ οἴεται τῆς Σαμαρείτιδος
τὸν λεγόμενον ὑπὸ τοῦ σωτῆρος ἄνδρα τὸ πλήρωμα εἶναι
αὐτῆς, ἵνα σὺν ἐκείνῳ γενομένη πρὸς τὸν σωτῆρα κομίσασθαι
30 παρ' αὐτοῦ τὴν δύναμιν καὶ τὴν ἕνωσιν καὶ τὴν ἀνάκρασιν
τὴν πρὸς τὸ πλήρωμα αὐτῆς δυνηθῇ· οὐ γὰρ περὶ ἀνδρός,
φησί, κοσμικοῦ ἔλεγεν αὐτῇ ἵνα καλέσῃ, ἐπείπερ οὐκ ἠγνόει

2 τὴν] τῇ   3 γινομένην] γινομενη η   6 ἔχει ἐκεῖνα

B.   17

ὅτι οὐκ εἶχε νόμιμον ἄνδρα. προδήλως δὲ ἐνταῦθα βιάζεται,
λέγων αὐτῇ τὸν σωτῆρα εἰρηκέναι· Φώνησόν σου τὸν ἄνδρα
καὶ ἐλθὲ ἐνθάδε· δηλοῦντα τὸν ἀπὸ τοῦ πληρώματος σύζυγον·
εἴπερ γὰρ τοῦθ᾽ οὕτως εἶχεν, ἐχρῆν τὸν ἄνδρα καὶ τίνα τρόπον
φωνητέον ἔσται αὐτὸν εἰπεῖν, ἵνα σὺν αὐτῷ γένηται πρὸς τὸν 5
σωτῆρα. ἀλλ᾽ ἐπεί, ὡς Ἡρακλέων φησὶ, κατὰ τὸ νοού-
μενον ἠγνόει τὸν ἴδιον ἄνδρα, κατὰ δὲ τὸ ἁπλοῦν ᾐσχύνετο
εἰπεῖν ὅτι μοιχὸν οὐχὶ δὲ ἄνδρα εἶχε, πῶς οὐχὶ μάτην ἔσται
προστάσσων ὁ λέγων· Ὕπαγε, φώνησον τὸν ἄνδρα σου,
καὶ ἐλθὲ ἐνθάδε; εἶτα πρὸς τοῦτο· Ἀληθὲς εἴρηκας ὅτι 10
ἄνδρα οὐκ ἔχεις· φησίν· ἐπεὶ ἐν τῷ κόσμῳ οὐκ εἶχεν ἄνδρα ἡ
Σαμαρεῖτις, ἦν γὰρ αὐτῆς ὁ ἀνὴρ ἐν τῷ αἰῶνι. ἡμεῖς μὲν
οὖν ἀνέγνωμεν· Πέντε ἄνδρας ἔσχες· παρὰ δὲ τῷ Ἡρακλέωνι
εὕρομεν· Ἓξ ἄνδρας ἔσχες. καὶ ἑρμηνεύει γε τὴν ὑλικὴν
πᾶσαν κακίαν δηλοῦσθαι διὰ τῶν ἓξ ἀνδρῶν, ᾗ συνεπέπλεκτο 15
καὶ ἐπλησίαζεν παρὰ λόγον πορνεύουσα καὶ ἐνυβριζομένη
καὶ ἀθετουμένη καὶ ἐγκαταλειπομένη ὑπ᾽ αὐτῶν. λεκτέον δὲ
πρὸς αὐτὸν ὅτι εἴπερ ἐπόρνευεν ἡ πνευματική, ἡμάρτανεν ἡ
πνευματική· εἰ δὲ ἡμάρτανεν ἡ πνευματική, δένδρον ἀγαθὸν
οὐκ ἦν ἡ πνευματική· κατὰ γὰρ τὸ εὐαγγέλιον· Οὐ δύναται 20
δένδρον ἀγαθὸν καρποὺς πονηροὺς ἐνεγκεῖν. καὶ δῆλον ὅτι
οἴχεται αὐτοῖς τὰ τῆς μυθοποιίας. εἰ δὲ ἀδύνατόν ἐστι
τὸ ἀγαθὸν δένδρον φέρειν πονηροὺς καρπούς, καὶ ἀγαθὸν
δένδρον ἡ Σαμαρεῖτις, ἅτε πνευματικὴ τυγχάνουσα, ἀκόλου-
θον αὐτῷ λέγειν ἐστὶν ὅτι ἤτοι οὐκ ἦν ἁμαρτία ἡ πορνεία 25
αὐτῆς ἢ οὐκ αὐτὴ ἐπόρνευσεν.

12. Λέγει αὐτῷ ἡ γυνή Κύριε, θεωρῶ ὅτι προφήτης 222
εἶ σύ. οἱ πατέρες ἡμῶν ἐν τῷ ὄρει τούτῳ προσεκύνη-
σαν· καὶ ὑμεῖς λέγετε Ἐν Ἱεροσολύμοις ἐστὶν ὁ τόπος
ὅπου προσκυνεῖν δεῖ. Τρίτον ἤδη ἡ Σαμαρεῖτις κύριον 30
ἀναγορεύει τὸν σωτῆρα ἡμῶν, ὅτε καὶ τελευταῖον ἀναγέγρα-
πται τοῦτο πρὸς αὐτὸν εἰρηκέναι· πλὴν οὐδέπω οἴεται αὐτὸν
εἶναι τῶν προφητῶν κρείττονα οὐδὲ τὸν προφητευθέντα, ἀλλά
τινα προφήτην. καὶ ἡ ἑτερόδοξος δὲ γνώμη τῶν περὶ τὰς

5 om. εἰπεῖν   29 ἔσται

Jo iv 16

Jo iv 18

Mt vii 18

Jo iv 19 f.

γραφὰς καλινδουμένων, διελεγχθέντων αὐτῆς τῶν τε προ-
τέρων πέντε ἀνδρῶν καὶ τοῦ μετ' ἐκείνους καταλειφθέντας
ὑπ' αὐτῆς δόξαντος εἶναι ἀνδρός, τὸν ἐλέγξαντα λόγον οὐ
δυναμένη ἀρχῆθεν ὅ ἐστιν ἰδεῖν, προφήτην εἶναί φησιν,
5 οἱονεὶ θεῖόν τινα καὶ ἔχοντά τι τοῦ ἀνθρωπίνου κρεῖττον,
οὐ μὴν τοσοῦτον ὅσον ἦν. διόπερ φησὶν οἱονεὶ ἀναβλέψασά
πως καὶ ἐν θεωρίᾳ νομίσασα γεγονέναι· Θεωρῶ ὅτι προφήτης   Jo iv 19
εἶ σύ. εἰς τό· Οἱ πατέρες ἡμῶν· καὶ τὰ ἑξῆς, ἰστέον τὴν   Jo iv 20
Σαμαρειτῶν πρὸς Ἰουδαίους διάστασιν περὶ τοῦ νομιζομένου
10 αὐτοῖς ἁγίου τόπου· οἱ μὲν γὰρ Σαμαρεῖς τὸ καλούμενον
Γαριζεὶν ὄρος ἅγιον νομίζοντες ἐν αὐτῷ προσκυνοῦσι τῷ θεῷ,   Deu xxvii
οὗ μέμνηται Μωσῆς ἐν τῷ Δευτερονομίῳ οὕτως λέγων· Καὶ   11 ff.
ἐνετείλατο Μωσῆς τῷ λαῷ ἐν τῇ ἡμέρᾳ ἐκείνῃ λέγων Οὗτοι
στήσονται εὐλογεῖν τὸν λαὸν ἐν ὄρει Γαριζεὶν, διαβάντες
15 τὸν Ἰορδάνην· Συμεών, Λευΐ, Ἰούδας, Ἰσσάχαρ, Ἰωσὴφ καὶ
Βενιαμείν· καὶ οὗτοι στήσονται ἐπὶ τῆς κατάρας ἐν ὄρει
Γαιβάλ· Ῥουβὴν, Γὰδ καὶ Ἀσὴρ, Ζαβουλών, Δὰν καὶ
Νεφθαλείμ· οἱ δὲ Ἰουδαῖοι τὸ Σιὼν θεῖόν τι νενομικότες καὶ
οἰκεῖον τοῦ θεοῦ ἐκεῖνον οἴονται εἶναι τὸν ἐκλελεγμένον ὑπὸ
20 τοῦ πατρὸς τῶν ὅλων τόπον, καὶ διὰ τοῦτο ἐν αὐτῷ ᾠκοδο-
μῆσθαι τὸν ναὸν ὑπὸ τοῦ Σολομῶνος λέγουσι καὶ πᾶσαν
τὴν λευϊτικὴν καὶ ἱερατικὴν λατρείαν ἐκεῖ ἐπιτελεῖσθαι. ἀκο-
λούθως δὲ ταύταις ἑκάτερον ἔθνος ταῖς ὑπολήψεσι νενόμικε
τοὺς πατέρας ἐν τῷδε ἢ τῷδε ὄρει προσκεκυνηκέναι τῷ θεῷ.

25   13. Καὶ εἴ ποτε δὲ μέχρι τοῦ δεῦρο συγκατέβαινον
ἀλλήλοις εἰς λόγον Σαμαρεῖς καὶ Ἰουδαῖοι, ἑκάτερος πρὸς
τὸ λοιπὸν ἐπαπορήσει, καὶ ἐρεῖ γε ὁ Σαμαρεὺς τῷ Ἰουδαίῳ
τὸν τῆς ἐνθάδε ἀναγεγραμμένον γυναικὸς λόγον· Οἱ πατέρες   Jo iv 20
ἡμῶν ἐν τῷ ὄρει τούτῳ προσεκύνησαν, δεικνὺς τὸ Γαριζεὶν,
30 ὑμεῖς δὲ λέγετε ὅτι ἐν Ἱεροσολύμοις ἐστὶν ὁ τόπος ὅπου
23 προσκυνεῖν δεῖ. ἀλλ' ἐπεὶ Ἰουδαῖοι μὲν, ἀπ' αὐτῶν γὰρ   cf. Jo iv 22
ἡ σωτηρία, εἰκόνες εἰσὶ τῶν τοὺς ὑγιαίνοντας φρονούντων

λόγους, Σαμαρεῖς δὲ τῶν ἑτεροδόξων, ἀκολούθως τὸ μὲν
Γαριζεὶν θεοποιοῦσιν οἱ Σαμαρεῖς, ὅπερ ἑρμηνεύεται Διατομὴ
ἢ Διαίρεσις, καὶ τῆς κατὰ τὴν ἱστορίαν διατομῆς καὶ διαιρέ-
σεως τῶν δέκα φυλῶν διατετμημένων ἀπὸ τῶν λοιπῶν δύο
γεγενημένης κατὰ τοὺς τοῦ Ἱεροβοὰμ χρόνους, ὃς καὶ αὐτὸς 5
ἑρμηνεύεται Διχασμὸς λαοῦ· Ἰουδαῖοι δὲ τὸ Σιών, ὅπερ
ἐστὶ Σκοπευτήριον. εἰκὸς δέ τινα ἐπαπορήσειν διὰ τί αἱ
παρὰ Μωσεῖ εὐλογίαι ἐπὶ τοῦ Γαριζεὶν γίνονται. λεκτέον
δὲ καὶ πρὸς τοῦτο ὅτι ἐπείπερ σημαίνει ἡ Γαριζεὶν φωνὴ τὴν
διατομὴν καὶ τὴν διαίρεσιν, τὸ μὲν τῆς διατομῆς σημαινό- 10
μενον ληπτέον ὅτε σχίζεται ὁ λαὸς ὑπὸ τοῦ Ἱεροβοὰμ καὶ
οἰκεῖ τὴν Σαμάρειαν ὁ βασιλεύς· τὸ δὲ τῆς διαιρέσεως ἐπὶ
τῆς εὐλογίας, τῶν σοφῶν τῇ διαιρέσει τεταγμένως χρωμένων
ἐφ᾽ ἑκάστου τῶν προβλημάτων, ἥτις ἐστὶν ἀναγκαία πρὸς
τὴν τῆς ἀληθείας κατανόησιν. ὅσον μὲν οὖν οὐδέπω ἐλή- 15
λυθεν ἡ ὑπὸ τοῦ κυρίου εἰρημένη ὥρα, ὅτε οὔτε ἐν τῷ ὄρει
τούτῳ οὔτε ἐν Ἱεροσολύμοις προσκυνήσουσι τῷ πατρὶ,
φευκτέον τὸ τῶν Σαμαρειτῶν ὄρος, καὶ ἐν Σιών, ὅπου ἐστὶ
τὰ Ἱεροσόλυμα, προσκυνητέον τῷ θεῷ, ἅπερ Ἱεροσόλυμα
πόλις εἶναι λέγεται ὑπὸ τοῦ χριστοῦ τοῦ μεγάλου βασιλέως. 20
τίς δ᾽ ἂν εἴη ἡ πόλις τοῦ μεγάλου βασιλέως, τὰ ἀληθινὰ
Ἱεροσόλυμα, ἢ ἡ ἐκκλησία ἐκ λίθων ᾠκοδομημένη ζώντων,
ἔνθα ἱεράτευμα ἅγιον, πνευματικαὶ θυσίαι προσφέρονται τῷ
θεῷ ὑπὸ τῶν πνευματικῶν καὶ τὸν πνευματικὸν νενοηκότων
νόμον; ἐπὰν δὲ ἐνστῇ τὸ πλήρωμα τοῦ χρόνου, τότε οὐκ 25
ἡγητέον τὴν ἀληθινὴν προσκύνησιν καὶ τελείαν θεοσέβειαν
τελεῖσθαι ἐν Ἱεροσολύμοις ἔτι, ὅταν τις γένηται μηδαμῶς
ἐν σαρκὶ ἀλλ᾽ ἐν πνεύματι, καὶ μηδαμῶς ἔτι ἐν τύπῳ ἀλλὰ
πᾶς ἐν ἀληθείᾳ, τοιοῦτος κατεσκευασμένος ὥστε ἐξομοιοῦ-
σθαι αὐτὸν οἷς ζητεῖ προσκυνητὰς ὁ θεός. 30

14. Δὶς δὲ τό· Ἔρχεται ὥρα· γέγραπται, καὶ κατὰ μὲν
τὸ πρῶτον οὐ πρόσκειται· Καὶ νῦν ἐστί· κατὰ δὲ τὸ δεύτερόν

Left margin references:

cf. 3 Reg xii

cf. Jo iv 21

cf. Mt v 35

cf. 1 Pe ii 5

cf. Jo iv 23

Jo iv 21

6 δικασμὸς   Σειων   **7** ἐπαπόρησιν   **18** Σειῶν
23 ἐνθαδερατευμα

φησὶν ὁ εὐαγγελιστής· Ἀλλ' ἔρχεται ὥρα καὶ νῦν ἐστι. καὶ Jo iv 23
οἶμαί γε τὸ μὲν πρότερον δηλοῦν τὴν ἔξω σωμάτων προσκύ-
νησιν ἐνστησομένην κατὰ τὴν τελειότητα· τὸ δὲ δεύτερον
τὴν τῶν ἐν βίῳ τούτῳ ὡς ἐνδέχεται κατὰ ἀνθρωπίνην φύσιν
224 προκοπὴν τελειουμένων. ἔξεστιν οὖν καὶ ἐν τῷ πνεύματι
καὶ ἀληθείᾳ προσκυνεῖν τῷ πατρὶ ὅτε οὐ μόνον ἔρχεται ὥρα
ἀλλὰ καὶ νῦν ἐστι, κἂν ἐν τοῖς Ἱεροσολύμοις διὰ τοὺς ἐπὶ
τοσοῦτον μόνον φθάνοντας τυγχάνειν νομιζώμεθα. ὅτε γοῦν
γέγραπται· Ἔρχεται ὥρα καὶ νῦν ἐστίν· οὐκέτι λέγεται τό·
10 Οὔτε ἐν τῷ ὄρει τούτῳ οὔτε ἐν Ἱεροσολύμοις προσκυνήσετε Jo iv 21
τῷ πατρί· ὥσπερ εἴρηται ὅπου τό· Ἔρχεται ὥρα· χωρὶς τοῦ·
Νῦν ἐστίν· ἀναγέγραπται. ἔτι μέντοι γε ὁμοίαν ψευδοδοξίαν
τῇ ἐπὶ τοῦ νομιζομένου φρέατος εἰρημένῃ ἔχει ἡ Σαμα-
ρεῖτις ταῦτα λέγουσα. ἐκεῖ τε γάρ· Μὴ σὺ, φησὶ, μείζων Jo iv 12
15 εἶ τοῦ πατρὸς ἡμῶν Ἰακώβ, ὃς δέδωκεν ἡμῖν τὸ φρέαρ καὶ
αὐτὸς ἐξ αὐτοῦ ἔπιε καὶ οἱ υἱοὶ αὐτοῦ καὶ τὰ θρέμματα
αὐτοῦ; ἐνθάδε δὲ τό· Οἱ πατέρες ἡμῶν ἐν τῷ ὄρει τούτῳ Jo iv 20
προσεκύνησαν.

15. Ὁ δὲ Ἡρακλέων εἰς τὰ αὐτὰ ῥήματα λέγει εὐσχη-
20 μόνως ὡμολογηκέναι τὴν Σαμαρεῖτιν τὰ ὑπ' αὐτοῦ πρὸς
αὐτὴν εἰρημένα· προφήτου γὰρ μόνου, φησὶν, ἐστὶν εἰδέναι
τὰ πάντα· ψευδόμενος ἑκατέρως, καὶ γὰρ οἱ ἄγγελοι τὰ
τοιαῦτα δύνανται εἰδέναι, καὶ ὁ προφήτης οὐ πάντα οἶδεν·
Ἐκ μέρους γὰρ γινώσκομεν καὶ ἐκ μέρους προφητεύομεν, 1 Co xiii 9
25 κἂν προφητεύωμεν ἢ γινώσκωμεν. μετὰ δὲ ταῦτα ἐπαινεῖ
ὡς πρεπόντως τῇ αὑτῆς φύσει ποιήσασαν τὴν Σαμαρεῖτιν,
καὶ μήτε ψευσαμένην μήτε ἄντικρυς ὁμολογήσασαν τὴν
ἑαυτῆς ἀσχημοσύνην· πεπεισμένην τέ φησιν αὐτὴν ὅτι
προφήτης εἴη, ἐρωτᾶν αὐτὸν ἅμα τὴν αἰτίαν ἐμφαίνουσαν
30 δι' ἣν ἐξεπόρνευσεν, ὅτι δι' ἄγνοιαν θεοῦ καὶ τῆς κατὰ τὸν
θεὸν λατρείας ἀμελήσασαν καὶ πάντων τῶν κατὰ τὸν βίον
αὐτῇ ἀναγκαίων, καὶ ἄλλως ἀεὶ τῶν ἐν τῷ βίῳ τυγχάνουσαν·

οὐ γὰρ ἄν, φησίν, αὐτὴ ἤρχετο ἐπὶ τὸ φρέαρ ἔξω τῆς πόλεως
τυγχάνον. οὐκ οἶδα δὲ πῶς ἐνόμισεν ἐμφαίνεσθαι τὴν
αἰτίαν τοῦ ἐκπεπορνευκέναι, ἢ ἄγνοιαν αἰτίαν γεγονέναι ἐπὶ
τῶν πλημμελημάτων καὶ τῆς κατὰ θεὸν λατρείας· ἀλλ' ἔοικε
ταῦτα ὡς ἔτυχεν ἐσχεδιακέναι χωρὶς πάσης πιθανότητος. 5
προστίθησί τε τούτοις· ὅτι βουλομένη μαθεῖν πῶς καὶ τίνι
εὐαρεστήσασα καὶ θεῷ προσκυνήσασα ἀπαλλαγείη τοῦ

Jo iv 20

πορνεύειν λέγει τό· Οἱ πατέρες ἡμῶν ἐν τῷ ὄρει τούτῳ
προσεκύνησαν,.καὶ τὸ ἐξῆς. σφόδρα δέ ἐστιν εὐέλεγκτα τὰ
εἰρημένα· πόθεν γὰρ ὅτι βούλεται μαθεῖν τίνι εὐαρεστήσασα 10
ἀπαλλαγείη τοῦ πορνεύειν;

Jo iv 21

16. Λέγει αὐτῇ ὁ Ἰησοῦς Πίστευέ μοι, γύναι, ὅτι 225
ἔρχεται ὥρα ὅτε οὔτε ἐν τῷ ὄρει τούτῳ οὔτε ἐν
Ἱεροσολύμοις προσκυνήσετε τῷ πατρί. Ὅτε ἔδοξε πιθα-
νώτατα τετηρηκέναι ὁ Ἡρακλέων ἐν τούτοις τὸ ἐπὶ μὲν τῶν 15
προτέρων μὴ εἰρῆσθαι αὐτῇ· Πίστευέ μοι, γύναι· νῦν δὲ
τοῦτο αὐτῇ προστετάχθαι, τότε ἐπεθόλωσε τὸ μὴ ἀπίθανον
παρατήρημα, εἰπὼν ὄρος μὲν τὸν διάβολον λέγεσθαι ἢ τὸν κόσ-
μον αὐτοῦ, ἐπείπερ μέρος ἓν ὁ διάβολος ὅλης τῆς ὕλης, φησίν,
ἦν, ὁ δὲ κόσμος τὸ σύμπαν τῆς κακίας ὄρος, ἔρημον οἰκητή- 20
ριον θηρίων, ᾧ προσεκύνουν πάντες οἱ πρὸ νόμου καὶ οἱ
ἐθνικοί· Ἱεροσόλυμα δὲ τὴν κτίσιν ἢ τὸν κτίστην ᾧ προσε-
κύνουν οἱ Ἰουδαῖοι. ἀλλὰ καὶ δευτέρως ὄρος μὲν ἐνόμισεν
εἶναι τὴν κτίσιν ᾗ ἐθνικοὶ προσεκύνουν· Ἱεροσόλυμα δὲ τὸν
κτίστην ᾧ Ἰουδαῖοι ἐλάτρευον. ὑμεῖς οὖν, φησίν, οἱονεὶ οἱ 25
πνευματικοί, οὔτε τῇ κτίσει οὐδὲ τῷ δημιουργῷ προσκυνή-
σετε, ἀλλὰ τῷ πατρὶ τῆς ἀληθείας· καὶ συμπαραλαμβάνει
γε, φησίν, αὐτὴν ὡς ἤδη πιστὴν καὶ συναριθμουμένην τοῖς
κατὰ ἀλήθειαν προσκυνηταῖς. ἀλλ' ἡμεῖς τὴν μὲν ἐν
φαντασίᾳ γνωστικῶν λόγων καὶ νομιζομένων ὑψηλῶν ὀνο- 30
μαζομένην θεοσέβειαν παρὰ τοῖς ἑτεροδόξοις ὑπολαμβάνομεν
δηλοῦσθαι διὰ τοῦ· Οὔτε ἐν τῷ ὄρει τούτῳ· τὸν δὲ κανόνα

9 εὐελεγκατα   25 ᾧ] οἱ   31 ὑπολαμβανομενον

κατὰ τοὺς πολλοὺς τῆς ἐκκλησίας, ὃν καὶ αὐτὸν ὁ τέλειος καὶ
ἅγιος ὑπεραναβήσεται θεωρητικώτερον καὶ σαφέστερον καὶ
θειότερον προσκυνῶν τῷ πατρὶ διὰ τοῦ· Οὔτε ἐν Ἱεροσολύμοις Jo iv 21
προσκυνήσετε τῷ πατρί. ὥσπερ γὰρ, καθὼς ὁμολογήσαιεν ἂν
5 καὶ οἱ Ἰουδαῖοι, οἱ ἄγγελοι οὐκ ἐν Ἱεροσολύμοις προσκυνοῦσι
τῷ πατρὶ, τῷ κρειττόνως παρὰ τὸ ἐν Ἱεροσολύμοις προσκυνεῖν
τῷ πατρὶ, οὕτως οἱ ἤδη τῇ διαθέσει τὸ ἰσάγγελοι εἶναι cf. Lc xx 36
ἐσχηκότες οὐδὲ ἐν Ἱεροσολύμοις προσκυνήσουσι τῷ πατρὶ,
ἀλλὰ βέλτιον ἢ οἱ ἐν Ἱεροσολύμοις, κἂν διὰ τοὺς ἐν
10 Ἱεροσολύμοις συμπεριφέρονται, τοῖς ἐν Ἱεροσολύμοις τοῖς
Ἰουδαίοις γινόμενοι Ἰουδαῖοι ἵνα Ἰουδαίους κερδήσουσιν. cf. 1 Co ix 20
Ἱεροσόλυμα δέ μοι νοείσθω καθὼς προαποδεδώκαμεν, ὁμοίως
δὲ καὶ οἱ Ἰουδαῖοι. ὅτε μέντοι γε οὔτε ἐν τῷ ὄρει τούτῳ
οὔτε ἐν Ἱεροσολύμοις τις προσκυνεῖ, ἐλθούσης τῆς ὥρας
15 προσκυνεῖ μετὰ παρρησίας υἱὸς γεγενημένος τὸν πατέρα.
διόπερ οὐκ εἴρηται· οὔτε ἐν Ἱεροσολύμοις προσκυνήσετε
τῷ θεῷ· ἀλλά· Οὔτε ἐν Ἱεροσολύμοις προσκυνήσετε τῷ
πατρί.

226   17. Ὑμεῖc προcκγνεῖτε ὃ ογκ οἴδατε, ἡμεῖc προc- Jo iv 22
20 κγνοῦμεν ὃ οἴδαμεν, ὅτι ἡ cωτηρία ἐκ τῶν Ἰογδαίων
ἐcτί. Τὸ Ὑμεῖς, ὅσον ἐπὶ τῇ λέξει, οἱ Σαμαρεῖς· ὅσον δὲ
ἐπὶ τῇ ἀναγωγῇ, οἱ περὶ τὰς γραφὰς ἑτερόδοξοι· τὸ δὲ
Ἡμεῖς, ὅσον ἐπὶ τῷ ῥητῷ, οἱ Ἰουδαῖοι· ὅσον δὲ ἐπὶ τῇ
ἀλληγορίᾳ, ἐγὼ ὁ λόγος καὶ οἱ κατ᾽ ἐμὲ μεμορφωμένοι, τὴν
25 σωτηρίαν ἔχοντες ἀπὸ τῶν Ἰουδαϊκῶν λόγων· τὸ γὰρ φανε- cf. Ro xvi
ρωθὲν νῦν μυστήριον πεφανέρωται διά τε γραφῶν προφη- 26;
τικῶν, καὶ τῆς ἐπιφανείας τοῦ κυρίου ἡμῶν Ἰησοῦ Χριστοῦ. 2 Tim i 10
ὅρα δὲ εἰ μὴ ἰδίως καὶ παρὰ τὴν ἀκολουθίαν τῶν ῥητῶν ὁ
Ἡρακλέων ἐκδεξάμενος τὸ Ὑμεῖς ἀντὶ τοῦ Οἱ Ἰουδαῖοι καὶ ἐθνι-
30 κοὶ διηγήσατο. οἷον δέ ἐστι πρὸς τὴν Σαμαρεῖτιν λέγεσθαι
Ὑμεῖς οἱ Ἰουδαῖοι, ἢ πρὸς Σαμαρεῖτην Ὑμεῖς οἱ ἐθνικοί;

16 προσκυνησαι   27 κυρίου] χου   29 καὶ] om.
31 Σαμαρεῖτιν

ἀλλ' οὐκ οἴδασί γε οἱ ἑτερόδοξοι ὃ προσκυνοῦσιν, ὅτι
πλάσμα ἐστὶ καὶ οὐκ ἀλήθεια, καὶ μῦθος καὶ οὐ μυστήρια·
ὁ δὲ προσκυνῶν τὸν δημιουργὸν, μάλιστα κατὰ τὸν ἐν
κρυπτῷ Ἰουδαῖον καὶ τοὺς λόγους τοὺς πνευματικοὺς Ἰουδαϊ-
κοὺς, οὗτος ὁ οἶδε προσκυνεῖ. πολὺ δέ ἐστι νῦν παρατίθεσθαι 5
τοῦ Ἡρακλέωνος τὰ ῥητὰ, ἀπὸ τοῦ ἐπιγεγραμμένου Πέτρου
κηρύγματος παραλαμβανόμενα, καὶ ἵστασθαι πρὸς αὐτὰ ἐξετά-
ζοντας καὶ περὶ τοῦ βιβλίου, πότερόν ποτε γνήσιόν ἐστιν ἢ
νόθον ἢ μικτόν· διόπερ ἑκόντες ὑπερτιθέμεθα, ταῦτα μόνον ἐπι-
σημειούμενοι φέρειν αὐτὸν, ὡς Πέτρου διδάξαντος, μὴ δεῖν καθ' 10
Ἕλληνας προσκυνεῖν, τὰ τῆς ὕλης πράγματα ἀποδεχομένους
καὶ λατρεύοντας ξύλοις καὶ λίθοις, μήτε κατὰ Ἰουδαίους
σέβειν τὸ θεῖον, ἐπείπερ καὶ αὐτοὶ μόνοι οἰόμενοι ἐπίστασθαι
θεὸν ἀγνοοῦσιν αὐτὸν, λατρεύοντες ἀγγέλοις καὶ μηνὶ καὶ
σελήνῃ. ζητητέον μέντοι γε, ὡς πρὸς τὸ ἀληθὲς, τίνι ἡ 227
σωματικὴ λατρεία ἐγίνετο ὑπὸ Ἰουδαίων· ὅτι μὲν γὰρ
προκείμενον ἦν αὐτοῖς προσφέρειν τὰς θυσίας τῷ κτίστῃ
τοῦ παντὸς τοῦτο δῆλον. ἄξιον δὲ ἰδεῖν τί ἐστι τὸ ἐν ταῖς
Πράξεσι τῶν ἀποστόλων γεγραμμένον· Ἔστρεψε δὲ ὁ θεὸς
καὶ παρέδωκεν αὐτοὺς λατρεύειν τῇ στρατείᾳ τοῦ οὐρανοῦ. 20
οὐκ οἶδα δὲ πῶς τοῦ σωτῆρος ἄντικρυς φάσκοντος ὅτι Ἡ 228
σωτηρία ἀπὸ τῶν Ἰουδαίων ἐστίν· οἱ ἑτερόδοξοι ἀρνοῦνται
τὸν θεὸν τοῦ Ἀβραὰμ καὶ Ἰσαὰκ καὶ Ἰακὼβ, τῶν πατέρων
τῶν Ἰουδαίων. ἔτι δὲ εἰ πληροῖ ὁ σωτὴρ τὸν νόμον καὶ ἵνα
πληρωθῇ τὰ ἐν τοῖς προφήταις γεγραμμένα τάδε τινὰ καὶ 25
τάδε γίνεται κατὰ τὴν τοῦ κυρίου ἐπιδημίαν, πῶς οὐ σαφὲς
τίνα τρόπον ἡ σωτηρία ἐκ τῶν Ἰουδαίων γίνεται; ὁ αὐτὸς
γὰρ θεὸς Ἰουδαίων καὶ ἐθνῶν, εἴπερ εἷς θεὸς, ὃς δικαιώσει
περιτομὴν ἐκ πίστεως καὶ ἀκροβυστίαν διὰ τῆς πίστεως·
οὐ γὰρ καταργοῦμεν νόμον διὰ τῆς πίστεως, ἀλλὰ ἱστάνομεν 30
νόμον δι' αὐτῆς.

18. Ἀλλ' ἔρχεται ὥρα καὶ νῦν ἐστιν, ὅτε οἱ ἀλη-

cf. Ro ii 29

Act vii 42

Jo iv 22

cf. Mt v 17

cf. Ro iii
29 f.

cf Ro iii 31

Jo iv 23

2 οὐ] om.   10. 11 καθελὴν ἃς   13 μόνοις ἰομενοι
14 ἀγγέλλοις   18 δὲ] δεῖ

θινοὶ προσκυνηταὶ προσκυνήσουσι τῷ πατρὶ ἐν πνεύματι
καὶ ἀληθείᾳ. Τοὺς μηδ᾽ ὅλως ἐπαγγελλομένους προσκυνεῖν
τῷ πατρὶ οὐδὲ ὀνομάζεσθαι δεῖ προσκυνητὰς τοῦ θεοῦ·
ἀλλὰ πάντων ἐπαγγελλομένων προσκυνεῖν τῷ κτίσαντι, ἐὰν
5 οἱ μὲν μηκέτι ὦσιν ἐν σαρκὶ ἀλλ᾽ ἐν πνεύματι, τῷ πνεύματι   cf. Ga v 16
περιπατεῖν καὶ ἐπιθυμίαν σαρκὸς μὴ ἐπιτελεῖν, οἱ δὲ μὴ
ὦσιν ἐν πνεύματι ἀλλ᾽ ἐν σαρκὶ καὶ κατὰ σάρκα στρατεύονται,   cf. 2 Co x 3
τότε λεκτέον ἀληθινοὺς μὲν προσκυνητὰς τοὺς προσκυνοῦν-
τας τῷ πατρὶ ἐν πνεύματι καὶ μὴ σαρκί, καὶ ἐν ἀληθείᾳ καὶ
10 μὴ τύποις, οὐκ ἀληθινοὺς δὲ τοὺς μὴ οὕτως ἔχοντας. καὶ ὁ   cf. 2 Co iii 6
γράμματι δὲ τῷ ἀποκτίννυντι δεδουλωμένος, πνεύματος δὲ
τοῦ ζωοποιοῦντος μὴ μετειληφώς, μηδὲ τοῖς πνευματικοῖς
ἀκολουθῶν τοῦ νόμου, οὗτος ἂν εἴη ὁ μὴ ἀληθινὸς προσκυ-
νητὴς, καὶ πνεύματι μὴ προσκυνῶν τῷ πατρί· ὁ δ᾽ αὐτὸς
15 οὗτος ὅλος τῶν τύπων καὶ τῶν σωματικῶν ὢν, ὅταν ἐπι-
τυγχάνειν πάνυ δοκῇ, τότε ἐν τύπῳ καὶ οὐκ ἐν ἀληθείᾳ
προσκυνεῖ τῷ θεῷ, διὰ τοῦτο οὐδὲ ἀληθινὸς δυνάμενος χρη-
ματίζειν προσκυνητής. τάχα δέδοταί ποτε εὐλόγως καὶ τὸν
ἀληθινὸν προσκυνητὴν ἐν τῷ πνεύματι καὶ ἀληθείᾳ προσ-
20 κυνοῦντα τυπικά τινα ποιεῖν, ἵνα τοὺς τῷ τύπῳ δεδουλωμένους
οἰκονομικώτατα ἐλευθερώσας τῶν τύπων προσαγάγῃ τῇ
ἀληθείᾳ, ὥσπερ φαίνεται Παῦλος ἐπὶ Τιμοθέου πεποιηκὼς,   cf. Act xvi 3;
xviii 18; xxi
τάχα δὲ καὶ ἐν Κεγχρεαῖς καὶ Ἱεροσολύμοις, ὡς ἐν ταῖς 26
Πράξεσι τῶν ἀποστόλων γέγραπται. τηρητέον δὲ ὅτι οἱ
25 ἀληθινοὶ προσκυνηταὶ οὐ μόνον ἐν μελλούσῃ ὥρᾳ ἀλλὰ καὶ
ἐνεστηκυίᾳ προσκυνοῦσι τῷ πατρὶ ἐν πνεύματι καὶ ἀληθείᾳ.
ἀλλ᾽ ἐν πνεύματι οἱ προσκυνοῦντες, ὡς εἰλήφασι προσκυ-
νοῦντες, ἐν ἀρραβῶνι πνεύματος ἐπὶ τοῦ παρόντος προσκυ-   2 Co v 5
229 νοῦσιν, ἐν πνεύματι δὲ ὅτε πᾶν χωρήσουσι τὸ πνεῦμα
30 προσκυνήσουσι τῷ πατρί. εἰ δὲ ὁ βλέπων διὰ κατόπτρου   cf. 1 Co xiii
12
τὸ ἀληθὲς οὐ βλέπει, ὡς δείκνυται τούτοις τοῖς κατοπτρικοῖς
ὑπὸ τῶν περὶ ταῦτα δεινῶν, βλέπει δὲ Παῦλος καὶ οἱ

4 ἐὰν] om.   20 τῷ] τὸ   27 ὡς] ὣ
29 δὲ] τι   31 τὸ] καὶ

παραπλήσιοι αὐτῷ διὰ κατόπτρου νῦν, δῆλον ὅτι ὡς βλέπει
οὕτω καὶ προσκυνεῖ τῷ θεῷ, καὶ διὰ κατόπτρου προσκυνεῖ τῷ
θεῷ· ὅταν δὲ ἔλθῃ ἡ ὥρα ἡ μετὰ τὴν ἐνεστηκυῖαν ἐνστησομένη,

cf. 1 Co xiii 12 τότε ἔσται ἡ προσκύνησις ἐν ἀληθείᾳ, τῇ πρόσωπον πρὸς
πρόσωπον καὶ οὐκέτι διὰ κατόπτρου θεωρουμένῃ. 5

Jo iv 22 19. Τὸ μέντοι γε· Ἡμεῖς προσκυνοῦμεν· ὁ Ἡρακλέων
οἴεται εἶναι ὁ ἐν αἰῶνι καὶ οἱ σὺν αὐτῷ ἐλθόντες· οὗτοι γὰρ,
φησὶν, ᾔδεσαν τίνι προσκυνοῦσι, κατὰ ἀλήθειαν προσκυ-
νοῦντες. ἀλλὰ καὶ τό· Ὅτι ἡ σωτηρία ἐκ τῶν Ἰουδαίων
ἐστίν· ἐπεὶ ἐν τῇ Ἰουδαίᾳ, φησὶν, ἐγενήθη, ἀλλ' οὐκ ἐν 10

cf. 1 Co x 5 αὐτοῖς, οὐ γὰρ εἰς πάντας αὐτοὺς εὐδόκησε, καὶ ὅτι ἐξ
cf. Ps xviii ἐκείνου τοῦ ἔθνους ἐξῆλθεν ἡ σωτηρία καὶ ὁ λόγος εἰς τὴν
(xix) 5; οἰκουμένην· κατὰ δὲ τὸ νοούμενον ἐκ τῶν Ἰουδαίων τὴν
Ro x 18 σωτηρίαν διηγεῖται γεγονέναι ἐπείπερ εἰκόνες οὗτοι τῶν ἐν
τῷ πληρώματι αὐτῷ εἶναι νομίζονται. ἐχρῆν δὲ αὐτὸν καὶ 15
τοὺς ἀπ' αὐτοῦ ἕκαστον τῶν ἐν τῇ λατρείᾳ δεικνύναι πῶς
ἐστιν εἰκὼν τῶν ἐν τῷ πληρώματι, εἴγε μὴ μόνον φωνῇ
τοῦτο λέγουσιν ἀλλὰ καὶ ἀληθείᾳ φρονοῦσιν αὐτό. πρὸς

cf. Jo iv 24 τούτοις τό· Ἐν πνεύματι καὶ ἀληθείᾳ προσκυνεῖσθαι τὸν
θεόν· διηγούμενος λέγει ὅτι οἱ πρότεροι προσκυνηταὶ ἐν 20
σαρκὶ καὶ πλάνῃ προσεκύνουν τῷ μὴ πατρί, ὥστε καὶ ταὐτὸν
πεπλανῆσθαι πάντας τοὺς προσκεκυνηκότας τῷ δημιουργῷ.

cf. Ro i 25 καὶ ἐπιφέρει γε ὁ Ἡρακλέων ὅτι ἐλάτρευον τῇ κτίσει, καὶ οὐ
Jo i 3 τῷ κατ' ἀλήθειαν κτίστῃ, ὅς ἐστι Χριστός, εἴ γε Πάντα δι'
αὐτοῦ ἐγένετο, καὶ χωρὶς αὐτοῦ ἐγένετο οὐδέν. 25

Jo iv 23 20. Καὶ γὰρ ὁ πατὴρ τοιούτους ζητεῖ τοὺς προσ-
κυνοῦντας αὐτόν. Εἰ ζητεῖ ὁ πατήρ, διὰ τοῦ υἱοῦ ζητεῖ
cf. Lc xix 10; τοῦ ἐληλυθότος ζητῆσαι καὶ σῶσαι τὸ ἀπολωλός, οὕστινας
Ez xxxiv 16 καθαίρων καὶ παιδεύων τῷ λόγῳ καὶ τοῖς ὑγιέσι δόγμασι
κατασκευάζει ἀληθινοὺς προσκυνητάς. ἀπολωλέναι δέ φησιν 30
ὁ Ἡρακλέων ἐν τῇ βαθείᾳ ὕλῃ τῆς πλάνης τὸ οἰκεῖον τῷ
πατρί, ὅπερ ζητεῖται ἵνα ὁ πατὴρ ὑπὸ τῶν οἰκείων προσκυνῆ-

20 ἡγούμενοι   30 ἀληθινοὺς] ἀληθοὺς τοὺς

ται. εἰ μὲν οὖν ἑώρα τὸν περὶ τῆς ἀπωλείας τῶν προβάτων cf. Lc xv 4, 11
30 λόγον, καὶ τοῦ ἀποπεσόντος τῶν τοῦ πατρὸς υἱοῦ, κἂν ἀπε-
δεξάμεθα αὐτοῦ τὴν διήγησιν. ἐπεὶ δὲ μυθοποιοῦντες οἱ
ἀπὸ τῆς γνώμης αὐτοῦ οὐκ οἶδ' ὅ τί ποτε τρανῶς παριστᾶσι
5 περὶ τῆς ἀπολωλυίας πνευματικῆς φύσεως, οὐδὲν σαφὲς
διδάσκοντες ἡμᾶς περὶ τῶν πρὸ τῆς ἀπωλείας αὐτῆς χρόνων
ἢ αἰώνων· οὐδὲ γὰρ τρανοῦν δύνανται ἑαυτῶν τὸν λόγον.
διὰ τοῦτο αὐτοὺς ἑκόντες παραπεμψόμεθα, τοσοῦτον ἐπαπο-
ρήσαντες.

10 21. ΠΝΕῦΜΑ ὁ θεός, καὶ τοὺς προσκυνοῦντας αὐτὸν Jo iv 24
ἐν πνεύματι καὶ ἀληθείᾳ δεῖ προσκυνεῖν. Πολλῶν πολ-
λὰ περὶ τοῦ θεοῦ ἀποφηναμένων καὶ τῆς οὐσίας αὐτοῦ, ὥστε
τινὰς μὲν εἰρηκέναι καὶ αὐτὸν σωματικῆς φύσεως λεπτομε-
ροῦς καὶ αἰθερώδους, τινὰς δὲ ἀσωμάτου, καὶ ἄλλους ὑπὲρ
15 ἐκεῖνα οὐσίας πρεσβείᾳ καὶ δυνάμει, ἄξιον ἡμᾶς ἰδεῖν εἰ
ἔχομεν ἀφορμὰς ἀπὸ τῶν θείων γραφῶν πρὸς τὸ εἰπεῖν τι
περὶ οὐσίας θεοῦ. ἐνθάδε μὲν οὖν λέγεται οἱονεὶ οὐσία εἶναι
αὐτοῦ τὸ πνεῦμα· Πνεῦμα γὰρ ὁ θεός· φησίν· ἐν δὲ τῷ
νόμῳ πῦρ· γέγραπται γάρ· Ὁ θεὸς ἡμῶν πῦρ καταναλίσκον· He xii 29; cf. Deu iv 24
20 παρὰ δὲ τῷ Ἰωάννῃ φῶς· Ὁ θεὸς γάρ, φησί, φῶς ἐστι, καὶ 1 Jo i 5
σκοτία ἐν αὐτῷ οὐκ ἔστιν οὐδεμία. ἐὰν μὲν οὖν ἀπλού-
στερον τούτων ἀκούσωμεν, μηδὲν πέρα τῆς λέξεως περιεργα-
ζόμενοι, ὥρα ἡμῖν λέγειν σῶμα εἶναι τὸν θεόν, τίνα δὲ ἡμᾶς
διαδέχεται ἄτοπα τοῦτο λέγοντας οὐ τῶν πολλῶν ἐστιν εἰδέ-
25 ναι· ὀλίγοι γὰρ διειλήφασι περὶ τῆς τῶν σωμάτων φύσεως,
καὶ μάλιστα τῶν ὑπὸ λόγου καὶ προνοίας κατακοσμουμένων·
καίτοι τὸ προνοοῦν τῆς αὐτῆς οὐσίας λέγοντες εἶναι τοῖς
προνοουμένοις γενικῷ λόγῳ, τέλειον ἀλλ' οἷον τὸ προνοού-
μενον. παρεδέξαντο δὲ τὰ ἀπαντῶντα τῷ λόγῳ αὐτῶν
1 ἄτοπα οἱ θέλοντες εἶναι σῶμα τὸν θεόν, ἅτε μὴ δυνάμενοι
ἀντιβλέπειν τοῖς ἐκ λόγου ἐναργῶς παρισταμένοις. ταῦτα
δέ φημι καθ' ὑπεξαίρεσιν τῶν πέμπτην λεγόντων εἶναι φύσιν

2 υἱοῦ] υἱοι   13 αὐτὸν] τὸν   18 τὸ πνεῦμα] τὸν π̄ρ̄ᾱ
22 ἀκούσομεν   31 παρισταμένου

σωμάτων παρὰ τὰ στοιχεῖα. εἰ δὲ πᾶν σῶμα ὑλικὸν ἔχει
φύσιν τῷ ἰδίῳ λόγῳ ἄποιον τυγχάνον, τρεπτὴν δὲ καὶ ἀλ-
λοιωτὴν, καὶ δι' ὅλων μεταβλητὴν, καὶ ποιότητας χωροῦσαν,
ἃς ἐὰν βούληται αὐτῇ περιτιθέναι ὁ δημιουργὸς, ἀνάγκη καὶ
τὸν θεὸν ὑλικὸν ὄντα τρεπτὸν εἶναι καὶ ἀλλοιωτὸν καὶ μετα- 5
βλητόν. καὶ ἐκεῖνοι μὲν οὐκ αἰδοῦνται λέγειν ὅτι καὶ φθαρ-
τός ἐστι σῶμα ὤν, σῶμα δὲ πνευματικὸν καὶ αἰθερῶδες, μά-
λιστα κατὰ τὸ ἡγεμονικὸν αὐτοῦ· φθαρτὸν δὲ ὄντα μὴ φθεί-
ρεσθαι τῷ μὴ εἶναι τὸν φθείροντα αὐτὸν λέγουσιν. ἡμεῖς δὲ
διὰ τὸ μὴ ὁρᾶν τὰς ἀκολουθίας, ἐὰν σῶμα αὐτὸν λέγωμεν, 10
καὶ διὰ τὴν γραφὴν τοιοῦτόν τι σῶμα, πνεῦμα καὶ πῦρ κατα-
ναλίσκον καὶ φῶς, τὸ ἀναγκαίως ἑπόμενον τούτοις μὴ παρα-
δεχόμενοι ἀσχημονήσομεν ὡς ἠλίθιοι καὶ παρὰ τὰ ἐναργῆ
λέγοντες· πᾶν γὰρ πῦρ τροφῆς δεόμενον φθαρτόν ἐστι, καὶ
πᾶν πνεῦμα, εἰ ἁπλούστερον ἐκλαμβάνομεν τὸ πνεῦμα, σῶμα 15
τυγχάνον, ἐπιδέχεται ὅσον ἐπὶ τῇ ἑαυτοῦ φύσει τὴν εἰς τὸ
παχύτερον μεταβολήν. ὥρα οὖν ἐν τούτοις ἤτοι τηροῦντας
τὰς λέξεις τὰ τοσαῦτα ἄτοπα παραδέξασθαι καὶ δύσφημα
περὶ τοῦ θεοῦ, ἢ ἐφοδεῦσαι, ὥσπερ καὶ ἐπὶ ἄλλων πλειόνων
ποιοῦμεν, καὶ ἐξετάσαι τί δύναται δηλοῦσθαι ἀπὸ τοῦ λέ- 20
γεσθαι πνεῦμα ἢ πῦρ ἢ φῶς εἶναι τὸν θεόν.

22. Καὶ πρῶτον λεκτέον ὅτι ὥσπερ ὀφθαλμοὺς καὶ
βλέφαρα καὶ ὦτα, χεῖράς τε καὶ βραχίονας καὶ πόδας εὑρί-
σκοντες γεγραμμένα τοῦ θεοῦ, ἔτι δὲ καὶ πτέρυγας, μετα-
λαμβάνομεν εἰς ἀλληγορίαν τὰ γεγραμμένα, καταφρονοῦντες 25
τῶν μορφὴν ἀνθρώπων παραπλήσιον περιτιθέντων τῷ θεῷ,
καὶ εἰλόγως γε τοῦτο πράττομεν· οὕτως καὶ ἐπὶ τῶν εἰρημέ-
νων ὀνομάτων τὸ ἀκόλουθον ἡμῖν ποιητέον· καὶ δῆλόν γε
ἀπὸ τοῦ φαινομένου ἡμῖν πρακτικωτέρου· Φῶς γὰρ ἔστιν ὁ
θεός, κατὰ τὸν Ἰωάννην, καὶ σκοτία οὐκ ἔστιν ἐν αὐτῷ 30
οὐδεμία. πῶς δὴ φῶς αὐτὸν νοητέον κατὰ τὸ δυνατὸν ἡμῖν
συνετώτερον ἐπισκεψώμεθα· διχῶς γὰρ τὸ φῶς ὀνομάζεται, 232

1 Jo i 5

3 χωροῦσα   10 λέγωμεν] λέγοντες   12 ἀναγκαίαις

σωματικῶς τε καὶ πνευματικῶς, ὅπερ ἐστὶ νοητὸν καὶ ὡς μὲν
αἱ γραφαὶ ἂν λέγοιεν ἀόρατον, ὡς δ' ἂν Ἕλληνες ὀνομάσαιεν
ἀσώματον. καὶ τοῦ γε σωματικοῦ παράδειγμα ὁμολογού-
μενον τοῖς τὴν ἱστορίαν παραδεχομένοις τό· Πᾶσι δὲ τοῖς   Ex x 23
5 υἱοῖς Ἰσραὴλ ἦν φῶς ἐν πᾶσιν οἷς κατεγίνοντο· τοῦ δὲ
νοητοῦ καὶ πνευματικοῦ ἔν τινι τῶν δώδεκα· Σπείρατε ἑαυτοῖς   Hos x 12
εἰς δικαιοσύνην, τρυγήσατε εἰς καρπὸν ζωῆς, φωτίσατε ἑαυ-
τοῖς φῶς γνώσεως. ὁμοίως δὲ καὶ τὸ σκότος κατ' ἀναλογίαν
διχῶς λεχθήσεται. καὶ τοῦ μὲν κοινότερον λεγομένου παρά-
10 δειγμα· Καὶ ἐκάλεσεν ὁ θεὸς τὸ φῶς ἡμέραν, καὶ τὸ σκότος   Ge i 5
ἐκάλεσε νύκτα· τοῦ δὲ νοητοῦ· Ὁ λαὸς ὁ καθήμενος ἐν   Mt iv 16;
σκότει καὶ σκιᾷ θανάτου, φῶς ἀνέτειλεν αὐτοῖς.   cf. Is ix 2

23. Τούτων οὕτως ἐχόντων ἄξιον ἰδεῖν τί ἁρμόζει νοεῖν
ἡμᾶς περὶ θεοῦ, λεγομένου φῶς, ἐν ᾧ οὐδεμία ἐστὶ σκοτία.   cf. 1 Jo i 5
15 ἆρα γὰρ σωματικοὺς ὀφθαλμοὺς ὁ θεὸς φωτίζων φῶς ἐστιν
ἢ τοὺς νοητούς, περὶ ὧν καὶ ὁ προφήτης φησί· Φώτισον τοὺς   Ps xii (xiii) 4
ὀφθαλμούς μου, μήποτε ὑπνώσω εἰς θάνατον; νομίζω δὲ προ-
φανὲς παντί τῳ εἶναι ὅτι οὐκ ἂν τὸ τοῦ ἡλίου ἔργον ποιεῖν
λέγοιμεν τὸν θεόν, ἑτέρῳ παραχωροῦντα φωτίζειν τοὺς ὀ-
20 φθαλμοὺς τῶν μὴ ὑπνωσομένων εἰς θάνατον· οὐκοῦν φωτίζει
ὁ θεὸς τὸν νοῦν ὧν κρίνει ἀξίους εἶναι τοῦ οἰκείου φωτισμοῦ.
εἰ δὲ νοῦ ἐστι φωτιστικός, κατὰ τὸ λεγόμενον· Κύριος φω-   Ps xxvi
τισμός μου· ἀνάγκη αὐτὸν νοητὸν τυγχάνοντα καὶ ἀόρατον   (xxvii) 1
καὶ ἀσώματον τούτου ἡμᾶς αὐτὸν ὑπολαμβάνειν φῶς <εἶναι
25 τοιοῦτον.> μήποτε δὲ καὶ πῦρ καταναλίσκον <ὁ θεὸς εἶναι
λεγόμενος οὐ τῆς> σωματικῆς <μὲν ὕλης> ἀναλωτικὸν
εἶναι δοκεῖ, οἷον ξύλων καὶ χόρτου καὶ καλάμης· εἰ δὲ   cf. 1 Co iii 12
<νοητά ἐστι> ξύλα καὶ χόρτος καὶ καλάμη, μήποτε τὸ ἀνα-
λωτικὸν τῆς τοιαύτης ὕλης πῦρ ὁ θεός ἐστιν ἡμῶν, πῦρ λεγό-   cf. He xii 29
30 μενος εἶναι καταναλίσκον· καὶ πρέπον γε τῷ κυρίῳ ἐστὶ τὸ

2 ὁρατὸν   21 ὧν] τῶν   23 νοητὸν] νοοιταν   24 εἶναι τοιοῦτον]
lac. (ix circa litt.) τῷ   25 δὲ] om.   post καταναλίσκον] ο μεν
lac. (8) ο μεν lac. (6) σωματικο lac. (7) ἀναλωτικα κ.τ.λ.   27 χόρτον
(et 28)   28 νοητά ἐστι] om. lac. (5) relicta   καὶ 2°] om.

ἀναλίσκειν τὰ τοιαῦτα καὶ ἐξαφανίζειν τὰ χείρονα, οὗ γινο-
μένου ἀλγηδόνας οἶμαι καὶ πόνους γίνεσθαι, οὐκ ἀπό τινος
σωματικῆς ἐπαφῆς περὶ τὰ ἡγεμονικά, ἔνθα συνέστη ἡ τοῦ
καταναλίσκεσθαι ἀξία οἰκοδομή. φῶς οὖν ὀνομάζεται ὁ
θεὸς ἀπὸ τοῦ σωματικοῦ φωτὸς μεταληφθεὶς εἰς ἀόρατον καὶ 5
ἀσώματον φῶς, διὰ τὴν ἐν τῷ φωτίζειν νοητοὺς ὀφθαλμοὺς 233
δύναμιν οὕτω λεγόμενος· πῦρ τε προσαγορεύεται καταναλί-
σκον, ἀπὸ τοῦ σωματικοῦ πυρὸς καὶ καταναλωτικοῦ τῆς
τοιᾶσδε ὕλης νοούμενος. τοιοῦτόν τί μοι φαίνεται καὶ περὶ
Jo iv 24   τό· Πνεῦμα ὁ θεός· ἐπεὶ γὰρ τὴν μέσην καὶ κοινότερον 10
καλουμένην ζωήν, φυσῶντος τοῦ περὶ ἡμᾶς πνεύματος τὴν
cf. Ge ii 7   καλουμένην σωματικώτερον πνοὴν ζωῆς, ζωοποιούμεθα ἀπὸ
τοῦ πνεύματος, ὑπολαμβάνω ἀπ' ἐκείνου εἰλῆφθαι τὸ πνεῦμα
λέγεσθαι τὸν θεὸν πρὸς τὴν ἀληθινὴν ζωὴν ἡμᾶς ἄγοντα· τὸ
cf. 2 Co iii 6   πνεῦμα γὰρ κατὰ τὴν γραφὴν λέγεται ζωοποιεῖν, φανερὸν 15
ὅτι ζωοποίησιν οὐ τὴν μέσην ἀλλὰ τὴν θειοτέραν· καὶ γὰρ
τὸ γράμμα ἀποκτείνει καὶ ἐμποιεῖ θάνατον, οὐ τὸν κατὰ τὸν
χωρισμὸν τῆς ψυχῆς ἀπὸ τοῦ σώματος, ἀλλὰ τὸν κατὰ τὸν
χωρισμὸν τῆς ψυχῆς ἀπὸ τοῦ θεοῦ, καὶ τοῦ κυρίου αὐτοῦ,
καὶ τοῦ ἁγίου πνεύματος. 20

Ps ciii (civ)   24. Μήποτε δὲ καὶ τό· Ἀντανελεῖς τὸ πνεῦμα αὐτῶν,
29 f.   καὶ ἐκλείψουσι· καί· Ἐξαποστελεῖς τὸ πνεῦμά σου καὶ
κτισθήσονται, καὶ ἀνακαινιεῖς τὸ πρόσωπον τῆς γῆς· βέλτιον
ἐκληψόμεθα ἀπὸ τοῦ πνεύματος, καὶ ὑπολαμβάνοιμεν ὅτι ὁ
στερισκόμενος τοῦ θείου πνεύματος χοϊκὸς γίνεται, ἐπιτή- 25
δειόν τε ἑαυτὸν ποιήσας πρὸς παραδοχὴν αὐτοῦ καὶ λαβὼν
αὐτὸ ἀνακτισθήσεται καὶ ἀνακαινισθήσεται. τοιοῦτον δ' ἂν
Ge ii 7   εἴη καὶ εἰ ἐνεφύσησεν εἰς τὸ πρόσωπον αὐτοῦ πνοὴν ζωῆς,
καὶ ἐγένετο ὁ ἄνθρωπος εἰς ψυχὴν ζῶσαν· ὥστε καὶ τὸ
ἐμφύσημα καὶ τὴν πνοὴν τῆς ζωῆς καὶ τὴν ζωὴν τῆς ψυχῆς 30
πνευματικὸν ἀκούειν ἡμᾶς. ἐπεὶ δὲ ἡ προειρημένη δύναμις

1 ἀναλίσκον   10 post γὰρ ins. εἰ   11 φυσῶντος] ὁπῶντες
12 πρoὴν   17 ἀποκτέννει   24 καί] om.   27 ἀνακαινισθή-
σεται] lac. (10) σωθήσεται

οἱονεὶ οἰκητήριον ἐπιτήδειον εὑροῦσα τὴν τοῦ ἁγίου ψυχὴν
ἐπιδίδωσιν ἑαυτὴν τῇ ἐν αὐτῇ, ἵν' οὕτως εἴπω, μονῇ, γεγρά-
φθαι νομιστέον τό· Ἐνοικήσω ἐν αὐτοῖς καὶ ἐμπεριπατήσω   Le xxvi 12
ἐν αὐτοῖς, καὶ ἔσομαι αὐτοῖς θεός, καὶ αὐτοὶ ἔσονταί μου
5 λαός. πλείονος μέντοι γε συγγυμνασίας δεόμεθα εἰς τὸ
τελειωθέντας ἡμᾶς καὶ τὰ λεγόμενα παρὰ τῷ ἀποστόλῳ   cf. He v 14
αἰσθητήρια γεγυμνασμένους διακριτικοὺς γενέσθαι ἀγαθῶν
τε καὶ κακῶν, ἀληθῶν τε καὶ ψευδῶν, καὶ θεωρητικοὺς
νοητῶν, ἵνα δυνηθῶμεν ἐπιμελέστερον καὶ θεοπρεπέστερον
|234 κατὰ τὸ ἐνδεχόμενον ἀνθρωπίνῃ φύσει νοῆσαι πῶς ἐστιν ὁ
θεὸς φῶς καὶ πῦρ καὶ πνεῦμα. καὶ ἐν τῇ γ΄ δὲ τῶν Βασι-
λειῶν τὸ γενόμενον πνεῦμα κυρίου πρὸς Ἠλίαν τοιάδε τινὰ
ὑποβάλλει περὶ θεοῦ· Εἶπε γάρ Ἐξελεύσῃ αὔριον καὶ   3 Reg. xix
στήσῃ ἔναντι κυρίου ἐν τῷ ὄρει· ἰδοὺ παρελεύσεται κύριος   11 f
15 καὶ πνεῦμα μέγα κραταιὸν διαλῦον ὄρη καὶ συντρῖβον
πέτρας ἐνώπιον κυρίου, οὐκ ἐν τῷ πνεύματι κύριος· ἐν δὲ
ἄλλοις εὕρομεν· ἐν τῷ πνεύματι κυρίου· μετὰ τὸ πνεῦμα
συσσεισμός, οὐκ ἐν τῷ συσσεισμῷ κύριος· καὶ μετὰ τὸν
συσσεισμὸν πῦρ, οὐκ ἐν τῷ πυρὶ κύριος· καὶ μετὰ τὸ πῦρ
20 φωνὴ αὔρας λεπτῆς· καὶ τάχα γε ἐν ὅσοις δεήσει γίνεσθαι
περὶ τῆς καταλήψεως τοῦ κυρίου δηλοῦται διὰ τούτων, ἅπερ
οὐ τοῦ παρόντος ἂν εἴη καιροῦ διηγήσασθαι. τίνα δὲ ἔπρεπε
λέγειν ἡμῖν περὶ τοῦ θεοῦ, ὅστις ἐστὶν, ἢ τὸν υἱόν; Οὐδεὶς   Mt xi 27
γὰρ ἔγνω τὸν πατέρα εἰ μὴ ὁ υἱός· ἵνα καὶ ἡμεῖς ἀποκαλύ-
25 πτοντος τοῦ υἱοῦ γνῶμεν πῶς πνεῦμά ἐστιν ὁ θεὸς, καὶ φιλο-   Jo iv 24
τιμησώμεθα ἐν πνεύματι τῷ ζωοποιοῦντι, καὶ μὴ γράμματι   cf. 2 Co iii 6
τῷ ἀποκτείνοντι προσκυνεῖν τὸν θεὸν, καὶ ἐν ἀληθείᾳ σέβειν
αὐτὸν καὶ μηκέτι τύποις μηδὲ σκιαῖς καὶ ὑποδείγμασιν,   cf. He viii 5
ὥσπερ οὐδὲ οἱ ἄγγελοι ὑποδείγμασι καὶ σκιᾷ ὥσπερ
30 ἄνθρωποι λατρεύουσι τῷ θεῷ, ἀλλὰ τοῖς νοητοῖς καὶ ἐπου-
ρανίοις, τὸν κατὰ τὴν τάξιν τοῦ Μελχισεδὲκ ἀρχιερέα ὁδηγὸν   cf. He v 6:
                                                             Ps cix (cx) 4

7 γεγυμνασμένα   27 ἀποκτένοντι   29, 30 ὥσπερ ἄνθρωποι]
περὶ ἀνθρώπων

ἔχοντες τῆς ὑπὲρ τῶν δεομένων σωτηρίας λατρείας καὶ
μυστικῆς καὶ ἀπορρήτου θεωρίας.

Jo iv 24

25. Εἰς μέντοι γε τό· Πνεῦμα ὁ θεός· ὁ Ἡρακλέων
φησίν· ἄχραντος γὰρ καὶ καθαρὰ καὶ ἀόρατος ἡ θεία φύσις
αὐτοῦ. οὐκ οἶδα δὲ εἰ ἐδίδαξεν ἡμᾶς ταῦτα ἐπειπὼν πῶς 5
ὁ θεὸς πνεῦμά ἐστι· τὸ δὲ τοὺς προσκυνοῦντας ἐν πνεύματι
καὶ ἀληθείᾳ δεῖ προσκυνεῖν σαφηνίζειν νομίζων φησίν· ἀξίως
τοῦ προσκυνουμένου πνευματικῶς, οὐ σαρκικῶς· καὶ γὰρ
αὐτοὶ τῆς αὐτῆς φύσεως ὄντες τῷ πατρὶ πνεῦμά εἰσιν,
οἵτινες κατὰ ἀλήθειαν καὶ οὐ κατὰ πλάνην προσκυνοῦσι, 10

cf. Ro xii 1

καθὰ καὶ ὁ ἀπόστολος διδάσκει λέγων λογικὴν λατρείαν τὴν
τοιαύτην θεοσέβειαν. ἐπιστήσωμεν δὲ εἰ μὴ σφόδρα ἐστὶν 235
ἀσεβὲς ὁμοούσιον τῇ ἀγεννήτῳ φύσει καὶ παμμακαρίᾳ λέγειν
εἶναι τοὺς προσκυνοῦντας ἐν πνεύματι τῷ θεῷ, οἷς πρὸ
βραχέος εἶπεν αὐτὸς ὁ Ἡρακλέων ἐκπεπτωκότας, τὴν Σα· 15
μαρεῖτιν λέγων πνευματικῆς φύσεως οὖσαν ἐκπεπορνευκέναι.
ἀλλ᾽ οὐχ ὁρῶσιν <οἱ ταῦτα λέγοντες> ὅτι <πᾶν τὸ ὁμοούσιον>
καὶ τῶν αὐτῶν δεκτικόν. εἰ δὲ ἐδέξατο τὸ πορνεῦσαι ἡ
πνευματικὴ φύσις, ὁμοούσιος οὖσα <τῷ θεῷ, ὅσα> ἀνόσια
καὶ ἄθεα καὶ ἀσεβῆ ἀκολουθεῖ τῷ λόγῳ τῷ κατ᾽ αὐτοὺς περὶ 20
θεοῦ οὐδὲ φαντασιωθῆναι ἀκίνδυνόν ἐστιν. ἀλλ᾽ ἡμεῖς

Jo xiv 28

πειθόμενοι τῷ σωτῆρι λέγοντι· Ὁ πατὴρ ὁ πέμψας με
μείζων μού ἐστι· καὶ διὰ τοῦτο μὴ ἐνεγκόντι μηδὲ τὴν

cf. Mc x 18

ἀγαθὸς προσηγορίαν τὴν κυρίαν καὶ ἀληθῆ καὶ τελείαν παρα-
δέξασθαι αὐτῷ προσφερομένην, ἀλλὰ ἀναφέροντι αὐτὴν 25
εὐχαρίστως τῷ πατρὶ μετ᾽ ἐπιτιμήσεως πρὸς τὸν βουλόμενον
ὑπερδοξάζειν τὸν υἱόν, πάντων μὲν τῶν γενητῶν ὑπερέχειν
οὐ συγκρίσει ἀλλ᾽ ὑπερβαλλούσῃ ὑπεροχῇ φαμὲν τὸν
σωτῆρα καὶ τὸ πνεῦμα τὸ ἅγιον, ὑπερεχόμενον τοσοῦτον ἢ
καὶ πλέον ἀπὸ τοῦ πατρός, ὅσῳ ὑπερέχει αὐτὸς καὶ τὸ 30

4 ἥ] καὶ   17 οἱ ταῦτα λέγοντες] om. lac. (13) relicta πᾶν
τὸ ὁμοούσιον] παντ̊ lac. (12)   19 τῷ θεῷ ὅσα] om. lac. (12)
relicta   21 ἀλλ᾽ ἡμεῖς] ἀλλήλους   25 αὐτήν] τὴν   26 πατρὶ]
πνι̅   πρὸς τόν] προσὸν

ἅγιον πνεῦμα τῶν λοιπῶν, οὐ τῶν τυχόντων ὄντων· ὅση γὰρ
δοξολογία τοῦ ὑπερέχοντος θρόνων, κυριοτήτων, ἀρχῶν,
ἐξουσιῶν, καὶ παντὸς ὀνόματος ὀνομαζομένου οὐ μόνον ἐν τῷ cf. Eph i 21
αἰῶνι τούτῳ ἀλλὰ καὶ ἐν τῷ μέλλοντι, πρὸς τούτοις καὶ
5 ἁγίων ἀγγέλων καὶ πνευμάτων καὶ ψυχῶν δικαίων, <τί δεῖ>
καὶ λέγειν; ἀλλ' ὅμως τῶν τοσούτων καὶ τηλικούτων ὑπερέχων
οὐσίᾳ καὶ πρεσβείᾳ καὶ δυνάμει καὶ θειότητι, ἔμψυχος γάρ
ἐστι λόγος, καὶ σοφία, οὐ συγκρίνεται κατ' οὐδὲν τῷ πατρί.
236 εἰκὼν γάρ ἐστι τῆς ἀγαθότητος αὐτοῦ, καὶ ἀπαύγασμα οὐ Sap Sol vii
10 τοῦ θεοῦ ἀλλὰ τῆς δόξης αὐτοῦ, καὶ τοῦ ἀϊδίου φωτὸς αὐτοῦ, 25 f.
Heb i 3
καὶ ἀτμὶς οὐ τοῦ πατρὸς ἀλλὰ τῆς δυνάμεως αὐτοῦ, καὶ
ἀπόρροια εἰλικρινὴς τῆς παντοκρατορικῆς δόξης αὐτοῦ, καὶ
ἔσοπτρον ἀκηλίδωτον τῆς ἐνεργείας αὐτοῦ, δι' οὗ ἐσόπτρου
Παῦλος καὶ Πέτρος, καὶ οἱ παραπλήσιοι αὐτοῖς βλέπουσι
15 τὸν θεόν, λέγοντος· Ὁ ἑωρακὼς ἐμὲ ἑώρακε τὸν πατέρα τὸν Jo xiv 9;
cf. xii 45
πέμψαντά με.

26. Λέγει αὐτῷ ἡ γυνή Οἶδα ὅτι Μεσσίας ἔρχεται, Jo iv 25
ὁ λεγόμενος Χριστός· ὅταν ἔλθῃ ἐκεῖνος, ἀναγγελεῖ
ἡμῖν ἅπαντα. Ἄξιον ἰδεῖν πῶς ἡ Σαμαρεῖτις, πλεῖον
20 τῆς Πεντατεύχου Μωσέως μηδὲν προσιεμένη, τὴν παρουσίαν
Χριστοῦ ὡς ἀπὸ τοῦ νόμου μόνου κηρυσσομένην προσδοκᾷ.
καὶ εἰκός γε ἐκ τῆς εὐλογίας τοῦ Ἰακὼβ τῆς πρὸς τὸν
Ἰούδαν ἐλπίζειν αὐτοὺς καὶ τὴν ἐπιδημίαν λέγοντος· Ἰούδα, Ge xlix 8, 10
σὲ αἰνέσαισαν οἱ ἀδελφοί σου· αἱ χεῖρές σου ἐπὶ νώτου τῶν
25 ἐχθρῶν σου· προσκυνήσουσί σοι υἱοὶ τοῦ πατρός σου· καὶ μετ'
ὀλίγα· Οὐκ ἐκλείψει ἄρχων ἐξ Ἰούδα καὶ ἡγούμενος ἐκ τῶν
μηρῶν αὐτοῦ, ἕως ἂν ἔλθῃ τὰ ἀποκείμενα αὐτῷ, καὶ αὐτὸς
προσδοκία ἐθνῶν. εἰκὸς δὲ καὶ ἐκ τῶν προφητειῶν τοῦ
Βαλαὰμ τὸ αὐτὸ αὐτοὺς ἐλπίζειν, τῆς τε· Ἐξελεύσεται Num xxiv
30 ἄνθρωπος ἐκ τοῦ σπέρματος αὐτοῦ καὶ κυριεύσει ἐθνῶν 7
πολλῶν, καὶ ὑψωθήσεται ἡ Γὼγ βασιλεία, καὶ αὐξηθήσεται
ἡ βασιλεία αὐτοῦ. θεὸς ὡδήγησεν αὐτὸν ἐξ Αἰγύπτου, ὡς

5 τί δεῖ] om.   9 εἰκὼν] εἰκων   17 μεσίας   19 ἡμῖν] ὑμῖν

Num xxiv
8 f.

δόξα μονοκέρωτος αὐτῷ· ἔδεται ἔθνη ἐχθρῶν αὐτοῦ καὶ τὰ
πάχη αὐτῶν ἐκμυελιεῖ, καὶ ταῖς βολίσιν αὐτοῦ κατατοξεύσει
ἐχθρόν· καὶ κατακλιθεὶς ἀνεπαύσατο ὡς λέων καὶ ὡς σκύμνος·
τίς ἀναστήσει αὐτόν; οἱ εὐλογοῦντές σε εὐλόγηνται, καὶ
οἱ καταρώμενοί σε κεκατήρανται. καὶ ἐν τοῖς ἑξῆς δέ φησιν 5

Num xxiv
17 ff.

αὐτὸς Βαλαάμ· Δείξω αὐτοῖς, καὶ οὐχὶ νῦν· μακαρίζω, καὶ
οὐκ ἐγγίζει. ἀνατελεῖ ἄστρον ἐξ Ἰακώβ, καὶ ἀναστήσεται
ἄνθρωπος ἐξ Ἰσραήλ, καὶ θραύσει τοὺς ἀρχηγοὺς Μωάβ, καὶ
προνομεύσει πάντας τοὺς υἱοὺς Σήθ. καὶ ἔσται Ἐδὼμ κλη-
ρονομία, καὶ ἔσται ἡ κληρονομία Ἡσαῦ ὁ ἐχθρὸς αὐτοῦ, καὶ 10
Ἰσραὴλ ἐποίησεν ἐν ἰσχύϊ. καὶ ἐξεγερθήσεται ἐξ Ἰακώβ,
καὶ ἀπολεῖ σωζόμενον ἐκ πόλεως. ἐπιστήσεις δὲ εἰ καὶ ἡ
τοῦ Μωσέως πρὸς Ἰούδαν εὐλογία εἰς Χριστὸν ἀναφέρεσθαι

Deu xxxiii 7

καὶ τοῖς Σαμαρεῦσιν ἂν συνδοκοίη οὕτως ἔχουσα· Εἰσά-
κουσον, κύριε, φωνὴν Ἰούδα, καὶ εἰς τὸν λαὸν αὐτοῦ ἔλθοις 15
ἄν· αἱ χεῖρες αὐτοῦ ἅμα κρίνουσιν αὐτῷ, καὶ βοηθὸς ἐκ τῶν
ἐχθρῶν αὐτοῦ ἔσῃ. ἐπεὶ δὲ αὐχοῦσι πατριάρχην Σαμαρεῖς
τὸν Ἰωσήφ, ἐφίστημι μήποτε τήν τε τοῦ Ἰακώβ εἰς τὸν 237
Ἰωσήφ τινες αὐτῶν εὐλογίαν καὶ τὴν τοῦ Μωσέως ἐκδέξονται
λέγεσθαι εἰς τὴν Χριστοῦ παρουσίαν· τῷ δὲ βουλομένῳ 20
ἔξεσται ἀπ᾿ αὐτῆς τῆς γραφῆς λαβεῖν τὰ ῥητά. καὶ αὐτὸς
δὲ ὁ σωτήρ, εἰδὼς Μωσέα πολλὰ ἀναγεγραφότα τῆς περὶ
Χριστοῦ προφητείας, φησὶ τοῖς Ἰουδαίοις· Εἰ ἐπιστεύετε

Jo v 46

Μωσεῖ, ἐπιστεύετε ἂν ἐμοί· περὶ γὰρ ἐμοῦ ἐκεῖνος ἔγραψε.
τυπικῶς μὲν οὖν καὶ αἰνιγματωδῶς ἀναφερόμενα εἰς τὸν 25
χριστὸν τῶν ἀναγεγραμμένων ἐν τῷ νόμῳ πλεῖστα ὅσα ἐστὶν
εὑρεῖν· γυμνότερα δὲ καὶ σαφέστερα ἐγὼ οὐχ ὁρῶ ἐπὶ τοῦ
παρόντος ἀλλὰ τινὰ παρὰ ταῦτα. Μεσσίας μέντοι γε
Ἑβραϊστὶ καλεῖται, ὅπερ οἱ μὲν ἑβδομήκοντα Χριστὸς
ἡρμήνευσαν· ὁ δὲ Ἀκύλας Ἠλιμμένος. 30

Jo iv 25

27. Θεωρητέον καὶ τό· Ὅταν ἔλθῃ ἐκεῖνος, ἀναγγελεῖ
ἡμῖν ἅπαντα· πότερον ἀπὸ παραδόσεως τῇ Σαμαρείτιδι

1 ἐχθῶν   2 ἐκμυελεῖ   3 κατακλισθείς   5 κεκατάρανται
19 αὐτῶν εὐλογίαν] εὐλογίαν αὐτῷ   28 μεσίας

εἴρηται ἢ ἀπὸ τοῦ νόμου; οὐκ ἀγνοητέον μέντοι γε ὅτι
ὥσπερ ἀπὸ Ἰουδαίων ἀνέστη ὁ Ἰησοῦς, Χριστὸς εἶναι οὐ
μόνον λέγων ἀλλὰ καὶ ἀποδεικνύς· οὕτως ἀπὸ Σαμαρέων
Δωσίθεός τις ἀναστὰς ἔφασκεν ἑαυτὸν εἶναι τὸν προεφητευ-
5 μένον χριστόν, ἀφ' οὗ δεῦρο μέχρι εἰσὶν οἱ Δωσιθεινοί,
φέροντες καὶ βίβλους τοῦ Δωσιθέου, καὶ μύθους τινὰς περὶ
αὐτοῦ διηγούμενοι ὡς μὴ γευσαμένου θανάτου ἀλλ' ἐν τῷ
βίῳ που τυγχάνοντος. καὶ ταῦτα μὲν ὡς πρὸς τὴν λέξιν·
ἀλλὰ καὶ ἡ ἑτερόδοξος παρὰ τῇ πηγῇ τοῦ Ἰακὼβ, φρέατι cf. Jo iv 12
10 ὑπ' αὐτῆς εἶναι νομιζομένῳ, γνώμη ὃν ὑπολαμβάνει εἶναι
τελειότερον λόγον τοῦτον Χριστὸν ὀνομάζουσά φησιν· Ὅταν Jo iv 25
ἔλθῃ ἐκεῖνος, ἀναγγελεῖ ἡμῖν ἅπαντα· παρὼν δὲ αὐτῇ ὁ
προσδοκώμενος καὶ ἐλπιζόμενος φησὶ τό· Ἐγώ εἰμι, ὁ λαλῶν Jo iv 26
σοι. ὅρα δὲ καὶ τὸν Ἡρακλέωνα τί φησι· λέγει γὰρ ὅτι
15 προσεδέχετο ἡ ἐκκλησία τὸν χριστόν, καὶ ἐπέπειστο περὶ
αὐτοῦ ὅτι τὰ πάντα μόνος ἐκεῖνος ἐπίσταται.

28. Λέγει αὐτῇ ὁ Ἰησοῦς Ἐγώ εἰμι, ὁ λαλῶν σοι. Jo iv 26 f.
καὶ ἐπὶ τούτῳ ἦλθον οἱ μαθηταὶ αὐτοῦ, καὶ ἐθαύμαζον
ὅτι μετὰ γυναικὸς ἐλάλει· οὐδεὶς μέντοι γε εἶπε Τί
20 ζητεῖς; ἢ Τί λαλεῖς μετ' αὐτᾶς; Ζητητέον εἴ που ὁ
χριστὸς ἑαυτὸν εὐηγγελίσατο, καὶ συγκριτέον ταῦτα ἀλλή-
λοις, ὥσπερ· Ἐγώ εἰμι ὁ μαρτυρῶν περὶ ἐμαυτοῦ, καὶ Jo viii 18
μαρτυρεῖ περὶ ἐμοῦ ὁ πέμψας με πατήρ· καὶ ἐν τῷ· Εἰ Jo v 46
ἐπιστεύετε Μωσεῖ, ἐπιστεύετε ἂν ἐμοί· περὶ γὰρ ἐμοῦ ἐκεῖνος
ἔγραψε· καὶ εἴ τι τούτοις παραπλήσιον ἔν τινι τῶν εὐαγγε-
λίων εἴρηται. πλὴν ὅσον ἐπὶ τῷ ῥητῷ μανθάνωμεν ἀπ' αὐτου
καὶ ἐντεῦθεν ὅτι πρᾶός ἐστι καὶ ταπεινὸς τῇ καρδίᾳ, μὴ cf. Mt xi 29
ὑπερηφανῶν περὶ τηλικούτων πραγμάτων διαλέγεσθαι
ὑδροφόρῳ γυναικί, διὰ πολλὴν πενίαν ἐξιούσῃ τὴν πόλιν καὶ
30 καμνούσῃ εἰς τὸ ὑδρεύσασθαι. θαυμάζουσί γε καὶ οἱ
μαθηταὶ ἐπελθόντες, προτεθεωρηκότες τὸ μέγεθος τῆς ἐν
αὐτῷ θεότητος, καὶ θαυμάζουσι τίνα τρόπον ὁ τηλικοῦτος
μετὰ γυναικὸς ἐλάλει· ἡμεῖς δὲ ὑπὸ ἀλαζονίας καὶ ὑπὸ
ὑπερηφανίας ἀγόμενοι τοὺς εὐτελεστέρους ὑπερορώμεθά τε

18—2

ἐπιλανθανόμενοι τοῦ καθ᾿ ἕκαστον ἄνθρωπον εἶναι τό·

Ge i 26 Ποιήσωμεν ἄνθρωπον κατ᾿ εἰκόνα ἡμετέραν, καὶ καθ᾿ ὁμοίω-
cf. Jer i 5 σιν ἡμετέραν· καὶ μὴ μεμνημένοι τοῦ πλάσαντος ἐν κοιλίᾳ
cf. Ps xxxii (xxxiii) 15 καὶ πλάσαντος κατὰ μόνας τὰς καρδίας πάντων ἀνθρώπων
καὶ συνιέντος εἰς πάντα τὰ ἔργα αὐτῶν οὐ γινώσκομεν ὅτι 5
Judith ix 11 ταπεινῶν ἐστι θεὸς καὶ ἐλαττόνων βοηθὸς καὶ ἀντιλήπτωρ
ἀσθενούντων, ἀφηλπισμένων σκεπαστής, καὶ ἀπεγνωσμένων
σωτήρ. οἰονεὶ δὲ καὶ ἀποστόλῳ πρὸς τοὺς ἐν τῇ πόλει
χρῆται τῇ γυναικὶ ταύτῃ, ἐπὶ τοσοῦτον ἐξάψας αὐτὴν διὰ
Jo iv 28—30 τῶν λόγων, ἕως ἀφεῖσα τὴν ὑδρίαν αὐτῆς ἡ γυνὴ ἀπελθοῦσα 10
εἰς τὴν πόλιν εἴπῃ τοῖς ἀνθρώποις· Δεῦτε, ἴδετε ἄνθρωπον,
ὃς εἶπέ μοι πάντα ἃ ἐποίησα· μήτι οὗτός ἐστιν ὁ χριστός; ὅτε
ἐξῆλθον ἐκ τῆς πόλεως, καὶ ἤρχοντο πρὸς αὐτόν· καὶ τῇ
τοιᾷδε μὲν μὴ ὑστερῶν, τότε σαφέστατα ἐμφανίζῃ ἑαυτὸν ὁ
λόγος, ὡς ἐλθόντας τοὺς μαθητὰς θαυμάζειν εἰ καὶ αὕτη 15
ἠξίωται, θῆλύς τις καὶ εὐεξαπάτητος οὖσα, τυχεῖν τῆς ὁμι-
λίας πρὸς αὐτὴν τοῦ λόγου. πλὴν πειθόμενοι καλῶς ὑπὸ
cf. Jo i 3 τοῦ λόγου πάντα γίνεσθαι οἱ μαθηταὶ οὐκ ἐπιπλήττουσιν
οὐδὲ ἐπαποροῦσι περὶ τῆς πρὸς τὴν Σαμαρεῖτιν ζητήσεως
καὶ τῆς πρὸς αὐτὴν κοινολογίας. τάχα δὲ καὶ καταπεπλή- 20
γασι τὴν πολλὴν χρηστότητα τοῦ λόγου συγκαταβαίνοντος
ψυχῇ ἐξουθενούσῃ Σιών, καὶ πεποιθυίᾳ ἐπὶ τὸ ὄρος Σαμα-
Jo iv 27 ρείας· διόπερ γέγραπται· Ἐθαύμαζον ὅτι μετὰ γυναικὸς
Jo iv 26 ἐλάλει. καὶ ὁ Ἡρακλέων δέ φησι πρὸς τό· Ἐγώ εἰμι, ὁ
λαλῶν σοι· ὅτι ἐπεὶ ἐπέπειστο ἡ Σαμαρεῖτις περὶ τοῦ 25
χριστοῦ ὡς ἄρα ἐλθὼν πάντα ἀπαγγελεῖ αὐτῇ, φησί·
Γίνωσκε ὅτι ἐκεῖνος ὃν προσδοκᾷς ἐγώ εἰμι, ὁ λαλῶν σοι·
καὶ ὅτε ὡμολόγησεν ἑαυτὸν τὸν προσδοκώμενον ἐληλυθέναι,
ἦλθον, φησίν, οἱ μαθηταὶ πρὸς αὐτόν, δι᾿ οὓς ἐληλύθει εἰς 239
τὴν Σαμάρειαν. πῶς δὲ διὰ τοὺς μαθητὰς ἐληλύθει εἰς τὴν 30
Σαμάρειαν, οἵτινες καὶ πρότερον αὐτῷ συνῆσαν;

8 πλάσανοντος   10 ἀφεῖσαι   14 ὕστερον   16 καὶ
εὐεξαπάτητος] lac. (4) ἐξαπάτητος   τυχεῖν] τύχη   22 ἐξουθε-
νούσης Σειῶν   25 post σοι lac. iv circa litt.   εἴπερ   29 ἐληλύθη

29. Ἀφῆκεν οὖν τὴν ὑδρίαν αὐτῆς ἡ γυνὴ καὶ Jo iv 28 f.
ἀπῆλθεν εἰς τὴν πόλιν καὶ λέγει τοῖς ἀνθρώποις Δεῦτε
ἴδετε ἄνθρωπον ὃς εἶπέ μοι πάντα ὅσα ἐποίησα· μήτι
οὗτός ἐστιν ὁ χριστός; Οὐ μάτην οἶμαι ἀναγεγραφέναι τὸν
5 εὐαγγελιστὴν καὶ τὰ περὶ τῆς ἀφέσεως τῆς ὑδρίας, ἥντινα
ἀφεῖσα ἡ γυνὴ ἀπῆλθεν εἰς τὴν πόλιν· κατὰ μὲν οὖν τὴν
λέξιν σπουδὴν ἐμφαίνει πλείονα τῆς Σαμαρείτιδος, κατα-
λειπούσης τὴν ὑδρίαν καὶ οὐ τοσοῦτον πεφροντικυίας τοῦ
σωματικοῦ καὶ ταπεινοτέρου καθήκοντος ὅσον τῆς τῶν
10 πολλῶν ὠφελείας· φιλανθρωπότατα γὰρ κεκίνηται βουλη-
θεῖσα τοῖς πολίταις εὐαγγελίσασθαι τὸν χριστόν, μαρτυ-
ροῦσα αὐτῷ εἰρηκότι αὐτῇ πάντα ἃ ἐποίησε. καλεῖ δὲ
αὐτοὺς ἐπὶ τὸ ἰδεῖν ἄνθρωπον λόγον ἔχοντα μείζονα ἀνθρώ-
που· τὸ γὰρ ὁρατὸν ὀφθαλμοῖς αὐτοῦ ἄνθρωπος ἦν. χρὴ
15 οὖν καὶ ἡμᾶς ἐπιλανθανομένους τῶν σωματικωτέρων, καὶ
ἀφιέντας αὐτὰ σπεύδειν ἐπὶ τὸ μεταδιδόναι ἧς μετειλήφαμεν
ὠφελείας ἑτέροις· ἐπὶ τοῦτο γὰρ προκαλεῖται ὁ εὐαγγελιστὴς
ἔπαινον τοῖς εἰδόσιν ἀναγινώσκειν ἀναγράφων τῆς γυναικός.
πρὸς μέντοι γε τὴν ἀναγωγὴν σκοπητέον τίς ἡ ὑδρία ἦν
20 ἀφίησι παραδεξαμένη πως τοὺς Ἰησοῦ λόγους ἡ Σαμαρεῖτις·
καὶ τάχα τὸ δοχεῖον τοῦ σεμνοποιουμένου ἐπὶ βαθύτητι
ὕδατος, τῆς διδασκαλίας, ὧν ἐφρόνει πρότερον ἐξευτελίζουσα
ἀποτίθεται, ἐν τῷ κρείττονι τῆς ὑδρίας λαβοῦσα ἐκ τοῦ
ὕδατος τοῦ γενομένου ἤδη ἐν αὐτῇ ἀρχῆς ὕδατος ἀλλομένου cf. J iv 14
25 εἰς ζωὴν αἰώνιον· πῶς γὰρ ἂν τοῦ ὕδατος τούτου μὴ μετει-
ληφυῖα φιλανθρώπως Χριστὸν τοῖς πολίταις ἐκήρυσσεν,
θαυμάζουσα αὐτὸν ἀπαγγέλλοντα πάντα ἃ ἐποίησεν, εἰ μὴ
μετειλήφει δι' ὧν ἤκουε τοῦ σωτηρίου ὕδατος; Ῥεβέκκα cf. Ge xxiv
μέντοι καὶ αὐτὴ ὑδρίαν ἔχουσα ἐπὶ τῶν ὤμων, πρὶν συντε- 15 ff.
30 λέσαι λαλοῦντα ἐν τῇ διανοίᾳ τὸν παῖδα τοῦ Ἀβραάμ,
ἐξεπορεύετο καλὴ τῇ ὄψει παρθένος· ἥτις ἐπείπερ οὐχ

3, 4 μήτι οὗτός] μὴ τοιουτος   14 ὀφθαλμοὺς pr. man. (ut videtur)   21 σεμνοῦ ποιουμένον   28 δι' ὧν ἤκουε] διηκονεν

ὁμοίως ἤντλει τῇ Σαμαρείτιδι, καταβαίνει ἐπὶ τὴν πηγὴν
καὶ πληροῖ τὴν ὑδρίαν, ἀναβάσῃ τε αὐτῇ ἐπιτρέχει εἰς συνάν-
Ge xxiv 17   τησιν ὁ τοῦ Ἀβραὰμ παῖς καὶ εἶπε· Πότισόν με μικρὸν
ὕδωρ ἐκ τῆς ὑδρίας σου. ἐπεὶ γὰρ παῖς ἦν τοῦ Ἀβραάμ,
ἠγάπα κἂν μικροῦ ὕδατος ἀπὸ τῆς ὑδρίας Ῥεβέκκας λαβεῖν· 5
Ge xxiv 18   Καὶ ἔσπευσεν ἡ Ῥεβέκκα, καὶ καθεῖλε τὴν ὑδρίαν ἐπὶ τὸν 240
βραχίονα αὐτῆς καὶ ἐπότισεν αὐτόν, ἕως ἐπαύσατο πίνων.
ἐπείπερ οὖν ἦν ἐπαινετὴ ἡ τῆς Ῥεβέκκας ὑδρία, οὐ κατα-
cf. Jo iv 6   λείπεται ὑπ᾽ αὐτῆς, ἡ δὲ τῆς Σαμαρείτιδος οὖσα ὥρᾳ ἕκτῃ
ἀφίεται.   10

30. Ἐνθάδε μὲν δὴ τοῖς Σαμαρείταις γυνὴ εὐαγγελί-
ζεται τὸν χριστόν, ἐπὶ τέλει δὲ τῶν εὐαγγελίων καὶ τὴν
cf. Jo xx 18   ἀνάστασιν τοῦ σωτῆρος τοῖς ἀποστόλοις ἡ πρὸ πάντων
αὐτὸν θεασαμένη γυνὴ διηγεῖται. ἀλλ᾽ οὔτε αὐτὴ ὡς τὸ
τέλειον τῆς πίστεως εὐαγγελισαμένη εὐχαριστεῖται ὑπὸ τῶν 15
Jo iv 42   Σαμαρειτῶν λεγόντων· Οὐκέτι διὰ τὴν λαλίαν σου πι-
στεύομεν· αὐτοὶ γὰρ ἀκηκόαμεν, καὶ οἴδαμεν ὅτι οὗτός ἐστιν
ἀληθῶς ὁ σωτὴρ τοῦ κόσμου· ἐκείνη τε τὴν ἀπαρχὴν τῆς ἁφῆς
Jo xx 17   τοῦ χριστοῦ οὐ πιστεύεται, λέγοντος αὐτῇ· Μή μου ἅπτου·
Jo xx 27   ἔμελλε γὰρ Θωμᾶς ἀκούειν· Φέρε τὸν δάκτυλόν σου ὧδε καὶ ἴδε 20
τὰς χεῖράς μου, καὶ φέρε τὴν χεῖρά σου καὶ βάλε εἰς τὴν
πλευράν μου. πάντα δὲ ἦν ἃ ἐποίησεν ἡ γυνὴ ἡ πρὸς τοὺς
ε´ ἄνδρας κοινωνία, καὶ μετ᾽ ἐκείνους ἡ πρὸς τὸν ἕκτον οὐ
γνήσιον ἄνδρα συγκατάβασις, ὅντινα ἀρνησαμένη καὶ τὴν
ὑδρίαν καταλείπουσα εἰς ἕβδομον σεμνῶς ἀναπαύεται, προ- 25
ξενοῦσα τὴν ὠφέλειαν καὶ τοῖς ἀπὸ τῶν προτέρων αὐτῇ
δογμάτων οἰκοῦσι πόλιν τὴν οἰκοδομὴν τῶν οὐχ ὑγιῶν
λόγων, τὴν αὐτὴν τῇ γυναικί· οἷς καὶ αἰτία γίνεται ἐξελθεῖν
τῆς πόλεως καὶ ἐλθεῖν πρὸς τὸν Ἰησοῦν. πάνυ δὲ παρα-
τετηρημένως ἐν τοῖς ἑξῆς οἱ Σαμαρεῖται ἐρωτῶσι τὸν Ἰησοῦν, 30
cf. Jo iv 40   οὐχ ἵνα μείνῃ ἐν τῇ πόλει, ἀλλὰ παρ᾽ αὐτοῖς, τουτέστιν ἵνα
γένηται ἐν τῷ ἡγεμονικῷ αὐτῶν· τάχα γὰρ οὐκ ἦν δυνατὸν

9 ὑπ᾽] corr.   25 om. εἰς

.εἶναι αὐτὸν ἐν τῇ πόλει αὐτῶν, ἐπείπερ καὶ αὐτοὶ ἐξῆλθον cf. Jo iv 30
ὑποιοῦντες ἐκ τῆς πόλεως καὶ ἤρχοντο πρὸς αὐτόν. ὅτι δὲ
οἰαῦτά τινα δηλοῦται ἀκριβέστατα εἰς τὰς ἀναγωγάς,
φορμὰς ἡμῖν διδόντος τοῦ εὐαγγελιστοῦ, ἐκ τούτων κατα-
ριτέον. πρότερον μὲν γέγραπται· Ἐξῆλθον ἐκ τῆς πόλεως Jo iv 30
αἱ ἤρχοντο πρὸς αὐτόν· καὶ μετ' ὀλίγα· Ἐκ δὲ τῆς πό- Jo iv 39 f.
.εως ἐκείνης πολλοὶ ἐπίστευσαν εἰς αὐτὸν τῶν Σαμαρειτῶν
ιὰ τὸν λόγον τῆς γυναικός, μαρτυρούσης ὅτι Εἶπέ μοι Jo iv 29
ἄντα ἃ ἐποίησα. ὡς οὖν ἦλθον πρὸς αὐτὸν οἱ Σαμαρεῖται, cf. Jo iv 40
ρώτων αὐτὸν μεῖναι παρ' αὐτοῖς. καὶ πρότερον οὖν ἐκ τῆς
ρόλεως ἤρχοντο πρὸς αὐτόν, καὶ δεύτερον ἦλθον πρὸς αὐτὸν
ἱ Σαμαρεῖται, ἔτι ὄντα παρὰ τῇ πηγῇ τοῦ Ἰακώβ, οὐ γὰρ
βαίνεται κεκινημένος ἐκεῖθεν, καὶ ἠρώτων αὐτὸν μεῖναι παρ'
ιὐτοῖς. οὐ γέγραπται δὲ μετὰ τοῦτο ὅτι εἰσῆλθεν εἰς τὴν
ρόλιν, ἀλλ'· Ἔμεινεν ἐκεῖ δύο ἡμέρας. ἀλλὰ καὶ ἐν τοῖς
ξῆς οὐκ εἴρηται· Μετὰ δὲ τὰς δύο ἡμέρας ἐξῆλθεν ἐκ τῆς Jo iv 43
ρόλεως· ἀλλά· Καὶ ἐξῆλθεν ἐκεῖθεν· ὅσον γὰρ ἐπὶ τῷ νοητῷ
ᾶσα ἡ οἰκονομία τῆς ὠφελείας τοῖς Σαμαρεῦσιν παρὰ τῇ
πηγῇ γεγένηται τοῦ Ἰακώβ.

31. (30) Ὁ δὲ Ἡρακλέων τὴν ὑδρίαν τὴν δεκτικὴν
ζωῆς ὑπολαμβάνει εἶναι διάθεσιν καὶ ἔννοιαν καὶ τῆς δυνά-
ιεως τῆς παρὰ τοῦ σωτῆρος, ἥντινα καταλιποῦσα, φησί, παρ'
ιὐτῷ, τουτέστιν ἔχουσα παρὰ τῷ σωτῆρι τὸ τοιοῦτον σκεῦος,
ἐν ᾧ ἐληλύθει λαβεῖν τὸ ζῶν ὕδωρ, ὑπέστρεψεν εἰς τὸν
κόσμον εὐαγγελιζομένη τῇ κλήσει τὴν Χριστοῦ παρουσίαν·
διὰ γὰρ τοῦ πνεύματος καὶ ὑπὸ τοῦ πνεύματος προσάγεται ἡ
ψυχὴ τῷ σωτῆρι. κατανόησον δὴ εἰ δύναται ἐπαινουμένη
τυγχάνειν ἡ ὑδρία αὕτη πάντη ἀφιεμένη· Ἀφῆκε γὰρ, φησί, Jo iv 28
τὴν ὑδρίαν αὐτῆς ἡ γυνή· οὐ γὰρ πρόσκειται ὅτι ἀφῆκεν
αὐτὴν παρὰ τῷ σωτῆρι. πῶς δὲ καὶ οὐκ ἀπίθανον καταλι-
ποῦσαν αὐτὴν τὴν δεκτικὴν τῆς ζωῆς διάθεσιν καὶ ἔννοιαν
καὶ τῆς δυνάμεως τῆς παρὰ τοῦ σωτῆρος καὶ τὸ σκεῦος ἐν

22 καταλειποῦσα   23 παρά] περί   τοιοῦτο   30 καταλειποῦσαν
31, 32 ἔννοιαν καὶ] τὴν ἔννοιαν

ᾧ ἐληλύθει λαβεῖν τὸ ζῶν ὕδωρ, ἀπεληλυθέναι εἰς τὸν
κόσμον χωρὶς τούτων εὐαγγελίσασθαι τῇ κλήσει τὴν
Χριστοῦ παρουσίαν; πῶς δὲ καὶ ἡ πνευματικὴ μετὰ τοσού-
τους λόγους οὐ πέπεισται σαφῶς περὶ τοῦ χριστοῦ, ἀλλά

Jo iv 29 f. φησι· Μήτι οὗτός ἐστιν ὁ χριστός; καὶ τό· Ἐξῆλθον δὲ ἐκ 5
τῆς πόλεως· διηγήσατο ἀντὶ τοῦ ἐκ τῆς προτέρας αὐτῶν
ἀναστροφῆς οὔσης κοσμικῆς· καὶ ἤρχοντο διὰ τῆς πίστεως,
φησί, πρὸς τὸν σωτῆρα. λεκτέον δὲ πρὸς αὐτόν, πῶς μένει
παρ' αὐτοῖς τὰς δύο ἡμέρας; οὐ γὰρ τετήρηκεν ὁ προπαρε-

cf. Jo iv 40 θέμεθα ἡμεῖς περὶ τοῦ <μὴ> ἐν τῇ πόλει αὐτὸν ἀναγεγράφθαι 10
μεμενηκέναι τὰς δύο ἡμέρας.

Jo iv 31 32. (31) Ἐν τῷ μεταξὺ ἠρώτων αὐτὸν οἱ μαθηταὶ,
λέγοντες Ῥαββεὶ, φάγε. Μετὰ τὴν περὶ τὸ ποτὸν
οἰκονομίαν καὶ τὴν διδασκαλίαν τῆς διαφορᾶς τῶν ὑδάτων
ἀκόλουθον ἦν καὶ τὰ περὶ τροφῆς ἀναγεγράφθαι. ἡ μὲν οὖν 15
Σαμαρεῖτις αἰτουμένη πιεῖν διὰ τῶν ἐπαπορήσεων αὐτῆς,
οἱονεὶ δὲ διὰ τὸν αἰτήσαντα, οὔτε γὰρ εἶχε δοῦναι τῷ Ἰησοῦ
ἄξιον αὐτοῦ πόμα, εἰ κἀκεῖνος ἐν τῷ ἐκείνην αἰτηθεῖσαν
ὀρέξαι ἐβούλετο εὐεργετῆσαι διὰ τούτου τοῦ πιεῖν δεδωκυῖαν
ἔπρεπεν ἤδη.............ἀπὸ τῆς Σαμαρείτιδος. οἱ δὲ μα- 20

cf. Jo iv 8 θηταὶ.............ἀπεληλυθότων εἰς τὴν πόλιν, ἵνα
τροφὰς ἀγοράσωσιν, ἤτοι εὑρηκότες ἐπιτηδείους τροφὰς
παρὰ τοῖς ἑτεροδόξοις, λόγους τινὰς ἁρμόζοντας,.............242
αὐτῷ Φάγε· καιρὸν νομίσαντες ἐπιτήδειον εἶναι αὐτῷ

cf. Jo iv 28, τροφῆς τὸν μεταξὺ τοῦ ἀπεληλυθέναι εἰς τὴν πόλιν τὴν 25
30 γυναῖκα καὶ τοῦ ἐληλυθέναι πρὸς αὐτὸν τοὺς Σαμαρείτας·
ἐπ' οὐδενὸς γὰρ ξένου παρετίθεσαν αὐτῷ τὴν τροφήν, ἴσως
ἐπιτριβείσης ἂν τῆς Σαμαρείτιδος, εἰ ἑώρα τοὺς μαθητὰς τὰ
ἀπὸ τῆς πόλεως αὐτῆς τρόφιμα ἤτοι ὄντα ἢ νομιζόμενα
παρατιθέναι βουλομένους τῷ διδασκάλῳ. ἀλλ' οὐδὲ ἐνώπιον 30
τῶν Σαμαρειτῶν δεόντως ἂν ἐκεῖνοι ἔλεγον· Ῥαββὶ, φάγε·
χρῃζόντων καταλείπειν ἑαυτῶν τὴν πόλιν. διὰ τοῦτο καλῶς

5 μὴ τοιοῦτος   10 μὴ] om.   17 post Ἰησοῦ] lac. (4)
19 πῖν

πρόσκειται τό· Ἐν τῷ μεταξὺ ἠρώτων αὐτὸν οἱ μαθηταὶ Jo iv 31
λέγοντες Ῥαββὶ, φάγε. διὰ τί δὲ αὐτὸν ἠρώτων, καὶ οὐχὶ
<ἔλεγον αὐτῷ> ἄξιον ἰδεῖν· <ἁπλούσ>τερον γὰρ ἐγέγραπτο·
Ἐν δὲ τῷ μεταξὺ ἔλεγον αὐτῷ οἱ μαθηταί Ῥαββὶ, φάγε. τὸ δὲ
5 καὶ ἐρωτᾶν ἵνα φάγῃ καὶ ἱκετεύειν <αὐτὸν καὶ> δεῖσθαι τάχα
τι δηλοῖ πρὸ τῆς ἐξετάσεως, ἐνίοτε δὲ καὶ μετὰ τὴν ἐξέτασιν.
καὶ ὅρα μήποτε εὐλαβοῦνται μὴ.........ὁ λόγος.........ταῖς
οἰκεί.................ἢ ἰσχυροποιούμενος τροφαῖς, ἐρωτῶσιν
αὐτὸν εὑρισκομένους ἐδέσθαι· οἷς γὰρ εὑρίσκουσιν οἱ μα-
10 θηταὶ ἀεὶ τρέφειν τὸν λόγον βούλονται, ἵνα ἰσχυροποιούμενος
καὶ τονούμενος καὶ δυναμούμενος ἐπιπλεῖον παραμείνῃ τοῖς
αὐτὸν τρέφουσιν, ἀντιτρέφων τοὺς παρατιθέντας αὐτῷ τὰ
βρώματα. διὰ τοῦτο ἑστηκέναι φησὶν ἐπὶ τὴν θύραν καὶ cf. Ap iii 20
κρούειν, ἵν' ἐάν τις ἀνοίξῃ τὴν θύραν εἰσέλθῃ πρὸς αὐτὸν
15 καὶ δειπνήσῃ μετ' ἐκείνου, ὥστε ὕστερον δυνηθέντα τὸν δει-
πνήσαντα ἀντιδειπνισθῆναι ἀπὸ τοῦ δειπνήσαντος λόγου παρὰ
τῷ ἀνθρώπῳ. (32) Ὁ δὲ Ἡρακλέων φησὶν ὅτι ἐβούλοντο
κοινωνεῖν αὐτῷ ἐξ ὧν ἀγοράσαντες ἀπὸ τῆς Σαμαρείας κε-
κομίκεισαν. ταῦτα δὲ φησὶν ἵνα τινὰ.............αἱ πέντε cf. Mt xxv
20 μωραὶ παρθένοι..................................... 1 ff.
ἀπὸ τοῦ νυμφίου. πῶς δὲ οἶμαι.........τὰ αὐτὰ ἔχειν......
λέγονται.............ταῖς ἀποκλισθείσαις μωραῖς παρθένοις
ἄξιον ἰδεῖν κατηγορίαν περιέχοντα τῶν μαθητῶν τοῖς
αὐτοῖς κοιμωμένων ταῖς μωραῖς παρθένοις. ἔστι δὲ καὶ αὐτὸ
25 ἀνόμοιον τοῦ φωτὸς πρὸς τροφὴν, καὶ τοῦ ποτοῦ πρὸς τὰ
βρώματα.................σαντας αἰτιάσασθαι τὴν ἐκδοχὴν,
καίπερ κατά τι δυνάμενον σαφῆ ποιῆσαι τὸν λόγον ἐχρῆν
αὐτὸν διὰ πλειόνων παραμυθήσασθαι, κατασκευάζοντα τὴν
ἰδίαν ἐκδοχήν.

243   33. Ὁ ΔΕ ΕΙΠΕΝ ΑΥΤΟΙΣ ΕΓΩ ΒΡΩΣΙΝ ΕΧΩ ΦΑΓΕΙΝ, Jo iv 32
ΗΝ ΥΜΕΙΣ ΟΥΚ ΟΙΔΑΤΕ. Τὸ μὲν ἀνενδεὲς οὐ χρῄζει βρώ-

---

3 ἔλεγον αὐτῷ] om. lac. (11) relict.   ἁπλούστερον] lac. (7)
τερον   5 ἐρωτᾶν] ἐρωτᾶ   ἱκετεύειν αὐτὸν καὶ] ἱκετεύει lac. (10)
16 ἀντιδειπνησθῆναι   27 κατά] intra lin.

σεως, τὸ δὲ χρῇζον βρώσεως οὐκ ἔστιν ἀνενδεές. καὶ δῆλον
ὅτι ὁ ἐσθίων οὐχὶ μὴ χρῇζων βρώσεως ἐσθίει, ἀλλὰ χρῇζων
καὶ δεόμενος αὐτῆς. καὶ τὰ μὲν σώματα, ἅτε τῇ φύσει ὄντα
ῥευστά, τρέφεται τῆς τροφῆς ἀναπληρούσης τὸν τόπον τῶν
ἀπορρεόντων· τὰ δὲ κρείττονα σώματος τρέφεται τοῖς ἀσω- 5
μάτοις νοήμασι καὶ λόγοις καὶ πράξεσιν ὑγιέσιν, οὐχὶ εἰς τὸ
μὴ εἶναι διαλυθησόμενα, εἰ μὴ τρέφοιτο· οὐδὲ γὰρ σώματα
μὴ τρεφόμενα εἰς τὸ μὴ εἶναι διαλύεται· ἀπόλλυσι δὲ τὸ
εἶναι τοιάδε, ὅτε οὐ τρέφεται τοῖς τοιοῖσδε τὰ τῆς διαφερούσης
τῶν σωμάτων φύσεως. ὥσπερ δὲ τὰ δεόμενα τροφῆς σώματα 10
οὐδὲ τοῖς ἀπὸ τῶν ποιοτήτων τρέφεται, οὐδὲ ποσότης τροφῶν
ἡ αὐτὴ πᾶσιν ἀρκεῖ, οὕτω νοητέον καὶ ἐπὶ τῶν κρειττόνων
παρὰ τὰ σώματα. καὶ γὰρ ταῦτα τὰ μὲν πλείονος, τὰ δὲ
ἐλάττονος δεῖται τροφῆς, οὐ τῶν ἴσων ὄντα χωρητικά. ἀλλ'
οὐδὲ ἡ ποιότης τῶν τρεφόντων λόγων καὶ νοημάτων τῶν ἐν 15
θεωρίᾳ καὶ πράξεων τῶν τούτοις ἁρμοζουσῶν, ἡ αὐτὴ ἁρμόζει

cf. Ro xiv 2
He v 12
πάσαις ταῖς ψυχαῖς. ἀλλὰ γὰρ καὶ λάχανον καὶ στερεὰ
τροφὴ οὐχὶ κατὰ τὸν αὐτὸν καιρὸν τρέφει τοὺς δεομένους τῆς
ἀπὸ τούτων βελτιώσεως. τὰ μὲν γὰρ ἀρτιγέννητα βρέφη,
cf. 1 Pe ii 2
ὥς φησιν ὁ Πέτρος, τὸ λογικὸν ἄδολον γάλα ἐπιποθείτω, καὶ 20
εἴ τις τὴν νηπιότητα ἔχει Κορινθίων, πρὸς οὓς φησιν ὁ
1 Co iii 2
Παῦλος· Γάλα ὑμᾶς ἐπότισα, οὐ βρῶμα· ὁ δὲ ἀσθενῶν διὰ
τὸ μὴ πιστεύειν λάχανα ἐσθιέτω. καὶ τοῦτο δὲ ὁ Παῦλος
Ro xiv 2
διδάσκει λέγων· Ὃς μὲν πιστεύει φαγεῖν πάντα, ὁ δὲ
Pr xv 17
ἀσθενῶν λάχανα ἐσθίει. καὶ ἔστι γέ ποτε ξενισμὸς λαχά- 25
νων πρὸς φιλίαν καὶ χάριν, ὥσπερ καὶ μόσχοι ἀπὸ φάτνης
He v 14
μετὰ ἔχθρας. Τελείων δέ ἐστιν ἡ στερεὰ τροφή, τῶν διὰ
τὴν ἕξιν τὰ αἰσθητήρια γεγυμνασμένα ἐχόντων πρὸς διά-
κρισιν καλοῦ τε καὶ κακοῦ. ἔστι δέ τις καὶ δηλητήριος
τροφὴ, ἥντινα μανθάνομεν ἀπὸ τῆς τετάρτης τῶν Βασιλειῶν, 30
4 Reg iv 40
λεγόντων πρὸς τὸν Ἐλισαῖόν τινων· Θάνατος ἐν τῷ λέβητι,
ἄνθρωπε τοῦ θεοῦ. καὶ ἡ μέν τίς ἐστι τῶν ἀλογωτέρων

11 οὐδὲ 1°] οὔτε   16 om. καὶ   30 ἀπὸ] ὑπὸ

ψυχῶν πνευματικὴ ποώδης τροφή, καὶ ἄλλη χόρτος ἢ ἄχυρον,
ἅπερ σημαίνεται διὰ τοῦ· Κύριος ποιμανεῖ με, καὶ οὐδέν   Ps xxii
με ὑστερήσει. εἰς τόπον χλόης ἐκεῖ με κατεσκήνωσεν· ἐπὶ   (xxiii) 1 f.
ὕδατος ἀναπαύσεως ἐξέθρεψέ με. καὶ ὁ Ἡσαΐας δέ φησι·
5 Λέων δὲ ὡς βοῦς ἄχυρον φάγεται. ἀλλὰ καὶ χόρτον τοῖς   Is xi 7
244 κτήνεσιν ἐν τῷ οἴκῳ τῆς Ῥεβέκκας παρατιθέασι τοῦ παιδὸς   cf. Ge xxiv
Ἀβράμ. ἐὰν δέ τις ᾖ λογικώτερος καὶ διὰ τοῦτο καὶ νοητὸς   32
ἄνθρωπος τὸν νοητὸν ἄρτον ἐσθίει, ὡς ἐν ψαλμοῖς γέ-
γραπται· Ἄρτος στηρίζει καρδίαν ἀνθρώπου· καὶ τῷ νοητῷ   Ps ciii (civ)
10 οἴνῳ εὐφραίνεται οὐκ ἄλλος ἢ ἄνθρωπος· Οἶνος γὰρ εὐφραίνει   15
καρδίαν ἀνθρώπου. ἀναβατέον δὲ τῷ λόγῳ ἀπὸ τῶν ἀλόγων
καὶ τῶν ἀνθρώπων καὶ ἐπὶ τοὺς ἀγγέλους καὶ αὐτοὺς τρεφο-
μένους, οὐ γάρ εἰσι πάντη ἀνενδεεῖς. Ἄρτον γοῦν ἀγγέλων   Ps lxxvii
ἔφαγεν ἄνθρωπος· μακάριός γε ὁ Ἀβραὰμ δυνηθεὶς τοῖς   (lxxviii) 25
15 ἐπιφανεῖσιν αὐτῷ τρισὶν ἐγκρυφίας ἀζύμους παραθεῖναι.   cf. Ge xviii 6

34. Ἀλλ᾽ ἤδη ἐπὶ τὸν προκείμενον λόγον τὸν περὶ
τῆς Χριστοῦ βρώσεως ὁδευτέον, ἣν οἱ μαθηταὶ τότε οὐκ
ᾔδεσαν· ἀληθεύει γὰρ λέγων ὁ Ἰησοῦς· Ἐγὼ βρῶσιν ἔχω   Jo iv 32
φαγεῖν ἣν ὑμεῖς οὐκ οἴδατε. ὅπερ γὰρ καὶ ἔπραττεν ὁ
20 Ἰησοῦς ποιῶν τὸ θέλημα τοῦ πέμψαντος αὐτόν, τελειῶν   cf. Jo iv 34
αὐτοῦ τὸ ἔργον, τοῦτο οὐκ ᾔδεσαν οἱ μαθηταί. ἵνα δὲ νοηθῇ
τρανότερον τό· Ἐγὼ βρῶσιν ἔχω φαγεῖν, ἣν ὑμεῖς οὐκ οἴδατε·
λεγέτω καὶ Παῦλος τοῖς χρείαν ἔχουσι γάλακτος, καὶ οὐ   cf. He v 12
στερεᾶς τροφῆς, Κορινθίοις, καὶ γάλα ποτιζομένοις καὶ οὐ   cf. 1 Co iii 2
25 βρῶμα, τῷ μηδέπω αὐτοὺς δύνασθαι βρώματος μεταλαμ-
βάνειν· Ἐγὼ βρῶσιν ἔχω φαγεῖν ἣν ὑμεῖς οὐκ οἴδατε. καὶ
ἀεί γε ὁ διαφέρων τοῖς ὑποδεεστέροις καὶ μὴ δυναμένοις τὰ
αὐτὰ τοῖς κρείττοσι θεωρεῖν ἐρεῖ· Ἐγὼ βρῶσιν ἔχω φαγεῖν
ἣν ὑμεῖς οὐκ οἴδατε. καὶ οὐκ ἄτοπόν γε λέγειν μὴ μόνον
30 ἀνθρώπους καὶ ἀγγέλους ἐνδεεῖς εἶναι τῶν νοητῶν τροφῶν,
ἀλλὰ καὶ τὸν χριστὸν τοῦ θεοῦ· καὶ αὐτὸς γάρ, ἵν᾽ οὕτως
εἴπω, ἐπισκευάζεται ἀεὶ ἀπὸ τοῦ πατρὸς τοῦ μόνου ἀνενδεοῦς

18 ἔχει   **20** αὐτόν] αὐτοῖς

καὶ αὐτάρκους αὐτῷ. λαμβάνει δὲ τὰ βρώματα ὁ μὲν πολὺς
τῶν μαθητευομένων ἀπὸ τῶν μαθητῶν Ἰησοῦ, κελευομένων
παρατιθέναι τοῖς ὄχλοις· οἱ δὲ τοῦ Ἰησοῦ μαθηταὶ ἀπ’
αὐτοῦ τοῦ Ἰησοῦ, πλὴν ἔσθ’ ὅτε καὶ ἀπὸ ἁγίων ἀγγέλων· ὁ
δὲ υἱὸς τοῦ θεοῦ ἀπὸ τοῦ πατρὸς μόνου λαμβάνει τὰ βρώματα, 5
οὐ διά τινος. οὐκ ἄτοπον δὲ καὶ τὸ ἅγιον πνεῦμα τρέφεσθαι
λέγειν· ζητητέον δὲ λέξιν γραφῆς ὑποβάλλουσαν ἡμῖν τοῦτο.
ὅλον δὲ τὸ μυστήριον τῆς κλήσεως καὶ ἐκλογῆς, τὰ ἐν τῷ
μεγάλῳ δείπνῳ ἐστὶ βρώματα· Ἄνθρωπος γὰρ, φησὶν, ἐποίει
δεῖπνον μέγα, καὶ τῇ ὥρᾳ τοῦ δείπνου ἔπεμψε καλέσαι 10
τοὺς κεκλημένους. καὶ ἀναλεκτέον γε ἀπὸ τῶν εὐαγγελίων
τὰς περὶ δείπνων παραβολάς. ἀλλὰ καὶ διὰ τοῦ Ἡσαΐου
αἱ ἐπαγγελίαι φαγεῖν εἰσι καὶ πιεῖν, λέγοντος· Ἰδοὺ οἱ 245
δουλεύοντές μοι φάγονται, ὑμεῖς δὲ πεινάσετε· ἰδοὺ οἱ
δουλεύοντές μοι πίονται, ὑμεῖς δὲ διψήσετε. ἔτι μὴν ἐν τῇ 15
Γενέσει εἰς τὸν παράδεισον τῆς τρυφῆς τίθεται τὸν ἄνθρωπον
ὁ θεός, νόμους περὶ τοῦ ἐσθίειν τάδε τινὰ καὶ μὴ ἐσθίειν τάδε
διδούς. καὶ ἀθάνατος ἂν ἔμεινεν ὁ ἄνθρωπος, εἰ ἀπὸ παντὸς
ξύλου τοῦ ἐν τῷ παραδείσῳ βρώσει ἤσθιεν, ἀπὸ δὲ τοῦ
ξύλου τοῦ γινώσκειν καλὸν καὶ πονηρὸν μὴ ἤσθιεν. ὅρα καὶ 20
τὰ ἐν εἰκοστῷ πρώτῳ ψαλμῷ λεγόμενα περὶ τῶν προσκυνούν-
των διὰ τὸ βεβρωκέναι· Ἔφαγον γὰρ, φησὶ, καὶ προσεκύ-
νησαν πάντες οἱ πίονες τῆς γῆς· διόπερ· Οὐδὲ λιμοκτονήσει
κύριος ψυχὴν δικαίαν· ἀλλ’ ὅταν ἄδικοι γενώμεθα, ἐξα-
ποστελεῖ λιμὸν ἐπὶ τὴν γῆν, οὐ λιμὸν ἄρτου οὐδὲ δίψαν 25
ὕδατος, ἀλλὰ λιμὸν τοῦ ἀκοῦσαι λόγον κυρίου. ὅσον οὖν
προκόπτομεν κρείττονα καὶ πλείονα φαγόμεθα, ἕως τάχα
φθάσομεν ἐπὶ τὸ τὴν αὐτὴν βρῶσιν φαγεῖν τῷ υἱῷ τοῦ θεοῦ,
ἣν ἐπὶ τοῦ παρόντος οἱ μαθηταὶ οὐκ οἴδασιν. οὐδὲν δὲ εἰς
τὴν λέξιν εἶπεν ὁ Ἡρακλέων. 30

35. Ἔλεγον οὖν οἱ μαθηταὶ πρὸς ἀλλήλους Μή
τις ἤνεγκεν αὐτῷ φαγεῖν; Εἰ καὶ σαρκικῶς ὑπολαμβάνει
ταῦτα λέγεσθαι ὁ Ἡρακλέων ὑπὸ τῶν μαθητῶν, ὡς ἔτι
ταπεινότερον διανοουμένων καὶ τὴν Σαμαρεῖτιν μιμουμένων

cf. Lc ix 16

Lc xiv 16 f.

Is lxv 13

cf. Ge ii 8

cf. Ge ii 16

Ps xxi (xxii)
30
Pr x 3

Am viii 11

Jo iv 33

λέγουσαν· Οὔτε ἄντλημα ἔχεις, καὶ τὸ φρέαρ ἐστὶ βαθύ· Jo iv 11
ἄξιον ἡμᾶς ἰδεῖν μήποτε βλέποντές τι θειότερον οἱ μαθηταί
φασι πρὸς ἀλλήλους· Μή τις ἤνεγκεν αὐτῷ φαγεῖν; τάχα
γὰρ ὑπενόουν ἀγγελικήν τινα δύναμιν ἐνηνοχέναι αὐτῷ
5 φαγεῖν· καὶ εἰκὸς ὅτι διὰ τοῦτο ἐδιδάσκοντο ὅτι μεῖζόν ἐστιν
ὃ εἶχε βρῶμα φαγεῖν, ὅπερ ἦν ποιῆσαι τὸ θέλημα τοῦ cf. Jo iv 34
πέμψαντος αὐτὸν καὶ τελειῶσαι τὸ ἔργον αὐτοῦ.

36. ΛΕΓΕΙ ΑΥΤΟΙϹ ὁ ΙΗϹΟΥϹ ΕΜΟΝ ΒΡΩΜΑ ΕϹΤΙΝ Jo iv 34
ΙΝΑ ΠΟΙΗϹΩ ΤΟ ΘΕΛΗΜΑ ΤΟΥ ΠΕΜΨΑΝΤΟϹ ΜΕ ΚΑΙ ΤΕΛΕΙ-
10 ΩϹΩ ΑΥΤΟΥ ΤΟ ΕΡΓΟΝ. Πρέπουσα βρῶσις τῷ υἱῷ τοῦ
θεοῦ ὅτε ποιητὴς γίνεται τοῦ πατρικοῦ θελήματος, τοῦτο τὸ
θέλειν ἐν ἑαυτῷ ποιῶν ὅπερ ἦν καὶ ἐν τῷ πατρί, ὥστε εἶναι
τὸ θέλημα τοῦ θεοῦ ἐν τῷ θελήματι τοῦ υἱοῦ, καὶ γενέσθαι
τὸ θέλημα τοῦ υἱοῦ ἀπαράλλακτον τοῦ θελήματος τοῦ πατρὸς,
15 εἰς τὸ μηκέτι εἶναι δύο θελήματα ἀλλὰ ἓν θέλημα· ὅπερ ἓν
θέλημα αἴτιον ἦν τοῦ λέγειν τὸν υἱόν· Ἐγὼ καὶ ὁ πατὴρ ἕν Jo x 30
ἐσμεν· καὶ διὰ τοῦτο τὸ θέλημα ὁ ἰδὼν αὐτὸν ἑώρακε τὸν υἱόν, cf. Jo xii 45
ἑώρακε δὲ καὶ τὸν πέμψαντα αὐτόν. καὶ πρέπον γε μᾶλλον
246 οὕτω νοεῖν ἡμᾶς ποιεῖσθαι ὑπὸ τοῦ υἱοῦ τὸ θέλημα τοῦ πατρός,
20 ἀφ᾽ οὗ θελήματος καὶ τὰ ἔξω τοῦ θέλοντος καλῶς ἐγένετο, ἥπερ
μὴ περιεργασαμένους ἡμᾶς τὰ περὶ τοῦ θελήματος νομίζειν
εἶναι τὸ ποιεῖν τὸ θέλημα τοῦ πέμψαντος ἐν τῷ τάδε τινὰ
τὰ ἔξω ποιεῖν. ἐκεῖνο γὰρ, λέγω δὲ τὸ ἔξω τοῦ θέλοντος
γινόμενον χωρὶς τοῦ προειρημένου θελήματος, οὐχ ὅλον μὲν
25 τὸ θέλημα τοῦ πατρός· πᾶν δέ ἐστι τὸ θέλημα τοῦ πατρὸς
ὑπὸ τοῦ υἱοῦ γινόμενον ὅτε τὸ θέλειν τοῦ θεοῦ γενόμενον ἐν
τῷ υἱῷ ποιεῖ ταῦτα ἅπερ βούλεται τὸ θέλημα τοῦ θεοῦ.
μόνος δὲ ὁ υἱὸς πᾶν τὸ θέλημα ποιεῖν χωρήσει τοῦ πατρός·
διόπερ καὶ εἰκὼν αὐτοῦ. ἐπισκεπτέον δὲ καὶ περὶ τοῦ ἁγίου cf. 2 Co iv 4
30 πνεύματος· τὰ δὲ λοιπὰ ἅγια οὐδὲν μὲν ποιήσει παρὰ τὸ
θέλημα τοῦ θεοῦ, καὶ πάντα γε ἃ ποιήσει, ποιήσει κατὰ τὸ

θέλημα τοῦ θεοῦ, οὐ μέντοι γε διαρκεῖ πρὸς τὸ κατὰ τὸ πᾶν
θέλημα τυπωθῆναι. καὶ τόδε γε τὸ ἅγιον παρὰ τόδε τὸ
ἅγιον μεῖζον ἢ πλεῖον ἢ ἐκτυπώτερον συγκρίσει ἑτέρου
χωρήσει ἀπὸ τοῦ πατρικοῦ θελήματος, καὶ πάλιν παρ' ἐκεῖνο
ἔσται τι ἄλλο διαφερόντως χωροῦν· πᾶν δὲ καὶ ὅλον τὸ 5

Jo iv 34

θέλημα τοῦ θεοῦ ποιήσει ὁ εἰπών· <Ἐμὸν> βρῶμά ἐστιν ἵνα
ποιήσω τὸ θέλημα τοῦ θεοῦ τοῦ πέμψαντός με. μετὰ τοῦτο

Jo v 19 f.

γοῦν φησὶν εὐχαρίστως περὶ τοῦ θεοῦ· Οὐ δύναται ὁ υἱὸς
ποιεῖν ἀφ' ἑαυτοῦ οὐδὲν ἐὰν μή τι βλέπῃ τὸν πατέρα
ποιοῦντα· ἃ γὰρ ἐὰν ποιῇ ὁ πατήρ, ταῦτα καὶ ὁ υἱὸς ὁμοίως 10
ποιεῖ. ὁ πατὴρ ἀγαπᾷ τὸν υἱὸν καὶ πάντα δείκνυσιν αὐτῷ ἃ

cf. Col i 15

αὐτὸς ποιεῖ. καὶ τάχα διὰ ταῦτα εἰκών ἐστι τοῦ θεοῦ
τοῦ ἀοράτου· καὶ γὰρ τὸ ἐν αὐτῷ θέλημα εἰκὼν τοῦ πρώτου
θελήματος, καὶ ἡ ἐν αὐτῷ θεότης εἰκὼν τῆς ἀληθινῆς θεότη-

cf. Sap Sol
vii 26
Mc x 18:
Lc xviii 19

τος· εἰκὼν δὲ καὶ τῆς ἀγαθότητος ὢν τοῦ πατρός φησι· 15
Τί με λέγεις ἀγαθόν; καὶ τοῦτό γε τὸ θέλημα βρῶμά ἐστι
τοῦ υἱοῦ ἴδιον αὐτοῦ, δι' ὃ βρῶμά ἐστιν ὅ ἐστιν. ὅτι δὲ τὸ
περὶ τῆς διαθέσεώς ἐστι τὸ θέλημα δηλοῖ ἡ ἐπιφερομένη
λέξις, δεύτερον λέγουσα μετὰ τὴν ποίησιν τοῦ θελήματος τὸ
τελειοῦσθαι τὸ ἔργον τοῦ θεοῦ. 20

37. Ἐπιπλέον δὲ καὶ περὶ τούτου θεωρητέον, ἵν' εἴδω-

Jo iv 34

μεν τί ἐστι καὶ τό· Τελειώσω αὐτοῦ τὸ ἔργον. ὁ μὲν οὖν
τις ἁπλούστερον ἐρεῖ ὅτι τὸ προστεταγμένον ἔργον, ὅπερ
αὐτοῦ ἐστι τοῦ προστάξαντος, ὡς εἰ ἐπὶ παραδειγμάτων
ἐλέγομεν τοὺς οἰκοδομοῦντας ἢ γεωργοῦντας φάσκειν τελειοῦν 25
τὸ ἔργον τοῦ λαβόντος αὐτοὺς ἐπὶ τὸ ἔργον, ἐν τῷ ποιεῖν δι'
ὃ παρελήφθησαν· ὁ δέ τις ἐρεῖ ὅτι εἴπερ τελειοῦται τὸ ἔργον
τοῦ θεοῦ ὑπὸ τοῦ χριστοῦ, δῆλον ὅτι τοῦτο πρὶν τελειωθῆναι 247
ἀτελὲς ἦν· πῶς οὖν ἀτελὲς ἦν, ἔργον τυγχάνον τοῦ θεοῦ; καὶ

Jo xiv 28

πῶς τὸ ἔργον τοῦ θεοῦ τελειοῦται ὑπὸ τοῦ εἰπόντος· Ὁ 30
πατὴρ ὁ πέμψας με μείζων μου ἐστίν; ἡ δὲ τελείωσις τοῦ
ἔργου ἡ τοῦ λογικοῦ τελείωσις ἦν· τοῦτο γὰρ ἦλθεν ἀτελὲς

4 χωρίσει   6 ἐμὸν] om.   8 οὐ] οὐδὲν
22 ὁ] εἰ   24 εἰ] ἡ

ὃν τέλειον ποιῆσαι ὁ γενόμενος σὰρξ λόγος. ἆρ' οὖν ἐκτίσθη cf. Jo i 14
ἀτελὲς τὸ ἔργον, καὶ πέμπεται ὁ σωτὴρ τὸ ἀτελὲς τελειῶσαι;
καὶ πῶς οὐκ ἄτοπον τὸν μὲν πατέρα ἀτελοῦς ποιητὴν γεγο-
νέναι, τὸν δὲ σωτῆρα τὸ ἀτελὲς τετελειωκέναι, κτισθὲν
5 ἀτελές; ἡγοῦμαι δὴ ἐν τοῖς τόποις βαθύτερόν τι ἐναπο-
κεῖσθαι μυστήριον· τάχα γὰρ οὐ πάντη ἀτελὲς τὸ λογικὸν ἦν
ἅμα τῷ τεθεῖσθαι ἐν τῷ παραδείσῳ. πῶς γὰρ ἂν τὸ πάντη cf. Ge ii 15
ἀτελὲς ἐτίθετο ὁ θεὸς ἐν τῷ παραδείσῳ ἐργάζεσθαι αὐτὸν καὶ
φυλάσσειν; ὁ γὰρ δυνάμενος ἐργάζεσθαι ξύλον ζωῆς, καὶ
10 πάντα δὲ ἃ ἐφύτευσεν ὁ θεὸς καὶ μετὰ ταῦτα ἐξανέτειλεν, cf. Ge ii 9
οὐκ ἂν εὐλόγως λέγοιτο ἀτελές. μήποτε οὖν τέλειος ὢν
πως ἀτελὴς διὰ τὴν παρακοὴν [ὢν] γέγονε, καὶ ἐδεήθη τοῦ
τελειώσοντος αὐτὸν ἀπὸ τῆς ἀτελείας, καὶ διὰ τοῦτο ἐπέμφθη
ὁ σωτήρ, πρῶτον μὲν ἵνα ποιήσῃ τὸ θέλημα τοῦ πέμψαντος cf. Jo iv 34
15 αὐτὸν, ἐργάτης αὐτοῦ καὶ ἐνταῦθα γενόμενος, δεύτερον δὲ ἵνα
τελειώσῃ τὸ ἔργον τοῦ θεοῦ, καὶ ἕκαστος τετελειωμένος
οἰκειωθῇ τῇ στερεᾷ τροφῇ καὶ τῇ σοφίᾳ συνῇ. Τελείων δέ He v 14
ἐστιν ἡ στερεὰ τροφή, τῶν διὰ τὴν ἕξιν τὰ αἰσθητήρια
γεγυμνασμένα ἐχόντων πρὸς διάκρισιν καλοῦ τε καὶ κακοῦ.
20 καὶ ὁ λαλῶν σοφίαν φησί· Σοφίαν δὲ λαλοῦμεν ἐν τοῖς 1 Co ii 6
τελείοις. καὶ ὅταν ἕκαστος ἡμῶν, ἔργον θεοῦ, ὑπὸ Ἰησοῦ
τελειωθῇ, ἐρεῖ· Τὸν ἀγῶνα τὸν καλὸν ἠγώνισμαι, τὸν δρόμον 2 Tim iv 7 f.
τετέλεκα, τὴν πίστιν τετήρηκα· λοιπὸν ἀπόκειταί μοι ὁ τῆς
δικαιοσύνης στέφανος. οὐ μόνος δὲ ὁ ἄνθρωπος ἐξέπεσεν ἐκ
25 τελείου ἐπὶ τὸ ἀτελές, ἀλλὰ καὶ ἰδόντες οἱ υἱοὶ τοῦ θεοῦ τὰς Ge vi 2
θυγατέρας τῶν ἀνθρώπων ὅτι καλαί εἰσι καὶ λαβόντες
ἑαυτοῖς ἀπὸ πασῶν ὧν ἐξελέξαντο, καὶ ἀπαξαπλῶς πάντες οἱ
ἀπολείποντες τὸ ἴδιον οἰκητήριον καὶ μὴ τηρήσαντες τὴν Jud 6
ἑαυτῶν ἀρχήν. ἀρχὴν δὲ λέγω οὐ τὴν παραβαλλομένην
30 ἐξουσίᾳ ἀλλὰ τὴν ἀντιδιαστελλομένην τέλει καὶ παρακει-
μένην πρώτῳ, ἵν' ὥσπερ τῷ ἀνθρώπῳ ἡ ἀρχή τις τοῦ εἶναι ἐν
τῷ παραδείσῳ ἦν, τὸ τέλος διὰ τὴν παράβασιν τάχα ἐν ᾅδου

2 τελειώσει   30 post ἀλλὰ] ins. διὰ   ἀντιδιαστελομενην

κάτω ἢ τινι τοιούτῳ χωρίῳ, οὕτω καὶ ἑκάστῳ τῶν ἀποπεπτω-
κότων οἰκεία τις ἀρχὴ τυγχάνῃ δεδομένη. τελειῶν μέντοι γε
ὁ Ἰησοῦς τὸ ἔργον τοῦ θεοῦ, λέγω δὲ πᾶν τὸ λογικὸν καὶ οὐ 248
τὸν ἄνθρωπον μόνον, κατὰ τὸν αὐτὸν τρόπον αὐτὸ τελειοῖ·
τὰ μὲν γὰρ μακαριώτερα πειθόμενα λόγῳ, μὴ δεηθέντα 5
πόνου, μόνῳ τελειοῦται τῷ λόγῳ· ἕτερα δέ, ἀπειθήσαντα τῷ
λόγῳ, χρῄζει πόνων ἵνα μετὰ τοὺς πόνους λόγοις προσα-
χθέντα ὕστερόν ποτε τούτοις τελειωθῇ. πλὴν ἀμφότερα
ταῦτα ἓν βρῶμά ἐστιν ἴδιον Ἰησοῦ, τό τε ποιῆσαι τὸ θέλημα
τοῦ πέμψαντος αὐτὸν πατρός, καὶ τὸ τελειῶσαι τὸ ἔργον 10
αὐτοῦ.

Jo iv 34

38. Ὁ δὲ Ἡρακλέων διὰ τοῦ· Ἐμὸν βρῶμά ἐστιν
ἵνα ποιήσω τὸ θέλημα τοῦ πέμψαντός με· φησὶ διηγεῖσθαι
τὸν σωτῆρα τοῖς μαθηταῖς, ὅτι τοῦτο ἦν ὃ συνεζήτει μετὰ
τῆς γυναικός, βρῶμα ἴδιον λέγων τὸ θέλημα τοῦ πατρός· 15
τοῦτο γὰρ αὐτοῦ τροφὴ καὶ ἀνάπαυσις καὶ δύναμις ἦν.
θέλημα δὲ πατρὸς ἔλεγεν εἶναι τὸ γνῶναι ἀνθρώπους τὸν
πατέρα καὶ σωθῆναι, ὅπερ ἦν ἔργον τοῦ σωτῆρος, τοῦ ἕνεκα
τούτου ἀπεσταλμένου εἰς Σαμάρειαν, τουτέστιν εἰς τὸν
κόσμον. βρῶμα οὖν αὐτὸ ἐξείληφε τοῦ Ἰησοῦ καὶ τὴν 20
μετὰ τῆς Σαμαρείτιδος συζήτησιν, ὅπερ νομίζω σαφῶς
παντί τῳ ὁρᾶσθαι καὶ ταπεινῶς ἐξειλῆφθαι καὶ βεβιασμένως.
πῶς δὲ τροφὴ τοῦ σωτῆρος τὸ θέλημα τοῦ πατρὸς σαφῶς οὐ
παρέστησε· πῶς δὲ καὶ ἀνάπαυσις τὸ θέλημα τοῦ πατρός;
λέγει γὰρ ὁ κύριος ἀλλαχοῦ, ὡς οὐ παντὸς τοῦ πατρικοῦ 25

Mt xxvi 39

θελήματος ἀναπαύσεως αὐτοῦ ὄντος· Πάτερ, εἰ δυνατόν,
παρελθάτω τὸ ποτήριον ἀπ' ἐμοῦ· πλὴν οὐ τί ἐγὼ θέλω,
ἀλλὰ τί σύ. πόθεν δὲ καὶ ὅτι δύναμις τοῦ σωτῆρος τὸ
θέλημα τοῦ θεοῦ;

Jo iv 35

39. Οὐχ ὑμεῖς λέγετε ὅτι ἔτι τετράμηνός ἐστι καὶ 30
ὁ θερισμὸς ἔρχεται; ἰδοὺ λέγω ὑμῖν Ἐπάρατε τοὺς
ὀφθαλμοὺς ὑμῶν καὶ θεάσασθε τὰς χώρας ὅτι λευκαί

5 μακαρωτερα πειθομενοι   20 αὐτὸ] αὐτὸν
21 τῆς] τὴν   28 σύ] σοι   δύναμεις

εἰςι πρὸς θεριςμὸν ἤΔΗ. Πρὸς τοὺς ὑπολαμβάνοντας
ἁπλούστερον καὶ σωματικώτερον εἰρῆσθαι τό· Οὐχ ὑμεῖς
λέγετε ὅτι τετράμηνός ἐστι καὶ ὁ θερισμὸς ἔρχεται; ταῦτα
ἐπαπορητέον, ἵνα πεισθῶσι νοητὰ πολλάκις γυμνὰ αἰσθητῶν
5 καὶ σωματικῶν λελαληκέναι τὸν σωτῆρα. εἴπερ γὰρ ὁ
καιρὸς ὅτε ταῦτα ἔλεγεν Ἰησοῦς ὁ πρὸ τετραμήνου τοῦ
θερισμοῦ ἦν, δῆλον ὅτι χειμὼν ἦν. θερισμὸς οὖν ἐν τῇ
Ἰουδαίᾳ ἄρχεται γίνεσθαι περὶ τὸν παρ᾽ Ἑβραίοις καλού-
μενον Νίσαν μῆνα, ὅτε ἄγεται τὸ πάσχα, ὡς ἐνίοτε τὰ
10 ἄζυμα ἀπὸ νέου σίτου αὐτοὺς ποιεῖν. ἀλλ᾽ ἔστω μὴ κατ᾽
ἐκεῖνον τὸν μῆνα εἶναι τὸν θερισμὸν, ἀλλὰ κατὰ τὸν ἑξῆς
249 ἐκείνῳ τὸν καλούμενον παρ᾽ αὐτοῖς Ἰάρ. καὶ οὕτως ὁ πρὸ
τετραμήνου καιρὸς ἐκείνου τοῦ μηνὸς ἀκμαῖός ἐστι χειμών.
ἐπὰν οὖν δείξωμεν ὅτι ὅτε ἔλεγε ταῦτα ὁ περὶ τὸν θερισμὸν
15 καιρὸς ἦν ἤτοι ἀκμάζοντα ἢ ἐγγύς που τοῦ λήγειν ὄντα,
ἀποδεδειγμένον ἡμῖν ἔσται τὸ προκείμενον. τηρητέον δὴ
ὅτι μετὰ τὴν ἐν τῇ Κανᾷ τῆς Γαλιλαίας περὶ τὸ μεταβεβλη- cf. Jo ii 1 ff.
κὸς εἰς οἶνον ὕδωρ οἰκονομίαν καταβεβηκέναι λέγεται ὁ
κύριος εἰς Καφαρναοὺμ αὐτὸς καὶ ἡ μήτηρ αὐτοῦ καὶ οἱ Jo ii 12—15
20 ἀδελφοὶ καὶ οἱ μαθηταὶ, ἔνθα ἔμεινεν οὐ πολλὰς ἡμέρας· καὶ
ἐγγὺς ἦν τὸ πάσχα τῶν Ἰουδαίων, καὶ ἀνέβη εἰς Ἱεροσό-
λυμα ὁ Ἰησοῦς· ὅτε εὗρεν ἐν τῷ ἱερῷ τοὺς πωλοῦντας βόας
καὶ πρόβατα καὶ περιστερὰς καὶ τὰ λοιπὰ τῶν ἀναγεγραμ-
μένων, καὶ ποιήσας φραγέλλιον ἐκ σχοινίων πάντας ἐξέβαλεν
25 ἐκ τοῦ ἱεροῦ. καὶ εἰπών τινα πρὸς τὸν Νικόδημον μετὰ ταῦτα cf. Jo iii 1 ff.
ἦλθεν αὐτὸς καὶ οἱ μαθηταὶ αὐτοῦ εἰς τὴν Ἰουδαίαν γῆν. καὶ Jo iii 22
ἐκεῖ διέτριβε μετ᾽ αὐτῶν καὶ ἐβάπτιζε. πόσον δὴ θήσομεν
αὐτὸν διατετριφέναι ἐν τῇ Ἰουδαίᾳ χρόνον βαπτίζοντα μετὰ
τὸ πάσχα; οὐ γὰρ σαφῶς γέγραπται. καὶ φαίνεται διὰ τὸ
30 ἐγνωκέναι τοὺς Φαρισαίους ὅτι Ἰησοῦς πλείονας μαθητὰς cf. Jo iv 1
ποιεῖ καὶ βαπτίζει ἢ Ἰωάννης ἀφιεὶς τὴν Ἰουδαίαν καὶ

8 ἄρχεσθαι   12 Ἰάρ] εἰ γάρ   15 ἀκμάζοντα] ἀκ...οντα
17 κανανά   24 om. καί   31 ἤ] om. ut videtur

B.   19

cf. Jo iv 3 ff. ἀπερχόμενος εἰς τὴν Γαλιλαίαν, ὅτε ἔδει αὐτὸν διέρχεσθαι
διὰ τῆς Σαμαρείας, καὶ γενόμενος παρὰ τῇ πηγῇ τοῦ Ἰακὼβ
Jo iv 35 　φησὶ τό· Οὐχ ὑμεῖς λέγετε ὅτι τετράμηνός ἐστι καὶ ὁ
θερισμὸς ἔρχεται; ἐὰν δέ τις ὑπονοῇ μετὰ τὸ πάσχα
πλειόνων μηνῶν χρόνον διατετριφέναι ἐν τῇ Ἰουδαίᾳ τὸν 5
cf. Jo iv 2 　Ἰησοῦν βαπτίζοντα μετὰ τῶν μαθητῶν αὐτοῦ, ὥστε ἐνε-
στηκέναι ἤδη τὸν πρὸ τετραμήνου τοῦ θερισμοῦ καιρόν,
cf. Jo iv 40 παραθετέον αὐτῷ ὅτι δύο ἡμέρας μείνας ἐκεῖ παρὰ τοῖς
Σαμαρεῦσι, μετὰ ταῦτα ἐξῆλθεν εἰς τὴν Γαλιλαίαν, καὶ
ἀναγέγραπται, ὡς νεωστὶ τοῦ πάσχα προγεγενημένου καὶ 10
Jo iv 45 　τῶν ἐν Ἱεροσολύμοις πεπραγμένων αὐτῷ, ὅτι· Ὅτε ἦλθεν εἰς
τὴν Γαλιλαίαν, ἐδέξαντο αὐτὸν οἱ Γαλιλαῖοι, πάντα ἑωρακό-
τες ὅσα ἐποίησεν ἐν Ἱεροσολύμοις ἐν τῇ ἑορτῇ, καὶ αὐτοὶ
γὰρ ἦλθον εἰς τὴν ἑορτήν. ἀλλ᾽ εἰκὸς ὅτι ἐρεῖ τις πρὸς
ταῦτα οὐδὲν λυπεῖν πλείονα αὐτὸν διατρίψαντα ἐν τῇ Ἰου- 15
δαίᾳ χρόνον ἐληλυθέναι ἐπὶ τὴν πηγὴν τοῦ Ἰακώβ, ἀπιόντα
εἰς τὴν Γαλιλαίαν ὅτε Ἔτι τετράμηνος, εἶπεν, εἰς τὸν
θερισμόν· καὶ οὐδὲν ἄτοπόν ἐστι τοὺς Γαλιλαίους διὰ τὰ
πρὸ ἡ´ μηνῶν αὐτῷ γενόμενα ἐν Ἱεροσολύμοις παραδέ-
χεσθαι αὐτόν. λεκτέον δὲ πρὸς αὐτοὺς ὅτι παραγενόμενος 250
cf. Jo iv 46 εἰς τὴν Γαλιλαίαν ἦλθεν εἰς τὴν Κανᾶ τῆς Γαλιλαίας, ὅπου
πρότερον πεποίηκε τὸ ὕδωρ οἶνον, ἔνθα καὶ τὸν τοῦ βασιλι-
κοῦ υἱὸν νοσοῦντα ἐν τῇ Καφαρναοὺμ, εἰπὼν τῷ πατρὶ
Jo iv 53　 αὐτοῦ· Ὁ υἱός σου ζῇ· ἐθεράπευσε, καί· Μετὰ ταῦτα ἦν
Jo v 1　 ἑορτὴ τῶν Ἰουδαίων, καὶ ἀνέβη ὁ Ἰησοῦς εἰς Ἱεροσόλυμα· 25
cf. Jo v 5 　ὅτε τὸν τριάκοντα ὀκτὼ ἔτη ἔχοντα ἐν τῇ ἀσθενείᾳ παραλυ-
τικὸν ἐθεράπευσεν. ἐὰν δὲ αὕτη ἡ ἑορτὴ τοῦ πάσχα ἦν, οὐ
πρόσκειται τὸ ὄνομα αὐτῆς· στενοχωρεῖ τε τὸ ἀκόλουθον τῆς
Jo vii 2 　ἱστορίας, καὶ μάλιστα ἐπεὶ μετ᾽ ὀλίγα ἐπιφέρεται ὅτι Ἦν
ἐγγὺς ἡ ἑορτὴ τῶν Ἰουδαίων, ἡ σκηνοπηγία. 30

40. Τούτων δὴ ἐπιπλεῖον ἐξεταζομένων ἀκόλουθόν ἐστι
τῷ βαθύτερον ἐνορῶντι τῷ νῷ τῶν γραφῶν ζητεῖν τί νοῶν

2 παρὰ] περί 　3 post ὅτι] ins. ἔτι intra lin. 　5 χρόνον] om.
11 post ὅτε] ins. ἦν 　12 ἑορακότες 　19 πρὸ ἡ´] πρώην

τοῖς μαθηταῖς ἔλεγεν ὁ Ἰησοῦς τό· Οὐχ ὑμεῖς λέγετε ὅτι Jo iv 35
τετράμηνός ἐστι καὶ ὁ θερισμὸς ἔρχεται; ἰδοὺ λέγω ὑμῖν
Ἐπάρατε τοὺς ὀφθαλμοὺς ὑμῶν καὶ θεάσασθε τὰς χώρας
ὅτι λευκαί εἰσι πρὸς θερισμὸν ἤδη· ὥσπερ δὲ ἐλέγομεν ἐπὶ
5 τῶν κατὰ τὴν Σαμαρεῖτιν τὰ περὶ τῶν ὑδάτων ἐξετάζοντες,
οὕτω καὶ ἐνθάδε ποιήσωμεν. τίς γὰρ οὐκ ἂν ὁμολογήσαι
τό· Ἐπάρατε τοὺς ὀφθαλμοὺς ὑμῶν καὶ θεάσασθε τὰς χώρας
ὅτι λευκαί εἰσι πρὸς θερισμὸν ἤδη· πνευματικὸν εἶναι καὶ
γυμνὸν αἰσθητῶν πνευματικόν; ᾧ ἀκόλουθον ἂν εἴη καὶ τὸ
10 τοὺς μαθητὰς λέγειν μετὰ τετράμηνον ἔσεσθαι τὸν θερισμὸν
τὸν σύγκριτον, ὅσον ἐπὶ τῇ ὑπονοίᾳ αὐτῶν, τῷ ὑπὸ τοῦ
Ἰησοῦ δεικνυμένῳ θερισμῷ. νομίζομεν οὖν τοιαῦτά τινα
εἶναι ἐν τῷ τοὺς μαθητὰς λέγειν ὅτι Τετράμηνός ἐστι καὶ ὁ
θερισμὸς ἔρχεται. οἱ πλεῖστοι τῶν τοῦ λόγου μαθητῶν,
15 ἐννοοῦντες δυσέφικτον εἶναι τῇ ἀνθρωπίνῃ φύσει τὴν
ἀλήθειαν, ὅτε διειλήφασι περὶ ἑτέρας παρὰ τὴν ἐνεστηκυῖαν
ζωὴν ζωῆς, ἀπαυδήσαντες ἐπὶ τοῦ παρόντος πρὸς τὸ περὶ τῶν
ζητουμένων τέλος, ὑπολαμβάνουσι μετὰ τὴν πρὸς τὰ δ τῶν
στοιχείων συγγένειαν ὑπερβάντες ταῦτα καταλήψεσθαι τὴν
20 ἀλήθειαν. φασὶν οὖν κατὰ τὴν τοῦ κυρίου φωνὴν οἱ μαθηταὶ
περὶ τοῦ θερισμοῦ, ὅστις ἐστὶν ἡ συντέλεια τῶν συγκομιστῶν
τῆς ἀληθείας ἔργων, ὅτι μετὰ τὴν ἐνεστηκυῖαν τετράδα
γίνεται. τὸ δὲ τῶν μηνῶν ὄνομα πρὸς τὸ πρέπον τῷ περὶ
τοῦ θερισμοῦ λόγῳ σωματικῷ εἴληπται. οὐ γὰρ ἐχρῆν φά-
25 σκειν τό· οὐχ ὑμεῖς λέγετε ὅτι Ἔτι τέσσαρες ἡμέραι καὶ
ὁ θερισμὸς ἔρχεται· ἤ· ἔτι τέσσαρα ἔτη καὶ ὁ θερισμὸς
51 ἔρχεται; μάλιστα ἐπεὶ καὶ τοὺς πολλοὺς καὶ σωματικωτέρους
λανθάνειν ὁ λόγος βούλεται, κρύπτων μὲν τὸ μυστικόν,
ἐμφαίνων δὲ τὸ ἁπλούστερον εἰς τὸ σαφεῖς εἶναι νομίζεσθαι
30 τοὺς ἀπαγγελλομένους ὑπὸ τοῦ σωτῆρος λόγους. ἢ τάχα τὸ
τῶν μαθητῶν βούλημα λεγόντων· Ἔτι τετράμηνός ἐστι καὶ
ὁ θερισμὸς ἔρχεται· τοιοῦτόν ἐστιν· τέσσαρές εἰσι σφαῖραι

2 ὁ θερισμὸς] ὁρισμὸς   11 ἀπονοίᾳ   τῷ] τῶν
24 λόγῳ] λέγω

τῶν δ' στοιχείων, αἱ ὑποκείμεναι τῇ αἰθερίῳ φύσει, ἐν μέσῳ
μὲν καὶ κατωτάτω ἡ τῆς γῆς, περὶ αὐτὴν δὲ ἡ τοῦ ὕδατος, καὶ
τρίτη ἡ τοῦ ἀέρος, τετάρτη δὲ ἡ τοῦ πυρός, μεθ' ἣν ἡ τῆς
σελήνης, καὶ ἑξῆς. καὶ ἐπιστήσωμεν μήποτε ὑπολαμ-
βάνουσιν οἱ μαθηταὶ πρὸς τῇ καθαρωτέρα οὐσίᾳ γενομένους 5
τοὺς ἐντεῦθεν παρεσκευασμένους καταλήψεσθαι τὸ ἀληθὲς,
ὅταν καὶ τὴν τοῦ πυρός τις δύναται σφαῖραν, μὴ καταφθαρεὶς
ὑπὸ τῆς ἁμαρτίας, ἥτις ἐστὶν ὕλη τοῦ παντὸς ἐν τοῖς πρὸ τῆς
......αἰθερίους τόπους......χωρίοις. ταύτην δὲ τὴν ὑπόλη-
cf. Jo i 14
ψιν διελέγχων ὡς οὐχ ὑγιῆ φησιν ὁ γενόμενος σὰρξ λόγος 10
Jo iv 35
τοῖς ταῦτα νομίζουσι τό· Οὐχ ὑμεῖς λέγετε ὅτι Τετράμηνός
ἐστι καὶ ὁ θερισμὸς ἔρχεται; ἰδοὺ λέγω ὑμῖν Ἐπάρατε τοὺς
ὀφθαλμοὺς ὑμῶν καὶ θεάσασθε τὰς χώρας ὅτι λευκαί εἰσι
πρὸς θερισμὸν ἤδη. καὶ γὰρ ἀδιανόητον ἡμῖν φαίνεται μὴ
περὶ ἑνὸς αὐτὸν ἐν τούτοις πᾶσι διαλαμβάνειν θερισμοῦ, 15
ἐπείπερ κατὰ τοὺς ἁπλούστερον ἐκδεχομένους ἀληθὲς λέ-
γουσιν ἐπιπλήξει τοῖς μαθηταῖς, νομίζουσιν, ὡς οἴονται, μετὰ
τετράμηνον ἔρχεσθαι τὸν θερισμόν, ὅντινα ἐν τοῖς πρὸ τούτων
παρεστήσαμεν μὴ πάνυ τι δύνασθαι μετὰ τετράμηνον ἐνστή-
σεσθαι. ἄλλως τε καὶ οἱονεὶ τὴν ὑπόνοιαν τῶν μαθητῶν 20
διορθούμενός φησι τό· οὐχ ὑμεῖς μὲν τόδε λέγετε; ἐγὼ δὲ
τόδε φημί. πρὸς τούτοις πῶς οὐκ ἄτοπον τὸ μέν· Ἐπάρατε
τοὺς ὀφθαλμοὺς ὑμῶν· κατὰ πάντα ἀλληγορῆσαι σαφῶς, καὶ
τό· Θεάσασθε τὰς χώρας ὅτι λευκαί εἰσι πρὸς θερισμὸν
ἤδη· τὸ δὲ πρὸ τοῦ...........ἐρχόμενον τοῦτο· Οὐχ ὑμεῖς 25
λέγετε ὅτι Ἔτι τετράμηνός ἐστι, καὶ ὁ θερισμὸς ἔρχεται· μὴ
ἀλληγορικῶς ἐκλαβεῖν;

41. Καὶ ὁ Ἡρακλέων μέντοι γε ὁμοίως τοῖς πολλοῖς
ἐπὶ τῆς λέξεως ἔμεινε, μὴ οἰόμενος αὐτὴν ἀνάγεσθαι. φησὶ
γοῦν ὅτι τὸν τῶν γενημάτων λέγει θερισμόν, ὡς τούτου μὲν 30
ἔτι διωρίαν ἔχοντος τετράμηνον, τοῦ δὲ θερισμοῦ οὗ αὐτὸς
ἔλεγεν ἤδη ἐνεστῶτος. καὶ τὸν θερισμὸν δὲ οὐκ οἶδ' ὅπως 252

2 ἡ 1°] om.   5 τῇ] τὸ   23 ἀλληγορι   25 forsan
legendum πρὸ τούτων συνεχῶς ἐχόμενον

ἐπὶ τῆς ψυχῆς ἐξείληφε τῶν πιστευόντων, λέγων ὅτι ἤδη
ἀκμαῖοι καὶ ἕτοιμοί εἰσι πρὸς θερισμόν, καὶ ἐπιτήδειοι πρὸς
τὸ συναχθῆναι εἰς ἀποθήκην, τοῦτ᾽ ἐστι διὰ πίστεως εἰς
ἀνάπαυσιν, ὅσαι γε ἕτοιμοι, οὐ γὰρ πᾶσαι· αἱ μὲν γὰρ ἤδη
5 ἕτοιμοι ἦσαν, φησίν, αἱ δὲ ἔμελλον, αἱ δὲ μέλλουσιν, αἱ δὲ
ἐπισπείρονται ἤδη. ταῦτα μὲν οὖν ἐκεῖνος εἶπε. πῶς δὲ οἱ   cf. Jo iv 35
μαθηταὶ ἐπαίροντες τοὺς ὀφθαλμοὺς δύνανται βλέπειν τὰς
ψυχὰς ἤδη ἐπιτηδείους οὔσας πρὸς τό, ὡς οἴεται, εἰς ἀπο-
θήκην εἰσαχθῆναι, οὐκ οἶδα εἰ δύναται παραστῆσαι· καὶ ἔτι
10 γε πῶς ἐπὶ τῶν ψυχῶν ἀληθὲς τό· Ἄλλος ὁ σπείρων, καὶ   Jo iv 37 f.
ἄλλος θερίζων· καί· Ἀπέστειλα ὑμᾶς θερίζειν ὃ οὐχ ὑμεῖς
κεκοπιάκατε. τίνα δὲ τρόπον τό· Ἄλλοι κεκοπιάκασι, καὶ
ὑμεῖς εἰς τὸν κόπον αὐτῶν εἰσεληλύθατε· δυνατόν ἐστι παρα-
δέξασθαι ἐπὶ τῆς ψυχῆς; ἡμεῖς οὖν θερισμὸν συναγομένου   cf. Jo iv 36
15 καρποῦ εἰς ζωὴν αἰώνιον ἐκλαμβάνομεν κατὰ τὴν τελείωσιν
τοῦ σπερματικῶς ἐγκειμένου κατὰ τὰς ἐννοίας ἡμῖν λόγου,
ἀπὸ γεωργίας πλείονος τετελειωμένου. πῶς δὲ ὑπὸ ἄλλου
σπείρεται καὶ ὑπὸ ἄλλου θερίζεται ἐν τοῖς ἑξῆς διαληψόμεθα.

42. Ἰδοὺ λέγω ὑμῖν Ἐπάρατε τοὺς ὀφθαλμοὺς   Jo iv 35
20 ὑμῶν, καὶ θεάσασθε τὰς χώρας, ὅτι λευκαί εἰσι πρὸς
θερισμὸν ἤδη. Πολλαχοῦ τῆς γραφῆς κεῖται τό· Ἐπά-
ρατε τοὺς ὀφθαλμοὺς ὑμῶν· προτρεπομένου ἡμᾶς τοῦ θείου
λόγου ὑψοῦν καὶ ἐπαίρειν τὰ φρονήματα, καὶ τὸ διορατικόν,
κάτω που κείμενον καὶ συγκύπτον μὴ δυνάμενόν τε ἀνακύψαι   cf. Lc xiii 11
25 εἰς τὸ παντελές, μετεωρίσαι· ὥσπερ ἐν Ἡσαΐᾳ· Ἐπάρατε εἰς   Is xl 26
ὕψος τοὺς ὀφθαλμοὺς ὑμῶν καὶ ἴδετε· τίς κατέδειξε ταῦτα
πάντα; καὶ ὁ σωτὴρ δὲ ὅτε μέλλει τοῖς ἐν πεδίῳ συναχθεῖσι
λέγειν τοὺς μακαρισμούς, ἐπάρας τοὺς ὀφθαλμοὺς αὐτοῦ   cf. Lc vi 20
πρὸς τοὺς μαθητὰς λέγει τό· μακάριοι οἵδε καὶ οἵδε· οὐδεὶς
30 γὰρ γνήσιος Ἰησοῦ μαθητὴς κάτω ἐστίν, ὡς οὐδὲ ὁ ἀνα-
παυόμενος ἐν τοῖς τοῦ Ἀβραὰμ κόλποις. ὁ γοῦν πλούσιος   cf. Lc xvi 23
ὑπάρχων ἐν βασάνοις ἐπάρας τοὺς ὀφθαλμοὺς βλέπει τὸν

32 βασάνοις] βασιλείοις   βλέπειν

Ἀβραὰμ, καὶ τὸν Λάζαρον ἐν τοῖς κόλποις αὐτοῦ. πρὸς

cf. Lc xiii 11 τούτοις ἡ συγκύπτουσα καὶ μὴ δυναμένη ἀνακύψαι εἰς τὸ
παντελὲς, Ἰησοῦ αὐτὴν ἀνορθώσαντος ἀποτίθεται τὸ συγκύ-
πτειν καὶ τὸ μὴ δύνασθαι ἀνακύπτειν ἵνα ἐπάρῃ τοὺς ὀφθαλ-
μούς. καὶ οὐδείς γε ἐν πάθεσιν ὢν καὶ τῇ σαρκὶ προστετη- 5
κὼς, ἢ τοῖς ὑλικοῖς ἐμπεφυρμένος, ἐτήρησε τὴν λέγουσαν
Jo iv 35 ἐντολήν· Ἐπάρατε τοὺς ὀφθαλμοὺς ὑμῶν· διόπερ ὁ τοιοῦτος
οὐδὲ θεάσεται τὰς χώρας κἂν ὦσι λευκαὶ πρὸς θερισμὸν ἤδη. 253
ἔτι δὲ οὐδεὶς ἐργαζόμενος τὰ ἔργα τῆς σαρκὸς ἐπῆρε τοὺς
ὀφθαλμούς. λευκαὶ δὲ αἱ χώραι πρὸς θερισμὸν ἤδη εἰσὶν 10
ὅτε πάρεστιν ὁ τοῦ θεοῦ λόγος σαφηνίζων καὶ φωτίζων
πάσας τὰς χώρας τῆς γραφῆς, πληρουμένης ἐν τῇ ἐπιδημίᾳ
αὐτοῦ. τάχα δὲ καὶ πάντα τὰ αἰσθητὰ μέχρι γε αὐτοῦ τοῦ
οὐρανοῦ καὶ τῶν ἐν αὐτῷ αἱ λευκαί εἰσι χῶραι, ἕτοιμοι πρὸς
θερισμὸν τοῖς ἐπαίρουσι τοὺς ὀφθαλμούς, σαφῶς παριστα- 15
μένου τοῦ περὶ ἑκάστου λόγου τοῖς ἀνειληφόσιν, ἐκ τοῦ τὴν
cf. 2 Co iii 18 αὐτὴν εἰκόνα μεταμορφοῦσθαι ἀπὸ δόξης εἰς δόξαν, ὀφθαλ-
μῶν ὁμοίωμα τῶν ἑωρακότων πῶς ἕκαστον τῶν γενομένων
Ge i 10 καλὸν ἦν· τὸ γάρ· Εἶδεν ὁ θεὸς, καθ᾽ ἕκαστον τῶν κτισμάτων
λεγόμενον, ὅτι καλόν· τοιοῦτόν ἐστιν, ὅτι ἐνεῖδεν ὁ θεὸς 20
τοῖς λόγοις ἑκάστου, καὶ εἶδε πῶς καθ᾽ οὓς γέγονεν ἕκαστον
τῶν κτισμάτων λόγους ἐστὶ καλόν. εἰ δὲ μὴ οὕτως τις
παραδέχεται τό· Εἶδεν ὁ θεὸς ὅτι καλόν· διηγησάσθω πῶς
Ge i 20 ἐν τῷ· Ἐξαγαγέτω τὰ ὕδατα ἑρπετὰ ψυχῶν ζωσῶν, καὶ
πετεινὰ πετόμενα ἐπὶ τῆς γῆς κατὰ τὸ στερέωμα τοῦ οὐρανοῦ· 25
σώζεται τό· Εἶδεν ὁ θεὸς ὅτι καλόν· καὶ μάλιστα ἐπεί·
cf. Ge i 21 Ἐποίησεν ὁ θεὸς τὰ κήτη τὰ μεγάλα. ἀλλὰ ὁ λόγος ὁ περὶ
ἑκάστου τούτων ἐστὶν ὁραθεὶς θεῷ τὸ καλόν. τὰ δ᾽ αὐτὰ
Ge i 24 καὶ περὶ τοῦ· Ἐξαγαγέτω ἡ γῆ ψυχὴν ζῶσαν κατὰ γένος·
τετράποδα καὶ ἑρπετὰ καὶ θηρία τῆς γῆς κατὰ γένος· λεκτέον, 30
Ge i 25 οἷς καὶ ἐπιφέρεται τό· Εἶδεν ὁ θεὸς, ὅτι καλόν. πῶς γὰρ
καλὸν τὰ θηρία καὶ τὰ ἑρπετά. εἰ μὴ ἄρα ὁ λόγος ὁ περὶ

3 τὸ] τὰ

αὐτῶν ἐστι τὸ καλόν; ταῦτα δ' ἡμῖν λέγεται διὰ τό· Ἐπάρατε Jo iv 35
τοὺς ὀφθαλμοὺς ὑμῶν καὶ θεάσασθε τὰς χώρας ὅτι λευκαί
εἰσι πρὸς θερισμὸν ἤδη· προτρέποντος τοῦ παρόντος τοῖς
μαθηταῖς λόγου τοὺς ἀκροατὰς ἐπαίρειν τοὺς ὀφθαλμοὺς ἐπί
5 τε τὰς χώρας τῆς γραφῆς καὶ ἐπὶ τὰς χώρας τοῦ ἐν ἑκάστῳ
τῶν ὄντων λόγου, ἵνα τὴν λευκότητα καὶ τὴν λαμπρότητα
θεάσηταί τις τοῦ τῆς ἀληθείας πανταχοῦ φωτός· Πάντα γὰρ Pr viii 9
ἐνώπιον τοῖς νοοῦσι, κατὰ τὸν Σολομῶντα, ὀρθὰ δὲ τοῖς
βουλομένοις ἀπονείμασθαι αἴσθησιν.

10   43. Ὁ θερίζων μιϲθὸν λαμβάνει, καὶ ϲυνάγει καρ- Jo iv 36
πὸν εἰϲ ζωὴν αἰώνιον, ἵνα ὁ ϲπείρων ὁμοῦ χαίρῃ καὶ ὁ
θερίζων. Ποσαχῶς ὁ θερισμὸς ἐν τῇ γραφῇ λέγεται καὶ
ἐφ' ὅσων τάσσεται νομίζω ἀναγκαῖον εἶναι παραθέσθαι, ἵνα
κατὰ τὸ δυνατὸν ἡμῖν καθαρθέντος τοῦ σημαινομένου δυνη-
15 θῶμεν ἐνθάδε ἰδεῖν ἐπὶ τίνος τῶν πλειόνων τέτακται ἡ λέξις.
|54 ἐροῦμεν δὴ τὴν ἐν τῷ κατὰ Ματθαῖον, ἡνίκα Προσῆλθον οἱ
μαθηταὶ τῷ κυρίῳ λέγοντες Διασάφησον ἡμῖν τὴν παρα- Mt xiii 36
βολὴν τῶν ζιζανίων τοῦ ἀγροῦ· διδασκαλίαν περὶ ταύτης
τοῦ κυρίου μεθ' ἕτερα λέγουσαν· Ὁ δὲ θερισμὸς συντέλεια Mt xiii 39
20 αἰῶνός ἐστιν, οἱ δὲ θερισταὶ ἄγγελοί εἰσιν. ἀλλὰ μὴν καὶ
ἐν ἑτέρῳ τόπῳ περὶ τοῦ πλήθους τῶν πιστευόντων, ἀπορούν-
των διδασκαλίας τρανούσης αὐτοῖς περὶ ὧν πιστεύουσι, φησὶν
ὁ σωτὴρ ἡμῶν· Ὁ μὲν θερισμὸς πολύς, οἱ δὲ ἐργάται ὀλίγοι· Mt ix 37 f.
δεήθητε οὖν τοῦ κυρίου τοῦ θερισμοῦ ὅπως ἐκβάλῃ ἐργάτας
25 εἰς τὸν θερισμὸν αὐτοῦ. πρὸς τούτοις ὁ ἀπόστολος σπόρον
μὲν ὀνομάζει τὴν ἐν τῷ βίῳ τούτῳ εὐποιΐαν ἢ ἁμαρτίαν τῶν
ἀνθρώπων, θερισμὸν δὲ τὰ διὰ τὰ ἐνταῦθα κατορθώματα ἢ
ἁμαρτήματα ἑκάστῳ κατὰ τὴν ἀξίαν ἀποκείμενα, οὕτω λέγων·
Ὃ γὰρ ἐὰν σπείρῃ ἄνθρωπος, τοῦτο καὶ θερίσει· ὅτι ὁ Gal vi 7 f.
30 σπείρων εἰς τὴν σάρκα ἐκ τῆς σαρκὸς θερίσει φθοράν, ὁ δὲ
σπείρων εἰς τὸ πνεῦμα ἐκ τοῦ πνεύματος θερίσει ζωὴν

8 Σολομῶν   9 ἀπενείμασθαι   13 post τάσσεται] ins. δ
16 om. τὴν   20 μὲν (ut videtur)   26 εὐπορίαν

αἰώνιον. κατά τινος δὲ παραπλησίου τοῦ σημαινομένου
νομίζω καὶ τὸν προφήτην φερόμενον ἐν ψαλμοῖς εἰρηκέναι·
Οἱ σπείροντες ἐν δάκρυσιν, ἐν ἀγαλλιάσει θεριοῦσι. πορευό-
μενοι ἐπορεύοντο καὶ ἔκλαιον, αἴροντες τὰ σπέρματα αὐτῶν·
ἐρχόμενοι δὲ ἥξουσιν ἐν ἀγαλλιάσει, αἴροντες τὰ δράγματα 5
αὐτῶν. κεῖται δὲ τὸ ὄνομα πολλαχοῦ καὶ ἐπὶ τῆς συνηθείας,
ὥσπερ καὶ ἐν τῇ Ῥούθ διὰ τούτων· Αὗται δὲ παρεγενήθησαν
εἰς Βηθλεὲμ ἐν ἀρχῇ θερισμοῦ κριθῶν. πέντε δὴ ἐπὶ τοῦ
παρόντος ἐκτεθέντων σημαινομένων, φανερὸν μὲν ὅτι οὐ τὸ
ἐν τῇ συνηθείᾳ δηλούμενον ἐνταῦθα εἴρηται, ἀλλ' οὐδὲ τὸ 10
ἐπὶ τῆς συντελείας τεταγμένον· οὔτε γὰρ τὸ ἐν τῇ συνηθείᾳ
ὁ θερίζων μισθὸν λαμβάνει καὶ συνάγει καρπὸν εἰς ζωὴν
αἰώνιον, οὔτε περὶ τῶν θεριστῶν ἀγγέλων τὸ προτρεπτικὸν
εἰς τὸ θερίζειν εὔλογον ἐν τῷ τόπῳ τούτῳ νοεῖν. ἀλλ' οὐδὲ
κατὰ τό· Ὁ σπείρων εἰς τὴν σάρκα ἐκ τῆς σαρκὸς θερίσει 15
φθοράν, καὶ ὁ σπείρων εἰς τὸ πνεῦμα ἐκ τοῦ πνεύματος
θερίσει ζωὴν αἰώνιον· οἷόν τε ἐνθάδε λαμβάνειν τό· Ὁ θερί-
ζων μισθὸν λαμβάνει καὶ συνάγει καρπὸν εἰς ζωὴν αἰώνιον.
κατὰ μὲν γὰρ τὰ ἀποστολικὰ ῥητὰ ὁ αὐτός ἐστιν ὁ σπείρων
καὶ ὁ θερίζων, εἴτε εἰς τὴν σάρκα, εἴτε εἰς τὸ πνεῦμα, καὶ 20
διὰ τοῦτο συνάγων ἤτοι φθορὰν ἢ ζωὴν αἰώνιον· κατὰ δὲ τὰ
ἐνεστηκότα ἄλλος ἐστὶν ὁ σπείρων καὶ ἄλλος ὁ θερίζων.
ὁμοίως δὲ ὁ αὐτὸς μὲν σπείρει καὶ θερίζει καθ' ὃ παρεθέμεθα
ἐν ψαλμοῖς ῥητόν, διαφέρον τοῦ ἀποστολικοῦ τῷ μυστικω-
τέρῳ καὶ ἀπορρητοτέρῳ· τὸ μὲν γὰρ ἀποστολικὸν ἁπλού- 25
στερον εἴρηται, οὐ διδάσκον περὶ τῆς διαφόρου φύσεως τῶν
σπερμάτων πόθεν λαμβάνεται· τὸ δὲ ἀπὸ τῶν ψαλμῶν δοκεῖ
μοι δηλοῦν περὶ τῆς καθόδου τῶν εὐγενεστέρων ψυχῶν, 255
παραγενομένων εἰς τὸν βίον τοῦτον μετὰ τῶν σωτηρίων
σπερμάτων, καὶ παραγινομένων γε οἱονεὶ ἀκουσίως μετὰ 30
στεναγμοῦ, ἐπανερχομένων δὲ ἐν ἀγαλλιάσει διὰ τὸ καλῶς
γεγεωργηκέναι καὶ ηὐξηκέναι καὶ πεπληθυνκέναι τὰ σπέρ-

Ps cxxv
(cxxvi) 5 f.

Ruth i 22

cf. Jo iv 36

Gal vi 8

5 ἐχόμενοι   7 Αὗται] αὐτὰ εἰ   9, 10 τὸ ἐν] ἦν
12 om. ὁ   17 οιονται

ματα μεθ' ὧν ἐληλύθασιν. ἄλλος δέ ἐστιν ὁ σπείρων καὶ ἄλλος ὁ θερίζων ἐν τῇ προκειμένῃ λέξει.

44. Καὶ ἐρεῖ γε ὁ Ἡρακλέων, τάχα δὲ τούτῳ κατὰ τὴν ἐκδοχὴν ταύτην συμπεριφερόμενός τις καὶ ἐκκλησιαστικὸς, ὅτι τῷ κατὰ τό· Ὁ θερισμὸς πολὺς, οἱ δὲ ἐργάται ὀλίγοι· Mt ix 37 σημαινομένῳ ὁμοίως ταῦτα εἴρηται, τῷ ἑτοίμους πρὸς θερισμὸν καὶ ἐπιτηδείους πρὸς τὸ ἤδη συναχθῆναι εἰς τὴν ἀποθήκην διὰ τῆς πίστεως εἰς ἀνάπαυσιν εἶναι, καὶ ἐπιτηδείους πρὸς σωτηρίαν καὶ παραδοχὴν τοῦ λόγου· κατὰ μὲν τὸν Ἡρακλέωνα διὰ τὴν κατασκευὴν αὐτῶν καὶ τὴν φύσιν, κατὰ δὲ τὸν ἐκκλησιαστικὸν διά τινα εὐτρεπισμὸν τοῦ ἡγεμονικοῦ ἑτοίμου πρὸς τελείωσιν, ἵνα καὶ θερισθῇ. λεκτέον οὖν πρὸς τοὺς οὕτως ἐκδεξαμένους εἰ βούλονται παραδέξασθαι μήποτε γεγονέναι πρὸ τῆς τοῦ σωτῆρος ἡμῶν ἐπιδημίας θερισμὸν παραπλήσιον τῷ οὕτως ἂν ἐλπισθέντι ἀπὸ τῶν χρόνων τοῦ εὐαγγελικοῦ κηρύγματος. εἰ γὰρ τῷ εἶναι τὸν θερισμὸν πολὺν πολλοὶ πεπιστεύκασι, καίτοι γε ὀλίγων ὄντων τῶν ἐργατῶν ἀποστόλων ὡς πρὸς τὸ πλῆθος τῶν παραδεξαμένων τὸν λόγον, ἤτοι διὰ τό· Θεάσασθε τὰς χώρας, Jo iv 35 ὅτι λευκαί εἰσι πρὸς θερισμὸν ἤδη· οὐδεὶς πρὸ τῆς σωματικῆς τοῦ σωτῆρος ἡμῶν ἐπιδημίας πεπίστευκε, ἀλλ' οὐδὲ γέγονέ τις πιστευόντων ἐργάτης, ὅπερ ἐστὶν ἀτοπώτατον φάσκειν Ἀβραὰμ καὶ Μωσέα καὶ τοὺς προφήτας μήτε τὴν τῶν ἐργατῶν ἐσχηκέναι χώραν, μήτε τὴν τῶν θεριζομένων, ἢ εἴπερ καὶ πρότερον γεγόνασιν ἐργάται καὶ θερισμὸς, οὐδὲν δόξει παράδοξον ὁ σωτὴρ ἐπαγγέλλεσθαι τοῖς ἐπαίρουσι τοὺς ὀφθαλμοὺς, ἵνα θεάσωνται τὰς χώρας ὅτι λευκαί εἰσι πρὸς θερισμὸν ἤδη. ἐκ τούτων δὴ δύναταί πως εἶναι σαφὲς ὅτι οὐδὲν τῶν προειρημένων ἐστὶν ἐνθάδε νοούμενον κατὰ τὸν θερισμόν· ἀλλ' οὐδὲ τὸ παρὰ τῷ ἀποστόλῳ ἐν ἄλλῳ τόπῳ νοηθὲν ἐνθάδε ἐφαρμόσει, λέγοντι· Ὁ σπείρων φειδο- 2 Co ix 6 μένως φειδομένως καὶ θερίσει· καὶ ὁ σπείρων ἐπ' εὐλογίαις ἐπ' εὐλογίαις καὶ θερίσει.

19 θεάσασθαι (ut saepissime)   **21** πεπιστευκέναι   **33** θερίσῃ

Jo iv 35

45. Ζητοῦμεν οὖν ἕβδομον σημαινόμενον κατάλληλον 256
τοῖς προαποδεδομένοις εἰς τό· Οὐχ ὑμεῖς λέγετε Ἔτι τετρά-
μηνός ἐστι καὶ ὁ θερισμὸς ἔρχεται; καὶ εἰς τό· Ἰδοὺ λέγω
ὑμῖν Ἐπάρατε τοὺς ὀφθαλμοὺς ὑμῶν καὶ θεάσασθε τὰς
χώρας ὅτι λευκαί εἰσι πρὸς θερισμὸν ἤδη. ὁ δὴ περὶ τῆς 5
σαφηνίας τῶν γραφῶν τρανὴς λόγος, ἢ ὁ περὶ τοῦ πῶς

cf. Ge i 31

πάντα ὅσα ὁ θεὸς ἐποίησε καλὰ λίαν, εἴρηται ἡμῖν ὁ θερι-
σμὸς, ὅντινα ὁ θερίζων δύο καρποὺς τοῦ θερίζειν ἔχει· ἕνα μὲν
ὅτι λαμβάνει μισθόν, ἕτερον δὲ ὅτι συνάγει καρπὸν εἰς ζωὴν
αἰώνιον. καὶ νομίζω διὰ μὲν τὰς μετὰ ταῦτα ἐπαγγελίας, 10

cf. Is xl 10;
Ps lxi (lxii)
13;
Ap xxii 12
Jo iv 36

ἐσομένας κατὰ τὰ γεγραμμένα· Ἰδοὺ κύριος καὶ ὁ μισθὸς
αὐτοῦ ἐν τῇ χειρὶ αὐτοῦ, ἀποδοῦναι ἑκάστῳ κατὰ τὸ ἔργον
αὐτοῦ. εἰρῆσθαι τό· Μισθὸν λαμβάνει· διὰ δὲ τὴν ἀπ᾽
αὐτῆς τῆς θεωρίας ὠφέλειαν, αὐτόθεν κατὰ φύσιν οὖσαν τῷ
νῷ καὶ τῇ λογικῇ, ἐξαίρετον τυγχάνουσαν καὶ χωρὶς ἑτέρων 15
παρὰ ταύτην ἐπαγγελιῶν, γεγράφθαι τό· Συνάγει καρπὸν εἰς
ζωὴν αἰώνιον· ὅπερ εὐπάθειάν τινα τοῦ ἡγεμονικοῦ δηλοῖ, ὡς
καὶ ἐν τῷ τρίτῳ τῶν Στρωματέων παρεστήσαμεν διηγούμενοι

Mt vi 4

τό· Ὁ πατήρ σου ὁ βλέπων ἐν τῷ κρυπτῷ ἀποδώσει σοι.

46. Ὁ δὲ Ἡρακλέων τό· Ὁ θερίζων μισθὸν λαμβάνει· 20
εἰρῆσθαι νομίζει ἐπεὶ θεριστὴν ἑαυτὸν λέγει ὁ σωτήρ. καὶ
τὸν μισθὸν τοῦ κυρίου ἡμῶν ὑπολαμβάνει εἶναι τὴν τῶν
θεριζομένων σωτηρίαν καὶ ἀποκατάστασιν τῷ ἀναπαύεσθαι
αὐτὸν ἐπ᾽ αὐτοῖς. τὸ δέ· Καὶ συνάγει καρπὸν εἰς ζωὴν
αἰώνιον· φησὶν εἰρῆσθαι, ἢ ὅτι τὸ συναγόμενον καρπὸς 25
ζωῆς αἰωνίου ἐστίν, ἢ καὶ αὐτὸ ζωὴ αἰώνιος. ἀλλὰ αὐτόθεν
νομίζω βίαιον εἶναι τὴν διήγησιν αὐτοῦ, φάσκοντος τὸν
σωτῆρα μισθὸν λαμβάνειν, καὶ συνχέοντος τὸν μισθὸν καὶ
τὴν συναγωγὴν τοῦ καρποῦ εἰς ἕν, ἄντικρυς τῆς γραφῆς δύο
πράγματα παριστάσης, ὡς προδιηγησάμεθα. εἰ τοίνυν ἐπι- 30
τέτευκται ἡμῖν ἡ ἔπαρσις τῶν ἀποστολικῶν ὀφθαλμῶν καὶ
ἡ θέα τῶν χωρῶν, λευκῶν ἤδη πρὸς θερισμὸν οὐσῶν, ἤδη

14 αὐτόθεν   21 νομίζειν   26 ἢ] ον

ἀκολούθως τούτοις ἐξεταστέον τί τό· Ἵνα ὁ σπείρων ὁμοῦ   Jo iv 36
χαίρῃ καὶ ὁ θερίζων. οἶμαι δὴ ὅτι ἐπὶ πάσης τῆς ἐκ
πλειόνων θεωρημάτων τέχνης καὶ ἐπιστήμης σπείρει μὲν ὁ
τὰς ἀρχὰς εὑρίσκων, ἅστινας ἕτεροι παραλαμβάνοντες καὶ
5 ἐπεξεργαζόμενοι αὐτάς, ἑτέροις τὰ ὑπὸ αὐτῶν εὑρημένα
παραδιδόντες, αἴτιοι ἐξ ὧν εὑρήκασι γίνονται τοῖς μετα-
γενεστέροις, οὐ δυνηθεῖσι τάς τε ἀρχὰς εὑρεῖν καὶ τὰ ἑξῆς
257 ἐπισυνάψαι καὶ τὸ τέλος τῶν τεχνῶν καὶ τῶν ἐπιστημῶν
ἐπιθεῖναι, τοῦ συμπληρωθεισῶν τῶν τοιούτων τεχνῶν καὶ
10 ἐπιστημῶν πλήρη τὸν καρπὸν ὡς ἐν θερισμῷ αὐτῶν ἀναλα-
βεῖν. εἰ δὲ τοῦτο ἐπὶ τεχνῶν ἐστιν ἀληθὲς καί τινων ἐπιστη-
μῶν, πόσῳ πλέον ἐπὶ τῆς τέχνης τῶν τεχνῶν καὶ ἐπιστήμης
τῶν ἐπιστημῶν ἔστι συνιδεῖν; τὰ γὰρ εὑρεθέντα ὑπὸ τῶν
προτέρων ἐπεξεργασάμενοι οἱ μετ᾽ αὐτοὺς παραδεδώκασι τοῖς
15 ἑξῆς ἐξεταστικῶς προσιοῦσι τοῖς εὑρεθεῖσιν ἀφορμὰς τοῦ
τὸ ἓν σῶμα τῆς ἀληθείας μετὰ σοφίας συναχθῆναι. πληρω-
θέντος δὴ τοῦ παντὸς ἔργου τῆς τέχνης τῶν τεχνῶν, ὁ
σπείρων ὁμοῦ χαίρει καὶ ὁ θερίζων, τοῦ ἀμειβομένου θεοῦ
εἰς ἓν πάντας τέλος συνάγοντος. ὅρα δὲ εἰ οἱ μὲν σπείρον·
20 τές εἰσι Μωσῆς καὶ προφῆται, γράψαντες τὰ πρὸς νουθεσίαν   cf. 1 Co x 11
ἡμῶν, εἰς οὓς τὰ τέλη τῶν αἰώνων κατήντησε, καὶ κηρύξαντες
τὴν Χριστοῦ ἐπιδημίαν· θερίσαντες δὲ οἱ τὸν χριστὸν παρα-
δεξάμενοι καὶ τεθεαμένοι τὴν δόξαν αὐτοῦ ἀπόστολοι, συμ-   cf. Jo i 14
φωνοῦσαν τοῖς προφητικοῖς περὶ αὐτοῦ λογικοῖς σπέρμασι,
25 θερισθεῖσι κατὰ τὴν ἐπεξεργασίαν καὶ κατανόησιν τοῦ
κεκρυμμένου μυστηρίου ἀπὸ τῶν αἰώνων, φανερωθέντος δὲ   cf. Eph iii 9;
ἐπ᾽ ἐσχάτου τῶν καιρῶν, ὅπερ ἑτέραις γενεαῖς οὐκ ἐγνω-   1 Pe i 20
ρίσθη τοῖς υἱοῖς τῶν ἀνθρώπων, ὡς νῦν ἀπεκαλύφθη τοῖς   Eph iii 5
ἁγίοις ἀποστόλοις αὐτοῦ καὶ προφήταις. σπέρμα δὲ ἦν ὁ
30 πᾶς λόγος κατὰ ἀποκάλυψιν μυστηρίου χρόνοις αἰωνίοις   cf. Ro xvi
σεσιγημένου, καὶ νῦν φανερωθέντος διά τε γραφῶν προφητι-   25 f.
κῶν καὶ τῆς ἐπιφανείας τοῦ κυρίου ἡμῶν Ἰησοῦ Χριστοῦ·   cf. 2 Tim i 10

13 συνειδεῖν   18 χαίρῃ   19 εἰ οἱ] οἱοι
24 λογικοῖς] λογικοὶ ὁ

ὅτε τὸ φῶς τὸ ἀληθινὸν πεποίηκε τὰς χώρας, ἐπιλάμψαν
αὐταῖς, λευκὰς πρὸς θερισμὸν ἤδη.

47. Κατὰ τοῦτον δὴ τὸν λόγον αἱ χῶραι, ἐν αἷς κατε-
βέβλητο τὰ σπέρματα, αἱ νομικαὶ καὶ προφητικαί εἰσι
γραφαί, αἵτινες οὐκ ἦσαν λευκαὶ τοῖς τὴν παρουσίαν τοῦ λόγου 5
μὴ κεχωρηκόσι, γίνονται δὲ τοιαῦται τοῖς μαθητευομένοις
Jo iv 35   τῷ υἱῷ τοῦ θεοῦ καὶ πειθομένοις λέγοντι· Ἐπάρατε τοὺς
ὀφθαλμοὺς ὑμῶν καὶ θεάσασθε τὰς χώρας ὅτι λευκαί εἰσι
πρὸς θερισμὸν ἤδη. ὡς γνήσιοι τοίνυν καὶ ἡμεῖς Ἰησοῦ
μαθηταὶ ἐπάρωμεν τοὺς ὀφθαλμούς, καὶ τὰς χώρας τὰς 10
ἐσπαρμένας ὑπὸ Μωϋσέως καὶ τῶν προφητῶν θεασώμεθα,
ἵνα εἴδωμεν τὴν λευκότητα αὐτῶν, καὶ τίνα τρόπον ἤδη
θερίσαι ἐστὶν αὐτὰς καὶ συνάγειν καρπὸν εἰς ζωὴν αἰώνιον,
μετὰ τοῦ καὶ μισθὸν ἐλπίζειν ἀπὸ τοῦ κυρίου τῶν κωμῶν καὶ
cf. 2 Co ix 10   χορηγοῦ τῶν σπερμάτων. τὸ μὲν οὖν τὸν σπείροντα ὁμοῦ 15
cf. Is xxxv 10   καὶ τὸν θερίζοντα χαίρειν, ὅτε ἀπέδρα ὀδύνη καὶ λύπη καὶ 258
στεναγμός, ἐν τῷ μέλλοντι αἰῶνι, πᾶς ὁστισοῦν ὁμολογήσει
Mt viii 11   τῶν ἀνεγνωκότων· Ὅτι πολλοὶ ἀπ' ἀνατολῶν καὶ δυσμῶν
ἥξουσι καὶ ἀνακλιθήσονται μετὰ Ἀβραὰμ καὶ Ἰσαὰκ καὶ
Ἰακὼβ ἐν τῇ βασιλείᾳ τῶν οὐρανῶν. τὸ δὲ καὶ ἤδη πάντα 20
τὸν σπείροντα μετὰ παντὸς τοῦ θερίζοντος χαίρειν εἴ τις
διστάζει παραδέξασθαι, νοησάτω ὅτι θερισμός πως ἦν τις ἡ
cf. Mt xvii   μεταμόρφωσις Ἰησοῦ ἐν δόξῃ φαινομένου, οὐ μόνον τοῖς
1 ff.   θερισταῖς Πέτρῳ καὶ Ἰακώβῳ καὶ Ἰωάννῃ, τοῖς συναναβᾶσιν
αὐτῷ, ἀλλὰ καὶ τοῖς σπείρασι Μωσῇ καὶ Ἡλίᾳ· ἅμα γὰρ 25
αὐτοῖς χαίρουσιν ὁρῶντες τὴν δόξαν τοῦ υἱοῦ τοῦ θεοῦ,
ἥντινα ἐπὶ τοσοῦτον πεφωτισμένην ὑπὸ τοῦ πατρὸς καὶ
φωτίζουσαν τοὺς ὁρῶντας πρότερον οὐχ ἑωράκει Μωσῆς
καὶ Ἡλίας, ὡς νῦν θεῶνται ἅμα τοῖς ἁγίοις ἀποστόλοις.
Jo iv 36   ὡς καθολικῷ δὲ ἴσον δυνάμενον λαμβάνομεν τό· Ὁ θερίζων 30
μισθὸν λαμβάνει καὶ συνάγει καρπὸν εἰς ζωὴν αἰώνιον, ἵνα
ὁ σπείρων ὁμοῦ χαίρει καὶ ὁ θερίζων· διὰ τὸ ἐν τοῖς ἑξῆς

1 ἐπέλαμψαν   13 αὐτὰς] αὐτὸν   15 χορηγοῦ τῶν]
χορηγούντων

πλείονας λέγεσθαι τοὺς θεριστὰς καὶ πλείονας τοὺς κεκο-
πιακότας, δῆλον ὅτι εἰς τὸ σπεῖραι. λέγεται γὰρ ὡς πρὸς
πολλοὺς θεριστὰς τό· Ἐγὼ ἀπέστειλα ὑμᾶς θερίζειν ὃ οὐχ   Jo iv 38
ὑμεῖς κεκοπιάκατε· καὶ ὡς πολλῶν ἐν τῷ σπόρῳ κεκμηκότων
5   τό· Ἄλλοι κεκοπιάκασι, καὶ ὑμεῖς εἰς τὸν κόπον αὐτῶν
εἰσεληλύθατε. ἴσον δὲ δύναται καθολικῷ τό· Ὁ θερίζων   Jo iv 36
μισθὸν λαμβάνει· καὶ τὸ ἐξῆς τοιοῦτον· πᾶς ὁ θερίζων
μισθὸν λαμβάνει καὶ συνάγει καρπὸν εἰς ζωὴν αἰώνιον,
ἵνα πᾶς ὁ σπείρων ὁμοῦ χαίρῃ καὶ πᾶς ὁ θερίζων.

10   48. Ταῦτα δὲ οἱ μέν τινες ἑτοίμως παραδέξονται, μὴ
διστάζοντες περὶ τοῦ τὰ ἀποκεκρυμμένα ταῖς πάλαι γενεαῖς
καὶ αὐτῷ Μωσεῖ καὶ τοῖς προφήταις πεφανερῶσθαι τοῖς
ἁγίοις ἀποστόλοις κατὰ τὴν Χριστοῦ ἐπιδημίαν, φωτίσαντος   cf. Hos x 12
αὐτοῖς τὸ φῶς τὸ τῆς γνώσεως τῆς πάσης γραφῆς· ἕτεροι δὲ
15   ὀκνήσουσι προσέσθαι, μὴ τολμῶντες λέγειν τὸν τηλικοῦτον
Μωσέα καὶ τοὺς προφήτας μὴ ἐφθακέναι ἔτι ὄντας ἐν τῷ
τῶν ἀνθρώπων βίῳ ἐπὶ τὰ τοῖς ἀποστόλοις νενοημένα, καὶ
τοῦτο ταῖς θείαις γραφαῖς ἐνεσπαρμένα ταῖς ὑπ' αὐτῶν
διακονηθείσαις. χρήσονται δὲ οἱ πρότεροι τῷ· Πολλοὶ   Mt xiii 17
20   προφῆται καὶ δίκαιοι ἐπεθύμησαν ἰδεῖν ἃ ὑμεῖς βλέπετε καὶ
οὐκ εἶδον, καὶ ἀκοῦσαι ἃ ἀκούετε καὶ οὐκ ἤκουσαν· καὶ τῷ·
Ἰδοὺ, πλεῖον Σολομῶνος ὧδε· καὶ τῷ· Ἑτέραις γενεαῖς οὐκ   Mt xii 42
ἐγνωρίσθη τοῖς υἱοῖς τῶν ἀνθρώπων, ὡς νῦν ἀπεκαλύφθη   Eph iii 5 f.
τοῖς ἁγίοις ἀποστόλοις αὐτοῦ καὶ προφήταις, εἶναι τὰ ἔθνη
259   συγκληρονόμα καὶ σύσσωμα καὶ συμμέτοχα τῆς ἐπαγγελίας
ἐν Χριστῷ· καὶ τῷ ἐν τῷ Δανιὴλ γεγραμμένῳ μετά τινα
ὅρασιν, ὅτι Ἀνέστην, καὶ οὐκ ἦν ὁ συνιών· καὶ τῷ ἐν τῷ   Dan viii 7
Ἡσαΐᾳ· Εἰσὶν οἱ λόγοι τοῦ βιβλίου τούτου ὡς βιβλίον   Is xxix 11 f.
ἀνθρώπου ἐσφραγισμένον, ὃ ἐὰν δῶσιν αὐτὸ ἀνθρώπῳ μὴ
30   ἐπισταμένῳ γράμματα, λέγοντες Ἀνάγνωθι, ἐρεῖ Οὐκ ἐπί-
σταμαι γράμματα· καὶ δώσουσιν αὐτὸ ἀνθρώπῳ ἐπιστα-
μένῳ γράμματα, καὶ ἐρεῖ Οὐ δύναμαι ἀναγνῶναι, ἐσφράγι-

17 ἐπεὶ   21 ἅ] om.   τῷ] τὸ
22 τῷ] τὸ   28 λόγου   29 δώσειν pr. man.

σται γάρ. οἱ δὲ δεύτεροι ταῦτα πάντα διαλύσονται τῷ·

Pr xvi 23 Σοφὸς νοήσει τὰ ἀπὸ τοῦ ἰδίου στόματος, ἐπὶ δὲ χείλεσι
φορεῖ ἐπιγνωμοσύνην· λέγοντες Μωσέα καὶ ἕκαστον τῶν
προφητῶν τὰ διακονηθέντα ὑπ' αὐτῶν νενοηκέναι, οὐχ ὥστε
καὶ ἑτέροις παραδοῦναι καὶ ἀναπτύξαι τὰ μυστήρια· τοὺς 5
μέντοι γε ἀποστόλους, ὡς ἐν καιρῷ ἀποκαλύψεως γενομένους,

2 Thess ii 15 εἰπεῖν ἄν· Στήκετε καὶ κρατεῖτε τὰς παραδόσεις ἃς ἐδιδά-
2 Tim ii 2 χθητε· καί· Ἃ ἤκουσας παρ' ἐμοῦ διὰ πολλῶν μαρτύρων,
ταῦτα παράθου πιστοῖς ἀνθρώποις, οἵτινες ἱκανοὶ ἔσονται

cf. Mt xiii 17 καὶ ἑτέρους διδάξαι· καὶ ὅτι εἰ ἐπεθύμουν πολλοὶ προφῆται 10
καὶ δίκαιοι ἰδεῖν ἃ ἔβλεπον οἱ ἀπόστολοι, καὶ ἃ ἤκουον
λέγοντος τοῦ σωτῆρος, οὐ πάντως τὰ τῶν νομικῶν γραφῶν
καὶ προφητικῶν ἐπεθύμουν, ἀλλὰ τούτων μείζονα, ἀπαγγελ-
λόμενα πρὸς τοῖς πνευματικοῖς τοῦ νόμου καὶ τοῖς ἀπορρή-
τοις τῶν προφητῶν ὑπὸ τοῦ σωτῆρος τοῖς ἀποστόλοις, ὁποῖα 15

2 Co xii 4 ἦν τό· Ἤκουσα ἄρρητα ῥήματα, ἃ οὐκ ἐξὸν ἀνθρώπῳ
λαλῆσαι· καὶ παραπλήσια τοῖς ὑπὸ τοῦ παρακλήτου λεγο-
μένοις. ἔτι δὲ καὶ τούτοις τὸ ῥητὸν θεασώμεθα, οἷον εἶναί
τινα διηγεῖται τὸν θερίζοντα μισθὸν λαμβάνειν καὶ συνάγειν

Jo iv 36 καρπὸν εἰς ζωὴν αἰώνιον ὁ εὐαγγελιστὴς, λέγων· Ἵνα ὁ 20
σπείρων ὁμοῦ χαίρῃ καὶ ὁ θερίζων. εἰ δὲ, ἵνα ὁ σπείρων
ὁμοῦ χαίρῃ, καὶ ὁ θερίζων μισθὸν λαμβάνει καὶ συνάγει
καρπὸν εἰς ζωὴν αἰώνιον, τάχα ὁ σπείρων, κοινωνῶν τῷ
μισθῷ τοῦ θερίζοντος καὶ τῇ συναγωγῇ τοῦ εἰς ζωὴν
αἰώνιον συναγομένου καρποῦ, ἅμα τῷ θερίζοντι χαρήσεται. 25
ἄλλος δέ τις ἐρεῖ ὅλα τὰ νομικὰ καὶ τὰ προφητικὰ ἀκριβῶς
κατὰ τὴν πνευματικὴν ἐκδοχὴν νενοημένα Μωσεῖ καὶ τοῖς
προφήταις καὶ ὡς ἐχρῆν κεκαλυμμένως καὶ ἐσκεπασμένως

Sap Sir xxi
15 (18) ἀναγεγραμμένα τὰ ἐσπαρμένα εἶναι· ἐπεὶ δέ· Λόγον σοφὸν
ἐὰν ἀκούσῃ ἐπιστήμων, αἰνέσει αὐτὸν καὶ ἐπ' αὐτὸν προσθή- 30
σει· δῆλον ὅτι οἱ ἀπόστολοι σπέρμασιν ἀπορρητοτέρων καὶ
βαθυτέρων χρησάμενοι, τοῖς ὑπὸ Μωσέως καὶ τῶν προφητῶν

2 ἔπει   19 τὸν] τοῦ

νενοημένοις, διαβεβήκασιν ἐπὶ τὸ εἰς πολλαπλασίονα φθάσαι
τῆς ἀληθείας θεάματα, Ἰησοῦ ἐπαίροντος αὐτῶν τοὺς ὀφθαλ- cf. Jo iv 35
μοὺς, καὶ φωτίζοντος αὐτῶν τὰς διανοίας, καὶ ἦν τὰ πολλα-
πλασίονα θερισμὸς τῶν πολλῶν χωρῶν· οὐχ ὡς ὑποδεέστεροι
5 δὲ οἱ προφῆται καὶ Μωσῆς ἀρχῆθεν οὐκ εἶδον ὅσα οἱ
ἀπόστολοι κατὰ τὴν Ἰησοῦ ἐπιδημίαν, ἀλλ' ὡς περιμένοντες
τὸ πλήρωμα τοῦ χρόνου, ἐν ᾧ ἐχρῆν μετὰ τοῦ ἐξαιρέτου τῆς
Ἰησοῦ Χριστοῦ ἐπιδημίας καὶ ἐξαίρετα παρὰ τὰ λελαλη-
μένα πώποτε ἐν τῷ κόσμῳ ἢ γεγραμμένα ἀποκαλυφθῆναι
10 ἀπὸ τοῦ οὐχ ἁρπαγμὸν ἡγησαμένου τὸ εἶναι ἴσα θεῷ, ἀλλ' Phil ii 6 f.
ἑαυτὸν κενώσαντος καὶ μορφὴν δούλου εἰληφότος.

49. (47) Ἐν γὰρ τούτῳ ὁ λόγος ἐστὶν ἀληθινὸς Jo iv 37
ὅτι ἄλλος ἐστὶν ὁ σπείρων καὶ ἄλλος ὁ θερίζων. Εἴτε
κατὰ τὸ ἀπὸ τῶν τεχνῶν καὶ τῶν ἐπιστημῶν ληφθὲν παρά-
5 δειγμα ἐκλαμβάνοιμεν τὰ κατὰ τὸν τόπον, σαφὲς πῶς
ἀληθινὸς λόγος ἐστὶ τὸ ἄλλον μὲν εἶναι τὸν σπείροντα ἄλλον
δὲ τὸν θερίζοντα· εἴτε κατὰ τὸ ἐσπαρκέναι μὲν Μωσέα καὶ
τοὺς προφήτας, τεθεωρηκέναι δὲ λευκῶν γενομένων τῶν
χωρῶν τοὺς ἐπάραντας τοὺς ὀφθαλμοὺς κατὰ τὰς ὑποθήκας
10 τοῦ σωτῆρος ἡμῶν Ἰησοῦ, ἵνα θεάσωνται τὰς χώρας πῶς
ἦσαν λευκαὶ πρὸς θερισμὸν ἤδη, καὶ οὕτω δῆλον πῶς ἄλλος
ὁ σπείρων καὶ ἄλλος ὁ θερίζων. σκόπει δὲ εἰ τὸ ἄλλος
καὶ ἄλλος δυνατὸν νοῆσαι διὰ τὸ ἐκείνους μὲν ἐπὶ τοιᾷδε
βίου ἀγωγῇ δικαιοῦσθαι, τούτους δὲ ἐπὶ ἑτέρᾳ παρ' ἐκείνην,
15 ὥστε εἰπεῖν ἄλλον μὲν τὸν νομικὸν, ἄλλον δὲ τὸν εὐαγγελι-
κόν. πλὴν ἅμα χαίρουσιν ἑνὸς τέλους ἀπὸ ἑνὸς θεοῦ διὰ
ἑνὸς Χριστοῦ ἐν ἑνὶ ἁγίῳ πνεύματι ἀμφοτέροις ἀποκειμένου.
(48) Ὁ δ' Ἡρακλέων τό· Ἵνα ὁ σπείρων ὁμοῦ χαίρῃ καὶ ὁ Jo iv 36
θερίζων· οὕτω διηγήσατο· χαίρει μὲν γὰρ, φησὶν, ὁ σπείρων
20 ὅτι σπείρει, καὶ ὅτι ἤδη τινὰ τῶν σπερμάτων αὐτοῦ συνάγε-
ται, ἐλπίδα ἔχων τὴν αὐτὴν καὶ περὶ τῶν λοιπῶν· ὁ δὲ
θερίζων ὁμοίως ὅτι καὶ θερίζει· ἀλλ' ὁ μὲν πρῶτος ἤρξατο

5 οὐκ εἶδον] om.   26 τέλος   32 ὅτι] τί   θερίσει

σπείρων, ὁ δεύτερος θερίζων. οὐ γὰρ ἐν τῷ αὐτῷ ἐδύναντο ἀμφότεροι ἄρξασθαι· ἔδει γὰρ πρῶτον σπαρῆναι, εἶθ᾽ ὕστερον θερισθῆναι. παυσαμένου μέντοι γε τοῦ σπείροντος σπείρειν, ἔτι θεριεῖ ὁ θερίζων· ἐπὶ μέντοι τοῦ παρόντος ἀμφότεροι τὸ ἴδιον ἔργον ἐνεργοῦντες ὁμοῦ χαίρουσι, κοινὴν χαρὰν τὴν 5 τῶν σπερμάτων τελειότητα ἡγούμενοι. ἔτι δὲ καὶ εἰς τό·

Jo iv 37 Ἐν τούτῳ ἐστὶν ὁ λόγος ἀληθινὸς ὅτι ἄλλος ἐστὶν ὁ 261 σπείρων καὶ ἄλλος ὁ θερίζων· φησίν· ὁ μὲν γὰρ ὑπὲρ τὸν τόπον υἱὸς ἀνθρώπου σπείρει· ὁ δὲ σωτήρ, ὢν καὶ αὐτὸς υἱὸς ἀνθρώπου, θερίζει καὶ θεριστὰς πέμπει τοὺς διὰ τῶν 10 μαθητῶν νοουμένους ἀγγέλους, ἕκαστον ἐπὶ τὴν ἑαυτοῦ ψυχήν. οὐ πάνυ δὲ σαφῶς ἐξέθετο τοὺς δύο υἱοὺς τοῦ ἀνθρώπου τίνες εἰσίν, ὧν ὁ εἷς σπείρει καὶ ὁ εἷς θερίζει.

Jo iv 38 50. (49) Ἐγὼ ἀπέστειλα ὑμᾶϲ θερίζειν ὃ οὐχ ὑμεῖϲ κεκοπιάκατε· ἄλλοι κεκοπιάκαϲι, καὶ ὑμεῖϲ εἰϲ τὸν κό- 15 πον αὐτῶν εἰϲεληλύθατε. Οὐ χαλεπὸν ἐκ τῶν προειρη- μένων θεωρῆσαι πῶς ἀπέστειλεν ὁ Ἰησοῦς τοὺς μαθητὰς θερίζειν τοῦτο, εἰς ὃ οὐκ αὐτοὶ κεκοπιάκασιν ἀλλ᾽ οἱ πρὸ αὐτῶν· καμόντος γὰρ Μωσέως καὶ τῶν προφητῶν ἵνα χωρῆσαι δυνηθῶσι νοῆσαι τὰ μυστήρια, ὧν τὰ ἴχνη ἐν τοῖς γράμ- 20 μασιν ἑαυτῶν ἡμῖν καταλελοίπασιν, εἰς τὸν Μωσέως καὶ τῶν προφητῶν κόπον οἱ ἀπόστολοι εἰσεληλύθασιν, Ἰησοῦ μυσταγωγοῦντος, θερίζοντες καὶ συνάγοντες εἰς τὰς ἀποθήκας τῆς ψυχῆς ἑαυτῶν τὸν ἐν ἐκείνοις νοῦν. καὶ ἀεὶ δὲ ὁ λόγος τοῖς μαθητευομένοις γνησίως ποιεῖ τοὺς τῶν προτέρων κα- 25 μάτους σαφεστέρους, χωρὶς τοῦ ὁμοίου τοῖς σπείρασι κόπου. εἰς ὅλα δὲ τὰ περὶ τῶν ὑπὸ ἄλλων θεριζομένων καὶ τοῦτο ἐπισκοπητέον, μήποτε ἀγγέλων ἐπὶ τῆς σπορᾶς τῶν ἀνθρώ- πων τεταγμένων οἱ συνεργοὶ τῆς τελειώσεως τῶν ἐσπαρ- μένων ἀπόστολοι εἰς τὸν ἑτέρων κάματον εἰσέρχονται θερί- 30 ζοντες καὶ καρποὺς ἐν τοῖς ὠφελημένοις εὑρίσκοντες, οὕστινας

4 ἔπει   9 υἱὸς 1°] υἱὸν   16 αὐτὸν   22 κόπων
27 τῶν] τοῦ   30 θερίζοντος

ἡ Ἰησοῦ ἐπιδημία ἑτοίμους πρὸς θερισμὸν καὶ πρὸ τῆς   cf. Jo iv 35
ἐλπιζομένης τετραμήνου πεποίηκεν. ἐὰν δὲ ταῦθ' οὕτως
ἔχει, θεωρῆσαι ἄξιον εἰ καματηρά ἐστιν ἡ τῶν ἀγγέλων
πρὸς τὸ ἐνσπείρεσθαι ψυχὰς σώμασι λειτουργία, δύο τινὰ
5 συναγόντων τῇ φύσει ἐναντία εἰς κρᾶσιν μίαν, καὶ ἐν καιρῷ
τῷ τεταγμένῳ ἀρχομένων τε τὴν περὶ ἑκάστου ποιεῖν οἰκονο-
μίαν καὶ εἰς τελεσφόρησιν προαγόντων τὸν προπεπλασμένον.
ἀλλ' ἐρεῖ τις τούτοις ἐναντίον εἶναι τὸ αὐτὸν λέγεσθαι
πλάσσειν τὸν θεὸν ἔν τε τῷ· Αἱ χεῖρές σου ἐποίησάν με καὶ   Ps cxviii
10 ἔπλασάν με· καὶ ἐν τῷ· Πρὸ τοῦ με πλάσαι σε ἐν κοιλίᾳ   (cxix) 73
ἐπίσταμαί σε, καὶ πρὸ τοῦ σε ἐξελθεῖν ἐκ μήτρας ἡγίακά   Jer i 5
262 σε.   πρὸς τοῦτο λεκτέον ὅτι ὥσπερ ὁ νόμος διετάγη δι' ἀγ-   cf. Ga iii 19
γέλων, <καὶ ὁ δι' ἀγγέλων> λαληθεὶς λόγος ἐγένετο βέβαιος,   cf. He ii 2
δῆλον δ' ὅτι ὑπὸ θεοῦ λαληθεὶς, οὕτως ἐνδέχεται καὶ διὰ τῶν
15 τεταγμένων ἐπὶ τῆς γενέσεως ἀγγέλων θεὸν πλάττειν ἐν
κοιλίᾳ λέγειν.   οὐκ οἶδα δὲ εἰ χώραν ἔχει εἰς τὸ ἠπορημένον
καὶ τοιοῦτόν τι λέγειν, ὅτι οἱ εἰπόντες· Αἱ χεῖρές σου
ἐποίησάν με καὶ ἔπλασάν με· Ἰὼβ καὶ Δαβὶδ μερίδος ὄντες
θεοῦ ἐπλάσθησαν, καὶ ὁ Ἱερεμίας ἀκούων· Πρὸ τοῦ με πλάσαι
20 σε ἐν κοιλίᾳ ἐπίσταμαί σε· ὡς τῆς μερίδος ἐσόμενος τοῦ θεοῦ
πέπλασται ὑπ' αὐτοῦ· οἱ δὲ τῶν ἑτέρων μερίδες ὄντες ὑπὸ τῶν
λαχόντων αὐτοὺς πλάττονται.   καὶ περιεργότερόν γε οὗτος
ὁ λόγος ἐκλήψεται τό· Ποιήσωμεν ἄνθρωπον κατ' εἰκόνα καὶ   Ge i 26
ὁμοίωσιν ἡμετέραν· τοῦτο λέγοντος τοῦ θεοῦ περὶ πάντων
25 ἀνθρώπων καὶ προκαταρχομένου τοῦ ἔργου, ὅπερ ἔργον
ὕστερον καὶ ὑπὸ τῶν λοιπῶν, πρὸς οὓς ὁ λόγος, κατὰ τὴν
οἰκείαν μερίδα γίνεται, τούτοις λέγοντος τοῦ θεοῦ· Ποιήσωμεν
ἄνθρωπον· οἷς καί φησιν ἐπὶ τῆς τῶν διαλέκτων συγχύσεως·
Δεῦτε καὶ καταβάντες συγχέωμεν ἐκεῖ αὐτῶν τὴν γλῶσσαν.   Ge xi 7
30 ταῦτα δὲ οὐκ ἀποφαινόμενοι λέγομεν, πολλῆς γὰρ βασάνου
τὰ τηλικαῦτα χρῄζει, ἵν' εὑρεθῇ πότερον οὕτως ἔχει ἢ ἑτέρως.
οὐ καταφρονητέον δὲ καὶ τῆς τοιαύτης ἐκδοχῆς· ἕκαστος τῶν

4 ψυχαῖς   5 ἐναντίων   10 με πλάσαι] μεταπλάσαι   12 post
πρὸς ins. τὸ intra lin.   13 καὶ ὁ δι' ἀγγέλων] om.   15 ἐπὶ] εἴη

Deut xxxii 8 f. ἀνθρώπων μερίς ἐστί τινος κατὰ τό· Ὅτε διεμέριζεν ὁ ὕψιστος ἔθνη, καὶ ὡς διέσπειρεν υἱοὺς Ἀδάμ, ἔστησεν ὅρια ἐθνῶν κατὰ ἀριθμὸν ἀγγέλων θεοῦ· καὶ ἐγενήθη μερὶς κυρίου λαὸς αὐτοῦ Ἰακώβ, σχοίνισμα κληρονομίας αὐτοῦ Ἰσραήλ. εἰ δὲ μερίς ἐστι πάντως ἕκαστός τινος, διασπείραντος τοῦ 5 θεοῦ τοὺς Ἀδὰμ υἱούς, ἕκαστος μὲν τῶν ἀγγέλων κάμνει περὶ τὴν ἰδίαν μερίδα, οἰκονομῶν τὰ κατ' αὐτήν· ἐν δὲ τῇ

cf. 2 Co x 5 τοῦ σωτῆρος ἐπιδημίᾳ λαμβάνονται αἰχμαλωτιζόμενοι εἰς τὴν ὑπακοὴν τοῦ χριστοῦ ἀπὸ τῆς πάντων μερίδος, διὰ τῶν ὑπηρετούντων τῷ εὐαγγελίῳ ἀποστόλων καὶ εὐαγγελιστῶν 10 καὶ διδασκάλων ὑπὸ τοῦ χριστοῦ, καὶ προσάγονται εἰς τὸ γενέσθαι τὰ ἔθνη κληρονομίαν τοῦ χριστοῦ. μήποτε οὖν δύναται διὰ τοῦτο λέγεσθαι τοῖς ἀποστόλοις μετ' ὀλίγον

Mt xxviii 19 ἀκουσομένοις· Πορεύεσθε, μαθητεύσατε πάντα τὰ ἔθνη· τό·

Jo iv 38 Ἄλλοι κεκοπιάκασι, καὶ ὑμεῖς εἰς τὸν κόπον αὐτῶν εἰσελη- 263 λύθατε. εἰ δὲ ἅγιοι ἄγγελοί εἰσιν οἱ τὰς λοιπὰς μερίδας παρὰ τὴν ἐκλεκτὴν εἰληχότες καὶ ἐπὶ τῆς διασπορᾶς τῶν

cf. Jo iv 36 ψυχῶν τεταγμένοι, οὐδέν ἐστιν ἄτοπον τὸν σπείροντα ὁμοῦ χαίρειν καὶ τὸν θερίζοντα μετὰ τὸν θερισμόν. ὁ δ' Ἡρα- κλέων φησὶν ὅτι οὐ δι' αὐτῶν οὐδὲ ἀπ' αὐτῶν ἐσπάρη ταῦτα τὰ 20 σπέρματα, φησὶ δὲ τῶν ἀποστόλων, οἱ δὲ κεκοπιακότες εἰσὶν οἱ τῆς οἰκονομίας ἄγγελοι, δι' ὧν ὡς μεσιτῶν ἐσπάρη καὶ ἀνετράφη. εἰς δὲ τό· Ὑμεῖς εἰς τὸν κόπον αὐτῶν εἰσεληλύ- θατε· ταῦτα ἐξέθετο· οὐ γὰρ ὁ αὐτὸς κόπος σπειρόντων καὶ θεριζόντων· οἱ μὲν γὰρ ἐν κρύει καὶ ὕδατι καὶ κόπῳ τὴν γῆν 25 σκάπτοντες σπείρουσι, καὶ δι' ὅλου χειμῶνος τημελοῦσι σκάλλοντες καὶ τὰς ὕλας ἐκλέγοντες· οἱ δὲ εἰς ἕτοιμον καρπὸν εἰσελθόντες θέρους εὐφραινόμενοι θερίζουσιν. ἐξέσται δὲ συγκρίνοντι τάδε ὑφ' ἡμῶν εἰρημένα τῷ ἐντυγχάνοντι καὶ τὰ ὑπὸ τοῦ Ἡρακλέωνος, ὁρᾶν ὁποῖα τῶν διηγήσεων ἐπιτε- 30 τεῦχθαι δύναται.

Jo iv 39 51. (50) Ἐκ δὲ τῆς πόλεως ἐκείνης πολλοὶ ἐπίστευ-

2 υἱοῖς   6 τούς] τοῦ   7 ἰδέαν   20 οὐ δι'] οὐδὲ
22 οἱ] ὁ   24 σκοπὸς

ϹΑΝ ΤῶΝ ϹΑΜΑΡΕΙΤῶΝ, ΔΙΑ ΤΟΝ ΛΟΓΟΝ ΤΗϹ ΓΥΝΑΙΚΟϹ ΜΑΡ-
ΤΥΡΟΥϹΗϹ ΟΤΙ ΕἶΠΕ ΜΟΙ ΠΑΝΤΑ ὅϹΑ ΕΠΟΙΗϹΑ. Τῆς Σα-
μαρείτιδος καταλιπούσης τὴν ὑδρίαν καὶ ἀπεληλυθυίας εἰς cf. Jo iv 28
τὴν πόλιν ὑπὲρ τοῦ εὐαγγελίσασθαι τὰ περὶ τοῦ σωτῆρος,
5 καὶ τῶν πιστευόντων τῷ λόγῳ τῆς γυναικὸς ἐρχομένων πρὸς
τὸν κύριον, ἐν τῷ μεταξὺ ὁ σωτὴρ τοῖς μαθηταῖς συντυγχά-
νων πεποίηται τοὺς προειρημένους λόγους, ἐρωτώντων τῶν cf. Jo iv 31
μαθητῶν ὅπως φάγῃ. μετὰ δὲ τὸ λεχθῆναι πρὸς τοὺς
μαθητὰς τὰ κατὰ δύναμιν ἐξητασμένα, ἐπαναλαμβάνει ἡ
10 γραφὴ τὰ περὶ τῶν ἐληλυθότων ἐκ τῆς πόλεως πρὸς αὐτόν,
καὶ πιστευσάντων διὰ τὴν μαρτυρίαν τῆς γυναικὸς λεγούσης
ὅτι Εἶπέ μοι πάντα ὅσα ἐποίησα. εἰ δὲ κρατοῦμεν τῶν
ἀνωτέρω εἰρημένων περὶ τῆς Σαμαρείας καὶ τῆς Σαμαρείτιδος
καὶ τῆς τοῦ Ἰακὼβ πηγῆς, οὐ χαλεπὸν ἰδεῖν τίνα τρόπον
15 ἐπιτυχόντες λόγου ὑγιοῦς οἱ προκατειλημμένοι ἐν ἑτεροδι-
δασκαλίαις καταλείπουσι τὴν οἱονεὶ τῶν δογμάτων πόλιν,
καὶ ἐξελθόντες αὐτὴν ὑγιαινόντως πιστεύουσι, μιᾶς τινος cf. Jo iv 39
παρὰ τῇ τοῦ Ἰακὼβ πηγῇ προτέρας κεχωρηκυίας τὴν σωτή-
ριον διδασκαλίαν, καὶ καταλιπούσης τὴν προειρημένην
20 ὑδρίαν ὑπὲρ τοῦ καὶ ἑτέρους ἐπὶ τὸ ὁμοίως ὠφεληθῆναι cf. Jo iv 28
προκαλέσασθαι. ὁ δ᾽ Ἡρακλέων τὸ μέν· Ἐκ τῆς πόλεως·
ἀντὶ τοῦ· ἐκ τοῦ κόσμου· ἐξείληφε· τὸ δέ· Διὰ τὸν λόγον τῆς
64 γυναικός· τουτέστι διὰ τῆς πνευματικῆς ἐκκλησίας· καὶ ἐπιση-
μαίνεταί γε τὸ Πολλοὶ ὡς πολλῶν ὄντων ψυχικῶν· τὴν δὲ
25 μίαν λέγει τὴν ἄφθαρτον τῆς ἐκλογῆς φύσιν καὶ μονοειδῆ
καὶ ἑνικήν. ἔστημεν δὲ ἐν τοῖς ἀνωτέρω, ὡς οἷόν τε ἦν, πρὸς
ταῦτα.

52. (51) Ὡϲ ΟΥΝ ἦΛΘΟΝ ΠΡΟϹ ΑΥΤΟΝ Οἱ ϹΑΜΑΡΕῖΤΑΙ, Jo iv 40 f.
ἨΡΩΤΩΝ ΑΥΤΟΝ ΜΕῖΝΑΙ ΠΑΡ᾽ ΑΥΤΟῖϹ. ΚΑΙ ἘΜΕΙΝΕΝ ἘΚΕῖ ΔΥΟ
30 ἨΜΕΡΑϹ. ΚΑΙ ΠΟΛΛῷ ΠΛΕΙΟΥϹ ΕΠΙϹΤΕΥϹΑΝ ΔΙΑ ΤΟΝ ΛΟΓΟΝ
ΑΥΤΟΥ. Οὐκ ἀπιθάνως τις συγκρούσει τό· Εἰς ὁδὸν ἐθνῶν μὴ Mt x 5
ἀπέλθητε, καὶ εἰς πόλιν Σαμαρειτῶν μὴ εἰσέλθητε· τῷ ῥητῷ

2 τῆς] ἦς   3 καταλειπούσης   13 ἀνωτέρων
21 τὸ] τοῖς   26 οἷόν τε] οιονται

20—2

cf. Jo iv 40   τούτῳ. ἐρωτηθεὶς γὰρ ὁ σωτὴρ μεῖναι παρὰ τοῖς Σαμαρεί-
Mt x 5   ταις ἔμεινεν ἐκεῖ δύο ἡμέρας, ὁ εἰπών· Εἰς πόλιν Σαμαρειτῶν
     μὴ εἰσέλθητε· δῆλον οὖν ὅτι καὶ οἱ μαθηταὶ αὐτοῦ συνεισ-
     εληλύθεισαν αὐτῷ. λεκτέον δὲ πρὸς τοῦτο ὅτι τὸ μὲν εἰς
     ὁδὸν ἐθνῶν ἀπελθεῖν ἐστιν ἀναλαβεῖν τι δόγμα ἐθνικὸν, 5
cf. Gal vi 16   ἀλλότριον τοῦ Ἰσραὴλ τοῦ θεοῦ, καὶ ὁδεῦσαι κατ' αὐτό· τὸ δ'
cf. 1 Ti vi 20   εἰς πόλιν εἰσελθεῖν Σαμαρειτῶν τὸ ἔν τινι γενέσθαι ψευδω-
     νύμῳ γνώσει τῶν λεγόντων νομικοῖς ἢ προφητικοῖς ἢ εὐαγγε-
     λικοῖς ἢ ἀποστολικοῖς προσέχειν λόγοις. ἔξεστι δὲ καταλι-
cf. Jo iv 30   πόντων <τῶν> Σαμαρειτῶν τὴν ἰδίαν πόλιν καὶ ἐλθόντων πρὸς 10
     τὸν Ἰησοῦν παρὰ τὴν τοῦ Ἰακὼβ πηγὴν, ἀποδεξάμενον τὴν
     προαίρεσιν τῶν πιστευσάντων τὸν Ἰησοῦν μεῖναι παρὰ τοῖς
     ἐρωτήσασιν. οἶμαι δ' ὅτι παρατετηρημένως ὁ Ἰωάννης οὐ
     πεποίηκε τό· ἠρώτων αὐτὸν οἱ Σαμαρεῖται εἰσελθεῖν εἰς τὴν
     Σαμάρειαν, <ἢ> εἰσελθεῖν εἰς τὴν πόλιν, ἀλλὰ μεῖναι παρ' 15
     αὐτοῖς· οὐ γὰρ ταὐτόν ἐστι τὸ μεῖναι παρὰ τῷ πιστεύοντι
     καὶ τὸ εἰσελθεῖν εἰς τὴν πόλιν αὐτοῦ. καὶ τὸ ἑξῆς δὲ οὐ
     φησι· καὶ ἔμεινεν ἐν τῇ πόλει ἐκείνῃ δύο ἡμέρας, ἤ· ἔμεινεν
     ἐν τῇ Σαμαρείᾳ, ἀλλ' Ἔμεινεν ἐκεῖ, τουτέστι παρὰ τοῖς
     ἐρωτήσασι. μένει γὰρ Ἰησοῦς παρὰ τοῖς ἐρωτήσασι καὶ 20
     μάλιστα ὅτε οἱ ἐρωτῶντες αὐτὸν ἐξέρχονται τῆς πόλεως
     αὐτῶν καὶ ἔρχονται πρὸς τὸν Ἰησοῦν, οἱονεὶ μιμησάμενοι
Ge xii 1   τὸν Ἀβραὰμ πεισθέντα τῷ εἰπόντι θεῷ· Ἔξελθε ἐκ τῆς γῆς
     σου καὶ ἐκ τῆς συγγενείας σου, καὶ ἐκ τοῦ οἴκου τοῦ πατρός
     σου. δύο δὲ ἡμέρας μένει παρὰ τοῖς ἐρωτήσασιν αὐτόν· 25
     οὐδέπω γὰρ ἐχώρουν καὶ τὴν τρίτην αὐτοῦ ἡμέραν, ἐπεὶ οὐχ
cf. Jo ii 1   οἷοί τε ἦσαν χωρῆσαί τι τεράστιον, ὁποῖον οἱ ἐν Κανᾷ τῆς
     Γαλιλαίας τῇ ἡμέρᾳ τῇ τρίτῃ συνδειπνοῦντες τῷ Ἰησοῦ ἐν
     τῷ γάμῳ. ἡ μὲν οὖν ἀρχὴ τῶν ἀπὸ τῆς Σαμαρείας πι- 265
cf. Jo iv 39   στευόντων πολλῶν ἦν ὁ λόγος τῆς γυναικὸς μαρτυρούσης 30
     ὅτι Εἶπέ μοι πάντα ἃ ἐποίησα· ἡ δὲ αὔξησις καὶ πληθυσμὸς
cf. Jo iv 42   τῶν πολλῷ πλειόνων πιστευόντων οὐκέτι διὰ τὸν λόγον τῆς

        9 καταλειπόντων   **10** om. τῶν   **15** ἢ] om.
        30 ἦν πολλῶν   **32** πολλῶν

γυναικὸς ἀλλὰ διὰ τὸν λόγον αὐτοῦ. οὐ γὰρ ὁμοίως αὐτὸς
ἀφ' ἑαυτοῦ θεωρεῖται ὁ λόγος, φωτίζων τὸν χωροῦντα, καὶ ὅτε
δι' ἑτέρου λεγόμενος μαρτυρεῖται. ὁ δὲ Ἡρακλέων εἰς τοὺς
τόπους ταῦτά φησι· παρ' αὐτοῖς ἔμεινε, καὶ οὐκ ἐν αὐτοῖς·
5 καὶ δύο ἡμέρας, ἤτοι τὸν ἐνεστῶτα αἰῶνα καὶ τὸν μέλλοντα
τὸν ἐν γάμῳ, ἢ τὸν πρὸ τοῦ πάθους αὐτοῦ χρόνον καὶ τὸν
μετὰ τὸ πάθος, ὃν παρ' αὐτοῖς ποιήσας πολλῷ πλείονας διὰ
τοῦ ἰδίου λόγου ἐπιστρέψας εἰς πίστιν ἐχωρίσθη ἀπ' αὐτῶν.
λεκτέον δὲ πρὸς τὴν δοκοῦσαν αὐτοῦ παρατήρησιν, ὅτι Παρ'
10 αὐτοῖς καὶ οὐκ ἐν αὐτοῖς γέγραπται, ὅτι ὅμοιον τῷ παρ'
αὐτοῖς ἐστι τό· Ἰδοὺ ἐγὼ μεθ' ὑμῶν εἰμι πάσας τὰς ἡμέρας· Mt xxviii 20
οὐ γὰρ εἶπεν· ἐν ὑμῖν εἰμι. ἔτι δὲ λέγων τὰς δύο ἡμέρας
ἤτοι τοῦτον τὸν αἰῶνα εἶναι καὶ τὸν μέλλοντα, ἢ τὸν πρὸ τοῦ
πάθους καὶ μετὰ τὸ πάθος, οὔτε τοὺς ἐπερχομένους αἰῶνας
15 μετὰ τὸν μέλλοντα νενόηκεν, περὶ ὧν φησιν ὁ ἀπόστολος·
Ἵνα ἐνδείξηται ἐν τοῖς αἰῶσι τοῖς ἐπερχομένοις· οὔτε ὁρᾷ ὅτι Eph ii 7
οὐ μόνον πρὸ τοῦ πάθους καὶ μετὰ τὸ πάθος σύνεστι τοῖς
ἐρχομένοις πρὸς αὐτὸν ὁ Ἰησοῦς, καὶ μετὰ τοῦτο χωρίζεται·
ἀεὶ γὰρ μετὰ τῶν μαθητῶν ἐστι, μηδεπώποτε καταλείπων
20 αὐτούς, ὥστε καὶ λέγειν αὐτούς· Ζῶ δὲ οὐκέτι ἐγώ, ζῇ δὲ ἐν Ga ii 20
ἐμοὶ Χριστός.

53. (52) Τῇ δὲ γυναικὶ ἔλεγον Οὐκέτι διὰ τὴν Jo iv 42
λαλιάν σου πιστεύομεν· αὐτοὶ γὰρ ἀκηκόαμεν, καὶ οἴδα-
μεν ὅτι ἀληθῶς οὗτός ἐστιν ὁ σωτὴρ τοῦ κόσμου.
25 Ἀρνοῦνται τὴν διὰ τὴν λαλιὰν τῆς γυναικὸς πίστιν, κρεῖττον
ἐκείνης εὑρόντες τὸ ἀκηκοέναι αὐτοῦ τοῦ σωτῆρος, ὥστε καὶ
εἰδέναι ὅτι ἀληθῶς οὗτός ἐστιν ὁ σωτὴρ τοῦ κόσμου. καὶ
βέλτιόν γέ ἐστιν αὐτόπτην γενέσθαι τοῦ λόγου καὶ χωρὶς
ὀργάνων διδάσκοντος ἀκούειν αὐτοῦ καὶ φαντασιοῦντος οὐ
30 διὰ τῶν διδασκόντων τὸ ἡγεμονικόν, εὑρίσκον τρανότητα
τοὺς τῆς ἀληθείας τύπους, ἥπερ μὴ ὁρῶντα αὐτὸν, μηδὲ ἀπὸ
τῆς δυνάμεως φωτιζόμενον αὐτοῦ διὰ διακόνων τῶν ἑωρα-

2 καὶ] ἢ   7 ὃν] ὁ   15 μέλλον   26 ἐκείνις

κότων αὐτὸν ἀκούειν τὸν περὶ αὐτοῦ λόγον. ἀμήχανον γὰρ
τὸ αὐτὸ τῷ ἑωρακότι γινόμενον περὶ τὸ ἡγεμονικὸν πάθος
παθεῖν τὸν ἀπὸ τοῦ ἑωρακότος καὶ ἀπαγγέλλοντος αὐτὸν

cf. 2 Co v 7 διδασκόμενον· καὶ κρεῖττόν γε διὰ εἴδους περιπατεῖν ἢ διὰ 266
πίστεως. διὰ τοῦτο οἱ μὲν οἱονεὶ διὰ εἴδους περιπατοῦντες
ἐν τοῖς προηγουμένοις λέγοιντο ἂν εἶναι χαρίσμασι, λόγῳ

cf. 1 Co xii 8 σοφίας διὰ τοῦ πνεύματος τοῦ θεοῦ καὶ λόγῳ γνώσεως κατὰ
τὸ αὐτὸ πνεῦμα· οἱ δὲ διὰ πίστεως, εἰ καὶ χάρισμά ἐστιν ἡ

1 Co xii 9 πίστις κατὰ τό· Ἄλλῳ δὲ πίστις ἐν τῷ αὐτῷ πνεύματι·
τῇ τάξει τῶν προτέρων εἰσὶν ὕστεροι. ἐξεταστέον δὲ πότε 10

2 Co v 7 καὶ πῶς λέγει Παῦλος· Διὰ πίστεως γὰρ περιπατοῦμεν,
οὐ διὰ εἴδους· πῶς γάρ, ὡσεὶ πολλοὶ νοοῦσι, διὰ πίστεως καὶ

1 Co ix 1 οὐ διὰ εἴδους περιπατεῖ ὁ ἐμβριθέστατα λέγων· Οὐκ εἰμὶ
ἐλεύθερος; οὐκ εἰμὶ ἀπόστολος; οὐχὶ Ἰησοῦν τὸν κύριον
ἡμῶν ἑώρακα; οὐ τὸ ἔργον μου ὑμεῖς ἐστε ἐν κυρίῳ; ἴδωμεν 15
οὖν τὸ ῥητὸν πῶς δεῖ ἐκλαβεῖν τό· Διὰ πίστεως γὰρ περιπα-
τοῦμεν οὐ διὰ εἴδους· ἀναλαβόντες αὐτὸ ἀπὸ τῶν ἀνωτέρω

2 Co v 5 ff. οὕτως ἔχον· Ὁ δὲ κατεργασάμενος ἡμᾶς εἰς αὐτὸ τοῦτο θεός,
ὁ δοὺς ἡμῖν τὸν ἀρραβῶνα τοῦ πνεύματος. θαρροῦντες οὖν
πάντοτε καὶ εἰδότες ὅτι ἐνδημοῦντες ἐν τῷ σώματι ἐκδημοῦ- 20
μεν ἀπὸ τοῦ κυρίου· διὰ πίστεως γὰρ περιπατοῦμεν οὐ διὰ
εἴδους· δῆλον δ' ὅτι ἐνδημοῦντες ἐν τῷ σώματι, ὅτε ἐκδημοῦ-

2 Co v 8 μεν ἀπὸ τοῦ κυρίου· θαρροῦντες μᾶλλον εὐδοκοῦμεν ἐκδη-
μῆσαι ἐκ τοῦ σώματος καὶ ἐνδημῆσαι πρὸς τὸν κύριον.
τούτων οὕτως εἰρημένων εἰς τὸ νοῆσαι τί τὸ ἐνδημεῖν τῷ 25
σώματι καὶ ἐκδημεῖν ἀπὸ τοῦ κυρίου, τί τε τὸ ἐκδημῆσαι ἐκ
τοῦ σώματος καὶ ἐνδημῆσαι πρὸς τὸν κύριον, ἑαυτῶν πυθώ-
μεθα τί περὶ τοῦ ἀποστόλου ἐροῦμεν· πότερον ὅτι ἐνδημῶν
τῷ σώματι ἐξεδήμει ἀπὸ τοῦ κυρίου, ἢ ὅτι ἐκδημῶν τοῦ

cf. Ro viii 8 f. σώματος ἐνεδήμει τῷ κυρίῳ. ἀλλὰ σαφῶς, ἐπεὶ οἱ ἐν σαρκὶ 30
ὄντες θεῷ ἀρέσαι οὐ δύνανται, οἱ δὲ ἅγιοι οὐκ εἰσὶν ἐν σαρκὶ
ἀλλ' ἐν πνεύματι, εἴπερ πνεῦμα θεοῦ οἰκεῖ ἐν αὐτοῖς, Παῦλος

15 ἑόρακα   **18** ἔχειν   **24** ἐνδημῆσαι] ἐκδημῆσαι
27 ἐνδημῆσαι] ἐκδημῆσαι

οὐκ ἦν ἐν σαρκὶ οὐδὲ ἐν σώματι, ἀληθεύει γὰρ λέγων· Δοκῶ   1 Co vii 40
δὲ κἀγὼ πνεῦμα θεοῦ ἔχειν· οὐκ ἐνδημῶν δὲ τῇ σαρκὶ καὶ
σώματι, τοῦ ἐνδημοῦντος τῷ σώματι διὰ πίστεως περιπατοῦν-   cf. 2 Co v 6 f.
τος οὐ διὰ εἴδους. καὶ ὅρα εἰ δύναται τῆς ἀποστολικῆς
5 ἀκριβείας εἶναι τὸ μὴ ταὐτὸν φάσκειν ἐν σαρκὶ εἶναι καὶ
ἐνδημεῖν σώματι· οἱ μὲν γὰρ ἐν σαρκὶ ὄντες θεῷ ἀρέσαι οὐ   cf. Ro viii 8
δύνανται· οἱ δὲ ἐνδημοῦντες τῷ σώματι ἐκδημοῦσι μὲν ἀπὸ
τοῦ κυρίου· πλὴν διὰ τῆς πίστεως περιπατοῦσιν, εἰ καὶ
μηδέπω χωροῦσι διὰ εἴδους. καὶ οἶμαι ὅτι ἐν σαρκὶ μέν
10 εἰσιν οἱ κατὰ σάρκα στρατευόμενοι, ἐνδημοῦσι δὲ τῷ σώματι   cf. 2 Co x 3
267 καὶ ἐκδημοῦσιν ἀπὸ τοῦ κυρίου οἱ τὰ πνευματικὰ τῆς γραφῆς
μὴ νοοῦντες, ἀλλ' ὅλοι προσκείμενοι αὐτῇ καὶ τῷ σώματι·
πῶς γὰρ οὐκ ἐκδημεῖ ἀπὸ τοῦ κυρίου, εἰ ὁ κύριος τὸ πνεῦμά   cf. 2 Co iii 17
ἐστιν, ὁ μηδέπω χωρῶν τὸ ζωοποιοῦν πνεῦμα καὶ πνευματι-   cf. 2 Co iii 6
15 κὸν τῆς γραφῆς; πλὴν διὰ πίστεως ὁ τοιοῦτος περιπατεῖ,
ἐκδημεῖ δὲ ἐκ τοῦ σώματος καὶ ἐνδημεῖ πρὸς τὸν κύριον ὁ τὰ
πνευματικὰ τοῖς πνευματικοῖς συγκρίνων καὶ γινόμενος πνευ-   cf. 1 Co ii 13,
ματικός, ὁ πάντα ἀνακρίνων, αὐτὸς δὲ ἀνακρινόμενος ὑπ'   15
οὐδενός. ταῦτα δὲ ἡμῖν εἰ καὶ μετὰ παρεκβάσεως τῆς εἰς τὰ
20 ἀποστολικὰ ῥητὰ εἰρῆσθαι δοκεῖ, ἀλλά γε ἀναγκαιότατα
πρὸς τὴν διαφορὰν τοῦ λόγου τῶν Σαμαρειτῶν ἐστιν, οὐκέτι   cf. Jo iv 42
διὰ τὴν λαλιὰν πιστευόντων τῆς γυναικὸς ἀλλ' ἀκηκοότων
καὶ εἰδότων ὅτι ὁ τοιοῦτός ἐστιν ὁ σωτὴρ τοῦ κόσμου. οὐδὲν
μέντοι γε θαυμαστὸν περί τινων μὲν διὰ πίστεως περιπατεῖν
25 καὶ μὴ διὰ εἴδους, περὶ ἑτέρων δὲ διὰ εἴδους τοῦ μείζονος
παρὰ τὸ διὰ πίστεως περιπατεῖν. Ἡρακλέων δὲ ἁπλούστε-
ρον ἐκλαβὼν τό· Οὐκέτι διὰ τὴν σὴν λαλιὰν πιστεύομεν·
φησὶ λείπειν τὸ μόνην. ἔτι μὲν γὰρ πρὸς τό· Αὐτοὶ γὰρ   Jo iv 42
ἀκηκόαμεν, καὶ οἴδαμεν ὅτι οὗτός ἐστιν ὁ σωτὴρ τοῦ
30 κόσμου· φησίν· οἱ γὰρ ἄνθρωποι τὸ μὲν πρῶτον ὑπὸ ἀνθρώ-
πων ὁδηγούμενοι πιστεύουσι τῷ σωτῆρι, ἐπὰν δὲ ἐντύχωσι
τοῖς λόγοις αὐτοῦ, οὗτοι οὐκέτι διὰ μόνην ἀνθρωπίνην
μαρτυρίαν, ἀλλὰ δι' αὐτὴν ἀλήθειαν πιστεύουσι.

54. (53) ΜΕΤᾺ ΔῈ ΤᾺΣ ΔΎΟ ἩΜΈΡΑΣ ἘΞῆΛΘΕΝ ἘΚΕῖΘΕΝ   Jo iv 43

Jo iv 44 εἰς τὴν Γαλιλαίαν· αὐτὸς γὰρ Ἰησοῦς ἐμαρτύρησεν ὅτι προφήτης ἐν τῇ ἰδίᾳ πατρίδι τιμὴν οὐκ ἔχει. Πάνυ ἀνακόλουθος ἡ λέξις φαίνεται· τί γὰρ κοινὸν πρὸς τὸ ἐξεληλυθέναι αὐτὸν μετὰ δύο ἡμέρας ἀπὸ τῶν Σαμαρειτῶν, παρ' οἷς ἔμεινε, καὶ εἰς τὴν Γαλιλαίαν ἀπέρχεσθαι τό· Αὐτὸς γὰρ 5 Ἰησοῦς ἐμαρτύρησεν ὅτι προφήτης ἐν τῇ ἰδίᾳ πατρίδι τιμὴν οὐκ ἔχει; εἰ μὲν γὰρ ἦν πατρὶς αὐτοῦ ἡ Σαμάρεια καὶ ἠτίμαστο ἐκεῖ, ὡς διὰ τοῦτο ἐξεληλυθέναι μὴ διατρίψαντα πλεῖον ἡμερῶν δύο, ἀκολούθως ἂν εἴρητο τό· Αὐτὸς γὰρ Ἰησοῦς ἐμαρτύρησεν ὅτι προφήτης ἐν τῇ ἰδίᾳ πατρίδι τιμὴν 10 οὐκ ἔχει. ἀλλὰ καὶ εἰ ἐγέγραπτο· μετὰ δὲ τὰς δύο ἡμέρας ἐξῆλθεν εἰς τὴν Γαλιλαίαν, ἀλλ' οὐκ ἐγένετο ἐν τῇ ἰδίᾳ πατρίδι· αὐτὸς γὰρ Ἰησοῦς ἐμαρτύρησεν ὅτι προφήτης ἐν τῇ ἰδίᾳ πατρίδι τιμὴν οὐκ ἔχει· καὶ οὕτως χώραν τὸ λεγόμενον εἶχεν ἄν. καὶ τάχα τὸ μὲν βούλημα τοῦ ῥητοῦ τοῦτ' ἔστιν, 15 ὡς ἰδιώτης δὲ τῷ λόγῳ ὁ Ἰωάννης δυσπαραστάτως ἔφρασεν

cf Jo iv 45 ὃ νενόηκεν. εἰς γὰρ τίνα τόπον τῆς Γαλιλαίας ἐδέξαντο 268 αὐτὸν, ἑωρακότες πάντα ὅσα ἐποίησεν ἐν Ἱεροσολύμοις ἐν

cf. Jo iv 46 τῇ ἑορτῇ, οὐκ εἴρηται, ἀλλὰ καὶ μετὰ τοῦτο ὅτι ἦλθεν εἰς τὴν Κανᾶ τῆς Γαλιλαίας ἀνέγραψε. κατακούει δὲ ἑαυτοῦ 20 ὁ εὐαγγελιστὴς καὶ οὐκ ἀπορεῖ τοῦ προκειμένου. προειπὼν γοῦν τίνα τρόπον ἀφίησι τὴν Ἰουδαίαν καὶ ἄπεισιν εἰς τὴν

cf. Jo iv 4 Γαλιλαίαν ὁ κύριος, διηγησάμενός τε, ἐπεὶ ἔδει αὐτὸν διέρχε-

cf. Jo iv 5 σθαι διὰ τῆς Σαμαρείας τὰ λεγόμενα πλησίον τοῦ χωρίου ὃ ἔδωκεν Ἰακὼβ τῷ Ἰωσὴφ παρὰ τῇ πηγῇ τοῦ Ἰακώβ, καὶ 25

cf. Jo iv 40 πῶς ἔμεινε δύο ἡμέρας παρὰ τοῖς Σαμαρείταις, ἀποδίδωσι τὴν εἰς Γαλιλαίαν ἄφιξιν αὐτοῦ, καίτοιγε οὐκ ὀλίγων μεταξὺ εἰρημένων. ἐπεὶ δὲ ἐν τοῖς ἀνωτέρω προείπομεν βελτίονός τινος σύμβολον εἶναι τὴν Ἰουδαίαν, ἄνω που κειμένην, ἐλάττονος δὲ τὴν Γαλιλαίαν, κατὰ τοῦτο ἐπισκοπῆς δεομένων 30 καὶ τῶν ἐλαττόνων ὁ φιλάνθρωπος θεὸς οὐ καταφρονεῖ, διὰ τοῦτο καὶ τοὺς Σαμαρείτας τάχιον καταλιπών, ὑπὲρ τοῦ τοῖς

3 λέξεις   8 διατρίψοντα   18 ἑορακότες   32 καταλειπῶν

προθύμως αὐτὸν ἀποδεξομένοις Γαλιλαίοις ἐπιστῆναι καὶ τὸν   cf. Jo iv 46
τοῦ βασιλικοῦ υἱὸν ἰάσασθαι. ταῦτα δὲ ἐν τῇ Γαλιλαίᾳ
ποιήσας, ἐνστάσης τῆς τῶν Ἰουδαίων ἑορτῆς ἀναβαίνει εἰς   cf. Jo v 1
Ἱεροσόλυμα, τὴν ἑορτὴν κρείττονα καὶ ἱλαρωτέραν τῇ ἑαυτοῦ
5 ποιῶν ἐπιδημίᾳ.

   55. (54) Ἴδωμεν δὲ τί ἐστι καὶ τό· Αὐτὸς γὰρ Ἰησοῦς   Jo iv 44
ἐμαρτύρησεν ὅτι προφήτης ἐν τῇ ἰδίᾳ πατρίδι τιμὴν οὐκ
ἔχει· καὶ ἀξίως τοῦ Ἰησοῦ μαρτυροῦντος ζητητέον τὸν τῆς
λέξεως νοῦν. πατρὶς δὴ τῶν προφητῶν ἐν τῇ Ἰουδαίᾳ ἦν,
10 καὶ φανερόν ἐστι τιμὴν αὐτοὺς παρὰ Ἰουδαίοις μὴ ἐσχηκέ-
ναι, λιθασθέντας, πρισθέντας, πειρασθέντας, ἐν φόνῳ μαχαί-   cf. He xi 37
ρας ἀποθανόντας, διὰ τὸ ἀτιμάζεσθαι περιελθόντας ἐν
μηλωταῖς, ἐν αἰγείοις δέρμασιν, ὑστερουμένους, θλιβομένους,
κακουχουμένους. καὶ ὀνειδίζονταί γε Ἰουδαῖοι ἀπὸ τοῦ
15 λέγοντος πρὸς αὐτούς· Τίνα τῶν προφητῶν οὐκ ἐδίωξαν   Act vii 52
οἱ πατέρες ὑμῶν; καὶ ἀπέκτειναν τοὺς προκαταγγείλαντας
περὶ τῆς ἐλεύσεως τοῦ δικαίου; οἵτινες ἐπὶ τέλει καὶ τὸν ἐπὶ
πᾶσι προφήτην, δι' οὗ οἱ προφῆται προφῆται γεγένηνται,
ἀτιμάσαντες· Αἶρε, αἶρε, σταύρου αὐτόν· ἔλεγον. τετίμηνται   Jo xix 15
20 δὲ ἐν τῇ ἐμῇ πατρίδι πάντες οἱ προφῆται, καὶ ὁ ἀπὸ θεοῦ
ἀναστὰς κατὰ τὰ περὶ αὐτοῦ εἰρημένα ὑπὸ Μωσέως· Προ-   Act iii 22 ;
φήτην ὑμῖν ἀναστήσει κύριος ὁ θεὸς ὑμῶν ἐκ τῶν ἀδελφῶν   cf. Deut xviii 15
269 ὑμῶν ὡς ἐμέ· αὐτοῦ ἀκούσεσθε· οὐ πατρὶς γὰρ αὐτοῦ ἐν τοῖς
ἔθνεσι, τοῖς τῷ παραπτώματι τοῦ Ἰσραὴλ τὴν σωτηρίαν   cf. Ro xi 11
25 εἰληφόσι. καὶ ἐν ἄλλοις δὲ γέγραπται· Οὐδεὶς προφήτης   Lc iv 24 ;
δεκτός ἐστιν ἐν τῇ πατρίδι καὶ ἐν τῇ οἰκίᾳ αὐτοῦ· καὶ   cf. Mt xiii 57
χρήσιμόν γε τὸ συγγενὲς τούτῳ ῥητὸν συναγαγόντας ἀπὸ
τῶν εὐαγγελίων ἰδεῖν πότε καὶ ἐπὶ τίνι τῷ σωτῆρι τοῦτο
εἴρηται. θαυμάσαι δέ ἐστι τὸ ἀληθὲς τῆς ἀποφάσεως τοῦ
30 σωτῆρος, φθάσαν οὐ μόνον ἐπὶ τοὺς ἁγίους προφήτας, ἀτι-
μασθέντας παρὰ τοῖς οἰκείοις, καὶ ἐπ' αὐτὸν τὸν κύριαν ἡμῶν,
ἀλλὰ καὶ ἐπὶ τοὺς ἔν τινι σοφίᾳ διατρίψαντας καὶ κατα-

    1 ἀποδεξαμένους   32 σοφίας

φρονηθέντας ὑπὸ τῶν πολιτῶν, ὥστέ τινας αὐτῶν καὶ τὴν
ἐπὶ θανάτῳ ἀπαχθῆναι. ἔξεστι δὲ ταῦτα ἀπὸ τῆς Ἑλληνι-
κῆς ἱστορίας ἀναλέξασθαι περὶ τῶν φιλοσοφησάντων καὶ
ἀστρονομησάντων ἢ ὁποίοις δήποτε μαθήμασι διαπρεψάντων.

Mt xiii 55 f.   ἀτιμαζόντων δὲ καὶ αὗται αἱ φωναί· Οὐχ οὗτός ἐστιν ὁ τοῦ 5
τέκτονος υἱός; οὐχ ἡ μήτηρ αὐτοῦ λέγεται Μαριάμ; καὶ
οἱ ἀδελφοὶ αὐτοῦ εἰσι πρὸς ἡμᾶς; πόθεν οὖν τούτῳ πάντα
ταῦτα; καὶ παραδοξότατόν γε ἐπὶ τῶν προφητῶν τοῦτο
συμβέβηκε, τὸ μὲν ζῶν αὐτῶν οὐ τετιμήκασιν οἱ πολῖται, τὸ

cf. Mt xxiii 29   δὲ νεκρὸν περιέπουσιν, οἰκοδομοῦντες αὐτῶν τὰ μνημεῖα καὶ 10
κοσμοῦντες. οἰκοδομεῖν δέ ἐστι τὰ μνημεῖα τῶν προφητῶν

cf. 2 Co iii 6   καὶ κοσμεῖν αὐτὰ ὅτε τὸ ζωοποιοῦν πνεῦμα καταλιπών τις τὸ
ἐνυπάρχον τοῖς βουλήμασι τῶν γραμμάτων αὐτῶν, περιέπει
καὶ περικοσμεῖ τὸ ἀποκτεῖνον γράμμα, τὸ κάλλος οἰόμενος
τῆς προφητείας ἐν τῇ ψιλῇ εἶναι ἐκδοχῇ τοῦ γράμματος. 15

cf. Mt xxiii 29   ἔργον δὲ τοῦτο τῶν ταλανιζομένων ἀπὸ τοῦ κυρίου Γραμ-
ματέων καὶ Φαρισαίων, Γραμματέων μὲν ὀνομαζομένων τῶν
ἐπωνύμων ψιλοῦ τοῦ γράμματος, Φαρισαίων δὲ τῶν ἀποδιηρη-
μένων καὶ τὴν θείαν ἑνότητα ἀπολελυκότων· Φαρισαῖοι γὰρ
ἑρμηνεύονται· οἱ διῃρημένοι. 20

Jo iv 45   56. (55) Ὅτε οὖν ἦλθεν εἰς τὴν Γαλιλαίαν, ἐδέξαντο
αὐτὸν οἱ Γαλιλαῖοι, πάντα ἑωρακότες ἃ ἐποίησεν ἐν
Ἱεροσολύμοις ἐν τῇ ἑορτῇ, καὶ αὐτοὶ γὰρ ἦλθον εἰς τὴν
ἑορτήν. Ἄξιον ἰδεῖν τὴν αἰτίαν τῆς τῶν Γαλιλαίων παρα-
δοχῆς, ἣν παρεδέξαντο τὸν σωτῆρα ἐλθόντα εἰς τὴν Γαλιλαίαν, 25
εἰ τηλικαύτη ἦν ὥστε κατάπληξιν αὐτοῖς ἐμποιῆσαι καὶ
θαυμασμὸν περὶ τοῦ σωτῆρος, εἰς τὸ παραδέξασθαι αὐτόν·
ἔτι δὲ ἐπὶ τίνα ἀναφέρεται, οἱονεὶ πολλὰ ἃ ἐποίησεν ἐν
Ἱεροσολύμοις ὁ Ἰησοῦς, τό· Πάντα ἑωρακότες ὅσα ἐποίησεν
ἐν Ἱεροσολύμοις ἐν τῇ ἑορτῇ. οὐδὲν δὲ εὑρίσκομεν προειρη- 30

Jo ii 14   μένον ἢ ὅτι Εὗρεν ἐν τῷ ἱερῷ τοὺς πωλοῦντας βόας καὶ 270
πρόβατα καὶ περιστερὰς καὶ τοὺς κερματιστὰς καθημένους·

5 αἱ] om.   12 καταλειπών   19 ἀπολελωκότων
26 τηλικαύτη ἦν] τηλικαύτην

καὶ ποιήσας φραγέλλιον ἐκ σχοινίων πάντας ἐξέβαλεν ἐκ   Jo ii 15 f.
τοῦ ἱεροῦ τά τε πρόβατα καὶ τοὺς βόας, καὶ τῶν κολλυβιστῶν
ἐξέχεε τὰ κέρματα, καὶ τὰς τραπέζας ἀνέστρεψε, καὶ τοῖς τὰς
περιστερὰς πωλοῦσιν εἶπεν Ἄρατε ταῦτα ἐντεῦθεν, μὴ
5 ποιεῖτε τὸν οἶκον τοῦ πατρός μου οἶκον ἐμπορίου. τί οὖν
τηλικοῦτόν ἐστιν ἐν τούτοις ὥστε κινηθέντας ἐπ' αὐτοῖς τοὺς
Γαλιλαίους δέξασθαι τὸν κύριον, μαρτυρουμένους διὰ τὸ
αὐτὸν δεδέχθαι, ἐπεὶ ἐλθόντες εἰς τὴν ἑορτὴν ἐν Ἱεροσολύμοις   cf. Jo iv 45
πάντα ἑωράκασιν ἃ ἐποίησεν ἐκεῖ ὁ Ἰησοῦς; εἰ μεμνήμεθα
10 τῶν εἰρημένων εἰς τὸν τόπον, ἀποδεικνύντων οὐκ ἐλάττονα
δύναμιν ἐμφαίνεσθαι τοῦ σωτῆρος ἐν ἐκείνοις παρὰ τὴν
ἐνεργήσασαν εἰς τυφλοὺς ἀναβλέψαι καὶ κωφοὺς ἀκοῦσαι   cf. Mt xi 5
καὶ χωλοὺς περιπατῆσαι, λεκτέον ὅτι μήποτε ὅπερ λογισά-
μενοι ἐννοήσαντες οἱ Γαλιλαῖοι, καὶ καταπλαγέντες τὴν
15 θειότητα τοῦ Ἰησοῦ, ἐλθόντα αὐτὸν εἰς τὴν Γαλιλαίαν
ἐδέξαντο, πάντα ἑωρακότες ὅσα ἐποίησεν ἐν τοῖς Ἱεροσολύ-
μοις. τὰ δὲ· πάντα ταῦτα ἦν, τῷ ἐκ σχοινίων φραγελλίῳ
ἐκβεβλῆσθαι ἐκ τοῦ ἱεροῦ τά τε πρόβατα καὶ τοὺς βόας,
καὶ τῶν κολλυβιστῶν ἐκκεχύσθαι τὰ κέρματα, καὶ τὰς
20 τραπέζας ἀνατετράφθαι, μετ' ἐξουσίας δὲ εἰρῆσθαι τοῖς τὰς
περιστερὰς πωλοῦσιν· Ἄρατε ταῦτα ἐντεῦθεν, μὴ ποιεῖτε τὸν   Jo ii 16
οἶκον τοῦ πατρός μου οἶκον ἐμπορίου. οἶμαι δὲ μηδὲ ταῦτα
μόνα αὐτὸν πεποιηκέναι τότε ἀλλὰ καὶ ἄλλα σημεῖα· ἐπιφέ-
ρεται γὰρ ἐκείνοις· Ὡς δὲ ἦν ἐν τοῖς Ἱεροσολύμοις ἐν τῷ   Jo ii 23
25 πάσχα ἐν τῇ ἑορτῇ, πολλοὶ ἐπίστευσαν εἰς τὸ ὄνομα αὐτοῦ,
θεωροῦντες αὐτοῦ τὰ σημεῖα ἃ ἐποίησεν· ἐφ' οἷς καὶ ὁ
Νικόδημός φησι· Ῥαββὶ, οἴδαμεν ὅτι ἀπὸ θεοῦ ἐλήλυθας   Jo iii 2
διδάσκαλος· οὐδεὶς γὰρ δύναται τὰ σημεῖα ταῦτα ποιεῖν ἃ σὺ
ποιεῖς, ἐὰν μὴ ᾖ ὁ θεὸς μετ' αὐτοῦ. πλὴν ἔξεστι Γαλιλαῖον
30 ὄντα ἑορτάζειν ἐν Ἱεροσολύμοις γινόμενον, ὅπου ὁ ναὸς τοῦ
θεοῦ, καὶ θεωρεῖν πάντα ὅσα ἐποίει ἐκεῖ ὁ Ἰησοῦς, καὶ

---

1 φραγγέλλιον   5 ποιεῖτε] ειποιειτε   ante τί] ins. η   9 ἑοράκασιν
13 forsan legendum μήποτε τοῦτ' ἦν ὅπερ λογισάμενοι καὶ ἐννοήσαντες
16 ἑορακότες   21 ποιῆτε pr. man. ut videtur   24 ἐκεῖνος
26 ἐφ' οἷς] φοῖς

μάλιστα τίνα τρόπον ἐκβάλλει τῷ ἐκ σχοινίων φραγελλίῳ
ὑπ' αὐτοῦ πεποιημένῳ πάντας τοὺς πωλοῦντας βόας καὶ
πρόβατα καὶ περιστερὰς, τά τε πρόβατα καὶ τοὺς βόας, καὶ
τὰ λοιπά. ἀρχὴ γὰρ ἡ ἐν Ἱεροσολύμοις ἑορτὴ τοῖς Γαλι-
λαίοις ἐστὶ τοῦ καὶ δέξασθαι τὸν υἱὸν τοῦ θεοῦ ἐλθόντα πρὸς 5
αὐτούς· μὴ γὰρ ἑωρακότες τὰ ἐν τῇ ἑορτῇ οὐκ ἂν ἐδέξαντο
αὐτόν· ἢ οὐδὲ αὐτὸς μὴ προευτρεπισθεῖσι πρὸς τὸ λαβεῖν
αὐτὸν οὕτως ἂν σπουδαίως ἐπεδήμησε, καταλιπὼν τοὺς
ἐρωτήσαντας αὐτὸν μεῖναι παρ' αὐτοῖς.   οἱ μέντοι γε 271
δεξάμενοι τὸν Ἰησοῦν ἐδέξαντο καὶ τὸν ἀποστείλαντα αὐτόν· 10
φησὶ γάρ· Ὁ ἐμὲ δεχόμενος δέχεται τὸν ἀποστείλαντά με.
πρῶτον οὖν ἰδεῖν δεῖ, τουτέστι συνιέναι, τὰ ἐν Ἱεροσολύμοις
ἔργα τοῦ Ἰησοῦ πάντα, τίνα τρόπον καθαίρει τὸ ἱερόν,
ἀποκαθιστὰς αὐτὸ εἰς τὸ εἶναι οἶκον τοῦ πατρὸς, καὶ μηκέτι
οἶκον ἐμπορίου, ἵνα μετὰ τὸ θεωρῆσαι ταῦτα τὸν ἐνεργήσαντα 15
ταῦτα λόγον δεξώμεθα.   οἶμαι δ' ὅτι μὴ πάντα τὰ ἐν Ἱεροσο-
λύμοις θεωρήσας ἔργα τοῦ Ἰησοῦ, οὐ δέξεται τὸν Ἰησοῦν, ἢ
οὐδὲ ἐπιδημήσει τὴν ἧς σύμβολον ἐπιδημίας ἐπιδημίαν
ταύτην τοῖς μὴ πρότερον ἀναβεβηκόσιν εἰς τὴν ἑορτὴν, καὶ
μὴ πάντα τεθεαμένοις ὅσα ἐποίει ἐν τοῖς Ἱεροσολύμοις. 20

57. (56) Ἦλθεν οὖν πάλιν εἰς τὴν Κανᾶ τῆς Γαλι-
λαίας, ὅπου ἐποίησε τὸ ὕδωρ οἶνον. Ὅσα ἐχωρήσαμεν
περὶ τῆς Κανᾶ, ἐν τοῖς ἀνωτέρω εἴπομεν.   δύο δὲ οὐ μάτην
ἐπιδημίαι ἐν Κανᾶ τῷ Ἰησοῦ γίνονται· μήποτε γὰρ σημαί-
νουσι τὰς δύο τοῦ σωτῆρος εἰς τὸν κόσμον ἐπιδημίας, τὴν 25
μὲν προτέραν ἵν' εὐφράνῃ τοὺς συνεστιωμένους, τὴν δὲ δευ-
τέραν ἵνα τὸν ἐγγὺς γενόμενον τοῦ θανάτου <οὐ> βασιλέως
υἱὸν, ἀλλά τινος βασιλικοῦ, ἀναστήσῃ.   καὶ τάχα ὁ βα-
σιλικὸς Ἀβραὰμ ἦν ἢ Ἰακώβ, ὧν υἱὸν, ὄντα τὸν λαόν, μετὰ
τὸ πλήρωμα τῶν ἐθνῶν εἰσελθεῖν, σώσει ἐπὶ τέλους.   δύνανται 30
δὲ καὶ δύο τοῦ λόγου εἶναι ἐπιδημίαι ἐν τῇ ψυχῇ, ἡ μὲν προ-
τέρα τὸν ἐξ ὕδατος γινόμενον οἶνον χορηγοῦσα εἰς εὐφροσύνην

cf. Jo ii 15
cf. Jo iv 40
Lc ix 48
cf. Jo ii 16
Jo iv 46
cf. Ro xi 25

1 ἐκβάλλοι   φραγγελίῳ   8 καταλειπῶν   27 οὐ] om.

τῶν συνεστιωμένων, ἡ δὲ δευτέρα πᾶσαν τὴν καταλειπομένην
ἀσθένειαν καὶ τὸ πρὸς θάνατον κινδυνῶδες περιαιροῦσα.
οὐδὲν δὲ θαυμαστὸν εἰ, ἐπείπερ τὰ πλείονα τῶν ἔργων τοῦ
θεοῦ ἐστιν ἐν ἀποκρύφοις, πολλὰ ὑπὲρ σωτηρίας τῶν πολ-
5 λαχοῦ ποιῶν ὁ Ἰησοῦς, ὧν τύποι τὰ λοιπὰ ἀναγεγραμμένα
χωρία, δὶς τῇ Κανᾷ ταύτῃ ἐπιδημεῖ, βεβαιῶν ἑαυτῷ κτῆσιν
τῶν ἀπὸ ταύτης τῆς γῆς πιστευόντων εἰς τὸν πατέρα δι'
αὐτοῦ.

58. (57) Καὶ ἦν τις βασιλικὸς οὗ ὁ υἱὸς ἠσθένει   Jo iv 46, 53
10 ἐν Καφαρναούμ· ἕως· Καὶ ἐπίστευσεν αὐτὸς καὶ ἡ οἰκία
αὐτοῦ ὅλη. Οὐ πάνυ εὑρίσκομεν παρὰ Ἰουδαίοις τετριμ-
μένον τὸ τοῦ βασιλικοῦ ὄνομα, ὅθεν οὐδὲ, ὅσον ἐπὶ τῇ
ἱστορίᾳ, ἐπιβάλλομεν ἐν νῷ τίς ἦν οὗτος ὁ βασιλικὸς καὶ
τίνος βασιλέως ἐπώνυμος. ὁ μὲν οὖν ἀκεραιότερος οἰήσεται
15 τοῦ βασιλέως Ἡρώδου τινὰ ἄνθρωπον εἶναι τοῦτον τὸν
βασιλικόν· ἕτερος δὲ τούτῳ ὅμοιος ἐρεῖ τῆς Καίσαρος οἰκίας
γεγονέναι τοῦτον τὸν βασιλικὸν, πράττοντά τι περὶ τὴν
272 Ἰουδαίαν τότε· οὐδὲ γὰρ σαφῶς εὑρίσκεται Ἰουδαῖος ὤν,
ἐπείπερ οὐκ ἀκολουθεῖ <τῷ> τὸν υἱὸν αὐτοῦ ἠσθενηκέναι ἐν
20 Καφαρναοὺμ οἰκεῖον αὐτὸν εἶναι τῶν κατὰ τοὺς τόπους.
ἐμφαίνεται δὲ αὐτοῦ τὸ ἀξίωμα καὶ ἐκ τοῦ ἤδη αὐτοῦ κατα-   cf. Jo iv 51
βαίνοντος τοὺς δούλους αὐτῷ ἀπηντηκέναι, λέγοντας ὅτι ὁ
παῖς αὐτοῦ ζῇ· πληθυντικῶς γὰρ οἱ δοῦλοι εἴρηνται. ἐχέτω
τοίνυν ὅπως ποτὲ τὸ τῆς ἱστορίας, καὶ ὁ υἱὸς τοῦ βασιλικοῦ
25 κομψότερον ἐσχηκέτω κατὰ τὸν τοῦ σωτῆρος λόγον, τῇ
ἑβδόμῃ ὥρᾳ ἐλευθερωθεὶς ἀπὸ τοῦ πυρετοῦ, καὶ ἡ οἰκία
αὐτοῦ ὅλη πεπιστευκέτω. φέρε δὲ κατὰ τὸ δυνατὸν ἡμῖν
ἐρευνήσωμεν τίνος οὗτος σύμβολον εἶναι δύναται καὶ ὁ υἱὸς
αὐτοῦ. μέγαν δὴ βασιλέα, οὗ πόλις ἐστὶ τὰ ἀληθινὰ   cf. Mt v 35
30 Ἱεροσόλυμα, καὶ βασιλέα τῶν βασιλευόντων, τὸν πορευθέντα   cf. Ap xix
εἰς χώραν μακρὰν λαβεῖν ἑαυτῷ βασιλείαν καὶ ὑποστρέψαι,   16
καὶ ἐπανελθόντα βασιλέα οὐδένα ἄλλον ἴσμεν ἢ τὸν εἰπόντα·   Lc xix 12

3 εἶναι   13 ἐν νῷ] ἐν ᾧ   19 τῷ] om.   23 ἱκέτω
24 τότε   32 ἴσμεν] ἴομεν

Ἐγὼ δὲ κατεστάθην βασιλεὺς ὑπ' αὐτοῦ ἐπὶ Σειὼν ὄρος τὸ
ἅγιον αὐτοῦ, διαγγέλλων τὸ πρόσταγμα κυρίου.   τούτου τὴν
ἡμέραν οἱ ἰδόντες καὶ εὐφρανθέντες πάντες εἰσὶ βασιλικοί,
καὶ οἱ πιστεύοντες εἰς τὸν πατέρα δι' αὐτοῦ ἐπώνυμοι τυγ-
χάνουσι τῆς βασιλείας αὐτοῦ, ὧν ἕνα τινὰ ζητοῦμεν καὶ τὸν   5
ἀσθενήσαντα υἱὸν αὐτοῦ καὶ τὰ τούτου ἀκόλουθα.   ἐλέγομεν
δὲ ἐν τοῖς ἀνωτέρω τὸν πάντα λαὸν υἱὸν εἶναι τοῦ Ἀβραάμ,
ὡς καὶ αὐτοὶ αὐχοῦντές φασι· Σπέρμα Ἀβραάμ ἐσμεν καὶ
οὐδενὶ δεδουλεύκαμεν πώποτε· καί· Μὴ σὺ μείζων εἶ τοῦ
πατρὸς ἡμῶν Ἀβραάμ, ὅστις ἀπέθανεν; ὡς ἐπ' αὐτῷ γὰρ   10
καυχωμένου τοῦ λαοῦ παρὰ τοὺς λοιποὺς καὶ μετ' αὐτὸν
πατέρας, φησὶ καὶ ὁ σωτήρ· Μὴ ἄρξησθε λέγειν ὅτι Πατέρα
ἔχομεν τὸν Ἀβραάμ· ἤ· Μὴ δόξητε λέγειν ὅτι Πατέρα
ἔχομεν τὸν Ἀβραάμ· δύναται ὁ θεὸς ἐκ τῶν λίθων τούτων
ἐγεῖραι τέκνα τῷ Ἀβραάμ.   ἀλλὰ καὶ ὁ Ἡσαΐας πρὸς τὸν   15
λαόν φησιν· Ἐμβλέψατε εἰς Ἀβραὰμ τὸν πατέρα ὑμῶν, καὶ
εἰς Σάρραν τὴν ὠδείνουσαν ὑμᾶς.   καὶ τί δεῖ διὰ παραδειγ-
μάτων μηκύνειν τὸν λόγον, σαφοῦς ὄντος ὅτι αὐτὸς πρῶτος
χρηματίζει πατὴρ τοῦ λαοῦ, διὸ καὶ ἐξαιρέτως ὀνομάζεται
πατήρ;   ὑπονοοῦμεν τοίνυν τὸν μὲν βασιλικὸν εἶναι τὸν   20
Ἀβραάμ, τὸν δὲ ἀσθενήσαντα αὐτοῦ υἱὸν ἐν Καφαρναοὺμ
καὶ μέλλοντα ἀποθνήσκειν τὸ Ἰσραηλιτικὸν γένος, ἀσθενῆ-
σαν ἐν τῇ θεοσεβείᾳ καὶ τῇ τηρήσει τῶν θείων νόμων, καὶ
πρὸς τῷ ἀποθανεῖν τῷ θεῷ γενόμενον τῶν πεπυρωμένων
βελῶν τοῦ ἐχθροῦ πεπυρωμένον, καὶ διὰ τοῦτο πυρέσσειν   25
λεγόμενον.   φαίνεται δὲ μέλειν τοῖς προεξεληλυθόσι τὸν   273
βίον τοῦτον ἁγίοις περὶ τοῦ λαοῦ, ὡς ἐν τοῖς Μακκαβαϊκοῖς
γέγραπται μετὰ πλεῖστα ὅσα ἔτη τῆς Ἰερεμίου ἀναλήψεως·
Οὗτός ἐστιν Ἰερεμίας ὁ τοῦ θεοῦ προφήτης ὁ πολλὰ εὐχό-
μενος περὶ τοῦ λαοῦ.   ὅρα τοίνυν εἰ δυνατὸν ἐκλαμβάνειν   30
ἡμᾶς ὅτι ὁ Ἀβραὰμ βασιλικός τις ὤν, νοσήσαντος αὐτῷ τοῦ
υἱοῦ καὶ ἀποθνήσκειν μέλλοντος, ἀξιοῖ βοηθῆναι ὑπὸ τοῦ

Ps ii 6 f.
cf. Jo viii 56
Jo viii 33
Jo viii 53
Lc iii 8
Mt iii 9
Is li 2
cf. Jo. iv 46
cf. Eph vi 16
2 Macc xv 14

3 εἰδόντες   17 ὑμᾶς] ἡμᾶς   26 μέλλειν pr. man. ut
videtur   29 οὗτως   32 βοηθηθῆναι

σωτῆρος ἡμῶν τὸν κάμνοντα, γενόμενος πρὸς αὐτὸν καὶ cf. Jo iv 47
ἐρωτῶν ἵνα καταβῇ καὶ ἰάσηται αὐτοῦ τὸν υἱόν, ἔμελλε γὰρ
ἀποθνήσκειν.

59. (58) Τὸ δέ· Ἐὰν μὴ σημεῖα καὶ τέρατα ἴδητε· Jo iv 48
5 λεγόμενον πρὸς αὐτόν, τὴν ἀναφορὰν ἔχει ἐπὶ τὸ πλῆθος
τῶν υἱῶν αὐτοῦ τάχα δὲ καὶ ἐπ᾽ αὐτόν. ὡς γὰρ Ἰωάννης
προσδοκῶν τὴν Χριστοῦ ἐπιδημίαν περιέμενε τὸ δοθὲν
σημεῖον, ἵνα δι᾽ αὐτοῦ γνῷ τὸν προφητευόμενον· τὸ δὲ
σημεῖον ἦν· Ἐφ᾽ ὃν ἂν ἴδῃς τὸ πνεῦμα καταβαῖνον καὶ ⟩ Jo i 33 f.
10 μένον ἐπ᾽ αὐτόν, οὗτός ἐστιν ὁ υἱὸς τοῦ θεοῦ· οὕτως καὶ
οἱ προκεκοιμημένοι ἅγιοι, προσδοκῶντες καὶ τὴν ἐν σώματι
τοῦ χριστοῦ ἐπιδημίαν, ἀπὸ τῶν σημείων καὶ τῶν τεράτων
ἐχαρακτήριζον αὐτόν, διὰ τούτων τῷ ἐλπιζομένῳ πιστεύοντες.
τάχιον δὲ παρακαλεῖ τὸν κύριον καταβῆναι πρὸς τὸ νοσοῦν
15 παιδίον ἑαυτοῦ, εὐλαβούμενος μὴ προλάβῃ ὁ θάνατος κρα-
τήσας τὸν κάμνοντα, καὶ ἀπελαύνει γε τὸν πυρετὸν λόγῳ ὁ
χριστός, ἐπαγγειλάμενος τῷ πατρὶ περὶ τῆς ζωῆς τοῦ
κινδυνεύοντος διὰ τοῦ· Πορεύου· ὁ υἱός σου ζῇ. ἔχει δὲ Jo iv 50
οὗτος ὁ βασιλικὸς οὐ μόνον υἱόν, ἀλλὰ καὶ δούλους, ὧν
20 σύμβολον ἦσαν οἱ οἰκογενεῖς καὶ ἀργυρώνητοι τοῦ Ἀβραάμ,
εἶδός τι πιστευόντων ταπεινότερον καὶ ὑποβεβηκός. οὗτοι
συνόντες τῷ κάμνοντι παιδίῳ θεωροῦσι τὴν σωτηρίαν αὐτοῦ
καὶ ἀπαντῶσι τῷ πατρὶ εὐαγγελιζόμενοι τὴν ζωὴν τοῦ
θεραπευθέντος διὰ τοῦ· Ὁ παῖς σου ζῇ· εὐφραίνοντες ὅτι οὐκ Jo iv 51
25 ἐφρόνουν πρότερον περὶ τοῦ παιδίου τοῦ δεσπότου ὅτι ἔζη.
οὐ μάτην δὲ ὥραν ἑβδόμην ἀφίησιν αὐτὸν ὁ πυρετός, ὁ γὰρ cf. Jo iv 52
ἀριθμὸς ἀναπαύσεως ἦν. ὁ ἐν Καφαρναοὺμ μέντοι γε υἱός
ἐστιν ὁ νοσῶν καὶ θεραπευόμενος, ᾧ ἐν τῷ τῆς παρακλήσεως
ἀγρῷ, γένος τι κεκμηκότων μὲν οὐ πάντῃ δὲ ἔξω καρπῶν
30 γεγενημένων, καὶ τελειοτάτῃ γνόντι τῷ πατρὶ τὴν τοῦ υἱοῦ
σωτηρίαν ἡ πίστις γίνεται, πανοικεὶ πιστεύοντι Χριστῷ.
κατελθὼν δὲ ἐκ τῆς Ἰουδαίας εἰς τὴν Γαλιλαίαν πῶς τοῦτο

2 ἐρωτᾶν   7 περιέμενον   18 ἐκεῖ   20 γεγενημένον

cf. Jo iv 5 δεύτερον σημεῖον πεποίηκεν ὁ Ἰησοῦς, κατὰ τὸ δυνατὸν ἐν
τοῖς ἑξῆς γενόμενοι κατὰ τὴν λέξιν ἐρευνήσομεν. εἰ δὲ καὶ 274
cf. 1 Co ii 8 δυνάμεώς τινος εἰκών ἐστιν ὁ βασιλικὸς τῶν ἀρχόντων
τούτου τοῦ αἰῶνος, καὶ ὁ υἱὸς αὐτοῦ τοῦ ὑπὸ τὴν ἐξουσίαν
αὐτοῦ διαφέροντος παρ' αὐτῷ λαοῦ καί, ἵν' οὕτως εἴπω, οἱονεὶ 5
τῆς παρ' αὐτῷ ἐκλογῆς, ἥ τε ἀσθένεια αὐτοῦ ἡ παρὰ τὴν
προαίρεσιν τοῦ ἄρχοντος διάθεσις μοχθηρά, καὶ ἡ Καφαρ-
ναοὺμ τοῦ χωρίου τῆς μονῆς τῶν ὑπ' αὐτὸν ἡ εἰκών ἐστιν
σκοπητέον. οἶμαι γὰρ καὶ τῶν ἀρχόντων τινάς, καταπεπλη-
γότας τὴν δύναμιν αὐτοῦ καὶ τὴν θειότητα, προπεφευγέναι 10
αὐτῷ καὶ ἠξιωκέναι περὶ τῶν ὑπ' αὐτοῖς οἰκονομουμένων·
ἐπεὶ τί δήποτε ἄνθρωποι μὲν μετάνοιαν ἐπιδέχονται καὶ ἐξ
ἀπιστίας εἰς πίστιν μεταβάλλουσιν, ἐπὶ δὲ τῶν δυνάμεων τὸ
παραπλήσιον λέγειν ὀκνήσομεν; ἢ λεγέτω τις ἡμῖν τί τὸ
αἴτιον τοῦ δύνασθαι μὲν τοὺς ἐνδεδυμένους σαρκὶ καὶ αἵματι 15
μεταβαλόντας καταπεφευγέναι ἐπὶ τὸν θεὸν διὰ Χριστοῦ,
τοὺς δὲ καθαρωτέρᾳ τῇ φύσει χρωμένους πάντας ἀνεπιδέ-
κτους εἶναι τῆς εἰς τὸν σωτῆρα πίστεως καὶ τῆς ἐπὶ ταῖς
τεραστείοις δυνάμεσιν ὑπ' αὐτοῦ γινομέναις καταπλήξεως·
ἐγὼ δὲ νομίζω καὶ περὶ τοὺς ἄρχοντάς τι γίνεσθαι, μετα- 20
βαλόντας ἐπὶ τὸ βέλτιον ἐν τῇ Χριστοῦ ἐπιδημίᾳ, ὥστε
τινὰς ὅλας πόλεις ἢ καὶ ἔθνη οἰκειότερον πολλῶν ἐσχηκέναι
τὰ πρὸς τὸν χριστόν. καὶ οὐδέν γε ἄτοπον κατὰ ταύτην
Jo iv 48 τὴν ἐκδοχὴν ἔσται τὸ λέγεσθαι πρὸς τὸν βασιλικόν· Ἐὰν μὴ
σημεῖα καὶ τέρατα ἴδητε, οὐ μὴ πιστεύσητε. δύναται δὲ 25
περὶ τῆς δυνάμεως τοῦ θεοῦ παρακαλεῖν ὁ βασιλικός, γενό-
cf. Jo iv 47 μενος πρὸς αὐτόν, ὅπως καταβῇ εἰς τὸ χωρίον τῆς νόσου τοῦ
παιδίου καὶ ἰάσηται τὸν νενοσηκότα· ἀλλ' οὐ πάντως κατα-
βεβηκέναι δεῖ πρὸς τὸν υἱὸν τοῦ βασιλικοῦ πυρέττοντα·
Jo iv 51 ἀρκεῖ γὰρ τό· Ὁ υἱός σου ζῇ· πρὸς σωτηρίαν λεγόμενον τοῦ 30
παιδός, δραστηρίου ὄντος τοῦ λόγου καὶ ποιητικοῦ ὧν
βούλεται ὁ λέγων.

4 τοῦ 2°] τῶν   ἐξισσίαν   9 οἶμαι] ἦμαι (corr.)   15 τοῦ]
τοῦτο   τοῦ ἐνδεδυμένου   17 ἀνεπιλέκτους

60. (59) Ἔοικε δὲ βασιλικὸν ὁ Ἡρακλέων λέγειν τὸν δημιουργόν, ἐπεὶ καὶ αὐτὸς ἐβασίλευεν τῶν ὑπ' αὐτόν· διὰ δὲ τὸ μικρὰν αὐτοῦ καὶ πρόσκαιρον εἶναι τὴν βασιλείαν, φησὶ, βασιλικὸς ὠνομάσθη, οἱονεὶ μικρός τις βασιλεὺς ὑπὸ καθολικοῦ βασιλέως τεταγμένος ἐπὶ μικρᾶς βασιλείας· 275 τὸν δὲ ἐν Καφαρναοὺμ υἱὸν αὐτοῦ διηγεῖται τὸν ἐν τῷ ὑποβεβηκότι μέρει τῆς μεσότητος τῷ πρὸς θάλασσαν, τουτέστι τῷ συνημμένῳ τῇ ὕλῃ, καὶ λέγει ὅτι ὁ ἴδιος αὐτοῦ ἄνθρωπος ἀσθενῶν, τουτέστιν οὐ κατὰ φύσιν ἔχων, 10 ἐν ἀγνοίᾳ καὶ ἁμαρτήμασιν ἦν. εἶτα τό· Ἐκ τῆς Ἰουδαίας Jo iv 54 εἰς τὴν Γαλιλαίαν· ἀντὶ τοῦ· ἐκ τῆς ἄνωθεν Ἰουδαίας. οὐκ οἶδα δὲ ὅπως εἰς τό· Ἤμελλεν ἀποθνήσκειν· κινηθεὶς Jo iv 47 οἴεται ἀνατρέπεσθαι τὰ δόγματα τῶν ὑποτιθεμένων ἀθάνατον εἶναι τὴν ψυχὴν, εἰς τὸ αὐτὸ συμβάλλεσθαι ὑπολαμβάνων 15 καὶ τὸ ψυχὴν καὶ σῶμα ἀπόλλυσθαι ἐν γεέννῃ. καὶ οὐκ cf. Mt x 28 ἀθάνατόν γε εἶναι ἡγεῖται τὴν ψυχὴν ὁ Ἡρακλέων, ἀλλ' ἐπιτηδείως ἔχουσαν πρὸς σωτηρίαν, αὐτὴν λέγων εἶναι τὸ ἐνδυόμενον ἀφθαρσίαν φθαρτὸν καὶ ἀθανασίαν θνητόν, cf. 1 Co xv ὅταν καταποθῇ ὁ θάνατος αὐτῆς εἰς νῖκος. πρὸς τούτοις 53 f. cf. Is xxv 8 20 καὶ τό· Ἐὰν μὴ σημεῖα καὶ τέρατα ἴδητε, οὐ μὴ πιστεύσητε· Jo iv 48 λέγεσθαί φησιν οἰκείως πρὸς τὸ τοιοῦτον πρόσωπον, δι' ἔργων φύσιν ἔχον καὶ δι' αἰσθήσεως πείθεσθαι, καὶ οὐχὶ λόγῳ πιστεύειν. τὸ δέ· Κατάβηθι πρὶν ἀποθανεῖν τὸ παι- Jo iv 49 δίον μου· διὰ τὸ τέλος εἶναι τοῦ νόμου τὸν θάνατον εἰρῆσθαι 25 νομίζει, ἀναιροῦντος διὰ τῶν ἁμαρτιῶν· πρὶν τελέως οὖν, φησὶ, θανατωθῆναι κατὰ τὰς ἁμαρτίας, δεῖται ὁ πατὴρ τοῦ μόνου σωτῆρος ἵνα βοηθήσῃ τῷ υἱῷ, τουτέστι τῇ τοιᾷδε φύσει. πρὸς τούτοις τό· Ὁ υἱός σου ζῇ· κατὰ ἀτυφίαν Jo iv 50 εἰρῆσθαι τῷ σωτῆρι ἐξείληφεν, ἐπεὶ οὐκ εἶπε· ζήτω, οὐδὲ 30 ἐνέφηνεν αὐτὸς παρεσχῆσθαι τὴν ζωήν. λέγει δὲ ὅτι καταβὰς πρὸς τὸν κάμνοντα καὶ ἰασάμενος αὐτὸν τῆς νόσου, τουτέστι τῶν ἁμαρτιῶν, καὶ διὰ τῆς ἀφέσεως ζωοποιήσας

4 post φησί] ins. τὴν βασιλείαν   10 αγνεία
19 νεῖκος   24 τόν] τό·

Jo iv 53   εἶπεν· Ὁ υἱός σου ζῇ. καὶ ἐπιλέγει πρὸς τό· Ἐπίστευσεν
ὁ ἄνθρωπος· ὅτι εὔπιστος καὶ ὁ δημιουργός ἐστιν, ὅτι
δύναται ὁ σωτὴρ καὶ μὴ παρὼν θεραπεύειν. δούλους δὲ
τοῦ βασιλικοῦ ἐξείληφε τοὺς ἀγγέλους τοῦ δημιουργοῦ,
Jo iv 51   ἀπαγγέλλοντας ἐν τῷ· Ὁ παῖς σου ζῇ· ὅτι οἰκείως καὶ 5
κατὰ τρόπον ἔχει, πράσσων μηκέτι τὰ ἀνοίκεια· καὶ διὰ
τοῦτο νομίζει ἀπαγγέλλειν τῷ βασιλικῷ τοὺς δούλους τὰ
περὶ τῆς τοῦ υἱοῦ σωτηρίας, ἐπεὶ καὶ πρώτους οἴεται
βλέπειν τὰς πράξεις τῶν ἐν τῷ κόσμῳ ἀνθρώπων τοὺς
ἀγγέλους, εἰ ἐρρωμένως καὶ εἰλικρινῶς πολιτεύοιντο ἀπὸ 276
τῆς τοῦ σωτῆρος ἐπιδημίας. ἔτι πρὸς τὴν ἑβδόμην ὥραν
λέγει ὅτι διὰ τῆς ὥρας χαρακτηρίζεται ἡ φύσις τοῦ ἰαθέντος.
Jo iv 53   ἐπὶ πᾶσι τό· Ἐπίστευσεν αὐτὸς καὶ ἡ οἰκία αὐτοῦ ὅλη·
διηγήσατο ἐπὶ τῆς ἀγγελικῆς εἰρῆσθαι τάξεως καὶ ἀνθρώπων
τῶν οἰκειοτέρων αὐτῷ. ζητεῖσθαι δέ φησι περί τινων ἀγ- 15
cf. Ge vi 2   γέλων εἰ σωθήσονται, τῶν κατελθόντων ἐπὶ τὰς τῶν ἀν-
θρώπων θυγατέρας. καὶ τῶν ἀνθρώπων δὲ τοῦ δημιουργοῦ
Mt viii 12   τὴν ἀπώλειαν δηλοῦσθαι νομίζει ἐν τῷ· Οἱ υἱοὶ τῆς βασι-
λείας ἐξελεύσονται εἰς τὸ σκότος τὸ ἐξώτερον· καὶ περὶ
Is i 2   τούτων τὸν Ἡσαΐαν προφητεύειν τό· Υἱοὺς ἐγέννησα καὶ 20
cf. Is i 4   ὕψωσα, αὐτοὶ δὲ μὲ ἠθέτησαν οὕστινας υἱοὺς ἀλλοτρίους,
cf. Is v 1 f.   καὶ σπέρμα πονηρὸν καὶ ἄνομον καλεῖ, καὶ ἀμπελῶνα
ἀκάνθας ποιήσαντα.

  61. Καὶ ταῦτα μὲν τὰ Ἡρακλέωνος, ἅπερ·τολμηρότερον
καὶ ἀσεβέστερον εἰρημένα ἐχρῆν μετὰ πολλῆς κατασκευῆς 25
ἀποδεδέχθαι, εἴπερ ἦν ἀληθῆ. οὐκ οἶδα δὲ πῶς καὶ περὶ
ἀθανασίας ψυχῆς ἀπιστεῖ, μὴ ἐκλαβὼν πόσα σημαίνεται ἐκ
τῆς θάνατος φωνῆς. καθορῶντα γὰρ ἔδει τὸ σημαινόμενον
μετ' ἐπισκέψεως καὶ ἀκριβείας ἰδεῖν εἰ κατὰ πάντα τὰ ση-
μαινόμενα θνητή ἐστιν. εἰ μὲν γὰρ ὅτι δεκτικὴ ἁμαρτίας, 30
cf. Ez xviii 4   ψυχὴ δὲ ἡ ἁμαρτάνουσα αὐτὴ ἀποθανεῖται, καὶ ἡμεῖς ἐροῦμεν
αὐτὴν θνητήν· εἰ δὲ τὴν παντελῆ διάλυσιν καὶ ἐξαφανισμὸν

6 ἔχειν   10 πολιτεύειν τό   15 οἰκειωτέρων
16, 17 ἀνθρώπων] ἀνῶν bis   28 καθαρὰν· τὰ

αὐτῆς θάνατον νομίζει, ἡμεῖς οὐ προσησόμεθα, οὐδὲ μέχρι
ἐπινοίας ἰδεῖν δυνάμενοι οὐσίαν θνητὴν μεταβάλλουσαν εἰς
ἀθάνατον, καὶ φύσιν φθαρτὴν ἐπὶ τὸ ἄφθαρτον· ὅμοιον γὰρ
τοῦτο τῷ λέγειν μεταβάλλειν τι ἀπὸ σώματος εἰς ἀσώματον·
5 ὡς ὑποκειμένου τινὸς κοινοῦ τῆς τῶν σωμάτων καὶ ἀσωμάτων
φύσεως, ὅπερ μένει, ὥσπερ μένειν φασὶ τὸ ὑλικὸν οἱ περὶ
ταῦτα δεινοί, τῶν ποιοτήτων μεταβαλλουσῶν εἰς ἀφθαρσίαν.
οὐ ταὐτὸν δέ ἐστι τὴν φθαρτὴν φύσιν ἐνδύεσθαι ἀφθαρσίαν, cf. 1 Co xv 53
καὶ τὸ τὴν φθαρτὴν φύσιν μεταβάλλειν εἰς ἀφθαρσίαν. τὰ
10 δ' αὐτὰ καὶ περὶ τῆς θνητῆς λεκτέον, οὐ μεταβαλλούσης
μὲν εἰς ἀθανασίαν ἐνδυομένης δὲ αὐτήν. ἔτι ἐπείπερ τὴν
ψυχικὴν φύσιν ᾠήθη δι' ἔργων καὶ αἰσθήσεως πείθεσθαι οὐχὶ
δὲ λόγων, πευσόμεθα αὐτοῦ περὶ Παύλου ποίας φύσεως ἦν.
εἰ μὲν γὰρ πνευματικῆς, πῶς διὰ τῆς τεραστίου ἐπιφανείας
15 πεπίστευκεν; εἰ δ' οὐκ ἄλλως ἐδύνατο πιστεύειν ἢ διὰ τῆς
τεραστίου ἐπιφανείας, ἀκολουθεῖ κατ' αὐτοὺς καὶ αὐτὸν εἶναι
277 ψυχικόν. πῶς δὲ οὐκ ἀσεβὲς τὸ πρὸ τοῦ δημιουργοῦ τοὺς
ἀγγέλους αὐτοῦ θεωρεῖν τὸ ἐρρωμένον καὶ τὸ εἰλικρινὲς τῆς
πολιτείας τῶν ὑπὸ τῆς δυνάμεως τοῦ σωτῆρος βελτιωθέντων,
20 καὶ παρὰ τὸ ἐναργὲς τοῦ περὶ τοῦ δημιουργοῦ λόγου, ἔτι δὲ
καὶ παρὰ τὴν γραφὴν τὴν λέγουσαν· Εἰ κρυβήσεται ἄν- Jer xxiii 24
θρωπος ἐν κρυφαίοις, κἀγὼ οὐκ ὄψομαι αὐτόν; καί· Κύριος Ps vii 10
ἐτάζων νεφροὺς καὶ καρδίας· καί· Κύριος γινώσκων τοὺς Ps xciii
(xciv) 11
διαλογισμοὺς τῶν ἀνθρώπων κἂν ὦσι μάταιοι; πῶς δὲ
25 σώσει καὶ τό· Ὁ εἰδὼς τὰ πάντα πρὶν γενέσεως αὐτῶν; Hist Susann
τί δὲ μᾶλλον ἢ φύσις χαρακτηρίζεται τοῦ ἰαθέντος ἀπὸ τοῦ ³⁵
ἀριθμοῦ τῆς ὥρας, ἢ ἡ φύσις τῆς ἰάσεως, γινομένης τῷ
οἰκείῳ τῇ ἀναπαύσει ἀριθμῷ; τὸ δὲ διαφθορὰς εἶναι ψυχικῶν,
ἐπὶ τέλει ὧν ἐξεθέμεθα ὑπ' αὐτοῦ εἰρημένων ἀναγεγραμμένον,
30 ὁμωνυμίᾳ χρωμένου ἐστὶ καὶ ἑτέραν φύσιν εἰσάγοντος τετάρ-
την, ὅπερ οὐ βούλεται.

62. (60) ΤΟΥΤΟ ΔΕ ΠΑΛΙΝ ΔΕΥΤΕΡΟΝ ϹΗΜΕΙΟΝ ΕΠΟΙΗ- Jo iv 54

9 μεταβαλλεῖν   14 πνευματικῆς, πῶς] πνικῇ ὅπως
17 οὐκ] καὶ   26 τί] ἔτι   27 ἢ ἡ] εἴη   γινομένη

cεν ὁ Ἰηϲοῦϲ ἐλθὼν ἐκ τᾶϲ Ἰογδαίαϲ εἰϲ τὴν Γαλιλαίαν.

Τὸ ῥητὸν ἀμφίβολόν ἐστι, σημαίνει γὰρ τὸ μέν τι τοιοῦτον·
ἐν τῇ ἀπὸ τῆς Ἰουδαίας εἰς τὴν Γαλιλαίαν ἐπιδημίᾳ ὁ Ἰησοῦς
δύο σημεῖα πεποίηκεν, ὧν τὸ περὶ τὸν υἱὸν τοῦ βασιλικοῦ
δεύτερόν ἐστι· τὸ δέ τι τοιοῦτον· δύο σημείων ὄντων ἃ 5
ἐποίησεν ἐν τῇ Γαλιλαίᾳ ὁ Ἰησοῦς, τὸ δεύτερον πεποίηκεν
ἐλθὼν ἀπὸ τῆς Ἰουδαίας εἰς τὴν Γαλιλαίαν. καὶ τοῦτό γέ
ἐστι τὸ δεκτὸν καὶ ἀληθές· οὐ γὰρ τὸ πρότερον ἀπὸ τῆς
Ἰουδαίας εἰς τὴν Γαλιλαίαν ἐλθὼν πεποίηκε (τὸ δὲ πρότερόν
cf. Jo ii 1 ff.   ἐστι τὸ περὶ τὴν μεταβολὴν τοῦ ὕδατος εἰς οἶνον), ὅπερ 10
cf. Jo i 38 ff.   γέγονε τῇ ἐπαύριον τοῦ Ἀνδρέαν τὸν ἀδελφὸν Σίμωνος
Πέτρου, πυθόμενον ποῦ μένει, περὶ δεκάτην ὥραν τῆς ἡμέρας
Jo i 43   μεμενηκέναι παρὰ τῷ κυρίῳ· γέγραπται γάρ· Τῇ ἐπαύριον
ἠθέλησεν ἐξελθεῖν εἰς τὴν Γαλιλαίαν, καὶ εὑρίσκει Φίλιππον.
ὅρα δὲ τὴν οἰκονομίαν εἰ δυνάμεθα νοῆσαι τοῦ καὶ ἐπισεση- 15
μειῶσθαι τὸν εὐαγγελιστὴν περὶ τοῦ δεύτερον τοῦτο τὸ
σημεῖον γεγονέναι, κατελθόντος ἀπὸ τῆς Ἰουδαίας εἰς τὴν
Γαλιλαίαν τοῦ κυρίου. ἐλέγομεν δὲ ἐν τοῖς ἀνωτέρω δύ-
νασθαι τὰς δύο εἰς τὴν Κανᾶ τοῦ σωτῆρος ἡμῶν ἐπιδημίας
εἰς σύμβολον λαμβάνεσθαι τῶν δύο αὐτοῦ εἰς τὴν γῆν 20
ἐπιδημιῶν, ἥτις παρὰ τὸ κτῆμα αὐτοῦ γεγονέναι, εἰληφότος
cf. Mt xxviii   πᾶσαν ἐξουσίαν ὡς ἐν οὐρανῷ καὶ ἐπὶ γῆς, Κανᾶ ὠνομάσθη.
18   τῇ μὲν οὖν προτέρᾳ ἐπιδημίᾳ μετὰ τὸ λουτρὸν ἡμᾶς εὐ-
φραίνει συνδιαιτωμένους αὐτῷ, καὶ διδοὺς τοῦ ἐκ τῆς
δυνάμεως αὐτοῦ οἴνου πιεῖν, ὕδατος μὲν τυγχάνοντος ὅτε 25
ἠντλεῖτο πρότερον, οἴνου δὲ γενομένου ὅτε αὐτὸν μετεποίησεν 278
Ἰησοῦς. καὶ γὰρ ἀληθῶς πρὸ μὲν Ἰησοῦ ἡ γραφὴ ὕδωρ
ἦν, ἀπὸ δὲ τοῦ Ἰησοῦ οἶνος ἡμῖν γεγένηται. τῇ δὲ δευτέρᾳ
ἐπιδημίᾳ ἀπολύει τοῦ πυρετοῦ κατὰ τὸν καιρὸν τῆς κρίσεως,
cf. Jo iv   ἣν ἐπιστεύθη κρίνειν ἀπὸ τοῦ θεοῦ, ἀπολύων τοῦ πυρετοῦ 30
46 ff.   καὶ ἰώμενος παντελῶς τὸν τοῦ βασιλικοῦ υἱόν, εἴτε Ἀβραὰμ

2 σημαίνει γὰρ τὸ] σημαίνει γὰρ τὸ μαίνει γὰρ τὸ   3 ἐπιδημεῖ
5 τοιοῦτο   8 καὶ] om.   13 περὶ   15 τοῦ] τὸ   21 ἐπι-
δημῶν   25 ποιεῖν

εἴτε ἄρχοντός τινος ὀνομαζομένου βασιλικοῦ. καὶ ταῦτα
μὲν ὡς πρός τινα διήγησιν παραξύουσαν τὰς προτέρας.
ἐπεὶ δὲ μεμνῆσθαι ἡμᾶς ἑαυτῶν δεῖ, λεκτέον ὅτι δυνατὸν
πάσῃ τῇ κτήσει αὐτοῦ τὴν διττὴν ταύτην νοεῖσθαι ἐπιδη-
5 μίαν. ἐπιστήσεις δὲ εἰ προηγουμένην μὲν κατὰ τοῦτο τὴν
πρώτην λεκτέον ἑπομένην δὲ τὴν δευτέραν, ὥστε τὴν μὲν
προηγουμένην εὐφραίνεσθαι τοὺς παραδεξαμένους αὐτὸν, τῇ
δὲ δευτέρᾳ πάσης νόσου ἀπολύεσθαι καὶ τῶν πεπυρωμένων   cf. Eph vi 16
τοῦ ἐχθροῦ βελῶν τοὺς μὴ βουληθέντας πρότερον τοῦ οἴνου
10 αὐτοῦ πιεῖν. καὶ τὰ μὲν τῆς πρώτης δυνάμεως ἀμέριστά
ἐστιν, ἐν Κανᾷ γὰρ ὁ ποιῶν τὸ ὕδωρ οἶνον ἦν καὶ οἱ
πίνοντες· τὰ δὲ τῆς δευτέρας οἱονεὶ ἔχει τινὰ μερισμόν, ὁ
γὰρ τοῦ βασιλικοῦ υἱὸς νοσῶν οὐκ ἦν ὅπου Ἰησοῦς· οὐ γὰρ
ἦν ἐν Κανᾷ ἀλλ' ἐν Καφαρναούμ. καὶ ὁ μὲν τῆς δυνάμεως
15 λόγος ἀπὸ τῆς Κανᾶ ἐξέρχεται, τὸ γάρ· Ὁ υἱός σου ζῇ·   Jo iv 50
ἐν Κανᾷ εἴρηται· τὸ δὲ τοῦ λόγου ἔργον ἐν Καφαρναοὺμ
γίνεται, ἐκεῖ γὰρ νοσῶν ὁ τοῦ βασιλικοῦ υἱὸς λόγῳ ἐθερα-
πεύθη τοῦ Ἰησοῦ κατὰ τὴν ἑβδόμην ὥραν. τοῦτον δὲ λόγῳ   cf. Jo iv 52
εὑρίσκομεν θεραπευθέντα ἀπὸ μὴ παρεῖναι νομιζομένου
20 αὐτῷ τοῦ Ἰησοῦ, καὶ τὸν τοῦ ἑκατοντάρχου δοῦλον· καὶ γὰρ
ἀπ' ἐκείνου εἰς τὴν οἰκίαν τοῦ ἑκατοντάρχου οὐ γίνεται ὁ
κύριος εἰπόντος· Κύριε, οὐκ εἰμὶ ἱκανὸς ἵνα μου ὑπὸ τὴν
στέγην εἰσέλθῃς· ἀλλὰ μόνον εἰπὲ λόγῳ, καὶ ἰαθήσεται·   Mt viii 8
διὸ φησι πρὸς αὐτόν· Ὕπαγε, καὶ ὡς ἐπίστευσας γενηθήτω   Mt viii 13
25 σοι.

63. Τετηρήκαμεν δὲ καὶ ὅτι ἐν Καφαρναοὺμ ἀμφό-
τεροι ἦσαν νοσοῦντες, ὅ τε τοῦ ἑκατοντάρχου παῖς καὶ ὁ τοῦ
βασιλικοῦ υἱός. καὶ ἡ πενθερὰ δὲ Πέτρου βεβλημένη   cf. Mc i 30 f.
ἐπύρεσσεν ἐν Καφαρναούμ, ἧς ἁψάμενος τῆς χειρὸς ἰάσατο
30 τὴν βεβλημένην, ὡς ἐγερθεῖσαν διακονεῖν αὐτῷ. καὶ οὗτοι
μὲν ἡμέρας ἐθεραπεύθησαν ἐν Καφαρναούμ. ὁ μὲν τοῦ
βασιλικοῦ υἱὸς ὥραν ἑβδόμην, ὁ δὲ τοῦ ἑκατοντάρχου παῖς

Mt viii 16 καὶ ἡ τοῦ Πέτρου πενθερὰ πρὸ τῆς ὀψίας. Ὀψίας δὲ
γενομένης, κατὰ τὸν Ματθαῖον, ἐν Καφαρναοὺμ προσή-
νεγκαν αὐτῷ δαιμονιζομένους πολλούς, καὶ ἐξέβαλε τὰ
πνεύματα λόγῳ, καὶ πάντας τοὺς κακῶς ἔχοντας ἐθεράπευσε. 279
βράδιον οὖν τινες ὑπὸ Ἰησοῦ θεραπεύονται καὶ ἕτεροι 5
τάχιον· οἱ γὰρ ὀψίας βράδιον, ὡς ἐλάττονες ὄντες, δαιμονῶσι
γὰρ καὶ ἔχουσι κακῶς, τῶν ἡμέρας τεθεραπευμένων. φιλο-
τιμητέον δὲ συναγαγεῖν τοὺς τόπους ἔνθα εὑρέθησαν οἱ
δεόμενοι θεραπείας, καὶ σημειωτέον ἐν ποίοις τόποις ἄλλα
γέγονε σημεῖα, καὶ οὐ τὰ περὶ τοὺς κάμνοντας· οἷον ἐν τῇ 10
Jo iv 18 Σαμαρείᾳ σημεῖον ἦν τό· Πέντε ἄνδρας ἔσχες, καὶ νῦν ὃν
ἔχεις οὐκ ἔστι σου ἀνήρ· ἐφ' ᾧ καὶ καταπλαγεῖσα ἡ γυνὴ
Jo iv 19 φησι· Θεωρῶ ὅτι προφήτης εἶ σύ· τοῖς τε πολίταις λέγει·
Jo iv 29 Δεῦτε ἴδετε ἄνθρωπον ὃς εἶπέ μοι πάντα ὅσα ἐποίησα·
μήτι οὗτός ἐστιν ὁ χριστός; παρατηρητέον δὲ καὶ τοὺς 15
λόγους αὐτοῦ, ποῦ καὶ διὰ τί καὶ ἐπὶ τίσι πεπραγμένοις
λέγονται· ὑπὸ γὰρ μόνων τῶν τοιούτων παρατηρήσεων καὶ
ἐξετάσεων τὰς βασάνους εὑρήσει κατὰ βραχὺ τοὺς καρποὺς
τῶν πόνων, τὴν ἐν ψαλμοῖς εὐλογίαν λέγουσαν· Τοὺς καρ-
Ps cxxvii (cxxviii) 2 ποὺς τῶν πόνων σου φάγεσαι. 20

Jo iv 54 64. Ἔτι πρὸς τό· Τοῦτο δὲ πάλιν δεύτερον σημεῖον
ἐποίησεν ὁ Ἰησοῦς· καὶ τοῦτο λεκτέον, ὅτι οὐδαμοῦ μὲν
ὠνομάσθη μόνα τὰ τέρατα· εἴ που γὰρ λέγεται, μετὰ τῶν
Jo iv 48 σημείων ἀναγέγραπται, ὥσπερ ἐν τῷ· Ἐὰν μὴ σημεῖα καὶ
τέρατα ἴδητε, οὐ μὴ πιστεύσητε· πολλαχοῦ δὲ τὰ σημεῖα 25
χωρὶς τῶν τεράτων εὕρηται, ὃν τρόπον καὶ νῦν. καὶ ζητη-
τέον γε, εἰ ἔχει τινὰ διαφορὰν πρὸς ἄλληλα τὰ τέρατα καὶ
τὰ σημεῖα. οἶμαι δὲ τὰς μὲν παραδόξους καὶ τερασίους
δυνάμεις, κατ' αὐτὸ τὸ παράδοξον καὶ ἐκβεβηκὸς τὴν συνή-
θειαν θαυμάσιόν τε καὶ ὑπὲρ ἄνθρωπον γινόμενον, τέρατα 30
ὀνομάζεσθαι· τὰ δὲ δηλωτικά τινων ἑτέρων παρὰ τὰ γινόμενα
σημεῖα λέγεσθαι· διόπερ καὶ ἐπὶ τῶν μὴ παραδόξων τὸ

15 μὴ τοιοῦτος   26 εὕρηται] ἴδητε

ὄνομα τοῦ σημείου εὑρίσκομεν. ἤγουν περὶ τὸ σημεῖον
λέγεται ὑπὸ τοῦ θεοῦ ἐν τούτοις· Περιτμηθήσεται ὑμῶν πᾶν Ge xvii 10 f.
ἀρσενικόν. καὶ περιτμηθήσεσθε τὴν σάρκα τῆς ἀκρο-
βυστίας ὑμῶν, καὶ ἔσται ἐν σημείῳ διαθήκης ἀνὰ μέσον
5 ἐμοῦ καὶ ὑμῶν. οὐδαμοῦ δὲ μόνα τὰ τέρατα ὠνομάσθη,
ἐπείπερ οὐκ ἔστι τι παράδοξον γενόμενον ἐν τῇ γραφῇ, ὃ
μή ἐστι σημεῖον καὶ σύμβολον ἑτέρου. παρὰ τὸ αἰσθητῶς
γεγενημένον· ὡς εἴπερ ἦν τεράστιόν τι γινόμενον οὐ συμ-
βολικὸν ἑτέρου, ἐγέγραπτο ἂν τοῦτο τὸ τέρας πεποιηκέναι
10 τὸν Ἰησοῦν, ἢ φέρε εἰπεῖν Μωσέα ἢ τινα τῶν ἁγίων. ὅτε
280 μὲν οὖν διδασκόμεθα ἀπὸ τῆς γραφῆς δεῖν ζητεῖν τὸ οὗ
σημεῖόν ἐστι τὸ γεγενημένον, λέγεται· Τοῦτο δὲ πάλιν Jo iv 54
δεύτερον σημεῖον ἐποίησεν ὁ Ἰησοῦς· ὅτε δὲ ὁ βασιλικὸς
ὀνειδίζεται ὡς οὐκ ἂν πιστεύσων χωρὶς τῆς θέας τῶν παρα-
15 δόξων, οὐκέτι λέγεται· Ἐὰν μὴ σημεῖα ἴδητε, οὐ μὴ πιστεύ- Jo iv 48
σητε· οὐ γὰρ τὰ σημεῖα γινόμενα προκαλεῖται ἐπὶ τὸ
πιστεύειν, ᾗ σημεῖά ἐστιν, ἐὰν τύχῃ τὸ σημεῖον μὴ εἶναι
καὶ τέρας, ἀλλά· Ἐὰν μὴ σημεῖα καὶ τέρατα ἴδητε, οὐ μὴ
πιστεύσητε· ὑμῶν μὲν πιστευόντων διὰ τὸ παράδοξον, ἡμῶν
20 δὲ πρὸς τούτῳ καὶ διὰ τὸ οὗ ἔστι σημεῖον ἐπιτελούντων
αὐτό. ζητήσεις δὲ τὸ ἐν ἑβδομηκοστῷ ἑβδόμῳ ψαλμῷ·
Ὡς ἔθετο ἐν Αἰγύπτῳ τὰ σημεῖα αὐτοῦ, καὶ τὰ τέρατα αὐτοῦ Ps lxxvii
ἐν πεδίῳ Τάνεως· πότερον τῷ ὑποκειμένῳ διαφέρει τὰ ση- (lxxviii) 43
μεῖα καὶ τέρατα, ἢ τὰ αὐτά, ᾗ μὲν σημεῖά ἐστι, γέγονεν ἐν
25 Αἰγύπτῳ, καὶ αὐτῆς τῆς Αἰγύπτου ἀναγομένης ἐπί τινα
νοητά· ᾗ δὲ τέρατα, ἐν πεδίῳ Τάνεως, οὔτε τῶν τεράτων, ᾗ
τέρατα, οὔτε τοῦ πεδίου Τάνεως, ᾗ πεδίον Τάνεως, ἀλληγο-
ρουμένων· ἀλλὰ καὶ τὰ τέρατα, ᾗ σημεῖά ἐστι, δεῖται
ἀναγωγῆς, καὶ τὸ πεδίον Τάνεως, ᾗ Αἴγυπτος. αὐτόθι δὲ
30 καταπαύσωμεν καὶ τὸν τρισκαιδέκατον τόμον, περιέχοντα
διήγησιν τῶν μέχρι τῆς ἑβδόμης ἀρχῆθεν ἐπιδημίας τοῦ
Ἰησοῦ· πρῶτον μὲν γὰρ ἐν Βηθαρᾷ παρὰ τῷ Ἰορδάνῃ cf. Jo i 28

4 σημείων   21 αὐτῶ

cf. Jo ii 1 ff. βαπτιζόμενος γίνεται· δεύτερον δὲ τῇ Κανᾷ τῆς Γαλιλαίας
cf. Jo ii 12 ἐπιδημήσας τὸ ὕδωρ οἶνον ποιεῖ· τρίτον εἰς τὴν Καφαρναοὺμ
καταβαίνει, καὶ ἁρμόζει γε, ὅπου καταβαίνει, εἶναι τοὺς
cf. Jo ii 13 ἀσθενοῦντας· τέταρτον εἰς Ἱεροσόλυμα ἀνέρχεται· πέμπτον
cf. Jo iii 22 εἰς τὴν Ἰουδαίαν γῆν συνδιατρίβει τοῖς μαθηταῖς· ἕκτον ἐν 5
cf. Jo iv 4 ff. τῇ Σαμαρείᾳ παρὰ τῇ πηγῇ τοῦ Ἰακὼβ ἐδίδαξεν, ἃ κατὰ
cf. Jo iv 46 δύναμιν ἐξητάσαμεν. καὶ ἕβδομον ἐν Κανᾷ τῆς Γαλιλαίας
δεύτερον γίνεται· ἐν δὲ τῷ ἑξῆς, θεοῦ διδόντος, διαληψόμεθα
cf. Jo v 1 περὶ τῶν ἐν τῇ ἑορτῇ τῶν Ἰουδαίων ἐν Ἱεροσολύμοις
πεπραγμένων αὐτῷ καὶ εἰρημένων.
10

END OF VOL 1.

CAMBRIDGE: PRINTED BY C. J. CLAY, M.A. & SONS, AT THE UNIVERSITY PRESS.

THE COMMENTARY OF
ORIGEN
ON S. JOHN'S GOSPEL

THE TEXT REVISED

WITH A CRITICAL INTRODUCTION AND INDICES

BY

A. E. BROOKE

FELLOW AND DEAN OF KING'S COLLEGE

VOL. II.

CAMBRIDGE
AT THE UNIVERSITY PRESS
1896

𝕮𝖆𝖒𝖇𝖗𝖎𝖉𝖌𝖊:

PRINTED BY J. AND C. F. CLAY,

AT THE UNIVERSITY PRESS.

IN MEMORIAM

GVILLELMI GEORGII SELWYN

QVI IN CHRISTO OBDORMIVIT

A.D. III NON. OCT.

A.S. MDCCCXCIII

CONTENTS.

SECOND VOLUME.

ΤΟΜΟΣ ΙΘ΄.

281   1. Ἀπεκρίθη ὁ Ἰησοῦς Οὔτε ἐμὲ οἴΔατε οὔτε τὸν Jo viii 19
πατέρα μοΥ· εἰ ἐμὲ ᾔΔειτε, καὶ τὸν πατέρα μοΥ ἂν
ᾔΔειτε. Εἰ· μὲν πρὸς τοὺς αὐτοὺς ὁ λόγος ἦν ὁ λέγων·
Κἀμὲ οἴδατε πόθεν εἰμί· καὶ ὁ φάσκων· Οὔτε ἐμὲ οἴδατε Jo vii 28
5 οὔτε τὸν πατέρα μου· ἄντικρυς ἂν ἔδοξεν ἐναντίον εἶναι τὸ
λεγόμενον· νυνὶ δὲ τὸ μέν· Κἀμὲ οἴδατε· πρός τινας τῶν
Ἱεροσολυμιτῶν ἀπαγγέλλεται εἰρηκότας· Μήποτε ἀληθῶς Jo vii 26 f.
ἔγνωσαν οἱ ἄρχοντες ὅτι αὐτός ἐστιν ὁ χριστός; ἀλλὰ
τοῦτον οἴδαμεν πόθεν ἐστίν· ὁ δὲ χριστὸς ὅταν ἔρχηται,
10 οὐδεὶς γινώσκει πόθεν ἐστί· τὸ δὲ ὅτι Οὔτε ἐμὲ οἴδατε,
καὶ τὸ ἐξῆς, πρὸς τοὺς εἰπόντας αὐτῷ Φαρισαίους· Σὺ Jo viii 13
μαρτυρεῖς περὶ σεαυτοῦ· ἡ μαρτυρία σου οὐκ ἔστιν ἀληθής.
πλὴν καὶ τοῖς Ἱεροσολυμίταις διὰ τῶν προτέρων, καὶ τοῖς
Φαρισαίοις διὰ τῶν νῦν ἐξεταζομένων φησὶν ὅτι τὸν πατέρα
15 οὐκ οἴδατε· τοῖς μὲν Ἱεροσολυμίταις διὰ τούτων· Ἀπ᾽ Jo vii 28 f.
ἐμαυτοῦ οὐκ ἐλήλυθα, ἀλλ᾽ ἔστιν ἀληθινὸς ὁ πέμψας με, ὃν
ὑμεῖς οὐκ οἴδατε· ἐγὼ οἶδα αὐτόν, ὅτι παρ᾽ αὐτοῦ εἰμὶ
κἀκεῖνός με ἀπέστειλε· τοῖς δὲ Φαρισαίοις διὰ τοῦ· Οὔτε ἐμὲ
οἴδατε οὔτε τὸν πατέρα μου· εἰ ἐμὲ ᾔδειτε, καὶ τὸν πατέρα
20 μου ἂν ᾔδειτε. καὶ ζητῆσαι ἄν τις εὐλόγως ὅπως, εἴπερ
ἀληθὲς τό· Εἰ ἐμὲ ᾔδειτε καὶ τὸν πατέρα μου ἂν ᾔδειτε·
οἱ Ἱεροσολυμῖται, πρὸς οὓς φησι· Κἀμὲ οἴδατε· οὐκ οἴδασι
τὸν πατέρα. προσεπιτείνει δὲ τὴν εἰς τὸν τόπον ἀπορίαν
καὶ ὁ Ἰωάννης, ἐν τῇ καθολικῇ ἐπιστολῇ ταῦτα λέγων· Ὁ

1 Jo ii 22 f. ἀρνούμενος τὸν πατέρα καὶ τὸν υἱόν· πᾶς γὰρ ὁ ἀρνούμενος
τὸν υἱόν, οὐδὲ τὸν πατέρα ἔχει. εἰ γάρ· Ὁ ἀρνούμενος τὸν
πατέρα καὶ τὸν υἱόν· καί· Ὁ ὁμολογῶν τὸν υἱὸν καὶ τὸν
πατέρα ἔχει· δῆλον ὅτι οἱ Ἱεροσολυμῖται, ὅσον ἐπὶ τῇ λέξει,
τῷ μὴ γινώσκειν τὸν πατέρα ἀρνούμενοι τὸν πατέρα ἀρνοῦνται 5
καὶ τὸν υἱόν. εἰ δὲ ἀρνοῦνται τὸν υἱόν, πῶς τό· Κἀμὲ οἴδατε· 282
ἀληθές; πάλιν οἱ αὐτοὶ εἰ οἴδασι τὸν υἱὸν διὰ τό· Καὶ ἐμὲ
οἴδατε· ἐπεί· Ὁ ὁμολογῶν τὸν υἱὸν καὶ τὸν πατέρα ἔχει·
ὁμολογοῦσι τὸν πατέρα. εἰ δὲ ὁμολογοῦσι τὸν πατέρα, πῶς
Jo vii 28 ἀληθὲς τό· Ἀλλ' ἔστιν ἀληθινὸς ὁ πέμψας με, ὃν ὑμεῖς 10
οὐκ οἴδατε;

2. **Λεκτέον** δὲ πρὸς ταῦτα ὅτι ὁ σωτὴρ ὁτὲ μὲν περὶ ἑαυτοῦ
ὡς περὶ ἀνθρώπου διαλέγεται, ὁτὲ δὲ ὡς περὶ θειοτέρας
φύσεως καὶ ἡνωμένης τῇ ἀγενήτῳ τοῦ πατρὸς φύσει. ἐπὰν
Jo viii 40 μὲν γὰρ λέγει· Νῦν δὲ ζητεῖτέ με ἀποκτεῖναι, ἄνθρωπον ὃς 15
τὴν ἀλήθειαν ὑμῖν λελάληκα· τοῦτό φησιν εἰδὼς τὸ ζητούμε-
Jo x 30 νον ἀναιρεθῆναι εἶναι οὐ θεὸν ἀλλὰ ἄνθρωπον· ἐὰν δέ· Ἐγὼ
Jo xiv 6 καὶ ὁ πατὴρ ἕν ἐσμεν· καί· Ἐγώ εἰμι ἡ ἀλήθεια καὶ ἡ ζωή·
Jo xi 25 καί· Ἐγώ εἰμι ἡ ἀνάστασις· καὶ τὰ τούτοις ὅμοια, οὐ περὶ
τοῦ ζητουμένου ἀναιρεθῆναι ἀνθρώπου διδάσκει. οὕτως οὖν 20
καὶ ἐπὶ τῶν κατὰ τὸ παρὸν ἡμῖν ζητουμένων ἐκ τῆς συμ-
Jo vii 28 φράσεως κατανοητέον, τὸ μέν· Κἀμὲ οἴδατε καὶ οἴδατε πόθεν
Jo viii 19 εἰμί· περὶ τοῦ ἀνθρώπου ἑαυτοῦ διαλέγεται, τὸ δέ· Οὔτε ἐμὲ
οἴδατε οὔτε τὸν πατέρα μου· περὶ τῆς θεότητος· τοῦ μὲν γάρ·
Κἀμὲ οἴδατε καὶ οἴδατε πόθεν εἰμί· ταῦτα προτέτακται· 25
Jo vii 25 ff. Ἔλεγον οὖν τινες ἐκ τῶν Ἱεροσολυμιτῶν Οὐχ οὗτός ἐστιν
ὃν ζητοῦσιν ἀποκτεῖναι; καὶ ἴδε παρρησίᾳ λαλεῖ καὶ οὐδὲν
αὐτῷ λέγουσι. μήποτε ἀληθῶς ἔγνωσαν οἱ ἄρχοντες ὅτι
οὗτός ἐστιν ὁ χριστός; ἀλλὰ τοῦτον οἴδαμεν πόθεν ἐστίν· ὁ
δὲ χριστὸς ὅταν ἔρχηται, οὐδεὶς γινώσκει πόθεν ἐστί· τοῦ δέ· 30
Jo viii 13 Οὔτε ἐμὲ οἴδατε οὔτε τὸν πατέρα μου· ταῦτα· Εἶπαν οὖν
αὐτῷ οἱ Φαρισαῖοι Σὺ περὶ σεαυτοῦ μαρτυρεῖς· ἡ μαρτυρία

26 ante ἔλεγον] ins. τὸ   οὕτως   30 χριστὸς] κ̅ς̅
τοῦ] τοὺς

σου οὐκ ἔστιν ἀληθής. ἀπεκρίθη ὁ Ἰησοῦς καὶ εἶπεν αὐτοῖς Jo viii 14 ff.
Κἂν ἐγὼ μαρτυρῶ περὶ ἐμαυτοῦ, ἀληθής ἐστιν ἡ μαρτυρία
μου, ὅτι οἶδα πόθεν ἦλθον καὶ ποῦ ὑπάγω. ὑμεῖς κατὰ τὴν
σάρκα κρίνετε, ἐγὼ οὐ κρίνω οὐδένα. καὶ ἐὰν κρίνω δὲ ἐγώ,
5 ἡ κρίσις ἡ ἐμὴ ἀληθινή ἐστιν, ὅτι μόνος οὐκ εἰμί, ἀλλ' ἐγὼ
καὶ ὁ πέμψας με πατήρ. δῆλον οὖν ἐκ τούτων ὅτι ὑπὸ μὲν
τῶν Ἱεροσολυμιτῶν ἐλέγετο· Τοῦτον οἴδαμεν πόθεν ἐστίν· Jo vii 27
ἀναφερόντων ἐπὶ τὸ ἐν Βηθλεὲμ αὐτὸν γεγενῆσθαι, καὶ
ἐπισταμένων ὅτι οὗτος ἦν οὗ ἡ μήτηρ ἐλέγετο Μαρία, καὶ οἱ cf. Mt xiii 55
10 ἀδελφοὶ αὐτοῦ Ἰάκωβος καὶ Ἰωάννης καὶ Σίμων Ἰούδας.
διόπερ καὶ μαρτυρεῖ τοῖς εἰρηκόσιν· Οἴδαμεν πόθεν ἐστί· διὰ
283 τοῦ· Κἀμὲ οἴδατε καὶ οἴδατε πόθεν εἰμί· τοῖς δὲ Φαρισαίοις Jo vii 28
τό· Κἂν ἐγὼ μαρτυρῶ περὶ ἐμαυτοῦ, ἀληθής ἐστιν ἡ μαρτυρία Jo viii 14
μου, ὅτι οἶδα πόθεν ἦλθον καὶ ποῦ ὑπάγω· τῇ θειοτέρᾳ
15 φύσει διαλεγόμενος ἔφασκε ταῦτα καί, ὡς ἂν εἴποι τις, καθ'
ὁ πρωτότοκος πάσης κτίσεως ἦν. διόπερ τοῖς πρὸς ταῦτα cf. Col i 15
πυθομένοις αὐτοῦ καὶ εἰρηκόσι Ποῦ ἔστιν ὁ πατήρ σου; Jo viii 19
ἀποκρίνεται, ὡς ἂν εἴποι τις, ἕτερος ὢν τοῦ λέγοντος· Κἀμὲ
οἴδατε· καί φησι· Καὶ οὔτε ἐμὲ οἴδατε οὔτε τὸν πατέρα μου.
20 κατὰ δὲ τὸ ταπεινὸν τῶν Φαρισαίων ἦν ἤτοι μὴ νοεῖν ὅτι
περὶ τοῦ θεοῦ τῶν ὅλων ἔλεγε τό· Μαρτυρεῖ περὶ ἐμοῦ Jo viii 18
ὁ πέμψας με πατήρ· ἢ εἰ ἐξεδέχοντο περὶ τοῦ θεοῦ ταῦτα
λέγεσθαι, νομίζειν ὅτι ἐν τόπῳ ἐστὶν ὁ θεός, καὶ διὰ τοῦτο
ἀποκρίνεσθαι· Ποῦ ἔστιν ὁ πατήρ σου;
25 3. Χρὴ μέντοι γε εἰδέναι ὅτι οἱ ἑτερόδοξοι νομίζουσι
σαφῶς ἐντεῦθεν παρίστασθαι τὸ μὴ τὸν θεόν, ᾧ ἐλάτρευον
Ἰουδαῖοι, πατέρα εἶναι τοῦ χριστοῦ· εἰ γὰρ τοῖς Φαρισαίοις,
λατρεύουσι τῷ δημιουργῷ, φασίν, ἔλεγεν ὁ σωτήρ· Οὔτε Jo viii 19
ἐμὲ οἴδατε οὔτε τὸν πατέρα μου· σαφὲς ὅτι ἕτερον ὄντα τοῦ
30 δημιουργοῦ τὸν πατέρα Ἰησοῦ Φαρισαῖοι οὐκ ᾔδεσαν, ἀλλ'
οὐδὲ Ἱεροσολυμῖται, οἷς προειρήκει· Ἀλλ' ἔστιν ἀληθινὸς ὁ Jo vii 28

3 οἶδα] οἴδατε forsan post ὅτι exciderunt verba οἶδα πόθεν ἦλθον
καὶ ποῦ ὑπάγω. ὑμεῖς δὲ οὐκ   9 ante ὅτι] ins. ἦν   10 ἀδελ-
φοὶ] δυδελφοὶ (vid.)   22 ἢ εἰ] ἐπεί   25 χρι

πέμψας με, ὃν ὑμεῖς οὐκ οἴδατε. ταῦτα δὲ λέγουσιν ἄτε μὴ
ἀνεγνωκότες τὰς θείας γραφὰς, μηδὲ τὴν συνήθειαν τῆς ἐν
αὐταῖς λέξεως τετηρηκότες. κἂν γὰρ διεξοδεύειν τις δύνηται
τὰ περὶ θεοῦ, ἐκ πατέρων μεμαθηκὼς ὅτι τούτῳ λατρεύειν
μόνῳ δεῖ, μὴ βιοῖ δὲ καλῶς, τοῦτόν φασιν οὐκ ἔχειν γνῶσιν 5
θεοῦ. εἴ τις γοῦν ἄλλος ᾔδει τὰ περὶ τοῦ δημιουργοῦ καὶ
τῆς ἱερατικῆς αὐτοῦ θεραπείας, δῆλον ὅτι καὶ οἱ Ἠλεῖ τοῦ
ἱερέως υἱοὶ, παρὰ τῇ λατρείᾳ ἀνατεθραμμένοι· ἀλλ' ὅμως,
ἐπεὶ ἥμαρτον, γέγραπται ταῦτα περὶ αὐτῶν ἐν τῇ τῶν
1 Reg ii 12 Βασιλειῶν πρώτῃ· Καὶ οἱ υἱοὶ Ἠλεῖ υἱοὶ λοιμοὶ, οὐκ 10
ἔγνωσαν τὸν κύριον. πευσόμεθα γὰρ τῶν ἑτεροδόξων εἰ μὴ
περὶ τοῦ δημιουργοῦ γέγραπται τό· Οὐκ ἔγνωσαν τὸν κύριον·
καὶ ἀποκρινομένων ὅτι περὶ τοῦ δημιουργοῦ ἐστι ταῦτα,
ζητήσομεν διὰ τί εἴρηται περὶ τῶν υἱῶν Ἠλεῖ· Οὐκ ἔγνωσαν
τὸν κύριον· πότερον διὰ τοὺς περὶ θεοῦ τοῦ δημιουργοῦ 15
λόγους, ἢ διὰ τὴν πονηρίαν αὐτῶν· σαφὲς δὲ ὅτι διὰ τὴν
πονηρίαν λέγονται μὴ ἐγνωκέναι τὸν κύριον. καὶ οὐ περὶ
τῶν υἱῶν Ἠλεῖ μόνων ἔστι τοῦτο εὑρεῖν ἀλλὰ καὶ περὶ
ἄλλων βασιλευσάντων ἐν Ἰσραὴλ καὶ Ἰούδα ἁμαρτωλῶν.
οὕτω τοίνυν καὶ οἱ Φαρισαῖοι τὸν πατέρα οὐκ ᾔδεσαν, οὐδὲ 20
γὰρ ἐβίουν κατὰ τὸ τοῦ δημιουργοῦ βούλημα. ἔστι δὲ καὶ 284
ἄλλο σημαινόμενον τοῦ γινώσκειν τὸν θεὸν, ἑτέρου ὄντος τοῦ
γινώσκειν τὸν θεὸν παρὰ τὸ πιστεύειν ψιλῶς εἰς τὸν θεὸν, ὡς
Ro iii 19 δῆλον ἐκ τοῦ· Ὅσα ὁ νόμος λαλεῖ, τοῖς ἐν τῷ νόμῳ λαλεῖ
αὐτό· ἢ δῆλον ὅτι καὶ τοὺς προφήτας, ὧν τὰ ῥήματα, ὡς ἐν 25
ἄλλοις ἀπεδείξαμεν, νόμος λέγεται. εἴρηται τοίνυν ἐν ψαλ-
Ps xlv (xlvi) 11 μοῖς· Σχολάσατε καὶ γνῶτε ὅτι ἐγώ εἰμι ὁ θεός. τίς δ' οὐκ
ἂν ὁμολογήσαι πιστεῦσαι γεγράφθαι ταῦτα λαῷ πιστεύοντι
εἰς τὸν δημιουργόν; ὅντινα γνῶναι οὐκ ἔστι μὴ σχολάσαντα
καὶ ἐκκαθάραντα τὸν νοῦν, τῶν νοούντων καὶ θειοτέροις 30
ὀφθαλμοῖς βλεπόντων τὸν θεὸν διὰ τὸ καθαρὰν τὴν καρδίαν
πεποιηκέναι τῆς χάριτος ταύτης ἀξιουμένων, ὡς ὁ σωτὴρ

5 μὴ] μοι   25 ἢ δῆλον κ.τ.λ.] forsan legendum ἐπεὶ δῆλον
ὅτι καὶ τοὺς προφήτας συμπεριλαμβάνει   27 σχολάσετε

μαρτυρεῖ λέγων· Μακάριοι οἱ καθαροὶ τῇ καρδίᾳ, ὅτι αὐτοὶ Mt v 8
τὸν θεὸν ὄψονται.   ἅμα δὲ καὶ πρὸς τό· Οὐδεὶς ἔγνω τὸν Mt xi 27
πατέρα εἰ μὴ ὁ υἱός· φήσομεν ὅτι οὐ ταὐτόν ἐστι τὸ γινώ-
σκειν τὸν πατέρα καὶ πιστεύειν αὐτῷ.   οὐ μάχεται οὖν τό·
5 Οὐδεὶς ἔγνω τὸν πατέρα εἰ μὴ ὁ υἱός· τῷ· Ἐπίστευσε δὲ Ge xv 6;
Ἀβραὰμ τῷ θεῷ, καὶ ἐλογίσθη αὐτῷ εἰς δικαιοσύνην.   εἰ δέ cf. Ro iv 3
τις οἴεται ἡμᾶς βιάζεσθαι, λέγοντας μὴ ταὐτὸν εἶναι τὸ
πιστεύειν τῷ γινώσκειν καὶ ἐνδέχεσθαι πιστεύειν μὲν οὐκ
ἔχειν δὲ γνῶσιν τοῦ πιστευομένου ὑπ' αὐτοῦ, τοῦ Ἰησοῦ
10 ἀκουσάτω λέγοντος πρὸς τοὺς πεπιστευκότας αὐτῷ Ἰουδαίους·
Ἐὰν μείνητε ἐν τῷ λόγῳ τῷ ἐμῷ, γνώσεσθε τὴν ἀλήθειαν, Jo viii 31 f.
καὶ ἡ ἀλήθεια ἐλευθερώσει ὑμᾶς.   παρατήρει γὰρ ὅτι πρὸ
τοῦ· Ἐὰν μείνητε ἐν τῷ λόγῳ τῷ ἐμῷ, γνώσεσθε τὴν
ἀλήθειαν· γέγραπται· Ἔλεγεν οὖν ὁ Ἰησοῦς πρὸς τοὺς
15 πιστεύοντας αὐτῷ Ἰουδαίους· καὶ ἃ ἔλεγεν ἦν· Ἐὰν μείνητε
ἐν τῷ λόγῳ τῷ ἐμῷ, γνώσεσθε τὴν ἀλήθειαν.   πολὺ δὲ
διαφέρει τὸ πρὸς τῷ πιστεύειν ἐγνωκέναι τοῦ πιστεύειν
μόνον· ᾯ μὲν γὰρ διὰ τοῦ πνεύματος δίδοται λόγος σοφίας, 1 Co xii 8 f.
ἄλλῳ δὲ λόγος γνώσεως κατὰ τὸ αὐτὸ πνεῦμα, ἑτέρῳ πίστις
20 ἐν τῷ αὐτῷ πνεύματι.

4.   Καὶ ταῦτα μὲν ὑπὲρ τοῦ παραστῆσαι ἕτερον εἶναι
τὸ γινώσκεσθαι τὸν θεὸν τοῦ πιστεύεσθαι· ὡς δὲ πρὸς τὸ
ἀκριβὲς καὶ τοῦτο τοῖς εἰρημένοις προσαποδώσομεν, ὅτι
πρὸς οὓς φησιν· Οὔτε ἐμὲ οἴδατε, οὔτε τὸν πατέρα μου· Jo viii 19
25 Φαρισαίους, εὐλόγως ἂν εἶπέ τις· ἀλλ' οὐδὲ πιστεύετε εἰς
τὸν πατέρα μου· τῷ γὰρ ἀποσταλέντι ἀπὸ τοῦ πατρὸς οὐκ cf. Jo v 38
ἐπίστευσαν, ὁ δὲ ἀρνούμενος τὸν υἱὸν οὐδαμῶς τὸν πατέρα cf. 1 Jo ii 23
ἔχει· καὶ οὐδαμῶς φημι, ὅτι οὔτε κατὰ πίστιν οὔτε κατὰ
γνῶσιν.   ὅρα δὲ εἰ μὴ καὶ ἄλλως ἡ γραφὴ τοὺς ἀνακε-
30 κραμένους τινὶ καὶ ἑνωθέντας γινώσκειν ἐκεῖνό φησιν ᾧ
ἀνεκράθησαν καὶ κεκοινωνήκασι· πρὸ δὲ τῆς τοιαύτης
ἑνώσεως καὶ κοινωνίας κἂν τοὺς λόγους καταλαμβάνωσι

30 φασὶν

περί τινος, οὐ γινώσκουσιν ἐκεῖνο. ὁ γοῦν Ἀδὰμ περὶ τῆς 285

Ge ii 23 Εὔας λέγων· Τοῦτο νῦν ὀστοῦν ἐκ τῶν ὀστέων μου καὶ σὰρξ
ἐκ τῆς σαρκός μου· οὐκ ᾔδει τὴν γυναῖκα· ὅτε γὰρ αὐτῇ
Ge iv 1 ἐκολλήθη, τότε εἴρηται· Ἔγνω δὲ Ἀδὰμ Εὔαν τὴν γυναῖκα
αὐτοῦ. καὶ εἴ τίς γε προσκόπτοι διὰ τὸ παρειληφέναι ἡμᾶς 5
εἰς τὴν περὶ θεοῦ γνῶσιν παράδειγμα τό· Ἔγνω δὲ Ἀδὰμ
Eph v 32 Εὔαν τὴν γυναῖκα αὐτοῦ· πρῶτον μὲν τῷ· Τὸ μυστήριον
τοῦτο μέγα ἐστίν· ἐπιστησάτω· δεύτερον δὲ ἀντιπαραθέτω τὸ
περὶ ἄρρενος καὶ θηλείας λεγόμενον παρὰ τῷ ἀποστόλῳ· τῇ
1 Co vi 16 f. αὐτῇ λέξει χρῆται περὶ ἀνθρώπου καὶ κυρίου· Ὁ κολλώ- 10
μενος τῇ πόρνῃ ἓν σῶμά ἐστι, καὶ ὁ κολλώμενος τῷ κυρίῳ
ἓν πνεῦμά ἐστιν. ἐγνωκέτω μὲν οὖν ὁ κολλώμενος τῇ πόρνῃ
τὴν πόρνην, καὶ ὁ κολλώμενος τῇ γυναικὶ τὴν γυναῖκα,
μᾶλλον δὲ τούτου καὶ ἁγίως ἐγνωκέτω ὁ κολλώμενος τῷ
κυρίῳ τὸν κύριον. εἰ δὲ τοῦθ' οὕτως ἔχει, Φαρισαῖοι τὸν 15
πατέρα οὐκ ᾔδεσαν οὐδὲ τὸν υἱόν, καὶ ἀληθὴς ἦ ὁ λέγων·
Jo viii 19 Οὔτε ἐμὲ οἴδατε οὔτε τὸν πατέρα μου· εἰ δὲ μὴ οὕτως ἐκλαμ-
βάνοιμεν, λέγω δὲ κατὰ τὴν τελευταίαν ἐκδοχήν, τὸ γινώσκειν
Gal iv 9 ἀντὶ τοῦ ἀνακεκρᾶσθαι καὶ ἡνῶσθαι, διηγείσθω τις τό· Νῦν
δὲ γνόντες θεόν, μᾶλλον δὲ γνωσθέντες ὑπὸ τοῦ θεοῦ· καὶ τό· 20
2 Tim ii 19;
cf. Num xvi 5 Ἔγνω κύριος τοὺς ὄντας αὐτοῦ. κατὰ γὰρ ἡμᾶς ἔγνω κύριος
τοὺς ὄντας αὐτοῦ ἀνακραθεὶς αὐτοῖς καὶ μεταδεδωκὼς αὐτοῖς
τῆς ἑαυτοῦ θειότητος καὶ ἀνειληφὼς αὐτοὺς, ὡς ἡ τοῦ
cf. Jo x 28 f. εὐαγγελίου λέξις φησὶν, εἰς τὴν ἑαυτοῦ χεῖρα, ἐν τῇ χειρὶ
τοῦ πατρὸς ὄντων τῶν εἰς τὸν σωτῆρα πεπιστευκότων· διὸ 25
καὶ εἰ μὴ πέσοιεν ἀπ' αὐτῆς, ἑαυτοὺς μακρύνοντες ἀπὸ τῆς
χειρὸς τοῦ θεοῦ, οὐχ ἁρπαγήσονται· οὐδεὶς γὰρ ἁρπάζει ἐκ
τῆς χειρὸς τοῦ πατρός.

5. Μετὰ ταῦτα ζητήσεις εἰς τὸ αὐτό, λέγω δὲ τό· Οὔτε
ἐμὲ οἴδατε οὔτε τὸν πατέρα μου· εἰ ἔστι γινώσκοντά τινα τὸν 30
θεὸν μὴ γινώσκειν τὸν πατέρα· εἰ γὰρ ἑτέρα αὐτοῦ ἐπίνοιά
ἐστι καθ' ὃ ἐστι πατήρ, καὶ ἑτέρα καθ' ὃ ἐστιν ὁ θεὸς, τάχα

---

1 τινες ut videtur   **23** ante ὡς] ins. ἡ   **27** οὐκ

ἔστι τινὰ γινώσκειν μὲν τὸν θεόν, μὴ γινώσκειν δὲ τὸν
πατέρα, παρὰ τὸ εἰδέναι αὐτὸν θεόν, μὴ γινώσκειν δὲ τὸν
πατέρα. φησὶν οὖν ὁ σωτὴρ μετὰ τὴν ἀνάστασιν τῇ
Μαρίᾳ· Πορεύου δὲ πρὸς τοὺς ἀδελφούς μου καὶ εἰπὲ αὐτοῖς Jo xx 17
5 Πορεύομαι πρὸς τὸν πατέρα μου καὶ πατέρα ὑμῶν καὶ θεὸν
μου καὶ θεὸν ὑμῶν. καὶ ἔστι γε τοῖς ἑτεροδόξοις λέγειν
χαριζόμενον αὐτοῖς ὅτι οὐκ ἔγνωσαν τὸν πατέρα Μωϋσῆς
286 καὶ οἱ προφῆται· εἴπερ τάχα οὐκ ἔστιν ἀληθὲς ὅτι πάντως ὁ
μὴ ἐγνωκὼς τὸν πατέρα οὐκ ἔγνω τὸν υἱόν· ὁ μὲν γὰρ υἱὸς
10 ἔγνω τὸν πατέρα, ὁ δὲ θεράπων τὸν κύριον· καὶ ὥσπερ οὐκ
ἂν ἀσεβήσαιμεν λέγοντες ὅτι ὁ υἱὸς οὐκ ἔγνω τὸν κύριον,
υἱὸς γὰρ ὢν οὐ πεπείραται τοῦ πατρὸς δεσπότου, οὕτω
τηροῦντες τὸν αὐτὸν θεὸν οὐδὲν ἄτοπον παραδεξόμεθα λέγον-
τες ὅτι τῷ μὲν υἱῷ ἔπρεπε γινώσκειν τὸν πατέρα, τῷ δὲ
15 θεράποντι τὸν κύριον, καὶ οὔτε ὁ θεράπων ἔγνω τὸν πατέρα
οὔτε ὁ υἱὸς τὸν κύριον. μυρίων γοῦν οὐσῶν εὐχῶν ἀνα-
γεγραμμένων ἐν τοῖς ψαλμοῖς καὶ τοῖς προφήταις, ἀλλὰ καὶ
τῷ νόμῳ, οὐ πάνυ τι εὕρομεν εὐξάμενόν τινα καὶ λέγοντα τῷ
θεῷ· Πάτερ· τάχα ἐπεὶ οὐκ ἔγνωσαν τὸν πατέρα· εὔχονται δὲ
20 αὐτῷ ὡς θεῷ καὶ κυρίῳ, περιμένοντες τὸν τὸ πνεῦμα τῆς cf. Ro viii 15
υἱοθεσίας ἐκχέοντα οὐκ ἔλαττον ἐπ᾽ ἐκείνους ἢ ἐπὶ τοὺς
μετὰ τὴν παρουσίαν εἰς θεὸν δι᾽ αὐτοῦ πιστεύοντας· εἰ cf. 1 Pet i 21
μὴ ἄρα ἡ νοητὴ αὐτοῖς γεγένηται ἐπιδημία Χριστοῦ, καὶ
ἔσχον ποτὲ τελειωθέντες τὸ τῆς υἱοθεσίας πνεῦμα· ἐν
25 ἀπορρήτῳ δὲ καὶ οὐ γνωστῶς πᾶσιν ἔλεγον ἢ ἔγραφον τὸν
θεὸν πατέρα, ἵνα μὴ προκαταλάβωσι τὴν διὰ τοῦ Ἰησοῦ
ἐκκενουμένην παντὶ τῷ κόσμῳ χάριν, πάντας καλοῦντος ἐπὶ
τὴν υἱοθεσίαν, ἵνα διηγήσηται τὸ ὄνομα τοῦ θεοῦ τοῖς ἀδελ-
φοῖς αὐτοῦ, καὶ ἐν μέσῳ ἐκκλησίας ὑμνήσῃ τὸν πατέρα κατὰ
30 τὸ γεγραμμένον· Διηγήσομαι τὸ ὄνομά σου τοῖς ἀδελφοῖς Ps xxi (xxii)
μου, ἐν μέσῳ ἐκκλησίας ὑμνήσω σε. ὅτι μέντοι γε ὁ αὐτός 23; cf. He ii
12

2 εἰδέναι] εἶναι　7 χαριζομένων　8 εἴπερ] ὅπερ　18 εὐξό-
μενον λόγον τα　18, 19 ante τῷ θεῷ· Πάτερ] ins. τὸν θεὸν
πατέρα　31 σε] σαι

ἐστι θεὸς τῶν προφητῶν καὶ τοῦ κόσμου δημιουργὸς πολ-
λαχόθεν μὲν ἔστι θεωρῆσαι, ἀρκεῖ δὲ ἐπὶ τοῦ παρόντος
θεωρῆσαι τήν τε Στεφάνου ἀπὸ τῶν Πράξεων πρὸς τὸν λαὸν

Act vii 2 f.
δημηγορίαν οὕτω λέγοντος· Ἄνδρες ἀδελφοὶ καὶ πατέρες,
ἀκούσατε· ὁ θεὸς τῆς δόξης ὤφθη τῷ πατρὶ ἡμῶν Ἀβραὰμ, 5
ὄντι ἐν τῇ Μεσοποταμίᾳ πρὶν ἢ οἰκῆσαι αὐτὸν ἐν Χαρρὰν,
καὶ εἶπε πρὸς αὐτόν Ἔξελθε ἐκ τῆς γῆς σου καὶ ἐκ τῆς
συγγενείας σου, καὶ τὰ ἑξῆς· δι' ὅλου γὰρ τοῦ λόγου ἀναν-
τιρρήτως ἔστι μαθεῖν τὸν τῶν προφητῶν θεὸν πατέρα εἶναι
Χριστοῦ Ἰησοῦ, καὶ ἐκ τῆς πρὸς Ῥωμαίους ἐπιστολῆς τοῦ 10

Ro i 1—7
ἀποστόλου ἐν τούτοις· Παῦλος δοῦλος Χριστοῦ Ἰησοῦ,
κλητὸς ἀπόστολος, ἀφωρισμένος εἰς εὐαγγέλιον θεοῦ, ὃ 287
προεπηγγείλατο διὰ τῶν προφητῶν αὐτοῦ ἐν γραφαῖς ἁγίαις
περὶ τοῦ υἱοῦ αὐτοῦ, τοῦ γενομένου ἐκ σπέρματος Δαβὶδ
κατὰ σάρκα, τοῦ ὁρισθέντος υἱοῦ θεοῦ ἐν δυνάμει κατὰ 15
πνεῦμα ἁγιωσύνης ἐξ ἀναστάσεως νεκρῶν, Ἰησοῦ Χριστοῦ
τοῦ κυρίου ἡμῶν, δι' οὗ ἐλάβομεν χάριν καὶ ἀποστολὴν εἰς
ὑπακοὴν πίστεως ἐν πᾶσι τοῖς ἔθνεσιν ὑπὲρ τοῦ ὀνόματος
αὐτοῦ, ἐν οἷς ἐστὲ καὶ ὑμεῖς κλητοὶ Ἰησοῦ Χριστοῦ, πᾶσι
τοῖς οὖσιν ἐν Ῥώμῃ ἀγαπητοῖς θεοῦ, κλητοῖς ἁγίοις. χάρις 20
ὑμῖν καὶ εἰρήνη ἀπὸ θεοῦ πατρὸς ἡμῶν καὶ κυρίου Ἰησοῦ
Χριστοῦ. σαφῶς γὰρ ἀπὸ τούτων μεμαθήκαμεν ὅτι ὁ
δημιουργὸς καὶ θεὸς τῶν προφητῶν καὶ πατὴρ τοῦ χριστοῦ
θεός τε καὶ πατὴρ ἡμῶν ἐστι.

6. Φαρισαῖοι τοίνυν οὐ μόνον γνῶσιν οὐκ εἶχον, οὔτε 25
καθ' ὃ πατὴρ οὔτε καθ' ὃ θεὸς, τοῦ δεδωκότος τὸν νόμον
πατρὸς τοῦ χριστοῦ· ἀλλ' οὐδ' ἐπίστευον αὐτῷ ὁμολογου-
μένως μὲν καθ' ὃ πατὴρ ἦν Ἰησοῦ καὶ θεὸς αὐτοῦ, τάχα δὲ
καθ' ὃ ὁ θεὸς ὁ κτίσας τὰ πάντα ἦν. ἀλλ' οὐδὲ τὸν χριστὸν

Jo viii 19
ᾔδεισαν, καὶ καλῶς ἐλέγχει αὐτοὺς ὁ σωτὴρ λέγων· Οὔτε 30
ἐμὲ οἴδατε οὔτε τὸν πατέρα μου οἴδατε. ταῦτα ζητῶ, πό-
τερον ἴσον δύναται τῷ· Εἰ ἐμὲ ᾔδειτε, καὶ τὸν πατέρα μου

6 ὄντι] ὅτι   μεσοποταμιαν

ἂν ᾔδειτε· τό· Εἰ τὸν πατέρα μου ᾔδειτε, καὶ ἐμὲ ἂν ᾔδειτε;
ἢ οὔ. καὶ ἡγοῦμαι μὴ ἴσον ταῦτα δύνασθαι ἀλλήλοις, τῷ
ἀναβαίνειν ἀπὸ τῆς γνώσεως τοῦ υἱοῦ ἐπὶ τὴν γνῶσιν τοῦ
πατρὸς τὸν γινώσκοντα τὸν πατέρα, καὶ μὴ ἄλλως ὁρᾶσθαι
5 τὸν πατέρα ἢ τῷ ὁρᾶσθαι τὸν υἱόν· Ὁ γὰρ ἑωρακὼς, φησὶν, Jo xiv 9
ἐμὲ ἑώρακε τὸν πέμψαντά με· οὐκ ἂν δὲ εἰρήκει τό· Ὁ
ἑωρακὼς τὸν πατέρα ἑωρακέ με, ἐπείπερ ὁ τὸν λόγον τεθεω-
ρηκὼς τοῦ θεοῦ θεωρεῖ τὸν θεὸν, ἀναβαίνων ἀπὸ τοῦ λόγου
πρὸς τὸν θεόν· ἀμήχανον δέ ἐστι μὴ ἀπὸ τοῦ λόγου θεωρῆσαι
10 τὸν θεόν. καὶ ὁ θεωρῶν τὴν σοφίαν, ἣν ἔκτισεν ὁ θεὸς πρὸ cf. Pr viii 22
τῶν αἰώνων εἰς ἔργα αὐτοῦ, ἀναβαίνει ἀπὸ τοῦ ἐγνωκέναι τὴν
σοφίαν ἐπὶ τὸν πατέρα αὐτῆς· ἀδύνατον δὲ χωρὶς τῆς σοφίας
προαγωγῆς νοηθῆναι τὸν τῆς σοφίας θεόν. <τὸ> δ' αὐτὸ ἐρεῖς
καὶ περὶ τῆς ἀληθείας· οὐ γὰρ νοεῖ τις τὸν θεὸν ἢ θεωρεῖ
15 αὐτὸν, καὶ μετὰ ταῦτα τὴν ἀλήθειαν, ἀλλὰ πρότερον τὴν
ἀλήθειαν, ἵν' οὕτως ἔλθῃ ἐπὶ τὸ ἐνιδεῖν τῇ οὐσίᾳ ἢ τῇ ὑπερέ-
κεινα τῆς οὐσίας δυνάμει καὶ φύσει τοῦ θεοῦ. καὶ τάχα γε
ὥσπερ κατὰ τὸν ναὸν ἀναβαθμοί τινες ἦσαν δι' ὧν εἰσῄει τις
εἰς τὰ ἅγια τῶν ἁγίων, οὕτως οἱ πάντες ἡμῶν ἀναβαθμοὶ
20 ὁ μονογενής ἐστι τοῦ θεοῦ· καὶ ὥσπερ τῶν ἀναβαθμῶν ὁ
288 μέν ἐστι πρῶτος ἐπὶ τὰ κάτω, ὁ δὲ τούτου ἀνωτέρω, καὶ
οὕτως ἐφεξῆς μέχρι τοῦ ἀνωτάτω· οὕτως οἱ μὲν πάντες εἰσὶν
ἀναβαθμοὶ ὁ σωτήρ· ὁ δὲ οἷον πρῶτος κατωτέρω τὸ ἀν-
θρώπινον αὐτοῦ, ᾧ ἐπιβαίνοντες ὁδεύομεν καὶ τὰ ἑξῆς αὐτοῦ,
25 ὄντα τὴν πᾶσαν ἐν τοῖς ἀναβαθμοῖς ὁδὸν, ὥστε ἀναβῆναι
δι' αὐτοῦ, ὄντος καὶ ἀγγέλου καὶ τῶν λοιπῶν δυνάμεων.
καὶ κατὰ τὰς ἐπινοίας δὲ αὐτοῦ, εἴπερ ἕτερόν ἐστιν ὁδὸς καὶ
θύρα, προαπαντῆσαι δεῖ τῇ ὁδῷ, ἵνα μετὰ ταῦτα οὕτως
φθάσῃ τις ἐπὶ τὴν θύραν, καὶ ἄρχοντι χρήσασθαι αὐτῷ καθ'
30 ὃ ποιμήν ἐστιν, ἵνα τις δυνηθῇ αὐτοῦ ἀπολαῦσαι καὶ
βασιλέως, ὄνασθαί τε αὐτοῦ πρῶτον ὡς ἀμνοῦ, ἵνα πρῶτον

6, 7 ὁ ἑωρακὼς] θεωρακὼς　　8 ἀναβαῖνον　　ἀπὸ] πρὸ
13 τὸ] om.　　20 ὥσπερ] εἴπερ　　21 μὲν] μονογενής
31 ὄνασθαί] locus male laesus

cf. Jo i 29 ἄρῃ ἡμῶν τὴν ἁμαρτίαν, καὶ μετὰ ταῦτα κεκαθαρισμένοι
cf. Jo vi 55 φάγωμεν αὐτοῦ τῆς σαρκὸς, τῆς ἀληθινῆς τροφῆς· καὶ
ἐπιμελέστερόν τε τὰ παρακείμενα τούτοις <τις> ἐξετάσας καὶ
cf. Jo viii 19 παραλαβὼν ἀκούσεται· Εἰ ἐμὲ οἴδατε, καὶ τὸν πατέρα μου
οἴδατε· καί· Ἐπεὶ ἐμὲ οἴδατε, καὶ τὸν πατέρα μου οἴδατε.   5

Jo viii 20   7. (2) Ταῦτα τὰ ῥήματα ἐλάλησεν ἐν τῷ γαζο-
φυλακίῳ διδάσκων ἐν τῷ ἱερῷ· καὶ οὐδεὶς ἐπίασεν
αὐτόν, ὅτι οὔπω ἐληλύθει ἡ ὥρα αὐτοῦ. Εἰ μή τι
χρήσιμον ἦν μαθεῖν ἐκ τοῦ τὰ προειρημένα ἀπηγγέλθαι ὑπὸ
τοῦ σωτῆρος λελαλῆσθαι ἐν τῷ γαζοφυλακίῳ, οὐκ ἂν 10
προσέθηκεν ὁ εὐαγγελιστὴς οἷς εἶπεν ὁ Ἰησοῦς τό· Ταῦτα
τὰ ῥήματα ἐλάλησεν ἐν τῷ γαζοφυλακίῳ διδάσκων ἐν τῷ
ἱερῷ· καὶ πανταχοῦ γε ὅπου πρόσκειται· Ταῦτα τὰ ῥήματα
ἃ ἐλάλησεν ἐν τῷδέ τινι τόπῳ· ἐπιστήσας εὑρήσεις τὸ τῆς
προσθήκης εὔλογον. ἵν' οὖν νοηθῇ τί τὸ ἐν τῷ γαζοφυλακίῳ 15
ταῦτα τὰ ῥήματα τὰ ὑπὸ τοῦ Ἰησοῦ εἰρῆσθαι, παραθησόμεθα
ἅπερ ἀπὸ Λουκᾶ καὶ Μάρκου μεμαθήκαμεν, ὀνομασάντων τὸ
Lc xxi 1—4   γαζοφυλάκιον· ἀπὸ μὲν τοῦ Λουκᾶ ταῦτα· Ἀναβλέψας δὲ
εἰς τοὺς βάλλοντας εἰς τὸ γαζοφυλάκιον τὰ δῶρα αὐτῶν
πλουσίους, εἶδέ τινα χήραν πενιχρὰν βάλλουσαν λεπτὰ δύο, 20
καὶ εἶπεν Ἀληθῶς λέγω ὑμῖν ὅτι ἡ χήρα ἡ πτωχὴ αὕτη
πλεῖον πάντων ἔβαλε· πάντες γὰρ οὗτοι ἐκ τοῦ περισσεύον-
τος αὐτοῖς ἔβαλον εἰς τὰ δῶρα τοῦ θεοῦ, αὕτη δὲ ἐκ τοῦ
ὑστερήματος αὐτῆς πάντα τὸν βίον ἑαυτῆς <ὃν> εἶχεν ἔβαλεν·
Mc xii 41—   ἀπὸ δὲ τοῦ κατὰ Μάρκον· Καὶ ἑστὼς ὁ Ἰησοῦς κατέναντι 25
44
τοῦ γαζοφυλακίου ἐθεώρει, καὶ πᾶς ἔβαλλε χαλκὸν εἰς τὸ
γαζοφυλάκιον. καὶ πολλοὶ πλούσιοι ἔβαλλον πολλά· ἐλ-
θοῦσα δὲ μία χήρα πτωχὴ ἔβαλε λεπτὰ δύο, ὅ ἐστι κοδράν-
της. καὶ προσκαλεσάμενος τοὺς μαθητὰς αὐτοῦ εἶπεν αὐτοῖς 289
Ἀμὴν λέγω ὑμῖν ὅτι ἡ χήρα ἡ πτωχὴ αὕτη πλεῖον πάντων 30
ἔβαλε τῶν βαλλόντων εἰς τὸ γαζοφυλάκιον· πάντες γὰρ ἐκ
τοῦ περισσεύοντος αὐτοῖς ἔβαλον· αὕτη δὲ ἐκ τῆς ὑστερή-

3 τις] om.   9 ἀπάγγελθαι   24 ὃν] om.

σεως αὐτῆς πάντα ὅσα εἶχεν ἔβαλεν, ὅλον τὸν βίον αὐτῆς.
τί δέ μοι βούλεται ἡ τῶν ῥητῶν παράθεσις τηρήσαντι ὅτι τὸ
γαζοφυλάκιον ἐν τῷ ἱερῷ ἦν ὑπὲρ τοῦ νοῆσαι τὴν προκει-
μένην τοῦ Ἰωάννου λέξιν ἤδη λέξωμεν· εἰ τὸ ἱερὸν ἀνάγομεν
5 τοῦ θεοῦ, καὶ <τὰ> κατὰ τὸν ναόν, εἰς τὸν πνευματικὸν λόγον,
τούτῳ ἀκολούθως καὶ τὸ ἐν τῷ ἱερῷ γαζοφυλάκιον κατανοή-
σωμεν, ὅπερ ἐστὶ τόπος νομισμάτων εἰς τιμὴν θεοῦ καὶ
οἰκονομίαν ἀναπαύσεως πενήτων προσφερομένων, τάδε νο-
μίσματα τίνα ἂν εἴη ἢ οἱ θεῖοι λόγοι τὴν εἰκόνα τοῦ μεγάλου
10 βασιλέως ἐντετυπωμένην ἔχοντες, ὑπὸ δοκίμων τραπεζιτῶν
θεωρούμενοι, τῶν χωρίζειν ἐπισταμένων ἀπὸ τῶν δοκίμων τὰ
ἀδόκιμα, προσποιούμενα δὲ εἶναι δόκιμα, καὶ τηρούντων τὴν
ἐντολὴν Ἰησοῦ λέγουσαν· Γίνεσθε δόκιμοι τραπεζῖται· καὶ
τὴν Παύλου διδαχὴν φάσκοντος· Πάντα δοκιμάζετε, τὸ   1 Th v 21 f.
15 καλὸν κατέχετε, ἀπὸ παντὸς εἴδους πονηροῦ ἀπέχεσθε;
ἕκαστος δὴ συνεισφερέτω εἰς οἰκοδομὴν τῆς ἐκκλησίας,
φέρων ἐπὶ τὸ νοητὸν γαζοφυλάκιον ὃ δύναται εἰς τιμὴν τοῦ
θεοῦ καὶ ὠφέλειαν τοῦ κοινοῦ.

   8.   Ἐπεὶ δὲ ἔστιν ὠφεληθῆναι τὸ κοινὸν διχῶς, ἀπό τε
20 λόγων καὶ ἀπὸ πράξεων, ὧν ὁ δίκαιος πράττει, καλῶς καὶ
αὐταὶ ἀναφέρονται εἰς τὸ νοητὸν γαζοφυλάκιον. ἀλλ' ἐπεὶ
οὐκ ἴση οὐδ' ὁμοία πάντων ἡ δύναμις ἐν τῷ βίῳ τούτῳ, εἴγε
ἔδωκεν ὁ οἰκοδεσπότης τῷ μὲν πέντε τάλαντα, τῷ δὲ δύο, τῷ   cf. Mt xxv 15
290 δὲ ἕν, ἑκάστῳ κατὰ τὴν ἰδίαν δύναμιν, ἀποδέχεται ὁ ἔμψυχος
25 τούτου λόγος, ἐνορῶν τῇ δυνάμει τῶν βαλλόντων εἰς ὃ
διηγησάμεθα γαζοφυλάκιον, οὓς ἀποδέχεται, οὐ τῇ ποσότητι
τῶν συνεισφερομένων ἐνορῶν μόνῃ. διόπερ ἐπεί τις πλείονα
δυνάμενος, ὀλιγώτερα μὲν ὡς πρὸς τὴν ἐνυπάρχουσαν αὐτῷ
δύναμιν ποιεῖ, πλείονα δὲ ὡς πρὸς ἑτέρων σύγκρισιν ἐλάτ-
30 τονα δυναμένων, καὶ ἀποδέχεται τοὺς ὅλῃ δυνάμει τὰ ἐλάτ-
τονα πεποιηκότας παρὰ τοὺς πλείονα συνεισενεγκόντας ἐκ

δυνάμεως πολλαπλασίονα φέρειν δυναμένης, γέγραπται ἃ
παρεθέμεθα τοῦ τε Λουκᾶ καὶ τοῦ Μάρκου. ἅμα δὲ διδάσκει
τὰ ῥητὰ ταῦτα τὸν νοήσαντα ταῦτα πνευματικῶς μηδεπώποτε
τοὺς νομιζομένους διαφέρειν ἐπαίρεσθαι κατὰ τῶν ὡς πρὸς
ἀνθρώπων κρίσιν ὑποδεεστέρων· οὐ γὰρ πέπεισταί τις τῶν 5
ὑπολαμβανομένων πλείονα καὶ κρείττονα ποιεῖν, συγκρίνων
ἑαυτὸν τοῖς ὅσον ἐπὶ ἀνθρωπίνῃ κρίσει ἐλάχιστα πράττουσιν,
ὅτι πάντα ἃ δεδύνηται πεποίηκεν, ἢ ἐκεῖνος οὐ πάντα <ἃ>

cf. Lc xxi 1 f.　οἷός τε ἦν ἀπαιτεῖσθαι ἀπὸ τοῦ λόγου ἀποδέδωκεν. ἀνέ-
βλεψεν οὖν εἰς τοὺς βάλλοντας εἰς τὸ γαζοφυλάκιον τὰ 10
δῶρα αὐτῶν πλουσίους ὁ Ἰησοῦς, καὶ ἰδὼν τὴν πενιχρὰν
χήραν λεπτὰ βάλλουσαν δύο, τάχα τῷ γνωστικῷ τόπῳ καὶ
τῷ πρακτικῷ ἁπλούστερον περὶ τῶν θείων φρονοῦσαν, καὶ

Lc xxi 3　ἀνάλογον τούτοις βιοῦσαν, εἶπεν· Ἀληθῶς λέγω ὑμῖν ὅτι
ἡ χήρα ἡ πτωχὴ αὕτη πλεῖον πάντων ἔβαλε. καὶ τοῦτο 15
εἶπε καθορῶν τίνα τρόπον πολλαπλασίονα δυνάμενοι φέρειν

cf. Lc xxi 4　εἰς τὸ κοινόν, οἱ ὅσον ἐπὶ τῇ δυνάμει πλούσιοι ἐκ τοῦ περισ-
σεύοντος αὐτοῖς ἔβαλον εἰς τὰ δῶρα τοῦ θεοῦ ἐλάχιστον
μόριον ὧν οἷοί τε ἦσαν συνεισφέρειν. κατανόει δὲ καὶ τὰ
τῆς χήρας ὑστερήματα, καὶ ὅτι βιασαμένη ἑαυτὴν πάντα ὃν 20
εἶχεν βίον ἤνεγκεν εἰς τὸ ἐν τῷ ἱερῷ γαζοφυλάκιον, προσ-
φέρουσα πᾶσαν τὴν δύναμιν ἑαυτῆς τῷ θεῷ.

cf. Lc xxi 1 f.　9. Ἀεὶ τοίνυν ὁ Ἰησοῦς, κατὰ μὲν τὸν Λουκᾶν, ἀνα-
βλέπων εἰς τοὺς βάλλοντας εἰς τὸ γαζοφυλάκιον πλουσίους
τὰ δῶρα αὐτῶν, ὁρᾷ καὶ τὴν πενιχρὰν χήραν βάλλουσαν 25

cf. Mc xii 41 f.　λεπτὰ δύο· κατὰ δὲ τὸν Μάρκον, ἑστὼς κατέναντι τοῦ γα-
ζοφυλακίου θεωρεῖ τίνα τρόπον πᾶς ὁ λαὸς βάλλει κατὰ
δύναμιν τὸν νοητὸν χαλκὸν εἰς τὸ γαζοφυλάκιον, καὶ ὡς
μόνος δυνάμενος βλέπειν τοὺς πλουσίους εἶδεν εἴ ποτε
πτωχὴ ψυχὴ καὶ ὑστερουμένη βάλλει ὅλῃ δυνάμει, καὶ διὰ 291
τοῦτο δικαιουμένη παρὰ τοὺς πολλοὺς πλουσίους. ἅπερ οὐ
τοῖς τυχοῦσι λέγει ἀλλ', ὡς φησιν ὁ Μάρκος, τοῖς μαθηταῖς

5 τις τῶν] πιστῶν　　**8** ἃ 2°] om.　　**12** τῷ] ὁτῷ
14 εἰπεῖν　　**15** πλείων　　**16** εἰπών　　**18** ἐλαχίστη

αὐτοῦ· καὶ νῦν γὰρ προσκαλούμενος τοὺς μαθητὰς αὐτοῦ
λέγει αὐτοῖς, διδάσκων βλέπειν οὐχ ὡς ὄψεται ἄνθρωπος
ἀλλ' ὡς ὄψεται ὁ θεός· Ἄνθρωπος γὰρ ὄψεται εἰς πρόσωπον, 1 Reg xvi 7
ὁ δὲ θεὸς ὄψεται εἰς καρδίαν· τό· Ἀμὴν λέγω ὑμῖν ὅτι ἡ Mc xii 43
5 χήρα ἡ πτωχὴ αὕτη πλεῖον πάντων ἔβαλε τῶν βαλλόντων
εἰς τὸ γαζοφυλάκιον, καὶ τὰ ἑξῆς.   τί δή μοι ταῦτα πάντα
βούλεται προκειμένου διηγήσασθαι τό· Ταῦτα τὰ ῥήματα ἃ Jo viii 20
ἐλάλησεν ἐν τῷ γαζοφυλακίῳ, διδάσκων ἐν τῷ ἱερῷ· ἢ παρα-
στῆσαι ὅτι πάντων συνεισφερόντων ἐν τῷ γαζοφυλακίῳ τοῦ
10 ἱεροῦ τοῦ ὑπὲρ τοῦ κοινοῦ τὰ θρέψοντα τοὺς δεομένους,
μᾶλλον πάντων ἐχρῆν τὸν Ἰησοῦν φέρειν τὰ ὠφελήσοντα,
ἅπερ ἦν ῥήματα ζωῆς αἰωνίου, καὶ διδασκαλία ἡ περὶ θεοῦ cf. Jo vi 68
καὶ ἑαυτοῦ; καὶ παντός γε νομίσματος τιμαλφέστερον ἦν τό·
Ἐγώ εἰμι τὸ φῶς τοῦ κόσμου ἐν τῷ γαζοφυλακίῳ εἰρη- Jo viii 12
15 μένον, καὶ τό· Εἰ ἐμὲ ᾔδειτε, καὶ τὸν πατέρα μου ἂν ᾔδειτε· Jo viii 19
καὶ ὅλα τὰ κατὰ τὸν τόπον.   καὶ ὁ πᾶς γε τῶν λοιπῶν εἰς
τὸ γαζοφυλάκιον φερόντων ἃ εἶχον χρυσὸς ψάμμος ἦν ὀλίγη
ὡς πρὸς τὰ Ἰησοῦ ῥήματα· σοφία γὰρ ἦν πᾶς ὁ λόγος αὐτοῦ·
Πᾶς δὲ χρυσὸς ἐν ὄψει σοφίας ψάμμος ὀλίγη, καὶ ὡς πηλὸς Sap Sol vii 9
20 λογισθήσεται ἄργυρος ἐναντίον αὐτῆς.   καὶ ταῦτά γε σαφῶς
νοηθήσεται τοῖς κατακούειν μεμαθηκόσι τῆς τοῖς τελείοις cf. 1 Co ii 6 f.
λαλουμένης σοφίας, ἐν μυστηρίῳ ἀποκεκρυμμένης, ἣν προώ-
ρισεν ὁ θεὸς πρὸ τῶν αἰώνων εἰς τὴν τῶν δικαίων αὐτοῦ δόξαν,
καὶ δυναμένοις ἐνορᾶν ὑπεροχὴν σοφίας θεοῦ παρὰ τὴν
25 σοφίαν τοῦ αἰῶνος τούτου ἢ τῶν ἀρχόντων τοῦ αἰῶνος
τούτου, τῶν καταργουμένων, οἱονεὶ προφήταις ἰδίοις χρω-
μένων, τῶν ὁποιωνδήποτε λόγων ἑτέρων παρὰ τὴν ἀλήθειαν
προϊσταμένων· ψάμμος γὰρ ὀλίγη αἱ λοιπαὶ σοφίαι χρυσὸς
εἶναι νομιζόμεναι ἐν ὄψει σοφίας, ἣν ἔκτισεν ὁ θεὸς ἀρχὴν cf. Pr viii 22
30 ὁδῶν αὐτοῦ εἰς ἔργα αὐτοῦ, καὶ ἄργυρος ὁ τῶν πολλῶν
λαμπρὸς καὶ πιθανὸς λόγος ὡς πηλὸς λογισθήσεται, τῶν
ἁγνῶν λογίων κυρίου τῶν πεπυρωμένων καὶ κεκαθαρισμένων cf. Ps xi (xii)
7

13 ἑαυτοῦ] ἑαυ

cf. Jo. i 1　ἑπταπλασίως καὶ δοκίμων, ἅτε προσεληλυθότων ἀπὸ τοῦ ἐν
ἀρχῇ πρὸς τὸν θεὸν λόγου.

10. Τὰ δὲ ἀπὸ τῆς ἐπιγεγραμμένης Σοφίας ἄλλως παρε-
cf. Jo viii 20　θέμεθα εἰς τὸ συνιδεῖν τὴν δύναμιν τοῦ· Ταῦτα τὰ ῥήματα ἃ
ἐλάλησεν ἐν τῷ γαζοφυλακίῳ, διδάσκων ἐν τῷ ἱερῷ. τηρείσθω 292
cf. Lc xxi 1ff.　γὰρ ἡ περὶ τῶν πλουσίων καὶ τῆς πενιχρᾶς χήρας διήγησις
ὡς ἀποδέδοται, καὶ εἴ τίς γε μιμητής ἐστι Χριστοῦ, ἡκέτω
ἐπὶ τὸ μὴ ἐν τόπῳ νοητὸν ἱερὸν τοῦ θεοῦ, ὁδεύων τῷ νῷ
καὶ ἀκολουθῶν τῷ πνεύματι χειραγωγῆσαι αὐτὸν ἐπ' αὐτὸ
cf. Jo vi 68　δυναμένῳ, καὶ φερέτω δόκιμα νομίσματα, ῥήματα ζωῆς 10
αἰωνίου, ἐπὶ τὸ γαζοφυλάκιον, καὶ ἔργα ἀκόλουθα τοῖς τοιού-
τοις ῥήμασιν. ἀλλ' εἴθε μήτε πενιχρά τις ἡμῶν μήτε χήρα
εἴη φέρειν μηδὲν πλεῖον δυναμένη δύο λεπτῶν, μήτε πλούσιος
ἐκ μόνου τοῦ περισσεύματος φέρων, ἀλλὰ πάντα τὸν πλοῦτον
ἀνατιθεὶς τῷ θεῷ. Ἰησοῦς δὲ οὐ πάντα ἃ εἶχε ῥήματα 15
ἐλάλησεν ἐν τῷ γαζοφυλακίῳ διδάσκων, ἀλλὰ τοσαῦτα ὅσα
Jo xxi 25　ἐχώρει τὸ γαζοφυλάκιον· οὐδὲ γὰρ αὐτόν γε οἶμαι χωρεῖν
τὸν κόσμον τὸν ὅλον τοῦ θεοῦ λόγον. ὅμως δὲ τοσαῦτα
cf. Jo viii 20　ῥήματα ἐν τῷ γαζοφυλακίῳ λαλῶν καὶ διδάσκων ὁ Ἰησοῦς
ἐν τῷ ἱερῷ ὑπ' οὐδενὸς ἐκρατεῖτό πω· καὶ αὐτοῦ γὰρ οἱ λόγοι 20
ἰσχυρότεροι ἐτύγχανον τῶν πιάσαι αὐτὸν θελόντων. καὶ
ὅσον γε λέγει, οὐδεὶς αὐτὸν πιάσει τῶν ἐπιβουλευόντων
αὐτῷ, ἀλλ' ἐὰν σιωπήσῃ, τότε κρατεῖται. ὅθεν ἐπεὶ ἐβούλετο
cf. Jo xix 1, 9　ὑπὲρ τοῦ κόσμου παθεῖν, ἐξεταζόμενος ὑπὸ τοῦ Πιλάτου καὶ
μαστιγούμενος σιωπᾷ· εἰ γὰρ ἐλελαλήκει, οὐκέτι ἐγίνετο 25
cf. 2 Co xiii 4　αὐτῷ τὸ ἐσταυρῶσθαι ἐξ ἀσθενείας, ἐπείπερ οὐκ ἔστιν
ἀσθένεια ἐν οἷς ὁ λόγος λαλεῖ. ὄντι δὲ αὐτῷ ἐν τῷ γαζοφυ-
λακίῳ οὐδέπω ἡ ὥρα ἐνειστήκει τοῦ πιασθῆναι αὐτόν, ἀλλ'
cf. Jo xviii 1　οὐδὲ ὄντι ἐν τῷ ἱερῷ· χειμάρρουν δέ τινα ἐχρῆν εἶναι τὸν
τόπον ἔνθα ἐβούλετο πιασθῆναι ὁ Ἰησοῦς καὶ ἐδύνατο. ἀλλὰ 30
Jo xviii 3　καὶ καιρὸν τοῦ κρατεῖσθαι αὐτὸν οὐκ ἔδει ἡμερινόν. Ὁ γὰρ
Ἰούδας λαβὼν τὴν σπεῖραν καὶ ἐκ τῶν ἀρχιερέων καὶ

7 καὶ εἴ] ἐπεὶ　　10 δυναμένων　　22 πιασαι
28 ἡ ὥρα] Ηων

Φαρισαίων ὑπηρέτας ἔρχεται ἐκεῖ μετὰ φανῶν καὶ λαμπάδων
καὶ ὅπλων. περὶ δὲ τοῦ· Οὔπω ἐλήλυθεν ἡ ὥρα αὐτοῦ· ἐν Jo viii 20
τοῖς ἀνωτέρω διὰ πλειόνων διειλήφαμεν, οἷς χρήσει καὶ εἰς
τὰ παρόντα.

5   11. (3) Εἶπεν οὖν πάλιν αὐτοῖς Ἐγὼ ὑπάγω καὶ Jo viii 21
ζητήσετέ με, καὶ ἐν τῇ ἁμαρτίᾳ ὑμῶν ἀποθανεῖσθε·
ὅπου ἐγὼ ὑπάγω ὑμεῖς οὐ δύνασθε ἐλθεῖν. Καὶ ταῦτα
ἐν τῷ γαζοφυλακίῳ ἐν τῷ ἱερῷ προστιθεὶς τοῖς προτέροις, οὐ
μόνον ταῦτα ἀλλὰ πλείονα ἕως τοῦ· Ἀμὴν λέγω ὑμῖν, πρὶν Jo viii 58
10 Ἀβραὰμ γενέσθαι ἐγώ εἰμι. μετὰ δὲ τοῦτον τὸν λόγον cf. Jo viii 59
ἀράντων λίθους ἵνα λιθάσωσιν αὐτόν, Ἰησοῦς ἐκρύβη καὶ
293 ἐξῆλθεν ἐκ τοῦ ἱεροῦ, ὅτε παράγων εἶδε τὸν ἀπὸ γενετῆς Jo ix 1
τυφλὸν, περὶ οὗ εἰσόμεθα, θεοῦ διδόντος, γενόμενοι κατὰ τὸν
τόπον. λέγει δὲ ταῦτα ἵνα τὸ ἐπιφερόμενον γένηται· Ταῦτα Jo viii 30
15 γὰρ αὐτοῦ λαλοῦντος ἐπίστευσαν εἰς αὐτόν· οἱονεὶ πένητες
ἐρχόμενοι ἐπὶ τὸ γαζοφυλάκιον, ἵν' ἐκεῖθεν λάβωσιν ἃ ἐὰν
δύνωνται καὶ ἃ ἐὰν μερισθῇ αὐτοῖς. πολλοὶ μὲν οὖν ἐπί-
στευσαν εἰς αὐτόν, οὐ πολλοὶ δὲ ἔγνωσαν αὐτόν, ἐπεὶ τῶν
πεπιστευκότων εἰς αὐτὸν οἱ μένοντες ἐν τῷ λόγῳ αὐτοῦ, cf. Jo viii
20 ἀληθῶς γινόμενοι μαθηταὶ αὐτοῦ, γνώσονται τὴν ἀλήθειαν· 31 l.
οὐχὶ δὲ οἱ πολλοὶ τῶν πεπιστευκότων εἰς αὐτὸν μένουσιν
ἐν τῷ λόγῳ αὐτοῦ, οὐδὲ οἱ πολλοὶ ἀληθῶς αὐτοῦ μαθηταὶ
γίνονται. διόπερ οὐδὲ πολλοὶ γνώσονται ἀλήθειαν, καὶ εἰ
ἀλήθεια ἐλευθεροῖ, ἐλεύθεροι οὐ γίνονται· σφόδρα γὰρ ὀλίγοι
25 χωροῦσι τὴν ἐλευθερίαν. τίνες δέ εἰσιν οἱ γνωσόμενοι ἢ οἱ
ὑψοῦντες αὐτόν; ὡς αὐτὸς διδάσκει λέγων· Ὅταν ὑψώσητε Jo viii 28
τὸν υἱὸν τοῦ ἀνθρώπου, τότε γνώσεσθε ὅτι ἐγώ εἰμι. οὐδεὶς
δὲ αὐτὸν ὑψοῖ γάλακτι ποτιζόμενος, παρασκευάζων ἑαυτὸν cf. 1 Co iii 2;
εἰς παραδοχὴν τῆς στερεᾶς τροφῆς· διόπερ τῷ τοιούτῳ λέγει· He v 12
30 Ἔκρινα μηδὲν εἰδέναι ἐν ὑμῖν εἰ μὴ Ἰησοῦν Χριστὸν καὶ 1 Co ii 2
τοῦτον ἐσταυρωμένον· πρὸς ὃν καὶ ὁ τοῦ λόγου διάκονος ἐν
ἀσθενείᾳ γίνεται, ὥς φησιν ὁ Παῦλος τοῖς τοιούτοις· Κἀγὼ 1 Co ii 3

13 ἐσόμεθα   16 τὸ] τὰ

ἐν ἀσθενείᾳ καὶ ἐν φόβῳ καὶ ἐν τρόμῳ πολλῷ ἐγενόμην πρὸς
ὑμᾶς. φησὶ τοίνυν ὁ τοῦ θεοῦ λόγος ἀρχὴν ποιούμενος
δευτέρων μαθημάτων τῶν ἐν τῷ γαζοφυλακίῳ ἐν τῷ ἱερῷ·
Jo viii 21   Ἐγὼ ὑπάγω καὶ ζητήσετέ με, καὶ ἐν τῇ ἁμαρτίᾳ ὑμῶν
Jo viii 30   ἀποθανεῖσθε. ζητῶ διὰ τό· Ταῦτα αὐτοῦ λαλοῦντος πολλοὶ 5
ἐπίστευσαν εἰς αὐτόν· μήποτε οὐ πρὸς πάντας τοὺς παρόντας
λέγει τό· Ἐγὼ ὑπάγω καὶ ζητήσετέ με, καὶ ἐν τῇ ἁμαρτίᾳ
ὑμῶν ἀποθανεῖσθε· ἀλλὰ πρὸς τούτους οὓς ᾔδει μὴ πιστεύ-
σοντας, καὶ διὰ τοῦτο ἐν τῇ ἁμαρτίᾳ αὐτῶν ἀποθανουμένους,
καὶ μὴ δυναμένους ὀπίσω αὐτοῦ ἀκολουθῆσαι, μὴ δυναμένους 10
δὲ διὰ τὸ μὴ βούλεσθαι· εἰ γὰρ βουλόμενοι οὐκ ἐδύναντο,
οὐκ ἂν εὐλόγως αὐτοῖς ἐλέγετο τό· Ἐν τῇ ἁμαρτίᾳ ὑμῶν
ἀποθανεῖσθε.

12. Ἐρεῖ δέ τις πρὸς τοῦτο· εἴπερ τοῖς ἐμμένουσι τῷ
μὴ πιστεύειν ταῦτα ἔλεγε, πῶς τοῖς τοιούτοις φησὶ τό· Ζητή- 15
σετέ με; πολλαχοῦ γὰρ ἀγαθὸν τὸ ζητεῖν τὸν Ἰησοῦν,
ταὐτόν πως τυγχάνον τῷ ζητεῖν λόγον καὶ ἀλήθειαν καὶ
σοφίαν. ἀλλ' ἐρεῖς ὅτι καὶ περὶ ἐπιβουλευόντων ποτὲ
Jo vii 30   λέγεται τὸ ζητεῖν, ὥσπερ ἐν τῷ· Ἐζήτουν αὐτὸν πιάσαι, καὶ
οὐδεὶς ἐπέβαλλεν ἐπ' αὐτὸν τὴν χεῖρα, ὅτι οὔπω ἐληλύθει ἡ 20
Jo viii 37   ὥρα αὐτοῦ· καὶ ἐν τῷ· Οἶδα ὅτι σπέρμα Ἀβραάμ ἐστε·
ἀλλὰ ζητεῖτέ με ἀποκτεῖναι, ὅτι ὁ λόγος ὁ ἐμὸς οὐ χωρεῖ ἐν
Jo viii 40   ὑμῖν· καὶ ἐν τῷ· Νῦν δὲ ζητεῖτέ με ἀποκτεῖναι, ἄνθρωπον 294
ὃς τὴν ἀλήθειαν ὑμῖν λελάληκα ἣν ἤκουσα παρὰ τοῦ πατρός.
Jo viii 21   διὸ καὶ λέγεται τοῖς μὴ καλῶς ζητοῦσι τό· Καὶ ζητήσετέ 25
Mt vii 8   με· οὐκ ἐναντίον τῷ· Πᾶς ὁ ζητῶν εὑρίσκει. καὶ ἀεὶ δὲ
διαφοραί εἰσι τῶν ζητούντων τὸν Ἰησοῦν, οὐ πάντων γνησίως
καὶ ὑπὲρ τῆς ἑαυτῶν σωτηρίας καὶ τοῦ ὠφεληθῆναι ἀπ'
αὐτοῦ ζητούντων αὐτόν. εἰσὶ γὰρ καὶ κατὰ μυρίας ἀποπε-
πτωκυίας τοῦ καλοῦ προθέσεις ζητοῦντες τὸν Ἰησοῦν· διόπερ 30
μόνοι οἱ ὀρθῶς ζητήσαντες αὐτὸν εἰρήνην εὗρον, οἳ καὶ
cf. Jo i 1   κυρίως λέγοιντ' ἂν αὐτὸν ζητεῖν τὸν ἐν ἀρχῇ λόγον, πρὸς

4, 7 ζητήσατέ   8 ἔδει   8, 9 πιστεύσαντας   31 οἱ] ὃν

τὸν θεὸν λόγον, καὶ ἵνα αὐτοὺς προσαγάγῃ τῷ πατρί. παρὼν
δὲ καὶ ἐμφανταζόμενος ὁ λόγος, ἐπὰν μὴ παραδεχθῇ, ἀπειλεῖ
τὸ ὑπάγειν καὶ λέγει· Ἐγὼ ὑπάγω· καὶ ἐὰν ἀπελθόντος γε   Jo viii 21
αὐτοῦ ζητῶμεν αὐτόν, οὐχ εὑρήσομεν αὐτόν, ἀλλ' ἐν τῇ
5 ἁμαρτίᾳ ἡμῶν ἀποθανούμεθα. οἶδε δὲ ἀπὸ τίνος ὑπάγει
καὶ τίνι παραμένει μηδέπω εὑρισκόμενος, ἵν' ἐν καιρῷ εὑρεθῇ
ζητηθείς. καὶ τοῖς γε οὕτως ἔχουσιν αὐτὸν καὶ μὴ τεθεωρη-
κόσιν αὐτὸν λέγεται· Μὴ εἴπῃς ἐν τῇ καρδίᾳ σου Τίς ἀνα-   Ro x 6 ff.
βήσεται εἰς τὸν οὐρανόν; τουτέστι Χριστὸν καταγαγεῖν· ἢ
10 Τίς καταβήσεται εἰς τὴν ἄβυσσον; τουτέστι Χριστὸν ἐκ   cf. Deut xxx
νεκρῶν ἀναγαγεῖν. ἀλλὰ τί λέγει ἡ γραφή; Ἐγγύς σου τὸ   12 ff.
ῥῆμα σφόδρα ἐν τῷ στόματί σου καὶ ἐν τῇ καρδίᾳ σου.
τούτοις δὲ φιλανθρώπως ὁ σωτὴρ ὑποδείκνυσι καὶ τὰ περὶ
τῆς τοῦ θεοῦ βασιλείας, ἵνα μὴ ζητῶσιν αὐτὴν ἔξω ἑαυτῶν
15 μηδὲ λέγωσιν· Ἰδοὺ ὧδε, ἢ ἰδοὺ ἐκεῖ· φησὶ γὰρ αὐτοῖς·   Lc xvii 21
Ἡ βασιλεία τοῦ θεοῦ ἐντὸς ὑμῶν ἐστι. καὶ ὅσον γε σώζο-
μεν τὰ ἐνσπαρέντα ἡμῶν τῇ ψυχῇ τῆς ἀληθείας σπέρματα
καὶ τὰς ἀρχὰς αὐτῆς, οὐδέπω ἀπελήλυθεν ἀφ' ἡμῶν ὁ λόγος·
ἐὰν δὲ ἀπὸ τῆς κατὰ τὴν κακίαν χύσεως διαφθάρωμεν, τότε
20 ἡμῖν ἐρεῖ Ὑπάγω, ἵνα κἂν ζητῶμεν αὐτὸν οὐχ εὑρήσομεν,
ἀλλ' ἐν τῇ ἁμαρτίᾳ ἡμῶν ἀποθανούμεθα, καταλαμβανόμενοι
ἐν αὐτῇ καὶ παραλαμβανόμενοι ὑπὸ ταύτης ὑπὸ τῶν τετα-
γμένων ἐπὶ τῷ ἀπαιτεῖν τὴν ψυχήν, κατὰ τὸν εἰπόντα· Ἄφρον,   Lc xii 20
ταύτῃ τῇ νυκτὶ τὴν ψυχήν σου ἀπαιτοῦσιν ἀπὸ σοῦ.

25 13. Οὐ χρὴ δὲ παρελθεῖν ἀνεξέταστον οὐδὲ καὶ τό· Ἐν   Jo viii 21
τῇ ἁμαρτίᾳ ὑμῶν ἀποθανεῖσθε· εἰ μὲν κοινότερον λαμβάνεται,
δῆλον ὅτι οἱ μὲν ἁμαρτωλοὶ ἐν τῇ ἁμαρτίᾳ αὐτῶν ἀποθανοῦνται,
οἱ δὲ δίκαιοι ἐν τῇ δικαιοσύνῃ· εἰ δὲ τό· Ἀποθανεῖσθε· κατὰ
τὸν ἐχθρὸν τοῦ χριστοῦ θάνατον λαμβάνεται, ὡς τοῦ πρὸς   cf. 1 Co xv 26
30 θάνατον ἡμαρτηκότος ἀποθνήσκοντος, δῆλον ὅτι οἷς ταῦτα   cf. 1 Jo v 16
ἐλέγετο οὐδέπω ἀποτεθνήκεισαν. καὶ ζητήσεις πῶς, εἰ μὴ
πιστεύσαντες ὅτι ἔζων, μέλλοντές ποτε ἀποθανεῖσθαι.

28 οἱ] εἰ corr. ut videtur

ἀπαντήσεται δέ τις καὶ πρὸς τοῦτο λέγων ὅτι κατ᾽ ἐκεῖνο 295
καιροῦ τὸ μηδέπω πιστεύειν οὐδέπω πρὸς θάνατον ἁμάρτημα
ἦν, καὶ πρὸς οὓς ὁ λόγος οὐδέπω τὰ πρὸς θάνατον ἡμαρτή-
cf. Jo xi 4 κεισαν. ἀλλ᾽ ἔζων μὲν ἐν ἀσθενείᾳ τῆς ψυχῆς αὐτῶν, ἡ δὲ
ἀσθένεια ἐκείνη πρὸς θάνατον ἦν. διὰ τοῦτο καὶ ὁ ἰατρὸς 5
βλέπων ὀλεθρίως αὐτοὺς ἀσθενοῦντας, ἔλεγεν ἀπογνοὺς
Jo viii 21 αὐτῶν τὴν θεραπείαν· Ἐγὼ ὑπάγω καὶ ζητήσετέ με, καὶ ἐν
τῇ ἁμαρτίᾳ ὑμῶν ἀποθανεῖσθε. εἴπομεν δὴ τό· ἐπεὶ ἡ
ἀσθένεια ἐκείνη ἦν αὐτοῖς πρὸς θάνατον, ἅτε μαθόντες ἀπὸ
τοῦ Ἰησοῦ διαφορὰν ἀσθενειῶν. ἠσθένει δὲ καὶ ὁ Λάζαρος, 10
ἀλλ᾽ ᾔδει ὁ ἰατρὸς ὅτι ἡ ἀσθένεια αὐτοῦ οὐ πρὸς θάνατον
Jo xi 4 ἦν· διόπερ φησίν· Αὕτη ἡ ἀσθένεια οὐκ ἔστι πρὸς θάνατον.
διὰ τοῦτο κἂν ἀντιλαμβανώμεθα τῶν ἀσθενειῶν ἑαυτῶν
ἀσθενούντων, προσέχωμεν μήποτε πρὸς θάνατον ἀσθενή-
σωμεν, μεταβαλλούσης τῆς νόσου ἀπὸ τοῦ ἔτι <ἰατὴν> αὐτὴν 15
εἶναι δύνασθαι ἐπὶ τὸ ἀνίατον. ἅμα δὲ σαφέστερόν πως
Jo viii 21 ἔσται καὶ τό· Ὅπου ἐγὼ ὑπάγω ὑμεῖς οὐ δύνασθε ἐλθεῖν·
ἐπιφερόμενον τῷ Καὶ ἐν τῇ ἁμαρτίᾳ ὑμῶν ἀποθανεῖσθε.
ὅταν γὰρ ἀποθάνῃ τις ἐν τῇ ἑαυτοῦ ἁμαρτίᾳ, ὅπου ὑπάγει ὁ
Ἰησοῦς οὐ δύναται ἀπελθεῖν· οὐδεὶς γὰρ νεκρὸς ἀκολουθεῖν 20
Ps cxiii 25 f. (cxv 17 f.) δύναται τῷ Ἰησοῦ· Οὐδὲ γὰρ οἱ νεκροὶ αἰνέσουσί σε, κύριε,
οὐδὲ πάντες οἱ καταβαίνοντες εἰς ᾅδου. ἀλλ᾽ ἡμεῖς οἱ
ζῶντες εὐλογήσωμεν τὸν κύριον.

14. Ἔτι πρὸς τό· Ἐν τῇ ἁμαρτίᾳ ὑμῶν ἀποθανεῖσθε·
Ez xviii 20 παραθήσει τὸ ἐκ τοῦ Ἰεζεκιὴλ οὕτως ἔχον· Ψυχὴ ἡ 25
ἁμαρτάνουσα, αὕτη ἀποθανεῖται· θάνατος γὰρ ψυχῆς
cf. 1 Jo v 16 ἁμαρτία, οἶμαι δὲ ὅτι οὐ πᾶσα, ἀλλ᾽ ἣν φησιν Ἰωάννης
πρὸς θάνατον. ἅμα δὲ καὶ διαστέλλει ὅτι τις ἁμαρτία
θάνατός ἐστι ψυχῆς, καί τις ἁμαρτία ἀσθένεια αὐτῆς·
τάχα δὲ καὶ τρίτον τις ἁμαρτία ζημία ψυχῆς ἐστιν. ἁμαρτία 30
Mt xvi 26 δηλονότι ἐκ τοῦ· Τί ὠφεληθήσεται ἄνθρωπος ἐὰν ὅλον τὸν
κόσμον κερδήσῃ τὴν δὲ ψυχὴν αὐτοῦ ἀπολέσῃ ἢ ζημιωθῇ;

4 αὐτοῖς   10 ἀσθένειαν   15 ἰατὴν] om.

καὶ ἐκ τοῦ· Εἴ τινος τὸ ἔργον κατακαήσεται, ζημιωθήσεται. 1 Co iii 15
τοῖς μὲν οὖν ἐν τῇ ἁμαρτίᾳ ἀποθανουμένοις φησίν· Ὑπάγω Jo viii 21
καὶ ζητήσετέ με, καὶ ἐν τῇ ἁμαρτίᾳ ὑμῶν ἀποθανεῖσθε·
ὅπου ἐγὼ ὑπάγω ὑμεῖς οὐ δύνασθε ἐλθεῖν· τῷ δὲ Πέτρῳ·
5 Ὅπου ἐγὼ ὑπάγω οὐ δύνασαί μοι νῦν ἀκολουθῆσαι, Jo xiii 36
ἀκολουθήσεις δὲ ὕστερον· ἔξεστι γὰρ μαθητευόμενον τῷ
Ἰησοῦ, νῦν μὲν μὴ παρεσκευάσθαι πρὸς τὸ ἀκολουθεῖν αὐτῷ
ἀπιόντι πρὸς τὸν πατέρα, ὕστερον δὲ ἐξ ἐπιμελείας κατ'
ἴχνη βαίνοντα ἀκολουθεῖν τῷ διδασκάλῳ καὶ ἕπεσθαι τῷ
296 λόγῳ τοῦ θεοῦ. εἰκὸς δὲ ὅτι διὰ τὰ περὶ τέλους ἡμῖν
ὑπονοούμενα ἐπιστήσει τις τῷ· Ὅπου ἐγὼ ὑπάγω ὑμεῖς οὐ Jo viii 21
δύνασθε ἐλθεῖν· καὶ πρὸς τοῦτο ἐρεῖ ὅτι ἔξεστι νῦν μὲν
μὴ δύνασθαι, ὕστερον δὲ δύνασθαι· καὶ εἴπερ ἐστί τις
ἐνεστηκὼς αἰών, καὶ ἄλλος μέλλων, οὗτοι πρὸς οὓς λέλεκται cf. Gal i 4
15 Οὐ δύνασθε ἐλθεῖν· κατὰ τὸν ἐνεστηκότα αἰῶνα, πολὺς δὲ
ὁ λείπων εἰς τὴν συντέλειαν αὐτοῦ ἐστι χρόνος, οὐ δύνανται
ἐλθεῖν ὅπου Ἰησοῦς, τουτέστιν ὅπου ἡ ἀλήθεια καὶ ἡ σοφία
καὶ ὁ λόγος, τοῦτο γάρ ἐστιν ὅπου Ἰησοῦς. οἶδα δέ τινας
οὐ μόνον ἐν τῷ αἰῶνι τούτῳ ἀλλὰ καὶ ἐν τῷ μέλλοντι
20 κρατουμένους ὑπὸ τῆς ἰδίας ἁμαρτίας, ὡς τούτους περὶ ὧν
φησιν ὁ λόγος· Ἐὰν βλασφημήσῃ εἰς τὸ πνεῦμα τὸ ἅγιον, Mc iii 29:
οὐκ ἔχει ἄφεσιν οὔτε ἐν τούτῳ τῷ αἰῶνι, οὔτε ἐν τῷ μέλ- cf. Mt xii 32:
λοντι· οὐ μέντοι γε εἰ μὴ ἐν τῷ μέλλοντι αἰῶνι, ἤδη οὐδὲ Lc xii 10
ἐν τοῖς αἰῶσι τοῖς ἐπερχομένοις. ὁ μέντοι γε Ἡρακλέων cf. Eph ii 7
25 ἐκθέμενος τὴν περὶ τοῦ γαζοφυλακίου λέξιν οὐδὲν εἶπεν εἰς
αὐτήν. εἰς δὲ τό· Ὅπου ἐγὼ ὑπάγω ὑμεῖς οὐ δύνασθε Jo viii 21
ἐλθεῖν· φησί· πῶς ἐν ἀγνοίᾳ καὶ ἀπιστίᾳ καὶ ἁμαρτήμασιν
ὄντες ἐν ἀφθαρσίᾳ δύνανται γενέσθαι; μηδὲ ἐν τούτῳ
κατακούων ἑαυτοῦ· εἰ γὰρ οἱ ἐν ἀγνοίᾳ καὶ ἀπιστίᾳ καὶ
30 ἁμαρτήμασιν ὄντες ἐν ἀφθαρσίᾳ οὐ δύνανται γενέσθαι, πῶς
οἱ ἀπόστολοι ἐν ἀγνοίᾳ ποτὲ καὶ ἐν ἀπιστίᾳ καὶ ἐν ἁμαρ-
τήμασι γενόμενοι ἐν ἀφθαρσίᾳ γεγόνασι; δύνανται οὖν οἱ

6 μαθητευομένων   13 δύνησθαι   16 χρόνος] χρό
27 post φησί] ins. γὰρ

ἐν ἀγνοίᾳ καὶ ἐν ἀπιστίᾳ καὶ ἐν ἁμαρτήμασι γενόμενοι
γενέσθαι ἐν ἀφθαρσίᾳ εἰ μεταβάλλοιεν, δυνατὸν αὐτοὺς
μεταβαλεῖν.

Jo viii 22

15. (4) Ἔλεγον οὖν οἱ Ἰουδαῖοι Μήτι ἀποκτενεῖ
ἑαυτὸν ὅτι λέγει Ὅπου ἐγὼ ὑπάγω ὑμεῖς οὐ δύνασθε 5
ἐλθεῖν; Ἄξιον ζητῆσαι πόθεν κινηθέντες οἱ Ἰουδαῖοι πρὸς

Jo viii 21

τό· Ὅπου ἐγὼ ὑπάγω ὑμεῖς οὐ δύνασθε ἐλθεῖν· φασὶ τό·
Μήτι ἀποκτενεῖ ἑαυτὸν ὅτι λέγει Ὅπου ἐγὼ ὑπάγω ὑμεῖς
οὐ δύνασθε ἐλθεῖν; ἵνα δὲ καὶ δοθῇ ἁπλούστερον αὐτοὺς
εἰρηκέναι τό· Μήτι ἀποκτενεῖ ἑαυτόν; πῶς οἱ δυνάμενοι 10
ἀποκτεῖναι ἑαυτούς, κἂν μὴ ἀναιρῶσιν ἑαυτοὺς μηδὲ γίνωνται
ὅπου ὁ ἀναιρῶν ἑαυτὸν γίνεται, οὐ δύνανται ἀπιέναι ὅπου ὁ
ἀναιρῶν ἑαυτὸν ἀπέρχεται; λεκτέον οὖν πρὸς τὰ ζητούμενα
ταῦτα τοῖς ἐπιμελέστερον καὶ βαθύτερον ἀκούουσι τῶν
λεγομένων ὑπὸ Ἰουδαίων ἐν τοῖς εὐαγγελίοις σαφές ἐστιν 15
ὅτι πολλὰ κατά τινας παραδόσεις ἀπορρήτους καὶ ἀνακεχω-
ρηκυίας ἔλεγον, ὡς ἐγνωκότες ἕτερα παρὰ <τὰ> κοινὰ καὶ 297
κατημαξευμένα. ἐπὰν δὲ ἴδωμεν ἐκ τῆς παραθέσεως τῶν
ῥητῶν ἐκεῖνα, τότε ζητήσομεν εἰ καὶ τοῦτο ὑπ᾽ αὐτῶν περὶ
τοῦ σωτῆρος λέγεται βαθύτερόν τι βλεπόντων. ὅτι δὲ 20
κατὰ ἀνακεχωρηκότας λόγους καὶ μὴ κατημαξευμένους

cf. Lc xi 15;
Mt xii 24

ἔφασκον, οὐκ ἄδηλον, ἐν Βεελζεβοὺλ τῷ ἄρχοντι τῶν δαιμο-
νίων ἐκβάλλειν τὰ δαιμόνια. πάντως γὰρ περὶ δαιμόνων
τι μεμαθήκεισαν καὶ τοῦ ἄρχοντος αὐτῶν ᾧ ὄνομα Βεελζε-
βούλ· ταῦτα δὲ οὐ πάνυ τι ἐν τοῖς φερομένοις κεῖται 25

Mt xii 27;
Lc xi 19

βιβλίοις. καὶ μαρτυρία τοῦ σωτῆρος οὐ ψευδεῖ τῷ Βεελζε-
βοὺλ λόγων ὄντων· Εἰ ἐγὼ ἐν Βεελζεβοὺλ ἐκβάλλω τὰ
δαιμόνια, οἱ υἱοὶ ὑμῶν ἐν τίνι ἐκβάλλουσι; παραδεξάμενος
γὰρ τὸ εἶναί τινα τὸν Βεελζεβούλ, καὶ τὸν ἐν αὐτῷ ἐκ-
βάλλοντα δαιμόνια οἱονεὶ μερισμόν τινα ἐνεργεῖν τοῦ 30
Σατανᾶ γίνεσθαι ἐφ᾽ ἑαυτόν, ταῦτά φησιν. ἐσφάλησαν

9 αὐτοῦ   12 δύναται   17 τὰ] om.   22 οὐκ] τὸν   24 ᾧ
ὄνομα] ὤνομα   26 forsan legendum μαρτυρεῖ ὁ σωτὴρ ὡς οὐ ψευδεῖ
τῷ Βεελζεβοὺλ λέγων οὕτως   27 ἐκβάλλων

μὲν οὖν λέγοντες ἐν Βεελζεβοὺλ ὑπὸ τοῦ σωτῆρος ἐκβάλ-
λεσθαι τὰ δαιμόνια, κατειλήφεισαν δὲ ὅτι εἴη τις Βεελζεβοὺλ
ἄρχων δαιμονίων. ἀλλὰ καὶ ἐὰν λέγωσι περὶ τοῦ Ἰησοῦ
ὅτι αὐτὸς Ἰωάννης ἐστίν, ἀναστὰς ἀπὸ τῶν νεκρῶν ἢ εἷς cf. Lc ix 7 f.
Mc vi 14 f.
5 τις τῶν προφητῶν, πάντως δόγμα ἔχοντες περὶ ψυχῆς, ὡς
ἐξητάσαμεν ἐν τοῖς περὶ Ἰωάννου, τοιαῦτα περὶ τοῦ σωτῆρος
ὑπονοοῦσιν. εἰκὸς δὲ καὶ ἄλλα μυρία ἢ ἐκ παραδόσεως
ἢ ἐξ ἀποκρύφων αὐτοὺς εἰδέναι παρὰ τοὺς πολλούς. ἴδωμεν
οὖν καὶ εἰς τό· Μήτι ἀποκτενεῖ ἑαυτόν; εἰ δύνανται μὴ
10 κοινότερόν τι καὶ ἁπλούστερον νενοηκέναι, ὡς ἑαυτὸν
ἐξαγαγόντος τοῦ βίου, ἤτοι ἀγχόνῃ, ἢ ξίφει, ἢ ὁποίᾳ δήποτε
ὁδῷ τῶν ἐντεῦθεν ἑαυτοὺς ἀπαλλαττόντων, καὶ μάλιστα
ἐπεὶ οἴονται αὐτὸν <ἑαυτὸν> ἀποκτείνοντα ἀπελεύσεσθαι εἰς
τόπον εἰς ὃν ἀδύνατον ἦν αὐτοὺς γενέσθαι· καὶ εἰ μὴ
15 δεισιδαιμονοῦντές γε περὶ τὰ ὀνόματα, ἀλλὰ βλέποντες τὰ
πράγματα μὴ εὑρισκόμενα ἄλλοις ὀνόμασι χρῆσθαι κατὰ
τῶν πραγμάτων, τάχα, ἵν' οὕτως εἴπω, θειότερον Ἰησοῦς
αὐτὸν ἀπέκτεινεν, ὅπερ οὕτως παρίσταμεν· πάντων μὲν αἱ
ψυχαὶ τῶν ἀπαλλαττομένων τοῦ σώματος, ἀπαιτούντων τινῶν
298 αὐτὰς τῶν ἐπὶ τοῦτο τεταγμένων, παραλαμβάνονται· εἰκὸς
ὅτι κρείττους εἰσὶ τῶν ψυχῶν ἐπὶ ταύτης τῆς διακονίας
τεταγμένοι· τὸ γάρ· Ἄφρων, ταύτῃ τῇ νυκτὶ τὴν ψυχήν Lc xii 20
σου ἀπαιτοῦσιν ἀπὸ σοῦ· τοιοῦτόν τι δηλοῖ.

16. Ἐὰν δέ τις φάσκῃ τοῦτο μὲν δύνασθαι ἐπὶ τῶν
25 χειρόνων λέγεσθαι, οὐ μὴν καὶ ἐπὶ τῶν κρειττόνων καὶ
καλῶς βεβιωκότων, ἐπιστησάτω εἰ μὴ ἐξαίρετόν τι παρὰ
πάντας τοὺς ἐν σώματι γενομένους περὶ ἑαυτοῦ ἀπαγγέλλων
ὁ κύριός φησιν· Οὐδεὶς αἴρει τὴν ψυχήν μου ἀπ' ἐμοῦ, ἀλλ' Jo x 18
ἐγὼ τίθημι αὐτὴν ἀπ' ἐμαυτοῦ· ἐξουσίαν ἔχω θεῖναι αὐτὴν
30 καὶ πάλιν ἐξουσίαν ἔχω λαβεῖν αὐτήν. νοήσωμεν γάρ τινα
ὅτε βούλεται καταλείποντα τὸ σῶμα, καὶ ἐξιόντα χωρὶς
ὁδοῦ τῆς φερούσης ἐπὶ τὸν θάνατον, ἤτοι διὰ βιαίων ὁδῶν

7 ἢ] εἰ   13 ἑαυτὸν] om.   30, 31 τινα ὅτε] τινας τὲ

ἢ διὰ νόσων, καὶ πάλιν ἐπὰν θέλῃ ἐπανιόντα, καὶ χρώμενον
ὀργάνῳ τῷ σώματι ὃ καταλέλοιπε· τὸν γὰρ τοιοῦτον ἐροῦμεν
μὴ ἀπαιτεῖσθαι τὴν ψυχήν. καὶ πρέπον γε ἐπὶ τῆς Ἰησοῦ
ψυχῆς οὕτω λέγειν τὸν θάνατον γεγονέναι, καὶ αὐτὸν παρα-
στῆσαι βουλόμενον τοῖς·μαθηταῖς τὸ ἐξαίρετον τῆς ἐντεῦθεν 5

Jo x 18

αὐτοῦ ἀπαλλαγῆς εἰρηκέναι τό· Οὐδεὶς αἴρει τὴν ψυχήν μου
ἀπ' ἐμοῦ, ἀλλ' ἐγὼ τίθημι αὐτὴν ἀπ' ἐμαυτοῦ· τοῦτο γὰρ
οὔτ' ἂν Μωϋσῆς, οὐ τῶν Πατριαρχῶν τις ἢ προφητῶν, οὔτ'
ἂν τῶν ἀποστόλων τις εἶπε τῷ Ἰησοῦ, ἐπεὶ πάντων αἱ
ψυχαὶ ἀνθρώπων αἴρονται ἀπ' αὐτῶν. τούτου δὲ νοηθέντος 10
δύναται σαφὲς εἶναι τὸ ἐν πζ' ψαλμῷ τοῦτον εἰρημένον τὸν

Ps lxxxvii
(lxxxviii) 6

τρόπον ἐκ προσώπου τοῦ σωτῆρος· Ἐν νεκροῖς ἐλεύθερος.
ἐπιστήσας ἐκ τῶν εὐαγγελίων τοῖς γεγραμμένοις περὶ τῆς
ἐντεῦθεν αὐτοῦ ἀπαλλαγῆς εὑρήσεις μὴ ἀπᾴδουσαν τὴν περὶ
τῆς ἐξόδου αὐτοῦ ἐκδοχὴν τῶν ἀναγεγραμμένων· εἰ μὲν γὰρ 15

cf. Jo xix 32

ὡς οἱ συσταυρωθέντες αὐτῷ λῃσταί, τῶν στρατιωτῶν κατ-
εαξάντων τὰ σκέλη τῶν πεπονθότων, ἐτεθνήκει, οὐκ ἂν ἐλέγο-
μεν ὅτι ἔθηκε τὴν ψυχὴν αὐτοῦ ἀφ' ἑαυτοῦ, ἀλλά τινι ὁδῷ

Mt xxvii 50

τῶν ἀποθνησκόντων. νυνὶ δὲ ὁ Ἰησοῦς κράξας φωνῇ
μεγάλῃ ἀφῆκε τὸ πνεῦμα, καὶ ὡς βασιλέως καταλείποντος 20
τὸ σῶμα, καὶ ἐνεργήσαντος μετὰ δυνάμεως καὶ ἐξουσίας

Mt xxvii
51—54

ἅπερ ἔκρινεν εὔλογον εἶναι ποιεῖν, εὐθέως τὸ καταπέτασμα
τοῦ ναοῦ ἐσχίσθη ἄνωθεν ἕως κάτω, καὶ ἡ γῆ ἐσείσθη, καὶ
αἱ πέτραι ἐσχίσθησαν, καὶ τὰ μνημεῖα ἀνεῴχθησαν καὶ
πολλὰ σώματα τῶν κεκοιμημένων ἁγίων ἠγέρθησαν, καὶ 25
ἐξελθόντες ἀπὸ τῶν μνημείων μετὰ τὴν ἔγερσιν αὐτοῦ
εἰσῆλθον εἰς τὴν ἁγίαν πόλιν καὶ ἐνεφανίσθησαν πολλοῖς·
ὡς τὸν ἑκατόνταρχον καὶ τοὺς μετ' αὐτοῦ τηροῦντας τὸν
Ἰησοῦν, ἰδόντας τὸν σεισμὸν καὶ τὰ γενόμενα, φοβηθῆναι 299
σφόδρα, λέγοντας Ἀληθῶς θεοῦ υἱὸς ἦν οὗτος. 30

17. Τάχα οὖν ἐν ταῖς περὶ Χριστοῦ παραδόσεσιν ἦν,
ὥσπερ τὸ γεγεννῆσθαι αὐτὸν ἐν Βηθλεὲμ καὶ τὸ ἐκ φυλῆς

14 ἀπᾴδουσαν] ἀποδούσαν   τὴν] τῆς   16 οἱ] εἰ
27 εἰσελθόντες

Ἰούδα ἀναστήσασθαι κατὰ τὰς ὑγιεῖς ἐκδοχὰς τῶν προφη-
τικῶν λόγων, οὕτω καὶ περὶ τοῦ θανάτου αὐτοῦ, ὡς ἑαυτὸν
ᾧ εἴπομεν τρόπῳ ἀπαλλάξαντος τοῦ βίου· καὶ εἰκὸς ὅτι
ᾔδεισαν τὸν οὕτως ἐξελευσόμενον ἀπελεύσεσθαι εἰς χώραν
5 ἔνθα οὐκ ἠδύναντο γενέσθαι οὐδ' οἱ ταῦτα νοοῦντες, ὥστε
μὴ κατὰ τὸ ἁπλούστερον αὐτοὺς εἰρηκέναι ἀλλὰ κατά τινα
περὶ Χριστοῦ παράδοσιν τό· Μήτι ἀποκτενεῖ ἑαυτὸν, ὅτι Jo viii 22
λέγει Ὅπου ἐγὼ ὑπάγω ὑμεῖς οὐ δύνασθε ἐλθεῖν; καὶ εἰ
λέγουσι δὲ ταῦτα οἱ Ἰουδαῖοι, διστακτικῶς αὐτά φασι τὸ
10 γάρ· Μήτι ἀποκτενεῖ ἑαυτόν; τοιοῦτόν ἐστι. καὶ οὐ
θαυμαστὸν ἀμφιβάλλειν αὐτοὺς περὶ Χριστοῦ, ὅτε γε καὶ
ἐν τοῖς ἀνωτέρω οἱ ἐκ τοῦ ὄχλου ἀκούσαντες τῶν λόγων τοῦ
Ἰησοῦ ἔλεγον Οὗτός ἐστιν ἀληθῶς ὁ προφήτης· ἄλλοι Jo vii 40 ff.
δὲ ἔλεγον Οὗτός ἐστιν ὁ χριστός· οἱ δὲ ἔλεγον Μὴ γὰρ ἐκ
15 τῆς Γαλιλαίας ὁ χριστὸς ἔρχεται; οὐχ ἡ γραφὴ εἶπεν ὅτι
ἐκ σπέρματος Δαβὶδ καὶ ἀπὸ Βηθλεὲμ, τῆς κώμης ὅπου ἦν
Δαβὶδ, ἔρχεται ὁ χριστός; ὅτε καὶ σχίσμα γεγένηται ἐν τῷ
ὄχλῳ δι' αὐτόν. ἀλλὰ καὶ μετ' ὀλίγα ἐκείνων γέγραπται
ὅτι Ἀπεκρίθησαν οἱ ὑπηρέται Οὐδέποτε ἐλάλησεν οὕτως Jo vii 46
20 ἄνθρωπος· ὡς καὶ τοὺς Φαρισαίους εἰρηκέναι τοῖς θαυμάζουσι
τὸν λόγον αὐτοῦ· Μὴ καὶ ὑμεῖς πεπλάνησθε; μή τις ἐκ Jo vii 47 f.
τῶν ἀρχόντων ἐπίστευσεν εἰς αὐτόν, ἢ ἐκ τῶν Φαρισαίων;
ἀλλ' ἢ ὁ ὄχλος οὗτος ὁ μὴ γινώσκων τὸν νόμον ἐπάρατοί
εἰσιν; ὅτε καὶ Νικοδήμου εἰρηκότος· Μὴ ὁ νόμος ἡμῶν Jo vii 51 f.
25 κρίνει τὸν ἄνθρωπον ἐὰν μὴ ἀκούσῃ πρῶτον παρ' αὐτοῦ
καὶ γνῷ τί ποιεῖ; ἀπεκρίθησαν· Μὴ καὶ σὺ ἐκ τῆς Γαλι-
λαίας εἶ; ἐραύνησον καὶ ἴδε ὅτι ἐκ τῆς Γαλιλαίας προφήτης
οὐκ ἐξέρχεται, οὐδὲ ἐγείρεται. πῶς δὲ ἐδύναντο ἁπλού-
στερον νοεῖν αὐτὸν ἑαυτὸν ἀναιρήσειν οἱ ἀκούσαντες αὐτοῦ
30 λέγοντος· Ἐγώ εἰμι τὸ φῶς τοῦ κόσμου· ὁ ἀκολουθῶν μοι Jo viii 12
οὐ μὴ περιπατήσῃ ἐν τῇ σκοτίᾳ ἀλλ' ἕξει τὸ φῶς τῆς ζωῆς;
πρὸς ὃν οἱ Φαρισαῖοι εἰρήκασιν ὅτι Σὺ περὶ σεαυτοῦ μαρ- Jo viii 13

---

1 ἀναστήσασθαι] ἀναστήσεσθε καὶ (sic)   9 φασι] φησὶ

Jo viii 13—18 τυρεῖς· ἡ μαρτυρία σου οὐκ ἔστιν ἀληθής· οἷς ἀπεκρίνατο ὁ
Ἰησοῦς λέγων· Κἂν ἐγὼ μαρτυρῶ περὶ ἐμαυτοῦ, ἡ μαρτυρία
μου ἀληθής ἐστιν, ὅτι οἶδα πόθεν ἦλθον καὶ ποῦ ὑπάγω.
ὑμεῖς κατὰ τὴν σάρκα κρίνετε, ἐγὼ οὐ κρίνω οὐδένα. καὶ
ἐὰν κρίνω δὲ ἐγώ, ἡ κρίσις ἡ ἐμὴ ἀληθής ἐστιν, ὅτι μόνος 5
οὐκ εἰμί, ἀλλ' ἐγὼ καὶ ὁ πέμψας με πατήρ. καὶ ἐν τῷ
νόμῳ δὲ τῷ ὑμετέρῳ γέγραπται ὅτι δύο ἀνθρώπων ἡ μαρ- 300
τυρία ἀληθής ἐστιν· ἐγώ εἰμι ὁ μαρτυρῶν περὶ ἐμαυτοῦ καὶ
μαρτυρεῖ περὶ ἐμοῦ ὁ πέμψας με ὁ πατήρ.

18. Τί δὲ πιθανὸν πρὸς τὸ ἀποκτενεῖν ἑαυτὸν μετὰ 10
τοὺς μεγαλοφυέστερον εἰρημένους τοῦτον τὸν τρόπον λόγους·
Jo viii 19   Οὔτε ἐμὲ οἴδατε οὔτε τὸν πατέρα μου· εἰ ἐμὲ ᾔδειτε, καὶ
τὸν πατέρα μου ἂν ᾔδειτε; εἰκὸς γὰρ ὅτι τούτοις ὁμοίως
Jo viii 21   ἐξεδέχοντο καὶ τό· Ἐγὼ ὑπάγω καὶ ζητήσετέ με, καὶ ἐν τῇ
ἁμαρτίᾳ ὑμῶν ἀποθανεῖσθε· ὅπου ἐγὼ ὑπάγω ὑμεῖς οὐ 15
Jo viii 22   δύνασθε ἐλθεῖν· πρὸς ὃν καὶ ἀπεκρίναντο οἱ Ἰουδαῖοι Μή-
τι ἀποκτενεῖ ἑαυτόν, ὅτι λέγει Ὅπου ἐγὼ ὑπάγω ὑμεῖς οὐ
δύνασθε ἐλθεῖν; πάνυ δὲ καὶ ἐμφαίνεται ἡ ἐξουσία αὐτοῦ
αὐτεξουσίως ἀποθνήσκειν, καταλείποντα τὸ σῶμα, καὶ ἐν
τῷ· Ἐγὼ ὑπάγω. καὶ τάχα διὰ τό· Ἐγὼ ὑπάγω· τὸ 20
ἐπιφερόμενον γίνεται τό· Καὶ ζητήσετέ με. εἰκὸς γὰρ
καὶ τοὺς παρατυχόντας οὕτως αὐτῷ ἀπαλλασσομένῳ τοῦ
βίου ζητεῖν αὐτόν, διὰ δὲ τὸ ἐν ταῖς ἁμαρτίαις αὐτῶν
ἀποθνήσκειν αὐτούς, μηδὲ μετὰ πάντα ταῦτα δυσωπηθέντας
πρὸς τὸ μὴ διστακτικῶς εἰπεῖν περὶ αὐτοῦ· Μήτι ἀπο- 25
κτενεῖ ἑαυτόν; ὅπου ἄπεισι μὴ δύνασθαι αὐτοὺς ἀπελθεῖν.
οἶμαι δ' ὅτι καὶ κακοηθέστερον ὀνομάζοντες τὸ κατὰ τὴν
παράδοσιν περὶ τοῦ θανάτου τοῦ χριστοῦ εἰς αὐτοὺς ἐληλυ-
θότος, καὶ μὴ δοξάζοντες τὸν οὕτως ἀπαλλαττόμενον τοῦ
βίου εἰρήκασι τό· Μήτι ἀποκτενεῖ ἑαυτόν; ἐνῆν γὰρ 30
διστακτικῶς μὲν εἰπεῖν, μετ' ἐμφάσεως δὲ τῆς παρὰ τῷ
θανάτῳ δόξης αὐτοῦ, καὶ οἱονεὶ οὕτως εἰπεῖν· μήτι ἡ

19 post αὐτεξουσίως] ins. αὐτὸν   26 αὐτοὺς] αὐτοῦ

ψυχὴ αὐτοῦ, ὅτε αὐτὸς βούλεται, ἐξελεύσεται καταλει-
φθέντος τοῦ σώματος; καὶ διὰ τοῦτό φησι τό· Ὅπου ἐγὼ   Jo viii 21
ὑπάγω ὑμεῖς οὐ δύνασθε ἐλθεῖν.   ἅμα δὲ καὶ παρατηρήσεις
διὰ τὰ εἰρημένα ἡμῖν περὶ τοῦ πῶς τὸν βίον ἐξελήλυθε τό·
5 Καὶ ἀναβαίνων εἰς Ἱεροσόλυμα ὁ Ἰησοῦς παρέλαβε τοὺς   Mt xx 17 ff.
δώδεκα κατ᾿ ἰδίαν, καὶ ἐν τῇ ὁδῷ εἶπεν αὐτοῖς Ἰδοὺ ἀνα-
βαίνομεν εἰς Ἱεροσόλυμα, καὶ ὁ υἱὸς τοῦ ἀνθρώπου παρα-
δοθήσεται τοῖς ἀρχιερεῦσι καὶ γραμματεῦσι καὶ κατακρινοῦσιν
αὐτὸν θανάτῳ, καὶ παραδοθήσεται τοῖς ἔθνεσιν εἰς τὸ
10 ἐμπαῖξαι καὶ μαστιγῶσαι καὶ σταυρῶσαι, καὶ τῇ τρίτῃ
ἡμέρᾳ ἐγερθήσεται.   ἐὰν δέ τις ἀνθυποφέρῃ τό· Ἀπὸ τότε   Mt xvi 21
ἤρξατο δεικνύειν τοῖς μαθηταῖς ἑαυτοῦ ὅτι δεῖ αὐτὸν εἰς
Ἱεροσόλυμα ἀνελθεῖν καὶ πολλὰ παθεῖν ἀπὸ τῶν ἀρχιερέων
καὶ Φαρισαίων καὶ γραμματέων καὶ ἀποκτανθῆναι· καὶ
301 τό· Μέλλει ὁ υἱὸς τοῦ ἀνθρώπου παραδίδοσθαι εἰς χεῖρας   Mt xvii 22 f.
ἀνθρώπων καὶ ἀποκτενοῦσιν αὐτόν, καὶ τῇ τρίτῃ ἡμέρᾳ
ἐγερθήσεται· ἐρεῖς ὅτι ἀπέκτειναν αὐτὸν οἱ λέγοντες πάντες·
Σταύρου, σταύρου αὐτόν· καὶ οἱ γενόμενοι ἔνοχοι τοῦ   Lc xxiii 21
θανάτου αὐτοῦ, εἰ καὶ προλαβὼν τοὺς στρατιώτας ἐρχομένους   cf. Jo xix 32 f.
Mt xxvii 50;
20 ἐπὶ τὸ πλῆξαι τὰ σκέλη, κράξας φωνῇ μεγάλῃ ἐξέπνευσε.   Mc xv 37
  19.   Παραθήσεις δὲ εἰς τοῦτο <τό·> Πᾶς ὁ εὑρίσκων με   Ge iv 14 f.
ἀποκτενεῖ με· καὶ τό· Πᾶς ὁ ἀποκτείνας Κάϊν ἑπτὰ ἐκδι-
κούμενα παραλύσει.   πῶς γὰρ πᾶς ὁ εὑρίσκων τὸν Κάϊν
ἀποκτενεῖ αὐτόν, ἑνὸς ἀποκτείναντος ἂν αὐτὸν τοῦ προειλη-
25 φότος; ἢ πῶς πᾶς ὁ ἀποκτείνας Κάϊν ἑπτὰ ἐκδικούμενα πα-
ραλύσει, οὐκ ἂν πολλῶν ἀποκτεινάντων αὐτόν; ὡς γὰρ περὶ
πλήθους εἴρηται τὸ Πᾶς.   τάχα δὲ καὶ ὁ μὲν Πέτρος ἀν-
θρωπικώτερον ἐκλαβὼν τὰ εἰρημένα ὑπὸ τοῦ σωτῆρος φησίν·
Ἵλεώς σοι κύριε· οὐ μὴ ἔσται σοι τοῦτο· ὁ δὲ σωτὴρ   Mt xvi 22
30 ἐπιτιμῶν αὐτῷ ὡς μὴ καλῶς ἐξειληφότι τὸ εἰρημένον φησίν·
Ὕπαγε ὀπίσω μου, Σατανᾶ· σκάνδαλόν μου εἶ, ὅτι οὐ   Mt xvi 23
φρονεῖς τὰ τοῦ θεοῦ ἀλλὰ τὰ τῶν ἀνθρώπων.   ἀλλὰ καὶ

20 post ἐπί] om. τό   21 παραθήσει   22 Κάϊν] καὶ ἰν
24 αὐτὸν 1°] ἑαυτὸν

Eph v 2 τὸ παρὰ τῷ Παύλῳ λεγόμενον· Ἑαυτὸν παρέδωκεν ὑπὲρ
ἡμῶν θυσίαν τῷ θεῷ· ὅρα εἰ μὴ τοιοῦτόν ἐστιν. οὕτως
cf. He vi 20 γοῦν μόνως δυνήσει σῶσαι τὸν εἰς τὸν αἰῶνα ἀρχιερέα κατὰ
cf. Jo i 29 τὴν τάξιν Μελχισεδέκ, καὶ τὸν ἀμνὸν τοῦ θεοῦ τὸν αἴροντα
τὴν ἁμαρτίαν τοῦ κόσμου, προσφερόμενον θυσίαν τῷ θεῷ 5
οὐχ ὑπὸ ἀσεβῶν ἀλλ' ὑπὸ ἀρχιερέως εὐσεβοῦς. ταῦτα μὲν
οὖν ἡμεῖς κατὰ δύναμιν βασανίζοντες τὸ βούλημα τῶν
Jo viii 22 λεγόντων τό· Μήτι ἀποκτενεῖ αὐτόν, ὅτι λέγει Ὅπου ἐγὼ
ὑπάγω ὑμεῖς οὐ δύνασθε ἐλθεῖν; μετὰ τὸ ἀκηκοέναι τηλι-
κούτων τῶν προειρημένων ὑπὸ τοῦ Ἰησοῦ λόγων ἐκδεδώκα- 10
μεν. εἰκὸς δέ τινας προσκόπτοντας ὡς βεβιασμένῃ τῇ
ἑρμηνείᾳ οἴεσθαι ἁπλούστερον αὐτοὺς εἰρηκέναι τό· Μήτι
ἀποκτενεῖ ἑαυτόν; ὡς τοῦ μὲν Ἰησοῦ ἀποκτενοῦντος ἑαυτόν,
καὶ ἐσομένου ἐν χώρᾳ τῶν ἑαυτοὺς διαχειρισαμένων καὶ
κολασθησομένων ἐπὶ τούτῳ, τῶν δὲ Ἰουδαίων παρὰ τοῦτο οὐ 15
δυναμένων ἐκεῖ γενέσθαι, παρὰ τὸ μὴ τῷ αὐτῷ ἐνόχους αὐτοὺς
γίνεσθαι περὶ ἑαυτῶν ἁμαρτήματι. ἀλλὰ καὶ αὐτοὶ ἐπιστη-
σάτωσαν εἰ δύνανται οἱ Ἰουδαῖοι ὑπονενοηκέναι τὸν Ἰησοῦν
ταῦτα εἰρηκέναι, ἑαυτὸν καταδικάζοντα ὡς ἀπελευσόμενον εἰς
τόπον κολάσεως, ἔνθα οὐκ ἐδύναντο γενέσθαι, ὅσον ἐπὶ τῇ 20
ἐκδοχῇ ταύτῃ, οἱονεὶ κρείττονες αὐτοῦ· ἢ ἀκόλουθον ἔσται
λέγειν ὅτι εἴπερ τοῦτο νοῶν ἔφασκεν ὁ Ἰησοῦς καὶ βουλό-
μενος ἑαυτὸν ἀποκτεῖναι, κρεῖττον ἐνόμιζε τὸ ἑαυτὸν ἀναιρεῖν 302
τοῦ μὴ τοῦτο ποιεῖν. καὶ ὁ Ἡρακλέων μέντοι γε ὡς ἁ-
πλούστερον εἰρημένου τοῦ· Μή τι ἀποκτενεῖ ἑαυτόν; φησὶν 25
ὅτι πονηρῶς διαλογιζόμενοι οἱ Ἰουδαῖοι ταῦτα ἔλεγον, καὶ
μείζονας ἑαυτοὺς ἀποφαινόμενοι τοῦ σωτῆρος, καὶ ὑπολαμ-
βάνοντες ὅτι αὐτοὶ μὲν ἀπελεύσονται πρὸς τὸν θεὸν εἰς
ἀνάπαυσιν αἰώνιον, ὁ δὲ σωτὴρ εἰς φθορὰν καὶ εἰς θάνατον
ἑαυτὸν διαχειρισάμενος, ὅπου ἑαυτοὺς οὐκ ἐλογίζοντο ἀπελ- 30
θεῖν. καὶ αὐταῖς λέξεσί φησιν ὅτι ᾤοντο λέγειν τὸν σωτῆρα
οἱ Ἰουδαῖοι ὅτι ἐγὼ ἐμαυτὸν διαχειρισάμενος εἰς φθορὰν

6 εὐσεβῶς   9 δύνασθαι   14 ἐσωμένου
15 παρὰ] περὶ   21 κρείττονος

μέλλω πορεύεσθαι, ὅπου ὑμεῖς οὐ δύνασθε ἐλθεῖν. οὐκ οἶδα
δὲ πῶς κατὰ τὸν εἰπόντα· Ἐγώ εἰμι τὸ φῶς τοῦ κόσμου, καὶ   Jo viii 12
τὰ ἑξῆς, ἦν λέγειν ὅτι ἐγὼ ἐμαυτὸν διαχειρισάμενος εἰς
φθορὰν μέλλω πορεύεσθαι. ἐὰν δέ τις λέγῃ μὴ τὸν σωτῆρα
5 ταῦτα εἰρηκέναι, τοὺς δὲ Ἰουδαίους αὐτὸ ὑπονενοηκέναι, δῆλον
ὅτι ἐρεῖ τοὺς Ἰουδαίους πεφρονηκέναι περὶ αὐτοῦ ὅτι φθεί-
ρονται οἱ ἑαυτοὺς διαχειρισάμενοι καὶ οὐδὲν ἧττον ἐποίει
ταῦτα πιστεύων φθαρήσεσθαι καὶ κολασθήσεσθαι· ὅπερ ἦν
κατὰ πάντα ἠλίθιον.

10 20. (5) Καὶ ἔλεγεν αὐτοῖς Ὑμεῖς ἐκ τῶν κάτω   Jo viii 23
ἐστέ, ἐγὼ ἐκ τῶν ἄνω εἰμί· ὑμεῖς ἐκ τοῦ κόσμου τούτου
ἐστέ, ἐγὼ οὐκ εἰμὶ ἐκ τοῦ κόσμου τούτου. Καὶ ἐν τοῖς
ἀνωτέρω ἔλεγε τό· Ὁ ὢν ἐκ τῆς γῆς ἐκ τῆς γῆς ἐστι καὶ ἐκ   Jo iii 31 f.
τῆς γῆς λαλεῖ· ὁ ἐκ τοῦ οὐρανοῦ ἐρχόμενος ἐπάνω πάντων
15 ἐστίν· ὃ ἑώρακε καὶ ἤκουσε τοῦτο μαρτυρεῖ. εἰ τοίνυν ὁ ὢν
ἐκ τῆς γῆς ἐκ τῆς γῆς λαλεῖ, καὶ ὁ ἐκ τοῦ οὐρανοῦ ἐρχόμενος
ὃ ἑώρακε καὶ ἤκουσε τοῦτο μαρτυρεῖ, ζητήσεις τοίνυν πότερόν·
ποτε ταὐτόν ἐστι τὸ ἐκ τῆς γῆς εἶναι τῷ ἐκ τῶν κάτω εἶναι ἢ
ἕτερον. ἅμα δὲ παρατηρήσεις ὅτι κἀκεῖ οὐκ εἶπεν· Ὁ ὢν ἐκ
20 τοῦ οὐρανοῦ ἐκ τοῦ οὐρανοῦ ἐστι καὶ ἐκ τοῦ οὐρανοῦ λαλεῖ·
τάχα γὰρ ὁ σωτὴρ οὐκ ἐκ τοῦ οὐρανοῦ ἦν, μάλιστα καθὸ
πρωτότοκος πάσης κτίσεως ἦν. τὸ γάρ· Ἐκ τοῦ οὐρανοῦ·   cf. Col i 15
ὁ δεύτερος ἄνθρωπος ἦν ἐξ οὐρανοῦ, ὡς καὶ ὁ Παῦλός πού
φησιν· Ὁ πρῶτος ἄνθρωπος ἐκ γῆς χοϊκός· ὁ δεύτερος ἄν-   1 Co xv 47
25 θρωπος ἐξ οὐρανοῦ. καὶ ἐνθάδε δὲ ἐπιστήσεις πότερόν ποτε
ταὐτὸ λέγει ἐν τῷ· Ὑμεῖς ἐκ τῶν κάτω ἐστέ· καί· Ὑμεῖς
ἐκ τούτου τοῦ κόσμου ἐστέ· ἢ ἕτερόν ἐστι τὸ εἶναι ἐκ τῆς γῆς
παρὰ τὸ εἶναι ἐκ τοῦ κόσμου τούτου. τὸ δ' ὅμοιον ζητήσεις
καὶ ἐν τῷ· Ἐγὼ ἐκ τῶν ἄνω εἰμί· καί· Ἐγὼ οὐκ εἰμὶ ἐκ τοῦ
30 κόσμου τούτου. ἄξιον γὰρ ἰδεῖν τί τὸ ἐκ τῶν ἄνω εἶναι καὶ
τί τὸ μὴ ἐκ τοῦ κόσμου τούτου εἶναι. ὅρα τοίνυν εἰ μὴ ὁ
τὴν ἀπὸ ὕλης γένεσιν καὶ σωμάτων ἀνειληφώς, τῷ καταλε-

5 αὐτῷ   9 κατὰ πάντα ἠλίθιον] κατηλίθιον   txt. Cod. Ven.

λοιπέναι τὰ κρείττονα ἐκ τῆς γῆς ἐστιν· ὅστις ὅσον ἐστὶν 303
ἐκ τῆς γῆς ἐκ τῆς γῆς λαλεῖ, ὑψηλότερόν τι μὴ δυνάμενος
βλέπειν ἢ λέγειν· ὁ δ' αὐτὸς καὶ ἐκ τῶν κάτω ἐστίν. ἄλλη
μέντοι γε ἡ ἐπίνοια ἡ ἐκ τῶν κάτω καὶ τῆς γῆς. κάτω γὰρ
ὥσπερ τόπῳ τινὶ νοεῖται οὕτως καὶ δόγμασι καὶ διανοίᾳ· 5
καὶ πᾶς γε ὁ τοιοῦτος δόγμασι καὶ διανοίᾳ χρώμενος, ἅτινά
ἐστιν ἐκ τῶν κάτω, ἐκ τῶν κάτω ἐστίν. ἀλλὰ καὶ ὁ δεικνύ-
μενος κόσμος, ὑλικὸς γενόμενος, διὰ τοὺς δεηθέντας τῆς
ἐνύλου ζωῆς τόπους μὲν ἔχει διαφόρους, οἵτινες πάντες ὡς
μὲν πρὸς τὰ ἄϋλα καὶ τὰ ἀόρατα καὶ τὰ ἀσώματα κάτω εἰσὶν, 10
οὐ τοσοῦτον τόπῳ ὅσον τῇ πρὸς τὰ ἀόρατα συγκρίσει.
ὅσον δὲ ἐπὶ τῷ κόσμῳ τόποις κόσμου συνεξετάζεσθαι, εἶεν
ἄν τινες τόποι οἱ κάτω, καὶ ἄλλοι ἄνω· τὰ μὲν γὰρ περίγεια
κάτω ἐστὶ, τὰ δὲ οὐράνια ἄνω, ὡς κατὰ τοῦτο τὸν μὲν ἐκ τῶν
κάτω πάντως εἶναι ἐκ τοῦ κόσμου τούτου, τὸν δὲ ἐκ τοῦ 15
κόσμου τούτου μὴ πάντως εἶναι καὶ ἐκ τῶν κάτω. ὁ γὰρ
πολίτης τῶν σωμάτων ὅρα εἰ ἔστι μέν πως ἐκ τοῦ κόσμου
τούτου, οὐ μὴν ἐκ τῶν τοπικῶς κάτω. πλὴν καὶ αὐτὸς ὡς
πρὸς σύγκρισιν τῶν νοητῶν ἐκ τῶν κάτω· καὶ γὰρ πᾶς ὁ τῶν
βλεπομένων πολίτης καὶ παρερχομένων καὶ προσκαίρων ἐκ 20
τῶν κάτω ἐστὶ, κἂν ἐν συγκρίσει τόπων ἐκ τῶν ἀνωτάτω
τυγχάνῃ. ἔξεστι μέντοι γε τὸν ἐκ τῶν κάτω καὶ ἐκ τοῦ
κόσμου τούτου καὶ ἐκ τῆς γῆς μεταβαλεῖν, καὶ γενέσθαι ἐκ
τῶν ἄνω καὶ μηκέτι ἐκ τοῦ κόσμου τούτου, καὶ ἄλλον ἐκ μὲν
τοῦ κόσμου τούτου, ἐκ τοῦ οὐρανοῦ δέ. φησὶ γοῦν τοῖς μα- 25
cf. Jo xv 19 θηταῖς· Ἐκ τοῦ κόσμου ἦτε, κἀγὼ ἐξελεξάμην ὑμᾶς ἐκ τοῦ
κόσμου, καὶ οὐκέτι ἐστὲ ἐκ τοῦ κόσμου· εἴπερ γὰρ ἦλθεν ὁ
cf. Lc xix 10 σωτὴρ ζητῆσαι καὶ σῶσαι τὸ ἀπολωλὸς, ἦλθε τοὺς κάτω
καὶ πολιτογραφηθέντας ἐν τοῖς κάτω μεταστῆσαι ἐπὶ τὰ
cf. Eph iv 9 f. ἄνω. καὶ γὰρ εἰς τὰ κατώτερα μέρη τῆς γῆς ὁ καταβὰς 30
αὐτός ἐστι, διὰ τοὺς ἐν τοῖς κατωτάτω τῆς γῆς· ἀλλὰ καὶ
ἀνέβη ὑπεράνω πάντων τῶν οὐρανῶν, ὁδοποιῶν τοῖς βουλο-

9 ἔχει] ἐκεί

μένοις καὶ γνησίως αὐτῷ μαθητευομένοις τὴν φέρουσαν ὁδὸν
ἐπὶ τὰ ὑπεράνω πάντων τῶν οὐρανῶν, τοῦτ' ἐστιν ἐπὶ τὰ
ἔξω σωμάτων.

21.   Εἰ δὲ καὶ ποθεῖς μαθεῖν ἀπὸ τῆς γραφῆς τίς ἐστιν
5 ὁ ἐκ τῶν κάτω καὶ τίς ἐστιν ὁ ἐκ τῶν ἄνω, ἄκουε· ἐπεὶ ὅπου   cf. Mt vi 21
ὁ θησαυρὸς ἑκάστου ἐκεῖ καὶ ἡ καρδία ἐστίν· ἐάν τις θη-   cf. Mt vi 19
σαυρίζῃ ἐπὶ τῆς γῆς, ἐξ αὐτοῦ τοῦ θησαυρίζειν ἐπὶ τῆς γῆς
ἐκ τῶν κάτω γίνεται, ἐὰν δέ τις θησαυρίζει ἐν τοῖς οὐρανοῖς,
γεννᾶται ἄνωθεν, καὶ ἀναλαμβάνει τὴν εἰκόνα τοῦ ἐπουρανίου·   cf. Jo iii 3;
304 ἀλλὰ καὶ ἄλλος διελθὼν πάντας τοὺς οὐρανοὺς ἐν τέλει   1 Co xv 49
εὑρίσκεται μακαριωτάτῳ.   εἴη δ' ἂν καὶ τὰ ἑκατέρου ἔργα,
οἷον εἶπα, ὥστε εἰπεῖν ἂν τὰ ἔργα τῆς σαρκὸς ποιεῖν τὸν ἐκ   cf. Gal v 19,
τῶν κάτω, τὸν δὲ καρπὸν τοῦ πνεύματος τὸν ἐκ τῶν ἄνω, καὶ   22
πάλιν τὴν πρὸς τὸν κόσμον τοῦτον ἀγάπην τὸν ἐκ τοῦ
15 κόσμου τούτου· ἐπεί, κατὰ τὸν Ἰωάννην, ὁ ἔχων τὴν ἀγάπην   cf. 1 Jo ii 15
τοῦ θεοῦ, ἐκεῖνος οὐκ ἔστιν ἐκ τοῦ κόσμου τούτου, ὃς δὲ οὐκ
ἀγαπᾷ τὸν κόσμον οὐδὲ τὰ ἐν τῷ κόσμῳ, ἀλλὰ λέγων· Ἐμοὶ   Gal vi 14
μὴ γένοιτο καυχᾶσθαι, εἰ μὴ ἐν τῷ σταυρῷ τοῦ κυρίου μου
Ἰησοῦ Χριστοῦ, δι' οὗ ἐμοὶ κόσμος ἐσταύρωται κἀγὼ κόσμῳ·
20 καὶ χωρῶν τὸ ἀγαπᾷν κύριον τὸν θεὸν αὐτοῦ ἐξ ὅλης τῆς   cf. Mt xxii
καρδίας αὐτοῦ καὶ ἐξ ὅλης τῆς ψυχῆς αὐτοῦ καὶ ἐξ ὅλης τῆς   37;
διανοίας αὐτοῦ, τῷ μὴ θλίβεσθαι τὴν τοιαύτην ἀγάπην ὑπὸ   Deut vi 5
τῆς πρὸς τὸν κόσμον ἀγάπης καὶ τὰ ἐν τῷ κόσμῳ· ἀμήχανον
γὰρ συνυπάρχειν τὴν πρὸς τὸν κόσμον ἀγάπην τῇ πρὸς τὸν
25 θεὸν ἀγάπῃ, ὡς ἀμήχανον συνυπάρχειν ἀλλήλοις φῶς καὶ   cf. 2 Co vi
σκότος, ἢ Χριστὸν καὶ τὸν Βελίαρ, ἢ τὸ ναὸν εἶναι τοῦ θεοῦ   14 ff.
μετὰ τοῦ ναὸν τυγχάνειν εἰδώλων.   ὡς διαφορᾶς μέντοι γε
οὔσης τῶν κάτω πρὸς ἄλληλα, λέγεται ὑπερθετικῶς τό·
Ἔθεντό με ἐν λάκκῳ κατωτάτῳ· καὶ τό· Εἰς τὰ κατώτατα   Ps lxxxvii
30 τῆς γῆς ὁ καταβάς, οὗτός ἐστι καὶ ὁ ἀναβάς·   διόπερ   (lxxxviii) 7
ἐνώπιον τοῦ χριστοῦ προπεσοῦνται μὲν πάντες οἱ κατα-   cf. Eph iv 9 f.
βαίνοντες εἰς τὰ κατώτερα μέρη τῆς γῆς, εἰς ᾅδου, ἐπεὶ   cf. Ps xxi
                                                               (xxii) 30

12, 13 ἐκ τῶν κάτω] ἐκάτω   **27** ναὸν] ναοῦ

Ps vi 6 ἀληθὲς τό· Οὐκ ἔστιν ἐν τῷ θανάτῳ ὁ μνημονεύων σου, ἐν
δὲ τῷ ᾅδῃ τίς ἐξομολογήσεταί σοι; ἐὰν δέ τις ἀνθυποφέρῃ
τὸ καταβαίνειν αὐτὸν εἰς τὰ κατώτερα τῆς γῆς, ἐπιτηρήσεις
ὅτι ἐπὶ τῶν καταβαινόντων εἰς γῆν εἴρηται τὸ Προπεσοῦνται·
cf. Phil ii 10 ὑποπιπτόντων γὰρ τῷ χριστῷ <καὶ> γόνυ καμπτόντων ἐν τῷ 5
ὀνόματι Ἰησοῦ, τινὲς μὲν πρότερον τινὲς δὲ ὕστερον προπε-
σοῦνται αὐτῷ. καὶ τάχα οἱ ἐπὶ γῆς προπεσοῦνται καὶ πρὸ
ἑτέρων ὑποτάσσονται· χειρόνων γὰρ τὸ ὕστερον ὑποτάσσε-
1 Co xv 26 σθαι, διὸ καὶ ἔσχατος ἐχθρὸς καταργεῖται ὁ θάνατος.

22. Μετὰ ταῦτα ζητήσεις εἰ ὥσπερ ἐστὶ τῶν κάτω 10
διαφορὰ διὰ τὸ λέγεσθαί τι κατωτάτω, οὕτως καὶ τῶν ἄνω
διαφορά, μάλιστα ἐπεὶ κληρονομία ἐστὶ βασιλείας οὐρανῶν,
πάντων κληρονομουμένων οὐρανῶν ὄντων ἄνω, ἀλλ' οὐχ
ὁμοίως ἐχόντων τὸ εἶναι ἄνω. ἀλλὰ καὶ ἐπὶ τῆς νοητῆς
καταβάσεως τῆς ψυχῆς διὰ τὴν κακίαν καὶ τὰ μοχθηρὰ 15
δόγματα καὶ νοητῆς ἀναβάσεως αὐτῆς ἐπιστήσας, οὐχ ἁπλῶς 305
εὑρήσεις διαφοράν· ἐπιπλεῖον <δὲ> νοητῶς καταβαινουσῶν
νοήσεις. ἅμα δὲ ὅρα εἰ μὴ μυστικώτερον καὶ οὐ τοπικῶς
Eph iv 10 περὶ τῆς Ἰησοῦ ψυχῆς ἀκούσεις τό· Ἀναβὰς ὑπεράνω πάντων
τῶν οὐρανῶν· ἡ γὰρ νοητὴ ἀνάβασις ἐκείνης τῆς ψυχῆς 20
ὑπερπεπήδηκε καὶ πάντας τοὺς οὐρανοὺς καί, ὡς ἔστιν εἰπεῖν,
ἤδη ἔφθασε πρὸς αὐτὸν τὸν θεόν. πλήν ἐστί τις καὶ ἕτερος
παρὰ τὸν δεικνύμενον καὶ αἰσθητὸν κόσμον τὸν συνεστῶτα
cf. 2 Co iv 18 ἐξ οὐρανοῦ καὶ γῆς ἢ οὐρανῶν καὶ γῆς κόσμος, ἐν ᾧ ἐστι τὰ
μὴ βλεπόμενα· καὶ ὅλον τοῦτο κόσμος ἀόρατος, κόσμος οὐ 25
βλεπόμενος, καὶ νοητὸς κόσμος, οὗ τῇ θέᾳ καὶ τῷ κάλλει
cf. Mt v 8 ἐνόψονται οἱ καθαροὶ τῇ καρδίᾳ, προευτρεπιζόμενοι διὰ τοῦ
ἐνορᾶν αὐτῷ ἐπὶ τὸ μετελθεῖν, ὥστ' ἂν καὶ αὐτὸν ὁρᾶν, ὡς
ὁρᾶσθαι πέφυκεν ὁ θεός, τὸν θεόν. ζητήσεις δὲ εἰ κατά τι
cf. Col i 15 τῶν σημαινομένων δύναται ὁ πρωτότοκος πάσης κτίσεως 30
cf. Eph iii 10 εἶναι κόσμος, καὶ μάλιστα καθ' ὃ σοφία ἐστὶν ἡ πολυποίκι-
λος· τῷ γὰρ εἶναι παντὸς οὑτινοσοῦν τοὺς λόγους, καθ' οὓς

3 καταβαίνει 5 καὶ] om. 17 δὲ] om.

γεγένηται πάντα τὰ ὑπὸ τοῦ θεοῦ ἐν σοφίᾳ πεποιημένα, ὥς
φησιν ὁ προφήτης· Πάντα ἐν σοφίᾳ ἐποίησας· ἐν αὐτῷ, εἴη   Ps ciii (civ)
ἂν καὶ αὐτὸς κόσμος, τοσούτῳ ποικιλώτερος τοῦ αἰσθητοῦ   24
κόσμου καὶ διαφέρων ὅσῳ διαφέρει γυμνὸς πάσης ὕλης τοῦ
5 ὅλου κόσμου λόγος τοῦ ἐνύλου κόσμου, οὐκ ἀπὸ τῆς ὕλης
ἀλλὰ ἀπὸ τῆς μετοχῆς τοῦ λόγου καὶ τῆς σοφίας τῶν
κοσμούντων τὴν ὕλην κεκοσμημένου. καὶ ὅρα εἰ δύναται
ὁ λέγων· Οὐκ εἰμὶ ἐγὼ ἐκ τοῦ κόσμου τούτου· ἡ ψυχὴ εἶναι   Jo viii 23
τοῦ Ἰησοῦ ἐμπολιτευομένη τῷ ὅλῳ κόσμῳ ἐκείνῳ καὶ πάντα
10 αὐτὸν ἐμπεριερχομένη, καὶ χειραγωγοῦσα ἐπ' αὐτὸν τοὺς
μαθητευομένους. οὐδὲν ἔχει ἐκεῖνος ὁ κόσμος κάτω, ὡς
οὐδὲ οὗτος, ὡς πρὸς τὸ ἀκριβὲς ἐξετάζοντι, ἄνω. πῶς γὰρ
δύναται ἔχειν τι ὁ κόσμος οὗτος ἄνω, οὗ ἡ κτίσις καταβολή
ἐστιν; οὐ γὰρ ὡς ἔτυχεν ἀκουστέον τοῦ· Πρὸ καταβολῆς   Jo xvii 24
15 κόσμου· ἐπίτηδες διὰ τοιαύτην ἐπίνοιαν πλασάντων ὄνομα
τῶν ἁγίων τὸ τῆς καταβολῆς. καίτοι γε ἐδύναντο λέγειν
πρὸ κτίσεως κόσμου, καὶ μὴ χρήσασθαι τῷ τῆς καταβολῆς
ὀνόματι. ὅλος οὖν ὁ κόσμος καὶ τὰ ἐν αὐτῷ ἐν καταβολῇ
306 ἐστιν· ἔξω δὲ καταβολῆς κόσμου παντὸς γίνονται οἱ τοῦ
20 Ἰησοῦ γνήσιοι μαθηταί, οὓς ἐξελέξατο ἐκ τοῦ κόσμου, ἵνα   cf. Jo xv 19
μηκέτι ὦσιν ἐκ τοῦ κόσμου, αἴροντες τὸν σταυρὸν ἑαυτῶν   cf. Mc viii 34
καὶ ἀκολουθοῦντες αὐτῷ.

23. (6) Εἶπον οὖν ὑμῖν ὅτι ἀποθανεῖσθε ἐν ταῖς   Jo viii 24
ἁμαρτίαις ὑμῶν· ἐὰν γὰρ μὴ πιστεύσητε ὅτι ἐγώ εἰμι,
25 ἀποθανεῖσθε ἐν ταῖς ἁμαρτίαις ὑμῶν. Πότε εἶπεν αὐτοῖς·
Ἀποθανεῖσθε ἐν ταῖς ἁμαρτίαις ὑμῶν· ἢ ὅτε ἔφασκε Ζητήσετέ   Jo viii 21
με, καὶ ἐν ταῖς ἁμαρτίαις ὑμῶν ἀποθανεῖσθε; τί δὲ τὸ αἴτιον
τοῦ ἐν ταῖς ἁμαρτίαις αὐτῶν ἀποθνήσκειν ἀνθρώπους, ἢ τὸ
μὴ πιστεύειν ὅτι Ἰησοῦς ἐστιν ὁ χριστός; αὐτὸς γάρ φησιν·   cf. 1 Jo v 1
30 Ἐὰν μὴ πιστεύσητε ὅτι ἐγώ εἰμι, ἀποθανεῖσθε ἐν ταῖς ἁμαρ-
τίαις ὑμῶν. εἰ δὲ ὁ μὴ πιστεύων ὅτι Ἰησοῦς ὁ χριστός
ἐστιν ἀποθανεῖται ἐν ταῖς ἁμαρτίαις ἑαυτοῦ, δῆλον ὅτι ὁ μὴ

6 λόγου] λό   7 κεκοσμημένων

ἀποθνήσκων ἐν ταῖς ἁμαρτίαις αὐτοῦ πεπίστευκε τῷ χριστῷ,
ὁ δὲ ἀποθνήσκων ἐν ταῖς ἁμαρτίαις ἑαυτοῦ, κἂν λέγῃ
πιστεύειν τῷ χριστῷ, ὡς πρὸς τὸ ἀληθὲς οὐ πεπίστευκεν

cf. Jac ii 17 f. αὐτῷ· ἐὰν δὲ λέγηται μὲν πίστις, χωρὶς δὲ ἔργων τυγχάνῃ,
νεκρά ἐστιν ἡ τοιαύτη, ὡς ἐν τῇ φερομένῃ Ἰακώβου ἐπιστολῇ 5
ἀνέγνωμεν. τίς οὖν ἄρα ἐστὶν ὁ πιστεύων ἢ ὁ πεπονθὼς ἐκ
τοῦ διακεῖσθαι κατὰ τὸν λόγον καὶ συμπεφυκέναι αὐτῷ τὸ
μὴ ἐμπεσεῖσθαι ἄν, ὅσον μὲν ἐπὶ τούτοις τοῖς ῥητοῖς, εἰς τὰ
cf. 1 Jo v 16 λεγόμενα πρὸς θάνατον εἶναι ἁμαρτήματα; ὅσον δὲ ἐπὶ τῷ·
1 Jo v 1 Πᾶς ὁ πιστεύων ὅτι Ἰησοῦς ὁ χριστός ἐστιν ἐκ τοῦ θεοῦ 10
γεγέννηται· οὐχ ἁμαρτάνει καὶ πρὸς ὅ τι δηποτοῦν τῶν παρὰ
τὸν ὀρθὸν γινομένων λόγον· ἔτι δὲ μᾶλλον νοήσεις τί ἐστιν·
Jo viii 24 Ἐὰν γὰρ μὴ πιστεύητε ὅτι ἐγώ εἰμι, ἀποθανεῖσθε ἐν ταῖς
cf. Col i 15 ἁμαρτίαις ὑμῶν· ἅ ἐστιν ὁ πρωτότοκος πάσης κτίσεως ἀνα-
λογιζόμενος. οἷον ὁ πιστεύων τί ἐστιν ἡ δικαιοσύνη οὐκ ἂν 15
ἀδικήσαι, καὶ διὰ τὸ τεθεωρηκέναι ἥτις ἐστὶν ἡ σοφία,
πεπιστευκὼς εἰς τὴν σοφίαν οὐκ ἄν τι μωρὸν λέγοι ἢ
cf. Jo i 1 πράττοι, ἐπεὶ ὁ πιστεύσας τῷ ἐν ἀρχῇ πρὸς τὸν θεὸν λόγῳ
ἐν τῷ κατανενοηκέναι αὐτὸν οὐδὲν ἀλόγως ποιήσαι. πρὸς
Eph ii 14 τούτοις ὁ πιστεύων ὅτι Αὐτός ἐστιν ἡ εἰρήνη ἡμῶν, οὐκ ἄν 20
τι πολέμου καὶ στάσεως ἐνεργοίη. ἀλλὰ καὶ εἴπερ Χριστός
cf. 1 Co i 24 ἐστιν οὐ μόνον θεοῦ σοφία, ἀλλὰ καὶ θεοῦ δύναμις, ὁ
πιστεύων αὐτῷ καθ’ ὃ δύναμίς ἐστιν οὐκ ἂν εἴη περὶ τὰ καλὰ
ἀδύνατος. ἀναγκαίως δὲ ὑπονοοῦντες αὐτὸν ὑπομονὴν καὶ
Ps xxxviii
(xxxix) 8
Ps cxvii
(cxviii) 14 ἰσχὺν διὰ τό· Καὶ νῦν τίς ἡ ὑπομονή μου; οὐχὶ ὁ κύριος; 25
καὶ τό· Ἰσχύς μου· καὶ τό· Ὑπόστασίς μου ὁ κύριος·
φήσομεν ὅτι εἰ ἐνδίδομεν πρὸς πόνους, οὐ πιστεύομεν αὐτῷ
καὶ καθ’ ὃ ἐστιν ὑπομονὴ, καὶ εἰ ἀσθενοῦμεν, οὐ πεπιστεύ- 307
καμεν αὐτῷ καθ’ ὃ ἐστιν ἰσχύς. ἐὰν δὲ ἀναλεγόμενος τὰς
λοιπὰς ἐπινοίας τοῦ χριστοῦ, οὐ χαλεπῶς ἐκ τῶν εἰρημένων 30
εὑρήσεις τίνα τρόπον ὁ μὴ πιστεύων τῷ χριστῷ ἀποθανεῖται
ἐν ταῖς ἁμαρτίαις αὐτοῦ· γινόμενος γὰρ ἐν τοῖς ἐναντίοις τῇ
ἐπινοίᾳ ὧν ἐστιν ὁ χριστὸς, ἐν αὐταῖς ἀποθνήσκει ταῖς
ἁμαρτίαις.

24. (7) Ἔλεγον οὖν αὐτῷ Σὺ τίς εἶ; Ἀκόλουθον Jo viii 25
ἦν τοὺς ἀκροωμένους μετὰ πολλῆς ἐξουσίας ἀπαγγελλομένων
ὑπὸ τοῦ κυρίου πυνθάνεσθαι, τίς εἴη ὁ ταῦτα λέγων· ἐνέφαινε
γὰρ τὸ εἶναι ἀνθρώπου μεῖζον καὶ θειοτέρα τις φύσις τυγ-
5 χάνειν ὁ σωτὴρ φάσκων ὅτι Ἐὰν μὴ πιστεύητε ὅτι ἐγώ εἰμι, Jo viii 24
ἀποθανεῖσθε ἐν ταῖς ἁμαρτίαις ὑμῶν. τὸ οὖν· Σὺ τίς εἶ; cf. Jo i 19 f.
οἱονεὶ αἰτούντων ἦν ἀπόκρισιν, ὅτι ἐγώ εἰμι ὁ χριστός· ἤ·
Ἐγώ εἰμι ὁ προφήτης· ἤ· Ἐγώ εἰμι Ἡλίας· ἢ τάχα· Ἐγώ
εἰμι ἄγγελος θεοῦ· οὐκ ἂν γὰρ μὴ ἕν τι τούτων ἢ καὶ
10 παραπλήσιον αὐτοῖς τυγχάνων προεφέρετο γνησίους λόγους
τηλικούτους.

9 ἤ] ἦν

ΤΟΜΟΣ Κ΄.

1. Εἰκοστὸν ὑπαγορεύοντες εἰς τὸ κατὰ Ἰωάννην εὐ-
αγγέλιον τόμον, φιλοθεώτατε καὶ φιλομαθέστατε ἐν κυρίῳ
Ἀμβρόσιε, εὐχόμεθα ἐκ τοῦ πληρώματος τοῦ υἱοῦ τοῦ θεοῦ,

cf. Col i 19 εἰς ὃν εὐδόκησε πᾶν τὸ πλήρωμα κατοικῆσαι, λαβεῖν
νοήματα πλήρη καί, ἵν' οὕτως εἴπω, ναστὰ καὶ μηδὲν ἔχοντα 5
διάκενον, <ἵνα> τὸ εὐαγγέλιον κατὰ <τὰ> ἐξεταζόμενα ἡμῖν
ἀποκαλυφθῇ, καὶ μήτε παραλειπόντων τι ἡμῶν τῶν δεόντων
ἐξετάζεσθαι καὶ ὑπομνηματικοῖς γράμμασι πιστεύεσθαι, μήτε
ὡς οὐ χρὴ πλεοναζόντων, μήτε παρεκδεχομένων τὸν τοῦ
σωτῆρος ἡμῶν Ἰησοῦ νοῦν. θεὸς οὖν ἡμῖν πέμψαι αὐτὸν 10
τὸν λόγον, ἑαυτὸν ἐμφανίζοντα, ἵνα τοῦ βάθους αὐτοῦ,
δωρουμένου τοῦ πατρός, θεαταὶ γενώμεθα.

Jo viii 37 2. Οἶδα ὅτι σπέρμα Ἀβραάμ ἐστε· ἀλλὰ ζητεῖτέ με 308
ἀποκτεῖναι, ὅτι ὁ λόγος ὁ ἐμὸς οὐ χωρεῖ ἐν ὑμῖν. Δόξει
μάχην περιέχειν τοῖς μὴ κατανοοῦσι τὰ σημαινόμενα ἀπὸ 15
τῆς σπέρμα φωνῆς καὶ τῆς τέκνον τό· Οἶδα ὅτι σπέρμα
Ἀβραάμ ἐστε· πρὸς τὸ εὐθέως ἐπενεχθησόμενον καὶ πρὸς
Jo viii 39 τοὺς αὐτοὺς λεγόμενον· Εἰ τέκνα τοῦ Ἀβραάμ ἐστε, τὰ ἔργα
τοῦ Ἀβραὰμ ποιεῖτε. ἵν' οὖν ταῦτα θεωρηθῇ, ἴδωμεν πρῶ-
τον σωματικῶς σπέρματος καὶ τέκνου διαφοράν. καὶ σαφές 20
γε ὅτι τὸ μὲν σπέρμα τινὸς ἔχει τοὺς λόγους τοῦ σπείροντος
ἐν ἑαυτῷ, ἔτι ἡσυχάζοντας καὶ ἀποκειμένους· τὸ δὲ τέκνον,
μεταβάλλοντος τοῦ σπέρματος καὶ ἐργασαμένου τὴν περικει-

6 ἵνα] om.   τὰ] om.

μένην αὐτῷ ὕλην ἀπὸ τῆς γυναικὸς καὶ τῶν ἐπισυναγομένων
τροφῶν, μορφωθὲν καὶ εἰς γένεσιν εὐτρεπισθὲν ὑφίσταται·
καὶ εἴ τι μέρος ἐστὶ κυρίως τέκνον τινός, ὡς πρὸς τὰ σωμα-
τικά, ἐκ σπέρματος ὑπέστη, εἰ δέ τί ἐστι σπέρμα, οὐ πάντως
5 τέκνον γίνεται. τούτων δὲ ἡμῖν προδιαληφθέντων, εἰ μὲν
σωματικῶς ἐχρῆν νοεῖν τό· Οἶδα ὅτι σπέρμα Ἀβραάμ ἐστε·   Jo viii 37
ἔδοξεν ἂν πάντως ἀκολουθεῖν τὸ καὶ τέκνα εἶναι τοῦ Ἀβραὰμ
πρὸς οὓς ὁ λόγος, συγχωρουμένου ὅτι ἔτι σπέρμα ἐστὶ τὸ
τέκνον, καὶ οὐ κατὰ τὸ ἀκριβὲς διδομένου. ἐπεὶ δὲ ἀπὸ
10 ἤθους κρίνεται καὶ ἔργων τὰ τέκνα τοῦ Ἀβραάμ, μήποτε
ἀπό τινων σπερματικῶν λόγων, συγκαταβαλλομένων τισὶν,
ὡς οἶμαι, ψυχαῖς, δεῖ χαρακτηρίζειν τοὺς ὄντας σπέρμα τοῦ
Ἀβραάμ. καὶ εἴπερ, ὡς κατὰ τὸ σωματικόν, οὐ πάντες
ἄνθρωποι σπέρμα εἰσὶ τοῦ Ἀβραάμ, οὕτω κατὰ τὰ νῦν
15 ἀ.γοδιδόμενα περὶ τοῦ τίνες εἰσὶ σπέρμα τοῦ Ἀβραάμ, δῆλον
ὅτι οὐ πάντες ἄνθρωποι μετὰ πάντῃ σπερματικῶν λόγων,
τῶν ἐγκατασπαρέντων αὐτῶν ταῖς ψυχαῖς, τῷ βίῳ τῶν
ἀνθρώπων ἐπιδεδημήκασι. τὴν δὲ τούτων αἰτίαν κατὰ
μεγάλας κρίσεις καὶ δυσδιηγήτους, θεωρουμένας ὑπὸ τῶν   cf. Sap Sol
xvii 1
20 εἰληφότων τὸν Χριστοῦ νοῦν, ἵνα ἴδωσι τὰ ὑπὸ τοῦ θεοῦ   cf. 1 Co ii 16,
12
χαρισθέντα αὐτοῖς, ὀλίγοις ἐστὶ δυνατὸν καταλαβεῖν, τοῖς
ἐπιμελέστερον τὰ πρὸ γενέσεως καὶ τὰ ἐν γενέσει περὶ
ἑκάστου διειληφόσι· καὶ ἐπεὶ ταράξαι ἄν τινα τὰ τοιαῦα,
309 συνθέντα μὲν ταῦτα μὴ ἀκριβοῦντα δὲ, κινδύνῳ παραβαλοῦ-
25 μεν ἑαυτοὺς τῷ περὶ τῶν τοιούτων, ἔνθα τὸ λέγειν καὶ ἀνα-
πτύσσειν τὰ τοιαῦτά ἐστιν ἐπισφαλές, κἂν ἀληθεύεται· καὶ
ἐπισφαλὲς διὰ τὸ δεῖν τὸν οἰκονόμον τῶν τοῦ θεοῦ μυστηρίων   cf. 1 Co iv 1
καὶ τὸν καιρὸν ζητεῖν τῆς προσαγωγῆς τῶν τοιούτων δογ-
μάτων, μὴ βλάπτοντα τὸν ἀκούοντα, καὶ τὸ μέτρον περιαθρεῖν
30 τοῦ ἐλλείποντος ἢ πλεονάζοντος, κἂν ὁ καιρὸς τηρῆται,
παρὰ τὸν ὀρθὸν λόγον γινομένου, καὶ ἐπιμελέστερον ἐξετάζειν

---

10 ἤθους] corr.   17 post τῶν 1°] ins. αὐτῶν

22 πρὸ] προπρο   29 βλάπτοντ

πότερον σύνδουλοί εἰσιν οἷς παραδίδοται τὰ τοιαῦτα, ἢ δοῦλοι
ἄλλου τινὸς παρὰ τὸν κύριον τῶν κυριευόντων.   ὅτι δὲ δεῖ
πάντα ταῦτα ἐξετάζειν τὸν οἰκονόμον τῶν μυστηρίων τοῦ
Lc xii 42 θεοῦ παρίστησιν ἡ φάσκουσα λέξις· Τίς ἄρα ἐστὶν ὁ πιστὸς
καὶ φρόνιμος οἰκονόμος, ὃν καταστήσει ὁ κύριος ἐπὶ τῆς 5
οἰκετίας αὐτοῦ, τοῦ διδόναι ἐν καιρῷ τὸ σιτομέτριον τοῖς
συνδούλοις ἑαυτοῦ; οὐ πάντες οὖν εἰσιν ἄνθρωποι σπέρμα
τοῦ Ἀβραάμ· οὐδὲ γὰρ ἔχουσι τοὺς λόγους συγκατεσπαρ-
μένους αὐτῶν ταῖς ψυχαῖς, δυναμένους, εἰ γεωργηθεῖεν,
ποιῆσαι τέκνα τοῦ Ἀβραάμ.   10

3. Καὶ ζητήσαι τις ἂν πρὸς ταῦτα φάσκων ὅτι δύναται
μὲν ψεκτὸς εἶναι ὁ γενόμενος σπέρμα τοῦ Ἀβραάμ, εἰ μὴ
καὶ τέκνον αὐτοῦ γένοιτο· πῶς δ' ἂν εὐλόγως μεμφθείη μὴ
ποιῶν τὰ ἔργα τοῦ Ἀβραὰμ ὁ μηδὲ τὴν ἀρχὴν ἔχων τὸ
εἶναι σπέρμα τοῦ Ἀβραάμ, ἀφ' οὗ ἔρχεται τὸ γενέσθαι 15
τέκνα τῷ Ἀβραάμ; ἐροῦμεν δὲ πρὸς ταῦτα ὡσπερεὶ ἐπι-
βάθρᾳ χρησάμενοι τῇ ἱστορίᾳ, καὶ τὰ ἴχνη τῆς κατὰ τὸν
τόπον ἀληθείας ζητοῦντες ἐν τοῖς γράμμασιν, ὅτι εἰ μὲν
μὴ ὤν τις τέκνον τοῦ Ἀβραὰμ οὐδενὸς δικαίου σπέρμα ἦν,
καὶ ἀνέγκλητος ἐτύγχανε τῶν ἁμαρτωλῶν τις, μηδεμίαν 20
ἔχων ἀπὸ σπερμάτων ἀφορμὴν τοῦ καλοῦ· νυνὶ δὲ ὥσπερ
ἐπὶ τῶν σωμάτων ὁ μέν τίς ἐστι πλειόνων δικαίων σπέρμα,
ἕτερος δὲ ὀλιγωτέρων, ὡς δῆλον ἔσται ἐκ τῆς παραθέσεως
τῶν λεχθησομένων, οὕτως καὶ ἐπὶ τῶν τῆς ἀναγωγῆς τὸ
ἀνάλογον ἔσται λέγειν. Ἀβραὰμ εἰκοστὸς γεγέννηται ἀπὸ 25
τοῦ πρωτοπλάστου· δέκα γὰρ γενεαὶ ἀπὸ Ἀδὰμ ἐπὶ Νῶε, 310
καὶ δέκα ἀπὸ Νῶε ἐπὶ Ἀβραάμ· καὶ τοῦ Ἀβραὰμ γεγόνασιν
cf. Ge xi 26 ἀδελφοὶ Ναχὼρ καὶ Ἀρράμ· οἱ γὰρ τρεῖς ἦσαν υἱοὶ Θάρα.
Ναχὼρ μὲν οὖν καὶ Ἀρρὰμ οὐκ ἦσαν σπέρμα τοῦ Ἀβραάμ·
ἀλλ' οὐδ' αὐτὸς Ἀβραὰμ σπέρμα ἦν τοῦ Ἀβραάμ. ἦσαν 30
δὲ σπέρμα οἱ τρεῖς δικαίων μέν, ὡς, ζητουμένων ἔτι τῶν κατὰ
cf. Ge v 25 τὸν Ἀδὰμ ἐν τίσιν ἀριθμητέον αὐτόν, τοῦ Σὴθ, ὃν ἐξαν-
Ge iv 26 έστησεν ὁ θεὸς ἀντὶ τοῦ Ἄβελ· καὶ τοῦ Ἐνὼς, ὃς ἤλπισεν
ἐπικαλεῖσθαι τὸ ὄνομα κυρίου τοῦ θεοῦ· καὶ τοῦ Ἐνὼχ, ὃς

εὐηρέστησε τῷ θεῷ, μετὰ τὸ γεννῆσαι αὐτὸν τὸν Μαθουσάλα, Ge v 22
ἔτη διακόσια· καὶ τοῦ Νῶε, περὶ οὗ εἴρηται ὅτι Ἄνθρωπος Ge vi 9
δίκαιος, τέλειος ἐν τῇ γενεᾷ αὐτοῦ· τῷ θεῷ εὐηρέστησε
Νῶε· καὶ τοῦ Σήμ, οὗ κύριος ὁ θεὸς πρῶτον φαίνεται ἐν τῇ
5 γενέσει κεχρηματικέναι θεός, ὅπερ σαφές ἐστιν ἐκ τοῦ·
Εὐλογητὸς κύριος ὁ θεὸς τοῦ Σήμ.   τῶν δὲ λοιπῶν παρὰ Ge ix 26
τούτους οὗτοι ἦσαν οἱ τρεῖς τοῦ Θάρα υἱοὶ σπέρμα.   ὅπερ
οὖν εἴπομεν περὶ τοῦ σπέρματος τοῦ Ἀβραάμ, τοῦτο
νοητέον περὶ τοῦ σπέρματος τοῦ Σὴμ καὶ Νῶε καὶ τῶν
10 ἀνωτέρω δικαίων, ὧν τὰς ἰδιότητας σπερματικῶς δοκοῦσι
κοινῇ ἀνειληφέναι εἰς γένεσιν ἐρχόμενοι Ἀβραὰμ καὶ Ναχὼρ
καὶ Ἀρράμ· ἀλλ᾽ ὁ μὲν Ἀβραὰμ γεγεωργηκέναι οὓς εἶχεν
ἐν ἑαυτῷ σπερματικοὺς λόγους πάντων τῶν πρὸ αὐτοῦ δι-
καίων, καὶ τούτοις προστέθεικεν ἁγίαν ἰδίαν ποιότητα, τὴν
15 κατὰ τὸ ἴδιον αὐτοῦ σπέρμα, οὗ ἐδύναντο μετέχειν οἱ μετ᾽
αὐτὸν καλούμενοι σπέρμα Ἀβραάμ· ὁ δὲ Ἀρρὰμ ἐπὶ
ἐλάχιστον ἑαυτοῦ ἐπιμέλειαν πεποιῆσθαι καὶ τῶν πατρικῶν
ἐν ἑαυτῷ σπερμάτων, ὅθεν δεδύνηται προβαλεῖν πνέοντα κἂν
ἐπὶ ποσὸν τῆς σωτηρίας τὸν Λώθ· ὁ δὲ Ναχὼρ ἀμφοτέρων
311 τῶν ἀδελφῶν ἐλάττων γεγονέναι.   ἔξεστι τοίνυν μὴ ὄντα
σπέρμα τοῦ Ἀβραάμ, τῷ πάντως διὰ τὴν κατὰ τὸν κατα-
κλυσμὸν ἱστορίαν ἀπὸ Νῶε τοῦ ἑξῆς γεγονέναι, εἶναι σπέρμα
Νῶε· εἰ δὲ τοῦτο, καὶ σπέρμα Ἐνώχ, πάντως δὲ καὶ σπέρμα
Ἐνὼς καὶ Σήθ· ἄδηλον δ᾽ ἡμῖν ἐπὶ τῶν πολλῶν κατωτέρω
25 τοῦ Νῶε, τίς σπέρμα τοῦ Σὴμ καὶ τίς τοῦ Χὰμ καὶ τίς
τοῦ Ἰάφεθ καὶ τῶν ἔτι κατωτέρω· πλὴν οὐκ ἔστι τις
μηδαμῶς μετέχων σπέρματος δικαίων.   ἐφίστημι δὲ μήποτε
δυνατὸν ἔχοντα τὰς ἀφορμὰς ἃς εἶχεν ὁ Ἀβραὰμ ἐκ τῶν
προτέρων σπερμάτων γενέσθαι τὸν μὴ ὄντα σπέρμα τοῦ
30 Ἀβραὰμ τοιοῦτον, ὥστε αὐτὸν οὐκ ὄντα ἀπὸ τοῦ Ἀβραὰμ
ἐξομοιωθῆναι τῷ Ἀβραάμ.   ὡς γὰρ Ἀβραάμ, οὐκ ἐκ
σπέρματος Ἀβραὰμ τυγχάνων ἀλλὰ τῶν προειρημένων,

1 ἠβηρέστησε   4 σίμ   26 ἔτι] ἐπὶ

γέγονεν Ἀβραὰμ, οὕτω δυνατόν τινα τὰ κρείττονα τῶν ἐν
αὑτῷ συγκατασπαρέντων γεωργήσαντα γενέσθαι ἄλλον
Ἀβραάμ, οὐ πάντως ἐκ σπέρματος Ἀβραὰμ ἀλλὰ καὶ αὐτὸν
ἱκανὸν σπείρειν ὡς Ἀβραάμ.

4. Ὅλων δὲ τούτων ἀκούωμεν ἀναφέροντες τὰ λεγό- 5
μενα οὐκ ἐπὶ σώματα καὶ ἀνθρώπους, ἀλλ' ἐπί τινα νοητὰ
καὶ λόγους πλείονας ἢ ἐλάττονας, ὧν μετέχουσι διαφόρως
οἱ κατιόντες εἰς γένεσιν ἢ εἰσιόντες, καὶ τάχα δέ πως καὶ
ἀνιόντες. ἐπιστήσεις δὲ εἰ δύναται ἐπὶ τὰ τοιαῦτα σπέρ-
ματα ἤδη καὶ τῶν εἰς ἑαυτοὺς λαμβανόντων αὐτὰ ἴδια 10
ὀνομαζόμενα ἀναφέρεσθαι τό· Πορευόμενοι ἐπορεύοντο καὶ
Ps cxxv
(cxxvi) 6
ἔκλαιον, αἴροντες τὰ σπέρματα αὐτῶν· εἴ τις γὰρ δύναται,
τὴν μετὰ κλαυθμοῦ πορείαν τινῶν ψυχῶν εἰς γένεσιν
ἐρχομένων κατανοησάτω, φερουσῶν τὰ σπέρματα ἤτοι
πλειόνων δικαίων ἢ ὀλιγοτέρων καὶ ἀδίκων ὁμοίως. καὶ 15
ἐννοείτω θεωρῶν ὡσπερεὶ γεωργοὺς ἀγωνιῶντας περὶ ὧν
ἔχουσι σπερμάτων, πῶς τάδε μὲν γεωργήσωσι, λέγω δὲ
τὰ διαφέροντα, τάδε δὲ μὴ σπείρωσιν, εἴγε ἔρχονται καὶ
μετὰ χειρόνων σπερμάτων. ποῖον γὰρ εἰκὸς κλαυθμὸν
κλαίειν τούτους περὶ ὧν φησιν ὁ λόγος· Πορευόμενοι 20
ἐπορεύοντο καὶ ἔκλαιον, αἴροντες τὰ σπέρματα αὐτῶν; καὶ
ἐλπίς γε ἀγαθή ἐστιν ἐν τοῖς πορευομένοις καὶ κλαίουσι,
αἴρουσι τὰ σπέρματα ἑαυτῶν· οὗτοι γὰρ ὡς ἐπίπαν ἐρχό-
μενοι ἥξουσιν ἐν ἀγαλλιάσει, αἴροντες τὰ δράγματα αὐτῶν.
τάχα δὲ ἕτεροι ἦλθον περὶ ὧν εἴποις ἄν· πορευόμενοι 25
ἐπορεύοντο καὶ ἐγέλων, αἴροντες τὰ σπέρματα ἑαυτῶν· οἷς
ἀκολουθήσει τό· ἐρχόμενοι δὲ ἥξουσιν ἐν κλαυθμῷ, αἴροντες 312
Ps cxxviii
(cxxix) 6 ff.
τὰ δράγματα ἑαυτῶν· περὶ ὧν εἴποις ἄν· Ἐγεννήθησαν ὡσεὶ
χόρτος δωμάτων, ὃς πρὸ τοῦ ἐκσπασθῆναι ἐξηράνθη· οὗ οὐκ
ἐπλήρωσε τὴν χεῖρα αὑτοῦ ὁ θερίζων, καὶ τὸν κόλπον αὑτοῦ 30
ὁ τὰ δράγματα συλλέγων. καὶ οὐκ εἶπαν οἱ παράγοντες
Εὐλογία κυρίου ἐφ' ὑμᾶς. καὶ ὅρα εἰ δύναται κατὰ τοῦτο

8 εἰσιόντες   12 ἔκλαιον

βαθύτερον καὶ μυστικώτερον λέγεσθαι ἀπὸ τοῦ σωτῆρος
ἡμῶν τό· Μακάριοι οἱ κλαίοντες νῦν, ὅτι γελάσονται· καὶ τό· Lc vi 21
Οὐαὶ οἱ γελῶντες νῦν, ὅτι πενθήσετε καὶ κλαύσετε.   ὅσῳ Lc vi 25
μέντοι γε μεταγενεστέρων τίς ἐστι δικαίων σπέρμα, τοσούτῳ
5 πλείονας φέρει δικαιοσύνης λόγους, ὡς διὰ τοῦτο μὲν γε-
γράφθαι τό· Σπέρμα Ἀβραὰμ δοῦλοι αὐτοῦ, υἱοὶ Ἰακὼβ Ps civ (cv) 6
ἐκλεκτοὶ αὐτοῦ.   διὰ τοῦτο δέ πως εἶναι καὶ τὸ περὶ τοῦ
Ἰωάννου εἰρημένον· Μείζων ἐν γεννητοῖς γυναικῶν Ἰωάννου Lc vii 28
τοῦ βαπτιστοῦ οὐδείς ἐστιν.   ἐν τούτοις δὲ γενόμενος τοῖς
10 τόποις πρόσχες εἰ μὴ λόγον ἔχει τὸ ἀφανίζεσθαί τινα τῶν
σπερμάτων ὑπὸ θεοῦ, ἵνα μὴ πλείονα τὰ κακὰ ᾖ ἐπὶ τῆς
γῆς, σπειρομένων τῶν μὴ ἐχόντων ἀφορμὰς ἀπὸ κρειττόνων
πρὸς τὸ γεωργῆσαι τὰ ἀπὸ διαφερόντων σπερμάτων· διὰ
τοῦτο γὰρ κατακλυσμὸς γίνεται, ἵνα ἐξαφανισθῇ τὸ τοῦ
15 Κάϊν σπέρμα, οὐκ ἂν δυνηθέντων τῶν ἀπ' αὐτοῦ γενομένων
ἔχειν τί γεωργήσωσιν, εἰ μὴ τὰ ἀπὸ τοῦ Ἀδὰμ μόνα.   ὅτι
δὲ ὁ κατακλυσμὸς ὑπὲρ τοῦ ἐξαφανισθῆναι τὸ σπέρμα τοῦ
Κάϊν γεγένηται, παρίστησιν ἡ ἐπιγεγραμμένη τοῦ Σολο-
μῶντος σοφία διὰ τούτων· Ἀποστὰς δὲ ἀπ' αὐτῆς ἄδικος ἐν Sap Sol x 3 f.
20 ὀργῇ αὐτοῦ, δῆλον δ' ὅτι τῆς σοφίας, ἀδελφοκτόνοις συνα-
πώλετο θυμοῖς· δι' ὃν κατακλυζομένην γῆν πάλιν ἔσωσε
σοφία, δι' εὐτελοῦς ξύλου τὸν δίκαιον κυβερνήσασα.   τὸ
αὐτὸ δέ μοι δοκεῖ παριστάνειν καὶ ὁ Σοδόμων ἐξαφανισμὸς
καὶ τῆς γῆς αὐτῶν, ὧν ἔτι μαρτύριον τῆς πονηρίας καπνιζο- Sap Sol x 7
25 μένη καθέστηκε χέρσος, καὶ ἀτελέσιν ὥραις καρποφοροῦντα
φυτά.   καὶ ἀγαθοῦ γε θεοῦ ἔργον ἦν Σοδόμων ἐξαφανίσαι
τὴν γῆν καὶ πᾶν ὅπερ ὑπελείπετο νοτίδος ξηράναι ἀπ' αὐτῆς,
ἵνα μηκέτι γένηται ἄμπελος Σοδόμων, μήτε κληματὶς Γο- cf. Deu xxxii
μόρρας, μηδὲ σταφυλὴ χολῆς, μηδὲ βότρυς πικρίας, μηδὲ 32 f.
30 οἶνος, θυμὸς δρακόντων καὶ θυμὸς ἀσπίδων ἀνίατος.   τὸ δ'
ὅμοιον ἐρεῖς καὶ περὶ τῶν Αἰγυπτίων, περὶ ὧν εἴρηται·
Ἀπέκτεινεν ἐν χαλάζῃ τὴν ἄμπελον αὐτῶν, καὶ τὰς συκα- Ps lxxvii
(lxxviii) 47

4 σπέρματος ουτω   23 σολομῶν

μίνους αὐτῶν ἐν τῇ πάχνῃ· ἀγαθοῦ γὰρ θεοῦ ἀποκτείνειν
ἀμπέλους Αἰγυπτίων καὶ συκαμίνους τῶν ἀσεβῶν. ταῦτα
προκείμενα τῇ ἐξετάσει τοῦ περὶ σπερμάτων λόγου Ἀβραὰμ
ἤ τινος τῶν δικαίων ἡμῖν εἴρηται, ὑπὲρ τοῦ φανῆναι πῶς 313
καὶ τίνα τρόπον εἴρηται τοῖς αὐτοῖς ὑπὸ τοῦ σωτῆρος τό· 5

Jo viii 37, 39 Οἶδα ὅτι σπέρμα Ἀβραάμ ἐστε· καὶ τό· Εἰ τέκνα τοῦ
Ἀβραάμ ἐστε, τὰ ἔργα τοῦ Ἀβραὰμ ποιεῖτε. περὶ μέντοι
γε τέκνων Ἀβραὰμ τὰ ἔργα τοῦ Ἀβραὰμ ποιούντων, θεοῦ
διδόντος, εὐκαιρότερον ἐροῦμεν, φθάσαντες ἐπὶ τὴν βάσανον
ἐκείνης τῆς λέξεως.   10

5. Ἔξεστι τοίνυν σπέρμα τοῦ Ἀβραὰμ τυγχάνοντα
γενέσθαι αὐτοῦ δι' ἐπιμελείας καὶ τέκνον. δυνατὸν δὲ καὶ
ἐξ ἀμελείας καὶ ἀγεωργησίας ἀπολέσαι καὶ τὸ εἶναι αὐτοῦ
σπέρμα. οὗτοι μέντοι γε ἔτι ἐλπίδων ἦσαν πρὸς οὓς ὁ
λόγος, εἰδότος τοῦ Ἰησοῦ ὅτι σπέρμα ἔτι ἦσαν τοῦ Ἀβραὰμ 15
καὶ θεωροῦντος ὅτι οὐδέπω ἀπολωλέκεισαν τὸ δύνασθαι
γενέσθαι τέκνα τοῦ Ἀβραάμ· ὡς γὰρ δυνατοῦ ὄντος τοῦ
αὐτοὺς γενέσθαι τέκνα τοῦ Ἀβραὰμ πρὸς τῷ εἶναι αὐτοὺς
Jo viii 39 σπέρμα, φησὶν αὐτοῖς· Εἰ τέκνα τοῦ Ἀβραάμ ἐστε, τὰ
ἔργα τοῦ Ἀβραὰμ ποιεῖτε. ὡς δέ εἰσί τινες σπέρμα τοῦ 20
Hist Susann
56
Sap Sol xii
11 Ἀβραάμ, οὕτως ἄλλοι, ὡς ὁ Δανιήλ φησι· Σπέρμα Χαναὰν
καὶ οὐκ Ἰούδα· καὶ ἄλλοι, ὡς ἡ σοφία <φησίν·> Σπέρμα
κατηραμένον ἀπ' ἀρχῆς. καὶ εἰς ταῦτα δὲ φήσομεν ὅτι
ὥσπερ κατὰ τὰ σωματικὰ ἀπὸ πολλῶν σπερμάτων προ-
κύπτει μᾶλλον ἐνεργῆσαι δυνηθὲν ἔσθ' ὅτε ἓν τῶν σπερμά- 25
των, οὕτως ἔστιν ἰδεῖν καὶ ἐπὶ τῶν πνευματικῶν σπερμάτων.
ὃ δὲ λέγω ἔσται σαφὲς ἐκ τῶν λεχθησομένων· ἐπεὶ γὰρ ἔχει
ἐν ἑαυτῷ προγονικούς τε καὶ συγγενικοὺς λόγους ὁ σπείρων,
ὁτὲ μὲν κρατεῖ ὁ αὐτοῦ λόγος, καὶ ἀποτίκτεται τὸ γεννώμενον
τῷ σπείραντι ὅμοιον, ὁτὲ δὲ ὁ λόγος τοῦ ἀδελφοῦ τοῦ 30
σπείραντος, ἢ τοῦ πατρὸς τοῦ σπείραντος, ἢ τοῦ θείου
τοῦ σπείραντος, ἐνίοτε καὶ πάππου τοῦ σπείραντος· παρ'

ὃ γίνονται οἱ ἀποτικτόμενοι ὅμοιοι τοῖσδε, ἢ τοῖσδε. ἔστι
δὲ ἰδεῖν ἐπικρατοῦντα καὶ τὸν λόγον τῆς γυναικὸς, ἢ τοῦ
πατρὸς τῆς γυναικὸς, ἢ τοῦ ἀδελφοῦ αὐτῆς, ἢ τοῦ πάππου
αὐτῆς, κατὰ τοὺς ἐν ταῖς μίξεσι βρασμοὺς, ἅμα πάντων
5 σειομένων ἕως ἐπικρατήσῃ τις τῶν σπερματικῶν λόγων.
ταῦτα δὴ μεταγέσθω ἐπὶ τὴν πεπληρωμένην ψυχὴν νοητῶν
σπερμάτων, ἐληλυθότων ἀπό τινων ὀνομαζομένων πατέρων
αὐτῆς, καὶ παρὰ τὸ πολυκίνητον ἢ εὐκίνητον τοῦ ἡγεμονικοῦ
καὶ τὴν ἐπὶ τοιάσδε φαντασίας ἐπίστασιν προκυπτέτωσαν
10 οἱονεὶ σπερματικοί τινες τῶν πατέρων λόγοι· ὧν γεωργου-
314 μένων ἔσται τις τέκνον ὅδε μὲν τοῦ Ἀβραὰμ, δῆλον δ' ὅτι
αὐτὸς ὢν καὶ τοῦ Νῶε, ἄλλος δὲ τοῦ Νῶε, οὐχ ὥστε δὲ εἶναι
καὶ τοῦ Ἀβραὰμ, καὶ ἄλλος τοῦ Χαναὰν, καὶ ἄλλος τινὸς
τῶν δικαίων ἢ τῶν ἀδίκων.   πλὴν οὐ μετὰ ὁμοίων καὶ τῶν
15 αὐτῶν ἐληλύθαμεν πάντες σπερμάτων, ἀλλ' οὐδὲ ἐλήλυθέ τις
κενὸς σωτηρίων καὶ ἁγίων σπερμάτων· εἰ μὴ ἄρα δυσωπῆσαι
τις ἡμᾶς, καὶ εἰς τοῦτο ἅμα παρατιθέμενος τὴν ἀπὸ τοῦ θεοῦ
βοήθειαν, οὐκ ἀπογινώσκουσαν καὶ τοὺς κακίστους καὶ χωρὶς
ἀρίστων σπερμάτων εἰσεληλυθότας εἰς τὸν βίον, καὶ δυσω-
20 πῆσαι ἀπὸ τοῦ· Δύναται ὁ θεὸς ἐκ τῶν λίθων τούτων   Mt iii 9
ἐγεῖραι τέκνα τῷ Ἀβραάμ.   τὰ δὲ εἰρημένα πάντα περὶ
σπέρματος Ἀβραὰμ καὶ τῶν ἀνάλογον τούτῳ ἐχόντων
εὐλόγως ἂν παραδεξαίμεθα, εἴπερ παραδεξόμεθα οὐ κατὰ
τὸ σωματικὸν εἰρῆσθαι τό· Οὐκ ἀπεστάλην εἰ μὴ εἰς τὰ   Mt xv 24
25 πρόβατα τὰ ἀπολωλότα οἴκου Ἰσραήλ· καὶ τό· Οὐδὲ ἐν τῷ   Lc vii 9
Ἰσραὴλ τοσαύτην πίστιν εὗρον· καὶ ὅσα τούτοις εἴρηται
παραπλησίως.

6.   Ἐοίκασι δὲ οὗτοι πρὸς οὓς ὁ λόγος μὴ χωρεῖν τὸν
λόγον, οὐ δυνάμενον εἰς αὐτοὺς δι' ὑπερβολὴν μεγέθους
30 ἰδίου τοῦ ὑπὲρ αὐτοὺς χωρεῖν, ἐπείπερ ἔτι ἦσαν σπέρμα τοῦ
Ἀβραὰμ μόνον.   εἰ δὲ πρὸς τῷ εἶναι σπέρμα τοῦ Ἀβραὰμ
ἐγεώργησαν καὶ εἰς μέγεθος καὶ αὔξην τὸ σπέρμα τοῦ

8 post καί] ins. τό   23 παραδεξόμεθα] παρεδεξάμεθα

Ἀβραὰμ ἐπεδεδώκει, ἐν τῷ μεγέθει καὶ τῇ αὔξῃ τοῦ σπέρματος τοῦ Ἀβραὰμ κεχωρήκει ἂν ὁ τοῦ Ἰησοῦ λόγος. καὶ μέχρι γε τοῦ δεῦρο φήσεις ὅτι ὁ λόγος οὐ χωρεῖ ἐν τοῖς μὴ προκόψασιν ἀπὸ τοῦ εἶναι σπέρμα τοῦ Ἀβραάμ, μηδὲ ἐληλυθόσιν εἰς τὸ γενέσθαι αὐτοῦ τέκνα. οὗτοι δὲ καὶ 5 ἀποκτεῖναι θέλουσι τὸν λόγον καὶ ὡσπερεὶ συντρῖψαι αὐτόν, τὸ μέγεθος μὴ χωροῦντες αὐτοῦ. καὶ ἀεί γε ἔστι θεωρεῖν τοὺς μὴ χωροῦντας τὸν λόγον, διὰ τὸ βραχύτερα αὐτοὺς εἶναι σκεύη, θέλοντας ἀποκτεῖναι τὴν ἑνότητα τοῦ μεγέθους τοῦ λόγου, ὡς δυναμένους χωρῆσαι μετὰ τὴν ἀναίρεσιν 10 αὐτοῦ τὴν συντριβὴν αὐτοῦ καὶ μέλη αὐτοῦ. οἷς ἐὰν ἐγγένηται οὕτως ὁ λόγος ὡσπερεὶ ἀνελοῦσιν αὐτὸν φήσει τό·

Ps xxi (xxii) 15

Διεσκορπίσθησαν πάντα τὰ ὀστᾶ μου. εἴπερ οὖν τις ἡμῶν ἐστι σπέρμα τοῦ Ἀβραάμ, καὶ ἔτι ὁ λόγος τοῦ θεοῦ οὐ χωρεῖ ἐν αὐτῷ, μὴ ζητείτω ἀποκτεῖναι τὸν λόγον, ἀλλὰ μεταβαλὼν 15 ἀπὸ τοῦ εἶναι σπέρμα τοῦ Ἀβραὰμ ἐπὶ τὸ γενέσθαι τέκνον τοῦ Ἀβραάμ, δυνήσεται χωρῆσαι ὃν τέως οὐκ ἐχώρει λόγον θεοῦ.

Jo viii 38

7. Ἃ ἐγὼ ἑώρακα παρὰ τῷ πατρὶ λαλῶ· καὶ ὑμεῖς 315 οὖΝ ἃ ἠκούσατε παρὰ τοῦ πατρός ποιεῖτε. Ὥσπερ 20 ἀνθρώπους ἄν τινας εἴποιμεν ἀπ' ἀρχῆς αὐτόπτας γεγονέναι

Lc i 2

τοῦ λόγου, περὶ ὧν ὁ Λουκᾶς φησι· Καθὼς παρέδοσαν ἡμῖν οἱ ἀπ' ἀρχῆς αὐτόπται καὶ ὑπηρέται γενόμενοι τοῦ λόγου· οὕτω τὸν σωτῆρα αὐτόπτην λέξομεν εἶναι τῶν παρὰ τῷ

Mt xi 27; cf. Lc x 22

πατρί, καὶ κατὰ τοῦτο εἰρῆσθαι τό· Οὐδεὶς ἔγνω τὸν πατέρα 25 εἰ μὴ ὁ υἱός· οὐκέτι αὐτοπτῶν ὄντων οἷς ἂν ὁ υἱὸς ἀποκαλύψῃ. δηλοῖ δὲ τὸ αὐτόπτην τῶν ἐν τῷ πατρὶ τυγχάνειν τὸν σωτῆρα σαφῶς ἡ προκειμένη λέξις ἐν τῷ· Ἃ ἐγὼ ἑώρακα παρὰ τῷ πατρὶ λαλῶ. ζητήσαις δ' ἂν εἰ ἔσται ποτὲ ὅτε οἱ ἄγγελοι αὐτοὶ ὄψονται τὰ παρὰ τῷ πατρί, οὐκέτι διὰ 30 μεσίτου καὶ ὑπηρέτου βλέποντες αὐτά· ὅτε μὲν ὁ ἑωρακὼς

---

1 ἐπιδωδωκεῖ   5 αὐτούς   26 ἂν ὁ υἱὸς] ἀνθρώπους errore propter abbreviationem ΑΝΟΥϹ

τὸν υἱὸν ἑώρακε τὸν πατέρα τὸν πέμψαντα αὐτόν, ἐν υἱῷ τις   cf. Jo xiv 9;
ὁρᾷ τὸν πατέρα· ὅτε δὲ ὡς ὁ υἱὸς ὁρᾷ τὸν πατέρα καὶ τὰ   xii 44
παρὰ τῷ πατρὶ ὄψεταί τις, οἱονεὶ ὁμοίως τῷ υἱῷ αὐτόπτης
ἔσται τοῦ πατρὸς καὶ τῶν τοῦ πατρός, οὐκέτι ἀπὸ τῆς
5 εἰκόνος ἐννοῶν τὰ περὶ τούτου οὗ ἡ εἰκών ἐστι. καὶ νομίζω
γε τοῦτο εἶναι τὸ τέλος, ὅταν παραδίδωσι τὴν βασιλείαν ὁ   cf. 1 Co xv
υἱὸς τῷ θεῷ καὶ πατρί, καὶ ὅτε γίνεται ὁ θεὸς τὰ πάντα ἐν   24, 28
πᾶσιν. ὁ μὲν οὖν σωτὴρ ἑωρακὼς παρὰ τῷ πατρὶ λαλεῖ, οἱ
δὲ πεπιστευκότες αὐτῷ Ἰουδαῖοι οὐχ ἑωράκασι μὲν παρὰ τῷ   cf. Jo viii 31
10 πατρί, ἤκουσαν δὲ παρὰ τοῦ πατρός, ἵνα ποιῶσιν ἃ ἤκουσαν·
διόπερ φησὶν αὐτοῖς ὁ κύριος· Καὶ ὑμεῖς οὖν ἃ ἠκούσατε   Jo viii 38
παρὰ τοῦ πατρὸς ποιεῖτε. ζητήσαι δ᾽ ἄν τις πότε ἤκουσαν
παρὰ τοῦ πατρὸς οἱ πεπιστευκότες τῷ κυρίῳ Ἰουδαῖοι· καὶ
πρὸς τοῦτο ὁ μέν τις φήσει, ἁπλούστερον ἀκούσας τοῦ ᾿Α
15 ἠκούσατε παρὰ τοῦ πατρὸς ποιεῖτε· ὅτι ἤκουσαν παρὰ τοῦ
πατρὸς τῷ τὸν πατέρα κεχρηματικέναι διὰ Μωσέως καὶ τῶν
προφητῶν τὰ ἐν νόμῳ καὶ προφήταις ἀναγεγραμμένα ποιη-
τέα· ὅστις τῷ ῥητῷ πρὸς τοὺς ἑτεροδόξους χρώμενος, σαφῶς
παρίστησιν ὅτι οὐκ ἄλλος ἐστὶ τοῦ τὸν νόμον καὶ τοὺς
20 προφήτας δεδωκότος θεοῦ ὁ Χριστοῦ πατήρ. ἕτερος δὲ
συγχρώμενος καὶ τῷ· Πᾶς ὁ ἀκούσας παρὰ τοῦ πατρὸς καὶ   Jo vi 45 f.
μαθὼν ἔρχεται πρός με· οὐχ ὅτι τὸν πατέρα ἑώρακέ τις
εἰ μὴ ὁ ὢν παρὰ τῷ πατρί, οὗτος ἑώρακε τὸν πατέρα·
316 ἐρεῖ ὅτι εἰσί τινες τῶν ἐνσωματουμένων ψυχῶν πρὶν εἰς
25 γένεσιν ἐλθεῖν μεμαθητευμέναι παρὰ τῷ πατρὶ καὶ ἀκούσασαι
αὐτοῦ, αἵτινες καὶ ἔρχονται πρὸς τὸν σωτῆρα, ἐξ ὧν ἦσαν
καὶ οἱ νῦν ἐξεταζόμενοι πεπιστευκότες αὐτῷ Ἰουδαῖοι, πρὸς   cf. Jo viii 31
οὓς ἔλεγεν· Ὑμεῖς οὖν ἃ ἠκούσατε παρὰ τοῦ πατρὸς ποιεῖτε.
καὶ ἐρεῖ ὅτι οὗτοί εἰσιν οἱ καὶ καλούμενοι σπέρμα Ἀβραάμ.
30 καὶ τούτῳ δ᾽ ἄν τις ἀντιλέγοι φάσκων ὅτι τὸ μέν· Πᾶς ὁ
ἀκούσας παρὰ τοῦ πατρὸς καὶ μαθὼν ἔρχεται πρὸς ἐμέ·
ἐμφαίνει πάντως ἔρχεσθαι πρὸς τὸν σωτῆρα τὸν ἀκούσαντα

1 ἑόρακε   8, 9, 10, 13, 15, 28 παρά] περὶ
14, 15 ἃ ἠκούσατε] ἀκούσατε

Jo viii 38 παρὰ τοῦ πατρὸς καὶ μεμαθηκότα παρ' αὐτοῦ· τὸ δέ· Καὶ
ὑμεῖς οὖν ἃ ἠκούσατε παρὰ τοῦ πατρὸς ποιεῖτε· ἀπαγγελλό-
μενον πρὸς τοὺς ζητοῦντας ἀποκτεῖναι τὸν υἱὸν τοῦ θεοῦ
Ἰουδαίους, οἷς καὶ ὡς μηδέπω οὖσι τέκνοις τοῦ Ἀβραὰμ

Jo viii 39 λέγεται τό· Εἰ τέκνα τοῦ Ἀβραάμ ἐστε, τὰ ἔργα τοῦ 5
Ἀβραὰμ ποιεῖτε· παρίστησι τὸ μηδέπω τούτους καρποὺς
ἔχειν τοῦ ἐληλυθέναι πρὸς τὸν σωτῆρα· πρὸς δὲ τὸν οὕτως
ἀντιλέγοντα ἀπαντήσεταί τις, μὴ ταὐτὸν εἶναι φάσκων τό·

Jo vi 45 Πᾶς ὁ ἀκούσας παρὰ τοῦ πατρὸς καὶ μαθών· τῷ· Καὶ ὑμεῖς
οὖν ἃ ἠκούσατε παρὰ τοῦ πατρός· ὁ μὲν γὰρ πρὸς τῷ ἀκοῦσαι 10
παρὰ τοῦ πατρὸς μαθὼν πάντως ἔρχεται πρὸς τὸν σωτῆρα·
οἱ δὲ ἀκούσαντες μὲν μὴ πάντως δὲ καὶ μεμαθηκότες οὐδέπω
τέκνα εἰσὶ τοῦ Ἀβραάμ.

8. Πυνθανοίμεθα δ' ἂν τῶν τὰς φύσεις εἰσαγόντων

Jo viii 37 καὶ εἰς τί· Ὅτι ὁ λόγος ὁ ἐμὸς οὐ χωρεῖ ἐν ὑμῖν· ἀποδι- 15
δόντων κατὰ Ἡρακλέωνα ὅτι διὰ τοῦτο οὐ χωρεῖ ὅτι ἀνεπιτή-
δειοι ἤτοι κατ' οὐσίαν ἢ κατὰ γνώμην, πῶς οἱ ἀνεπιτήδειοι
κατ' οὐσίαν ἤκουσαν παρὰ τοῦ πατρός; ἀλλὰ καὶ πότερόν
ποτε πρόβατα οὗτοι ἦσαν τοῦ χριστοῦ, ἢ ἀλλότριοι ὑπῆρχον
αὐτοῦ; εἰ δὲ ἦσαν ἀλλότριοι, πῶς ἤκουσαν παρὰ τοῦ πατρός, 20
σαφῶς, ὡς οἴονται, λεγομένου πρὸς τοὺς ἀλλοτρίους ὅτι

Jo x 26 Διὰ τοῦτο ὑμεῖς οὐκ ἀκούετε, ὅτι οὐκ ἐστὲ ἐκ τῶν προβάτων
τῶν ἐμῶν; εἰ μὴ ἄρα θλιβόμενοι ἑτέρῳ ἀτόπῳ ἑαυτοὺς
περιβάλλουσι λέγοντες παρὰ μὲν τοῦ πατρὸς ἀκηκοέναι τοὺς
ἀλλοτρίους, μὴ ἀκούειν δὲ τοὺς αὐτοὺς τούτους παρὰ τοῦ 25
σωτῆρος. εἰ δ' οἰκεῖοι τοῦ σωτῆρος ἦσαν καὶ τῆς μακαρίας
φύσεως, πῶς ἐζήτουν αὐτὸν ἀποκτεῖναι; καὶ πῶς ὁ τοῦ
σωτῆρος λόγος οὐκ ἐχώρει ἐν αὐτοῖς;

Jo viii 39 9. Ἀπεκρίθησαν καὶ εἶπαν αὐτῷ Ὁ πατὴρ ἡμῶν 317
Ἀβραάμ ἐστι. Δόξαιεν ἂν τὴν ἀπόκρισιν οὗτοι πεποιῆσθαι 30
πολὺ ταπεινότερον ἐκδεξάμενοι περὶ τοῦ τίς αὐτῶν ἦν ὁ
πατὴρ ἢ ὡς ὁ κύριος ἔλεγεν. ὁ μὲν γὰρ Ἰησοῦς ἀναφέρων

10, 11, 18, 25 παρὰ] περὶ   23 ἑαυτοὺ͞ς

ἐπὶ τὸν θεὸν ἔφασκε τό· Καὶ ὑμεῖς οὖν ἃ ἠκούσατε παρὰ Jo viii 38
τοῦ πατρὸς ποιεῖτε· οἱ δὲ ταπεινότερον τὸν τοῦ ἔθνους παρο-
μολογοῦσιν ἑαυτῶν πατέρα λέγοντες· Ὁ πατὴρ ἡμῶν Jo viii 39
Ἀβραάμ ἐστι. βοηθῶν δ' ἄν τις αὐτοῖς ὡς καλῶς ἀποκρι-
5 ναμένοις φήσει ὅτι ὡς μέτριοι καὶ μὴ διδόντες ἑαυτοῖς
εἶναι υἱοῖς θεοῦ, τοῦ Ἰησοῦ λέγοντος· Ἃ ἠκούσατε παρὰ
τοῦ πατρὸς ποιεῖτε· καὶ ἀναφέροντος ἐπὶ τὸν θεόν, φασίν·
Ὁ πατὴρ ἡμῶν Ἀβραάμ ἐστι. δῆλον δὲ ὅτι καὶ τοῦτο
εὐθύνει ὁ σωτὴρ ὡς ψευδῶς εἰρημένον διὰ τοῦ· Εἰ τέκνα τοῦ
10 Ἀβραάμ ἐστε, τὰ ἔργα τοῦ Ἀβραὰμ ποιεῖτε. οὐκ ἀτόπως
δὲ καὶ πρὸς ταῦτα ζητῆσαι τις ἂν πῶς κατὰ τὸν σωτῆρά
ἐστι, μὴ συγκατατιθέμενον εἶναι αὐτοὺς τέκνα τοῦ Ἀβραάμ,
τὸ λέγειν αὐτοῖς· Καὶ ὑμεῖς οὖν ἃ ἠκούσατε παρὰ τοῦ πατρὸς
ποιεῖτε· ἀναφερομένου τοῦ· Παρὰ τοῦ πατρός· ἐπὶ τὸν θεόν.
15 ὁ γὰρ μὴ ὢν τέκνον τοῦ Ἀβραὰμ τῶν μετὰ τὸν Ἀβραάμ,
ψεκτὸς ὡς οὗτοι πρὸς οὓς ὁ λόγος, πολλῷ μᾶλλον οὐκ ἐστὶ
τέκνον τοῦ θεοῦ. ὅρα δὲ εἰ καὶ πρὸς τοῦτο δυνάμεθα λέγειν
ὅτι οὐκ εἴρηται· καὶ ὑμεῖς οὖν ἃ ἠκούσατε παρὰ τοῦ πατρὸς
ὑμῶν· ἤ· παρὰ τοῦ πατρὸς ἡμῶν· ἀλλά· παρὰ τοῦ πατρός·
20 ὅστις κἂν ᾖ πατὴρ, οὐ πάντως καὶ τῶν μὴ τέκνων τοῦ
Ἀβραάμ ἐστι πατήρ, καὶ μὴ μεμορφωμένων ἀπὸ σπέρματος
Ἀβραὰμ ἐπὶ τὰ τέκνα τοῦ Ἀβραάμ· ἢ ἀδιορίστως εἰρημένον
τό· Ἃ ἠκούσατε παρὰ τοῦ πατρός· δύναται λαμβάνεσθαι
ἀντὶ τοῦ· ἀπὸ τοῦ πατρός μου· καὶ τοῦτο ἔσται σαφὲς ἐκ
25 τοῦ· Ἃ ἐγὼ ἑώρακα παρὰ τῷ πατρὶ λαλῶ· ἴσον δυναμένου Jo viii 38
τῷ· παρὰ τῷ πατρί μου. καὶ ἐν τοῖς ἑξῆς δὲ διδασκόμεθα
τίνων ἐστὶν ὁ θεὸς πατήρ, δι' ὧν λέγει ὁ σωτήρ· Εἰ ὁ Jo viii 42
θεὸς πατὴρ ὑμῶν ἦν ἠγαπᾶτε ἂν ἐμέ. σαφὲς δὲ ὅτι οἱ
ζητοῦντες ἀποκτεῖναι τὸν υἱὸν οὐκ ἠγάπων αὐτόν· μὴ ἀγα-
30 πῶντες δὲ αὐτὸν οὐκ ἂν ἐχρημάτιζον οἱ υἱοὶ τοῦ θεοῦ·
ὥστε δῆλον ὅτι τό· Καὶ ὑμεῖς οὖν ἃ ἠκούσατε παρὰ

1, 14, 18, 19 (bis), 23, 25, 31 παρὰ] περὶ   11 post ἂν] ins. ὅτι
15 ante τῶν] ins. ανοῦν   16 ἐστὶ] ἐστε   27 post ὧν] ins. καὶ
ταῦτα

τοῦ πατρὸς ποιεῖτε· οὐκ ἴσον δύναται τῷ· παρὰ τοῦ πατρὸς
ὑμῶν.

Jo viii 39

10. Λέγει αὐτοῖς ὁ Ἰησοῦς Εἰ τέκνα τοῦ Ἀβραάμ 318
ἐστε, τὰ ἔργα τοῦ Ἀβραὰμ ποιεῖτε. Οἱ ἕν τι ἐπιλεξάμενοι

Jac ii 23 :
cf. Ge xv 6

τῶν τοῦ Ἀβραὰμ ἔργων τό· Ἐπίστευσε δὲ Ἀβραὰμ τῷ 5
θεῷ, καὶ ἐλογίσθη αὐτῷ εἰς δικαιοσύνην· καὶ τοῦτο νομί-
ζοντες εἶναι ἐφ' ὃ ἀναφέρεται τό· Τὰ ἔργα τοῦ Ἀβραὰμ
ποιεῖτε· ἵνα καὶ συγχωρηθῇ αὐτοῖς ὅτι ἔργον ἐστὶν ἡ πίστις,

Jac iii 20

οὗ συγχωρηθὲν ἂν ὑπὸ τῶν παραδεχομένων τό· Πίστις χωρὶς
ἔργων νεκρά ἐστιν· οὐδ' ὑπὸ τῶν ἀκουόντων ὅτι διαφέρει τὸ 10

cf. Ro iii
28

δικαιοῦσθαι ἐκ πίστεως ἤπερ ἐξ ἔργων νόμου, ἀπολεγέτωσαν
διὰ τί οὐκ εἴρηται· Εἰ τέκνα τοῦ Ἀβραάμ ἐστε, τὸ ἔργον τοῦ
Ἀβραὰμ ποιεῖτε· ἑνικῶς, ἀλλὰ πληθυντικῶς· Τὰ ἔργα τοῦ
Ἀβραὰμ ποιεῖτε· ἴσον, ὡς οἶμαι, τυγχάνον τῷ· πάντα τὰ
ἔργα τοῦ Ἀβραὰμ ποιεῖτε. εἰ δὲ ἴσον ἐστὶ τῷ· τὰ πάντα 15
ἔργα τοῦ Ἀβραὰμ ποιεῖτε· καὶ μήτε σωματικῶς παιδίσκῃ
δεῖ προσελθεῖν τὸν ἔχοντα γαμετὴν, μήτε μετὰ τὴν τελευτὴν
τῆς γεγαμημένης ἐν γήρᾳ ἄλλην γυναῖκα λαβεῖν τὸν κατὰ
τοῦ σωτῆρος ὑφήγησιν θέλοντα τέκνον ἀποδειχθῆναι τοῦ
Ἀβραὰμ, ἐκ τοῦ ποιεῖν τὰ ἔργα τοῦ Ἀβραὰμ, σαφῶς καὶ 20
ἐντεῦθεν μανθάνομεν ὅτι δεῖ πᾶσαν τὴν κατὰ τὸν Ἀβραὰμ
ἀλληγοροῦντα ἱστορίαν ἕκαστον πνευματικὸν ποιῆσαι τῶν
πεπραγμένων ὑπ' αὐτοῦ, ἀρξάμενον ἀπὸ τοῦ· Ἔξελθε ἐκ τῆς

Ge xii 1

γῆς σου καὶ ἐκ τῆς συγγενείας σου καὶ ἐκ τοῦ οἴκου τοῦ
πατρός σου, εἰς τὴν γῆν ἣν ἄν σοι δείξω· εἰρημένου οὐ 25
μόνῳ τῷ Ἀβραὰμ ἀλλὰ καὶ παντὶ τῷ ἐσομένῳ τέκνῳ αὐτοῦ.
ἔστι γάρ τις καὶ ἑκάστου ἡμῶν γῆ, καὶ ἡ πρὸ τοῦ θείου
χρηματισμοῦ οὐκ ἀγαθὴ συγγένεια, καὶ ὁ πρὸ τοῦ φθάσαντος
εἰς ἡμᾶς λόγου θεοῦ οἶκος τοῦ πατρὸς ἡμῶν, δι' ἅτινα
ἅπαντα κατὰ λόγον θεοῦ δεήσει ἡμᾶς ἐπεξελθεῖν, εἴπερ 30

Jo viii 39

ἀκούομεν τοῦ σωτῆρος λεγόντος· Εἰ τέκνα τοῦ Ἀβραὰμ
ἐστε, τὰ ἔργα τοῦ Ἀβραὰμ ποιεῖτε· οὕτω γὰρ φθάσομεν,

1 Οὐχἴσον   11 ἀπολέτωσαν   16 ante ἔργα] ins. τὰ

ὡς καταλιπόντες τὴν ἡμετέραν γῆν, ἐφ' ἣν δείξει ἡμῖν γῆν ὁ
θεὸς, τὴν ἀληθῶς ἀγαθὴν καὶ ὄντως πολλήν, ἣν ἀπὸ κυρίου
τοῦ θεοῦ πρέπει δίδοσθαι τοῖς ποιήσασι τὸ προστεταγμένον
ἐν τῷ· Ἔξελθε ἐκ τῆς γῆς σου.   καὶ ὡς καταλιπόντες Ge xii 1
5 συγγένειαν οὐ καλὴν εἰς ἔθνος ἐσόμεθα μέγα καὶ μεῖζον ἢ cf. Ge xii 2 f
κατὰ ἀνθρώπους· καὶ ὡς καταφρονήσαντες οἴκου πατρὸς
319 οὐκ ἐπαινετοῦ, εὐλογηθησόμεθα μεγαλυνομένου τοῦ ὀνόματος
ἡμῶν, γινόμενοι εὐλογητοὶ ἐπὶ τοσοῦτον ὡς τοὺς μὲν
εὐλογοῦντας ἡμᾶς εὐλογεῖσθαι ὑπὸ τοῦ θεοῦ, τοὺς δὲ κατα-
10 ρωμένους ὑπὸ κατάραν ἔσεσθαι, πᾶσάν τε γῆς φυλὴν ἐν
ἡμῖν εὐλογεῖσθαι· ὅτε καὶ περὶ ἡμῶν εἴποι ἂν ὁ λόγος·
Ἐπορεύθη ὡς εἴρηται περὶ Ἀβραάμ· Καὶ ἐπορεύθη Ge xii 4
Ἀβραὰμ, καθάπερ ἐλάλησεν αὐτῷ κύριος.   οἶμαι δὲ ὅτι ἐν
ταῖς ἀρχαῖς καὶ ἐπὶ ποσὸν ὁ Λὼτ ἕψεται ἡμῖν, οὗ σύμβολον
15 ἦν τό· Καὶ ᾤχετο μετ' αὐτοῦ Λώτ· καὶ ἐπανελθόντες εἰς γῆν Ge xii 4
Χαναὰν διοδεύσομεν τὴν γῆν ἕως τοῦ τόπου Συχέμ, οὕτω τῇ cf. Ge xii 6
ἀναβάσει τῆς διανοίας προκόπτοντες ἕως ἔλθωμεν ἐπὶ τὴν
δρῦν τὴν ὑψηλήν.   καὶ ὀφθήσεται ἡμῖν κύριος ὁ θεὸς, ὁ cf. Ge xii 7
ὀφθεὶς τῷ Ἀβραὰμ, καὶ ἐπαγγελεῖται <τὴν> περὶ τὴν ὑψηλὴν
20 δρῦν γῆν δοῦναι τῷ νοητῷ τῆς ψυχῆς ἡμῶν σπέρματι.   τοῦ
δὲ νοήσαντός ἐστι τό· Ἔργα τοῦ Ἀβραὰμ ποιεῖτε· καὶ τὸ Jo viii 39
οἰκοδομῆσαι θυσιαστήριον κυρίῳ, τῷ ὅπου ἡ ὑψηλὴ δρῦς
ἐπιφαινομένῳ καὶ ἡμῖν, καὶ μετὰ ταῦτα ἀποστῆναι ἀπὸ τοῦ cf. Ge xii 8
τόπου τῆς ὑψηλῆς δρυὸς ὡς ἐπὶ τὸ ὄρος, καὶ τοῦ ὄρους κατὰ
25 τὰς ἀνατολὰς τῆς Βαιθήλ, ὃ ἑρμηνεύεται οἶκος θεοῦ, ἔνθα
στήσει ἑαυτοῦ τὴν σκηνὴν, τῆς μὲν Βαιθὴλ ὡς ἐπὶ κατὰ
θάλασσαν, τῆς δὲ Ἀγγαὶ ὡς ἐπὶ κατ' ἀνατολάς· ἑρμηνεύεται
δὲ Ἀγγαὶ ἑορταί.   καὶ ὡς προκόπτων γε ὁ τοιοῦτος μετὰ
ταῦτα δεύτερον οἰκοδομήσει τῷ κυρίῳ θυσιαστήριον, ἤδη
30 καὶ ἐπικαλεῖσθαι δυνάμενος ἐπὶ τῷ ὀνόματι τοῦ κυρίου.
καὶ ἑξῆς ἀπαίρων κἀκεῖθεν ὁ ἐσόμενος τέκνον τοῦ Ἀβραὰμ, cf. Ge xii 9
γενόμενός πως στρατηγικώτερος καὶ συνιεὶς πρὸς ὅσους

πολεμίους αὐτὸν παρασκευάσασθαι δεῖ, στρατοπεδεύσει ἐν
τῇ ἐρήμῳ. μετὰ ταῦτα πεῖραν λιμοῦ λήψεται τοῦ ἐπὶ τῆς
γῆς, καὶ εἰς τὴν Αἴγυπτον καταβήσεται παροικῆσαι ἐκεῖ, ἵνα
μὴ καὶ αὐτοῦ κατισχύσῃ ὁ λιμὸς ὁ ἐνισχύσας ἐπὶ τῆς γῆς.
καὶ καταβήσεται εἰς Αἴγυπτον μετὰ τῆς εὐπροσώπου ἑαυτοῦ 5
γυναικός, συνθήκας τινὰς τιθέμενος πρὸς αὐτὴν, ἵνα ἑαυτῷ δι'
αὐτὴν οἱ Αἰγύπτιοι <εὖ> χρήσωνται καὶ γένωνται ἐν Αἰγύπτῳ
αὐτῷ πρόβατα καὶ μόσχοι καὶ ὄνοι καὶ παῖδες καὶ παιδίσκαι
καὶ ἡμίονοι καὶ κάμηλοι, περὶ ὧν ἑκάστου σοφοῦ τινος καὶ
ἐπὶ τὰ βάθη τῆς γραφῆς ἐπισταμένως φθάνειν δυναμένου 10
ἔργον ἂν εἴη λέγειν· καὶ ἀπαξαπλῶς γε πᾶσαν τὴν κατὰ τὸν 320
Ἀβραὰμ ἱστορίαν βασανίζοντες καὶ ὅλα τὰ περὶ αὐτοῦ
γεγραμμένα, ἅτινά ἐστιν ἀλληγορούμενα, ὡς πνευματικοὶ
πνευματικῶς ποιεῖν πειρασόμεθα. ὅρα δὲ εἰ μὴ σαφῶς
ἀπὸ τῆς ἐξετάσεως τῶν κατὰ τὸν τόπον παρίσταται ἡμῖν ὅτι 15
σοφοῦ τινος καὶ πάσῃ ἀρετῇ κεκοσμημένου τὸ γενέσθαι τοῦ
Ἀβραὰμ τέκνον. τί γὰρ δεῖ λέγειν ὅσης σοφίας χρῄζομεν
εἰς τὸ νοῆσαι τὰ ἔργα τοῦ Ἀβραάμ; καὶ ὅσης δυνάμεως εἰς
τὸ ποιῆσαι αὐτά; ποίας δὲ σοφίας ἢ ποίας δυνάμεως δεόμεθα,
ἢ Χριστοῦ, ὅς ἐστι θεοῦ δύναμις καὶ θεοῦ σοφία; τὸ μὲν οὖν 20
γεγραμμένον ἐστίν· Εἰ τέκνα τοῦ Ἀβραάμ ἐστε, τὰ ἔργα τοῦ
Ἀβραὰμ ποιεῖτε· ἀκολούθως δ' ἂν παρὰ τοῦτο εἴποις· εἰ
τέκνα τοῦ Ἰσαάκ ἐστε, τὰ ἔργα τοῦ Ἰσαὰκ ποιεῖτε· τὰ δὲ
ὅμοια καὶ περὶ τοῦ Ἰακὼβ καὶ ἑνὸς ἑκάστου τῶν ἁγίων
πατέρων. καὶ ἐκ τῶν ἐναντίων δὲ ἕκαστος τῶν ἁμαρτανόντων 25
γενικῶς μὲν τέκνον ἐστὶ τοῦ διαβόλου, ἐπεὶ πᾶς ὁ ποιῶν τὴν
ἁμαρτίαν ἐκ τοῦ διαβόλου γεγένηται· ἤδη δὲ καὶ ἰδικώτερον,
ἤτοι τοῦ Κάϊν, ἢ τοῦ Χὰμ, ἢ τοῦ Χαναάν, ἢ τοῦ Φαραώ, ἢ
τοῦ Ναβουχοδονόσορ, ἤ τινος τῶν ἀσεβῶν. τούτοις δὲ
ἀκολούθως ἐρεῖς ὅτι ἕκαστος ἀπαλλαττόμενος τοῦ βίου 30
τούτου ἀπελεύσεται πρὸς τοὺς ἰδίους πατέρας· νομιστέον
γὰρ οὐ μόνῳ τῷ Ἀβραάμ, ἀλλὰ καὶ πᾶσιν ἀνθρώποις

7 εὖ] om. χρήσονται 10 φθάν″ 23 ἐστε—Ἰσαάκ]
add. intra lin. pr. man.

λέγεσθαι πρὸς τῇ ἐξόδῳ τό· Σὺ δὲ ἀπελεύσῃ πρὸς τοὺς Ge xv 15
πατέρας σου· οὐκέτι δὲ πᾶσιν ἀνθρώποις ἀλλὰ μόνοις τοῖς
ἁγίοις τό· Μετὰ εἰρήνης· τοῖς δὲ τετελειωμένοις καὶ πνευ-
ματικῶς μακροημέροις γενομένοις καὶ τό· Τραφεὶς ἐν γήρᾳ
5 καλῷ· ἐπείπερ· Πολιά ἐστι φρόνησις ἀνθρώποις· καί· Sap Sol iv 9
Στέφανος καυχήσεως γῆρας· καὶ δόξα τοῖς ἀληθινοῖς καὶ Pr xvi 31;
cf. xx 23 (29)
θείοις πρεσβυτέροις αἱ κοσμοῦσαι αὐτοὺς νοηταὶ πολιαί.

11. Νῦν δὲ ζητεῖτε ἀποκτεῖναι ἄνθρωπον ὃς τὴν Jo viii 40
ἀλήθειαν ὑμῖν λελάληκα ἣν ἤκουσα παρὰ τοῦ θεοῦ.
10 Οἱ ζητοῦντες ἀποκτεῖναι, ἐπεὶ θεὸς οὐκ ἀποκτίννυται,
κἂν ἀποκτιννύωσιν, ἄνθρωπον ἀποκτιννύουσι. κἂν ζητῶσιν
ἀποκτεῖναι, μήπω ἀποκτιννῦντες, οὐχὶ θεὸν νομίζοντες εἶναι,
ᾧ ἐπιβουλεύουσιν, ὡς ἀνθρώπῳ ἐπιβουλεύουσιν· οὐδεὶς γὰρ
πειθόμενος εἶναι θεὸν τοῦτον ᾧ ἐπιβουλεύει, ἐπιβουλεῦσαι
15 ἂν αὐτῷ. ἔστι δέ πως ἀεὶ θεωρῆσαι τοὺς τῷ λόγῳ τοῦ
θεοῦ ἐπιβουλεύοντας, ὅτι ἀποκτεῖναι ζητοῦσι καὶ ἐξαφανίσαι
αὐτὸν ἄνθρωπον, αὐτὸν τουτέστιν ἀνθρώπινον καὶ θνητὸν
εἶναι ὑπολαμβάνοντες, ἢ καὶ τῷ ἀνθρωπινωτέρῳ αὐτοῦ καὶ
321 βλεπομένῳ ἐπιτίθενται· ἵνα δὲ καὶ ἀποκτείνωσι τὸ σῶμα τοῦ
20 λόγου, σαφὲς ὅτι μετὰ ταῦτα οὐδὲν δύνανται ποιῆσαι περισ-
σότερον. διόπερ οὐ φοβητέον ἡμῖν ἀπὸ τῶν ἀποκτιννύντων cf. Mt x 28;
Lc xii 4
τὸ σῶμα, μετὰ δὲ ταῦτα μὴ ἐχόντων περισσότερόν τι ποι-
ῆσαι, οὐδὲ φοβητέον ἀπὸ τῶν ἀποκτεινόντων τὸ σῶμα,
τὴν δὲ ψυχὴν τοῦ λόγου ἀποκτεῖναι μὴ δυναμένων. ἀλλ᾽
25 εἰ τοιοῦτός τίς ἐστι λόγος ὥστε καὶ τὸ σῶμα αὐτοῦ καὶ
τὴν ψυχήν, τῷ ἄξια εἶναι ἀπωλείας, ἀπόλλυσθαι δύνα-
σθαι, φοβητέον τὸν δυνάμενον θεὸν λόγον καὶ ψυχὴν καὶ
σῶμα ἀπολέσαι καὶ ἐξαφανίσαι, εἴτε ἐν γεέννῃ εἴτε ὅπως
βούλεται· ὁ κύριος γὰρ Ἰησοῦς ἀναλοῖ τῷ πνεύματι τοῦ cf. 2 Th ii 8
30 στόματος αὐτοῦ, καὶ καταργεῖ τῇ ἐπιφανείᾳ τῆς παρουσίας
ἑαυτοῦ, τὸν ἀντικείμενον λόγον καὶ ἐπαιρόμενον ἐπὶ πάντα cf. 2 Th ii 4
λεγόμενον θεὸν ἢ σέβασμα. καὶ ζητοῦσί γε οὗτοι πρὸς οὓς

4 μακροημέρως　　**11** ἀποκτιννύουσι] ἀποκτεινύωσιν　　**12** θεῷ
15 ante ἔστι ins. τί　　πως ἀεί] δεῖ πῶς ἀεί　　**20** σαφῶς
21 ἀπὸ τῶν] bis　　**23** ἀποκτενόντων

cf. Jo viii 40 ὁ λόγος ἀποκτεῖναι ἄνθρωπον ὃς τὴν ἀλήθειαν λελάληκεν,
ἣν ἤκουσε παρὰ τοῦ θεοῦ καὶ εἴληφε. κἂν ἁπλούστερον
μέντοι γε κατὰ τὸν τόπον ἐκλαμβάνωμεν, σαφῶς ἐδίδαξεν ὁ
σωτὴρ ὅτι τὸ ζητούμενον ὑπὸ Ἰουδαίων ἐπὶ τῷ ἀναιρεθῆναι
αὐτὸ θεὸς οὐκ ἦν ἀλλὰ ἄνθρωπος, ὃς καὶ ἀνῃρέθη· θεὸν γὰρ 5
cf. Jo i 1 οὐ θεμιτὸν ἀποθνήσκειν λέγειν· διόπερ ὁ ἐν ἀρχῇ πρὸς τὸν
θεὸν λόγος, ὅστις καὶ θεὸς λόγος ἦν, οὐκ ἀπέθανε. ζητήσεις
Jo i 14 δέ, ἐπεὶ γέγραπται ὅτι Ὁ λόγος σὰρξ ἐγένετο· πότερόν
ποτε ὁ γενόμενος σὰρξ λόγος τῷ γεγονέναι σὰρξ γέγονε καὶ
ἄνθρωπος ἢ οὐ γέγονεν ἄνθρωπος. εἰ μὲν γὰρ γέγονεν 10
ἄνθρωπος, δύναται αὐτὸς ἐζητῆσθαι ἀναιρεθῆναι· εἰ δὲ μὴ
γέγονεν ἄνθρωπος, καὶ ὁ γενόμενος σὰρξ λόγος οὐκ ἀναιρεθεὶς
ἀπεκατέστη, καὶ ἀποκαθίσταται ἑκάστῳ ἐπὶ τοῦτο ὅπερ ἦν
πρὶν γένηται σάρξ.

Jo viii 40 12. Τοῦτο Ἀβραὰμ οὐκ ἐποίησε. Τὸ μηδαμῶς 15
δυνατὸν πραχθῆναι τῷ Ἀβραὰμ εἰ μὴ πεποίηκεν Ἀβραάμ,
ὡς ἔτυχεν ἀνειρῆσθαι δόξει τό· Τοῦτο Ἀβραὰμ οὐκ ἐποίησεν.
εἴποιεν γὰρ ἂν πρὸς τοῦτό τινες ὅτι μάτην λέγεται τό·
Τοῦτο Ἀβραὰμ οὐκ ἐποίησεν· εἴπερ οὐκ ἐποίησε τὸ μηδαμῶς
γενόμενον κατὰ τὸν χρόνον αὐτοῦ· οὐ γὰρ γεγόνει κατὰ τὸν 20
χρόνον αὐτοῦ ὁ Ἰησοῦς. ἀλλ᾽ ἐπεὶ τό· Τοῦτο Ἀβραὰμ οὐκ
ἐποίησεν· οἱονεὶ ἐν ἐπαίνῳ ὑπολαμβάνω εἰρῆσθαι τῷ περὶ
τοῦ Ἀβραάμ, εἴποιμ᾽ ἂν ὅτι κατὰ τὸν διδάξαντα λόγον τό·
Jo viii 56 Ἀβραὰμ ὁ πατὴρ ὑμῶν ἠγαλλιάσατο ἵνα ἴδῃ τὴν ἡμέραν
τὴν ἐμήν, καὶ εἶδε καὶ ἐχάρη· ἔστι τὸ γεγονέναι μὲν καὶ 322
cf. Jo viii 40 ἐπὶ τοῦ Ἀβραὰμ ἄνθρωπον λαλοῦντα ἣν ἤκουσε παρὰ τοῦ
θεοῦ ἀλήθειαν, οὐ μὴν ἐζητῆσθαι αὐτὸν ἀνηρῆσθαι ὑπὸ τοῦ
Ἀβραάμ. καὶ ἐπίστησον ὅτι οὐκ ἔστιν ὅτε ὁ κατὰ τὸν
Ἰησοῦν τροπικῶς νοούμενος ἄνθρωπος οὐκ ἐπεδήμει τῷ βίῳ,
καὶ μετὰ τοὺς τῆς περὶ αὐτοῦ ἱστορίας χρόνους καὶ πρότερον. 30
cf. He vi 4 κατὰ τοῦτο δὲ οἶμαι πάντα τὸν ἅπαξ φωτισθέντα καὶ
γευσάμενον δωρεᾶς ἐπουρανίου μέτοχόν τε γενηθέντα πνεύ-

2, 26 παρὰ] περὶ   24 εἴδη   25 ἴδεν

ματος ἁγίου καὶ καλὸν γευσάμενον θεοῦ ῥῆμα δυνάμεις τε cf. He vi 5 f.
μέλλοντος αἰῶνος, καὶ παραπεσόντα, πάλιν ἀνακαινίζειν
ἑαυτὸν εἰς μετάνοιαν, ἤτοι προσταυροῦντα ἢ ἀνασταυροῦντα
τὸν υἱὸν τοῦ θεοῦ καὶ παραδειγματίζοντα, εἴτε πρὸ τῆς
5 ἱστορουμένης σωματικῆς τοῦ σωτῆρος ἡμῶν ἐπιδημίας εἴτε
καὶ ὕστερον. οὐ γὰρ ὁ μὲν νῦν μετὰ τὸν φωτισμὸν καὶ
τὰς λοιπὰς εἰς αὐτὸν τοῦ θεοῦ εὐεργεσίας ἁμαρτάνων
ἀνασταυροῖ τὸν υἱὸν τοῦ θεοῦ διὰ τῶν ἰδίων ἁμαρτημάτων
ἐφ' ἃ ἐπαλινδρόμησεν, οὐδὲν τῆς κοινότερον λεγομένης
10 σωματικῆς πρὸς τὸ σταυρῶσαι τὸν υἱὸν τοῦ θεοῦ ἐνεργείας
ἐπιτελῶν· οὐχὶ δὲ καὶ πρότερον τοῦτο ἐγίνετο, καὶ ὁ
ἁμαρτάνων μετὰ τὸ ἀκοῦσαι θείων λόγων προεσταύρου τὸν
υἱὸν τοῦ θεοῦ. εἴ τῳ δὲ φίλον παραδέξασθαι τὸ ἐν ταῖς
Παύλου Πράξεσιν ἀναγεγραμμένον ὡς ὑπὸ τοῦ σωτῆρος
15 εἰρημένον· Ἄνωθεν μέλλω σταυροῦσθαι· οὗτος ὡς μετὰ τὴν
ἐπιδημίαν παραδέχεται τό· Ἄνωθεν μέλλω σταυροῦσθαι·
γινόμενον, οὕτω καὶ πρὸ τῆς ἐπιδημίας, ὅταν τὰ αὐτὰ αἴτια
γίνηται τοῦ λέγεσθαι ἄν· ἤδη μέλλω σταυροῦσθαι. διὰ τί
γὰρ οὐχὶ ὡς ἄνωθεν μέλλει σταυροῦσθαι καὶ πρότερον
20 ἐσταύρωτο; ὅρα δὲ εἰ μὴ μόνων τῶν μετὰ τὴν παρουσίαν
ἐστὶν ἁγίων φωνή· Τῷ χριστῷ συνεσταύρωμαι· ἀλλὰ καὶ Gal ii 19
τῶν προτέρων, ἵνα μὴ διαφέρειν λέγωμεν τοὺς μετὰ τὴν
παρουσίαν ἁγίους Μωσέως καὶ τῶν πατριαρχῶν. καὶ τό·
Ζῶ οὐκέτι ἐγώ, ζῇ δὲ ἐν ἐμοὶ Χριστός· λεγέσθω μὴ μόνον Gal ii 20
25 ὑπὸ τῶν μετὰ τὴν παρουσίαν ἀλλὰ καὶ ὑπὸ τῶν πρότερον.
ἐφίστημι δὲ καὶ τῷ· Θεὸς Ἀβραὰμ καὶ θεὸς Ἰσαὰκ καὶ θεὸς Mt xxii 32
Ἰακώβ· θεὸς δὲ οὐκ ἔστι νεκρῶν ἀλλὰ ζώντων· εἰρημένῳ ὑπὸ
τοῦ σωτῆρος, μήποτε διὰ τοῦτο ζῶντές εἰσιν Ἀβραὰμ Ἰσαὰκ
καὶ Ἰακώβ, ἐπεὶ καὶ αὐτοὶ συνταφέντες τῷ χριστῷ συναν- cf. Ro vi 4
30 έστησαν αὐτῷ, οὐ πάντως κατὰ τὴν σωματικὴν τοῦ Ἰησοῦ
ταφὴν ἢ σωματικὴν ἀνάστασιν αὐτοῦ. ταῦτα πρὸς τό·
3 Τοῦτο Ἀβραὰμ οὐκ ἐποίησε. τί δὲ τοῦτο ἢ τὸ ζητεῖν ἀπο- Jo viii 40

2 παραπεσόντας   3 ἑαυτῷ   12 θείας
   26 τῷ] τὸ   29, 30 συναρέστησαν

κτεῖναι ἄνθρωπον ὃς τὴν ἀλήθειαν λελάληκεν ἣν ἤκουσε παρὰ
τοῦ θεοῦ; ἀποδίδωμεν γὰρ ὡς ἄρα ἡ κατὰ τὸν Ἰησοῦν πνευ-
ματικὴ οἰκονομία οὐκ ἔστιν ὅτε τοῖς ἁγίοις οὐκ ἦν. ἐὰν δὲ
ἀναγάγῃς ταῦτα, ὥσπερ ὑπονενοήκαμεν ἐν ἄλλοις, ἕτερος
παρὰ τὸ κοινότερον ἐπὶ μυστικώτερον Ἀβραὰμ ὁμοίως πάντα 5
τὰ κατὰ τὸν τόπον ἐξομαλίσαι πειράσει, ζητῶν τὴν ἑκάστου
τούτων ἀκολουθίαν.

Jo viii 41

13. Ὑμεῖς ποιεῖτε τὰ ἔργα τοῦ πατρὸς ὑμῶν.
Ὅσον ἐπὶ τῷ ῥητῷ τούτῳ οὐκ ἔστι σαφὲς τίνα θέλει εἰπεῖν

cf. Jo viii 31 f. πατέρα τῶν πεπιστευκότων αὐτῷ Ἰουδαίων καὶ μηδέπω 10
ἐγνωκότων τὴν ἀλήθειαν· πρὸς αὐτοὺς γὰρ ταῦτα πάντα

Jo viii 44 φησί. καὶ εἰ μὴ ἐπεφέρετο μετ' ὀλίγα τό· Ὑμεῖς ἐκ τοῦ
πατρὸς τοῦ διαβόλου ἐστὲ καὶ τὰς ἐπιθυμίας τοῦ πατρὸς
ὑμῶν θέλετε ποιεῖν· κἂν σαφῶς οὐκ ἐγνώκειμεν τὸ βούλημα
τοῦ εἰρημένου. οὐ θαυμαστὸν δὲ εἰ τοῖς πεπιστευκόσιν 15
αὐτῷ Ἰουδαίοις, μηδέπω μείνασιν αὐτοῦ ἐν τῷ λόγῳ ἵνα
ἀληθῶς αὐτοῦ γένωνται μαθηταὶ καὶ γνῶσιν τὴν ἀλήθειαν

Jo viii 41 ἐπὶ τῷ ἐλευθερωθῆναι ὑπ' αὐτῆς, ἔλεγε τό· Ὑμεῖς ποιεῖτε τὰ
ἔργα τοῦ πατρὸς ὑμῶν· καὶ ὡς ἐν τοῖς ἑξῆς ἐπιφέρεται τό·
Ὑμεῖς ἐκ τοῦ πατρὸς τοῦ διαβόλου ἐστέ. κἂν γὰρ ἀπηνὲς 20
εἶναι δοκῇ τὸ τοιοῦτο λεγόμενον περὶ πεπιστευκότων μὲν
αὐτῷ καὶ μαθητευθέντων πως, οὐ μὴν ἤδη ἀληθῶς χρη-
ματισάντων μαθητῶν τοῦ Ἰησοῦ, ὅμως κατανοητέον καὶ τὸ
ἐν τῇ καθολικῇ ἐπιστολῇ ὑπὸ Ἰωάννου εἰρημένον περὶ υἱῶν

1 Jo iii 8 ff. θεοῦ καὶ υἱῶν διαβόλου· Ὁ ποιῶν γάρ, φησί, τὴν ἁμαρτίαν 25
ἐκ τοῦ διαβόλου ἐστίν, ὅτι ἀπ' ἀρχῆς ὁ διάβολος ἁμαρτάνει.
εἰς τοῦτο ἐνεφανερώθη ὁ υἱὸς τοῦ θεοῦ, ἵνα λύσῃ τὰ ἔργα
τοῦ διαβόλου. πᾶς ὁ γεγεννημένος ἐκ τοῦ θεοῦ ἁμαρτίαν
οὐ ποιεῖ, ὅτι σπέρμα αὐτοῦ ἐν αὐτῷ μένει, καὶ οὐ δύναται
ἁμαρτάνειν, ὅτι ἐκ τοῦ θεοῦ γεγέννηται. ἐν τούτῳ φανερὰ 30
ἐστι τὰ τέκνα τοῦ θεοῦ καὶ τὰ τέκνα τοῦ διαβόλου· πᾶς ὁ
μὴ ὢν δίκαιος οὐκ ἔστιν ἐκ τοῦ θεοῦ, καὶ ὁ μὴ ἀγαπῶν τὸν

28 γεγενημένος   30 γεγένηται

ἀδελφὸν αὐτοῦ. τῶν ῥητῶν τοίνυν τούτων οὕτως ἐχόντων
κατανόησον εἰ μὴ σαφῶς εἴρηται ὅτι πᾶς ὁ ποιῶν τὴν   1 Jo iii 8
ἁμαρτίαν ἐκ τοῦ διαβόλου ἐστίν. ὅσον ποιοῦμεν ἁμαρτίας,
οὐδέπω τὴν ἐκ τοῦ διαβόλου γένεσιν ἀπεδυσάμεθα, κἂν πι-
5 στεύειν εἰς τὸν Ἰησοῦν νομιζώμεθα· καὶ τούτῳ ἀκόλουθόν
ἐστι τὸ λέγεσθαι τοῖς πεπιστευκόσιν Ἰουδαίοις ὑπὸ τοῦ   cf. Jo viii 31
Ἰησοῦ· Ὑμεῖς ποιεῖτε τὰ ἔργα τοῦ πατρὸς ὑμῶν· ἀναφερο-   Jo viii 41
μένου τοῦ πατρὸς ἐπὶ τὸν διάβολον, διὰ τό· Ὑμεῖς ἐκ τοῦ   Jo viii 44
πατρὸς τοῦ διαβόλου ἐστέ. εἰ δὲ πᾶς ὁ ποιῶν τὴν ἁμαρτίαν
324 ἐκ τοῦ διαβόλου ἐστί, πᾶς ὁ μὴ ὢν ἐκ τοῦ διαβόλου οὐ ποιεῖ
τὴν ἁμαρτίαν. ἀλλὰ καὶ εἴπερ εἰς τοῦτο ἐφανερώθη ὁ υἱὸς
τοῦ θεοῦ, ἵνα λύσῃ τὰ ἔργα τοῦ διαβόλου· ὅσον οὐδέπω τὰ ἐν
ἡμῖν ἔλυσεν ἔργα τοῦ διαβόλου, τῷ μὴ παρεστηκέναι ἡμᾶς
ἑαυτοὺς τῷ λύοντι τὰ ἔργα τοῦ διαβόλου, οὐδέπω ἀπεθέμεθα
15 τὸ εἶναι τέκνα τοῦ διαβόλου, ἀπὸ τῶν καρπῶν ἐπιγινωσκό-   cf. Mt vii 16
μενοι τίνος ἐσμὲν υἱοί. καὶ ἐκ τούτων μέντοι γε δῆλόν ἐστιν
ὅτι οὐ διὰ κατασκευὴν υἱός τίς ἐστι διαβόλου, οὐδὲ διὰ τὸ
οὕτως δεδημιουργῆσθαι υἱός τις ἐν ἀνθρώποις λέγεται τοῦ
θεοῦ· καὶ δῆλον ὅτι δύναται ὁ ποτὲ υἱὸς τοῦ διαβόλου
20 γενέσθαι υἱὸς τοῦ θεοῦ, ὅπερ σαφὲς καὶ ὁ Ματθαῖος ποιεῖ
ἀναγράφων τὸν σωτῆρα οὕτως εἰρηκέναι· Ἠκούσατε ὅτι   Mt v 43 ff.
ἐρρέθη Ἀγαπήσεις τὸν πλησίον σου καὶ μισήσεις τὸν
ἐχθρόν σου. ἐγὼ δὲ λέγω ὑμῖν, ἀγαπήσατε τοὺς ἐχθροὺς
ὑμῶν καὶ προσεύχεσθε ὑπὲρ τῶν διωκόντων ὑμᾶς· ὅπως
25 γένησθε υἱοὶ τοῦ πατρὸς ὑμῶν τοῦ ἐν τοῖς οὐρανοῖς. προσέ-
χεσθε γὰρ ὅτι ἐκ τοῦ ἀγαπᾶν τοὺς ἐχθροὺς καὶ προσεύ-
χεσθαι ὑπὲρ τῶν διωκόντων ὁ μὴ πρότερον τοῦ ἐν οὐρανοῖς
πατρός, ὕστερον αὐτοῦ γίνεται υἱός· ὅτι δὲ διὰ τό· Ἐν   1 Jo iii 10
τούτῳ φανερά ἐστι τὰ ἔργα τοῦ θεοῦ καὶ τὰ ἔργα τοῦ
30 διαβόλου· προειρημένον περὶ μὲν τοῦ διαβόλου τέκνων
ὅτι Ὁ ποιῶν τὴν ἁμαρτίαν ἐκ τοῦ διαβόλου ἐστί· περὶ   1 Jo iii 8
δὲ τῶν τοῦ θεοῦ ὅτι Πᾶς ὁ γεγεννημένος ἐκ τοῦ θεοῦ   1 Jo iii 9
ἁμαρτίαν οὐ ποιεῖ, ὅτι σπέρμα αὐτοῦ ἐν αὐτῷ μένει

25, 26 προσεύχεσθαι   **26** ἀγαπᾶτε   **30** προειρημένων

καὶ οὐ δύναται ἁμαρτάνειν, ὅτι ἐκ τοῦ θεοῦ γεγέννηται· σαφὲς
ὅτι πᾶς ἄνθρωπος συμπεπληρωκὼς τὸν λόγον ἤτοι τέκνων
τοῦ θεοῦ ἐστιν ἢ τέκνων τοῦ διαβόλου· ἤτοι γὰρ ποιεῖ
ἁμαρτίαν ἢ ἁμαρτίαν οὐ ποιεῖ, οὐδενὸς ὄντος μεταξὺ τοῦ
ποιεῖν ἁμαρτίαν καὶ τοῦ ἁμαρτίαν μὴ ποιεῖν· καὶ εἰ μὲν 5
ποιεῖ ἁμαρτίαν, ἐκ τοῦ διαβόλου ἐστίν, εἰ δὲ ἁμαρτίαν οὐ
ποιεῖ, ἐκ τοῦ θεοῦ γεγέννηται.

14. Ἔχεται δὲ τῆς ἐν τούτοις περὶ τέκνων θεοῦ καὶ
τέκνων διαβόλου ἀποφάσεως τὰ ἐν τῇ αὐτῇ ἐπιστολῇ
λεγόμενα περὶ τῶν ὄντων ἐν τῷ υἱῷ τοῦ θεοῦ, καὶ τῶν μὴ 10
ἑωρακότων αὐτόν· Πᾶς γὰρ, φησὶν, ὁ ἐν αὐτῷ μένων οὐχ
ἁμαρτάνει, καὶ πᾶς ὁ ἁμαρτάνων οὐχ ἑώρακεν αὐτόν. οὐκοῦν
εἰ πᾶς ὁ ἐν αὐτῷ μένων οὐχ ἁμαρτάνει, ὁ ἁμαρτάνων οὐ
μένει ἐν τῷ υἱῷ· καὶ εἰ πᾶς ὁ ἁμαρτάνων οὐχ ἑώρακεν
αὐτὸν, ὁ ἑωρακὼς αὐτὸν οὐχ ἁμαρτάνει. ἅμα δὲ καὶ ση- 15
μειώσεις τί νοῶν ὁ Ἰωάννης εἶπε τό· Πᾶς ὁ ἁμαρτάνων οὐχ
ἑώρακεν αὐτόν· διὰ τό· Ἑώρακεν αὐτόν· ὡς ἀεὶ δυναμένων
εἶναι τῶν ὁρώντων τὸν υἱὸν τοῦ θεοῦ, καὶ ἐκ τοῦ ἑωρακέναι 325
αὐτὸν μεταλαμβανόντων δυνάμεως πρὸς τὸ μηδαμῶς ἁμαρ-
τάνειν. ἔτι φήσεις ὅτι τό· Ὑμεῖς ποιεῖτε τὰ ἔργα τοῦ πατρὸς 20
ὑμῶν· ὁτὲ μὲν λέγοιτ' ἂν πρὸς τοὺς υἱοὺς τοῦ διαβόλου, ὁτὲ
δὲ πρὸς τοὺς υἱοὺς τοῦ θεοῦ. οἱ μὲν γὰρ ἁμαρτάνοντες
ποιοῦσι τὰ ἔργα τοῦ πατρὸς αὐτῶν διαβόλου· οἱ δὲ κατ-
ορθοῦντες ποιοῦσι τὰ ἔργα τοῦ πατρὸς αὐτῶν θεοῦ. εἰκὸς
δὲ ἐκ τούτων τινὰ κινηθήσεσθαι μὴ ἄρα δύνηται ὁ αὐτὸς, τῷ 25
ποιεῖν ἀγαθὰ καὶ πονηρὰ ἔργα ἀνὰ μέρος, διὰ μὲν τὰ ἀγαθὰ
τέκνον εἶναι θεοῦ, διὰ δὲ τὰ ἐναντία τέκνον τοῦ διαβόλου.
ἀλλὰ τοῦτο πρὸς τῷ ἀλογώτατον εἶναι οὐ δηλοῦται ἀπὸ τῶν
ῥητῶν. ἀποφαίνεται γὰρ ὁ Ἰωάννης ὅτι Πᾶς ὁ γεγεννη-
μένος ἐκ τοῦ θεοῦ ἁμαρτίαν οὐ ποιεῖ, ὅτι σπέρμα αὐτοῦ ἐν 30
αὐτῷ μένει, καὶ οὐ δύναται ἁμαρτάνειν, ὅτι ἐκ τοῦ θεοῦ
γεγέννηται. πᾶς τοίνυν ὁ γεγεννημένος ἐκ τοῦ θεοῦ

1 Jo iii 6

Jo viii 41

1 Jo iii 9

11 αὐτόν] αὐτῶν   15, 16 σημειώσει   18 ἑορακέναι
29, 30 γεγεννημένος

ἁμαρτίαν οὐ ποιεῖ· οὐ μὴν γέγραπται ὅτι πᾶς ὁ γεγεννημένος
ἐκ τοῦ διαβόλου δικαιοσύνην οὐ ποιεῖ, ἀλλ' ὁ ποιῶν τὴν ﹇Jo iii 8
ἁμαρτίαν ἐκ τοῦ διαβόλου ἐστί.　πάλιν οὐχὶ ὥσπερ εἴρηται·
Ὁ ποιῶν τὴν ἁμαρτίαν ἐκ τοῦ διαβόλου ἐστίν· οὕτως ἀναγέ-
5 γραπται· ὁ ποιῶν τὴν δικαιοσύνην ἐκ τοῦ θεοῦ ἐστι.　καὶ
πρόσχες ταῖς διαφοραῖς τῶν προτάσεων, τίνα τρόπον μετὰ
πάσης ἀκριβείας τῷ Ἰωάννῃ εἴρηνται, ὥστ' ἂν θαυμάσαι
τινὰ πῶς ἀλήπτως καί, ὡς ἂν εἴποιέν τινες, διαλεκτικῶς
ἐξήνεγκεν αὐτάς, μὴ τὰ ὅμοια προσενεγκάμενος περὶ τῶν ἐκ
10 τοῦ διαβόλου καὶ τῶν ἐκ τοῦ θεοῦ· ὁμοίως δ' ἂν ἐξήνεγκεν εἰ
ἐπεποιήκει, ὥσπερ τό· Ὁ ποιῶν τὴν ἁμαρτίαν ἐκ τοῦ διαβό-
λου ἐστίν· οὕτως· ὁ ποιῶν τὴν δικαιοσύνην ἐκ τοῦ θεοῦ ἐστιν·
ἢ ὥσπερ ἀνέγραφεν ὅτι Πᾶς ὁ γεγεννημένος ἐκ τοῦ θεοῦ ﹇Jo iii 9
ἁμαρτίαν οὐ ποιεῖ· πεποιήκει τό· πᾶς ὁ γεγεννημένος ἐκ τοῦ
15 διαβόλου δικαιοσύνην οὐ ποιεῖ.

15.　Μήποτε δὲ καὶ τῷ· Ἐστίν· εἰρημένῳ ἐπὶ τοῦ ἐκ τοῦ
διαβόλου, μὴ χρησάμενος ἐπὶ τῶν ἐκ τοῦ θεοῦ, ἢ τῷ· Γεγεν-
νημένος· ἀναγεγραμμένῳ ἐπὶ τῶν ἐκ τοῦ θεοῦ, μὴ συγχρησά-
μενος ἐπὶ τῶν ἐκ τοῦ διαβόλου, πάνυ σοφώτατα ἐξέδωκεν.
20 ἐπῆρε γὰρ τὸν ἐκ τοῦ θεοῦ, τὸ Γεγεννημένον τάξας ἐπ'
αὐτοῦ· ὅπερ εἰ καὶ ἐπὶ τοῦ ἐκ τοῦ διαβόλου εἴρητο, χεῖρον ἄν
τι ἐνέφαινε παρὰ τό· Ἐκ τοῦ διαβόλου ἐστίν.　ἀλλὰ καὶ
εἴπερ, ὡς ἐπὶ τοῦ ἐκ τοῦ διαβόλου ἔταξε τό· Ἐστίν· πεποιή-
κει ἐπὶ τοῦ ἐκ τοῦ θεοῦ, ἔλαττον ἂν περὶ τὸν ἐκ τοῦ θεοῦ
25 παρίστη, πολλῷ κρείττονος τυγχάνοντος τοῦ γεγεννῆσθαι ἐκ
326 τοῦ θεοῦ παρὰ τὸ εἶναι ἐκ τοῦ θεοῦ.　φήσει δέ τις ὅτι τινὰ
τῶν κτισμάτων ἔστι μὲν ἐκ τοῦ θεοῦ, οὐ μὴν γεγέννηται ἐκ
τοῦ θεοῦ, καὶ πάντως ταῦτα ἐλάττονα ἔχει τάξιν ἐν τῷ παντὶ
τῶν γεγεννῆσθαι λεγομένων ἐκ τοῦ θεοῦ.　καὶ γενόμενός γε
30 κατὰ τὴν διαφορὰν τοῦ τε Ἐστὶν ἐκ τοῦ διαβόλου καὶ τοῦ
Γεγέννηται ἐκ τοῦ θεοῦ, ζητήσεις μήποτ' ἐστί τις ὁ καὶ
γεγεννημένος ἐκ τοῦ διαβόλου, ὅστις πάντως καὶ ἔστιν ἐκ

29 γεγεννῆσθαι　　30 καὶ τοῦ] ἢ　　31 γεγεννῆσθαι

τοῦ διαβόλου, οὐ πάντως τοῦ ὄντος ἐκ τοῦ διαβόλου γεγεννη-
μένου· καὶ πάλιν ἔστι τις ἐκ τοῦ θεοῦ οὐ πάντως καὶ γεγεννη-
μένος ἐκ τοῦ θεοῦ, οὐκέτι δὲ παντὸς τοῦ ὄντος ἐκ τοῦ θεοῦ
γεγεννημένου ἐκ τοῦ θεοῦ. χαρακτηρίζεται μέντοι ὁ γεγεν-
νημένος ἐκ τοῦ θεοῦ τῷ ἁμαρτίαν μὴ ποιεῖν, διὰ τὸ σπέρμα 5
τοῦ θεοῦ ἐν αὐτῷ μένειν, καὶ ἀπὸ τῆς ἐκείνου δυνάμεως
ἐνυπαρχούσης αὐτῷ ἐγγινομένου τοῦ μηκέτι δύνασθαι ἁμαρ-
τάνειν. καὶ ἐν τοῖς τελευταίοις δὲ λέγεται τῆς ἐπιστολῆς·

1 Jo v 18 Ὅτι πᾶς ὁ γεγεννημένος ἐκ τοῦ θεοῦ οὐχ ἁμαρτάνει, ἀλλὰ ὁ
γεγεννημένος ἐκ τοῦ θεοῦ τηρεῖ ἑαυτὸν καὶ ὁ πονηρὸς οὐχ 10
ἅπτεται αὐτοῦ. εἰ δὲ ὁ γεννηθεὶς ἐκ τοῦ θεοῦ τηρεῖ ἑαυτὸν
καὶ ὁ πονηρὸς οὐχ ἅπτεται αὐτοῦ· ὁ μὴ τηρῶν ἑαυτὸν ἵν' ὁ
πονηρὸς αὐτοῦ μὴ ἅπτηται οὐ γεγέννηται ἐκ τοῦ θεοῦ, καὶ
πᾶς οὗ ἅπτεται ὁ πονηρός, οὗτος οὐ γεγέννηται ἐκ τοῦ θεοῦ·
ἅπτεται δὲ ὁ πονηρὸς τῶν μὴ τηρούντων ἑαυτούς. ἐπεὶ δὲ 15
τοῖς περὶ τοῦ Ἀβραὰμ οὐδενὸς γενομένου μεταξὺ διαλείμμα-

Jo viii 41 τος ἐπιφέρεται τό· Ὑμεῖς ποιεῖτε τὰ ἔργα τοῦ πατρὸς ὑμῶν·
ἐζητοῦμεν μήποτε διὰ τὴν τῷ Ἀβραὰμ πρώτην δεδομένην
ἐντολὴν τοῦτο ἀναγέγραπται. ὁ πρῶτος δὲ χρηματισμὸς
πρὸς αὐτὸν οὕτως ἔχει· Ἔξελθε ἐκ τῆς γῆς σου καὶ ἐκ τῆς 20

Ge xii 1 συγγενείας σου καὶ ἐκ τοῦ οἴκου τοῦ πατρός σου, καὶ ἄπελθε
εἰς τὴν γῆν ἣν σοι δείξω. ἐξῆλθεν οὖν Ἀβραὰμ ἐκ τοῦ
οἴκου τοῦ πατρὸς αὐτοῦ, ὅπερ οὐ πεποιήκασιν οἱ ἐλεγχό-

Jo viii 39 μενοι ἐπὶ τῷ μὴ ὑγιῶς εἰρηκέναι· Ὁ πατὴρ ἡμῶν Ἀβραάμ
ἐστιν. εἰ γὰρ τὰ τέκνα τοῦ Ἀβραὰμ ποιεῖ τὰ ἔργα τοῦ 25
Ἀβραάμ, πρῶτον δὲ τῶν ἔργων ἐστὶ τὸ ἐξελθεῖν ἐκ τῆς γῆς
ἑαυτοῦ καὶ ἐκ τῆς συγγενείας ἑαυτοῦ καὶ ἐκ τοῦ οἴκου τοῦ
πατρὸς ἑαυτοῦ καὶ ἀπελθεῖν εἰς τὴν γῆν ἣν δείκνυσιν αὐτῷ ὁ
θεός, καὶ διὰ τοῦτο οὗτοι πρὸς οὓς ὁ λόγος ἐλέγχονται ὡς
οὐκ ὄντες τέκνα τοῦ Ἀβραάμ, δῆλον ὅτι οὐκ ἐξεληλυθότες ἐκ 30
τοῦ οἴκου τοῦ πατρὸς ἑαυτῶν ὀνειδίζονται ὡς ἔτι τοῦ πονηροῦ
πατρὸς ὄντες, καὶ ἔτι ποιοῦντες τὰ ἐκείνου τοῦ πατρὸς ἔργα.

25 f. ποιεῖ τὰ ἔργα τοῦ Ἀβραάμ] bis   27 ἑαυτοῦ 1°] αὐτοῦ

327 τούτων ἡμῖν εἰς τὸ ῥητὸν εἰρημένων σαφῶς οἶμαι ἐλέγχεσθαι
τοὺς νομίζοντας ἐντεῦθεν παρίστασθαι ὅτι εἰσί τινες ἐκ
κατασκευῆς υἱοὶ τοῦ διαβόλου.

16. (14) Εἶπον αὐτῷ Ἡμεῖς ἐκ πορνείας οὐ γε-   Jo viii 41
5 γεννήμεθα· ἕνα πατέρα ἔχομεν τὸν θεόν. Ζητῶ μήποτε
ἐλεγχθέντες ὡς οὐ τέκνα τοῦ Ἀβραὰμ πικρότερον ἀποκρί-
νονται οἱ λεγόμενοι πεπιστευκέναι αὐτῷ Ἰουδαῖοι, παρακεκα-   cf. Jo viii 31
λυμμένως αἰνισσόμενοι ἐκ πορνείας γεγεννῆσθαι τὸν σωτῆρα,
ὡς εἰκὸς τοῦτο ὑπονοοῦντες τῷ μὴ παραδέχεσθαι τὴν διαβόη-
10 τον καὶ τεθρυλλημένην αὐτοῦ γένεσιν ἐκ τῆς παρθένου. καὶ
γὰρ πάνυ μοι φαίνεται ἄλογον ταῦτα αὐτοὺς ἀπορρῖψαι τὰ
ῥήματα πρὸς ἔπος· οὔτε γὰρ πρὸς τὰ πρότερα οὔτε ἀκο-
λούθως τοῖς ἑξῆς εἰρῆσθαι δύναται, εἰ ἁπλούστερον νοηθείη
τό· Ἡμεῖς ἐκ πορνείας οὐ γεγεννήμεθα· τὸ εἰρημένον ὑπ'
15 αὐτῶν. ἀλλὰ καὶ ἐπεὶ πατέρα ἴδιον ἔλεγε τὸν θεὸν ὁ σωτήρ,   cf. Jo v 18
οὐδένα ἄνθρωπον πατέρα εἶναι ἑαυτοῦ ὁμολογῶν, διὰ τό·
Ἡμεῖς ἐκ πορνείας οὐ γεγεννήμεθα· εἰκὸς αὐτοὺς ἐπιφέρειν
πάλιν προσκρούοντας τό· Ἕνα πατέρα ἔχομεν, τὸν θεόν·
ὡσεὶ ἔλεγον· ἡμεῖς μᾶλλον ἕνα πατέρα ἔχομεν τὸν θεόν,
20 ἤπερ σύ, ὁ φάσκων μὲν ἐκ παρθένου γεγεννῆσθαι ἐκ πορ-
νείας δὲ γεγεννημένος, καὶ διὰ τὸ αὐχεῖν τὸ ἐκ παρθένου
γεγεννῆσθαι λέγων ἕνα πατέρα ἔχειν μόνον τὸν θεόν· τῶν
ὁμολογούντων τὸν πατέρα θεὸν οὐκ ἀρνουμένων καὶ ἄνθρω-
πον πατέρα. ἀλλ' ἐρεῖ τις ὅτι ταῦτα οὕτω νοούμενα οὐ
25 δύναται εἶναι ῥήματα τῶν πεπιστευκότων αὐτῷ Ἰουδαίων.
καὶ πρὸς τοῦτο δὲ λεκτέον ὅτι εἰρημένου ἐν τῇ ἀρχῇ τοῦ   Jo viii 31
πρὸς αὐτοὺς λόγου τοῦ· Ἐὰν ὑμεῖς μείνητε ἐν τῷ λόγῳ τῷ
ἐμῷ, ἀληθῶς μαθηταί μου ἐστέ, καὶ γνώσεσθε τὴν ἀλήθειαν·
ὡς καὶ δυναμένων αὐτῶν μένειν ἐν τῷ Ἰησοῦ λόγῳ καὶ
30 μὴ μένειν, οὐκ ἀδύνατον ἦν τινας ἐκ τῶν ἐλεγχομένων μὴ
μεμενηκέναι αὐτοῦ ἐν τῷ λόγῳ, καὶ μὴ μείναντας πικρότερον

10 τεθρυλημένην   11 ἀπορίψαι   13 εἰ] ἢ   15 ἐπὶ
15 ἔλεγον   16 post τό] ins. τῷ   24 ταῦτα] αὐτὰ
30 ἐλέγχων

καὶ προσκρουστικῶς εἰρηκέναι τό· Ἡμεῖς ἐκ πορνείας οὐ
γεγεννήμεθα· ἕνα πατέρα ἔχομεν τὸν θεόν.   δοκεῖ δέ μοι ὅτι
καὶ φιλονεικότερον ἀπεκρίναντο· εἰπόντες γὰρ πρότερον·
Σπέρμα Ἀβραάμ ἐσμεν· καὶ οἷον τοῦτο τρανότερον ὁμολο-
γήσαντες διὰ τοῦ· Ὁ πατὴρ ἡμῶν Ἀβραάμ ἐστιν· ἀκούσαν- 328
τες πρὸς τοῦτο τό· Εἰ τέκνα τοῦ Ἀβραάμ ἐστε, τὰ ἔργα τοῦ
Ἀβραὰμ ποιεῖτε· μείζονα τοῦ Ἀβραὰμ ὁμολογοῦσιν ἑαυτῶν
εἶναι τὸν πατέρα λέγοντες· Ἕνα πατέρα ἔχομεν τὸν θεόν.
τάχα δὲ διὰ τὸ τῶν ἀνθρώπων τινὰς μὲν εἶναι ἐκ τοῦ διαβό-
λου, ἑτέρους δὲ γεγεννῆσθαι ἐκ τοῦ θεοῦ, πάντας ἂν ὑγιῶς 10
λέγοιμεν τοὺς μὴ γεγεννημένους ἐκ τοῦ θεοῦ ἐκ πορνείας
γεγεννῆσθαι.   οὐ γὰρ ἐκ νύμφης ἀλλ' ἐκ πόρνης τῆς ὕλης
οὓς γεννᾷ ὁ διάβολος ἢ ποιεῖ τοὺς ἐξ αὐτοῦ, οἵτινες καὶ τοῖς
σωματικοῖς προσπεπονθότες καὶ προσηλωμένοι κολλῶνται
τῇ πόρνῃ ὕλῃ, γενόμενοι πρὸς αὐτὴν ἓν σῶμα, τῶν ἐκ τοῦ 15
θεοῦ γεγεννημένων ἀφισταμένων τῆς πόρνης ὕλης, καὶ
κολλωμένων τῷ κυρίῳ καὶ ἑνουμένων τῷ ἐν ἀρχῇ πρὸς τὸν
θεὸν λόγῳ, καὶ τῇ σοφίᾳ αὐτοῦ, ἣν ἔκτισεν ἀρχὴν ὁδῶν
αὐτοῦ εἰς ἔργα αὐτοῦ, ἵνα γένωνται πρὸς αὐτὴν ἓν πνεῦμα·
Ὁ μὲν γὰρ κολλώμενος τῇ πόρνῃ ἓν σῶμά ἐστιν· ὁ δὲ 20
κολλώμενος τῷ κυρίῳ ἓν πνεῦμά ἐστιν.

17. (15) Εἶπεν αὐτοῖς ὁ Ἰησοῦς Εἰ ὁ θεὸς πατὴρ
ὑμῶν ἦν, ἠγαπᾶτε ἂν ἐμέ· ἐγὼ γὰρ ἐκ τοῦ θεοῦ
ἐξῆλθον καὶ ἥκω. Ἐπείπερ οἱ τὰς φύσεις εἰσάγοντες
χρῶνται τῷ ῥήματι τούτῳ, διηγούμενοι αὐτὸ ὅτι ὡς οἰκεῖον 25
ἂν ὑμῶν καὶ ἀδελφὸν ἐπέγνωτέ με, ἀλλὰ καὶ ὡς ἴδιον ἠγαπή-
σατε ἂν ἐμέ, εἰ ὁ θεὸς πατὴρ ὑμῶν ἦν· ἐπαπορητέον οὕτως
πρὸς αὐτούς.   ἦν ὅτε Παῦλος ἐμίσει τὸν Ἰησοῦν, ἐμίσει δὲ
αὐτὸν ὅτε ἐπόρθει καὶ ἐδίωκε τὴν ἐκκλησίαν τοῦ θεοῦ, καὶ
ἀληθεύων γε ἔλεγεν αὐτῷ ὁ πρῶτος χρηματισμός· Σαούλ, 30
Σαούλ, τί με διώκεις; εἰ μὲν οὖν ἀληθὲς τό· Εἰ ὁ θεὸς πατὴρ
ὑμῶν ἦν, ἠγαπᾶτε ἂν ἐμέ· δῆλον ὅτι καὶ τὸ τούτῳ ἀντίστρεφον

Left margin references:
Jo viii 41
Jo viii 33
Jo viii 39
cf. Jo i 1;
Pr viii 22
1 Co vi 16 f.
Jo viii 42
cf. Gal i 13
Act ix 4

3 φιλονικώτερον   11 λέγομεν   25 ῥήματι τούτῳ]
ῥῆμα τῷ   27 ἡμῶν   31 εἰ μὲν] εἶπεν

ἐστὶν ὑγιές· εἰ μὴ ἠγαπᾶτέ με, οὐχὶ ὁ θεὸς πατὴρ ὑμῶν ἦν.
οὐκοῦν τῶν μὴ ἀγαπώντων τὸν Ἰησοῦν οὐκ ἔστιν ὁ θεὸς
πατήρ· Παῦλος δὲ ἦν ὅτε οὐκ ἠγάπα τὸν Ἰησοῦν, ἦν ἄρα
καιρὸς ὅτε ὁ θεὸς Παύλου πατὴρ οὐκ ἦν. οὐ φύσει ἄρα
5 Παῦλος θεοῦ υἱὸς ἦν, ἀλλ᾽ ὕστερον γέγονε θεοῦ υἱός, ὅτε
καὶ ὑγιῶς ἂν προσελάβομεν τὸ ἀκόλουθον τῷ ἡγουμένῳ τοῦ
συνημμένου λέγοντος ὅτι· ἀλλὰ μὴν ὁ θεός, ὦ Παῦλε,
πατήρ σού ἐστιν, ἀγαπᾷς ἄρα τὸν Ἰησοῦν. ἀλλὰ καὶ πρὸ
τῶν χρόνων τῆς πίστεως Παύλου ἀληθοῦς ὄντος τοῦ· Εἰ ὁ   Jo viii 42
329 θεὸς πατὴρ ὑμῶν ἦν, ἠγαπᾶτε ἂν ἐμέ· ὑγιῶς ἦν προσλαβεῖν
οἱονεὶ λέγοντα τὸν Ἰησοῦν· ἀλλὰ μὴν ἐμὲ οὐκ ἀγαπᾷς, οὐκ
ἄρα ὁ θεὸς πατήρ σού ἐστιν, ὦ Παῦλε. πότε δὲ ὁ θεὸς
πατὴρ γίνεταί τινος ἢ ὅταν τηρήσῃ τις τὰς ἐντολάς; δι᾽ ἃς   cf. Jo xiv 15
οὐ πρότερον ὤν τις υἱὸς τοῦ ἐν τοῖς οὐρανοῖς πατρὸς γίνεται
15 αὐτοῦ υἱός· ὅτε καὶ ὁ πατὴρ εἰς ἀναγέννησιν ἄγων τοῦτον,
ὃς υἱὸς αὐτοῦ γίνεται, χρηματίζει τοιούτου πατήρ. ἔστι δὲ
προσαχθῆναι εἰς ταῦτα ἀπὸ τῶν οὕτως ἐν τῷ κατὰ Ματθαῖον
εὐαγγελίῳ γεγραμμένων· Ἠκούσατε ὅτι ἐρρέθη Ἀγαπήσεις   Mt v 43 ff.
τὸν πλησίον σου καὶ μισήσεις τὸν ἐχθρόν σου. ἐγὼ δὲ
20 λέγω ὑμῖν Ἀγαπήσατε τοὺς ἐχθροὺς ὑμῶν καὶ προσεύχεσθε
ὑπὲρ τῶν διωκόντων ὑμᾶς, ὅπως γένησθε υἱοὶ τοῦ πατρὸς
ὑμῶν τοῦ ἐν οὐρανοῖς. πρόσχες γὰρ τῷ· Ὅπως γένησθε υἱοὶ
τοῦ πατρὸς ὑμῶν τοῦ ἐν οὐρανοῖς· ἐμφαίνοντι ὅτι οὐ πρότερόν
τις ὢν υἱὸς τοῦ ἐν οὐρανοῖς πατρὸς γίνεται αὐτοῦ υἱός. ἐπι-
25 μελῶς δὲ τηρήσας καὶ περὶ τοῦ προσκειμένου τῷ· Τοῦ
πατρός· ὅπερ ἐστίν· Ὑμῶν· γέγραπται γάρ· Ὅπως γένησθε
υἱοὶ τοῦ πατρὸς ὑμῶν· ζητήσεις πότερον ἁπλούστερον
εἴρηται, ἢ τῶν ἀντιγράφων ἡμαρτημένων πρόσκειται τὸ
Ὑμῶν· οὐδὲν γὰρ ἂν ἐζητήσαμεν, εἰ ἐγέγραπτο· ὅπως
30 γένησθε υἱοὶ τοῦ πατρὸς τοῦ ἐν οὐρανοῖς· καὶ μάλιστα ἐπεὶ
δοκεῖ μάχην περιέχειν τὸ γίνεσθαι υἱόν τινα, οὐχ ἁπλῶς τοῦ
ἐν οὐρανοῖς πατρός, ἀλλὰ τοῦ ἰδίου πατρός. εἰ μὲν γὰρ

19 καὶ] bis

αὐτοῦ πατήρ ἐστιν, οὐχ ὕστερον γίνεται αὐτοῦ υἱός· εἰ δὲ
γίνεται αὐτοῦ υἱός, οὐκ ἦν αὐτοῦ πατήρ.   ἅμα δὲ ἐπιστήσεις
διὰ τὸ τινὰς μὲν τῶν πεπιστευκέναι νομιζομένων λέγεσθαι
δούλους τοῦ θεοῦ, ἑτέρους δὲ χρηματίζειν αὐτοῦ υἱούς, μήποτε
οὐχ ἡ τυχοῦσα ἐντολή, ἀλλά τινα κατ' ἐξαίρετον κατορθού-   5
μενα ποιοῦσι γενέσθαι υἱὸν θεοῦ τὸν κατορθώσαντα.   πολλῶν

Mt v 45
γοῦν ἐν τῷ κατὰ Ματθαῖον εἰρημένων παρατήρει τό· Ὅπως
γένησθε υἱοὶ τοῦ πατρὸς ὑμῶν τοῦ ἐν οὐρανοῖς· ὃ ἐπιφέρεται

Mt v 44
τῷ· Ἐγὼ δὲ λέγω ὑμῖν Ἀγαπήσατε τοὺς ἐχθροὺς ὑμῶν καὶ
προσεύχεσθε ὑπὲρ τῶν διωκόντων ὑμᾶς.   καὶ γὰρ ἐμφαί-   10
νεται ἡ πρὸς θεὸν ὁμοιότης καὶ μίμησις αὐτοῦ ἀγαπῶντος

cf. Sap Sol
xi 24, 26
τὰ ὄντα πάντα καὶ μηδὲν βδελυσσομένου ὧν ἐποίησε, καὶ
φειδομένου πάντων, ἐπείπερ αὐτοῦ τοῦ φιλοψύχου δεσπότου
ἐστὶ τὰ πάντα, ἐν τῷ ἀγαπῶντι τοὺς ἐχθροὺς ἑαυτοῦ καὶ
προσευχομένῳ ὑπὲρ τῶν διωκόντων αὐτόν.   πῶς δ' ἂν ἁρμο-   15
στὸν ἦν ἐπιφερόμενον τό· Ὅπως γένησθε υἱοὶ τοῦ πατρὸς   330
ὑμῶν τοῦ ἐν οὐρανοῖς· τῷ· Ἐρρέθη Οὐ μοιχεύσεις· ἐγὼ

Mt v 27 f.
δὲ λέγω ὑμῖν ὅτι πᾶς ὁ βλέπων γυναῖκα πρὸς τὸ ἐπιθυμῆσαι,
ἤδη ἐμοίχευσεν αὐτὴν ἐν τῇ καρδίᾳ αὐτοῦ· καὶ τοῖς περὶ τῆς

cf. Mt v 29 f.
ἀπωλείας ἑνὸς τῶν μελῶν ὑπὲρ τοῦ μὴ ὅλον εἰς γέενναν   20

Mt v 33 f.
ἀπελθεῖν τὸ σῶμα; ἀλλὰ καὶ εἰ ἐπεφέρετο τῷ· Ἐρρέθη τοῖς
ἀρχαίοις Οὐκ ἐπιορκήσεις, ἀποδώσεις δὲ τῷ κυρίῳ τοὺς
ὅρκους σου· ἐγὼ δὲ λέγω ὑμῖν μὴ ὀμόσαι ὅλως· τό· Ὅπως
γένησθε υἱοὶ τοῦ πατρὸς ὑμῶν τοῦ ἐν τοῖς οὐρανοῖς· πολλὴν
ἂν αὐτόθεν ἐνεποίησε προσκοπήν.   νυνὶ δὲ ὥσπερ ὁ ἐν τοῖς   25

cf. Mt v 45
οὐρανοῖς πατὴρ ἀνατέλλει τὸν ἥλιον ἐπὶ πονηροὺς καὶ
ἀγαθούς, οὕτως ἕκαστος τῶν υἱῶν τοῦ θεοῦ, οἱονεὶ ἥλιον ἐν
ἑαυτῷ τὴν ἀγάπην ἔχων, ταύτην ἀνατέλλει καὶ ἐπὶ πονηροὺς
ἐπὰν ἀγαπήσῃ τοὺς ἑαυτοῦ ἐχθρούς· καὶ πάλιν ὥσπερ βρέχει
ἐπὶ δικαίους καὶ ἀδίκους, οὕτως οἱονεὶ ὑετόν τινα τὴν προσευ-   30
χὴν ὁ ἅγιος καταπέμπει ἐπὶ τοὺς κάτω που τυγχάνοντας, διὰ
τὶ διώκειν αὐτὸν καὶ περὶ τῶν τοιούτων προσευχόμενος.

5 τινὰς   **8** δ] om.   **9** τῷ] τὸ (intra lin.)
21 post εἰ] lac. (3)   **23** post δὲ] lac. (4)   τό] om.

ταῦτα μὲν εἰς τὸ ὑποπεσὸν ἡμῖν τρανωθῆναι τό· Εἰ ὁ θεὸς Jo viii 42
πατὴρ ὑμῶν ἦν, ἠγαπᾶτε ἂν ἐμέ.

18. (16) Ἴδωμεν δὲ καὶ τό· Ἐγὼ ἐκ τοῦ θεοῦ ἐξῆλθον
καὶ ἥκω· εἰς ὃ χρήσιμόν μοι φαίνεται παραθέσθαι τὸ ἐκ
5 Μιχαίου οὕτως ἔχον· Ἀκούσατε, λαοί, λόγους, καὶ προσε-　Mic i 2 ff.
χέτω ἡ γῆ καὶ πάντες οἱ ἐν αὐτῇ· καὶ ἔσται κύριος ἐν ὑμῖν
εἰς μαρτύριον, κύριος ἐξ οἴκου ἁγίου αὐτοῦ. διότι ἰδοὺ κύριος
ἐκπορεύεται ἐκ τοῦ τόπου ἑαυτοῦ καὶ καταβήσεται, καὶ
ἐπιβήσεται ἐπὶ τὰ ὕψη τῆς γῆς, καὶ σαλευθήσεται τὰ ὄρη
10 ὑποκάτωθεν αὐτοῦ, καὶ αἱ κοιλάδες τακήσονται ὡς κηρὸς
ἀπὸ προσώπου πυρὸς καὶ ὡς ὕδωρ καταφερόμενον ἐν κατα-
βάσει. καὶ ὅρα μήποτε ἰσοδυναμεῖ τό· Ἐξῆλθον παρὰ τοῦ
θεοῦ· τῷ· Κύριος ἐκπορεύεται ἐκ τοῦ τόπου αὐτοῦ· ἐπεὶ ὅτε
ὁ υἱὸς ἐν τῷ πατρί ἐστιν, ἐν μορφῇ θεοῦ ὑπάρχων πρὶν　cf. Phil ii 6 f.
15 ἑαυτὸν κενῶσαι, οἱονεὶ τόπος αὐτοῦ ἐστιν ὁ θεός. καὶ εἴ
τίς γε νοῆσαι τὸν πρὸ τοῦ κενῶσαι ἑαυτὸν ἐν τῇ προηγου-
μένῃ ὑπάρχοντα θεοῦ μορφῇ, ὄψεται τὸν μηδέπω ἐξεληλυ-
θότα ἀπὸ τοῦ θεοῦ υἱὸν αὐτοῦ, καὶ κύριον τὸν μηδέπω
ἐκπορευόμενον ἐκ τοῦ τόπου ἑαυτοῦ. ἐπὰν δὲ ἐκείνῃ τῇ
20 καταστάσει τοῦ υἱοῦ συγκρίνῃ τὴν ἐκ τοῦ ἀνειληφέναι τὴν
τοῦ δούλου μορφὴν, ἑαυτὸν κενώσαντα, συνήσει πῶς ὁ υἱὸς
331 τοῦ θεοῦ ἐξῆλθε καὶ ἧκε πρὸς ἡμᾶς, καὶ οἱονεὶ ἔξω γεγένηται　cf. Jo viii 42
τοῦ πέμψαντος αὐτόν, εἰ καὶ κατ᾽ ἄλλον τρόπον οὐκ ἀφῆκεν　cf. Jo viii 29
αὐτὸν μόνον ὁ πατὴρ, ἀλλὰ μετ᾽ αὐτοῦ ἐστι, καὶ ἔστιν ἐν τῷ
25 υἱῷ ὥσπερ καὶ αὐτὸς ἐν τῷ πατρί. καὶ εἰ μὴ κατ᾽ ἄλλον γε
τρόπον νοήσεις εἶναι τὸν υἱὸν ἐν τῷ πατρὶ ὡς ἦν πρὶν
ἐξέλθῃ ἀπὸ τοῦ θεοῦ, δόξει περιέχειν μάχην τὸ καὶ ἐξεληλυ-
θέναι ἀπὸ τοῦ θεοῦ καὶ εἶναι τὸν ἐξεληλυθότα ἀπὸ τοῦ θεοῦ
ἔτι ἐν τῷ θεῷ. ἄλλοι δὲ τό· Ἐξῆλθον ἀπὸ τοῦ θεοῦ·
30 διηγήσαντο ἀντὶ τοῦ· γεγέννημαι ἀπὸ τοῦ θεοῦ· οἷς ἀκο-
λουθεῖ ἐκ τῆς οὐσίας φάσκειν τοῦ πατρὸς γεγεννῆσθαι τὸν
υἱόν, οἱονεὶ μειουμένου καὶ λείποντος τῇ οὐσίᾳ, ᾗ πρότερον

3 τό] τῷ　　　　**26** νοήσαις

εἶχε, τοῦ υἱοῦ, ἐπὰν γεννήσῃ τὸν υἱόν, ὡσεὶ νοῆσαι τις τοῦτο
καὶ ἐπὶ τῶν ἐγκυμόνων. ἀκολουθεῖ δὲ αὐτοῖς καὶ σῶμα
λέγειν τὸν πατέρα καὶ τὸν υἱόν, καὶ διῃρῆσθαι τὸν πατέρα,
ἅπερ ἐστὶ δόγματα ἀνθρώπων μηδ᾽ ὄναρ φύσιν ἀόρατον καὶ
ἀσώματον πεφαντασμένων, οὖσαν κυρίως οὐσίαν. οὗτοι δὲ 5
δῆλον ὅτι ἐν σωματικῷ τόπῳ δώσουσι τὸν πατέρα, καὶ τὸν
υἱὸν τόπον ἐκ τόπου ἀμείψαντα σωματικῶς ἐπιδεδημηκέναι
τῷ βίῳ, καὶ οὐχὶ κατάστασιν ἐκ καταστάσεως, ὥσπερ ἡμεῖς
ἐξειλήφαμεν.

Jo viii 42 19. (17) Οὐδὲ ΓᐰΡ ᐰΠ᾽ ἐΜᐰΥΤΟῦ ἐλήλΥθᐰ, ᐰλλ᾽ ἐκεῖ- 10
νόϹ Με ᐰΠέϹΤειλε. Ταῦτα νομίζω λέγεσθαι ὡς τινων ἀφ᾽
ἑαυτῶν ἐρχομένων καὶ μὴ ἀπεσταλμένων ἀπὸ τοῦ πατρός.
περὶ μὲν οὖν ἀνθρώπων τοιούτων, διδασκαλίαν ἢ προφητείαν
Jer xxiii 21 ὑπισχνουμένων, διδασκόμεθα καὶ ἀπὸ τοῦ Ἱερεμίου, ἔνθα
γέγραπται· Οὐκ ἀπέστελλον τοὺς προφήτας, καὶ αὐτοὶ 15
ἔτρεχον. εἰ δὲ καὶ δυνάμεις τινὲς μὴ ἀποστελλόμεναι ἀπὸ
τοῦ πατρὸς ἔρχονται πρὸς ἀνθρώπους, ἐπιστήσεις καὶ εἴ τινες
ἐν αὐταῖς εἰσιν ἐκ τοῦ θεοῦ ἐξεληλυθυῖαι καὶ τούτῳ ἡμαρτη-
κυῖαι τῷ μὴ ἀπεστάλθαι ἀπ᾽ αὐτοῦ. οὐκ ἀζήτητον δὲ ἐατέον
τὸν τόπον καὶ εἰς τὸν περὶ ψυχῆς λόγον· τάχα γὰρ ἡ μὲν τοῦ 20
Ἰησοῦ ψυχὴ ἐν τῇ ἑαυτῆς τυγχάνουσα τελειότητι ἐν θεῷ
καὶ τῷ πληρώματι ἦν, καὶ ἐκεῖθεν ἐξεληλυθυῖα, τῷ ἀπε-
στάλθαι ἀπὸ τοῦ πατρός, ἀνέλαβε τὸ ἐκ τῆς Μαρίας σῶμα.
ἄλλαι δὲ οὐχ οὕτως ἐξῆλθον ἀπὸ τοῦ θεοῦ, τουτέστιν οὐκ
ἀπεσταλμέναι οὐδὲ ὑπὸ τοῦ θείου βουλήματος προπεμ- 25
φθεῖσαι.

Jo viii 43 20. (18) Διᐰ Τί ΤᎯΝ λᐰλιᐰΝ ΤᎯΝ ἐΜᎯΝ Οῦ ΓιΝώ- 332
ϹκεΤε; ὅΤι Οῦ ΔῪΝᐰϹθε ᐰκΟῪειΝ ΤὸΝ λόΓΟΝ ΤὸΝ ἐΜόΝ.
Αἴτιον, φησίν, ἐστὶ τοῦ ὑμῖν μὴ γινώσκεσθαι τὴν ἐμὴν
λαλιὰν τὸ μὴ δύνασθαι ὑμᾶς ἀκούειν τοῦ λόγου μου. πρό- 30
τερον οὖν δύναμιν περιποιητέον ἀκουστικὴν τοῦ θείου λόγου,
ἵνα μετὰ τοῦτο οἷοί τε γενώμεθα καὶ γινώσκειν πᾶσαν τὴν

1 γεννήσει   18, 19 ἡμαρτηκέναι

Ἰησοῦ λαλιάν· ἔξεστι γὰρ πρότερον οὐ δυνάμενον ἀκούειν
τὸν λόγον Ἰησοῦ ὕστερον φθάνειν ἐπὶ τὸ ἀκούειν δύνασθαι
αὐτὸν, ἐπεὶ καὶ ὅσον μὲν οὐδέπω ἰάθη τις τὰς ἀκοὰς ἀπὸ
τοῦ λόγου τοῦ λέγοντος τῷ κωφῷ Διανοίχθητι, οὐ δύναται   cf. Mc vii
5 ἀκούειν. ἐπὰν δὲ λυθῇ ὁ αἴτιος τῆς κωφότητος σύνδεσμος,   34 f.
τότε ἀκούειν τις οἷός τε ἔσται τοῦ Ἰησοῦ ὅτε καὶ γινώσκειν
δύναται αὐτοῦ τὴν λαλιάν· ἢ λεγέτωσαν ἡμῖν οἱ νομίζοντες
καὶ διὰ τούτων συνίστασθαι τὸν περὶ φύσεως λόγον, πότερον
ἐδύναντο ἔτι κωφοὶ ὄντες ἀκούειν οὓς ὕστερον ἰάσατο, ἢ
10 οὐκ ἐδύναντο; σαφοῦς δὲ ὄντος τοῦ οὐκ ἐδύναντο, δῆλον ὅτι
ἔξεστι μεταβαλεῖν ἀπὸ τοῦ μὴ δύνασθαι ἀκούειν τῶν Ἰησοῦ
λόγων ἐπὶ τὸ ἀκούειν αὐτῶν, καὶ οὐ διὰ φύσιν ἀνιάτως
ἔχουσαν, ὅτε οὐ δύναταί τις ἀκούειν· καὶ μάλιστα ταῦτα
προσακτέον τοῖς ἑτεροδόξοις, χαίρουσι ταῖς ἀλληγορίαις
15 καὶ ἀνάγουσι τὴν περὶ τῶν ἰάσεων ἱστορίαν ἐπὶ τὰς τῆς
ψυχῆς θεραπείας, ἀπολυομένης ὑπὸ τοῦ Ἰησοῦ πάσης νόσου   cf. Mt iv 23
καὶ πάσης μαλακίας. νομίζω δὲ τὸ μὲν ἀκούειν νῦν ἐπὶ
τοῦ συνιέναι τάσσεσθαι τῶν λεγομένων, τὸ δὲ γινώσκειν
ἐπὶ τοῦ καταλαμβάνοντα συγκατατίθεσθαι, τῷ φωτὶ τῆς
20 περὶ τῶν λεγομένων γνώσεως πεφωτισμένον. ὁ μέντοι γε
Ἡρακλέων ὑπολαμβάνει αἰτίαν ἀποδίδοσθαι τοῦ μὴ δύνασθαι
αὐτοὺς ἀκούειν τὸν Ἰησοῦ λόγον, μηδὲ γινώσκειν αὐτοῦ τὴν
λαλιάν, ἐν τῷ· Ὑμεῖς ἐκ τοῦ πατρὸς τοῦ διαβόλου ἐστέ.   Jo viii 44
αὐταῖς γοῦν λέξεσί φησι Διατί δὲ οὐ δύνασθε ἀκούειν τὸν
25 λόγον τὸν ἐμόν; ἢ ὅτι ὑμεῖς ἐκ τοῦ πατρὸς τοῦ διαβόλου
ἐστέ; ἀντὶ τοῦ· ἐκ τῆς οὐσίας τοῦ διαβόλου φανερῶν αὐτοῖς
λοιπὸν τὴν φύσιν αὐτῶν, καὶ προελέγξας αὐτοὺς ὅτι οὔτε
τοῦ Ἀβραάμ εἰσι τέκνα, οὐ γὰρ ἂν ἐμίσουν αὐτόν, οὐδὲ τοῦ
θεοῦ, διὸ οὐκ ἠγάπων αὐτόν. καὶ εἰ μὲν τό· Ὑμεῖς ἐκ τοῦ
30 πατρὸς τοῦ διαβόλου ἐστέ ἐξεδέχετο ὡς ἐν τοῖς ἀνωτέρω
διηγησάμεθα, καὶ ἔλεγε· διὰ τὸ ἔτι ὑμᾶς εἶναι ἐκ τοῦ

3 αὐτῶν   6 τε] om.   ἔσται] ἔστε   20 πεφωτισμένων
οἷς
22 Ἰησοῦ] Ἰν̅   27 αὐτοὺς

διαβόλου, οὐ δύνασθε ἀκούειν τὸν λόγον τὸν ἐμόν· κἂν
παρεδεξάμεθα αὐτοῦ τὴν διήγησιν.   νυνὶ δὲ δῆλός ἐστιν 333
ὁμοουσίους τινὰς τῷ διαβόλῳ λέγων ἀνθρώπους, ἑτέρας, ὡς
οἴονται οἱ ἀπ᾽ αὐτοῦ, οὐσίας τυγχάνοντι παρ᾽ οὓς καλοῦσι
ψυχικοὺς ἢ πνευματικούς.   5

Jo viii 44   21. (19) Ὑμεῖς ἐκ τοῦ πατρὸς τοῦ διαβόλου ἐστὲ
καὶ τὰς ἐπιθυμίας τοῦ πατρὸς ὑμῶν θέλετε ποιεῖν.
Ἀμφίβολος ἡ λέξις ἐστί· δηλοῦται γὰρ ἀπ᾽ αὐτῆς ἐν μὲν ὡς
ἄρα ἔχει ὁ διάβολος πατέρα, ἐξ οὗ πατρὸς, ὅσον ἐπὶ τῷ
ῥητῷ, ἐμφαίνονται εἶναι οὗτοι πρὸς οὓς ὁ λόγος· ἕτερον δὲ, ὃ 10
βέλτιόν ἐστιν, ὅτι ὑμεῖς ἐκ τοῦδε τοῦ πατρός ἐστε, καθ᾽ οὗ
κατηγορεῖται τὸ διάβολος.   ἀμφίβολον μὲν οὖν ἂν τὸ
λεγόμενον, καὶ εἰ περιῄρητο τὸ πρότερον ἄρθρον τὸ τοῦ,
πλὴν μᾶλλον ἀνεφαίνετο σαφέστερον τὸ βούλημα τοῦ ῥητοῦ.
μέντοι γε ὁ συναγορεύων τῷ εἶναί τινα τοῦ διαβόλου πατέρα, 15
οὗ υἱοὺς δόξει λέγειν τοὺς πρὸς οὓς ὁ λόγος ἐστὶ, χρήσεται
τῷ ἐπιφερομένῳ οὕτως ἔχοντι· Ὅταν λαλῇ τὸ ψεῦδος, ἐκ
τῶν ἰδίων λαλεῖ, ὅτι ψεύστης ἐστὶ καὶ ὁ πατὴρ αὐτοῦ· καὶ
φήσει ψεῦδος μὲν εἶναι τὸν διάβολον, ἄλλον δὲ παρὰ τοῦτον
εἶναι τὸν τοῦ ψεύδους πατέρα.   ἀλλ᾽ οὐχ ὑγιῶς τοῦτο 20
λεχθήσεται· μᾶλλον γὰρ τὸ ψεῦδος ἐφαρμόσει τῷ ἐναντίῳ
Jo xiv 6   τοῦ εἰπόντος· Ἐγώ εἰμι ἡ ἀλήθεια· λέγω δὲ τῷ ἀντιχρίστῳ,
οὗ ψεύστης ἐστὶν ὁ πατὴρ, ὁ διάβολος ὤν.   ἀλλ᾽ εἰκός τινα
προσκόψειν τῷ ψεῦδος εἶναι τὸν ἀντίχριστον, οὐκέτι ψεκτὸν
ἐσόμενον, ἐὰν τῇ ὑποστάσει ἕτερον μηδὲν ψεύδους ᾖ.   πρὸς 25
Ez xxviii 19   ὃν παραθέμενος τό· Ἀπώλεια ἐγένου, καὶ οὐχ ὑπάρξεις εἰς
τὸν αἰῶνα· εἰρημένον ἐν τῷ Ἰεζεκιὴλ περί τινος διὰ τὴν
κακίαν μεταβεβληκότος εἰς τὸ γενέσθαι αὐτὸν ἀπώλειαν,
καθ᾽ ὁμοιότητα παραμυθήσει καὶ τὸ περὶ τοῦ ψεῦδος οὐκ
εἶναί τινα τῇ ὑποστάσει ἐκ κατασκευῆς, ἀλλὰ ἐκ μεταβολῆς 30
καὶ ἰδίας προαιρέσεως τοιοῦτον γεγενημένον, καὶ οὕτως, ἵνα
καινῶς ὀνομάσω, πεφυσιωμένον.   φεύγων γοῦν τις ὡς

ἄτοπον τὸ φάσκειν εἶναι ψεῦδος τὸν ἀντίχριστον, ἐρεῖ καὶ
πᾶσιν ἐφαρμόζειν τοῖς ψευδομένοις τό· Ὅταν λαλῇ τὸ Jo viii 44
ψεῦδος, ἐκ τῶν ἰδίων λαλεῖ· τὸ γὰρ ἐν ἑκάστῳ τῶν ψευδο-
μένων ψεῦδος ἐπὰν λαλῇ, ἐκ τῶν ἰδίων τοῦ ψεύδους λαλεῖ·
5 ἀλλὰ καὶ τό· Ψεύστης ἐστὶν ὁ πατὴρ αὐτοῦ· ἀνενεγκεῖν ἐπὶ
τὸ ἕκαστον τὸν προφερόμενον ψεῦδος ἐκ στόματος ἑαυτοῦ
πατέρα εἶναι οὗ λαλεῖ ψεύδους· καὶ οὐκ ἀπίθανός τε ἔσται ἡ
334 τοιαύτη ἀπόδοσις. καὶ ταῦτα μὲν ὡς παρακείμενα τῇ ἀμφι-
βολίᾳ τοῦ ἐκκειμένου ἡμῖν ῥητοῦ εἰρήσθω.

10 22. (20) Ἐπεὶ δὲ διηγούμενοι τό· Ὑμεῖς ποιεῖτε τὰ Jo viii 41
ἔργα τοῦ πατρὸς ὑμῶν· προλαβόντες καὶ εἰς τοῦτο εἰρήκαμεν,
πολλαχόθεν τὰ φανέντα ἡμῖν εἰς τὴν διήγησιν χρήσιμα
συναγαγόντες, οὐκ εὐλόγως νῦν προσδιατρίψομεν τῷ τόπῳ.
πλὴν εἴ τις τῷ ποιεῖν τὴν ἁμαρτίαν ἐκ τοῦ διαβόλου γεγέν- cf. 1 Jo iii 8
15 νηται καὶ μὴ κατήργησε τὴν ἀπ' ἐκείνου γένεσιν ἐξ ἑαυτοῦ,
οὗτος οὐ μίαν ἀλλὰ πλείονας ἐπιθυμίας τοῦ τοιούτου πατρὸς
ποιεῖν ἐθέλει· καὶ τῶν ἐν παντὶ υἱῷ διαβόλου ἐπιθυμιῶν ἀπὸ
τῶν ἐν τῷ διαβόλῳ ἐπιθυμιῶν γεννωμένων, σαφὲς ὅτι αἱ
ἐκείνου ἐπιθυμίαι φρόνημα ὕλης εἰσὶ καὶ φθορᾶς, ἃς κυρίως cf. Ro viii 7;
20 ἔχθρας εἴποι τις ἂν εἶναι πρὸς θεόν. φόνους μὲν οὖν καὶ ² Pe i 4
ἀδικίας καὶ πλεονεξίας φάσκειν εἶναι τὰς ἐκείνου ἐπιθυμίας,
γεννώσας ἐν υἱοῖς αὐτοῦ παραπλησίως ταύταις ἐπιθυμίας, οὐκ
ἀπεμφαίνει· ἀλλὰ καὶ γενικῶς ἀκαθαρσίας τῇ φύσει ἐναντίας
τυγχανούσας τῇ καθαρότητι λέγειν εἶναι τὰς ἐκείνου ἐπιθυ-
25 μίας, ἀφ' ὧν αἱ πρὸς τὰ ἀκάθαρτα ἐπιθυμίαι ἐγγίνονται
τέκνοις τοῦ διαβόλου, οὐ δυσπαράδεκτόν ἐστι. τὸ δὲ καὶ
πορνείαν λέγειν εἶναι τὴν ἐκείνου ἐπιθυμίαν, ἢ μοιχείαν,
ἢ παιδοφθορίαν, ἢ μαλακότητα, οὐκ εὐχερῶς ἄν τις παρα-
δέξοιτο, κἂν ἀπορῇ πῶς αἱ ἐπιθυμίαι αὗται ἐν ἀνθρώποις
30 ἀπὸ τῶν ἐν ἐκείνῳ γίνονται ἐπιθυμιῶν, ὅσον ἐπὶ τῇ λέξει,
οἱονεὶ καθολικοῦ τινος παρισταμένου περὶ τῶν ἐν ἀνθρώποις
ἐπιθυμιῶν, ὡς ἄρα θέλουσιν οἱ ἄνθρωποι τὰς ἐπιθυμίας τοῦ

5 ἂν ἐνέγκει. 10 ὑμεῖς] ἡμεῖς 27 πορνείας

πατρὸς αὐτῶν ποιεῖν, ὥστε πάντα, ἃ ἐπιθυμοῦσι παρανόμως,
πρότερον ἐπιθυμίας εἶναι τοῦ πατρὸς αὐτῶν. τοιοῦτον γάρ

Jo viii 44 ἐστι τό· Καὶ τὰς ἐπιθυμίας τοῦ πατρὸς ὑμῶν θέλετε ποιεῖν.
λεκτέον δὲ πρὸς ταῦτα ὅτι ὁ διάβολος ἐπιθυμεῖ φθαρῆναι
τόνδε, φέρε εἰπεῖν, τὸν παῖδα, καὶ μοιχευθῆναι τήνδε, καὶ 5
πορνεῦσαι τούσδε, καὶ τούτων ἐπιθυμῶν ἐμποιεῖ τοῖς δυνα-
μένοις αὐτῷ ὑπηρετήσασθαι ἐπιθυμίαν τοῦ ποιῆσαι ἅπερ
ἐκεῖνος ἐνεργῆσαι βούλεται, ὥστ' ἂν κατὰ τοῦτο τὸν ἐνερ-
γοῦντα τὴν πορνείαν ἢ τὴν μοιχείαν πρότερον λέγειν τοῦ
ἀνθρώπου πορνεύειν καὶ μοιχεύειν. τὸ δ' αὐτὸ καὶ περὶ 10
πάσης ἁμαρτίας ἐρεῖς, οἷον ὁ διάβολος ἀργυρίων μὲν οὐκ
ἐπιθυμεῖ, ἐπιθυμεῖ δὲ φιλαργύρους ποιῆσαι καὶ προσπαθεῖς
τοῖς ὑλικοῖς πράγμασι· ταύτην δὲ τὴν ἐπιθυμίαν αὐτοῦ
θέλουσι ποιεῖν οἱ οὐκ ἄλλως ἢ τῷ θέλειν φιλοῦντες τὸ 335
ἀργύριον. διόπερ ἀναγκαῖόν ἐστιν ἐφιστάνειν ἡμᾶς πᾶσιν 15
οἷς θέλομεν ποιεῖν καὶ ἐξετάζειν μήποτε ὃ θέλομεν ποιεῖν ἐκ
τῶν τοῦ διαβόλου ἐπιθυμιῶν ἐστιν· ἵνα ἐκ τοῦ τεθεωρηκέναι
τὰ ἐκ τῶν τοῦ διαβόλου ἐπιθυμιῶν παυσώμεθα θέλειν ποιεῖν
ἐκεῖνα, εἰδότες πάντα τὸν θέλοντα ποιεῖν τὰς τοῦ διαβόλου
ἐπιθυμίας ἐκ πατρὸς μὲν οὐδαμῶς εἶναι θεοῦ, διαβόλου δὲ 20
γεγονέναι τέκνον, καὶ ἀπὸ τοῦ ἐθέλειν ποιεῖν τὰς ἐπιθυμίας
τοῦ χείρονος μορφούμενον καὶ κατ' εἰκόνα γινόμενον τοῦ
πονηροῦ πατρός, ἀφ' οὗ ἔρχονται καὶ τυποῦνται αἱ ἐκείνου

cf. 1 Co xv 49 τοῦ χοϊκοῦ εἰκόνες. πρῶτος γὰρ χοϊκὸς ἐκεῖνος, τῷ πρῶτος
ἀποπεπτωκὼς τῶν κρειττόνων καὶ ἐπιτεθυμηκὼς ἑτέρας παρὰ 25

cf. Job xl 14
(19) τὴν κρείττονα ζωῆς ζωὴν, ἄξιος γεγονέναι τοῦ ἀρχὴν αὐτὸν
εἶναι οὔτε κτίσματος οὔτε ποιήματος ἀλλὰ πλάσματος
κυρίου, πεποιημένον ἐγκαταπαίζεσθαι ὑπὸ τῶν ἀγγέλων
αὐτοῦ. καὶ ἡμῶν δὲ ἡ προηγουμένη ὑπόστασίς ἐστιν ἐν

cf. Col. iii 10 τῷ κατ' εἰκόνα τοῦ κτίσαντος· ἡ δὲ ἐξ αἰτίας ἐν τῷ ληφθέντι 30

cf. Ge ii 7 ἀπὸ τοῦ χοῦ τῆς γῆς πλάσματι καὶ εἰ μὲν, ὡσπερεὶ ἐπιλα-
θόμενοι τῆς ἐν ἡμῖν κρείττονος οὐσίας, ὑποτάξωμεν ἑαυτοὺς
τῷ ἀπὸ τοῦ χοῦ πλάσματι, καὶ τὸ κρεῖττον τὴν εἰκόνα τοῦ

cf. Ge i 26 χοϊκοῦ λήψεται· εἰ δὲ συνέντες τὸ ποιηθὲν κατ' εἰκόνα καὶ τὸ

ληφθὲν ἀπὸ τοῦ χοῦ τῆς γῆς, ὅλοι προσνεύοιμεν ἐπὶ τοῦτον, cf. Ge ii 7
οὗ κατ᾽ εἰκόνα γεγόναμεν, ἐσόμεθα καὶ καθ᾽ ὁμοίωσιν θεοῦ,
πᾶσαν τὴν πρὸς ὕλην καὶ σώματα προσπάθειαν καὶ τὴν
πρός τινα τῶν καθ᾽ ὁμοίωσιν ἀπολείψαντες. ἐπεὶ δὲ κατὰ
5 τὰς θείας γραφὰς ἡ ἐπιθυμία τῶν μέσων ἐστὶν, οὐκ εἰδυίας
τὴν ἑλληνικὴν τῶν σημαινομένων παρὰ τοῖς τὰ τοιαῦτα
διαρθροῦσιν ἀκρίβειαν, ὥστ᾽ ἂν τὸ μὲν ἀστεῖον βούλησιν
ὀνομάσαι, ἣν ὁρίζονται εὔλογον ὄρεξιν, τὸ δὲ φαῦλον ἐπιθυ-
μίαν, ἥν φασιν εἶναι ἄλογον ὄρεξιν, ἢ σφοδρὰν ὄρεξιν,
10 λεκτέον ὅτι πᾶσα γενητὴ φύσις τὰς ἐπιθυμίας τοῦ ἰδίου
πατρὸς θέλει ποιεῖν, ὥσπερ καὶ πᾶσα ποιεῖ τὰ ἔργα τοῦ
ἰδίου πατρὸς, τοῦ μὲν πρώτως ἁγίου πατρὸς ἀγενήτου τυγ-
χάνοντος· οὗτος δέ ἐστιν ὁ θεός· τοῦ δὲ πρώτως πονηροῦ
336 πατρός, ἐξ οὐδενὸς ὄντος πατρός· οὐδὲ γὰρ ὑπέστησέ τις ἐν
15 αὐτῷ πατὴρ τὴν πονηρίαν, ἀλλ᾽ ἡ ἀπὸ θεοῦ ἐκτροπὴ γεγέν-
νηκεν αὐτήν.

23. Τὸ μὲν οὖν νῦν ἐξεταζόμενον κατὰ τό· Καὶ τὰς Jo viii 44
ἐπιθυμίας τοῦ πατρὸς ὑμῶν θέλετε ποιεῖν· σαφῶς ὅτι ἀνα-
φέρεται πρὸς τὸν διάβολον, προειρημένου τοῦ· Ὑμεῖς ἐκ τοῦ
20 πατρὸς τοῦ διαβόλου ἐστέ· καὶ ἐπιφερομένου τοῦ· Ἐκεῖνος
ἀνθρωποκτόνος ἦν ἀπ᾽ ἀρχῆς. καὶ πρὸς ἕκαστον δ᾽ ἂν οὐ
μόνον τῶν ἐκ τοῦ διαβόλου, ἀλλὰ καὶ τῶν ἐκ τοῦ θεοῦ, ὑγιῶς
λεχθείη τό· Τὰς ἐπιθυμίας τοῦ πατρὸς ὑμῶν θέλετε ποιεῖν.
λέγονται γάρ τινες εἶναι καὶ θεοῦ ἐπιθυμίαι, ὀνομαζομένων
25 αὐτοῦ τῶν βουλήσεων. ἐν γοῦν ιη´ ψαλμῷ εἴρηται· Τὰ Ps xviii (xix)
κρίματα κυρίου ἀληθινά, δεδικαιωμένα ἐπὶ τὸ αὐτό· ἐπι- 10 f.
θυμητὰ ὑπὲρ χρυσίον καὶ λίθον τίμιον πολύν. κἂν, ὥς τινα
δὲ τῶν ἀντιγράφων ἔχει, ᾗ τὰ ἐπιθυμήματα ὑπὲρ χρυσίον καὶ
λίθον τίμιον πολύν· φήσεις ὅτι τὰ ἐπιθυμήματα τοῦ ἐπιθυ-
30 μῆσαί τινα αὐτῶν ἄξιά ἐστιν, ὡς τὰ εὐλογητὰ τοῦ εὐλο-
γῆσθαι, καὶ τὰ ἀγαπητὰ τοῦ ἀγαπᾶσθαι. ὥσπερ οὖν τὰ
εὐλογήματα μᾶλλον ὑπὸ θεοῦ εὐλογεῖται, καὶ τὰ ἀγαπητὰ

5 ἢ] ἦν   9 ἢ] εἰ   12 πρῶτος   13 πρῶτος
29 πολὴν

μᾶλλον ὑπὸ θεοῦ ἀγαπᾶται, οὕτω καὶ τὰ ἐπιθυμήματα
μᾶλλον ἂν ὑπὸ θεοῦ εὐλογώτερον ἐπιθυμηθείη, εὐγνω-
μονέστερον ἡμῶν ἀκουόντων, ὡς προειρήκαμεν, τῆς ἐπιθυ-
μίας. καὶ ὁ σωτὴρ δέ φησιν· Ἐπιθυμίᾳ ἐπεθύμησα τοῦτο τὸ
πάσχα φαγεῖν μεθ᾽ ὑμῶν πρὸ τοῦ με παθεῖν. περὶ δὲ τοῦ 5
καὶ φαύλην εἶναι ἐπιθυμίαν ἤρκει μὲν καὶ τὸ ἐν χερσὶ ῥητόν·
οὐδὲν δὲ ἧττον παραθετέον καὶ τό· Ὃς ἂν ἐμβλέψῃ γυναῖκα
πρὸς τὸ ἐπιθυμῆσαι αὐτὴν, ἤδη ἐμοίχευσεν αὐτὴν ἐν τῇ
καρδίᾳ αὐτοῦ. οὐ πάντως δὲ ὁ ἐπιθυμῶν ἀπόντος ἐπιθυμεῖ,
ὡς οὐδὲ ὁ βουλόμενος πάντως τὰ ἀπόντα βούλεται. τοῦτο 10
δὲ προεθεραπεύσαμεν διὰ τὰ ἐπιθυμήματα τοῦ θεοῦ καὶ τὰς
τῶν τελείων ἐπιθυμίας. πᾶς οὖν υἱός τινος τὰς ἐπιθυμίας
τοῦ πατρὸς ἑαυτοῦ θέλει ποιεῖν, καὶ πᾶς υἱός τινος ποιεῖ τὰ
ἔργα τοῦ πατρὸς αὐτοῦ. οὕτω γὰρ καὶ ὁ σωτὴρ τὰς ἐπι-
θυμίας τοῦ πατρὸς ἑαυτοῦ θέλει ποιεῖν, καὶ ποιεῖ τὰ ἔργα τοῦ 15
πατρὸς ἑαυτοῦ. καὶ ὁ ἄνθρωπος τῆς ἁμαρτίας, ὁ υἱὸς τῆς
ἀπωλείας, τὰς ἐπιθυμίας τοῦ πατρὸς ἑαυτοῦ θέλει ποιεῖν, καὶ
ποιεῖ τὰ ἔργα τοῦ πατρὸς ἑαυτοῦ. καὶ ἐφ᾽ ἡμῶν δὲ τῶν
ἀνθρώπων πάντως τὰ ἔργα ἤτοι θεοῦ ἐστιν ἢ διαβόλου, καὶ
ἃ θέλομεν ποιεῖν ἤτοι ἐπιθυμία ἐστὶ τοῦ ἀγαθοῦ ἐν οὐρανοῖς 20
πατρὸς ἡμῶν ἢ τοῦ ἐχθροῦ αὐτῷ διαβόλου. καὶ εἰ μὲν 337
ποιοῦμεν τὰ ἔργα τοῦ θεοῦ καὶ θέλομεν τὰς ἐπιθυμίας αὐτοῦ
ποιεῖν, υἱοί ἐσμεν τοῦ θεοῦ· εἰ δὲ τὰ τοῦ διαβόλου πράττο-
μεν, θέλοντες ἃ ἐκεῖνος ἐπιθυμεῖ ποιεῖν, ἐκ τοῦ πατρὸς τοῦ
διαβόλου ἐσμέν. ἐπιστήσωμεν οὖν μὴ μόνον οἷς ποιοῦμεν, 25
ἀλλὰ καὶ οἷς θέλομεν. αὔταρκες γὰρ εἰς τὸ εἶναι τοῦ δια-
βόλου υἱὸν τὸ κἂν θέλειν αὐτοῦ ποιεῖν τὰς ἐπιθυμίας· καὶ
τάχα διὰ τοῦτο μετὰ τό· Ὑμεῖς ποιεῖτε τὰ ἔργα τοῦ πατρὸς
ὑμῶν· εἴρηται τό· Τὰς ἐπιθυμίας τοῦ πατρὸς ὑμῶν θέλετε
ποιεῖν· ἵνα μάθωμεν ὅτι εἰ καὶ μόνον θέλομεν ποιεῖν ἅπερ 30
ἐπιθυμεῖ ὁ διάβολος, χρηματιοῦμεν διαβόλου υἱοί. πι-
θανώτατα δ᾽ ἄν τις πρὸς ταῦτα λέγοι ὡς ἄρα ἀρκεῖ πρὸς τὸ
εἶναι υἱὸν θεοῦ τὸ θέλειν αὐτοῦ ποιεῖν τὰς ἐπιθυμίας, κἂν μὴ
προσῇ τούτῳ ποιεῖν τὰ ἔργα τοῦ θεοῦ. ἀλλὰ λεκτέον ὅτι

Lc xxii 15

Mt v 28

cf. 2 Thess
ii 3

Jo viii 41
Jo viii 44

ἀνάγκη τὸν θέλοντα ποιεῖν τὰς ἐπιθυμίας τοῦ θεοῦ καὶ ποιεῖν
τὰ ἔργα τοῦ θεοῦ· οὐ γὰρ μόνον τὸ θέλειν ἀλλὰ καὶ τὸ cf. Phil ii 13
ἐνεργεῖν, ὥς φησιν ὁ Παῦλος, ἐκ τοῦ θεοῦ ἐστιν, ἑπομένου
πάντως τῷ καλῷ θέλειν τοῦ συζύγου αὐτῷ ἐνεργεῖν· καὶ γάρ·
5 Τοῖς ἀγαπῶσι τὸν θεὸν πάντα συνεργεῖ εἰς ἀγαθόν· καὶ οὐκ Ro viii 28
ἂν καλὸν θέλειν ἀτελὲς ἐάσαι ὁ ποιῶν πάντα καλὰ λίαν. cf. Ge i 31
ἀλλ' οὐδὲ ἐπινοηθῆναι δύναται καλὸν θέλειν μὴ συνεζευγμέ-
νης τῆς κατὰ τὸ οὕτω θέλειν ἐνεργείας καλῆς τῷ καλῷ
θέλειν. ἡ μέντοι γε πρὸς τῷ θέλειν ἐνέργεια κἂν ἐμπο-
10 δίζοιτο ὑπὸ τῆς προνοίας εὐλόγως πολλάκις, ὅτε ὑπέρ τινος
καθολικῶς χρησίμου, ἢ ὅπως ποτὲ χρησίμου, χρεία ἀνα-
κόπτεσθαι τὸ κατὰ τὸ θέλειν τὸ χεῖρον ἔργον. εἰς ταῦτα δὲ
ὁ Ἡρακλέων φησί· πρὸς οὓς ὁ λόγος, ἐκ τῆς οὐσίας τοῦ
διαβόλου ἦσαν· ὡς ἑτέρας οὔσης τῆς τοῦ διαβόλου οὐσίας
15 παρὰ τὴν τῶν ἁγίων λογικῶν οὐσίαν. ὅμοιον δὲ ἐν τούτῳ
μοι πεπονθέναι φαίνεται τῷ ἑτέραν οὐσίαν φάσκοντι ὀφθαλ-
μοῦ παρορῶντος καὶ ἑτέραν ὁρῶντος· καὶ ἑτέραν οὐσίαν ἀκοῆς
παρακουούσης καὶ ὑγιῶς ἀκουούσης. ὡς γὰρ ἐν τούτοις οὐχ
ἡ οὐσία διάφορος, ἀλλά τι αἴτιον ἐπισυμβέβηκε τοῦ
20 παρακούειν καὶ τοῦ παρορᾶν, οὕτως παντὸς τοῦ πεφυκότος
λόγῳ παρακολουθεῖν ἡ παρακολουθητικὴ οὐσία ἡ αὐτή ἐστιν,
εἴτε παραδέχεται τὸν λόγον εἴτε ἀνανεύει πρὸς αὐτόν. τί
γὰρ διαφέρει ἐφ' ἡμῶν τῶν ἀνθρώπων τὸ παρακολουθῆσαν
338 τοῦ μὴ παρακολουθοῦντος οὐκ ἂν ἔχοιμεν εἰπεῖν, εἰ καὶ μετὰ
25 τὸ συνιέναι τῶν εἰρημένων ὁ μέν τις ἐπικρίνας συγκατέθετο
τῷ λεγομένῳ, ὁ δὲ ἀνένευσε πρὸς αὐτό.

24. Πολλάκις δὲ εἴπομεν ὅτι ἐὰν συγχωρηθῇ τοῦτο τὸ
ἀδύνατον, λέγω δὲ τὸ εἶναι οὐσίας ἑτέρας καὶ ἀνεπίδεκτον τῶν
κρειττόνων τὸν διάβολον, περὶ μὲν ἐκείνου ἀπελογησάμεθα
30 ὡς οὐδαμοῦ αἰτίου τῆς πονηρίας, τὸ δὲ ἔγκλημα τῷ αὐτὸν
οὐσιώσαντι καὶ δημιουργήσαντι προσάψομεν, ὅπερ ἐστὶ
πάντων ἀτοπώτατον. πρόδηλον δὲ τὸ παράλογον ἔσται τῷ

---

1 ποιεῖ   5 συνεργεῖν   11 ἢ—χρησίμου] bis
27 εἴποιμεν   28 ἀνεπίδεκται

κατανοήσαντι ψυχῶν ἀνθρωπίνων οὐσίαν καὶ ἐνιδόντι ὅτι
ἀμήχανόν ἐστιν, ὥσπερ σώματα παρὰ σώματα εἶναι ἀνθρώ-
πινα ἑτέρας καὶ ἑτέρας οὐσίας, οὕτω καὶ ψυχὰς παρὰ ψυχὰς,
καὶ νοητικὸν παρὰ τὸ νοητικόν, καὶ τὸ διανοητικὸν παρὰ τὸ
διανοητικόν. τὸ δὲ ὅμοιον ἐρεῖς καὶ ἐπὶ τοῦ λογικοῦ καὶ 5
ἐπὶ τῶν ἐν τῇ ψυχῇ δυνάμεων, τῆς τε μνημονικῆς καὶ τῆς
οὕτως φανταστικῆς· ἀνάγκη γάρ, εἰ ἑτερούσιός ἐστιν
ἄνθρωπός τις παρ' ἕτερον, καὶ ἑτερογενεῖς εἶναι τὰς τῆς
ψυχῆς δυνάμεις, καὶ ἑτερογενῆ εἶναι, φέρε εἰπεῖν, τὴν μνη-
μονικὴν καὶ τὴν διανοητικὴν παρὰ τὴν διανοητικήν. ἐξετα- 10
ζέσθω δὲ ὁ λόγος περὶ τούτων, ἃ ὁμοίως ἂν νοῆσαι καὶ
διανοηθείη, ὥστε καὶ παραπλησίως συγκαταθέσθαι ἢ ἐπι-
σχεῖν ἢ ἀνανεῦσαι ὅν φασιν ἐκεῖνοι πνευματικὸν καὶ ὅν
λέγουσιν εἶναι χοϊκόν. ἆρα γὰρ τὸ παραπλήσιον ἐν διαφόροις
γέγονεν οὐσίαις, ἢ διὰ τοῦτο παραπλήσιον γέγονε τὸ πάθος, 15
ἐπεὶ ὁμοούσιον ἦν τοῦτο ᾧ συμβέβηκε τὸ πάθος; τὸ μὲν
οὖν φάναι τοὺς αὐτοὺς τύπους φαντασιῶν καὶ συγκαταθέ-
σεων καὶ διανοήσεων καὶ μνημονεύσεων γεγονέναι ἐν τοῖς
ἑτεροουσίοις ἄλογον· τὸ δὲ ἐν τοῖς ὁμοουσίοις ἐκ μέρους ὡς
παρὰ ταῦτα εἶναί τινα καὶ ἄλλην οὐσίαν ἐν αὐτοῖς ἠλίθιον. 20
παραστησάτωσαν γὰρ παρὰ τὰς δυνάμεις ταύτας ἑτέραν
τινὰ οὐσίαν μὴ νοοῦσαν μηδὲ διανοουμένην μηδὲ μεμνημένην
μηδὲ φαντασιουμένην ἐν οἷς φασὶν εἶναι πνευματικοῖς
κρείττονα τῆς νοούσης καὶ διανοουμένης, ἢ ἐν τοῖς χοϊκοῖς
ἤτοι ὁμοίαν ἢ χείρονα, οὐδὲ γὰρ φήσουσι κρείττονα. ἀλλ' 25
εἰκὸς αὐτοὺς ἐρεῖν ὅτι ὥσπερ ἐνδέχεται ἀπὸ τῆς αὐτῆς
σφραγῖδος ὁμοίως τυπωθῆναι τὴν ἀνόμοιον οὐσίαν χρυσοῦ
καὶ ἀργύρου καὶ κασιτέρου καὶ μολίβου καὶ κηροῦ, οὕτω
δυνατὸν ἀπὸ τῶν αὐτῶν φαντασιῶν τοὺς παραπλησίους
ἐγγενέσθαι τύπους τοῖς ἐν διαφόροις οὐσίαις τυγχάνουσι καὶ 339
φαντασιουμένοις· τὸ δ' ὅμοιον καὶ ἐπὶ διανοίας καὶ νοήσεως
καὶ μνημονεύσεως φήσουσιν. ἀλλ' ὅρα μήποτε κἂν πάνυ
πιθανὸς εἶναι ὁ λόγος οὗτος δοκῇ, συναρπάζειν μᾶλλον καὶ
σοφίζεσθαι δύναται ἀνομοίως παραβεβλημένος ἤπερ πείθειν

τὸν ἀκριβῶς τῷ παραδείγματι ἐπιστήσαντα· ἐπὶ μὲν γὰρ τῆς
εἰκόνος ἔχω δεῖξαι ὅτι ἐν χρυσῷ ὁ τύπος, ἢ ἐν ἀργύρῳ, ᾗ μὲν
ὁ τύπος παραπλήσιος, δείκνυται τὴν ἰδιότητα τοῦ ἐν χρυσῷ
γεγονέναι παρὰ τὸ ἐν ἀργύρῳ τετυπῶσθαι ἢ ταῖς λοιπαῖς
5 ὕλαις. οὕτω τοίνυν ἡμῖν παραστησάτωσαν ἰδίωμα τοῦ
δεξαμένου τύπον κρείττονα ἢ ἐλάττονα ἢ ὑποδεέστερον, καὶ
πειραθήτωσαν κἂν περιλαλῆσαι τὴν τῶν δεξαμένων τὴν
ἀνάμαξιν τῶν τύπων παραπλησίως διάφορον οὐσίαν· μὴ
γὰρ παριστάντες ἀποφανοῦνται μὲν οὐκ ἀποδείξουσι δέ.
10 τοσαῦτα καὶ πρὸς τὸν Ἡρακλέωνος λόγον εἰπόντος τό·
Ἐκ τοῦ πατρὸς τοῦ διαβόλου· ἀντὶ τοῦ· ἐκ τῆς οὐσίας τοῦ   Jo viii 44
πατρός· εἰρήσθω. πάλιν εἰς τό· Τὰς ἐπιθυμίας τοῦ πατρὸς
ὑμῶν θέλετε ποιεῖν· διαστέλλεται λέγων τὸν διάβολον
μὴ ἔχειν θέλημα ἀλλ᾽ ἐπιθυμίας. καὶ ἐμφαίνεται αὐτόθεν τὸ
15 ἀδιανόητον τοῦ λόγου· θέλειν γὰρ τὰ πονηρὰ πᾶς ἄν τις
ὁμολογήσαι ἐκεῖνον. συνάξεις δὲ καὶ αὐτὸς, εἰ καὶ ἐπὶ τοῦ
παρόντος ἐν προχείρῳ οὐκ ἔχομεν παραθέσθαι, εἴ που ἐν
τῇ γραφῇ τὸ θέλειν ἐπὶ τοῦ διαβόλου τέτακται. μετὰ ταῦτά
φησιν ὁ Ἡρακλέων ὡς ἄρα ταῦτα εἴρηται οὐ πρὸς τοὺς
20 φύσει τοῦ διαβόλου υἱοὺς, τοὺς χοϊκοὺς, ἀλλὰ πρὸς τοὺς
ψυχικοὺς, θέσει υἱοὺς διαβόλου γινομένους· ἀφ᾽ ὧν τῇ φύσει
δύνανταί τινες καὶ θέσει υἱοὶ θεοῦ χρηματίσαι. καὶ φησί
γε ὅτι παρὰ τὸ ἠγαπηκέναι τὰς ἐπιθυμίας τοῦ διαβόλου καὶ
ποιεῖν τέκνα οὗτοι τοῦ διαβόλου γίνονται, οὐ φύσει τοιοῦτοι
25 ὄντες. καὶ διαστέλλεται ὡς ἄρα τριχῶς δεῖ ἀκούειν τῆς κατὰ
τέκνα ὀνομασίας, πρῶτον φύσει, δεύτερον γνώμῃ, τρίτον
ἀξίᾳ· καὶ φύσει μὲν, φησὶν, ἐστὶ τὸ γεννηθὲν ὑπό τινος
γεννητοῦ, ὃ καὶ κυρίως τέκνον καλεῖται· γνώμῃ δὲ, ὅτε τὸ
θέλημά τις ποιῶν τινος διὰ τὴν ἑαυτοῦ γνώμην, τέκνον ἐκείνου
30 οὗ ποιεῖ τὸ θέλημα καλεῖται· ἀξίᾳ δὲ, καθ᾽ ὃ λέγονταί τινες   cf. Mt xxiii
γεέννης τέκνα καὶ σκότους καὶ ἀνομίας, καὶ ὄφεων καὶ ἐχιδνῶν   15, 33
γεννήματα. οὐ γὰρ γεννᾷ, φησὶ, ταῦτά τινα τῇ ἑαυτῶν

2 ἢ] ὁ   15 διανόητον   17 ἔσχομεν   23 τό] τῷ
30 λέγεται

φύσει· φθοροποιὰ γὰρ καὶ ἀναλίσκοντα τοὺς ἐμβληθέντας 340
εἰς αὐτά· ἀλλ' ἐπεὶ ἔπραξαν τὰ ἐκείνων ἔργα τέκνα αὐτῶν
εἴρηται.   τοιαύτην δὲ διαστολὴν δεδωκὼς οὐδὲ κατὰ τὸ ποσὸν
ἀπὸ τῶν γραφῶν παρεμυθήσατο τὴν ἰδίαν διήγησιν.   εἴποι-
μεν δ' ἂν πρὸς αὐτὸν ὅτι εἰ μὴ φύσει, ἀλλὰ ἀξίᾳ γεέννης 5
τέκνα ὀνομάζεται καὶ σκότους καὶ ἀνομίας, φθοροποιὰ γὰρ
ταῦτα καὶ ἀναλίσκοντα μᾶλλον ἤπερ συνιστάντα, πῶς ὁ

Eph ii 3   Παῦλός φησί που τό· Ἤμεθα φύσει τέκνα ὀργῆς ὡς καὶ οἱ
λοιποί; ἢ λεγέτωσαν ἡμῖν ὡς οὐκ ἔστιν ἀναλωτικὸν καὶ
μάλιστα κατ' αὐτὸν φθοροποιὸν ἡ ὀργή, ἧς τέκνα ἤμεθα. 10
πάλιν φησὶν ὅτι τέκνα τοῦ διαβόλου λέγει νῦν τούτους, οὐχ
ὅτι γεννᾷ τινας ὁ διάβολος, ἀλλ' ὅτι τὰ ἔργα τοῦ διαβόλου
ποιοῦντες ὡμοιώθησαν αὐτῷ.   πόσῳ δὲ βέλτιον περὶ πάντων
τῶν τοῦ διαβόλου τέκνων τοῦτο ἀποφαίνεσθαι, ὡς ὁμοιου-
cf. Jo viii 41   μένων αὐτῷ τῷ ποιεῖν τὰ ἔργα αὐτοῦ καὶ οὐ διὰ τὴν οὐσίαν 15
καὶ τὴν κατασκευήν, τὴν χωρὶς ἔργων, τέκνων διαβόλου
χρηματιζόντων;

Jo viii 44   25. (21) Ἐκεῖνος ἀνθρωποκτόνος ἦν ἀπ' ἀρχῆς,
καὶ ἐν τῇ ἀληθείᾳ οὐχ ἕστηκεν, ὅτι οὐκ ἔστιν ἀλήθεια
ἐν αὐτῷ.   Ἐπεί ἐστί τις κοινότερον ἀνθρωποκτόνος ὁ 20
ὁπωσποτὲ ἀπεκτονὼς ἄνθρωπον, ὅστις ἐστὶ καὶ μέσος, καθ'
cf. Num xxv   ὃ καὶ ζήλῳ θεοῦ πεποίηκεν ὁ Φινεὲς ἀποκτείνας τὸν Ἰσραη-
6 ff.
λίτην πορνεύοντα καὶ τὴν Μαδιανῖτιν, ἀνθρωποκτόνος οὐ ψεκ-
cf. 1 Reg   τῶς ῥηθήσεται καὶ ὁ Δαβὶδ ἐν ὀνόματι κυρίου τῶν δυνάμεων
xvii 45, 51
θεοῦ παρατάξεως Ἰσραὴλ πατάξας τὸν Γολιάθ, ζητητέον 25
τὴν ἀληθινὴν ἀνθρώπου ζωὴν καὶ τὸν ἐναντίον ταύτῃ θάνατον
αὐτοῦ, ἵνα νοηθῇ ὁ ψεκτῶς ἀνθρωποκτόνος.   καὶ ὅσον μὲν
ἐπὶ τῆς ἱστορίας φήσεις τὸν Ἀδὰμ καὶ τὴν Εὔαν, ὅσον οὐχ
ἡμαρτήκεισαν, μὴ ἀνῃρῆσθαι· ᾗ δὲ ἡμέρᾳ ἔφαγον ἀπὸ τοῦ
cf. Ge iii 6   ἀπηγορευμένου ξύλου εὐθέως καὶ τεθνηκέναι, οὐκ ἄλλου 30
τινὸς ἀποκτείναντος αὐτοὺς ἢ τοῦ ἀνθρωποκτόνου διαβόλου,

ὅτε τὴν Εὖαν διὰ τοῦ ὄφεως ἠπάτησε καὶ ἡ Εὖα δέδωκε τῷ
ἀνδρὶ ἀπὸ τοῦ ξύλου, καὶ ἔφαγεν ὁ ἀνήρ. κατὰ μέντοι γε
τὰ βαθύτερα τῶν δογμάτων νοήσας τό· Οὐκ ἀποθανοῦμαι Ps cxvii
ἀλλὰ ζήσομαι, καὶ διηγήσομαι τὰ ἔργα κυρίου· καὶ τὸ ὑπὸ (cxviii) 17
5 τοῦ σωτῆρος πρὸς τοὺς Σαδδουκαίους ἀπορρητότατα τοῖς
συνιέναι τοῦ λεγομένου δυναμένοις εἰρημένον ἐν τῷ κατὰ
Ματθαῖον· Περὶ τῆς ἀναστάσεως τῶν νεκρῶν οὐκ ἀνέγνωτε Mt xxii 31 f.
τὸ ῥηθὲν ὑμῖν ὑπὸ τοῦ θεοῦ λέγοντος Ἐγώ εἰμι ὁ θεὸς cf. Ex iii 6
341 Ἀβραὰμ καὶ θεὸς Ἰσαὰκ καὶ θεὸς Ἰακώβ; οὐκ ἔστιν ὁ
10 θεὸς θεὸς νεκρῶν, ἀλλὰ ζώντων· καὶ ἐν τῷ κατὰ Λουκᾶν·
Ὅτι δὲ ἐγείρονται οἱ νεκροὶ καὶ Μωσῆς ἐμήνυσεν, ὡς λέγει Lc xx 37 f.
ἐπὶ τῆς βάτου κύριον τὸν θεὸν Ἀβραὰμ καὶ θεὸν Ἰσαὰκ καὶ
θεὸν Ἰακώβ· οὐκ ἔστιν ὁ θεὸς νεκρῶν, ἀλλὰ ζώντων· πάντες
γὰρ αὐτῷ ζῶσιν· ἔτι δὲ καὶ ἐν τῷ κατὰ Μάρκον· Περὶ τῶν Mc xii 26 f.
15 νεκρῶν, οὐκ ἀνέγνωτε ὅτι ἐγείρονται ἐν τῇ βίβλῳ Μωσέως
ἐπὶ τῆς βάτου ὡς εἶπεν αὐτῷ ὁ θεὸς λέγων Ἐγώ εἰμι θεὸς
Ἀβραὰμ καὶ θεὸς Ἰσαὰκ καὶ θεὸς Ἰακώβ; οὐκ ἔστιν ὁ θεὸς
νεκρῶν, ἀλλὰ ζώντων· ὄψει ὅτι εἰ νῦν ζῇ ἐκ νεκρῶν ἀναστὰς
Ἀβραάμ, καὶ Ἰσαάκ, καὶ Ἰακώβ, νεκροὶ ἦσαν πρὶν ζήσωσι·
20 νεκρὸς δὲ κυρίως οὐδεὶς λέγεται μὴ πρότερον ζήσας. ἐπίστησον
δὲ καὶ τῷ· Ἐν τῷ Ἀδὰμ πάντες ἀποθνήσκουσι, καὶ ἐν τῷ 1 Co xv 22
χριστῷ πάντες ζωοποιηθήσονται· ἐν οἷς οὔτε ὁ μέσος θάνατος
σημαίνεται κατὰ τό· Ἐν τῷ Ἀδὰμ πάντες ἀποθνήσκουσιν·
οὔτε ἡ ἀδιάφορος ζωὴ καὶ μήτε ἀγαθὸν οὖσα καθ᾽ αὑτὴν
25 μήτε κακὸν κατὰ τό· Ἐν τῷ χριστῷ πάντες ζωοποιηθή-
σονται· καὶ ὄψει τὴν ζωὴν τοῦ κατ᾽ εἰκόνα ἀνθρώπου.
νοήσας δὲ αὐτοῦ τὴν ζωὴν συνήσεις τίνα τρόπον ὁ ἀνθρω-
ποκτόνος ἀπέκτεινε τὸν ζῶντα ἄνθρωπον, οὐ διά τινα ἕνα
ἰδίως ποιὸν, ἀλλὰ δι᾽ ὅλον τὸ γένος, ὃ ἀπέκτεινε, καθ᾽ ὃ ἐν
30 τῷ Ἀδὰμ πάντες ἀποθνήσκουσιν ὑγιῶς λεχθησόμενος ἀν-
θρωποκτόνος. ταύτην δὲ τὴν ἀνθρωποκτονίαν εἰργάσατο
ἀρξάμενος ἀπ᾽ ἀρχῆς, δι᾽ ἣν ἀνθρωποκτονίαν αὐτοῦ ἕκαστος
τῶν νοούντων αὐτὸ καὶ τὸ ἑαυτοῦ σῶμα, καὶ τίνι οἰκεῖόν ἐστι,
τοῦτο ἐρεῖ ταλανίζων ἑαυτὸν ἐπὶ τὸ ἐν τῷ Ἀδὰμ ἀποτεθνη-

Ro vii 24
κέναι, τό· Ταλαίπωρος ἐγὼ ἄνθρωπος· τίς με ῥύσεται ἐκ
τοῦ σώματος τοῦ θανάτου τούτου; βλέπων καὶ τίνα τρόπον
Ps xxi (xxii)
16: xliii(xliv)
20
Phil iii 21
εἴρηται τό· Εἰς χοῦν θανάτου κατήγαγές με· καὶ τό· Ἐτα-
πείνωσας ἡμᾶς ἐν τόπῳ κακώσεως· καὶ τό· Σῶμα τῆς
ταπεινώσεως ἡμῶν. ἔστι δὲ καὶ ἀπορρητότερόν τι δι' ὃ ὁ ἀπ' 5
ἀρχῆς ἀνθρωποκτόνος ἄρχων ἐστὶ τοῦ κόσμου τούτου, λέγω
δὲ τοῦ περιγείου τόπου, ὅπου εἰσὶν οὓς ἀπέκτεινεν ἄνθρωποι.
ὁ μὲν οὖν ἀνθρωποκτόνος ἀπέκτεινεν ἡμᾶς· ἡμεῖς δὲ χάριτι
cf. Ro vi 4
θεοῦ συνετάφημεν Χριστῷ καὶ συνανέστημεν αὐτῷ, εἴγε
σύμμορφοι γεγόναμεν τῇ ἀναστάσει αὐτοῦ, καὶ ἐν καινότητι 10
ζωῆς περιπατοῦμεν. ὁ δὲ ἀνθρωποκτόνος ἄρχει τῶν ἀνῃρη-
μένων καὶ ἄρχει τῶν νεκρῶν, ζῶντος δὲ οὐδενὸς ἡγεῖσθαι
δύναται. ἐὰν δὲ ἐπιπλεῖον ἐπιστήσῃς καὶ τοῖς περὶ τῶν
Ro xiv 9
νεκρῶν γεγραμμένοις, οἷον τούτῳ· Εἰς τοῦτο γὰρ Χριστὸς 342
ἀπέθανε καὶ ἀνέστη, ἵνα καὶ νεκρῶν καὶ ζώντων κυριεύσῃ· 15
ὄψει τίνα τρόπον διὰ τὸν θάνατον τοῦ Ἰησοῦ οὐδὲ τῶν
νεκρῶν κυριεύει ἔτι· ἀπέθανε γὰρ Ἰησοῦς ἵνα καὶ νεκρῶν
cf. 1 Co xv
49
κυριεύσῃ. ὅσον μὲν οὖν ζῇ ὁ ἄνθρωπος, οὐ φορεῖ τὴν τοῦ
χοϊκοῦ εἰκόνα· ἀποθνήσκων δὲ καὶ ἀναιρούμενος ὑπὸ τοῦ
ἀνθρωποκτόνου, ἅμα τε οὐ συνέχει τὴν τοῦ θεοῦ εἰκόνα, καὶ 20
ἀναλαμβάνει τὴν τοῦ χοϊκοῦ καὶ νεκροῦ· νεκρὸς γὰρ ὁ χοϊκός,
ὥσπερ ζῶν ὁ ἐπουράνιος· καὶ ὁ θεὸς οὐκ ἔστι νεκρῶν ἀλλὰ
ζώντων θεός. διόπερ εἰ μὲν συνανέστημεν ἐν καινότητι
ζωῆς περιπατοῦντες, ὁ θεός ἐστιν ἡμῶν· εἰ δὲ ἔτι ἐσμὲν ἐν
νεκροῖς, ὁ θεὸς οὐ νεκρῶν, καὶ ἡμῶν οὐκ ἔσται θεός. 25
cf. Jo viii 44
26. Παράκειται δὲ τῷ ἐξετάζειν τὰ περὶ τοῦ ἀπ' ἀρχῆς
ἀνθρωποκτόνου καὶ τὸ ἰδεῖν τινὰς νεκροὺς μὲν, οὐκ ἐν ἄλλῳ
δὲ ἢ ἐν Χριστῷ νεκρούς, οἳ καὶ πρῶτον ἀναστήσονται· περὶ
1 Co xv 52
ὧν ἐν μὲν τῇ πρὸς Κορινθίους οὕτω λέγεται· Σαλπίσει γάρ,
καὶ οἱ νεκροὶ ἀναστήσονται ἄφθαρτοι, καὶ ἡμεῖς ἀλλαγησό- 30
1 Th iv 15
μεθα· ἐν δὲ τῇ πρὸς Θεσσαλονικεῖς· Τοῦτο γὰρ ὑμῖν λέγομεν
λόγῳ κυρίου, ὅτι ἡμεῖς οἱ ζῶντες, οἱ περιλειπόμενοι εἰς τὴν

20 οὐ] om.   **29** ἐν μὲν] ἐμεν

παρουσίαν τοῦ κυρίου, οὐ μὴ φθάσωμεν τοὺς κοιμηθέντας·
ὅτι αὐτὸς ὁ κύριος ἐν κελεύσματι, ἐν φωνῇ ἀρχαγγέλου καὶ   1 Th iv 16 f.
ἐν σάλπιγγι θεοῦ καταβήσεται ἀπ' οὐρανοῦ, καὶ οἱ νεκροὶ
ἐν Χριστῷ ἀναστήσονται πρῶτον· ἔπειτα ἡμεῖς οἱ ζῶντες,
5 οἱ περιλειπόμενοι, ἅμα σὺν αὐτοῖς ἁρπαγησόμεθα ἐν νεφέλαις
εἰς ἀπάντησιν τοῦ κυρίου εἰς ἀέρα, καὶ οὕτω πάντοτε σὺν
κυρίῳ ἐσόμεθα. καὶ ἡγοῦμαι ζῶντας μὲν εἶναι ἐν Χριστῷ
τοὺς τετελειωμένους καὶ μηδαμῶς ἔτι ἁμαρτίαν ἐργαζομένους,
νεκροὺς δὲ ἐν Χριστῷ τοὺς διακειμένους μὲν κατὰ τὴν ἐν
10 Χριστῷ πίστιν καὶ προαιρουμένους βιοῦν καλῶς, οὐ μὴν ἤδη
κατορθωκότας ἀλλ' ἔτι ἁμαρτάνοντας, ἤτοι κατ' ἄγνοιαν τοῦ
ἀκριβοῦς περὶ δικαιοσύνης ἀληθοῦς λόγου, ἢ κατὰ ἀσθένειαν
νικωμένων τῶν κριμάτων ἀπὸ τῆς ἐπιθυμούσης κατὰ τοῦ   cf. Gal v 17
πνεύματος σαρκός. καὶ τούτοις γε ἀκόλουθόν ἐστι τὸν
15 Παῦλον αἰσθανόμενον ἑαυτοῦ λέγειν διὰ τὸ ἤδη κατορθω-
κέναι τό· Ἡμεῖς οἱ ζῶντες. οὓς δὲ εἰρήκαμεν νεκρούς, οὗτοι
μάλιστα δέονται τῆς ἀναστάσεως, οὐδὲ τῶν ζώντων δυνα-
μένων ἁρπαγῆναι ἐν νεφέλαις εἰς ἀπάντησιν τοῦ κυρίου εἰς
ἀέρα, πρὶν πρῶτον τοὺς ἐν Χριστῷ νεκροὺς ἀναστῆναι· διὸ
20 γέγραπται· Οἱ νεκροὶ ἐν Χριστῷ ἀναστήσονται πρῶτον,   1 Th iv 16 f.
343 ἔπειτα ἡμεῖς οἱ ζῶντες, καὶ τὰ ἑξῆς. ἐπιστήσεις δὲ εἰ καὶ
διὰ τὴν ἀνθρωποκτονίαν αὐτοῦ οὐκ ἂν συστάντα τὰ ἐπὶ τῆς
ἐπικαταράτου γῆς ἐν τοῖς ἔργοις τοῦ ἐκβληθέντος ἀπὸ τοῦ
παραδείσου τῆς τρυφῆς Ἀδὰμ συνέστη. πλὴν ἀνθρωπο-
25 κτόνος οὗτος ἀπὸ τῆς τῶν ἐνεστηκότων γέγονεν ἀρχῆς, ὅστις,
οἶμαι, γενόμενος ἀρχὴ πλάσματος κυρίου ἐφθόνησε τοῖς   cf. Job xl
κτισθεῖσιν εἰς τὸ εἶναι. οὕτω φθόνῳ θάνατος εἰσῆλθεν εἰς   14 (19)
Sap Sol i 14;
τὸν κόσμον, ἀεὶ ἐν οἷς ἐὰν εὕρῃ ζῶσιν ἀνθρωποκτονοῦντος   ii 24
ἕως ἂν πάντων τῶν ἐχθρῶν ὑποτεθέντων τοῖς ποσὶ τοῦ υἱοῦ   cf. 1 Co xv
25 f.
30 τοῦ θεοῦ ἔσχατος ἐχθρὸς αὐτοῦ θάνατος καταργηθῇ.

27. (22) Ἴδωμεν δὲ καὶ περὶ τοῦ· Καὶ ἐν τῇ ἀληθείᾳ οὐχ   Jo viii 44
ἕστηκε. πᾶς μὲν καὶ μόνος ὁ ὑγιῆ βεβαίως ἔχων δόγματα

καὶ διὰ τὴν βεβαιότητα τῶν δογμάτων ἄσειστος τοῖς κρίμασι
τυγχάνων ἐν παντὶ καιρῷ, καὶ ὑπὸ μηδεμιᾶς περιστάσεως ἢ
τινος σωματικῆς προφάσεως, οἷον δυσυπομενήτων πόνων,
ἢ σφοδροτέρας ὀρέξεως ἀφροδισίων, ἢ ὁποιασδήποτε αἰτίας
σαλευόμενος, ὥστ' ἂν καὶ ἐπὶ ποσὸν μετακινηθῆναι ἀπὸ τοῦ 5
καλοῦ, εὐλόγως ἂν ἑστηκέναι ἐν τῇ ἀληθείᾳ νομίζοιτο. οὗτος
δὲ ὁ λόγος φθανέτω καὶ ἐπὶ τὰς ἔξω σαρκὸς καὶ αἵματος
φύσεις· ἔστι γὰρ καὶ ἐν τῇ ἐκείνων ζωῇ τὰ κατορθοῦντα
ἑστηκέναι ἐν τῇ ἀληθείᾳ δεόντως λέγειν· εἰ δέ τις μὴ οὕτως
βιοῖ, οὐχ ἕστηκεν ἐν τῇ ἀληθείᾳ. ἀλλ' ἐφίστημι μήποτε ἐν 10
μέν τι καὶ μονοειδές ἐστι τὸ ἑστηκέναι ἐν τῇ ἀληθείᾳ, ποι-
κίλον δέ τι καὶ πολύτροπον τὸ μὴ ἑστηκέναι ἐν αὐτῇ· τινῶν
μὲν τρεμούσαις, ἵν' οὕτως ὀνομάσω, ταῖς βάσεσι καὶ σειο-
μέναις βιαζομένων ἑστάναι ἐν αὐτῇ καὶ μηδέπω τοῦτο ἐχόντων·
ἑτέρων δὲ τοῦτο μὲν οὐ πεπονθότων, ἐν κινδύνῳ δὲ τοῦ ἐν 15
Ps lxxii
lxxiii) 2
τούτῳ γενέσθαι καθεστηκότων, ὁποῖός ἐστιν ὁ λέγων· Ἐμοῦ
δὲ παρὰ μικρὸν ἐσαλεύθησαν οἱ πόδες· καὶ ἄλλων καὶ πεπτω-
Mt xxi 44
κότων ἐν αὐτῇ, περὶ ὧν οἶμαι λέγεσθαι τό· Πᾶς ὁ πεσὼν ἐπὶ
τὸν λίθον τοῦτον συνθλασθήσεται. ἐπὶ τοῦτο τὸ ἑστάναι ἐν
τῇ ἀληθείᾳ προτρέπων ὁ κύριος Μωσέα εἶπε πρὸς αὐτόν· 20
Ex xxxiii 21
cf. 1 Co x 4
Jo xiv 6
Ἰδοὺ τόπος παρ' ἐμοί, καὶ στήσῃ ἐπὶ τῆς πέτρας· εἰ γὰρ ἡ
πέτρα Χριστὸς ἦν, Χριστὸς δέ φησιν· Ἐγώ εἰμι ἡ ἀλήθεια·
μήποτε τό· Στήσῃ ἐπὶ τῆς πέτρας· ἴσον δύναται τῷ· στήσῃ
ἐπὶ τῆς ἀληθείας. μόγις δέ ποτε τοῦτο καὶ μετὰ πολλὰ
ἐγγίγνεταί τινι. μέχρι γοῦν τοῦ· Ἰδοὺ, τόπος παρ' ἐμοί, καὶ 25
στήσῃ ἐπὶ τῆς πέτρας· Μωσῆς οὐδέπω ἱστήκει ἐπὶ τῆς πέτρας.
καὶ εἴ τίς γε ἐπιμελέστερον ἐνίδοι τῇ ἀνθρωπίνῃ φύσει, οὐκ
εὐχερῶς δυναμένῃ καθαρεύειν ἀπὸ ψευδῶν δογμάτων, ὄψεται 344
Ps cxv 2
(cxvi 11)
cf. Jo viii 44
ὅτι ὥσπερ πᾶς ἄνθρωπος ψεύστης, οὕτως πᾶς ἄνθρωπος οὐχ
ἕστηκεν ἐν τῇ ἀληθείᾳ. εἰ γάρ τίς ἐστιν οὐ ψεύστης ἔτι ἢ 30
ἕστηκεν ἐν τῇ ἀληθείᾳ, ὁ τοιοῦτος οὐκ ἔστιν ἄνθρωπος, ὥστ'
Ps lxxxi
(lxxxii) 6
ἂν εἰπεῖν αὐτῷ καὶ τοῖς ὁμοίοις αὐτῷ τὸν θεόν· Ἐγὼ εἶπα, θεοί

3 δυσυπομενήτων] δύο ὑπομένῃ τῶν   25 τοῦ] το   τόπος]
τόπῳ   30 οὐ] ὁ

ἐστε καὶ υἱοὶ ὑψίστου πάντες· οὐκ ἐπενεχθησομένου αὐτῷ τοῦ·
Ὑμεῖς δὲ δὴ ὡς ἄνθρωποι ἀποθνήσκετε.   εἴ τις οὖν καὶ ἄλλος Ps lxxxi
οὐχ ἕστηκεν ἐν τῇ ἀληθείᾳ, δῆλον ὅτι καὶ ὁ διάβολος ὁ ἀπ᾽ (lxxxii) 7
ἀρχῆς ἀνθρωποκτόνος· καὶ ἡ αἰτία γε τοῦ μὴ ἑστηκέναι αὐτὸν
5 ἐν ἀληθείᾳ τοῦτον εἴρηται τὸν τρόπον· Ὅτι οὐκ ἔστιν ἀλή- Jo viii 44
θεια ἐν αὐτῷ.   διὰ τοῦτο δ᾽ οὐκ ἔστιν ἀλήθεια ἐν αὐτῷ,
ἐπείπερ ἠπάτηται καὶ ψευδῆ ὑπολαμβάνει καὶ ἠπάτηται
αὐτὸς ὑφ᾽ ἑαυτοῦ, τούτων χείρων εἶναι λογισθεὶς τῶν λοιπῶν
ἀπατωμένων, ὅτι ἐκεῖνοι μὲν ὑπὸ τούτου ἀπατῶνται, αὐτὸς δὲ
10 ἑαυτῷ δημιουργός ἐστι τῆς ἀπάτης.

28.   Ἄξιον δὲ ζητῆσαι πῶς λέγεται τό· Ἀλήθεια οὐκ
ἔστιν ἐν αὐτῷ· οἷον πότερόν ποτε οὐδὲν ἀληθὲς ἔχει δόγμα,
ἀλλὰ πάντα ὅσα ποτὲ δοξάζῃ ψευδῆ ἐστιν· ἢ ὅτι οὐ μετέχει
Χριστοῦ, ὡς οἱ Χριστοῦ μέτοχοι μετέχουσι τοῦ εἰπόντος·
15 Ἐγώ εἰμι ἡ ἀλήθεια.   οἱ γὰρ μετέχοντες αὐτοῦ μετέχουσιν Jo xiv 6
αὐτοῦ καὶ καθ᾽ ὅ ἐστιν ἀλήθεια, καὶ διὰ τοῦτο ἀλήθειά ἐστιν
ἐν αὐτοῖς.   καὶ τρίτον δ᾽ ἂν ἐν τῷ τόπῳ τοιοῦτον προσαπο-
ρηθείη, ἐπιστησόντων τινῶν εἰ χρὴ λέγειν μὴ εἶναι ἀλήθειαν
ἐν τῷ ὁτιποτοῦν ψεῦδος ὑπολαμβάνοντι, κἂν μετὰ πολλῶν
20 ἀληθῶν τοῦτο νομίζῃ.   ὡς γὰρ ψεῦδος τὸ ἐκ μυρίων ὅσων
ἀληθῶν καὶ ἑνὸς ψεύδους συμπεπλεγμένον, οὕτως ἐν τῷ δοξά-
ζοντι μετὰ πολλῶν ἀληθῶν ἓν ψεῦδος οἱονεὶ τὸ τοιοῦτόν
ἐστι συμπεπλεγμένον, ὥστ᾽ ἂν εἰπεῖν ὅτι ἐν τῷδε οὐκ ἔστιν
ἀλήθεια.   δείκνυμι δὲ τὸν μετὰ πολλῶν ἀληθῶν ἓν ψεῦδος
25 ὑπολαμβάνοντα.   καὶ τὰ τρία γε δόξει ἔχειν λόγον, τινὸς μὲν
φήσοντος κατὰ τοῦτο εἰρῆσθαι τό· Οὐκ ἔστιν ἀλήθεια ἐν
αὐτῷ· ἐπεὶ οὐ μετέχει Χριστοῦ, ᾧ γε καὶ προσπολεμεῖ· ἑτέρου
δέ, ἐπείπερ οὐδὲν ἀληθὲς φρονεῖ ἀλλ᾽ ἐν πᾶσι διέψευσται, καὶ
διὰ τοῦτό ἐστι διάβολος καὶ πονηρὸς καὶ χείρων παντὸς οὑτι-
30 νοσοῦν πταίοντος, ὅτι τάχα ἐν μὲν τοῖς πολλοῖς ἐστί τι καὶ
ἀληθὲς μετὰ πολλῶν ὧν σφάλλονται, ἐν δὲ τούτῳ οὐδὲν
ἀληθές.   καὶ τρίτος δέ τις συναγορεύσει τῷ λοιπῷ λέγων

21 συμπεπλεγμένου

ἀμήχανον εἶναι λογικόν τι τυγχάνον ζῷον περὶ πάντων ψευδοδοξεῖν καὶ περὶ μηδενὸς κἂν ἀσθενῶς τὸ ἀληθὲς ὑπολαμβάνειν. πάντως γοῦν κἂν τοῦτο ἔχει ὁ διάβολος δόγμα ἀληθὲς περὶ 345 αὐτοῦ ἐννοῶν ὅτι λογικός ἐστι, καὶ ὅτι τὸ τοιόνδε μὲν ἄνθρωπός ἐστι, τὸ τοιόνδε δὲ ἄγγελος, καὶ τὸ τοιὸν μὲν σῶμα, καὶ 5 ποιὸν σῶμα, ἄλλο δέ τι ἕτερον σώματος. ἀλλ᾽ ἵνα καὶ τὸ τελευταῖον μὴ λέγῃ καὶ μὴ ἐννοῇ, ἀλλά γε αὐταρκῇ τὰ πρῶτα πρὸς τὸ μὴ ἂν δύνασθαι εἶναι ἀληθὲς περὶ αὐτοῦ τό·
Jo viii 44 ὅτι οὐδὲν ἀληθὲς φρονεῖ. ἡμεῖς μὲν οὖν τοῦ· Ἐν τῇ ἀληθείᾳ οὐκ ἔστηκεν· ἀκούομεν οὐχ ὡς φύσιν τοιαύτην ἐμφαίνοντος, 10 οὔτε τὸ ἀδύνατον περὶ τοῦ ἐστηκέναι αὐτὸν ἐν ἀληθείᾳ παριστάντος· ὁ δὲ Ἡρακλέων εἰς ταῦτά φησι τό· Οὐ γὰρ ἐκ τῆς ἀληθείας ἡ φύσις ἐστὶν αὐτοῦ, ἀλλ᾽ ἐκ τοῦ ἐναντίου τῇ ἀληθείᾳ, ἐκ πλάνης καὶ ἀγνοίας. διὸ, φησὶν, οὔτε στῆναι ἐν ἀληθείᾳ οὔτε σχεῖν ἐν αὐτῷ ἀλήθειαν δύναται, ἐκ τῆς αὐτοῦ 15 φύσεως ἴδιον ἔχων τὸ ψεῦδος, φυσικῶς μὴ δυνάμενός ποτε ἀλήθειαν εἰπεῖν· λέγει δ᾽ ὅτι οὐ μόνος αὐτὸς ψεύστης ἐστὶν, ἀλλὰ καὶ ὁ πατὴρ αὐτοῦ, ἰδίως πατὴρ αὐτοῦ ἐκλαμβάνων τὴν φύσιν αὐτοῦ, ἐπείπερ ἐκ πλάνης καὶ ψεύσματος συνέστη. ταῦτα δὲ ὅλα ῥύεται τὸν διάβολον παντὸς ψόγου καὶ ἐγκλή- 20 ματος καὶ μέμψεως· οὐδεὶς γὰρ εὐλόγως ἂν ψέξαι ἢ ἐγκαλέσαι ἢ μέμψαιτο τῷ μὴ πεφυκότι πρὸς τὰ κρείττονα. ἀτυχὴς οὖν μᾶλλον ἢ ψεκτὸς ὁ διάβολος κατὰ τὸν Ἡρακλέωνά ἐστιν. ἰστέον μέντοι γε ὅτι ὥσπερ ὁ διάβολος ἐν τῇ ἀληθείᾳ οὐχ ἔστηκεν ὅτι οὐκ ἔστιν ἀλήθεια ἐν αὐτῷ, οὕτως καὶ οἱ ἐκ 25 πατρὸς τοῦ διαβόλου ὄντες ἐν τῇ ἀληθείᾳ οὐχ ἑστήκασιν, ὅτι ἀλήθεια οὐκ ἔστιν ἐν αὐτοῖς. πάντες δὲ τοιοῦτοι οἱ ἔτι ποι-
1 Jo iii 8 οῦντες ἁμαρτίας, κἂν λέγωσιν εἶναι Χριστοῦ· Πᾶς γὰρ ὁ ποιῶν τὴν ἁμαρτίαν ἐκ τοῦ διαβόλου γεγέννηται.

Jo viii 44 29. (23) Ὅταν λαλῇ τὸ ψεῦδος, ἐκ τῶν ἰδίων 30 λαλεῖ, ὅτι ψεύστης ἐστὶ καὶ ὁ πατὴρ αὐτοῦ. Προλα-

ὁ
2 ἀσθενῶς   11, 12 παριστάντες   22 μέμψαιτο] μέμψαιτε τὸ   27 ἐν] om.   31 λαλεῖ] λαλῇ

βόντες μὲν εἰς τό· Ὑμεῖς ἐκ τοῦ πατρὸς τοῦ διαβόλου ἐστέ·
ἐμνημονεύσαμεν τοῦ ῥητοῦ καὶ τὰ ὑποπεσόντα ἡμῖν εἰς αὐτὸ
εἰρήκαμεν, ζητοῦντες τί τὸ ψεῦδος καὶ τὸν πατέρα αὐτοῦ·
συνεξετάζεσθαι δὲ δεῖ καὶ τὰ λεχθησόμενα νῦν ἐκείνοις. πᾶν
5 πνεῦμα πονηρὸν καὶ ἀπατηλὸν νομίζω εἶναι ψεῦδος, καὶ
ἕκαστον τούτων ὅταν λαλῇ, ἐκ τῶν ἰδίων καὶ μηδαμῶς ἐκ
τῶν τοῦ θεοῦ λαλεῖν· τούτων δὲ ὁ ψεύστης πατὴρ ὁ διάβολός
ἐστι. πόθεν δὲ ἐκινήθημεν εἰς τὸ πᾶν χεῖρον πνεῦμα ψευδὲς
346 εἰπεῖν νῦν παραθησόμεθα. γέγραπται ἐν τῇ γ´ τῶν βασι-
10 λειῶν ὡς ἄρα εἶπε Μιχαίας, κληθεὶς ὑπὸ τοῦ Ἀχαὰβ εἰς τὸ   cf. 3 Reg
προφητεῦσαι περὶ τοῦ πότερον αὐτῷ καθήκει πορευθῆναι εἰς   xxii 15
Ῥαμμὼθ Γαλαὰδ εἰς πόλεμον ἢ ἐπισχεῖν, τό· Εἶδον θεὸν   3 Reg xxii
Ἰσραὴλ καθήμενον ἐπὶ θρόνου αὐτοῦ, καὶ πᾶσα ἡ στρατεία   19—22
τοῦ οὐρανοῦ ἱστήκει περὶ αὐτὸν ἐκ δεξιῶν αὐτοῦ καὶ ἐξ εὐω-
15 νύμων αὐτοῦ. καὶ εἶπε Τίς ἀπατήσει τὸν Ἀχαὰβ βασιλέα
Ἰσραήλ, καὶ ἀναβήσεται καὶ πεσεῖται ἐν Ῥαμμὼθ Γαλαάδ;
καὶ εἶπεν οὗτος οὕτως ἐν σοί. καὶ ἐξῆλθε πνεῦμα καὶ ἔστη
ἐνώπιον κυρίου καὶ εἶπεν Ἐγὼ ἀπατήσω αὐτόν. καὶ εἶπε
πρὸς αὐτὸν κύριος Ἐν τίνι; καὶ εἶπεν Ἐξελεύσομαι καὶ
20 ἔσομαι πνεῦμα ψευδὲς εἰς τὸ στόμα πάντων τῶν προφητῶν
σου τούτων. καὶ ἐν τῇ δευτέρᾳ τῶν Παραλειπομένων ὁ
αὐτὸς Μιχαίας πρὸς τὸν Ἀχαὰβ φησι καὶ τὸν Ἰωσαφάτ·
Ἀκούσατε λόγον κυρίου. εἶδον τὸν κύριον καθήμενον ἐπὶ   2 Chron xviii
θρόνου αὐτοῦ, καὶ πᾶσα δύναμις τοῦ οὐρανοῦ ἱστήκει ἐκ   18—21
25 δεξιῶν αὐτοῦ καὶ ἐξ ἀριστερῶν αὐτοῦ. καὶ εἶπε κύριος Τίς
ἀπατήσει τὸν Ἀχαὰβ βασιλέα Ἰσραήλ, καὶ ἀναβήσεται καὶ
πεσεῖται ἐν Ῥαμμὼθ Γαλαάδ; καὶ εἶπεν οὗτος οὕτως. καὶ
ἐξῆλθε πνεῦμα καὶ ἔστη ἐνώπιον κυρίου καὶ εἶπεν Ἐγὼ
ἀπατήσω αὐτόν. καὶ εἶπε κύριος Ἐν τίνι; καὶ εἶπεν Ἐξε-
30 λεύσομαι καὶ ἔσομαι πνεῦμα ψευδὲς ἐν στόματι πάντων τῶν
προφητῶν αὐτοῦ. σαφῶς οὖν διὰ τούτων δηλοῦται ὅτι εἰ
πνεῦμά τί ἐστι τὸ ψευδὲς πνεῦμα, πάντα ὅμοια εἴη ἂν ψευδῆ

4 δεῖ] om.   13 Ἰσδραὴλ   17 οὕτως] om.
20 ψεῦδος   31 εἰ] om.

πνεύματα, ἀπὸ τοῦ ψεύστου πατρὸς εἰληφότα τὸ εἶναι ψευδῆ
πνεύματα, κατὰ τὸ ψεῦδος καὶ τὴν κακίαν, καὶ οὐχ ὅτι τὸ
κατ' οὐσίαν. τὸ μὲν οὖν ἅγιον πνεῦμα, ἢ ἀγγελικὸν πνεῦμα,
ὅταν λαλῇ, οὐκ ἐκ τῶν ἰδίων λαλεῖ ἀλλ' ἀπὸ τοῦ λόγου τῆς
ἀληθείας καὶ τῆς σοφίας· ὅπερ δηλοῦται καὶ ἐν τῷ κατὰ 5

Jo xvi 14

Ἰωάννην ἔνθα περὶ τοῦ παρακλήτου διδάσκει καί φησιν· Ἐκ
τοῦ ἐμοῦ λήψεται καὶ ἀναγγελεῖ ὑμῖν. τὸ μέντοι ψεῦδος
ὅταν λαλῇ, ἐκ τῶν ἰδίων λαλεῖ· ἐκ τῶν ἰδίων ἐλάλησε καὶ τὸ
ἐν τῇ γ΄ τῶν Βασιλειῶν ψευδὲς πνεῦμα ἀπατῶν τὸν Ἀχαάβ.
πλὴν παρατήρει ὅτι ψεύστης ὄνομα ὁμοίως τέτακται ἐπί τε 10
τοῦ γεννήσαντος τὸ ψεῦδος διαβόλου καὶ ἐπὶ τοῦ ἀνθρώπου·

Jo viii 44

ἐνθάδε μὲν γὰρ περὶ τοῦ ἀνθρώπου λέγεται τό· Ὅτι ψεύστης

Ps cxv 2
(cxvi 11)

ἐστὶ καὶ ὁ πατὴρ αὐτοῦ· ἐν δὲ Ψαλμοῖς τό· Ἐγὼ δὲ εἶπον ἐν
τῇ ἐκστάσει μου Πᾶς ἄνθρωπος ψεύστης. ταῦτα δὲ παρε- 347
θέμεθα ἵνα πάσῃ δυνάμει φεύγωμεν τὸ εἶναι ἄνθρωποι καὶ 15
σπεύδωμεν γενέσθαι θεοί, ἐπείπερ ὅσον ἐσμὲν ἄνθρωποι,
ψεῦσται ἐσμέν, ὡς καὶ ὁ πατὴρ τοῦ ψεύδους ψεύστης ἐστίν.
ὅμοιον δέ ἐστι τὸ μετέχειν ἡμᾶς ἑνὸς καὶ τοῦ αὐτοῦ ὀνόματος
καὶ τοῦ σημαινομένου ὑπὸ τοῦ ὀνόματος πράγματος· ἡμᾶς
λέγω, ἐὰν ἔτι μένωμεν ἄνθρωποι, καὶ τὸν διάβολον, ὃς ψεύ- 20
στης εἴρηται.

Jo viii 45

30. (24) Ἐγὼ δὲ ὅτι τὴν ἀλήθειαν λέγω, οὐ
πιστεύετέ μοι. Εἰ μεμνήμεθα πρὸς τίνας ἐστὶν ὁ λόγος,

cf. Jo viii
31 f.

ὅτι πρὸς τοὺς πεπιστευκότας αὐτῷ Ἰουδαίους, ἐπαγγελίαν
λαμβάνοντας ὅτι ἐὰν μένωσιν ἐν τῷ λόγῳ τοῦ Ἰησοῦ τότε 25
ἀληθῶς αὐτοῦ εἰσι μαθηταὶ καὶ γνώσονται τὴν ἀλήθειαν
ἐλευθεροῦσαν αὐτούς, ἐπαπορήσομεν πῶς τοῖς τοιούτοις
φησίν· Ἐγὼ δὲ ὅτι τὴν ἀλήθειαν λέγω, οὐ πιστεύετέ μοι.
καὶ ἐπίστησον εἰ δύναταί τις τῷ αὐτῷ κατά τινα μὲν ἐπίνοιαν
πιστεύειν, κατὰ δὲ ἑτέραν μὴ πιστεύειν· οἷον παραδείγματος 30
ἕνεκεν, οἱ πιστεύοντες μὲν εἰς τὸν ἐπὶ Ποντίου Πιλάτου
Ἰησοῦν ἐσταυρωμένον ἐν τῇ Ἰουδαίᾳ, μὴ πιστεύοντες δὲ εἰς

6 διδάσκων   9 ψεῦδος   20 ὅς] ὁ

τὸν γεγεννημένον ἐκ Μαρίας τῆς παρθένου, οὗτοι εἰς τὸν
αὐτὸν πιστεύουσι καὶ οὐ πιστεύουσι. καὶ πάλιν οἱ πιστεύ-
οντες μὲν εἰς τὸν ποιήσαντα ἐν τῇ Ἰουδαίᾳ τὰ ἀναγεγραμ-
μένα τέρατα καὶ σημεῖα Ἰησοῦν, μὴ πιστεύοντες δὲ εἰς τὸν
5 υἱὸν τοῦ ποιήσαντος τὸν οὐρανὸν καὶ τὴν γῆν, εἰς τὸν αὐτὸν
πιστεύουσι καὶ οὐ πιστεύουσι. πάλιν τε αὖ οἱ πιστεύοντες
μὲν εἰς τὸν πατέρα Ἰησοῦ Χριστοῦ, μὴ πιστεύοντες δὲ εἰς
τὸν δημιουργὸν καὶ ποιητὴν τοῦδε παντός, οὗτοι εἰς τὸν
αὐτὸν πιστεύουσι. καὶ οὐ πιστεύουσιν. ἀλλὰ καὶ οἱ πιστεύ-
348 οντες μὲν εἰς τὸν ποιητὴν οὐρανοῦ καὶ γῆς, μὴ πιστεύοντες
δὲ εἰς τὸν πατέρα Ἰησοῦ τοῦ ἐσταυρωμένου ἐπὶ Ποντίου
Πιλάτου, εἰς τὸν θεὸν πιστεύουσι καὶ οὐ πιστεύουσιν. ἵν'
οὖν μὴ παρὰ πόδας ἐναντίωμα ᾖ ὡς μὴ συνεωρακότος τοῦ
γράφοντος τὸ εὐαγγέλιον τὸ τοιοῦτον, φήσεις ὅτι ὁ λέγων
15 πρὸς τοὺς πεπιστευκότας αὐτῷ Ἰουδαίους τό· Ἐγὼ δὲ ὅτι   Jo viii 45
τὴν ἀλήθειαν λέγω, οὐ πιστεύετέ μοι· πιστεύουσι κατά τινα
ἐπίνοιαν καὶ καθ' ἑτέραν μὴ πιστεύουσι ταῦτα ἔφασκε. καὶ
εἰκὸς ὅτι ἐπίστευον μὲν αὐτῷ κατὰ τὸ ὁρατὸν διὰ τὰ τερά-
στια, οὐκ ἐπίστευον δὲ τοῖς βαθύτερον ὑπ' αὐτοῦ λεγομένοις·
20 καὶ ἁρμόζει γε τῷ· Γνώσεσθε τὴν ἀλήθειαν· λεγομένῳ μὴ   Jo viii 32
ἐγνωκόσι τὴν ἀλήθειαν τό· Ὅτι τὴν ἀλήθειαν λέγω, οὐ
πιστεύετέ μοι· ὡς εἰ ἔλεγε· καθ' ὃ μὲν τεράστια ποιῶ πι-
στεύετέ μοι, καθ' ὃ δὲ τὴν ἀλήθειαν λέγω οὐ πιστεύετέ μοι.
τοῦτο δ' ἂν καὶ νῦν ἐπὶ πολλῶν ἴδοις, θαυμαζόντων μὲν τὸν
25 Ἰησοῦν ἐπὰν ἐνορῶσι τῇ περὶ αὐτοῦ ἱστορίᾳ, μηκέτι δὲ
πιστευόντων ἐπὰν βαθύτερος καὶ μείζων τῆς ἕξεως αὐτῶν
αὐτοῖς ἀναπτύσσηται λόγος, ἀλλ' ὑποπτευόντων αὐτὸν εἶναι
ψευδῆ. διόπερ προσέχωμεν μήποτε καὶ ἡμῖν εἴπῃ ὁ λόγος·
Ὅτι τὴν ἀλήθειαν λέγω, οὐ πιστεύετέ μοι.

30 31. (25) Τίς ἐξ ὑμῶν ἐλέγχει με περὶ ἁμαρτίας;   Jo viii 46
Ὁ λόγος, ἐπὰν τρανῶς αὐτοῦ παριστάνῃ τὸ βούλημα ὡς
μηδαμῶς ἀντιλέγειν δύνασθαί τινα τῶν ἀκουόντων, καὶ ταῦτα

5 υἱὸν] ῑν̅   αὐτὸν] om.

ἂν λέγοι δυσωπῶν τοὺς μὴ συγκατατιθεμένους· ὅτι εἰ μὴ
ἐλέγχετε τὰ λεγόμενα ἡμαρτημένα, ἀπαιτεῖσθε ἂν εὐλόγως
ἤδη τὴν συγκατάθεσιν. ἔχει δὲ καὶ κατὰ τὸ ῥητὸν παρρη-
σίαν τοῦ σωτῆρος ἡ λέξις, μηδενὸς μὲν ἀνθρώπου δυνηθέντος
εἰπεῖν μετὰ πεποιθήσεως τῆς ἐπὶ τῷ μὴ ἡμαρτηκέναι τό· 5

Jo viii 46

Τίς ἐξ ὑμῶν ἐλέγχει με περὶ ἁμαρτίας; μόνου δὲ τοῦ κυρίου

cf. 1 Pe ii 22;
He iv 15

ἡμῶν, ὃς ἁμαρτίαν οὐκ ἐποίησε, πεπειρασμένος κατὰ πάντα
καθ᾽ ὁμοιότητα χωρὶς ἁμαρτίας, ταῦτα πρὸς πάντας τοὺς
πώποτε ἐγνωκότας αὐτὸν εἰπεῖν δυναμένου. ἀκούω δὲ τοῦ·
Τίς ἐξ ὑμῶν· λεγομένου οὐ πρὸς τοὺς παρόντας μόνον ἀλλὰ 10
καὶ πρὸς ὅλον τὸ τῶν ἀνθρώπων γένος, ὡς εἰ οὕτως
ἐσαφηνίζετο· τίς ἐκ τοῦ γένους ὑμῶν; ἤ· τίς ὁποῖος δήποτε
ἄνθρωπος ἐλέγξαι με δυνήσεται περὶ ἁμαρτίας; ἀλλ᾽ εὖ
οἶδ᾽ ὅτι οὐδείς. κατὰ τὸ δυνατὸν δὲ ἀνθρωπίνῃ φύσει διὰ

1 Co xi 1

τό· Μιμηταί μου γίνεσθε, καθὼς κἀγὼ Χριστοῦ· παντὶ 15
τρόπῳ φιλοτιμητέον τοιαύτην ἀναλαβεῖν καθαροῦ συνειδότος
παρρησίαν πρὸς πάντας ἀνθρώπους, ὥστ᾽ ἂν εἰπεῖν ἡμᾶς
περὶ τῶν ἑξῆς καὶ μετὰ τὴν ἀρχὴν τῆς πίστεως χρόνῳ πρὸς 349
ἕκαστον τῶν ἡμᾶς γινωσκόντων τό· Τίς ἐξ ὑμῶν ἐλέγχει
με περὶ ἁμαρτίας; εἰ καὶ μὴ δυνατὸν τοῦτο ἐξ οὗ τὸν 20
λόγον συμπεπληρώκαμεν εἰπεῖν. τοῦτο δὲ οὐ πρὸς ἀνθρώ-
πους μόνον ἂν εἶπεν ὁ σωτὴρ ἀλλὰ καὶ πρὸς τὸν διάβολον
καὶ τὰς ὑπ᾽ αὐτὸν δυνάμεις, μηδὲν ἐχούσας εἰπεῖν εἰς
ἔλεγχον τὸν περὶ ἁμαρτίας αὐτοῦ. καὶ τοῦτό γε ἀκόλουθόν

Jo xiv 30

ἐστι τῷ· Ἔρχεται ὁ ἄρχων τοῦ κόσμου τούτου, καὶ ἐν ἐμοὶ 25
εὑρίσκει οὐδέν. δυνατὸν δὲ καὶ ἡμῖν ἐκ πολλῆς ἐπιμελείας
τὴν ἀπό τινος ἀναλαβεῖν χρόνου παρρησίαν πρὸς τὸ εἰπεῖν
ἡμᾶς τῷ ζητοῦντι καθ᾽ ἡμῶν ἀφορμὴν διαβόλῳ καὶ τοῖς
ἀγγέλοις αὐτοῦ παρὰ τὸν τῆς ἐξόδου καιρόν· Τίς ἐξ ὑμῶν
ἐλέγχει με περὶ ἁμαρτίας; 30

Jo viii 46

32. (26) Εἰ ἀλήθειαν λέγω, διὰ τί ὑμεῖς οὐ πισ-
τεύετέ μοι; Ἄξιον ἰδεῖν τί ὑποφαίνεται ἐκ τοῦ πύσματος.

6 μόνου δὲ] μὲν οὐδὲ

τοῦτο δὲ ὀψόμεθα εἰ καὶ ἐκεῖνοι πρὸς οὓς ὁ λόγος οὐκ
ἀπεκρίναντο τὴν δέουσαν ἀπόκρισιν ἐξενεγκόντες. εἴποι
γὰρ ἄν τις· διὰ τοῦτο οὐ πιστεύομεν, ἐπεὶ οὐ θεωροῦμεν
τίνα τρόπον ὃ λέγει ἐστὶν ἀλήθεια· οὐ θεωροῦμεν δὲ τῷ
5 μηδέπω κεκαθάρθαι ἡμῶν τὰς τῇ φύσει διορατικὰς τῆς
ἀληθείας ὄψεις· καὶ ἐπεὶ τοιοῦτοί ἐσμεν, οὐκ ἔσμεν ἐκ τοῦ
θεοῦ· εἰ οὐδέπω ἐσμὲν ἐκ τοῦ θεοῦ, ἀλλὰ καὶ αἱ τῆς
ἀληθείας ὄψεις θεωρητικαὶ οὐκ εἰσὶ κεκαθαρμέναι, τῷ ἐπι-
κεκαλύφθαι ἢ πεπαχύνθαι ἢ τεθολῶσθαι αὐτὰς ὑπὸ τῆς
10 κακίας. κατανοοῦντες δὲ τί τὸ κυρίως πιστεύειν καθ' ὅ·
Πᾶς ὁ πιστεύων ὅτι Ἰησοῦς ὁ χριστός ἐστιν, ἐκ τοῦ θεοῦ   1 Jo v 1
γεγέννηται· καὶ αἰσθανόμενοι ὅσῳ τοῦ οὕτως πιστεύειν
ἀπολειπόμεθα, ταῦτα ἀποκρινώμεθα, παρακαλοῦντες τὸν τῶν
τῆς ψυχῆς ὄψεων ἰατρὸν τῇ ἑαυτοῦ σοφίᾳ καὶ φιλανθρωπίᾳ
15 πάντα ποιῆσαι τὰ ὑπὲρ τοῦ ἀποκαλυφθῆναι τοὺς ὀφθαλμοὺς
ἡμῶν, ἔτι κεκαλυμμένους ὑπὸ τῆς διὰ τὴν κακίαν ἀτιμίας
ἡμῶν, κατὰ τὸ εἰρημένον που· Ἐπεκάλυψεν ἡμᾶς ἡ ἀτιμία   Jer iii 25
ἡμῶν· ἐπακούσεται γὰρ ἡμῶν ὁμολογούντων τὰ αἴτια τοῦ
μηδέπω ἡμᾶς πιστεύειν, καὶ ὡς κακῶς ἔχουσι καὶ χρῄζουσιν   cf. Mt ix 12
20 ἰατροῦ βοηθῶν συνεργήσει πρὸς τὸ χωρῆσαι ἡμᾶς τὸ εἰς τὸ
πιστεύειν χάρισμα, τρίτον παρὰ τῷ Παύλῳ ἐν τῷ καταλόγῳ
τῶν χαρισμάτων τεταγμένον, μετὰ τὸν τῆς σοφίας λόγον
καὶ τὸν τῆς συνέσεως λόγον, οἷς ἐπιφέρει· Ἑτέρῳ πίστις   1 Co xii 9
ἐν τῷ αὐτῷ πνεύματι· περὶ οὗ χαρίσματος καὶ ἐν ἄλλοις
25 φησίν· Ὅτι ἀπὸ θεοῦ ὑμῖν ἐχαρίσθη οὐ μόνον τὸ εἰς   Phil i 29
Χριστὸν πιστεύειν ἀλλὰ καὶ τὸ ὑπὲρ αὐτοῦ πάσχειν. καὶ
ἀπὸ τῆς ἐνεργείας δὲ ἐπιστήσαντι σαφὲς ἔσται ὅτι οὐχ ἡ
350 τυχοῦσα δωρεά ἐστι τοῦ θεοῦ, πλειόνων δογμάτων διαφόρων
ὑπὸ πολλῶν κηρυσσομένων τῶν διδάσκειν τὰ ἀληθῆ ἐπαγ-
30 γελλομένων, τὸ μηδενὶ ἢ μόνῳ τῷ ἀληθεῖ πιστεῦσαι· τοῦτο
γὰρ ἤδη καὶ δοκίμου τραπεζίτου ἔργον τυγχάνει, ὃν τέλειον
ὀνομάζων οὐκ ἂν ἁμάρτοις, ἅτε καὶ ἐν τῇ πρὸς Ἑβραίους

4 ἀλήθειαν   5 κεκαθάρται   6 ἐπὶ
22 τεταγμένων   27 ἔσται] ἔσεσθαι

6—2

He v 14 γεγραμμένου τοῦ· Τελείων δέ ἐστιν ἡ στερεὰ τροφή, τῶν
διὰ τὴν ἕξιν τὰ αἰσθητήρια γεγυμνασμένα ἐχόντων πρὸς
διάκρισιν καλοῦ τε καὶ κακοῦ.

Jo viii 47 33. (27) Ὁ ὢν ἐκ τοῦ θεοῦ τὰ ῥήματα τοῦ θεοῦ
ἀκούει· Διὰ τοῦτο ὑμεῖς οὐκ ἀκούετε ὅτι ἐκ τοῦ θεοῦ 5
οὐκ ἐστέ. Δοκοῦσιν οἱ τὴν περὶ διαφόρων φύσεων εἰσά-
γοντες μυθοποιίαν καὶ λέγοντες εἶναι φύσει καὶ ἐκ πρώτης
κατασκευῆς υἱοὺς θεοῦ, μόνον διὰ τὸ πρὸς θεὸν συγγενὲς
δεκτικοὺς τῶν τοῦ θεοῦ ῥημάτων, καὶ ἐντεῦθεν ἀποδεικνύναι
τὸ προκείμενον αὐτοῖς. συναρπάζουσί γέ τοι καὶ ἀπὸ 10
τούτου τοῦ ῥητοῦ, προσδιατρίβοντες αὐτῷ, τοὺς ἀκρίτους
καὶ μὴ δυναμένους πρὸς τὴν πιθανότητα τῆς χρήσεως τοῦ
ῥητοῦ ἀπαντᾶν, μηδὲ βλέποντας αὐτοῦ τὴν λύσιν οὕτως
cf. Jo i 9 ἔχουσαν· εἴπερ ὅσοι ἔλαβον τὸ φῶς τὸ ἀληθινόν, ὃ φωτίζει
πάντα ἄνθρωπον ἐρχόμενον εἰς τὸν κόσμον, οὐ τῷ εἶναι 15
καὶ ἐκ τοῦ θεοῦ εἰλήφασιν αὐτό· (εἰ γὰρ τῷ εἶναι ἐκ τοῦ
θεοῦ εἰλήφεισαν αὐτό, οὐκ ἂν περὶ αὐτῶν ἀνεγέγραπτο·
Jo i 12 Ὅσοι δὲ ἔλαβον αὐτόν, ἔδωκεν αὐτοῖς ἐξουσίαν τέκνα θεοῦ
γενέσθαι, τοῖς πιστεύουσιν εἰς τὸ ὄνομα αὐτοῦ·) δῆλον ὅτι
οἱ μὴ ὄντες ἐκ τοῦ θεοῦ, πρὶν μὲν λαβεῖν τὸ ἀληθινόν, οὐδὲ 20
ἐξουσίαν πως ἔχουσι τοῦ τέκνα θεοῦ γενέσθαι· ἐπὰν δὲ
λάβωσιν αὐτό, τέκνα μὲν οὐδέπω γίνονται θεοῦ, ἀλλ' ἐξουσίαν
λαμβάνουσι διὰ τοῦ εἰληφέναι τὸ φῶς γενέσθαι τέκνα θεοῦ.
τότε γενόμενοι ἐκ τοῦ θεοῦ καὶ τὰ ῥήματα ἀκούουσιν αὐτοῦ,
οὐκέτι ἁπλούστερον πιστεύοντες μόνον ἀλλ' ἤδη καὶ διορα- 25
τικώτερον κατανοοῦντες τὰ τῆς θεοσεβείας πράγματα. οἱ
μὴ τοιοῦτοι φιλοτιμησάμενοι εἶναι τέκνα μὲν οὐ γίνονται
θεοῦ, οὐδὲ ἐκ τοῦ θεοῦ, καὶ διὰ τοῦτο οὐκ ἀκούουσι τὰ
ῥήματα αὐτοῦ οὐδὲ συνίασι τοῦ βουλήματος αὐτῶν· μένουσι
δὲ ἐν τῇ πρὸ τῶν τέκνων τοῦ θεοῦ καταστάσει τῶν πε- 30
cf. Ro viii 15 πιστευκότων μόνον, δοῦλοι θεοῦ, τῷ εἰληφέναι τὸ τῆς δου-
λείας εἰς φόβον πνεῦμα καὶ μὴ ἐσπουδακέναι προβῆναι καὶ

6 ἔσται   8 υἱούς] ῡ̄σ   16 εἰληφόσιν
17 εἰλήφεσαν   26 οἱ] εἰ

προκόψαι ὥστε καὶ τὸ τῆς υἱοθεσίας χωρῆσαι, ἐν ᾧ
κράζουσιν οἱ ἔχοντες αὐτό· Ἀββᾶ, ὁ πατήρ. ὅτι γὰρ καθ'
ὅλου οὐδεὶς ἀνθρώπων ἀρχῆθεν υἱός ἐστι θεοῦ, δῆλον μὲν
351 καὶ ἐκ τοῦ· Ἦμεθα τέκνα φύσει ὀργῆς· ὑπὸ Παύλου καὶ Eph ii 3
5 περὶ ἑαυτοῦ τοῦτο εἰρηκότος· σαφὲς δὲ καὶ ἐκ τοῦ· Ἐγὼ Mt v 44 f.
δὲ λέγω ὑμῖν Ἀγαπήσατε τοὺς ἐχθροὺς ὑμῶν καὶ προσ-
εύχεσθε ὑπὲρ τῶν διωκόντων ὑμᾶς, ὅπως γένησθε υἱοὶ τοῦ
πατρὸς ὑμῶν τοῦ ἐν οὐρανοῖς. εἰ γὰρ Παῦλος φύσει ὀργῆς
υἱός, τίς ὑπὲρ Παῦλον, ὅσον ἐπὶ τῇ κατασκευῇ, οὐκ ὀργῆς
10 υἱὸς πρὸ τοῦ λαβεῖν ἐξουσίαν τέκνον θεοῦ γενέσθαι καὶ cf. Jo i 12
πρὸ τοῦ τέκνον γενέσθαι θεοῦ; καὶ εἰ οὐκ ἄλλως γίνεταί
τις υἱὸς τοῦ ἐν οὐρανοῖς πατρὸς ἢ ἐκ τοῦ ἀγαπᾶν τοὺς
ἐχθροὺς ἑαυτοῦ καὶ προσεύχεσθαι ὑπὲρ τῶν διωκόντων
αὐτόν, δῆλον ὅτι οὐδεὶς τῷ φύσει εἶναι ἐκ τοῦ θεοῦ τὰ
15 ῥήματα τοῦ θεοῦ ἀκούει, ἀλλὰ τῷ λαβεῖν ἐξουσίαν τέκνον
θεοῦ γενέσθαι καὶ κεχρῆσθαι εἰς δέον τῇ ἐξουσίᾳ, καὶ τῷ
ἠγαπηκέναι τοὺς ἐχθροὺς καὶ προσεύχεσθαι ὑπὲρ τῶν ἐπη- cf. Lc vi 28
ρεαζόντων γενόμενος υἱὸς τοῦ ἐν οὐρανοῖς πατρός, τότε ἐστὶ
καὶ ἐκ τοῦ θεοῦ, καὶ τὰ ῥήματα τοῦ θεοῦ ἀκούει, συνιεὶς
20 αὐτῶν καὶ ἐπιστήμην αὐτῶν ἀναλαμβάνων· ὅπερ ἴδιον
οὐ δούλων ἀλλὰ τέκνων ἐστὶ θεοῦ, τῶν πᾶσαν μὲν καταργη-
σάντων γένεσιν, τὴν δὲ ἀπὸ θεοῦ ἀνειληφότων διὰ τοῦ
τῆς υἱοθεσίας πνεύματος. ἅμα δὲ ἐπιμελέστερον κατα-
νοητέον πῶς δεῖ δέχεσθαι τό· Τὰ ῥήματα τοῦ θεοῦ ἀκούει· Jo viii 47
25 ᾧ ὅμοιόν ἐστι καὶ τό· Τὰ ἐμὰ πρόβατα τῆς ἐμῆς φωνῆς Jo x 27
ἀκούουσι. εἰ γὰρ ἐπὶ ψιλῆς συγκαταθέσεως τὸ ἀκούειν
λάβοιμεν, καὶ οἱ ψυχικοὶ πρὸς χρόνον πιστεύοντες ἔσονται
ἐκ τοῦ θεοῦ, μεμαρτυρημένοι ὑπὸ τοῦ λόγου ὅτι πρὸς καιρόν cf. Lc viii 13
τινες πιστεύουσιν. εἰ δὲ καὶ τό· Ἀκούει ἐκλάβοιμεν ἐπὶ
30 τοῦ τηρεῖν τὰς ἐντολάς, δῆλον ὅτι κἂν ἐν ἑνὶ ἁμαρτάνων cf. 1 Jo ii 3;
οὐκ ἔσται υἱὸς θεοῦ· ὅπερ ἡμᾶς μὲν οὐ θλίψει τοὺς λέγοντας Jac ii 10
ἐκ μεταβολῆς γίνεσθαί τινα υἱὸν θεοῦ, ἐκείνους δέ, μὴ πάνυ

15 λαβών   22 forsan legendum ἐκ διαβόλου γένεσιν

δεῖξαι δυναμένους ἀναμαρτήτους ἑαυτοὺς καὶ τοὺς ἐν τοῖς
αὐτοῖς μαθήμασι. εἰ δὲ τό· Ἀκούει· λαμβάνοιμεν ἐπὶ τοῦ
συνιέναι καὶ νοεῖν, δεικνύτωσάν τινα πάντων ἀκούοντα
οὕτως τῶν τῆς καινῆς διαθήκης λόγων, ἵνα ἐκεῖνον εἴπωμεν
υἱὸν θεοῦ, εἰ μὴ ἐπιδέχοιτο ἀνατροπὴν εἰς τὰ ἅγια γράμ- 5
ματα ἡ ἐκδοχὴ αὐτοῦ· ἡμεῖς γὰρ καὶ κατὰ ταῦτα μέγαν τινὰ
καὶ θαυμαστὸν εἶναι φανταζόμενοι τὸν ἤδη υἱὸν θεοῦ, οὐκ
ἐλεγχθησόμεθα ἀναξίως τῶν ἐκ τοῦ θεοῦ ἐξειληφότες τό·
Jo viii 47 Ὁ ὢν ἐκ τοῦ θεοῦ τὰ ῥήματα τοῦ θεοῦ ἀκούει.

34. Ἤδη δὲ καὶ ἐκ τῶν ἐναντίων παράδοξον ἄν τι 10
φανὲν ἀποδειχθῆναι δυνατὸν ἔσται. τί δὲ τὸ παράδοξον
ἢ τὸ εἶναί τινα ἑτέρου υἱοῦ θεοῦ μᾶλλον υἱὸν θεοῦ, καὶ
διπλάσιον ὡς ἕτερος ἑτέρου εἶναι υἱὸν θεοῦ; πῶς δὲ τοῦτο 352
ἀπὸ τοῦ ἐναντίου δείκνυται οὕτω παραστήσομεν· ἐν τῷ κατὰ
Ματθαῖον ὁ πρὸς τοὺς Γραμματεῖς καὶ Φαρισαίους δεύτερος 15
Mt xxiii 15 ταλανισμὸς οὕτως ἔχει· Οὐαὶ ὑμῖν, Γραμματεῖς καὶ Φαρι-
σαῖοι, ὑποκριταί, ὅτι περιάγετε τὴν θάλασσαν καὶ τὴν
ξηρὰν ποιῆσαι ἕνα προσήλυτον, καὶ ὅταν γένηται, ποιεῖτε
αὐτὸν υἱὸν γεέννης διπλότερον ὑμῶν. οὐκοῦν κατὰ τοῦτο
οὔτε φύσει υἱοὶ γεέννης εἰσί τινες, οὔτε ἐπ' ἴσης οἱ τῆς 20
γεέννης υἱοὶ υἱοί εἰσιν αὐτῆς, εἴγε ἕτερος ἑτέρου διπλότερον
υἱός ἐστιν αὐτῆς. εἰ δὲ ἕτερος ἑτέρου διπλότερός ἐστιν υἱὸς
τῆς γεέννης, διὰ τί οὐχὶ καὶ τῆς ἀπωλείας καὶ τοῦ θανάτου
καὶ τοῦ σκότου καὶ τῶν λοιπῶν ὧν οἱ διαφόρως ἁμαρτά-
νοντές εἰσιν υἱοί; εἰ δὲ ἐπὶ τούτων, διὰ τί καὶ οὐχὶ υἱοὶ 25
φωτὸς διπλότεροι ἕτεροι ἑτέρων ἔσονται καὶ υἱοὶ ζωῆς καὶ
υἱοὶ σοφίας, οὕτω δὲ υἱοὶ θεοῦ; εἰ δὲ διπλάσιον ὡς ἕτερος
παρ' ἕτερον υἱὸς γίνεται θεοῦ, διὰ τί οὐχὶ καὶ πολλαπλα-
σιόνως καὶ τοσανταπλασιόνως ὁποσαπλασιόνως ἄξιον νοεῖν
cf. Col i 15 εἶναι τὸν πρωτότοκον πάσης κτίσεως υἱὸν τοῦ θεοῦ παρὰ 30
τοὺς λοιποὺς υἱοὺς τοῦ θεοῦ καὶ τοὺς μηκέτι πνεῦμα
cf. Ro viii 15 δουλείας ἔχοντας εἰς φόβον, ἀλλ' εἰληφότας πνεῦμα

4 ἵνα ἐκεῖνον] εἶναι κείμενον

υἱοθεσίας; τάχα οὖν οὕτως πλειόνων ὄντων τῶν ῥημάτων
τοῦ θεοῦ, οὐ μόνον τῶν ἀναγεγραμμένων ἀλλὰ καὶ τῶν
ἀρρήτων, ἃ οὐκ ἐξὸν ἀνθρώπῳ λαλῆσαι, καὶ τούτων περὶ cf. 2 Co xii 4
ὧν φησιν ὁ Ἰωάννης· Οὐδ' αὐτὸν οἶμαι τὸν κόσμον χωρῆσαι Jo xxi 25
5 τὰ γραφόμενα βιβλία· πᾶς μὲν οἱωντινωνοῦν ῥημάτων
ἀκούων τοῦ θεοῦ ἤδη ἐστὶν ἐκ τοῦ θεοῦ· ὅσῳ δὲ πλειόνων
ἀκούει ῥημάτων τοῦ θεοῦ, τοσαυταπλειόνως γίνεται ἐκ τοῦ
θεοῦ· ὡς, εἰ δεῖ οὕτως ὀνομάσαι, πάντων ἀκούσας τις τῶν cf. Jo viii 47
ῥημάτων τοῦ θεοῦ, ἐάν γε τοῦτο φθάνῃ ἐπί τινα τῶν λαμβα-
10 νόντων τὸ τῆς υἱοθεσίας πνεῦμα, τελείως καὶ ἀνυπερβλήτως
γίνεται υἱὸς θεοῦ, καὶ πάντη καὶ ἐξ ὅλων καὶ ὅλος ἐκ τοῦ
θεοῦ. εὐγνωμονέστερον δὲ ἀκουστέον τοῦ ἐξ ὅλων καὶ
ὅλος, ἀνάλογον ὅλοις τοῖς δόγμασι καὶ πάσῃ τῇ γνώσει
καὶ πᾶσι τοῖς μυστηρίοις, ὥστ' ἂν εἰπεῖν ὅλον καὶ ἐξ ὅλων
15 γεγονέναι ἐκ τοῦ θεοῦ τὸν εἰδότα πάντα τὰ μυστήρια καὶ cf. 1 Co xiii 2
πᾶσαν τὴν γνῶσιν, καὶ μετὰ τούτων τὰ τῆς τελείας ἀγάπης
κατορθωκότα. ὅρα δὲ εἰ δύναται ἀκολούθως τῷ· Ἐκ μέρους 1 Co xiii 9 f
γινώσκομεν καὶ ἐκ μέρους προφητεύομεν· εἰπεῖν ἂν τὸν
τοιοῦτον· καὶ ἐκ μέρους ἐσμὲν υἱοὶ τοῦ θεοῦ· καὶ πάλιν,
20 ὅταν ἔλθῃ τὸ τέλειον, καὶ τὸ ἐκ μέρους καταργηθῇ, καὶ τὸ
τέλειον τοῦ γενέσθαι υἱὸς θεοῦ ἐλεύσεται, καταργοῦν τὸ ἐκ
μέρους γεγονέναι υἱόν τινα τοῦ θεοῦ. μὴ ἀζήτητον δὲ
ἐάσθω καὶ τὸ περὶ τοῦ πότερόν ποτε δυνατὸν ἐκ μέρους
μὲν εἶναι υἱὸν τῆς διαφερούσης μερίδος τῆς περὶ τὰ θεῖα,
353 ἐκ μέρους δὲ τῆς ἐναντίας, ἢ τοῦτο ἀμήχανον οὕτως ἔχειν·
ᾧ συνεξετάσεις πῶς λέγονται υἱοὶ πολλοὶ ἑνὸς πατρός,
πότερον διὰ τοὺς προγόνους καὶ τοὺς ἐξ ἐκείνων, ἢ κατὰ
ταύτην τὴν ὑπόνοιαν. λαβόντες οὖν ἐξουσίαν τέκνα θεοῦ cf Jo i 12
γενέσθαι, πάντα πράττωμεν ἵνα γενώμεθα ἐκ τοῦ θεοῦ καὶ cf. Jo viii 47
30 τὰ ῥήματα αὐτοῦ ἀκούσωμεν, καὶ προκόπτωμεν καὶ τῷ
εἶναι ἐκ τοῦ θεοῦ, ἵνα προκόπτωμεν καὶ ἐν τῷ ἀκούειν
ῥημάτων τοῦ θεοῦ, πλείονα ἐκ τούτων ἀεὶ τρανοῦντες, ἕως

11 γένηται

πάντα χωρήσωμεν τὰ ῥήματα τοῦ θεοῦ, ἢ ὅσα γε ἐνδέχεται
χωρῆσαι καὶ νῦν καὶ μετὰ ταῦτα τοὺς ἀξιουμένους τοῦ τῆς
cf. Ro viii 15 υἱοθεσίας πνεύματος. ὁσάκις δὲ ῥημάτων λεγομένων τοῦ
θεοῦ οὐκ ἀκούομεν, τουτέστιν οὐ συνίεμεν αὐτῶν, τοσαυ-
τάκις νομιστέον ἐλέγχεσθαι ὡς οὐκ ὄντας ἐκ τοῦ θεοῦ. διὰ 5
τοῦτο γὰρ οὐκ ἀκούει ὁ μὴ ἀκούων ῥημάτων θεοῦ, ἐπείπερ
ἐκ τοῦ θεοῦ οὐκ ἔστι, καὶ ἐκ τοῦ θεοῦ οὐκ ἔστι παρ' ἑαυτόν·
cf. Jo i 12 καίτοι γε ἔσθ' ὅτε λαβὼν ἤδη ἐξουσίαν τέκνον θεοῦ γε-
νέσθαι, καὶ δυνάμενος ἐκ τοῦ ἀγαπᾶν τοὺς ἐχθροὺς καὶ
cf. Mt v 44 f. προσεύχεσθαι ὑπὲρ τῶν ἐπηρεαζόντων γενέσθαι υἱὸς τοῦ 10
Lc vi 28
ἐν οὐρανοῖς πατρός.

Jo viii 48   35. (28) Ἀπεκρίθηϲαν οἱ Ἰογδαῖοι καὶ εἶπαν αγτῷ,
Ογ καλῶϲ λέγομεν ἡμεῖϲ ὅτι Ϲαμαρείτηϲ εἶ ϲγ καὶ
Δαιμόνιον ἔχειϲ; Εἰκὸς ὅτι ταῦτα πολλάκις κατὰ τὸ σιω-
πώμενον πρὸς ἀλλήλους ἔλεγον περὶ τοῦ σωτῆρός τινες, 15
Σαμαρείτην μὲν αὐτὸν ὀνομάζοντες ὡς παραχαράσσοντα
Jo iv 9 Ἰουδαϊκὰ παραπλησίως τοῖς Σαμαρείταις· Οὐ γὰρ συγ-
χρῶνται Ἰουδαῖοι Σαμαρείταις· ἐν πολλοῖς διαφωνοῦντες
δόγμασι παρ' ἐκείνους. ἄξιον δὲ ἔστι ζητῆσαι πῶς Σα-
μαρειτῶν τὸν μέλλοντα αἰῶνα ἀρνουμένων καὶ μηδὲ τὴν τῆς 20
ψυχῆς ἐπιδιαμονὴν προσιεμένων, τὸν σωτῆρα ἐτόλμησαν
εἰπεῖν Σαμαρείτην, περὶ ἀναστάσεως καὶ κρίσεως πλεῖστα
ὅσα διδάξαντα. ἀλλὰ μήποτε ὡς λοιδοροῦντες αὐτὸν τοῦτο
λέγουσι καὶ οὐ πάντως τὰ αὐτὰ ἐκείνοις δογματίζοντα.
εἰκὸς δὲ ὅτι τινὲς ᾤοντο αὐτὸν μὴ ἀπὸ διαθέσεως τὰ περὶ 25
μέλλοντος αἰῶνος καὶ τὰ περὶ κρίσεως καὶ ἀναστάσεως
διδάσκειν, διακείμενον μὲν Σαμαρειτικῶς, ὡς μηδενὸς μετὰ
τὸν βίον ἀποκειμένου τοῖς ἀνθρώποις, προσποιήσεως δὲ
ἕνεκεν κατὰ τὸ ἔνδοξον καὶ ἀρέσκον τοῖς Ἰουδαίοις τὰ περὶ
ἀναστάσεως καὶ τῆς αἰωνίου ζωῆς προφερόμενον. καὶ 30
δαιμόνιον δὲ ἔχειν ἔλεγον αὐτὸν διὰ τοὺς ὑπὲρ ἄνθρωπον 354
cf. Jo v 18 αὐτοῦ λόγους, δι' ὧν πατέρα ἴδιον ἔλεγε τὸν θεόν, καὶ ἐκ

22 Σαμαρείτην] om.   30 προφερομενο

τοῦ οὐρανοῦ καταβεβηκέναι, καὶ αὐτὸς εἶναι ὁ τῆς ζωῆς cf. Jo vi 32 ff. •
ἄρτος πολλῷ κρείττων τοῦ μάννα, ὡς τὸν φαγόντα τοῦτον
τὸν ἄρτον ζήσεσθαι εἰς τὸν αἰῶνα, καὶ ἄλλα μυρία ὧν
πεπλήρωται τὰ εὐαγγέλια.   δύναται δὲ καὶ διὰ τὴν περὶ τὸν
5 Βεελζεβοὺλ ὑπόνοιαν αὐτῶν εἰρῆσθαι· Σὺ δαιμόνιον ἔχεις· Jo viii 48
ἐπείπερ τινὲς ἐν Βεελζεβοὺλ τῷ ἄρχοντι τῶν δαιμονίων cf. Lc xi 15
ἐνόμιζον αὐτὸν ἐκβάλλειν τὰ δαιμόνια, οἱονεὶ ἔχοντα ἐν
ἑαυτῷ τὸν Βεελζεβούλ.   οἱ μὲν οὖν ἐχθροὶ εἴσονται, λέ-
γοντες αὐτὸν δαιμόνιον ἔχειν· ἡμεῖς δὲ αὐτῷ πειθόμεθα
10 φάσκοντι· Ἐγὼ δαιμόνιον οὐκ ἔχω· οὐδὲ γὰρ δαιμόνιον Jo viii 49
δύναται τυφλῶν ὀφθαλμοὺς ἀνοῖξαι ἢ ταῦτα τὰ σημεῖα cf. Jo x 21
ποιεῖν ἃ καὶ ἀναγέγραπται, ὧν καὶ ἴχνη καὶ λείμματα ἐν
ταῖς ἐκκλησίαις ὀνόματι Ἰησοῦ μέχρι νῦν γίνεται.   μετὰ
ταῦτα ζητήσαι τις ἂν τί δήποτε δύο δυσφημίας αὐτῷ προσ-
15 αψάντων, τήν τε· Σαμαρείτης εἶ σύ· καὶ τήν· Δαιμόνιον
ἔχεις· τῶν ἀποκριθέντων αὐτῷ Ἰουδαίων, οὐκ ἐκείνων τῶν
πεπιστευκότων αὐτῷ, οὐχὶ πρὸς τὰς δύο ἀποκρίνεται, ἀλλὰ
πρὸς μόνην τήν· Δαιμόνιον ἔχεις· εἰπών· Ἐγὼ δαιμόνιον
οὐκ ἔχω.   καὶ ὅρα εἰ δύναται πρὸς τοῦτο γενέσθαι τὸ τῆς
20 ἐν τῷ κατὰ Λουκᾶν εὐαγγελίῳ παραβολῆς περὶ τοῦ ἀπὸ cf. Lc x 30
Ἱερουσαλὴμ εἰς Ἱεριχὼ καταβαίνοντος καὶ ἐμπεσόντος εἰς
τοὺς λῃστάς, ὅντινα ὁ μὲν ἱερεὺς ἀντιπαρῆλθεν καὶ ὁ
Λευίτης, ὁ δὲ ὁδεύων Σαμαρείτης ἐλθὼν κατ' αὐτὸν καὶ
ἰδὼν αὐτὸν ἐσπλαγχνίσθη καὶ προσελθὼν κατέδησε τὰ
25 τραύματα αὐτοῦ, ἐπιχέων ἔλαιον καὶ οἶνον.   ἐὰν γὰρ δυ-
νηθῇ τις διαλαμβάνων περὶ τῆς παραβολῆς δεῖξαι ἐπὶ
μηδένα ἄλλον ἢ ἐπὶ τὸν σωτῆρα ἀναφέρεσθαι τὰ περὶ τοῦ
Σαμαρείτου, ὃς τὸν ἡμιθανῆ καὶ ἐμπεσόντα εἰς τοὺς λῃστὰς
ἰάσατο, παραστήσει καὶ διὰ τί οὐκ ἠρνήσατο εἶναι Σαμα-
30 ρείτης.   ἄλλος δὲ διὰ τὴν παρὰ Παύλῳ διαφορὰν Ἰουδαίων cf. 1 Co ix 20 ff.
καὶ τοῦ ὑπὸ νόμον θεωρήσας, καὶ ἀναγαγὼν τοὺς ὑπὸ νόμον
εἰς τοὺς Σαμαρείτας, καὶ μᾶλλον Παύλου καταλαβὼν τὸν
σωτῆρα τοῖς πᾶσι πάντα γενόμενον ἵνα τοὺς πάντας

33 γενάμενον

κερδήσῃ, ἐρεῖ διὰ τὸ τοῖς ὑπὸ νόμον αὐτὸν γεγονέναι ὡς
ὑπὸ νόμον, οἱονεὶ καὶ Σαμαρείτην γεγονέναι, καὶ κατὰ τοῦτο
μὴ ἠρνῆσθαι τὸ εἶναι Σαμαρείτης. καὶ τρίτος δέ τις τὴν
ἑρμηνείαν τοῦ Σαμαρείτου ἐκλαβών, σημαίνοντος τὸν φύ-
λακα, φήσει ὅτι εἰ καὶ κατ' ἄλλο ἔλεγον Σαμαρείτην αὐτὸν 5
οἱ Ἰουδαῖοι, αὐτὸς τὸ σημαινόμενον ἀπὸ τοῦ ὀνόματος ἐκ-
λαβὼν οὐκ ἠρνήσατο αὐτό, εἰδὼς ὅτι φύλαξ ἐστὶ τῶν 355
ἀνθρωπίνων ψυχῶν, καὶ περὶ οὗ εἴρηται· Ἰδοὺ οὐ νυστάξει
οὐδὲ ὑπνώσει ὁ φυλάσσων τὸν Ἰσραήλ· καὶ τό· Φυλάσσων
τὰ νήπια ὁ κύριος. σωμὴρ μέντοι γε Ἑβραῖοι λέγουσι τὸν 10
φύλακα, οὕτω δὲ καὶ τοὺς Σαμαρεῖς πρῶτον ὠνομάσθαι
παραδιδόασι διὰ τὸ ὑπὸ τῶν Ἀσσυρίων βασιλέως φύλακας
αὐτοὺς πεπέμφθαι τῆς γῆς τοῦ Ἰσραὴλ μετὰ τὴν αἰχμα-
λωσίαν, τοῦ ἑτέρου παρὰ τὸν Ἰούδαν Ἰσραὴλ διὰ τὰς πολλὰς
ἁμαρτίας αἰχμαλωτευθέντος εἰς τοὺς Ἀσσυρίους. 15

36. (29) Ἀπεκρίθη Ἰησοῦς Ἐγὼ δαιμόνιον οὐκ
ἔχω, ἀλλὰ τιμῶ τὸν πατέρα μου, καὶ ὑμεῖς ἀτιμάζετέ
με. ἐγὼ οὐ ζητῶ τὴν δόξαν μου· ἔστιν ὁ ζητῶν καὶ
κρίνων. Εἰ τὸ πεφυτευμένον ξύλον παρὰ τὰς διεξόδους
τῶν ὑδάτων τοιοῦτόν ἐστιν, ὡς τὸν καρπὸν αὐτοῦ διδόναι ἐν 20
καιρῷ αὐτοῦ καὶ μηδὲ φύλλον αὐτοῦ ἀπορρεῖν ἀλλὰ πάντα
ὅσα ἂν ποιῇ κατευοδοῦσθαι, τί νομιστέον περὶ τοῦ σωτῆρος
ἡμῶν Ἰησοῦ ἢ ὅτι αὐτὸς ὢν τὸ ξύλον τῆς ζωῆς κατὰ τὸ
εἶναι σοφία καὶ τὴν σοφίαν εἶναι ξύλον ζωῆς πᾶσι τοῖς
ἀντεχομένοις αὐτῆς, καὶ καρποφορεῖ καὶ τὰ ἕτερα παρὰ τοὺς 25
καρποὺς φύλλα τοιαῦτα ἔχει ὡς μηδὲ ἐν αὐτῶν ἀπορρεῖν;
διὰ τοῦτο οὐδένα τοῦ Ἰησοῦ λόγον, καὶ ταῦτα ἀναγραφῆς
ἀξιωθέντα ὑπὸ τῶν ἁγίων μαθητῶν αὐτοῦ, ὡς ἔτυχεν ἐκ-
δεκτέον· ἀλλὰ πᾶσαν βάσανον καὶ τοῖς νομιζομένοις εἶναι
σαφέσι προσακτέον, οὐκ ἀπογινώσκοντα ὅτι καὶ περὶ τὸν 30
ἀνυπονόητον καὶ ἁπλοῦν εἶναι νομισθέντα λόγον αὐτοῦ εὑρε-

Ps cxx
(cxxi) 4
Ps cxiv
(cxvi) 6

cf. 4 Reg
xvii

Jo viii 49 f.

cf. Ps i 3

Pr. iii 18

1 ἐρεῖ] αἱρεῖ   7 αὐτῷ   18 τὴν δόξαν μου] bis
24 εἶναι ξύλον] bis

θήσεται τοῖς ὀρθῶς ζητοῦσιν ἄξιόν τι τοῦ ἱεροῦ στόματος cf. Mt vii 7
ἐκείνου. εἰ δέ που μὴ εὑρίσκομεν, ἡμᾶς καὶ οὐ τὸν λόγον
τοῦ Ἰησοῦ αἰτιατέον ὡς οὐ πνέοντα τῶν ἐκ πληρώματος
μεστῶν ἀληθείας καὶ σοφίας δογμάτων. ταῦτα δέ μοι
5 εἴρηται βουλομένῳ ἐξετάσαι τό· Ἐγὼ δαιμόνιον οὐκ ἔχω· Jo viii 49
δι᾽ οὗ διδασκόμεθα πάντες οἱ τῷ εὐαγγελίῳ ἐντυγχάνοντες
πρᾶγμα ὃ οὐκ ᾔδειμεν καὶ πρὶν ἐντυχεῖν τῷ εὐαγγελίῳ. τί
δὲ τοῦτό ἐστιν ἤδη κατανοητέον. ἀρέσκει κατὰ τὰς γραφὰς
τοὺς ἁμαρτάνοντας τὰ πολλὰ ποιεῖν παρὰ τὸν λόγον, οὐ
10 δι᾽ ἄλλο ἢ τῷ δεκτικοὺς αὐτοὺς γεγονέναι ἐνεργείας πονηροῦ
πνεύματος ἢ θελήματος ἀκαθάρτου δαιμονίου. οὐκ ὤκνησαν
οὖν καὶ τὰ νομισθέντα ἂν ἐλάχιστα εἶναι τῶν ἁμαρτημάτων
356 δαιμονίοις προσάψαι οἱ φήσαντες τὴν ὀξυχολίαν δαιμόνιον
εἶναι, ὁμοίως δὲ καὶ τὴν καταλαλιάν. εἰκὸς δὲ καὶ ἄλλα
15 μυρία δαιμονίων φαντασιούντων ἡμᾶς καὶ ἐνεργούντων κατὰ
τὸ ἐκείνων θέλημα ποιεῖν· καὶ ἔστιν ἐν ἀνθρώποις ὥσπερ
οὐδεὶς καθαρὸς ἀπὸ ῥύπου, καὶ οὐδεὶς δίκαιος ἐπὶ τῆς γῆς ὃς cf. Job xiv 4
ποιήσει ἀγαθὸν καὶ οὐχ ἁμαρτήσεται, οὕτω καὶ οὐδεὶς ἀεὶ Eccl vii (20)
21
ἀπὸ δαιμονίων καθαρεύσας καὶ μηδέποτε γενόμενος τῆς ἀπὸ
20 τούτων ἐνεργείας ἀνεπίδεκτος. διόπερ ἀλληγοροῦντες τὰς
ἐν τῷ εὐαγγελίῳ θεραπείας, ἐν αἷς εἰσι καὶ τῶν δαιμονίων
ἀπελάσεις, ἐροῦμεν πάντων ἀεὶ ἀπελαύνεσθαι τοὺς δαίμονας,
ὑπὸ Ἰησοῦ, τῶν παρὰ τὸ τεθεραπεῦσθαι ὑπὸ τοῦ λόγου
μηκέτι παραδεχομένων τὰς τῶν δαιμόνων ἐνεργείας. μόνου
25 τοίνυν νομίζω εἶναι Ἰησοῦ φωνήν, τοῦ μόνου ἀπεκδυσαμένου cf. Col ii 15
τὰς ἀρχὰς καὶ τὰς ἐξουσίας καὶ δειγματίσαντος ἐν παρρησίᾳ,
καὶ θριαμβεύσαντος ἐν ξύλῳ, τρόπαιον κατὰ πάσης ἀντι-
κειμένης δυνάμεως τὸν σταυρὸν στήσαντος, ὥσπερ τό·
Ἔρχεται ὁ ἄρχων τοῦ κόσμου τούτου καὶ ἐν ἐμοὶ οὐκ ἔχει Jo xiv 30
30 οὐδέν· οὕτως καὶ τό· ἐγὼ δαιμόνιον οὔτε ἔσχον οὔτε ἔχω
οὔτε ἕξω. τὴν δὲ φωνὴν δυνάμεθα μὲν καὶ ἡμεῖς προε-
νέγκασθαι καὶ λέγειν· Δαιμόνιον οὐκ ἔχω· ἀλλ᾽ ἐλεγχθησό-

μεθα ὁμοίως τοῖς ἀρνησομένοις περὶ τοῦ δαιμονᾶν καὶ ἐν
αὐτοῖς τοῖς πράγμασιν ἀποδειχθεῖσιν ὅτι ἐψεύσαντο. ἢ οὐκ
ἔλεγχος τοῦ δαιμονᾶν ἡμᾶς ὅταν μεμηνότων κατάστασιν
ἔχοντες βοῶμεν, ἀπὸ θυμοῦ καὶ ὀργῆς φλεγόμενοι, ἢ λελυτ-
τηκότες, καὶ ὡσπερεὶ χρεμετίζοντες κἂν ταῖς ἰδίαις γαμεταῖς 5
δίκην ἵππων θηλυμανῶν ἐπιβαίνομεν, ἐκβάλλοντες τοὺς περὶ
ἀπαθείας λόγους θεοῦ εἰς τὰ ὀπίσω; ἀλλὰ κἂν ταπεινοὶ καὶ
συννεφεῖς ὑπὸ τῆς λύπης καθελκόμενοι καὶ τὸ ἴδιον τῶν
λογικῶν γαῦρον ἀπολέσαντες ἐπιλανθανόμεθα τοῦ ἄνευ θεοῦ
στρούθιον μὴ πίπτειν εἰς παγίδα, καὶ τοῦ δίκαια εἶναι τὰ 10
περὶ ἑνὸς ἑκάστου τῶν συμβαινόντων ἀνθρώποις κρίματα, τί
φήσομεν ἢ ὅτι καὶ τοῦ δαιμονίου ἡμᾶς νικήσαντος καὶ τὸ
ἡγεμονικὸν ἡμῶν θολώσαντος ταῦτα πάσχομεν; ἀλλὰ καὶ
φόβοι τῶν οὐ φοβερῶν καὶ περιχάρειαι ἐπὶ τοῖς μηδενὸς
ἀξίοις τίνων ἂν εἴη ἐνεργήματα ἢ δαιμόνων πληρωσάντων 15
τοὺς μὴ δυναμένους μετὰ ἀληθείας λέγειν· Ἐγὼ δαιμόνιον
οὐκ ἔχω; ἀλλ᾽ εἰκός τινας τοὺς ἁγίους πατριάρχας, ἢ τὸν
ἱερὸν θεράποντα, ἢ τοὺς θαυμασίους προφήτας, ἢ τοὺς
δυνατωτάτους τοῦ σωτῆρος ἡμῶν Ἰησοῦ ἀποστόλους φέρον- 357
τας εἰς τὴν ἐξέτασιν δυσωπήσειν ἡμᾶς, ὡς ἄρα καὶ οὗτοι 20
εἴποιεν ἂν ὁμοίως τῷ Ἰησοῦ τό· Ἐγὼ δαιμόνιον οὐκ ἔχω·
πρὸς οὓς ἔστιν εἰπεῖν· ἆρα καὶ οὗτοί ποτε ἥμαρτον, ἢ ψεῦδος
τό· Πάντες γὰρ ἥμαρτον καὶ ὑστεροῦνται τῆς δόξης τοῦ
θεοῦ· καὶ οὐκ ἀληθὲς τό· Οὐδεὶς καθαρὸς ἀπὸ ῥύπου· οὐδὲ
τεθεωρημένως εἴρηται τό· Οὐκ ἔστι δίκαιος ἐπὶ γῆς ὃς 25
ποιήσει ἀγαθὸν καὶ οὐχ ἁμαρτήσεται; ἀλλὰ σαφὲς ὅτι
ἀληθεῖς αἱ πᾶσαι γραφαὶ καὶ οὐκ ἀεὶ οὐδὲ ἐξ ἀρχῆς ἐδύ-
ναντο λέγειν οὐδ᾽ οἱ μεταβάλλοντες ἐπὶ τὸν κατὰ ἀρετὴν
βίον τό· Ἐγὼ δαιμόνιον οὐκ ἔχω· ἀλλ᾽ ἢ μόνου τοῦ κατὰ
τὸν σωτῆρα νοουμένου ἀνθρώπου ἀρχῆθεν ἦν φωνή, διὰ 30
τοῦτο κυριώτατα καὶ ἀληθέστατα μόνου τὸν πατέρα τιμήσαν-
τος· οὐδεὶς γὰρ τιμῶν τι τῶν μὴ τιμωμένων ὑπὸ θεοῦ, τιμᾷ

cf. Jer v 8
cf. Mt x 29
Jo viii 49
Ro iii 23
Job xiv 4
Eccl vii (20) 21

3 ἔλεγχον   11 τί] ὅτι   22 πρὸς οὓς] προσὸν

τὸν ἀτιμάζοντα τὰ ὑπ' αὐτοῦ τιμώμενα. πῶς γὰρ λεκτέον
ὅτι τιμᾷ τὸν πατέρα ὁ μηδὲ τὴν ἀρχὴν τὸ πνεῦμα τῆς
υἱοθεσίας λαβών; οὐδεὶς δὲ ἔχει τὸ πνεῦμα τῆς υἱοθεσίας   cf. Ro viii 15
ἁμαρτάνων· ὁ γὰρ ἐκ τοῦ θεοῦ γεγεννημένος οὐχ ἁμαρτάνει.   1 Jo v 18
5 καὶ πῶς τιμᾷ τὸν πατέρα ὁ τιμῶν δόξαν τὴν παρὰ ἀνθρώπων   cf. Jo v 44
ἢ ἀργύριον ἢ τὸν χοϊκὸν πλοῦτον ἢ τὸ ἐκ σαρκῶν καὶ αἱμά-
των κάλλος, ἢ ἀπαξαπλῶς τι τῶν οἰκείων τῇ ὕλῃ καὶ τῇ
φθορᾷ;
    37. Δῆλον οὖν πῶς τοῦ σωτῆρός ἐστι φωνὴ τό· Τιμῶ   Jo viii 49
10 τὸν πατέρα· ἥντινα, ὅσῃ δύναμις, φιλοτιμητέον συμμαρτυ-   cf. Ro ix 1
ρούσης ἡμῖν τῆς συνειδήσεως ἐν πνεύματι ἁγίῳ εἰπεῖν,
ἀποδιδοῦσι τῷ τὴν τιμὴν τὴν τιμήν, καὶ μὴ ἑτέρῳ ἀπονέ-   cf. Ro xiii 7
μουσιν αὐτήν. καὶ καλῶς γε ὁ ἐλθόντος τοῦ πληρώματος   cf. Gal iv 4
τοῦ χρόνου ἀπεσταλμένος ὑπὸ τοῦ θεοῦ γενέσθαι ἐκ γυναικὸς
15 καὶ γενέσθαι ὑπὸ τὸν νόμον, ὡς ὑπὸ τὸν λέγοντα νόμον
τυγχάνων τό· Τίμα τὸν πατέρα καὶ τὴν μητέρα, ἵνα εὖ σοι   Ex xx 12
γένηται· οὐδένα ἄλλον ἔχων πατέρα ἢ τὸν ἐν τοῖς οὐρανοῖς
θεόν φησιν· Ἀλλὰ τιμῶ τὸν πατέρα μου. ἐροῦμεν δὲ καὶ
ἡμεῖς ταύτην τὴν φωνήν, νοήσαντες τὸ τῆς παλιγγενεσίας   cf. Tit iii 5
20 λουτρόν, καὶ λουσάμενοι κατ' αὐτὸ ἐπὶ τῷ γενέσθαι υἱοὶ
θεοῦ, καὶ μηκέτι καλοῦντες πατέρα ἐπὶ τῆς γῆς τῷ υἱοὶ   cf. Mt xxiii 9
γεγονέναι τοῦ ἐν τοῖς οὐρανοῖς πατρός, καὶ ἀδελφοὶ τοῦ
εἰπόντος· Πορεύομαι πρὸς τὸν πατέρα μου καὶ πατέρα   Jo xx 17
ὑμῶν, καὶ θεόν μου καὶ θεὸν ὑμῶν. δῆλον οὖν ὅτι κυριώ-
25 τατα καὶ τελειότατα εἰπόντος τοῦ Ἰησοῦ· Ἐγὼ δαιμόνιον
οὐκ ἔχω, ἀλλὰ τιμῶ τὸν πατέρα μου· οἱ μιμηταὶ αὐτοῦ,
ἕκαστος κατὰ δύναμιν, πάντα ἰσχύσας ἐν τῷ ἐνδυναμοῦντι
αὐτὸν Χριστῷ Ἰησοῦ, καὶ αὐτὸς ἐρεῖ τό· Ἐγὼ δαιμόνιον   cf. Phil iv 13
358 οὐκ ἔχω, ἀλλὰ τιμῶ τὸν πατέρα μου. τίς δὲ νεκροῖς συνὼν
30 καὶ ἐν τάφοις οἰκῶν δυνηθείη ἂν εἰπεῖν τό· Ἐγὼ δαιμόνιον
οὐκ ἔχω; ἢ τίς ἄλλο τι παρὰ τὸν θεὸν καὶ τὸν λόγον αὐτοῦ
καὶ τὸ ὑπὸ τοῦ λόγου προστασσόμενον τιμῶν, ἑτέρῳ τὴν

cf. Ro xiii 7 τιμὴν διδούς, δέον τῷ τὴν τιμὴν ἀποδιδόναι αὐτήν, εἴποι ἂν
Jo viii 49 ὡς Ἰησοῦ μαθητής· Ἀλλὰ τιμῶ τὸν πατέρα μου; ἑξῆς ἐστι
τούτοις τό· Καὶ ὑμεῖς ἀτιμάζετέ με· εἰρημένον πρὸς τοὺς
Jo viii 48 ἀτιμάσαντας αὐτόν, καὶ εἰπόντας αὐτῷ τό· Οὐ καλῶς
λέγομεν ἡμεῖς ὅτι Σαμαρείτης εἶ σὺ καὶ δαιμόνιον ἔχεις; 5
οἰηθέντες τὸ κακῶς εἰρημένον καλῶς λελαληκέναι· κακῶς
γὰρ νοοῦντες Σαμαρείτην καὶ δαιμόνιον ἔχοντα τὸν σωτῆρα
ἀπεφήναντο. νομιστέον δὲ τό· Καὶ ὑμεῖς ἀτιμάζετέ με·
οὐχὶ καὶ ἐκείνοις μόνοις εἰρῆσθαι τότε ἀλλὰ καὶ τοῖς ἀεὶ
ἀτιμάζουσι, δι' ὧν πράττουσι παρὰ τὸν ὀρθὸν λόγον, τὸν τοῦ 10
θεοῦ, καὶ ἀτιμάζουσι δι' ὧν ἀδικοῦσι τὸν χριστόν, ὅς ἐστι
δικαιοσύνη, καὶ ἀτιμάζουσι δι' ὧν κατὰ ἀδυναμίαν καὶ
cf. 2 Co xii 9 ἀσθένειαν ἐπιτελοῦσι τὴν τοῦ θεοῦ δύναμιν, ἥτις ἐστὶν ὁ
cf. 1 Co i 24 σωτήρ· Χριστὸς γὰρ θεοῦ δύναμις. καὶ παντὶ δὲ τῷ ἐξ-
ουδενοῦντι σοφίαν λεχθείη ἂν τό· Ὑμεῖς ἀτιμάζετέ με· 15
cf. Ro xii 18 ἐπείπερ Χριστὸς καὶ σοφία ἐστίν. ἀλλὰ καὶ εἰ δέον τὸ ἐξ
αὐτοῦ τινα μετὰ πάντων ἀνθρώπων εἰρηνεύειν, ὥστ' ἂν εἰπεῖν
Ps cxix (cxx)
6 f. τὸ προφητικὸν ἐκεῖνο· Μετὰ τῶν μισούντων τὴν εἰρήνην
cf. Phil iv 7 ἤμην εἰρηνικός· καὶ δέον ἀναλαβεῖν τὴν ὑπερέχουσαν θεοῦ
πάντα νοῦν εἰρήνην, φρουροῦσαν τὴν καρδίαν καὶ τὰ νοήματα 20
cf. Gal v 15 τοῦ ἀνειληφότος αὐτήν. εἰ δὲ πολεμικός τις εἴη καὶ δάκνων
καὶ καταιτιώμενος καὶ κατεσθίων τὸν πλησίον καὶ πεπλη-
ρωμένος τῆς ἐν τῷ ἡγεμονικῷ ἑαυτοῦ στάσεως τῶν παθῶν,
cf. Eph ii 14 καὶ τούτῳ ἂν λεχθείη τό· Ὑμεῖς ἀτιμάζετέ με· Χριστὸς
γάρ ἐστιν ἡ εἰρήνη ἡμῶν. ἔτι δὲ ἐπείπερ· Πᾶς ὁ φαῦλα 25
Jo iii 20 πράσσων μισεῖ τὸ φῶς, καὶ οὐκ ἔρχεται πρὸς τὸ φῶς· φῶς
Jo viii 12 δέ ἐστιν ὁ εἰπών· Ἐγώ εἰμι τὸ φῶς τοῦ κόσμου· δῆλον ὅτι
φαῦλα πράσσων, ἀτιμάζων τὸ φῶς, ἀτιμάζει Χριστόν, καὶ
αὐτὸς ἀκουσόμενος τό· Καὶ ὑμεῖς ἀτιμάζετέ με. καὶ τί με
δεῖ ἐπὶ πλέον μηκύνειν τὸν λόγον, ἀναπτύσσοντα καὶ δει- 30
κνύντα τίνες εἰσὶν οἱ ἐλεγχόμενοι ὑπὸ τοῦ Ἰησοῦ καὶ
ἀκούοντες ὑπ' αὐτοῦ τό· Ὑμεῖς ἀτιμάζετέ με· σαφῶν ὄντων

3 εἰρημένων   6 καλῶς] καλὸς   21 εἰ] ὁ
30 δεικνύνται

ἐκ τῶν ἀποδεδομένων καὶ τῶν δυναμένων τούτοις ἀκολούθως
αὐτοῖς συνάπτεσθαι;

359   38. (30) Μετὰ ταῦτα ἴδωμεν, τί ἐστι τό· Ἐγὼ δὲ οὐ   Jo viii 50
ζητῶ τὴν δόξαν μου· ἔστιν ὁ ζητῶν καὶ κρίνων. ζητεῖ ὁ
5 θεός, δοὺς ἡμῖν τὸν υἱὸν ἑαυτοῦ, ἐν ἑκάστῳ τῶν εἰληφότων
αὐτὸν τὴν δόξαν τοῦ χριστοῦ· ἥντινα εὑρήσει μὲν ἐν τοῖς
ἐπιμελουμένοις ἑαυτῶν, καὶ ἐξεργαζομένοις τὰς ἐγκαταφυ-
τευθείσας ἐπ' ἀρετῇ ἀφορμάς· οὐχ εὑρήσει δὲ ἐν τοῖς
μὴ τοιούτοις, καὶ μὴ εὑρίσκων κρίνει ἐκείνους ἐν οἷς
10 οὐχ εὑρίσκει τὴν δόξαν τοῦ υἱοῦ ἑαυτοῦ, πρὸς οὓς ἐρεῖ·
Διὰ ὑμᾶς διαπαντὸς τὸ ὄνομά μου βλασφημεῖται ἐν τοῖς Is lii 5;
ἔθνεσιν. ἐπαπορῆσαι δ' ἄν τις διὰ τό· Ἔστιν ὁ ζητῶν καὶ   cf. Ro ii 24
κρίνων· εἰ χρὴ τοῦτο ἀναφέρειν ἐπὶ τὸν θεόν, σαφῶς τοῦ
σωτῆρος εἰρηκότος· Οὐδὲ γὰρ ὁ πατὴρ κρίνει οὐδένα, ἀλλὰ Jo v 22 f.
15 τὴν κρίσιν πᾶσαν δέδωκε τῷ υἱῷ, ἵνα πάντες τιμῶσι τὸν
υἱὸν καθὼς τιμῶσι τὸν πατέρα. ἀλλ' ὅρα εἰ δύνασαι πρὸς
τοῦτο χρήσασθαι τῷ· Οὐ δύναμαι ἐγὼ ποιεῖν ἀπ' ἐμαυτοῦ Jo v 30
οὐδέν· καθὼς ἀκούω κρίνω, καὶ ἡ κρίσις ἡ ἐμὴ δικαία ἐστιν,
ὅτι οὐ ζητῶ τὸ θέλημα τὸ ἐμὸν, ἀλλὰ τὸ θέλημα τοῦ πέμ-
20 ψαντός με. εἰ γὰρ καθὼς ἀκούει ὁ σωτὴρ ἡμῶν ἀπὸ τοῦ
πατρὸς οὕτως κρίνει, ζητῶν οὐ τὸ ἴδιον θέλημα ἀλλὰ τοῦ
πέμψαντος αὐτὸν πατρὸς, καὶ διὰ τοῦτο δικαία ἐστὶν ἡ
κρίσις αὐτοῦ, μήποτε κυριώτερον ἡ κρίσις ἣν κρίνει ὁ
ἀκούων οὐκ ἔστι τοῦ ἀκούοντος ἀλλὰ τοῦ λέγοντος ἀκούοντι.
25 κἂν λέγῃ δὲ ὅτι Ἡ κρίσις ἡ ἐμὴ δικαία ἐστίν· ἄκουε ἐν τῷ
αὐτῷ εὐαγγελίῳ λεγομένου τοῦ· Πάντα τὰ ἐμὰ σά ἐστιν. Jo xvii 10
εἰ γὰρ ἀληθὲς ὑπὸ τοῦ σωτῆρος εἰρημένον τό· Πάντα τὰ ἐμὰ
σά ἐστι· δῆλον ὅτι καὶ αὐτὴ ἡ κρίσις περὶ ἧς φησιν· Ἡ
κρίσις ἡ ἐμὴ δικαία ἐστί· τοῦ πατρός ἐστι κρίσις. εἰ δὲ
30 τοῦ πατρός ἐστι κρίσις, δύναται λελύσθαι τὸ ἐπηπορημένον
περὶ τοῦ· Ἐγὼ δὲ οὐ ζητῶ τὴν δόξαν μου· ἔστιν ὁ ζητῶν
καὶ κρίνων. ἔχει δέ τινα καὶ ἀτυφίας ἔμφασιν πρεπούσης

13 τοῦτο] τουτε   31 τοῦ] om.

Jo viii 50 τῷ σωτῆρι τὸ λεγόμενον ἐν τῷ· Ἐγὼ δὲ οὐ ζητῶ τὴν δόξαν
μου· οὐδὲ γὰρ πάνυ ἔπρεπεν αὐτὸν τὴν ἑαυτοῦ δόξαν ἀπαι-
τεῖν καὶ ἐπὶ τούτῳ κρίνειν τοὺς μὴ ἀποδεδωκότας αὐτήν,
ἀλλ' ἐχρῆν τὸν πατέρα δόξαν δεδωκότα τῷ υἱῷ ἀπαιτεῖν
αὐτὴν ἀπὸ τῶν ἀποστερούντων καὶ κρίνειν αὐτοὺς ἐπὶ ταύτῃ. 5
τάχα δὲ καὶ ὁ σωτήρ, μιμητὴς ὢν τοῦ πατρός, ζητεῖ τὴν
δόξαν τοῦ θεοῦ ἀπὸ τῶν μανθανόντων τὰ περὶ θεοῦ· καὶ εἰ
μὴ εὕροι τὴν τοῦ πατρὸς δόξαν ἔν τισι, κρίναι ἂν ἐκείνους,
cf. Jo v 27 ὡς ἐξουσίαν λαβὼν κρίσιν ποιεῖν, ὅτι υἱὸς ἀνθρώπου ἐστίν.
ὁ μέντοι γε Ἡρακλέων τό· Ἔστιν ὁ ζητῶν καὶ κρίνων· 10
οὐκ ἀναφέρει ἐπὶ τὸν πατέρα, τοιαῦτα λέγων· ὁ ζητῶν καὶ 360
κρίνων ἐστὶν ὁ ἐκδικῶν με, ὁ ὑπηρέτης ὁ εἰς τοῦτο τετα-
cf. Ro xiii 4 γμένος, ὁ μὴ εἰκῇ τὴν μάχαιραν φορῶν, ὁ ἔκδικος τοῦ
βασιλέως· Μωσῆς δέ ἐστιν οὗτος, καθὰ προείρηκεν αὐτοῖς
Jo v 45 λέγων· Εἰς ὃν ὑμεῖς ἠλπίσατε. εἶτ' ἐπιφέρει ὅτι ὁ κρίνων 15
καὶ κολάζων ἐστὶ Μωσῆς, τουτέστιν αὐτὸς ὁ νομοθέτης. καὶ
μετὰ τοῦτο πρὸς ἑαυτὸν ἐπαπορεῖ ὁ Ἡρακλέων λέγων· πῶς
οὖν οὐ λέγει τὴν κρίσιν πᾶσαν παραδεδόσθαι αὐτῷ; καὶ
νομίζων λύειν τὴν ἀνθυποφορὰν ταῦτά φησι· καλῶς λέγει,
ὁ γὰρ κριτὴς ὡς ὑπηρέτης τὸ θέλημα τούτου ποιῶν κρίνει, 20
ὥσπερ καὶ ἐπὶ τῶν ἀνθρώπων φαίνεται γινόμενον. πῶς δὲ
ἄλλῳ τινὶ ἀνατίθησι τὴν κρίσιν ὡς ὑποδεεστέρῳ τοῦ σω-
τῆρος, καθ' ὃ νομίζει, τῷ δημιουργῷ, οὐδ' οὕτω ἀποδεῖξαι
Jo v 22 δύναται, σαφῶς γεγραμμένου τοῦ· Οὐδὲ γὰρ ὁ πατὴρ κρίνει
οὐδένα, ἀλλὰ τὴν κρίσιν πᾶσαν δέδωκε τῷ υἱῷ· καὶ τοῦ· 25
Jo v 27 Ἐξουσίαν ἔδωκεν αὐτῷ κρίσιν ποιεῖν, ὅτι υἱὸς ἀνθρώπου
ἐστίν.

Jo viii 51 39. (31) Ἀμὴν ἀμὴν λέγω ὑμῖν, ἐάν τις τὸν
ἐμὸν λόγον τηρήσῃ, θάνατον οὐ μὴ θεωρήσῃ εἰς τὸν
αἰῶνα. Ὥσπερ ἐστί τις ζωὴ ἀδιάφορος, ἡ μήτε ἀγαθὸν 30
μήτε κακὸν τυγχάνουσα, καθ' ἣν λέγομεν ζῆν καὶ τοὺς
ἀσεβεῖς καὶ τὰ ἄλογα ζῷα· καὶ ἑτέρα διάφορος ἀλλὰ

14 οὕτως

ἀγαθὸν, περὶ ἧς φησιν ὁ Παῦλος· Ἡ ζωὴ ἡμῶν κέκρυπται   Col iii 3
σὺν τῷ χριστῷ ἐν τῷ θεῷ· καὶ αὐτὸς ὁ κύριος ἡμῶν περὶ
ἑαυτοῦ· Ἐγώ εἰμι ἡ ζωή· οὕτως τὸν μὲν ἐναντίον τῇ ἀδια-   Jo xi 25
φόρῳ ζωῇ θάνατον ἀδιάφορον ἐρεῖς· τὸν δὲ ἐχθρὸν τῷ
5 εἰπόντι· Ἐγώ εἰμι ἡ ζωή· πονηρόν τινα καὶ χαλεπὸν
θάνατον, ὃν ὁ ἀποθνήσκων ἐστὶν ἐν τῷ θανάτῳ· περὶ οὗ
γέγραπται· Ἔσχατος ἐχθρὸς καταργεῖται ὁ θάνατος.   καὶ   1 Co xv 26
περὶ τούτου γε τοῦ θανάτου νομιστέον λέγειν τὸν ἀπό-
στολον ταῦτα· Διὰ τοῦτο ὥσπερ δι᾽ ἑνὸς ἀνθρώπου ἡ   Ro v 12 ff.
10 ἁμαρτία εἰς τὸν κόσμον εἰσῆλθε καὶ διὰ τῆς ἁμαρτίας ὁ
θάνατος, καὶ οὕτως εἰς πάντας ἀνθρώπους ὁ θάνατος διῆλθεν,
ἐφ᾽ ᾧ πάντες ἥμαρτον· ἄχρι γὰρ νόμου ἡ ἁμαρτία ἦν ἐν
κόσμῳ, ἁμαρτία γὰρ οὐκ ἐλλογεῖται μὴ ὄντος νόμου, ἀλλ᾽
ἐβασίλευσεν ὁ θάνατος ἀπὸ Ἀδὰμ μέχρι Μωσέως καὶ ἐπὶ
15 τοὺς μὴ ἁμαρτήσαντας ἐπὶ τῷ ὁμοιώματι τῆς παραβάσεως
Ἀδάμ· καὶ μετ᾽ ὀλίγα· Εἰ γὰρ ἐν ἑνὸς παραπτώματι ὁ   Ro v 17
θάνατος ἐβασίλευσε διὰ τοῦ ἑνός, πολλῷ μᾶλλον οἱ τὴν
361 περισσείαν τῆς χάριτος καὶ τῆς δικαιοσύνης λαμβάνοντες ἐν
ζωῇ βασιλεύσουσι διὰ τοῦ ἑνὸς Χριστοῦ Ἰησοῦ.   τίς γὰρ
20 ἐστιν ὁ διὰ τῆς ἁμαρτίας θάνατος εἰς τὸν κόσμον εἰσελθὼν,
ἢ ὁ ἔσχατος ἐχθρὸς Χριστοῦ καταργηθησόμενος; καὶ τίς ὁ
εἰς πάντας ἀνθρώπους θάνατος διελθὼν, τῷ πάντας ἡμαρ-
τηκέναι, ἢ αὐτὸς οὗτος ὃς καὶ ἐβασίλευσεν ἀπὸ Ἀδὰμ μέχρι
Μωσέως; Μωσῆς δέ, τουτέστιν ὁ νόμος, ἦν μέχρι τῆς τοῦ
25 κυρίου ἡμῶν Ἰησοῦ ἐπιδημίας.   καὶ ἐβασίλευσέ γε ἐν ἑνὸς
παραπτώματι διὰ τοῦ ἑνός, ἕως οἱ τὴν περισσείαν τῆς
χάριτος καὶ τῆς δικαιοσύνης λαβόντες ἐν ζωῇ βασιλεύσωσι
διὰ τοῦ ἑνὸς Χριστοῦ Ἰησοῦ.   τοῦτον οὖν τὸν θάνατον οὐ
θεωρήσει εἰς τὸν αἰῶνα ὁ τὸν λόγον τοῦ μονογενοῦς καὶ
30 πρωτοτόκου πάσης κτίσεως τηρήσας, πεφυκότα κωλύειν   cf. Col i 15
θεωρεῖσθαι τὸν θάνατον.   οὕτω δὲ ἀκουστέον τοῦ· Ἐάν τις   Jo viii 51
τὸν ἐμὸν λόγον τηρήσῃ, θάνατον οὐ μὴ θεωρήσῃ εἰς τὸν
αἰῶνα· ὡς εἰ χαρισάμενος ὁ ταῦτα λέγων φῶς τοῖς ἀκούουσιν
ἔφασκεν αὐτοῖς· ἐάν τις τὸ ἐμὸν τοῦτο τηρήσῃ φῶς, σκότον

οὐ μὴ θεωρήσῃ εἰς τὸν αἰῶνα. ἀδύνατον γὰρ γενέσθαι
σκότος τῷ τηροῦντι τὸ φῶς· εἰ μέντοι γε ἀπολέσαι τις
τοῦτο τὸ φῶς, ἕπεται τῷ ἀπολωλεκότι εὐθέως ἰδεῖν τὸ
σκότος. οὕτω τοίνυν καὶ ἐν τῷ λόγῳ ἐν ἀρχῇ πρὸς τὸν
θεὸν γέγονεν ἡ ζωή. διόπερ ἡ ἀρχή, τουτέστιν ἡ σοφία ἡ 5
λέγουσα· Ὁ θεὸς ἔκτισέ με ἀρχὴν ὁδοῦ αὐτοῦ εἰς ἔργα
αὐτοῦ· περὶ τοῦ ἐν αὐτῇ λόγου, ἐν ᾧ γέγονεν ἡ ζωή, διδάξει
καὶ φήσει· Ἐάν τις τὸν ἐμὸν λόγον τηρήσῃ, θάνατον οὐ
μὴ θεωρήσῃ εἰς τὸν αἰῶνα· ἅμα γὰρ τηρήσει τις τὸν λόγον,
καὶ τὴν ἀχώριστον αὐτοῦ γενομένην ἐν αὐτῷ ζωήν, ἥτις 10
ἅμα καὶ φῶς ἐστι τῶν ἀνθρώπων, τὸ ἐν τῇ σκοτίᾳ φαῖνον
καὶ μὴ καταλαμβανόμενον ὑπ' αὐτῆς. ἐὰν οὖν οἱονεὶ πυν-
θανόμενος ὁ προφήτης λέγῃ· Τίς ἐστιν ὁ ἄνθρωπος ὃς
ζήσεται καὶ οὐκ ὄψεται θάνατον; ἀποκρινούμεθα μαθόντες
ἀπὸ τοῦ σωτῆρος ἡμῶν καὶ ἐροῦμεν ὅτι ἄνθρωπός ἐστιν ὃς 15
ζήσεται καὶ οὐκ ὄψεται θάνατον ὃς τηρεῖ τὸν λόγον τοῦ
εἰπόντος· Ἐάν τις τὸν ἐμὸν λόγον τηρήσῃ, θάνατον οὐ μὴ
θεωρήσῃ εἰς τὸν αἰῶνα. ἅμα δὲ ἐν τῷ τόπῳ ζητῶ μήποτε
τό· Εἰς τὸν αἰῶνα· ἀπὸ κοινοῦ ληπτέον, ὥστ' ἂν εἶναι
τοιοῦτον τὸ ὅλον· ἐάν τις τὸν ἐμὸν λόγον τηρήσῃ εἰς τὸν 20
αἰῶνα, θάνατον οὐ μὴ θεωρήσῃ. καὶ γὰρ ἔοικεν ἐπὶ τοσοῦ-
τόν τις μὴ θεωρεῖν τὸν θάνατον, ὅσον τηρεῖ τὸν τοῦ Ἰησοῦ
λόγον· ἅμα γάρ τις ἀπώλεσεν αὐτὸν καὶ θάνατον ἐθεώρησεν. 362
εἰ δὲ καὶ ἀνατρέχειν τις δύναται ἐπὶ τοὺς βαθυτέρους λόγους
καὶ νοεῖν πῶς ὑπὸ ἀνθρώπου λέγοιτ' ἂν τό· Εἰς χοῦν 25
θανάτου κατήγαγές με· καὶ ὑπὸ Παύλου· Τίς με ῥύσεται
ἐκ τοῦ σώματος τοῦ θανάτου τούτου; θεωρήσει τίνα τρόπον
ὅσον μὲν ἐτηρεῖτο ὁ λόγος, θάνατος οὐκ ἐθεωρεῖτο τῷ
τηροῦντι αὐτόν· ὅτε δέ τις καμὼν ἐν τῇ προσοχῇ καὶ
τηρήσει τοῦ λόγου, ἢ ἀπροσεκτήσας περὶ τὸ τηρεῖν οὐκέτι 30
αὐτὸν τετήρηκε, τότε τὸν θάνατον ἐθεώρησεν οὐ παρ' ἄλλον
ἢ παρ' ἑαυτόν. καὶ νομιστέον γε τοῦτο δόγμα εἶναι καὶ

cf. Jo i, 4

Pr viii 22

Jo viii 51

cf. Jo i 4, 5

Ps lxxxviii
(lxxxix) 49

Ps xxi (xxii)
16
Ro vii 24

9 τηρήσῃ

νόμον αἰώνιον, ἀεὶ ἂν ἡμῖν λεχθησομένου παραλαβοῦσι τὸν
λόγον τοῦ· Ἐάν τις τὸν ἐμὸν λόγον τηρήσῃ, θάνατον οὐ μὴ Jo viii 51
ὄψεται εἰς τὸν αἰῶνα. ὥσπερ δὲ, ἵν' οὕτως ὀνομάσω, ἐπι-
πλεῖον θεωρηθὲν τὸ σκότος ἀφανίζει τὰς ὄψεις τοῦ θεωρή-
5 σαντος, οὕτως θεωρηθεὶς ὁ θάνατος ἀπὸ τοῦ τὸν λόγον μὴ
τηρήσαντος θανατοῖ καὶ νεκροῖ τὴν θεωρήσασαν αὐτὸν ὄψιν
καὶ ἀποτυφλοῖ, ὡς διὰ τοῦτο δεηθῆναι τοῦ ἀνοίγοντος
ὀφθαλμοὺς τυφλῶν. καὶ οἶμαί γε διὰ τοῦτο οἱ τυφλοὶ,
ὧν σύμβολον ἦσαν οἱ ἐν τῷ εὐαγγελίῳ τυφλοὶ, τὰς ὄψεις
10 ἀπολωλέκασιν, ἐπείπερ τὸν λόγον μὴ τηρήσαντες τὸν θάνα-
τον ἐθεώρησαν.

40. (32) Εἶπον αὐτῷ οἱ Ἰουδαῖοι Νῦν ἐγνώκαμεν Jo viii 52
ὅτι δαιμόνιον ἔχεις. Οἱ μὲν πολλοὶ καὶ τῶν σοφῶν πᾶν
γένος ἁμαρτήματος, οὗ ἐν εἴδει ἐστὶ καὶ τὸ ἐν λόγῳ ἁμάρ-
15 τημα, οὐκ ἄλλοθεν ἢ ἀπὸ κριμάτων μοχθηρῶν οἴονται
γίνεσθαι· οἱ δὲ ταῖς ἁγίαις γραφαῖς ὡς θείαις πεπιστευκότες
διαλαμβάνουσι περὶ τῶν παρὰ τὸν ὀρθὸν λόγον ὑπ' ἀνθρώ-
πων πραττομένων, ὡς οὐ χωρὶς δαιμονίων ἢ ὁποιωνδήποτε
δυνάμεων ἀντικειμένων τῶν τοιούτων ἐπιτελουμένων. καὶ οἱ
20 Ἰουδαῖοι τοίνυν κατὰ δαιμονίου ἐνέργειαν ὑπελάμβανον
εἰρηκέναι τὸν Ἰησοῦν τό· Ἀμὴν ἀμὴν λέγω ὑμῖν Ἐάν τις Jo viii 51
τὸν ἐμὸν λόγον τηρήσῃ, θάνατον οὐ μὴ θεωρήσῃ εἰς τὸν
αἰῶνα. καὶ τοῦτο ἐπεπόνθεισαν μήτε τὸν λόγον τηρή-
σαντες μήτε τοῦ λεγομένου τὴν δύναμιν θεωρήσαντες· ὁ μὲν
25 γὰρ θάνατόν τινα ἐχθρὸν τῷ λόγῳ ἐπιστάμενος, ὃν ἀποθνή-
363 σκουσιν οἱ ἁμαρτάνοντες, τοῦτον ἔφασκε μὴ θεωρεῖσθαι εἰς
τὸν αἰῶνα ὑπὸ τοῦ τὸν λόγον αὐτοῦ τηρήσαντος· οἱ δὲ περὶ
τοῦ κοινοτέρου θανάτου νομίσαντες εἶναι τὸ λεγόμενον
παραπαίειν ᾤοντο τὸν λέγοντα, ἀποθανόντος Ἀβραὰμ καὶ
30 τῶν προφητῶν, μὴ ἀποθανεῖσθαι εἰς τὸν αἰῶνα πάντα τὸν
τηρήσαντα αὐτοῦ τὸν λόγον.

41. (33) Ἀβραὰμ ἀπέθανε, καὶ οἱ προφῆται, καὶ σὺ Jo viii 52

4 ἀφανίζειν   15 οἴονται] οιον   26 ἐφάσκομεν

7—2

Jo viii 52 f. λέγεις Ἐάν τις τὸν ἐμὸν λόγον τηρήσῃ, οὐ μὴ γεύσηται
θάνατον εἰς τὸν αἰῶνα. μὴ σὺ μείζων εἶ τοῦ πατρὸς
ἡμῶν Ἀβραάμ, ὅστις ἀπέθανε; καὶ οἱ προφῆται ἀπέθα-
νον· τίνα σεαυτὸν ποιεῖς; Εἰ κατὰ τὴν ἁπλουστέραν ἐκδο-
χὴν, ὡς καὶ αὐτοὶ ἀποδεδώκαμεν, δοκεῖ εἶναι σαφὲς τὸ τῆς   5
ὑπολήψεως τῶν Ἰουδαίων, ἀποκριναμένων πρὸς τὸν τοῦ σωτῆ-
ρος λόγον περὶ τοῦ Ἀβραὰμ καὶ τῶν προφητῶν ὡς ἀποτεθνη-
κότων, οὐδὲν ἧττον οὐκ ἀπαρασήμαντον τὴν ἐξέτασιν μετὰ
συγκρίσεως τῆς πρὸς ἕτερα παραπλήσια ἰτέον. ἆρα γὰρ

Jo viii 51   ᾤοντο σὺν οὐδενὶ λόγῳ τὸν σωτῆρα εἰρηκέναι τό· Ἐάν τις   10
τὸν ἐμὸν λόγον τηρήσῃ, θάνατον οὐ μὴ θεωρήσῃ εἰς τὸν
αἰῶνα· καὶ διὰ τοῦτο σαφές τι πρὸς τὸν λόγον αὐτοῦ
ἀπεκρίναντο; ἢ ἐνόησαν οὐ περὶ τοῦ κοινοτέρου θανάτου
αὐτὸν λελαληκέναι, καὶ διαλαμβάνοντες περὶ Ἀβραὰμ καὶ
τῶν προφητῶν, ὡς καὶ αὐτῶν ἐν τῷ χείρονι θανάτῳ γεγε-   15
νημένων ποτέ, τὸν λόγον αὐτοῦ μὴ παραδεξάμενοι μηδὲ
ὑπολαμβάνοντες αὐτὸν εἶναι τηλικοῦτον ὁποῖον ἐπηγγείλατο

Jo viii 52   ὁ λέγων, φασί· Νῦν ἐγνώκαμεν ὅτι δαιμόνιον ἔχεις; τὸ δ'
ὅμοιον καὶ ἐπ' ἄλλων αὐτοῦ λόγων καὶ τῶν πρὸς αὐτοὺς
ἀποκρίσεων ἐπὶ πλειόνων ἐν τοῖς ἀνωτέρω ἐξητάσαμεν· οἷον   20

Jo iv 7   ἐπὶ τῆς Σαμαρείτιδος, ὅτι εἰπὼν αὐτῇ ὁ Ἰησοῦς· Δός μοι
Jo iv 10 f.   πιεῖν· μεθ' ἕτερα προσέθηκε τοιαῦτα· Εἰ ᾔδεις τὴν δωρεὰν
τοῦ θεοῦ, καὶ τίς ἐστιν ὁ λέγων σοι Δός μοι πιεῖν, σὺ ἂν
ᾔτησας αὐτὸν καὶ ἔδωκεν ἄν σοι ὕδωρ ζῶν. καὶ λέγει
αὐτῷ ἡ γυνή Κύριε, οὔτε ἄντλημα ἔχεις, καὶ τὸ φρέαρ ἐστὶ   25

Jo iv 15   βαθύ· πόθεν οὖν ἔχεις τὸ ὕδωρ τὸ ζῶν; καὶ πάλιν· Κύριε,
δός μοι τοῦτο τὸ ὕδωρ, ἵνα μὴ διψῶ μηδὲ διέρχωμαι ἐνθάδε
ἀντλεῖν. οὐ γὰρ πιθανὸν ἦν περὶ αἰσθητοῦ ὕδατος ἀπο-
κρίνεσθαι αὐτῷ τὴν Σαμαρεῖτιν, καὶ ᾐτηκέναι αὐτὸν σωμα-
τικὸν ὕδωρ ἐπὶ τῷ μηκέτι διψῆσαι μηδὲ διέρχεσθαι ἀντλεῖν   30
ἀπὸ τῆς τοῦ Ἰακὼβ αἰσθητῆς πηγῆς. ἀλλὰ καὶ εἰπόντος

Jo vi 51   τοῦ κυρίου· Ὁ ἄρτος ὃν ἐγὼ δώσω ἡ σάρξ μου ἐστὶν ὑπὲρ   364

10 οὐδενὶ λόγῳ] οὐδενὶν τῷ   13 ἐνόησαμεν   20 ἐξετασαμεν
22, 23 ποιεῖν   24 ἄν] om.

τῆς τοῦ κόσμου ζωῆς· ὅτε ἐμάχοντο πρὸς ἀλλήλους οἱ
Ἰουδαῖοι λέγοντες Πῶς δύναται ἡμῖν οὗτος δοῦναι τὴν Jo vi 52
σάρκα φαγεῖν; ἀπεδείκνυμεν ὅτι οὐκ ἂν τοσοῦτον ἀνόητοι
ἦσαν οἱ ἀκούοντες ὡς ὑπολαμβάνειν ὅτι προκαλεῖται ὁ
5 λέγων τοὺς ἀκροατὰς εἰς τὸ προσελθεῖν καὶ ἐμφαγεῖν τῶν
σαρκῶν αὐτοῦ.

42. Καὶ εἰκός γε ὅτι ἔλεγον οἱ Ἰουδαῖοι ἐπὶ τῶν νῦν
ἡμῖν ἐξεταζομένων ῥητῶν τό· Ἀβραὰμ ἀπέθανε, καὶ οἱ Jo viii 52
προφῆται· μεμαθηκότες τίνα τρόπον δι᾽ ἑνὸς ἀνθρώπου ἡ Ro v 12
10 ἁμαρτία εἰς τὸν κόσμον εἰσῆλθε καὶ διὰ τῆς ἁμαρτίας ὁ
θάνατος· καὶ οὕτως εἰς πάντας ἀνθρώπους ὁ θάνατος διῆλ-
θεν, ἐφ᾽ ᾧ πάντες ἥμαρτον. ἔβλεπον δὲ καὶ ὅτι ἐβασίλευσεν
ὁ θάνατος ἐπὶ τοὺς ἁμαρτήσαντας ἐπὶ τῷ ὁμοιώματι τῆς cf. Ro v 14
παραβάσεως Ἀδὰμ, καὶ ἦν αὐτοῖς ὁ λόγος περὶ τοῦ διὰ τὴν
15 ἁμαρτίαν θανάτου εἰς πάντας ἀνθρώπους διεληλυθότος ἐπὶ
τῷ πάντας ἡμαρτηκέναι. περὶ τούτων δὲ μεμαθηκότες τὰ
ἑξῆς, ἅτε μὴ παραδεξάμενοι τοὺς Ἰησοῦ λόγους, οὐκ ᾔδεισαν,
καὶ ὅτι οὐχ ὡς τὸ παράπτωμα, οὕτως καὶ τὸ χάρισμα. ἀλλ᾽ Ro v 15
οὐδὲ συλλογίζεσθαί πως ἐδύναντο ὅτι εἰ τῷ τοῦ ἑνὸς παρα-
20 πτώματι οἱ πολλοὶ ἀπέθανον, πολλῷ μᾶλλον ἡ χάρις τοῦ θεοῦ
καὶ ἡ δωρεὰ ἐν χάριτι τῇ τοῦ ἑνὸς ἀνθρώπου Ἰησοῦ Χριστοῦ
εἰς τοὺς πολλοὺς ἐπερίσσευσεν. οὐ συνίεσαν δὲ καὶ πῶς cf. Ro v 16
οὐκ ἦν τὸ δώρημα ὅμοιον τῷ δι᾽ ἑνὸς ἁμαρτήσαντος θανάτῳ·
οὐδὲ γὰρ ἐπεπαίδευντό πω ὅτι τὸ χάρισμα ἐκ πολλῶν πα-
25 ραπτωμάτων ἐγίνετο εἰς δικαίωμα. ἀλλ᾽ οὐδὲ ἔβλεπον ὅτι
Οἱ τὴν περισσείαν τῆς χάριτος καὶ τῆς δωρεᾶς λαμβάνοντες Ro v 17
ἐν ζωῇ βασιλεύσουσι διὰ τοῦ ἑνὸς Ἰησοῦ Χριστοῦ. καὶ
ἐνενόουν μὲν τὸν θάνατον Ἀβραὰμ καὶ τῶν προφητῶν,
ἀκούοντες ὅτι καὶ Σαμουήλ, ὡς διὰ τὸν θάνατον ὑπὸ γῆν ὤν,
30 ὑπὸ ἐγγαστριμύθου ἀνήγετο, θεοὺς οἰομένης κάτω που εἶναι
τῆς γῆς καὶ λεγούσης· Θεοὺς ἐγὼ εἶδον ἀναβαίνοντας ἀπὸ 1 Reg xxviii
τῆς γῆς· τὴν δὲ ζωὴν τοῦ Ἀβραὰμ καὶ τῶν προφητῶν οὐ 13
κατειλήφασιν, οὐδ᾽ ὅτι ὁ θεὸς Ἀβραὰμ καὶ Ἰσαὰκ καὶ cf. Mt xxii 32
Ἰακὼβ θεὸς ἦν οὐ νεκρῶν αὐτῶν, ἀλλὰ ζώντων· καὶ ὡς

cf. Mt xxiii 29 ὑπολαμβάνοντές τε νεκροὺς εἶναι τοὺς προφήτας ᾠκοδόμουν
αὐτῶν τοὺς τάφους, καὶ διὰ τοῦτο ταλανιζόμενοι. εἰ καὶ
ἀπέθανεν οὖν Ἀβραάμ, ἀλλ᾽ ἔζησε καὶ οὐκέτι τὸν θάνατον
cf. Jo viii 56 ἐθεώρει ἀφ᾽ οὗ ἰδὼν τὴν Ἰησοῦ ἡμέραν ἠγαλλιάσατο καὶ
ἐχάρη. οἶμαι δὲ καὶ διὰ τοῦτο πρὸς τό· Ἀβραὰμ ἀπέθανεν· 5
εἰρῆσθαι ὑπὸ τοῦ σωτῆρος, διδάσκοντος ὅτι Ἀβραὰμ ἔζη,
τό· Ἀβραὰμ ὁ πατὴρ ὑμῶν ἠγαλλιάσατο, ἵνα ἴδῃ τὴν 365
ἡμέραν τὴν ἐμήν· καὶ εἶδε καὶ ἐχάρη. εἰ μὴ βούλεταί τις
οὕτως ἔχειν τὰ περὶ τοῦ Ἀβραάμ, λεγέτω ἡμῖν, πότερόν
ποτε ὁ ἰδὼν τὴν τοῦ σωτῆρος ἡμῶν ἡμέραν καὶ ἐπὶ τούτῳ 10
ἀγαλλιασάμενος καὶ χαρεὶς ἔτι θεωρεῖ τὸν θάνατον· ἢ ἰδὼν
τὴν ἡμέραν τοῦ σωτῆρος καὶ ἀγαλλιασάμενος καὶ χαρείς,
ἀξιωθεὶς τοιαύτης ὄψεως ὡς ἄξιος αὐτῆς, ὕστερον ἐστέρηται
οὗ ἐθεώρησεν. εἰ γὰρ ἑκάτερον τούτων ἄτοπόν ἐστιν, ἰδὼν
τὴν ἡμέραν Ἰησοῦ Ἀβραὰμ ἅμα τῷ ἰδεῖν ἤκουσε καὶ τὸν 15
λόγον αὐτοῦ καὶ ἐτήρησε καὶ οὐκέτι θάνατον θεωρεῖ· καὶ
οὐχ ὑγιῶς ἔλεγον, ὡσπερεὶ ἔτι ἐν θανάτῳ τυγχάνοντος αὐτοῦ,
οἱ Ἰουδαῖοι τό· Ἀβραὰμ ἀπέθανε. τὸ δ᾽ ὅμοιον ἐρεῖς καὶ
cf. Mt xxii 32 περὶ τῶν προφητῶν. εἰ γὰρ ὁ θεὸς οὐκ ἔστι νεκρῶν ἀλλὰ
ζώντων, καὶ ἔστιν ὥσπερ τοῦ Ἀβραὰμ καὶ τοῦ Ἰσαὰκ καὶ 20
τοῦ Ἰακὼβ οὕτως καὶ τῶν λοιπῶν προφητῶν θεός, ζῶσι καὶ
οἱ προφῆται. καὶ γὰρ ἐτήρησαν τὸν λόγον τοῦ υἱοῦ τοῦ θεοῦ,
cf. Hos i 1;
Jer xiv 1;
Is ii 1 ὅτε λόγος κυρίου ἐγένετο πρὸς Ὠσῆέ, ἢ λόγος ἐγένετο πρὸς
Ἰερεμίαν, ἢ λόγος ἐγένετο πρὸς Ἡσαΐαν· οὐ γὰρ ἄλλος λό-
cf. Jo i 1 γος θεοῦ ἐγένετο πρός τινα τούτων, ἀλλ᾽ ὁ ἐν ἀρχῇ πρὸς 25
τὸν θεὸν υἱὸς αὐτοῦ θεὸς λόγος. καὶ τοῦτον, εἰ καί τις
ἄλλος, καὶ οἱ προφῆται τετηρήκασι, καὶ ἐξ οὗ εἰλήφασι τὸν
λόγον θάνατον οὐκέτι ἐθεώρησαν. ὁμοίως τοίνυν ψεῦδος τῷ·
Jo viii 52 Νῦν ἐγνώκαμεν ὅτι δαιμόνιον ἔχεις· τό· Ἀβραὰμ ἀπέθανε
καὶ οἱ προφῆται· εἰρημένον ὑπὸ τῶν Ἰουδαίων· οὔτε γὰρ 30
ἔγνωσαν δαιμόνιον ἔχειν τὸν ἐπιτάσσοντα δαιμονίοις, οὐδεὶς
γὰρ γινώσκει τὸ μὴ ὑπάρχον, οὔτε Ἀβραὰμ καὶ οἱ προφῆται

7 ὑμῶν] ἡμῶν   8 εἶδε] ἴδεν   9 πρότερον   11 ἀγαλ-
λιασόμενος   εἰδων   12 χάρις   17 ἔλεγεν   ἐν] ον

ἐν θανάτῳ ἔτι ἦσαν, ὅτε ἔλεγον οἱ Ἰουδαῖοι τό· Ἀβραὰμ Jo viii 52
ἀπέθανε, καὶ οἱ προφῆται.

    43. Μετὰ ταῦτα ζητοῦμεν τί δήποτε, τοῦ σωτῆρος cf. Jo viii 51
εἰρηκότος περὶ παντὸς τοῦ τηροῦντος αὐτοῦ τὸν λόγον ὅτι
5 θάνατον οὐ θεωρήσει εἰς τὸν αἰῶνα, οἱ Ἰουδαῖοι μετὰ τὰ
προεξετασθέντα, δέον αὐτοὺς καταλλήλως τῷ· Θάνατον οὐ
μὴ θεωρήσει εἰς τὸν αἰῶνα· εἰρηκέναι Καὶ σὺ λέγεις Ἐάν
τις τὸν ἐμὸν λόγον τηρήσῃ, θάνατον οὐ μὴ θεωρήσει εἰς
τὸν αἰῶνα· οἱ δὲ οὐ τοῦτο, ἀλλὰ τὸ μὴ εἰρημένον ὑπὸ τοῦ
10 σωτηρός φασιν· οὐ γὰρ εἶπεν· ἐάν τις τὸν ἐμὸν λόγον
τηρήσῃ, θανάτου οὐ μὴ γεύσηται εἰς τὸν αἰῶνα· ὅπερ οὗτοι
προφέρονται ὡς ὑπὸ τοῦ κυρίου ἡμῶν εἰρημένον. καὶ ὅρα
εἰ μή, τῷ εἶναι διαφορὰν τοῦ μὴ θεωρεῖν θάνατον καὶ τοῦ
366 μὴ γεύεσθαι θανάτου, ὑπὸ τῶν λοιπῶν ἅμα εὐαγγελιστῶν
15 εἴρηται περὶ τοῦ μὴ γεύεσθαι θανάτου τοὺς ἐγγὺς τοῦ Ἰησοῦ
ἑστῶτας, ἕως ἂν ἴδωσι τὸν υἱὸν τοῦ ἀνθρώπου ἐρχόμενον ἐν
τῇ βασιλείᾳ ἑαυτοῦ, τοῦ μὲν Ματθαίου· Ἀμὴν, ἀμὴν λέγω Mt xvi 28
ὑμῖν, εἰσί τινες τῶν ὧδε ἑστώτων οἵτινες οὐ μὴ γεύσωνται
θανάτου ἕως ἂν ἴδωσι τὸν υἱὸν τοῦ ἀνθρώπου ἐρχόμενον
20 ἐν τῇ βασιλείᾳ ἑαυτοῦ· τοῦ δὲ Μάρκου· Ἀμὴν, ἀμὴν λέγω Mc ix 1
ὑμῖν ὅτι εἰσί τινες τῶν ἑστηκότων ὧδε οἵτινες οὐ μὴ
γεύσωνται θανάτου ἕως ἂν ἴδωσι τὴν βασιλείαν τοῦ θεοῦ
ἐληλυθυῖαν ἐν δυνάμει· τοῦ δὲ Λουκᾶ· Ἀληθῶς εἰσί τινες Lc ix 27
τῶν ὧδε ἑστώτων οἵτινες οὐ γεύσονται θανάτου ἕως ἂν
25 ἴδωσι τὸν υἱὸν τοῦ ἀνθρώπου ἐν τῇ δόξῃ αὐτοῦ. ὥσπερ
γὰρ ἐπὶ τοῦ σώματος διάφοροι αἰσθήσεις εἰσὶ γεῦσις καὶ
ὅρασις, οὕτως κατὰ τὰς λεγομένας ὑπὸ τοῦ Σολομῶντος
θείας αἰσθήσεις, ἄλλη μέν τις ἂν εἴη ὁρατικὴ τῆς ψυχῆς
δύναμις καὶ θεωρητική, ἄλλη δὲ ἡ γευστικὴ καὶ ἀντιληπτικὴ
30 τῆς ποιότητος τῶν νοητῶν τροφῶν. καὶ ἐπεὶ ὁ κύριος, καθ'
ὃ μὲν ἄρτος ἐστὶ ζῶν ἐκ τοῦ οὐρανοῦ καταβάς, γευστός cf. Jo vi 51
ἐστι, τρόφιμος ὢν τῇ ψυχῇ, καθ' ὃ δὲ σοφία ἐστίν, ὁρατός

24 γεύσωνται

ἐστιν, ἧς τοῦ κάλλους ἐραστὴς ὁμολογεῖ εἶναι ὁ λέγων·

Sap Sol viii 2 Ἐραστὴς ἐγενόμην τοῦ κάλλους αὐτῆς· καὶ προστάσσει
Pr iv 6 ἡμῖν τό· Ἐράσθητι αὐτῆς, καὶ τηρήσει σε. διὰ τοῦτο
Ps xxxiii (xxxiv) 9 ἐν Ψαλμοῖς εἴρηται τό· Γεύσασθε καὶ ἴδετε ὅτι χρηστὸς
ὁ κύριος. ὥσπερ δὲ ὁ κύριος γευστὸς καὶ ὁρατός, οὕτως 5
καὶ ὁ ἐχθρὸς αὐτοῦ θάνατος γευστός ἐστι καὶ ὁρατός. καὶ
Mt xvi 28 τὸ μὲν γευστὸν αὐτοῦ παρίστησι τό· Εἰσί τινες τῶν ὧδε
ἑστώτων οἵτινες οὐ μὴ γεύσωνται θανάτου, καὶ τὰ ἑξῆς· τὸ
Jo viii 51 δὲ ὁρατὸν τό· Ἐάν τις τὸν ἐμὸν λόγον τηρήσῃ, θάνατον οὐ
μὴ θεωρήσῃ εἰς τὸν αἰῶνα. γεύεται δὲ θανάτου, καὶ οὐ 10
γεύεται μόνον ἀλλὰ καὶ ἐμφορεῖται ὡς τροφῆς τοῦ θανάτου,
cf. Jo vi 68 ὁ προφερόμενος τὰ ἐναντία τοῖς ῥήμασι τῆς αἰωνίου ζωῆς.
καὶ ἐπαγγελία ἐστὶ μὴ γεύσασθαι θανάτου τινὰ τῶν
ἑστώτων ἐν τῷ δεικνυμένῳ ὑπὸ τοῦ Ἰησοῦ νοητῷ τόπῳ·
παρατήρει γὰρ ὅτι οἱ τρεῖς τό· Εἰσί τινες τῶν ὧδε ἑστώτων· 15
ἤ· Εἰσί τινες τῶν ἑστηκότων ὧδε· ἅμα εἰρήκασι περὶ ὧν
καὶ ἀνέγραψαν ὅτι Οὐ γεύσονται θανάτου ἕως ἂν ἴδωσι
Mt xvi 28 τὸν υἱὸν τοῦ ἀνθρώπου ἐρχόμενον ἐν τῇ βασιλείᾳ αὐτοῦ·
Lc ix 27
Mc ix 1 ἤ· Ἐν τῇ δόξῃ αὐτοῦ· ἤ· Ἕως ἂν ἴδωσι τὴν βασιλείαν
τοῦ θεοῦ ἐληλυθυῖαν ἐν δυνάμει. καὶ ἐπεὶ ὡς δυνατοῦ ὄντος 20
1 Co x 12 τοῦ τὸν ἑστηκότα πεσεῖν εἴρηται· Ὁ δοκῶν ἑστάναι βλεπέτω
μὴ πέσῃ· διὰ τοῦτο οὐ περὶ πάντων τῶν ἑστηκότων ἀλλὰ
περί τινων ἀναγέγραπται τό· Ἀμὴν λέγω ὑμῖν, εἰσί τινες
τῶν ὧδε ἑστώτων. ἑστὼς μὲν οὖν τις οὐ γεύεται θανάτου,
τηρῶν τὸ ἑστηκέναι· τὸν δὲ λόγον παραλαβὼν καὶ τηρῶν 367
θάνατον οὐ θεωρήσει.

44. Εἴπερ οὖν διαφορά τίς ἐστι τοῦ γεύσασθαι θανάτου
καὶ τοῦ θεωρεῖν τὸν θάνατον, ὡς οὐ συνετοὶ ἀκροαταὶ οἱ
Ἰουδαῖοι συγχέοντες τὸν τοῦ κυρίου λόγον, ἀντὶ τοῦ·
Jo viii 52 Θάνατον οὐ θεωρήσει· εἰρήκασιν· Οὐ μὴ γεύσηται θανάτου· 30
ἐπὶ τὴν ὑποδεεστέραν αἴσθησιν καταπεσόντες τῷ λόγῳ.
ζητήσεις δὲ εἰ ὥσπερ ἔστι θεωρεῖν θάνατον καὶ γεύεσθαι

4 χρηστὸς] χϲ̅   12 προσφερόμενος

θανάτου, οὕτως καὶ κατὰ τὰ λοιπὰ αἰσθητήρια ἤτοι ἀκούειν
θανάτου, ἢ ὀσφραίνεσθαι θανάτου, ἢ ἅπτεσθαι θανάτου· εἰ
γὰρ αἱ χεῖρες τῶν ἀποστόλων ἐψηλάφησαν περὶ τοῦ λόγου cf. 1 Jo i 1
τῆς ζωῆς, μή τι αἱ χεῖρες τῶν ψευδαποστόλων καὶ ἐργατῶν cf. 2 Co xi 13
5 δολίων, μετασχηματιζομένων εἰς ἀγγέλους δικαιοσύνης,
ψηλαφῶσι περὶ τοῦ λόγου τοῦ θανάτου· καὶ εἰ τὰ πρόβατα cf. Jo x 27
Χριστοῦ ἀκούει τῆς φωνῆς αὐτοῦ, μήποτε τὰ μὴ αὐτοῦ
πρόβατα πρὸς οὓς λέγοι ἄν· Ὑμεῖς οὐκ ἐστὲ ἐκ τῶν προ- Jo x 26
βάτων τῶν ἐμῶν· ἀκούει τῆς φωνῆς τοῦ θανάτου. ὅρα εἰ
10 μὴ ὀσμὴ θανάτου ἐστὶν ἐν τοῖς ἀπὸ τῆς ἁμαρτίας μώλωψι,
περὶ ὧν εἴρηται· Προσώζεσαν καὶ ἐσάπησαν οἱ μώλωπές Ps xxxvii
μου· καὶ ὀσμὴ θανάτου ἐν τῷ Λαζάρῳ πρὶν ἀναστῆναι ἐκ (xxxviii) 6
νεκρῶν, ἧς μὴ βουλόμενοι ὀσφραίνεσθαι οἱ ἀπόστολοι
ἔλεγον τῷ σωτῆρι τό· Κύριε, ἤδη ὄζει· τεταρταῖος γάρ Jo xi 39
15 ἐστιν.   εἰς δὲ τὸ περὶ τῆς νοητῆς ὀσμῆς θανάτου, ἢ ὀσμῆς
ζωῆς, παρατηρεῖν δεήσει τὸ ἀποστολικὸν οὕτως ἔχον· Χρι- 2 Co ii 15 f.
στοῦ εὐωδία ἐσμὲν τῷ θεῷ ἐν παντὶ τόπῳ, ἐν τοῖς σωζομένοις
καὶ ἐν τοῖς ἀπολλυμένοις· οἷς μὲν ὀσμὴ ἐκ θανάτου εἰς
θάνατον, οἷς δὲ ὀσμὴ ἐκ ζωῆς εἰς ζωήν· εὐωδία μὲν γὰρ
20 Χριστοῦ εἰσι καὶ οὐδαμῶς δυσωδία ἐν παντὶ τόπῳ οἱ ἐν
Χριστῷ ἄνθρωποι.   ἀλλ' ἐπεὶ ὥσπερ ἡ σωματικὴ εὐωδία
τινὰ τῶν ζῴων λέγεται ἀναιρεῖν, οὕτως διὰ τὴν προγενομέ-
νην κακίαν καὶ ἡ Χριστοῦ εὐωδία γένοιτο ἄν τισι τοῖς ἐκ
θανάτου εἰς θάνατον αὐτῶν, τοῖς δὲ ἐκ ζωῆς ἀποβαίνει εἰς
25 ζωήν.   ταῦτα παρακείμενα ἡμῖν ἔδοξεν εἶναι τῇ ἐξετάσει
τοῦ γεύεσθαι θανάτου καὶ τοῦ θεωρεῖν ἢ μὴ θεωρεῖν τὸν
θάνατον.   μετὰ ταῦτα μὴ θεωροῦντες ὅσῳ ὑπερέχει Χριστὸς
τῶν πατριαρχῶν καὶ τῶν προφητῶν, ἀλλὰ μηδὲ πιστεύοντες
Χριστὸν εἶναι τὸν τηλικαῦτα διδάσκοντα, ἐπαποροῦσι λέ-
30 γοντες· Μὴ σὺ μείζων εἶ τοῦ πατρὸς ἡμῶν Ἀβραάμ, ὅστις Jo viii 53
ἀπέθανεν; οὐχ ὁρῶσι δὲ ὅτι οὐ μόνον τοῦ Ἀβραὰμ ἀλλὰ
καὶ παντὸς ἐν γεννητοῖς γυναικῶν ὁ ἐκ τῆς παρθένου γεγεν-

4 χεῖρας   24 δὲ] om.   24, 25 εἰς ζωήν] ἡ ζωή
27 χε̄

νημένος, καὶ τῶν προφητῶν πάντων ὁ προφητευόμενος ὑπ' 368
αὐτῶν, καὶ τῶν ἀποθανόντων ὁ ζωοποιήσας αὐτούς, οὐχ
ἑαυτὸν ποιήσας τοιοῦτον ἀλλ' ἀπὸ τοῦ πατρὸς λαβών.

Jo v 26 Ὥσπερ γὰρ ὁ πατὴρ ἔχει ζωὴν ἐν ἑαυτῷ, οὕτω καὶ τῷ υἱῷ
cf. Jo v 30 ζωὴν ἔδωκεν ἔχειν ἐν ἑαυτῷ· οὐ δυναμένῳ ποιεῖν ἀφ' ἑαυτοῦ 5
οὐδὲ ἕν, καὶ ζητοῦντι τὸ θέλημα, οὐ τὸ ἑαυτοῦ, ἀλλὰ τὸ
Jo viii 53 θέλημα τοῦ πέμψαντος αὐτόν. καὶ τό· Τίνα οὖν σεαυτὸν
ποιεῖς; μὴ τεθεωρηκότων ἦν φωνὴ ὅτι οὐχ ἑαυτὸν ὁ Ἰησοῦς
πεποίηκεν ὅπερ ἐστίν. διόπερ καὶ πρὸς τοῦτο δοκεῖ μοι
Jo viii 54 ἀποκρίνεσθαι, διδάσκων τίς αὐτὸν ἐποίησεν ὅπερ ἦν τό· Ἐὰν 10
ἐγὼ δοξάσω ἐμαυτόν, ἡ δόξα μου οὐδέν ἐστιν· ἔστιν ὁ πατὴρ
ὁ δοξάζων με. καὶ ταῦτα δέ, αὐτάρκη περιγραφὴν εἰληφότος
τοῦ εἰκοστοῦ τῶν εἰς τὸ κατὰ Ἰωάννην εὐαγγέλιον ἐξηγητι-
κῶν τόμου, τὴν περιγραφὴν ἐνταῦθα εἰληφέτω, ἵνα θεοῦ
ἀποκαλύπτοντος ἡμῖν τὰ ἑξῆς θεωρήσωμεν ἐν τῷ μετὰ 15
ταῦτα, ἀπὸ τοῦ· Ἀπεκρίθη Ἰησοῦς Ἐὰν ἐγὼ δοξάσω ἐμαυ-
τόν, ἡ δόξα μου οὐδέν ἐστιν.

5 δυναμένου

ΤΟΜΟΣ ΚΗ΄.

369   1. Οἱ φύσεις ἀριθμῶν ἐρευνήσαντες πρῶτον μὲν τέ-
λειον τὸν ἓξ εἰρήκασι, τοῖς ἑαυτοῦ μέρεσιν ἱστάμενον, ἔκ τε
τῆς συνθέσεως τοῦ ἀπὸ μονάδος διπλασιαζομένου, ἑνὸς καὶ
δύο, ὅ ἐστι τρία, ἀριθμὸς πρῶτος, καὶ τοῦ ἐφ' ὃν ἔφθασεν
5   ὁ διπλασιασμός, λέγω δὲ τοῦ δύο· γενόμενος γὰρ ὁ δύο ἐπὶ
τὸν τρία πεποίηκε τὸν ἓξ. δεύτερον δὲ τέλειόν φασιν εἶναι
τὸν εἴκοσι καὶ ὀκτώ, συνιστάμενον ἔκ τε τοῦ συνθέτου τῶν
ἀπὸ μονάδος διπλασιαζομένων, ἕως γένηται πρῶτος ἀριθμός,
καὶ τοῦ ἐφ' ὃν ἔφθασεν ὁ διπλασιασμός. τέσσαρα μὲν γὰρ
10 ἐστιν ὁ ἀπὸ μονάδος διπλασιαζόμενος ἐν τῷ, ἕν, δύο, τέσ-
σαρα. ἑπτὰ δὴ τούτων σύνθεσις, καὶ αὐτὸς πρῶτος ἀριθμὸς
ὑπὸ μονάδος μόνης μετρούμενος· γινόμενος δὲ ὁ τέσσαρα
ἐπὶ τὸν ἑπτά, πεποίηκε τὸν εἴκοσι καὶ ὀκτώ, καὶ αὐτὸν τοῖς
ἑαυτοῦ μέρεσιν ἴσον. διὰ τοῦτο δ' οἶμαι ῥᾴδιον διαλαμβά-
15 νεται ἀπὸ τοῦ παιδευθέντος πάσῃ σοφίᾳ Αἰγυπτίων Μωσέως cf. Act vii 22
εἰς τὴν τῆς σκηνῆς τοῦ μαρτυρίου κατασκευήν· αἱ γὰρ αὐλαῖαι cf. Ex xxvi 2
εἴκοσι καὶ ὀκτὼ πηχῶν τὸ μῆκός εἰσι. καὶ ἐχρῆν γε τὴν
εἰς δόξαν θεοῦ κατασκευαζομένην σκηνὴν τοῦ μαρτυρίου
μετὰ τῶν ἐξαιρέτων ἀριθμῶν ἔχειν καὶ τὸν εἴκοσι καὶ ὀκτώ.
20 ἐφ' ὃν, ἱερὲ ἀδελφὲ Ἀμβρόσιε, φθάσαντες τῶν εἰς τὸ κατὰ
Ἰωάννην ἐξηγητικῶν, οὗτος γὰρ ἔσται, θεοῦ χαριζομένου,
εἰκοστὸς ὄγδοος εἰς τὸ εὐαγγέλιον τόμος, ἐπικαλεσάμενοι

15 post σοφίᾳ] ins. καὶ

τὸν τέλειον καὶ τελειότητος χορηγὸν θεὸν διὰ τοῦ τελείου
ἀρχιερέως ἡμῶν Ἰησοῦ Χριστοῦ, ἵν' ἡμῶν τὸν νοῦν δῷ 370
εὑρεῖν τὴν περὶ τῶν ἐξετασθησομένων ἀλήθειαν καὶ κατα-
σκευὴν αὐτῶν, καὶ οὕτως ὁδεύσωμεν καὶ ἐπὶ τὰ ἑξῆς.

Jo xi 39   2. Λέγει ὁ Ἰησοῦς Ἄρατε τὸν λίθον. Ἐπείπερ 5
ἐνθάδε μὲν τὸν ἐπικείμενον τῷ σπηλαίῳ λίθον οὐκ αὐτὸς ὁ
Ἰησοῦς αἴρει, ἀλλὰ λέγει· Ἄρατε τὸν λίθον· ἐν δὲ τῇ Γενέσει,
Ge xxix 2 f. ἡνίκα λίθος ἦν μέγας ἐπὶ τῷ στόματι τοῦ φρέατος, καὶ
συνήγοντο ἐκεῖ πάντα τὰ ποίμνια, καὶ ἀπεκύλιον λίθον ἀπὸ
τοῦ στόματος τοῦ φρέατος, καὶ συνήγοντο καὶ ἐπότιζον τὰ 10
πρόβατα, καὶ ἀπεκαθίστων τὸν λίθον ἐπὶ τὸ στόμα τοῦ
cf. Ge xxix 8 φρέατος εἰς τὸν τόπον αὐτοῦ· καὶ τῷ μηδέπω τοῦτο γεγο-
νέναι διὰ τὸ μὴ συνῆχθαι τὰ κτήνη, ὁ Ἰακὼβ ἰδὼν Ῥαχὴλ
Ge xxix 10 τὴν θυγατέρα Λάβαν τοῦ ἀδελφοῦ τῆς μητρὸς αὐτοῦ καὶ τὰ
πρόβατα Λάβαν τοῦ ἀδελφοῦ τῆς μητρὸς αὐτοῦ, προσελθὼν 15
αὐτὸς ἀπεκύλισε τὸν λίθον ἀπὸ τοῦ στόματος τοῦ φρέατος
καὶ ἐπότισε τὰ πρόβατα Λάβαν τοῦ ἀδελφοῦ τῆς μητρὸς
αὐτοῦ· βουλόμεθα ἀμφοτέρους τοὺς λίθους ἀλλήλοις συνεξ-
ετάσαι, ἵνα τὸ εὔλογον κατανοήσωμεν τοῦ ἐνθάδε μὲν μὴ
αὐτὸν τὸν Ἰησοῦν ἠρκέναι τὸν λίθον ἀπὸ τοῦ σπηλαίου, ἀλλ' 20
εἰρηκέναι· Ἄρατε τὸν λίθον· ἐν δὲ τῇ Γενέσει αὐτὸν τὸν
Ἰακὼβ ἀποκεκυλικέναι τὸν λίθον ἀπὸ τοῦ στόματος τοῦ
φρέατος. καὶ πρόσχες εἰ δυνάμεθα λέγειν ὅτι τοῦ μὲν ἐπὶ
τῷ σπηλαίῳ λίθου, ἐπεὶ τὸ σπήλαιον μνημεῖον ἦν, οὐκ
ἐχρῆν αὐτὸν ἅψασθαι τὸν Ἰησοῦν, ἀλλὰ προστάξαι μόνον 25
τοῖς ἐπιτηδείοις πρὸς τὸ ἔργον ἆραι τὸν λίθον· τοῦ δὲ
ἐπικειμένου τῷ στόματι τοῦ φρέατος καὶ ἐμποδίζοντος τῷ
πίνειν τὰ πρόβατα, ἀφ' ὧν ἔμελλε γεύσασθαι τὰ ἐπίσημα
καὶ ἡ μερὶς τοῦ Ἰακώβ, αὐτόν ἐστι λαβέσθαι τὸν Ἰακὼβ,
καὶ προσελθόντα τῷ λίθῳ ἀποκυλίσαι αὐτὸν ἀπὸ τοῦ στό- 30
ματος τοῦ φρέατος, ἵνα ποτισθῇ τὰ πρόβατα Λάβαν τοῦ
ἀδελφοῦ τῆς μητρὸς αὐτοῦ. καὶ ἔδει γε ἐπὶ μὲν τοῦ φρέατος

11 ἀποκαθιστῶν   28 γεύσασθαι] γ....σθαι

αὐτὸν προσελθεῖν τὸν Ἰακὼβ, ἔξω δὲ τοῦ σπηλαίου στῆναι
τὸν Ἰησοῦν. εἰ δὲ δύνασαι ἐπιστῆσαι τί δήποτε ἐπὶ μὲν
τοῦ σπηλαίου οὐ κεκύλισται ὁ ἐπικείμενος αὐτῷ λίθος ἀλλὰ
αἴρεται· ἐπὶ δὲ τοῦ φρέατος οὐ παντελῶς αἴρεται ἀλλὰ
5 μόνον ἀποκυλίεται. ἐχρῆν πάντῃ μὲν ἀρθῆναι τὸν ἀπὸ
τοῦ μνημείου λίθον καὶ μὴ πάλιν κυλισθῆναι· τὸν δὲ ἐπὶ
371 τοῦ φρέατος ἀποκυλισθῆναι μόνον· προείρηται γὰρ, ὅτι
ἀπε...........δόξαν θεοῦ, νοήσαντες τὸ μέγεθος τῆς εἰς
δικαιοσύνην λογιζομένης πίστεως πιστεύσωμεν. εἰ δέ τις cf. Gen xv 6
10 οὐδέπω εἶδε τὴν δόξαν θεοῦ τῶν οἰομένων πεπιστευκέναι,
μανθανέτω ὅτι ἐλέγχεται δι' ὧν οὐδέπω εἶδε τὴν δόξαν τοῦ
θεοῦ μὴ πεπιστευκώς· ἀψευδὴς γὰρ ὁ μὴ Μάρθᾳ μόνῃ ἀλλὰ
καὶ παντί τῳ λέγων τό· Ἐὰν πιστεύσῃς, ὄψῃ τὴν δόξαν τοῦ Jo xi 40
θεοῦ.

15 3. Ἦραν οὖν τὸν λίθον. Ἡ βραδυτὴς τοῦ ἀρθῆναι Jo xi 41
τὸν ἐπικείμενον τῷ σπηλαίῳ λίθον ἀπὸ τῆς ἀδελφῆς τοῦ
τετελευτηκότος γεγένηται· οἱονεὶ γὰρ ἐνεπόδισεν οἷς προσ-
έταξεν ὁ Ἰησοῦς εἰπών· Ἄρατε τὸν λίθον· φήσασα· Ἤδη Jo xi 39
ὄζει· τεταρταῖος γάρ ἐστι. καὶ εἰ μὴ κεκόλουστό γε ἡ
20 τῆς Μάρθας ἀπιστία εἰπόντος αὐτῇ τοῦ Ἰησοῦ Οὐκ εἶπόν Jo xi 40
σοι ὅτι ἐὰν πιστεύσῃς, ὄψῃ τὴν δόξαν τοῦ θεοῦ; οὐκ ἂν οἱ
ἀκούσαντες Ἄρατε τὸν λίθον· ἦραν τὸν λίθον. φέρε γὰρ
καθ' ὑπόθεσιν εἰπόντος τοῦ Ἰησοῦ· Ἄρατε τὸν λίθον· μὴ
ἀποκεκρίσθαι τὴν ἀδελφὴν τοῦ τετελευτηκότος μηδὲ εἰρη-
25 κέναι· Ἤδη ὄζει· τεταρταῖος γάρ ἐστι· τί οὖν ἠκολούθησεν
ἂν τούτῳ γεγράφθαι ἢ τοῦτο· Λέγει ὁ Ἰησοῦς Ἄρατε τὸν
λίθον· ἦραν οὖν τὸν λίθον; νυνὶ δὲ μεταξὺ τοῦ· Ἄρατε τὸν
λίθον· καὶ τοῦ· Ἦραν οὖν τὸν λίθον· τὰ εἰρημένα ὑπὸ τῆς
ἀδελφῆς τοῦ τετελευτηκότος ἐνεπόδισε τῷ ἀρθῆναι τὸν λίθον.
30 καὶ οὐκ ἂν οὐδὲ τὴν ἀρχὴν κἂν βράδιον ἤρθη, εἰ μὴ ἀπο-
κριθεὶς ὁ Ἰησοῦς πρὸς τὴν ἐκείνης ἀπιστίαν εἰρήκει τό· Οὐκ
εἶπόν σοι ὅτι ἐὰν πιστεύσῃς, ὄψῃ τὴν δόξαν τοῦ θεοῦ; καλὸν

7 προήρηται   8 post ἀπε] lacuna 41 linn.   10 εἶδε] εἶν
11 μανθάνεται   12 ἀψευδεῖς   26 τούτῳ] τοῦτο

οὖν τὸ μηδὲν γενέσθαι μεταξὺ τῆς Ἰησοῦ προστάξεως καὶ
τοῦ ἀπὸ τῶν προστασσομένων, περὶ ὧν Ἰησοῦς ἐκέλευσεν,
ἔργου. καὶ οἶμαί γε ἁρμόσειν τῷ τοιούτῳ τὸ εἰπεῖν ὅτι

cf. 1 Co xi 1
cf. Ps xxxii
(xxxiii) 9

μιμητὴς γέγονε Χριστοῦ. ὡς γὰρ τούτῳ εἶπεν ὁ θεὸς καὶ
ἐγενήθησαν, ἐνετείλατο καὶ ἐκτίσθησαν· οὕτως τῷ πιστῷ 5
εἶπε μὲν Χριστός, πεποίηκε δὲ οὗτος· καὶ ἐνετείλατο ὁ
υἱὸς τοῦ θεοῦ, οὗτος δὲ τὴν ἐντολὴν πεπλήρωκε, μηδὲν ὑπερ-
θέμενος μηδὲ ζημιώσας ἑαυτὸν παρακοῇ τοῦ μεταξὺ τῆς
προστάξεως καὶ τοῦ ἔργου χρόνου· νομιστέον γὰρ τῷ ὕστερον
ποιοῦντι τὸ προστεταγμένον παρακοῆς χρόνον εἶναι περὶ 10
τῆς ἐντολῆς τὸν τῆς ἀναβολῆς. διὰ τοῦτο δὲ καὶ ὁ ἐν τῇ

cf. Mt xxi 28
ff.

παραβολῇ τοῦ εὐαγγελίου προσταχθεὶς ὑπὸ τοῦ πατρὸς
πορευθῆναι εἰς τὸν ἀγρὸν καὶ ἐργάσασθαι, μὴ παραχρῆμα
ποιήσας ἀλλ᾽ ὅτε ὕστερον μεταμεληθεὶς ἀπῆλθεν, οὐκ 372
ἐποίησε τὸ θέλημα τοῦ πατρὸς ἐν τῷ πρὸ τῆς μεταμελείας 15

Sap Sir v 7

χρόνῳ. διόπερ μνημονευτέον τοῦ· Μὴ ἀνάμενε ἐπιστρέψαι
πρὸς κύριον, μηδὲ ὑπερβάλλου ἡμέραν ἐξ ἡμέρας· καὶ τοῦ·

Pr iii 28

Μὴ εἴπῃς Ἐπανελθὼν ἐπάνηκε καὶ αὔριον δώσω, δυνατοῦ
σου ὄντος εὖ ποιεῖν. χρὴ τοίνυν κατηγορίαν νομίζειν εἶναι

Jo xi 39 f.

τῆς Μάρθας βραδύτερον γεγραμμένον τό· Ἦραν οὖν τὸν 20
λίθον· δέον ἑξῆς αὐτὸ εἰρῆσθαι τῷ· Λέγει ὁ Ἰησοῦς Ἄρατε
τὸν λίθον.

Jo xi 41

4. Ὁ δὲ Ἰησοῦς ἦρε τοὺς ὀφθαλμοὺς ἄνω καὶ
εἶπε τὰ γεγραμμένα. Περὶ τῶν ὀφθαλμῶν Ἰησοῦ καὶ τῆς
σχέσεως αὐτῶν πρός τινας ἐπιμελῶς τηρητέον καὶ ἐξεταστέον· 25
οἷον ἐν μὲν τῷ κατὰ Λουκᾶν, ὅτε ἔμελλε λέγειν τοὺς μακα-

Lc vi 20

ρισμοὺς καὶ τὴν ἑξῆς αὐτοῖς διδασκαλίαν· Ἐπάρας τοὺς
ὀφθαλμοὺς αὐτοῦ εἰς τοὺς μαθητὰς αὐτοῦ ἔλεγε· νυνὶ δέ· Ἦρε
τοὺς ὀφθαλμοὺς αὐτοῦ ἄνω, καὶ εἶπε. διδασκόμεθα γὰρ
ἀπὸ μὲν τοῦ προτέρου ὅτι μὴ κάτω εἰσὶν οἱ τοῦ Ἰησοῦ 30
μαθηταί· διόπερ ἐπαίρονται οἱ ὀφθαλμοὶ τοῦ διδασκάλου εἰς
αὐτούς, οἷς ἄξιον ἦν ἐπᾶραι αὐτὸν τοὺς ἑαυτοῦ ὀφθαλμούς·

3 ἔργων   6, 7 ὁ υἱὸς] οὗτος

διὰ δὲ τοῦ νῦν ἐξεταζομένου ὅτι μετέθηκεν ἑαυτοῦ τὸ διανοη-
τικὸν ἀπὸ τῆς πρὸς τοὺς κάτω ὁμιλίας καὶ ἀνήγαγε καὶ
ὕψωσε, προσάγων αὐτὸ τῇ πρὸς τὸν ὑπεράνω πάντων
πατέρα εὐχῇ. ἀλλὰ καὶ εἴπερ μιμητὴς Χριστοῦ ἐστι Παῦλος   cf. 1 Co xi 1
5 καὶ οἱ παραπλήσιοι αὐτῷ, ἀνάγκη τὸν κατὰ ζῆλον καὶ
μίμησιν τῆς Χριστοῦ εὐχῆς εὐχόμενον, ἄραντα τοὺς ὀφθαλ-
μοὺς τῆς ψυχῆς ἄνω καὶ ἀναβιβάσαντα αὐτοὺς ἀπὸ τῶν
τῇδε πραγμάτων καὶ μνήμης καὶ ἐννοιῶν καὶ λογισμῶν,
οὕτως εἰπεῖν τῷ θεῷ τοὺς λόγους τῆς εὐχῆς τοὺς περὶ
10 μεγάλων καὶ ἐπουρανίων μεγάλους καὶ ἐπουρανίους. εἰ δέ
τις πρὸς ταῦτα ἀνθυποίσει τὸν μηδὲ τοὺς ὀφθαλμοὺς ἐπᾶραι
θελήσαντα τελώνην καὶ τύψαντα ἑαυτοῦ τὸ στῆθος καὶ
εἰπόντα· Ὁ θεός, ἱλάσθητί μοι τῷ ἁμαρτωλῷ· λεκτέον πρὸς   Lc xviii 13
αὐτὸν ὅτι ὥσπερ οὐ πᾶσιν οὐδὲ ἀεὶ παραληπτέον τὴν κατὰ
15 θεὸν λύπην, μετάνοιαν εἰς σωτηρίαν ἀμέλητον ἐργαζομένην,   cf. 2 Co vii 10
ἀλλ' ἢ μόνῳ καὶ παντὶ τῷ ἄξια τοιαύτης λύπης ποιήσαντι
καὶ μεταγινώσκοντι ἐπ' αὐτοῖς· καὶ παραληπτέον γε αὐτὴν
σὺν μέτρῳ καὶ μὴ περισσὴν, ἵνα μὴ τῇ περισσοτέρᾳ λύπῃ   cf. 2 Co ii 7
373 καταποθῇ ὑπὸ τοῦ Σατανᾶ· οὕτως μήποτε οὐ παντὶ καθήκει
20 μηδὲ τοὺς ὀφθαλμοὺς ἐπᾶραι θέλειν, ὡς οὐδὲ ἑστάναι
μακρόθεν. ἕκαστος δὲ ἑαυτὸν περὶ τῶν τοιούτων κρινέτω,   cf. 1 Co xi 28
καὶ δοκιμαζέτω ἄνθρωπος ἑαυτόν, καὶ οὕτως οὐ μόνον ἐκ
τοῦ ἄρτου ἐσθιέτω καὶ ἐκ τοῦ ποτηρίου πινέτω, ἀλλὰ καὶ
τοὺς ὀφθαλμοὺς ἐπαράτω καὶ αἰρέτω αὐτοὺς ἄνω κατὰ τῆς
25 εὐχῆς, ὑποτάσσων ἑαυτὸν θεῷ καὶ ταπεινῶν ἑαυτὸν ἐκείνῳ
λεγέτω. εἰ νομίζωμεν τῷ ὁπωσποτοῦν βιοῦντι καθήκειν
ὁμοίως τῷ τελώνῃ μηδὲ τοὺς ὀφθαλμοὺς ἐπᾶραι θέλειν,
ὥρα λέγειν ὁμοίως τῷ μὴ ἐπᾶραι θέλειν τοὺς ὀφθαλμοὺς
καὶ ἀπὸ μακρόθεν τοῦ ἱεροῦ ἑστάναι δεῖν. ἱερὸν δὲ ποῖον
30 ἂν εἴη ἢ ἐκκλησία τοῦ ζῶντος θεοῦ; ἥτις καὶ οἶκος θεοῦ
παρὰ τῷ Παύλῳ ὀνομάζεται λέγοντι· Ἐὰν δὲ βραδύνω, ἵνα   1 Tim iii 15
εἰδῇς πῶς δεῖ ἐν οἴκῳ θεοῦ ἀναστρέφεσθαι, ἥτις ἐστὶν

18 σὺν μέτρῳ] ἀμέτρῳ   περισσῇ   26 ante εἰ ins. Ἢ (vid.)

ἐκκλησία θεοῦ ζῶντος, στύλος καὶ ἑδραίωμα τῆς ἀληθείας. ὥσπερ οὐ παντὶ καθήκει μὴ χρῆσθαι τῷ ἄρτῳ καὶ μὴ πίνειν ἐκ τοῦ ποτηρίου καὶ μὴ πόρρω εἶναι τοῦ οἴκου τοῦ θεοῦ καὶ τῆς ἐκκλησίας· οὕτως οὐ παντὶ καθήκει τὸ μὴ θέλειν ἐπᾶραι τοὺς ὀφθαλμούς. ἁμαρτάνει δὲ εἴ τις καθήκοντος αὐτῷ 5 ἐπαίρειν τοὺς ὀφθαλμοὺς μὴ ἐπαίρει· καὶ εἴ τις καθήκοντος μὴ ἐπαίρειν ἐπαίροι. ὁ μὲν οὖν κατὰ τὸ εὐαγγέλιον τελώ-νης οὐκ ἤθελεν οὐδὲ τοὺς ὀφθαλμοὺς ἐπᾶραι, καθηκόντως ποιῶν· ἐπᾶραι δ' ἂν αὐτοὺς εὐλόγως ὁ παρὼν τῷ Ἰησοῦ μαθητής, πρὸς ὃν καὶ ἐντολὴ δίδοται ἡ λέγουσα· Ἐπάρατε 10 τοὺς ὀφθαλμοὺς ὑμῶν καὶ θεάσασθε τὰς χώρας, ὅτι λευκαί εἰσι πρὸς θερισμὸν ἤδη. καὶ ὁ προφήτης δέ φησιν· Ἐπάρατε εἰς ὕψος τοὺς ὀφθαλμοὺς ὑμῶν· ἀλλὰ καὶ ἐν ἑκατοστῷ εἰκοστῷ δευτέρῳ ψαλμῷ, ὄντι ᾠδῇ τῶν ἀναβαθμῶν τετάρτῃ, ὡς καθηκόντως ἐπάρας τοὺς ὀφθαλμοὺς πρὸς θεὸν φησὶν ὁ 15 προφήτης· Πρὸς σὲ ἦρα τοὺς ὀφθαλμούς μου, τὸν κατοι-κοῦντα ἐν τῷ οὐρανῷ. ἰδοὺ ὡς ὀφθαλμοὶ δούλων εἰς χεῖρας τῶν κυρίων αὐτῶν, ὡς ὀφθαλμοὶ παιδίσκης εἰς χεῖρας τῆς κυρίας αὐτῆς, οὕτως οἱ ὀφθαλμοὶ ἡμῶν πρὸς κύριον τὸν θεὸν ἡμῶν ἕως οὗ οἰκτειρήσῃ ἡμᾶς. 20

5. Εἰ δὲ καὶ σαφέστερον χρὴ παραστῆσαι τίνι μὲν ἤδη καθήκει μιμεῖσθαι τὸν Ἰησοῦν, ἄραντα τοὺς ὀφθαλμοὺς ἄνω, ἐν τῷ καὶ αὐτὸν ἐπαίρειν ἑαυτοῦ τοὺς ὀφθαλμούς, καὶ τίνι τοῦτο μὲν οὐ καθήκει, ὁμοίως δὲ τῷ τελώνῃ οὐ μόνον μακρόθεν ἑστάναι τοῦ ἱεροῦ ἀλλὰ καὶ μὴ θέλειν ἐπᾶραι τοὺς 25 ὀφθαλμούς, παραθησόμεθα ἐκ τοῦ Δανιὴλ τὰ περὶ τῶν ἐρασθέντων τῆς Σουσάννας ἀνόμων πρεσβυτέρων οὕτως ἔχοντα· Καὶ διέστρεψαν τὸν ἑαυτῶν νοῦν καὶ ἐξέκλιναν τοὺς 374 ὀφθαλμοὺς αὐτῶν, τοῦ μὴ βλέπειν εἰς τὸν οὐρανὸν μηδὲ μνημονεύειν κριμάτων δικαίων· καὶ τὰ περὶ τῆς Σουσάννας 30 τοῦτον εἰρημένα τὸν τρόπον· Ἡ δὲ κλαίουσα ἀνέβλεψεν εἰς τὸν οὐρανόν, ὅτι ἦν ἡ καρδία αὐτῆς πεποιθυῖα ἐπὶ κυρίῳ.

παρατήρει γὰρ ἐν τούτοις ὅτι οἱ μὲν διαστρέψαντες τὸν   cf. Hist Su-
ἑαυτῶν νοῦν ἐξέκλιναν τοὺς ὀφθαλμοὺς αὐτῶν, τοῦ μὴ   sann 9, 35
βλέπειν εἰς τὸν οὐρανόν· ἡ δὲ πεποιθυῖα ἐπὶ τῷ κυρίῳ
ἀκολούθως τῷ πεποιθέναι ἐπὶ τῷ κυρίῳ ἀνέβλεψεν εἰς τὸν
5 οὐρανόν. ἔπρεπε τοίνυν τῇ μὲν ἐπὶ τῇ περὶ τῆς σωφροσύνης
παρρησίᾳ μελλούσῃ εὔχεσθαι ἀναβλέπειν εἰς τὸν οὐρανὸν
καὶ αἴρειν τοὺς ὀφθαλμοὺς ἄνω· τοῖς δὲ πρεσβυτέροις, εἰ
καθ' ὑπόθεσιν μετὰ τὸ διαστρέψαι τὸν ἑαυτῶν νοῦν καὶ
ἐκκλῖναι τοὺς ὀφθαλμοὺς ἑαυτῶν, τοῦ μὴ βλέπειν εἰς τὸν
10 οὐρανὸν μηδὲ μνημονεύειν κριμάτων δικαίων, μετενόουν,
πεῖραν μὲν προσαγαγόντες τῇ γυναικὶ μὴ τυχόντες δὲ τοῦ
ἐπιθυμουμένου, καὶ μετὰ τοῦτο ηὔχοντο, καὶ μὴ θέλειν τοὺς
ὀφθαλμοὺς ἐπᾶραι ἢ καὶ πόρρωθεν ὁμοίως τῷ τελώνῃ
ἑστηκέναι καὶ τύπτειν ἑαυτῶν τὰ στήθη καὶ λέγειν· Ὁ θεός,   Lc xviii 13
15 ἱλάσθητί μοι τῷ ἁμαρτωλῷ. τοῦ δὲ αἴροντος τοὺς ὀφθαλ-
μοὺς ἄνω καὶ ἐπαίροντος αὐτοὺς καθηκόντως εἰς οὐρανὸν εἴη
καθῆκον καὶ τὸ ἐπαίρειν ὁσίους χεῖρας, μάλιστα ὅτε χωρὶς   cf. 1 Tim ii 8
ὀργῆς καὶ διαλογισμῶν ἀναπέμπει τὴν εὐχήν. οὕτω γὰρ
καὶ τῶν ὀφθαλμῶν αἰρομένων ἄνω διὰ τῆς ἐννοίας καὶ τῆς
20 θεωρίας, καὶ τῶν χειρῶν ἐπαιρομένων ἐν πράξεσιν ἐπαιρού-
σαις καὶ ὑψούσαις τὴν ψυχήν, ὡς ἐπῆρε Μωσῆς τὰς χεῖρας,   cf. Ex xvii 11
ὥστ' ἂν εἰπεῖν· Ἔπαρσις τῶν χειρῶν μου θυσία ἑσπερινή·   Ps cxl (cxli) 2
Ἀμαληκῖται μὲν καὶ πάντες οἱ ἀόρατοι ἐχθροὶ ἡττηθήσονται,
οἱ ἐν ἡμῖν δὲ Ἰσραηλῖται λογισμοὶ νικήσουσι. τοσαῦτα
25 καὶ εἰς τό· Ὁ Ἰησοῦς ἦρε τοὺς ὀφθαλμοὺς ἄνω καὶ εἶπε·   Jo xi 41
κατὰ τοῦτο φανέντα ἡμῖν ἀκόλουθα.

6. (5) Πάτερ, εὐχαριστῶ cοι ὅτι ἤκουcάc μου, ἐγὼ   Jo xi 41 f.
ᾔδειν ὅτι πάντοτέ μου ἀκούειc· ἀλλὰ διὰ τὸν ὄχλον
τὸν περιεcτῶτα εἶπον, ἵνα πιcτεύcωcιν ὅτι cύ με
30 ἀπέcτειλαc. Εἴπερ τοῖς ἀξίοις τῶν ἐν σαρκὶ ζώντων καὶ μὴ
κατὰ σάρκα στρατευομένων εὐχομένοις τοιαύτη τις λέγεται   cf. 2 Co x 3
ὑπὸ θεοῦ περὶ τῆς εὐχῆς αὐτῶν ἐπαγγελία· Καὶ ἔτι λα-   Is lviii 9

16 εἰς οὐρανὸν] εἰσον   26 τούτῳ

λοῦντός σου ἐρῶ Ἰδοὺ πάρειμι· τί χρὴ νομίζειν ἐπὶ τοῦ
σωτῆρος καὶ κυρίου ἤ· Πρὶν λαλῆσαί σε ἐρῶ Ἰδοὺ πάρειμι;
ἅμα γὰρ ἦρε τοὺς ὀφθαλμοὺς ἄνω καὶ εἶπε. τί δὲ εἶπεν;
εἰ οἷόν τέ ἐστιν ὡς ἐν τοιούτοις στοχάσασθαι ἀκολούθως τῷ· 375
Πρὶν λαλῆσαί σε ἐρῶ Ἰδοὺ πάρειμι· ἵνα πλεῖον ᾖ τὸ πρὸς 5
τὸν σωτῆρα λεγόμενον παρὰ τὸ ἐν τῇ πρὸς τοὺς δικαίους
ἐπαγγελίᾳ γεγραμμένον· Ἔτι λαλοῦντός σου ἐρεῖ Ἰδοὺ
πάρειμι. τί οὖν εἶπε; προέθετο μὲν εἰπεῖν εὐχήν· προλα-
βόντος δὲ τὴν εὐχὴν αὐτοῦ τοῦ εἰπόντος ἂν αὐτῷ· Πρὶν
λαλῆσαί σε ἐρῶ Ἰδοὺ πάρειμι· ἀντὶ τῆς κατὰ πρόθεσιν ἂν 10
λεχθείσης εὐχῆς λέγει τὴν ἐπὶ τῷ προλαβόντι τὴν εὐχὴν
εὐχαριστίαν· καὶ ὡς ἐπακουσθεὶς ἐφ' οἷς ἐνενόησε μόνον, οὐ
προήνεγκε δὲ ἐν τῷ εὔχεσθαι, φησί· Πάτερ, εὐχαριστῶ
σοι ὅτι ἤκουσάς μου. ἔμελλεν οὖν εὔχεσθαι περὶ τῆς
Λαζάρου ἀναστάσεως, καὶ προλαβὼν αὐτοῦ τὴν εὐχὴν ὁ 15
μόνος ἀγαθὸς θεὸς καὶ πατὴρ ἤκουσε τῶν μελλόντων
λέγεσθαι ἐν τῇ εὐχῇ, ἐφ' οἷς ἐν ἐπηκόῳ τοῦ περιεστηκότος
αὐτὸν ὄχλου ἀναπέμπει ἀντὶ εὐχῆς εὐχαριστίαν ὁ σωτήρ,
δύο ἅμα ποιῶν, καὶ εὐχαριστῶν ἐφ' οἷς ἔτυχε περὶ τοῦ
Λαζάρου, καὶ πιστοποιῶν τὸν περιεστηκότα αὐτὸν ὄχλον· 20
ἐβούλετο γὰρ αὐτοὺς παραδέξασθαι ὡς ἄρα ἀπὸ θεοῦ ἀπε-
σταλμένος τῷ βίῳ ἐπιδεδήμηκεν. ἔγνω δὲ ἐπακουσθεὶς,
ἐπείπερ πνεύματι εἶδεν ὅτι ἀπεκατέστη ἡ τοῦ Λαζάρου
ψυχὴ ἐπὶ τὸ σῶμα αὐτοῦ, ἀναπεμφθεῖσα ἀπὸ τοῦ χωρίου
τῶν ψυχῶν. οὐ γὰρ νομιστέον ὅτι ἡ ψυχὴ τοῦ Λαζάρου 25
παρῆν τῷ σώματι μετὰ τὴν ἔξοδον, καὶ ὡς παροῦσα ταχέως
ἤκουσε κράξαντος Ἰησοῦ καὶ εἰπόντος· Λάζαρε, δεῦρο ἔξω. ·
ἢ εἴπερ τις τοῦτο περὶ τῆς Λαζάρου ψυχῆς ὑπολαμβάνει καὶ
προσίεται τὸ περὶ τῆς ἀπαλλαγείσης ψυχῆς σώματος ἄτοπον,
ὡς παρακαθεζομένης τῷ νεκρῷ, λεγέτω πῶς ἠκούσθη ὁ Ἰησοῦς 30
ἀπὸ τοῦ πατρός, μένοντος ἔτι νεκροῦ τοῦ Λαζάρου σώματος,
καὶ τῆς ψυχῆς κεχωρισμένης μὲν, ὡς οἰηθείη ἄν τις τοῦτο

Is lviii 9
Jo xi 41
cf. Mt xix 17
Jo xi 43

λεγόντων, παρακαθεζομένης δὲ τῷ σώματι. ἵνα γὰρ τοῦτο
376 συγχωρηθῇ, οὐκ ἂν ἠκοῦσθαι εἴποιμεν ἂν τὸν Ἰησοῦν
μέλλοντα ἀκούεσθαι ὅτι ἡ ψυχὴ ἐνῳκίζετο τῷ σώματι.
τὸ παραπλήσιον δ᾽ οἶμαι γεγονέναι καὶ ὅτε τὴν τοῦ ἀρχισυ- cf. Lc viii 55
5 ναγώγου ἀνέστησε θυγατέρα, περὶ τούτου εὐξάμενος· ᾔτησε
γὰρ ἐπανελθεῖν τὴν ψυχὴν καὶ ἐνοικισθῆναι πάλιν τῷ
σώματι. εἰ δὲ καὶ περὶ τοῦ ἐκκομιζομένου υἱοῦ τῆς χήρας Lc vii 12
τὸ ὅμοιόν ἐστιν ἢ μὴ καὶ αὐτὸς ζητήσεις, ἵν᾽ εὕρῃς τὸ ἀκό-
λουθον τοῖς κατὰ τοὺς τόπους ὅλους· ἡμῖν γὰρ οὐ καθήκει
10 τηλικαύτας ποιεῖσθαι παρεκβάσεις. τάχα δὲ καὶ εἶδεν ὁ
τηλικοῦτος Ἰησοῦς καὶ τὴν ψυχὴν αὐτὴν τοῦ Λαζάρου, ἤτοι
ἀγομένην ὑπὸ τῶν τεταγμένων ἐπὶ τούτοις ἢ ὑπ᾽ αὐτοῦ τοῦ
πατρικοῦ βουλήματος ἐπακούσαντος τῷ Ἰησοῦ, καὶ ἰδὼν
αὐτὴν εἰσιοῦσαν διὰ τοῦ τόπου, ὅθεν ᾔρθη ὁ λίθος, εἶπε·
15 Πάτερ, εὐχαριστῶ σοι ὅτι ἤκουσάς μου. ἀλλ᾽ ἐπεὶ πρὸ Jo xi 41
τούτου καὶ περὶ ἄλλων μυρίων ᾔτησε καὶ ἔτυχε, διὰ τοῦτο οὐ
μόνον ἐπὶ τῷ Λαζάρῳ ἀλλὰ καὶ ἐπὶ τοῖς προτέροις εὐχα-
ριστεῖ, φάσκων ἐπὶ μὲν τῷ Λαζάρῳ· Πάτερ, εὐχαριστῶ σοι
ὅτι ἤκουσάς μου· ἐπὶ δὲ τοῖς προτέροις· Ἐγὼ δὲ ᾔδειν ὅτι
20 πάντοτέ μου ἀκούεις· καὶ τοῦτο πᾶν, φησὶν, εἶπον διὰ τὸν
περιεστῶτα ὄχλον, ἵνα πιστεύσωσιν ὅτι σύ με ἀπέστειλας.
ταῦτα μὲν ὡς πρὸς τὸ ῥητὸν καὶ τὴν ἀνάστασιν τοῦ Λαζάρου
ἀποδεδώκαμεν. ἡ δὲ κατὰ τὸν τόπον ἀναγωγὴ ἐκ τῶν
προαποδεδομένων οὐ δυσχερής· ᾔτησε γὰρ τὸν μετὰ τὴν πρὸς
25 αὐτὸν φιλίαν ἡμαρτηκότα καὶ νεκρὸν γενόμενον τῷ θεῷ
δυνάμει θείᾳ παλινδρομῆσαι ἐπὶ τὴν ζωήν, καὶ ἔτυχε, καὶ
εἶδεν ἐν τῷ τοιούτῳ ζωτικὰ κινήματα, ἐφ᾽ οἷς εὐχαριστεῖ τῷ
πατρί. περιέστηκε δὲ ὄχλος τὸν τοιοῦτον νεκρὸν μηδέπω
πιστευόντων ὅτι Ἰησοῦν ἀπέστειλεν ὁ θεός, καὶ ὅτι ὁ λόγος
30 οὗτος θεόθεν ἀνθρώποις ἐπιδεδήμηκε. καὶ περιεστώς γε
οὕτως ὁ ὄχλος θαυμάζει εἰ οὕτω δυσώδης ἀπὸ τῶν πρὸς
θάνατον ἁμαρτημάτων τις γεγενημένος καὶ ἀποθανὼν τῇ

10 ὁ] ὅτι   24 τὴν] τὸν   31 θαυμάζει εἰ] θαυμασαι

ἀρετῇ ἐπαλινδρόμησεν ἐπ' αὐτήν· καὶ θαυμάσας πιστεῦσαι
ἄν ποτε τῷ ζωοποιήσαντι αὐτὸν λόγῳ, ὡς θεόθεν ἀνθρώποις
ἐπιδημήσαντι.

Jo xi 43 ff   7. (6) Καὶ ταῦτα εἰπὼν φωνῇ μεγάλῃ ἐκραύγαϲε 377
Λάζαρε, Δεῦρο ἔξω. ἐξῆλθεν ὁ τεθνηκὼϲ Δεδεμένοϲ 5
τοὺϲ πόΔαϲ καὶ τὰϲ χεῖραϲ κειρίαιϲ, καὶ ἡ ὄψιϲ αὐτοῦ
ϲουΔαρίῳ ϲυνεΔέΔετο. λέγει ὁ Ἰηϲοῦϲ αὐτοῖϲ Λύϲατε
αὐτόν, καὶ ἄφετε αὐτὸν ὑπάγειν. Ὁ Ἰησοῦς ἦρε τοὺς
ὀφθαλμοὺς ἄνω καὶ ἔτι μέλλων εὔχεσθαι ἐπηκούσθη, καὶ
ἀντὶ εὐχῆς ηὐχαρίστησε, κατανοήσας τὴν Λαζάρου ψυχὴν 10
εἰσελθοῦσαν εἰς τὸ σῶμα καὶ δεομένην τῆς ἀπὸ προστάξεως
Ἰησοῦ γενησομένης αὐτῷ εὐτονίας πρὸς τὸ ἐξελθεῖν ἀπὸ τοῦ
μνημείου. διὸ μετὰ τὴν πρὸς τὸν πατέρα εὐχαριστίαν
μεγάλῃ ἐχρήσατο φωνῇ, δύναμιν ἐντιθείσῃ τῷ Λαζάρῳ,
μεγάλης χρήζοντι ὡς οὐδέπω γενομένῳ ὀξυηκόῳ τῆς προ- 15
καλουμένης αὐτὸν ἔξω τοῦ μνημείου κραυγῆς. καὶ τοῦτο
δὲ νομιστέον ἄξιον εἶναι τοῦ Ἰησοῦ ἔργον, τὸ μὴ μόνον
εὔξασθαι ἵνα ζήσῃ ὁ νεκρός, ἀλλὰ καὶ ἐμβοῆσαι αὐτῷ καὶ
καλέσαι τὸν ἔνδον τοῦ σπηλαίου καὶ τοῦ μνημείου ἐπὶ τὰ
ἔξω αὐτοῦ. χρὴ δὲ εἰδέναι ὅτι εἰσί τινες καὶ νῦν Λάζαροι, 20
μετὰ τὴν φιλίαν Ἰησοῦ ἀσθενήσαντες καὶ ἀποθανόντες καὶ
ἐν μνημείῳ καὶ νεκρῶν χώρᾳ μείναντες μετὰ νεκρῶν νεκροί,
καὶ μετὰ τοῦτο τῇ εὐχῇ τοῦ Ἰησοῦ ζωοποιηθέντες καὶ ἀπὸ
τοῦ μνημείου ἐπὶ τὰ ἔξω αὐτοῦ ὑπὸ Ἰησοῦ τῇ μεγάλῃ
αὐτοῦ φωνῇ καλούμενοι· ᾧ ὁ πειθόμενος ἐξέρχεται, τοὺς 25
ἀξίους τῆς νεκρότητος δεσμοὺς ἐκ τῶν προτέρων ἁμαρτημά-
των περικείμενος καὶ τὴν ὄψιν περιδεδεμένος ἔτι, καὶ μήτε
βλέπων μήτε πορευθῆναι δυνάμενος μήτε τι ἐνεργῆσαι διὰ
τοὺς τῆς νεκρότητος δεσμούς, ἕως Ἰησοῦς κελεύσῃ τοῖς
λύσασιν αὐτόν, δυναμένοις καὶ ἀφιέναι αὐτὸν ἀπιέναι. καὶ 30
2 Co xiii 3   πειράσθω γε πᾶς ὁ δυνάμενος λέγειν· Ἦ Δοκιμὴν ζητεῖτε
τοῦ ἐν ἐμοὶ λαλοῦντος χριστοῦ; τοιοῦτος γενέσθαι, ἵνα μὲν

14 μεγάλην   30 ἀπιέναι] ἀπεῖναι

αὐτῷ Χριστὸς φωνῇ μεγάλῃ εἴπῃ κραυγάσας τῷ μετὰ τὸ
ἀποθανεῖν κινήσαντι μὲν, οὐκ ὀξέως δὲ, καὶ διὰ τοῦτο
378 δεομένῳ τῆς Ἰησοῦ κραυγῆς τό· Λάζαρε, δεῦρο ἔξω.   καὶ Jo xi 43
νόμισον εἶναι ἐν ᾅδου μετὰ τῶν σκιῶν καὶ τῶν νεκρῶν καὶ
5 ἐν χώρᾳ νεκρῶν ἢ μνημείοις τὸν μετὰ τὸ λαβεῖν ἐπίγνωσιν cf. He vi 4 f.
ἀληθείας καὶ φωτισθέντα, γευσάμενόν τε τῆς δωρεᾶς τῆς
ἐπουρανίου καὶ μέτοχον γενόμενον πνεύματος ἁγίου, καὶ
καλὸν γευσάμενον θεοῦ ῥῆμα δυνάμεις τε μέλλοντος αἰῶνος,
ἀποστατήσαντα τοῦ χριστοῦ καὶ ἐπὶ τὸν ἐθνικὸν παλινδρο-
10 μήσαντα βίον.   ἐπὰν οὖν περὶ τοῦ τοιούτου ἐλθὼν αὐτοῦ
εἰς τὸ μνημεῖον καὶ ἔξω αὐτοῦ στὰς ὁ Ἰησοῦς εὔξηται καὶ
ἐπακουσθῇ, αἰτήσας ἐγγενέσθαι δύναμιν τῇ φωνῇ καὶ τοῖς
λόγοις αὐτοῦ, φωνῇ μεγάλῃ κραυγάζει, ἐπὶ τὰ ἔξω τοῦ τῶν
ἐθνικῶν βίου καὶ τοῦ μνημείου αὐτῶν καὶ τοῦ σπηλαίου
15 καλῶν γενόμενον οὕτω φίλον· ὅτε ἔστιν ἰδεῖν τὸν ἀκολου-
θοῦντα τῷ Ἰησοῦ τίνα τρόπον ὁ τοιοῦτος ἐξέρχεται μὲν διὰ
τὴν Ἰησοῦ φωνήν, ἔτι δὲ σειραῖς τῶν ἰδίων ἁμαρτημάτων
δεδεμένος καὶ ἐσφιγμένος, διὰ μὲν τὴν μετάνοιαν καὶ τὸ
ἀκηκοέναι τῆς Ἰησοῦ φωνῆς ζῶν, διὰ δὲ τὸ μηδέπω ἀπολε-
20 λύσθαι τῶν τῆς ἁμαρτίας δεσμῶν, μηδὲ ἤδη δύνασθαι
ἐλευθέροις ἐπιβαίνειν τοῖς ποσὶν, ἀλλὰ μηδὲ ἐνεργεῖν ἀπο-
λελυμένως τὰ διαφέροντα, δεδεμένος τοὺς πόδας καὶ τὰς
χεῖρας δεσμοῖς νεκρῶν κειρίαις.   καὶ ὁ τοιοῦτός γε διὰ τὴν
ἐγγενομένην αὐτῷ νεκρότητα πρὸς τοῖς ἐπὶ τῶν χειρῶν καὶ
25 τῶν ποδῶν δεσμοῖς καὶ τὴν ὄψιν τῇ ἀγνοίᾳ κεκάλυπται καὶ
περιδέδεται.   εἶτ᾽ ἐπεὶ μὴ μόνον ζῆσαι αὐτὸν βεβούληται
ὁ Ἰησοῦς καὶ ἐν τῷ μνημείῳ μένειν, ἐπὶ τὰ ἔξω τοῦ μνημείου
οὗτος ἐλθὼν δέδεται, καθὼς προείρηται, τῆς ζωῆς· καὶ τῷ
ἐξεληλυθέναι ἀπὸ τοῦ μνημείου μὴ δύνασθαι, ὅσον δέδεται,
30 λέγει τοῖς δυναμένοις ὑπηρετήσασθαι αὐτῷ ὁ Ἰησοῦς· Λύ- Jo xi 44
σατε αὐτὸν καὶ ἄφετε αὐτὸν ὑπάγειν· νομίζω ὅτι μὴ
συγκαταθέμενος μὲν τῷ περὶ τῆς ἐπιστροφῆς μετὰ τὸ ἡμαρ-

2 κιρήσαντι   10 τοιοῦτοι   12 ἐπακούσῃ
25 κεκάλυπται] καὶ κάλυπται   28 τῷ] τοῦ

τηκέναι λόγῳ· ἔτι δὲ ἀτονῶν κατ' αὐτὸν βιοῦν, τῷ κατέχεσθαι
αὐτοῦ τὰς τῆς ψυχῆς πορευτικὰς καὶ δραστικὰς καὶ θεωρη-
τικὰς δυνάμεις, ὁ τοιοῦτος ἐξῆλθεν ἀπὸ τοῦ μνημείου· καὶ
ἔτι ἐστὶ δεδεμένος τοὺς πόδας καὶ τὰς χεῖρας κειρίαις, καὶ
ἡ ὄψις αὐτοῦ σουδαρίῳ περιδέδεται. ἀλλ' ἐπὰν εἰπόντος 5
Ἰησοῦ τοῖς λῦσαι αὐτὸν δυναμένοις, διὰ τὴν πρόσταξιν ὡς
δεσπότου τοῦ χριστοῦ, τό· Λύσατε αὐτὸν καὶ ἄφετε αὐτὸν
ὑπάγειν· λυθῇ τοὺς πόδας καὶ τὰς χεῖρας, καὶ ἀποθῆται

cf. 2 Co iii 14 ff.
τὸ ἐπικείμενον αὐτοῦ τῇ ὄψει κάλυμμα ἀφαιρεθέν, πορεύεται 379
cf. Jo xii 2
τοιαύτην πορείαν, ὥστε φθάσαι αὐτὸν ἐπὶ τὸ ἕνα καὶ αὐτὸν 10
γενέσθαι τῶν συνανακειμένων τῷ Ἰησοῦ.

Jo xi 44
8. (7) Μετὰ τοῦτο διὰ τό· Ἐξῆλθεν ὁ τεθνηκὼς δεδε-
μένος τοὺς πόδας καὶ τὰς χεῖρας κειρίαις· λεκτέον ὅτι
διαφορά ἐστι καὶ τῶν δεδεμένων τοὺς πόδας καὶ τὰς χεῖρας,
καὶ οὐ ταὐτόν ἐστι τὴν ἀρχὴν τοῦ δεδέσθαι ἐκ τοῦ νενεκρῶ- 15
σθαι εἰληφέναι, ὥστε καὶ τοὺς δεσμοὺς ἐπιφέρεσθαι τὸ ὄνομα
τῆς νεκρότητος· νῦν γὰρ αἱ κειρίαι νεκρῶν εἰσι δεσμοί·
cf. Mt xxii 11
τῷ δεδεμένον κρίσει κυρίου γενέσθαι, τοῦ εἰσελθόντος θεά-
σασθαι τοὺς ἀνακειμένους καὶ ἰδόντος τὸν μὴ ἐνδεδυμένον
Mt xxii 13
ἔνδυμα γάμου, καὶ περὶ αὐτοῦ εἰπόντος· Δήσαντες αὐτοῦ 20
πόδας καὶ χεῖρας, ἐκβάλετε αὐτὸν εἰς τὸ σκότος τὸ ἐξώτερον.
ἔστι δέ τι ἐν τῷ τόπῳ δεόμενον διακρίσεως, ἐν τῷ· Καὶ ἡ
cf. Ex xxxiv 33
ὄψις αὐτοῦ σουδαρίῳ περιεδέδετο· καὶ ἐν τῷ κάλυμμα ἐπι-
κεῖσθαι τῷ προσώπῳ Μωσέως, ἡνίκα ἐλάλει τῷ λαῷ· τὸ μὲν
γὰρ ἐπικείμενον τῇ ὄψει τοῦ Λαζάρου σουδάριον ἐκάλυπτεν 25
αὐτοῦ νενεκρωμένας τὰς ὁράσεις· τὸ δὲ Μωσέως κάλυμμα
κατ' οἰκονομίαν ἦν τῷ προσώπῳ αὐτοῦ περικείμενον διὰ τοὺς
μὴ χωροῦντας ἀπὸ τοῦ λαοῦ ἐνορᾶν τῇ δόξῃ αὐτοῦ.
ζητήσεις δὲ περὶ τοῦ μὴ ἐνδεδυμένου ἔνδυμα γάμου, περὶ
οὗ εἴρηται· Δήσαντες αὐτὸν ποδῶν καὶ χειρῶν, ἐκβάλετε 30
αὐτὸν εἰς τὸ σκότος τὸ ἐξώτερον· πότερον εἰσαεὶ μένει δε-
δεμένος, καὶ ἐν τῷ ἐξωτέρῳ σκότῳ· οὐ γὰρ πρόσκειται τό·

15 καὶ οὐ] om.   **18** δεδέσθαι

Εἰς τὸν αἰῶνα· ἤ· Εἰς τοὺς αἰῶνας· ἢ λυθήσεταί ποτε. οὐ
γὰρ ἐμφαίνεται ἐκ τῆς περὶ αὐτοῦ λέξεως τὰ περὶ ἀπολύσεως
ἐσομένης γεγραμμένα περὶ αὐτοῦ. οὐ δοκεῖ δέ μοι ἀσφαλὲς
εἶναι μὴ καταλαβόντα ὁτιποτοῦν, μάλιστα τῷ μὴ γεγράφθαι
5 περὶ αὐτοῦ, ἀποφήνασθαι. ζητήσεις δὲ διὰ τό· Λέγει Jo xi 44
Ἰησοῦς αὐτοῖς Λύσατε αὐτόν· τίσιν αὐτοῖς; οὔτε γὰρ ὅτι
μαθηταῖς ἀναγέγραπται οὔθ' ὅτι τῷ περιεστῶτι ὄχλῳ, ἀλλ'
οὐδὲ ὅτι τοῖς μετὰ τῆς Μαρίας οὖσιν Ἰουδαίοις καὶ παρα- cf. Jo xi 19
μυθουμένοις αὐτήν· ὑπονοήσαι δ' ἄν τις διὰ τό· Ἄγγελοι Mt iv 11
10 προσῆλθον καὶ διηκόνουν αὐτῷ· καὶ διὰ τὴν κατὰ τὸν τόπον
ἀναγωγὴν, ὅτι μήποτε κἀκείνοις δύναται εἰρῆσθαι τό· Λύ-
σατε αὐτὸν, καὶ ἄφετε αὐτὸν ὑπάγειν.

380   9. (8) Ἔτι ζητῶ εἰ πεπλήρωκεν ὁ Ἰησοῦς τὸ ἐπιφερό-
μενον τῷ· Λάζαρος ὁ φίλος ἡμῶν κεκοίμηται· τό· Ἀλλὰ Jo xi 11
15 πορεύομαι ἵνα ἐξυπνίσω αὐτόν. ἐφίστημι οὖν μήποτε ἐν τῷ
εἰρηκέναι αὐτὸν φωνῇ μεγάλῃ κραυγάσαντα· Λάζαρε, δεῦρο Jo xi 43
ἔξω· ἡ γὰρ μεγάλη φωνὴ καὶ ἡ κραυγὴ οὐκ ἂν ἀτόπως
λέγοιτο ἐξυπνικέναι αὐτόν. καὶ εἰ δεῖ δύνασθαι ἀποφήνασθαι
ἐν τούτῳ μᾶλλον πεπληρῶσθαι τό· Πορεύομαι ἵνα ἐξυπνίσω
20 αὐτόν· ἤπερ ἐν τῷ τῆς εὐχῆς τοῦ υἱοῦ ἀκούσαντα τὸν
πατέρα πεποιηκέναι τὴν Λαζάρου ψυχὴν ἐπανελθεῖν ἐπὶ
τὸ ἐν τῷ μνημείῳ ἀποκείμενον αὐτοῦ σῶμα· εἴποι γὰρ ἄν
τις ὅτι ὁ μὲν ἀκούσας εὐξαμένου τοῦ υἱοῦ πατὴρ ἐκ νεκρῶν
τὸν Λάζαρον ἀνέστησεν· ὁ δὲ εἰπὼν φωνῇ μεγάλῃ καὶ
25 κραυγάσας· Λάζαρε, δεῦρο ἔξω· ἐπλήρωσεν ὁ προεπηγ-
γείλατο· Ἀλλὰ πορεύομαι ἵνα ἐξυπνίσω αὐτόν. καὶ ὁ
τοῦτό γε κατασκευάζων, διαφορὰν διδοὺς τοῦ· Λάζαρος ὁ
φίλος ἡμῶν κεκοίμηται· καὶ τοῦ· Λάζαρος ἀπέθανεν· ἐρεῖ ὅτι Jo xi 14
πρὸς μὲν τό· Κεκοίμηται ἐπηγγείλατο εἰπών· Ἀλλὰ πο-
30 ρεύομαι ἵνα ἐξυπνίσω αὐτόν· πρὸς δὲ τό· Ἀπέθανεν· οὐκ
ἀποδέδωκε τό· Πορεύομαι ἵνα ἀναστήσω αὐτὸν ἐκ νεκρῶν.
ἀλλὰ ὁ λύων τὴν ἐν τούτοις δοκοῦσαν εἶναι διαφορὰν καὶ
διδοὺς τὴν τοῦ Λαζάρου ἐκ νεκρῶν ἀνάστασιν κοινὸν ἔργον
γεγονέναι υἱοῦ τοῦ εὐξαμένου καὶ πατρὸς τοῦ ἐπακούσαντος

χρήσεται καὶ τῷ εἰρημένῳ ὑπὸ τοῦ κυρίου πρὸς τὴν Μάρθαν
λέγοντος· Ἐγώ εἰμι ἡ ἀνάστασις καὶ ἡ ζωή· παραθήσεται
δὲ καὶ τό· Ὥσπερ γὰρ ὁ πατὴρ ἐγείρει τοὺς νεκροὺς καὶ
ζωοποιεῖ, οὕτως καὶ ὁ υἱὸς οὓς θέλει ζωοποιεῖ.

10. (9) Πολλοὶ ο**Υ**Ν ἐκ τῶν Ἰο**Υ**Δ**Α**ίων, οἱ ἐλθόντες 5
πρὸc τὴν Μ**Α**ρι**Α**Μ κ**Α**ὶ θε**Α**cάμεν**Ο**ι ἃ ἐπ**Ο**ίHcεν ὁ Ἰ**Η**c**ΟΥ**c,
ἐπίcτεγc**Α**ν εἰc **ΑΥ**τόν. Καὶ τίνα γε οὐκ ἂν κινήσαι πρὸς
τὸ πιστεῦσαι τῷ τοῦ Ἰησοῦ κηρύγματι καὶ ἀληθῶς, ὡσπερεὶ
ἐκ νεκρότητος καὶ δυσωδίας, τῶν πάνυ ὑπὸ τῆς κακίας κατα-
βεβαπτισμένων, ἀκροτάτῃ μεταβολῇ ἀποσεισαμένων τῇ 10
προστάξει καὶ συνεργείᾳ τοῦ λόγου, οὐ μόνον τὴν ἀπὸ τῆς
ἁμαρτίας πολλὴν δυσωδίαν ἀλλὰ καὶ τοὺς κατέχοντας
δεσμοὺς τὴν πορευτικὴν καὶ τὴν δραστικὴν τῆς ψυχῆς
δύναμιν, ἔτι δὲ χωρὶς τούτων καὶ τὴν θεωρητικήν; κατα-
πλαγέντες γὰρ οἱ ἰδόντες τὸν Ἰησοῦν ἐν τοῖς τοιούτοις 15
τοσοῦτον δεδυνημένον, οἱ αὐχοῦντες μὲν περὶ λόγον ἀσχο-
λεῖσθαι θεοῦ, τὸ πλήρωμα δὲ τοῦ λόγου μηδέπω παραδεξά-
μενοι, καὶ πιστεύσαιεν ἂν μάλιστα ὅσοι ἐληλύθασιν ὡς ἐπὶ 381
νεκρῷ καὶ πάντῃ ἀπεγνωσμένῳ καὶ αὐτοὶ ἀπογνόντες τὸν
τοιοῦτον, παραμυθήσασθαι τὴν ἐπὶ τῇ ἐκπτώσει τοῦ ἀδελφοῦ 20
ὀδυνωμένην· δι' οὓς τάχα πλέον ἢ διὰ τὸν ταῦτα παθόντα
ἐλθὼν ἐπὶ τὸ σπήλαιον τοῦ νεκροῦ Ἦρε τοὺς ὀφθαλμοὺς
ἄνω καὶ εἶπε Πάτερ, εὐχαριστῶ σοι, ὅτι ἤκουσάς μου.
ἐγὼ δὲ ᾔδειν ὅτι πάντοτέ μου ἀκούεις. ὅτι γὰρ διὰ τούτους
μᾶλλον ἢ τὸν Λάζαρον ταύτην ἀνεφθέγξατο πρὸς τὸν 25
πατέρα τὴν εὐχαριστίαν δῆλον ἐκ τοῦ· Ἀλλὰ διὰ τὸν ὄχλον
τὸν περιεστῶτα εἶπον, ἵνα πιστεύσωσιν ὅτι σύ με ἀπέστει-
λας. ἐπραγματεύσατο οὖν περὶ τοῦ Λαζάρου διὰ τὸν
περιεστῶτα ὄχλον, ἵν' οἱ πολλοὶ τῶν Ἰουδαίων ἐλθόντες
πρὸς τὴν Μαριὰμ καὶ θεασάμενοι ἃ ἐποίησε πιστεύσωσιν 30
εἰς αὐτόν.

11. (10) Ἀλλὰ ἄκουε καὶ περὶ τούτων, μὴ μόνον σω-
ματικώτερον· Τινὲς δὲ ἐξ αὐτῶν ἀπῆλθον πρὸς τοὺς Φαρι-
σαίους καὶ εἶπον αὐτοῖς ἃ ἐποίησεν ὁ Ἰησοῦς. ἔχει μέν τι

Jo xi 25
Jo v 21
Jo xi 45
Jo xi 41 f.
Jo xi 46

ἡ λέξις ἀμφίβολον, πότερον οἱ ἀπελθόντες πρὸς τοὺς
Φαρισαίους καὶ εἰπόντες αὐτοῖς ἃ ἐποίησεν ὁ Ἰησοῦς ἀπὸ
τῶν πολλῶν Ἰουδαίων ἦσαν, τῶν θεασαμένων ἃ ἐποίησε καὶ
πιστευσάντων εἰς αὐτὸν, βουλόμενοι καὶ τοὺς ἐχθρῶς δια-
5 κειμένους πρὸς αὐτὸν δυσωπῆσαι διὰ τῆς περὶ τοῦ Λαζάρου
ἐπαγγελίας· ἢ οἱ λοιποὶ παρὰ τοὺς πολλοὺς καὶ πιστεύ-
σαντας, ὡς μὴ κινηθέντες ἐκ τοῦ γενομένου εἰς τὴν περὶ
Ἰησοῦ πίστιν, ὅτι τὸ ὅσον ἐφ᾽ ἑαυτοῖς καὶ κατ᾽ αὐτοῦ τοὺς
Φαρισαίους τὸν ἐν αὐτοῖς πονηρὸν ζῆλον ἐγείροντες διὰ τῆς
10 περὶ τοῦ Λαζάρου ἐπαγγελίας. καὶ δοκεῖ μοι τοῦτο μᾶλλον
βούλεσθαι σημαίνειν ὁ εὐαγγελιστής. διὸ καὶ ἐπιφέρεται
τό· Συνήγαγον οὖν οἱ ἀρχιερεῖς καὶ οἱ Φαρισαῖοι, καὶ τὰ   Jo xi 47
ἑξῆς. πολλοὺς μὲν οὖν εἶπε, τοὺς διὰ τὸ θεάσασθαι τὰ περὶ
τὸν Λάζαρον πιστεύσαντας· ὡσπερεὶ δὲ ὀλιγωτέρους ἔφησεν
15 εἶναι τοὺς μὴ τοιούτους, εἰπών· Τινὲς δὲ ἐξ αὐτῶν ἀπῆλθον,
καὶ τὰ ἑξῆς. πρόσχες δὲ καὶ τοῖς λεχθησομένοις εἰ δύναται
ἡμᾶς κινῆσαι πρὸς συγκατάθεσιν, ἐπεὶ μὴ εἴρηται μέν· πολ-
λοὶ οὖν ἐκ τῶν Ἰουδαίων τῶν ἐλθόντων πρὸς τὴν Μαριὰμ
καὶ θεασαμένων ἃ ἐποίησεν, ἐπίστευσαν εἰς αὐτόν· γέγρα-
20 πται δέ· Πολλοὶ οὖν ἐκ τῶν Ἰουδαίων, οἱ ἐλθόντες πρὸς τὴν   Jo xi 45
Μαριὰμ καὶ θεασάμενοι ἃ ἐποίησεν, ἐπίστευσαν εἰς αὐτόν.
382 καὶ μάλιστα διὰ τὴν ἀναγωγὴν κινοῦμαι μήποτε πάντες οἱ
θεασάμενοι, τουτέστι θεωρήσαντες καὶ συνέντες ἃ ἐποίησεν
ὁ Ἰησοῦς, ἐπίστευσαν εἰς αὐτόν· οἱ μέντοι γε ἀπελθόντες
25 πρὸς τοὺς Φαρισαίους καὶ εἰπόντες αὐτοῖς ἃ ἐποίησεν ὁ Ἰη-
σοῦς, ἐπεὶ μὴ μεμαρτύρηνται ὅτι ἐθεάσαντο, μήποτε τὸ ἐν
ἐπαίνῳ λεγόμενον περὶ τῶν πιστευσάντων οὐκ ἔσχον, τὸ
Ἐθεάσαντο. ἐδύνατο γὰρ, εἴπερ καὶ οὗτοι ἐθεάσαντο, γε-
γράφθαι ὅτι τινὲς ἐξ αὐτῶν ἀπῆλθον πρὸς τοὺς Φαρισαίους
30 καὶ εἶπον αὐτοῖς ἃ ἐθεάσαντο πεποιηκότα τὸν Ἰησοῦν, ἢ ἃ
ἐθεάσαντο καὶ ἐποίησεν ὁ Ἰησοῦς. νυνὶ δὲ τό· Ἐθεάσαντο·
ἐπὶ τούτων μὲν οὐδαμῶς εἴρηται· ἐπὶ δὲ τῶν πιστευσάντων,

8 post καὶ] ins. πρὸς   18 μαριὰν

Jo xi 42

οἵτινες καὶ ἐλθόντες ἦσαν πρὸς τὴν Μαριὰμ καὶ θεασάμενοι
ἃ ἐποίησεν ὁ Ἰησοῦς· δι' οὓς, οἶμαι, καὶ εἶπε τό· Ἀλλὰ διὰ
τὸν ὄχλον τὸν περιεστῶτα εἶπον, ἵνα πιστεύσωσιν ὅτι σύ με
ἀπέστειλας. ἅμα δὲ καὶ περὶ τούτου πρόσχες εἰ δύνασαι
τοὺς ἐλθόντας πρὸς τὴν Μαριὰμ καὶ θεασαμένους ἃ ἐποίη- 5
σεν ὁ Ἰησοῦς καὶ πιστεύσαντας εἰς αὐτὸν μόνους λέγειν,
ἅτε καὶ πολλοὺς ὄντας, ὅτι οὗτοι ἦσαν ὁ περιεστὼς τὸν
Ἰησοῦν ὄχλος, δι' ὃν εἶπε τό· Πάτερ, εὐχαριστῶ σοι ὅτι
ἤκουσάς μου· ἐγὼ δὲ ᾔδειν ὅτι πάντοτέ μου ἀκούεις. εἰ
γὰρ ταῦτα διὰ τὸν ὄχλον τὸν περιεστῶτα εἶπεν, ἵνα πιστεύ- 10
σωσιν ὅτι ὁ πατὴρ αὐτὸν ἀπέστειλε, καὶ λέγων διὰ τοῦτο
εἶπεν, ἵνα ὁ περιεστὼς ὄχλος πιστεύσῃ· οὐκ ἂν δὲ μὴ πι-
στεύσοντός τινος ἐξ αὐτῶν τῷ πατρὶ ἔλεγεν, ὡσεί τις τῶν τὰ
μέλλοντα ἀγνοούντων ἀνθρώπων· Ἀλλὰ διὰ τὸν ὄχλον τὸν
περιεστῶτα, ἵνα πιστεύσωσιν ὅτι σύ με ἀπέστειλας· μή- 15
ποτε οἱ ἐλθόντες πρὸς τὴν Μαριὰμ καὶ θεασάμενοι ἃ
ἐποίησε καὶ πιστεύσαντες εἰς αὐτὸν, μόνοι ἦσαν ὁ περιεστὼς
τὸν Ἰησοῦν ὄχλος· οἱ δὲ λοιποὶ οὔτε ἐθεάσαντο ἃ ἐποίησεν
οὔτε περιειστήκεισαν αὐτόν.

Jo xi 47 f.

12. (11) ΣΥΝΗΓΑΓΟΝ ΟΥ̓Ν ΟΙ ἈΡΧΙΕΡΕἸΣ ΚΑῚ ΟΙ ΦΑΡΙ- 20
ΣΑἸΟΙ ΣΥΝΕΔΡΙΟΝ, ΚΑῚ ἘΛΕΓΟΝ ΤΙ ΠΟΙΟΥ̓ΜΕΝ ὉΤΙ ΟὙΤΟΣ Ὁ
ἈΝΘΡΩΠΟΣ ΠΟΛΛᾺ ΠΟΙΕἸ ΣΗΜΕἸΑ; ἘΑΝ ἈΦὨΜΕΝ ΑΥ̓ΤῸΝ
ΟὙΤΩΣ, ΠΑΝΤΕΣ ΠΙΣΤΕΥ̓ΣΟΥΣΙΝ ΕἸΣ ΑΥ̓ΤΟΝ, ΚΑῚ ἘΛΕΥ̓ΣΟΝΤΑΙ
ΟΙ ῬΩΜΑἸΟΙ ΚΑῚ ἈΡΟΥ̓ΣΙΝ ἩΜὨΝ ΚΑῚ ΤῸΝ ΤΟΠΟΝ ΚΑῚ ΤῸ
ἘΘΝΟΣ. Ὡς πρὸς τὸ ῥητὸν οἱ Φαρισαῖοι καὶ οἱ ἀρχιερεῖς 25
ἑώρων ὅτι διὰ τὸ μέγεθος ὧν πεποιήκει τεραστίων δυνάμεων
ὁ Ἰησοῦς δυνατὸν ἦν καὶ πάντα τὸν λαὸν τὸν Ἰουδαῖον
ὑπαχθῆναι τῇ εἰς αὐτὸν πίστει, ὑπαχθέντα καταφρονῆσαι τῆς 383
ἐν τῷ τόπῳ σωματικῆς λευιτικῆς καὶ ἱερατικῆς λατρείας, ὥστ'
ἂν πρόφασιν τὸ τοιοῦτον γενέσθαι τοῦ, ἅτε μὴ περιεπόντων 30
τὸν τόπον Ἰουδαίων, Ῥωμαίοις ὑπὸ τοῦ σωτῆρος γενέσθαι

13, 14 τὰ μέλλοντα] τὸ μέλλοντο (ut videtur)
23 πιστεύσωσιν   26 πεποιποιήκει

καὶ τὸν νομιζόμενον παρ' ἐκείνοις εἰρημένον τόπον καὶ πᾶν
τὸ ἔθνος Ἰουδαίων, οὐκ ἐπὶ παντὶ τρόπῳ τηρεῖν ἐθελόντων
τὴν περὶ τοῦ Ἰουδαίους ἑαυτοὺς εἶναι ὁμολογίαν. εἶτ' ἐπεὶ
πάντων προέκρινον τὴν λατρείαν καὶ τὸν τόπον καὶ τὴν τοῦ
5 ἔθνους σύστασιν τῶν νομισθέντων ἂν εἶναι κρειττόνων παρὰ
ταῦτα, διὰ τοῦτο σκοποῦσι κατὰ τοῦ Ἰησοῦ ἵνα αὐτὸν μὴ
ἐάσωσι ζῆν. ὡς δ' αὕτως οἶμαι καὶ καθαιρέσει τῆς δόξης
αὐτοῦ εἰρηκέναι τό· Οὗτος ὁ ἄνθρωπος· ἠπίστουν γὰρ τοῖς
καὶ ἀνωτέρω εἰρημένοις περὶ τοῦ θεὸν αὐτὸν εἶναι, ἡνίκα
10 λιθάζειν αὐτὸν ἐβούλοντο ὡς περὶ βλασφημίας, λέγοντες
αὐτῷ ὅτι Σὺ ἄνθρωπος ὢν ποιεῖς ἑαυτὸν θεόν· ὅτε κατὰ τὴν   Jo x 33
ἑαυτοῦ φιλανθρωπίαν ἀπεκρίνατο, διδάσκων ὅτι πᾶς πρὸς
ὃν ὁ λόγος τοῦ θεοῦ ἐγένετο θεὸς λέγεται ὑπὸ τοῦ θεοῦ, μὴ
δυναμένης λυθῆναι καὶ καταλυθῆναι τῆς τούτο ἀποφηνα-
15 μένης προφητικῆς γραφῆς. ἔστι δὲ ἐκ τῶν λεγομένων ἀπὸ
τῶν Φαρισαίων καὶ τῶν ἀρχιερέων κατανοῆσαι αὐτῶν καὶ τὸ
τῆς κακίας ἀνομολογούμενον καὶ τυφλόν· ἀνομολογούμενον
μὲν, ὅτι ἐμαρτύρουν αὐτῷ καὶ πολλὰ πεποιηκέναι σημεῖα, καὶ
δύνασθαι τῷ τοσαῦτα σημεῖα πεποιηκότι ἐπιβουλεῦσαι, ὡς
20 μηδὲν ὑπὲρ ἑαυτοῦ ἐν τῷ ἐπιβουλεύεσθαι δυναμένῳ· τυφλὸν
δὲ οὐδὲν ἧττον καὶ αὐτὸ τοῦτο ἦν· κατὰ γὰρ τὸν πολλὰ
ποιοῦντα σημεῖα ἦν τὸ κρεῖττον εἶναι τῆς ἐπιβουλῆς τῶν
ἀφιέναι αὐτὸν μὴ θελόντων· εἰ μὴ ἄρα καὶ ἐπίστευον ὅτι
ποιεῖ σημεῖα, καὶ ὑπενόουν αὐτὰ μὴ ἀπὸ θείας γίνεσθαι
25 δυνάμεως· ὥστε διὰ τοῦτο μὴ πάντα αὐτὸν δυνηθῆναι, μηδὲ
αὐτὸν ῥύσασθαι ἀπὸ τῆς ἐξ ἐκείνων ἐπιβουλῆς. ἐκεῖνοι μὲν
οὖν ἐσκόπουν μὴ ἀφιέναι αὐτόν, οἰόμενοι διὰ τοῦτο ἐμποδί-
σειν τοῖς πιστεύουσιν εἰς αὐτὸν καὶ Ῥωμαίοις, μέλλουσιν
αἴρειν αὐτῶν τὸν τόπον καὶ τὸ ἔθνος. Ἀλλ' ἐπεὶ Κύριος   Ps xxxii
30 διασκεδάζει βουλὰς ἐθνῶν καὶ ἀθετεῖ λογισμοὺς λαῶν· οὐδὲν   (xxxiii) 10
ἧττον καὶ οὐκ ἀφῆκαν αὐτόν, καὶ ὁ θεὸς αὐτὸν ἀνέστησε καὶ
ἀφῆκε, καὶ πάντα τὰ ἔθνη ἐδούλευσαν αὐτῷ, καὶ ἐλθόντες   cf. Ps lxxi
(lxxii) 11

20 τυφλῷ

οἱ Ῥωμαῖοι ἦραν αὐτῶν τὸν τόπον. ποῦ γὰρ ὅ φασιν
ἐκεῖνοι ἁγίασμα; ἦραν δὲ καὶ τὸ ἔθνος, ἐκβάλλοντες αὐτοὺς
ἀπὸ τοῦ τόπου καὶ μόγις ἐπιτρέψαντες αὐτοῖς εἶναι ὅπου 384
βούλονται καὶ ἐν τῇ διασπορᾷ. εἰ δὲ χρὴ τολμῆσαι καὶ εἰς
ἀναγωγὴν τῶν κατὰ τὰ ῥήματα ταῦτα, φήσομεν ὅτι τὸν 5

Ro xi 11

τόπον τῶν ἐκ περιτομῆς ἔλαβον τὰ ἔθνη· Τῷ γὰρ ἐκείνων
παραπτώματι σωτηρία γέγονε τοῖς ἔθνεσιν, εἰς τὸ παραζη-
λῶσαι αὐτούς· εἰς δὲ τὰ ἔθνη Ῥωμαῖοι παρελήφθησαν, ἀπὸ
τῶν βασιλευόντων οἱ βασιλευόμενοι ὀνομασθέντες. καὶ τὸ

cf. 1 Pe ii 10

ἔθνος δὲ ὑπὸ τῶν ἐξ ἐθνῶν ἤρθη· γέγονε γὰρ ὁ λαὸς οὐ λαός, 10

cf. Ro ix 6 f.

καὶ οἱ ἐξ Ἰσραὴλ οὐκέτι εἰσὶν Ἰσραήλ, καὶ τὸ σπέρμα οὐκ
ἔφθασεν ἐπὶ τὸ γενέσθαι αὐτοὺς τέκνα· καὶ τούτων αἴτιον
τὰ πολλὰ τοῦ Ἰησοῦ σημεῖα, καὶ ὅτι ἀφῆκεν αὐτὸν ὁ πατήρ,
κρείττονα γενόμενον τῆς τῶν ἀρχιερέων καὶ Φαρισαίων
συνεδρευσάντων κατ᾽ αὐτοῦ ἐπιβουλῆς. ἀρχιερεῖς δὲ καὶ 15
πᾶσα ἡ σωματικὴ ἐν Ἰουδαίοις λατρεία Φαρισαῖοί τε καὶ
πᾶσα ἡ κατὰ τὸ γράμμα τοῦ νόμου διδασκαλία ἐπιβουλεύει
Ἰησοῦ, τῇ ἀληθείᾳ, καὶ βούλεται ὁ τύπος, ἵνα ὑφεστήκῃ,

cf. 2 Co iv 2

ἐμποδίζειν τῇ φανερώσει τῆς ἀληθείας, καὶ ὥσπερ ἡ σὰρξ καὶ

cf. Gal v 17

κατὰ τοῦτο ἐπιθυμεῖ κατὰ τοῦ πνεύματος. ἀλλ᾽ ἰσχυρότερον 20
ὂν τὸ ἐπιθυμοῦν κατὰ τῆς σαρκὸς πνεῦμα καὶ ἡ ἀληθὴς τοῦ
σωτῆρος ἡμῶν ἀρχιερωσύνη καὶ ἡ πνευματικὴ αὐτοῦ διδα-
σκαλία διαλύει τὸ τῶν κατ᾽ αὐτοῦ βουλευομένων ἀρχιερέων καὶ
Φαρισαίων συνέδριον. ταῦτα δὲ ὑποληπτέον καὶ νῦν γίνεσθαι,
ὅπερ ἐστὶν ἰδεῖν ἐν τοῖς διὰ τῆς τοῦ σωματικοῦ Ἰουδαϊσμοῦ 25
συστάσεως καὶ καταλύειν ἐθέλουσι τὴν πνευματικὴν Χριστοῦ
διδασκαλίαν.

Jo xi 49 ff.

13. (12) Εἶϲ Δέ τιϲ ἐξ αὐτῶν Καϊάφαϲ, ἀρχιερεὺϲ
ὢν τοῦ ἐνιαυτοῦ ἐκείνου, εἶπεν αὐτοῖϲ Ὑμεῖϲ οὐκ
οἴΔατε οὐΔέν, οὐΔὲ λοΓίζεϲθε ὅτι ϲυμφέρει ἡμῖν ἵνα εἶϲ 30
ἄνθρωποϲ ἀποθάνῃ ὑπὲρ τοῦ λαοῦ καὶ μὴ ὅλον τὸ
ἔθνοϲ ἀπόληται. τοῦτο Δὲ ἀφ᾽ ἑαυτοῦ οὐκ εἶπεν, ἀλλ᾽

23 βουλομένων

ἀρχιερεὺϲ ὢν τοῦ ἐνιαυτοῦ ἐκείνου προεφήτευϲεν ὅτι Jo xi 51 f.
ἔμελλεν Ἰηϲοῦϲ ἀποθνήϲκειν ὑπὲρ τοῦ ἔθνουϲ, καὶ οὐχ
ὑπὲρ τοῦ ἔθνουϲ μόνον, ἀλλ' ἵνα καὶ τὰ τέκνα τοῦ θεοῦ
τὰ Διεϲκορπιϲμένα ϲυναγάγῃ εἰϲ ἕν. Οὐχὶ εἴ τις προ-
5 φητεύει, προφήτης ἐστὶν ἐκεῖνος. ὁ γοῦν Καϊάφας, ἀρχιε-
ρεὺς ὢν τοῦ ἐνιαυτοῦ ἐκείνου, προεφήτευσε μὲν ὅτι ἔμελλεν
Ἰησοῦς ἀποθνήσκειν ὑπὲρ τοῦ ἔθνους, καὶ οὐχ ὑπὲρ τοῦ
ἔθνους μόνον, ἀλλ' ἵνα καὶ τὰ τέκνα τοῦ θεοῦ τὰ διεσκορ-
πισμένα συναγάγῃ εἰς ἕν, οὐ μὴν καὶ προφήτης ἦν. εἰ δὲ
10 καὶ Βαλαὰμ προεφήτευσε τὰ ἐν τοῖς Ἀριθμοῖς ἀναγεγραμ-
385 μένα, φάσκων· Τὸ ῥῆμα ὃ ἐὰν ἐμβάλῃ ὁ θεὸς εἰς τὸ στόμα Num xxii 38
μου, τοῦτο λαλήσω· καὶ εἰπὼν τὰ ἀπὸ τοῦ· Ἐκ Μεσοπο- Num xxiii 7
ταμίας μετεπέμψατό με καὶ τὰ ἑξῆς, σαφὲς ὅτι προφήτης
οὐκ ἦν· μάντις γὰρ εἶναι ἀναγέγραπται. εἴ τις μὲν οὖν προ- cf. Jos xiii 22
15 φήτης ἐστὶ, πάντως προφητεύει· εἰ δέ τις προφητεύει, οὐ
πάντως ἐστὶ προφήτης. ὡς εἰ καὶ ἐπὶ ἑτέρου τινὸς τῶν
κρειττόνων τοιοῦτον ἔλεγον· εἰ μέν τίς ἐστι δίκαιος, τὸ
δίκαιον διώκει· οὐ μὴν εἴ τις τὸ δίκαιον διώκει, δίκαιός ἐστιν.
ἐκεῖνο, ὅπερ συνήσεις ἐπιστήσας τῷ· Δικαίως τὸ δίκαιον Deu xvi 20
20 διώξῃ· εἴπερ μὴ μάτην τό· Δικαίως· προτέτακται τοῦ· Τὸ
δίκαιον διώξῃ· δυνατὸν γὰρ, οἶμαι, τὸ δίκαιον διώκειν ἀλλ' οὐ
δικαίως· καὶ γὰρ οἱ ποιοῦντες πρὸς τὸ δοξασθῆναι ὑπὸ τῶν cf. Mt vi 2
ἀνθρώπων ἔργον καθ' αὑτὸ καθῆκον, φέρε εἰπεῖν, εἰς πένητας,
δίκαιον μέν τι πεποιήκασιν, οὐ μὴν ἀπὸ ἕξεως δικαιοσύνης
25 ἀλλ' ἀπὸ κενοδοξίας. οἶμαι δ' ὅτι ἀνάλογον τῷ· Δικαίως
τὸ δίκαιον διώξῃ λέγοιτ' ἂν· σωφρόνως τὸ σῶφρον διώξῃ·
καί· ἀνδρείως τὸ ἀνδρεῖον διώξῃ· καί· σοφῶς τὸ σοφὸν διώξῃ·
καὶ τὰ ἀνάλογον ἐπὶ τῶν λοιπῶν ἀρετῶν. ταῦτα δ' εἴπομεν
ὑπὲρ τοῦ παραβαλεῖν ὅμοιόν τι τῷ προφητεύειν μέν τινα,
30 οὐ μὴν προφήτην εἶναι. διὰ τοῦτο δ' οἶμαι συνεχῶς ἐν ταῖς
προφητείαις περὶ τῶν προφητῶν λέγεται τό· Εἶπεν Ἰερεμίας Jer xxxv
ὁ προφήτης· καὶ εἴ τι τούτοις ὅμοιον· οἱ δὲ περὶ τὰ ὀνό- (xxviii) 5

20 προστέτακται

μάτα δεινοί φασιν ὅτι οὐχὶ εἴ τις ἰατρικόν τι ἐποίησεν ἢ
τῶν πρὸς ὑγιείαν συμβαλλομένων ἕν, ἰατρός ἐστιν ἐκεῖνος,
οὐδὲ εἴ τις οἰκοδομικόν τι πεποίηκεν, οἰκοδόμος ἐστὶν ἐκεῖνος.
ἐκ δὲ τῶν περὶ τὸν Καϊάφαν ἀναγεγραμμένων, προφητεύ-
σαντα περὶ τοῦ σωτῆρος, ἔστιν ὅτι καὶ μοχθηρὰ ψυχὴ 5
ἐπιδέχεταί ποτε τὸ προφητεύειν.   κατηγορεῖται γὰρ ἡ τοῦ
Καϊάφα μοχθηρία, ὃς ἦν ἀρχιερεὺς τοῦ ἐνιαυτοῦ ἐκείνου
ὅτε ὁ σωτὴρ ἡμῶν τὴν ἐν τῷ πάσχειν ὑπὲρ ἀνθρώπων
ἐπιτελεῖ οἰκονομίαν, ὑπὸ τῶν εὐαγγελιστῶν· Ματθαῖος μὲν
γάρ φησι· Τότε πορευθεὶς εἰς τῶν δώδεκα, λεγόμενος Ἰούδας 10
Ἰσκαριώτης, πρὸς τοὺς ἀρχιερεῖς εἶπε Τί θέλετέ μοι δοῦναι,
κἀγὼ ὑμῖν παραδώσω αὐτόν; οἱ δὲ ἔστησαν αὐτῷ τριάκοντα
ἀργύρια· καὶ μετ' ὀλίγα· Ἰδοὺ Ἰούδας, φησίν, εἷς τῶν
δώδεκα ἦλθε, καὶ μετ' αὐτοῦ ὄχλος πολὺς μετὰ μαχαιρῶν 386
καὶ ξύλων, ἀπὸ τῶν ἀρχιερέων καὶ πρεσβυτέρων τοῦ λαοῦ. 15

14. Ἐν τούτοις μὲν οὖν νοοῦμεν εἶναι καὶ τὸν Καϊά-
φαν τοῖς ἀρχιερεῦσι, ἐπεὶ μεμαρτύρηται ἀρχιερεὺς ὢν
τοῦ ἐνιαυτοῦ ἐκείνου. σαφῶς δὲ μετὰ ταῦτα ὁ Ματθαῖος
φησιν· Οἱ δὲ κρατήσαντες τὸν Ἰησοῦν ἀπήγαγον πρὸς τὸν
Καϊάφαν τὸν ἀρχιερέα, ὅπου οἱ γραμματεῖς καὶ οἱ πρε- 20
σβύτεροι συνήχθησαν· καὶ μετ' ὀλίγα ἐπιφέρει· Ὁ δὲ
ἀρχιερεὺς καὶ τὸ συνέδριον ἐζήτουν ψευδομαρτυρίαν κατὰ
τοῦ Ἰησοῦ, ὅπως θανατώσουσιν αὐτόν· καὶ οὐχ εὗρον,
πολλῶν προσελθόντων ψευδομαρτύρων. ὕστερον δὲ προσ-
ελθόντες δύο εἶπον Οὗτος ἔφη Δύναμαι καταλῦσαι τὸν 25
ναὸν τοῦ θεοῦ καὶ διὰ τριῶν ἡμερῶν οἰκοδομῆσαι. καὶ
ἀναστὰς ὁ ἀρχιερεὺς εἶπεν αὐτῷ Οὐδὲν ἀποκρίνῃ; τί οὗτοί
σου καταμαρτυροῦσιν; ὁ δὲ Ἰησοῦς ἐσιώπα. καὶ ὁ
ἀρχιερεὺς εἶπεν αὐτῷ Ἐξορκίζω σε κατὰ τοῦ θεοῦ ζῶντος ἵνα
ἡμῖν εἴπῃς· εἰ σὺ ὁ χριστός, ὁ υἱὸς τοῦ θεοῦ; λέγει αὐτῷ ὁ 30
Ἰησοῦς Σὺ εἶπας· πλὴν λέγω ὑμῖν, ἀπ' ἄρτι ὄψεσθε τὸν
υἱὸν τοῦ ἀνθρώπου καθήμενον ἐκ δεξιῶν τῆς δυνάμεως καὶ

2 ὑγίαν

ἐρχόμενον ἐπὶ τῶν νεφελῶν τοῦ οὐρανοῦ. τότε ὁ ἀρχιερεὺς   Mt xxvi 64 ff.
διέρρηξε τὰ ἱμάτια αὐτοῦ λέγων Ἐβλασφήμησε· τί ἔτι
χρείαν ἔχομεν μαρτύρων; ἰδοὺ νῦν ἠκούσατε τὴν βλασφη-
μίαν αὐτοῦ. τί ὑμῖν δοκεῖ; οἱ δὲ ἀποκριθέντες εἶπον
5 Ἔνοχος θανάτου ἐστίν. εἶτα πάλιν μεθ' ἕτερα· Καὶ ἐν τῷ   Mt xxvii 12
κατηγορεῖσθαι αὐτὸν ὑπὸ τῶν ἀρχιερέων καὶ πρεσβυτέρων
οὐδὲν ἀπεκρίνετο. καὶ πάλιν μετ' ὀλίγα· Οἱ δὲ ἀρχιερεῖς   Mt xxvii 20
καὶ οἱ πρεσβύτεροι ἔπεισαν τοὺς ὄχλους ἵνα αἰτήσωνται τὸν
Βαραββᾶν, τὸν δὲ Ἰησοῦν ἀπολέσωσιν. εἶτα μετὰ τὴν
10 ἀνάστασιν τοῦ σωτῆρος πορευομένων Μαρίας τῆς Μαγδα-
ληνῆς καὶ τῆς ἄλλης Μαρίας· Ἰδού τινες τῆς κουστωδίας   Mt xxviii
ἐλθόντες εἰς τὴν πόλιν ἀνήγγειλαν τοῖς ἀρχιερεῦσι πάντα   11—14
τὰ γενόμενα. καὶ συναχθέντες μετὰ τῶν πρεσβυτέρων συμ-
βούλιόν τε λαβόντες ἀργύρια ἱκανὰ ἔδωκαν τοῖς στρατιώταις,
15 λέγοντες Εἴπατε ὅτι Οἱ μαθηταὶ αὐτοῦ ἐλθόντες νυκτὸς
ἔκλεψαν αὐτὸν ἡμῶν κοιμωμένων· κἂν ἀκουσθῇ τοῦτο ἐπὶ
τοῦ ἡγεμόνος, ἡμεῖς πείσομεν καὶ ὑμᾶς ἀμερίμνους ποιήσο-
μεν. Λουκᾶς δὲ ἀνέγραψεν ὅτι Εἰσῆλθε Σατανᾶς εἰς   Lc xxii 3 f.
Ἰούδαν ἐπικαλούμενον Ἰσκαριώθ, ὄντα ἐκ τοῦ ἀριθμοῦ τῶν
20 δώδεκα, καὶ ἀπελθὼν συνελάλησε τοῖς ἀρχιερεῦσι καὶ στρατη-
γοῖς, ὅπως αὐτὸν παραδῷ αὐτοῖς. εἶτα μετ' ὀλίγα· Εἶπε,   Lc xxii 52
387 φησίν, ὁ Ἰησοῦς πρὸς τοὺς παραγενομένους ἐπ' αὐτὸν ἀρχ-
ιερεῖς καὶ στρατηγοὺς τοῦ ἱεροῦ καὶ πρεσβυτέρους Ὡς ἐπὶ
λῃστὴν ἐξήλθετε μετὰ μαχαιρῶν καὶ ξύλων; καὶ μετ' ὀλίγα·
25 Συλλαβόντες αὐτὸν ἦγον καὶ εἰσήγαγον εἰς τὴν οἰκίαν τοῦ   Lc xxii 54
ἀρχιερέως· καὶ ἔτι μετ' ὀλίγα· Εἰστήκεισαν οἱ ἀρχιερεῖς καὶ   Lc xxiii 10
οἱ γραμματεῖς, εὐτόνως κατηγοροῦντες αὐτοῦ. καὶ πάλιν
μετ' ὀλίγα· Ὡς ἡμέρα ἐγένετο, συνήχθη τὸ πρεσβυτέριον τοῦ   Lc xxii 66
λαοῦ, ἀρχιερεῖς τε καὶ γραμματεῖς, καὶ ἀπήγαγον αὐτὸν εἰς
30 τὸ συνέδριον αὐτῶν. ὁ δὲ Μάρκος φησὶν ὅτι Ἰούδας Ἰσκα-   Mc xiv 10 f.
ριώτης, εἷς τῶν δώδεκα, προσῆλθε πρὸς τοὺς ἀρχιερεῖς ἵνα
παραδῷ αὐτόν. οἱ δὲ ἀκούσαντες ἐχάρησαν καὶ ἐπηγγείλαντο

32 ἐπηγγείλατο

Mc xiv 43 αὐτῷ ἀργύριον δοῦναι· καὶ μετ' ὀλίγα· Ἔτι τοῦ Ἰησοῦ λαλοῦντος παραγίνεται Ἰούδας Ἰσκαριώτης, εἷς τῶν δώδεκα, καὶ μετ' αὐτοῦ ὄχλος πολὺς μετὰ μαχαιρῶν καὶ ξύλων παρὰ τῶν γραμματέων καὶ τῶν Φαρισαίων καὶ πρεσβυτέρων· καὶ

Mc xiv 53 μετ' ὀλίγα· Ἀπήγαγον τὸν Ἰησοῦν πρὸς Καϊάφαν τὸν 5 ἀρχιερέα, καὶ συνέρχονται πάντες οἱ ἀρχιερεῖς καὶ γραμ-

Mc xiv 60—63 ματεῖς καὶ πρεσβύτεροι. εἶτα πάλιν μετ' ὀλίγα· Ἀναστὰς ὁ ἀρχιερεὺς ἐπηρώτησε τὸν Ἰησοῦν λέγων· Οὐκ ἀποκρίνῃ οὐδέν; τί οὗτοί σου καταμαρτυροῦσιν; ὁ δὲ ἐσιώπα καὶ οὐδὲν ἀπεκρίνατο. πάλιν ὁ ἀρχιερεὺς ἐπηρώτησεν αὐτὸν ἐκ 10 δευτέρου λέγων Σὺ εἶ ὁ χριστὸς ὁ υἱὸς τοῦ εὐλογητοῦ; ὁ δὲ Ἰησοῦς ἀποκριθεὶς λέγει αὐτῷ Σὺ εἶπας ὅτι ἐγώ εἰμι, καὶ ὄψεσθε τὸν υἱὸν τοῦ ἀνθρώπου καθήμενον ἐκ δεξιῶν τῆς δυνάμεως καὶ ἐρχόμενον μετὰ τῶν νεφελῶν τοῦ οὐρανοῦ. ὁ δὲ ἀρχιερεὺς διαρρήξας εὐθέως τοὺς χιτῶνας αὐτοῦ. εἶτα 15

Mc xv 1 μετ' ὀλίγα· Πρωὶ συμβούλιον ἐποίησαν οἱ ἀρχιερεῖς μετὰ τῶν πρεσβυτέρων καὶ τῶν γραμματέων καὶ ὅλον τὸ συνέδριον, καὶ δήσαντες τὸν Ἰησοῦν ἀπήγαγον εἰς τὴν αὐλὴν καὶ

Mc xv 3, 5 παρέδωκαν Πιλάτῳ. εἶτα μετ' ὀλίγα· Κατηγόρουν αὐτοῦ οἱ ἀρχιερεῖς πολλά, αὐτὸς δὲ οὐδὲν ἀπεκρίνετο. ὁ δὲ Ἰωάννης 20

Jo xviii 28 φησὶν ὅτι Ἄγουσι τὸν Ἰησοῦν ἀπὸ τοῦ Καϊάφα εἰς τὸ πραιτώριον. ταῦτα δὲ ἐπὶ πλεῖον ἐξεθέμεθα ὑπὲρ τοῦ διὰ πολλῶν ἁπάντων τῶν εὐαγγελιστῶν μαρτυριῶν παρα- στῆσαι τὴν χύσιν τῆς τοῦ Καϊάφα κακίας, καὶ ὅτι κατὰ τοῦ Ἰησοῦ ἀγωνιζόμενος οὐδὲν ἧττον προεφήτευσεν· ὅτι μὲν 25 οὖν προεφήτευσε, σαφῶς ἐδίδαξεν ἡμᾶς ὁ Ἰωάννης.

15. (13) Ζητήσεις δὲ εἰ πάντως, εἴ τις προφητεύει, ἐκ 388 πνεύματος ἁγίου προφητεύει, κἄν τισι φαίνηται μηδεμιᾶς ζητήσεως ἔχεσθαι τὸ λεγόμενον. πῶς δὲ οὐ ζητήσεως ἄξιόν ἐστιν, εἴγε Δαβὶδ μετὰ τὴν ἐπὶ τοῦ Οὐρίου ἁμαρτίαν εὐλα- 30

Ps l (li) 13 βούμενος ἀφαιρεθῆναι ἀπ' αὐτοῦ τὸ ἅγιον πνεῦμά φησι Τὸ πνεῦμα τὸ ἅγιόν σου μὴ ἀντανέλῃς ἀπ' ἐμοῦ; εἰ δέ τις

18 δήσαντες] λαλήσαντες   29 ἄξιος

προσίεται καὶ τό· Ἅγιον πνεῦμα παιδείας φεύξεται καὶ δόλον, Sap Sol i 5
καὶ ἀπαναστήσεται ἀπὸ λογισμῶν ἀσυνέτων· σαφῶς δόξει
παρίστασθαι ὅτι φεύγει ἀπὸ τῆς δεδολιευμένης ψυχῆς, κἂν
πρότερον τύχῃ πρὸ δόλου καὶ ἁμαρτίας γενόμενον ἐκεῖ, τὸ
5 ἅγιον πνεῦμα. οὕτω δὲ ζητήσεως ἄξιόν ἐστι τὸ περὶ τοῦ
ἁγίου πνεύματος εἰ δύναται εἶναι καὶ ἐν ἁμαρτωλῷ ψυχῇ,
ὥστ' ἄν τινα εἰπεῖν ὅτι εἴπερ Οὐδεὶς δύναται εἰπεῖν Κύριος 1 Co xii 3
Ἰησοῦς εἰ μὴ ἐν πνεύματι ἁγίῳ· πολλοὶ δὲ καὶ τῶν ἁμαρτω-
λῶν διάκεινται πρὸς τὸν Ἰησοῦν ὡς πρὸς κύριον, καὶ ἐν
10 αὐτοῖς ἂν εἴη τὸ ἅγιον πνεῦμα. καὶ τάχα ἐπεὶ οἱ μετὰ τὸ
τυχεῖν αὐτοῦ ἁμαρτάνοντες οὐκ ἂν τυγχάνοιεν ἀφέσεως, διὰ
τοῦτο λέγεται περὶ τῶν πρὸ τοῦ ἁγίου πνεύματός τινι
ἡμαρτημένων τό· Πᾶσα ἁμαρτία καὶ βλασφημία ἀφεθήσεται Mt xii 31;
τοῖς υἱοῖς τῶν ἀνθρώπων· περὶ δὲ τῶν μετὰ τὸ τυχεῖν ἁγίου cf. Mc iii 29
15 πνεύματος ἐπταικότων τό· Ὁ δὲ εἰς τὸ ἅγιον πνεῦμα βλασφη-
μήσας οὐκ ἔχει ἄφεσιν οὔτε ἐν τούτῳ τῷ αἰῶνι οὔτε ἐν τῷ
μέλλοντι. βλασφημεῖ γὰρ ἔργοις καὶ λόγοις ἁμαρτίας εἰς
τὸ παρὸν πνεῦμα ἅγιον ὁ καὶ παρόντος αὐτοῦ ἐν τῇ ψυχῇ
ἁμαρτάνων. οὕτω δέ τις φήσει εἰρῆσθαι καὶ τὸ ἐν τῇ πρὸς
20 Ἑβραίους τοῦτον ἀναγεγραμμένον τὸν τρόπον· Ἀδύνατον He vi 4 ff.
γὰρ τοὺς ἅπαξ φωτισθέντας, γευσαμένους τε τῆς δωρεᾶς τῆς
ἐπουρανίου καὶ μετόχους γενηθέντας πνεύματος ἁγίου, καὶ
καλὸν γευσαμένους θεοῦ ῥῆμα δυνάμεις τε μέλλοντος αἰῶνος,
καὶ παραπεσόντας, πάλιν ἀνακαινίζειν εἰς μετάνοιαν, ἀνα-
25 σταυροῦντας ἑαυτοῖς τὸν υἱὸν τοῦ θεοῦ καὶ παραδειγματίζον-
τας. πρόσχες γὰρ ἐν τούτοις τό· Μετόχους γενηθέντας
πνεύματος ἁγίου. εἰς δὲ τὸ ἐναντίον, ὡς εἰ καὶ προεφή-
τευσεν ὁ Καϊάφας, οὐδὲν ἧττον οὐκ ἦν πνεῦμα ἅγιον ἐν
αὐτῷ, λεχθείη ἂν τό· Οὔπω γὰρ ἦν πνεῦμα, ὅτι Ἰησοῦς Jo vii 39
30 οὔπω ἐδοξάσθη. καὶ εἴπερ οὐκ ἦν πνεῦμα οὐδὲ ἐν τοῖς
ἀποστόλοις πρὸ τοῦ Ἰησοῦν δοξασθῆναι, πόσῳ πλέον οὐκ ἦν
ἐν τῷ Καϊάφᾳ; ἀναστὰς δὲ ὁ σωτὴρ ἐνεφύσησε τοῖς μαθη-

3 δεδολισμένης

Jo xx 22 ταῖς καὶ λέγει αὐτοῖς Λάβετε πνεῦμα ἅγιον, καὶ τὰ ἐξῆς. 389
τολμηρῶς μὲν οὖν τις παραθήσεται τὰ λεχθησόμενα πρὸς τὸ
μὴ ἀπὸ ἁγίου πνεύματος προπεφητευκέναι τὸν Καϊάφαν.
ὁμῶς δ' οὖν ἐρεῖ ὅτι δύναται καὶ πονηρὰ πνεύματα μαρτυρεῖν
τῷ Ἰησοῦ καὶ προφητεύειν περὶ αὐτοῦ ἢ μαρτυρεῖν αὐτῷ, 5

Mc i 24;
cf. Lc viii 31
ὥσπερ τὸ λέγον· Οἴδαμέν σε τίς εἶ, ὁ ἅγιος τοῦ θεοῦ· καὶ τὰ
παρακαλοῦντα αὐτὸν ἵνα μὴ ἐπιτάξῃ αὐτοῖς εἰς τὴν ἄβυσσον
ἀπελθεῖν καὶ λέγοντα· Ἦλθες ἀπολέσαι ἡμᾶς;

16. Καὶ ἐν ταῖς Πράξεσι δὲ τῶν ἀποστόλων γέγραπται

Act xvi 16 f. ταῦτα· Ἐγένετο πορευομένων ἡμῶν εἰς τὴν προσευχὴν παι- 10
δίσκην τινὰ ἔχουσαν πνεῦμα πύθωνα ὑπαντῆσαι ἡμῖν, ἥτις
ἐργασίαν πολλὴν παρεῖχε τοῖς κυρίοις αὐτῆς μαντευομένη.
αὕτη κατακολουθήσασα Παύλῳ καὶ ἡμῖν ἔκραζε λέγουσα ὅτι
Οὗτοι οἱ ἄνθρωποι δοῦλοι τοῦ θεοῦ τοῦ ὑψίστου εἰσίν, οἵτινες
καταγγέλλουσιν ἡμῖν ὁδὸν σωτηρίας. φήσει οὖν ὁ τούτοις 15
συγχρώμενος ὅτι οὐδὲν ἀποδεῖ προφητείας ὁ τοῦ πύθωνος
λόγος, μαρτυρῶν τοῖς ἀποστόλοις καὶ προτρέπων ὡς ἐπὶ
ὁδὸν σωτηρίας καταγγελλομένην πιστεύειν τοὺς ἀκούσαντας.
ἐπεὶ δὲ καὶ τὰ τοῦ Βαλαὰμ παρεθέμεθα, πρόσχες εἰ δύναται
καὶ περὶ αὐτοῦ λέγεσθαι ὅτι οὐ θεόθεν ἐλάλησεν ἀλλ' ἀπὸ 20

Num xxii
22 ff.
ἀγγέλου· Ἔστη γάρ, φησίν, ὁ ἄγγελος τοῦ θεοῦ ἐν τῇ ὁδῷ
ἐνδιαβάλλειν αὐτόν. καὶ αὐτὸς ἐπιβεβήκει ἐπὶ τῆς ὄνου
αὐτοῦ καὶ οἱ δύο παῖδες αὐτοῦ μετ' αὐτοῦ. καὶ ἰδοῦσα ἡ
ὄνος τὸν ἄγγελον τοῦ θεοῦ ἀνθεστηκότα ἐν τῇ ὁδῷ, καὶ τὴν
ῥομφαίαν αὐτοῦ ἐσπασμένην ἐν τῇ χειρὶ αὐτοῦ, καὶ ἐξέκλινεν 25
ἡ ὄνος ἐκ τῆς ὁδοῦ καὶ ἐπορεύετο εἰς τὸ πεδίον. καὶ ἐπάταξε
Βαλαὰμ τὴν ὄνον ἐν τῇ ῥάβδῳ τοῦ εὐθῦναι αὐτὴν ἐν τῇ ὁδῷ·
καὶ ἔστη ὁ ἄγγελος τοῦ θεοῦ ἐν ταῖς αὔλαξι τῶν ἀμπέλων,
φραγμὸς ἐντεῦθεν καὶ φραγμὸς ἐντεῦθεν. εἶτα μετ' ὀλίγα·

Num xxii 27 Ἰδοῦσα ἡ ὄνος τὸν ἄγγελον τοῦ θεοῦ συνεκάθισεν ὑποκάτω 30

Num xxii
32 f.
Βαλαάμ. καὶ πάλιν μετ' ὀλίγα· Εἶπεν αὐτῷ ὁ ἄγγελος τοῦ
θεοῦ Διατί ἐπάταξας τὴν ὄνον σου τοῦτο τρίτον; καὶ ἰδοὺ
ἐγὼ ἐξῆλθον εἰς διαβολήν σου, ὅτι οὐκ εὐθεῖα ἡ ὁδός σου
ἐναντίον μου· καὶ ἰδοῦσά με ἡ ὄνος ἐξέκλινεν ἀπ' ἐμοῦ

τοῦτο τρίτον· καὶ εἰ μὴ ἐξέκλινεν ἀπ᾽ ἐμοῦ, νῦν σὲ μὲν Num xxii 33 ff
ἀπέκτεινα ἐκείνην δ᾽ ἂν περιεποιησάμην. καὶ εἶπε Βαλαὰμ
τῷ ἀγγέλῳ Κύριε, ἡμάρτηκα, οὐ γὰρ ἠπιστάμην ὅτι σὺ
ἀνθέστηκας εἰς συνάντησίν μοι ἐν τῇ ὁδῷ· καὶ νῦν εἰ μή σοι
5 ἀρέσκει, ἀποστραφήσομαι. καὶ εἶπεν ὁ ἄγγελος τοῦ θεοῦ
390 πρὸς Βαλαάμ· Συμπορεύθητι μετὰ τῶν ἀνθρώπων· πλὴν τὸ
ῥῆμα ὃ ἐὰν εἴπω πρὸς σὲ τοῦτο φυλάξῃ λαλῆσαι. παρα-
τήρει γὰρ ὅτι ἄγγελός ἐστιν ὁ λέγων· Τὸ ῥῆμα ὃ ἐὰν εἴπω
πρὸς σὲ τοῦτο φυλάξῃ λαλῆσαι. ἀλλὰ φήσεις ὅτι μετ᾽
10 ὀλίγα ἐφάνη ὁ θεὸς τῷ Βαλαὰμ καὶ εἶπε πρὸς αὐτὸν Βαλαάμ·
Τοὺς ζ´ βωμοὺς ἡτοίμασα καὶ ἀνεβίβασα μόσχον καὶ κριὸν Num xxiii 4 f.
ἐπὶ τὸν βωμόν. καὶ ἐνέβαλεν ὁ θεὸς ῥῆμα εἰς τὸ στόμα
Βαλαὰμ, καὶ εἶπεν Ἐπιστραφεὶς πρὸς Βαλαὰκ οὕτω λα-
λήσεις. καὶ σὺ δὲ πρόσχες πῶς ἀμφότερα ἀληθῆ ἐστι, καὶ
15 τὸ ὑπὸ τοῦ ἀγγέλου λεγόμενον ἐν τῷ· Ὃ ἐὰν εἴπω πρὸς σὲ
τοῦτο φυλάξῃ λαλῆσαι· καὶ τὸ ὑπὸ τῆς γραφῆς ἀπαγγελλό-
μενον ὅτι Ἐνέβαλεν ὁ θεὸς ῥῆμα εἰς τὸ στόμα Βαλαὰμ καὶ
εἶπε. τὸ δέ· Ἐγενήθη πνεῦμα θεοῦ ἐπ᾽ αὐτῷ· ὠβελίσαμεν, Num xxiii 6
μήτε αὐτὸ μήτε παραπλήσιόν τι αὐτῷ εὑρόντες ἐν ταῖς
20 λοιπαῖς ἐκδόσεσι. πάλιν τε αὖ μετ᾽ ὀλίγα· Συνήντησε, Num xxiii 16
φησὶν, ὁ θεὸς τῷ Βαλαὰμ καὶ ἐνέβαλε ῥῆμα εἰς τὸ στόμα
αὐτοῦ καὶ εἶπεν Ἀποστράφηθι πρὸς Βαλαὰκ, καὶ τάδε
λαλήσεις.

17. Εἰς ταῦτα δὲ πάντα ὁ ἀποτολμῶν φήσει ὅτι καὶ
25 ἐπὶ τοῦ Σαοὺλ εἴρηται· Πνεῦμα θεοῦ πονηρὸν ἔπνιγεν αὐτόν· 1 Reg xvi 14
ἀλλὰ καὶ πνεῦμα ψευδὲς ἐξελθὸν γέγονεν ἐν στόματι πάντων 3 Reg xxii 20 ff.
τῶν προφητῶν τοῦ Ἀχαὰβ, εἰπόντος κυρίου· Τίς ἀπατήσει
τὸν Ἀχαάβ; καὶ ἐξελθόντος πνεύματος ψευδοῦς καὶ εἰπόντος·
Ἐγὼ ἀπατήσω. ταῦτα μὲν οὖν εἰς τοὺς τόπους ἐζητήσθω,
30 δυναμένου τινὸς ἀφ᾽ ἑαυτοῦ τὰ ἀκόλουθα τοῖς ἐκτεθεῖσι
ῥητοῖς σκοπῆσαι περὶ τοῦ πῶς προεφήτευσεν ὁ Καϊάφας.
μήποτε δὲ καὶ ταῦτα εἰς τὴν προφητείαν αὐτοῦ λεκτέον,

21 βαλαὰκ   **25** post αὐτὸν] ins. ἢ πνα θοῦ πονηρὸν : alia
autem manu delentur haec verba

ὅτι ἐπεὶ μὴ ἅγιος ἦν, εἰ καὶ προεφήτευσεν, ⟨ἀλλ᾽ οὐκ ἀπὸ
πνεύματος ἁγίου προεφήτευσεν⟩. ὥσπερ δὲ ζητήσεως ἄξιόν
ἐστι πῶς προεφήτευσε Καϊάφας, οὕτω καὶ ἐν τῇ πρώτῃ τῶν
Βασιλειῶν ζητήσεις πῶς προεφήτευσαν οἱ ἄγγελοι τοῦ
Σαοὺλ σταλέντες ἐπὶ τὸν Δαβὶδ, καὶ μετ᾽ αὐτοὺς ὁ Σαούλ. 5

ι Reg xix
19—24

γέγραπται γάρ· Καὶ ἀπηγγέλη τῷ Σαούλ, λέγοντες Ἰδοὺ
Δαβὶδ εἰς Αὔωθ ἐν Ῥαμά.   καὶ ἀπέστειλε Σαοὺλ ἀγγέλους
λαβεῖν τὸν Δαβίδ, καὶ εἴδοσαν τὴν ἐκκλησίαν τῶν προφη-
τῶν, καὶ Σαμουὴλ εἱστήκει καθεστηκὼς ἐπ᾽ αὐτῶν. καὶ
ἐγενήθη ἐπὶ τοὺς ἀγγέλους Σαοὺλ πνεῦμα κυρίου καὶ προεφή- 10
τευσαν καὶ αὐτοί.   καὶ ἀπηγγέλη τῷ Σαούλ, καὶ ἀπέστειλεν 391
ἀγγέλους ἑτέρους καὶ προεφήτευσαν καὶ αὐτοί.   καὶ ἐθυμώθη
ὀργῇ Σαούλ, καὶ ἐπορεύθη εἰς Ἀρμαθαὶμ καὶ ἔρχεται ἕως τοῦ
φρέατος τοῦ μεγάλου, καὶ ἐν τῇ ὁδῷ εἰς Σωφεῖν, καὶ ἐπηρώ-
τησε καὶ εἶπε Ποῦ Σαμουὴλ καὶ Δαβίδ; καὶ εἶπον Ἰδοὺ εἰς 15
Αὔωθ Ῥαμά.   καὶ ἐπορεύθη ἐκεῖθεν εἰς Αὔωθ Ῥαμά· καὶ
ἐγενήθη ἐπ᾽ αὐτὸν πνεῦμα θεοῦ, καὶ ἐπορεύετο πορευόμενος
καὶ προφητεύων ἕως ἐλθὼν εἰς Αὔωθ Ῥαμά.   καὶ ἐξεδύσατο
τὰ ἱμάτια αὐτοῦ καὶ προεφήτευσεν ἐνώπιον Σαμουήλ, καὶ
ἔπεσε γυμνὸς ὅλην τὴν ἡμέραν ἐκείνην καὶ ὅλην τὴν νύκτα. 20
διὰ τοῦτο ἔλεγον Εἰ καὶ Σαοὺλ ἐν προφήταις; ἀναγκαίως δὲ
νομίζω καὶ ταῦτα παρατεθεῖσθαι ὑπὲρ τοῦ φανῆναι πῶς
ἁμαρτωλοὶ προφητεύουσι, καὶ πότερον ἐξ ἁγίου πνεύματος ἢ
ἀπὸ ἄλλης δυνάμεως, ὅσον γε ἐπὶ τῷ μαρτυρεῖν τῇ ἀληθείᾳ
μὴ ψευδομένης.   πάλιν τε αὖ ἐν τῇ πρώτῃ τῶν Βασιλειῶν 25
εὑρίσκονται οἱ τῶν εἰδώλων μάντεις ὑποδεικνύντες τὰ περὶ

cf. ι Reg vi 9

τῆς κιβωτοῦ, καὶ ὅτι ἐπὰν βόες πρωτοτοκεύουσαι τὴν ὁδὸν
Ἰησοῦ τοῦ Βεθσαμυσαίου πορευθῶσι, σημαίνουσιν ἀπὸ θεοῦ
γεγονέναι τὴν πληγὴν τοῖς Φιλιστιαίοις.   οὐδὲ τὰ περὶ τὴν

cf. ι Reg
xxviii

ἐγγαστρίμυθον καὶ τὸν Σαμουὴλ ἐν τοῖς τόποις τούτοις 30
παρασιωπητέον, ἀφ᾽ ὧν ἔμαθεν ὁ Σαούλ, ὅτι τῇ ἑξῆς ἔμελλεν
ἅμα τοῖς υἱοῖς ἀναιρεθήσεσθαι ἡμέρᾳ.   τὸ δὲ ἀκριβὲς ἐν

1 ἀλλ᾽—2 προεφήτευσεν] om.   5 ante ἐπὶ] ins. γέγρα

τοῖς τόποις ὄψεται ὁ δυνάμενος διαλαλεῖν περὶ διαφόρων
δυνάμεων, χειρόνων καὶ κρειττόνων, εἰ δὲ καὶ εἶέν τινες
μεταξὺ καὶ περὶ τούτων. πάλιν τε αὖ ὁ βουλόμενος ἀπὸ
χείρονος δυνάμεως προπεφητευκέναι τὸν Καϊάφαν φήσει
5 ὅτι οὐδὲν παράδοξόν ἐστι πονηρὰν δύναμιν ταῦτα εἰρηκέναι,
ὅπου γε οὐ πάντη ἀγνοῶν καὶ ὁ διάβολος εὑρίσκεται τὸν
υἱὸν ὄντα θεοῦ ἐν τοῖς ἀναγραφεῖσιν ὑπὸ τῶν εὐαγγελιστῶν
εἰρῆσθαι ὑπ' αὐτοῦ πρὸς τὸν κύριον. φήσει δὲ ὅτι καὶ
πονηρία τις ἔκκειται τῇ ἐνεργούσῃ δυνάμει ταῦτα προφη-
10 τεύεσθαι περὶ τοῦ σωτῆρος· σκοπὸς γὰρ ἦν αὐτῇ οὐ τὸ
πιστοποιῆσαι τοὺς ἀκρωμένους ἀλλ' ἐρεθίσαι τοὺς ἐν τῷ
συνεδρίῳ ἀρχιερεῖς καὶ Φαρισαίους κατὰ τοῦ Ἰησοῦ ἵνα
αὐτὸν ἀποκτείνωσιν, ὅπερ οὐκ ἦν κατὰ τὸ ἅγιον πνεῦμα
ἐνεργῆσαι.

15 18. (14) Ὅρα γὰρ εἰ μὴ παροξῦναι βούλεται τοὺς
ἀκρωμένους, εἴτε ὁ Καϊάφας εἴτε τὸ ἐνεργοῦν αὐτὸν προφη-
τεύειν, πρὸς τὸ ἀποκτεῖναι τὸν Ἰησοῦν διὰ τοῦ· Ὑμεῖς οὐκ   Jo xi 49 f.
οἴδατε οὐδὲ λογίζεσθε ὅτι συμφέρει ἡμῖν ἵνα εἷς ἄνθρωπος
392 ἀποθάνῃ ὑπὲρ τοῦ λαοῦ, καὶ μὴ ὅλον τὸ ἔθνος ἀπόληται.
20 ἀρά γε ὁ λέγων· Συμφέρει ἡμῖν· ὅπερ μέρος ἦν τῆς προφη-
τείας αὐτοῦ, ἀληθεύει ἢ ψεύδεται; εἰ μὲν γὰρ ἀληθεύει, σώ-
ζεται ὁ Καϊάφας καὶ οἱ ἐν τῷ συνεδρίῳ κατὰ τοῦ Ἰησοῦ
ἀγωνιζόμενοι, ἀποθανόντος τοῦ Ἰησοῦ ὑπὲρ τοῦ λαοῦ, καὶ
τυγχάνουσι τοῦ συμφέροντος· εἰ δὲ ἄτοπον φάσκειν τὸν
25 Καϊάφαν καὶ τοὺς ἐν τῷ κατὰ τοῦ Ἰησοῦ συνεδρίῳ σώζεσθαι
καὶ τοῦ συμφέροντος τετευχέναι ἀποθανόντος τοῦ Ἰησοῦ,
δῆλον ὅτι οὐχ ἅγιον πνεῦμα ἦν τὸ ταῦτα ἐνεργῆσαν λέ-
γεσθαι· ἅγιον γὰρ πνεῦμα οὐ ψεύδεται. ὁ δὲ βουλόμενος
ἀληθεύειν καὶ ἐν τούτῳ τὸ ἐνεργοῦν τὸν Καϊάφαν, λέγω
30 δὲ τῷ φάσκειν· Συμφέρει ἡμῖν ἵνα εἷς ἄνθρωπος ἀποθάνῃ
ὑπὲρ τοῦ λαοῦ· βαθύτερον ἐξακούσεται τοῦ· Συμφέρει ἡμῖν·
διὰ τὸν περὶ τέλους λόγον, καὶ συγχρήσεται τῷ· Ὅπως χά-   He ii 9

4 φησὶν   21 εἰ] ὁ   30 ἀνοῦς   31 ἐξακούεται

ριτι, ἢ χωρὶς, θεοῦ ὑπὲρ παντὸς γεύσηται θανάτου· καὶ
ἐπιστήσει τῷ· Ὑπὲρ παντός· καὶ τῷ· Χωρὶς θεοῦ ὑπὲρ
παντός. συγχρήσεται δὲ καὶ τῷ· Ὅς ἐστι σωτὴρ πάντων
ἀνθρώπων, μάλιστα πιστῶν· ὅτι δὲ οὗτός ἐστιν ὁ ἀμνὸς τοῦ
θεοῦ ὁ αἴρων τὴν ἁμαρτίαν τοῦ κόσμου, ἰδίως ἀκούων τοῦ 5
αἴρεσθαι τὴν ἁμαρτίαν τοῦ κόσμου, καὶ οὐχὶ μέρους αὐτοῦ.
ὁ δὲ λέγων ἀληθὲς εἶναι τό· Συμφέρει ἡμῖν ἵνα εἷς ἄνθρωπος
ἀποθάνῃ· φήσει καὶ ὅλα τὰ κατὰ τὸν τόπον προφητείαν
εἶναι ἀληθῆ, ἀρχομένην ἀπὸ τοῦ· Ὑμεῖς οὐκ οἴδατε οὐδέν·
οὐδὲν γὰρ ᾔδεισαν οἱ τὸν Ἰησοῦν μὴ γνωρίζοντες Φαρισαῖοι 10
καὶ ἀρχιερεῖς, ὄντα ἀλήθειαν καὶ σοφίαν καὶ δικαιοσύνην καὶ
εἰρήνην· Αὐτὸς γάρ ἐστιν ἡ εἰρήνη ἡμῶν. ἀλλὰ καὶ οὐκ
ἐλογίζοντο οὗτοι οἱ μηδὲν εἰδότες τίνα τρόπον συνέφερε καὶ
αὐτοῖς ἵνα ὁ εἷς οὗτος, καθ᾽ ὃ ἄνθρωπός ἐστιν, ἀποθάνῃ
ὑπὲρ τοῦ λαοῦ· ἄνθρωπος γάρ ἐστιν ἀποθανὼν Ἰησοῦς. διὸ 15
καὶ αὐτός φησι· Νῦν δὲ ζητεῖτέ με ἀποκτεῖναι, ἄνθρωπον ὃς
τὴν ἀλήθειαν λελάληκα. καὶ ἐπεὶ ἄνθρωπος μέν ἐστιν ὁ
ἀποθανών, οὐκ ἦν δὲ ἄνθρωπος ἡ ἀλήθεια καὶ ἡ σοφία καὶ
εἰρήνη καὶ δικαιοσύνη, καὶ περὶ οὗ γέγραπται· Θεὸς ἦν ὁ
λόγος· οὐκ ἀπέθανεν ὁ θεὸς λόγος καὶ ἡ ἀλήθεια καὶ ἡ 20
σοφία καὶ ἡ δικαιοσύνη· ἀνεπίδεκτος γὰρ ἡ εἰκὼν τοῦ Θεοῦ
τοῦ ἀοράτου, ὁ πρωτότοκος πάσης κτίσεως, θανάτου. ὑπὲρ
τοῦ λαοῦ δὲ ἀπέθανεν οὗτος ὁ ἄνθρωπος, τὸ πάντων ζώων
καθαρώτερον, ὅστις τὰς ἁμαρτίας ἡμῶν ἦρε καὶ τὰς ἀσθενείας,
ἅτε δυνάμενος πᾶσαν τὴν ὅλου τοῦ κόσμου ἁμαρτίαν εἰς 25
ἑαυτὸν ἀναλαβὼν λῦσαι καὶ ἐξαναλῶσαι καὶ ἐξαφανίσαι,
ἐπεὶ μὴ ἁμαρτίαν ἐποίησε μηδὲ εὑρέθη δόλος ἐν τῷ στόματι
αὐτοῦ, οὐδὲ ἔγνω ἁμαρτίαν. κατὰ τοῦτο δ᾽ οἶμαι καὶ τὸν
Παῦλον εἰρηκέναι οὕτως· Τὸν μὴ γνόντα ἁμαρτίαν ὑπὲρ 393
ἡμῶν ἁμαρτίαν ἐποίησεν, ἵνα ἡμεῖς γενώμεθα δικαιοσύνη 30
θεοῦ ἐν αὐτῷ· ἁμαρτίαν γὰρ αὐτὸν ἐποίησεν, μὴ γνόντα
ἁμαρτίαν, τῷ μηδὲν αὐτὸν ἡμαρτηκότα τὰς πάντων ἁμαρτίας
ἀνειληφέναι, καὶ εἰ δεῖ τολμήσαντα εἰπεῖν, πολλῷ μᾶλλον
τῶν ἀποστόλων αὐτοῦ περικάθαρμα αὐτὸν τοῦ κόσμου

1 Tim iv 10
Jo i 29

Jo xi 50

Eph ii 14

Jo viii 40

Jo i 1

cf. Col i 15

cf. Mt viii 17;
Is liii 4

cf. 1 Pet ii 22

2 Co v 21

γεγονέναι καὶ πάντων περίψημα, τῶν εἰπόντων· Ὡς περικα- Co iv 13
θάρματα τοῦ κόσμου ἐγενήθημεν, πάντων περίψημα ἕως
ἄρτι.

19. Περὶ δὲ τοῦ πολλάκις ἐπικρατούντων τινῶν χαλε-
5 πῶν ἐν τῷ τῶν ἀνθρώπων γένει, οἷον λοιμῶν ἢ ἐπιβλαβῶν
νηνεμιῶν ἢ λιμῶν, λύεσθαι τὰ τοιαῦτα, οἰονεὶ καταργουμένου
τοῦ ἐνεργοῦντος αὐτὰ πονηροῦ πνεύματος διὰ τὸ ἑαυτόν
τινα ὑπὲρ τοῦ κοινοῦ διδόναι, πολλαὶ φέρονται Ἑλλήνων
καὶ βαρβάρων ἱστορίαι, τὴν περὶ τοῦ τοιούτου ἔννοιαν οὐκ
10 ἀποπτυόντων οὐδὲ ἀποδοκιμαζόντων· πότερον μὲν οὖν ἀληθῆ
ἐστι τὰ τοιαῦτα, ἢ μή, οὐ τοῦ παρόντος ἐστὶ καιροῦ μετ'
ἐξετάσεως διαλαβεῖν. πλὴν ὁ δυνάμενος ὑπὲρ ὅλου κόσμου,
ἵνα πᾶς ὁ κόσμος καθαρθῇ, ἀναδέξασθαι ἐπὶ καθαρσίῳ
αὐτοῦ ἀπολομένου ἂν εἰ μὴ ἀνεδέξατο τὸ ὑπὲρ αὐτοῦ ἀπο-
15 θανεῖν, οὔτε ἱστόρηται πώποτε οὔτε ἱστορηθῆναι δύναται,
μόνου Ἰησοῦ τὸ πάντων τῆς ἁμαρτίας φορτίον ἐν τῷ ὑπὲρ
τῶν ὅλων χωρὶς θεοῦ σταυρῷ ἀναλαβεῖν εἰς ἑαυτόν, καὶ cf. He ii 9
βαστάσαι τῇ μεγάλῃ αὐτοῦ ἰσχύϊ δεδυνημένου. καὶ γὰρ
οὗτος μόνος ἐπιστήμων ἦν τοῦ φέρειν μαλακίαν, ὥς φησιν
20 ὁ προφήτης Ἡσαΐας λέγων· Ἄνθρωπος ἐν πληγῇ ὢν καὶ Is liii 3 f.
εἰδὼς φέρειν μαλακίαν. καὶ οὗτός γε τὰς ἁμαρτίας ἡμῶν cf. Mt viii 17;
ἔλαβε καὶ μεμαλάκισται διὰ τὰς ἀνομίας ἡμῶν, καὶ ἡ   Is liii 4 f.
ὀφειλομένη ἡμῖν εἰς τὸ παιδευθῆναι καὶ εἰρήνην ἀναλαβεῖν
κόλασις ἐπ' αὐτὸν γεγένηται. οὕτω γὰρ ἀκούω τούτων·
25 Παιδεία εἰρήνης ἡμῶν ἐπ' αὐτόν. τάχα δὲ καὶ ἐπεὶ τῷ Is liii 5
μώλωπι αὐτοῦ ἡμεῖς ἰάθημεν, εἴποιμεν ἂν οἱ ἰαθέντες ἐκ
τοῦ σταυροῦ ἐλθόντος αὐτῷ τοῦ μώλωπος τό· Ἐμοὶ δὲ μὴ Gal vi 14
γένοιτο καυχᾶσθαι εἰ μὴ ἐν τῷ σταυρῷ τοῦ κυρίου Ἰησοῦ
Χριστοῦ, δι' οὗ ἐμοὶ κόσμος ἐσταύρωται κἀγὼ κόσμῳ.
30 τοῦτον τὸν Ἰησοῦν παρέδωκεν ὁ πατὴρ ταῖς ἁμαρτίαις ἡμῶν,
καὶ δι' αὐτὰς ὡς πρόβατον ἐπὶ σφαγὴν ἤχθη, καὶ ὡς ἀμνὸς Is liii 7;
ἐνώπιον τοῦ κείραντος ἄφωνος. τούτου ἐν τῇ ταπεινώσει,   cf. Act viii 32
ἣν ἐταπείνωσεν ἑαυτὸν γενόμενος ὑπήκοος μέχρι θανάτου, cf. Phil ii 8
θανάτου δὲ σταυροῦ, ἡ κρίσις ἤρθη· οὕτω γὰρ ἀκούω τοῦ·

Is liii 8
Ἐν τῇ ταπεινώσει ἡ κρίσις αὐτοῦ ἤρθη· ὡς εἶναι τὰ ἑξῆς
Ἐν τῇ ταπεινώσει αὐτοῦ ἡ κρίσις ἤρθη. οὗτος δὲ ἀπὸ τῶν 394
ἀνομιῶν τοῦ λαοῦ τοῦ θεοῦ ἤχθη εἰς θάνατον. οὐκοῦν

cf. Jo xi 50
ἀπέθανεν ὁ ἄνθρωπος οὗτος ὑπὲρ τοῦ λαοῦ. καὶ διὰ τοῦτον
οὐχὶ ὅλον τὸ ἔθνος ἀπώλετο. καὶ ἐπίστησον εἰ δύνασαι τὸ 5
μὲν ὄνομα τοῦ λαοῦ λαβεῖν εἰς τοὺς ἐκ περιτομῆς, τὸ δὲ τοῦ
ἔθνους εἰς τοὺς λοιπούς. ἀπέθανε γὰρ οὗτος ὁ ἄνθρωπος
οὐ μόνον ὑπὲρ τοῦ λαοῦ, ἀλλ' ἵνα καὶ μὴ ὅλον τὸ ἔθνος
ἀπόληται, ὡς εἰ ἔλεγε τὸ χρηματίζον ἔθνος καὶ πάντες οἱ
ἐθνικοὶ ἀπόλωνται. 10

Jo xi 51
20. (15) Ἑξῆς τούτῳ ἐστὶ τό· Τοῦτο ἀφ' ἑαυτοῦ οὐκ
εἶπεν. ἀφ' οὗ μανθάνειν οἶμαι ἡμᾶς ὅτι τινὰ μὲν οἱ ἄν-
θρωποι ἀφ' ἑαυτῶν λέγομεν, μηδεμιᾶς ἡμᾶς ἐνεργούσης εἰς
τὸ λέγειν δυνάμεως, ἕτερα δὲ ὡσπερεὶ ὑπηχούσης καὶ
ὑποβαλλούσης δυνάμεώς τινος ἡμῖν τὰ λεγόμενα, κἂν μὴ 15
τέλεον ἐξιστώμεθα καὶ ἀπαρακολουθήτως ἔχωμεν ἑαυτοῖς,
ἀλλὰ δοκῶμεν παρακολουθεῖν οἷς λέγομεν. ἐνδέχεται δὲ
παρακολουθοῦντας ἡμᾶς ἑαυτοῖς ᾗ λέγομεν, μὴ παρακολου-
θεῖν τῷ βουλήματι τῶν λεγομένων· ὥσπερ νῦν Καϊάφας ὁ
ἀρχιερεὺς καὶ ἀφ' ἑαυτοῦ οὐκ εἶπε, καὶ τὸν νοῦν ὡς προφη- 20
τείαν <τοῦ> λεγομένου οὐκ ἐδέχετο. καὶ παρὰ Παύλῳ δὲ

1 Tim i 7
νομοδιδάσκαλοί τινές εἰσι μὴ νοοῦντες μήτε ἃ λέγουσι μήτε
περὶ τίνων διαβεβαιοῦνται. ἀλλ' οὐχ ὁ σοφὸς τοιοῦτος,

Pr xvi 23
περὶ οὗ φησὶν ἐν Παροιμίαις ὁ Σολομών· Σοφὸς νοήσει
τὰ ἀπὸ ἰδίου στόματος, ἐπὶ δὲ χείλεσι φορέσει ἐπιγνωμοσύ- 25
νην. δοκεῖ δέ μοι ὅτι καὶ περίστασις αἰτία ποτὲ γίνεται
τοῦ προφητεύειν, ὥσπερ καὶ νῦν τῷ Καϊάφα τὸ εἶναι αὐτὸν
ἀρχιερέα τοῦ ἐνιαυτοῦ ἐκείνου, <ᾧ> ἔμελλεν ὁ Ἰησοῦς ἀπο-
θνήσκειν ὑπὲρ τοῦ λαοῦ ἵνα μὴ ὅλον τὸ ἔθνος ἀπόληται·
ὄντων γὰρ καὶ ἄλλων ἀρχιερέων, ὡς δῆλον ἐξ ὧν προπαρεθέ- 30
μεθα, οὐδεὶς προφητεύει ἢ ὁ τοῦ ἐνιαυτοῦ ᾧ ἔμελλε πάσχειν
ὁ Ἰησοῦς ἀρχιερεύς. περίστασις δὲ προφητεύειν πεποίηκε

9 ἔλεγον   χρηματίζω   16 ἔχομεν   20 post καὶ 2°] ins.
οὐκ εἶπε   21 τοῦ] om.   28 ᾧ] om.

καὶ τοὺς Σαοὺλ ἀγγέλους, πεμφθέντας ἐπὶ τὸν Δαβὶδ, καὶ cf. 1 Reg xix
αὐτὸν τὸν Σαούλ· οἱονεὶ γὰρ τὸ ζητεῖν αὐτοὺς τὸν Δαβὶδ 20—24
αἴτιον γέγονε προφητείας, ἀλλὰ τοιαύτης, ὁποία ἀναγέγρα-
πται. ἀλλὰ καὶ Βαλαὰμ οὐκ ἂν ἀναλαβὼν τὴν παραβολὴν
5 αὐτοῦ εἶπε τό· Ἐκ Μεσοποταμίας μετεπέμψατό με, καὶ Num xxiii 7
τὰ ἐξῆς· μὴ ἰδὼν τὸν Ἰσραὴλ ἐστρατοπεδευκότα· καὶ ἀεὶ cf. Num
ἄλλο μέρος στρατοπέδου βλέπων ἀπὸ τῆς καινότητος τοῦ xxiv 2
βλεπομένου ἐκινεῖτο πρὸς τὸ λέγειν περὶ τοῦ Ἰσραήλ.

395   21. (16) Ἔμελλε τοίνυν Ἰησοῦς ἀποθνήσκειν ὑπὲρ
10 τοῦ ἔθνους, ὅπερ ἕτερον ἦν τῶν διεσκορπισμένων τέκνων
θεοῦ, ὡς δῆλον ἐκ τοῦ· Ἰησοῦς ἔμελλεν ἀποθνήσκειν, οὐχ Jo xi 51 f.
ὑπὲρ τοῦ ἔθνους μόνον, ἀλλ' ἵνα καὶ τὰ τέκνα τοῦ θεοῦ τὰ
διεσκορπισμένα συναγάγῃ εἰς ἕν. τίνα δὲ τὰ παρὰ τὸ ἔθνος
διεσκορπισμένα τέκνα θεοῦ νῦν καιρὸς ἤδη ζητεῖν. περὶ
15 τούτων δὴ οἱ μὲν τὰς φύσεις εἰσάγοντες τοὺς κατ' αὐτοὺς
πνευματικοὺς φήσουσιν εἶναι τὰ τέκνα τοῦ θεοῦ, πνευματικῶς
οὐκ ἀνακρίναντες πάντας· τοῦτο γὰρ ἀκολουθεῖ λέγειν τοῖς
φύσεις εἶναι οἰομένοις, καὶ παρὰ τὸ τοῦ ἀποστόλου βούλημα
ἐννοεῖν τοὺς πνευματικούς, διδάσκοντος ὅτι Ὁ πνευματικὸς 1 Co ii 15
20 ἀνακρίνει πάντα, καὶ ὑπ' οὐδενὸς ἀνακρίνεται. τούτῳ δὲ
ἀκολουθεῖ τὸν μὴ ἀνακρίνοντα πάντα μὴ εἶναι πνευματικόν,
ἢ μηδέπω εἶναι πνευματικόν. ἀλλὰ καὶ εἴ τις ὑπό τινος
ἀνακρίνεται, ἐπεὶ ὁ πνευματικὸς ὑπ' οὐδενὸς ἀνακρίνεται, οὐκ
ἔστι πνευματικός, ἢ οὐκ ἔστι πω πνευματικός. μήποτ' οὖν
25 βέλτιον λέγειν ὅτι γίνεταί τις πνευματικός, οὐ πρότερον
ὢν, ὅστις ἤδη καὶ κυρίως ἐστὶν υἱὸς θεοῦ. τίνα οὖν ἐστι
τὰ λεγόμενα νῦν τέκνα θεοῦ, εἰ μή εἰσιν οἱ κατὰ τοὺς
εἰσάγοντας τὰς φύσεις πνευματικοί, ὥρα σκοπεῖν· καὶ ὅρα
εἰ τέκνα θεοῦ διεσκορπισμένα ἕτερα παρὰ τὸ ἔθνος δύνασαι
30 νοεῖν τοὺς ἤδη, ὅτε ταῦτα ἐλέγετο, δικαίους ἐν θεῷ, εἴτε
προκεκοιμημένους πατριάρχας ἢ προφήτας ἤ τινας ἄλλους
ἐκλεκτοὺς τοῦ θεοῦ, εἴτε καὶ τοὺς ἤδη τότε ἰσχύοντας· ὡς

4 περιβολὴν   7 κενότητος   19 πνευματικῶς

γὰρ ὑπαρχόντων τῶν ἰσχυόντων καὶ μηδὲ νοσούντων φησίν·

Mt ix 12 f. Οὐ χρείαν ἔχουσιν οἱ ἰσχύοντες ἰατροῦ ἀλλ' οἱ κακῶς
Lc v 32 ἔχοντες· καὶ ὡς ὄντων δικαίων λέγει· Οὐκ ἐλήλυθα καλέσαι
δικαίους ἀλλὰ ἁμαρτωλοὺς εἰς μετάνοιαν. ἔμελλεν οὖν
Ἰησοῦς ἀποθνήσκειν ὑπὲρ μὲν τοῦ ἔθνους ἵνα μὴ ἀπόληται, 5
cf. Jo xi 52 ὑπὲρ δὲ τῶν τέκνων τοῦ θεοῦ, ὄντων ἐν διασκορπισμῷ, ἵνα
cf. Jo x 16 συναχθῶσιν εἰς ἕν, καὶ ἐν αὐτῷ γενήσωνται μία ποίμνη, εἰς
ποιμήν· ὅτε οἶμαι πληροῦσθαι τὴν τοῦ σωτῆρος εὐχὴν,
Jo xvii 21 λέγοντος· Ἵνα ἐγὼ καὶ σὺ ἕν ἐσμεν, ἵνα καὶ αὐτοὶ ἐν ἡμῖν
ἓν ὦσιν. εἰ δέ τι καὶ βαθύτερόν ἐστι περὶ Ἰσραὴλ οὐ 10
Ex iv 22 φύσεως ἀλλὰ γένους εἰπεῖν, περὶ οὗ γέγραπται· Υἱὸς πρω-
τότοκός μου Ἰσραήλ ἐστι· γενομένου ἐν διασκορπισμῷ, καὶ
αὐτὸς ἐπιστήσεις, ὡς εἶναι τούτους τὰ τέκνα τοῦ θεοῦ τὰ
διεσκορπισμένα, ὑπὲρ ὧν ἔμελλεν ἀποθνήσκειν Ἰησοῦς ἵνα
αὐτὰ συναγάγῃ εἰς ἕν. 15

Jo xi 53 22. (17) Ἀπ' ἐκείνης οὖν τῆς ἡμέρας συνεβογλεγ- 396
σαντο ἵνα ἀποκτείνωσιν αὐτόν. Οἱ ἀρχιερεῖς καὶ οἱ
Φαρισαῖοι συναγαγόντες συνέδριον καὶ σκεψάμενοι περὶ
τοῦ σωτῆρος ἡμῶν τί αὐτῷ ποιητέον αὐτοῖς, Καϊάφα τοῦ
ἀρχιερέως τὰ προεκτεθειμένα <εἰπόντος,> ὑπὸ τῶν λόγων 20
αὐτοῦ παροξυνθέντες συνεβουλεύσαντο ἵνα ἀποκτείνωσι τὸν
κύριον. διόπερ ζητήσεις ἀπὸ ποίου πνεύματος προεφή-
τευσεν ὅτι ἔμελλεν Ἰησοῦς ἀποθνήσκειν ὑπὲρ τοῦ ἔθνους,
καὶ πότερον τὸ ἅγιον πνεῦμα καὶ ἐν τοιούτῳ ἐνήργησε καὶ
αἴτιον γεγένηται τῆς κατὰ τοῦ Ἰησοῦ συμβουλῆς, ἢ οὐκ 25
ἐκεῖνο μὲν οὖν, ἄλλο δὲ τὸ δυνάμενον καὶ ἐν τῷ ἀσεβεῖ
λαλῆσαι καὶ τοὺς ὁμοίους ἐκείνῳ κατὰ τοῦ Ἰησοῦ κινῆσαι.
οὐδὲν ἧττον καὶ ἑώρα τι εἰς τὸν Ἰησοῦν, ὡς κατὰ δύναμιν
προεξητάσαμεν. ὁ μέντοι βουλόμενος ἀπολογεῖσθαι περὶ
τοῦ ἁγίου πνεύματος δοκοῦντος αἰτίου γεγονέναι ἵνα συμ- 30
βουλεύσωνται ἀποκτεῖναι τὸν Ἰησοῦν ἐκ τῶν λόγων κινη-
θέντες τοῦ Καϊάφα οἱ ἀρχιερεῖς καὶ οἱ Φαρισαῖοι φησὶν

7 ἕν, καὶ ἐν αὐτῷ] ε........ τῷ   γενήσονται
20 εἰπόντος] om.

ὅτι οὐκ ἀλλότριόν ἐστι τὸ τοιοῦτο ἔργον τῆς ἁγιότητος,
ἐπεὶ μηδὲ Ἰησοῦς ἀνάξιον ἑαυτοῦ πεποίηκεν εἰς πτῶσιν καὶ cf. Lc ii 34
ἀνάστασιν πολλῶν ἐλθὼν τῶν ἐν τῷ Ἰσραὴλ καὶ φάσκων·
Εἰς κρῖμα ἐγὼ εἰς τὸν κόσμον τοῦτον ἦλθον, ἵνα οἱ μὴ Jo ix 39
5 βλέποντες βλέπωσιν καὶ οἱ βλέποντες τυφλοὶ γένωνται. ὡς
γὰρ δεόμεθα λόγου σοφίας εἰς τὸ ἀπολογήσασθαι πῶς ὁ
ὁμολογῶν εἰς κρῖμα τῷ κόσμῳ τούτῳ ἐπιδεδημηκέναι οὐκ
ἀνάξιον ἑαυτοῦ πεποίηκεν, οὕτως καὶ εἰς τὸ ἐκ τῶν διὰ
τοῦ Καϊάφα λόγων τοῦ ἁγίου πνεύματος συμβεβουλεῦσθαι
10 τοὺς ἀρχιερεῖς καὶ τοὺς Φαρισαίους ἵνα ἀποκτείνωσι τὸν
Ἰησοῦν. περὶ μὲν οὖν τοῦ· Εἰς κρῖμα εἰς τὸν κόσμον
τοῦτον ἦλθον· ὅσα δεδυνήμεθα ἐν τοῖς εἰς τὸν τόπον
ἐξηγητικοῖς εἰρήκαμεν· περὶ δὲ τοῦ νῦν προκειμένου τοιαῦτα
ἂν λέγοιτο, ὅτι ὥσπερ τὸν ἱερὸν νοῦν τῶν γραφῶν, ἐπὶ
15 ὠφελείᾳ λεγόμενον τῶν ζητούντων ὑπ᾽ αὐτοῦ ὠφεληθῆναι,
οἱ ἐπὶ τὸ χεῖρον παρεκδεχόμενοι, ὥστε καὶ ἀφορμὰς ἔχειν
δοκεῖν πρὸς κατασκευὴν ἀσεβοῦς διδασκαλίας τῶν ἀδικίαν
εἰς τὸ ὕψος λαλούντων, συκοφαντοῦσιν, οὕτως τὴν περὶ τοῦ cf. Ps lxxii
σωτῆρος ἡμῶν ὑπὸ τοῦ Καϊάφα γενομένην προφητείαν, (lxxiii) 8
20 ἀληθεύουσαν ἐν τῷ συμφέρειν ἡμῖν ἵνα εἷς ἄνθρωπος ἀπο-
θάνῃ ὑπὲρ τοῦ λαοῦ καὶ μὴ ὅλον τὸ ἔθνος ἀπόληται, οὐχ
397 ὑγιῶς ἀκούσαντες οἱ Φαρισαῖοι καὶ οἱ ἀρχιερεῖς ἀλλὰ ἄλλον
νοῦν νομίσαντες εἶναι κατὰ <τὸ> βούλημα τῆς τοῦ Καϊάφα
συμβουλῆς, ἀπ᾽ ἐκείνης οὖν ἐβουλεύσαντο τῆς ἡμέρας ἵνα
25 ἀποκτείνωσι τὸν Ἰησοῦν. ταῦτα δέ φημι κατὰ τὸ ἀκόλου-
θον τῇ περὶ τοῦ ἅγιον εἶναι πνεῦμα τὸ διὰ τοῦ Καϊάφα
προφητεῦσαν ἐκδοχῇ, οὐ πάντως συνιστὰς τοῦθ᾽ οὕτως
ἔχειν, ἀλλὰ καταλείπων καὶ τοῖς ἐντυγχάνουσι κρίνειν
ὁπότερον χρὴ παραδέξασθαι περὶ τοῦ Καϊάφα, καὶ ὡς ὑπὸ
30 πόδας τοῦ πνεύματος κεκινημένου.

23. (18) Ὁ οὖν Ἰησοῦς οὐκέτι παρρησίᾳ περιεπάτει Jo xi 54
ἐν τοῖς Ἰουδαίοις, ἀλλὰ ἀπῆλθεν εἰς τὴν χώραν ἐγγὺς

3 ἐλθὼν] ἐθνῶν   23 τὸ] om.   27 ἱστὰς

τῆς ἐρήμου, εἰς Ἐφραὶμ λεγομένην πόλιν, καὶ ἐκεῖ
ἔμεινε μετὰ τῶν μαθητῶν. Ταῦτα καὶ τὰ τούτοις παρα-
πλήσια ἀναγεγράφθαι νομίζω βουλομένου τοῦ λόγου ἐπι-
στρέφειν ἡμᾶς ἀπὸ τοῦ θερμότερον καὶ ἀλογιστότερον
ἐπιπηδᾶν τῷ ἕως τοῦ θανάτου ἀγωνίζεσθαι περὶ τῆς ἀλη- 5
θείας καὶ μαρτυρεῖν. καλὸν μὲν γὰρ ἐμπεσόντα τὸν περὶ
τοῦ ὁμολογεῖν τὸν Ἰησοῦν ἀγῶνα μὴ ἀναδύεσθαι τὴν ὁμολο-
γίαν, μηδὲ μέλλειν περὶ τὸ ὑπεραποθανεῖν τῆς ἀληθείας.
οὐκ ἔλαττον δὲ τούτου καλὸν καὶ τὸ μὴ διδόναι ἀφορμὴν
τῷ τηλικούτῳ πειρασμῷ, ἀλλὰ παντὶ τρόπῳ περιΐστασθαι 10
αὐτὸν, οὐ μόνον διὰ τὸ περὶ τῆς ἐν αὐτῷ ἐκβάσεως ἄδηλον
ἡμῖν, ἀλλὰ καὶ ἵνα μὴ ἡμεῖς πρόφασις γενώμεθα τοῦ ἁμαρ-
τωλοτέροις γενέσθαι καὶ ἀσεβεστέροις τοῖς οὐκ ἂν μὲν τῷ
ἔργῳ τοῦ ἡμῶν ἐκκεχύσθαι τὸ αἷμα γενομένοις ἐνόχοις, εἰ
τὰ παρ᾽ ἑαυτοὺς ποιοῦντες ἐκκλίνομεν τοὺς μέχρι θανάτου 15
ἡμῖν ἐπιβουλεύοντας, ἐσομένοις δὲ ἐν πλείονι καὶ βαρυ-
τέρᾳ κολάσει παρ᾽ ἡμᾶς εἰ φιλαυτοῦντες καὶ μὴ καὶ τὰ
ἐκείνων σκοποῦντες ἐπιδιδῷμεν αὐτοὺς τῷ ἀναιρεῖσθαι, οὐ
τῆς ἀνάγκης εἰς τοῦτο καταλαβούσης. εἴπερ γὰρ καὶ ὁ
πρόφασίς τινι γενόμενος ἁμαρτίας τῷ αὐτὸς ἐπὶ ταύτην 20
κεκινηκέναι τὸν ἁμαρτάνοντα τίσει δίκας ἐπὶ τοῖς δι᾽ αὐτὸν
ἀνθρώπων τινὶ ἡμαρτημένοις, πῶς οὐχὶ καὶ ὁ παρὸν ἐκ-
κλῖναι, ἵνα μὴ ὁ δεῖνα προδότης χριστιανοῦ γένηται καὶ
ἐπίβουλος τῆς κατὰ τὸν Ἰησοῦν θεοσεβείας, μὴ ἐκκλίνας
μὲν καὶ προσπαροξύνας δὲ οὐχὶ καὶ περὶ τῆς ἐκείνου ἁμαρ- 25
τίας δώσει λόγον, κἂν τὸ ὅσον ἐπὶ τῇ εἰς τὸ μαρτυρεῖν
προθυμίᾳ καὶ τῇ εἰς τοῦτο ἀνδρείᾳ τιμῆς καὶ ἀποδοχῆς ἄξιος
ᾖ παρὰ τῷ εὐσεβουμένῳ θεῷ καὶ ὁμολογουμένῳ ὑπ᾽ αὐτοῦ
σωτῆρι; ὅτι δὲ ἡμῶν ἕνεκεν τὰ τοιαῦτα γέγραπται, ἵν᾽
ἡμεῖς, παράδειγμα ἔχοντες τὸν Ἰησοῦν, καὶ ἐν τοῖς τοιούτοις 398
αὐτοῦ μιμηταὶ γινώμεθα, παραστήσει ἡ λέγουσα γραφή·
Ἐζήτουν οὖν αὐτὸν πιάσαι, καὶ οὐδεὶς ἐπέβαλεν ἐπ᾽ αὐ-

cf. Sap Sir iv
28

Jo vii 30

5 post τῷ] ins. ἐν τῷ   22 παρῶν

τὸν τὴν χεῖρα, ὅτι οὔπω ἐληλύθει ἡ ὥρα αὐτοῦ. ὡς γὰρ,
κατὰ τὸ ῥητὸν τοῦτο, διὰ τοῦτο οὐδεὶς ἐπέβαλεν ἐπ' αὐτὸν
τὴν χεῖρα παρόντα καὶ μὴ φεύγοντα, ἐπεὶ μήπω ἐληλύθει
ἡ ὥρα αὐτοῦ· οὕτως καὶ χωρὶς τοῦ ἀναχωρεῖν, ἐν τῷ καιρῷ
5 τοῦ μηδέπω αὐτοῦ ἐφεστηκέναι τὴν ὥραν, οὐκ <ἂν> κατέ-
σχητο μεμενηκώς. διόπερ ἀκουστέον οὐ μόνον τοῦ· Ἐὰν   Mt x 23
διώκωσιν ὑμᾶς ἐν τῇ πόλει ταύτῃ, φεύγετε εἰς τὴν ἑτέραν,
καὶ τῶν ἑξῆς, ἀλλὰ καὶ ὅτι ἡνίκα συνεβουλεύσαντο ἵνα   cf. Jo xi 53
ἀποκτείνωσι τὸν Ἰησοῦν οἱ ἀρχιερεῖς καὶ οἱ Φαρισαῖοι, τὸ
10 εὐλόγιστον τηρῶν οὐκέτι παρρησίᾳ περιεπάτει ἐν τοῖς
Ἰουδαίοις, ἀλλ' οὐδὲ εἰς ἄλλην πόλιν ἀνεχώρησεν ὄχλων
πεπληρωμένην, ἀλλά τινα ἀνακεχωρηκυῖαν. γέγραπται
γάρ· Ὁ οὖν Ἰησοῦς οὐκέτι παρρησίᾳ περιεπάτει ἐν τοῖς   Jo xi 54
Ἰουδαίοις, ἀλλὰ ἀπῆλθεν ἐκεῖθεν εἰς τὴν χώραν ἐγγὺς τῆς
15 ἐρήμου, εἰς Ἐφραὶμ λεγομένην πόλιν. καὶ οὐ μόνος γε
ἐκεῖ ἀπελήλυθεν, ἀλλὰ μηδεμίαν ἀφορμὴν διδοὺς τοῖς ζη-
τοῦσιν αὐτὸν καὶ τοὺς μαθητὰς μεθ' ἑαυτοῦ παρείληφε,
καὶ ἐκεῖ ἔμεινε μετὰ τῶν μαθητῶν. τοιοῦτόν ἐστι καὶ
τὸ ἐν τῷ κατὰ Ματθαῖον γεγραμμένον, ὅτε Ἀκούσας ὅτι   Mt iv 12 f.
20 Ἰωάννης παρεδόθη ἀνεχώρησεν εἰς τὴν Γαλιλαίαν· καὶ
καταλιπὼν τὴν Ναζαρὲθ, ἐλθὼν κατῴκησεν εἰς Καφαρναοὺμ
τὴν παραθαλασσίαν, ἐν ὁρίοις Ζαβουλὼν καὶ Νεφθαλείμ·
καὶ ἐπὶ τὸν καιρὸν δὲ φθάσας τοῦ συλληφθῆναι ἐτήρησεν
ὑπὲρ τοῦ μὴ παρ' ἑαυτὸν τοῦτο παθεῖν, μήτε ἐν Ἱεροσο-
25 λύμοις εὑρεθῆναι, μήτε ἐν τῷ ἱερῷ, ἔνθα ἐδίδασκε πολ-
λάκις, μήτε ἐν ἄλλῳ τοιούτῳ τόπῳ. Ἐξῆλθε γὰρ σὺν τοῖς   Jo xviii 1
μαθηταῖς αὐτοῦ πέραν τοῦ χειμάρρου τῶν Κέδρων, ὅπου ἦν
κῆπος εἰς ὃν εἰσῆλθεν αὐτὸς καὶ οἱ μαθηταὶ αὐτοῦ. οὕτω
δὲ ἀνεχώρει κατ' ἐκεῖνο καιροῦ καὶ οὐκ ἐδημοσίευεν, ὡς
30 δεῖσθαι τοὺς ἀρχιερεῖς καὶ τοὺς Φαρισαίους, βουλομένους
αὐτὸν συλλαβεῖν, τοῦ Ἰούδα, διὰ τὸ μεμαθητεῦσθαι αὐτῷ

5, 6 οὐκ—μεμενηκώς] οὐ κατέσχητο μὲν ἂν ἡμεῖς   21 καταλειπῶν
31 τοῦ] τὸν

περιεργαζομένου καὶ τοὺς τόπους τῆς ἀναχωρήσεως αὐτοῦ.

Jo xviii 3   διὸ τότε Ἰούδας λαβὼν σπεῖραν καὶ ἐκ τῶν ἀρχιερέων καὶ
Φαρισαίων ὑπηρέτας, ἔρχεται ἐκεῖ μετὰ φανῶν καὶ λαμπά-
δων καὶ ὅπλων. κατὰ τοῦτον δὲ τὸν τόπον τοῦ εὐαγγε-
λίου δηλοῦται ὅτι εἰ μὲν ἐβούλετο μὴ ἁλῶναι, οὐκ ἂν 5

cf. Phil ii 8   κατεσχέθη· κατεσχέθη δὲ ταπεινώσας ἑαυτὸν, καὶ γενόμενος
ὑπήκοος τοῖς κατέχουσι καὶ μέχρι τοῦ σταυροῦ. ὁπότε 399

Jo xvii 4 ff.   γοῦν ἐξῆλθε, καὶ λέγει τοῖς ἐλθοῦσιν εἰς τὸν κῆπον· Τίνα
ζητεῖτε; ἀπεκρίθησαν αὐτῷ· Ἰησοῦν τὸν Ναζωραῖον· καὶ
ὁ μὲν εἶπεν αὐτοῖς· Ἐγώ εἰμι· δυνάμει, ὡς ἀπῆλθον 10
εἰς τὰ ὀπίσω καὶ ἔπεσον χαμαί. εἶτα μετὰ τοῦτο,
ὅτι ἐβουλήθη ἀναδέξασθαι τὴν ἐν τῷ πάθει οἰκονομίαν,

Jo xviii 7   πάλιν ἠρώτησεν αὐτούς· Τίνα ζητεῖτε: οἱ δὲ εἶπον·

Jo xviii 12 f.   Ἰησοῦν τὸν Ναζωραῖον. καὶ μετ' ὀλίγα· Ἡ σπεῖρα καὶ
ὁ χιλίαρχος καὶ οἱ ὑπηρέται τῶν Ἰουδαίων συνέλαβον 15
τὸν Ἰησοῦν, ἑκόντα, καὶ ἔδησαν αὐτὸν παρέχοντα ἑαυτὸν
τοῖς δεσμοῖς· εἰ γὰρ μὴ ἐβούλετο παθεῖν, εἶπεν ἂν πάλιν·
Ἐγώ εἰμι· καὶ ἀπῆλθον ἂν οἱ τοσοῦτοι εἰς τὰ ὀπίσω καὶ
πάντες ἔπεσον ἂν χαμαί. ὥσπερ δὲ διὰ τῶν τοιούτων δι-
δάσκει ἡμᾶς ἐν διωγμοῖς καὶ ταῖς καθ' ἡμῶν ἐπιβουλαῖς 20
ἀναχωρεῖν, οὕτως ἐν ἄλλοις εὕροις ἂν καὶ ἀπὸ τῶν νομι-
ζομένων εἶναι ἐν κόσμῳ καλῶν ἀναχωροῦντα, ἵνα καὶ διὰ
τούτων διδάξῃ φεύγειν τὰ ἐν κόσμῳ ἀξιώματα καὶ τὰς ἐν

Jo vi 15   αὐτῷ ὑπεροχάς. Ἰησοῦς γάρ ποτε γνοὺς ὅτι μέλλουσιν
ἔρχεσθαι καὶ ἁρπάζειν αὐτὸν ἵνα ποιήσωσι βασιλέα, ἀνε- 25
χώρησεν εἰς τὸ ὄρος· ἀλλ' οὐ μετὰ τῶν μαθητῶν, ἀλλὰ
μόνος, μὴ παρέχων μηδὲ τούτοις ἀφορμὴν, φιλοῦσιν αὐ-
τὸν καὶ βουληθεῖσιν ἂν μετὰ τῶν θελόντων ποιῆσαι αὐτὸν
βασιλέα ἵν' ἤδη γένηται καὶ κοσμικῶς αὐτῶν βασιλεύς.

24. (19) Ταῦτα μὲν εἰς τὸ ῥητὸν καὶ τὴν ἀπὸ τοῦ 30
εὐαγγελικοῦ γράμματος περὶ ἀναχωρήσεως διδασκαλίαν.
εἰς δὲ τὴν ἀναγωγὴν λεχθείη ἂν τοιαῦτα, ὅτι Ἰησοῦς

10 δυνάμει ὡς] δυνάμεως   28 ἂν] ἃ

πάλαι μὲν παρρησίᾳ τοῖς Ἰουδαίοις περιεπάτει ὅτε ὁ λό-
γος τοῦ θεοῦ διὰ προφητῶν αὐτοῖς ἐνεπολιτεύετο· Ἰησοῦ
γὰρ ἦν παρρησία ἡ· Τάδε λέγει κύριος· ἀλλὰ νῦν οὐκέτι
παρρησίᾳ ἐν τοῖς Ἰουδαίοις Ἰησοῦς περιπατεῖ, ἀλλὰ ἀπῆλ-
5 θεν ἐκεῖθεν, καὶ οὐκ ἔστι θεοῦ λόγος ἐν Ἰουδαίοις, καὶ
ἀπελθὼν ἐκεῖθεν, λέγω δὲ ἀπὸ τῶν Ἰουδαίων, εἰς τὴν ἐγγὺς
τῆς ἐρήμου ἦλθε χώραν, περὶ ἧς λέγεται· Πολλὰ τὰ τέκνα   Gal iv 27;
cf. Is liv 1
τῆς ἐρήμου μᾶλλον ἢ τῆς ἐχούσης τὸν ἄνδρα· καὶ πρὸς
ἣν εἴρηται· Εὐφράνθητι στεῖρα ἡ οὐ τίκτουσα· ῥῆξον καὶ
10 βόησον ἡ οὐκ ὠδίνουσα.   ἔστι δὲ ἡ ἐγγὺς τῆς ἐρήμου
πόλις Ἐφραΐμ, εἰς ἣν ἦλθεν Ἰησοῦς, οὐκέτι παρρησίᾳ
περιπατῶν ἐν τοῖς Ἰουδαίοις.   ἑρμηνεύεται δὲ Ἐφραΐμ
400 καρποφορία, ἀδελφὸς ὢν Μανασσῆ, πρεσβυτέρου τοῦ ἀπὸ   cf. Ge xli 51 f.
λήθης λαοῦ.   μετὰ γὰρ τὸν ἀπὸ λήθης λαὸν καταλει-
15 φθέντα γεγένηται ἡ ἐξ ἐθνῶν καρποφορία, ὅτε ποταμοὺς   cf. Ps cvi
(cvii) 33—38
μὲν τοὺς ἐν τῷ Ἰσραὴλ ἔθετο ὁ θεὸς εἰς ἔρημον, καὶ
διεξόδους τῶν ἐκεῖ ὑδάτων εἰς δίψαν, καὶ γῆν αὐτῶν καρ-
ποφόρον εἰς ἅλμην, ἀπὸ κακίας τῶν κατοικούντων ἐν αὐτῇ·
ἀπὸ δὲ τῶν ἐθνῶν ἔρημον ἔθετο εἰς λίμνας ὑδάτων, καὶ
20 γῆν ἄνυδρον αὐτῶν γῆν εἰς διεξόδους ὑδάτων.   καὶ κατῴ-
κισεν ἐκεῖ πεινῶντας, καὶ συνεστήσαντο πόλιν κατοικεσίας,
τὴν ἐκκλησίαν· ἔνθα ἔσπειρεν ἀγροὺς, κατὰ τὸν πεσόντα   cf. Lc viii 8
σπόρον ἐπὶ τὴν καλὴν καὶ ἀγαθὴν γῆν καὶ ποιοῦσαν ἑκα-
τονταπλασίονα, καὶ ἐφύτευσεν ἀμπελῶνας· κλήματα γάρ
25 εἰσιν οἱ κυρίου μαθηταὶ, οἵτινες καὶ ἐποίησαν καρπὸν γε-
νήματος.   καὶ εὐλόγησεν αὐτοὺς καὶ ἐπληθύνθησαν σφόδρα.
ἀλλ' οὐδὲ τοὺς ἐν τούτοις ἀλογωτέρους μικροὺς εἶναι ἐλο-
γίσατο ὁ ἀνθρώπους καὶ κτήνη σώζων κύριος· γέγραπται   cf. Ps xxxv
(xxxvi) 7
γάρ· Καὶ τὰ κτήνη αὐτῶν οὐκ ἐσμίκρυνε.   καὶ οἱ μὲν   Ps cvi (cvii)
38
30 Ἰουδαῖοι ὠλιγώθησαν καὶ ἐκακώθησαν ἀπὸ θλίψεως κακῶν   cf. Ps cvi
(cvii) 39 f.
καὶ ὀδύνης· καὶ ἐξεχύθη ἐξουδένωσις ἐπὶ τοὺς διὰ τὸν
Ἀβραὰμ ἄρχοντας, καὶ ἐπλάνησεν αὐτοὺς ἐν ἀβάτῳ καὶ

                                                    μετὰ
9 στήρα   14 μετά] μάλιστα

Ps cvi (cvii)
41 f. οὐχὶ ἐν ὁδῷ. μετ' ἐκείνους δὲ ὁ θεὸς ἐβοήθησε τῷ ἀπὸ
τῶν ἐθνῶν πένητι λαῷ ἐκ πτωχείας καὶ ἔθετο ὡς πρόβατα
πατριάν, οὓς ὄψονται εὐθεῖς ἄγγελοι καὶ εὐφρανθήσονται,
καὶ πᾶσα ἀνομία ἐμφράξει τὸ στόμα αὐτῆς. τούτοις δὲ
μυστικῶς προφητευομένοις ἐν ἑκατοστῷ ἕκτῳ Ψαλμῷ ἐπι- 5
Ps cvi (cvii)
43 φέρεται· Τίς σοφός, καὶ φυλάξει ταῦτα, καὶ συνήσουσι τὰ
ἐλέη τοῦ κυρίου; ἐλεοῦντος γὰρ τοῦ κυρίου τοὺς ἀπὸ τῶν
ἐθνῶν ὁ σοφὸς ταῦτα φυλάξει, συνιεὶς τὰ ἐλέη τοῦ κυ-
cf. Jo xi 54 ρίου. οὐκοῦν Ἰησοῦς οὐκέτι παρρησίᾳ περιπατεῖ ἐν τοῖς
Ἰουδαίοις, ἀλλὰ ἀπῆλθεν ἐκεῖθεν εἰς τὴν χώραν τοῦ ὅλου 10
κόσμου, ἐγγὺς τῆς ἐρήμου ἐκκλησίας, εἰς Ἐφραὶμ τὴν
καρποφοροῦσαν λεγομένην πόλιν, κἀκεῖ ἔμεινε μετὰ τῶν
μαθητῶν. καὶ ἔστι μέχρι τοῦ δεῦρο μετὰ τῶν μαθητῶν
αὐτοῦ Ἰησοῦς ἐγγὺς τῆς ἐρήμου, εἰς Ἐφραὶμ λεγομένην
πόλιν· πάρεστι γὰρ τῇ καρποφορίᾳ. καὶ ἐπὶ τῇ γενέσει 15
cf. Gen xlvii
12
cf. Phil ii 8 γε τοῦ Ἐφραὶμ τούτου εἴποι ἂν ὁ γεννήσας αὐτὸν σιτο-
μέτρης ἡμῶν κύριος, ὁ ταπεινώσας ἑαυτὸν καὶ γενόμενος
Ge xli 52 ὑπήκοος μέχρι θανάτου, θανάτου δὲ σταυροῦ· Ηὔξησέ με
ὁ θεὸς ἐν τῇ γῇ τῆς ταπεινώσεώς μου.

Jo xi 55 f. 25. (20) Ἦν δὲ ἐγγὺς τὸ πάσχα τῶν Ἰουδαίων, καὶ 401
ἀνέβησαν πολλοὶ τῶν Ἰουδαίων εἰς Ἱεροσόλυμα ἐκ τῆς
χώρας πρὸ τοῦ πάσχα ἵνα ἁγνίσωσιν ἑαυτούς. ἐζήτουν
οὖν τὸν Ἰησοῦν καὶ ἔλεγον μετ' ἀλλήλων ἐν τῷ ἱερῷ
ἑστηκότες Τί ὑμῖν δοκεῖ; οὐ μὴ ἔλθῃ εἰς τὴν ἑορτήν;
Οὐ τὸ αὐτὸ νομιστέον εἶναι πάσχα τοῦ κυρίου καὶ πάσχα 25
τῶν Ἰουδαίων· τὸ μὲν γὰρ κατὰ τὸν νόμον πάσχα ἐστὶ τοῦ
κυρίου, τὸ δὲ τῶν παρανόμων πάσχα τῶν Ἰουδαίων. διὸ
παρατηρητέον πότε λέγεται κυρίου τὸ πάσχα, καὶ ἄλλαι
ἡμέραι, καὶ πότε οὐ τοῦ κυρίου ἀλλὰ τῶν ἐλεγχομένων ἐπὶ
ἁμαρτίαις. οἷον ἐν μὲν τῇ Ἐξόδῳ γέγραπται μεθ' ἕτερα 30
Ex xii 11 κατὰ τὴν πρώτην περὶ πάσχα ἐντολήν· Καὶ ἔδεσθε αὐτὸ
μετὰ σπουδῆς· πάσχα ἐστὶ κυρίου· καὶ κατὰ τὴν δευτέραν·

25 αὐτὸν

Ἐὰν λέγωσι πρὸς ὑμᾶς οἱ υἱοὶ ὑμῶν Τίς ἡ λατρεία αὕτη Ex xii 26 f.
ὑμῖν; καὶ ἐρεῖτε Θυσία τὸ πάσχα τοῦ κυρίου, ὡς ἐσκέπασε
τοὺς οἴκους τῶν υἱῶν Ἰσραὴλ ἐν Αἰγύπτῳ. ἐν δὲ τῷ
Ἡσαΐᾳ οὐχ ἑαυτοῦ ἀλλὰ τῶν ἁμαρτανόντων φησὶν εἶναι
5 ὁ κύριος τὰς νουμηνίας καὶ τὰ σάββατα καὶ νηστείαν καὶ
ἀργίαν καὶ ἑορτάς. εἰ δὲ τὰς ἑορτάς, δῆλον ὅτι καὶ τὸ
πάσχα· μία γὰρ αὕτη τῶν ἑορτῶν ἐστι. γέγραπται δὲ
οὕτως· Τὰς νουμηνίας ὑμῶν καὶ τὰ σάββατα ὑμῶν καὶ Is i 13 f.
ἡμέραν μεγάλην οὐκ ἀνέχομαι· νηστείαν ἢ καὶ ἀργίαν, καὶ
10 τὰς νουμηνίας ὑμῶν καὶ τὰς ἑορτὰς ὑμῶν μισεῖ ἡ ψυχή μου.
καὶ ἔν τινι δὲ τῶν δώδεκα γέγραπται· Μεμίσηκα, ἀπῶσμαι Am v 21
τὰς ἑορτὰς ὑμῶν. καὶ κατὰ τὴν ἐκκειμένην τοίνυν λέξιν τὸ
πάσχα οὐ τοῦ κυρίου ἀλλὰ τῶν Ἰουδαίων ἦν· ὁ γὰρ σωτὴρ
ἡμῶν ἐν αὐτῷ ἐπεβουλεύετο. καὶ διὰ τοῦτο αὐτῶν οἶμαι τὸ
15 πάσχα εἰρῆσθαι αὐτοῖς προφητικῶς τό· Μεμίσηκα, ἀπῶσμαι
τὰς ἑορτὰς ὑμῶν· ἔργον γὰρ οὐχ ἑορτῆς θεοῦ, ἀλλ᾽ ἐναγὲς ἐν
αὐτῷ πεποιήκασι τὸν Ἰησοῦν ἀποκτείναντες. πλὴν πρὸ τοῦ
πάσχα τῶν Ἰουδαίων τούτου πολλοὶ ἀνέβησαν εἰς Ἱεροσό- cf. Jo xi 55
λυμα ἐκ τῆς χώρας, ἵνα ἁγνίσωσιν ἑαυτούς. προλαβὼν δ᾽
20 ἂν εἴποιμι ὅτι οὐκ ἐνόουν οἱ πολλοὶ πῶς ἂν ἁγνίσαιεν
ἑαυτούς· διόπερ δοκοῦντες ἑαυτῶν πάσχα λατρείαν προσφέρειν
τῷ θεῷ, τοσοῦτον ἐδέησαν τοῦ ἁγνίσαι ἑαυτοὺς ὥστε ἐνα-
γέστεροι γενέσθαι οὗ ἦσαν ἐναγεῖς πρὶν ἁγνίσωσιν ἑαυτούς.
εἶπον γὰρ τῷ Πιλάτῳ οἱ παραδιδόντες αὐτῷ τὸν Ἰησοῦν
25 Ἰουδαῖοι Ἡμῖν οὐκ ἔξεστιν ἀποκτεῖναι οὐδένα· δι᾽ οὓς Jo xviii 31
ἔλεγε τῷ σωτῆρι Μήτι ἐγὼ Ἰουδαῖός εἰμι; τὸ σὸν ἔθνος Jo xviii 35
καὶ οἱ ἀρχιερεῖς παρέδωκάν σε ἐμοί. καὶ οἱ λέγοντές γε
402 ἀναβεβηκέναι ἵνα ἁγνίσωσιν ἑαυτοὺς ἐκραύγασαν λέγοντες cf. Jo xi 55
τῷ Πιλάτῳ· Μὴ τοῦτον ἀπολύσῃς ἀλλὰ τὸν Βαραββᾶν. Jo xviii 40
30 ἦν δὲ ὁ Βαραββᾶς λῃστής. καὶ πάλιν· Ἀπεκρίθησαν οἱ Jo xix 7
Ἰουδαῖοι Ἡμεῖς νόμον ἔχομεν, καὶ κατὰ τὸν νόμον ὀφείλει
ἀποθανεῖν ὅτι υἱὸν θεοῦ ἑαυτὸν ἐποίησε. καὶ πάλιν· Οἱ Jo xix 12
Ἰουδαῖοι ἐκραύγαζον λέγοντες πρὸς τὸν Πιλάτον Ἐὰν

τοῦτον ἀπολύσῃς, οὐκ εἶ φίλος τοῦ Καίσαρος· πᾶς ὁ βασιλέα
ἑαυτὸν ποιῶν ἀντιλέγει τῷ Καίσαρι. καὶ πάλιν· Ἐκραύγασαν
οἱ Ἰουδαῖοι Ἆρον, ἆρον, σταύρωσον αὐτόν. καὶ οἱ ἀναβεβη-
κότες γε πρὸ τοῦ πάσχα ἵνα ἁγνίσωσιν ἑαυτοὺς ἔλεγον ἐν
αὐτῷ τῷ πάσχα· Οὐκ ἔχομεν βασιλέα εἰ μὴ Καίσαρα. 5
ὅπερ δὲ πρὸς τοὺς μαθητὰς εἶπε προφητεύων ὁ σωτήρ, καὶ
λέγων· Ἔρχεται ὥρα ὅτε πᾶς ὁ ἀποκτείνας ὑμᾶς δόξει
λατρείαν προσφέρειν τῷ θεῷ· τοῦτο ἀπ᾽ αὐτοῦ ἀρξάμενον
πεπλήρωται. οἱ γὰρ ἀξιώσαντες αὐτὸν ἀποθανεῖν ἐδόκουν
λατρείαν προσφέρειν τῷ θεῷ, καὶ ἀναβεβήκεισαν εἰς Ἱεροσό- 10
λυμα πρὸ τοῦ πάσχα ἵνα ἁγνίσωσιν ἑαυτούς. ὁ δὲ ἀληθὴς
ἁγνισμὸς οὐ πρὸ τοῦ πάσχα ἦν ἀλλ᾽ ἐν τῷ πάσχα, ὅτε
Ἰησοῦς ἀπέθανεν ὑπὲρ τῶν ἁγνιζομένων ὡς ἀμνὸς θεοῦ, καὶ
ἦρε τὴν ἁμαρτίαν τοῦ κόσμου. καὶ ἐζήτουν γε οὗτοι οἱ
Ἰουδαῖοι τὸν Ἰησοῦν οὐχ ἵνα ὠφεληθῶσιν, ἀλλ᾽ ἵνα αὐτὸν 15
ἀποκτείνωσι· πρὸς οὓς εἶπεν ἄν· Νῦν δὲ ζητεῖτέ με ἀποκτεῖ-
ναι, ἄνθρωπον ὃς τὴν ἀλήθειαν ὑμῖν λελάληκα ἣν ἤκουσα
ἀπὸ τοῦ θεοῦ. καὶ ἐν αὐτῷ γε τῷ ἱερῷ ἑστηκότες ἔλεγον
πρὸς ἀλλήλους περὶ τοῦ Ἰησοῦ· Τί δοκεῖ ὑμῖν; ὅτι οὐ μὴ
ἔλθῃ εἰς τὴν ἑορτήν; ἀλλ᾽ οὐχ ὅπου οὗτοι ἑστήκεισαν 20
ἑόρταζεν Ἰησοῦς, ἀλλ᾽ εἰς τὸ μέγα ἀνάγαιον, τὸ σεσαρω-
μένον καὶ κεκοσμημένον, ὅπου ἐπιθυμίᾳ ἐπεθύμησε τὸ
πάσχα μετὰ τῶν μαθητῶν φαγεῖν πρὸ τοῦ παθεῖν. εἴποις
δ᾽ ἂν ὅτι καὶ νῦν ἑστήκασιν ἐν τῷ ἱερῷ ζητοῦντες τὸν
Ἰησοῦν, ἐπερειδόμενοι μὲν ὡς ἱεραῖς ταῖς γραφαῖς, διὰ δὲ τὸ 25
ἀγνοεῖν τὸν ἐληλυθότα ζητοῦντες τοῦτον μὲν κακολογεῖν,
ἕτερον δὲ τούτου Χριστὸν ὁμολογεῖν. πρόσχες δὲ εἰ
δύνασαι καὶ ἄλλους Ἰουδαίους λέγειν ἀναβαίνοντας εἰς
Ἱεροσόλυμα καὶ ἐρχομένους εἰς τὴν πόλιν τοῦ θεοῦ ἀπὸ τῆς
ἔξω Ἱεροσολύμων χώρας, καὶ ἐρχομένους ἵνα ἁγνίσαντες 30
ἑαυτοὺς δυνηθῶσιν, ἡνίκα ἂν τὸ πάσχα τυθῇ Χριστός, ἑορτά-
ζειν μὴ ζύμῃ παλαιᾷ, μὴ ζύμῃ κακίας καὶ πονηρίας, ἀλλ᾽ ἐν
ἀζύμοις εἰλικρινείας καὶ ἀληθείας. καὶ οἱ τοιοῦτοί γε

Jo xix 15
cf. Jo xi 55
Jo xvi 2
cf. Jo i 29
Jo viii 40
Jo xi 56
cf. Mc xiv 15
cf. Mt xii 44
cf. Lc xxii 15
cf. 1 Co v 8

ζητήσουσι τὸν Ἰησοῦν ἐν τῷ ἱερῷ ἑστηκότες τῶν γραφῶν,
καὶ ἐπαποροῦσι πρὸς ἀλλήλους εἰ ἐλεύσεται εἰς τὴν ἑορτὴν
Ἰησοῦς.

403   26. (21) Δεδώκειϲαν δὲ οἱ ἀρχιερεῖϲ καὶ οἱ Φαρι- Jo xi 57
5 ϲαῖοι ἐντολάϲ ἵνα ἐάν τιϲ γνῷ αὐτὸν ποῦ ἐϲτὶ μηνύϲῃ,
ὅπωϲ πιάϲωϲιν αὐτόν. Ὅρα πῶς μεμαρτύρηται ἀνακε-
χωρηκέναι, ἵνα καὶ ἡμεῖς γινώσκωμεν ἐν καιρῷ τὸ τοιοῦτο
ποιεῖν. καὶ πρόσχες γε ὅτι οὐκ ᾔδεισαν ὅπου ἐστὶν οὔτε οἱ
ἀρχιερεῖς οὔτε οἱ Φαρισαῖοι, καὶ μὴ εἰδότες διδόασιν ἐντολὰς
10 ἵνα ἐάν τις γνῷ ποῦ ἐστι μηνύσῃ αὐτοῖς, καὶ συλλάβωσιν
αὐτόν. καὶ ἄλλως δὲ φήσεις ὅτι ἐπιβουλεύοντες τῷ Ἰησοῦ
οὐκ οἴδασι ποῦ ἐστί. διὸ διδόασιν ἑτέρας παρὰ τὰς τοῦ
θεοῦ ἐντολάς, διδάσκοντες διδασκαλίας ἐντάλματα ἀνθρώπων. Mt xv 9;
Mc vii 7
cf. Is xxix 13
καί εἰσιν αὐτῶν αἱ ἐντολαὶ ἃς διδόασι Φαρισαῖοι καὶ ἀρ-
15 χιερεῖς, τῶν σωματικῶν τυγχάνοντες Ἰουδαίων, κατὰ τοῦ
Ἰησοῦ· βούλονται γάρ τινας μηνῦσαι αὐτοῖς τὸν Ἰησοῦν, ἵνα
αὐτὸν ὑποχείριον λαβόντες προδῶσι. καὶ φήσεις πάντα τὸν
περιεργαζόμενον τὰ περὶ τὸν χριστιανισμὸν ἐπὶ τῷ αὐτὸν
ἀνατρέπειν καὶ κατηγορεῖν Φαρισαῖόν τινα εἶναι καὶ οὐκ
20 ἀγαθὸν ἀρχιερέα, ἄλλων λόγων διδόντα ἐντολάς, οἷς οἴεται
διδάξειν αὐτὸν τὰ περὶ τὸν Ἰησοῦν, ἵνα μηνυθέντα αὐτὸν
αὐτῷ πιάσῃ καὶ ὑβρίσας ἀποκτείνῃ. ἀλλὰ γὰρ αὐτάρκη
περιγραφὴν εἰληφότος καὶ τοῦ ὀγδόου καὶ εἰκοστοῦ τῶν εἰς
τὸ κατὰ Ἰωάννην εὐαγγέλιον ἐξηγητικῶν τόμου, αὐτοῦ κατα-
25 παύσωμεν τὸν λόγον, ἐν τῷ ἐνάτῳ καὶ εἰκοστῷ, θεοῦ διδόν-
τος, ἀρχόμενοι τῶν ἑξῆς.

5 αὐτὸν] ἑαυτὸν   13 ἐντολὰς] bis

ΤΟΜΟΣ ΛΒ΄.

1. Ἀπὸ θεοῦ διὰ Ἰησοῦ Χριστοῦ εὐοδούμενοι ἐρχώμεθα 404
τὴν μεγάλην τοῦ εὐαγγελίου ὁδὸν καὶ ζῶσαν ἡμῖν, εἰ καὶ
γνωσθείη καὶ ὁδευθείη ὑφ' ἡμῶν, φθάσαι αὐτῆς καὶ ἐπὶ τὸ
τέλος. νῦν μέντοι γε οἱονεὶ δευτέρας καὶ τριακοστῆς παρ-
εμβολῆς ἐν τοῖς λεχθησομένοις ἐπιβῆναι πειρώμεθα· καὶ 5
cf. Ex. xiv 19 παρείη γε ἡμῖν ὁ στύλος τῆς φωτεινῆς νεφέλης Ἰησοῦ,
προάγων ἡμᾶς ὅτε δεῖ, καὶ ἱστὰς ὅτε χρή, ἕως ὅλον καὶ
τῇ ὑπαγορεύσει τῶν εἰς τὸ εὐαγγέλιον, ἱερὲ ἀδελφὲ <καὶ
θεοῦ> ἄνθρωπε Ἀμβρόσιε, διεξέλθωμεν τὸ εὐαγγέλιον, μὴ
ἐγκακοῦντες ἀπὸ τοῦ μακροῦ τῆς ὁδοιπορίας μηδὲ ἀποκά- 10
μνοντες διὰ τὴν ἡμετέραν ἀσθένειαν, ἀλλ' ἐκβιαζόμενοι κατ'
cf. 1 Tim iii 15 ἴχνη βαίνειν τοῦ στύλου τῆς ἀληθείας. πότερον δὲ βούλεται
τὸν νοῦν ἡμῶν τελέσαι διὰ τῶν ὑπαγορεύσεων τὴν ὁδοιπορίαν
τῆς ὅλον κατὰ τὸν Ἰωάννην εὐαγγελίου γραφῆς ἢ μὴ αὐτὸς
cf. 2 Co v 6 ff. ἂν εἰδείη ὁ θεός. μόνον καὶ ἐνδημοῦντες ἐν τῷ σώματι καὶ 15
ἐκδημοῦντες αὐτοῦ ἐπὶ τῷ ἐνδημῆσαι πρὸς τὸν κύριον ἔξω
τοῦ εὐαγγελίου μὴ βαίνοιμεν, ἵνα καὶ τῶν τοὺς μακαρισμοὺς
φερόντων ἔργων καὶ λόγων ἐν τῷ παραδείσῳ τῆς τρυφῆς
τοῦ θεοῦ ἀπολαύσωμεν.

Jo xiii 2—5 2. ΚΑΙ ΔΕΙΠΝΟΥ ΓΙΝΟΜΕΝΟΥ, ΤΟΥ ΔΙΑΒΟΛΟΥ ΗΔΗ ΒΕΒΛΗ- 20
ΚΟΤΟΣ ΕΙΣ ΤΗΝ ΚΑΡΔΙΑΝ ΙΝΑ ΠΑΡΑΔῼ ΑΥΤΟΝ ΙΟΥΔΑΣ ΣΙΜΩ-
ΝΟΣ ΙΣΚΑΡΙΩΤΗΣ, ΕΙΔΩΣ ΟΤΙ ΠΑΝΤΑ ΔΕΔΩΚΕΝ ΑΥΤῼ Ο
ΠΑΤΗΡ ΕΙΣ ΤΑΣ ΧΕΙΡΑΣ, ΚΑΙ ΟΤΙ ΑΠΟ ΘΕΟΥ ΕΞΗΛΘΕ ΚΑΙ ΠΡΟΣ

1 ἐχώμεθα   8, 9 καὶ θεοῦ] om.   14 ἢ] εἰ

τὸν θεὸν ὑπάγει, ἐγείρεται ἐκ τοῦ δείπνου καὶ τίθησι τὰ
ἱμάτια, καὶ λαβὼν λέντιον διέζωσεν ἑαυτόν· εἶτα βάλλει
ὕδωρ εἰς τὸν νιπτῆρα, καὶ ἤρξατο νίπτειν τοὺς πόδας
τῶν μαθητῶν καὶ ἐκμάσσειν τῷ λεντίῳ ᾧ ἦν διεζω-
5 σμένος. Ἐν ταῖς εἰς τὸ κατὰ Λουκᾶν ὁμιλίαις συνεκρίναμεν
ἀλλήλαις τὰς παραβολάς, καὶ ἐζητήσαμεν τί μὲν σημαίνει
τὸ κατὰ τὰς θείας γραφὰς ἄριστον, τί δὲ παρίστησι τὸ κατ᾽
405 αὐτὰς δεῖπνον.   καὶ νῦν τοίνυν λελέχθω ὅτι ἄριστον μέν
ἐστιν ἡ πρώτη καὶ πρὸ τῆς συντελείας τῆς ἐν τῷ βίῳ τούτῳ
10 ἡμέρας πνευματικῆς τοῖς εἰσαγομένοις ἁρμόζουσα τροφή·
δεῖπνον δὲ ἡ τελευταία καὶ τοῖς ἤδη ἐπὶ πλεῖον προκεκοφόσι
παρατιθεμένη κατὰ λόγον.   καὶ ἄλλως δὲ εἴποι ἄν τις
ἄριστον μὲν εἶναι τὸν νοῦν τῶν παλαιῶν γραμμάτων, δεῖπνον
δὲ τὰ ἐναποκεκρυμμένα τῇ καινῇ διαθήκῃ μυστήρια.   ταῦτα
15 δὲ καὶ ἐν προοιμίῳ λέλεκται ἐξετάζοντι πῶς γινομένου
δείπνου ἐγείρεται ὁ Ἰησοῦς ἐκ τοῦ δείπνου, καὶ βαλὼν ὕδωρ
εἰς τὸν νιπτῆρα ἄρχεται τοὺς τῶν μαθητῶν νίπτειν πόδας.
οἶμαι γὰρ ὅτι οἱ μετὰ τοῦ Ἰησοῦ δειπνοῦντες καὶ ἐν τῇ
ἐπὶ τέλει τοῦ βίου τούτου ἡμέρᾳ μεταλαμβάνοντες σὺν
20 αὐτῷ τροφῆς δέονται μὲν καθαρσίου τινός, οὐ μὴν περί τι
τῶν πρώτων τοῦ τῆς ψυχῆς, ἵν᾽ οὕτως ὀνομάσω, σώματος,
ἀλλ᾽, ὡς ἂν εἴποι τις, χρήζουσιν ἀποπλύνασθαι τὰ τε-
λευταῖα καὶ τὰ ἔσχατα καὶ τῇ γῇ ἀναγκαίως ὁμιλοῦντα.
καὶ τοῦτο τὸ καθάρσιον πρῶτον μὲν ὑπ᾽ οὐδενὸς ἢ τοῦ
25 Ἰησοῦ μόνου γενέσθαι δύναται, δεύτερον δὲ καὶ τὸ ὑπὸ   Jo xiii 14 f.
τῶν μαθητῶν αὐτοῦ, πρὸς οὓς εἶπε· Καὶ ὑμεῖς ὀφείλετε τοὺς
πόδας ἀλλήλων νίπτειν· ὑπόδειγμα γὰρ ἔδωκα ὑμῖν ἵνα
καθὼς ἐγὼ ἐποίησα ὑμῖν, καὶ ὑμεῖς ποιῆτε.   καὶ ὁ εὐαγγε-
λιστής γε ἐν τούτοις μοι δοκεῖ διεγείρων ἡμῶν τὸν νοῦν
30 ἐπὶ τὸ νοητὸν τῶν κατὰ τὸν τόπον μὴ τετηρηκέναι μὲν
σωματικὴν περὶ τοῦ νίψασθαι τὴν ἀκολουθίαν, ὅτι πρὸ τοῦ
δείπνου καὶ τῆς ἐπὶ τὸ δειπνεῖν ἀνακλίσεως οἱ δεόμενοι τοῦ

24 πρῶτον] πρωτουτον   30 τὸ] τὸν

νίψασθαι τοὺς πόδας νίπτονται· ὑπερβὰς δὲ τὸν καιρὸν
ἐκεῖνον τῷ λόγῳ ἤδη ἀνακλιθέντα τὸν Ἰησοῦν ἐπὶ τὸ
δειπνεῖν ἐγηγερκέναι ἐκ τοῦ δείπνου, ἵνα δειπνησάντων
ἄρξηται νίπτειν τοὺς πόδας τῶν μαθητῶν ὁ διδάσκαλος
καὶ ὁ κύριος. πρὸ μὲν γὰρ τοῦ δείπνου ἦσαν λελουμένοι, 5

Is i 16
καὶ γενόμενοι ὅλοι καθαροί, κατὰ τό· Λούσασθε, καθαροὶ
γένεσθε, ἀφέλετε τὰς πονηρίας ἀπὸ τῶν ψυχῶν ὑμῶν
κατέναντι τῶν ὀφθαλμῶν ὑμῶν, καὶ τὰ ἑξῆς. μετὰ δὲ τὸ
λουτρὸν ἐκεῖνο ἐδεήθησαν δευτέρου ὕδατος εἰς μόνους τοὺς
πόδας, τουτέστι τὰ κατωτάτω τοῦ σώματος· ἀδύνατον γὰρ 10
οἶμαι μηδὲν ῥυπωθῆναι τῆς ψυχῆς μηδὲ τὰ τελευταῖα καὶ
τὰ κατωτάτω αὐτῆς, κἂν ὡς ἐν ἀνθρώποις τέλειός τις εἶναι
δοκῇ. οἱ μὲν οὖν πολλοὶ καὶ μετὰ τὸ λουτρὸν κονιορτοῦ
τῶν ἁμαρτημάτων πληροῦνται καὶ τὴν κεφαλήν, ἢ τὰ
ὀλίγῳ ταύτης κατωτέρω· οἱ δὲ γνησίως τῷ Ἰησοῦ μαθη- 406
τεύοντες, ὡς φθάσαι καὶ ἐπὶ τὸ συνδειπνεῖν αὐτῷ, μόνους
τοὺς πόδας δεομένους ἔχουσι τῆς ἀπὸ τοῦ λόγου νίψεως.
ἐνορῶν δὲ διαφοραῖς ἁμαρτημάτων καὶ κατανοῶν τὰ ὡς μὲν
πρὸς τὸ ἀκριβὲς καὶ τὸ ἐρρωμένον τοῦ λόγου ἁμαρτήματα,
πρὸς δὲ τοὺς πολλοὺς οὐδὲ νομιζόμενα εἶναι ἁμαρτήματα, 20
ὄψει τίνα ἐστὶν ἐφ' οἷς δέονται οἱ πόδες τοῦ νίψασθαι ἀπὸ
τοῦ Ἰησοῦ. καὶ εἴπερ τοιαῦτά ἐστι τὰ κατὰ τοὺς πόδας
μολύσματα, τί ποιήσωμεν οἱ μηδέποτε ἐπὶ τὸ μετὰ τοῦ
Ἰησοῦ δεῖπνον ἐφθακότες, μηδὲ τοὺς πόδας μόνους μεμολυμ-

cf. Jo xiii 7
μένοι; λέγοντος Ἰησοῦ τῷ μὴ εἰδότι τότε Πέτρῳ, ἀλλὰ 25
γνωσομένῳ μετὰ ταῦτα τὸ μυστήριον τῆς νίψεως τῶν ὑπὸ

Jo xiii 8
Ἰησοῦ καθαριζομένων ποδῶν τό· Ἐὰν μὴ νίψω σε, οὐκ ἔχεις
μέρος μετ' ἐμοῦ. ὅπερ ζητήσεις τί δηλοῖ· πότερον ὅτι
οὐδ' ὅλως ἔχεις μέρος ἐὰν μὴ νίψω σε ἀγαθόν, ἢ οὐ μετ' ἐμοῦ
μὲν τοῦ διδασκάλου καὶ κυρίου μετὰ τῶν ἐλαττόνων δέ μου, 30
ἐν οἷς εἰσιν οἱ μετὰ τὸ λούσασθαι μήτε δειπνήσαντες τὸ
μετ' ἐμοῦ δεῖπνον μήτε νιψάμενοι ὑπ' ἐμοῦ τοὺς πόδας, ἢ

δειπνήσαντες μὲν, οὐ νιψάμενοι δέ. ἐγὼ ἐφίστημι διὰ τό·
Ἰδοὺ ἐγὼ ἔστηκα ἐπὶ τὴν θύραν, καὶ κρούω· ἐάν τις ἀνοίξῃ   Ap iii 20
μοι τὴν θύραν, εἰσελεύσομαι πρὸς αὐτὸν καὶ δειπνήσω μετ᾽
αὐτοῦ, καὶ αὐτὸς μετ᾽ ἐμοῦ· μήποτε ὁ Ἰησοῦς οὔτε ἀριστᾷ
5 μετά τινος, οἳ γὰρ δεῖται εἰσαγωγῆς καὶ πρώτων μαθη-
μάτων· οὔτε ἀριστᾷ τις μετ᾽ αὐτοῦ, ἀλλ᾽ ὁ μετ᾽ αὐτοῦ
ἐσθίων δειπνεῖ μόνον· Πλεῖον γάρ, φησι, Σαλομῶνος ὧδε·   Mt xii 42
περὶ οὗ γέγραπται· Καὶ ἦν τὸ ἄριστον Σαλομὼν τόδε· ὃ   3 Reg ii 46 e
κατείλεκται ἐν τῇ τρίτῃ τῶν Βασιλειῶν. καὶ τοῦτο δὲ
10 τολμήσας εἴποιμ᾽ ἂν ὡς ἀκόλουθον τῷ· Ἐὰν μὴ νίψω σε,   Jo xiii 8
οὐκ ἔχεις μέρος μετ᾽ ἐμοῦ· ὅτι οὐκ ἔνιψε τοὺς πόδας τοῦ
Ἰούδα, ἤδη εἰς τὴν καρδίαν βεβλήκει ὁ διάβολος, ἵνα τὸν   cf. Jo xiii 2
διδάσκαλον καὶ κύριον παραδῷ, εὑρὼν αὐτὸν οὐκ ἐνδεδυμένον
τὴν πανοπλίαν τοῦ θεοῦ, καὶ οὐκ ἔχοντα τὸν τῆς πίστεως   cf. Eph vi
15 θυρεόν, ᾧ δύναταί τις πάντα τὰ βέλη τοῦ πονηροῦ τὰ   13 ff.
πεπυρωμένα σβέσαι. γεγραμμένου γὰρ τοῦ· Τοῦ διαβόλου   Jo xiii 2
ἤδη βεβληκότος· ἀκούω ὡς καὶ ἐν ἑβδόμῳ Ψαλμῷ τῆς
γραφῆς περὶ τούτου διδασκούσης, ὡς τοξότου καὶ βέλη
πεπυρωμένα ἐξεργαζομένου τοῖς μὴ πάσῃ φυλακῇ τηροῦσι   cf. Pr iv 23
20 τὴν ἑαυτῶν καρδίαν. ἔχει δὲ οὕτως ἡ τοῦ Ψαλμοῦ λέξις·
Ἐὰν μὴ ἐπιστραφῆτε, τὴν ῥομφαίαν αὐτοῦ στιλβώσει· τὸ   Ps vii 13 ff.
407 τόξον αὐτοῦ ἐνέτεινε καὶ ἡτοίμασεν αὐτό. καὶ ἐν αὐτῷ
ἡτοίμασε σκεύη θανάτου, τὰ βέλη αὐτοῦ τοῖς καιομένοις
ἐξειργάσατο. ἰδοὺ ὠδίνησεν ἀδικίαν, συνέλαβε πόνον καὶ
25 ἔτεκεν ἀνομίαν. πᾶς μὲν οὖν ὁμολογήσει τό· Ἰδοὺ ὠδίνη-
σεν ἀδικίαν, συνέλαβε πόνον καὶ ἔτεκεν ἀνομίαν· δύνασθαι
ἀναφέρεσθαι ἐπὶ τὸν διάβολον· ἄτοπον δὲ μὴ ὁμοίως τούτῳ
καὶ αὐτὰ νομίζειν λέγεσθαι· Ἐὰν μὴ ἐπιστραφῆτε, τὴν
ῥομφαίαν αὐτοῦ στιλβώσει· τὸ τόξον αὐτοῦ ἐνέτεινε καὶ
30 ἡτοίμασεν αὐτό· καὶ ἐν αὐτῷ ἡτοίμασε σκεύη θανάτου·
σκεύη γὰρ θανάτου ἄλλος οὐδεὶς ἐν τῷ τόξῳ ἑαυτῷ ᾧ
ἐνέτεινεν ἡτοίμασεν ἢ οὗ τῷ φθόνῳ θάνατος εἰσῆλθεν εἰς   cf. Sap Sol
  ii 24

7 Σαλομῶνος   16 τοῦ] τὸ   19 ἐξειργαζομένου

τὸν κόσμον. ἀπὸ τούτων τοίνυν τῶν βελῶν, ἃ τοῖς καιο-
μένοις ἐξειργάσατο ὁ διάβολος, ἐνέβαλεν εἰς τὴν καρδίαν
Ἰούδα Σίμωνος Ἰσκαριώτου, ἤδη βεβλημένου ἐν τῷ δείπνῳ
οὐχ ὥστε δὲ καὶ ἀρέσεσθαι αὐτῷ, ἐπείπερ ἡ τοῦ δείπνου
τούτου τροφὴ καὶ ὁ οἶνος ὁ ἐν αὐτῷ οὐκ ἐδύνατο γενέσθαι 5
ἐν καρδίᾳ ὑπὸ τοῦ διαβόλου βεβλημένῃ βέλει περὶ τοῦ
προδοθῆναι τὸν τάχα ἑστιάτορα, ἐπεὶ μὴ σαφῶς ἐν τούτοις
φαίνεται τίς ἦν ὑφ' οὗ τὸ δεῖπνον ἐγίνετο, ὡς ἐν τοῖς πρὸ
Jo xii 2 τούτων· Ἐποίησαν, φησὶν, αὐτῷ δεῖπνον ἐκεῖ, καὶ ἡ Μάρθα
διηκόνει, ὁ δὲ Λάζαρος εἷς ἦν ἐκ τῶν ἀνακειμένων σὺν αὐτῷ. 10
Jo xiii 2 ἐπὶ μὲν οὖν τοῦ Ἰούδα γέγραπται τό· Τοῦ διαβόλου ἤδη
βεβληκότος εἰς τὴν καρδίαν ἵνα παραδῷ αὐτὸν Ἰούδας
Σίμωνος Ἰσκαριώτης· τούτῳ δὲ ἀκολούθως λέγοις ἂν περὶ
ἑκάστου τῶν ὑπὸ τοῦ διαβόλου εἰς τὴν καρδίαν τετρωμένων·
τοῦ διαβόλου ἤδη βεβληκότος εἰς τὴν καρδίαν, ἵνα πορ- 15
νεύσηται, τοῦ δεῖνα, καὶ ἵνα ἀποστερήσῃ, τοῦ δεῖνα, καὶ
ἵνα δοξομανῶν εἰδωλολατρείαν ἀναδέξηται τὴν τῶν δοκούν-
των εἶναι ἐπ' ἀξιώματος, τοῦ δεῖνα, καὶ οὕτως ἐπὶ τῶν
λοιπῶν ἁμαρτημάτων ἅπερ ὁ διάβολος βάλλει εἰς τὴν
cf. Eph vi 16 γυμνὴν τοῦ θυρεοῦ τῆς πίστεως καρδίαν· ἐν ᾧ θυρεῷ 20
πίστεως δύναταί τις οὐχ ἓν οὐδὲ δύο, ἀλλὰ πάντα τὰ βέλη
τοῦ πονηροῦ πεπυρωμένα σβέσαι.

3. Ἐγγιζούσης τοίνυν τῆς κατὰ τὸ πάθος οἰκονομίας,
cf. Jo xiii 2 ἐφ' ὃ ἔμελλεν αὐτὸν παραδιδόναι Ἰούδας Σίμωνος Ἰσκα-
ριώτης τετρωμένος ὑπὸ τοῦ διαβόλου, δείπνου ἤδη γινομένου· 25
Jo xiii 3 f. Εἰδὼς, φησὶν, ὁ Ἰησοῦς, ὅτι πάντα ἔδωκεν αὐτῷ ὁ πατὴρ εἰς
τὰς χεῖρας, καὶ ὅτι ἀπὸ θεοῦ ἐξῆλθε καὶ πρὸς τὸν θεὸν
ὑπάγει, ἐγείρεται ἐκ τοῦ δείπνου. οὐκοῦν τὰ μὴ πρότερον
ὄντα ἐν ταῖς χερσὶ τοῦ Ἰησοῦ δίδοται ὑπὸ τοῦ πατρὸς εἰς
τὰς χεῖρας αὐτοῦ, καὶ οὔ τινα μὲν τινὰ δ' οὔ, ἀλλὰ πάντα· 408
Ps cix (cx) 1 ὅπερ πνεύματι καὶ ὁ Δαβὶδ βλέπων φησὶ τό· Εἶπεν ὁ

3 Ἰσκαριώτου] Ἰσκαριώτης οὗ   ἐν τῷ] τὸ   6 βεβλημένῃ
βέλη   11 ἐπεὶ   24, 25 Ἰσκαριώτης

κύριος τῷ κυρίῳ μου Κάθου ἐκ δεξιῶν μου, ἕως ἂν θῶ τοὺς
ἐχθρούς σου ὑποπόδιον τῶν ποδῶν σου. καὶ γὰρ οἱ ἐχθροὶ
τοῦ Ἰησοῦ μέρος τι τῶν πάντων ἦσαν οὓς ᾔδει, ὅσον ἐπὶ
τῇ προγνώσει, δεδόσθαι ἀπὸ τοῦ πατρὸς αὐτῷ ὁ Ἰησοῦς.
5 ἵνα δὲ σαφέστερον θεωρήσωμεν τί ἔστι τό· Πάντα ἔδωκεν Jo xiii 3
αὐτῷ ὁ πατὴρ εἰς τὰς χεῖρας· προσχῶμεν τῷ· Ὥσπερ γὰρ ι Co xv 22
ἐν τῷ Ἀδὰμ πάντες ἀποθνήσκουσιν, οὕτω καὶ ἐν τῷ κυρίῳ
πάντες ζωοποιηθήσονται. ἀλλ᾽ εἰ καὶ πάντα ἔδωκεν αὐτῷ
ὁ πατὴρ εἰς τὰς χεῖρας, καὶ ἐν τῷ χριστῷ πάντες ζωοποιηθή-
10 σονται, οὐ συγχεῖται ἡ δικαιοσύνη τοῦ θεοῦ καὶ τὸ κατ᾽
ἀξίαν ἕκαστον οἰκονομεῖσθαι· ὅπερ δηλοῦται ἐπιφερομένου
τῷ· Οὕτως ἐν τῷ χριστῷ πάντες ζωοποιηθήσονται· τοῦ·
Ἕκαστος δὲ ἐν τῷ ἰδίῳ τάγματι. πάλιν τε αὖ τὰ διάφορα ι Co xv 23
νοήσεις τάγματα τῶν ἐν Χριστῷ ζωοποιηθησομένων ὅτε
15 πληροῦται τό· Πάντα ἔδωκεν αὐτῷ ὁ πατὴρ εἰς τὰς χεῖρας·
ἐπιστήσας τῷ· Ἀπαρχὴ Χριστός, ἔπειτα οἱ τοῦ χριστοῦ ἐν ι Co xv 23 f.
τῇ παρουσίᾳ αὐτοῦ· εἶτα τὸ τέλος· ὅπερ τέλος μετὰ τοῦ
χριστοῦ ἐν τῇ παρουσίᾳ αὐτοῦ ἐνστήσεται, ὅτε· Παραδώσει
τὴν βασιλείαν τῷ θεῷ καὶ πατρί· πρότερον καταργήσας
20 πᾶσαν ἀρχὴν καὶ πᾶσαν ἐξουσίαν καὶ δύναμιν. ταῦτα δ᾽
οἶμαι ἐστὶ πρὸς ἃ ἡ πάλη, ἵνα μηκέτι ᾖ ἀρχὴ καὶ ἐξουσία cf. Eph vi 12
καὶ δύναμις, πρὸς ἃ ἡ πάλη, καὶ διὰ τοῦτο μηκέτι ὑπάρχῃ
πάλη, καταργηθείσης πάσης ἀρχῆς τε καὶ ἐξουσίας καὶ
δυνάμεως. κινεῖ δέ με εἰς τὸ καταργουμένην πᾶσαν ἀρχὴν
25 καὶ πᾶσαν ἐξουσίαν καὶ δύναμιν εἶναι τὰ πρὸς ἃ ἡ πάλη
τὸ ἐπιφερόμενον παρὰ τῷ Παύλῳ τούτοις τό· Δεῖ γὰρ ι Co xv 25 f.
αὐτὸν βασιλεύειν ἄχρι οὗ θῇ πάντας τοὺς ἐχθροὺς ὑπὸ
πόδας αὐτοῦ. εἶτα· Ἔσχατος ἐχθρὸς καταργεῖται ὁ θά-
νατος. καὶ συνᾴδει γε τῷ· Πάντα ἔδωκεν αὐτῷ ὁ πατὴρ
30 εἰς τὰς χεῖρας αὐτοῦ· ὅπερ σαφέστερον ἐκτιθέμενός φησιν
ὁ ἀπόστολος· Ὅταν δὲ εἴπῃ ὅτι πάντα ὑποτέτακται, δῆλον ι Co xv 27
ὅτι ἐκτὸς τοῦ ὑποτάξαντος αὐτῷ τὰ πάντα. εἰ δὲ ἅπαντα

12 τῷ] τοῦ   13 αὐτὸ διαφορω

ὑποτέτακται, καὶ τοῦτο δῆλον, ὅτι ὑποτέτακται πάντα ἐκτὸς
τοῦ ὑποτάξαντος αὐτῷ τὰ πάντα· καὶ οὗτος περὶ οὗ γέγρα-
πται· Ἐνώπιον κυρίου παντοκράτορος ἐτραχηλίασε· τῶν
ὑποτασσομένων αὐτῷ ἔσται, νικηθεὶς ἐπὶ τῷ εἶξαι τῷ λόγῳ
καὶ ὑποταγῆναι τῇ εἰκόνι τοῦ θεοῦ, καὶ γενέσθαι ὑποπόδιον 5
τῶν Χριστοῦ ποδῶν. τὴν τοίνυν οἰκονομίαν βλέπων ἐπὶ τὸ
χρηστὸν τέλος ὁδεύουσαν ἤδη διὰ τό· Τοῦ διαβόλου ἤδη 409
βεβληκότος εἰς τὴν καρδίαν ἵνα παραδῷ αὐτὸν Ἰούδας
Σίμωνος Ἰσκαριώτης· ᾔδει ὅτι πάντα ἔδωκεν αὐτῷ ὁ πατήρ,
καὶ ἔδωκεν εἰς τὰς χωρούσας τὰ πάντα χεῖρας, ἵνα ᾖ τὰ 10
πάντα αὐτῷ ὑποχείρια, ἢ πάντα ἔδωκεν αὐτῷ ὁ πατὴρ εἰς
τὰς χεῖρας, τουτέστιν εἰς τὰς πράξεις αὐτοῦ καὶ τὰ ἀνδραγα-
θήματα· Ὁ πατήρ μου γάρ, φησίν, ἕως ἄρτι ἐργάζεται,
κἀγὼ ἐργάζομαι. διὰ τὰ ἐξελθόντα δὲ ἀπὸ τοῦ θεοῦ
ἐξῆλθεν ἀπὸ τοῦ θεοῦ, ἔξω γενομένου τοῦ θεοῦ καὶ τοῦ μὴ 15
βουληθέντος προηγουμένως ἐξελθεῖν ἀπὸ τοῦ πατρός, ἵνα
ἔλθῃ τὰ ἐξελθόντα εἰς τὰς χεῖρας ὁδῷ καὶ τάξει τοῦ Ἰησοῦ,
καὶ οἰκονομηθῇ πρὸς τὸν θεὸν ὑπάγειν ἀκολουθοῦντα αὐτῷ,
διὰ τὸ ἀκολουθεῖν αὐτῷ ἐσόμενα πρὸς τὸν θεόν. Πέτρῳ
μὲν οὖν εἴρηταί ποτε· Ὅπου ἐγὼ ὑπάγω, οὐ δύνασαί μοι 20
νῦν ἀκολουθῆσαι, ἀκολουθήσεις δὲ ὕστερον· ἔτι γὰρ εἶχεν
ὁ Πέτρος τὸ μὴ ἐπιτρέπον αὐτῷ ἀκολουθεῖν τῷ λόγῳ ἤδη
ποτέ. τὸ δ' ὅμοιον εἶναι νοεῖν σε δεῖ, ἀλλὰ κατά τινα
δικαίαν ἀναλογίαν, λεχθησόμενον πρὸς ἕκαστον τῶν πάντων
ὃ ἔδωκε τῷ υἱῷ ὁ πατὴρ εἰς τὰς χεῖρας· ἑκάστῳ μὲν γὰρ 25
τῶν πάντων λεχθήσεται τό· Ἀκολουθήσεις δέ μοι ὕστερον.
ἀλλ' εἰ μὴ ἅμα ἀκολουθήσουσιν, οὐκ ἐπὶ τὸν αὐτὸν
ἀναφέρεται καιρὸν τὸ ἑκάστῳ τῶν ἀκολουθησάντων αὐτῶν
ἁρμόζον τὸ ὕστερον ἐν τῷ· Ἀκολουθήσεις δὲ ὕστερον. καὶ
τοῦτό μοι νόει καὶ περὶ πάντων τῶν καταργουμένων, εἴτε 30
ὅταν καταργήσῃ πᾶσαν ἀρχήν, εἴτε πᾶσαν ἐξουσίαν, εἴτε
πᾶσαν δύναμιν, καὶ ἁπαξαπλῶς· Ἄχρι οὗ θῇ πάντας τοὺς

15 ἐξῆλθεν ἀπὸ τοῦ θεοῦ] add. in mg.   16 ἵνα] om.
21 ἀκολουθῆσαι] om.

ἐχθροὺς αὐτοῦ ὑπὸ τοὺς πόδας αὐτοῦ· ἔσχατος ἐχθρὸς
καταργηθήσεται ὁ θάνατος.   Εἰδὼς οὖν ὁ Ἰησοῦς ὅτι πάντα Jo xiii 3
ἔδωκεν αὐτῷ ὁ πατὴρ εἰς τὰς χεῖρας, καὶ ὅτι ἀπὸ θεοῦ ἐξῆλθε
καὶ πρὸς τὸν θεὸν ὑπάγει, καὶ εἰδὼς ὅσον ἐφ' οἷς κεκινήμεθα,
5 ὡς διηγησάμεθα παριστάντες τὸ φανὲν ἡμῖν εἰς τό· Ἀπὸ
τοῦ θεοῦ ἐξῆλθε· καὶ εἰς τό· Πρὸς τὸν θεὸν ὑπάγει· ἐγεί-
ρεται, φησίν, ἐκ τοῦ δείπνου· ὅπερ κατὰ τοῦτο κατανοήσω-
μεν μετὰ τῶν ἑξῆς.   καὶ ὅρα εἰ δύνασαι ἐν τούτοις λέγειν
ὅτι ἀπεριστάτως μὲν αὐτὸν εὔφρανε τὸ μετὰ τῶν μαθητῶν
10 δειπνεῖν· περιστατικῶς δὲ καὶ ἀναγκαίως διὰ τοὺς μαθητὰς
ἀπὸ τοῦ δείπνου ἐγείρεται, καὶ ἐπὶ ποσὸν τοῦ δειπνεῖν
παύεται, ἕως τοὺς τῶν μαθητῶν καθαρίσῃ πόδας, οὐ δυνα-
μένων ἔχειν μέρος μετ' αὐτοῦ ἐὰν μὴ αὐτὸς αὐτοὺς νίψῃ.

410   4. Τί οὖν λέγεται μετὰ τό· Ἐγείρεται ἐκ τοῦ δείπνου· Jo xiii 4
15 κατανοήσωμεν.   Τίθησι, φησί, τὰ ἱμάτια, καὶ λαβὼν λέντιον
διεζώσατο.   καὶ ἐν τούτοις δὲ εἴποιμεν ἂν τοῖς μὴ βουλο-
μένοις ἀπὸ τῶν ῥητῶν ἀναβαίνειν καὶ νοητῶς νοεῖν τὰ
παρατιθέμενα ἐν τούτοις τῆς ψυχῆς βρώματα· τί γὰρ ἐλύπει
ἐνδεδυμένον αὐτὸν νίψαι τοὺς πόδας τῶν μαθητῶν; ἀλλὰ μή
20 πως ἐὰν ἴδωμεν ἀξίως τοῦ Ἰησοῦ τὰ ἐνδύματα αὐτοῦ, ἃ
περιέκειτο δειπνῶν καὶ εὐφραινόμενος μετὰ τῶν μαθητῶν,
ἐννοήσωμεν τίνα κόσμον περίκειται ὁ γενόμενος σὰρξ λόγος. cf. Jo i 14
τοῦτον δὲ ἔν τινι ὑφάσματι λέξεων πρὸς λέξεις καὶ φωνῶν
πρὸς φωνὰς συνεστηκότα ἀποτίθεται, καὶ γυμνότερος μετὰ
25 δουλικοῦ σχήματος, ὅπερ δηλοῦται διὰ τοῦ· Λαβὼν λέντιον Jo xiii 4
διεζώσατο· γίνεται, ἵνα καὶ μὴ πάντῃ γυμνὸς ᾖ, καὶ μετὰ
τὸ νίψαι οἰκειοτέρῳ ὑφάσματι ἀπομάξῃ τοὺς τῶν μαθητῶν
πόδας.   καὶ ὅρα ἐν τούτοις πῶς ἑαυτὸν σμικρύνει ὁ μέγας
καὶ δεδοξασμένος λόγος γενόμενος σάρξ, ἵνα νίψῃ τοὺς
30 πόδας τῶν μαθητῶν· Βάλλει γάρ, φησίν, ὕδωρ εἰς τὸν Jo xiii 5
νιπτῆρα.   Ἀβραὰμ μὲν οὖν ἡνίκα· Ἀναβλέψας τοῖς ὀφθαλ- Ge xviii 2
μοῖς αὐτοῦ εἶδε, καὶ ἰδοὺ ἄνδρες ἑστήκεισαν ἐπάνω αὐτοῦ
καὶ ἰδὼν προσέδραμεν εἰς συνάντησιν αὐτοῖς ἀπὸ τῆς θύρας Ge xviii 2 f.

    5 περιστάντες   **12** παύσεται   **27** οἰκειοτέρῳ

τῆς σκηνῆς, καὶ προσεκύνησεν ἐπὶ τὴν γῆν· καὶ εἶπε
Κύριε, εἰ ἄρα εὗρον χάριν ἐναντίον σου, μὴ παρέλθῃς τὸν
παῖδά σου· οὐκ αὐτὸς λαμβάνει ὕδωρ οὐδὲ ἐπαγγέλλεται
νίπτειν τοὺς πόδας αὐτῶν ὡς ξένων ἐλθόντων πρὸς αὐτόν,

Ge xviii 4 ἀλλά φησι· Ληφθήτω δὴ ὕδωρ, καὶ νιψάτωσαν τοὺς πόδας 5
ὑμῶν. ἀλλ' οὐδὲ Ἰωσὴφ ἤνεγκεν ὕδωρ νίψαι τοὺς πόδας
τῶν ἕνδεκα ἀδελφῶν, ἀλλ' ὁ ἐπὶ τοῦ οἴκου Ἰωσὴφ ἄνθρωπος
Ge xliii 22 f. ἐξήγαγε πρὸς αὐτοὺς τὸν Συμεών, καὶ ἤνεγκεν ὕδωρ νίψαι
Lc xxii 27 τοὺς πόδας αὐτῶν. ὁ δὲ εἰπών· Ἦλθον οὐχ ὡς ὁ ἀνακεί-
Mt xi 29 μενος ἀλλ' ὡς ὁ διακονῶν· καὶ δικαίως λέγων τό· Μάθετε 10
ἀπ' ἐμοῦ, ὅτι πρᾷός εἰμι καὶ ταπεινὸς τῇ καρδίᾳ· αὐτὸς
βάλλει ὕδωρ εἰς τὸν νιπτῆρα· ᾔδει γὰρ ὅτι οὐδεὶς οὕτω δύ-
ναται νίψαι τοὺς πόδας τῶν μαθητῶν, ὡς διὰ τὸ νίψασθαι
ἔχειν αὐτοὺς τὴν μερίδα μετ' αὐτοῦ, ὡς αὐτός. τὸ δὲ ὕδωρ,
κατ' ἐμέ, τοιόσδε λόγος ἦν, νίπτων τοὺς πόδας τῶν μαθητῶν, 15
ἐλθόντας ἐπὶ τὸν ὑπὸ τοῦ Ἰησοῦ παρατιθέμενον αὐτοῖς 411
νιπτῆρα. εἶτα ζητῶ τί δήποτε οὐ γέγραπται μὲν τό· ἔνιψε
Jo xiii 5 τοὺς πόδας τῶν μαθητῶν· λέλεκται δὲ τό· Καὶ ἤρξατο
νίπτειν τοὺς πόδας τῶν μαθητῶν. ἆρα γὰρ συνήθειά ἐστι
τοιαύτη τῶν γραφῶν, καθ' ἣν δοκεῖ μὴ εὐλόγως, ὡς πρὸς 20
τὴν τῶν πολλῶν συνήθειαν, προτάσσεσθαι τό· Ἤρξατο·
ἢ τότε μέν· Ἤρξατο νίπτειν τοὺς πόδας τῶν μαθητῶν ὁ
Ἰησοῦς, οὐ μὴν ἐπαύσατο τότε νίψας αὐτῶν τοὺς πόδας;
ὕστερον γὰρ ἔνιψε καὶ ἐτέλεσε τὸ νίπτειν, ἐπεὶ ἐμολύνθησαν,
Mt xxvi 31 κατὰ τό· Πάντες ὑμεῖς σκανδαλισθήσεσθε ἐν ἐμοὶ ἐν τῇ 25
Jo xiii 38 νυκτὶ ταύτῃ· καὶ τὸ πρὸς Πέτρον λεγόμενον τό· Οὐ μὴ
φωνήσει ἀλέκτωρ, ἕως ἂν ἀρνήσῃ με τρίς. τούτων γὰρ
γενομένων τῶν ἁμαρτημάτων, νίψεως πάλιν ἐδέοντο οἱ
μολυνθέντες τῶν μαθητῶν πόδες, οὓς ἤρξατο νίπτειν ἡνίκα
ἐγείρεται ἐκ τοῦ δείπνου, συνετέλεσε τὸ νίπτειν καθαρίσας 30
αὐτοὺς οὐκέτι μολυνθησομένους. οὕτω δὲ καὶ τὸ μὲν ἤρξατο
ἐκμάσσειν τοὺς πόδας τῶν μαθητῶν, συνετέλεσε δὲ ἐκμάσ-
σων ὅτε συνετέλεσε καὶ νίπτων.

22 τότε] τὸ

5. Ἔρχεται οὖν πρὸς Σίμωνα Πέτρον· λέγει αὐτῷ Jo xiii 6—11
Κύριε, σύ μου νίπτεις τοὺς πόδας; ἀπεκρίθη Ἰησοῦς
καὶ εἶπεν αὐτῷ Ὃ ἐγὼ ποιῶ σὺ οὐκ οἶδας ἄρτι, γνώσῃ
δὲ μετὰ ταῦτα. λέγει αὐτῷ ὁ Πέτρος Οὐ μὴ νίψῃς
5 μου τοὺς πόδας εἰς τὸν αἰῶνα. ἀπεκρίθη Ἰησοῦς αὐτῷ
Ἐὰν μὴ νίψω σε, οὐκ ἔχεις μέρος μετ' ἐμοῦ. λέγει
αὐτῷ Σίμων Πέτρος Μὴ τοὺς πόδας μου μόνον, ἀλλὰ
καὶ τὰς χεῖρας, καὶ τὴν κεφαλήν. λέγει αὐτῷ ὁ Ἰησοῦς
Ὁ λελουμένος οὐκ ἔχει χρείαν εἰ μὴ τοὺς πόδας νί-
10 ψασθαι, ἀλλ' ἔστι καθαρὸς ὅλος· καὶ ὑμεῖς καθαροί ἐστε,
ἀλλ' οὐχὶ πάντες. ᾔδει γὰρ τὸν παραδιδόντα αὐτόν· διὰ
τοῦτο εἶπεν Οὐχὶ πάντες καθαροί ἐστε. Τοῖς νῦν ὑπὸ
τοῦ Πέτρου λεγομένοις ἐν καιρῷ χρησόμεθα παραδείγματος
ἕνεκεν, εἴ που δέοι, ὅτι ἐστὶ δυνατὸν τινὰ κατὰ πρόθεσιν
15 βελτίστην λέγειν διὰ τὸ ἀνεπίστημον τὰ μηδαμῶς ἑαυτῷ
συμφέροντα. εἰ γὰρ συμφέρον μὲν ἦν, πρὸς τὸ ἔχειν μέρος
μετὰ τοῦ Ἰησοῦ, τὸ νίψασθαι τοὺς πόδας ὑπ' αὐτοῦ, Πέτρος
δὲ μὴ ἐπιστάμενος ὅτι συμφέρον τοῦτο ἦν, πρότερον μὲν
εἶπεν, οἱονεὶ ἐπαπορῶν, δυσωπητικῶς τό· Κύριε, σύ μου
20 νίπτεις τοὺς πόδας; δεύτερον δὲ τό· Οὐ μὴ νίψῃς μου τοὺς
412 πόδας εἰς τὸν αἰῶνα· καὶ τὰ λεγόμενα κωλυτικὰ ἦν ἔργου
τοῦ φέροντος αὐτὸν ἐπὶ τὸ ἔχειν μετὰ τοῦ σωτῆρος τὸ μέρος,
δῆλον ὅτι εἰ καὶ ὑγιεῖ προθέσει καὶ σεβασμίῳ πρὸς τὸν
διδάσκαλον τοῦτο ἔλεγεν, ἐπιβλαβῶς ἑαυτῷ ἔλεγε. τοῦ δὲ
25 τοιούτου εἴδους τῶν ἁμαρτημάτων ὁ βίος πεπλήρωται τῶν
ἐν τῷ πιστεύειν προτιθεμένων μὲν τὰ κρείττονα, διὰ δὲ
ἄγνοιαν τὰ ἐπὶ τὸ ἐναντίον φέροντα λεγόντων ἢ καὶ πρατ-
τόντων. καὶ τοιοῦτοί γέ εἰσιν οἱ τό· Μὴ ἅψῃ, μὴ γεύσῃ, cf. Col ii 21 f.
μὴ θίγῃς· φάσκοντες περὶ πάντων τῶν εἰς φθορὰν καὶ ἀπό-
30 χρησιν τῶν ἀνθρώπων, κατὰ τινα πολὺ τῆς θείας ὑποβεβη- cf. Ps lxxxi
κυῖαν τῆς· Ὡς ἄνθρωπος ἀποθάνῃ· διδασκαλίαν. τί δὲ <δεῖ> (lxxxii) 7

7 Μὴ] vid. loc. male laesus   15 τὰ] τό   17 ἀπ'
24 τοῦ] τοῦτο   31 δεῖ] om.

cf. Eph iv 14 περὶ τῶν ἐν ταῖς αἱρέσεσι κλυδωνιζομένων, καὶ περιφερομένων παντὶ ἀνέμῳ ἐπὶ τὴν κυβείαν τῶν ἀνθρώπων λέγειν, διαλαλούντων σωτήρια τὰ ὀλέθρια, καὶ ὡς ἐπὶ σεβασμῷ τοῦ Ἰησοῦ τὰ ψεύδη περὶ αὐτοῦ δοξαζόντων; πολλάκις δὲ τὸν Πέτρον τοιοῦτον ἡ γραφὴ ἐσημειώσατο, θερμότερον εἰς τὸ 5 ἐπαγγέλλεσθαι τὰ φαινόμενα αὐτῷ κρείττονα· καθάπερ καὶ ἐν τῷ ἀνεξετάστως εἰρημένῳ καὶ ἀθετητικῶς τῆς Ἰησοῦ

Mt xxvi 31 περὶ τῶν μαθητῶν προφητείας εἰπόντος· Πάντες ὑμεῖς σκανδαλισθήσεσθε ἐν ἐμοὶ ἐν τῇ νυκτὶ ταύτῃ· καὶ τὴν

cf. Zech xiii 7 αἰτίαν παριστάντος ἐν τῷ· Γέγραπται γάρ Πατάξω τὸν 10 ποιμένα, καὶ διασκορπισθήσεται τὰ πρόβατα τῆς ποίμνης. ἀνεξετάστως γὰρ πρὸς τοῦτο καὶ ἀθετητικῶς τῆς Ἰησοῦ

Mt xxvi 33; cf. Mc xiv 29 ἀποφάσεως εἶπε τό· Εἰ καὶ πάντες σκανδαλισθήσονται ἐν σοί, ἐγὼ οὐ σκανδαλισθήσομαι. καὶ τοῦτο ἔτι τότε προπετὲς ὂν ἐν τῇ ψυχῇ αὐτοῦ αἴτιον οἶμαι γέγονε τοῦ ὑπὲρ τὸ 15 μέτρον τούτων λοιπῶν σκανδαλισμοῦ ἡμαρτηκέναι αὐτόν, ἀρνησάμενον τὸν Ἰησοῦν τρὶς πρὶν ἀλεκτοροφωνίας. διόπερ ἐπιστήσας τοιαύτῃ προτέρᾳ ἑαυτοῦ προπετείᾳ ὠφελήθη τὰ μέγιστα, ὡς γενέσθαι στιβαρώτατος καὶ μακροθυμότατος· ὅπερ δηλοῦται Παύλου μὲν εἰπόντος αὐτῷ ἔμπροσθεν 20

Gal ii 14 πάντων· Εἰ σὺ Ἰουδαῖος ὑπάρχων ἐθνικῶς καὶ οὐκ Ἰουδαϊκῶς ζῇς, πῶς τὰ ἔθνη ἀναγκάζεις Ἰουδαΐζειν; καὶ τὰ ἑξῆς· τοῦ δὲ μετὰ στίβους σιωπήσαντος· καὶ τὸ κατὰ τὸν τόπον εὔλογον ἀνεξικακώτατα μὴ παραστήσαντος, περὶ οὗ ἐν τῇ πρὸς Γαλάτας οἰκειότερόν τις διαλήψεται. καὶ ἐν ταῖς 25

cf. 2 Co iii 18 Πράξεσι δὲ τῶν ἀποστόλων τὸ καθεστηκὸς αὐτοῦ, τὴν αὐτὴν εἰκόνα μεταμορφωθέντος, τοῖς ἑκάστῳ ἐφιστᾶσι καὶ προσέχουσι φανεῖται.

6. Καὶ ἐνθάδε τοίνυν ἐγερθέντι τῷ Ἰησοῦ ἐκ τοῦ δείπνου καὶ θέντι τὰ ἱμάτια καὶ διαζωσαμένῳ ὃ εἴληφε 413 λέντιον, καὶ βάλλοντι ὕδωρ εἰς τὸν νιπτῆρα καὶ ἀρξαμένῳ τοὺς πόδας νίπτειν τῶν μαθητῶν καὶ ἐκμάσσειν τῷ λεντίῳ

2, 3 διαλαλοῦντα   5 θερμώτερον   13, 14 σκανδαλισθήσεσθαι ἐν ἐμοί   18 ὠφεληθῆναι

ᾧ ἦν διεζωσμένος, πάντες μὲν παρεῖχον τοὺς πόδας, ἀκό-
λουθον τῇ περὶ τοῦ Ἰησοῦ προλήψει θεωροῦντες ὅτι οὐκ ἂν
ὁ τηλικοῦτος ἀλόγως καί, ὡς ἂν οἱ πολλοὶ λέγοιεν, βαρεῖν
τοὺς μαθητὰς θέλων, νίπτοι αὐτῶν τοὺς πόδας, ἀλλά τι
5 χρήσιμον ἐπιτελῶν ὃ περιέμενον γνώσεσθαι ὕστερον, ἐν-
νοοῦντες μήποτε σύμβολόν τινος ταῦτα πράττοιτο· μόνος
δὲ ὁ Πέτρος τῷ προχειροτέρῳ ἐνιδὼν καὶ οὐδένα ἕτερον
λογισμὸν ἐκείνῳ παρατιθείς, ὡς σέβων τὸν Ἰησοῦν οὐ
παρεῖχεν αὐτοῦ εἰς τὸ νίψασθαι τοὺς πόδας, ἀλλὰ πρότερον
10 μὲν δυσωπεῖν αὐτὸν ἐπειρᾶτο ἐν τῷ· Κύριε, σύ μου νίπτεις   Jo xiii 6 f.
τοὺς πόδας; μετὰ δὲ τοῦτο δέον αὐτὸν πεισθῆναι τό· Ὃ ἐγὼ
ποιῶ σὺ οὐκ οἶδας ἄρτι, γνώσῃ δὲ μετὰ ταῦτα· φησὶ τό·
Οὐ μὴ νίψῃς μου τοὺς πόδας εἰς τὸν αἰῶνα. ἄλλως δὲ
τῶν λοιπῶν μαθητῶν ἐμπιστευσάντων ἑαυτοὺς τῷ Ἰησοῦ
15 καὶ περὶ μηδενὸς ἀντιλεγόντων αὐτῷ, οὗτος δι' ὧν λέγει, εἰ
καὶ ὑγιῶς ἔδοξε προτίθεσθαι, οὐ μόνον τοῦ Ἰησοῦ κατηγορεῖ,
ὡς ἀλόγως ἀρξαμένου νίπτειν τοὺς τῶν μαθητῶν πόδας,
ἀλλὰ καὶ τῶν συμφοιτητῶν. εἰ γὰρ αὐτὸς μέν, ὡς ᾠήθη,
τὸ καθῆκον ἐν τῷ κωλύειν ἐθέλειν ἐποίησεν, ἐκεῖνοι δὲ μὴ
20 ἑοράκασιν αὐτό, κατηγόρησεν ἐκείνων, παρὰ τὸ καθῆκον
ἑαυτῶν τοὺς πόδας ἐμπαρεσχηκότων τῷ Ἰησοῦ· καὶ εἰ
φρονεῖται τῷ εὐλόγῳ μὴ δεῖν ἀντιλέγειν, καὶ εὔλογον
ἐνόμιζεν εἶναι τὸ γινόμενον ἐν τῷ νίπτεσθαι τοὺς πόδας
τῶν μαθητῶν ὑπὸ τοῦ Ἰησοῦ, οὐκ ἂν ἀντέλεγε τῷ γινομένῳ.
25 φαίνεται οὖν ἀκρίτως μὴ εὔλογον νενομικέναι εἶναι τὸ περὶ
τοῦ νίψασθαι τοὺς πόδας τῶν μαθητῶν τοῦ Ἰησοῦ βούλημα.
εἰ δὲ χρὴ μέχρι τῶν ἐλαχίστων εἶναι νομιζομένων ἐρευνᾶν
τὴν γραφήν, ζητήσαι τις ἂν τί δήποτε, πρῶτον κατειλε-
γμένου τοῦ Πέτρου εἰς τὸν ἀριθμὸν τῶν δώδεκα, τάχα ὡς
30 τῶν λοιπῶν τιμιωτέρου, ἐπεὶ καὶ ὁ ἀληθῶς πάντων ἔσχατος
Ἰούδας ἦν, ὑπὸ τῆς μοχθηρᾶς διαθέσεως ἐπὶ τὰ τελευταῖα
ἀνταπερριμμένος, ὁ Ἰησοῦς ἀρξάμενος νίπτειν τοὺς πόδας

15 οὕτως   20 οράκασι   26 τοῦ 2°] τῷ   31 ἦν] τὴν

τῶν μαθητῶν, καὶ ἐκμάσσειν τῷ λεντίῳ ᾧ ἦν διεζωσμένος,
οὐκ ἀπὸ Πέτρου ἤρξατο. καὶ λεκτέον πρὸς τοῦτο ὅτι 414
ὥσπερ ἰατρὸς πλείοσιν ἀρρώστοις κατὰ τὴν ἰατρικὴν δια-
κονούμενος, ἀπὸ τῶν κατεπειγόντων καὶ χείρονα πεπονθότων
τὴν ἀρχὴν ποιεῖται τῆς θεραπείας, οὕτως ὁ ἐρρυπωμένους 5
τοὺς πόδας νίπτων τῶν μαθητῶν ἄρχεται ἀπὸ τῶν μᾶλλον
ἐρρυπωμένων, καὶ τάχα ἐπὶ τελευταῖον ἦλθε τὸν Πέτρον,
ὡς ἔλαττον πάντων δεόμενον τῆς νίψεως τῶν ποδῶν. τάχα
δὲ καὶ εἰς τὸ δοκεῖν ἀντιλέγειν ἡ ἐγγὺς καθαρότητος κατά-
στασις τῶν ποδῶν αὐτοῦ συνεβάλλετο.   10

7. (6) Βασανιζόμενον δὲ τὸ ὑπὸ τοῦ Ἰησοῦ εἰρημένον
Jo xiii 10 τό· Ὁ λελουμένος οὐκ ἔχει χρείαν νίψασθαι, ἀλλ' ἔστι
καθαρὸς ὅλος· καὶ ὑμεῖς καθαροί ἐστε, ἀλλ' οὐχὶ πάντες·
τάχα ὑποβάλλει νοῦν τοιοῦτον, ὡς ἤδη νιψαμένων τοὺς
πόδας ὑπὸ τοῦ Ἰησοῦ τῶν μαθητῶν, καὶ πρὸς τῷ λελοῦσθαι 15
οὐκ ἔτι ἐχόντων χρείαν νίψασθαι· ἔτι δὲ καὶ αὐτοῦ τοῦ
Πέτρου ἤδη ὄντος καθαροῦ, καὶ πρὶν νίψῃ τοὺς πόδας αὐτοῦ
ὁ Ἰησοῦς. ἐὰν δέ τις πρὸς ταῦτα ζητῇ τί δήποτ' οὖν
εἰπών· Ὁ λελουμένος οὐκ ἔχει χρείαν νίψασθαι, ἀλλ' ἔστι
καθαρὸς ὅλος· μὴ χρείαν ἐχόντων νίψασθαι τῶν μαθητῶν, 20
Mt xxv 29 νίπτει τοὺς πόδας αὐτῶν ὁ Ἰησοῦς· λεκτέον αὐτῷ τό· Παντὶ
τῷ ἔχοντι δοθήσεται καὶ προστεθήσεται. ἐπεὶ τοίνυν εἶχον
καὶ οἱ μαθηταὶ τὸ εἶναι καθαροί, προστίθησιν Ἰησοῦς τῇ
καθαρότητι αὐτῶν καὶ τὸ νίπτειν αὐτῶν τοὺς πόδας· οὔτε
τοὺς μὴ λελουμένους νίψων ἂν οὔτε τοὺς μὴ ὅλους καθαρούς, 25
ἀλλ' οὕτως ὥστ' ἂν εἰπεῖν περὶ τῶν οὕτως καθαρῶν· κἂν
γάρ τις ᾖ τέλειος ἐν υἱοῖς ἀνθρώπων, τῆς ἀπὸ Ἰησοῦ, ἵν'
οὕτως ὀνομάσω, καθαρότητος ἀπούσης, εἰς καθαρὸν οὐ
λογισθήσεται. καὶ ταῦτα δὲ ὕστερον ἐκτίθεμαι, ὑποπε-
σόντα μετὰ τὸ ὑπαγορευθῆναι τὰ πρότερα, σωζόντων ἡμῶν 30
καὶ τὴν τάξιν τῶν ὑπεισελθόντων νοῦν, ὡς πρότερον μὲν
βλέπειν ῥυπωθέντας τοὺς πόδας τῶν μαθητῶν δεδεῆσθαι

27 Ἰησοῦ] σοῦ

415 τῆς ἀπὸ τοῦ Ἰησοῦ νίψεως, νῦν δ᾽ ὅτι διὰ τοῦτ᾽ αὐτῶν ἔνιψε
τοὺς πόδας, ἐπεὶ ἦσαν ὡς ἐν ἀνθρώποις καθαροὶ ἀλλ᾽ οὐχὶ
καὶ παρὰ θεῷ· χωρὶς γὰρ Ἰησοῦ οὐδεὶς παρὰ θεῷ καθαρὸς
γίνεται, κἂν πρὸ αὐτοῦ νομισθῇ διά τινος ἐπιμελείας αὐτὸν
5 καθαρὸν πεποιηκέναι. τοῖς δ᾽ ὡς ἐν ἀνθρώποις καθαροῖς
ἤδη γεγενημένοις, καὶ λουσαμένοις τὸ τοῦ Ἰησοῦ βάπτισμα,
καὶ νιψαμένοις ὑπ᾽ αὐτοῦ τοὺς πόδας, ἐνοικεῖν καὶ τὸ ἅγιον
δύναται πνεῦμα καὶ ἡ ὡς ἔνδυμα ἐξ ὕψους δύναμις. ὁ μὲν
οὖν Πέτρος μὴ θεωρῶν τὸν λόγον τοῦ βουλήματος Ἰησοῦ,
10 ἀρξαμένου νίπτειν τοὺς πόδας τῶν μαθητῶν καὶ ἐκμάσσειν   cf. Jo xiii 5
τῷ λεντίῳ ᾧ ἦν διεζωσμένος, λέγει αὐτῷ Κύριε, σύ μου   Jo xiii 6
νίπτεις τοὺς πόδας; ἐπαπορητικῶς καὶ δυσωπητικῶς τοῦτο
φάσκων· ὁ δὲ Ἰησοῦς ἀπεκρίθη καὶ εἶπεν αὐτῷ, διδάσκων   Jo xiii 7
ὅτι μυστήριον τοῦτο ἦν, τό· Ὃ ἐγὼ ποιῶ σὺ οὐκ οἶδας ἄρτι,
15 γνώσῃ δὲ μετὰ ταῦτα. τί δὲ ἦν ὃ ἐποίει νίπτων τοὺς πόδας
τῶν μαθητῶν ὁ Ἰησοῦς; ἢ εἰργάζετο διὰ τοῦ νίπτειν αὐτῶν
τοὺς πόδας καὶ ἐκμάσσειν τῷ λεντίῳ ᾧ ἦν διεζωσμένος
ὡραίους αὐτούς, μελλόντων αὐτῶν εὐαγγελίσασθαι τὰ
ἀγαθά; ὅτε γὰρ ἔνιψε τοὺς πόδας τῶν μαθητῶν ὁ Ἰησοῦς,
20 τότε, οἶμαι, πεπλήρωται τὸ περὶ τῶν ἀποστόλων αὐτοῦ
προφητικῶς εἰρημένον· Ὡς ὡραῖοι οἱ πόδες τῶν εὐαγγελιζο-   Ro x 15;
μένων τὰ ἀγαθά. εἰ δὲ πόδας μαθητῶν νίπτων ὡραίους   cf. Is lii 7
αὐτοὺς ποιεῖ, τί φήσομεν ἀπὸ τοῦ ἀληθινοῦ κάλλους ἐγ-
γίνεσθαι τοῖς ὑπὸ Ἰησοῦ βαπτισαμένοις ὅλοις ἐν πνεύματι   cf. Mt iii 11
25 ἁγίῳ καὶ πυρί; ὡραῖοι δὲ οἱ πόδες ἐγένοντο τῶν εὐαγγελιζο-
μένων τὰ ἀγαθά, ἵνα νιψάμενοι καὶ καθηράμενοι καὶ ἐκμαξά-
μενοι ἀπὸ τῶν Χριστοῦ χειρῶν, ἐπιβῆναι δυνηθῶσι τῆς
ἁγίας ὁδοῦ καὶ ὁδεύειν τὸν εἰπόντα τό· Ἐγώ εἰμι ἡ ὁδός.   Jo xiv 6
μόνος γὰρ καὶ πᾶς ὁ νιψάμενος τοὺς πόδας ἀπὸ τοῦ Ἰησοῦ
30 ὁδεύει τὴν ὁδὸν ταύτην τὴν ζῶσαν καὶ φέρουσαν πρὸς τὸν
πατέρα, καὶ οὐ χωρεῖ ἡ ὁδὸς αὕτη πόδας μεμολυσμένους
καὶ τοὺς ἔτι μὴ καθαρούς. Μωσῆς μὲν οὖν ἐδεῖτο

4 κἂν] καὶ

cf. Ex iii 5 ὑπολύσασθαι τὸ ὑπόδημα ἀπὸ τῶν ποδῶν αὐτοῦ ἐπείπερ
ἐφ' ὃν ἐφθάκει τόπον, ἐν ᾧ εἱστήκει, γῆ ἁγία ἦν· ὁμοίως
cf. Josh v 15 δὲ ὁ τοῦ Ναυῆ Ἰησοῦς. οἱ δὲ μαθηταὶ τοῦ Ἰησοῦ, ἵνα
ὁδεύσωσι τὴν ζῶσαν καὶ ἔμψυχον ὁδόν, οὐ μόνον ἀρκοῦνται
cf. Mt x 10 τῷ μὴ ἔχειν ὑποδήματα κατὰ τὴν ὁδόν, τοῦτο τοῖς ἀπο- 5
στόλοις αὐτοῦ ἐντειλαμένου τοῦ Ἰησοῦ· ἀλλὰ γὰρ ἔδει πρὸς
τὸ ὁδεῦσαι τὴν ὁδὸν ταύτην αὐτοῖς καὶ τὸ νίψασθαι ἀπὸ
τοῦ Ἰησοῦ, ἀποθεμένου τὰ ἱμάτια, τάχα μὲν ἵνα καθαροὺς 416
αὐτοὺς τοὺς πόδας ποιήσῃ καθαρωτέρους, τάχα δὲ ἵνα τὸν
ἐν τοῖς ποσὶ τῶν μαθητῶν ῥύπον ἀναλάβῃ εἰς τὸ ἑαυτοῦ 10
Is liii 4;
cf. Mt viii 17 σῶμα διὰ τοῦ λεντίου, ᾧ μόνῳ περιεζωσμένος ἦν· Αὐτὸς
γὰρ τὰς ἀσθενείας ἡμῶν φέρει.

8. Ὅρα γοῦν ὅτι μέλλων νίπτειν τοὺς πόδας τῶν
cf. Jo xiii 2 μαθητῶν οὐκ ἄλλον καιρὸν ἐπελέξατο ἢ ὅτε ὁ διάβολος
ἤδη βεβλήκει εἰς τὴν καρδίαν ἵνα παραδῷ αὐτὸν Ἰούδας 15
Σίμωνος Ἰσκαριώτης, καὶ ἡ ὑπὲρ ἀνθρώπων ἔμελλε γίνεσθαι
οἰκονομία. πρὸ γὰρ τούτου εὔκαιρον οὐκ ἦν νίψασθαι τοὺς
πόδας ὑπὸ τοῦ Ἰησοῦ τοὺς μαθητάς. τίς γὰρ ἂν τὸν ἐν τῷ
μεταξὺ ἕως τοῦ πάθους ῥύπον τῶν ποδῶν αὐτῶν ἀπένιψεν
ἄν; ἀλλ' οὐδὲ ἐν τῷ καιρῷ τοῦ πάθους· ἄλλος γὰρ Ἰησοῦς 20
οὐκ ἦν ὁ νίπτων αὐτῶν τοὺς πόδας. ἀλλ' οὐδὲ μετὰ τὴν
οἰκονομίαν· ἤδη γὰρ ὥρα τοῦ ἁγίου πνεύματος ἐπιδημή-
σαντος τοῖς μαθηταῖς ἦν, γενομένοις καθαροῖς καὶ νιψαμένοις
τοὺς πόδας, καὶ ἤδη ἔχουσιν ἑτοίμους αὐτοὺς καὶ ὡραίους
πρὸς τὸ ἐν τῷ πνεύματι εὐαγγελίζεσθαι τὰ ἀγαθά. τοι- 25
Jo xiii 7 οῦτον οὖν ἐστι τό· Ὃ ἐγὼ ποιῶ σὺ οὐκ οἶδας ἄρτι,
γνώσῃ δὲ μετὰ ταῦτα· σύμβολόν ἐστι τὸ νίψασθαι ὑμῶν
τοὺς πόδας ὑπ' ἐμοῦ, τοῦ καθαρθῆναι τὰς βάσεις τῶν
cf. Ro x 15 ψυχῶν ὑμῶν, ἵνα γένωνται ὡραῖοι, μελλόντων ὑμῶν εὐαγγε-
λίζεσθαι τὰ ἀγαθά, καὶ καθαροῖς τοῖς ποσὶν ἐπιβαίνειν ταῖς 30
τῶν ἀνθρώπων ψυχαῖς. τοῦτο δὲ τὸ μυστήριον σὺ νῦν μὲν
οὐκ οἶδας, ἅτε μηδέπω χωρῶν τὴν γνῶσιν αὐτοῦ, εὐκαιρότε-
ρον ἐσομένην ἐν σοὶ ἐπὰν νίψῃ τοὺς πόδας ἀπ' ἐμοῦ· μετὰ
δὲ ταῦτα γνώσει ἐν τῷ τοῦτο συνιέναι φωτιζόμενος τῇ περὶ

οὐκ εὐκαταφρονήτου καὶ βραχέος τινὸς γνώσει. ταῦτα δὲ
λέγοντος τῷ Πέτρῳ τοῦ Ἰησοῦ, ὁ μαθητὴς ἀποκρίνεται
οὐκ ἐπιστημονικὴν ἀπόκρισιν, πλὴν φαντασίαν ἐξαποστέλ-
λουσαν τοῦ πρὸς τὸν Ἰησοῦν τιμητικοῦ καὶ σεβασμίου,
5 φαντασίαν διεψευσμένην ἔτι. διόπερ, ἐπεὶ μὴ συμφέρουσα
ἦν τῷ Πέτρῳ ἡ ἀπόκρισις αὐτοῦ, οὐκ ἐᾷ αὐτὴν γενέσθαι
ἀληθῆ ὁ τὰ ἐπὶ βλάβῃ ἀληθευσόμενα τῇ τοῦ λέγοντος πρε-
πόντως ἑαυτοῦ τῇ χρηστότητι κωλύων. ὁ μὲν γὰρ Πέτρος
φησίν· Οὐ μὴ νίψῃς μου τοὺς πόδας εἰς τὸν αἰῶνα· καὶ Jo xiii 8
10 ἀπεφήνατο, κρίναντος τοῦ Ἰησοῦ νίπτειν αὐτοῦ τοὺς πόδας,
τὸ μὴ νιφθήσεσθαι ὑπ' αὐτοῦ καὶ μὴ νιφθήσεσθαι εἰς τὸν
ἅπαντα αἰῶνα· ὁ δὲ βλέπων λυσιτελέστερον εἶναι τὸ ἐν
τούτῳ ψεύσασθαι τὸν Πέτρον τοῦ ἀληθεῦσαι αὐτὸν ὑπο-
δείκνυσι τὸ ἐν τῷ μὴ δεῖν ἀληθεύειν τοῦτο εἰρηκότα λυσι-
417 τελὲς, φήσας· Ἐὰν μὴ νίψω σε, οὐκ ἔχεις μέρος μετ' ἐμοῦ.
16 εἴπερ οὖν ὁ Πέτρος ἔμελλεν ἀποφηνάμενος μὲν τό· Οὐ μὴ
νίψῃς μου τοὺς πόδας εἰς τὸν αἰῶνα· καὶ ἀληθεύων ἐν τούτῳ
μὴ ἕξειν μετὰ τοῦ Ἰησοῦ μέρος, ἔμελλε δὲ ἔχειν μέρος μὴ
ἀληθεύων, ἐφ' ᾧ φθάσας εἶπε προπετῶς, τί ἄλλο πράττειν
20 ἐχρῆν ἢ μὴ ἀληθεύειν; ἵνα μὴ τὸ ἀληθεύειν τοῦτο ποιῆσαι
αὐτὸν μὴ ἔχειν μετὰ τοῦ Ἰησοῦ μέρος, ψεύστην αὐτὸν
ἀποδείξαντος ἐν τῷ νίψασθαι τοὺς πόδας αὐτοῦ. γέγραπται
γάρ· Πᾶς ἄνθρωπος ψεύστης· εὐκαίρως δέ ποτε χρησόμεθα Ps cxv 2
τῷ ῥητῷ ἐπὶ τῶν προπετέστερον καὶ ἀκρίτως εἰπόντων (cxvi 11)
25 ποιήσειν ὅπερ αὐτοῖς μὴ λυσιτελεῖ ἐμμένουσι τῷ κακῶς
κεκριμένῳ. ὑποδεικνύντες γὰρ αὐτοῖς ὅτι οὐχ ἕξουσι μὲν
μετὰ τοῦ Ἰησοῦ μέρος, τὴν προπετῆ ἐν ἐπαγγελίᾳ τηρή-
σαντες φωνήν, δυνήσονται δὲ ἀθετηθέντος τοῦ προειρημένου
ἐλπίδα ἔχειν ἀγαθήν, ἀποστήσομεν αὐτοὺς τοῦ ἐμμένειν τοῖς
30 κακῶς κεκριμένοις, κἂν μετὰ ὅρκου διὰ πολλὴν προπετείαν
τὸ τοιοῦτόν ποτε γίγνεται. καὶ φήσομεν ὅτι ὥσπερ ὁ εἰπὼν
Πέτρος· Οὐ μὴ νίψῃς μου τοὺς πόδας εἰς τὸν αἰῶνα· κω- Jo xiii 8

λύεται ἐμμένειν τῇ τοῦ λεγομένου ὁμολογίᾳ, ἵνα ἔχῃ μετὰ
τοῦ Ἰησοῦ μέρος, οὕτως καὶ σὺ ὁ δεῖνα ἁμαρτὼν τὴν προ-
πέτειαν καὶ ἀκρίτως ἐπαγγειλάμενος τόδε, βέλτιον ἂν
ποιήσαι μεταθέμενος ἐπὶ τὸ τόδε πρᾶξαι εὐλογώτερον ἀπὸ
τοῦ ἐμμένειν τῷ κακῶς κριθέντι. ἐπιστήσαντες δὲ τῷ τε· 5

Jo xiii 7 f. Ὁ ἐγὼ ποιῶ σὺ οὐκ οἶδας ἄρτι, γνώσῃ δὲ μετὰ ταῦτα· καὶ
τῷ· Ἐὰν μὴ νίψω σε, οὐκ ἔχεις μέρος μετ᾽ ἐμοῦ· οἱ μὴ
βουλόμενοι τοῦτο καὶ τὰ τούτῳ παραπλήσια τροπολογεῖν
αἰδεσθέντες παραδεξάσθωσαν τὸ τοιοῦτον εἶδος τῶν εὐαγγε-
λικῶν ἐξετάσεων, ἢ μὴ βουλόμενοι δεικνύτωσαν πῶς εὔλογόν 10
ἐστι τὸν, ὡς ἂν ἐκεῖνοι λέγοιεν, διὰ σεβασμὸν τοῦ Ἰησοῦ·
εἰπόντα· Οὐ μὴ νίψῃς μου τοὺς πόδας εἰς τὸν αἰῶνα· τῷ
διδασκάλῳ ἀκοῦσαι ὡς ἄρα οὐχ ἕξει μέρος μετὰ τοῦ υἱοῦ
τοῦ θεοῦ, ὡς διὰ μέγιστον ἁμάρτημα τὸ μὴ νενίφθαι τοὺς
πόδας ὑπ᾽ αὐτοῦ. τὸ μὲν γάρ· ἐὰν τόδε τὸ πταῖσμα 15
ποιήσεις, οὐχ ἕξεις μέρος μετ᾽ ἐμοῦ· χώραν εἶχε λεγόμενον
περὶ τῶν προφανῶς ἁμαρτημάτων. τὸ δέ· Ἐὰν μὴ νίψω σε,
οὐκ ἔχεις μέρος μετ᾽ ἐμοῦ· οὐδαμῶς ἔχει τὸ εὔλογον κατὰ
τοῦ ἱσταμένου ἐν τῷ τοὺς σωματικοὺς πόδας μὴ ἠθεληκέναι
νίψασθαι τὸν Πέτρον. νίπτοντος <δὲ> αὐτοῦ τοὺς πόδας, 20
ἠλιθιώτατα, ἅπερ οὐ θέμις λέγειν, ὁ διδάσκαλος δόξει ἀπο-
κεκρίσθαι τῷ τιμῶντι αὐτὸν μαθητῇ, ὅπερ ἐστὶν ἀτοπώ-
τατον.

9. Διὰ τοῦτο παρέχωμεν τῷ Ἰησοῦ τοὺς πόδας ἡμῶν 418
καὶ νῦν ἐγειρομένῳ ἐκ τοῦ δείπνου, καὶ τιθέντι τὰ ἱμάτια καὶ 25
λαμβάνοντι λέντιον καὶ διαζωννύντι ἑαυτόν, καὶ βάλλοντι
ὕδωρ εἰς τὸν νιπτῆρα καὶ ἀρχομένῳ νίπτειν τοὺς πόδας ἡμῶν,
cf. Lc xxii 27 ὡς μαθητῶν, καὶ ἐκμάσσειν τῷ λεντίῳ, ᾧ δι᾽ ἡμᾶς γενόμενος
ἐν μέσῳ ἡμῶν ὡς ὁ διακονῶν διαζώννυται. ἐὰν γὰρ μὴ
cf. Ro x 15 ποιήσωμεν τοῦτο, οὐχ ἕξομεν μετ᾽ αὐτοῦ μέρος, οὐδὲ ὡραῖοι 30
cf. 1 Co xii 31 ἔσονται οἱ πόδες ἡμῶν, καὶ μάλιστα ὅτε ζηλοῦντες τὰ μεί-
ζονα χαρίσματα θέλομεν ἐγκαταταχθῆναι τοῖς εὐαγγελιζο-

11 λέγοι εἰ   20 δέ] om.   21 ἡμερώτατα ἃ ὅπερ

μένοις τὰ ἀγαθά. πλὴν ὅτε προπετής ἐστι Πέτρος ἀκούσας
τό· Ἐὰν μὴ νίψω σε, οὐκ ἔχεις μέρος μετ᾽ ἐμοῦ· αἰτούμενος   Jo xiii 8
ἐν τῷ παρασχεῖν τοὺς πόδας τῷ Ἰησοῦ, ὑπερβάλλειν ἐθέλει
τὰ μέτρα τῆς αἰτήσεως αὐτοῦ, καὶ παρεῖχε νιφθησομένους
5 ὑπὸ τοῦ Ἰησοῦ οὐκέτι τοὺς πόδας μόνους, ἀλλ᾽ ἤδη καὶ τὰς
χεῖρας, ἃς οὐκέτι νίπτεσθαι ὁ Ἰησοῦς ἤθελεν, ὅταν ἄρτον
ἐσθίωσι, καταφρονῶν τῶν λεγομένων ὅτι Οἱ μαθηταί σου οὐ   Mt xv 2
νίπτονται τὰς χεῖρας, ὅταν ἄρτον ἐσθίωσι· καὶ πρὸς ταῖς
χερσὶ τὴν κεφαλὴν, ἣν οὐδὲ κατακαλύπτεσθαι ἔτι Ἰησοῦς   cf. 1 Co xi 7
10 ἐβούλετο, ἐφ᾽ ἧς ἡ εἰκὼν καὶ ἡ δόξα ἤδη ἦν τοῦ θεοῦ.
ἀρκεῖται γὰρ ἡμῖν ἐπὰν ἔλθωμεν εἰς ταὐτὸν τοῖς τοῦ Ἰησοῦ
μαθηταῖς καιροῦ, τοῦ τοὺς πόδας αὐτῷ παρέχειν νίψοντι καὶ
ἐκμάσσοντι μόνους· Ὁ γὰρ λελουμένος οὐκ ἔχει χρείαν   Jo xiii 10
νίψασθαι, ἀλλ᾽ ἔστι καθαρὸς ὅλος· εἰ δέ τις μή ἐστιν ὅλος
15 καθαρὸς, οὐκ ἐλούσατο. ζητήσαι δέ τις ἂν, εἰ ὁ λελουμένος
οὐκ ἔχει χρείαν νίψασθαι ἀλλ᾽ ἔστι καθαρὸς, καὶ ἦσαν οἱ τοῦ
Ἰησοῦ μαθηταὶ καθαροὶ, ὡς λελουμένοι, πῶς βάλλει ὕδωρ   cf. Jo xiii 5
εἰς τὸν νιπτῆρα, καὶ ἤρξατο νίπτειν τοὺς πόδας τῶν μαθητῶν
ὁ Ἰησοῦς; εἰς τοῦτο δὲ καὶ προλαβόντες μὲν ἐκ μέρους
20 εἰρήκαμεν καὶ νῦν ἐκείνοις ταῦτα προσθήσομεν. τό· Χρείαν
ἔχομεν· ἐπὶ τῶν ἀναγκαίων, ὧν ἄνευ διαζῆν τις οὐ δύναται,
τέτακται· ὥστ᾽ ἂν ἐν σωματικοῖς εἰπεῖν χρείαν ἔχειν τὸν
ἄνθρωπον οὐ πλειόνων, ἀλλὰ τούτων μόνων περὶ ὧν φησιν
ὁ Παῦλος· Ἔχοντες δὲ διατροφὴν καὶ σκεπάσματα, τούτοις   1 Tim vi 8
25 ἀρκεσθησόμεθα· τὰ δὲ εἰς πλοῦτον καὶ τρυφὴν συμβαλλό-
μενα ἐκ περιουσίας τοῖς ἀβροδιαίτοις περιγίνεται, οὐχ ὡς
χρειώδη καὶ ὧν οὐκ ἄνευ, ἀλλ᾽ ὡς περισσά· οὕτω τοίνυν καὶ
ἐπὶ τῶν θειοτέρων χρεία μὲν ἡμῖν τῶν εἰσαγόντων εἰς ζωὴν
καὶ ποιούντων εἶναι ἐν τῷ λέγοντι· Ἐγώ εἰμι ἡ ζωή· τὰ δὲ   Jo xi 25
419 ὑπὲρ ταῦτα, περὶ ὧν λέγεται· Κατατρύφησον τοῦ κυρίου, καὶ   Ps xxxvi
31 δώσει σοι τὰ αἰτήματα τῆς καρδίας σου· καὶ ὅσα νοεῖται   (xxxvii) 4
κατὰ τὸν παράδεισον τῆς τρυφῆς καὶ τὸν πλοῦτον καὶ τὴν

11 τοῦτο

δόξαν, τὰ ἐν τῇ ἀριστερᾷ τῆς σοφίας, κατὰ τὸν εἰπόντα·

Pr iii 16
Μῆκος γὰρ βίου καὶ ἔτη ζωῆς ἐν τῇ δεξιᾷ αὐτῆς, ἐν δὲ τῇ
ἀριστερᾷ αὐτῆς πλοῦτος καὶ δόξα· ὑπὲρ τὴν χρείαν εἶναι
λεχθείη ἄν. καὶ μήποτε τοιοῦτόν ἐστι τὸ μετὰ τὸ λού-
σασθαι νίψασθαι τοὺς πόδας ὑπὸ τοῦ τηλικούτου διδασκάλου 5
καὶ σωτῆρος· τὸ γὰρ χάρισμα τοῦ θεοῦ ὑπερπαίει τὴν χρείαν,

cf. 1 Co xv
41 f.
ὥσπερ καὶ τὸ εἶναι ἐν δόξῃ ἡλίου, ἢ σελήνης, ἢ ἀστέρων, ἐν
τῇ ἱερᾷ τῶν νεκρῶν ἀναστάσει. οὐκ ἔχει μὲν χρείαν ὁ
καθαρὸς καὶ λουσάμενος νίψασθαι· νίπτεται δὲ, κατὰ τὸ

Mt xxv 29
προαποδεδομένον, ἐπεί· Τῷ ἔχοντι παντὶ προστεθήσεται; 10

Ap xxii 11
καὶ ὡς ὁ Ἰωάννης φησί· Καὶ ὁ καθαρὸς καθαρισθήτω ἔτι,

Jo xiii 10
καὶ ὁ ἅγιος ἁγιασθήτω. τὸ δέ· Ὑμεῖς καθαροί ἐστε· ἀνα-
φέρεται ἐπὶ τοὺς ια', ᾧ ἐπιφέρεται τό· Οὐχὶ πάντες· διὰ τὸν
Ἰσκαριώτην· ᾔδει γὰρ τὸν παραδιδόντα αὐτόν, ἤδη ὄντα οὐ

cf. Jo xii 6
καθαρόν· πρῶτον μὲν ὅτι περὶ τῶν πτωχῶν οὐκ ἔμελεν αὐτῷ, 15
ἀλλ' ὅτι κλέπτης ἦν, καὶ τὸ γλωσσόκομον ἔχων τὰ βαλλό-

Jo xiii 2
μενα ἐβάσταζεν· ὕστερον δὲ ἐπεί· Δείπνου γινομένου, τοῦ
διαβόλου ἤδη βεβληκότος εἰς τὴν καρδίαν ἵνα παραδῷ αὐτὸν
Ἰούδας Σίμωνος Ἰσκαριώτης, οὐκ ἀπώσατο τὸ βεβλημένον.
διόπερ οἱ μὲν λουσάμενοι καθαροὶ ἕνδεκα ἔτι ἐγένοντο καθα- 20
ρώτεροι, νιψάμενοι τοὺς πόδας ὑπὸ τοῦ Ἰησοῦ· ὁ δὲ ἤδη μὴ

Ap xxii 11
καθαρὸς Ἰούδας, Ὁ ῥυπαρὸς γάρ, φησί, ῥυπανθήτω ἔτι·

cf. Jo xiii 27
γέγονε ῥυπαρώτερος καὶ ἀκάθαρτος, ὅτε μετὰ τὸ ψωμίον
εἰσῆλθεν ὁ Σατανᾶς.

Jo xiii 12—15
10. (7) Ὅτε οὖν ἔνιψε τοὺς πόδας αὐτῶν καὶ 25
ἔλαβε τὰ ἱμάτια αὐτοῦ καὶ ἀνέπεσε πάλιν, εἶπεν αὐτοῖς
Γινώσκετε τί πεποίηκα ὑμῖν; φωνεῖτέ με Ὁ διδάσκα-
λος καὶ Ὁ κύριος, καλῶς λέγετε, εἰμὶ γάρ. εἰ οὖν ἐγὼ
ἔνιψα ὑμῶν τοὺς πόδας ὁ κύριος καὶ ὁ διδάσκαλος, καὶ
ὑμεῖς ὀφείλετε ἀλλήλων νίπτειν τοὺς πόδας· ὑπό- 30
δειγμα γὰρ ἔδωκα ὑμῖν ἵνα καθὼς ἐγὼ ἐποίησα ὑμῖν,
καὶ ὑμεῖς ποιῆτε. Εἰκὸς τοὺς νοήσαντας τὸ μέγεθος τῆς
Ἰησοῦ δυνάμεως καὶ συνέντας τί πεποίηκε νίψας τοὺς πόδας

τῶν μαθητῶν, ἵνα καὶ τὰ τελευταῖα καὶ τὰ τυχόντα αὐτῶν
καθάρῃ ἀποπλύνας καὶ τὰ τῇ γῇ ὁμιλοῦντα σώματα, ὧν ἦν
τὰ σώματα ἐκεῖνα σύμβολον, θαυμάσαντας τὸ ἐν τῇ νίψει
ἔργον οὐκ ἂν τολμῆσαι καὶ αὐτοὺς τὸ τηλικοῦτο πρᾶξαι,
5 μικροτέρους εἶναι νομίζοντας ἑαυτοὺς τοῦ νίπτειν τοὺς πόδας
τοῦ ἔσω καὶ ἐν κρυπτῷ ἀνθρώπου, ἢ τῶν τὰ αὐτὰ ἀσπαζο- cf. Ro vii 22;
420 μένων τοῦ θεοῦ δόγματα, εἰ μὴ ὁ Ἰησοῦς διὰ τῶν ἐκκειμένων ii 29
ἐπὶ τοῦτο αὐτοὺς προετρέψατο, τὸ σχῆμα τοῦ δειπνοῦντος,
ὅτε διδάσκειν αὐτοὺς ἤμελλε δειπνήσαντας τὰ λεγόμενα,
10 ἀναλαβών. δυσωπητικώτατα μὲν γὰρ καὶ ἐπὶ τὴν γνῶσιν
τοῦ γινομένου προτρεπτικώτατα λέλεκται τό· Γινώσκετε τί Jo xiii 12
πεποίηκα ὑμῖν; ὅπερ ἤτοι ἐρωτηματικῶς ἀναγνωστέον, ἵν'
ἐμφαίνῃ τὸ τοῦ γενομένου μέγεθος· ἢ προστακτικῶς, ἵνα
αὐτῶν διεγείρῃ τὸν νοῦν εἰς τὸ διὰ τοῦ ἐπιστῆσαι τῷ ἔργῳ
15 λαβεῖν αὐτοῦ τὴν γνῶσιν. διδασκαλικώτατα δὲ μετὰ τοῦ
δυσωπητικοῦ λέλεκται τό· Ὑμεῖς φωνεῖτέ με Ὁ δικάσκαλος Jo xiii 13 f.
καὶ Ὁ κύριος, καὶ καλῶς λέγετε, εἰμὶ γάρ. εἰ οὖν ἐγὼ
ἔνιψα ὑμῶν τοὺς πόδας ὁ κύριος καὶ ὁ διδάσκαλος, καὶ ὑμεῖς
ὀφείλετε ἀλλήλων νίπτειν τοὺς πόδας. ὁ μὲν Ἰησοῦς ἔνιψε
20 τοὺς πόδας τῶν μαθητῶν, ᾗ διδάσκαλος αὐτῶν, καὶ τοὺς
πόδας τῶν δούλων, ᾗ κύριος ἦν. διδασκαλία γὰρ ὁ ἀπὸ γῆς
καὶ τῶν κοσμικῶν πραγμάτων κονιορτός, φθάνων οὐκ ἐπὶ
ἄλλο τι ἢ ἐπὶ τὰ τελευταῖα καὶ τὰ κάτω τῶν μαθητῶν, ἀπο-
καθαίρεται· ἀλλὰ καὶ τῇ κυριότητι τοῦ ἄρχοντος, ἐξουσιά-
25 ζοντος τῶν διὰ τὸ ἔτι ἔχειν τὸ τῆς δουλείας πνεῦμα κἂν τὸν cf. Ro viii 15
τυχόντα μολυσμὸν ἔτι δεχομένων, τὰ μολύνοντα τοὺς πόδας
ἀποβάλλεται. καὶ οὐκ ἂν τις εὐφρονῶν λέγοι ᾗ θύρα ἐστὶ
τὸν Ἰησοῦν, ἢ ᾗ ποιμὴν, ἢ ᾗ ἰατρὸς, νίπτειν τοὺς πόδας τῶν
μαθητῶν καὶ δούλων. ἐγὼ δ' ἡγοῦμαι ὅτι ἐπιδέχονται τὸ
30 δεῖσθαι τῆς ἀπὸ τοῦ διδασκάλου νίψεως οἱ πόδες τῶν μαθη-
τῶν, ὅσον οὐδέπω εἰλήφασι τὸ ἀρκετὸν, ἀλλ' ἔτι λείπουσιν
εἰς τό· Ἀρκετὸν τῷ μαθητῇ ἵνα γένηται ὡς ὁ διδάσκαλος Mt x 25

13 ἐμφαίνῃ τὸ] ἐμφήνητο   27 λέγει   29 ἐπεὶ δέχονται

αὐτοῦ. καὶ τοῦτο τέλος ἐστὶ τὸ πρὸς τὸν μαθητὴν τοῦ διδα-
σκάλου, ᾗ διδάσκαλος, ποιῆσαι τὸν μαθητὴν ὡς ἑαυτόν, ἵνα
μηκέτι δέηται τοῦ διδασκάλου, ᾗ διδάσκαλος, εἰ καὶ ἄλλως
cf. Mt ix 12 αὐτοῦ δεήσεται. ὡς γὰρ τέλος τοῦ ἰατροῦ, οὗ χρήζουσι μὲν
οἱ κακῶς ἔχοντες οὐ χρείαν δὲ ἔχουσιν οἱ ἰσχύοντες ἰατροῦ, 5
τὸ παῦσαι τοὺς κακῶς ἔχοντας ἀπὸ τοῦ κακῶς ἔχειν, ἵνα μη-
κέτι αὐτοῦ χρήζωσιν, οὕτω τέλος διδασκάλου περιποιῆσαι
Mt x 25 τῷ μαθητῇ τὸ λεγόμενον ἀρκετὸν ἐν τῷ· Ἀρκετὸν τῷ μαθητῇ
ἵνα γένηται ὡς ὁ διδάσκαλος αὐτοῦ. περὶ δὲ τοῦ σωτῆρος,
ὄντος κυρίου, αὐτόθεν πλεῖόν ἐστιν ἰδεῖν παρὰ τοὺς ἄλλους 10
κυρίους, μὴ βουλομένους ἵνα γένηται ὁ δοῦλος ὡς ὁ κύριος
αὐτοῦ. τοιοῦτος δὲ ὁ τῆς πατρικῆς ἀγαθότητος καὶ τῆς
ἀγάπης αὐτοῦ υἱός· κύριος γὰρ ὢν ἐνειργάζετο τοῖς δούλοις 421
τὸ γενέσθαι ὡς ὁ κύριος αὐτῶν, ὅτε οὐκέτι ἕξουσι τὸ
cf. Ro viii 15 πνεῦμα τῆς δουλείας πάλιν εἰς φόβον, ἀλλὰ λήψονται 15
τὸ πνεῦμα τῆς υἱοθεσίας, ἐν ᾧ κράζουσιν· Ἀββᾶ, ὁ
πατήρ. πρὶν οὖν γένωνται ὡς ὁ διδάσκαλος καὶ ὁ κύριος,
δέονται τῆς νίψεως τῶν ποδῶν, ὡς ἐνδεεῖς τῶν μαθητῶν,
καὶ ὡς ἔτι τὸ πνεῦμα τῆς δουλείας ἔχοντες εἰς φόβον·
ἐπὰν δέ τις αὐτῶν κατὰ τό· Ἀρκετὸν τῷ μαθητῇ ἵνα γένηται 20
ὡς ὁ διδάσκαλος αὐτοῦ, καὶ ὁ δοῦλος ὡς ὁ κύριος αὐτοῦ·
γένηται ὡς ὁ διδάσκαλος αὐτοῦ καὶ ὁ κύριος αὐτοῦ, τότε
μιμήσασθαι δύναται τὸν νίψαντα τοὺς πόδας τῶν μαθητῶν,
καὶ νίψαι τοὺς πόδας τῶν μαθητῶν ὡς ὁ διδάσκαλος, ὃν ὁ
cf. 1 Co xii 28 θεὸς ἔταξεν ἐν τῇ ἐκκλησίᾳ μετὰ τοὺς πρώτην χώραν ἐν αὐτῇ 25
εἰληχότας ἀποστόλους, καὶ δεύτερον προφήτας.

Gen xxvii 40 11. Εἰ δὲ τό· Τῷ ἀδελφῷ σου δουλεύσεις· φθάνειν
Gen xxvii 29 δύναται ἐπὶ τοὺς ὑποδεεστέρους, καὶ τό· Γίνου κύριος τοῦ
ἀδελφοῦ σου· ἐπὶ τοὺς ὡς ὁ Ἰακὼβ κρείττονας, δῆλον ὅτι
γενόμενος ὁ δοῦλος ὡς ὁ κύριος νίπτει τοὺς πόδας τῶν δου- 30
λευόντων τῇ παρ' αὐτῷ διδασκαλίᾳ, ἐπεὶ τό· Ὑμεῖς φωνεῖτέ
με Ὁ διδάσκαλος καὶ Ὁ κύριος, καὶ καλῶς λέγετε, εἰμὶ γάρ·

<hr>

11 ὁ δοῦλος] ὡς ὁ διδάσκαλος

οὐκ ἀξιῶ μηδὲν ἔχειν βαθύτερον καὶ παρὰ τὸ ὑπὸ τῶν πολ-
λῶν νενοημένον· οὐ πᾶσι γὰρ τοῖς λέγουσι· Κύριε, Κύριε· Jo xiii 13
λεχθήσεται ὑπὸ τοῦ Ἰησοῦ τό· Ὑμεῖς φωνεῖτέ με Ὁ κύριος,
καὶ καλῶς λέγετε. οὐ καλῶς οὖν λέγουσι Κύριε· οἱ ἐν τῇ
5 ἡμέρᾳ ἐκείνῃ φήσοντες· Κύριε, Κύριε, οὐκ ἐν τῷ ὀνόματί Mt vii 22 f.;
σου ἐφάγομεν, καὶ ἐν τῷ ὀνόματί σου ἐπίομεν, καὶ ἐν τῷ cf. Lc xiii 26 f.
ὀνόματί σου δαιμόνια ἐξεβάλομεν καὶ δυνάμεις πεποιή-
καμεν; φήσει γοῦν αὐτοῖς ὁ Ἰησοῦς· Ἀποχωρεῖτε ἀπ᾽ ἐμοῦ·
οὐδέποτε ἔγνων ὑμᾶς, ὅτι ἐργάται ἐστὲ ἀδικίας· οὐκ ἂν δὲ
10 λέγουσιν αὐτοῖς καλῶς τό· Κύριε, Κύριε· εἶπε τό· Ἀποχω-
ρεῖτε ἀπ᾽ ἐμοῦ. ἀλλὰ καί· Οὐ πᾶς ὁ λέγων μοι Κύριε, Mt vii 21
κύριε, εἰσελεύσεται εἰς τὴν βασιλείαν τῶν οὐρανῶν· παρ-
ίστησιν ὅτι οὐ πᾶς ὁ λέγων Κύριε, κύριε, μαρτυρηθείη ἂν
ὑπ᾽ αὐτοῦ ὡς νῦν οἱ ἀπόστολοι, πρὸς οὓς εἶπε Καλῶς
15 λέγετε, εἰμὶ γάρ. καὶ γὰρ ἀληθῶς κακία μὲν αὐτῶν οὐκέτι
κυρία ἦν, ὁ λόγος δέ, καὶ ἀπαξαπλῶς ὁ κύριος, ἡ πᾶσα
ἔμψυχος καὶ ζῶσα ἀρετή. ἀλλὰ καὶ εἴπερ Οὐδεὶς δύναται 1 Co xii 3
εἰπεῖν Κύριος Ἰησοῦς, εἰ μὴ ἐν πνεύματι ἁγίῳ· καὶ νοοῦμεν
422 ἐν τούτῳ τί ἐστι τὸ εἰπεῖν· Κύριος Ἰησοῦς. ὁ ἐν πνεύματι
20 ἁγίῳ λέγων· Κύριος Ἰησοῦς· καλῶς λέγει. εἰ δὲ καὶ ὁ
καλῶς λέγων πάντως ἐν πνεύματι ἁγίῳ λέγει, ζητήσεις διὰ
τὸ νῦν· Καὶ καλῶς λέγετε· συνεξεταζόμενον τῷ· Οὔπω γὰρ ἦν Jo vii 39
πνεῦμα, ὅτι Ἰησοῦς οὔπω ἐδοξάσθη. γνησίως οὖν δουλεύ-
οντος τῷ λόγῳ ἔργον ἐστὶ τὸ καλῶς εἰπεῖν· Κύριος Ἰησοῦς·
25 καὶ τοῦ ἀνάλογον τούτῳ μαθητοῦ τὸ καλῶς εἰπεῖν τῷ σωτῆρι
τό· ὁ διδάσκαλος· πρὸς ὃν λέγοιτ᾽ ἂν τό· Εἰμὶ γάρ· οὐκ ἂν
λεχθησόμενον ὑπὸ τοῦ λόγου τῷ δουλεύοντι τῇ ἁμαρτίᾳ, καὶ
τῷ μαθητευομένῳ τοῖς ψεύδεσι.

12. Πλὴν καὶ ἅγιον ὄντα ἐνδέχεται δεῖσθαι τῆς νίψεως
30 τῶν ποδῶν, ἐπεὶ καὶ ἡ καταλεγομένη εἰς ἐκκλησιαστικὴν
τιμὴν χήρα ἐξετάζεται μετὰ τῶν ἄλλων καλῶν καὶ ἐν τῷ·
Εἰ ἁγίων πόδας ἔνιψε· γέλοιον γὰρ οἶμαι τυγχάνειν τὸ 1 Tim v 9 f.

8 φησὶ   22 τῷ] τὸ

στῆναι ἐπὶ τοῦ ῥητοῦ καί, φέρε εἰπεῖν, τὴν ἔχουσαν πάντα
τὰ χαρακτηρίζοντα τὴν ἁγίαν χήραν, καὶ τούτῳ μόνῳ λεί-
πουσαν, μὴ κατατετάχθαι εἰς ἐκκλησιαστικὴν τιμήν, πολ-
λάκις διὰ παιδισκῶν καὶ οἰκετῶν φιλοφρονησαμένην, ἐν ᾧ
καιρῷ ηὐπόρει καὶ εἶχε τὰ ἐπιτήδεια, τοὺς ξένους ἢ τοὺς 5
ἀπαξαπλῶς δεομένους τοῦ φιλάνθρωπόν τι ἔργον ἀπ' αὐτῆς

1 Tim v 10 παθεῖν. καὶ μὴ θαυμάσῃς εἰ ἀνάγειν σε δεῖ τό· Εἰ ἁγίων
cf. Tit ii 3 πόδας ἔνιψεν· ὅπου κελεύονται, ἀνάλογον τοῖς πρεσβυτέροις,
πρεσβύτιδες εἶναι καὶ καλοδιδάσκαλοι. ὅρα δὲ εἰ μὴ καὶ
ἐργῶδές ἐστι τὸ πάνθ' ὁντινοῦν μαθητευόμενον τῷ χριστῷ, 10
Jo xiii 14 θέλοντα πληροῦν τὴν λέγουσαν ἐντολήν· Καὶ ὑμεῖς ὀφείλετε
ἀλλήλων νίπτειν τοὺς πόδας· ὡς ὀφειλόμενον ἔργον ἐθέλειν
ποιεῖν τὸ νίψαι τοὺς σωματικοὺς καὶ αἰσθητοὺς πόδας τῶν
ἀδελφῶν, ὥστε τοὺς ἐν ποιᾳποτοῦν ὑποθέσει βίου τυγχά-
νοντας πιστοὺς τοῦτο ποιεῖν, εἴτε ἐν ἐκκλησιαστικῇ δοκοῦν- 15
τας εἶναι ὑπεροχῇ ἐπισκόπους καὶ πρεσβυτέρους, εἴτε καὶ ἐν
ἄλλοις κοσμικοῖς τισιν ἀξιώμασιν· ὥστε κατὰ τοῦτο καὶ τὸν
δεσπότην ἥκειν ἐπὶ τὸ νίπτειν τοὺς πόδας τοῦ πιστεύοντος
δούλου, καὶ τοὺς γονεῖς τοῦ υἱοῦ· ὅπερ ἔθος ἢ οὐ γίνεται ἢ
εἰς ὑπερβολὴν σπανιώτατα, καὶ παρὰ τοῖς πάνυ ἁπλουστέ- 20
ροις καὶ ἀγροικοτέροις γίνεται. μνημονευτέον δὲ εἰς ταῦτα 423
Jo xiii 8 καὶ τῶν εἰρημένων εἰς τό· Ἐὰν μὴ νίψω σε, οὐκ ἔχεις μέρος
Jo xiii 12 μετ' ἐμοῦ· ἀλλὰ καὶ τοῦ· Γινώσκετε τί πεποίηκα ὑμῖν; καὶ
γὰρ πρέπει ὑπόδειγμα ἡμῖν τὸν Ἰησοῦν δεδωκέναι τοῦ
νίπτειν πόδας ἀνάλογον τοῖς τροπικῶς ὑπὸ τῆς νύμφης ἐν 25
Cant v 3 τῷ ᾄσματι τῶν ᾀσμάτων εἰρημένοις ἐν τῷ· Ἐνιψάμην τοὺς
Jo xiii 15 πόδας μου, πῶς μολυνῶ αὐτούς; πρόσχες δὲ τῷ· Ἵνα καθὼς
ἐγὼ ἐποίησα ὑμῖν καὶ ὑμεῖς ποιῆτε· συνεξετάζων αὐτὸ τῷ·
Ἐὰν μὴ νίψω σε, οὐκ ἔχεις μέρος μετ' ἐμοῦ. ἐὰν δέ τις
πρὸς ταῦτα λέγῃ ὅτι κἂν ἀλληγορῆται, οὐδὲν ἧττον γέγονε 30
κατὰ τὸ ῥητόν, ἀκουστέον μετὰ τοῦ τροπικοῦ καὶ τῆς
Jo xiii 14 f. φασκούσης λέξεως· Εἰ οὖν ἔνιψα τοὺς πόδας ὑμῶν, ὁ κύριος

5 εὐπορεῖ   9 καλοδιδασκάλοι (vid.)   30 γεγονέναι

καὶ ὁ διδάσκαλος, καὶ ὑμεῖς ὀφείλετε ἀλλήλων νίπτειν τοὺς
πόδας. ὑπόδειγμα γὰρ ἔδωκα ὑμῖν ἵνα καθὼς ἐγὼ ἐποίησα
ὑμῖν καὶ ὑμεῖς ποιῆτε· λεκτέον πρὸς τὸν τοιοῦτον· ἆρ' ἐπεὶ
κατὰ τὸ ῥητὸν γέγονε τὸ εἰρημένον πρὸς τὸν εἰπόντα Πέτρον·
5 Οὐ μὴ νίψῃς μου τοὺς πόδας εἰς τὸν αἰῶνα· τό· Ἐὰν μὴ   Jo xiii 8, 12
νίψω σε, οὐκ ἔχεις μέρος μετ' ἐμοῦ· καὶ ἡμεῖς κατὰ τὸ ῥητὸν
τοῖς κατ' εὐλάβειαν μὴ ἐμπαρέχουσιν ἑαυτῶν τοὺς πόδας
ἡμῖν ἵνα αὐτοὺς νίψωμεν φήσομεν καὶ τολμήσομεν εἰπεῖν
τοῖς τοιούτοις τό· Ἐὰν μὴ νίψω σε, οὐκ ἔχεις μέρος μετ'
10 ἐμοῦ. εἰ δὲ ἐνταῦθα οὐ δυσωπεῖ τὸ ὃ εἶπον, ἐπίσκεψαι τί σε
χρὴ λέγειν πρὸς τὴν περὶ τοῦ εἰ χρὴ καὶ τὴν λέξιν πάντως
τηρεῖν ἐπαπόρησιν. ὅτι μὲν οὖν ποτε καθήξει τῷδε μὲν
νίψαι τοὺς πόδας τοῦ δεῖνα μαθητοῦ Ἰησοῦ, τῷ δὲ ἐμπαρα-
σχεῖν αὐτοὺς νιφθησομένους ὑπ' αὐτοῦ, ὡς ἀπὸ ἀγάπης καὶ
15 φιλοφροσύνης τὸν μὲν ποιῆσαι, τὸν δὲ παρασχεῖν, καὶ αὐτὸς
ἂν ὁμολογήσαιμι. εἰ δὲ φήσομεν ἕκαστον τῶν μὴ συνει-
δότων ἑαυτῷ τοῦτο πεποιηκέναι, καὶ ἁγίων οὕτω τοὺς πόδας
νενιφέναι, ὀφειλομένην τινὰ ἐντολὴν μὴ ἀποδεδωκέναι τήν·
Ὀφείλετε ἀλλήλων νίπτειν τοὺς πόδας· ὥρα που λέγειν,
20 ἐγγύς που πάντας ὀφειλέτας εἶναι τῆς ἐντολῆς ταύτης.

13. (8) ἈΜῊΝ ἈΜῊΝ ΛΈΓΩ ὙΜῖΝ, ΟὐΚ ἜΣΤΙ ΔΟῦΛΟΣ   Jo xiii 16 ff.
ΜΕῖΖΟΝ ΤΟῦ ΚΥΡΊΟΥ ἈΥΤΟῦ ΟὐΔῈ ἈΠΌΣΤΟΛΟΣ ΜΕΊΖΩΝ ΤΟῦ
ΠΈΜΨΑΝΤΟΣ ἈΥΤΌΝ. ΕἸ ΤΑῦΤΑ ΟἼΔΑΤΕ, ΜΑΚΆΡΙΟΊ ἘΣΤΕ ἘᾺΝ
ΠΟΙῆΤΕ ἈΥΤΆ. Οὐ ΠΕΡῚ ΠΆΝΤΩΝ ὙΜῶΝ ΛΈΓΩ· ἘΓῺ ΟἾΔΑ
25 ΤΊΝΑΣ ἘΞΕΛΕΞΆΜΗΝ· ἈΛΛ' ἽΝΑ Ἡ ΓΡΑΦῊ ΠΛΗΡΩΘῇ Ὁ ΤΡΏ-
ΓΩΝ ΤῸΝ ἌΡΤΟΝ, ἘΠῆΡΕΝ ἘΠ' ἘΜῈ ΤῊΝ ΠΤΈΡΝΑΝ ἈΥΤΟῦ.
424 Ἔτι καὶ ταῦτα ἔχεσθαί μοι δοκεῖ τοῦ δεῖν τὰ περὶ τῆς τῶν
ποδῶν νίψεως τροπολογεῖν· τὸ γάρ· Εἰ ταῦτα οἴδατε, μακά-
ριοί ἐστε ἐὰν ποιῆτε αὐτά· οὐδενὸς ποιητέου προειρημένου ἢ
30 περὶ τῆς νίψεως τῶν ποδῶν, ἐπ' ἐκείνην τὴν ἀναφορὰν ἔχει.
τὰ δὲ κατὰ τὸν τόπον μαθήματα, πῶς τε πόδες μαθητῶν
μολύνονται ἤδη λουσαμένων, καὶ τίνα τρόπον πλύνονται,

11 χρὴ 2°] χρῆν   27 δεῖν] ἰδεῖν

εἰδέναι ὡς ὁ λόγος βούλεται, καὶ ποιεῖν ὡς θέλει ὁ Ἰησοῦς,
ἀληθῶς μακαρίων ἐστὶν ἔργον. οὐ γὰρ τὸ τηλικοῦτον ὄνομα
τὸ μακάριον εὔλογον ἐπὶ τοῖς τυχοῦσι φῆσαι παρεῖναί τισιν,
ἐφ' ᾧ καὶ οἰκέτης ἂν πλύνων τοὺς πόδας τοῦ δεσπότου μακά-
ριος ἂν κατ' αὐτὸ τοῦτο δόξαι τυγχάνειν, καὶ κόλαξ, καὶ 5
ὑποκριτής· ὃ γὰρ ἡμεῖς ἀποδίδομεν, νίπτειν τοὺς πόδας
μαθητῶν Ἰησοῦ μεγάλου τινός ἐστι καὶ Ἰησοῦν ἐν ἑαυτῷ
ἔχοντος, καὶ ἁπαξαπλῶς μακαρίου. χρὴ δὲ εἰδέναι τοῦτο,
ὅτι παράκειται τῷ ῥητῷ τούτῳ ὅμοια· ἐν μὲν τῷ κατὰ Ματ-
Mt x 24 f. θαῖον τό· Οὐκ ἔστι μαθητὴς ὑπὲρ τὸν διδάσκαλον, οὐδὲ 10
δοῦλος ὑπὲρ τὸν κύριον αὐτοῦ. ἀρκετὸν τῷ μαθητῇ ἵνα
γένηται ὡς ὁ διδάσκαλος αὐτοῦ καὶ ὁ δοῦλος ὡς ὁ κύριος
Lc vi 40 αὐτοῦ· ἐν δὲ τῷ κατὰ Λουκᾶν τό· Οὐκ ἔστι μαθητὴς ὑπὲρ
τὸν διδάσκαλον· κατηρτισμένος δὲ πᾶς ἔστω ὡς ὁ διδάσκαλος
Jo xiii 18 αὐτοῦ. ἑξῆς τούτῳ ἐστὶ ζητῆσαι τό· Οὐ περὶ πάντων ὑμῶν 15
λέγω· ἐπὶ τί λελεγμένον ἀνοίσομεν. ὁ μὲν οὖν τις φήσει
Ἐπὶ τό· Μακάριοί ἐστε ἐὰν ποιῆτε αὐτά· οὐ γὰρ μακάριος
Ἰούδας. οὐ νομίζω δὲ ὑγιῶς ἐπὶ τοῦτο ἀναφέρεσθαι τὸ
λεγόμενον. τοῦτο γὰρ ὅλον καὶ περὶ Ἰούδα καὶ παντὸς
οὑτινοσοῦν, κἂν φαυλότατος ᾖ, ἀληθὲς τό· Μακάριος εἶ ὁ 20
δεῖνα ἐὰν ποιήσεις τάδε· ὡς εἰ λέγοιμι καὶ τῷ ἀκολάστῳ, εἰ
καὶ μὴ ἀκούσεται τῶν λεγομένων μηδὲ σωφρονήσει· μακά-
ριος εἶ, ἐὰν σωφρονήσῃς· καὶ τῷ σοφίαν ἐξουδενοῦντι, εἰ καὶ
ἐπιβαίνει τῇ προαιρέσει ταύτῃ· μακάριος εἶ, ἐὰν σοφίαν καὶ
παιδίαν ἀναλάβῃς. μήποτε οὖν τό· Οὐ περὶ πάντων ὑμῶν 25
λέγω· ἀνοίσομεν εἰς τὸ εἰρημένον τό· Οὐκ ἔστι δοῦλος
Jo viii 34 μείζων τοῦ κυρίου αὐτοῦ. ἐπεὶ γάρ Πᾶς ὁ ποιῶν τὴν ἁμαρ-
τίαν, δοῦλός ἐστι τῆς ἁμαρτίας· ἐποίει δὲ τὴν ἁμαρτίαν ὁ
cf. Jo xiii 2 Ἰούδας, καὶ μάλιστα τοῦ διαβόλου βεβληκότος εἰς τὴν
καρδίαν αὐτοῦ ἵνα παραδῷ τὸν σωτῆρα, δοῦλος ἦν Ἰούδας 30
τῆς ἁμαρτίας. δοῦλος δὲ ὢν τῆς ἁμαρτίας, οὐκ ἦν τοῦ
λόγου τοῦ θεοῦ δοῦλος. οὕτω δὲ οὐδὲ ἀπόστολος τοῦ Ἰησοῦ

23 σωφρονήσῃς] σωφρονήση

ἔτι ἦν· ἤδη γὰρ τοῦ διαβόλου ἐγεγόνει, βεβληκότος εἰς τὴν
425 καρδίαν αὐτοῦ ἵνα παραδῷ τὸν σωτῆρα. διὸ ἀρνούμενος
αὐτὸν εἶναι δοῦλον ἑαυτοῦ ὁ σωτὴρ καὶ ἀπόστολον εἶπε μετὰ
τό· Οὐκ ἔστι δοῦλος μείζων τοῦ κυρίου αὐτοῦ, οὐδὲ ἀπό- Jo xiii 16
5 στολος μείζων τοῦ πέμψαντος αὐτόν· τό· Οὐ περὶ πάντων
ὑμῶν λέγω.

14. Μετὰ τοῦτο εἴδωμεν τό· Ἐγὼ οἶδα τίνας ἐξελεξά- Jo xiii 18
μην· ὅπερ ἁπλούστερον μὲν τοιοῦτόν ἐστι· τίς ἐστιν ἕκαστος
ὧν ἐξελεξάμην οἶδα· οἶδα οὖν καὶ τίς ἐστιν ὁ Ἰούδας καὶ οὐ
10 λανθάνει με, τοῦ διαβόλου ἤδη βεβληκότος εἰς τὴν καρδίαν
αὐτοῦ τὰ κατ' ἐμοῦ. καὶ τοιοῦτον δὲ ἔχει νοῦν διά τινα τῆς
γραφῆς περὶ τοῦ οἶδα συνήθειαν, καὶ τῶν ὁμοίων τῇ λέξει
ταύτῃ· ὁποῖόν ἐστι καὶ τὸ ἔγνων. φησί που ὁ σωτὴρ ἐρεῖν
τοῖς λέξουσι· Τῷ ὀνόματί σου ἐφάγομεν, καὶ ἐπίομεν, καὶ
15 δαιμόνια ἐξεβάλομεν· τό· Οὐδέποτε ἔγνων ὑμᾶς· καὶ τό· Mt vii 22 f. :
Οὐκ οἶδα ὑμᾶς πόθεν ἐστέ· ὅπερ ἐὰν ἁπλούστερον νοῆται, cf. Lc xiii
παρὰ τὸ ἀξίωμα δόξομεν τοῦ σωτῆρος ὑπολαμβάνειν. ἀλλὰ 26 f.
μήποτε ἐπεί Ἔγνω κύριος τοὺς ὄντας αὐτοῦ· τοὺς μὴ ὄντας 2 Tim ii 19
αὐτοῦ οὐκ ἔγνω, καὶ ὡς φησι περί τινων τό· Οὐδέποτε ἔγνων
20 ὑμᾶς· οὕτω εἴποι ἂν καὶ περὶ τοῦ Ἰούδα, εἰ μὲν οὐκ <ἐστὶν
αὐτοῦ·> Οὐδέποτε ἔγνων σε· εἰ δὲ γενόμενος μεταπέπτωκε,
λεχθείη ἂν πρὸς αὐτόν· Οὐκ οἶδά σε πόθεν εἶ. καὶ νῦν οὖν
τοῦ διαβόλου ἤδη βεβληκότος εἰς τὴν καρδίαν αὐτοῦ τὰ
κατὰ τοῦ Ἰησοῦ, οὐκ οἶδεν αὐτὸν ὁ Ἰησοῦς. διὸ οὐκ εἶπε·
25 νῦν ἐγὼ οἶδα πάντας τοὺς παρόντας· ἀλλ'· Ἐγὼ οἶδα τίνας
ἐξελεξάμην· ὡς εἰ ἔλεγε· τοὺς ἐκλεκτούς μου. οὐ περὶ
πάντων δὲ τῶν παρόντων φημὶ τό· Ἐγὼ οἶδα τίνας ἐξελεξά-
μην· καὶ γίνεται τὸ γινόμενον ὑπὸ τοῦ ἑνὸς ἐξ ὑμῶν παρα-
δώσοντός με, ἵνα πληρωθῇ ἡ λέγουσα γραφή· Ὁ τρώγων Jo xiii 18
30 μου τὸν ἄρτον, ἐπῆρεν ἐπ' ἐμὲ τὴν πτέρναν αὐτοῦ. παρα-
πέφρασται δὲ τὸ ῥητὸν ἀπὸ τοῦ τεσσαρακοστοῦ Ψαλμοῦ Ps xl (xli) 10
οὕτως ἔχον· Καὶ γὰρ ὁ ἄνθρωπος τῆς εἰρήνης μου, ἐφ' ὃν

20, 21 οὐκ ἐστὶν αὐτοῦ] οὖν

ἤλπισα, ὁ ἐσθίων ἄρτους μου ἐμεγάλυνεν ἐπ᾽ ἐμὲ πτερνι-
σμόν. οὐκοῦν ὁ σωτὴρ τὸ ῥητὸν τοῦτο περὶ τοῦ Ἰούδα καὶ
ἑαυτοῦ φησιν εἰρῆσθαι· ἐν ᾧ ζητήσεις πῶς ἄνθρωπος εἰρήνης
Ἰούδας ἦν καὶ ἐπ᾽ αὐτὸν ὁ σωτὴρ ἤλπισε. δηλοῦσθαι οὖν
διὰ τούτων νομίζω ὅτι γνησίως ποτὲ ἐπεπιστεύκει· οὐ γὰρ 5
ἂν μηδέποτε υἱὸν εἰρήνης γενόμενον αὐτὸν ἀποστέλλων μετὰ
τῶν λοιπῶν ἀποστόλων ἔλεγε καὶ αὐτῷ· τοῖς γὰρ δώδεκα
ἀναγέγραπται εἰρηκέναι τό· Εἴπατε, εἰρήνη τῷ οἴκῳ τούτῳ.

Lc x 5 f.

καὶ ἐὰν ἐκεῖ ᾖ υἱὸς εἰρήνης, ἡ εἰρήνη ὑμῶν ἐπ᾽ αὐτὸν ἀνα- 426
παύσεται· εἰ δὲ μή γε, ἡ εἰρήνη ὑμῶν ἐφ᾽ ὑμᾶς ἀνακάμψει. 10
καὶ γὰρ ὅρα μεθ᾽ ὅσα ὁ διάβολος ἔβαλεν αὐτοῦ εἰς τὴν
καρδίαν τὰ κατὰ τοῦ σωτῆρος, καὶ πρὸ ὀλίγου κλέπτης εἶναι
μεμαρτύρηται. οὐκ ἂν δ᾽ οἶμαι ἀρχῆθεν κλέπτης ὤν, ἐπι-
στεύθη τὸ γλωσσόκομον· ἄξιος οὖν τοῦ πιστευθῆναι ὤν, εἰ
καὶ προεγνώσθη μεταπεσούμενος, ἐπιστεύθη. καὶ τηλικοῦ- 15
τος ἦν ἄνθρωπος εἰρήνης Χριστοῦ, ὡς ἐλπίδας ἀγαθάς ποτε
τὸν Ἰησοῦν ἐπ᾽ αὐτῷ, ὡς καλῷ ἀποστόλῳ, ἐσχηκέναι· ἄκουε

Jo xiii 2;
xii 6

Ps xl (xli) 10

γὰρ τοῦ· Ἐφ᾽ ὃν ἤλπισα. ἐγὼ δ᾽ οἶμαι ὅτι καὶ λόγων
ἀπορρήτων τροφιμωτάτων κεκοινώνηκε τοῖς ἀποστόλοις, ἀπὸ
Ἰησοῦ λαβών, περὶ ὧν εἶπεν· Ὁ ἐσθίων ἄρτους μου. τὸ δὲ 20
Ἐμεγάλυνεν ἐπ᾽ ἐμὲ πτέρναν αὐτοῦ· μεταπέφρασται εἰς τό·
Ἐπῆρεν ἐπ᾽ ἐμὲ πτέρναν αὐτοῦ· ὡς ταὐτὸν εἶναι τὸ Ἐμεγά-
λυνε τῷ Ἐπῆρε. καὶ εἰ χρὴ τήν· Ἐπῆρεν ἐπ᾽ ἐμὲ τὴν
πτέρναν αὐτοῦ· καί· Ἐμεγάλυνεν ἐπ᾽ ἐμὲ πτερνισμὸν αὐτοῦ·
σαφηνίσαι λέξιν, φήσομεν ὅτι τοῦτο ποιεῖ ὁ λὰξ ἐντείνων 25

Jo xiii 10

cf. He x 29ᵃ

τινί· τοιοῦτος δὲ καὶ Ἰούδας ἦν, τὸν υἱὸν τοῦ θεοῦ κατα-
πατῶν. καὶ τρώγων ἦν μετὰ τοῦ Ἰησοῦ τὸν ἄρτον αὐτοῦ, ὅτε
βάψας ὁ Ἰησοῦς τὸ ψωμίον λαμβάνει, καὶ δίδωσιν Ἰούδᾳ
Σίμωνος Ἰσκαριώτῃ. ἐπῆρε <δὲ> Ἰούδας ἐπὶ τὸν διδάσκαλον
τὴν πτέρναν αὐτοῦ, ὅτε μετὰ τὸ ψωμίον εἰσῆλθεν ὁ Σατανᾶς 30
εἰς τὸν Ἰούδαν. εἰ δὲ δύναται καὶ τό· Ἡ ἀνομία τῆς πτέρνης
μου κυκλώσει με· συνεξεταζόμενον τῷ· Ἐπῆρεν ἐπ᾽ ἐμὲ τὴν

cf. Jo xiii
26 f.

Ps xlviii
(xlix) 6

5 ἐπιστεύκει   6 ἀποστόλω   29 om. δὲ

πτέρναν αὐτοῦ· ἀναφέρεσθαι ἐπὶ τὸν Ἰούδαν, γενόμενον ἐν
τῇ μερίδι τοῦ Ἰησοῦ καὶ κτῆμα χρηματίσαντα αὐτοῦ καὶ
ἀπόστολον, πτέρναν δὲ διὰ τὸ τελευταῖον αὐτὸν γεγονέναι
τροπικῶς λεγόμενον, καὶ αὐτὸς συνεπισκέψει.

5   15. (9) Ἀπάρτι λέγω ὑμῖν πρὸ τοῦ γενέσθαι, ἵνα Jo xiii 19
πιστεύητε ὅταν γένηται ὅτι ἐγώ εἰμι. Τὴν ἀναφορὰν ἡ
λέξις αὕτη ἔχει ἐπὶ τὸ προειρημένον τό· Οὐ περὶ πάντων Jo xiii 18
ὑμῶν λέγω· ἐγὼ οἶδα τίνας ἐξελεξάμην· ἀλλ᾽ ἵνα ἡ γραφὴ
πληρωθῇ Ὁ τρώγων μετ᾽ ἐμοῦ τὸν ἄρτον, ἐπῆρεν ἐπ᾽ ἐμὲ
10 τὴν πτέρναν αὐτοῦ· τοῦτο γὰρ τὸ ἐσόμενον ἵνα ἡ γραφὴ
πληρωθῇ περὶ τοῦ ἐπαίροντος ἐπ᾽ ἐμὲ τὴν πτέρναν αὐτοῦ, ὃς
ἐστι τρώγων μετ᾽ ἐμοῦ τὸν ἄρτον, ἀπάρτι λέγω ὑμῖν, καὶ
λέγω πρὸ τοῦ γενέσθαι, ἵνα ἐπὰν γένηται τὸ πληρωθησό-
μενον τῶν προφητευθέντων ἐν τῇ γραφῇ, πιστεύσητε ὅτι
427 ἐγώ εἰμι περὶ οὗ ταῦτα πεπροφήτευται, ἀπὸ τοῦ τρώγοντος
16 μετ᾽ αὐτοῦ τὸν ἄρτον ἐπάραντος τὴν ἑαυτοῦ πτέρναν κατ᾽
αὐτοῦ. ζητῆσαι δ᾽ ἄν τις πῶς εἴρηται τοῖς μαθηταῖς, ὧν
ἔνιψεν τοὺς πόδας ὁ Ἰησοῦς, ὡς μηδέπω πιστεύσασιν ὅτι καὶ
αὐτὸς εἴη ὁ χριστός, τό· Ἀπ᾽ ἄρτι λέγω ὑμῖν πρὸ τοῦ γενέ-
20 σθαι· καὶ διὰ τοῦτο λέγω ἵνα ὅταν γένηται πιστεύσητε ὅτι
ἐγώ εἰμι ὁ προφητευθεὶς χριστός. καὶ ὅρα εἰ δυνάμεθα, μὴ
κατηγοροῦντες τῶν τηλικούτων Ἰησοῦ μαθητῶν ὡς οὐδέπω
πεπιστευκότων, καὶ τὸ βούλημα σώζειν τοῦ εἰπόντος· Ἵνα
πιστεύητε ὅταν γένηται ὅτι ἐγώ εἰμι. ὁ παραλαμβάνων
25 σοφίας θεωρήματα, ἔσθ᾽ ὅτε καὶ προτέροις, δι᾽ ἃ ἤδη σοφός
ἐστιν, ἀναλαμβάνει δεύτερα, ἐφ᾽ οἷς οὐ πρότερον ἦν σοφός,
καὶ σοφώτερος ἔσται· καθὼς λέγεται καὶ τό· Τῶνδε γὰρ Pr i 5
ἀκούσας σοφός, σοφώτερος ἔσται. ὥσπερ οὖν, εἰ ἐλέγετο
τῷ σοφῷ τάδε τινὰ, καὶ ἐπεφέρετο· ταῦτά σε ποιεῖ σοφόν·
30 οὐ πάντως ἂν ἐκ τοῦ μὴ σοφοῦ σοφὸν ἐνοήσαμεν ἀλλὰ καὶ
ἐκ σοφοῦ σοφώτερον, ὡς ἐπιγινομένης τῆς προκοπῆς καὶ
ὁδευούσης ἐπὶ τὴν τελειότητα· οὕτω μοι νόει καὶ τὸν πιστεύ-

17 ζητήσει

οντα δύνασθαι πιστότερον γενέσθαι. καὶ γὰρ οἱ ἀπόστολοι,
προσελθόντες ποτὲ τῷ κυρίῳ, οὐχ ἑαυτῶν κατηγοροῦντες ὡς
Lc xvii 5 ἀπίστων ἔλεγον αὐτῷ τό· Κύριε, πρόσθες ἡμῖν πίστιν· καὶ
γὰρ ἐν τῷ πρόσθες σαφῶς παρίσταται ὅτι πίστιν εἶχον
χωροῦσαν προσθήκην. εἴπερ οὖν συνήκαμεν ταῦτα, νόει 5
μοι τὰς προσθήκας τῶν πιστοποιούντων, μετά τινα πρότερον
πιστοποιήσαντα προστιθέναι τῇ πίστει· ὥστε καὶ τοὺς μα-
θητὰς πρὸς οἷς εἶχον πιστοποιητικοῖς καὶ τοῦτο προσειλη-
Jo xiii 18 φέναι, τὸ βλέπειν πληρουμένην τὴν λέγουσαν γραφήν· Ὁ
τρώγων μου τὸν ἄρτον, ἐπῆρεν ἐπ᾽ ἐμὲ τὴν πτέρναν αὐτοῦ· 10
παριστάντος τοῦ προφητευομένου ὅτι αὐτὸς ἦν περὶ οὗ
ταῦτα ἐθεσπίζετο. καὶ ἄκουε τοῦ· Ἵνα πιστεύητε· ὡς ἴσον
δυναμένου τῷ ἵνα ἐνεργῆτε, παραμένοντες τῷ πιστεύειν καὶ
μηδεμίαν ἀφορμὴν πρὸς τὸ μετατίθεσθαι ἴσχοντες. καὶ εἴ
τοι μὴ μεγέθει μεγάλη ἡ πίστις ἦν ἢ πλήθει πολλή, οὐκ ἂν 15
1 Co xiii 2 ἔλεγεν ὁ Παῦλος τό· Κἂν ἔχω πᾶσαν τὴν πίστιν. ὥσπερ
γὰρ ὁ τέλειος καὶ πάσας ἔχων τὰς ἀρετάς, τελείαν ἑκάστην
ἀναλαβών, τελείαν ἔχει τὴν σοφίαν καὶ τελείαν τὴν σωφρο-
σύνην, οὕτω δὲ καὶ τὴν εὐσέβειαν καὶ τὰς λοιπάς· οὕτως ἂν
τις εἴποι τῇ τοῦ πιστεύειν ἀρετῇ τελείως τὸ πᾶσαν ἔχειν τὴν 20
πίστιν. ταῦτα δέ φημι ὡς οὐ κυρίως ἂν λεχθησομένης τῆς 428
ἀτελοῦς σοφίας, ἢ σωφροσύνης, ἢ εὐσεβείας, ἢ τῶν λοιπῶν
ἀρετῶν, ἀλλὰ καταχρηστικῶς, καὶ τῶν ἐν ἑκάστῃ ἀρετῇ
προκοπῶν ὁμωνύμως τῇ τελείᾳ ὀνομαζομένων. οὕτω γὰρ
σοφὸς λέγεται ὁ ἁμαρτάνων μέν τινα ὡς ἐλέγχου δεῖσθαι, οὐ 25
μὴν καὶ μισῶν τοὺς ἐλέγχοντας ἀλλὰ καὶ μᾶλλον ἀγαπῶν,
Pr ix 8 καθὸ γέγραπται· Ἔλεγχε σοφόν, καὶ ἀγαπήσει σε. οὕτω
δὲ καὶ σοφὸς λέγεται, ἐπιδεκτικὸς ὢν ἑτέρων θεωρημάτων
σοφίας καὶ μηδέπω ἔχων τὰ δεύτερα, καθὸ λέγεται καὶ τό·
Pr ix 9 Δίδου σοφῷ ἀφορμήν, καὶ σοφώτερος ἔσται. ἀλλὰ γὰρ 30
ἐπὶ ταῦτα ἐληλύθαμεν, δεικνύντες ὅτι ἐνδέχεται τὸν ἤδη
πιστεύοντα μανθάνειν τινὰ ἵνα πάλιν πιστεύῃ, καὶ διὰ τῆς
προσθήκης τῶν μαθημάτων προστιθέναι τῇ πίστει.

13 ante ἐνεργῆτε ins. πιστεύητε 20 εἴποι] εἶπε τελείως τῷ

16. Εἰ δὲ βουλόμεθα εἰδέναι τίς ἐστιν ὁ πᾶσαν ἔχων
τὴν πίστιν, λάβωμεν ἐπὶ παραδείγματος κεφαλαιωδῶς τὰ ἐν
τῷ πιστεύεσθαι σώζοντα τὸν πιστεύοντα, φέρε εἰπεῖν, ὄντα
τὸν ἀριθμὸν ἑκατόν, καὶ λέγωμεν ὅτι ὁ μὲν τὰ προειρημένα
5 ἑκατὸν ἀδιστάκτως παραδεχόμενος καὶ ἑκάστῳ αὐτῶν βε-
βαίως πιστεύων πᾶσαν ἔχει τὴν πίστιν· ὁ δὲ λείπων ἔν τινι
ἀριθμῷ τῶν ἐν τῷ πιστεύεσθαι σωζόντων, ἢ τῇ πρὸς τὰ
πιστευόμενα βεβαιότητι, τοσοῦτον λείπει τοῦ πᾶσαν ἔχειν
τὴν πίστιν, ὅσοις ἀριθμοῖς πιστεύων ἐνδεῖ, ἢ ὅσον ἀφέστηκε
10 τῆς περὶ τῶν πιστευομένων βεβαιότητος εἴτε πάντων εἴτε
τινῶν· ἵν’ ἐπὶ τοῦ παρόντος δοθῇ τισὶ μὲν δύνασθαι βεβαίως
πιστεύειν τινά, τισὶ δὲ πιστεύειν μέν, οὐ βεβαίως δέ· πλὴν
ὁμολογουμένως δοθείη ἂν ἀμήχανον ἀποδείκνυσθαι τὸν ἐν
<ἑνὶ> ἀτελῆ πρὸς μηδὲν ἔχειν βεβαιότητα, ὅτι οὐ τὸ ἴσον
15 ἀπόστημα ἀπὸ τῆς πρὸς τὰ πιστευόμενα βεβαιότητος ἀπ-
έχει ἕκαστος τῶν, ἵν’ οὕτως ὀνομάσω, κατὰ τὴν γραφὴν
ὀλιγοπίστων, καὶ τὴν πρὸς τὰ πιστευόμενα βεβαιότητα
οὐδέπω ἀνειληφότων. τούτοις δὲ ἕπεται διὰ τό· Κατὰ τὴν   Mt ix 29
πίστιν σου γενηθήτω σοι· καὶ διὰ τό· Ἡ πίστις σέσωκέ σε·   Mt ix 22
20 ἑκάστῳ ἀπαντῆσαι κατὰ τὴν ἐν τῇ δικαίᾳ κρίσει τοῦ θεοῦ
ἀμοιβὴν ἀνάλογον τοσῇδε καὶ τοιᾷδε πίστει καὶ σωτηρίαν·
εἰ γέ ἐστί τις καὶ ἐν ταύτῃ σωζομένων διαφορά, ὡς τό· Ὦ   Lc vi 38
μέτρῳ μετρεῖτε, ἀντιμετρηθήσεται ὑμῖν· φθάνειν καὶ ἐπὶ τὰ
μέτρα τῆς πίστεως, καὶ τὰ μέτρα τῆς ἀπὸ θεοῦ ἀμοιβῆς καὶ
25 σωτηρίας. ὁ δὲ τὸν τούτων κατανοήσας λόγον θεωρήσει
πῶς εὐλόγως ὡς μὴ δυναμένοις κρίνειν τοῖς ἀνθρώποις
429 λέγεται· Μὴ κρίνετε, ἵνα μὴ κριθῆτε· καὶ τό· Μὴ πρὸ   Mt vii 1
                                                                 1 Co iv 5
καιροῦ τι κρίνετε, ἕως ἂν ἔλθῃ ὁ κύριος. πάλιν τ’ αὖ ἐπεὶ
ἔλεγον ὡς ἐπὶ παραδείγματος, ἑκατὸν ὄντων τῶν σωζόντων
30 ἐν τῷ πιστεύεσθαι, τὸν μὲν τοῖς ἑκατὸν βεβαίως πιστεύοντα
πᾶσαν ἔχειν τὴν πίστιν, τὸν δὲ λείποντα τῇ πρός τινα τῶν

13 δοθείη ἂν] δοθεῖσαν   ἀποδεικνύηται   14 ἑνί] om.
    21 τοσῇδε] τ⁀ῇσῇ δὲ   29 λέγον

ἑκατὸν πίστει τῇ πρὸς τὰ πιστευόμενα βεβαιότητι διαφόρως
μὴ πᾶσαν ἔχειν τὴν πίστιν, ἐκθήσομεν σαφηνίας ἕνεκεν
τοιαῦτα. πρῶτον πάντων πίστευσον ὅτι εἶς ἐστιν ὁ θεός, ὁ

cf. Sap Sol
i 14

τὰ πάντα κτίσας καὶ καταρτίσας καὶ ποιήσας ἐκ τοῦ μὴ
ὄντος εἰς τὸ εἶναι τὰ πάντα. χρὴ δὲ καὶ πιστεύειν ὅτι 5
κύριος Ἰησοῦς Χριστός, καὶ πάσῃ τῇ περὶ αὐτοῦ κατὰ τὴν
θεότητα καὶ τὴν ἀνθρωπότητα ἀληθείᾳ. δεῖ δὲ καὶ εἰς τὸ
ἅγιον πιστεύειν πνεῦμα, καὶ ὅτι αὐτεξούσιοι ὄντες κολα-
ζόμεθα μὲν ἐφ' οἷς ἁμαρτάνομεν, τιμώμεθα δὲ ἐφ' οἷς εὖ
πράττομεν. φέρε οὖν καθ' ὑπόθεσιν, εἴ τις δοκῶν πιστεύειν 10
εἰς τὸν Ἰησοῦν μὴ πιστεύοι ὅτι εἶς ἐστιν ὁ θεὸς ὁ νόμου καὶ

cf. Ps xviii
(xix) 1

εὐαγγελίου, οὖ τὴν δόξαν οὐρανοί, ὡς ὑπ' αὐτοῦ γεγενημένοι,
διηγοῦνται, καὶ τὸ στερέωμα ἀναγγέλλει τὴν ποίησιν τῶν
χειρῶν αὐτοῦ, ὡς ἔργον τυγχάνον αὐτῶν, οὗτος ἂν μεγίστῳ
λείποι τῆς πίστεως κεφαλαίῳ. ἢ πάλιν εἴ τις πιστεύων 15
ὅτι ὁ ἐπὶ Ποντίου Πιλάτου σταυρωθεὶς ἱερόν τι χρῆμα καὶ
σωτήριον τῷ κόσμῳ ἐπιδεδήμηκεν, ἀλλ' οὐκ ἐκ παρθένου τῆς
Μαρίας καὶ ἁγίου πνεύματος τὴν γένεσιν ἀνείληφεν, ἀλλ' ἐξ
Ἰωσὴφ καὶ Μαρίας, καὶ τούτῳ ἂν λείποι εἰς τὸ πᾶσαν ἔχειν
τὴν πίστιν τὰ ἀναγκαιότατα. πάλιν τε αὖ εἰ τὴν μὲν θεό- 20
τητά τις αὐτοῦ παραδέχοιτο, τῇ δὲ ἀνθρωπότητι προσκόπτων
μηδὲν ἀνθρώπινον περὶ αὐτὸν πιστεύοι γεγονέναι, ἢ ὑπόστα-
σιν εἰληφέναι, καὶ τούτῳ ἂν λείποι πρὸς πᾶσαν τὴν πίστιν
οὗ τὰ τυχόντα. ἢ εἰ ἀνάπαλιν τὰ μὲν περὶ αὐτὸν ἀνθρώπινα

cf. Col i 15

προσίοιτο, τὴν δὲ ὑπόστασιν τοῦ μονογενοῦς καὶ πρωτοτόκου 25
πάσης κτίσεως ἀθετοῖ, καὶ οὗτος ἂν οὐ δύναιτο λέγειν πᾶσαν
ἔχειν τὴν πίστιν. καὶ οὕτως καθεξῆς μοι νόει, ἵνα θεωρήσω-
μεν ὁπηλίκον ἐστὶ τὸ ἀνελλιπῶς καὶ βεβαίως πᾶσαν τὴν

cf. 1 Co xiii 2

πίστιν ἔχειν, τοσοῦτον δυναμένην, ὅτε πᾶσά ἐστιν ἐν ἀνθρώ-
που ψυχῇ, ὥστε ἅτινά ποτέ ἐστι τὰ ὄρη μεθιστάνειν αὐτὰ 30
δύνασθαι· πάντων μὲν τῶν ἀνθρώπων δυναμένων μεθιστάνειν 430

cf. Mt xxi
21;
Mc xi 23

τὸ δεικνύμενον ὑπὸ τοῦ Ἰησοῦ ὅρος, καὶ τὰ δεικνύμενα αὐτῷ,
εἰ δὲ λείποι τινὰ τῇ πάσῃ πίστει, λείπει τῇ δυνάμει τοῦ

33 λοιποι   λείπειν

μετατιθέναι ὄρη. καὶ χρήσομαί γε καὶ τοιούτῳ καὶ εἰς
ταῦτα παραδείγματι· ὥσπερ καθέλκουσιν οἱ τοσοῦτοι, τοι-
άνδε δύναμιν ἔχοντες, πρώτως εἰς θάλασσαν τὴν ναῦν· εἰ δὲ
λείποιεν οὗτοι κἂν ἑνὶ τῶν συνεργῶν ἢ τῇ δυνάμει τινός, οὐκ
5 ἂν καθέλκοιτο ἡ ναῦς· οὕτως οἱονεὶ πολλοὶ μετατιθέντες
εἰσὶ τὰ ὄρη ἡ πᾶσα πίστις· τοσοῦτον δὲ λείπει τῇ δυνάμει
ῆς τῶν ὀρῶν μεταθέσεως ὅσον λείπει πρὸς τὸ πᾶσαν τὴν
πίστιν ἔχειν ὁ ἔτι κατ' αὐτὴν ἀτελής. καὶ ὅρα εἰ μὴ
χρησίμως ὅλα ταῦτα ἐξήτασται διὰ τοὺς μαθητὰς ὧν ἔνιψεν
10 ὁ Ἰησοῦς τοὺς πόδας, πρὸς οὓς εἰπὼν, ὡς ἂν ὑπολάβοι ὁ μὴ
ἐξετάσας, ὡς μηδέπω πιστεύσαντας τό· Ἀπάρτι λέγω ὑμῖν Jo xiii 19
πρὸ τοῦ γενέσθαι, ἵνα πιστεύητε ὅταν γένηται ὅτι ἐγώ εἰμι·
ἅμα δὲ καὶ ἀναπτυσσόμενος ὁ λόγος δείκνυσι πηλίκη μέν
ἐστιν ἡ κατὰ τὴν πᾶσαν πίστιν ἀρετὴ καὶ ὅτι σπανίως
15 εὑρισκομένη πόσῳ δ' ἕκαστος ἡμῶν ἀπολείπεται τοῦ τὴν
πᾶσαν ἔχειν πίστιν, ὥστε ὄρη μεθιστάνειν. πλὴν οὐκ cf. 1 Co xiii 2
εὐκαταφρόνητον πρὸς τὸ ποιεῖν πιστεύειν ἐστὶ, κατὰ τὰ
νῦν προκείμενα, τὸ τοὺς προφήτας μὲν προτεθεσπικέναι τὰ
περὶ τοῦ Ἰησοῦ, κατὰ δὲ τὸν λόγον αὐτῶν ἀπηντηκέναι τῷ
20 σωτῆρι τὰ προειρημένα.

17. (10) Ἀμὴν, ἀμὴν λέγω ὑμῖν, ὁ λαμβάνων ἂν Jo xiii 20
τινα πέμψω ἐμὲ λαμβάνει, ὁ δὲ ἐμὲ λαμβάνων λαμβάνει
τὸν πέμψαντά με. Ὁ Ἰησοῦς πέμπει οὐ μόνον ἁγίους,
ἀλλὰ καὶ ἁγίους καὶ ἀγγέλους· καὶ πέμπει μὲν τοὺς διὰ τὸ
25 ἀποστέλλεσθαι ὑπ' αὐτοῦ ἀποστόλους ὀνομαζομένους. ἤδη
δὲ τούτων οἱ μὲν ἄνθρωποί εἰσιν, οἱ δὲ δυνάμεις κρείττους.
οὐ γὰρ ἁμαρτησόμεθα τὸ ἀπόστολος ὄνομα τάσσοντες καὶ
περὶ τούτων, περὶ ὧν γέγραπται· Πάντες εἰσὶ λειτουργικὰ He i 14
πνεύματα, εἰς διακονίαν ἀποστελλόμενα διὰ τοὺς μέλλοντας
30 κληρονομεῖν σωτηρίαν. εἰ γὰρ παρὰ τὸ ἀποστέλλεσθαι
ἀπόστολοι, πάντες δέ εἰσιν ὑπὸ τοῦ ποιοῦντος τοὺς ἀγγέλους cf. He i 7
αὐτοῦ πνεύματα, καὶ τοὺς λειτουργοὺς αὐτοῦ πυρὸς φλόγα,
εἰς διακονίαν ἀποστελλόμενοι ὄντες λειτουργικὰ πνεύματα,
καὶ οὗτοι ἂν εἶεν ἀπόστολοι τοῦ ἀποστέλλοντος αὐτούς.

καὶ ἕκαστός γε τῶν πεμπομένων ἀπό τινος, ἀπόστολός
ἐστι τοῦ πέμψαντος. καθὸ καὶ ἐν τοῖς ἀνωτέρω λέλεκται

Jo xiii 16   μετὰ τό· Οὐκ ἔστι δοῦλος μείζων τοῦ κυρίου αὐτοῦ, οὐδὲ
ἀπόστολος μείζων τοῦ πέμψαντος αὐτόν. κατὰ τοῦτο δὲ οὐχ   431
ἁμαρτήσει καὶ τὸν Ἰωάννην ἀπόστολον λέγων θεοῦ διὰ τό·   5

Jo i 6   Ἐγένετο ἄνθρωπος ἀπεσταλμένος παρὰ θεοῦ, ὄνομα αὐτῷ

Is vi 8   Ἰωάννης· καὶ τὸν Ἡσαΐαν διὰ τό· Τίνα ἀποστελῶ, καὶ τίς
πορεύσεται πρὸς τὸν λαὸν τοῦτον; ὅτε ἀπεκρίνατο λέγων·
Ἰδού εἰμι ἐγώ, ἀπόστειλόν με. τί δὲ περὶ τούτων λέγω ὅτε
καὶ ἐν τῇ πρὸς Ἑβραίους ὁ τηλικοῦτος ἡμῶν σωτὴρ ἀπόστο-   10

cf. He iv 14;   λος εἴρηται τοῦ πατρός; γέγραπται γάρ· Ἔχοντες οὖν
iii 1   ἀρχιερέα μέγαν καὶ ἀπόστολον Ἰησοῦν Χριστόν. καὶ νῦν
οὖν ὃν ἐὰν ἀποστέλλῃ ὁ σωτὴρ διακονησόμενον τῇ τινων
σωτηρίᾳ, ὁ ἀποστελλόμενος ἀπόστολός ἐστιν Ἰησοῦ Χρι-
στοῦ. ἀλλ' ὁ ἀπόστολος, ὥσπερ τοῦ ἀποστείλαντός ἐστιν   15
ἀπόστολος, οὕτως τισὶ πρὸς οὓς ἀποστέλλεται μόνοις ἐστὶν

1 Co ix 2   ἀπόστολος. ὅπερ νοῶν ὁ Παῦλος ἔλεγεν· Εἰ καὶ ἄλλοις
οὐκ εἰμὶ ἀπόστολος, ἀλλά γε ὑμῖν εἰμί· ἡ γὰρ σφραγίς
μου τῆς ἀποστολῆς ὑμεῖς ἐστε ἐν κυρίῳ. ἔξεστιν οὖν τινα
εἶναι ἀπόστολον Ἰησοῦ Χριστοῦ ἑνὶ μόνῳ ἐξαποσταλέντα, εἰ   20
ἑνὶ μόνῳ θεοῦ προνοίᾳ τὸν λόγον διηκονήσατο. καὶ ταῦτά
φαμεν ἵνα πάλιν βλέπωμεν τὴν τῶν χρηματισάντων Ἰησοῦ

Gal ii 9   Χριστοῦ ἀποστόλων ὑπεροχήν· Δεξιὰς γάρ, φησίν, ἔδωκαν
ἐμοὶ καὶ Βαρνάβᾳ κοινωνίας, ἵνα ἡμεῖς εἰς τὰ ἔθνη, αὐτοὶ δὲ
εἰς τὴν περιτομήν. οὐκοῦν Παῦλος ἔθνεσι μόνοις ἀπόστολος   25
ἦν, καὶ Πέτρος ὅλῃ τῇ περιτομῇ. ἡμῶν δὲ κἂν ἀξιωθῇ τις,
ὡς παρέστησεν ὁ ἀπόστολος, τοῦ γενέσθαι ἑνί που ἢ ὀλίγῳ
πλείοσιν, ἀπόστολος γίνεται. κἂν γένηται δέ, μὴ ἐπαιρέσθω,

1 Co iv 2   μεμνημένος τοῦ· Ὁ δὲ λοιπὸν ζητεῖται ἐν τοῖς οἰκονόμοις
ἵνα πιστός τις εὑρεθῇ· οὐ γὰρ πάντως εἰ ζητεῖται, τὸ   30

Jo xiii 20   ζητούμενον εὑρίσκεται. ταῦτα διὰ τό· Ὁ λαμβάνων ἐάν
τινα πέμψω. ὅσους ἐνδέχεται πέμπεσθαι ὑπὸ τοῦ Ἰησοῦ

---

13 διακονησάμενον   **32** ἐνδέχεται] ἐὰν δέχεται

ὀνομάζει ἀποστόλους, κἂν μὴ, ὡς εἰρήκαμεν, τοιοῦτοι ὦσι,
καὶ ὅτι ἐνδέχεται καὶ τῆς ἀνθρώπων φύσεως κρείττονα ὄντα
πέμπεσθαι ὑπὸ τοῦ Ἰησοῦ. ὁ οὖν λαμβάνων ὃν <ἂν> πέμψῃ
ὁ Ἰησοῦς, τὸν ἐν τῷ ἀποσταλέντι Ἰησοῦν λαμβάνει· ὁ δὲ
5 λαμβάνων τὸν Ἰησοῦν, πατέρα λαμβάνει· ὁ ἄρα λαμβάνων
ὃν ἂν πέμψῃ ὁ Ἰησοῦς, λαμβάνει τὸν πέμψαντα τὸν Ἰησοῦν
πατέρα. δύναται δὲ καὶ τοιοῦτος ὁ λόγος εἶναι· ὁ μὲν
λαμβάνων ὃν ἐὰν ἐγὼ πέμψω, ἐμὲ λαμβάνει, καὶ μέχρι
τοῦ ἐμὲ παραδέξασθαι φθάνει· ὁ δὲ μὴ διά τινος ἐμοῦ
432 ἀποστόλου ἐμὲ λαμβάνων, ἀλλὰ χωρῶν ἐμὲ οὐκ ἀπ' ἀνθρώ- cf. Gal i 1
πων οὐδὲ δι' ἀνθρώπων διακονούμενον, ἀλλ' ἐπιδημοῦντα ταῖς
τῶν εὐτρεπισάντων ἑαυτοὺς πρὸς τὴν ἐμὴν παραδοχὴν ψυχαῖς,
τὸν πέμψαντά με λαμβάνει πατέρα, ὡς μὴ μόνον ἐμὲ τὸν
χριστὸν εἶναι ἐν αὐτῷ ἀλλὰ καὶ τὸν πατέρα. ἔστι δὲ ἐκ
15 τούτων καὶ τὰ κατ' ἐναντιότητα νοῆσαι· ὁ γὰρ λαμβάνων ὃν
ἐὰν πέμψῃ ὁ υἱὸς τοῦ πονηροῦ, ἐκεῖνος τὸν ἀντίχριστον
λαμβάνει· ὁ δὲ λαμβάνων τὸν υἱὸν τοῦ πονηροῦ καὶ
παραδεξάμενος τὸν ἀντίχριστον λόγον, ὑποκρινόμενον εἶναι
ἀλήθειαν καὶ ψευδῶς ἐπαγγελλόμενον εἶναι δικαιοσύνην,
20 οὗτος αὐτὸν λαμβάνει τὸν πονηρόν. διὸ προσέχωμεν ἵν'
ὡς καλοὶ τραπεζῖται δοκιμάζωμεν μὲν τὸν τῶν ἀληθῶν
διάκονον, ἀποδοκιμάζωμεν δὲ τὸν τῶν ψευδῶν. ἐνθάδε μὲν
οὖν· Ὁ λαμβάνων, φησὶν, ἐάν τινα πέμψω, ἐμὲ λαμβάνει· Jo xiii 20
ὁ δὲ ἐμὲ λαμβάνων, λαμβάνει τὸν πέμψαντά με· καί· Ὁ Jo xii 45
25 θεωρῶν ἐμὲ, θεωρεῖ τὸν πέμψαντά με· οὔτε δὲ εἴρηται· Ὁ
πιστεύων εἰς ὑμᾶς, πιστεύει εἰς ἐμέ· οὔτε· Ὁ θεωρῶν ὑμᾶς,
θεωρεῖ ἐμέ. λαμβάνειν μὲν γὰρ ἡμᾶς βούλεται τοὺς ἀποστό-
λους ἑαυτοῦ, οὐ μὴν καὶ πιστεύειν εἰς αὐτούς. λαμβάνωμεν
οὖν τοὺς ὑπὸ τοῦ λόγου ἡμῖν ἀποστελλομένους καὶ αὐτὸν
30 τὸν λόγον τοῦ θεοῦ· μηδέποτε δὲ παραδεξώμεθα ἀπόστολον
ἀντιχρίστου καὶ λόγον ψευδῆ.

18. (11) Ταῦτα εἰπὼν ὁ Ἰησοῦς ἐταράχθη τῷ Jo xiii 21

1 ὀνομάζει—εἰρήκαμεν] κἂν μὴ ὡσεὶθικαμεν ὀνομάζειν ἀποστόλους
3 ἂν] om.   6 Ἰησοῦ   11 οὐδὲ] οὐ   15 κατένωντι ὅτι τα

πνεύματι καὶ ἐμαρτύρησε καὶ εἶπεν Ἀμὴν ἀμὴν λέγω
ὑμῖν ὅτι εἷς ἐξ ὑμῶν παραδά σει με. Ἀνωτέρω εἶπε·

Jo xii 27   Νῦν ἡ ψυχή μου τετάρακται· νῦν δὲ λέγεται ὅτι Ταῦτα
εἰπὼν ὁ Ἰησοῦς ἐταράχθη τῷ πνεύματι. καὶ ζητῶ τοιαῦτα
εἰς τὸν τόπον· τί δήποτε οὐκ εἴρηται ἀνάλογον τῷ· Νῦν ἡ 5
ψυχή μου τετάρακται· τό· τὸ πνεῦμα τοῦ Ἰησοῦ τετάρακται·
ἢ ἀνάλογον τῷ· Ἐταράχθη τῷ πνεύματι· τό· Νῦν ἡ ψυχή
μου τετάρακται. καὶ ταῦτα ζητεῖν ἐτόλμησα μετρίως,
τηρήσας ἐν πάσῃ τῇ γραφῇ διαφορὰν ψυχῆς καὶ πνεύματος
καὶ μέσον μέν τι θεωρῶν εἶναι τὴν ψυχὴν καὶ ἐπιδεχομένην 10
ἀρετὴν καὶ κακίαν, ἀνεπίδεκτον δὲ τῶν χειρόνων τὸ πνεῦμα
τοῦ ἀνθρώπου τὸ ἐν αὐτῷ· τὰ γὰρ κάλλιστα καρποὶ
λέγονται εἶναι τοῦ πνεύματος, οὐχ ὡς ἂν οἰηθείη τις, τοῦ
ἁγίου, ἀλλὰ τοῦ ἀνθρώπου. πρὸς ἀντιδιαστολὴν γὰρ τούτου

cf. Gal v 19   φανερὰ λέγεται εἶναι τὰ ἔργα τῆς σαρκός, πάντα ψεκτὰ 15
τυγχάνοντα, ἐπεὶ μηδὲν ἔργον σαρκὸς ἐπαινετόν. ἅπαξ δὲ 433
μέχρι τοῦ δεῦρο εὗρον πνεῦμα φαύλου σκληρύνεσθαι λεγό-
μενον ὑπὸ κυρίου τοῦ θεοῦ. γέγραπται γὰρ οὕτως ἐν τῷ

Deut ii 30   Δευτερονομίῳ· Καὶ οὐκ ἠθέλησε Σιὼν βασιλεὺς Εὐσεβῶν
παρελθεῖν ἡμᾶς δι’ αὐτοῦ, ὅτι ἐσκλήρυνε κύριος ὁ θεὸς τὸ 20
πνεῦμα αὐτοῦ, καὶ κατίσχυσε καρδίαν αὐτοῦ, ἵνα παραδοθῇ
εἰς τὰς χεῖράς σου ὡς ἐν τῇ ἡμέρᾳ ταύτῃ. ἀλλὰ τὰ περὶ
μὲν τούτου οἰκειότερον ἐν τοῖς εἰς τὸ Δευτερονόμιον ἐξε-
τασθείη ἄν. νῦν δὲ πρόκειται λέγειν πῶς τὰ προειρημένα·
Εἰπὼν ὁ Ἰησοῦς ἐταράχθη· οὐ τὴν ψυχήν, οὐδὲ τῇ ψυχῇ, 25
ἀλλ’ οὐδὲ τοῦ πνεύματος, ἀλλὰ τῷ πνεύματι. ἵν’ οὖν τὸ
περὶ τοῦ πνεύματος παρατήρημα μὴ διαπίπτῃ, λεκτέον ὅτι
ἐν μὲν τῷ· Νῦν ἡ ψυχή μου τετάρακται· τὸ τῆς ταραχῆς
πάθος ψυχῆς ἦν, ἐν δὲ τῷ· Ἐταράχθη τῷ πνεύματι ὁ
Ἰησοῦς· ὅπερ ἐστὶ τὸ ἀνθρώπινον, τὸ πάθος ἦν ἐρχόμενον 30
τῇ ἐπικρατείᾳ τοῦ πνεύματος. ὡς γὰρ ὁ ἅγιος ζῇ πνεύματι,
προκατάρχοντι τῶν ἐν τῷ ζῆν, καὶ πάσης πράξεως καὶ εὐχῆς
καὶ τοῦ πρὸς θεὸν ὕμνου, οὕτως πᾶν ὃ τίποτ’ ἂν ποιῇ,
ποιεῖ πνεύματι, ἀλλὰ κἂν πάσχῃ, πάσχει πνεύματι. εἰ δὲ

ὁ ἅγιος, πόσῳ μᾶλλον ταῦτα λεκτέον περὶ τοῦ τῶν ἁγίων
ἀρχηγοῦ Ἰησοῦ, οὗ τὸ πνεῦμα τοῦ ἀνθρώπου, ἐν τῷ
ἀνειληφέναι αὐτὸν ὅλον ἄνθρωπον, τὸ ἐν αὐτῷ διέσεισε
τὰ λοιπὰ ἐν αὐτῷ ἀνθρώπινα; καὶ οὕτως ἐταράχθη τῷ
5 πνεύματι, ἵνα μαρτυρήσῃ καὶ ἵνα εἴπῃ μετὰ τοῦ θείου
οἱονεὶ ὅρκου τοῦ ἀμὴν, τό· Λέγω ὑμῖν ὅτι εἷς ἐξ ὑμῶν   Jo xiii 21
παραδώσει με. τοῦ γὰρ πνεύματος, οἶμαι, θεωρήσαντος
τὸ ἤδη ἀπὸ τοῦ διαβόλου βεβλημένον εἰς τὴν καρδίαν
Ἰούδα Σίμωνος Ἰσκαριώτου, ἵνα τὸν διδάσκαλον παραδῷ,   cf. Jo xiii 2
10 φωτισθεὶς εἰς τὸ ἐσόμενον ἐταράχθη· καὶ ἐπεὶ ἡ ταραχὴ
ἀπὸ τῆς ἐν πνεύματι γνώσεως γεγένηται, ὃ καὶ ἐν ταραχῇ
ἐγένετο, Ἰησοῦς, εἴρηται, ἐταράχθη τῷ πνεύματι. τάχα δὲ
καὶ κατὰ μίαν ἐκδοχὴν τήν· Ἡ σὰρξ ἀσθενής· καὶ ἡ σὰρξ   Mt xxvi 41·
τετάρακται· ταῦτα δ᾽ ἦν ὁ Ἰησοῦς, περὶ οὗ ὑπὸ τοῦ Γαβριὴλ   Mc xiv 38
15 πρὸς τὴν Μαρίαν εἴρηται τό· Καὶ ἰδοὺ συλλήψῃ ἐν γαστρί,   Lc i 31 f.
καὶ καλέσεις τὸ ὄνομα αὐτοῦ Ἰησοῦν. οὗτος ἔσται μέγας,
καὶ υἱὸς ὑψίστου κληθήσεται. σημείωσῃ δὲ τίνα τρόπον
ἐν τοῖς ἐξεταζομένοις τὸ ἐμαρτύρησεν ἀναφέρεται τῷ· Εἷς
ἐξ ὑμῶν παραδώσει με. καὶ τοῦτο μὲν λεγόμενον καὶ
434 προφητευόμενον τοῖς μαθηταῖς περὶ Ἰούδα, τοῦ ἑνὸς ἐξ
αὐτῶν, μαρτυρία ἦν ὁμώνυμος, οἶμαι, τῷ παρὰ τὸ μαρτυρεῖν
καὶ ἀποθνήσκειν ὑπὲρ θεοσεβείας σημαινομένῳ. οὐ γὰρ
ταῦτα νομίζω σημαίνεσθαι ἐν τῷ· Ἐμαρτύρησεν· ὅτε δη-
λοῦται τὸ ῥῆμα, παρ᾽ ὃ ὁ μάρτυς ἐσχημάτισται τοῦ θεοῦ
25 καὶ τοῦ χριστοῦ αὐτοῦ, καὶ νῦν ὅτε ἀναφέρεται ἐπὶ τό· Εἷς   Jo xiii 21
ἐξ ὑμῶν παραδώσει με. ἔτι κατὰ δύναμιν ἐγὼ ἐφίστημι
καὶ τῷ· Εἷς ἐξ ὑμῶν· ἀναφερομένῳ ἐπὶ τὸν Ἰούδαν, μήποτε
ἐμφαίνει τὸ ἀπὸ τάξεως ἀποστολικῆς, ἐν ᾗ καὶ αὐτὸς
ὕψωται, τῷ διάθεσίν ποτε παραπλησίαν τοῖς λοιποῖς ἀπο-
30 στόλοις ἔχειν αὐτὸν, ἀποπεπτωκέναι. οὕτως γὰρ ἐγὼ ἤκουσα
καὶ τοῦ· Ἰδοὺ Ἀδὰμ γέγονεν ὡς εἷς ἐξ ἡμῶν· ἐπεὶ μηδὲ   Gen iii 22
ἐκεῖ εἴρηται· ὡς ἡμεῖς· ἤ· ὡς ἐγώ· ἀλλὰ διὰ τὸν ἕνα

10 φωτισθεὶς εἰς] φωτισθεῖσα   18 τῷ] τό   29 ὑψῶ

ἐκπεσόντα τῆς μακαριότητος, τό· Ὡς εἷς ἐξ ἡμῶν· <τὸ δέ>·
Ὡς εἷς· συνᾴδειν μοι δοκεῖ καὶ μετὰ τοῦ· Ὑμεῖς δὲ δὴ ὡς
ἄνθρωποι ἀποθνήσκετε, καὶ ὡς εἷς τῶν ἀρχόντων πίπτετε.
πλειόνων γὰρ ἀρχόντων γενομένων, εἷς πέπτωκεν, ᾧ παρα-
πλησίως μιμούμενοι τὴν ἐκείνου πτῶσιν πίπτουσιν οἱ 5
ἁμαρτάνοντες. ὡς γὰρ ἐκεῖνος ἐν θεότητι τυγχάνων πέ-
πτωκεν, οὕτω καὶ πρὸς οὓς ὁ λόγος φησὶ τό· Ἐγὼ εἶπα
Θεοί ἐστε, καὶ υἱοὶ ὑψίστου πάντες· ἀποπεσόντες τῆς
μακαριότητος, οὐ προηγουμένως ὄντες ἄνθρωποι, ὡς ἄν-
θρωποι ἀποθνήσκουσι καὶ ὡς εἷς τῶν ἀρχόντων πίπτουσι. 10
νομίζω δὲ καὶ θαυμαστικῶς εἰρῆσθαι τοιούτῳ νῷ τὸ λεγό-
μενον· ὁ παραδώσων με οὐκ ἀλλότριος τῶν ἐμῶν μαθητῶν
ἐστιν, ἀλλ' οὐδὲ εἷς τῶν πολλῶν μαθητῶν, ἀλλὰ εἷς τῶν ἐν
ἐκλογῇ μοι τετιμημένων ἀποστόλων. πολλοὶ μὲν οὖν,
καταψηφιζόμενοι τοῦ Ἰησοῦ, φασί· Σταύρου, σταύρου αὐτόν· 15
καί· Αἶρε ἀπὸ τῆς γῆς τὸν τοιοῦτον. τὸ δὲ παραδοῦναι
αὐτὸν ἔργον ἦν ἑωρακότος καὶ νενοηκότος αὐτόν· διδάσκαλον
γὰρ αὐτὸν ἐπιστάμενος τῶν τηλικῶνδε καὶ τοσῶνδε μαθη-
μάτων, ἃ κατ' ἰδίαν μετὰ τῶν ἀποστόλων ἤκουσε, καὶ
κύριον αὐτὸν εἰδώς, παραδιδοὺς αὐτόν, ὃ ἔγνω μέγεθος 20
αὐτοῦ παρέδωκεν, οὐκ ἂν ποιήσαντος τοῦτό τινος τὸ μέγεθος
αὐτοῦ μὴ τεθεωρηκότος. τὸν μὲν γὰρ μέγαν παραδέδωκεν,
οὐ καθὸ μέγας ἐστίν, ἐπεὶ μὴ εἶδε καθὸ μέγας ἐστίν· ὁ δὲ
καὶ μαθὼν πῶς μέγας ἦν, καὶ ἀκροατὴς γενόμενος τοῦ
μεγέθους τῆς ἐν αὐτῷ σοφίας καὶ λόγου καὶ χάριτος, καὶ 25
προδοὺς αὐτόν, προέδωκεν ὅλον καθ' ὃ εἶδε μέγεθος. διὰ 435
τοῦτο συνέφερεν αὐτῷ εἰ μὴ ἐγεννήθη, εἴτε τὴν τῆς παλιγ-
γενεσίας γένεσιν, ὡς ἂν βαθύτερόν τις ἀκοῦσαι, εἴτε καὶ τὴν
κοινότερον νοουμένην· περὶ ἧς ὁ πραγμάτων ἑαυτὸν ἀπαλλάτ-
τειν θέλων, καὶ ζητήσας ὅτι ᾧ συμφέρει, ὄντι συμφέρει, 30
καὶ ὑπονοήσας ὅτι οὐκ ἂν μὴ ὄντι αὐτῷ συνέφερεν, ἐπὶ τὴν
δευτέραν κατελθὼν διήγησιν, ἐκείνην μᾶλλον παραδέξεται.

Ps lxxxi
(lxxxii) 7

Ps lxxxi
(lxxxii) 6

Lc xxiii 21

Act xxii 22

cf. Mt xxvi
24;
Mc xiv 21

1 τὸ δέ] om.   17 ἑορακότος   18 τηλικούτων δε καὶ ποσῶνδε
21 ποιήσαντες   26 ὅλον καθ' ὃ] ὁ λουκας

19. (12) Ἔβλεπον <δὲ> εἰς ἀλλήλουϲ οἱ μαθηταὶ, Jo xiii 22
ἀπορούμενοι περὶ τίνοϲ λέγει. Εἰ μὲν προφανὴς ἦν τοῖς
Ἰησοῦ μαθηταῖς ἡ τοῦ Ἰούδα κακία, κἂν ἔγνωστο, εἰπόντος
τοῦ σωτῆρος ὅτι Εἷς ἐξ ὑμῶν παραδώσει με· τίς ἦν ὁ
5 παραδώσων τὸν διδάσκαλον. νυνὶ δὲ βλέπουσιν εἰς ἀλλήλους
οἱ μαθηταὶ, ἀπορούμενοι περὶ τίνος λέγει. καὶ γὰρ Ἰούδας
τάχα μὲν ἐκ προτέρων χρηστοτέρων ἐδυσώπει τοὺς ἀποστό-
λους πρὸς τὸ μηδὲν ὑπονοῆσαι περὶ αὐτοῦ φαῦλον· τάχα δὲ cf. Jo xiii 2
καὶ τοῦ διαβόλου ἤδη βεβληκότος εἰς τὴν καρδίαν, ἵνα
10 παραδῷ αὐτὸν Ἰούδας Σίμωνος Ἰσκαριώτης, οὐκ ἦν τῆς
πονηρίας ἐξ ὅλων· λείμματος γὰρ προαιρέσεως ἀγαθῆς
ὑπάρχοντος ἐν αὐτῷ, ἰδὼν ὅτι κατεκρίθη, ἡνίκα δήσαντες Mt xxvii
αὐτὸν ἀπήγαγον καὶ παρέδωκαν Πιλάτῳ τῷ ἡγεμόνι, μετα- 2—5
μεληθεὶς ἔστρεφε τὰ τριάκοντα ἀργύρια τοῖς ἀρχιερεῦσι καὶ
15 πρεσβυτέροις λέγων Ἥμαρτον παραδοὺς αἷμα ἀθῶον· ὅτε
εἰπόντων αὐτῶν· Τί πρὸς ἡμᾶς; σὺ ὄψῃ· ῥίψας ὁ φιλάργυρος
Ἰούδας τὰ ἀργύρια ἀπελθὼν ἀπήγξατο, μηδὲ περιμείνας
ἰδεῖν τοῦ περὶ τὸν Ἰησοῦν παρὰ τῷ Πιλάτῳ κρίματος τὸ
τέλος. καὶ γέγονεν αὐτῷ οὔτε καθαρὰ ἀπὸ ἁμαρτίας
20 μετάνοια, οὔτε ἄκρατος πρός τι χρηστότερον ἡ πονηρία.
εἰ μὲν γὰρ καθαρῶς μετενόει καὶ ὡς ὁ λῃστὴς εἰπών·
Μνήσθητί μου, Ἰησοῦ, ὅταν ἔλθῃς ἐν τῇ βασιλείᾳ σου· Lc xxiii 42
προσελθὼν τῷ σωτῆρι ἐποίει τὰ παρ᾽ αὐτοῦ, πρὸς τὸ ἐξιλά-
σασθαι αὐτὸν ἐπὶ τῇ φθασάσῃ γεγονέναι προδόσει. εἰ δὲ
25 πάντῃ τὴν τοῦ καλοῦ ἔννοιαν ἐξεληλακὼς ἦν τῆς ἑαυτοῦ
ψυχῆς, οὔτ᾽ ἂν μετεμελήθη ἰδὼν ὅτι κατεκρίθη ὁ Ἰησοῦς·
ἀλλὰ καὶ προσετίθει ἂν λόγους κατηγορῶν αὐτοῦ συγγενεῖς
τῇ προδοσίᾳ. ἀλλὰ καὶ ἀπολαύων ἂν ὡς φιλάργυρος ὢν cf. Mt xxvii 9
ἔλαβε τριάκοντα ἀργυρίων, τὴν τιμὴν τοῦ τετιμημένου, οὔτ᾽
30 ἂν ἐβουλεύσατο ἀπώσασθαι τὰ ἀργύρια οὔτ᾽ ἂν ἔστρεψεν
436 αὐτὰ τοῖς ἀρχιερεῦσι καὶ πρεσβυτέροις, οὔτ᾽ ἂν ἐπ᾽ αὐτῶν
ἐκείνων ἐξωμολογήσατο, αὐτοῦ μὲν κατηγορῶν τὸν διδάσκα-

Mt xxvii 3 λον δὲ ἐγκωμιάζων ἐν τῷ· Ἥμαρτον παραδοὺς αἷμα δίκαιον.
ἀλλὰ καὶ τὸ ἀπάγξασθαι αὐτὸν οὐδεὶς ἄλλος ἐποίησεν ἢ
cf. Jo xiii 2 ὁ βεβληκὼς αὐτοῦ εἰς τὴν καρδίαν ἵνα παραδῷ τὸν σωτῆρα·
καὶ τόπον γε κατ᾽ ἀμφότερα ἔδωκε τῷ διαβόλῳ. ταῦτα
δὲ κατὰ δύναμιν ἐπεξειργασάμην ἅμα μὲν παριστὰς τοῖς 5
οἰομένοις αὐτὸν φύσει γεγονέναι ἀνεπίδεκτον σωτηρίας, ὅτι
οὐ τοιοῦτος ἦν, ἅμα δὲ διηγούμενος ὅτι εὐλόγως οἱ μαθηταὶ
ἐπὶ τῷ τοῦ κυρίου λόγῳ ἔβλεπον εἰς ἀλλήλους, ἀπορού-
μενοι περὶ τίνος λέγει. ἀρκεῖ δὲ παραθέσθαι καὶ προφη-
τικὴν λέξιν ἀπὸ τοῦ τεσσαρακοστοῦ Ψαλμοῦ, παριστᾶσαν 10
Ps xl (xli) 10 ὅτι ἅγιος ὢν μεταπέπτωκεν, ἐπεὶ γέγραπται Καὶ γὰρ ὁ
ἄνθρωπος τῆς εἰρήνης μου, ἐφ᾽ ὃν ἤλπισα, ὁ ἐσθίων ἄρτους
Ps liv (lv) 13 μου ἐμεγάλυνεν ἐπ᾽ ἐμὲ πτερνισμόν. ἀλλὰ καὶ τό· Εἰ
ἐχθρὸς ὠνείδισέ με, ὑπήνεγκα ἄν· ἐπ᾽ αὐτὸν ἀναφερόμενον,
δηλοῖ ὅτι οὐκ ἀρχῆθεν ἐχθρὸς ἦν. ἀλλὰ καὶ τό· Εἰ ὁ 15
μισῶν με ἐμεγαλορρημόνησεν, ἐκρύβην ἂν ἀπ᾽ αὐτοῦ· παρί-
στησιν ὅτι καὶ ἠγάπα ποτὲ τὸν Ἰησοῦν, φθάσας ἐπὶ τὸ καὶ
Ps liv (lv) 14 ἰσόψυχος αὐτῷ τυγχάνειν, ἐπεὶ γέγραπται Σὺ δὲ ἄνθρωπε
ἰσόψυχε, καὶ ἡγεμών μου, καὶ γνωστέ μου. καὶ ἄλλα δ᾽ ἂν
εὕροις μυρία, ἐξ ὧν συνήσεις ὅτι εἰκότως οἱ μαθηταὶ ἔβλεπον 20
εἰς ἀλλήλους, ἀπορούμενοι περὶ τίνος λέγει. ὁ δὲ Λουκᾶς
Lc xxii 21 ff. ἀνέγραψεν ὅτι εἰπόντος τοῦ σωτῆρος· Πλὴν ἰδοὺ ἡ χεὶρ τοῦ
παραδιδόντος με μετ᾽ ἐμοῦ ἐπὶ τῆς τραπέζης. ὁ μὲν υἱὸς
τοῦ ἀνθρώπου κατὰ τὸ ὡρισμένον αὐτῷ πορεύεται, πλὴν
οὐαὶ τῷ ἀνθρώπῳ ἐκείνῳ δι᾽ οὗ παραδίδοται· οἱ μαθηταὶ 25
ἤρξαντο συζητεῖν πρὸς ἑαυτοὺς τίς ἄρα εἴη ἐξ αὐτῶν ὁ
μέλλων τοῦτο πράσσειν· συνεζήτουν γὰρ ἀπορούμενοι περὶ
τίνος λέγει. ἀλλὰ κατὰ μὲν τὸν Λουκᾶν οὐκ ἐμφαίνεται ὅτι
ἕκαστος καὶ ἑαυτὸν ὑπενόει· κατὰ δὲ τὸν Ματθαῖον καὶ τὸν
Μάρκον καὶ τοῦτο παρίσταται. ὁ μὲν γὰρ Ματθαῖός φησι· 30
Mt xxvi 22 Καὶ λυπούμενοι σφόδρα ἤρξαντο λέγειν Μήτι ἐγώ εἰμι,
Mc xiv 19 κύριε; ὁ δὲ Μάρκος ὅτι Ἤρξαντο λυπεῖσθαι καὶ λέγειν

1 δέ] καί

αὐτῷ εἷς καθ᾽ ἕνα Μήτι ἐγώ; καὶ ἄλλος Μήτι ἐγώ; ἐμέ-
μνηντο γὰρ, οἶμαι, ἄνθρωποι ὄντες, ὅτι τρεπτή ἐστιν ἡ
προαίρεσις τῶν ἔτι προκοπτόντων καὶ ἐπιδεχομένη τὰ ἐναντία
θέλειν οἷς πρότερον προέθετο. τάχα δὲ καὶ μαθόντες πρὸς ἃ
5 ἡμῖν ἐστιν ἡ πάλη, εὐλαβοῦντο διὰ τὸ ἐν ἀνθρώποις ἄδηλον   cf. Eph vi 12
437 μήποτε νικηθέντες παραδέξωνται καὶ τὴν τοῦ διδασκάλου
προδοσίαν. καὶ γὰρ ὁ Πέτρος πρόθεσιν μὲν εἶχεν, ὅτε
διαβεβαιούμενος ἔλεγεν· Εἰ καὶ πάντες σκανδαλισθήσονται   Mt xxvi 33;
ἐν σοί, ἐγὼ οὐ σκανδαλισθήσομαι· μὴ ἀρνήσασθαι τὸν   cf. Mc xiv 29
10 Ἰησοῦν· ἐκνικηθεὶς δὲ ὑπὸ τοῦ τῆς δειλίας πνεύματος πρὸ
ἀλεκτοροφωνίας τρὶς αὐτὸν ἠρνήσατο. ἐκ τῶν τοιούτων δὴ
λόγων διδασκόμεθα· Ὁ στήκων βλεπέτω μὴ πέσῃ· καί· Μὴ   I Co x 12
καυχῶ τὰ εἰς αὔριον, οὐ γὰρ οἶδας τί τέξεται ἡ ἐπιοῦσα.   Pr xxvii 1
τάχα δὲ καὶ τό· Ἔβλεπον εἰς ἀλλήλους οἱ μαθηταί· πρὸς τῷ   Jo xiii 22
15 ἁπλούστερον νοουμένῳ καὶ τοιοῦτόν τι δηλοῖ, ὅτι ἕκαστος
κατὰ τὸ δυνατὸν ἀνθρωπίνῃ φύσει ἐνεώρα εἰς τὴν προαίρεσιν
τοῦ ἑτέρου, ἐπαπορῶν εἰ δύναται ἡ τοιαῦτα πράξασα ψυχὴ
καὶ οὕτω πρὸς τὸν ἀψευδῆ διδάσκαλον διατεθεῖσα, ἀληθῶς
μαρτυρήσαντα ἐν τῷ εἰρηκέναι· Ἀμὴν ἀμὴν λέγω ὑμῖν ὅτι εἷς   Jo xiii 21
20 ἐξ ὑμῶν παραδώσει με· ἐπὶ τοσοῦτον τραπῆναι καὶ ἐπιλα-
θέσθαι τῶν τοῦ διδασκάλου μαθημάτων ὡς καὶ ἐπὶ τὴν
προδοσίαν αὐτοῦ φθάσαι. ἐμφαντικὴ γὰρ ἡ περὶ τῶν
μαθητῶν λέξις ἡ· Ἀπορούμενοι περὶ τίνος λέγει· οὐ γὰρ
εὐπόρουν ἐννοῆσαι περὶ τίνος τὸ προειρημένον ἦν, ἀλλ᾽
25 ἦσαν περὶ τούτου ἀπορούμενοι, καὶ οὐδὲν οὔτε νοεῖν οὔτε
λέγειν σαφὲς εὑρίσκοντες.

20. (13) Ἦν ἀνακείμενος εἷς ἐκ τῶν μαθητῶν   Jo xiii 23–
αὐτοῦ ἐν τῷ κόλπῳ τοῦ Ἰησοῦ, ὃν ἠγάπα ὁ Ἰησοῦς.   26
νεύει οὖν τούτῳ Σίμων Πέτρος καὶ λέγει αὐτῷ Εἰπὲ τίς
30 ἐστι περὶ οὗ λέγει. ἀναπεσὼν ἐκεῖνος ἐπὶ τὸ στῆθος
τοῦ Ἰησοῦ λέγει αὐτῷ Κύριε, τίς ἐστιν; ἀποκρίνεται οὖν
ὁ Ἰησοῦς Ἐκεῖνός ἐστιν ᾧ ἐγὼ βάψω τὸ ψωμίον.
βάψας οὖν τὸ ψωμίον λαμβάνει καὶ δίδωσιν Ἰούδᾳ

Jo xiii 27 ff.   Σίμωνος Ἰσκαριώτου.   καὶ μετὰ τὸ ψωμίον τότε εἰσῆλ-
ΘΕΝ εἰς ἐκεῖνον ὁ Σατανᾶς.   λέγει οὖν αὐτῷ ὁ Ἰησοῦς
"Ὃ ποιεῖς ποίησον τάχιον.   τοῦτο δὲ οὐδεὶς ἔγνω τῶν
ἀνακειμένων πρὸς τί εἶπεν αὐτῷ· τινὲς γὰρ ἐδόκουν,
ἐπεὶ τὸ γλωσσόκομον εἶχεν Ἰούδας, ὅτι λέγει αὐτῷ 5
Ἰησοῦς Ἀγόρασον ὧν χρείαν ἔχομεν εἰς τὴν ἑορτήν, ἢ
τοῖς πτωχοῖς ἵνα τι δῷ.   Ὁ ἐν τῷ κόλπῳ τοῦ Ἰησοῦ
ἀνακείμενος, εἷς τῶν μαθητῶν ὃν ἠγάπα ὁ Ἰησοῦς, ἔοικεν ὁ
γράψας τὸ εὐαγγέλιον εἶναι Ἰωάννης· ἐπὶ γὰρ τῷ τέλει τοῦ
Jo xxi 20—   εὐαγγελίου γέγραπται ὡς Ἐπιστραφεὶς ὁ Πέτρος βλέπει 10
23   τὸν μαθητὴν ὃν ἠγάπα ὁ Ἰησοῦς ἀκολουθοῦντα, ὃς καὶ
ἀνέπεσεν ἐν τῷ δείπνῳ ἐπὶ τὸ στῆθος αὐτοῦ, καὶ εἶπε Κύριε,
τίς ἐστιν ὁ παραδιδούς σε; τοῦτον οὖν ἰδὼν ὁ Πέτρος λέγει
τῷ Ἰησοῦ Κύριε, οὗτος δὲ τί; λέγει αὐτῷ ὁ Ἰησοῦς Ἐὰν 438
αὐτὸν θέλω μένειν ἔτι ὡς ἔρχομαι, τί πρὸς σέ; σύ μοι 15
ἀκολούθει. ἐξῆλθεν οὖν ὁ λόγος εἰς τοὺς ἀδελφοὺς, ὅτι ὁ
μαθητὴς ἐκεῖνος οὐκ ἀποθνήσκει. οὐκ εἶπε δὲ αὐτῷ ὁ
Ἰησοῦς ὅτι οὐκ ἀποθνήσκει, ἀλλ᾽ Ἐὰν αὐτὸν θέλω μένειν
ἕως ἔρχομαι, τί πρὸς σέ; ὅτι δὲ ὁ μαθητὴς οὗτος ὁ
γράψας τὸ εὐαγγέλιον Ἰωάννης ἐστὶν δῆλον ἐκ τῶν ἐπιφερο- 20
Jo xxi 24   μένων, οὕτως ἐχόντων ὅτι Οὗτός ἐστιν ὁ μαθητὴς ὁ καὶ
μαρτυρῶν περὶ τούτων, ὁ γράψας ταῦτα. παρατήρει δὲ
ἐν ἀμφοτέροις τοῖς τόποις τοῦ εὐαγγελίου τίνα τρόπον ὁ
Πέτρος, ὡς ἐπὶ πλεῖον αὐτῷ θαρρῶν καὶ προσκεκλιμένος,
Jo xiii 24   ὅπου μέν· Νεύει αὐτῷ καὶ λέγει Εἰπὲ τίς ἐστι περὶ οὗ ὁ 25
cf. Jo xxi 20   Ἰησοῦς προδώσοντός φησιν· ὅπου δὲ ἰδὼν αὐτὸν ἀκολου-
θοῦντα· ὡς φροντίζων αὐτοῦ μᾶλλον παρὰ τοὺς λοιπούς,
λέγει τῷ Ἰησοῦ περὶ αὐτοῦ· Κύριε, οὗτος δὲ τί; βουλόμενος
μαθεῖν καὶ τὸ κατὰ τὸν Ἰωάννην τέλος ὁμοίως τῷ ἐγνωκέναι
cf. Jo xxi 18   τὰ περὶ αὐτοῦ, ὅτι ὅταν γηράσῃ ἐκτενεῖ τὰς χεῖρας αὐτοῦ, 30
καὶ ἄλλος αὐτὸν ζώσει καὶ οἴσει ὅπου οὐ θέλει.   εἴπερ δὲ ἃ
cf. Jo vi 63   ἐλάλει ῥήματα ὁ Ἰησοῦς πνεῦμά ἐστι καὶ οὐ γράμμα, δι᾽

9 ἐπεὶ   19 ἕως] αι ως pr. man. (vid.)   30 ἐκτείνει

ὅλων ζωή ἐστι καὶ οὐδαμῶς θάνατος, καὶ μιμούμενος αὐτὸν ὁ
μαθητὴς ὃν ἠγάπα πνεῦμα καὶ ζωὴν ἀναγράφει, ἀκουστέον
τοῦ· Ἦν ἀνακείμενος εἷς ἐκ τῶν μαθητῶν αὐτοῦ ἐν τῷ κόλπῳ   Jo xiii 23
τοῦ Ἰησοῦ· ἀξίως τιμῆς, ἧς πρέπει διδόναι τὸν υἱὸν τοῦ θεοῦ
5 καὶ λαμβάνειν τὸν ἀγαπώμενον ὑπ᾽ αὐτοῦ. καὶ νομίζω ὅτι
εἰ καὶ συμβολικῶς τότε ἀνακείμενος Ἰωάννης ἦν ἐν τῷ
κόλπῳ τοῦ Ἰησοῦ, τοῦ γέρως τούτου ἀξιωθεὶς ὡς ἐξαιρέτου
ἀγάπης κριθεὶς ἄξιος τῆς ἀπὸ τοῦ διδασκάλου, τὸ συμβο-
λικὸν τοῦτο παρίστησιν ὅτι Ἰωάννης ἀνακείμενος τῷ λόγῳ
10 καὶ τοῖς μυστικωτέροις ἐναναπαυόμενος, ἀνέκειτο ἐν τοῖς
κόλποις τοῦ λόγου, ἀνάλογον τῷ καὶ αὐτὸν εἶναι ἐν τοῖς
κόλποις τοῦ πατρός, κατὰ τό· Ὁ μονογενὴς θεός, ὁ ὢν εἰς   Jo i 18
τὸν κόλπον τοῦ πατρός, ἐκεῖνος ἐξηγήσατο. εἰ μὴ ταπεινό-
τερον δὲ ἀκούομεν καὶ τοῦ· Ἐγένετο δὲ ἀποθανεῖν τὸν πτωχὸν   Lc xvi 22
15 καὶ ἀπενεχθῆναι αὐτὸν ἀπὸ τῶν ἀγγέλων εἰς τὸν κόλπον
Ἀβραάμ· τοιοῦτόν τι καὶ περὶ τοῦ κόλπου Ἀβραὰμ νοήσο-
μεν· ὅπερ ἐὰν οὕτως διηγησώμεθα, ἀπολογησάμενοι πρὸς
τὴν κατ᾽ ἄγνοιαν περὶ τῆς γραφῆς ἐπαπόρησιν, λεχθείη
ἂν ὑπὸ τοῦ βουληθέντος ἀθετῆσαι τὴν περὶ τὸν πλούσιον
20 καὶ τὸν πένητα διήγησιν· εἰ γὰρ ἀνέκειτο, φησίν, εἰς τὸν
439 κόλπον τοῦ Ἀβραὰμ ὁ Λάζαρος, ἕτερος πρὸ τοῦ τοῦτον
ἐξελθεῖν τὸν βίον ἦν ἐν τῷ κόλπῳ τοῦ Ἀβραάμ, καὶ πρὸ
ἐκείνου ἄλλος. ἀλλὰ καὶ ἄλλου, φησί, δικαίου ἐξελθόντος
ὁ πτωχὸς ὑπαναστήσεται· οὐ γὰρ ἑώρα τὸν κόλπον τοῦ
25 Ἀβραὰμ ὁ περὶ τούτων ἐπαπορῶν, καὶ ὅτι δυνατόν ἐστι
μυρίους ἐν τῷ κόλπῳ τοῦ Ἀβραὰμ ἅμα ἀναπαύσεσθαι,
κοινωνοῦντας τῶν ἀποκαλυφθέντων αὐτῷ.

21. Εἰ δὲ καὶ ἄλλον τόπον περὶ τῆς τοῦ κόλπου ὀνομασίας
δεήσει παραθέσθαι ἀπὸ τῆς γραφῆς, φέρε ἐξετάσωμεν τίνα
30 τρόπον εἶπε κύριος τῷ Μωϋσῇ· Πάλιν εἰσένεγκον τὴν χεῖρά   Ex iv 6
σου εἰς τὸν κόλπον σου. καὶ εἰσήνεγκε τὴν χεῖρα αὐτοῦ εἰς
τὸν κόλπον αὐτοῦ, καὶ ἐξήνεγκεν αὐτὴν ἐκ τοῦ κόλπου αὐτοῦ

17 διηγησώμεθα]...ἐσόμεθα

Ex iv 6 f. καὶ ἐγένετο ἡ χεὶρ αὐτοῦ λεπρῶσα ὡσεὶ χιών. καὶ εἶπεν
Εἰσένεγκον τὴν χεῖρά σου εἰς τὸν κόλπον σου. καὶ εἰσήνεγκε
τὴν χεῖρα αὐτοῦ εἰς τὸν κόλπον αὐτοῦ, καὶ ἐξήνεγκεν αὐτὴν
ἐκ τοῦ κόλπου αὐτοῦ, καὶ πάλιν ἀπεκατεστάθη εἰς τὴν χρόαν
τῆς σαρκὸς αὐτοῦ. χαλεπὸν μὲν οὖν ἰδεῖν καὶ ὑπὲρ ἡμᾶς, 5
τίνος σύμβολον εἶναι δύναται τὸ σημεῖον τοῦτο. ἐπεὶ δὲ
χρὴ καὶ ἡμᾶς μὴ ἀργεῖν ἀπὸ τοῦ ζητεῖν τὸ ὑποπῖπτον εἰς
κρίσιν παραδοῦναι τῷ ἐντευξομένῳ, φήσομεν ὅτι ἡ χεὶρ
πράξεων πολλαχοῦ σύμβολόν ἐστιν· ὁ δὲ κόλπος Μωϋσέως
δύο δυνάμεις ἔχει, τὴν μὲν προτέραν καὶ κατὰ τὰ τοῦ 10
γράμματος νοήματα, ποιοῦσαν τὴν πρᾶξιν τοῦ πράττοντος
ὡσεὶ χιών, ὅσον ἐπὶ τῇ Ἑβραίων φωνῇ, ἢ καὶ λεπρῶσαν·
τὴν δὲ δευτέραν καὶ κατὰ τὸν πνευματικὸν νόμον, καθαρὰν
ἀποδεικνύουσαν τὴν πολιτείαν, καὶ ἀποκαθιστανομένην εἰς τὸ
βούλημα τῆς φύσεως τοῦ λόγου. καὶ τήρει γε ὅτι ἐπιφέρε- 15

Ex iv 8 ται τούτοις τό· Ἐὰν μὴ πιστεύσωσί σοι μηδὲ εἰσακούσωσι
τῆς φωνῆς τοῦ σημείου τοῦ πρώτου, πιστεύσουσί σοι τῆς
φωνῆς τοῦ σημείου τοῦ δευτέρου· ὁ γὰρ μὴ πιστεύσας τῇ
ἐκδοχῇ τοῦ γράμματος, διὰ μεγαλόνοιαν πιστεύσει τῇ πνευ-
ματικῇ τοῦ νόμου διηγήσει. ἐὰν δέ τις μὴ πιστεύσῃ τοῖς 20
δυσὶ σημείοις τούτοις, τῷ μὲν προτέρῳ ὅτι λεπρὰν ποιεῖ τὴν
πρᾶξιν, τῷ δὲ δευτέρῳ ὅτι ἀποκαθίστησιν αὐτὴν εἰς τὸ κατὰ

Ex iv 9 φύσιν, τὸ ὕδωρ τούτῳ αἷμα γίνεται. γέγραπται γάρ· Καὶ
ἔσται ἐὰν μὴ πιστεύσωσί σοι τοῖς δυσὶ σημείοις τούτοις
μηδὲ εἰσακούσωσι τῆς φωνῆς σου, λήψῃ ἀπὸ τοῦ ὕδατος 25
τοῦ ποταμοῦ καὶ ἐκχεεῖς ἐπὶ τὸ ξηρόν, καὶ ἔσται τὸ ὕδωρ
ὃ ἐὰν λάβῃς ἀπὸ τοῦ ποταμοῦ αἷμα ἐπὶ τοῦ ξηροῦ. καὶ 440
πρόσχες δὲ ὅτι ἐπὶ τούτου τοῦ σημείου οὐκέτι λέγεται τὸ
ἢ πιστεύσουσί σοι, ἢ οὐ πιστεύσουσι. δηλοῦται γὰρ ὅτι
τῷ μὴ πιστεύσαντι τοῖς δυσὶ σημείοις τὸ λαμβανόμενον 30
ἀπὸ τοῦ ποταμοῦ ὕδωρ αἷμα γίνεται, δι' ἀπιστίαν ποτίμου
ἀπολαύειν οὐ δυναμένῳ λόγου. ἀλλὰ γὰρ ἐπανέλθωμεν,

11 ποιοῦσα   17 πιστεύσωσιν
29 πιστεύσουσι 1°] πιστεύσωσι

πλείονα τοῦ δέοντος διὰ τὸν κόλπον τοῦ Ἰησοῦ παραλα-
βόντες εἰς τὸν τόπον, ἐπὶ τὸ προκείμενον, καὶ μαθόντες ὅτι
ὃν ἠγάπα ὁ Ἰησοῦς ἦν ἀνακείμενος ἐν τῷ κόλπῳ τοῦ Ἰησοῦ,
πάντα πράττωμεν πρὸς τὸ ἐγκριθῆναι τῇ ἐξαιρέτῳ αὐτοῦ
5 ἀγάπῃ· οὕτω γὰρ καὶ αὐτοὶ ἀνακεισόμεθα ἐν τῷ κόλπῳ τοῦ
Ἰησοῦ· νεύει δὲ τῷ ἀγαπωμένῳ μαθητῇ Σίμων Πέτρος,
καὶ μὴ ἀρκούμενος τῷ νεύματι φησὶν αὐτῷ· Εἰπὲ τίς ἐστι Jo xiii 24
περὶ οὗ λέγει. ἐπεὶ οὖν τὸ νεύειν ἐν ταῖς Παροιμίαις εἰς
διαβολὴν λαμβάνεται· ὁ γὰρ φαῦλος ἐννεύει μὲν ὀφθαλμῷ, Pr vi 13 f.
10 σημαίνει δὲ ποδί, διδάσκει δὲ νεύμασι δακτύλων, καὶ διε-
στραμμένῃ καρδίᾳ τεκταίνεται κακά· καί· Ὁ ἐννεύων ὀφθαλ- Pr x 10
μοῖς μετὰ δόλου συνάγει ἀνδράσι λύπας· λεκτέον ὅτι
φαῦλον οὐ τὸ νεύειν ἐστὶν, ἀλλὰ τὸ νεύειν ὀφθαλμῷ,
τουτέστι, πλαγιάζειν τὸν ὀφθαλμὸν καὶ μὴ ὀρθὰ βλέπειν,
15 καὶ τὸ νεύειν μετὰ δόλου ἐστὶ τὸ ψεκτόν· νεύειν δὲ
φιλομαθῶς Πέτρου ἔργον ἦν, καὶ ἀκολούθως τῷ τοιούτῳ
νεύματι λέγειν τῷ συμφοιτητῇ, ὡς παρρησίαν πλείονα
ἔχοντι πρὸς τὸν διδάσκαλον· Εἰπὲ τίς ἐστι περὶ οὗ λέγει.
ἐβούλετο γὰρ ἴσως τὸ κατὰ τὴν προδοσίαν, ἣν προδίδωσιν
20 Ἰούδας τὸν Ἰησοῦν, μυστήριον ἰδεῖν, ὅπερ ἵνα μάθῃ ὁ
Πέτρος, Ἰωάννης πρότερον ἀνακείμενος ἐν τῷ κόλπῳ τοῦ
Ἰησοῦ ἐπαναβέβηκε καὶ ἀνέπεσεν ἐπὶ τὸ στῆθος. καὶ
τάχα μὴ ἀναπεσόντι ἐπὶ τὸ στῆθος, ἀλλὰ μείναντι ἐπὶ
τοῦ ἀνακεῖσθαι ἐν τῷ κόλπῳ, οὐκ ἂν παρέδωκεν ὃν ἐπόθει
25 μανθάνειν Ἰωάννης ἢ Πέτρος λόγον. εἰ καὶ ἀνακείμενος
οὖν πρότερον μὲν ἦν ἐν τῷ κόλπῳ τοῦ Ἰησοῦ, ὕστερον δὲ
ἀνέπεσεν ἐπὶ τὸ στῆθος τοῦ Ἰησοῦ, διὰ τοῦ δευτέρου ἐν τοῖς
τελευταίοις τοῦ εὐαγγελίου χαρακτηρίζεται ὡς μείζονος καὶ
διαφέροντος ὁ τοῦ Ἰησοῦ γνήσιος μαθητής. γέγραπται γὰρ
30 ὅτι Ἐπιστραφεὶς ὁ Πέτρος βλέπει τὸν μαθητὴν ὃν ἠγάπα ὁ Jo xxi 20
Ἰησοῦς ἀκολουθοῦντα, ὃς καὶ ἀνέπεσεν ἐν τῷ δείπνῳ ἐπὶ τὸ
στῆθος αὐτοῦ καὶ εἶπε Κύριε, τίς ἐστιν ὁ παραδιδούς σε; οὐ

4 πράττομεν   11 τεκτένεται

γὰρ γέγραπται· ὃς ἦν ἀνακείμενος ἐν τῷ κόλπῳ τοῦ 44]
<Ἰησοῦ>.

22. (14) Τί δὲ καὶ ἀποκρινόμενος εἶπεν ὁ κύριος
Jo xiii 26   θεωρήσωμεν. Ἐκεῖνος, φησὶν, ἐστὶν ᾧ ἐγὼ βάψω τὸ
ψωμίον καὶ δώσω αὐτῷ. εἶπεν οὖν τοῦτο ὁ Ἰησοῦς, καὶ 5
βάψας τὸ ψωμίον λαμβάνει καὶ δίδωσιν Ἰούδᾳ Σίμωνος
Ἰσκαριώτου. καὶ μετὰ τὸ ψωμίον, τότε εἰσῆλθεν εἰς ἐκεῖνον
ὁ Σατανᾶς, οὐ δυνηθεὶς πρότερον εἰσελθεῖν, οὐδὲ εὐθέως ἅμα
cf. Jo xiii 2   τῷ βεβληκέναι εἰς τὴν καρδίαν ἵνα παραδῷ αὐτὸν Ἰούδας
Σίμωνος Ἰσκαριώτης. ἐχρῆν γὰρ, οἶμαι, διὰ τῆς δόσεως 10
τοῦ ψωμίου ἀντιλαβεῖν αὐτὸ ἀπὸ τοῦ ἀναξίου ἔχειν τὸ
cf. Mt xxv   κρεῖττον ὃ ἐδόκει ἔχειν· ἀπὸ γὰρ τοῦ μὴ ἔχοντος καὶ ὃ
29;
Lc viii 18   δοκεῖ ἔχειν ἀρθήσεται ἀπ' αὐτοῦ. ἀφαιρεθεὶς οὖν ὁ Ἰούδας
ὡς ἀνάξιος τοῦ κρείττονος τοῦ εἰπόντος, κεχώρηκε τὴν εἰς
αὐτὸν τοῦ Σατανᾶ εἴσοδον. παραδείγματος δὲ ἕνεκεν ἵνα 15
νοηθῇ πῶς ψωμίον μὲν ἔδωκεν ὁ κύριος τῷ Ἰούδᾳ, ἐκεῖνος
δὲ τότε ἀπέθετο κρεῖττόν τι ἐνυπάρχον ἐν αὐτῷ, καὶ τάχα
τὴν εἰρήνην, ὑποστρέφουσαν ἀπὸ τοῦ ἀκούσαντος καὶ μὴ
Lc x 6   παραδεξαμένου ἐπὶ τὸν εἰπόντα, κατὰ τὸ λελεγμένον ὅτι Ἐὰν
μὲν ᾖ ἐκεῖ υἱὸς εἰρήνης, ἡ εἰρήνη ὑμῶν ἐπ' αὐτὸν ἀναπαύσε- 20
ται· ἐὰν δὲ μὴ ᾖ ἐκεῖ υἱὸς εἰρήνης, ἡ εἰρήνη ὑμῶν ἐφ' ὑμᾶς
ἀνακάμψει· παραθησόμεθα καὶ ἀπὸ τῆς πρὸς Κορινθίους
2 Co viii 14   δευτέρας ἐπιστολῆς ταῦτα οὕτως γεγραμμένα· Τὸ ὑμῶν
περίσσευμα εἰς τὸ ἐκείνων ὑστέρημα, ἵνα καὶ τὸ ἐκείνων
περίσσευμα γένηται εἰς τὸ ὑμῶν ὑστέρημα. κατανοήσας 25
γὰρ τὴν ἐν τούτοις ἀντίδοσιν χοϊκῶν πρὸς πνευματικὰ,
δυνήσῃ ἰδεῖν πῶς τῷ μὴ ἀξίῳ ἄρτου ψωμίον ἐπιδέδωκεν,
ἵνα διὰ τοῦ ψωμίου ἀφέλῃ αὐτοῦ, ὡς ἀναξίου ἔτι ἀκούειν·
Ps xl (xli) 10   Καὶ γὰρ ὁ ἄνθρωπος τῆς εἰρήνης μου· τὴν εἰρήνην, ὁ
cf. Apoc   ῥυπαρὸς γὰρ ῥυπανθήτω ἔτι, ἧς ἀφαιρεθείσης ὁ ἐπιτηρῶν 30
xxii 11
cf. Eph iv 27   καιροὺς τῆς εἰς τὴν ψυχὴν εἰσόδου αὐτοῦ, καὶ τὸν διδόντα
αὐτῷ τόπον εἰσελθεῖν, εἰς τὸν Ἰούδαν εἰσῆλθεν. ἅμα δὲ

2 Ἰησοῦ] om.   24 ἐκείνων 2°] ἐκείνου
31 καιροὺς τῆς] καιρευστῆς

παρατήρει ὅτι πρότερον μὲν οὐκ εἰσῆλθεν ὁ Σατανᾶς εἰς τὸν   cf. Jo xiii 27
Ἰούδαν, ἀλλὰ βεβλήκει μόνον εἰς τὴν καρδίαν ἵνα παραδῷ   cf. Jo xiii 2
Ἰούδας Σίμωνος Ἰσκαριώτης τὸν διδάσκαλον· κατὰ δὲ τὰ
νῦν ἐξεταζόμενα μετὰ τὸ ψωμίον εἰσελθεῖν εἰς ἐκεῖνον.
5 διόπερ καὶ ἡμεῖς φυλαττώμεθα μήποτε ὁ διάβολος βάλῃ
εἰς τὴν καρδίαν ἡμῶν ὁτιποτοῦν τῶν πεπυρωμένων αὐτοῦ   cf. Eph vi 16
βελῶν· ἐὰν γὰρ βάλῃ, ἐπιτηρεῖ μετὰ τοῦτο καὶ αὐτὸς
εἰσελθεῖν. ζητῆσαι δ' ἄν τις διὰ τί οὐ γέγραπται· ἐκεῖνός
ἐστιν, ᾧ ἐγὼ δώσω τὸ ψωμίον· ἀλλὰ μετὰ προσθήκης τῆς
10 βάψω· Βάψω γάρ, φησὶ, τὸ ψωμίον, καὶ δώσω. καὶ βάψας   Jo xiii 26
τὸ ψωμίον λαμβάνει καὶ δίδωσιν Ἰούδᾳ Σίμωνος Ἰσκαριώτῃ.
442 ὡς ἐν τοιούτοις δὴ τόποις πρόσχες εἰ δύνασαι τὸν εἰλικρινῆ
ἄρτον ἀβαφῆ φάσκειν εἶναι, καὶ καθ' αὑτὸν τρόφιμον· τὸ δὲ
τῷ Ἰούδᾳ ἐπιδιδόμενον καὶ οὐκ ἄρτος ἦν τὸ ψωμίον, καὶ οὐ
15 ψωμίον ἀβαφές, ἀλλὰ βεβαμμένον τῷ δυναμένῳ ἀποσπάσαι
τῆς ψυχῆς αὐτοῦ τὴν ἀπὸ τοῦ λόγου ἐπὶ ποσὸν ἐγγινομένην
βαφήν, ἵνα μετὰ τὸ ψωμίον εἰσέλθῃ εἰς ἐκεῖνον ὁ Σατανᾶς.
ἐγὼ δὲ ζητήσαιμ' ἂν ὡς τούτῳ συγγενὲς τὸ ἀπὸ τοῦ κατὰ
Ματθαῖον· Ὁ ἐμβάψας τὴν χεῖρα μετ' ἐμοῦ ἐν τῷ τρυβλίῳ,   Mt xxvi 23
20 οὗτός με παραδώσει· καὶ τὸ ἀπὸ τοῦ κατὰ Μάρκον· Ὁ   Mc xiv 20
ἐμβαπτόμενος μετ' ἐμοῦ εἰς τὸ τρυβλίον· καὶ τὸ ἀπὸ τοῦ
κατὰ Λουκᾶν δέ, εἰ καὶ μὴ ὀνομάζει τό· Ἐμβάψας· ἀλλ' ἢ
φησί γε· Πλὴν ἰδοὺ ἡ χεὶρ τοῦ παραδιδόντος με μετ' ἐμοῦ   Lc xxii 21
ἐπὶ τῆς τραπέζης. ὁ μὲν οὖν περὶ τούτου ἀληθὴς λόγος
25 παρὰ τοῖς ἐμοῦ εὑρεθείη ἂν πολλῷ σοφωτέροις· ἐγὼ δὲ
στοχάζομαι μήποτε καὶ τὸ ἀναιδὲς τοῦ Ἰούδα καὶ ἐν τούτῳ
ἐμφαίνεται, μὴ τιμῶντος τὸν διδάσκαλον ἐν τῷ συνεσθίειν
μηδὲ παραχωροῦντος αὐτῷ τῆς εἰς τὸ τρυβλίον ἐμβάψεως,
ὡς παρεχώρουν οἱ λοιποί. διόπερ ἐκείνων μὲν οὐδεὶς
30 ἐνέβαπτε τὴν χεῖρα εἰς τὸ τρυβλίον μετ' αὐτοῦ· οὗτος
δέ, οὐκ ἀξιῶν μετ' αὐτῶν ἐμβάπτειν, μετ' αὐτοῦ ἐνέβαπτε
τὴν ἰσότητα θέλων ἔχειν πρὸς αὐτόν, δέον αὐτῷ παραχωρεῖν
τῆς ὑπεροχῆς. τάχα οὖν τοῦ αὐτοῦ ἔχεται καὶ τό· Πλὴν
ἰδοὺ ἡ χεὶρ τοῦ παραδιδόντος με μετ' ἐμοῦ ἐπὶ τῆς τραπέζης.

καὶ χαριεντιζόμενος δέ ποτε εἰς προτροπὴν νέοις περὶ τῆς ἐν
ἑστιάσει τιμῆς τῶν πρεσβυτέρων συγχρήσει τῷ ῥητῷ, ἵνα μὴ
συνθλίβωσι τὴν χεῖρα τῶν πρεσβυτέρων. γέγραπται γὰρ

Sap. Sir
xxxiv 14
(xxxi 17)

καὶ τοῦτο· Μὴ συνθλίβου μετ' αὐτοῦ ἐν τῷ τρυβλίῳ. οὐκ
ἀγνοοῦντες δὲ δόξαν περιέργου ζητήσεως καὶ πείθειν μὴ 5
δυναμένης τὸν ἀκροατὴν ἀπολογίας ἀποφέρεσθαι παρὰ τοῖς
τούτων ἀκούουσι ταῦτα ἐτολμήσαμεν, κρεῖττον εἶναι νομί-
ζοντες τὸ πάντα βασανίζειν τοῦ παρελθεῖν τι ἀβασάνιστον
τῶν γεγραμμένων.

23. (15) Εἰσελθόντος μέντοι τοῦ Σατανᾶ εἰς τὸν 10

Jo xiii 27

Ἰούδαν· Λέγει, φησὶν, αὐτῷ ὁ Ἰησοῦς Ὃ ποιεῖς ποίησον τά-
χιον· τίνι δέ· Αὐτῷ· ἀμφίβολον, ἐπεὶ δύναται αὐτῷ τῷ Ἰούδα,
ἢ τῷ Σατανᾷ εἰρηκέναι ὁ κύριος· Ὃ ποιεῖς ποίησον τάχιον·
προκαλούμενος τὸν ἀνταγωνιστὴν ἐπὶ τὴν πάλην, ἢ τὸν
προδότην ἐπὶ τὸ διακονῆσαι τῇ σωτηρίῳ κόσμῳ ἐσομένῃ 15
οἰκονομίᾳ ἣν οὐκέτι μέλλειν οὐδὲ βραδύνειν, ἀλλ' ὅσῃ
δύναμις ταχύνειν ἤθελεν, οὐ δειλιῶν, ὡς οἴονταί τινες τῶν

Mt xxvi 39;
cf. Mc xiv
35 f. Lc xxii
42

μὴ νοησάντων τίνα τρόπον εἶπε· Πάτερ, εἰ δυνατόν, παρελ- 443
θέτω τὸ ποτήριον τοῦτο· ἀλλὰ θαρραλεώτατα ἐπὶ τὸν
ἀγῶνα, ἵν' οὕτως εἴπω, ἀποδυόμενος. νομίζω δὲ καὶ τὸν 20
κϛ Ψαλμὸν ἐκ προσώπου τοῦ σωτῆρος προφητεύεσθαι παρὰ
τὸν καιρὸν τοῦ πάθους, καὶ τοῦ πονηροῦ πανστρατεὶ ἀγωνιζο-
μένου κατ' αὐτοῦ οὕστινας ἰδὼν ὁπλιζομένους κατ' αὐτοῦ

Ps ii 2

καὶ κονιομένους, ἡνίκα· Παρέστησαν οἱ βασιλεῖς τῆς γῆς,
καὶ οἱ ἄρχοντες συνήχθησαν ἐπὶ τὸ αὐτὸ κατὰ τοῦ κυρίου 25
καὶ κατὰ τοῦ χριστοῦ αὐτοῦ· φησί· Κύριος φωτισμός μου,

Ps xxvi
(xxvii) 1—3

καὶ σωτήρ μου κύριος, τίνα φοβηθήσομαι; κύριος ὑπερασπι-
στὴς τῆς ζωῆς μου, ἀπὸ τίνος δειλιάσω; ἐν τῷ ἐγγίζειν ἐπ'
ἐμὲ κακοῦντας τοῦ φαγεῖν τὰς σάρκας μου, οἱ θλίβοντές με
καὶ οἱ ἐχθροί μου αὐτοὶ ἠσθένησαν καὶ ἔπεσαν. ἐὰν παρα- 30
τάξηται ἐπ' ἐμὲ παρεμβολὴ, οὐ φοβηθήσεται ἡ καρδία μου·
ἐὰν ἐπαναστῇ ἐπ' ἐμὲ πόλεμος, ἐν ταύτῃ ἐγὼ ἐλπίζω. πλὴν

2 συγχρήσει] σ......ει

τὸ λεγόμενον εἴτε τῷ Σατανᾷ εἴτε τῷ Ἰούδᾳ ὑπὸ τοῦ Ἰησοῦ
τό· Ὃ ποιεῖς, ποίησον τάχιον· οὐδεὶς ἔγνω τῶν ἀνακειμένων   Jo xiii 27
πρὸς τί εἴρηται. οἱ μὲν γὰρ διὰ τὸ ἐπικεῖσθαι τὴν τοῦ
πάσχα ἑορτὴν ᾤοντο λέγειν αὐτὸν τῷ ἔχοντι τὸ γλωσσόκομον   cf. Jo xiii 29
5 τῶν ἀναλωμάτων καὶ τῶν εἰς τὴν χρείαν τῶν πτωχῶν διδομέ-
νων ὅτι ὠνήσει οὗτος ὧν χρῄζομεν εἰς τὴν ἑορτήν, ἢ ἐκ τῶν
συναχθέντων δώσει τοῖς πτωχοῖς. ὁ γὰρ Ἰησοῦς οὐ τοῦτο
ἔλεγεν, ἀλλὰ βλέπων καὶ τὸν εἰσελθόντα καὶ τὸν παραδεξά-
μενον αὐτὸν καὶ πᾶσαν τὴν κατ' αὐτοῦ ἐπιβουλήν, ἐπὶ τὸν
10 ἀγῶνα ἀποδυόμενος καὶ ἐπὶ τὸ ἀριστεῦσαι ὑπὲρ σωτηρίας
ἀνθρώπων κατὰ τοῦ πονηροῦ εἶπε τό· Ὃ ποιεῖς, ποίησον
τάχιον.

24. (16) ΛΑΒῺΝ ΟῪΝ ΤΟ ΨΩΜΊΟΝ ἘΚΕῖΝΟΣ ἘΞῆΛΘΕΝ   Jo xiii 30
ΕΥΘΎΣ· Ἦν ΔῈ ΝΎΞ. Ὁ μὲν σωτὴρ ἔλεγεν· Ὃ ποιεῖς, ποίησον   Jo xiii 27
15 τάχιον· τῷ Ἰούδᾳ· ὁ δὲ προδότης ἐν τούτῳ μόνῳ τῷ
διδασκάλῳ πείθεται. λαβὼν γὰρ τὸ ψωμίον οὐκ ἐμέλλησεν
οὐδὲ ἐβράδυνεν, ἀλλ' ὡς γέγραπται· Ἐξῆλθεν εὐθύς· ποιῆσαι
τάχιον κατὰ τὴν πρόσταξιν τοῦ Ἰησοῦ τὸ τῆς προδοσίας
ἔργον. καὶ ἀληθῶς ἐξῆλθεν· οὐ γὰρ μόνον κατὰ τὸ
20 ἁπλούστερον ἐξῆλθε τὸν οἶκον, ἐν ᾧ τὸ δεῖπνον ἐγίνετο,
ἀλλὰ καὶ τέλεον ἐξῆλθεν ἀπὸ τοῦ Ἰησοῦ, ἀνάλογον τῷ·
Ἐξῆλθον ἐξ ἡμῶν. ἐγὼ δ' οἶμαι ὅτι οὐδὲ ὁ εἰσελθὼν   I Jo ii 19
μετὰ τὸ ψωμίον εἰς τὸν Ἰούδαν Σατανᾶς ἐχώρει φέρειν τὸ
εἶναι ἐν τῷ αὐτῷ τόπῳ μετὰ τοῦ Ἰησοῦ· οὐδεμία γὰρ   cf. 2 Co vi 15
25 συμφώνησις Χριστοῦ πρὸς Βελίαρ ἐστίν. εἰ δὲ μὴ περιέρ-
γως ζητῶ τί δήποτε οὐ πρόσκειται τῷ· Λαβὼν τὸ ψωμίον·
τό· Καὶ φαγών· καὶ αὐτὸς ἐπιστήσεις. ὅπου γὰρ βούλεται,
προστίθησι καὶ τὸ φαγεῖν ὁ λόγος τῷ λαβεῖν· ὥσπερ ἐπὶ
444 τοῦ τῆς εὐλογίας ἄρτου γέγραπται, ὅτι εἶπε τοῖς μαθηταῖς ὁ
30 Ἰησοῦς· Λάβετε, φάγετε. ἆρ' οὖν λαβὼν τὸ ψωμίον οὐκ   Mt xxvi 26
ἔφαγεν ὁ Ἰούδας; φέρε οὖν, εἰ καὶ μὴ συνᾴδειν τινὰ δόξει

---

6 ὠνήσῃ   **7** δώσει] loc. male laesus
15 post μόνῳ lac. 3 vel 4 litt.

τῶν λεχθησομένων τοῖς προειρημένοις, γυμνάσωμεν τὰ κατὰ
τὸν τόπον, κρινοῦντος τοῦ ἐντευξομένου ὁπότερα χρὴ παραδέ-
ξασθαι τῶν λεγομένων. Βάψας, φησὶ, τὸ ψωμίον ὁ Ἰησοῦς,
καὶ δῆλον ὅτι ἐάσας αὐτὸ ἐν τῷ τρυβλίῳ λαμβάνει· οὕτω
γὰρ νοήσεις τό· Βάψας οὖν τὸ ψωμίον· ἵνα μὴ παρέλκῃ τὸ 5
λαβεῖν. εἶτα λέγεται ὅτι Δίδωσιν Ἰούδᾳ Σίμωνος Ἰσκαριώ-

του. καὶ μετὰ τὸ ψωμίον τότε εἰσῆλθεν εἰς ἐκεῖνον ὁ
Σατανᾶς. μετὰ τὸ ψωμίον οὖν, τάχα μὴ βρωθὲν ὑπὸ τοῦ
Ἰούδα, προλαβόντος τοῦ εἰσελθόντος εἰς τὸν Ἰούδαν Σατανᾶ
τὴν χρῆσιν τοῦ ψωμίου, ἵνα μὴ ὄνηται ὁ Ἰούδας τῆς ἀπὸ τοῦ 10
Ἰησοῦ δόσεως τοῦ ψωμίου. τὸ μὲν γὰρ εἶχε δύναμιν ὠφελη-
τικὴν τῷ χρησομένῳ· ὁ δὲ ἅπαξ βαλὼν αὐτοῦ εἰς τὴν
καρδίαν ἵνα παραδῷ τὸν διδάσκαλον, φοβούμενος μὴ τὸ
βεβλημένον ἐκπέσῃ τοῦ βληθέντος διὰ τῆς τοῦ ψωμίου
χρήσεως, προλαβὼν ἅμα τῷ λαβεῖν τὸν Ἰούδαν τὸ ψωμίον 15
εἰσῆλθεν εἰς αὐτόν, ὅτε καὶ εἰρημένου τοῦ· Ὃ ποιεῖς ποίησον
τάχιον· λαβὼν τὸ ψωμίον ὁ Ἰούδας ἐξῆλθεν εὐθύς. καὶ
οὕτως δ' ἂν οὐκ ἀπιθάνως εἰς τὸν τόπον λέγοιτο· ὥσπερ

ὁ ἀναξίως ἐσθίων τὸν ἄρτον τοῦ κυρίου ἢ πίνων αὐτοῦ τὸ
ποτήριον εἰς κρίμα ἐσθίει καὶ πίνει, τῆς μιᾶς ἐν τῷ ἄρτῳ 20
κρείττονος δυνάμεως καὶ ἐν τῷ ποτηρίῳ, ὑποκειμένῃ μὲν
διαθέσει κρείττονι ἐνεργαζομένης τὸ βέλτιον, χείρονι δὲ
ἐμποιούσης τὸ κρίμα· οὕτω τὸ ἀπὸ τοῦ Ἰησοῦ ψωμίον
ὁμογενὲς ἦν τῷ δοθέντι καὶ τοῖς λοιποῖς ἀποστόλοις ἐν

τῷ· Λάβετε, φάγετε· ἀλλ' ἐκείνοις μὲν εἰς σωτηρίαν, τῷ 25
δὲ Ἰούδᾳ εἰς κρίμα, ὡς μετὰ τὸ ψωμίον εἰσεληλυθέναι εἰς
αὐτὸν τὸν Σατανᾶν. νοείσθω δὲ ὁ ἄρτος καὶ τὸ ποτήριον
τοῖς μὲν ἁπλουστέροις κατὰ τὴν κοινοτέραν περὶ τῆς
εὐχαριστίας ἐκδοχήν, τοῖς δὲ βαθύτερον ἀκούειν μεμαθηκόσι
κατὰ τὴν θειοτέραν καὶ περὶ τοῦ τροφίμου τῆς ἀληθείας 30
λόγου ἐπαγγελίαν· ὡς εἰ ἐν παραδείγματι ἔλεγον ὅτι καὶ
ὁ κατὰ τὸ σωματικὸν τροφιμώτατος ἄρτος πυρετὸν μὲν

15 λαβών   16 ἑαυτὸν

ὑποκείμενον αὔξει, εἰς ὑγείαν δὲ καὶ εὐεξίαν ἀνάγει. διὸ
πολλάκις λόγος ἀληθὴς ψυχῇ νοσούσῃ οὐ δεομένῃ τοιαύτης
τροφῆς διδόμενος ἐπιτρίβει αὐτὴν, καὶ πρόφασις αὐτῇ
445 χειρόνων γίνεται· καὶ οὕτως καὶ τὰ ἀληθῆ λέγειν κινδυ-
5 νῶδές ἐστι. ταῦτα δέ μοι εἴρηται διὰ τὸ ψωμίον ὃ ἐμβάψας   cf. Jo xiii 26
διδωσιν Ἰούδᾳ Σίμωνος Ἰσκαριώτῃ, καὶ κεκινήκαμεν λόγον
τὸν εἰς ἑκάτερα, εἴτε χρὴ λέγειν αὐτὸν βεβρωκέναι λαβόντα,
εἴτε κεκωλῦσθαι ἀπὸ τοῦ εἰσελθόντος εἰς τὸν Ἰούδαν Σατανᾶ.
εἰ δὲ χρὴ ὡς μὴ εἰκῆ παρερριμμένον ὑπὸ τοῦ εὐαγγελίου
10 ἐξετάσαι καὶ τό· Ἦν δὲ νύξ· λεκτέον ὅτι συμβολικῶς τότε   Jo xiii 30
ἡ αἰσθητὴ νὺξ ἦν, εἰκὼν τυγχάνουσα τῆς γενομένης ἐν τῇ
ψυχῇ Ἰούδα νυκτός, ἡνίκα τὸ ἐπιφερόμενον σκότος ἐπάνω   cf. Ge i 2
τῆς ἀβύσσου, ὁ Σατανᾶς, εἰσῆλθεν εἰς αὐτόν· Ἐκάλεσε γὰρ   Ge i 5
ὁ θεὸς τὸ σκότος νύκτα· ὥστε νυκτός, φησὶν ὁ Παῦλος, οὐκ
15 ἐσμὲν τέκνα οὐδὲ σκότους, λέγων· Ἆρ᾿ οὖν, ἀδελφοί, οὐκ   1 Thes v 5
ἐσμὲν νυκτὸς οὐδὲ σκότους· καὶ τό· Ἡμεῖς δὲ ἡμέρας ὄντες   1 Thes v 8
νήφωμεν. οὐκ ἦν οὖν νὺξ τοῖς νιπτομένοις τοὺς πόδας ὑπὸ
τοῦ Ἰησοῦ ἀλλ᾿ ἡμέρα λαμπροτάτη, καθαιρομένοις καὶ
ἀπορριπτομένοις τοὺς ἐν τοῖς ποσὶ τῆς ψυχῆς αὐτῶν ῥύπους,
20 καὶ κατ᾿ ἐξοχὴν οὐκ ἦν νὺξ τῷ ἀνακειμένῳ ἐν τῷ κόλπῳ τοῦ   cf. Jo xiii 23
Ἰησοῦ· ἠγάπα γὰρ αὐτὸν ὁ Ἰησοῦς, καὶ τῇ ἀγάπῃ ἔλυε
πάντα σκότον. ἀλλ᾿ οὐδὲ Πέτρῳ ὁμολογοῦντι τό· Σὺ εἶ ὁ   Mt xvi 16
χριστός, ὁ υἱὸς τοῦ θεοῦ τοῦ ζῶντος· ἀποκαλύψαντος αὐτῷ
τοῦ οὐρανίου πατρός, νὺξ ἦν, ἀλλὰ νὺξ ἅμα αὐτῷ καὶ
25 ἄρνησις ἦν. καὶ νῦν τοίνυν ὅτε λαβὼν τὸ ψωμίον ὁ Ἰούδας
ἐξῆλθεν εὐθύς, τότε ἐξελθόντι αὐτῷ νὺξ ἦν· οὐ γὰρ παρῆν
αὐτῷ ὁ ἀνήρ, ᾧ ὄνομα Ἀνατολή, καταλιπόντι ἐν τῷ ἐξεληλυ-   cf. Zech vi 12;
θέναι τὸν τῆς δικαιοσύνης ἥλιον. καὶ ἐδίωκε μὲν τὸν Ἰησοῦν   Mal iv 2
ὁ Ἰούδας, τῆς σκοτίας πεπληρωμένος· ἀλλ᾿ ἡ σκοτία, καὶ ὁ
30 ἀνειληφὼς αὐτὴν, οὐ κατέλαφε τὸ διωκόμενον φῶς. διὸ καὶ   cf. Jo i 5
ὅτε εἶπεν ὡς δικαιοσύνης λόγον τό· Ἥμαρτον παραδοὺς   Mt xxvii 3, 5
αἷμα δίκαιον· ἀπελθὼν ἀπήγξατο, τοῦ ἐν αὐτῷ Σατανᾶ

1 ὑγῖαν   3 πρόφασεις   19 ἀπορρυπτομένοις
24 ἅμα αὐτῷ] .....τῷ   25 post Ἰούδας ins. καὶ

μέχρι τῆς ἀγχόνης αὐτὸν χειραγωγήσαντος καὶ ἐπὶ ταύτην
αὐτὸν ἀναρτήσαντος, ὅτε καὶ τῆς ψυχῆς αὐτοῦ ὁ διάβολος
ἥψατο· οὐ γὰρ ἦν τοιοῦτος ὡς λεχθῆναι περὶ αὐτοῦ ὑπὸ
κυρίου, ὅπερ εἴρηται περὶ τοῦ Ἰὼβ πρὸς τὸν διάβολον·

cf. Job i 12:
ii 6 Ἀλλὰ τῆς ψυχῆς αὐτοῦ μὴ ἅψῃ. 5

Jo xiii 31 f. 25. (17) Ὅτε οὖν ἐξῆλθεν ὁ Ἰησοῦς λέγει Νῦν
ἐδοξάσθη ὁ υἱὸς τοῦ ἀνθρώπου, καὶ ὁ θεὸς ἐδοξάσθη
ἐν αὐτῷ. εἰ ὁ θεὸς ἐδοξάσθη ἐν αὐτῷ, καὶ ὁ θεὸς
δοξάσει αὐτὸν ἐν αὐτῷ, καὶ εὐθὺς δοξάσει αὐτόν. Ἀρχὴ
τοῦ δεδοξάσθαι τὸν υἱὸν τοῦ ἀνθρώπου μετὰ τὰς ἐπὶ τοῖς 10
σημείοις καὶ τέρασι δόξας καὶ τὴν ἐπὶ τῇ μεταμορφώσει τὸ 446
ἐξεληλυθέναι τὸν Ἰούδαν μετὰ τοῦ εἰσελθόντος εἰς αὐτὸν
Σατανᾶ ἀπὸ τοῦ τόπου ἔνθα ἦν ὁ Ἰησοῦς. διὸ εἶπεν ὁ
κύριος τό· Νῦν ἐδοξάσθη ὁ υἱὸς τοῦ ἀνθρώπου. ἔτι δὲ καὶ
Jo xii 32 τό· Ἐὰν ὑψωθῶ ἐκ τῆς γῆς, πάντας ἑλκύσω πρὸς ἐμαυτόν· 15
cf. Jo xxi 19 εἴρηται ὑπὸ τοῦ σωτῆρος, σημαίνοντος ποίῳ θανάτῳ δοξάσει
τὸν θεόν· ἐδόξασε γὰρ καὶ ἐν τῷ ἀποθνήσκειν τὸν θεόν. διὰ
τοῦτο, ὅτε ἡ ἀρχὴ τῆς οἰκονομίας τοῦ μέλλειν ἀποθνήσκειν
τὸν Ἰησοῦν ἐνηργεῖτο, ἐξελθόντος μετὰ τὸ ψωμίον τοῦ
Ἰούδα ἵνα πραγματεύσηται κατὰ τοῦ Ἰησοῦ, εἴρηται τό· 20
Νῦν ἐδοξάσθη ὁ υἱὸς τοῦ ἀνθρώπου. εἶτ' ἐπεὶ οὐκ ἔνεστι
δοξασθῆναι τὸν χριστὸν μὴ ἐνδοξαζομένου ἐν αὐτῷ τοῦ
πατρός, διὰ τοῦτο πρόσκειται τῷ· Νῦν ἐδοξάσθη ὁ υἱὸς τοῦ
ἀνθρώπου· τό· Καὶ ὁ θεὸς ἐδοξάσθη ἐν αὐτῷ. πλὴν ἡ διὰ
τὸν ὑπὲρ ἀνθρώπων θάνατον δόξα οὐ τοῦ μὴ πεφυκότος 25
ἀποθνήσκειν ἦν μονογενοῦς λόγου καὶ σοφίας καὶ ἀληθείας,
καὶ ὅσα ἄλλα εἶναι λέγεται τῶν ἐν τῷ Ἰησοῦ θειοτέρων,
cf. Ro i 3 ἀλλὰ τοῦ ἀνθρώπου, ὃς ἦν καὶ υἱὸς τοῦ ἀνθρώπου, γενό-
μενος ἐκ σπέρματος Δαβὶδ τὸ κατὰ σάρκα. διόπερ ἀνωτέρω
Jo viii 40 μὲν εἶπε· Νῦν ζητεῖτέ με ἀποκτεῖναι, ἄνθρωπον ὃς τὴν 30
ἀλήθειαν ὑμῖν λελάληκα· ἐν τοῖς ἐξεταζομένοις δὲ λέγει τό·
Νῦν ἐδοξάσθη ὁ υἱὸς τοῦ ἀνθρώπου. τοῦτον δ', οἶμαι, καὶ ὁ

3 ὑπὸ] ὑπὲρ   9 δοξάσει 2°] δοξάζει   11 μεταμορφώσειν
23 τῷ] τὸ

θεὸς ὑπερύψωσε, γενόμενον ὑπήκοον μέχρι θανάτου, θανάτου cf. Phil ii 8 f.
δὲ σταυροῦ· ὁ γὰρ λόγος ἐν ἀρχῇ πρὸς τὸν θεὸν ὁ θεὸς λόγος cf. Jo i 1
οὐκ ἐπεδέχετο τὸ ὑπερυψωθῆναι. ἡ δὲ ὑπερύψωσις τοῦ
υἱοῦ τοῦ ἀνθρώπου, γενομένη αὐτῷ δοξάσαντι τὸν θεὸν ἐν τῷ
5 ἑαυτοῦ θανάτῳ, αὕτη ἦν, τὸ μηκέτι ἕτερον αὐτὸν εἶναι τοῦ
λόγου ἀλλὰ τὸν αὐτὸν αὐτῷ. εἰ γάρ· Ὁ κολλώμενος τῷ 1 Co vi 17
κυρίῳ ἓν πνεῦμά ἐστι· ὡς καὶ ἐπὶ τούτου καὶ τοῦ πνεύματος
μηκέτι ἂν λέγεσθαι τό· Δύο εἰσί· πῶς οὐχὶ μᾶλλον τὸ
ἀνθρώπινον τοῦ Ἰησοῦ μετὰ τοῦ λόγου λέγοιμεν γεγονέναι
10 ἕν, ὑπερυψωμένου μὲν τοῦ μὴ ἁρπαγμὸν ἡγησαμένου τὸ cf. Phil ii 6
εἶναι ἴσα θεῷ, μένοντος δὲ ἐν τῷ ἰδίῳ ὕψει ἢ καὶ ἀπο-
καθισταμένου ἐπ' αὐτὸ τοῦ λόγου, ὅτε πάλιν ἦν πρὸς τὸν
θεόν, θεὸς λόγος ὢν ἄνθρωπος; ἐν δὲ τῷ θανάτῳ τοῦ
Ἰησοῦ δοξάσαντος τὸν θεὸν τό τε· Ἀπεκδυσάμενος τὰς ἀρχὰς Col ii 15
15 καὶ τὰς ἐξουσίας ἐδειγμάτισεν ἐν παρρησίᾳ, θριαμβεύσας ἐν
τῷ ξύλῳ· καὶ τό· Εἰρηνοποιήσας διὰ τοῦ αἵματος τοῦ Col i 20
σταυροῦ αὐτοῦ, εἴτε τὰ ἐπὶ τῆς γῆς εἴτε τὰ ἐν τοῖς οὐρανοῖς·
ἐν τούτοις γὰρ πᾶσιν ἐδοξάσθη ὁ υἱὸς τοῦ ἀνθρώπου, καὶ τοῦ
θεοῦ δοξασθέντος ἐν αὐτῷ.
20   26. Ἐπεὶ δὲ ὁ δοξαζόμενος ὑπό τινος δοξάζεται, ζητήσεις
ἐν τῷ· Ἐδοξάσθη ὁ υἱὸς τοῦ ἀνθρώπου· τὸ ὑπὸ τίνος; ὁμοίως Jo xiii 31
447 δὲ καὶ ἐν τῷ· Ὁ θεὸς ἐδοξάσθη ἐν αὐτῷ. ὑπὲρ δὲ τῆς τῶν
ῥητῶν σαφηνείας ἐπιμελῶς προσχῶμεν πρώτῳ μὲν λεγομένῳ
τῷ· Νῦν ἐδοξάσθη ὁ υἱὸς τοῦ ἀνθρώπου· δευτέρῳ δὲ τῷ· Καὶ
25 ὁ θεὸς ἐδοξάσθη ἐν αὐτῷ· τρίτῳ δὲ τοιούτῳ συνημμένῳ· Εἰ ὁ Jo xiii 32
θεὸς ἐδοξάσθη ἐν αὐτῷ, καὶ ὁ θεὸς δοξάσει αὐτὸν ἐν αὐτῷ·
τετάρτῳ δὲ τῷ· Καὶ εὐθὺς δοξάσει αὐτόν. ἐὰν μὴ ἄρα
τοῦτο φάσκῃ τις ἀναλαβεῖν εἰς συμπλοκὴν τὴν ἐν τῷ
λήγοντι τοῦ συνημμένου, ἵνα ἄρχηται μὲν τὸ συνημμένον
30 ἀπὸ τοῦ· Ὁ θεὸς ἐδοξάσθη ἐν αὐτῷ· λήγῃ δὲ εἰς τό· Καὶ ὁ
θεὸς δοξάσει αὐτὸν ἐν αὐτῷ, καὶ εὐθὺς δοξάσει αὐτόν.
ἀναγκαίως δὲ προσχῶμεν τῷ τῆς δόξης ὀνόματι, οὐ κειμένῳ

13 ἐν] εἰ

ἐπὶ τοῦ παρά τισι τῶν Ἑλλήνων μέσου πράγματος, καθὸ
ὁρίζονται εἶναι δόξαν τὸν ἀπὸ τῶν πολλῶν ἔπαινον. δῆλον
ὅτι ἐπ' ἄλλου παρὰ τοῦτο κεῖται ὄνομα ἐκ τοῦ ἐν τῇ Ἐξόδῳ

Ex xl 28(34)f. οὕτω εἰρημένου· Καὶ δόξης κυρίου ἐπλήσθη ἡ σκηνή. καὶ
οὐκ ἠδυνάσθη Μωϋσῆς εἰσελθεῖν εἰς τὴν σκηνὴν τοῦ 5
μαρτυρίου, ὅτι ἐπεσκίαζεν ἐπ' αὐτὴν ἡ νεφέλη καὶ δόξης
κυρίου ἐπλήσθη ἡ σκηνή. καὶ ἐν τῇ τρίτῃ τῶν Βασιλειῶν
3 Reg viii
10 f. τοῦτο ἀναγεγραμμένον τοῦτον τὸν τρόπον· Καὶ ἐγένετο ὡς
ἐξῆλθον οἱ ἱερεῖς ἐκ τοῦ ἁγίου, καὶ ἡ νεφέλη ἔπλησε τὸν
οἶκον κυρίου. καὶ οὐκ ἐδύναντο οἱ ἱερεῖς στῆναι λειτουργίαν 10
ἐνώπιον τῆς νεφέλης, ὅτι ἔπλησε δόξα κυρίου τὸν οἶκον. καὶ
περὶ τῆς Μωϋσέως δὲ δόξης ἐν τῇ Ἐξόδῳ τοιαῦτα λέλεκται·
Ex xxxiv
29 f. Ὡς δὲ κατέβαινε Μωϋσῆς ἐκ τοῦ ὄρους, καὶ αἱ δύο πλάκες
τῆς διαθήκης ἐπὶ τῶν χειρῶν Μωϋσῆ· καταβαίνοντος δὲ
αὐτοῦ ἐκ τοῦ ὄρους, καὶ Μωϋσῆς οὐκ ᾔδει ὅτι δεδόξασται ἡ 15
ὄψις τοῦ χρωτὸς τοῦ προσώπου αὐτοῦ ἐν τῷ λαλεῖν αὐτὸν
αὐτῷ. καὶ εἶδεν Ἀαρὼν καὶ πάντες οἱ υἱοὶ Ἰσραὴλ τὸν
Μωϋσῆν, καὶ ἦν δεδοξασμένη ἡ ὄψις τοῦ χρωτὸς τοῦ προσώ-
που αὐτοῦ· καὶ ἐφοβήθησαν ἐγγίσαι αὐτῷ.

27. Τοῦτο τὸ περὶ τῆς δόξης σημαινόμενον καὶ ἐν τῷ κατὰ 20
Lc ix 29 ff. Λουκᾶν εὐαγγελίῳ διὰ τούτων δηλοῦται· Καὶ ἐγένετο ἐν τῷ
προσεύχεσθαι αὐτὸν ἡ ἰδέα τοῦ προσώπου αὐτοῦ ἑτέρα, καὶ
ἠλλοιώθη ὁ ἱματισμὸς αὐτοῦ καὶ ἐγένετο λευκὸς, ἐξαστράπτων.
καὶ ἰδοὺ ἄνδρες δύο συνελάλουν αὐτῷ, οἵτινες ἦσαν Μωϋσῆς
καὶ Ἡλίας· οἳ ὀφθέντες ἐν δόξῃ ἔλεγον τὴν ἔξοδον αὐτοῦ ἣν 448
ἔμελλε πληροῦν ἐν Ἰερουσαλήμ. καὶ ὁ Παῦλος δὲ ὅρα ἐπὶ
τίσι τὸ ὄνομα τῆς δόξης παραλαμβάνει· ὅπου μὲν γὰρ λέγει·
2 Co iii 7—11 Εἰ δὲ ἡ διακονία τοῦ θανάτου ἐν γράμμασιν ἐντετυπωμένη
λίθοις ἐγενήθη ἐν δόξῃ, ὥστε μὴ ἀτενίσαι τοὺς υἱοὺς Ἰσραὴλ
εἰς τὸ πρόσωπον Μωϋσέως διὰ τὴν δόξαν τοῦ προσώπου 30
αὐτοῦ τὴν καταργουμένην· πῶς οὐχὶ μᾶλλον ἡ διακονία τοῦ
πνεύματος ἔσται ἐν δόξῃ; εἰ γὰρ τῇ διακονίᾳ τῆς κατα-

8 ἀναγεγραμμένου

κρίσεως δόξα, πολλῷ μᾶλλον περισσεύει ἡ διακονία τῆς
δικαιοσύνης δόξῃ. καὶ γὰρ οὐ δεδόξασται τὸ δεδοξασμένον
ἐν τούτῳ τῷ μέρει, ἕνεκεν τῆς ὑπερβαλλούσης δόξης· εἰ γὰρ
τὸ καταργούμενον διὰ δόξης, πολλῷ μᾶλλον τὸ μένον ἐν
5 δόξῃ· ὅπου δέ· Ἡμεῖς δὲ πάντες ἀνακεκαλυμμένῳ προσώπῳ 2 Co iii 18
τὴν δόξαν κυρίου κατοπτριζόμενοι, τὴν αὐτὴν εἰκόνα μετα-
μορφούμεθα ἀπὸ δόξης εἰς δόξαν, καθάπερ ἀπὸ κυρίου
πνεύματος. καὶ πάλιν μετ᾽ ὀλίγα· Εἰ δὲ καὶ ἔστι κεκαλυμ- 2 Co iv 3 f.
μένον τὸ εὐαγγέλιον ἡμῶν, ἐν τοῖς ἀπολλυμένοις ἐστὶ
10 κεκαλυμμένον, ἐν οἷς ὁ θεὸς τοῦ αἰῶνος τούτου ἐτύφλωσε
τὰ νοήματα τῶν ἀπίστων, εἰς τὸ μὴ καταυγάσαι τὸν φωτισμὸν
τοῦ εὐαγγελίου τῆς δόξης τοῦ χριστοῦ, ὅς ἐστιν εἰκὼν τοῦ
θεοῦ. καὶ πάλιν μετ᾽ ὀλίγα· Ὅτι ὁ θεὸς ὁ εἰπὼν ἐκ σκότους 2 Co iv 6
φῶς λάμψαι, ὃς ἔλαμψεν ἐν ταῖς καρδίαις ἡμῶν πρὸς
15 φωτισμὸν τῆς γνώσεως τῆς δόξης τοῦ θεοῦ, ἐν προσώπῳ
Ἰησοῦ Χριστοῦ. ἕκαστον δὲ τούτων ἀκριβῶς νῦν διηγή-
σασθαι οὐκ ἀπαιτεῖ ἡ προκειμένη τῆς εὐαγγελικῆς λέξεως
διήγησις. πλὴν ὡς διὰ βραχέων τοιαῦτα λεκτέον· ὅσον μὲν
κατὰ τὸ σωματικόν, θειοτέρα τις γέγονεν ἐπιφάνεια ἐν τῇ
20 σκηνῇ καὶ ἐν τῷ ναῷ συντελεσθεῖσι καὶ ἐν τῷ προσώπῳ
Μωϋσέως, τῇ θείᾳ φύσει ὁμιλήσαντος· ὅσον δὲ κατὰ τὴν
ἀναγωγήν, τὰ περὶ θεοῦ ἀκριβῶς γινωσκόμενα καὶ τῷ
ἐπιτηδείῳ δι᾽ ὑπερβολὴν καθαρότητος νῷ θεωρούμενα δόξα
ἂν λέγοιτο εἶναι θεοῦ ὀφθεῖσα· ἐπεὶ ὁ κεκαθαρμένος καὶ
25 ὑπεραναβὰς πάντα ὑλικὰ νοῦς, ἵνα ἀκριβώσῃ τὴν θεωρίαν
τοῦ θεοῦ, ἐν οἷς θεωρεῖ θεοποιεῖται. λεκτέον τοιοῦτον εἶναι
τὸ δεδοξάσθαι τὸ πρόσωπον τοῦ θεωρήσαντος τὸν θεὸν καὶ
ὁμιλήσαντος αὐτῷ καὶ συνδιατρίψαντος τοιαύτῃ θέᾳ, ὡς
τοῦτο εἶναι τροπικῶς τὸ δεδοξασμένον πρόσωπον Μωϋσέως,
30 θεοποιηθέντος αὐτῷ τοῦ νοῦ. κατὰ τοῦτο δὲ καὶ ὁ ἀπόστολος
ἔλεγε τό· Ἡμεῖς δὲ πάντες ἀνακεκαλυμμένῳ προσώπῳ τὴν 2 Co iii 18
δόξαν κυρίου κατοπτριζόμενοι, τὴν αὐτὴν εἰκόνα μετα-
μορφούμεθα. ὥσπερ δὲ ἡ τοῦ νυκτερινοῦ φωτὸς λαμπρότης
ἀνατείλαντος τοῦ ἡλίου ἀμαυροῦται, οὕτω ἡ ὑπὸ Μωϋσέως

δόξα ὑπὸ τῆς ἐν Χριστῷ. σύγκρισιν γὰρ οὐκ εἶχεν ἡ ἐν 449
Χριστῷ ὑπεροχή, ἣν γινώσκων τὸν πατέρα ἐδόξασε περὶ
αὐτοῦ, πρὸς τὰ ὑπὸ Μωϋσέως γνωσθέντα καὶ δοξάσαντα τὸ
πρόσωπον τῆς ψυχῆς αὐτοῦ. διὸ καταργουμένη εἴρηται ἡ
ἐπὶ Μωϋσέως δόξα ἀπὸ τῆς ὑπερβαλλούσης ἐν Χριστῷ 5
δόξης.

28. (18) Τούτων δὴ ἡμῶν κατὰ δύναμιν ἐν βραχέσιν
εἰς ἃ παρεθέμεθα λελεγμένων, ἐπανέλθωμεν ἐπὶ τό· Νῦν
ἐδοξάσθη ὁ υἱὸς τοῦ ἀνθρώπου, καὶ ὁ θεὸς ἐδοξάσθη ἐν
αὐτῷ. γινώσκων οὖν τὸν πατέρα ὁ υἱός, αὐτῷ τῷ γινώσκειν 10
αὐτὸν, ὄντι μεγίστῳ ἀγαθῷ καὶ ὁποῖον ἄγει ἐπὶ τελείαν
γνῶσιν, ἣν γινώσκει ὁ υἱὸς τὸν πατέρα, ἐδοξάσθη. οἶμαι <δ᾽>
ὅτι καὶ ἑαυτὸν γινώσκων, ὅπερ καὶ αὐτὸ οὐ μακρὰν ἀποδεῖ
τοῦ προτέρου, ἐδοξάσθη ἐκ τοῦ αὐτὸν ἐγνωκέναι. εἰ δὲ καὶ
περὶ τῶν ὅλων γνῶσις συμπληροῖ τὸ μέγεθος τῆς δόξης 15
αὐτοῦ, ὅσα ἐστὶ κρυπτὰ καὶ ἐμφανῆ γινώσκοντος, ζητήσεις
καὶ μήποτε τοῦτό ἐστι τὸ εἶναι αὐτοσοφία, ἢ τῷ λεγομένῳ
αὐτουιῷ τοῦ ἀνθρώπου τὸ δεδοξάσθαι ἐκ τοῦ ἡνῶσθαι τῇ
σοφίᾳ. ταύτην δὲ πᾶσαν τὴν δόξαν, ἣν ἐδοξάσθη ὁ υἱὸς τοῦ
ἀνθρώπου, δωρησαμένου τοῦ πατρὸς ἐδοξάσθη. πολλῶν δὲ 20
ὄντων τῶν συμπληρούντων τὴν δόξαν πᾶσαν τοῦ ἀνθρώπου,
τὸ κατ᾽ ἐξοχὴν τούτων ἁπάντων ὁ θεός ἐστιν, ὃς τῷ γινώ-
σκεσθαι ἀπὸ τοῦ υἱοῦ οὐχ ἁπλῶς ἐστι δοξαζόμενος ἀλλ᾽ ἐν
υἱῷ δοξαζόμενος. καθὸ καὶ τολμηρὸν μὲν καὶ μεῖζον ἢ καθ᾽
ἡμᾶς ἐστι τὸ εἰς ἐξέτασιν ἑαυτοὺς ἐπιδοῦναι τηλικούτου 25
λόγου· ὅμως δὲ τολμητέον ὑποβάλλειν τὸ ἐν τῷ τόπῳ
ζητηθῆναι δυνάμενον. ζητῶ δὲ εἰ ἔνεστι δοξασθῆναι τὸν
θεόν, παρὰ τὸ δοξάζεσθαι ἐν υἱῷ, ὡς ἀποδεδώκαμεν, μειζό-
νως αὐτὸν ἐν ἑαυτῷ δοξαζόμενον, ὅτε ἐν τῇ ἑαυτοῦ γινόμενος
περιωπῇ, ἐπὶ τῇ ἑαυτοῦ γνώσει καὶ τῇ ἑαυτοῦ θεωρίᾳ, οὔσῃ 30

Jo xiii 31

---

2 ὑπεροχὴ ἦν] litt. οχὴ ἦν incerta sunt, hic enim male laesus est
codex   10 γινώσκει   11 ἄγει] ἂν οἱ   12 δ᾽] om.

13 αὐτοὺς   15 γνῶσιν   17 αὐτωσοφία   18 αὐτ̅ω̅ υἱῷ
24 μείζων   26 τὸ] τὸν

μείζονι <τῆς> ἐν υἱῷ θεωρίας, ὡς ἐπὶ θεοῦ χρὴ νοεῖν τὰ τοι-
αῦτα, δεῖ λέγειν ὅτι εὐφραίνεται ἄφατόν τινα εὐαρέστησιν
καὶ εὐφροσύνην καὶ χαράν, ἐφ᾽ ἑαυτῷ εὐαρεστούμενος καὶ
χαίρων. χρῶμαι δὲ τούτοις τοῖς ὀνόμασιν, οὐχ ὡς κυρίως
5 ἂν λεχθησομένοις ἐπὶ θεοῦ, ἀλλὰ ἀπορῶν τῶν, ἵν᾽ οὕτως
ὀνομάσω, ἀρρήτων ῥημάτων, ἃ μόνος αὐτὸς δύναται, καὶ
μετ᾽ αὐτὸν ὁ μονογενὴς αὐτοῦ ἐν κυριολεξίᾳ λέγειν ἢ φρονεῖν
450 περὶ αὐτοῦ. ἐπεὶ δὲ ἐν τῷ τόπῳ γεγόναμεν τοῦ τὸν θεὸν
δοξάζεσθαι ἐν Χριστῷ, παρακειμένως ἂν ζητήσαιμεν πῶς
10 δοξάζοιτο καὶ ἐν τῷ ἁγίῳ πνεύματι καὶ ἐν πᾶσιν οἷς ὤφθη
δόξα κυρίου, ἢ ὀφθήσεται. ὅλης μὲν οὖν οἶμαι τῆς δόξης
τοῦ θεοῦ αὐτοῦ ἀπαύγασμα εἶναι τὸν υἱόν, κατὰ τὸν εἰπόντα
Παῦλον· Ὃς ὢν ἀπαύγασμα τῆς δόξης· φθάνειν μέντοι γε　He i 3
ἀπὸ τοῦ ἀπαυγάσματος τούτου τῆς ὅλης δόξης μερικὰ ἀπαυ-
15 γάσματα ἐπὶ τὴν λοιπὴν λογικὴν κτίσιν· οὐκ οἶμαι γάρ τινα
τὸ πᾶν δύνασθαι χωρῆσαι τῆς ὅλης δόξης τοῦ θεοῦ ἀπαύ-
γασμα ἢ τὸν υἱὸν αὐτοῦ. νῦν οὖν, ὅτε ἡ οἰκονομία τοῦ
ὑπὲρ πάντων πάθους τοῦ υἱοῦ τοῦ ἀνθρώπου γίνεται οὐ　cf. He ii 9
χωρὶς θεοῦ, διὸ ὁ θεὸς αὐτὸν ὑπερύψωσεν· Ἐδοξάσθη, φησὶν,　cf. Phil ii 9
20 ὁ υἱὸς τοῦ ἀνθρώπου οὐ μόνος, καὶ ὁ θεὸς γὰρ ἐδοξάσθη ἐν　Jo xiii 31
αὐτῷ. καὶ οὕτως δ᾽ ἂν τὰ κατὰ τὸν τόπον τις διηγήσαιτο.
γέγραπται· Οὐδεὶς ἔγνω τὸν υἱόν, εἰ μὴ ὁ πατήρ· καὶ εἴρηται·　Mt xi 27
Καὶ μακάριος εἶ, Σίμων Βαριωνᾶ, ὅτι σὰρξ καὶ αἷμα οὐκ　Mt xvi 17
ἀπεκάλυψέ σοι, ἀλλ᾽ ἢ ὁ πατήρ μου ὁ οὐράνιος. ὅσον οὖν
25 οὐκ ἔγνωστο <ὁ> υἱὸς τῷ κόσμῳ· Ἐν τῷ κόσμῳ γὰρ ἦν, καὶ ὁ　Jo i 10
κόσμος δι᾽ αὐτοῦ ἐγένετο, καὶ ὁ κόσμος αὐτὸν οὐκ ἔγνω·
οὐδέπω ἐν κόσμῳ δεδόξαστο, καὶ ἦν ἡ ζημία τοῦ μὴ δεδοξά-
σθαι αὐτὸν ἐν τῷ κόσμῳ οὐ τοῦ μὴ δεδοξασμένου ἀλλὰ τοῦ
μὴ δοξάζοντος αὐτὸν κόσμου. ὅτε δὲ ἀπεκάλυψεν ὁ οὐρά-
30 νιος πατὴρ οἷς ἀπεκάλυψεν ἀπὸ τοῦ κόσμου οὖσι τὴν τοῦ
Ἰησοῦ γνῶσιν, τότε ἐδοξάσθη ὁ υἱὸς τοῦ ἀνθρώπου ἐν τοῖς

---

1 τῆς] om.　　**17** τὸν υἱὸν αὐτοῦ] in mg. legitur glossa εἰ
προσέθου καὶ τὸ πνᾶ αὐτοῦ ἄριστά σοι ἂν ὡμολογεῖτο καὶ τελεώτατα
25 ὁ 1°] om.

ἐγνωκόσιν αὐτόν, καὶ δι' ἧς ἐδοξάσθη δόξης ἐν τοῖς ἐγνω-
κόσιν αὐτόν, περιεποίησε δόξαν τοῖς ἐγνωκόσιν αὐτόν· οἱ

cf. 2 Co iii 18 γὰρ ἀνακεκαλυμμένῳ προσώπῳ τὴν δόξαν κυρίου κατοπτρι-
ζόμενοι, τὴν αὐτὴν εἰκόνα μεταμορφοῦνται.

29. Ὅρα δὲ πόθεν ἀπὸ δόξης φησί, καὶ ποῦ εἰς δόξαν· 5
ἀπὸ δόξης τῆς τοῦ δοξαζομένου, εἰς δόξαν τὴν τῶν δοξαζόν-
των. ἡνίκα οὖν ἦλθεν ἐπὶ τὴν οἰκονομίαν, ἀφ' ἧς ἔμελλεν
ἀνατέλλειν τῷ κόσμῳ καὶ γινωσκόμενος δοξάζεσθαι ἐπὶ δόξῃ

Jo xiii 31 τῶν δοξαζόντων αὐτόν, εἶπε τό· Νῦν ἐδοξάσθη ὁ υἱὸς τοῦ
cf. Mt xi 27 ἀνθρώπου· καὶ ἐπεὶ οὐδεὶς ἔγνω τὸν πατέρα εἰ μὴ ὁ υἱὸς καὶ 10
ᾧ ἂν ὁ υἱὸς ἀποκαλύψῃ, ἔμελλε δὲ ἐκ τῆς οἰκονομίας ἀπο-
καλύπτειν τὸν πατέρα ὁ υἱός, διὰ τοῦτο· Καὶ ὁ θεὸς ἐδοξά-
σθη ἐν αὐτῷ. ἢ τό· Καὶ ὁ θεὸς ἐδοξάσθη ἐν αὐτῷ· συν-

Jo xiv 9;
xii 45 εξετάσεις τῷ· Ὁ ἑωρακὼς ἐμέ, ἑώρακε τὸν πατέρα τὸν
πέμψαντά με· θεωρεῖται γὰρ ἐν τῷ λόγῳ, ὄντι θεῷ καὶ 451
cf. Col i 15 εἰκόνι τοῦ θεοῦ τοῦ ἀοράτου, ὁ γεννήσας αὐτὸν πατήρ, τοῦ
ἐνιδόντος τῇ εἰκόνι τοῦ ἀοράτου θεοῦ εὐθέως ἐνορᾶν δυναμέ-
νου καὶ τῷ πρωτοτύπῳ τῆς εἰκόνος τῷ πατρί. ἔτι δὲ καὶ
οὕτως σαφέστερον ἂν τὰ κατὰ τὸν τόπον λαμβάνοιτο· ὡς

cf. Ro ii 24 διά τινας τὸ ὄνομα τοῦ θεοῦ βλασφημεῖται ἐν τοῖς ἔθνεσιν, 20
cf. Mt v 16 οὕτω διὰ τοὺς ἁγίους, ὧν βλέπεται τὰ καλὰ ἔργα λαμπρό-
τατα ἔμπροσθεν τῶν ἀνθρώπων, δοξάζεται τὸ ὄνομα τοῦ πα-
τρὸς τοῦ ἐν τοῖς οὐρανοῖς. ἐν τίνι οὖν ἐδοξάσθη τοσοῦτον

cf. 1 Pe ii 22;
2 Co v 21 ὅσον ἐν τῷ Ἰησοῦ, ἐπεὶ ἁμαρτίαν οὐκ ἐποίησε, μηδὲ εὑρέθη
δόλος ἐν τῷ στόματι αὐτοῦ, μηδὲ ἔγνω ἁμαρτίαν; καὶ 25
τοιοῦτος οὖν ὢν ὁ υἱὸς ἐδοξάσθη, καὶ ὁ θεὸς ἐδοξάσθη ἐν
αὐτῷ. εἰ δὲ ὁ θεὸς ἐδοξάσθη ἐν αὐτῷ, ἀντιδωρεῖται αὐτῷ ὁ
πατὴρ τὸ μεῖζον οὗ ὁ υἱὸς τοῦ ἀνθρώπου πεποίηκε· μεῖζον
γὰρ τῷ δοξάσαντι τὸν θεόν, ἐλάττονι τὸν διαφέροντα κατὰ

Jo xiv 28 τό· Ὁ πατὴρ ὁ πέμψας με μείζων μού ἐστί· τὸ δοξασθῆναι 30
τὸν υἱὸν τοῦ ἀνθρώπου ἐν τῷ θεῷ, τὸν ἐλάττονα ἐν τῷ κρείτ-
τονι. καὶ πολλῷ γε ὑπερέχουσα ἡ δόξα ἐν τῷ υἱῷ ἐστιν ὅτε
δοξάζει αὐτὸν ὁ πατήρ, ἢ ἐν τῷ πατρὶ ὅτε ἐδοξάσθη ὁ πατὴρ
ἐν τῷ υἱῷ. καὶ ἔπρεπέ γε τὸν μείζονα, ἀμειβόμενον τὴν

δόξαν ἣν ἐδόξασεν αὐτὸν ὁ υἱός, χαρίσασθαι τῷ υἱῷ τὸ
δοξάσαι αὐτὸν ἐν αὐτῷ, ἵν᾽ ὁ υἱὸς ᾖ ἐν τῷ θεῷ δοξαζόμενος.
εἶτ᾽ ἐπεὶ ὅσον οὐδέπω ταῦτα γίνεσθαι ἔμελλε, λέγω δὲ τὸ
δοξάζεσθαι τὸν υἱὸν ἐν τῷ θεῷ, διὰ τοῦτο ἐπιφέρει τό· Καὶ   Jo xiii 32
5 εὐθὺς δοξάσει αὐτόν. ταῦτα δὲ οὐκ ἀγνοοῦμεν πολλῷ εἶναι
ἐλάττονα ὧν χωρεῖ ὁ τόπος ἐξεταζόμενος, ἀποκαλύπτοντος
τοῦ θεοῦ, καὶ ἐπιδημοῦντος τοῦ λόγου αὐτοῦ εἰς τὸ παρα-
στῆσαι τὴν δόξαν τοῦ θεοῦ, καὶ ᾧ δύναται δωρήσασθαι ὁ
πατὴρ δωρούμενος γνωσθῆναι τὴν πᾶσαν δόξαν τοῦ θεοῦ.
10 διὸ ὡς βραχεῖς καὶ πολλῷ ταπεινότεροι τῆς ἀξίας τῶν λόγων,
καὶ ἐπὶ τοῖς ἐκτεθεῖσι χάριτας ὁμολογοῦμεν τῷ θεῷ, οὖσι
πολλῷ μείζοσι τῆς ἡμετέρας ἀξίας.

30. (19) ΤΕΚΝΊΑ, ἔτι ΜΙΚΡῸΝ ΜΕΘ᾽ ὙΜῶΝ ΕἰΜΙ· ΖΗ-   Jo xiii 33
ΤΉϹΕΤΈ ΜΕ, <ΚΑῚ> ΚΑΘῺϹ ΕἶΠΟΝ ΤΟῖϹ ᾽ΙΟΥΔΑΊΟΙϹ ὍΤΙ ὍΠΟΥ
15 ἘΓῺ ΕἰΜΙ ὙΜΕῖϹ Οὐ ΔΎΝΑϹΘΕ ἘΛΘΕῖΝ, ΚΑῚ ὙΜῖΝ ΛΈΓΩ ἌΡΤΙ.
Συναγαγὼν ἐκ τῶν εὐαγγελίων τὰς ὡς ὑπὸ πατρὸς λεγομένας
τοῦ σωτῆρος ἡμῶν πρὸς τέκνα φωνάς, θάρρει λέγειν ὅτι
τινῶν ὁ σωτὴρ πατήρ ἐστιν· τῷ μὲν γὰρ παραλυτικῷ φησί·
452 Θάρσει, τέκνον· ἀφίενταί σοι αἱ ἁμαρτίαι· τῇ δὲ αἱμορροού-   Mt ix 2
20 σῃ· Θυγάτηρ, ἡ πίστις σου σέσωκέ σε. καὶ νῦν τοῖς μαθη-   Mt ix 22
ταῖς λέγει τό· Τεκνία· ἐμφαίνοντος, οἶμαι, τι καὶ τοῦ
ὑποκοριστικοῦ καὶ διδάσκοντος τὴν ἔτι βραχύτητα τῆς τῶν
ἀποστόλων ψυχῆς τότε. ἐὰν δέ τις ζητεῖ ἆρ᾽ οὖν ὁ πα-
ραλυτικός, ἀκούων· Τέκνον· ἐντελέστερος ἦν <τῶν> πρὸς οὓς
25 ὁ λόγος φησί· Τεκνία; ἀκούσει ὅτι εἴ τις μέν ἐστι τεκνίον,
πάντως ἐστὶ τέκνον· διὸ οὐ κεκώλυται τὸν παραλυτικὸν,
λεγόμενον τέκνον, εἶναι καὶ τεκνίον· ὥστε οὐκ ἀνάγκη τὸν
ὀνομασθέντα τέκνον, τὸν παραλυτικὸν, εἶναι ἐντελέστερον
τῶν πρὸς οὓς ὁ λόγος εἶπε τό· Τεκνία. χρὴ δὲ εἰδέναι ὅτι
30 οὐχ ὥσπερ ἐπὶ τῶν ἀνθρώπων οὐ δύναται τὸ τέκνον γενέσθαι
ὕστερον ἀδελφὸς οὗ ἔφθασεν εἶναι τέκνον, οὕτως ἀδύνατον
μεταβαλεῖν ἐκ τέκνου Ἰησοῦ πρὸς τὸ γενέσθαι αὐτοῦ ἀδελ-

12 μεῖζον   14 καὶ] om.   24 τέκνα   τῶν] om.
25 τις] τι   τεκνίον] τεκνον

φόν. οὗτοι γοῦν πρὸς οὓς εἶπε· Τεκνία· μετὰ τὴν τοῦ
σωτῆρος ἀνάστασιν, ὡσπερεὶ μεταποιηθέντος ἀπὸ τῆς ἀνα-
στάσεως Ἰησοῦ, γίνονται τοῦ πρότερον εἰπόντος· Τεκνία·
ἀδελφοί. διὸ γέγραπται· Πορεύου πρὸς τοὺς ἀδελφοὺς, καὶ
εἰπὲ αὐτοῖς Ἀναβαίνω πρὸς τὸν πατέρα μου καὶ πατέρα 5
ὑμῶν, καὶ θεόν μου καὶ θεὸν ὑμῶν. καὶ τάχα ὥσπερ ἔστι
μεταβαλεῖν ἐκ δούλου Ἰησοῦ, δοῦλοι δὲ ἦσαν οἱ μαθηταὶ
πρὸ τοῦ εἶναι τεκνία, ὡς δῆλον ἐκ τοῦ· Ὑμεῖς φωνεῖτέ με Ὁ
διδάσκαλος καὶ Ὁ κύριος, καὶ καλῶς λέγετε, εἰμὶ γάρ· καὶ
τό· Οὐκ ἔστι δοῦλος μείζων τοῦ κυρίου αὐτοῦ· ἀναγεγραμ- 10
μένον πρὸ τοῦ· Τεκνία, ἔτι μικρὸν μεθ' ὑμῶν εἰμι· ἐπι-
στήσεις δὲ εἰ ὁ δοῦλος πρότερον μαθητὴς γίνεται, εἶτα
τεκνίον, εἶτα ἀδελφὸς Χριστοῦ καὶ υἱὸς τοῦ θεοῦ. μαθητὴν
δὲ ἐν τούτοις λεκτέον τὸν ἐκ τοῦ παρέχειν αὐτὸν πα-
ραληψόμενον τὴν τοῦ λόγου ἐπιστήμην, μανθάνοντα ἀπὸ 15
τοῦ τηλικούτου διδασκάλου τὴν σοφίαν τοῦ θεοῦ. τὸ δέ·
Ἔτι μικρὸν μεθ' ὑμῶν εἰμι· κατὰ μὲν τὸ ἁπλούστερον ὡς
πρὸς τὸ ῥητὸν σαφές ἐστιν, ἐπεὶ ὅσον οὐδέπω ἔμελλε μηκέτι
ἔσεσθαι μετὰ τῶν μαθητῶν· πρότερον μὲν συλληφθεὶς ὑπὸ
τῆς σπείρας καὶ τοῦ χιλιάρχου καὶ τῶν Ἰουδαϊκῶν ὑπηρετῶν, 20
οἵτινες δήσαντες αὐτὸν ἀπήγαγον πρὸς Ἄνναν πρῶτον· μετὰ
δὲ τοῦτο τῷ Πιλάτῳ παραδοθεὶς, καὶ ἑξῆς τὴν ἐπὶ σταυρῷ
καταδικασθείς· εἶτα ποιήσας ἐν τῇ καρδίᾳ τῆς γῆς τρεῖς
ἡμέρας καὶ τρεῖς νύκτας. κατὰ δὲ τὸ βαθύτερον ζητήσεις
μήποτε μετὰ τὸ μικρὸν οὐκέτι ἦν μετ' αὐτῶν· οὐ τῷ μὴ 25
παρεῖναι αὐτοῖς κατὰ σάρκα, καὶ τῷ τὴν ψυχὴν αὐτοῦ εἰς 453
ᾅδου καταβεβηκέναι· τούτου γὰρ ἕνεκεν οὐκ ἐκωλύετο εἶναι
καὶ μετὰ τῶν μαθητῶν ὁ εἰπών· Ὅπου δύο ἢ τρεῖς συνηγμένοι
εἰς τὸ ἐμὸν ὄνομα, καὶ ἐγώ εἰμι ἐν μέσῳ αὐτῶν· καί· Ἰδοὺ
ἐγὼ μεθ' ὑμῶν εἰμι πάσας τὰς ἡμέρας ἕως τῆς συντελείας 30
τοῦ αἰῶνος· ἀλλὰ τῷ πληρωθέντος τοῦ· Πάντες ὑμεῖς
σκανδαλισθήσεσθε ἐν ἐμοὶ ἐν τῇ νυκτὶ ταύτῃ. γέγραπται

Jo xx 17

Jo xiii 13

Jo xiii 16

Jo xiii 33

cf. Jo xviii
12 f.

cf. Mt xii 40

Mt xviii 20

Mt xxviii 20

Mt xxvi 31

2 μεταποιωθέντος   21 πρώτων

γάρ· Πατάξω τὸν ποιμένα, καὶ διασκορπισθήσονται τὰ πρό-
βατα τῆς ποίμνης· μηκέτι εἶναι μετ' αὐτῶν τὸν μετὰ τῶν
ἀξίων μόνων τυγχάνοντα. πρὸς τοῦτο δ' ἄν τις ἀνθυποφέροι
τό· Μέσος ὑμῶν στήκει ὃν ὑμεῖς οὐκ οἴδατε· λέγων αὐτὸν Jo i 26
5 εἶναι καὶ μετὰ τῶν μὴ γινωσκόντων αὐτόν. ὅρα δὲ μήποτε
οὐ ταὐτόν ἐστι τὸ εἶναι αὐτὸν μετά τινος, ὅπερ ἐν ἐπαγγελίᾳ
ὡς ἀξίοις δίδοται, τῷ ἑστηκέναι αὐτὸν καὶ μὴ γινωσκόμενον
ἐν μέσῳ τῶν μὴ γινωσκόντων. ἐν ἐπαγγελίᾳ μὲν γὰρ τό·
Ὅπου δύο ἢ τρεῖς συνηγμένοι εἰς τὸ ἐμὸν ὄνομα, κἀγώ εἰμι Mt xviii 20
10 ἐν μέσῳ αὐτῶν· καὶ τό· Ἰδοὺ ἐγὼ μεθ' ὑμῶν εἰμι πάσας τὰς Mt xxviii 20
ἡμέρας ἕως τῆς συντελείας τοῦ αἰῶνος· οὐ τοιοῦτον δὲ τό·
Μέσος ὑμῶν στήκει ὃν ὑμεῖς οὐκ οἴδατε. καὶ ἐν τῷ προκει- Jo i 26
μένῳ τοίνυν ὁ εἰπών· Ἰδοὺ ἐγὼ μεθ' ὑμῶν εἰμι· φησὶ τό·
Ἔτι μικρὸν μεθ' ὑμῶν εἰμι. ὁ δὲ λέγων· Ἔτι μικρὸν μεθ'
15 ὑμῶν εἰμι· οὐκ ἂν παρόντι αἰσθητῶς τῷ Ἰούδα, τοῦ διαβόλου
ἤδη βεβληκότος εἰς τὴν καρδίαν αὐτοῦ ἵνα παραδῷ τὸν cf. Jo xiii 2
σωτῆρα, εἶπεν ἂν αὐτῷ τό· Μετὰ σοῦ εἰμι· οὐκέτι γὰρ ἦν
μετ' αὐτοῦ, οὐδ' ὅτε βάψας τὸ ψωμίον ἐδίδου αὐτῷ. ἀλλ' ὅτε cf. Jo xiii 26
μετὰ τὸ ψωμίον εἰσῆλθεν εἰς ἐκεῖνον ὁ Σατανᾶς, πολλῷ
20 πλέον οὐκ ἦν Χριστὸς μετὰ τοῦ Ἰούδα, μακρύναντος ἑαυτὸν
ἀπὸ τοῦ σωτῆρος· Τίς γὰρ συμφώνησις Χριστοῦ πρὸς 2 Co vi 15
Βελίαρ;

31. Εἰ καὶ μικρὸν δὲ ἔτι μετὰ τῶν τεκνίων ἔμελλεν
εἶναι ὁ πατὴρ αὐτῶν Ἰησοῦς, χρὴ εἰδέναι τὸ μετὰ τὸ μικρὸν
25 ἐκεῖνο· εἰ καὶ μὴ ἦν μετ' αὐτῶν, οὐδὲν ἧττον ἐκεῖνοι ζητεῖν
ἔμελλον τὸν Ἰησοῦν, ὡς ὁ Πέτρος μετὰ τὸ ἀρνήσασθαι
πικρῶς ἔκλαιεν, οἶμαι, ζητῶν τὸν Ἰησοῦν. νῦν μὲν οὖν τό·
Ἔτι μικρὸν μεθ' ὑμῶν εἰμι· λέλεκται, ὀλίγῳ <δὲ> ὕστερον·
Μικρὸν, φησὶ, καὶ οὐκέτι θεωρεῖτέ με, καὶ πάλιν μικρὸν Jo xvi 16
30 <καὶ> ὄψεσθέ με· ὅτε λεγόντων τῶν μαθητῶν· Τί ἐστι τοῦτο Jo xvi 18 f.
ὃ λέγει μικρόν; οὐκ οἴδαμεν τί λαλεῖ· γνοὺς ὁ Ἰησοῦς καὶ
ὅτι ἤθελον αὐτὸν ἐρωτᾶν, εἶπεν αὐτοῖς Περὶ τούτου ζητεῖτε

12 ἵστηκει   19 εἰσῆλθεν] ὅτε ἦλθεν   23 εἰ] ἡ
24 μετὰ] μεγα   28 δὲ] om.   30 καὶ] om.

Jo xvi 19 f. μετ' ἀλλήλων ὅτι εἶπον Μικρὸν καὶ οὐ θεωρεῖτέ με, καὶ
πάλιν μικρὸν καὶ ὄψεσθέ με; ἀμὴν, ἀμὴν λέγω ὑμῖν ὅτι
κλαύσετε καὶ θρηνήσετε ὑμεῖς, ὁ <δὲ> κόσμος χαρήσεται· 454
ὑμεῖς δὲ λυπηθήσεσθε, ἀλλ' ἡ λύπη ὑμῶν εἰς χαρὰν γενή-
σεται. τὸ γὰρ μικρὸν ἐκεῖνο ἐν ᾧ οὐκ ἐθεώρουν αὐτὸν, 5
ἐζήτουν Ἰησοῦν· διὸ ἔκλαιον καὶ ἐθρήνουν, τῆς λύπης
αὐτῶν εἰς χαρὰν μεταβαλλούσης ὅτε ἐπληροῦτο τό· Καὶ
πάλιν μικρὸν καὶ ὄψεσθέ με. ἐν οἷς ἐξετάσεις εἰ ὁ μετὰ
μικρὸν μὴ θεωρῶν αὐτὸν, εἰ μέλλει μετὰ τοῦτο ὄψεσθαι
αὐτὸν, μετ' οὐ πολὺ πάντως ὄψεται αὐτὸν, νοούντων ἡμῶν τό· 10
Καὶ πάλιν μικρὸν καὶ ὄψεσθέ με. τὸ δὲ ζητεῖν τὸν Ἰησοῦν
ζητεῖν ἐστι τὸν λόγον καὶ τὴν σοφίαν καὶ τὴν δικαιοσύνην
καὶ τὴν ἀλήθειαν καὶ τὴν δύναμιν τοῦ θεοῦ, ἅπερ πάντα
ἐστὶν ὁ χριστός. τινὲς δὲ ζητοῦσιν αὐτὸν τῶν ἑωρακότων
σημεῖα, καὶ σὺν τῷ ἑωρακέναι λαβόντων ἀπ' αὐτοῦ ἄρτον 15
καὶ φαγόντων, αἰτίου τοῦ ζητεῖν αὐτοῖς γενομένου τοῦ
Jo vi 26 τεθράφθαι ἀπὸ τοῦ λόγου· Ζητεῖτε γάρ με, φησὶν, οὐχ
ὅτι εἴδετε σημεῖα, ἀλλ' ὅτι ἐφάγετε ἐκ τῶν ἄρτων καὶ
ἐχορτάσθητε. εἶτα ἐπεὶ πρότερον τοῖς Ἰουδαίοις εἰρήκει·
Jo viii 21 Ἐγὼ ὑπάγω καὶ ζητήσετέ με, καὶ ἐν τῇ ἁμαρτίᾳ ὑμῶν 20
ἀποθανεῖσθε· ὅπου ἐγὼ ὑπάγω ὑμεῖς οὐ δύνασθε ἐλθεῖν·
Jo xiii 33 ἐπ' ἐκεῖνο ἀναφέρων τὸ προκείμενον φησί· Καὶ καθὼς
εἶπον τοῖς Ἰουδαίοις ὅτι Ὅπου ἐγὼ ὑπάγω ὑμεῖς οὐ δύνασθε
ἐλθεῖν, καὶ ὑμῖν λέγω ἄρτι. ὡς γὰρ ἐκείνοις, φησὶ, τοῦτ'
εἶπον, οὕτω καὶ ὑμῖν· ἀλλὰ καὶ ὑμῖν τοῦτο λέγω οὐ περὶ 25
πλείονος χρόνου. οὕτω γὰρ ἀκούω τοῦ· Καὶ ὑμῖν λέγω
ἄρτι· ὅπερ οὐκ ἔστι ταὐτὸν τῷ· Καὶ ὑμῖν λέγω· χωρὶς
προσθήκης τῆς ἄρτι. Ἰουδαῖοι μὲν γὰρ, οὓς προέβλεπεν ἐν
τῇ ἑαυτῶν ἁμαρτίᾳ ἀποθανουμένους, οὐκ ἐπὶ βραχυνόμενον
χρόνον οὐκ ἐδύναντο ἥκειν ὅπου ὑπῆγεν ὁ Ἰησοῦς· οἱ δὲ 30
μαθηταὶ, μεθ' ὃν ἔμελλε μικρὸν χρόνον μηκέτι ἔσεσθαι μετ'
αὐτῶν, διὰ τὰ προειρημένα οὐκ ἐδύναντο ἕπεσθαι τῷ λόγῳ
ἀπιόντι ἐπὶ τὰς ἑαυτοῦ οἰκονομίας.

32. Καὶ εἰ μὲν μὴ προετέτακτο τοῦ· Ὅπου ἐγὼ ὑπάγω Jo xiii 33
ὑμεῖς οὐ δύνασθε ἐλθεῖν· τό· Καθὼς εἶπον τοῖς Ἰουδαίοις·
κἂν ἁπλούστερον ἐδοκοῦμεν ταῦτα εἰρῆσθαι, ἀναφερόμενα
ἐπὶ τὴν ἀπὸ τοῦ βίου ἔξοδον τῆς Ἰησοῦ ψυχῆς. νυνὶ δὲ
5 καὶ οἱ Ἰουδαῖοι ἀποθνήσκειν ἔμελλον, καὶ ὁ Ἰησοῦς ἀποθανὼν
καταβαίνειν εἰς ᾅδου. πῶς ὅπου ὁ Ἰησοῦς ὑπῆγεν ἐκεῖνοι
455 οὐκ ἐδύναντο ἀπελθεῖν; ἀλλ' ἐρεῖ τις, ἐπεὶ καὶ ἐν τῷ
παραδείσῳ ἔμελλε γίνεσθαι τοῦ θεοῦ, ἔνθα οἱ μὲν ἐν ταῖς
ἁμαρτίαις αὐτῶν ἀποθανούμενοι γίνεσθαι οὐκ ἔμελλον, οἱ δὲ
10 τοῦ Ἰησοῦ μαθηταὶ τότε μὲν οὖν οὐκ ἐδύναντο ἐκεῖ γενέσθαι
ὕστερον δὲ, διὰ τοῦτο πρὸς μὲν τοὺς ἐν ταῖς ἁμαρτίαις αὐτῶν
ἀποθανουμένους Ἰουδαίους λέλεκται τό· Ὅπου ἐγὼ ὑπάγω,
ὑμεῖς οὐ δύνασθε ἐλθεῖν· πρὸς δὲ τοὺς μαθητάς· Ὅπου ἐγὼ
ὑπάγω, ὑμεῖς οὐ δύνασθε ἐλθεῖν ἄρτι. τὸ γὰρ ἑξῆς τῆς
15 λέξεώς ἐστι τοιοῦτον· Καθὼς εἶπον τοῖς Ἰουδαίοις καὶ ὑμῖν
λέγω Ὅπου ἐγὼ ὑπάγω, ὑμεῖς οὐ δύνασθε ἐλθεῖν ἄρτι.
καὶ οὕτω δὲ οὐκ ὀλίγην ἔχει ζήτησιν ὁ τόπος, διὰ τό· Ὁ
υἱὸς τοῦ ἀνθρώπου ἐν τῇ καρδίᾳ τῆς γῆς ποιήσει τρεῖς Mt xii 40
ἡμέρας καὶ τρεῖς νύκτας. πῶς γὰρ τρεῖς ἡμέρας καὶ τρεῖς
20 νύκτας ποιήσει ἐν τῇ καρδίᾳ τῆς γῆς, <ὃς> ἅμα τῇ ἐξόδῳ ἐν
τῷ παραδείσῳ ἔμελλεν ἔσεσθαι τοῦ θεοῦ, κατὰ τό· Σήμερον Lc xxiii 43
μετ' ἐμοῦ ἔσῃ ἐν τῷ παραδείσῳ τοῦ θεοῦ; οὕτω δὲ ἐτάραξέ
τινας ὡς ἀσύμφωνον τὸ εἰρημένον, ὥστε τολμῆσαι αὐτοὺς
ὑπονοῆσαι προστεθῆσθαι τῷ εὐαγγελίῳ ἀπό τινων ῥᾳδιουρ-
25 γῶν αὐτὸ τό· Σήμερον μετ' ἐμοῦ ἔσῃ ἐν τῷ παραδείσῳ τοῦ
θεοῦ. ἡμεῖς δέ φαμεν ἁπλούστερον μὲν ὅτι τάχα πρὶν
ἀπελθεῖν εἰς τὴν λεγομένην καρδίαν τῆς γῆς ἀπεκατέστησεν
εἰς τὸν παράδεισον τοῦ θεοῦ τὸν εἰπόντα αὐτῷ· Μνήσθητί Lc xxiii 42
μου ὅταν ἔλθῃς ἐν τῇ βασιλείᾳ σου· βαθύτερον δὲ ὅτι
30 πολλαχοῦ τὸ σήμερον ἐν τῇ γραφῇ καὶ ἐπὶ ὅλον παρατείνει
τὸν ἐνεστηκότα αἰῶνα· ὥσπερ δὲ καὶ ἐν τῷ· Ἐφημίσθη ὁ Mt xxviii 15
λόγος οὗτος παρὰ Ἰουδαίοις μέχρι τῆς σήμερον· καί· Οὗτος Ge xix 37

1 προστέτακτο   4 νῦν εἰ   6 καταβαίνων
9 οἱ] εἰ   20 ὅς] om.

Ps xciv (xcv) 8 πατὴρ Μωαβιτῶν μέχρι τῆς σήμερον ἡμέρας· καί· Σήμερον
ἐὰν τῆς φωνῆς αὐτοῦ ἀκούσητε, καὶ μὴ ἀπόστητε ἀπὸ κυρίου.
ἐν τῇ σήμερον ἡμέρᾳ ἐπαγγέλλεται αὐτῷ, ἀξιώσαντι μνησθῆ-
ναι αὐτοῦ ἐν τῇ βασιλείᾳ τοῦ θεοῦ, τὸ ἐν τῷ ἐνεστηκότι
αἰῶνι πρὸ τοῦ μέλλοντος ποιῆσαι αὐτὸν γενέσθαι σὺν αὐτῷ 5
ἐν τῇ βασιλείᾳ τοῦ θεοῦ. ἀλλὰ τοῦτο μὲν διὰ μέσου ἐν
παρεκβάσει εἰς τὸ προειρημένον εἰρήσθω. τοῖς δὲ μαθηταῖς,
ἀκολουθεῖν βουλομένοις τῷ Ἰησοῦ, οὐχ ὡς ἂν οἱ ἁπλούστεροι
Mt x 38 ὑπολάβοιεν σωματικῶς, ἀλλ' ὡς δηλοῖ τό· Ὃς ἂν μὴ ἄρῃ
τὸν σταυρὸν αὐτοῦ καὶ ἀκολουθήσει ὀπίσω μου, οὐκ ἔστι μου 10
Jo xiii 33 ἄξιος εἶναι μαθητής· φησὶ νῦν ὁ κύριος ὅτι Ὅπου ἐγὼ
ὑπάγω ὑμεῖς οὐ δύνασθε ἐλθεῖν ἄρτι. εἰ γὰρ ἐβούλοντο 456
ἀκολουθεῖν τῷ λόγῳ καὶ ὁμολογεῖν αὐτὸν, μὴ σκανδαλιζό-
Jo vii 39 μενοι ἐν αὐτῷ, ἀλλ' οὐκ ἐδύναντό πω τοῦτο ποιεῖν· Οὔπω
1 Co xii 3 γὰρ ἦν πνεῦμα, ὅτι Ἰησοῦς οὔπω ἐδοξάσθη· καί· Οὐδεὶς 15
δύναται εἰπεῖν Κύριος Ἰησοῦς εἰ μὴ ἐν πνεύματι ἁγίῳ.
ἄπεισι δὲ ὁ λόγος τὰς ἑαυτοῦ πορείας, καὶ ἀκολουθεῖ μὲν
αὐτῷ ὁ λόγῳ ἑπόμενος· οὐ δύναται δὲ ἀκολουθεῖν ὁ μὴ
εὐτρεπισμένος ὥστ' εὐτόνως κατ' ἴχνη βαίνειν, τοῦ λόγου
ὁδηγοῦντος πρὸς τὸν ἑαυτοῦ πατέρα τοὺς πάντα πράττοντας 20
ἵνα καὶ δύνωνται αὐτῷ ἕπεσθαι καὶ ἀκολουθῶσιν αὐτῷ, ἕως
Ps lxii (lxiii) 9 εἴπωσιν τῷ χριστῷ· Ἐκολλήθη ὀπίσω σου ἡ ψυχή μου.
αὐτάρκη δὲ περιγραφὴν εἰληφότος τοῦ λβ΄ τῶν εἰς τὸ κατὰ
Ἰωάννην Εὐαγγέλιον ἐξηγητικῶν, αὐτοῦ που καταπαύσομεν
τὸν λόγον. 25

9 ἀλλ' ὡς] ἄλλοις

FRAGMENTA.

[[1. In Joann. i. 1. Corderius, Catena Graec. Patr. in S. Joan. p. 6.

Δημιουργὸν τῶν πάντων τιθέμενος αὐτόν, τὸ τοῦ Λόγου ὄνομα κατηγορεῖ αὐτοῦ. ἐπεὶ γὰρ ὡς ἐπίπαν πᾶσα δημιουργία ἤρτηται λόγου, οὐκ ἄλλως ἔδει αὐτὸν δηλῶσαι ὄντα τῶν πάντων ποιητὴν ἢ οὕτως. οἱ μὲν γὰρ παρ' ἡμῖν δημιουργοί,
5 ἄνθρωποι ὄντες, τέχνην ἔχουσιν· αὕτη δέ ἐστιν ἕξις μετὰ λόγου ποιητική. ὁ δὲ τοῦ θεοῦ υἱός, ἐπειδὴ οὐκ ἄλλος ὢν σοφίας καὶ τέχνης δημιουργός, εἰκότως Λόγος ὀνομάζεται. οὐ γὰρ ἄλλη τις ὢν οὐσία παρὰ τὸν λόγον δι' αὐτοῦ ποιεῖ τὰ ὄντα, ἀλλ' αὐτός ἐστιν ὁ ποιῶν, θεὸς ὢν λόγος. εἶτ' ἐπεὶ
10 ὁ λόγος οὗτος, θεὸς ὢν κατ' οὐσίαν, καὶ αὐτὸ τοῦτο θεοῦ υἱὸς ὑπάρχων, τῆς τῶν ἀνθρώπων σωτηρίας χάριν ἄνθρωπος γεγένηται, Σὰρξ ὁ λόγος ὠνομάσθη. καὶ ἐπεί τινες τῆς ὀρθῆς πίστεως ἐκπεσόντες οἴονται ἀπὸ τότε αὐτὸν μόνον εἶναι ἀφ' οὗ ἐκ τῆς παρθένου ἄνθρωπος γεγονὼς προῆλθεν,
15 ὀρθότατα πρὸς τοὺς τοιούτους ὁ θεολόγος γράφει τό· Ἐν Jo i 1 ἀρχῇ ἦν ὁ λόγος· καὶ καταλλήλως τοῖς ῥήμασι χρησάμενος, τὸ μὲν Ἐγένετο ἐπὶ τὴν σάρκα, τὸ δὲ Ἦν ἐπὶ τῆς θεότητος αὐτοῦ σημαίνει. καὶ ἦν μὲν κυριώτερον ἐπὶ τοῦ θεοῦ λόγου τὸ Ἔστιν εἰπεῖν· ἀλλ' ἐπεὶ πρὸς διαφορὰν τῆς ἐνανθρωπή-
20 σεως γενομένης ἔν τινι καιρῷ ἐδήλου τὴν ὕπαρξιν τοῦ λόγου, ἀντὶ τοῦ Ἔστιν τῷ Ἦν ὁ εὐαγγελιστὴς κέχρηται. τῶν δὲ ῥημάτων τὰς κυρίας σημασίας ἐκλαμβάνειν οὐ δεῖ ἐπὶ τῶν

12 ὀνομάσθη Cord.   18 αὐτὸν Cord.   21 τῷ] τοῦ Cord.

ἀιδίων· ὅτε μὲν γὰρ τὰ σημαινόμενα ὑπὸ τούτων χρόνῳ
συμμετρουμένην ἔχει τὴν ὕπαρξιν, ὡς τὸ Ἦν τὸ μηκέτ'
ὂν, ἀλλά ποτε ὕπαρξιν σημαίνει· ὁμοίως τὸ Ἔστι δηλοῖ
τὸ νῦν ὑπάρχον, ὡς τὸ Ἔσται τὸ μέλλον ὑπάρξαι. ἀλλ'
ἐπεὶ ὁ λόγος τοῦ θεοῦ ἀίδιός ἐστι, τυγχάνων θεός, τὰ ῥήματα 5
ἐπ' αὐτοῦ οὐ μετὰ τοῦ προσσημαίνειν χρόνον ἐκλαμβάνειν
δεῖ, τοῦ σημαινομένου ὑπ' αὐτῶν οὐχ ὑπὸ χρόνου ὄντος.
ἔστι δὲ ἀπ' αὐτῶν τῶν τοῦ θεολόγου φωνῶν θηρεῦσαι τὴν
διάνοιαν. εὐθὺς γὰρ ἀρχόμενος τῆς κατ' αὐτὸν συντάξεως
Jo i 1   γράφει· Ἐν ἀρχῇ ἦν ὁ λόγος. καὶ Μωυσῆς μὲν τὴν 10
Gen i 1   κοσμοποιίαν ἐξηγούμενος· Ἐν ἀρχῇ, εἶπεν, ἐποίησεν ὁ
θεὸς τὸν οὐρανὸν καὶ τὴν γῆν. ὁ δὲ Ἰωάννης οὐκ Ἐν ἀρχῇ,
εἶπεν, γέγονεν ἢ πεποίηται λόγος. ἦν γὰρ ἐν ἀρχῇ ποιῶν
Jo i 3   τὸν οὐρανὸν καὶ τὴν γῆν. εἰ γάρ· Πάντα δι' αὐτοῦ ἐγένετο·
τῶν πάντων δὲ ὁ οὐρανὸς καὶ ἡ γῆ ὑπῆρχεν, ἐν τῇ τούτων 15
οὐσιώσει αὐτὸς ἦν κτιστὴς αὐτῶν. εἶτ' ἐπεὶ μὴ εἶπεν ἐν τῇ
τινὸς ἀρχῇ ὁ λόγος ἦν, καθόλου ληπτέον αὐτό, ἵν' ᾖ τὸ
δηλούμενον τοιοῦτον· ἐν ἀρχῇ τῶν ἀγγέλων, καὶ ἐν ἀρχῇ
τῶν ἀρχαγγέλων ἦν ὁ λόγος· καὶ συνελόντι εἰπεῖν, ἐν ἀρχῇ
τῶν ὁρατῶν τε καὶ ἀοράτων κτισμάτων ἦν ὁ λόγος, πάντων 20
Col i 16 ff. αὐτῶν ἦν ἀρχή τε καὶ ποιητής. ἐν Χριστῷ γὰρ ἐκτίσθη τὰ
ἅπαντα, τά τε ἐν οὐρανοῖς καὶ τὰ ἐπὶ τῆς γῆς, τά τε ὁρατὰ
καὶ τὰ ἀόρατα, εἴτε ἀρχαὶ εἴτε ἐξουσίαι εἴτε θρόνοι εἴτε
κυριότητες· πάντα δι' αὐτοῦ καὶ εἰς αὐτὸν ἔκτισται· καὶ
αὐτός ἐστι πρὸ πάντων καὶ τὰ πάντα ἐν αὐτῷ συνέστηκεν, 25
ὅς ἐστιν ἀρχὴ καὶ πρωτότοκος ἐκ τῶν νεκρῶν. εἰ γὰρ τὰ
πάντα ἐν αὐτῷ συνέστηκεν, καὶ πρὸ αὐτῶν ἐστιν, ἀρχὴ αὐτῶν
κατὰ τὸ εἶναι αἴτιος ὑπάρχων, ἀκολούθως ῥητέον εἶναι αὐτὸν
ἐν τῇ πάντων οὐσιώσει. πῶς γὰρ οὐκ ἔδει αὐτὸν εἶναι πρὸ
αὐτῶν καὶ ἐν ἀρχῇ τῆς ὑπάρξεως αὐτῶν κτίστην ὄντα; εἶτ' 30
ἐπεὶ ἐν ἀρχῇ αὐτὸν εἶπεν εἶναι, ἔδει δηλῶσαι καὶ πῶς καὶ
Jo i 1   πρὸς τίνα ὄντα ποιεῖν αὐτὸν ἐχρῆν. διὸ ἐπήγαγεν τῷ· Ἐν
τῇ ἀρχῇ ἦν ὁ λόγος· καὶ τό· Ἦν ὁ λόγος πρὸς τὸν θεόν·
πρὸς ἡμᾶς μὲν γὰρ ἐλθών, ὅτε ἐκ παρθένου ἐτέχθη, ἀπέ-

σταλτο ὑπὸ τοῦ πατρός· διὸ καί· Ἐσκήνωσεν ἐν ἡμῖν· καὶ Jo ι 14
ὄνομα ἔσχεν αὐτὸ δὴ τοῦτο Μεθ’ ἡμῶν ὁ θεός. ὅτε δὲ cf. Is vii 14;
ἐδημιούργει, ἐπεὶ μὴ ὡς ἄνθρωπος ἀποσταλεὶς ὑπὸ τοῦ viii 10
πατρὸς εἰς οὐσίαν ἔφερε τὰ πάντα, καὶ πρὸς τὸν θεὸν ἦν
5 καὶ θεὸς ἦν· οὐ τέχνη, ἢ λόγος, ἃ ἐν ἄλλοις ἔχει τὸ εἶναι,
ὡς ἀρτίως ἐλέγετο περὶ τῶν ἐν ἀνθρώποις δημιουργῶν, ὡς
ἄλλο ἐστὶν αὐτοῖς τὸ ὑπάρχειν ἀνθρώποις, καὶ ἄλλο τὸ εἶναι
τεχνίταις. οὐδένα γοῦν τούτων λόγον καλοῦμεν, ἀλλ’ ἔχειν
λόγον λέγομεν. ἀλλ’ οὐχ ὁ δημιουργὸς τοῦ παντὸς τοιοῦτος,
10 τυγχάνων θεὸς λόγος κατ’ οὐσίαν, διὸ καὶ Σοφία καὶ Ἀλήθεια
ἐν ταῖς θεολογίαις ὀνομάζεται.]]

2. In Joann. i. 4. Rome, *Vat.* 758; *Reg.* 9:
Venice Gr. 27. Cf. Venice Gr. 28.

Ὃ ΓΕΓΟΝΕΝ ἐΝ ἀΥΤῷ, δηλονότι τῷ λόγῳ, ΖΩΗ ἨΝ· Jo i 4
ἵν’ ὥσπερ θεὸς εἰς ὕπαρξιν ἤγαγε τὰ πάντα, οὕτω καὶ
ζωοποιηθῇ τὰ πεφυκότα ζῆν μετουσίᾳ αὐτοῦ. διὸ καὶ
15 ἁρμοδίως εἴρηται τό· Καὶ ἡ ζωὴ ἦν τὸ φῶς τῶν ἀνθρώπων.
οὐ γὰρ προσεκτέον τοῖς ἐκ τῆς λέξεως ταύτης γενητὸν εἶναι
τὸν λόγον νομίσασι. τὸ γὰρ γενόμενον οὐκ αὐτό ἐστι ζωή·
ὃ οὐκ ἔξωθεν αὐτῷ ἐπῆλθεν, ἐν αὐτῷ γὰρ γέγονεν ἡ ζωή. οὐ
γὰρ οἷοί τε ἦσαν οἱ γενητοὶ οὕτως αὐτὸν ἔχειν τυγχάνοντα
20 κατ’ οὐσίαν ζωὴν ὡς ἔστι παρὰ τῷ πατρί. εἴρηται γὰρ πρὸς
τὸν θεόν· Παρά σοι πηγὴ ζωῆς. καὶ ἔστιν ἡ ζωὴ αὕτη Ps xxxv
παρὰ τῷ πατρὶ οὐ ζωοποιοῦσα αὐτόν, οὐ γὰρ μετουσίᾳ ζωῆς (xxxvi) 10
ὁ πατὴρ ζῇ, ἀλλὰ ζωὴ θεὸς ὢν γεννᾷ ζωήν, ὡς καὶ σοφὸς
σοφίαν καὶ δυνατὸς δύναμιν. αὕτη ἡ ζωὴ τὰ λογικὰ ὠφε-
25 λῆσαι βουλομένη σχέσιν τὴν πρὸς αὐτὰ ἀνεδέξατο, ἐπὶ τὸ
ζῆν αὐτὰ προσλαβόντα αὐτὴν μετουσίας τρόπῳ· καὶ οὐ περὶ
μόνου γε τοῦ κοινοῦ ζῆν αὐτὸν τοῦτο λεκτέον· ἀλλὰ γὰρ καὶ
τοῦ κατ’ ἀρετὴν καθ’ ὃ συμβαίνει εὖ ζῆν. τοῦτο γοῦν
παρίσταται καὶ ἐξ αὐτῆς τῆς λέξεως· φησὶ γάρ· Καὶ ἡ ζωὴ Jo i 4

17 νομμασι R (μα sup. ras.) 18 δ] ον RVS

ἦν τὸ φῶς τῶν ἀνθρώπων· ὅτι δὲ ἐνταῦθ' οὕτως ἔχει καὶ ἐξ
ἑτέρου ἐστι πιστώσασθαι. ὁ τοῦ θεοῦ υἱὸς καὶ λόγος, θεὸς
ὢν λόγος, ἐστι πρὸς τὸν θεόν, ὡς ἀρτίως εἴρηται, γινόμενος
καὶ πρὸς τοὺς ἀνθρώπους, ὡς οἷοί τε εἰσὶ χωρεῖν αὐτοῦ τὴν
παρουσίαν. εἴρηται γάρ· Λόγος κυρίου ἐγενήθη πρὸς Ὡσηέ· 5
καί· Ἐγένετο λόγος κυρίου πρὸς Ἰερεμίαν· καὶ καθόλου·
Ἐκείνους θεοὺς εἶπεν πρὸς οὓς ὁ λόγος τοῦ θεοῦ ἐγένετο.
ὡς οὖν λόγος μὲν πρὸς τὸν θεόν ἐστι, γίνεται δὲ πρὸς τοὺς
γενητούς, οὕτως ζωὴ τυγχάνων ἐστὶ παρὰ τῷ πατρὶ, ζωοποιῶν
πρὸς οὓς ἐπιφοιτᾷ, γινομένης ἐν αὐτῷ ζωοποιητικῆς σχέσεως 10
ἁρμονίως ἐχούσης πρὸς τὰ ζωοποιούμενα. ἀλλ' ἐπεὶ πρὸς
τῷ ζωοποιῆσαι καὶ γνῶσιν ἀληθείας ἐμποιεῖ, φωτίζουσα τὸν
νοῦν τῶν παραδεχομένων αὐτὴν, καὶ φῶς ἀνθρώπων ὀνομά-
ζεται. ἀνθρώπων δὲ φῶς οὖσα δῆλον ὅτι καὶ τὰ ὑπερβεβη-
κότα λογικὰ φωτίζει. εἰ γὰρ τῶν ἐλαττόνων λογικῶν φῶς 15
ἐστι, πολλῷ μᾶλλον τῶν ὑπεραναβεβηκότων.

Hos i 1

Jer i 4

Jo x 35

3. In Joann. i. 5. Rome, *Vat.* 758; *Reg.* 9: Ven. 27.

Τὸ θεολογούμενον φῶς λυτικόν ἐστι πάσης σκοτίας καὶ
ἀγνοίας καὶ κακίας ὑφισταμένης. διὸ ἐν τῇ τοιαύτῃ σκοτίᾳ
φαῖνον οὐ καταλαμβάνεται ὑπ' αὐτῆς. ὃν γὰρ τοῦτο τὸ φῶς
σοφία καὶ δικαιοσύνη θεοῦ, ᾗ μὲν σοφία ἐστι λύει τὴν τοῦ 20
νοῦ ἄγνοιαν, ᾗ δὲ δικαιοσύνη τὰ διαβήματα τῆς ψυχῆς
κατευθύνει, καὶ τοῦτό ἐστι τὸ ἐν τῇ σκοτίᾳ φαίνειν αὐτὸ, οὐ
κωλυόμενον ἐκπέμπειν τὰς οἰκείας αὐγὰς τῷ φωτιζομένῳ
ἀνθρώπῳ· διὸ οὐ καταλαμβάνεται ὑπὸ τῆς σκοτίας, λυομένης
καὶ ἀφανιζομένης τῇ παρουσίᾳ αὐτοῦ. οὐ γὰρ ὑφεστῶσα 25
καὶ ἐνεργοῦσα οὐ καταλαμβάνει αὐτὸ, ἀλλὰ λυομένη καὶ
μηκέτι οὖσα. οἶον ὁ Παῦλος ὅτε ἠγνόει τὸν χριστὸν ἐδίωκεν
αὐτὸν, παρορμώμενος πρὸς τοῦτο ἐκ τῆς προσούσης ἀγνοίας,

cf. Ps cxviii
(cxix) 133

ἣν εἴπομεν εἶναι σκοτίαν· ἀλλὰ τοῦ διωκομένου φωτὸς ὑπ'
αὐτῆς ἐκλάμψαντος τὰς οἰκείας αὐγὰς λέλυται ἡ σκοτία, καὶ
ταύτῃ καταλαβεῖν οὐ δεδύνηται τὸ διωκόμενον ὑπ' αὐτῆς
φῶς. ὡσαύτως καὶ ὁ μετανοήσας ἐπὶ τῷ σταυρῷ λῃστὴς, cf. Lc xxiii
5 πεπηρωμένος τῇ προειρημένῃ σκοτίᾳ ἐδίωκε τὸ φῶς· ἀλλ' ἡ⁴⁰
ἐν τῷ λῃστῇ σκοτία λέλυται, καὶ οὕτως οὐ καταλαμβάνει τὸ
φῶς. καὶ ἵνα ἐπὶ τὸ σαφέστερον μεταβάλω τὸ θεώρημα, φῶς
ἐστὶν ἡ ἀλήθεια, ὅταν δὲ τὸ ψεῦδος καὶ ἀπάτη πᾶσα, τουτέστι
τὸ σκότος, διώκῃ τὸ φῶς, τότε λύεται καὶ ἀφανίζεται
10 πλησίασαν τῷ διωκομένῳ, τῆς γὰρ ἀληθείας φανείσης τὸ
ψεῦδος καὶ ἡ ἀπάτη λύεται. καὶ τὸ παράδοξον ἐρῶ, μακρὰν
οὖσα ἡ σκοτία διώκει τὸ φῶς, ἐγγίσασα δὲ ἐπὶ τὸ καταλαβεῖν
αὐτὸ ἀφανίζεται. καὶ γὰρ τὸ ψεῦδος, ὅσον ἀφέστηκε τῆς
ἀληθείας, κρατεῖ καὶ ἐνεργεῖ ἐν τῷ ἀνθρώπῳ, ὡς διώκειν τὴν
15 ἀλήθειαν ἀπὸ τοῦ νοῦ· ὅταν δὲ ἐγγίσῃ αὐτῇ δείκνυται μηδ'
ὅλως ὄν. ὅθεν ἀναγκαίως ἀφῆκεν ὁ θεὸς εἶναι κακίαν,
δυνάμενος κωλῦσαι, ἵνα τὸ μέγεθος τῆς ἀρετῆς δειχθῇ.

4. In Joann. i. 6. Rome, *Vat.* 758; *Reg.* 9:
Ven. 27.

Οὐ τοσοῦτον διὰ τὴν κοινὴν περὶ ἀνθρώπου ἀπόδοσιν
ὅσον διὰ τὸ πεφυκέναι αὐτὸν κατ' εἰκόνα καὶ πρὸς θεὸν
20 ὁμοίωσιν. σημειωτέον δὲ ὡς οὐκ ἀεὶ τὸ Ἐγένετο τὴν <εἰς>
ὕπαρξιν ἄγουσαν γέννησιν δηλοῖ, ἀλλ' ἐνταῦθα τὸ Ἐγένετο
ἀναφορὰν ἔχει πρὸς τό· Ἀπεσταλμένος παρὰ θεοῦ· ἵνα ᾖ τὸ
λεγόμενον τοιοῦτο· Ἐγένετο ἀπεσταλμένος παρὰ θεοῦ εἰς Jo i 6 f.
μαρτυρίαν. εἰ δὲ ταῦτα περὶ Ἰωάννου λεγόμενα ὀρθῶς ἔχει,
25 πόσῳ μᾶλλον τὰ περὶ τοῦ υἱοῦ τοῦ θεοῦ γραφόμενα ἢ
λεγόμενα ὡς λεγομένου ἢ γραφομένου καὶ γινομένου.

1 σκοτιαν RS] locus male laesus in V 8 απεστη R παση S*
9 διωκει R 12 διώκη RV τὸ 2°] τω S* 13 ὅσον] pr εις S
18 τὴν] τη S* 20 om. εἰς RVS 21 γενησιν V 23 τοιουτον R
αποσταλμενος RV

5. In Joann. i. 7. Corderius, p. 22. Cramer, p. 182.

Jo i 7   Ἵνα πάντες πιστεύσωσιν. Ὅσον ἐφ' ἑαυτῷ δηλονότι, εἰ καὶ μὴ πάντες ἐπίστευσαν· οὐδὲ γὰρ, εἰ μὴ πάντες τὸν παρὰ τοῦ ἡλίου δέχοιντο φωτισμὸν, ἤδη καὶ τὸν ἥλιον φαίη τις ἂν μὴ ἐπὶ τούτῳ ἀνατέλλειν, ἐφ' ᾧ τε πάντας φωτίζεσθαι. ἡ γὰρ πρόθεσις τοῦ πέμψαντος αὐτὸν ἦν πιστεῦσαι πάντας.   5

6. In Joann. i. 8. Rome, *Vat.* 758; *Reg.* 9: Ven. 27.

Jo i 8   (Οὐκ ἦν ἐκεῖνος τὸ φῶς.) Τουτέστι τὸ θεολογού- μενον· ὑπείληπτο γάρ τισι διὰ τὰ προσόντα αὐτῷ πλεονε- κτήματα ὡς αὐτὸς εἴη ὁ χριστός. διὰ τοῦτο τοῦτό φησιν ἵνα ὁλόριζον τὴν τοιαύτην ἀνέλῃ πλάνην. κἂν γὰρ φῶς Ἰωάννης, ἀλλ' οὐκ ἐκεῖνο τὸ φῶς περὶ οὗ οἱ ἅγιοι πρὸς τὸν θεόν 10

Ps xxxv (xxxvi) 10 Mt v 14   φασιν· Ἐν τῷ φωτί σου ὀψόμεθα φῶς· ὥστε εἰ καὶ φῶς ἦν Ἰωάννης, κατὰ τὸ εἰρημένον τοῖς μαθηταῖς· Ὑμεῖς ἐστε τὸ φῶς τοῦ κόσμου· ἀλλ' οὐκ ἐκεῖνο τὸ φῶς τὸ ἀληθινόν. φῶς δὲ ἀληθινὸν οὐ πρὸς ἀντιδιαστολὴν ψεύδους ἀλλὰ πρὸς δια- φορὰν εἰκονικοῦ εἴρηται. ἡ γὰρ ἀλήθεια καὶ τὸ ἀληθὲς ὁτὲ 15 μὲν τῷ ψεύδει καὶ τῇ ἀπάτῃ, ὁτὲ δὲ εἰκόνι καὶ μιμήματι ἀντιδιαστέλλεται. δυνατὸν δὲ λαβεῖν εἰκονικὸν φῶς τὸ αἰσθητὸν, καὶ μάλιστα τὸν ἥλιον, ἀληθινὸν δὲ φῶς τὸ νοητὸν, μᾶλλον δὲ τὸ τῶν νοητῶν φωτιστικόν, τῶν ἁγίων δυνάμεων.

Jac i 17   ὅπερ ἡγοῦμαι εἰρῆσθαι ὑπὸ τῆς γραφῆς· Πᾶσα δόσις ἀγαθὴ 20 καὶ πᾶν δώρημα τέλειον ἄνωθέν ἐστι, καταβαῖνον ἀπὸ τοῦ πατρὸς τῶν φώτων. τὸ θεολογούμενον γὰρ φῶς ἦν τὸ φῶς

Jo i 9   τὸ ἀληθινὸν ὃ φωτίζει πάντα ἄνθρωπον ἐρχόμενον εἰς τὸν κόσμον. ἀλλ' ἐπεὶ τό· Ἐρχόμενον εἰς τὸν κόσμον· ἀμφι- βόλως εἴρηται, δυνάμενον σημαίνειν ὁτὲ μὲν τὸ φῶς, ὁτὲ δὲ 25

<hr>

1 om. ἵνα—πιστεύσωσιν Cram.   4 τοῦτο Cord. Cram. φωτισεσθαι Cord.   5 om. αὐτὸν Cord.   6—9 cf. Cyr. Al. i. 7. 11 οψωμεθα RV   24 ἀλλ'—κόσμον] om. S*: ins. in mg. S³

τὸν ἄνθρωπον, ἑκατέρως αὐτὸ ἑρμηνευτέον. καὶ πρῶτόν γε
δεκτέον τὸ φῶς ὃ φωτίζει πάντα ἄνθρωπον ἐρχόμενον κατὰ
τὸν ἐπιδημίας καιρὸν, τὸν ὄντα ἄνθρωπον ἐν τῷ κόσμῳ, ὡς
εἴρηται, τὸ φῶς ἐρχόμενον εἰς τὸν κόσμον ἐπὶ τῷ φωτίσαι
5 τὸν ἄνθρωπον. εἶτα τὸ φῶς τὸ ἀληθινὸν φωτίζει πάντα τὸν
ἐρχόμενον εἰς τὸν κόσμον ἄνθρωπον.

7. In Joann. i. 12. Rome, *Vat.* 758; *Reg.* 9:
Ven. 27. Cf. Corderius, p. 26, Cramer, p. 185.

Ἐπεὶ μὴ πάντες ἀπεστράφησαν αὐτὸν, πολλοὶ γὰρ ἐξ
αὐτῶν προσήκαντο αὐτὸν, καὶ μάλιστα οἱ ἀπόστολοι, ἐπι-
φέρει ὁ εὐαγγελιστής· Ὅσοι δὲ ἔλαβον αὐτὸν ἔσχον ἐξουσίαν Jo i 12
10 τέκνα θεοῦ γενέσθαι. οἱ γὰρ πρὸς τὴν πίστιν εἰσαγόμενοι,
τάχα δὲ καὶ προκόψαντες, ἐξουσίαν ἔχουσι τέκνα θεοῦ γενέ-
σθαι, τότε γενησόμενοι τοῦτο, οὗ τέως τὴν ἐξουσίαν εἰλή-
φασιν, ὅταν τελειωθῶσιν ἐν τῇ ἀρετῇ καὶ πίστει καὶ
γνώσει. τίς δὲ ἡ αἰτία, δι' ἣν ἔσχον τὴν ἐξουσίαν, δηλοῖ
15 γράψας δεδόσθαι αὐτὴν τοῖς πιστεύσασιν εἰς τὸ ὄνομα αὐτοῦ,
τοῦ φωτὸς δηλονότι. ἐπειδὴ γὰρ οὐ ταὐτὸν τῷ πιστεῦσαι
εἰς τὸ ὄνομα τοῦ φωτὸς τὸ πιστεῦσαι εἰς τὸ φῶς, ἐξουσία
δίδοται, τουτέστιν ἐπιτηδειότης πρὸς τὸ γενέσθαι τέκνα,
τοῖς πιστεύσασιν εἰς τὸ ὄνομα αὐτοῦ. εἰ δὲ μετέλθοιεν διὰ
20 προκοπῆς εἰς τὸ πιστεύειν αὐτῷ ἐκ τοῦ πιστεύειν εἰς τὸ
ὄνομα αὐτοῦ οὐκέτι δυνάμει ἀλλ' ἐνεργείᾳ εἶεν θεοῦ τέκνα.
οἱ μὲν γὰρ ἁπλουστέρᾳ καὶ μὴ πάνυ ἠκριβωμένῃ διανοίᾳ
συγκατατιθέμενοι τῷ φωτὶ πιστεύουσιν εἰς τὸ ὄνομα αὐτοῦ,
οἱ δὲ σὺν ἐπιστημονικῇ ἀποδείξει καὶ διηρθρωμένῃ νοήσει
25 προσεληλυθότες αὐτῷ πιστεύουσιν εἰς αὐτὸν καὶ ἐπικαλοῦνται
αὐτόν. ὅθεν Ἰησοῦς μετὰ πολλὴν προκοπὴν τῶν μαθητῶν
φησίν· Ἐπεὶ πιστεύετε εἰς τὸν θεὸν καὶ εἰς ἐμὲ πιστεύετε· Jo xiv 1

4 τῷ] το S*   7 post ἐπεὶ ins. δὲ Cord.   10, 11 om. οἱ
γὰρ—γενέσθαι Cord. Cram.   12 om. οὗ—εἰλήφασιν Cord.
13 καὶ 1°]+τῇ RVS Cram.   om. καὶ γνώσει Cord. Cram.
16 δηλονότι] om. RV : expl. Cord. Cram.   16, 17 om. ἐπειδὴ—
φωτὸς RV   22 οἱ μὲν] εἰ RV : οι S   25 προσεληλυθοτας RVS

ἀντὶ τοῦ Καιρὸν ἔχετε μεταβῆναι ἀπὸ τοῦ πιστεύειν εἰς τὸ
ὄνομά μου, ἵν' ἐμοὶ καὶ τῷ πατρὶ πιστεύσητε. ἀμέλει γοῦν
καὶ περὶ μεγίστης θεολογίας ἐξηγησάμενος αὐτοῖς ἐπήγαγεν
Jo xiv 10   ὡς πρὸς ἅπαντας· Οὐ πιστεύεις ὅτι ἐγὼ ἐν τῷ πατρὶ καὶ ὁ
πατὴρ ἐν ἐμοί ἐστιν;   5

8.   In Joann. i. 13.   Rome, *Vat.* 758; *Reg.* 9:
Ven. 27.   Corderius, p. 27.

Οἱ γὰρ ἐκ θεοῦ γεννηθέντες, τῷ πεπιστευκέναι ὅτι
cf. 1 Jo ii 29   Ἰησοῦς ὁ χριστός ἐστι καὶ τῷ ποιεῖν δικαιοσύνην ἐκ τοῦ θεοῦ
cf. Jo i 13   ἐγεννήθησαν. οὐχ ὑπόκεινται δὲ τῇ ἐξ αἱμάτων γεννήσει,
τουτέστιν οὐκ ἐξ ὑλικῶν ἔχουσι τὴν γένεσιν. ἀμέλει γοῦν
cf. Mt xvi 16   τῷ Πέτρῳ, πιστεύσαντι ὅτι ὁ χριστός ἐστιν ὁ υἱὸς τοῦ θεοῦ   10
Mt xvi 17   τοῦ ζῶντος, ὑπὸ τοῦ σωτῆρος λέγεται· Μακάριος εἶ, Σίμων
Βαριωνᾶ, ὅτι σὰρξ καὶ αἷμα οὐκ ἀπεκάλυψέ σοι, ἀλλ' ὁ
πατήρ μου ὁ ἐν τοῖς οὐρανοῖς. καὶ ἐπίστησον εἰ δύναται
κατ' ἐκδοχὴν ἄλλην υἱὸς αἱμάτων εἶναι ὁ νομίζων θεοσεβὴς
καὶ υἱὸς θεοῦ εἶναι διὰ τοῦ προσάγειν τὰς κατὰ νόμον   15
αἰσθητὰς θυσίας. οὗτοι γὰρ διὰ σφαγῶν καὶ ἐκχύσεως
αἱμάτων εὐαρεστεῖν τῷ θεῷ οἴονται. καὶ ἀνέγκλητον μὲν ἦν
τοῦτο ποιεῖν πρότερον, ἡμῖν δὲ οὐκέτι, διὰ τὸ ἀρκούντως
πρὸς δικαίωσιν ἔχειν τὸ δοθὲν ὑπὲρ ἡμῶν Ἰησοῦ αἷμα. ὑπό-
κεινται δὲ καὶ θελήματι σαρκὸς καὶ γενέσει ἀνδρὸς οἱ πάντα   20
cf. Mt xxiii 28   ποιοῦντες πρὸς τὸ φανῆναι τοῖς ἀνθρώποις δίκαιοι. θελή-
ματι γὰρ σαρκὸς εὐαρεστεῖν οὗτοι προτίθενται τὴν σάρκα
cf. Ro ii 28   περιτεμνόμενοι καὶ ἐν τῷ προφανεῖ Ἰουδαΐζειν θέλοντες,

3 εξισαμενον R: εξησαμενους VS   **7** ἐκ] pr ὅτι Cord.
8 γεγένηται Cord.   om. δὲ Cord.   γενέσει Cord.   **9** om.
γοῦν RVS   **10** υἱὸς] post ζῶντος Cord.   **13** δυνατὸν Cord.
14 ἐπιβολὴν RVS Cord.   **16** σφαγῶν] σφων R   **17** ευαρεστειη
RVS   **17—19** ἀνέγκλητον—δικαιωσιν] ἀνέγκλητοι πρὸς δικαιοσύνην
Cord.   **18** ἡμῖν] η RV   τοῦ RV   αρκουντος R: ἀρκού̈ντως V
20 om. καὶ 1° Cord.   καὶ 2°—οἱ] καὶ γεννήσει ἀνδρὸς Cord.:
γενέσει οἱ RVS   **21** θελήματα RVS   **22** προσθενται (sic) R:
προστεθηηται S: προστεθηται V: προτέθειται Cord.

μετὰ τοῦ μὴ ἐπιμελεῖσθαι τῆς καρδίας καὶ τοῦ ἐν κρυπτῷ
Ἰουδαϊσμοῦ. ἔχουσι δὲ καὶ τὴν ἐκ θελήματος ἀνδρὸς
γένεσιν οἳ προφάσει ἀνθρωπίνης φιλοσοφίας ἀπέχονται μὲν
κακίας, ἀρετὴν δὲ ἀναλαμβάνουσιν. καὶ ὑπὲρ τούτους οὖν
5 ἐστὶν ὁ ἐκ τοῦ θεοῦ γεγεννημένος τῷ μετὰ τὸ πιστεῦσαι εἰς
τὸ ὄνομα αὐτοῦ αὐτῷ πεπιστευκέναι.

9. In Joann. i. 14. Rome, *Reg.* 9: Ven. 27. Cf.
Ven. 28. Corderius, p. 34.

Τὸ δέ· Ὡς μονογενοῦς παρὰ πατρός· νοεῖν ὑποβάλλει ἐκ Jo i 14
τῆς οὐσίας τοῦ πατρὸς εἶναι τὸν υἱόν. οὐδὲν γὰρ τῶν
κτισμάτων παρὰ πατρός, ἀλλ' ἐκ τοῦ θεοῦ διὰ τοῦ λόγου
10 ἔχει τὸ εἶναι. εἰ γὰρ καὶ ἄλλα παρὰ πατρὸς εἶχε τὴν
ὕπαρξιν, ματαίως ἡ τοῦ μονογενοῦς ἔκειτο φωνὴ, πολλῶν
ὄντων τῶν παρὰ πατρὸς ἐχόντων τὸ εἶναι. οὗτος δὲ
μονογενὴς παρὰ πατρὸς πάντως πλήρης χάριτος καὶ ἀληθείας
εἴρηται, οὐκ ἄλλος ὢν τούτων ὧν λέγεται εἶναι πλήρης.
15 αὐτὸς γὰρ ὁ μονογενὴς περὶ ἑαυτοῦ λέγει· Ἐγώ εἰμι ἡ Jo xiv 6
ἀλήθεια· ἀδιανόητον δὲ τὴν ἀλήθειαν λέγειν πληροῦσθαι ὑπ'
ἄλλης ἀληθείας. ἔσται γὰρ δεκτικὸν ἀληθείας τὸ πληρού-
μενον ὑπ' αὐτῆς, ἀλλ' οὐ δεκτικὴ ἀληθείας ἡ ἀλήθεια
κατ' ἐνέργειαν οὖσα τοῦτο ὃ λέγεται εἶναι. τὰ δ' αὐτὰ καὶ
20 περὶ τῆς χάριτος ῥηθείη ἄν. καὶ οὐ παράδοξόν γε περὶ τοῦ
μονογενοῦς τοιαῦτα λέγειν, ὁπότε καὶ περὶ τοῦ πατρὸς
τοιαῦτα ἀναγέγραπται. αὐτὸς γοῦν περὶ ἑαυτοῦ ἐν τῷ
προφήτῃ λέγει· Πλήρης εἰμί. εἰκὸς δὲ εἰρῆσθαι τὴν λέξιν Is i 11
ταύτην καὶ διὰ τὸ θεωρηθησόμενον πρὸ τῆς τοῦ σωτῆρος

1 μὴ] om. S*: ins. int. lin. S² 3 οἵ] ὅσοι Cord. 3 ἀπέ-
χοντε V 5 om. ὁ RVS τὸ] τω RVS 7 om. δέ RVS
ομογενους (R)VS (o ras. R) 8 οὐδὲ RVS 9 om. τοῦ 1° RVS
om. τοῦ 2° RVS λόγου] λεγει S 10 εἶχε] ἔχει Cord.
12 om. τῶν Cord. 13 om. πάντως RVS 16, 17 ἀδιανόητον—
ἀληθείας] om. RVS (sed ins. Cod. Ven. xxviii) 17 ἀληθείας 2°]
αληθεια RVS 18 ἀληθείας ἡ ἀλήθεια] αληθεια αληθειαν RVS
21 λέγει RVS om. τοῦ Cord. 23 εικον RVS

ἐπιδημίας. ὁ διὰ Μωυσέως νόμος τοὺς ἁμαρτάνοντας ἐκό-
λαζεν, οὐδενὶ χαριζόμενος τὰ κατὰ παράβασιν αὐτοῦ ἐπιτε-
λεσθέντα. ἔτι μὴν ὁ νόμος οὗτος μυστηρίων τελετὰς δι'
εἰκόνων καὶ σκιογραφιῶν παρεδίδου, χειραγωγῶν καὶ εὐ-
τρεπίζων πρὸς τὴν τοῦ χριστοῦ διδασκαλίαν τοὺς ὑπ' αὐτῶν ₅

cf. Gal iii 24
ἀγομένους· ὅθεν καὶ παιδαγωγὸς ὁ νόμος εἰς Χριστὸν λέγεται.
ἐπεὶ τοίνυν ὁ σωτὴρ ἐλήλυθεν οὐ κολάσαι τοὺς ἡμαρτηκό-
τας ἀλλ' ἄφεσιν παρασχεῖν τῶν οὕτω πεπραγμένων, καὶ
τέλος ἐπιθεῖναι τῆς διδασκαλίας, καὶ εἰκόνων γνῶσιν τῆς
ἀληθείας, αὐτὸς αὐτὴν φανερῶν, μᾶλλον δὲ αὐτὸς ὢν ἡ ₁₀

cf. Jo i 14
ἀλήθεια, εἰκότως πλήρης χάριτος καὶ ἀληθείας ὤφθη τοῖς
αὐτὸν θεασαμένοις. εἰ γάρ τισι μὲν ἐχαρίζετο, τισὶ δὲ οὔ,
οὐκ ἦν πλήρης χάριτος, ὡς ἂν εἰ τῆς σκιᾶς τι μὲν ἔπαυεν,
ἕτερον δέ τι αὐτῆς οὐχί, οὐκ ἦν πλήρης ἀληθείας. ἀλλὰ
μὴν πᾶσαν σκιὰν καὶ εἰκόνα περιέγραψε, καὶ πάντων ἁμαρτη- ₁₅
μάτων ἄφεσιν παρέχει τοῖς προσφεύγουσι διὰ μετανοίας
αὐτῷ. πλήρης ἄρα ἀληθείας καὶ χάριτός ἐστιν.

10. In Joann. i. 15. Rome, *Vat.* 758; *Reg.* 9:
Ven. 27. Corderius, p. 35.

(Κέκραγεν.) Οὐ κατὰ τὴν προφορὰν ἀλλὰ κατὰ τὸ τῆς
νοήσεως ἐπιτεταμένον. ὁ γὰρ περὶ τῶν μεγάλων δογμάτων
ἀπαγγέλλων ὡς δεῖ μεγαλοφώνως κατὰ τὴν νόησιν αὐτὰ ₂₀
προφέρει. ἀκουστέον δὲ τοῦ Πρῶτος ἀντὶ τοῦ Πρότερος.
ὅμως ὃ λέγει τοιοῦτόν ἐστι· πρὸ ἐμοῦ καὶ πρότερός
μου τυγχάνων Ἰησοῦς ὀπίσω μου καὶ μετ' ἐμὲ ἦλθεν,
οὐκ ἐπὶ τὸ ὀπίσω μου μεῖναι ἀλλὰ τὸ πρὸ ἐμοῦ

1 ἐκόλασεν Cord. **3** ἔτι μὴν ὁ] ὁ μὴν Cord. **5, 6** τοὺς—ἀγο-
μένους] om. RVS (sed ins. Ven. xxviii) **8** ουτως RVS **9** τῶν
εἰκόνων τὴν γνῶσιν Cord. **12** αυτ'ων (sic) S **13** χάριτος]+και
αληθειας ωφθη τοις αυτον θεασαμενοις S* (a seriori man. eras.)
τῆς] τις S (ex corr. της) om. **16** ἄφεσιν] pr. την S
18 om. οὐ—ἐπιτεταμένον Cord. **20** απαγγελων RVS **21** om.
ἀκουστέον—Πρότερος Cord. **22** ἐστι] bis S **23** ἐμὲ]+και μετ'
εμου (eras.) S **24** om. οὐκ R μεῖναι] εἶναι Cord. om. τὸ
Cord.

γενέσθαι. ἀκουστέον δὲ τοῦ ὀπίσω αὐτὸν ἔρχεσθαι τοῦ
Ἰωάννου κατὰ χρόνον τῆς ἀποτέξεως. πρὸ γὰρ ἓξ μηνῶν
Ἰωάννης συνελήφθη τοῦ συλληφθῆναι τὸν Ἰησοῦν. τούτῳ
τῷ τρόπῳ ὀπίσω αὐτοῦ ἐλθὼν ὁ Ἰησοῦς ἔμπροσθεν αὐτοῦ
5 γέγονεν ἀναδειχθεὶς θεὸς καὶ δημιουργὸς αὐτοῦ ὑπάρ-
χων. λεχθείη δὲ καὶ οὕτως· δόξει πᾶς ὁ μανθάνων
ἕπεσθαι τῷ διδασκάλῳ καὶ ταύτῃ ὀπίσω αὐτοῦ λέγεται
βαδίζειν. ἐπεὶ τοίνυν καὶ ὁ σωτὴρ βαπτίζοντι τῷ Ἰωάννῃ
προῆλθε βαπτισθῆναι, κατὰ τὸ βαπτίζεσθαι αὐτὸν ὑπὸ
10 Ἰωάννου ὀπίσω τοῦ βαπτίζοντος ἔρχεσθαι εἴρηται, κατὰ δὲ
τὸ ἡγιακέναι καὶ μεμαρτυρῆσθαι ὑπὸ τοῦ πατρὸς ἔμπροσθεν
τοῦ βαπτίζοντος γέγονεν, τιμιώτερος καὶ ὑπερέχων αὐτοῦ
ἀναδειχθείς. εὖ δὲ καὶ τὸ φάναι· Ἔμπροσθέν μου γέγονεν· Jo i 15
ὡς τὴν ὕπαρξιν προτέραν εἶναι τοῦ γεγονέναι αὐτόν. καὶ
15 τοῦτο δὲ ἐπίστησον μεθ᾽ ὅσης ἀκριβείας εἴρηται. οὐ
γέγραπται Ὁ ὀπίσω μου ὤν, ἀλλ᾽ Ὁ ἐρχόμενος. εἰ γὰρ
ὀπίσω ἦν, οὐκ ἠδύνατο πρὸ αὐτοῦ εἶναι. ἀλλ᾽ οὐκ
ἀδύνατον τὸν πρῶτον ὄντα ὀπίσω ἐλθεῖν. ῥηθείη δὲ καὶ
ἑτέρως. Ὅτι, φησίν, ἐκ τοῦ πληρώματος αὐτοῦ πάντες Jo i 16
20 ἐλάβομεν καὶ χάριν ἀντὶ χάριτος· πάλιν γὰρ αἰτίαν ἀπο-
διδοὺς τοῦ ἔμπροσθεν αὐτοῦ γεγονέναι αὐτοῦ ὄντα πρῶτον,
ἐπήγαγε τό· Ὅτι ἐκ τοῦ πληρώματος αὐτοῦ ἡμεῖς πάντες
ἐλάβομεν καὶ χάριν ἀντὶ χάριτος. πῶς γὰρ οὐκ ἔμπροσθεν
κατὰ τὸ προύχειν, καὶ πρῶτος τῶν πληρουμένων ὁ πληρῶν;
25 εἰ γὰρ αὐτὸς τελειοῖ καὶ πληροῖ ἀρετῆς καὶ σοφίας τοὺς ἐφ᾽
ἁγιότητα ἐρχομένους, πῶς οὐ πρῶτος καὶ προύχων αὐτῶν
ὑπάρχει; πρόσχες δὲ τῇ ἀκριβείᾳ τῶν γεγραμμένων. οὐκ
εἴρηται Τὸ πλήρωμα αὐτοῦ, ἀλλ᾽ Ἐκ τοῦ πληρώματος αὐτοῦ
ἡμεῖς πάντες ἐλάβομεν. οἱ γὰρ ἐν τῷ βίῳ τούτῳ ἁγιότητος
30 μετέχοντες καὶ γνώσεως τῆς ἀληθείας τὸ ἐκ μέρους γινώσκειν cf. 1 Co xiii 9
καὶ ἐκ μέρους προφητεύειν ἐκ τοῦ πληρώματος αὐτοῦ, ἀλλ᾽

2 κατὰ] + τὸν Cord. αποτεξεως (vid.) S: αποταξεως RV
4 ἐλθὼν ὁ] ἦλθεν Cord. 5 ὑπάρχων] expl. Cord. 6 πᾶς]
πασων RV 22 om. τὸ R om. ἡμεῖς R 25 σοφιαν S*

οὗ πλήρωμα αὐτοῦ ἔχουσι. σχοῖεν δ' αὐτὸ μετὰ τὴν
ἐπίκαιρον ζωὴν ἐν τοῖς μέλλουσιν αἰῶσι, κατὰ τὸν ἀπόστολον.

1 Co xiii 10 Ὅταν ἔλθῃ, φησί, τὸ τέλειον, τὸ ἐκ μέρους καταργηθήσεται·

1 Jo iii 2 τούτῳ συνῳδὰ καὶ τὰ ἐν τῇ καθολικῇ Ἰωάννου· Καὶ οὔπω
ἐφανερώθη τί ἐσόμεθα, οἴδαμεν δὲ ὅτι ἐὰν φανερωθῇ ὅμοιοι 5
αὐτοῦ ἐσόμεθα, ὅτι ὀψόμεθα αὐτὸν καθὼς ἔστι· τουτέστι
καθώς ἐστι δυνατὸν τοῖς γενητοῖς γνῶναι τὸν θεόν. οὐ γὰρ
οἷόν τε ἐκλαμβάνειν τὸ καθὼς ἔστιν ὁ θεὸς αὐτός. καὶ γὰρ
ἕξομέν τι πλέον τῆς παρούσης καταστάσεως, μηκέτι ἐκ
μέρους ἀλλὰ γυμνοὶ πάσης ἀγνοίας τῇ ἀκραιφνεστάτῃ 10
ἀληθείᾳ προσβαλούμενοι καὶ κατὰ τὸ δυνατὸν αὐτὸν ὀψόμενοι.
διὰ τὸ τοίνυν ἐκ τοῦ πληρώματος Ἰησοῦ εἰληφέναι ὁ Ἰωάννης
λέγει περὶ αὐτοῦ ὅτι Ἔμπροσθέν μου γέγονεν· οὗ ἔσχον ἐκ
τοῦ πληρώματος. καὶ τὸ μὴ ἕνα ἀλλὰ πάντας τοὺς ἁγίους
ἐκλαμβάνειν ἐκ τοῦ πληρώματος τοῦ Ἰησοῦ τὴν ὑπεροχὴν 15
τοῦ πληροῦντος καὶ τελειοῦντος φανεροῖ. εἰ γὰρ πάντες
ἅγιοι ἐπληρώθησαν οὐκ ἐξ ὅλου τοῦ πληρώματος ἀλλ' ἐκ
τινὸς μορίου αὐτοῦ, πολὺ ἀπολειπόμενοι ὀφθήσονται οἱ ἐκ
τοῦ πληρώματος λαμβάνοντες τοῦ παρασχόντος αὐτοῖς.

11. In Joann. i. 16. Rome, *Vat.* 758; *Reg.* 9:
Ven. 27.

Τῶν ἀρετῶν τὸ μὲν οἴκοθεν ἔχομεν καὶ παρ' ἑαυτῶν, 20
ὃ προαιρετικῶς κτώμεθα, τὸ δὲ ἐκ θεοῦ, πιστεύσαντες γοῦν
τῷ σωτῆρι καὶ τῷ πατρὶ αὐτοῦ ὡς ἐνεδέχετο ἐκ τοῦ ἐφ' ἡμῖν
γενέσθαι. λείπεται ἡμῖν καὶ τὸ ἐκ θεοῦ αἰτεῖν, καθὼς καὶ οἱ

Lc xvii 5 μαθηταὶ Ἰησοῦ φασὶν αὐτῷ· Πρόσθες ἡμῖν πίστιν· ἡ γὰρ
λέξις ἡ Πρόσθες σημαίνει ἀπαιτεῖν αὐτοὺς θεοδώρητον 25
πίστιν πρὸς ἣν εἶχον προαιρετικῶς. ἀμέλει καὶ ὁ Παῦλος

Ro xii 6 γράφων φησί· Κατ' ἀναλογίαν πίστεως· τῆς ἐνούσης ἐκ τοῦ

4 τουτο RVS   το RVS   **5** εσωμεθα RV   **6** οψωμεθα R
10 ακρεφνεστατη RVS   **11** προσβαλούμενοι και] προβαλου με RVS
12 τὸ] τουτο R   **16** πληροῦντος] πληρωματος RVS   **20** μὲν]
μεντοι RVS   **26** ἣν] η SV*

ἐφ' ἡμῖν τὰς δωρεὰς τοῦ πνεύματος δίδοσθαι· Ἑτέρῳ δίδοται ι Co xii 9
πίστις, φησὶν, ἐν τῷ αὐτῷ πνεύματι. εἰ δὲ πίστις δίδοταί
τινι κατὰ ἀναλογίαν ἧς ἔχει πίστεως, φανερὸν ὅτι τῇ ἐφ'
ἡμῖν κατορθωθείσῃ ἡ θεόπεμπτος παραγίνεται πίστις. ἅπερ
5 δὲ περὶ πίστεως εἴρηται λεκτέον καὶ περὶ τῶν λοιπῶν
ἀρετῶν. ἐπεὶ οὖν ἡ ἀρετὴ χάρις ἐστὶ κεχαριτωμένον
ποιοῦσα τὸν ἔχοντα, ὅταν ἡμῖν προαιρετικῶς κατορθωθῇ
αὐτὴ τηνικαῦτα τὸ ἐκ θεοῦ παραγίνεται, καὶ τοῦτό ἐστι τὸ
δίδοσθαι παρὰ θεοῦ χάριν ἀντὶ χάριτος.

12. In Joann. i. 17. Rome, *Vat.* 758; *Reg.* 9:
Ven. 27. Corderius, p. 37.

10 Ὅτι ὁ νόμος διὰ Μωϲέωϲ ἐδόθη. Διὰ Μωσέως ὁ Jo i 17
νόμος ἐδόθη ἀλλ' οὐχ ὑπ' αὐτοῦ, ἀλλ' ὑπὸ τοῦ θεοῦ. θεοῦ
γὰρ ὁ νόμος, κατὰ τὸ γεγραμμένον· Ὁ νόμος Κυρίου Ps xviii
ἄμωμος, ἐπιστρέφων ψυχάς. πλὴν εἰ καὶ διὰ Μωσέως ὁ (xix) 8
νόμος δίδοται, ἀλλά γε Ἡ χάρις καὶ ἡ ἀλήθεια διὰ Ἰησοῦ
15 Χριστοῦ ἐγένετο· τῆς χάριτος δι' ἀφέσεως ἁμαρτημάτων
κωλυούσης τὴν ἐκ τοῦ νόμου κατὰ τῶν ἁμαρτωλῶν κόλασιν·
καὶ τῆς ἀληθείας ὑπερβαινούσης τὰς σκιὰς καὶ τοὺς τύπους.
ἐπίστησον δὲ καὶ τοῖς λεχθησομένοις. ἐπεὶ καὶ ὁ νόμος καὶ cf. Lc xvi 16
οἱ προφῆται μέχρις Ἰωάννου παρείλκυσαν, ὡς αὐτὸν πέρας
20 γεγονέναι τῆς παλαιᾶς γραφῆς, μεθ' ἣν ἡ ἐπιδημία τοῦ
σωτῆρος γέγονε, πάνυ συναδόντως τό· Ὁ ὀπίσω μου Jo i 15
ἐρχόμενος ἔμπροσθέν μου γέγονεν· εἴρηται. ἐπειδὴ γὰρ
προανεφωνεῖτο ἡ τοῦ σωτῆρος κάθοδος ὑπὸ τοῦ νόμου καὶ
τῶν προφητῶν, ἐλθὼν ὀπίσω ἐληλυθέναι λέγεται. ἀλλ' εἰ
25 καὶ ὀπίσω ἐλήλυθεν, ἀλλ' οὖν πληρώσας νόμον καὶ προφήτας
τῷ τὸ ἔνθεον αὐτῶν πεφανερωκέναι ἔμπροσθεν γέγονε, καὶ

3 ἐφ'] εξ RVS   7 ἔχοντα]+lac. ras. (9) S   10 om. Ὅτι—
ἐδόθη RVS   Μώσεως] αὐτοῦ Cord.: + δε RVS   11 om.
ἐδόθη Cord.   om. ἀλλ' 1° Cord.   om. ἀλλ' 2° RVS   om.
θεοῦ 2° RVS   12 om. ὁ 1° Cord.   17 ἀληθείας] χάριτος Cord.
τύπους] expl. Cord.   21, 22 om. πάνυ—γὰρ R   21 συναδόντος
VS   22 ειρημενον VS   26 γέγονε καὶ] γεγονεναι RVS

δηλωθεὶς αἴτιος εἶναι πάσης ἐκείνης τῆς θεοπνεύστου γραφῆς,
παρελκυσάσης ἕως τοῦ βαπτιστοῦ Ἰωάννου.

13. In Joann. i. 18. Rome, *Reg.* 9 : Ven. 27.
Cf. Corderius, p. 39. (Fragm. Anon. in mss.)

Διττοῦ τοῦ θεωρεῖν ὄντος, αἰσθητικοῦ τε καὶ νοητικοῦ,
τὸ μὲν τῶν σωμάτων, τὸ δὲ τῶν ἀσωμάτων ἐστὶν ἀντι-
ληπτικόν. διὸ καὶ τὰ ὑποκείμενα τῷ νῷ καὶ τὰ ὑπὸ τούτου 5
θεωρούμενα ἀόρατά φαμεν, οὐ τῷ μὴ ὁρᾶσθαι ἀλλὰ τῷ μὴ
πεφυκέναι βλέπεσθαι. οὐδὲν γὰρ τῶν σωμάτων ἀόρατον,
κἂν ἔξω ποτὲ τυγχάνον τῆς ὄψεως μὴ ὁρᾶται. οὐ γὰρ τὸ μὴ
ὁρᾶσθαι σημαίνει τὸ ἀόρατον, ἀλλὰ τὸ μὴ πεφυκέναι πρὸς
τοῦτο. διὸ οὐδὲ ἀντιστρέφει πρὸς ἑαυτὸ τὸ μὴ ὁρᾶσθαι καὶ 10
τὸ ἀόρατον. τῷ μὲν γὰρ ἀοράτῳ ἀκολουθεῖ τὸ μὴ ὁρᾶσθαι
τὸ ἀόρατον. πολλὰ γὰρ τῶν σωμάτων, καίτοι ὄντα ὁρατά,
οὐχ ὁρᾶται, ἤτοι σκεπαζόμενα ἢ τῷ μὴ εἶναι ἔνθα ταῦτα
τυγχάνει. ταύτης τῆς διαστολῆς ὀρθῶς ἐχούσης ἐκλαμβάνειν
δεῖ τὸ εἰρημένον ὡς περὶ ἀοράτου. οὔτε γὰρ αἱ ἀνωτάτω 15
δυνάμεις θεὸν ὁρῶσιν, οὐ διὰ τὴν σφῶν ἀσθένειαν, ἀλλὰ τὴν
τοῦ θεοῦ ἀσωματότητα. ἀλλ' οὐδὲ νῷ ὁρατός ἐστιν ἁπλῶς,
ἀλλὰ τῷ πάσης ἀγνοίας καὶ κακίας καὶ ὕλης ἀπηλλαγμένῳ.

Mt v 8 Μακάριοι γάρ, φησίν, οἱ καθαροὶ τῇ καρδίᾳ, ὅτι αὐτοὶ τὸν
θεὸν ὄψονται. καρδίαν δὲ τὸν νοῦν ὀνομάζει. ὅστις καθαρὸς 20
τῷ εἰρημένῳ τρόπῳ γεγονώς, τελειωθεὶς κατ' ἀρετὴν προσ-
βάλλει θεῷ καθ' ὃ ἐφικτόν. τούτων οὕτως ἐχόντων ὁ νοῦς ὁ
ἔτι ὑποκείμενος γενέσει, καὶ διὰ τοῦτο καὶ χρόνῳ, οὐχ ὁρᾷ
Jo i 18 τὸν θεὸν ὡς δεῖ. διὸ οὐ καθάπαξ εἴρηκεν· Θεὸν οὐδεὶς
ἑώρακεν· ἀλλὰ μετὰ προσθήκης τῆς Πώποτε, σημαινούσης 25

2 Ἰωάννου] + τοῦ Χρυσοστόμου R seriori manu　5 ὑπερκείμενα
RVS　ὑπὸ] υπερ S*　13—15 om. ἔνθα—εἰρημένον RV
15 οὔτε κ.τ.λ.] inc. Cord. ap. quem hoc fragmentum Origeni
ascribitur　om. γὰρ Cord.　16 om. θεὸν RVS　τὴν 2°] pr.
δια Cord.　17 οὐδὲ νῷ] οὐδενὶ Cord.　18 τῷ] το R　κακίας
τε Cord.　om. καὶ ὕλης RVS　20 ὀνομάζει] expl. Cord.
21 γέγονος RVS

χρονικόν τι, ἵν' ᾖ τὸ λεγόμενον τοιοῦτον· ὅσον χρόνον τὸ
Πώποτε δύναται λέγεσθαι, ὡς σημαῖνόν τι ὑποκείμενον,
ὁ νοῦς ἐμπέπραται τῇ ἐνύλῳ ζωῇ. διὸ ἰδεῖν τὸν θεὸν οὐ
δύναται κατὰ προσβολὴν νοήσεως. καὶ ἡμεῖς μὲν ἐκ τῶν
5 περὶ αὐτοῦ θεολογουμένων ἐννοιῶν καὶ ὧν ἔχομεν ἀμυδρῶς
αὐτὸν νοοῦμεν ὡς οἷόν τε· αὐτὸς δὲ ὁ θεὸς οὐ διά τινος
τοιούτου ἀλλ' οἰκειότητι τῇ πρὸς ἑαυτὸν νόησιν ἔχει περὶ
ἑαυτοῦ, αὐτὸς ὢν καὶ ἡ νόησις καὶ τὸ νοούμενον. διὸ μόνος
ἐπίσταται αὐτὸν ὁ υἱὸς ὑπὸ τοῦ πατρὸς νοούμενος καὶ νοῶν
10 τὸν πατέρα.

14. In Joann. i. 18. Rome, Vat. 758; *Reg.* 9:
Ven. 27. In Cod. Veneto nemini adscribitur.

Καταλλήλως δὲ τῷ μονογενῆ θεὸν καὶ υἱὸν αὐτὸν εἶναι
πατρὸς ὠνομάσθησαν κόλποι. ἐπεὶ γὰρ τὰ περὶ τῆς θεότητος
πάντα ἀκατωνόμαστα, δηλοῦται ἡμῖν ταῦτα ἀνθρώποις οὖσι
διὰ λέξεων ἀνθρωπίνων. εἰκότως ἀφ' ὧν ἴσμεν σημαίνεσθαι
15 τὴν πρὸς τὸν πατέρα οἰκειότητα γέγραφεν ὁ εὐαγγελιστής·
Ὁ ὢν εἰς τὸν κόλπον τοῦ πατρός. ὡς γὰρ ἐπὶ τῶν σωζομένων Jo i 18
πάντων καὶ τὰς ἐπαγγελίας τοῦ θεοῦ λαμβανόντων γράφεται
ὅτι γενήσονται εἰς τοὺς κόλπους τοῦ Ἀβραάμ, οὐκ ἄλλο τι
ἢ ὅτι πατὴρ πιστῶν χρηματίζει· οὕτω καὶ ὁ θεοῦ υἱὸς ὢν ἐν cf. Ro iv 11
20 κόλποις τοῦ γεννήσαντος λέγεται. καὶ ὥσπερ ἄνθρωποι
πιστοὶ ἐν κόλποις πιστοῦ τοῦ Ἀβραὰμ γίνονται, οὕτως καὶ
ὁ υἱὸς ὢν ἐν κόλποις. κόλπον δὲ πατρὸς ἀκούειν δεῖ ὡς καὶ
τὰ ἄλλα τὰ λεγόμενα ἀνθρωπίνως περὶ θεοῦ. εἰ δὲ περὶ
τῶν προφητῶν ἢ πατριαρχῶν ἢ ἀγγέλων λέγεται ὡς θεὸν
25 ἑωρακότων, οὐκ ἀντικείμενα ἑαυτῇ φησὶν ἡ θεία γραφή.
θεὸν γὰρ οὐδεὶς ὁρᾷ προσβαλὼν νοήσει τῇ ἑαυτοῦ ὥσπερ
κατ' ἐπιβολὴν ὄψεως ὁρᾶν λεγόμεθα τὰ ὁρατά. ὁρᾶται δὲ
θεὸς οἷς ἐὰν κρίνῃ ὁραθῆναι ἀποκαλύπτων ἑαυτόν. εἰ γὰρ

1 τοιουτο RVS²   5 αὐτοῦ] αυ RVS   7 αυτον R   15 τὴν]
τῆς VS   19 πατὴρ] pr. ο R   21 ουτος R*SV   25 ἑαυτῇ
φησὶν] om. S*: ins. in mg. S²   27 δὲ] +και S

ἐώρα τις τὸν θεόν, οὕτως ἐθεώρει αὐτὸν, ἵν᾽ οὕτως εἴπω, οἷος
καὶ ὅσος ἐστίν. ἐπεὶ δὲ μὴ αὐτὸς ὁρᾷ ἀλλὰ θεὸς ἑαυτὸν
δείκνυσιν, ὡς οἷόν τέ ἐστι τοῖς γενητοῖς παρέχει ἑαυτὸν εἰς
κατανόησιν· καθὼς καὶ ὁ σωτήρ φησι· Καὶ ἐμφανίσω αὐτῷ
ἐμαυτόν. οὐ γὰρ εἶπεν· ἐκεῖνός με ἴδῃ, ἀλλ᾽ ἐγὼ ἐμαυτὸν ₅
ἐκείνῳ ἐμφανίσω.

Jo xiv 21 *(margin, opposite line 4)*

15.   Origenis Philocalia, ed. J. A. Robinson, p. 41.

Περὶ ϲολοικιϲμῶν καὶ εὐτελοῦϲ φράϲεωϲ τῆϲ
γραφῆϲ. ἐκ τοῦ δ᾽ τόμου τῶν εἰς τὸ κατὰ Ἰωάν-
νην, μετὰ τρία φύλλα τῆϲ ἀρχῆϲ.

1. Ὁ διαιρῶν παρ᾽ ἑαυτῷ φωνὴν καὶ σημαινόμενα καὶ ₁₀
πράγματα, καθ᾽ ὧν κεῖται τὰ σημαινόμενα, οὐ προσκόψει
τῷ τῶν φωνῶν σολοικισμῷ, ἐπὰν ἐρευνῶν εὑρίσκῃ τὰ πράγ-
ματα, καθ᾽ ὧν κεῖνται αἱ φωναί, ὑγιῆ· καὶ μάλιστα ἐπὰν
ὁμολογῶσιν οἱ ἅγιοι ἄνδρες τὸν λόγον αὐτῶν καὶ τὸ κή-
ρυγμα οὐκ ἐν πειθοῖς σοφίας εἶναι λόγων, ἀλλ᾽ ἐν ἀπο- ₁₅
δείξει πνεύματος καὶ δυνάμεως.

Εἶτα εἰπὼν τὸν τοῦ εὐαγγελιϲτοῦ ϲολοικιϲμὸν
ἐπάγει·

2. Ἅτε δὲ οὐκ ἀσυναίσθητοι τυγχάνοντες οἱ ἀπόστολοι
τῶν ἐν οἷς προσκόπτουσι, καὶ περὶ ἃ οὐκ ἠσχόληνται, ₂₀
φασὶν ἰδιῶται εἶναι τῷ λόγῳ, ἀλλ᾽ οὐ τῇ γνώσει· νομισ-
τέον γὰρ αὐτὸ οὐχ ὑπὸ Παύλου μόνον ἀλλὰ καὶ ὑπὸ τῶν
λοιπῶν ἀποστόλων λέγεσθαι ἄν. ἡμεῖς δὲ καὶ τό· Ἔχο-
μεν δὲ τὸν θησαυρὸν τοῦτον ἐν ὀστρακίνοις σκεύεσιν, ἵνα ἡ
ὑπερβολὴ τῆς δυνάμεως ᾖ τοῦ θεοῦ καὶ μὴ ἐξ ἡμῶν· ἐξει- ₂₅
λήφαμεν ὡς θησαυροῦ μὲν λεγομένου τοῦ ἀλλαχόσε
θησαυροῦ τῆς γνώσεως καὶ σοφίας τῆς ἀποκρύφου, ὀστρα-
κίνων δὲ σκευῶν τῆς εὐτελοῦς καὶ εὐκαταφρονήτου παρ᾽

(left margin notes:) 1 Co ii 4   2 Co xi 6   2 Co iv 7   Col ii 3

6 ἐμφανίσω] +καὶ αὐτη ἐστιν RVS +τοῦ χρυσοστομου R ad fin.
seriori manu

Ἕλλησι λέξεως τῶν γραφῶν, ἀληθῶς ὑπερβολῆς δυνάμεως
τοῦ θεοῦ ἐμφαινομένης ὅτι ἴσχυσε τὰ τῆς ἀληθείας
μυστήρια καὶ ἡ δύναμις τῶν λεγομένων οὐκ ἐμποδιζομένη
ὑπὸ τῆς εὐτελοῦς φράσεως φθάσαι ἕως περάτων γῆς, καὶ
5 ὑπαγαγεῖν τῷ Χριστοῦ λόγῳ οὐ μόνον τὰ μωρὰ τοῦ κόσμου, 1 Co i 26 f.
ἀλλ' ἔστιν ὅτε καὶ τὰ σοφὰ αὐτοῦ. βλέπομεν γὰρ τὴν
κλῆσιν, οὐχ ὅτι οὐδεὶς σοφὸς κατὰ σάρκα, ἀλλ' ὅτι οὐ
πολλοὶ σοφοὶ κατὰ σάρκα. ἀλλὰ καὶ ὀφειλέτης ἐστὶ Ro i 14
Παῦλος καταγγέλλων τὸ εὐαγγέλιον οὐ μόνον βαρβάροις
10 παραδιδόναι τὸν λόγον ἀλλὰ καὶ Ἕλλησι, καὶ οὐ μόνον
ἀνοήτοις τοῖς εὐχερέστερον συγκατατιθεμένοις ἀλλὰ καὶ
σοφοῖς· ἱκάνωτο γὰρ ὑπὸ θεοῦ διάκονος εἶναι τῆς καινῆς 2 Co iii 6
διαθήκης, χρώμενος ἀποδείξει πνεύματος καὶ δυνάμεως, ἵνα 1 Co ii 4 f.
ᾖ τῶν πιστευόντων συγκατάθεσις μὴ ᾖ ἐν σοφίᾳ ἀνθρώ-
15 πων ἀλλ' ἐν δυνάμει θεοῦ. ἴσως γὰρ εἰ κάλλος καὶ
περιβολὴν φράσεως, ὡς τὰ παρ' Ἕλλησι θαυμαζόμενα,
εἶχεν ἡ γραφή, ὑπενόησεν ἄν τις οὐ τὴν ἀλήθειαν κε-
κρατηκέναι τῶν ἀνθρώπων, ἀλλὰ τὴν ἐμφαινομένην ἀκο-
λουθίαν καὶ τὸ τῆς φράσεως κάλλος ἐψυχαγωγηκέναι
20 τοὺς ἀκροωμένους, καὶ ἠπατηκὸς αὐτοὺς προσειληφέναι.

16. *Ib.* p. 42.

Τίς ἡ πολυλογία, καὶ τίνα τὰ πολλὰ βιβλία· καὶ
ὅτι πᾶσα ἡ θεόπνευστος γραφὴ ἓν βιβλίον ἐστίν.
ἐκ τοῦ εʹ τόμου τῶν εἰς τὸ κατὰ Ἰωάννην, εἰς τὸ
προοίμιον.

25 1. Ἐπεὶ μὴ ἀρκούμενος τὸ παρὸν ἀνειληφέναι πρὸς
ἡμᾶς ἔργον τῶν τοῦ θεοῦ ἐργοδιωκτῶν, καὶ ἀπόντας τὰ
πολλά σοι σχολάζειν καὶ τῷ πρὸς σὲ καθήκοντι ἀξιοῖς,
ἐγὼ ἐκκλίνων τὸν κάματον, καὶ περιϊστάμενος τὸν παρὰ
θεοῦ τῶν ἐπὶ τὸ γράφειν εἰς τὰ θεῖα ἑαυτοὺς ἐπιδεδωκότων
30 κίνδυνον, συναγορεύσαιμι ἂν ἐμαυτῷ ἀπὸ τῆς γραφῆς
παραιτούμενος τὸ πολλὰ ποιεῖν βιβλία. φησὶ γὰρ ἐν τῷ

Eccl xii 12 Ἐκκλησιαστῇ Σολομῶν· Υἱέ μου, φύλαξαι τοῦ ποιῆσαι βιβλία πολλά· οὐκ ἔστι περασμός, καὶ μελέτη πολλὴ κόπωσις σαρκός. ἡμεῖς γὰρ, εἰ μὴ ἔχοι νοῦν τινα κεκρυμμένον καὶ ἔτι ἡμῖν ἀσαφῆ ἡ προκειμένη λέξις, ἄντικρυς παραβεβήκαμεν τὴν ἐντολὴν μὴ φυλαξάμενοι ποιῆσαι βιβλία πολλά.

Εἶτα εἰπὼν ὡς εἰς ὀλίγα τοῦ εὐαγγελίου ῥητὰ τέσσαρες αὐτῷ διηγήσθησαν τόμοι ἐπιφέρει·

2. Ὅσον γὰρ ἐπὶ τῇ λέξει δύο σημαίνεται ἐκ τοῦ· Υἱέ μου, φύλαξαι τοῦ ποιῆσαι βιβλία πολλά· ἓν μὲν ὅτι οὐ δεῖ κεκτῆσθαι βιβλία πολλά, ἕτερον δὲ ὅτι οὐ δεῖ συντάξαι βιβλία πολλά· καὶ εἰ μὴ τὸ πρῶτον, πάντως τὸ δεύτερον· εἰ δὲ τὸ δεύτερον, οὐ πάντως τὸ πρότερον. πλὴν ἑκατέρωθεν δόξομεν μανθάνειν, μὴ δεῖν ποιεῖν βιβλία πλείονα. ἠδυνάμην δὲ πρὸς τὸ νῦν ἡμῖν ὑποπεπτωκὸς ἱστάμενος ἐπιστεῖλαί σοι ὡς ἀπολογίαν τὸ ῥητὸν, καὶ, κατασκευάσας τὸ πρᾶγμα ἐκ τοῦ μηδὲ τοὺς ἁγίους πολλῶν βιβλίων συντάξεσιν ἐσχολακέναι, παύσασθαι πρὸς τὸ ἑξῆς τοῦ κατὰ τὰς συνθήκας, ἃς ἐποιησάμεθα πρὸς ἀλλήλους, ὑπαγορεύειν τὰ διαπεμφθησόμενά σοι· καὶ τάχα σὺ πληγεὶς ὑπὸ τῆς λέξεως πρὸς τὸ ἑξῆς ἂν ἡμῖν συνεχώρησας. ἀλλ' ἐπεὶ τὴν γραφὴν εὐσυνειδήτως ἐξετάζειν δεῖ, μὴ προπετῶς ἑαυτῷ καταχαριζόμενον τὸ νενοηκέναι ἐκ τοῦ ψιλὴν τὴν λέξιν ἐξειληφέναι, οὐχ ὑπομένω μὴ τὴν φαινομένην μοι ὑπὲρ ἐμαυτοῦ ἀπολογίαν, ᾗ χρήσαιο ἂν κατ' ἐμοῦ εἰ παρὰ τὰς συνθήκας ποιήσαιμι, παρατιθείς. καὶ πρῶτόν γε, ἐπεὶ δοκεῖ τῇ λέξει συναγορεύειν ἡ ἱστορία, οὐδενὸς τῶν ἁγίων ἐκδεδωκότος συντάξεις πλείονας καὶ ἐν πολλαῖς βίβλοις τὸν νοῦν αὐτοῦ ἐκτιθεμένου, περὶ τούτου λεκτέον. ὁ δὲ ἐγκαλῶν μοι εἰς σύνταξιν πλειόνων ἐρχομένῳ τὸν τηλικοῦτον Μωσέα φήσει μόνας πέντε βίβλους καταλελοιπέναι.

Εἶτα ἀπαριθμησάμενος προφήτας καὶ ἀποστόλους, ὀλίγα ἑκάστου ἢ οὐδὲ ὀλίγα γράψαντος, ἐπάγει·

3. Πάλιν δὴ μετὰ ταῦτα ἰλιγγιᾷν μοι ἐπέρχεται σκοτοδινιῶντι, μὴ ἄρα πειθαρχῶν σοι οὐκ ἐπειθάρχησα θεῷ οὐδὲ τοὺς ἁγίους ἐμιμησάμην. εἰ μὴ σφάλλομαι τοίνυν ἐμαυτῷ συναγορεύων, διὰ τὸ πάνυ σε φιλεῖν καὶ ἐν 5 μηδενὶ ἐθέλειν λυπεῖν, τοιαύτας εὑρίσκω εἰς ταῦτα ἀπο- λογίας. πρὸ πάντων παρεθέμεθα τὸ ἐκ τοῦ Ἐκκλησιασ- τοῦ λέγοντος· Υἱέ μου, φύλαξαι τοῦ ποιῆσαι βιβλία Eccl xii 12 πολλά. τούτῳ ἀντιπαραβάλλω ἐκ τῶν Παροιμιῶν τοῦ αὐτοῦ Σολομῶντος ῥητόν, ὅς φησιν· Ἐκ πολυλογίας οὐκ Pr x 19 10 ἐκφεύξῃ ἁμαρτίαν, φειδόμενος δὲ χειλέων νοήμων ἔσῃ. καὶ ζητῶ εἰ τὸ ὁποῖά ποτ᾽ οὖν λέγειν πολλὰ πολυλογεῖν ἐστιν, κἂν ἅγιά τις καὶ σωτήρια λέγῃ πολλά. εἰ γὰρ τοῦθ᾽ οὕτως ἔχει καὶ πολυλογεῖ ὁ πολλὰ διεξιὼν ὠφέλιμα, αὐτὸς ὁ Σολομῶν οὐκ ἐκπέφευγε τὴν ἁμαρτίαν, λαλήσας 3 Reg iv 32 f. 15 τρεῖς χιλιάδας παραβολῶν, καὶ ᾠδὰς πεντακισχιλίας, καὶ ὑπὲρ τῶν ξύλων ἀπὸ τῆς κέδρου τῆς ἐν τῷ Λιβάνῳ καὶ ἕως τῆς ὑσσώπου τῆς ἐκπορευομένης διὰ τοῦ τοίχου· ἔτι δὲ καὶ περὶ τῶν κτηνῶν καὶ περὶ τῶν πετεινῶν καὶ περὶ τῶν ἑρπετῶν καὶ περὶ τῶν ἰχθύων. πῶς γὰρ δύναται διδασκα- 20 λία ἀνύειν τι χωρὶς τῆς ἁπλούστερον νοουμένης πολυλο- γίας, καὶ αὐτῆς τῆς σοφίας φασκούσης τοῖς ἀπολλυμένοις· Ἐξέτεινον λόγους, καὶ οὐ προσείχετε; ὁ δὲ Παῦλος φαί- Pr i 24 νεται διατελῶν ἔωθεν μέχρι μεσονυκτίου ἐν τῷ διδάσκειν, Act xx 7 f. ὅτε καὶ Εὔτυχος καταφερόμενος ὕπνῳ βαθεῖ καταπεσὼν 25 ἐτάραξε τοὺς ἀκούοντας ὡς τεθνηκώς.

4. Εἰ τοίνυν ἀληθὲς τό· Ἐκ πολυλογίας οὐκ ἐκφεύξῃ ἁμαρτίαν· ἀληθὲς δὲ καὶ τὸ μὴ ἡμαρτηκέναι πολλὰ περὶ τῶν προειρημένων τὸν Σολομῶντα ἀπαγγείλαντα, μηδὲ τὸν Παῦλον παρατείναντα μέχρι μεσονυκτίου, ζητητέον τίς ἡ 30 πολυλογία, κἀκεῖθεν μεταβατέον ἐπὶ τὸ ἰδεῖν τίνα τὰ πολλὰ βιβλία. ὁ πᾶς δὴ λόγος τοῦ θεοῦ, λόγος ὁ ἐν Jo i 1 ἀρχῇ πρὸς τὸν θεόν, οὐ πολυλογία ἐστίν, οὐ γὰρ λόγοι· λόγος γὰρ εἷς συνεστὼς ἐκ πλειόνων θεωρημάτων, ὧν ἕκαστον θεώρημα μέρος ἐστὶ τοῦ ὅλου λόγου. οἱ δὲ ἔξω

τούτου ἐπαγγελλόμενοι περιέχειν διέξοδον καὶ ἀπαγγελίαν
ὁποίαν δήποτε, εἰ καὶ ὡς περὶ ἀληθείας εἰσὶ λόγοι, καὶ
παραδοξότερόν γε ἐρῶ, οὐδεὶς αὐτῶν λόγος, ἀλλ᾿ ἕκαστοι
λόγοι. οὐδαμοῦ γὰρ ἡ μονάς, καὶ οὐδαμοῦ τὸ σύμφωνον
καὶ ἕν, ἀλλὰ παρὰ τὸ διεσπᾶσθαι καὶ μάχεσθαι τὸ ἓν ἀπ᾿   5
ἐκείνων ἀπώλετο, καὶ γεγόνασιν ἀριθμοί, καὶ τάχα ἀρι-
θμοὶ ἄπειροι· ὥστε κατὰ τοῦτ᾿ ἂν ἡμᾶς εἰπεῖν, ὅτι ὁ
φθεγγόμενος ὁ δήποτε τῆς θεοσεβείας ἀλλότριον πολυ-
λογεῖ, ὁ δὲ λέγων τὰ τῆς ἀληθείας, κἂν εἴπῃ τὰ πάντα ὡς
μηδὲν παραλιπεῖν, ἕνα ἀεὶ λέγει λόγον, καὶ οὐ πολυλο-   10
γοῦσιν οἱ ἅγιοι τοῦ σκοποῦ τοῦ κατὰ τὸν ἕνα ἐχόμενοι
λόγον. εἰ τοίνυν ἡ πολυλογία ἐκ τῶν δογμάτων κρίνεται
καὶ οὐκ ἐκ τῆς τῶν πολλῶν λέξεων ἀπαγγελίας, ὅρα εἰ
οὕτω δυνάμεθα ἓν βιβλίον τὰ πάντα ἅγια εἰπεῖν, πολλὰ δὲ
τὰ ἔξω τούτων.   15

5. Ἀλλ᾿ ἐπεὶ μαρτυρίου μοι δεῖ τοῦ ἀπὸ τῆς θείας
γραφῆς, ἐπίσκεψαι εἰ πληκτικώτατα δύναμαι τοῦτο παρα-
στῆσαι, κατασκευάσας ὅτι περὶ Χριστοῦ καθ᾿ ἡμᾶς οὐκ ἐν
ἑνὶ γέγραπται βιβλίῳ, κοινότερον ἡμῶν τὰ βιβλία νο-
ούντων. γέγραπται γὰρ καὶ ἐν τῇ πεντατεύχῳ· εἴρηται   20
δὲ καὶ ἐν ἑκάστῳ τῶν προφητῶν καὶ τοῖς ψαλμοῖς, καὶ
ἁπαξαπλῶς, ὥς φησιν αὐτὸς ὁ σωτήρ, ἐν πάσαις ταῖς
Jo v 39 γραφαῖς, ἐφ᾿ ἃς ἀναπέμπων ἡμᾶς φησίν· Ἐρευνᾶτε τὰς
γραφάς, ὅτι ὑμεῖς δοκεῖτε ἐν αὐταῖς ζωὴν αἰώνιον ἔχειν·
καὶ ἐκεῖναί εἰσιν αἱ μαρτυροῦσαι περὶ ἐμοῦ. εἰ τοίνυν   25
ἀναπέμπει ἡμᾶς ἐπὶ τὰς γραφὰς ὡς μαρτυρούσας περὶ
αὐτοῦ, οὐκ ἐπὶ τήνδε μὲν πέμπει ἐπὶ τήνδε δὲ οὔ, ἀλλ᾿ ἐπὶ
πάσας τὰς ἀπαγγελλούσας περὶ αὐτοῦ, ἅστινας ἐν τοῖς
Ps xxxix (xl) 8 ψαλμοῖς κεφαλίδα ὀνομάζει βιβλίου, λέγων· Ἐν κεφαλίδι
βιβλίου γέγραπται περὶ ἐμοῦ. ὁ γὰρ ἁπλῶς θέλων ἐκ-   30
λαβεῖν τὸ ἐν κεφαλίδι βιβλίου ἐπὶ οἵου δήποτε ἑνὸς τῶν
περιεχόντων τὰ περὶ αὐτοῦ, ἀπαγγελλέτω τίνι λόγῳ τήνδε
τὴν βίβλον ἑτέρας προκρίνει. ἵνα γὰρ καὶ ὑπολαμβάνῃ
τις ἐπ᾿ αὐτὴν τὴν τῶν ψαλμῶν βίβλον ἀναφέρειν ἡμᾶς τὸν

λόγον, λεκτέον πρὸς αὐτὸν ὅτι ἐχρῆν εἰρῆσθαι· ἐν ταύτῃ
τῇ βίβλῳ γέγραπται περὶ ἐμοῦ. νῦν δέ φησι πάντα μίαν
κεφαλίδα, τῷ ἀνακεφαλαιοῦσθαι τὸν περὶ ἑαυτοῦ εἰς ἡμᾶς
ἐληλυθότα λόγον εἰς ἕν. τί δὲ καὶ τὸ βιβλίον ἑωρᾶσθαι Ap v 1 ff.
5 ὑπὸ τοῦ Ἰωάννου γεγραμμένον ἔμπροσθεν καὶ ὄπισθεν, καὶ
κατεσφραγισμένον, ὅπερ οὐδεὶς ἠδύνατο ἀναγνῶναι καὶ
λῦσαι τὰς σφραγῖδας αὐτοῦ, εἰ μὴ ὁ λέων ὁ ἐκ τῆς φυλῆς
Ἰούδα, ἡ ῥίζα Δαυείδ, ὁ ἔχων τὴν κλεῖν τοῦ Δαυείδ, καὶ Ap iii 7
ἀνοίγων καὶ οὐδεὶς κλείσει, καὶ κλείων καὶ οὐδεὶς ἀνοίξει;
10 ἡ γὰρ πᾶσα γραφή ἐστιν ἡ δηλουμένη διὰ τῆς βίβλου,
ἔμπροσθεν μὲν γεγραμμένη διὰ τὴν πρόχειρον αὐτῆς ἐκ-
δοχὴν, ὄπισθεν δὲ διὰ τὴν ἀνακεχωρηκυῖαν καὶ πνευ-
ματικήν.

6. Παρατηρητέον πρὸς τούτοις εἰ δύναται ἀποδεικτικὸν
15 τοῦ τὰ ἅγια μίαν τυγχάνειν βίβλον, τὰ δὲ ἐναντίως ἔχοντα
πολλὰς, τὸ ἐπὶ μὲν τῶν ζώντων μίαν εἶναι τὴν βίβλον,
ἀφ' ἧς ἀπαλείφονται οἱ ἀνάξιοι αὐτῆς γεγενημένοι, ὡς
γέγραπται· Ἐξαλειφθήτωσαν ἐκ βίβλου ζώντων· ἐπὶ δὲ Ps lxviii
τῶν κρίσει ὑποκειμένων βίβλους φέρεσθαι· φησὶ γὰρ ὁ ⁽lxix⁾ 29
20 Δανιήλ· Κριτήριον ἐκάθισε, καὶ βίβλοι ἠνεῴχθησαν. τῷ Dan vii 10
δὲ ἐνικῷ τῆς θείας βίβλου καὶ Μωσῆς μαρτυρεῖ, λέγων·
Εἰ μὲν ἀφῇς τῷ λαῷ τὴν ἁμαρτίαν, ἄφες· εἰ δὲ μὴ, Ex xxxii 32
ἐξάλειψόν με ἐκ τῆς βίβλου σου ἧς ἔγραψας. ἐγὼ καὶ τὸ
παρὰ τῷ Ἡσαΐᾳ οὕτως ἐκλαμβάνω· οὐ γὰρ ἴδιον τῆς
25 τούτου προφητείας τὸ εἶναι τοὺς λόγους τοῦ βιβλίου Is xxix 11 f.
ἐσφραγισμένους, μήτε ὑπὸ τοῦ μὴ ἐπισταμένου γράμματα
ἀναγινωσκομένους διὰ τὸ μὴ εἰδέναι αὐτὸν γράμματα, μήτε
ὑπὸ τοῦ ἐπισταμένου διὰ τὸ ἐσφραγίσθαι τὴν βίβλον.
ἀλλὰ καὶ τοῦτο ἐπὶ πάσης γραφῆς ἀληθεύεται, δεομένης
30 τοῦ κλείσαντος λόγου καὶ ἀνοίξοντος· Οὗτος γὰρ κλείει Is xxii 22;
καὶ οὐδεὶς ἀνοίξει· καὶ ἐπὰν ἀνοίξῃ οὐκέτι οὐδεὶς ἀπορίαν cf. Ap iii 7
δύναται τῇ ἀπ' αὐτοῦ σαφηνείᾳ προσενεγκεῖν· διὰ τοῦτο
λέγεται ὅτι ἀνοίξει καὶ οὐδεὶς κλείσει. τὸ παραπλήσιον δὲ
καὶ ἐπὶ τῆς εἰρημένης βίβλου παρὰ τῷ Ἰεζεκιὴλ ἐκλαμ-

Ezek ii 10
βάνω, ἐν ᾗ ἐγέγραπτο θρῆνος καὶ μέλος καὶ οὐαί. πᾶσα
γὰρ βίβλος περιέχει τὸ τῶν ἀπολλυμένων οὐαί, καὶ τὸ
περὶ τῶν σωζομένων μέλος, καὶ τὸν περὶ τῶν μεταξὺ
cf. Ap x 10
θρῆνον. ἀλλὰ καὶ ὁ ἐσθίων Ἰωάννης μίαν κεφαλίδα, ἐν
ᾗ γέγραπται τὰ ὄπισθεν καὶ τὰ ἔμπροσθεν, τὴν πᾶσαν 5
νενόηκε γραφὴν ὡς βίβλον μίαν, ἡδίστην κατὰ τὰς ἀρχὰς
νοουμένην ὅτε τις αὐτὴν μασᾶται, πικρὰν δὲ τῇ ἑκάστου
τῶν ἐγνωκότων συναισθήσει τῇ περὶ ἑαυτοῦ ἀναφαινομένην.
ἔτι προσθήσω εἰς τὴν τούτου ἀπόδειξιν ῥητὸν ἀποστολικὸν
μὴ νενοημένον ὑπὸ τῶν Μαρκίωνος, καὶ διὰ τοῦτο ἀθετούν- 10
Ro ii 16
των τὰ εὐαγγέλια· τὸ γὰρ τὸν ἀπόστολον λέγειν· Κατὰ τὸ
εὐαγγέλιόν μου ἐν Χριστῷ Ἰησοῦ, καὶ μὴ φάσκειν εὐαγ-
γέλια, ἐκεῖνοι ἐφιστάντες φασὶν οὐκ ἂν πλειόνων ὄντων
εὐαγγελίων τὸν ἀπόστολον ἑνικῶς τὸ εὐαγγέλιον εἰρηκέναι,
οὐ συνιέντες ὅτι, ὡς εἷς ἐστιν ὃν εὐαγγελίζονται πλείονες, 15
οὕτως ἕν ἐστι τῇ δυνάμει τὸ ὑπὸ τῶν πολλῶν εὐαγγέλιον
ἀναγεγραμμένον, καὶ τὸ ἀληθῶς διὰ τεσσάρων ἕν ἐστιν
εὐαγγέλιον.

7. Εἰ τοίνυν ταῦτα ἡμᾶς πεῖσαι δύναται τί ποτέ ἐστι
τὸ ἓν βιβλίον καὶ τί τὰ πολλά, νῦν μᾶλλον φροντίζω οὐ 20
διὰ τὸ πλῆθος τῶν γραφομένων ἀλλὰ διὰ τὴν δύναμιν τῶν
νοουμένων, μήποτε περιπέσω τῷ παραβαίνειν τὴν ἐντολὴν,
ἐάν τι παρὰ τὴν ἀλήθειαν ὡς ἀλήθειαν ἐκθῶμαι, κἂν ἐν ἑνὶ
τῶν γραφομένων· ἐκεῖ γὰρ ἔσομαι γράψας βιβλία πολλά.
καὶ νῦν δὲ προφάσει γνώσεως ἐπανισταμένων τῶν ἑτερο- 25
δόξων τῇ ἁγίᾳ τοῦ χριστοῦ ἐκκλησίᾳ, καὶ πολυβίβλους
συντάξεις φερόντων ἐπαγγελλομένας διήγησιν τῶν τε
εὐαγγελικῶν καὶ ἀποστολικῶν λέξεων, ἐὰν σιωπήσωμεν μὴ
ἀντιπαρατιθέντες αὐτοῖς τὰ ἀληθῆ καὶ ὑγιῆ δόγματα, ἐπι-
κρατήσουσι τῶν λίχνων ψυχῶν, ἀπορίᾳ τροφῆς σωτηρίου 30
ἐπὶ τὰ ἀπηγορευμένα σπευδουσῶν καὶ ἀληθῶς ἀκάθαρτα
καὶ βδελυκτὰ βρώματα. διόπερ ἀναγκαῖόν μοι δοκεῖ εἶναι,
τὸν δυνάμενον πρεσβεύειν ὑπὲρ τοῦ ἐκκλησιαστικοῦ λόγου
cf. 1 Tim vi 20
ἀπαραχαράκτως καὶ ἐλέγχειν τοὺς τὴν ψευδώνυμον γνῶσιν

μεταχειριζομένους, ἵστασθαι κατὰ τῶν αἱρετικῶν ἀναπλασμάτων, ἀντιπαραβάλλοντα τὸ ὕψος τοῦ εὐαγγελικοῦ κηρύγματος, πεπληρωμένον συμφωνίας δογμάτων κοινῶν τῇ καλουμένῃ παλαιᾷ πρὸς τὴν ὀνομαζομένην καινὴν διαθήκην.
5 αὐτὸς γοῦν ἀπορίᾳ τῶν πρεσβευόντων τὰ κρείττονα, μὴ φέρων τὴν ἄλογον καὶ ἰδιωτικὴν πίστιν, διὰ τὴν πρὸς Ἰησοῦν ἀγάπην ἐπιδεδώκεις ποτὲ σαυτὸν λόγοις, ὧν ὕστερον τῇ δεδομένῃ σοι συνέσει καταχρησάμενος εἰς δέον καταγνοὺς ἀπέστης. ταῦτα δέ φημι κατὰ τὸ φαινόμενόν
10 μοι ἀπολογούμενος περὶ τῶν δυναμένων λέγειν καὶ γράφειν, περὶ δὲ ἐμαυτοῦ ἀπολογούμενος, μὴ ἄρα οὐ τοιαύτης ὢν ἕξεως ὁποίαν ἐχρῆν τὸν παρὰ θεοῦ ἱκανούμενον διάκονον 2 Co iii 6 τῆς καινῆς διαθήκης, οὐ γράμματος ἀλλὰ πνεύματος, τολμηρότερον ἐμαυτὸν τῷ ὑπαγορεύειν ἐπιδίδωμι.

17. In Joann. i. 23. Rome, *Vat.* 758; *Reg.* 9 : Ven. 27. Corderius, p. 42. Ven. 28. Monac. Gr. 437.

15 Ὁ πρόδρομος κατὰ διαφόρους ἐπινοίας τοῦ σωτῆρος ὑπάρχων· ὡς θεοῦ προφήτης· ὡς φωτὸς λύχνος, προφωτίζων τοὺς ἐν νυκτὶ τῆς ἀγνοίας ὄντας καὶ προεθίζων τῆς ψυχῆς τὸ ὄμμα πρὸς τὸ δυνηθῆναι καὶ τῷ μεγάλῳ φωτὶ προσδραμεῖν· ⌜ὡς ἑωσφόρος ἡλίου προάγγελος τῆς μελλούσης
20 ἐφ' ἡμᾶς διαυγάζειν ἡμέρας κατασημαίνων τὴν ἄφιξιν⌝ ὡς λόγου φωνή· ἀνάγκη γὰρ πρὸ λόγου φωνὴν γίνεσθαι· διὸ φησιν· Ἐγὼ φωνὴ βοῶντος ἐν τῇ ἐρήμῳ· βοῶντα λέγων τὸν Jo i 23 λόγον, ἔρημον δὲ τὴν πρὸς τὴν θείαν διδασκαλίαν ἄγνωστον ψυχήν. πῶς γὰρ οὐκ ἔρημος, στερουμένη θεοῦ λόγου καὶ
25 τῆς δηλούσης αὐτὸν φωνῆς; ἔργον δὲ τῆς φωνῆς σαφηνίζειν τὸν σημαινόμενον, ὅπως ἀσυγχύτως ἐπιβάλλειν δυνηθῶσιν τῷ

17 ἐν] +τῇ Cord. 18 om. τῷ Cord. 19, 20 ὡς ἑωσφόρος—ἄφιξιν] haec verba in Cod. Monacensi solo servantur ἡλίου] ἥλιος Cod. Monac. 21 λόγον Cord. πρὸ λόγου] προλεγει S* 23 ἄγνωστον Ven. 28] om. RVS: ἀγόνων Cord. 24 γὰρ] δὲ Cord. λόγον RV 26 τὸν] τὸ Cord.

δηλουμένῳ λόγῳ. τί δὲ προστάττει ἡ τοῦ βοῶντος φωνὴ τῇ
ἐρήμῳ; Εὐθύνατέ, φησι, τὴν ὁδὸν Κυρίου. (δηλοῖ δὲ ἡ
ἔρημος πάντας τοὺς ἀγνοοῦντας τὸν μετὰ τὴν φωνὴν ἐρχό-
μενον.) ὡς γὰρ βασιλέως προοδεύσας προστάττει τοῖς πρὸς
οὓς ὁ βασιλεὺς ἔρχεται εὐθεῖαν ποιῆσαι τὴν ὁδὸν τῶν ἐρχο- 5
μένων πρὸς τὴν τοῦ λόγου διδασκαλίαν, ⌐οὕτως ὁ Ἰωάννης
τοῦ λόγου. ὡς γὰρ φωνὴ λόγου προτρέχει, οὕτω καὶ τοῦ
χριστοῦ, λόγου ὄντος, ὡς φωνὴ ὁ Ἰωάννης.⌐

18. In Joann. i. 26 f. Rome, *Vat.* 758; *Reg.* 9:
Ven. 27. Corderius, p. 45.

Jo i 26
⌐Τί δὲ βούλεται τὸ ὑπὸ Ἰωάννου λεχθέν· Μέσος ὑμῶν
ἕστηκεν ὃν ὑμεῖς οὐκ οἴδατε·⌐ οὔπω τότε τοῦ Ἰησοῦ ὄντος 10
Jo i 29
ἐκεῖ; ἐν γὰρ τοῖς ἑξῆς λέγεται· Τῇ ἐπαύριον βλέπει τὸν
Ἰησοῦν ἐρχόμενον πρὸς αὐτόν· ὡς οὐκ ὄντα ἐκεῖ δηλονότι
ὅτε ἔφασκε· Μέσος ὑμῶν ἕστηκε· μαρτυρῶν ὁ Ἰωάννης περὶ
τοῦ φωτός. ᾔδει γὰρ ὅτι καὶ θεὸς λόγος ἦν· οὗτος δὲ παντὶ
λογικῷ πάρεστι. καὶ ἐπεὶ ὑπονοεῖταί τισιν ἐν τῷ μεσαιτάτῳ 15
ἡμῶν εἶναι τὸ διανοητικὸν, ὅ τινες ἡγεμονικὸν καλοῦσιν,
ἐκεῖ δέ ἐστιν ὁ λόγος καθ᾽ ὃν ἐσμεν λογικοί, ὁ αὐτὸς ὢν τῇ
εἰκόνι τοῦ θεοῦ καθ᾽ ἣν γέγονεν ὁ ἄνθρωπος κατ᾽ εἰκόνα θεοῦ,
δεικνὺς ὅτι ὁ τοῦ θεοῦ λόγος ἐστὶν ὁ μέλλων ἔρχεσθαι
βαπτισθῆναι ὑπ᾽ αὐτοῦ, φησί· Μέσος ὑμῶν ἕστηκεν· ἀγνο- 20
ούμενος ὑφ᾽ ὑμῶν· διὰ τοῦτο δὲ ὑμῖν ἀγνοεῖται, ἐπεί, δέον
ἔχοντας αὐτὸν μέσον ἐνεργεῖν τὰ ἐπιβάλλοντα, ἠρεμοῦντα
αὐτὸν καί, ἵν᾽ οὕτως εἴπω, ἀνενέργητον ἔχετε παρ᾽ ἑαυτοῖς,
οὐδὲν πράττοντες ἢ νοοῦντες λογικῶς. ταῦτα περὶ τῆς

2—4 δηλοῖ—ἐρχόμενον] post ἐρήμῳ Cord. 4 βασιλέως] ὁ βασι-
λεὺς RVS om. προστάττει τοῖς Cord. 5 ποιεῖ Cord. τῷ
ἐρχομένῳ Cord. 6 om. πρὸς—διδασκαλίαν Cord. 6—8 om.
οὕτως—Ἰωάννης RVS 7 τοῦ λόγου] τῷ λόγῳ πρὸς τὴν
τοῦ δούλου διδασκαλίαν Cord. 9, 10 om. Τί—οἴδατε Cord.
13 om. ὁ Cord. 20 ἀγνοούμενος] pr. ὁ S 21, 22 δέον ἔχον-
τας αὐτὸν] τὸ ἔχειν λόγον Cord. 22 ἐνεργοῦντα RVS Cord.
23 ἔχεται RVS

οὐσίας τοῦ λόγου εἰπών, συνάπτει ἑξῆς καὶ τὰ περὶ τῆς
ἐπιδημίας αὐτοῦ, λέγων· Ὁ ὀπίσω μου ἐρχόμενος· μετὰ τὸν Jo 15
νόμον καὶ τοὺς προφήτας· ἐγὼ γάρ εἰμι σύμβολον καὶ τέλος
ἐκείνων. ἔρχεται δὲ ὀπίσω μου πληρῶν πάντα τὰ προφητευ-
5 θέντα περὶ αὐτοῦ. ⌈ὀπίσω γὰρ καὶ μετὰ τὰ προαναφωνηθέντα
ὁ προφητευόμενος ἔρχεται· μέσος δὲ ὑμῶν ἕστηκεν, ὡς ἤδη
ἀποδεδώκαμεν· οὗ οὐκ εἰμὶ ἄξιος λῦσαι τὸν ἱμάντα τοῦ Jo i 27
ὑποδήματος.⌉ ἱμάντα δὲ ὑποδήματος νοήσεις οὕτως. ὁ τοῦ
θεοῦ λόγος ἃ εἰς ἀνθρώπους οἰκονομεῖ οὐ γυμνῇ τῇ θεότητι
10 ἐνεργεῖ, ἀλλὰ μορφὴν δούλου λαβών, ὡς τὴν πορείαν αὐτοῦ cf. Phil ii 7
τὴν κατὰ τὴν ἐνέργειαν τῆς οἰκονομίας κεκαλυμμένην εἶναι.
τοῦτο γοῦν καὶ ἐν ψαλμοῖς περὶ αὐτοῦ λέγεται· Καὶ ἔκλινεν Ps xvii
οὐρανοὺς καὶ κατέβη, καὶ γνόφος ὑπὸ τοὺς πόδας αὐτοῦ· (xviii) 10
σκοτεινόν τι περὶ τὴν πορείαν αὐτοῦ διὰ τὸ ἀσαφὲς ὑπάρχειν.
15 ἱμὰς τοίνυν ὑποδήματος αὐτοῦ, τουτέστι τοῦ γνόφους τοῦ
περὶ τοὺς πόδας αὐτοῦ, ὁ τῆς δυσκαταληψίας ἐστὶ λόγος,
συσφίγγων καὶ συγκρατῶν τὸ ὑπόδημα περὶ τοὺς πόδας
αὐτοῦ, ὡς λύσιν τοῦ ἱμάντος εἶναι τὸ σαφηνίσαι καὶ παρα-
στῆσαι λόγῳ τίνα τρόπον θεὸς ἀνέλαβε σῶμα, σκεπάζων
20 καὶ κρύπτων αὐτοῦ τὴν ἐπὶ τὴν οἰκονομίαν πορευτικὴν
δύναμιν. ἐπεὶ τοίνυν οὐδενὶ ἀνθρώπων δυνατὸν τὸ δεῖξαι
ἀπόδειξιν τῆς ἑνώσεως τὸν τρόπον, εἰκότως ὁ περισσοτέρον cf. Mt xi 9,
προφήτου ἔχων, οὗ μηδεὶς μείζων ἐν γεννητοῖς γυναικῶν, 11
ὁμολογεῖ μὴ ἱκανὸς εἶναι λῦσαι τὸν ἱμάντα τοῦ ὑποδήματος
25 αὐτοῦ.

5—8 om. ὀπίσω—ὑποδήματος Cord. 8 om. δὲ Cord. ὑπο-
δήματος 2°] ὑποδήματα RV 14 om. σκοτεινόν—ὑπάρχειν RVS
15 τοίνυν] οὖν τοῦ Cord. 15, 16 om. αὐτοῦ—αὐτοῦ RVS
16 λόγος ἐστὶ Cord. 18 λυσις RV : λυ S 19 λογον RVS
21 τὸ] ex corr. τω V 22 περισσοτερος RVS 24 εικανος V

19. In Joann. i. 29. Rome, *Vat.* 758 ; *Reg.* 9: Ven. 27. Corderius, p. 48.

Jo i 29

⌜Εὖ δὲ καὶ τὸ φάναι· Ὁ αἴρων τὴν ἁμαρτίαν·⌝ οὐχ ὁ ἄρας ἢ μέλλων αἴρειν. ἀεὶ γὰρ ἐνεργεῖ τὸ αἴρεσθαι τὴν ἁμαρτίαν τῶν προσφευγόντων αὐτῷ. παρίσταμεν οὖν ἐκ τούτου ὅτι καὶ ᾖρεν καὶ αἴρει καὶ ἀρεῖ, καθ᾽ ἕκαστον καιρὸν ἐφαρμοττομένου τοῦ αἴρειν.

20. In Joann. i. 31. Rome, *Vat.* 758 ; *Reg.* 9: Ven. 27. Corderius, p. 48.

Jo i 31

Κἀγὼ ογκ ᾔδειν αγτόν. Ὁ διδάσκων, φησίν, ἐγὼ οὐ κατὰ φύσιν οὐδὲ κατὰ κοινὴν ἀνθρώπων ἔννοιαν ταῦτα περὶ τοῦ χριστοῦ εἶπον· οὐ γὰρ ᾔδειν αὐτόν, ἀλλὰ τοῦ πνεύματος τοῦ ἁγίου καὶ τοῦ πατρὸς φανερώσαντός μοι τὰς περὶ αὐτοῦ cf. Jo i 8 μαρτυρίας εἶπον. ἀπεστάλην γὰρ μαρτυρῆσαι περὶ τοῦ 10 φωτός, τότε ἀρχὴν τῆς γνώσεως τοῦ μαρτυρουμένου λαβὼν ὅτε ἀπεστάλην. ἐπιχειρητέον δὲ καὶ ἄλλως λῦσαι τὸ ζητούμενον. ἔστιν αὐτὸν κατά τι μὲν ἐπίστασθαι κατά τι δὲ μὴ εἰδέναι. κἂν λέγει οὖν περὶ τοῦ σωτῆρος· Κἀγὼ οὐκ ᾔδειν αὐτόν· οὐκ ἀντικείμενα τοῖς ὑπ᾽ αὐτοῦ μαρτυρηθεῖσι λέγει, 15 δηλοῦται δὲ διὰ τῆς λέξεως τὸ πρότερον μὲν ἀγνοεῖν, νῦν δὲ εἰδέναι αὐτὸν τοῦτον, τοῦ θεοῦ φανερώσαντος αὐτῷ. τοῦτο δὲ παρίσταται ἐκ τῶν εὐθέως λεχθησομένων. πάλιν γὰρ cf. Jo i 32 αὐτὸς ὁ Ἰωάννης τεθεᾶσθαι λέγει τὸ πνεῦμα ἐν εἴδει Jo i 33 f. περιστερᾶς κατελθὸν ἐπὶ τὸν κύριον. Κἀγὼ οὐκ ᾔδειν αὐτόν, 20 φησὶν, ἀλλ᾽ ὁ πέμψας με βαπτίζειν ἐν ὕδατι ἐκεῖνός μοι εἶπεν Ἐφ᾽ ὃν ἂν ἴδῃς τὸ πνεῦμα καταβαῖνον ἐπ᾽ αὐτόν, οὗτός ἐστιν ὁ υἱός μου. κἀγὼ ἑώρακα καὶ μεμαρτύρηκα. εἰ

1 om. εὖ—ἁμαρτίαν Cord.   2 om. τὴν Cord.   3 παρίσταμεν οὖν] παρισταμενων RVS Cord.   6 om. κἀγὼ—αὐτόν Cord.   7 om. φύσιν οὐδὲ κατὰ RVS   8, 9 ἀλλὰ—ἁγίου]
.... αλλα πνς του
ο διδασκων φησι του αγιου (sic) S   8 om. τοῦ 1° RVS   10 ἀπεστάλην] hic expl. Cord.: απεσταλη V   12 απεσταλη RV   16 νῦν] η Sᵃ   19 λεγειν RVS   20 κατελθων V

τοίνυν καὶ πρὸ τῆς καθόδου τοῦ πνεύματος ἀμνὸν καὶ ἄνδρα
καὶ τὸν προφήτην καὶ τὸν χριστὸν καὶ τὸ φῶς τὸ ἀληθινὸν
αὐτὸν ᾔδει, ἀλλ' οὖν ἔλειπεν αὐτῷ ἡ περὶ τοῦ υἱοῦ τοῦ θεοῦ
γνῶσις, καὶ ὅτι αὐτός ἐστιν ὁ βαπτίζων ἐν πνεύματι ἁγίῳ,
5 ἥντινα ἔσχεν ὀφθέντος τοῦ δοθέντος σημείου. τούτων οὖν
οὕτως ἐχόντων ζητητέον πῶς λέγει τεθεᾶσθαι τὸ πνεῦμα ὁ
Ἰωάννης. οὐ γὰρ θεμιτὸν νομίζειν αἰσθητῶς ὁρᾶσθαι τὸ
πνεῦμα νοητὴν ὕπαρξιν ἔχον. τῷ προκειμένῳ συνεξετασθή-
σεται, καθόλου τοῦ προβλήματος γινομένου, τὰ ἐν ταῖς προ-
10 φητείαις ὁμοιοτρόπως λεχθέντα. πολλοὶ γὰρ τῶν προφητῶν
καὶ ἁπαξαπλῶς τῶν ἁγίων ἀνδρῶν ὀπτασίας καὶ ὁράσεις
ἑωρακότες ἀνεγράφησαν τεθεωρηκέναι. ἐπειδὴ γὰρ καὶ ἐν
ἄλλοις τὸ ἰδεῖν καὶ ὁρᾶν διχῶς ἐτμήθη, εἴς τε τὴν αἴσθησιν
καὶ τὴν νόησιν, τὸ μὲν αἰσθητῶς ἑωρακέναι θεὸν τοὺς ἁγίους
15 ἄνδρας ἀδύνατόν ἐστι, καὶ συνόλως τὴν τριάδα ἢ τὰ ὑπὸ
ταύτην νοητὴν ὕπαρξιν ἔχοντα· λείπεται κατὰ τὴν νόησιν
τεθεωρηκέναι αὐτοὺς τὰς ὀπτασίας οὐχ ὡς ἔχουσιν ὑπο-
στάσεως, ἀλλ' ὡς ὁρᾶν δύνανται δι' ἀναλόγου τινός. ἀμέλει
γοῦν τοῦ ἁγίου πνεύματος σχῆμα ἢ μορφὴν ἢ συνόλως εἶδος
20 οὐκ ἔχοντος, ὡς περιστερᾶς νόησιν δέχεται, καὶ τοῦ ἁγίου
πνεύματος, μεταβατικῶς οὐ κινουμένου, κάθοδον βλέπει
γινομένην ἐπὶ τὸν βαπτιζόμενον Ἰησοῦν ἐκ τοῦ οὐρανοῦ.
καὶ ὅτι οὐδενὸς τούτων αἰσθητικὴ ἡ ἀντίληψις τὸ ἐπιφερό-
μενον δηλοῖ. Ἐφ' ὃν γὰρ ἂν ἴδῃς, φησί, καταβαῖνον καὶ Jo i 33
25 μένον ἐπ' αὐτόν. κατάβασιν μὲν γάρ τινος καὶ αἰσθητικῶς
ἔστιν ἰδεῖν, ὅτε σῶμα τυγχάνει. οὐ μὴν δι' ὄψεως ἀλλὰ καὶ
διὰ νοήσεως ὁρᾶται τὸ κατεληλυθὸς μένειν ἐφ' ὃν κατελή-
λυθεν. οὐχὶ δὲ καὶ μενόντων ἀντιληπτικὴ ἡ αἴσθησις πρὸς
τὸ βεβαιῶσαι τὴν θεωρίαν ταύτην. καὶ δι' ἑτέρας δὲ ἀπο-
30 δείξεως ῥητέον ὡς οἱ ἕτεροι εὐαγγελισταὶ τὴν κατάβασιν τοῦ

1 καὶ 1°] ἡ RVS   3 ελειπερι RV : ελειπ (sic) S   7 εσθη-
τως V   17 αυτου RVS   20 δέχεται] δεχετε (ex corr.) V
26 τυγχανον RVS   μὴν] + καὶ RVS   27 μένειν] μεν RVS
28 μελλοντων RVS

cf. Mt iii 16;
Mc i 10;
Lc iii 21
πνεύματος ἐπὶ τὸν υἱὸν ἑωρᾶσθαι τῷ Ἰωάννῃ λέγουσιν, ἰδόντι
καὶ ἀνοιχθέντας ἢ σχισθέντας τοὺς οὐρανούς. ἄνοιξιν δὲ ἢ
σχίσιν οὐρανῶν αἰσθητικῶς οὐκ ἔστιν ἰδεῖν, ὁπότε οὐδὲ τῶν
παχυτέρων σωμάτων, ὕδατος καὶ ἀέρος λέγω, ἔστω δὲ καὶ
αἰθέρος, εἴ γε ἄλλο παρὰ τοὺς οὐρανούς ἐστι. τὰ γὰρ 5
διερχόμενα διὰ τῶν συνεχῶν σωμάτων, ὅτε μὴ σκληρά ἐστι,
διαβαίνει διὰ τούτων, οὐκ ἄλλοθεν αὐτοῖς τῆς ἀνοίξεως καὶ
διόδου γινομένης. αὐτὰ γὰρ τὰ διαβαίνοντα ἀνοίγουσιν
αὐτά, ἑνούμενα μετὰ τὴν δίοδον τῶν διαβεβηκότων. διαί-
ρεσις γοῦν ὕδατος οὐκ ἔστιν ἰδεῖν ἄνευ τοῦ παρεμβεβλῆσθαι 10
στερεώτερον σῶμα. εἰ δὲ τοῦτο, οὐχ ὑποπέσοι ὄψει οὐρανῶν
ἄνοιξις, οὐδὲ γὰρ σῶμά ἐστι τὸ ἐκεῖθεν καταβεβηκὸς ἅγιον
πνεῦμα. νοητῶς ἄρα καὶ ταῦτα τῷ βαπτιστῇ τεθεώρηται.
ἐπιστατέον δὲ καὶ τὸ μεμενηκέναι τὸ πνεῦμα τὸ ἅγιον ἐπὶ
μόνον τὸν Ἰησοῦν, εἰ γὰρ καὶ ἐπ' ἄλλον ἔμενεν κατελθὸν, οὐκ 15
ἦν σημεῖον δεικνύον τὸν βαπτίζοντα ἐν ἁγίῳ πνεύματι. ἀπο-
δεικτέον δὲ καὶ τοῦτο οὕτως· τὸ πνεῦμα τὸ ἅγιον ἀχράντοις
καὶ καθαραῖς ψυχαῖς ἐνοικίζεται, οὐχ ὑπομένον εἶναι ἔνθα
Sap Sol i 5
ἁμαρτία. Ἅγιον γὰρ πνεῦμα παιδείας φεύξεται δόλον καὶ
ἀπαναστήσεται ἀπὸ λογισμῶν ἀσυνέτων. καὶ ὁ Δαυεὶδ ἐν 20
Ps l (li) 13
τινι ἁμαρτίᾳ γεγονὼς ἀξιοῖ τὸν θεὸν λέγων· Τὸ πνεῦμά σου
τὸ ἅγιον μὴ ἀντανέλῃς ἀπ' ἐμοῦ. ἐπεὶ οὖν Ἰησοῦς μόνος
Is liii 9; cf.
1 Pe ii 22
2 Co v 21
ἁμαρτίαν οὐκ ἐποίησεν, οὐδὲ δόλον ἔσχεν ἐν τῷ στόματι
αὐτοῦ (περὶ μόνου γὰρ αὐτοῦ εἴρηται· Τὸν μὴ γνόντα
cf. Jo i 33
ἁμαρτίαν·) εἰκότως κατελθὸν ἐπ' αὐτὸν τὸ ἅγιον πνεῦμα 25
ἔμεινε. ταῦτα δὲ πάντα, τὸ κατελθεῖν λέγω ἐξ οὐρανοῦ τὸ
πνεῦμα ἐπὶ τὸν Ἰησοῦν καὶ μεῖναι ἐπ' αὐτὸν, οἰκονομίας
ἕνεκεν γέγραπται, οὐχ ἱστορικὴν διήγησιν ἔχοντα, ἀλλὰ

---

1 λέγουσιν, ἰδόντι] βλεπουσιν ιδοντα RVS   5 ἆνους R   6 μή]
bis R   7 τῆς] ex corr. τοῖς R   τοις VS   11 οὖν ὦν RV
12 ανοιξιν RV   21, 22 om. ἁμαρτία—μόνος S*: ins. in mg.
S²   22 ἐπεὶ οὖν] ἐπείπερ Cord. hic inc. Cord. (p. 50)   23 om.
ἔσχεν RVS   24 om. μόνου Cord.   εἴρηται] γέγραπται Cord.
τὸν] του R   25 εικοτος VS   κατελθων V Cord.   28 ἕνεκεν]
τρόπῳ Cord.

θεωρίαν νοητήν, ὡς ἤδη εἴρηται. ἀχώριστον γὰρ τοῦ υἱοῦ
τὸ ἅγιον πνεῦμα· οὐδὲ γὰρ ὁ υἱὸς ἐν τόπῳ οὐδ' αὖ ὁ πατὴρ,
ἵνα καὶ τὸ ἅγιον πνεῦμα μεταβατικῶς κινούμενον ἐκ τοῦ
πατρὸς εἰς τὸν υἱὸν μεταβαίνῃ. καθόλου γὰρ τὰ περὶ τῆς
5 θεότητος νοητῶς ἐκλαμβάνειν προσῆκε, κἂν ἀνθρωπίνως
λέγηται, οἷον τὸ ἵστασθαι <καὶ> τὸ καθῆσθαι καὶ τὸ ἀνα-
βαίνειν, καὶ ὅσα ὅμοια τούτοις γέγραπται περὶ τῆς θεότητος.

21. In Joann. i. 41. Rome, *Vat.* 758; *Reg.* 9:
Ven. 27.

Ἄξιον ζητῆσαι πῶς νῦν μὲν Ἀνδρέας τῇ δευτέρᾳ ἡμέρᾳ
ἀπὸ τοῦ βαπτίσματος Ἰησοῦ εὐθὺς εὑρίσκει τὸν ἀδελφὸν Jo i 41
10 τὸν ἴδιον Πέτρον, ἀλλαχοῦ δὲ ὁ Ἰησοῦς μετὰ πολλὰς ἡμέρας
τοῦ βαπτίσματος εὑρίσκει Πέτρον καὶ Ἀνδρέαν τὸν ἀδελφὸν cf. Mt iv 18
αὐτοῦ κατὰ τὸν Ματθαῖον. εἰκὸς οὖν πρῶτον τὸν Ἀνδρέαν
ἀναγαγόντα τὸν Πέτρον πρὸς τὸν Ἰησοῦν ὠφελεῖσθαι μικρὸν
παρὰ τοῦ διδασκάλου, εἶτα μετὰ τὴν ὠφέλειαν τοῦ ἀδελφοῦ
15 ἀνακεχωρηκέναι πρὸς τὸ τοῖς ἰδίοις σχολάζειν, τὸν δὲ
Ἰησοῦν μετὰ τὴν προτέραν κλῆσιν κεκληκέναι αὐτοὺς ἐπὶ
τῷ ἕπεσθαι αὐτῷ διηνεκῶς, ἔχοντας ἐξουσίαν ἀνθρώπους cf. Mt iv 19
ἁλιεύειν δι' ἧς παρέσχεν αὐτοῖς διδασκαλίας. Ἔρχεσθέ, Jo i 39
φησι, καὶ ἴδετε· τάχα διὰ τοῦ Ἔρχεσθε ἐπὶ τὸ πρακτικὸν
20 αὐτοὺς παρακαλῶν, διὰ δὲ τοῦ Ἴδετε τὴν ἀκολουθοῦσαν
τῆς κατορθώσεως τῶν πράξεων θεωρίαν πάντως ἔσεσθαι
τοῖς βουλομένοις ὑπογράφων γινομένην ἐν τῇ τούτων
διαμονῇ.

22. In Joann. i. 42. Rome, *Vat.* 758; *Reg.* 9:
Ven. 27. Corderius, p. 57.

Πέτρον δὲ αὐτὸν κληθήσεσθαι εἶπεν, παρονομασθέντα
25 ἀπὸ τῆς πέτρας, ἥτις ἐστὶν ὁ χριστός· ἵν' ὥσπερ ἐκ σοφίας cf. 1 Co x 4

---

1 τοῦ υἱοῦ] post πνεῦμα Cord.   2 om. ὁ 1° Cord.   αὖ ὁ]
ἂν Cord.   4 μεταβαίνει RV² Cord.   6 om. καὶ 1° RVS Cord.
om. τὸ καθῆσθαι καὶ Cord.   7 om. καὶ ὅσα—θεότητος RVS
13—15 om. (μι)κρὸν—ἰδίοις S*: ins. in mg. S²   19 ερχεσθαι RVS

σοφὸς, καὶ ἅγιος ἐξ ἁγιότητος, οὕτω καὶ ἐκ πέτρας Πέτρος. ἀποδείκνυται δὲ τοῦτο ἐξ ὧν εἶπεν ὁ σωτὴρ πρὸς τὸν οὕτως

Mt xvi 18 ὠνομασμένον· Σὺ εἶ Πέτρος, καὶ ἐπὶ ταύτῃ τῇ πέτρᾳ οἰκοδομήσω μου τὴν ἐκκλησίαν.

23. In Joann. i. 43. Rome, *Vat.* 758; *Reg.* 9: Ven. 27. Cf. Corderius, p. 58. Cod. Monac. Gr. 437.

Jo i 43   Τό· Τῇ ἐπαύριον ἠθέλησεν ἐξελθεῖν εἰς τὴν Γαλιλαίαν· 5 ἀμφιβόλως εἰρημένον δηλοῖ ὁτὲ μὲν τὸν Ἀνδρέαν εἶναι τὸν ἐξεληλυθότα, ὁτὲ δὲ τὸν Ἰησοῦν. δοκεῖ δὲ μᾶλλον περὶ τοῦ Ἀνδρέα εἶναι τὸ λεγόμενον, ἐξεληλυθότος εἰς τὴν Γαλιλαίαν καὶ εὑρόντος τὸν Φίλιππον. τούτῳ τῷ εὑρεθέντι ὑπὸ Ἀνδρέου

Jo i 44   Φιλίππῳ λέγει ὁ Ἰησοῦς· Ἀκολούθει μοι. ἔστι δὲ τὸ ἀκολου- 10 θεῖν τῷ Ἰησοῦ τὸ ἕπεσθαι λόγῳ, σοφίᾳ, δικαιοσύνῃ, πράττοντα καὶ φρονοῦντα ὀρθῶς. μεταλαμβάνεται δὲ ἡ Βηθσαιδὰ Ἑλλάδι φωνῇ εἰς τὸ Οἶκος θηρευτῶν, οἷς ὁ Ἰησοῦς εἶπε·

Mt iv 19 Δεῦτε ὀπίσω μου καὶ ποιήσω ὑμᾶς ἁλιεῖς ἀνθρώπων. περὶ τῶν τοιούτων θηρευτῶν ὡς ἐκ θεοῦ πεμπομένων ἐν τῷ 15 Ἰερεμίᾳ προφητείᾳ φέρεται ἐκ προσώπου τοῦ θεοῦ ἔχουσα

Jer xvi 16 οὕτως· Καὶ ἰδοὺ ἐγὼ ἀποστέλλω εἰς ὑμᾶς πολλοὺς θηρευτὰς οἳ θηρεύσουσιν ὑμᾶς.

24. In Joann. i. 45. Rome, *Vat.* 758; *Reg.* 9: Ven. 27.

Οὐ τοῦτο δὲ εἰπεῖν βούλεται, ὅτι οἱ προφῆται οὕτως ἔγραψαν ὅτι Ἰησοῦς ἔσται ὁ υἱὸς Ἰωσὴφ ἀπὸ Ναζαρὲτ, 20 ἀλλ' ἀντὶ τοῦ Τὸν Ἰωσὴφ υἱὸν τὸν ἀπὸ Ναζαρὲτ, τοῦτον

1 ἐκ] επι της RV: εκ της S   2 om. ὁ σωτήρ Cord.   3 εἶ] + φησι RVS   7 Ἰησοῦν] χριστὸν Cord.   8 Ανδρεου V 10 ακολουθη VS   10, 11 ἔστι—ἕπεσθαι] τὸ ἀκολουθῆσαι δέ ἐστι τὸ ἕπεσθαι τῷ Ἰησοῦ Cord. hic inc. Cord.   11 λογον RVS 12—18 μεταλαμβάνεται—ὑμᾶς] cf. Cod. Monac. Gr. 437   13 om. ὁ Cord.   14 ἀνθρώπων] expl. RVS   21 τοῦ] τουτον RVS

εὑρήκαμεν, ὄντα ἐκεῖνον περὶ οὗ Μωυσῆς τε ἐν τῷ νόμῳ καὶ οἱ προφῆται εἶπον.

25. In Joann. i. 46. Rome, *Vat.* 758; *Reg.* 9: Ven. 27. Corderius, p. 60.

Τό· Ἐκ Ναζαρὲτ δύναταί τι ἀγαθὸν εἶναι; ἤτοι ἀμφι- Jo i 46 βάλλων, ἆρα ἐκ τῆς Ναζαρὲτ τηλικοῦτον ἀγαθὸν δύναται; ἢ
5 τεθαρρηκότως λέγει, ἐκ τῆς Ναζαρέτ ἐστιν ὄντως ὁ εὑρεθεὶς καὶ ἀληθῶς ἀγαθόν ἐστι. πρὸς ὃν Φίλιππος· Ἔρχου καὶ ἴδε τὸν εὑρεθέντα Ἰησοῦν· τῇ ὄψει αὐτὸν μᾶλλον πληρο-φορῆσαι ἢ ἀκοῇ περὶ τοῦ εὑρεθέντος βουλόμενος.

26. In Joann. i. 49. Rome, *Vat.* 758; *Reg.* 9: Ven. 27. Corderius, p. 62.

Καὶ τὸ ὑπὸ Ναθαναὴλ δὲ εἰρημένον πρὸς τὸν Ἰησοῦν
10 οὕτως ἀπέδωκεν, Σὺ εἶ ὁ υἱὸς τοῦ θεοῦ· σὺ τοῦ Ἰσραὴλ, τοῦ Jo i 49 διορατικοῦ γένους, βασιλεὺς ὑπάρχεις. τὸ γὰρ καρδίαν βλέπειν, καὶ γινώσκειν τίς δόλον ἔχει ἐν ἑαυτῷ καὶ τίς οὔ, υἱοῦ θεοῦ τυγχάνει καὶ οὐχ ἑνός γε τῶν πολλῶν υἱῶν, ἀλλὰ τοῦ μονογενοῦς, βασιλέως ὄντος τοῦ ἐκλεκτοῦ γένους. τοῦτο
15 δὲ ὁ Ἰησοῦς ἐστι, διὸ καὶ υἱὸς θεοῦ ὤν.

27. In Joann. i. 50. Rome, *Vat.* 758; *Reg.* 9: Ven. 27.

Εἶδές με τότε ὅτε ὑπὸ τὴν συκῆν ἐτύγχανον, πρὶν ὑπὸ Φιλίππου κληθῶ. Ἰησοῦς ταῦτα ἀκούσας φησίν· Ἐπειδὴ Jo i 50 εἶπόν σοι ὅτι εἶδόν σε ὑπὸ τὴν συκῆν πιστεύεις; μείζονα

1 τε] τον S*   4 τηλικοῦτον] pr. τι Cord.   5 ὁ εὑρεθεὶς ὄντως Cord.   7 om. μᾶλλον Cord.   9 om. καὶ Cord.   Ἰησοῦν] χριστον RV   10 om. εἶ SV   11 τὸ] ὁ Cord.   καρδίαν] καρδια VS: τὰς καρδίας Cord.   12 βλέπειν Cord.   γινωσκει RVS: γινώσκων Cord.   om. ἐν ἑαυτῷ RV   13 υἱὸς RVS² Cord.   τυγχάνη RV: τυγχα S   πολλῶν] πλειόνων Cord.

τούτων ὄψει. μετὰ δὲ τὴν ὡς πρὸς τὸ ῥητὸν σαφήνειαν τὰ
πρὸς ἀλληγορίαν ῥητέον. Φίλιππος ἐκ τοῦ ἀκολουθεῖν
Ἰησοῦ, ὄντι θεοῦ λόγῳ καὶ θεοῦ σοφίᾳ, θηρευτικὸς γέγονε
τῶν διδομένων ὑπὸ θεοῦ ψυχῶν τοῖς δυναμένοις αὐτὰς
ὠφελεῖν. δόμα γὰρ κυρίου ἑρμηνεύεται Ναθαναήλ. τούτῳ 5
τῷ δοθέντι αὐτῷ μαθητῇ οὐκ εὐθὺς τὰ περὶ τῆς θεότητος τοῦ
υἱοῦ τοῦ θεοῦ ἀνακοινοῦται, ἀλλὰ τὰ περὶ τῆς ἐνανθρωπήσεως
αὐτοῦ λέγων, Ὃν ἀναγινώσκομεν κοινῇ πάντες οἱ Ἑβραῖοι
ἐλευσόμενον ἐν τοῖς γράμμασι Μωσέως καὶ τῶν προφητῶν
εὑρήκαμεν, Ἰησοῦν τὸν γεννηθέντα ἐκ τῆς παρθένου ἄνευ 10
καταβολῆς σπέρματος ἀνδρός, ὅστις υἱὸς τοῦ Ἰωσὴφ τοῦ
μνηστευσαμένου τὴν Μαρίαν χρηματίζει, ἔχων τὴν γένεσιν
ἐκ Ναζαρὲτ τοπικῶς. πόλις γὰρ ἡ Ναζαρὲτ τῆς παρθένου.
ταῦτα παραλαβὼν ὁ μαθητὴς Ναθαναὴλ παρὰ Φιλίππου, ἤδη
διδασκάλου αὐτοῦ γεγενημένου, λέγει πρὸς τὸν διδάξαντα Εἰ 15
ἐκ τῆς Ναζαρέτ ἐστι τὸ εὑρεθέν, ἀγαθόν ἐστι; πρὸς ὃν
εὐθέως ὁ Φίλιππος εἰς αὐτὴν τὴν αὐτοψίαν τοῦ πράγματος
Jo i 46 καλῶν· Ἔρχου καὶ ἴδε· λέγει, οὐ βουλόμενος ἀεὶ τὸν μαθητὴν
φωνῶν ἀκροατὴν ὑπάρχειν ἀλλὰ θεωρὸν τῆς ἀληθείας εἶναι,
μετὰ τὴν τῶν λόγων ἀκρόασιν ἐπὶ θεωρίαν σπεύδοντα. τὸν 20
Ναθαναὴλ ἰδὼν ὁ Ἰησοῦς οὐ μόνον κατὰ τὸ βαδίζειν ἀλλὰ καὶ
κατὰ προκοπὴν ἐρχόμενον πρὸς τὴν θεωρίαν, μαρτυρεῖ περὶ
αὐτοῦ οὕτως προθυμουμένου πρὸς τὴν τῆς ἀληθείας νόησιν·
καί φησι τοῖς συνοῦσι Τοῦτον τὸν ἐρχόμενον ὁρᾶτε; οὐ
μόνον αἰσθητῶς καὶ κατὰ σάρκα Ἰσραηλίτης ἐστὶν, ἀλλὰ 25
καὶ κατὰ πνεῦμα καὶ νόησιν. νοῦν γὰρ ἔχει θεωροῦντα
θεόν· ἐστὶ γὰρ Ἰσραηλίτης ἀληθῶς καὶ οὐ ψευδωνύμως, ἐπεὶ
παντὸς δόλου καθαρεύων ἀληθείας φίλος ὑπάρχει.

　　3 σοφιαν S*　　12 Μαριαμ R　　15 γεγεννημενου S　　18 om.
λέγει RVS　　19 θεωρῶν VS　　20 τὸν] ον RVS　　23 προ-
θυμουμένου] +ἢ R : +η γραφη (vid.) VS　　27 ψευδονυμως VS
28 υπαρχων V²

28. In Joann. ii. 1. Rome, *Vat.* 758; *Reg.* 9: Ven. 27. Corderius, p. 64.

Τρίτης ἤδη ἡμέρας ἐνεστηκυίας ἀφ' οὗ ὁ Ἰησοῦς ἐβα-
πτίσθη, γάμου ἐν Κανὰ τῆς Γαλιλαίας γενομένου, καὶ οὔσης
τῆς μητρὸς Ἰησοῦ ἐκεῖ, οἴνου ἐπιλείψαντος, ἐξ ὕδατος οἶνον
πεποίηκε. συναγορεύων τις τῷ ῥητῷ καὶ κατὰ τοῦτο τὸ
5 χωρίον ἐρεῖ ὅτι ποιητὴς ὢν ὁ Ἰησοῦς τοῦ ἀνδρὸς καὶ τῆς
γυναικὸς οὐ παραιτεῖται κληθῆναι ἐν γάμῳ, αὐτὸς ὢν ὁ μετὰ
τὸ πλάσαι τὴν Εὔαν ἀγαγὼν αὐτὴν πρὸς τὸν Ἀδάμ. διὸ cf. Ge ii 22
καὶ ἐν εὐαγγελίῳ περὶ τῆς συνόδου λέγει· "Α ὁ θεὸς συνέζευξεν Mt xix 6:
ἄνθρωπος μὴ χωριζέτω. ἐντρεπέσθωσαν τοίνυν οἱ τὸν γάμον Mc x 9
10 ἀθετοῦντες αἱρετικοί, Ἰησοῦ εἰς γάμον καλουμένου καὶ τῆς
μητρὸς αὐτοῦ οὔσης ἐκεῖ. [[ἐλεγκτέον δὲ καὶ Μανιχαίους
λέγοντας μὴ εἶναι τὴν Μαρίαν Ἰησοῦ μητέρα, τοῦ εὐαγ-
γελιστοῦ μαρτυροῦντος ὅτι Ἰησοῦς μητέρα εἶχεν.]]

29. In Joann. ii. 7. Rome, *Vat.* 758; *Reg.* 9: Ven. 27. Corderius, p. 72.

[[Ἔνεστι τὴν ἀκρίβειαν τοῦ εὐαγγελιστοῦ καὶ ἐκ τοῦ
15 διηγήματος τούτου θεωρῆσαι. ἐπειδὴ γὰρ ᾔδει τοὺς ἐθελο-
κάκους ἐν Ἰουδαίοις πανούργους ἑτοίμως ἔχοντας πρὸς τὸ
κακολογεῖν τὰς Ἰησοῦ δυνάμεις, εἰσάγει τὸν Ἰησοῦν μὴ τοῖς
ἑαυτοῦ μαθηταῖς ἀλλὰ τοῖς διακόνοις τοῦ συμποσίου προσ-
τάττοντα περὶ τῆς τοῦ ὕδατος ἀντλήσεως· ⌜εἰπόντων ἂν τῶν
20 διαβόλων, εἰ οἱ μαθηταὶ τοῦ Ἰησοῦ ἀντλήσαντες ἦσαν τὸ
ὕδωρ, Οἶνου ἐπλήρωσαν τὰς ὑδρίας ὑποκρινόμενοι αὐτὰς
ὕδατος πεπληρωκέναι. ταύτῃ τῇ ἀκολουθίᾳ κεῖται καὶ τό·
Ἐγέμισαν τὰς ὑδρίας ἕως ἄνω⌝ καὶ ὑπὲρ τοῦ μὴ καταλείπειν Jo ii 7

1 om. ὁ Cord.   3—5 οἴνου—ἐρεῖ ὅτι] καὶ αυτος ο ΙΣ εκληθη
αμα των μαθητων και γαρ RSV   5 om. ὁ Cord.   8 ευαγ-
γελιοις RV: ευαγγε S   ἐξευξεν Cord.   11 ελεκτεον V
16 om. πανούργους RSV   17 ἄγει RVS   18 του συμπ. διακ.
RVS   19—23 om. εἰπόντων—ἄνω RVS   23 om. καὶ Cord.
καταλιπειν V

σοφιστίας πρόφασιν, ⌈οὐ πληρωθεισῶν τῶν ὑδριῶν ὕδατος, οἶνος ἐπιβληθεὶς, ἔδοξε νομισθῆναι τὸν πάντα ἐξ ὕδατος γεγενῆσθαι⌉.]]

30. In Joann. ii. 11. Rome, *Vat.* 758; *Reg.* 9: Ven. 27. Corderius, p. 74.

Τὸ δέ· Ἐπίστευσαν· ἀντὶ τοῦ Ἐβεβαιώθησαν εἴρηται. τὴν γὰρ πίστιν ὡς ἐπὶ τὸ πολὺ μᾶλλον ἐπὶ τῆς βεβαιώσεως 5 λέγει. τούτοις δὲ καὶ τὴν δόξαν αὐτοῦ μᾶλλον ἐφανέρωσεν. κτιστοῦ γὰρ καὶ οὐ κτίσματος τὸ οὐσίαν μεταβαλεῖν. οὐ γὰρ ποιότητος ἁπλῶς ἀλλ᾽ οὐσίας μεταβολὴ τὸ ἐξ ὕδατος οἶνον γενέσθαι.

31. In Joann. ii. 12. Rome, *Vat.* 758; *Reg.* 9: Ven. 27. Cf. Corderius, p. 75.

Jo ii 12

Καὶ μετὰ τοῦτο κατέβη εἰς Καφαρναούμ, ἀυτὸς καὶ 10 ἡ μήτηρ ἀυτοῦ καὶ οἱ ἀδελφοὶ ἀυτοῦ καὶ οἱ μαθηταὶ ἀυτοῦ. ⌈Ζητεῖται παρὰ πολλοῖς περὶ τῶν ἀδελφῶν Ἰησοῦ πῶς εἶχε τούτους, τῆς Μαρίας μέχρι τελευτῆς παρθένου διαμεινάσης.⌉ ἀδελφοὺς μὲν οὐκ εἶχε φύσει, οὔτε τῆς παρθένου τεκούσης ἕτερον, οὔτε αὐτὸς ἐκ τοῦ Ἰωσὴφ 15 τυγχάνων. νόμῳ τοιγαροῦν ἐχρημάτισαν αὐτοῦ ἀδελφοὶ, υἱοὶ τοῦ Ἰωσὴφ ὄντες ἐκ προτεθνηκυίας γυναικός· καὶ ἐπεὶ καθ᾽ ὁμολογίαν γυνὴ αὐτοῦ ἡ Μαριὰμ ἐχρημάτισε· ⌈τοῦτο γὰρ

Deut xxii 24

ὁ Μωυσέως διδάσκει νόμος, μοιχείας τιμωρίαν ἐπάγων κατὰ τοῦ ἐπιβαίνοντος μνηστευθείσῃ παρθένῳ· ἐπιφέρεται γὰρ 20 τό· Ἀνθ᾽ ὧν ἐταπείνωσε τὴν γυναῖκα· <γυναῖκα> τοῦ Ἰωσὴφ τὴν κατεγγυηθεῖσαν αὐτῷ παρθένον λέγει.⌉ ἀκολούθως

1—3 om. οὐ πληρωθεισῶν—γεγενῆσθαι RVS 4 om. δὲ RVS 5 om. ἐπὶ 2° RVS 6 λέγω RVS δὲ] οὖν RVS 7 om. οὐ 1° RVS 10 Καπερναουμ V 10—12 om. καὶ 1°—αὐτοῦ Cord. 12—14 om. Ζητεῖται—διαμεινάσης RVS 15 οὐδ᾽ Cord. 17 om. τοῦ Cord. προτεθνηκυίης Cord. 18 ὁμολογίας Cord.: ὁμολογησεν S* 18—22 om. τοῦτο—λέγει RVS 21 om. γυναῖκα 2° Cord.

⌜τῇ τοιαύτῃ διατάξει⌝ ἀδελφοὶ τοῦ Ἰησοῦ εἴρηνται οἱ ἐκ τοῦ Ἰωσὴφ, εἰ καὶ αὐτὸς ἐξ αὐτοῦ μὴ τυγχάνει.

32. In Joann. ii. 13. Rome, *Vat.* 758; *Reg.* 9: Ven. 27. Corderius, p. 76.

Τριῶν ἑορτῶν δημοτελῶν παραδοθεισῶν τοῖς Ἑβραίοις ὑπὸ τοῦ μεγάλου ἱεροφάντου Μωυσέως μία ἦν ἡ καλουμένη
5 Πάσχα, ὑπερκειμένη τὰς ἑτέρας δύο ἅτε σωτηρίαν ἐμφαίνουσα τὴν ἐξ Αἰγύπτου καὶ μετάβασιν ἐπὶ τὴν ἁγίαν γῆν. ταύτῃ γοῦν τῇ πανηγύρει τὸ πᾶν τῶν Ἰουδαίων ἔθνος ἐκ πασῶν τῶν πόλεων καὶ κωμῶν ἔσπευδον ἐπὶ τὴν Ἰερουσαλήμ. ἐν μόνῃ γὰρ ταύτῃ τῇ πόλει παραδέδοτο ὑπὸ τοῦ νόμου τὸ
10 πάσχα θύεσθαι. ἐχρημάτιζον δὲ αἱ τρεῖς ἑορταὶ ἀπὸ τοῦ νομοθετήσαντος αὐτὰς θεοῦ. ἐπεὶ δὲ Ἰουδαῖοι οὐκέτι κατὰ τὴν διάταξιν ἀλλὰ κατὰ τὰς ἰδίας ὀρέξεις τε καὶ ἡδονὰς ἦγον τὰς ἑορτάς, οὐ πάσχα τοῦ θεοῦ ἀλλὰ τῶν Ἰουδαίων ὁ εὐαγ-   cf. Jo ii 13 γελιστὴς λέγει. οὐκέτι γὰρ λατρείας ἕνεκα ἀλλὰ τρυφῆς
15 χάριν ἤρχοντο εἰς Ἰερουσαλήμ. πάντα γὰρ εἰς εὐωχίαν ἐκ πάντων τῶν πέριξ τόπων ἐν αὐτῇ ἐκομίζετο καὶ ἐν τῷ οἴκῳ τοῦ θεοῦ ἐπιπράσκετο. βόας γὰρ καὶ πρόβατα καὶ περι- στερὰς πωλεῖσθαι ἐκεῖ ὥσπερ ἐμπορίῳ τινὶ εἶπεν ὁ εὐαγ- γελιστής. ἀλλ' ἐπεὶ συνέβαινε μὴ τοσαῦτα αὐτοὺς ἐπικο-
20 μίζεσθαι ἀργύρια ἐρχομένους ἐπὶ τὴν ἑορτήν, ἐπενόησάν τινες ἀργυραμοιβοὶ τραπέζας ἐκεῖ τιθέναι καὶ κολλυβίζειν, τουτέστι δανείζειν, χρυσία λαμβάνοντες παρὰ τῶν χρῃζόν- των ἀργυρίων, πρὸς τὸ μεθύειν καὶ τρυφᾶν μᾶλλον ἢ ἑορτάζειν ἐληλυθότων. παντὸς τοιγαροῦν τοῦ Ἰουδαίων ἔθνους ἐκεῖ
25 τυγχάνοντος καὶ σχολάζοντος μέθαις, Ἰησοῦς εἰς τὸν τοῦ θεοῦ οἶκον εἰσελθὼν πάντας ἀπήλασεν ἐκεῖθεν αὐτὸ μόνον

1 om. τῇ τοιαύτῃ διατάξει RVS 2 τυγχάνῃ RSV 5 φάσκα RVS 6 μεταβατην RVS 8 Ἰερουσαλήμ] om. RVS*: ins. intra lin. S⁴ 9 τὸ] ex corr. του V 22 λαμβάνοντας RVS

cf. Jo ii 15 φραγέλλιον ἐκ σχοινίων ἔχων. οὐκ ἂν δὲ τοῦτο κατωρθοῦτο
εἰ ὁ τυχὼν ἄνθρωπος ἦν καὶ ἐπιλαμβανόμενος τοῦτο πράτ-
τειν, οὐ μόνον γὰρ τὸ ἄλλο πλῆθος ἐξέβαλε τοῦ οἴκου ἀλλὰ
καὶ αὐτοὺς τοὺς πιπράσκοντας τὰ πρὸς τὴν εὐωχίαν. μηδεὶς
δὲ νομιζέτω ⌜τὸ πραχθὲν⌝ τοῦτο ⌜ὑπὸ τοῦ Ἰησοῦ⌝ τῶν ἄλλων 5
θαυμάτων ἔλαττον εἶναι, ⌜τοῦ νεκροὺς ἐγεῖραι, ἢ τυφλοῖς
ὄψιν παρασχεῖν⌝. οὐ γὰρ ἄνευ θεϊκῆς ἐνεργείας οἷόν τε ἦν
ἕνα ἄνθρωπον τοσοῦτον πλῆθος ἐκβάλλειν, καὶ μάλιστα
ἐξηγριωμένων καὶ φονώντων κατ' αὐτοῦ. καὶ αὐτοὶ γοῦν οἱ
Ἰουδαῖοι καταπλαγέντες ἐπὶ τῷ τολμηθέντι φασὶν ἐν τοῖς 10
Jo ii 18 ἑξῆς πρὸς αὐτόν· Τί σημεῖον δεικνύεις ἡμῖν ὅτι ταῦτα ποιεῖς;
Δυνάμει, λέγοντες, πηλίκος εἶ καὶ ποίαν θεοσέβειαν τελεῖν
δυνάμενος, ὅτι τοιαῦτα πράττεις, τολμῶν ὅλον πολυάνθρω-
πον ἔθνος μόνος ἀπελαύνειν, ⌜ὃ μηδεὶς ἄλλος ἂν καὶ μετὰ
χειρὸς πλείονος στρατιωτικῆς στρατηγὸς ἢ βασιλεὺς ὢν 15
ἐπεχείρησε ποιεῖν⌝;

33. In Joann. ii. 23. Rome, *Vat.* 758; *Reg.* 9: Ven. 27. Corderius, p. 81.

⌜Ἐπίστευον δὲ οὐκ εἰς αὐτόν, ἀλλ' εἰς τὸ ὄνομα αὐτοῦ.
οὗτοι δὲ⌝ οὐ βεβαίαν οὐδὲ τελείαν εἶχον γνῶσιν, ⌜περὶ ὧν
καὶ ἐν τοῖς ἔμπροσθεν εἴρηται⌝, ἀλλὰ ῥᾷστα διαπεσεῖν
cf. Jo ii 24 δυναμένην. ὅθεν οὐδὲ ἐπίστευσεν ἑαυτὸν αὐτοῖς, διὰ τὸ 20
εἰδέναι αὐτὸν οὐκ ἐξ ἐπιπολῆς ἀλλ' ἐκ τοῦ βάθους τῆς
διανοίας πάντα. τὸ γὰρ ἐκ πράξεων καὶ λόγων ἐπίστασθαί
τινας καὶ ἀνθρώπῳ ψιλῷ δυνατόν. ἀλλ' Ἰησοῦς, οὐ ψιλὸς
ἄνθρωπος ὤν, ἀλλὰ θεὸς γενόμενος ἄνθρωπος, πάντα οἶδεν,

1 οὐκ ἂν δὲ] ουδε RV   κατορθουτο R*S²   4 μηδεὶς] inc.
Cord.   5 om. δὲ Cord.   om. τὸ πραχθὲν RVS   om. ὑπὸ
τοῦ Ἰησοῦ RVS   5, 6 om. τῶν ἄλλων θαυμάτων Cord.   6, 7 om.
τοῦ νεκροὺς—παρασχεῖν RVS   7 οὐκ ἄνευ γὰρ Cord.   9 φω-
νωντων R : φονώντων Cord.   14 ἀπελαύνειν μονος RVS
14–16 om. ὃ μηδεὶς—ποιεῖν RVS   17, 18 om. ἐπίστευον—δὲ
Cord.   18 οὐ] οὔτε γὰρ Cord.   οὐδὲ] ἢ Cord.   εχουσι RVS
18, 19 om. περὶ—εἴρηται Cord.   20 οὐδὲ] οὐκ Cord.   21 αὐτοὺς
Cord.   22 πάντως Cord.   23 om. ψιλῷ Cord.   24 ἄνθρω-
πος ὤν] ωναῖος V   πάντας Cord.

τὸ κρυπτὸν καταλαμβάνων τοῦ νοῦ. ⌐περὶ μόνου γὰρ θεοῦ
λέγεται τό· Ὁ τῶν κρυπτῶν γνώστης καὶ εἰδὼς πάντα πρὶν   Hist Susann
γενέσεως αὐτῶν.⌐ ἐπεὶ γοῦν Ἰησοῦς, θεὸς ὤν, τῆς καρδίας   (Th.) 42
τὸ κρυπτὸν ἐπίσταται, οὐ χρῄζει παρ' ἀνθρώπου μαρτυρίαν   cf. Jo ii 25
5 λαβεῖν, ἐπιστάμενος τί ἐστιν ἐν τῷ ἀνθρώπῳ. οὐ γὰρ
εἴρηται γινώσκειν τὸν ἄνθρωπον ἁπλῶς, ἀλλὰ τί ἐστιν
ἐν τῷ ἀνθρώπῳ. καὶ ἐπεὶ ἐγίνωσκεν μὴ ἐμμένοντας αὐτοὺς
ἐν ᾗ εἶχον εἰς τὸ ὄνομα αὐτοῦ πίστιν, οὐκ ἐπίστευσεν
ἑαυτὸν αὐτοῖς. ἐκ σημείων γὰρ, ἀλλ' οὐκ ἐκ νοήσεως τῆς
10 περὶ θεοῦ ἐπεπιστεύκεισαν. διὸ καὶ ταχέως μεταπίπτειν
ἠδύναντο ἀπατηθησόμενοι παρ' ἑαυτῶν ἢ παρ' ἑτέρων σοφι-
ζομένων αὐτοὺς μὴ ἄρα τὰ σημεῖα οὐκ ἀληθῶς ἢ οὐκ ὀρθῶς
γέγονεν. ἀλλ' οὐκ εὐεξαπάτητος ὁ πιστεύων εἰς αὐτὸν,
παρὰ θεοῦ διάληψιν ἔχων.

34. In Joann. iii. 1. Rome, *Vat.* 758; *Reg.* 9: Ven. 27.

15 Ἐν τοῖς πολλοῖς τοῖς πεπιστευκόσιν εἰς τὸ ὄνομα τοῦ
Ἰησοῦ τακτέον καὶ τὸν Νικόδημον, ἕνα τῶν Φαρισαίων ὄντα
καὶ ἄρχοντα τῶν Ἰουδαίων ὑπάρχοντα. ἀμέλει γοῦν δι-
δάσκαλον εἶναι Ἰησοῦν ἔχοντα θεὸν μεθ' ἑαυτοῦ, ἀλλ' οὐ
θεὸν εἶναι ἐνόμιζεν, ὡς ἑαυτοῦ λέξεις σημαίνουσιν, εἰπόντος
20 ὅτι Ἀπὸ θεοῦ ἐλήλυθας διδάσκαλος· καὶ ὥσπερ ἀλήθειαν   Jo iii 2
ἐπιφέρων τῆς γνώσεως τῆς περὶ διδασκάλου ἑξῆς λέγει· Οὐ-
δεὶς γὰρ δύναται τὰ σημεῖα ταῦτα ποιεῖν ἃ σὺ ἐργάζῃ, ἐὰν
μὴ ᾖ ὁ θεὸς μετ' αὐτοῦ. ὅθεν τὴν πρόσοδον αὐτοῦ νυκτὸς
γενομένην ἀκολούθως ἀνέγραψεν ὁ εὐαγγελιστής, προσελθόν-
25 τος ἐν τοιούτῳ καιρῷ ἐν ᾧ λήσειν ἔμελλε τοὺς πολλοὺς
Φαρισαίους ὦν εἷς ὑπῆρχε. μᾶλλον δ', ὅπερ ἐστὶν ἀναν-

1 τοῦ νοῦ περιλαμβάνων Cord.   1—3 om. περὶ—αὐτῶν RVS
3 ἐπεὶ γοῦν Ἰησ.] καὶ ἐπεὶ RVS   om. τῆς καρδίας Cord.
5 λαβεῖν] ante παρ' Cord.: + θεος ων Cord.   ἀνθρώπῳ] expl.
Cord.   5—7 οὐ γὰρ—ἀνθρώπῳ] om. R   9 αυτον εαυτοις R
14 περι S   19 λεξης V   21 τῆς 2°] ης RVS   24 προελθοντος
RVS

τίρρητον, διὰ τοῦτο νυκτὸς προσελήλυθεν, ἐπείπερ ἄγνοιαν
ἔχων τὴν περὶ θεοῦ ᾧ προσήρχετο οὔπω πεφώτιστο. οὐ γὰρ

cf. Mal iv 2
(iii 20)
cf. Jo viii 56

ἀνατετάλκει αὐτῷ ὁ τῆς δικαιοσύνης ἥλιος, ὁ ποιητικὸς τῆς
νοητῆς ἡμέρας, ἧς καὶ ὁ Ἀβραὰμ ἔρωτα λαβὼν παρεσκεύαστο
πρὸς τὸ ἰδεῖν αὐτὴν, καὶ θεασάμενος αὐτὴν ἐχάρη. Φαρισαῖοι 5
δὲ ἄνθρωποί εἰσι τὴν προύχουσαν ἐν Ἰουδαισμῷ τάξιν καὶ
αἵρεσιν μετερχόμενοι, εὔτονον βίον ἐπαγγελλόμενοι καὶ τοῦ
νόμου καὶ τῶν προφητῶν ἀκρίβειαν. διὸ καὶ ὡς ἐπίπαν
θρασεῖς εἰσὶ καὶ ὑπερήφανοι. ὅθεν καὶ ταύτην ἔσχον τὴν
ὀνομασίαν. Φαρὲς γὰρ παρ' Ἑβραίοις Ὁ διῃρημένος. ἐπεὶ 10
οὖν καὶ οὗτοι διαιροῦσιν ἑαυτοὺς ἀπὸ παντὸς ἔθνους τῶν
Ἰουδαίων, ὡς ὑπερβάλλοντες φρονήσει καὶ βίῳ, ἀπὸ τοῦ
Φαρὲς θέλουσι χρηματίζειν.

35. In Joann. iii. 3. Rome, *Vat.* 758; *Reg.* 9: Ven. 27.

Jo iii 31

Τὸ Ἄνωθεν ὁτὲ μὲν ἐκ τῶν ἄνω καὶ ὕψωθεν, ὡς τό· Ὁ
ἄνωθεν ἐρχόμενος ἐπάνω πάντων ἐστίν· ὁτὲ δὲ τὸ αὖθις, ὡς 15

Gal iv 9

ἐν τῷ· Οἷς ἄνωθεν δουλεύειν θέλετε· τουτέστιν αὖθις. γίνεται
δὲ ἡ ἄνωθεν γέννησις, περὶ ἧς ὁ σωτὴρ διδάσκει, ἐξ ἀνα-
λήψεως ἀρετῆς καὶ τηρήσεως τῶν ἐντολῶν αὐτοῦ. φησὶ γὰρ

Mt v 44 f.

πρὸς τοὺς μαθητάς· Ἀγαπᾶτε τοὺς ἐχθροὺς ὑμῶν καὶ προσεύ-
χεσθε ὑπὲρ τῶν διωκόντων ὑμᾶς, ἵνα γένησθε υἱοὶ τοῦ πατρὸς 20
ὑμῶν τοῦ ἐν τοῖς οὐρανοῖς. πλὴν εἰ καὶ ἐσφαλμένως ὁ
Νικόδημος ἀπήντησε τοῖς εἰρημένοις, ἀλλ' οὖν ἔχει τι
ἀληθὲς τὰ ὑπ' αὐτοῦ λεχθέντα, εἰ καὶ μὴ αὐτὸς ἐνενόει αὐτά.
ἀληθῶς γὰρ οὐδεὶς καταμένων ἐν τῷ ἄνθρωπος εἶναι ὡς
γηρᾶν ἐν τῇ ἀνθρωπίνῃ καταστάσει τὴν κατὰ πνεῦμα καὶ 25

1 τουτον V   διὰ τοῦτο κ.τ.λ.] Cf. Cord. p. 82   προεληλυ-
θεν RVS   2 πεφωτισμένος Cord.   3 ανατεταλκεν RVS
5 om. αὐτὴν 2° RVS   6 προυχοσαν RVS   om. τάξιν καὶ Cord.
7 μετεχόμενοι Cord.   8 om. ὡς RVS   9 ταύτην τὴν ὀνομασίαν
ἔσχεν Cord.   11 om. ἔθνους RVS   17 γέννησις] γεννη VS
22 τι] το S*   23 αὐτὰ] αυτος RVS

ἄνωθεν γέννησιν δέξασθαι δύναται. ὡς γὰρ οὐδεὶς ἄδικος
καὶ ἄπιστος μένων κατὰ δικαιοσύνην καὶ πίστιν γεννηθῆναι
δύναται, οὕτως οὐδεὶς καταμένων ἐν τοῖς ἀνθρωπίνοις καὶ
παλαιούμενος ἐν αὐτοῖς τὴν ἀνανεοῦσαν γέννησιν οἷός τέ
5 ἐστι λαβεῖν. ὅθεν ὁ τῆς ἀληθείας διδάσκαλος γράφει τοῖς
προθυμουμένοις ἐπὶ τὴν θείαν γέννησιν ἐλθεῖν ἐκδύσασθαι cf. Col iii 9 f.
τὸν παλαιὸν ἄνθρωπον σὺν ταῖς πράξεσιν αὐτοῦ, ἵνα τούτου
ἀποβληθέντος ἐνδύσονται τὸν νέον ἄνθρωπον τὸν κατὰ θεὸν cf. Eph iv 24
κτισθέντα ἐν δικαιοσύνῃ· ᾧ ἕψεται, ὡς ἄνωθεν γεννηθέντι, ἐν
10 καινότητι ζωῆς περιπατῆσαι. ἐπὶ ταύτην τὴν γέννησιν cf. Ro vi 4
παρορμῶν ὁ Ἰησοῦς τοῖς γνωρίμοις ἔλεγεν· Ἐὰν μὴ στραφῆτε Mt xviii 3
καὶ γένησθε ὡς τὰ παιδία, οὐ μὴ εἰσέλθητε εἰς τὴν βασιλείαν
τῶν οὐρανῶν. πρόσχες καὶ τούτου τὴν ἀκρίβειαν, τὰ μὲν
παιδία οὐκ ἀμύνεται τοὺς ἠδικηκότας, οὐ λυπεῖται ἐπὶ τῇ
15 ἀποβολῇ τῶν ἡδέων, οὐ προσπάσχει μετὰ βεβαιότητος τοῖς
οὖσι προσηνέσι. βούλεται τοίνυν τοιούτους εἶναι ἡμᾶς ἐκ
διαθέσεως οἷα τυγχάνει τὰ παιδία ἐξ ἡλικίας. ἐκεῖνα μὲν
γὰρ οὐ λόγῳ ἐστὶ τοιαῦτα, οἱ δὲ ὡς ταῦτα γινόμενοι κατὰ
πρόσταξιν Ἰησοῦ λόγῳ καὶ ἕξει βελτίστῃ σπεύδουσιν
20 εὑρεθῆναι οὕτως ἔχοντες. κἂν τοίνυν ὁ Νικόδημος σὺν
ἀμαθίᾳ τὰ προκείμενα εἶπεν ἀλλ' οὖν ἐν τοῖς λόγοις αὐτοῦ
κείμενόν τι ἀληθὲς ἠγνοεῖτο αὐτῷ.

36. In Joann. iii. 5. Rome, *Vat.* 758; *Reg.* 9:
Ven. 27.

Τὸν τρόπον τοῦ πῶς ἔστι γεννηθῆναι ἄνωθεν ἑρμηνεύων
ὁ σωτὴρ λέγει Ἐπεὶ πρόκειται εἰσιέναι εἰς τὴν τοῦ θεοῦ
25 βασιλείαν, τυχεῖν δὲ τούτου ἀδύνατον μὴ γεγεννημένον ἐξ
ὕδατος καὶ πνεύματος, ἀκολουθεῖ τὸ γεννηθῆναι ἄνωθεν τῷ ἐξ
ὕδατος καὶ πνεύματος γεννηθῆναι. γεννᾶται δὲ ἐκ πνεύματος
ὁ κατ' αὐτὸ ποιηθείς, ἅγιος καὶ πνευματικὸς ἐξ αὐτοῦ γινό-

11 της γνωριμης V   12—14 οὐ μὴ—παιδία] bis S*
13 πρόσχες] pr. καὶ S*   18 λόγῳ] λεγει RVS   26 ακολουθη
RV   τῷ] το RV

μενος. εἶτα ἐπεὶ μὴ ἐκ μόνου τοῦ πνεύματος ἀλλὰ καὶ ἐξ
ὕδατος γεννᾶται ὁ εἰς τὴν βασιλείαν τοῦ θεοῦ εἰσερχόμενος,
ἀκόλουθόν ἐστι καὶ περὶ τοῦ ὕδατος ἐκ τῆς γραφῆς τι
θηρεῦσαι. καὶ ὅρα μὴ ἄρα ἐπινοίᾳ μόνῃ ἀλλ' οὐχ ὑποστά-
σεως διαφορὰν ἔχει πρὸς τὸ πνεῦμα. φησὶ γὰρ μεθ' ἕτερα ὁ 5

Jo vii 38 f.

σωτήρ· Ὁ πιστεύων εἰς ἐμέ, καθὼς εἶπεν ἡ γραφή, ποταμοὶ
ἐκ τῆς κοιλίας αὐτοῦ ῥεύσουσιν ὕδατος ζῶντος. τοῦτο δὲ
ἔλεγε περὶ τοῦ πνεύματος οὗ ἔμελλον λαμβάνειν οἱ πιστεύ-
οντες εἰς αὐτόν. εἰ γὰρ περὶ τοῦ πνεύματος εἴρηται ὡς
ὕδωρ ζῶν ποταμῶν δίκην ἐκπορευόμενον ἐκ τοῦ πιστεύοντος, 10
ἐπινοίᾳ μόνῃ διοίσει τοῦ πνεύματος τὸ ὕδωρ. ὡς οὖν γεννᾶ-
ταί τις ἐκ τοῦ σωτῆρος σοφὸς ἐκ σοφίας, οὕτω καὶ ἐκ τοῦ
πνεύματος ἅγιος καὶ πνευματικός· καὶ ἐκ τοῦ ὕδατος καθαιρό-
μενος καὶ πρὸς καρποφορίαν ποτιζόμενός τις γεννᾶται ἐξ
ὕδατος καὶ πνεύματος. ἄλλος δέ τις ἐρεῖ ὕδωρ ἐνταῦθα 15
εἰρῆσθαι τὴν καθαίρουσαν διδασκαλίαν τὴν ψυχήν, ἥτις καὶ
αὐτὴ συντελεῖ πρὸς τὸ γεννηθῆναι ἄνωθεν. περὶ τούτου τοῦ
καθαρισμοῦ, γινομένου ἐκ θεϊκῆς παιδεύσεως, ὁ ὑμνῳδὸς ἔλεγε

Ps l (li) 9

πρὸς τὸν θεόν· Πλυνεῖς με καὶ ὑπὲρ χιόνα λευκανθήσομαι.

Jer iv 14

⌜καὶ πρὸς τὴν τοῦ Ἰσραὴλ πληθὺν ὁ Ἱερεμίας φησίν· Ἀπό- 20
πλυνε ἀπὸ κακίας τὴν καρδίαν σου, Ἰερουσαλήμ, ἵνα σωθῇς.
ἕως πότε ὑπάρξουσιν ἐν σοὶ διαλογισμοὶ πόνων σου; δια-
λογισμοὺς πόνων αὐτῆς λέγων τοὺς κατὰ κακίαν πεποιημένους,
δι' οὓς κολάζεσθαι μέλλει, εἰ μὴ πλυνῇ ἑαυτὴν τῇ παιδεύσει
τῶν γραφῶν.⌝ εἶτ' ἐπεὶ μὴ μόνη ἡ ψυχὴ ἐπὶ σωτηρίαν καλεῖ- 25
ται, ἀλλὰ καὶ αὐτὸ τὸ σῶμα, ᾧ ὀργάνῳ χρᾶται πρὸς τὰς
ἑαυτῆς ἐνεργείας, εἰκότως καὶ τοῦτο ἁγιασθῆναι δεῖ διὰ τοῦ

cf. Tit iii 5

λεγομένου ἐν τῇ θείᾳ διδασκαλίᾳ Λουτρὸν παλιγγενεσίας, ὃ
καὶ βάπτισμα θεῖον ὀνομάζεται, οὐκέτι μὲν ψιλὸν ὕδωρ,
ἁγιάζεται γὰρ μυστικῇ τινι ἐπικλήσει. καὶ ὅρα γε οἷον 30

---

1 εἶτα] ειτε RVS 6 ἐμέ] εμεν V 15 ὕδωρ κ.τ.λ.] Cf.
Corderius p. 88 (Anon.) 16 εἰρῆσθαι] + φησιν Cord. καθα-
ρευουσαν RVS 19 Πλυνιεῖς Cord. 20—25 om. καὶ πρὸς—
γραφῶν RVS 20 πλήθην Cord. 23 πεποιωμένους Cord.
25 γραφῶν] expl. Cord.

μεγέθους καὶ δυνάμεως ἐστὶν ἐπισταμένῳ τῇ γενομένῃ παρὰ
τοῦ σωτῆρος τοῖς μαθηταῖς αὐτοῦ μυσταγωγίᾳ. φησὶ γάρ·
Πορευθέντες μαθητεύσατε πάντα τὰ ἔθνη, βαπτίζοντες Mt xxviii
αὐτοὺς εἰς τὸ ὄνομα τοῦ πατρὸς καὶ τοῦ υἱοῦ καὶ τοῦ ἁγίου ¹⁹ f.
5 πνεύματος· διδάσκοντες αὐτοὺς τηρεῖν, καὶ τὰ ἑξῆς. εἰ γὰρ
μαθητευθῆναι δεῖ πρότερον παραλαβόντα τὰ δόγματα τῆς
ἀληθείας, εἶτα τηρῆσαι ἃ ἐνετείλατο τοῖς παρὰ τῶν ἠθικῶν
ἀρετῶν, καὶ οὕτω βαπτισθῆναι εἰς ὄνομα τοῦ πατρὸς καὶ τοῦ
υἱοῦ καὶ τοῦ ἁγίου πνεύματος, πῶς ἔτι ψιλὸν εἶναι δύναται
10 τὸ ἅμα τούτοις παραλαμβανόμενον ὕδωρ, μετεσχηκὸς ὡς
οἷόν τε τῆς δυνάμεως τῆς ἁγίας τριάδος καὶ ἀρετῇ ἠθικῇ τε
καὶ διανοητικῇ συνεζευγμένον; σκόπησον δὲ τὸ μέγεθος
αὐτοῦ ἐπιστήσας τίνος ἕνεκεν παραλαμβάνεται. εἰ γὰρ τοῦ
εἰσελθεῖν χάριν εἰς τὴν τοῦ θεοῦ βασιλείαν, ὑπερβάλλει δ'
15 αὕτη τῇ ὑπεροχῇ, πῶς οὐ μέγα τὸ αἴτιον τοῦ εἰσιέναι ἐπ'
αὐτὴν ὑπάρχει; βασιλείαν δὲ θεοῦ λεκτέον τὴν κατάστασιν
τὴν κατὰ τοὺς νόμους αὐτοῦ τεταγμένως βιούντων. αὕτη δὲ
καὶ ἐν οἰκείῳ χώρῳ, φημὶ δὴ τῷ ἐν τοῖς οὐρανοῖς, τὴν μονὴν
ἕξει· ἀλλ' ἐπεὶ ἐνταῦθα μὲν βασιλεία θεοῦ, παρὰ δὲ
20 Ματθαίῳ βασιλεία οὐρανῶν προσηγόρευται, λεκτέον Ματ-
θαῖον μὲν ἀπὸ τῶν βασιλευομένων, ἢ τῶν τόπων ἐν οἷς εἰσιν
οὗτοι, τὸν δὲ Ἰωάννην καὶ Λουκᾶν ἀπὸ τοῦ βασιλεύοντος
θεοῦ ὠνομακέναι, ὡς ὅταν καὶ ἡμεῖς βασιλείαν Ῥωμαίων
λέγοντες αὐτὴν διὰ τῶν βασιλευομένων σημαίνωμεν, δη-
25 λοῦντες αὐτὴν καὶ ἀπὸ τοῦ τόπου ὅταν τῆς γῆς ἢ τῆς
οἰκουμένης αὐτὴν ἀπαγγείλωμεν.

6 δόγματα] δογμα R   7 τηρεισαι R   8, 9 τοῦ (ter)] om.
VS   13 περιλαμβανεται RVS   14 υπερβαλλη RVS
16 υπαρχην RV: υπαρχ S   δὲ] καὶ S*   19 βασιλειαν RV:
βασι S   20 βασιλειαν RV: βασι S   20 Ματθαῖον]
ματθαιος RVS   25 γῆς]+αυτου RSV   26 απαγγειλομεν RVS

37. In Joann. iii. 8. Rome, *Vat.* 758; *Reg.* 9: Ven. 27. Corderius, p. 90.

Δηλοῦσιν αἱ λέξεις αὗται νόησιν τοιάνδε. τὸ ἅγιον πνεῦμα μόνοις σπουδαίοις ἐπιφοιτᾷ, τῶν φαύλων μακρὰν ὑπάρχον. οὐ τοπικῶς ⸢δὲ τοῦ μακρὰν καὶ τοῦ ἐγγὺς ἀκούειν δεῖ⸣, ἀλλ' ὡς ἐνδέχεται περὶ ἀσωμάτων αὐτὰ νοεῖν. ⸢αἱ γὰρ τοιαῦται φωναί, καὶ περὶ θεοῦ πατρὸς ἀναγραφεῖσαι, 5 οὐ τοπικὰς σημαίνουσι διαστάσεις⸣. ἐπεὶ οὖν τῶν φαύλων ἀπαλλοτριούμενον τὸ πνεῦμα πληροῖ τοὺς πίστιν καὶ ἀρετὴν

Jo iii 8 ἔχοντας, εἰκότως εἴρηται· Τὸ πνεῦμα ὅπου θέλει πνεῖ. σημαίνει δὲ τοῦτο καὶ οὐσίαν εἶναι τὸ πνεῦμα. οὐ γὰρ, ὡς τινες οἴονται, ἐνέργειά ἐστι θεοῦ, οὐκ ἔχον κατ' αὐτοὺς ὑπ- 10 άρξεως ἰδιότητα. ⸢καὶ ὁ ἀπόστολος δὲ, ἀπαριθμησάμενος

1 Co xii 11 τὰ τοῦ πνεύματος χαρίσματα, ἐπήνεγκεν εὐθύς· Ταῦτα δὲ ἐνεργεῖ τὸ ἓν καὶ τὸ αὐτὸ πνεῦμα, διαιροῦν ἰδίᾳ ἑκάστῳ καθὼς βούλεται. εἰ δὲ θέλει, καὶ ἐνεργεῖ καὶ διαιρεῖ· οὐσία γοῦν ἐστιν ἐνεργητική, ἀλλ' οὐκ ἐνέργεια. ἀλλὰ καὶ τό· 15

Act xv 28 Ἔδοξε δὲ τῷ ἁγίῳ πνεύματι καὶ ἡμῖν· ἐν ταῖς Πράξεσιν εἰρημένον, οὐ μακράν ἐστι τοῦ θέλειν καὶ βούλεσθαι. πρὸς τούτοις καὶ λόγοι αὐτοῦ φέρονται ἐν ταῖς θείαις γραφαῖς,

Act xiii 2 καὶ μάλιστα ἐν ταῖς τῶν Ἀποστόλων Πράξεσι. Νηστευόν-των γὰρ αὐτῶν καὶ λειτουργούντων τῷ κυρίῳ, εἶπεν τὸ πνεῦμα 20 τὸ ἅγιον Ἀφορίσατέ μοι τὸν Παῦλον καὶ τὸν Βαρνάβαν εἰς τὸ ἔργον ὃ προσκέκλημαι αὐτούς. καὶ ἔτι ἐν τῷ αὐτῷ

Act xxi 10 f. βιβλίῳ Προφήτης τις, Ἄγαβος ὄνομα αὐτῷ, φησί Τάδε λέγει τὸ πνεῦμα τὸ ἅγιον Τὸν ἄνδρα οὗ ἐστιν ἡ ζώνη αὕτη οὕτω δήσουσι⸣. πλὴν εἰ καὶ τὸ πνεῦμα ὅπου θέλει πνεῖ, ὁ 25 Νικόδημος οὐκ ἔχων αὐτὸ ἐν ἑαυτῷ, τῷ μὴ πεπιστευκέναι ὡς

cf. Jo iii 8 δεῖ τῷ Ἰησοῦ, μόνην τὴν φωνὴν αὐτοῦ ἀκούων, οὐκ οἶδεν ποῦ ὑπάγει καὶ πόθεν ἔρχεται. μόνον δὲ τῆς φωνῆς αὐτοῦ ἀκούει

3 ὑπαρχων SV   3, 4 om. δὲ—δεῖ RVS   4 om. αὐτὰ RVS
5, 6 om. αἱ—διαστάσεις RVS   7 αλλοτριουμενον RVS   9 δὲ]
+καὶ RVS   10 ἐχον] εχων RV   11—25 om. καὶ—δήσουσι RVS
25 om. καὶ Cord.   27 τὸν Ἰησοῦν   28 μόνος RSV

ὁ ἐντυγχάνων ταῖς τοῦ πνεύματος γραφαῖς μετὰ τοῦ μὴ νοεῖν
αὐτάς· παντὸς τοῦ προσέχοντος τῇ ἀναγνώσει καὶ ἐρευνῶντος cf. 1 Tim iv
τὰς γραφὰς ἐν τῷ νοεῖν αὐτὰς εἰδότος πόθεν ἔρχεται καὶ ποῦ 13; Jo v 39
λήγει ἡ ὁδὸς τοῦ πνεύματος, ἣν ἐπιπορεύεται διὰ τῆς τῶν
5 θείων λογίων παιδεύσεως. τὴν γὰρ αἰτίαν εἰδώς τις δι' ἣν
τοῦ πνεύματος ἡ διδασκαλία ἀνθρώποις δίδοται, οἶδεν πόθεν
ἔρχεται· ἀλλὰ καὶ τὸ οὗ ἕνεκεν καὶ ἐπὶ τίνι τέλει δίδοται
αὕτη θεωρήσας οἶδεν ποῦ ὑπάγων καταπαύει.

38. In Joann. iii. 12. Rome, *Vat.* 758; *Reg.* 9:
Ven. 27. Corderius, p. 93 (apud quem Origeni ad-
scribitur).

Ζητῆσαί γε ἄξιον πῶς ὁ σωτὴρ ἐπίγεια εἶπεν εἰρηκέναι,
10 περὶ βασιλείας θεοῦ καὶ τῆς ἄνωθεν γεννήσεως, καὶ περὶ τοῦ
ἁγίου πνεύματος ⸢καὶ τοῦ ἐξ αὐτοῦ γεννηθῆναι διδάξας⸣.
οὐδὲν γὰρ τούτων ἐπίγειον ἀλλ' ἕκαστον οὐράνιον. ῥηθείη
δὲ πρὸς τοῦτο ὅτι οὐκ εἶπεν ὁ Ἰησοῦς Εἰ τὰ γήϊνα εἶπον
ὑμῖν, ἀλλὰ Τὰ ἐπίγεια· ἐπίγεια λέγων ἃ τοῖς ἐπὶ γῆς ἔτι Jo iii 12
15 διατρίβουσιν ἀνθρώποις δύναται ὑπάρξαι τε καὶ νοηθῆναι.
οὐ γὰρ παρὰ τὴν ἑαυτῶν φύσιν ἐπίγεια ἀλλ' ἐπουράνια ὄντα
δωρεᾷ θεοῦ τοῖς ἀνθρώποις δέδοται. ⸢ὅτι δὲ τὰ τοῖς ἐπὶ γῆς
ἀνθρώποις διδόμενα ἄνωθεν καὶ οὐράνιά ἐστιν ὁ Ἰάκωβος
γράφει· Πᾶσα δόσις ἀγαθὴ καὶ πᾶν δώρημα τέλειον ἄνωθέν Jac i 17
20 ἐστι, καταβαῖνον παρὰ τοῦ πατρὸς τῶν φώτων. τοῦτο δὲ
εἶπεν παρὰ τοῦ σωτῆρος αὐτὸ μαθὼν εἰρηκότος· Δώσει ὁ Mt vii 11
πατὴρ ἐξ οὐρανοῦ ἀγαθὰ τοῖς αἰτοῦσιν αὐτόν.⸣ εἶτα ἐπεὶ τῶν
ἐκ θεοῦ χορηγουμένων τὰ μὲν οἷά τέ ἐστιν ὑπαχθῆναι τοῖς ἐκ cf. 1 Co xiii
μέρους γινώσκουσι, τὰ δὲ τοῖς ἐπὶ τελειότητα φθάσασιν ἐν 9 f.
25 τῷ μέλλοντι αἰῶνι, ὅτε τὸ ἐκ μέρους καταργηθήσεται ἐλ-

2 παντὸς τοῦ προσέχ.—ἐρευνῶντος] παντὲς δὲ προσέχοντες καὶ
ἐρευνόντες Cord. 3 εἰδότες Cord. 4 λεγει RVS 5 λογων
Cord. 6 δεδοται VS 7 δεδοται RVS 9 om. γε Cord.
εἰρηκως RVS 10 om. τοῦ ἁγίου Cord. 11 om. καὶ—διδάξας
RVS 17 δεδονται Cord. 17—22 om. ὅτι—αὐτόν RVS
22 αὐτόν] expl. Cord.

Jo iii 12

θόντος τοῦ τελείου, πάνυ ἁρμοδίως εἴρηται· Πῶς ἐὰν εἴπω ὑμῖν τὰ ἐπουράνια πιστεύσετε; ὅτι <ὁ> ἐκ μέρους μὴ πιστεύων οὐδὲ τοῖς τελείοις πιστεύσει.

39. In Joann. iii. 14. Corderius, p. 94. [In Codd. RVS hoc fragmentum τῷ 'Απο. addicitur.]

[[Προσετέτακτο δὲ τὸ τοῦ ὄφεως ὑπὸ τοῦ θεοῦ ὅπως ἔχωσιν εἰδέναι οἱ ὑπὸ Μωϋσέως ἀγόμενοι ὅτι ὥσπερ ἀνῃροῦντο ὑπὸ 5 τῶν ἰοβόλων θηρίων ἀπιστήσαντες θεῷ, τῷ τὴν γῆν αὐτοῖς ἐπαγγειλαμένῳ, οὕτως σωθῆναι δυνήσονται ἀτενίζοντες τῷ ὑψωθέντι ὄφει διὰ τὸν προστάξαντα τοῦτο γενέσθαι θεόν. οὐ γὰρ ἡ τοῦ κατασκευάσματος φύσις ἀλλ' ὁ ἐντειλάμενος αὐτοῖς τοῦτο γενέσθαι τῆς σωτηρίας αὐτοῖς τὴν αἰτίαν 10 παρέσχεν. καὶ οἱ νοητοὶ δὲ ὄφεις θανάτῳ τοὺς ἀνθρώπους ὑπέβαλον δι' ἁμαρτημάτων, τὸν ἰὸν αὐτοῖς τῆς ἰδίας πονηρίας ἐνιέντες. καὶ δὴ πολλοῦ τοῦ κατὰ τῶν ψυχῶν θανάτου γεγενημένου (οὗτος δέ ἐστιν ὁ ἑπόμενος τῇ ἁμαρτίᾳ), παρακληθεὶς ὁ θεὸς ὑψωθῆναι τὸν ἑαυτοῦ υἱὸν εὐδόκησεν, 15 ἵνα πάντες οἱ διὰ πίστεως εἰς αὐτὸν ὁρῶντες ἀπαλλάττωνται τῆς τῶν νοητῶν ὄφεων βλάβης καὶ ζωὴν αἰώνιον ἔχωσι. ζωὴ δὲ αἰώνιός ἐστιν οὐχ ἡ κοινὴ ἥτις καὶ ἑτέροις ζῴοις ὑπάρχει, ἀλλ' ἡ ἐκ τῆς πίστεως καὶ τῆς λοιπῆς ἀρετῆς ἐγγινομένη.]]

40. In Joann. iii. 18. Corderius, p. 98. Cf. Rome, *Vat.* 758; *Reg.* 9: Ven. 27.

Καὶ ἐκ τοῦ παρόντος ῥητοῦ ἐλέγξαι ἔστι τοὺς λέγοντας 20 τὴν υἱὸς προσηγορίαν ἐπὶ μόνου τοῦ ἐκ Μαρίας κεῖσθαι, μὴ

2 πιστευσητε R   om. ὁ RVS   4 om. δὲ RVS   7 σωθῆναι δυνήσονται] σωθησονται RS et V (ex corr. σωθησεται)   ἀτενίσαντες Cord.   10 om. αὐτοῖς 1° Cord.   10, 11 τῆς—παρέσχεν] τὴν σωτηριαν παρειχεν RVS   12 om. ἰδίας RVS   13 πολλων RVS   14 om. δέ ἐστιν Cord.   18 ζῴαις Cord.   υπαρχη RV²   19 om. τῆς 1° V   γινομενη V   20 om. καὶ Cord.   21 υἱὸς] υἱοῦ Cord.

μὴν ἐπὶ τοῦ θεοῦ λόγου. ἰδοὺ γὰρ υἱὸς τοῦ θεοῦ ἐστὶν ὁ εἰς
τὸν κόσμον ἀποσταλείς. ἀπεστάλη δὲ εἰς τὸν κόσμον οὐ τὸ
ἐκ τῆς παρθένου ληφθὲν (ἐνταῦθα γὰρ συνέστη ἐξ αὐτῆς
τεχθὲν), ἀλλὰ θεὸς λόγος ὢν ἀληθείᾳ καὶ φῶς ἀλη-
5 θινόν. περὶ γὰρ αὐτοῦ τούτου πρεσβείαν προσάγουσι τῷ
θεῷ οἱ λέγοντες· Ἐξαπόστειλον τὸ φῶς σου καὶ τὴν ἀλή-   Ps xlii (xliii)
θειάν σου· καὶ πάλιν γέγραπται· Ἐξαπέστειλεν ὁ θεὸς τὸν   Ps cvi (cvii)
λόγον αὐτοῦ καὶ ἰάσατο αὐτούς.   20

41. In Joann. iii. 18, 19. Rome, *Vat.* 758; *Reg.* 9: Ven. 27.

Ἐρεῖ δέ τις μὴ πάνυ συνετῶς ἐννοεῖσθαι τὸ ἑρμηνευθὲν
10 ὡς μὴ ἐληλυθότος Ἰησοῦ κρῖναι νῦν τὸν κόσμον, παρατιθέ-
μενος τὸ ἐπιφερόμενον ἑξῆς· Αὔτη δέ ἐστιν ἡ κρίσις, ὅτι τὸ   Jo iii 19
φῶς ἐλήλυθεν εἰς τὸν κόσμον. καὶ ἐν αὐτῷ τούτῳ τῷ
εὐαγγελίῳ Ἰησοῦς λέγει· Εἰς κρίμα εἰς τὸν κόσμον ἐλήλυθα.   Jo ix 39
λυτέον οὖν τὸ ἐπαπορηθέν. κἂν ἀμφότερα Ἰησοῦς ἐληλυθὼς
15 ποιῇ, τό τε κρῖναι τὸν κόσμον καὶ τὸ σῴζειν αὐτόν, ἀλλὰ
θάτερον διὰ θάτερόν ἐστιν. εἰς κρίμα γὰρ ἐλήλυθεν εἰς τὸν
κόσμον ἵνα σώσῃ αὐτόν, οὐ γὰρ σῴζει ἵνα κρίνῃ, καὶ ὥσπερ
ἰατρὸς πρὸς κάμνοντα ἔρχεται ἵνα ὑγιάσῃ αὐτόν. τοῦτο γὰρ
τέλος τῆς τοῦ ἰατροῦ ἀφίξεως, κἂν ἄλλα τινὰ γίνηται, οἷον
20 τομὴ <ἢ> καῦσις. οὐ γὰρ προηγουμένως ἐπὶ τῷ τεμεῖν ἢ
καῦσις, ἀλλ᾽ ἐπὶ τῷ ὑγιάσαι. ἑξῆς ἐπὶ τούτοις τό· Ὁ   Jo iii 18
πιστεύων εἰς αὐτὸν οὐ κρίνεται. ὁ γὰρ διὰ πίστεως ἐπὶ
τὴν τελείαν σωτηρίαν φθάσας οὐχ ὑπόκειται κρίσει. ὁ
μέντοι μὴ πιστεύσας, αὐτοκατάκριτος ὤν, ἤδη κέκριται.   cf. Tit iii 11

1 λόγου] expl. RVS   12 τῷ] το RV   14 λυτέον] λεκτεον R
ἀμφότερα] αμφοτε VSR   17 σωζη R   20 om. ἢ RVS
προηγουμενους V   τεμεῖν] forsan addendum ἡ τομὴ, ἢ ἐπὶ τῷ
καῦσαι

42. In Joann. iii. 19. Rome, *Reg.* 9: Ven. 27.
Corderius, p. 99 (ubi ἀνωνύμου dicitur). Cf. Ven. 28.

Jo iii 19

Αὗτη δέ ἐστιν ἡ κρίσις, ὅτι τὸ φῶς ἐλήλυθεν εἰς
τὸν κόσμον καὶ ἠγάπησαν οἱ ἄνθρωποι μᾶλλον τὸ
σκότος ἢ τὸ φῶς. Εἰ γὰρ μὴ ἐληλύθει εἰς τὸν κόσμον
τὸ φῶς, εἶχον ἄγνοιαν τῶν καλῶν αἰτιάσασθαι οἱ μὴ
πράξαντες αὐτὰ, ὡς ἂν οἱ τὰς κακίας ἐνεργοῦντες τόπον 5
ἀπολογίας εἶχον, φάσκοντες μὴ ἐγνωκέναι αὐτὰ ὄντα κακά.
ἀλλ' ἐπεὶ τὸ φῶς ἐλήλυθεν εἰς τὸν κόσμον, πάσης πεπλα-
σμένης ἀπολογίας φυγαδευομένης κρίσις ἔσται ἐξεταστικὴ
τῶν πράξεων καὶ τοῦ φρονήματος ἑκάστου· ὡς ἀποδεχθῆναι
καὶ βασιλείας θεοῦ τυχεῖν τοὺς τὸ φῶς ἀγαπήσαντας, ἐκ 10
ταύτης τῆς πρὸς αὐτὸ ἀγαπήσεως φῶς καὶ αὐτοὺς γεγενημέ-
νους δι' ἔργων ἀγαθῶν καὶ φρονήματος ἀληθοῦς μισῆσαι τὸ
σκότος, (τοῦτο δέ ἐστιν ἡ κακία καὶ ἡ ἀσέβεια,) τοὺς δὲ
ἀποστραφέντας τὴν ἀρετὴν καὶ τὸν ταύτης πάροχον θεὸν
κολάσεων αἰωνίων πειρασθήσεσθαι· ἐπείπερ σπουδάζοντες 15
ἔχειν ἔργα πονηρὰ ἐμίσησαν τὸ φῶς, διὰ φανερώσεως

Jo iii 20

ἔλεγχον αὐτῶν τὰ φαῦλα ἔργα· Πᾶς γὰρ ὁ φαῦλα πράσσων
μισεῖ τὸ φῶς, οὐδ' ὅλως προσελθεῖν αὐτῷ βουλόμενος, ἵνα
μὴ ἐλεγχθῇ τὰ ἔργα αὐτοῦ ὄντα πονηρά, κρύπτειν αὐτὰ
βουλόμενος ἵνα μὴ παρ' ἄλλους καταγνώσεως ᾖ· ἀλλ' εἰ 20
καὶ οὗτος μισεῖ τὸ φῶς, ἀλλ' οὖν ὁ τῆς ἀληθείας ἐργάτης
ἔρχεται πρὸς τὸ φῶς, φανερωθῆναι θέλων τὰ ἔργα ἃ ποιεῖ
ὅτι ἐν θεῷ ἐστὶν ἐπιτελούμενα. ⌜καλῶς εἶπεν Ὁ τὰ φαῦλα

Jo iii 21

πράσσων καὶ Ὁ ποιῶν τὴν ἀλήθειαν, οὔτε Ὁ πράξας εἰπὼν
οὔτε Ὁ ποιήσας. ἐγχωρεῖ γὰρ τὸν ποιήσαντα τὸ κακὸν 25

3 Εἰ] inc. Cord.   γὰρ] om. Cord.   εξεληλυθη RVSᵛⁱᵈ
εξεληλυθει R   5, 6 ὡς ἂν—κακά] om. RVS: ins. Cord. Ven. 28
5 τὰς κακίας] τὰ κακὰ Cord.   7 πεπλανημένης RVS   9 πράξεων]
πρακτέων Cord.   εξ εκαστου RVS   10 βασιλειαν RV
τοὺς ἀγαπ. τὸ φῶς Cord.   ἐκ] pr. ὡς Cord.   11 ταύτης Ven.
28] om. RVS Cord.   ἀγάπης Cord.   17 ελεγχων RVS
φαῦλα] expl. Cord.   20 ἄλλους] αγγελους V*   23—5 p. 257
καλῶς—ἐπιθυμητής] om. RVS: ins. Ven. 28

ἀποστῆναι μὲν τῆς κακίας ἰδεῖν δὲ πρὸς τὸ καλόν· καὶ τὸν
τῇ ἀληθείᾳ χαίρειν ἐπαγγελλόμενον νεῦσαί ποτε πρὸς τὸ
χεῖρον. διὸ εἶπε τὸ Πράσσων καὶ τὸ Ποιῶν. οὔτε γὰρ
ἔνεστι περὶ τὴν κακίαν διακείμενον χαίρειν τῷ καλῷ, καὶ
5 ὁ τῆς ἀληθείας ἐραστὴς πάντως ἐστὶ τῶν καλῶν ἐπιθυμητής.⌐
τὸ δὲ ἔρχεσθαι καὶ μὴ ἔρχεσθαι πρὸς τὸ φῶς οὐ τοπικῶς
ἀλλ᾽ ἐνεργητικῶς ἐκλαβεῖν δεῖ, ἐρχομένου πρὸς αὐτὸ παντὸς
τοῦ κατ᾽ ἀρετὴν πράττοντος. ὁ γὰρ φαῦλος, ἐνεργῶν τὴν
κακίαν, παραιτεῖται φωτὶ συνεῖναι· ἀσυνύπαρκτα γὰρ τὸ
10 ἀγαθὸν καὶ τὸ κακὸν, τὸ φῶς καὶ τὸ σκότος· ταὐτὸν δὲ ἐν
τούτοις τὸ φῶς καὶ τὸ ἀγαθὸν, τὸ σκότος καὶ τὸ κακόν.
ἀλλ᾽ ἐπεὶ οἱ ἀπὸ τῶν αἱρέσεων οἴονται φύσει τινὰς εἶναι ἐν
σκότει καὶ ἀγαπᾶν αὐτὸ, ἐπίστησον τοῖς εἰρημένοις ὅτι αὐτῶν
ἕκαστος προαιρέσει ἐν σκότει ἐστὶ καὶ ἀγαπᾷ αὐτό· Ἠγά- Jo iii 19
15 πησαν γάρ, φησιν, οἱ ἄνθρωποι μᾶλλον τὸ σκότος ἢ τὸ φῶς,
ἦν γὰρ αὐτῶν πονηρὰ τὰ ἔργα. οὐ γὰρ διὰ τὸ σκότος εἶναι
πονηρὰ ἔχουσιν ἔργα· ἀλλ᾽ ὅτι πονηρὰ ἔχουσιν ἔργα τὸ
σκότος ἀγαπῶσι. καὶ πάλιν οὐ τῷ μὴ ἔρχεσθαι πρὸς τὸ cf. Jo iii 20
φῶς φαῦλα πράττουσιν· ἀλλὰ τῷ φαῦλα πράττειν οὐκ
20 ἔρχονται πρὸς τὸ φῶς. ⌐ἐφ᾽ ἡμῖν δὲ τὸ πράττειν τὰ φαῦλα
ἢ τὸ φῶς ἀγαπᾶν καὶ ποιεῖν τὴν ἀλήθειαν.⌐

43. In Joann. iii. 19. Corderius, p. 100.

Ἐπειδὴ γέγραπται· Ἠγάπησαν οἱ ἄνθρωποι μᾶλλον τὸ Jo iii 19
σκότος ἢ τὸ φῶς· ζητητέον εἰ ἀμφότερα ἀγαπήσαντες
μᾶλλον τὸ σκότος ἠγάπησαν, ἦττον δὲ τὸ φῶς· ὅ γε δοκεῖ
25 χώραν ἔχειν ἐπὶ τῶν μήτε ἄγαν φαύλων ἀνθρώπων μήτε
κατὰ τὴν ἀρετὴν τελείων. νομίζω δὲ μὴ τοῦτο δηλοῦσθαι,
τὸ ἀμφότερα αὐτοὺς ἀγαπῶντας μᾶλλον τὸ σκότος ἀγαπᾶν,

6 τὸ 1°] inc. Cord. p. 102   om. δὲ Cord.   7 ἐκλαμβάνειν
Cord.   10, 11 ταὐτὸν—κακόν] om. RVS: ins. Cod. Ven. 28
12 φυ S*: φυσειν S²V: φυσιν R   τινα RVS   13 ὅτι] ὡς
παρ᾽ Cord.   14 om. προαιρέσει Cord.   15 om. φησιν RVS
τὸ σκοτος μαλλον RVS   φῶς] expl. RVS   20, 21 ἐφ᾽ ἡμῖν
—ἀλήθειαν] ins. solum Ven. 28   24 γε] δὲ Cord.

ἀλλὰ τοιαύτην εἶναι τὴν διάνοιαν· αὐτεξούσιοι ὄντες οἱ
ἄνθρωποι, τῷ προαίρεσιν ἐλευθέραν ἔχειν, ὀφείλοντες τὸ
φῶς ἀποδέχεσθαι καὶ τὸ σκότος φεύγειν ἀνάπαλιν πεποιή-
κασιν οἱ ἔχοντες ἔργα πονηρά, ὡς τὸ σκότος ἀγαπῆσαι,
μηδαμῶς δὲ τὸ φῶς. οὐ συγκριτικῶς δὲ ἀκούειν δεῖ τοῦ 5
πλεῖον ἠγαπηκέναι αὐτοὺς τὸ σκότος ὑπὲρ τὸ φῶς· οὐδ᾽
ὅλως γὰρ αὐτὸ ἠγάπησαν, μισήσαντες αὐτό. καὶ ὅτι αὕτη
ἡ νόησις ὀρθῶς ἔχει ἐξ αὐτοῦ τοῦ προκειμένου παρίσταται.
διὰ τοῦτο γὰρ αὐτοὺς ἠγαπηκέναι τὸ σκότος λέγει ἢ τὸ φῶς,
cf. Jo iii 20 ἐπείπερ φαῦλα πράσσοντες μισοῦσι τὸ φῶς. εἰ δὲ μισοῦσιν 10
αὐτό, οὐ συγκριτικῶς ἀγαπῶσι τὸ σκότος. εἰς τοῦτο λήψεις
καὶ τὸ γραφόμενον ὑπὸ τοῦ ἀποστόλου περὶ τῶν πονηρῶν
cf. 2 Tim iii 4 ἀνθρώπων, ὡς εἶεν φιλήδονοι μᾶλλον ἢ φιλόθεοι. καὶ ἐν
ταύτῃ γὰρ τῇ λέξει δηλοῦται ὅτι μόνην τὴν ἡδονὴν ἀλλ᾽ οὐ
θεὸν φιλοῦντες μᾶλλον φιλήδονοι ἢ φιλόθεοι εἴρηνται. καὶ 15
Ps li (lii) 5 ἐν Ψαλμοῖς δὲ περὶ φαύλου τινὸς γέγραπται· Ἠγάπησας
κακίαν ὑπὲρ ἀγαθωσύνην. οὐ γὰρ ἀμφότερα ἀγαπῶν μᾶλλον
τὴν κακίαν ἠγάπησεν.

44. In Joann. iii. 26 f. Rome, *Vat.* 758; *Reg.* 9:
Ven. 27. Corderius, p. 105.

Jo iii 26   Εὐγνωμόνως δὲ δεῖ ἀκούειν τό· Πάντες ἔρχονται πρὸς
Jo iii 27 αὐτόν· ἀντὶ τοῦ Πολλοί· ⌈καὶ τό· Οὐ δύναται ἄνθρωπος ἀφ᾽ 20
ἑαυτοῦ λαμβάνειν οὐδέν, ἐὰν μὴ ᾖ δεδομένον ἐκ τοῦ οὐρανοῦ·
τουτέστιν⌉ Οὐ δύναταί, φησιν, ἄνθρωπος ἔχειν τι χάρισμα
θεῖον, ἐὰν μὴ ᾖ δοθὲν αὐτῷ ἐκ τοῦ οὐρανοῦ. δίδοται δὲ τὰ
ἐκ θεοῦ χαρίσματα τοῖς πίστει καὶ ἀρετῇ πρὸς τὸ λαβεῖν
αὐτὰ παρεσκευασμένοις. μάθετε τοίνυν ὡς κἂν ἐγὼ λαβὼν 25
παρὰ τοῦ υἱοῦ τοῦ θεοῦ ἔχω τὸ βαπτίζειν δι᾽ ὕδατος εἰς
μετάνοιαν, πολὺ ἀπολείπομαι τοῦ δεδωκότος μοι αὐτό. καὶ

---

19 om. δὲ RVS   τό] τοῦ Cord.   **20—22** om. καὶ—τουτέστιν
Cord.   **22** om. φησιν RVS   **23** om. ᾖ Cord.   **24** θεοῦ] pr.
τοῦ V   **25** κἀγὼ Cord. : καὶ εγω RVS   **26** om. τοῦ θεοῦ ἔχω
Cord.   βαπτίζειν] βαπτισμα S*

ὅτι οὐ νῦν πρότερον ταῦτα λέγω, ὑμᾶς ἔχω μάρτυρας ὧν
εἶπον τοῖς ἐρωτήσασιν εἰ ἐγώ εἰμι ὁ χριστός. παρῆτε γὰρ
τότε λέγοντός μου ὡς τοῦ χριστοῦ πρόδρομός εἰμι, ἀλλ᾽ οὐκ cf. Jo i 20 f.
αὐτὸς ὁ χριστός. ⸢μὴ προσκοπτέτω δέ τις ὡς οὐκ ὀρθῶς
5 εἰρημένῳ τῷ· Οὐ δύναται ἄνθρωπος λαμβάνειν οὐδέν.⸣   Jo iii 27

45. In Joann. iii. 29. Rome, *Vat.* 758; *Reg.* 9:
Ven. 27. Corderius, p. 107.

Ἡ λογικὴ οὐσία, ἧς μέρος ἐστὶ καὶ ἡ ἀνθρώπου ψυχὴ, ἐξ
ἑαυτῆς οὐδενός ἐστι τῶν ἀγαθῶν γεννητική, εἰ καὶ δεκτική
ἐστι τούτων. αὕτη τοιγαροῦν γυναικὸς τρόπῳ ἐξ ἄλλου
γεννᾶν πέφυκεν ἃς δύναται τίκτειν ἀρετὰς πρακτικάς τε
10 καὶ διανοητικάς. διὸ νύμφην αὐτοῦ ἐρῶ, οὐ τοῦ τυχόντος
ἀλλὰ μόνου τοῦ σπορέως τῶν ἀγαθῶν. οὐκ ἄλλος δ᾽ ἐστὶ
τοῦ Ἰησοῦ, οὗ εἰρήκατε βαπτίζειν, ὑπ᾽ ἐμοῦ μεμαρτυρημένου, cf. Jo iii 26
πρὸς ὃν ἔρχεσθαι πάντας φάτε. ἐπεὶ οὖν τῶν πάντων καὶ
ὑμεῖς, εἰ θέλετε ἀγαθὰ τεκεῖν, πρὸς αὐτὸν ἀπέλθετε. μέρος
15 γὰρ τῆς νύμφης ἐστέ, ὄντες τῆς οὐσίας τῶν λογικῶν. πλὴν
εἰ καὶ νυμφίος ἐκεῖνος, ἀλλ᾽ ἐγὼ φίλος ὑπάρχων αὐτοῦ,
ὑπηρέτης ὢν τοῦ βουλήματος αὐτοῦ, οὓς παιδεύω αὐτῷ
παραστῆσαι σκόπον ἔχω. κἂν τοίνυν γεγονατέ μου μαθηταί,
οὐκ εἰμὶ ὁ νυμφίος, τουτέστιν οὐχ ὁ τέλειος διδάσκαλος. διὸ
20 καὶ ὑμῖν παραινῶ ὥραν ἔχουσι συναρμοσθῆναι τῷ τελείῳ
διδασκάλῳ πρὸς ἐκεῖνον γενέσθαι. ἔρωτα δὲ ὑμῖν τῆς ἐκείνου
κοινωνίας ἐμποιῶν λέγω ὡς καὶ αὐτὸς ἐγὼ ἀκροατὴς αὐτοῦ
εὔχομαι εἶναι· χαίρω γὰρ ἀκούων τῆς φωνῆς αὐτοῦ. διὸ καὶ
χαρά ἐστιν ἡμετέρα ὅταν οἱ παρ᾽ ἐμοὶ φοιτήσαντες πρότερον
25 τοσαύτην νοητικὴν ἕξιν ἀναλάβωσιν ὡς χωρεῖν τὴν παρ᾽ ἐκείνου
διδασκομένην τοῖς ἀξίοις σοφίαν. ἴστε γὰρ ἐκεῖνον ἄνωθεν cf. Jo iii 31

1 ταῦτα] αυτα RV   3 om. τότε RVS   ἀλλ᾽] και RVS
4, 5 om. μὴ—οὐδέν Cord.   7 εἰ] η VS   10 om. αὐτοῦ RVS
13 ερχεσθε V²   13, 14 ἐπεὶ—θέλετε] ει θελετε ουν και υμεις R (SV)
(SV ημεις)   19 om. οὐχ Cord.   21, 22 ἔρωτα—και] ως
δε RVS*: ως και S³   22 εγωαυτας RSV   25 νοητὴν Cord.
χαιρειν RVS Cord.   26 διδασκομένην] διδομένην Cord.

ἐρχόμενον ἐπάνω πάντων εἶναι, βασιλέα τε καὶ παντοκράτορα
τυγχάνοντα. εἰ δὲ πάντων ἐπάνω ἐστὶν, δῆλον ὅτι καὶ αὐτοῦ

cf. Jo iii 30   ἐμοῦ· ὅθεν αὐξάνειν ἐκεῖνον προσήκει, ἐμὲ δὲ ἐλαττοῦσθαι.
⌜εἰς ταύτην τὴν διάνοιαν ληπτέα καὶ τὰ Παύλῳ Κορινθίοις

2 Co xi 2   γραφέντα, σύνταξιν ἔχοντα τοιαύτην· Ἡρμοσάμην ὑμᾶς ἑνὶ 5
ἀνδρὶ, παρθένον ἁγνὴν παραστῆσαι τῷ χριστῷ· νύμφην
λέγων τὴν ὅλην ἐκκλησίαν, τυγχάνουσαν ἁγνὴν παρθένον
διὰ τὴν τῶν δογμάτων καὶ ἠθῶν ὀρθότητα. καὶ ἑτέρᾳ δὲ
ἐκκλησίᾳ γράφων ὁ αὐτὸς ἀπόστολος, μνημονεύσας τοῦ

Eph v 32   Ἀδὰμ καὶ τῆς γυναικὸς, ἐπιφέρει· Τὸ μυστήριον τοῦτο μέγα 10
ἐστίν· ἐγὼ δὲ λέγω εἰς χριστὸν καὶ τὴν ἐκκλησίαν· ἵνα ὡς
ἐκεῖνοι γονεῖς ἐγένοντο πάντων ἀνθρώπων, οὕτως ὁ χριστὸς
καὶ ἡ ἐκκλησία πάντων τῶν ἀγαθῶν ἔργων, νοημάτων τε καὶ
λόγων, γεννήτορες ὦσιν.⌝ τοῦ τοίνυν ἑρμηνευομένου νυμφίου
φίλος ἐστὶν ὁ Ἰωάννης, ἑστηκὼς παρ' αὐτῷ βεβαίᾳ συγκατα- 15
θέσει τῷ παγίαν ἔχειν εἰς αὐτὸν τὴν πίστιν, καὶ οὕτως
ἑστηκὼς χαρᾷ χαίρει διὰ τὴν τοῦ νυμφίου λαλιάν. ὅθεν

Jo iii 29   ἑξῆς ἐπιφέρει τό· Αὕτη οὖν ἡ ἐμὴ χαρὰ πεπλήρωται·
cf. Jo i 7   πάντων πρὸς τὸν Ἰησοῦν ἀπιόντων. ἐλήλυθα γὰρ μαρτυ-
Jo iii 30   ρῆσαι αὐτῷ, ἵνα πάντες πιστεύσωσιν αὐτῷ δι' ἐμοῦ· ὅθεν ἐκεῖ- 20
νον δεῖ αὐξάνειν, ἐμὲ δὲ ἐλαττοῦσθαι. καὶ τοῦτο δὲ φρονίμως
ἐπιστῆσαι δεῖ, οὐ γὰρ προσλαμβάνων τι αὐξάνει ὁ σωτήρ,
οὐδὲ ἀποβάλλων τι ὁ Ἰωάννης ἐλαττοῦται, μένει γὰρ ὁ αὐτὸς

cf. Is xiv 12   ἑκάτερος. νοεῖται δὲ τὸ λεγόμενον οὕτως· ὁ ἑωσφόρος πρὸ
τοῦ ἡλίου ἀνατέλλων ἐπὶ τῷ συνεθίσαι τὰς ὄψεις προσβάλλειν 25
καὶ μείζονι φωτὶ μέγεθος ἔχει ὡρισμένον. οὗτος μείζων
φαίνεται τοῦ ἡλίου πρώτῃ ὄψεως προσβολῇ· κατ' ὀλίγον
δὲ τοῦ ἡλίου φανερουμένου ὁ ἑωσφόρος ἐλαττοῦται, οὐκ
ἀποβάλλων τι τοῦ ἰδίου μεγέθους, ἀλλὰ συγκρινόμενος τῷ
ἡλιακῷ φωτὶ φανερωθέντι. οὕτως καὶ Ἰωάννης μέγας τις 30

cf. Jo i 15   ὑπάρχει πληρότητι ἁγιότητος. ἦλθεν ὁ Ἰησοῦς ὀπίσω

1 om. εἶναι Cord.   τε] το S*: om. Cord.   4—14 om. εἰς—
ὦσιν RVS   14 ὦσιν] expl. Cord.   19 εληλυθεν RV: εληλυθ S
20 ὅθεν] οθ' RVS (vid.)   28 δὲ] και S*

αὐτοῦ κατὰ τὰ προειρημένα, ἐβαπτίσθη, ἐμαρτυρήθη ὑπ᾽ αὐτοῦ. μετὰ τὴν περὶ τούτων οἰκονομίαν ἀναδειχθείσης τῆς Ἰησοῦ θεότητος, ὁ μὲν δοῦλος, ὁ δὲ δεσπότης ἀποδέδεικται.

46. In Joann. iii. 31. Rome, *Vat.* 758; *Reg.* 9: Ven. 27. Corderius, p. 110.

5   Εἰ γὰρ ἄνωθεν καὶ ἐκ πατρὸς ἔρχεται ὡς παντοκράτωρ, cf. Jo iii 31
δῆλον ὅτι ἐπάνω πάντων ἐστίν. οἱ δὲ ὑλικὸν φρόνημα
ἔχοντες τὴν εἰκόνα φοροῦσι τοῦ χοϊκοῦ, οἳ καὶ ἐκ τῆς γῆς cf. 1 Co xv
λαλοῦσι. διὸ καὶ εἴ ποτε διδασκαλίαν ἐπαγγέλλονται, 49
σοφίαν ἔχουσιν ἣν Ἰάκωβος γράφει, ἐπίγειον, ψυχικήν, cf. Jac iii 15
10 δαιμονιώδη. περὶ τῶν τοιούτων καὶ Ἡσαΐας γράφει, ὡς
ὄντων ἐκ τῆς γῆς καὶ ἐξ αὐτῆς φωνούντων· τοῦ ἄνωθεν cf. Is viii 19
ἐρχομένου θεοῦ λόγου ἐπάνω πάντων ὑπάρχοντος καὶ
λαλοῦντος ἃ ἑώρακεν καὶ ἤκουσεν. ἀλλὰ καὶ οἱ προφῆται, cf. Jo iii 32
ἔχοντες τὸν ἄνωθεν ἐρχόμενον πρὸς αὐτοὺς λόγον, ἃ εἶδον
15 διανοίᾳ καὶ ἤκουσαν τοῖς ὠσὶ τοῦ ἔσω ἀνθρώπου λαλοῦσιν cf. Ep iii 16
οὐράνια καὶ θεϊκά. ἕκαστος γὰρ αὐτῶν ἐρεῖ· Τάδε λέγει
Κύριος· ⌜καί· Ἐγένετο λόγος Κυρίου πρός με, λέγων.
φανερώτερον περὶ τούτου φησὶν ὁ Σολομὼν, εἰπών· Οἱ Pr xxiv 69
ἐμοὶ λόγοι εἴρηνται ὑπὸ θεοῦ. διὸ γέγραπται· Πολυμερῶς (xxxi 1)
 He i 1 f.
20 καὶ πολυτρόπως πάλαι ὁ θεὸς λαλήσας τοῖς πατράσιν ἐν
τοῖς προφήταις, ἐπ᾽ ἐσχάτου τῶν ἡμερῶν ἐλάλησεν ἡμῖν,
τοῖς κατὰ τὴν ἐπιδημίαν τυγχάνουσιν, ἐν υἱῷ⌝. ἀμέλει γοῦν
ἃ ἑώρακε καὶ ἤκουσε ταῦτα διδακτικῶς τοῖς ἀνθρώποις ἐλάλει.
ταῦτα δὲ ἐφαρμόζει τῇ οἰκονομίᾳ, περὶ γὰρ τῆς θεότητος
25 ταῦτα οὐκ ἀκόλουθον ἐκλαμβάνεται.

---

5 om. καί Cord.   6 om. δῆλον ὅτι Cord.   om. δὲ Cord.
φρονιμα RVS   7 τοῦ χοϊκοῦ φοροῦσι Cord.   7, 8 om. οἳ—λαλοῦσι
Cord.   10 καὶ] ὁ Cord.   17—22 om. καὶ—ἐν υἱῷ RVS
23 τοῖς ἀν. διδακτικῶς Cord.   25 ακολουθα εκλαμβανειν RVS

47. In Joann. iii. 32. Rome, *Vat.* 758; *Reg.* 9:
Ven. 27. Cf. Corderius, p. 112.

Jo iii 32 Καὶ τὴν μαρτυρίαν αὐτοῦ οὐδεὶς λαμβάνει· καίτοι
πολλῶν εἰληφότων τὴν μαρτυρίαν αὐτοῦ, ὡς αὐτὸς πάλιν ὁ
Jo iii 33 Ἰωάννης ἐπιφέρει, φάσκων· Ὁ λαβὼν τὴν αὐτοῦ μαρτυρίαν
ἐσφράγισεν ὅτι ὁ θεὸς ἀληθής ἐστι. πῶς δὲ οἷόν τε εἶναι
ἀληθὲς, λαμβανόντων αὐτοῦ τὴν μαρτυρίαν τινῶν, τό· Καὶ 5
τὴν μαρτυρίαν αὐτοῦ οὐδεὶς λαμβάνει; ˻λυτέον οὖν τὸ
cf. Jo iii 31 f. ἠπορημένον οὕτως. Ἰησοῦς, ἄνωθεν ἐληλυθὼς λαλῶν τε
ἃ ἤκουσε καὶ εἶδεν, ὑψηλοτάτην καὶ πάνυ μεγάλην τὴν
μαρτυρίαν λέγει περὶ τοῦ πατρὸς καὶ ἑαυτοῦ· καὶ οὐδεὶς
λαμβάνει˺ ταύτην τὴν μαρτυρίαν ὡς αὐτὸς αὐτὴν λέγει, τῷ 10
τοὺς ἀκροατὰς, ἀρχὴν τοῦ λαμβάνειν ἔχοντας, πολὺ ἀπολεί-
πεσθαι τοῦ μεγέθους τῆς μαρτυρίας. ὅμως εἰ καὶ οὐδεὶς
οἷός τε δέξασθαί ἐστι τὴν μαρτυρίαν αὐτοῦ οὕτως, ἀλλ᾽ οὖν
ἔστι λαβεῖν αὐτὴν ὡς δυνατὸν δέξασθαι τοὺς ἄρτι προσερχο-
Jo iii 33 μένους τῇ πίστει. ὅθεν οὐ μάχεται τό· Ὁ λαβὼν αὐτοῦ τὴν 15
μαρτυρίαν· τῷ μηδένα αὐτὴν εἰληφέναι, τῶν ἑτέρων μὲν μὴ
λαμβανόντων αὐτὴν ἑτέρων δὲ ἐνίων λαμβανόντων αὐτὴν, οἳ
καὶ ἐκ τοῦ εἰληφέναι τὴν Ἰησοῦ μαρτυρίαν σφραγίζουσι
καταθέσει βεβαίᾳ τὸν θεὸν ἀληθῆ εἶναι, μαθόντες ὅτι ὁ παρ᾽
cf. Jo iii 34 αὐτοῦ ἀποσταλεὶς τοῦ θεοῦ τὰ ῥήματα λαλεῖ· ἐπείπερ οὐκ 20
ἐστὶν ἐκ τῆς γῆς, οὐδὲ ἐκ ταύτης φθέγγεται. οὐ γὰρ ἐκ
μέρους δίδωσι τὸ πνεῦμα ὁ θεός.

2—4 om. ὡς—ἐστι RVS   **4, 5** δὲ—τινῶν] γὰρ οἷον λαμβανόν-
των τινῶν τὴν μαρτυρίαν αὐτοῦ, ἀληθὲς εἶναι Cord.   **5** ἀληθὲς]
αληθη RV: αληθ S   **6—10** om. λυτέον—λαμβάνει Cord.
λυτέον] λεκτεον R   **8** υφηλοτατων S*: μεγαλων S*   **10, 11** τῷ
—ἔχοντας] οὐδεὶς τῶν ἀκροατῶν ὁλόκληρον λαμβάνει, διὰ τὸ Cord.
13 ἐστι] οὕτως Cord.   om. οὕτως Cord.   ἀλλ᾽ οὖν] ἄλλως δὲ
Cord.   **14** αὐτὴν λαβεῖν Cord.   τῇ πίστει προσερχομένους Cord.
16 αὐτὴν] αὐτῆς Cord.   **16, 17** τῶν—αὐτὴν 2°] τω ετερως μεν μη
λαμβανεσθαι αυτην RVS   **18** om. Ἰησοῦ Cord.   **19** αληθει V
om. ὁ RV Cord.   **21, 22** om. οὐ γὰρ—θεός RVS

48. In Joann. iii. 34. Rome, *Vat.* 758; *Reg.* 9:
Ven. 27. [Corderius, p. 112.] Cf. Ven. 28.

Ἐι γὰρ καὶ ἄνδρες σοφοὶ θεὸν ἐσχηκότες ἐλάλησαν τὰ
τοῦ θεοῦ ῥήματα, ἀλλ᾽ οὖν ἐκ μέρους εἶχον τὸ πνεῦμα τοῦ
θεοῦ, λέγοντος· Ἐκχεῶ ἀπὸ τοῦ πνεύματός μου ἐπὶ πᾶσαν   Joel ii 28
σάρκα. ὁ δέ γε σωτήρ, ἀποσταλεὶς ἐπὶ τῷ τὰ ῥήματα τοῦ   (iii 1)
5 θεοῦ λαλεῖν, οὐκ ἐκ μέρους δίδωσι τὸ πνεῦμα. οὐ γὰρ   cf. Jo iii 34
λαβὼν αὐτὸς ἑτέροις παρέχειν, ἀλλ᾽ ἀποσταλεὶς ἄνωθεν καὶ   cf. Jo iii 31
ἐπάνω πάντων ὑπάρχων δίδωσιν αὐτό, τυγχάνων αὐτοῦ πηγή.
ἑρμηνεύσομεν δὲ καὶ ἑτέρως τό· Τὴν μαρτυρίαν αὐτοῦ   Jo iii 32
οὐδεὶς λαμβάνει. ἐπεὶ γὰρ ὁ ἐρευνῶν τὰς γραφὰς εὑρίσκει   cf. Jo v 39
10 αὐτὰς μαρτυρούσας περὶ Χριστοῦ, οὐκ ἠρεύνων δὲ αὐτὰς οἱ
Ἰουδαῖοι ὡς δεῖ, οὐδεὶς τῶν ἀνεξετάστως ἐντυγχανόντων ταῖς
γραφαῖς Ἰουδαίων ἐλάμβανε τὴν περὶ αὐτοῦ μαρτυρίαν·
μόνου καὶ παντὸς τοῦ δυναμένου εἰπεῖν· Ὃν ἔγραψε Μωσῆς   Jo i 45
ἐν τῷ νόμῳ, καὶ οἱ προφῆται, εὑρήκαμεν Ἰησοῦν· λαμβάνον-   cf. Jo iii 32 f.
15 τος τὴν περὶ αὐτοῦ μαρτυρίαν καὶ σφραγίζοντος ὅτι ὁ θεὸς
ἀληθής ἐστιν, προεπαγγειλάμενος τὸ εὐαγγέλιον διὰ τῶν   cf. Ro i 2 f.
προφητῶν ἐν γραφαῖς ἁγίαις περὶ τοῦ υἱοῦ αὐτοῦ. φέρεται δὲ
καὶ ἐν ἑτέροις ἀντιγράφοις· Οὐ γὰρ ἐκ μέρους δίδωσι τὸ
πνεῦμα· σημαινούσης καὶ ταύτης τῆς γραφῆς μὴ μέτροις
20 ἔχειν τὸν ἀποσταλέντα, ὥστε πεφεισμένως καὶ ἐκ μέρους
παρέχειν καὶ εὐαριθμήτοις τισίν, ἀλλὰ δαψιλῶς καὶ πλουσίως
πᾶσι τοῖς εὑρισκομένοις τοῦ λαβεῖν ἀξίοις.

1—9 om. Εἰ γὰρ—λαμβάνει Cord.   **2, 5** forsan legendum
μέτρου. Cf. Or. ii. 599 B (ed. Delarue)   **6** παρεχων RSV
10 om. αὐτὰς 1° RVS   om. οὐκ ἠρεύνων—δεῖ RVS   **11** οὐδεὶς]
pr. καὶ Cord.   ταῖς γραφ. ἐντυγχ. Cord.   **12** om. Ἰουδαίων Cord.
om. περὶ αὐτοῦ RVS   **13** καὶ παντὸς] ἐκ πάντων Cord.   om.
τοῦ RVS   Μωυσῆς Cord.   **14** om. καὶ S*   ευρηκασιν RVS
15 ὁ] ιν S*   **16** ἐστιν] expl. Cord.   **17** ἐν—αὐτοῦ] haec verba
exhibet solum Cod. Ven. 28   **18** οὐ γὰρ] ουκ S²

49. In Joann. iii. 31, 34. Rome, *Vat.* 758 ; *Reg.*
9: Ven. 27. Corderius, p. 111.

cf. Hist
Susan 9

Ἐπειδὴ οἱ διὰ πάντων τὸν ἑαυτῶν νοῦν διαστρέφοντες
αἱρετικοί, διαιροῦντες τὴν θεότητα καὶ διὰ τοῦτο καὶ τὴν
γραφήν, ἑτέρου λέγοντες θεοῦ τὴν παλαιὰν διαθήκην, ὃν κα-
λοῦσι κοσμοποιόν, καὶ ἑτέρου τὴν καινήν, ὃν πατέρα Χριστοῦ
τίθενται· φασὶ τὸν Ἰωάννην περὶ ἑαυτοῦ καὶ τῶν ἑτέρων   5

Jo iii 31

προφητῶν εἰρηκέναι τό· Ὁ ὢν ἐκ τῆς γῆς ἐκ τῆς γῆς λαλεῖ·
περὶ δὲ Χριστοῦ καὶ τῶν ἀποστόλων αὐτοῦ τό· ⌜Ὁ ἐκ τοῦ

Jo iii 34

οὐρανοῦ, καὶ τὰ ἑξῆς·⌝ Ὃν γὰρ ἀπέστειλεν ὁ θεὸς τὰ ῥήματα
αὐτοῦ λαλεῖ· ἐλεγκτέον αὐτοὺς ψευδῶς, μᾶλλον δὲ ἀσεβῶς,
τοῦτο δογματίζοντας. ⌜αὐτὸς γὰρ <ὁ> βαπτιστὴς περὶ   10

Jo i 33 f.

ἑαυτοῦ λέγει· Ὁ πέμψας με βαπτίζειν ἐν τῷ ὕδατι, ἐκεῖνός
μοι εἶπεν Ἐφ' ὃν ἂν ἴδῃς τὸ πνεῦμα καταβαῖνον καὶ μένον
ἐπ' αὐτόν, ἐκεῖνός ἐστιν ὁ βαπτίζων ἐν πνεύματι ἁγίῳ.
κἀγὼ ἑώρακα καὶ μεμαρτύρηκα ὅτι οὗτός ἐστιν ὁ υἱὸς τοῦ
θεοῦ. εἰ γὰρ ὁ πέμψας αὐτὸν βαπτίζειν ὁ πατήρ ἐστι,   15
λέγων αὐτῷ περὶ τῆς καθόδου τοῦ πνεύματος, καὶ ὡς ὁ
χριστὸς υἱὸς αὐτοῦ τυγχάνει, πῶς λέγων ἃ παρὰ τοῦ πατρὸς
τοῦ χριστοῦ ἤκουσεν ἐκ τῆς γῆς λαλεῖ; ἀλλὰ καὶ τοῦ

Jo i 6

εὐαγγελιστοῦ γράφοντος περὶ αὐτοῦ· Ἐγένετο ἄνθρωπος
ἀπεσταλμένος παρὰ θεοῦ, ὄνομα αὐτῷ Ἰωάννης. οὗτος   20

Jo i 7

ἦλθεν εἰς μαρτυρίαν, ἵνα μαρτυρήσῃ περὶ τοῦ φωτός.⌝
εἴπερ δὲ καὶ οἱ πρὸ τοῦ Ἰωάννου προφῆται ἐκ τῆς γῆς
ἐλάλουν, πῶς περὶ Χριστοῦ μαρτυροῦσιν; ὡς περὶ τῶν

Jo v 39

γραφῶν αὐτῶν ὁ σωτὴρ εἶπεν· Αὗταί εἰσιν αἱ μαρτυροῦσαι
περὶ ἐμοῦ.   25

1 Ἐπειδὴ] + δε RVS   αυτων νουν R: νουν εαυτων Cord.   δια-
τρεφοντες R   2—5 καὶ τὴν—τίθενται] την παλαιαν γραφην
ετερου λεγοντες θεου και ετερου την καινην διαθηκην τιθενται RVS
4 πατέρα] παρὰ Cord.   7 Χριστοῦ] pr. τοῦ Cord.   om. τὸ RVS
7, 8 om. Ὁ ἐκ—ἐξῆς RVS   9 ελεκτεον RVS   10—21 om.
αὐτὸς—φωτός RVS   10 om. ὁ Cord.   12 εἰδῆς Cord.
22 εἴπερ δὲ καὶ] ει γαρ RVS

50. In Joann. iii. 35. Rome, *Vat.* 758 ; *Reg.* 9 : Ven. 27.

Πῶς γὰρ οὐκ ἔμελλεν ἀγαπᾶν ὁ πᾶσαν κακίαν μισῶν
θεός, περὶ οὖ γέγραπται· Ἐγὼ θεὸς ἀγαπῶν δικαιοσύνην καὶ   Is lxi 8
μισῶν ἁρπάγματα ἐξ ἀδικίας; μισεῖ δὲ ὁ θεὸς τὰ εἴδη τῆς
κακίας ἐφ' οἷς ὁ ἁμαρτωλὸς χαίρει. ἀγαπᾷ τοίνυν τὸν υἱὸν
5 ὡς τῆς ἀρετῆς παρεκτικόν, ἀφανιστικὸν δὲ τῆς κακίας καὶ
φθαρτικόν· διὸ εἴρηται· Ὁ πατὴρ ἀγαπᾷ τὸν υἱόν· ἀγαπώ-   Jo iii 35
μενος ὑπὸ τοῦ υἱοῦ· τοῦ ἀγαπᾶν πάλιν ἀνθρωπινώτερον
ἀκουομένου, οὐ μὴν νοουμένου. εἰ γὰρ δικαιοσύνην ἀγαπῶν
ὁ θεὸς οὐχ οὕτως αὐτὴν ἀγαπᾷ ὡς ὁ δίκαιος ἄνθρωπος, ἐπὶ
10 τῷ ἔχειν αὐτὴν ἐν ἑαυτῷ καὶ πεποιῆσθαι κατ' αὐτήν, οὕτω τὸν
υἱὸν λόγον ὄντα ἀλήθειάν τε καὶ σοφίαν καὶ ἁγιασμὸν ποθεῖ.
δυνατὸν δὲ παραστατικὸν οἰκειότητος τοῦ πατρὸς πρὸς τὸν
υἱὸν εἶναι τὸ ῥῆμα. νόμος γὰρ φυσικὸς τοῖς γεννῶσιν
ἀγαπᾶν τὰ γεννώμενα. καὶ ὥσπερ ἐπὶ τῶν ἀνθρώπων
15 φυσικὴ μὲν διάθεσις ἡ πρὸς τὰ τέκνα, ἄλλως δέ πως
γινομένη πρὸς τὰ ἑτέρως ἀγαπώμενα, οὕτω καὶ ὁ θεὸς
ἀγαπῶν μὲν τὸν κόσμον ᾗ ὁ θεός, τὸν δὲ υἱὸν ᾗ ὁ πατήρ.
διὸ οὐκ εἴρηται Ὁ θεὸς ἀλλ' Ὁ πατὴρ ἀγαπᾷ τὸν υἱόν,   Jo iii 35
καὶ τὰ πάντα δίδωσιν ἐν τῇ χειρὶ αὐτοῦ. τοῦτο δὲ πιστῶς
20 καὶ φρονίμως ἐκλαβεῖν δεῖ. εἰ γὰρ πάντα δι' αὐτοῦ ἐγένετο,   Jo i 3
ὑπὸ χεῖρα αὐτοῦ τὰ πάντα τυγχάνει κατὰ τὸν τῆς δημιουργίας
καὶ προνοίας λόγον· ἀλλ' ἀπεφοίτησε ταῦτα δι' ἁμαρτίας ἔξω
τῆς σκεπούσης αὐτὰ χειρὸς γενέσθαι. ὑπὲρ οὖν τῆς αὐτῶν
σωτηρίας δίδωσιν αὐτὰ ὁ πατὴρ ἐν τῇ χειρὶ τοῦ υἱοῦ, οὐ
25 τῷ υἱῷ προσθήκην χαριζόμενος ἀλλ' αὐτοῖς βελτίωσιν. ὡς
διδασκάλῳ γὰρ καὶ ἰατρῷ δίδωσιν, ἵν' ἀγνοίας καὶ νόσου,
τουτέστι κακίας, ἐκτὸς αὐτὰ ποιήσας ἔχει αὐτὰ σκεπαζόμενα
καὶ βασιλευόμενα ὑπ' αὐτοῦ, ἤδη αὐτὰ ἔχων ὑπὸ τὴν
δραστήριον καὶ προνοητικὴν αὐτοῦ χεῖρα. δείκνυσι δὲ τὴν

5—7 om. καὶ—πάλιν R   7 om. τοῦ 2° V   πάλιν] πως S*
10 πεποιουσθαι RSV   κατ' αὐτὴν] καὶ ταυτην RV   11 αληθειας RV   σοφιας RV   25 προσθηκη S   27 εχη R

Jo iii 36 ἀλήθειαν τούτου τοῦ νοήματος τὸ ἐπιφερόμενον· Ὁ πιστεύων
τῷ υἱῷ ἔχει ζωὴν αἰώνιον. εἰ γὰρ ζωὴν αἰώνιον ἔχει ὁ
πιστεύων τῷ υἱῷ, δοθεὶς ἐν τῇ χειρὶ αὐτοῦ, ὑπὲρ τῆς ἰδίας
σωτηρίας καὶ βελτιώσεως δίδοται, ἀλλ' οὐκ ἐπὶ τῷ πλέον τι
ἔχειν τὸν υἱόν. πότε δὲ πληροῦται τὸ δέδοσθαι πάντα ἐν τῇ 5
cf. Phil ii 10 χειρὶ τοῦ υἱοῦ ἢ ὅτε αὐτῷ πᾶν γόνυ κάμψει ἐπουρανίων καὶ
ἐπιγείων καὶ καταχθονίων;

      51. In Joann. iii. 36. Rome, *Vat.* 758; *Reg.* 9:
Ven. 27. Corderius, p. 116.

    Πολλαχοῦ τῶν γραφῶν αἱ κατὰ τῶν φαύλων τιμωρίαι
ὀργὴ λέγονται θεοῦ· ὡς τὸ λεχθὲν περὶ τῶν Αἰγυπτίων ὑπὸ
Ex xv 7 Μωυσέως· Ἐξαπέστειλας τὴν ὀργήν σου, καὶ κατέφαγεν 10
αὐτοὺς ὡσεὶ καλάμην. ⌜καὶ Παῦλος περὶ τῶν Ἰουδαίων
1 Th ii 16 γράφει· Ἔφθασεν δὲ αὐτοὺς ἡ ὀργὴ εἰς τέλος· ὀργὴν λέγων
τὰς ἐπελθούσας ἐπ' αὐτοὺς θεηλάτους τιμωρίας. ἀλλὰ καὶ
πρὸς τὸν καταφρονοῦντα τῆς χρηστότητος καὶ μακροθυμίας
Ro ii 5 φησί· Κατὰ δὲ τὴν σκληρότητά σου καὶ ἀμετανόητον 15
καρδίαν θησαυρίζεις σεαυτῷ ὀργὴν ἐν ἡμέρᾳ ὀργῆς.⌝ οὐ γὰρ
νομιστέον πάθος εἶναι θεοῦ τὴν ὀνομαζομένην αὐτοῦ ὀργήν.
πῶς γὰρ δυνατὸν εἶναι πάθος περὶ τὸν ἀπαθῆ; ἀλλ' ἐπεὶ μὴ
πάσχει θεὸς ἀναλλοίωτος ὤν, ἑρμηνευτέον τὴν λεγομένην
αὐτοῦ ὀργὴν καθὼς εἴρηται. 20

      52. In Joann. iv. 6. Rome, *Vat.* 758; *Reg.* 9:
Ven. 27. Corderius, p. 119.

    Ἐπεὶ σῶμα κατ' ἀλήθειαν ἔσχεν συμπληρούμενον ἐξ ὧν
καὶ πάντα τὰ ἀνθρώπινα σώματα, ἀναγκαίως ὑπόκειται καὶ
τὸ αὐτοῦ σῶμα τοῖς κοινοῖς πάθεσιν· οὐ τρώσεσι μόνον καὶ

2 εἰ γὰρ—ὁ] sup. ras. (5) S²   5 πληρουνται R: πληρουσται S
8 om. Πολλαχοῦ—γραφῶν RVS   11 καλαμη S*   11—16 om.
καὶ Παῦλος—ὀργῆς RVS   17 θεοῦ] χ̄ῡ RVS   18 παθος ειναι
RVS   19 πασχη RVS Cord.   20 καθα RVS   22 τα σωμ.
τα αν. Cord.

τοῖς παραπλησίοις λέγω, ἀλλὰ καὶ τοῖς ἐπιγενομένοις ἐκ
σφοδροτάτης καὶ συνεχοῦς κινήσεως καμάτοις. τῷ γὰρ
μεσημβρινῷ καιρῷ, ἐν ᾧ ὁ ἥλιος καθάπτεται, ὁδὸν ἀνύσας
πλείονα κάματον ἀνεδέξατο, ἀναποθείσης τῆς ὑγρότητος τοῦ
5 σώματος αὐτοῦ ὑπὸ τοῦ φλογμοῦ τοῦ καύσωνος. ἕκτη γὰρ cf. Jo iv 6
ὥρα τῆς ἡμέρας ἦν. τοῦτον τὸν κάματον διαναπαῦσαι
θελήσας ἐπὶ τῇ οὔσῃ πηγῇ ἐν τῷ προειρημένῳ χωρίῳ
τοῦ Ἰωσὴφ ἐκαθέσθη· ἅμα προνοούμενος ὠφελείας τῆς
μελλούσης ἐπὶ τὸ ἀντλῆσαι ὕδωρ ἐκ τῆς πηγῆς ἔρχεσθαι cf. Jo iv 7
10 γυναικός.

53. In Joann. iv. 9. Rome, *Vat.* 758; *Reg.* 9:
Ven. 27. Corderius, p. 121.

Ἴσως δὲ ἐπιζητήσειέ τις τὴν αἰτίαν δι' ἣν Ἰουδαῖοι οὐ Jo iv 9
συγχρῶνται Σαμαρείταις, ἥντινα εὑρεῖν δυνατὸν ἐν τῇ τρίτῃ
καὶ τετάρτῃ τῶν Βασιλειῶν ἱστοριῶν, ἀλλὰ καὶ ἐν τῇ
δευτέρᾳ τῶν Παραλειπομένων. ⸢τοῦ γὰρ νόμου εἰρηκότος·
15 Ἀκαθάρτου μὴ ἅψησθε· οὐδὲ τῆς σαρκὸς τῶν ἀλλογενῶν Is lii 11;
ἐτόλμων ἅψασθαι, νομίζοντες ἐκ τούτου μολύνεσθαι.⸥ ἴσως cf. 2 Co vi 17
δέ τις φήσειεν, ἐνιστάμενος τῷ· Οἱ γὰρ μαθηταὶ αὐτοῦ Jo iv 8
ἀπεληλύθεισαν εἰς τὴν πόλιν, ἵνα τροφὰς ἀγοράσωσι· λέγων
Εἰ ἐν ἐρήμῳ πεντακισχιλίους καὶ τετρακισχιλίους, μετὰ καὶ
20 πλήθους γυναικῶν καὶ πολλοῦ ἀριθμοῦ παιδίων ἔθρεψεν, ὁτὲ
μὲν ἐκ πέντε, ὁτὲ δὲ ἐξ ἑπτὰ ἄρτων· τί μέγα ἦν τὸ εὐπορῆσαι
τοὺς μαθητὰς τροφῆς ἄνευ τοῦ ἀπελθεῖν ἐν τῇ πόλει ἐπὶ
ἀγορασίᾳ ταύτης, τοῦ Ἰησοῦ παρασχόντος αὐτὴν τῇ ἰδίᾳ
δυνάμει; λεκτέον οὖν πρὸς τοῦτο ὅτι Ἰησοῦς, ἄνθρωπος

2 σφοδροτατου S* om. καὶ συνεχοῦς RSV 3 μεσημβρίας
Cord. 5 om. τοῦ 1° RVS 9 τω RVS ὕδωρ] post πηγῆς
Cord. 12 τρίτῃ] γ̄ RVS 13 τετάρτῃ] δ̄ RVS om. ἀλλὰ
RVS 14—16 om. τοῦ γὰρ—μολύνεσθαι Cord. 17 om.
γὰρ RVS 19—21 πεντακισχιλίους—ἄρτων] τοσουτον λαον εθρεψε
RVS 20 ἐτρεψεν Cord. 21 om. τὸ Cord. 22 εν τη πολει
ελθειν RV(S) (ελθειν add. in mg. S) 24 om. οὖν Cord. om.
ὅτι RVS

γεγονὼς, ⌜εἰ ὡς ἐν ἀληθείᾳ θεὸς πάντα ἐνήργει, ἠγνοήθη
ἄνθρωπος γεγονὼς, ὡς ἂν⌝ εἰ πάντα ὡς ἄνθρωπος ἔπραττεν,
ἐπεσχιάζετο ἡ θεότης. ὅθεν εἴ ποτε χρεία παραδοξοποιίας
ἐγίνετο, ἐξ ὀλίγου πολλοὺς ἔτρεφεν, οὐ τοσοῦτον τοῦ
χορτάσαι χάριν ὅσον τοῦ φανερῶσαι τὴν θεϊκὴν δύναμιν.	5
ὅτε δὲ οὐ πάνυ κατήπειγεν ἐξ ἀπόρων τροφῆς εὐπορίαν
παρασχεῖν, ἐπὶ τὸ πρίασθαι ἄρτους ἀπήρχοντο οἱ μαθηταί.
εἰ γὰρ ταῦτα τοῦ Ἰησοῦ ποιοῦντος πρὸς ἔνδειξιν τῆς ἀνθρωπό-
τητος καὶ φανέρωσιν τῆς θεότητος πολλοὶ τῷ εὐαγγελίῳ
προσέκοψαν, τῶν μὲν δοκήσει αὐτὸν ἄνθρωπον ἀλλ' οὐκ	10
ἀληθείᾳ αὐτὸν γεγονέναι ὁρισάντων, τῶν δὲ μόνον ἄνθρωπον
ὑπειληφότων αὐτόν· πόσῳ μᾶλλον, εἰ μηδὲν πρὸς ἀκρίβειαν
πέπρακτο καὶ γέγραπτο περὶ φανερώσεως τῆς θεότητος καὶ
ἀνθρωπότητος αὐτοῦ, ἔμελλον ἀπατᾶσθαι οἱ μὴ ἀκριβῶς καὶ
φρονίμως ἐντυγχάνοντες τῇ περὶ τούτων ἱστορίᾳ;	15

54.	In Joann. iv. 12.	Rome, *Vat.* 758; *Reg.* 9:
Ven. 27.

Jo iv 12
Ἡ μὲν Σαμαρεῖτις τῶν Ἰουδαικῶν ἐθῶν τε καὶ δογμά-
των τὰ τῆς Σαμαρείτιδος δόξης ἐξαίρειν καὶ ὑπερτιθέναι
τὴν ὅτι μάλιστα σπουδὴν κατεβάλλετο. διὸ καὶ τό· Μὴ
μείζων εἰ σὺ τοῦ πατρὸς ἡμῶν Ἰακώβ; ὕδωρ ζῶν ὑπο-
σχομένου τοῦ σωτῆρος παρασχεῖν, ἀντεφθέγξατο. ὁ δὲ	20
σωτὴρ, οἰκονομεῖν ἅπαντα σοφῶς εἰδὼς, τὸ μὲν ἐξᾶραι τὰ
Ἰουδαίων καὶ τὸ Μείζων εἰπεῖν, αὐτόθι πλῆξαι πρόχειρον
ἐπιστάμενος καὶ τότε γυναικὸς διάνοιαν, οὐδὲν τῶν αἰσθητῶν
ὑψηλότερον τέως φανταζομένης, τοῦτο μὲν ἀποθησαυρίζει τῇ
σιωπῇ, διὰ δὲ ῥημάτων ἑτέρων οὐδὲν μὲν ἧττον τοῦτο	25
κατασκευάζειν δυναμένων, λεαίνειν τε τὴν ἀκοὴν, ἐπιτηδειο-
τέραν τὴν γνώμην παριστᾷ. οὐδὲ γὰρ τὴν σύγκρισιν καὶ
τὴν ἐν δόξῃ διαφορὰν αὐτὸς ἐπάγει, ἀλλὰ παραπέμπει τὸ

1, 2 om. εἰ ὡς—ὡς ἂν Cord.	εἰ ὡς—γεγονὼς] om. S*: add. in
mg. p. m.	**3** χρεία] εις RVS	**4** ἔτρεψεν Cord.	**5** om.
χάριν RVS	**7** τὸ] τῷ SV	**8** om. εἰ γὰρ RVS	om. τοῦ
Cord.	**13** θεότητος] expl. RVS

γύναιον ἐκ τῶν ῥηθησομένων τῆς ὑπεροχῆς τὴν ὑπερβολὴν
συλλογίσασθαι. καὶ γὰρ ἐκ τούτου, φησὶ, τοῦ ὕδατος ὁ Jo iv 13 f.
πίνων διψήσει πάλιν· ὃς δ' ἂν πίῃ ἐκ τοῦ ὕδατος οὗ ἐγὼ
δώσω αὐτῷ οὐ μὴ διψήσῃ εἰς τὸν αἰῶνα. καὶ ὅρα τὸ σοφὸν
5 τῶν λόγων καὶ τὴν δύναμιν. τὸ μὲν ὅτι Διψήσει πάλιν
εἶπεν οὐ δεόμενον κατασκευῆς ἀλλαχόθεν· αὐτόκλητον γὰρ
εἶχε τὴν γυναῖκα μάρτυρα. τὸ δέ· Οὐ μὴ διψήσῃ εἰς τὸν
αἰῶνα· τῷ μεγέθει τῆς ἐπαγγελίας εἰσέφερεν αὐτὴν τῆς
ὑποσχέσεως διανιστῶν. δι' ἀμφοῖν δὲ πρὸς ἐπίστασιν ἄγων
10 θειοτέρας ὑπολήψεως, μονονουχὶ λέγων Εἰ τὸν Ἰακὼβ ἄγεις
ἐν μείζονι τιμῇ καὶ θαυμασίῳ κατορθώματι, ἐπεὶ παρέσχεν
ὑμῖν ὕδωρ ἐξ οὗ πάλιν ὁ πίνων εἰς τὴν αὐτὴν ἐπαναστρέφει
δίψαν, τίνα ἄν σε λογίσασθαι χρὴ ὃς ὕδωρ παρασχεῖν ἐστὶ
δυνατὸς οὐ σωματικὴν δίψαν ἐν ὀλίγῳ χρόνῳ πραΰνον, ἀλλὰ
15 δυνάμενον τῷ πίοντι πηγὴ χρηματίσαι ὕδατος ἀεννάου, καὶ
παρέχειν ῥεῖθρα σωτηρίας, ἃ τοῖς ἀρυσαμένοις καταρδεύει
καὶ προξενεῖ ζωὴν τὴν αἰώνιον; ὥσπερ γὰρ τὸ ὕδωρ θερα-
πεύει μὲν τὴν δίψαν, καθαίρει δὲ τὸν ἔξωθεν τοῦ σώματος
μολυσμὸν, οὕτω καὶ τὰ νοερὰ καὶ οὐράνια τῆς διδασκαλίας
20 τοῦ Ἰησοῦ νάματα καὶ ἡ περὶ αὐτοῦ θειοτέρα ὑπόληψις
ἰᾶται μὲν τὴν ἀπὸ τῆς ἀπιστίας δίψαν, καθαίρει δὲ τὴν
ψυχὴν τῶν ῥυπασμάτων, ἣν ἁμαρτημάτων κατερύπωσεν
μολυσμὸς καὶ λογισμὸς ζοφώδης δυσσεβούντων δοξα-
σμάτων.

55. In Joann. iv. 12. Rome, *Vat.* 758; *Reg.* 9:
Ven. 27. Corderius, p. 123.

25 Φρέαρ τοῦ Ἰακὼβ εἶναι πρὸς ἀλληγορίαν τὴν Μωυσέως
γραφὴν ῥητέον, ἀφ' ἧς ὁ Ἰακὼβ ἅμα τοῖς υἱοῖς πνευματικῶς
ἔπινεν, πινόντων ἀπ' αὐτοῦ καὶ τῶν θρεμμάτων ἃ ἦν τοῦ
Ἰακώβ· θρεμμάτων πρὸς ἀλληγορίαν λαμβανομένων τῶν τὸ

3 πιει RVS   13 ετι RVS (vid.)   14 πραυνων R prim.
man.   17 ὥσπερ] + μεν R   τὸ] τω V   18 μὲν] + γαρ RVS
25 εἶναι] + και Cord.   Μωσεως RSV   27 om. ἀπ' RVS
27, 28 om. ἀ—θρεμμάτων RVS   28 om. τῶν RV

εὐσταθὲς καὶ πρᾶον ἄνευ λόγου ἐχόντων, ἃ καὶ κυρίως
ἀγέλας καὶ πρόβατα τοῦ Ἰακὼβ εἶναι ῥητέον.

56. In Joann. iv. 13. Rome, *Vat.* 758; *Reg.* 9: Ven. 27. Corderius, p. 124.

cf. Jo i 17

Τοῦ νόμου τοίνυν τοῦ διὰ Μωυσέως τοῦ ὕδατος ὄντος, πῶς
εἶπεν ὁ Ἰησοῦς διψᾶν πάλιν τὸν πίνοντα ἀπ' αὐτοῦ; καὶ
λεκτέον γε ὅτι ὁ νόμος τοῖς ἀνθρώποις δέδοται, οὐκ ἐπὶ τῷ 5
ἀεὶ κατ' αὐτὸν βιοῦν, ἀλλὰ μέχρι καιροῦ τινος, ὡς τὴν πόσιν
τοῦ ἑρμηνευομένου φρέατος διαρκεῖν μέχρι ἀναδείξεως μεί-

cf. He ix 10
Jo iv 13

ζονος ὕδατος. τὰ γὰρ παραγγέλματα τοῦ νόμου μέχρι
καιροῦ διορθώσεως ἔκειτο. διὸ ὁ πίνων ἐκ τοῦ ὕδατος τοῦ
νομικοῦ διψήσει πάλιν, ὄρεξιν ἔχων τοῦ εὐαγγελικοῦ πό- 10

Is ix 1
(viii 23)

ματος. ⸢εἰς τοῦτο λήψει τὸ ἐν Ἡσαΐᾳ λεχθέν· Τοῦτο πρῶτον
πίε, ταχὺ ποίει. εἰ γὰρ μὴ ἦν καὶ μετ' ἐκεῖνο πιεῖν, οὐκ ἂν
ἐλέγετο· Τοῦτο πρῶτον πίε. καὶ ἐπεὶ διαδέχεται τὸν νόμον
τὸ εὐαγγέλιον, ὁ πίνων τὴν νομικὴν διδασκαλίαν διψήσει
πάλιν ἐπὶ τῷ καὶ τὴν εὐαγγελικὴν πιεῖν.⸥ ἀλλ' ἐπεὶ τὸ 15
εὐαγγέλιον ἀδιάδοχόν ἐστιν, ὁ πίνων ἐξ αὐτοῦ οὐ διψήσει

Mt xxiv 35

εἰς τὸν αἰῶνα. ⸢Ὁ γὰρ οὐρανὸς καὶ ἡ γῆ παρελεύσεται,
οἱ δὲ λόγοι μου οὐ μὴ παρέλθωσιν· εἶπεν Ἰησοῦς.⸥ τὸν γὰρ

cf. Jo iv 14

πίνοντα τοῦτο τὸ ὕδωρ φησὶν ἐν ἑαυτῷ κτᾶσθαι πηγήν, οὐ
τοῦ τυχόντος ὕδατος, ἀλλὰ τοῦ εἰς ζωὴν αἰώνιον ἁλλομένου. 20
ὅπερ ἁλλόμενον εἰς ζωὴν ὕδωρ μετεωρίζει καὶ πρὸς ζωὴν
ἀναβιβάζει τὸν ἔχοντα αὐτό, οἷα πηγὴν ἐν ἑαυτῷ.

---

3 om. πῶς RVS   4 εἶπεν ὁ Ἰησοῦς] post πίνοντα RSV
om. ὁ Cord.   om. καὶ λεκτέον γε RVS   6 ἀλλὰ μέχρι] αλλ'
αχρι RVS   11—15 om. εἰς τοῦτο—πιεῖν RVS   15 ἀλλ'—εὐαγ-
γέλιον] το δε ευαγγελιον επει RVS   17, 18 om. ὁ γὰρ—Ἰησοῦς
RVS   19 πηγὴν κτᾶσθαι Cord.   22 om. οἷα—ἑαυτῷ Cord.

57. In Joann. iv. 15. Rome, *Vat.* 758; *Reg.* 9:
Ven. 27. Corderius, p. 125.

Εἰπούσης τῆς γυναικὸς τὸ παρὰ Ἰησοῦ θέλειν λαβεῖν
ὕδωρ, ἐπὶ τὸ στῆσαι τὸ δίψος, ἔχουσα αὐτὸ πηγὴν ἐν ἑαυτῇ,
ἔδειξεν αὐτὸ θέλειν. διὰ γὰρ ταύτης τῆς λέξεως ὡμολόγησε
πολὺν κάματον εἶναι τῆς ἀντλείας τοῦ προτέρου ὕδατος,
5 ἀληθεύουσα κατ' αὐτό· καὶ γὰρ πολὺν ἔχει κάματον ἡ πρὸς
τὸ γράμμα τήρησις τοῦ νόμου. ὁ <δὲ> σωτὴρ εἰκότως πρὸς
αὐτήν Ἐπεὶ, φησὶν, ἀκμὴν περιέχῃ ᾧ ἀνέθηκας σεαυτὴν
νόμῳ ὡς ἀνδρὶ αὐτῷ συνοῦσα, ἀπιοῦσα κάλεσον αὐτὸν ἐπὶ τὸ   cf. Jo iv 16
συμβαλεῖν τὰ ἐν αὐτῷ γεγραμμένα τοῖς ὑπ' ἐμοῦ λεγομένοις
10 καὶ πραττομένοις. οὕτω γὰρ εὑρεῖν δυνήσῃ ὡς ὁ πίνων ἐκ
τοῦ προτέρου ὕδατος ἕτερον προσδοκήσει, ὅτι διψήσει πάλιν.
τῆς δὲ ἀρνησαμένης μὴ ἔχειν ἄνδρα, ὁ σωτὴρ, ἠρέμα τὴν
Σαμαρειτικὴν αὐτῆς γνώμην ἐλέγχων, φησί Καλῶς λέγεις   Jo iv 17
ἄνδρα μὴ ἔχειν. οὐ γὰρ ἐξ ὁλοκλήρου συγκατέθου πάσῃ τῇ
15 παλαιᾷ διαθήκῃ, ἥτις ἐστὶν ὁ νόμος, περὶ οὗ γέγραπται·
Τέλος νόμου Χριστὸς εἰς δικαιοσύνην. τοῦτον δὲ τὸν ἄνδρα   Ro x 4
μὴ ἔχουσα πέντε ἔσχες, τοῖς αἰσθητοῖς μόνοις συγκαταθεμένη
τῆς γραφῆς. εἰ γὰρ πάσῃ τῇ παλαιᾷ διαθήκῃ συνεβίους,
γνωρίζειν ἠδύνω τὸν προσδοκώμενον μετὰ νόμον καὶ προ-
20 φήτας θεὸν λόγον. τὸ δέ· Πέντε γὰρ ἄνδρας ἔσχες· ἀνακτέον   Jo iv 18
ἐπὶ τὰ πέντε Μωσέως βιβλία. μόνα γὰρ ταῦτα οἱ Σα-
μαρεῖται δέχονται. τίς δὲ καὶ ὃν ἔχει παρὰ τοὺς πέντε
ἄνδρας ἐκτός, ὅστις οὐδὲ ἀνὴρ αὐτῆς τυγχάνει; λεκτέον τὸν
περὶ τοῦ εἶναι προφήτην λόγον. ἤδη γὰρ συγκατετέθειτο

2 om. αὐτὸ Cord.   om. ἐν ἑαυτῇ RVS   3 om. ἔδειξεν αὐτὸ
θέλειν Cord.   ὁμολογεῖ Cord.   5 om. ἀληθεύουσα κατ' αὐτό
RVS   καὶ γὰρ—κάματον] πολὺν γὰρ τὸν κάματον ἔχει Cord.
6 om. δὲ RVS Cord.   7 om. φησὶν RVS   περιεχη S*   ανε-
θηκεν RVS   8 om. ἀπιοῦσα RVS   τὸ] τω V   14 om. συγ-
κατέθου Cord.   πάσῃ τῇ] πασιν τη RVS: πᾶσα ἡ Cord.
16 Χριστὸς] + ἀρκεῖ Cord.   17 εχουσαν RVS (vid.)   αισθητικοις
RSV   18 om. διαθήκῃ RVS   19 ἠδύνου Cord.   προδοκωμενον
S   20 τὸ δὲ] τον RVS   21 Μωσεως SV   23 ἀνὴρ] pr. αὐτὸς
Cord.   τυγχανη RV: τυγχα S   24 τοῦ] αὐτοῦ Cord.   προ-
φητείας Cord.   ηδει V*   συγκατέθειτο Cord.

Jo iv 18

τούτῳ, ἀναγκαζομένη ἐκ τῶν λεγομένων, ἀλλ' οὐ κατ'
ἀληθῆ συγκατάθεσιν. διὸ ·ἁρμοδίως εἴρηται καὶ τό· Καὶ
νῦν ὃν ἔχεις οὐκ ἔστι σου ἀνήρ· οὐ γὰρ γνησίως αὐτῷ
προσελήλυθας. ἐπειδὴ δὲ καὶ τὰ αἰσθητὰ οἱ πέντε ἄνδρες
αὐτῆς ἐλέγοντο εἶναι, μεθ' ἃ συγκατέθετο οὐκ ἠκριβωμένως 5
νοητῷ τινὶ λόγῳ ἐκ τῆς Ἰησοῦ παιδεύσεως, εὐθυβολώτατα
εἴρηται Καὶ ὃν νῦν δοκεῖς ἔχειν πνευματικὸν λόγον οὐκ ἀνήρ
σού ἐστιν.

58. In Joann. iv. 22. Corderius, p. 130.

Ὅταν ἀκούσῃς ὅτι ἐκ τῶν Ἰουδαίων ἡ σωτηρία ἐστὶ,
cf. Ge xlix 10 περὶ τοῦ ταῦτα λέγοντος ἄκουε τὰ εἰρημένα. αὐτὸς γὰρ ἦν ἡ 10
cf. Ro i 3 τῶν ἐθνῶν προσδοκία, ὁ γενόμενος ἐκ σπέρματος Δαβὶδ κατὰ
σάρκα.

59. In Joann. iv. 33. Rome, *Vat.* 758; *Reg.* 9: Ven. 27.

Jo iv 33

Τό· Μήτις ἤνεγκεν αὐτῷ φαγεῖν; δηλοῖ ὅτι τὰς διακονίας
τῶν προσφερόντων ἐδέχετο, καίτοι δυνατὸς ὢν τρέφειν καὶ μὴ
τρέφεσθαι. ἐνεργείας δὲ μεγίστης τὸ τρέφειν Χριστὸν, ἧς 15
οὐκ ἐφθόνει τοῖς βουλομένοις· διὸ καὶ τοῖς μαθηταῖς τὸ ἴσον
ἔταξεν. νομομαθεῖς δὲ καὶ φιλολογεῖς ὄντες, σκοπήσαντες
cf. Bel et Dr 34 ff. ὅτι καιρὸς ἦν λοιπὸν τροφῆς ἐτόπασαν μὴ ἄρα ὡς τῷ Δανιὴλ
εἰς Βαβυλῶνα προστάξει θεοῦ ἄριστον προκεκόμιστο ὑπὸ τοῦ
Ἀμβακοὺμ, καὶ τῷ Ἡλίᾳ ἐν τῇ ὁδοιπορίᾳ τροφὴ ἐδίδοτο ὑπ' 20
cf. 3 Reg xvii 6 ἀγγέλου καὶ ὑπὸ κοράκων, οὕτω καὶ τῷ Ἰησοῦ τροφὴ ἠνέχθη.
ὅμως εἰ καὶ περὶ αἰσθητῆς τροφῆς οἱ μαθηταὶ ὑπενόησαν,
αὐτὸς φανεροποιεῖ περὶ ποίας τροφῆς ἀπήγγελκεν αὐτοῖς.
εἰπὼν δὲ τὸν καιρὸν αὐτοῦ τροφῆς εἶναι ἐκ τῶνδε· ἕκτης ὥρας
cf. Jo iv 6 τῆς ἡμέρας οὔσης ὁ Ἰησοῦς ἐν τῇ πηγῇ καθεσθεὶς διελέχθη 25

1 om. ἀναγκ.—λεγομένων Cord.   κατα αληθειαν RVS
2 om. καὶ 1° RVS   3 νῦν ὃν] pr. τὸν Cord.   5 ηκριβωμενους
RVS   22 ὑπενόησαν] + ειναι εκ τωνδε (sic) V   25 om. ἡμέρας RV

τῇ Σαμαρείτιδι, τῶν μαθητῶν ἐπὶ τῷ ἀγοράσαι τροφὰς cf. Jo iv 8
ἀπεληλυθότων· † ὡς λοιπὸν στοχαζομένης εἰπεῖν ἑσπέραν
τὴν ἡμέραν εἶναι. οὗτος δὲ τῆς τροφῆς ὁ καιρὸς τῶν μά-
λιστα προηγουμένως τροφὴν μεταδιώκουσιν ἀλλὰ τὴν τῶν
5 προσερχομένων ὠφέλειαν. †

60. In Joann. iv. 44. Corderius, p. 138. Cf. Rome,
Vat. 758 ; *Reg.* 9: Ven. 27.

⌈Πατρίδα αὐτοῦ τὴν Ἰουδαίαν καλεῖ, ἣν καὶ διὰ τοῦτο
καταλέλοιπε. τὴν γὰρ αἰτίαν τῆς ἐπὶ τὴν Γαλιλαίαν ἀφί-
ξεως ἀποδιδοὺς ὁ εὐαγγελιστὴς γράφει, ὅτι Προφήτης ἐν τῇ Jo iv 44
ἰδίᾳ πατρίδι τιμὴν οὐκ ἔχει.⌉ φέρεται δὲ ἡ μαρτυρία αὕτη
10 ἐν τοῖς προτέροις εὐαγγελίοις. φησὶ γὰρ ὁ σωτήρ· Οὐκ ἔστι Mc vi 4
προφήτης ἄτιμος εἰ μὴ ἐν τῇ ἰδίᾳ πατρίδι καὶ ἐν τοῖς συγ-
γενεῦσι καὶ τῇ οἰκίᾳ αὐτοῦ. ἀμέλει γὰρ πάντες οἱ πρὸ τῆς
ἐπιδημίας ἠτιμάσθησαν ἐν τῇ Ἰερουσαλὴμ καὶ Ἰουδαίᾳ.
αὕτη γὰρ γῆ καὶ πατρὶς αὐτῶν· ὡς καθόλου τὸν σωτῆρα
15 εἰπεῖν· Ἰερουσαλὴμ, Ἰερουσαλὴμ, ἡ ἀποκτείνουσα τοὺς προ- Lc xiii 34
φήτας, καὶ λιθοβολοῦσα τοὺς ἀπεσταλμένους πρὸς αὐτήν.

61. In Joann. v. 2. Rome, *Vat.* 758 ; *Reg.* 9:
Ven. 27.

Ἔστι Δὲ, φησὶν, ἐν τοῖς Ἰεροσολύμοις, καὶ τὰ ἑξῆς. Jo v 2
Τὸ μὲν περιιέναι καὶ τοὺς ὁποιδήποτε ὄντας τῶν ἀρρωστῶν
θεραπεύειν οὐκ ἀναγκαῖον ἔκρινεν, ὥστε μὴ φιλαυτίας ἀπε-
20 νεγκάσθαι δόξαν, ἕνα δὲ θεραπεύσας δι᾽ ἐκείνου καταφανῆ
τοῖς πᾶσιν ἑαυτὸν καθίστησι. ταύτης ἕνεκα τῆς αἰτίας ἄπεισι
μὲν ἐπὶ τὴν προβατικὴν κολυμβήθραν, ἔχουσαν πέντε στοάς·
μετὰ γὰρ τὰς ἐν κύκλῳ τεσσάρας μέσην εἶχεν ἑτέραν. προ-

6—9 om. πατρίδα—ἔχει Cord.   9—15 φέρεται—εἰπεῖν] καὶ
οἱ ἄλλοι δε εὐαγγελισται φασιν RVS   om. δὲ Cord.   15 ἀπο-
κτενουσα RVS   16 ἀποσταλμενους RVS   om. πρὸς αὐτὴν
RVS   17 ἐστη RVS   19 ὥστε] ὅς τε VS   22 ἐχουσα S*
23, 4 (p. 274) μετὰ γὰρ—ἔγκατα] haec, vel similia, in Catena
Corderii Theod. Mops. attribuuntur   μέσην] μεστιν R

βατικὴ δὲ κολυμβήθρα ἐλέγετο ἀπὸ τοῦ τὰ προσαγόμενα πρόβατα ταῖς ἑορταῖς ἐκεῖ συναθροίζεσθαι, καὶ ἀπὸ τοῦ θυομένων τῶν προβάτων ἐν ἐκείνῳ πλύνεσθαι τῷ ὕδατι τὰ ἔγκατα. ἐντεῦθεν γοῦν καὶ πολὺ πλῆθος τῶν διαφόροις ἀρρωστήμασι κατεχομένων ἐν τῷ τόπῳ συνείλεκτο ἐπὶ θερα- 5 πείας ἐλπίδι, ὡς ἂν τοῦ ὕδατος αὐτοῦ δυναμένου τι πάντως, ἐν ᾧπερ τῶν προσαγομένων τῷ θεῷ καὶ θυομένων ἐνεβάλλετο τὰ ἔγκατα. ταύτῃ δὲ αὐτῶν τῇ ὑπολήψει καὶ ὁ θεὸς

cf. Jo v 3 συνεργῶν κατά τινας ἀδήλους καιροὺς κίνησιν τοῦ ὕδατος γίνεσθαι παρεσκεύαζεν, ἣν ὡς κατά τινα θείαν ἐνέργειαν 10 ἀποτελεῖσθαι πιστεύοντες, οὕτω κατιόντες τὴν θεραπείαν ἐκομίζοντο, πολλῶν μὲν κατὰ ταὐτὸν οὐ θεραπευομένων, τοῦ δὲ πρώτου καταβάντος τῆς χάριτος ἀπολαύοντος, ἵνα μὴ τὸ πρόχειρον τῆς θεραπείας ἐλαττώσῃ τὸ θαῦμα. μειζόνως δὲ νήφοντες καὶ μετὰ πολλῆς διαθέσεως τὴν τοῦ ὕδατος κίνησιν 15 ἀναμένοντες, ἐντεῦθεν παιδεύονται τὸν προσήκοντα καὶ μετὰ τὴν θεραπείαν ἔχειν λογισμόν. πολλῶν τοίνυν ὄντων τῶν ἀρρώστων πάντας μὲν οὐκ ἐθεράπευσεν, δεικνὺς δὲ τὴν οἰκείαν δύναμιν ἕνα ἐπελέξατο τὸν βαρυτέρῳ μάλιστα κατεχόμενον πάθει καὶ τῷ μήκει τοῦ χρόνου τὴν σωτηρίαν 20 ἀνέλπιστον ἔχοντα. παράλυτος γὰρ ἦν ἐν αὐτοῖς ἐπὶ τριά- κοντα καὶ ὀκτὼ ἔτεσι τῷ πάθει κατεχόμενος. πρὸς τοῦτον

Jo v 8 ἀπελθὼν οὐκ εὐθὺς εἶπεν Ἆρον τὸν κράβατόν σου καὶ περι- πάτει· ἀλλ' ἀπό τινος ἀκολουθείας τῶν πρὸς αὐτὸν ἄρχεται λόγων. ὅπερ δὴ καὶ ἐπὶ τῆς Σαμαρείτιδος πεποίηκε. 25

62. In Joann. vii. 39. Corderius, p. 217.

Ποῖον δὲ πνεῦμα οὔπω ἦν; τῶν μυρίων καὶ ἀεννάων χαρισμάτων, ὧν ἐπλούτησαν οἱ ἀπόστολοι μετὰ τῆς διὰ γλωσσῶν ἐπιφοιτήσεως. εἰ γὰρ καὶ προφήταις ἐνεργεῖ τὸ πνεῦμα, ἀλλ' ἕν που ἢ καὶ δύο τὰ σημεῖα κατά τινα καιρὸν ἐνεργοῦντες ἐπαύοντο. οἱ δὲ ἀπόστολοι, ὥσπερ ἀπό τινος 30

1 προσαγόμενα] προθυρα αγομενα S*   12 κατὰ ταὐτὸν] κατα ταυτων RV³: κατ αυτων SV*   17 εχει V*S   24 αυτων RV

πηγῆς ἀειβλύστου προχέοντες τὰ θαυμάσια καὶ οὐ καθ᾽ ἓν
ἢ δύο, ἀλλ᾽ ἅμα τε ξέναις ἐλάλουν γλώσσαις οἱ αὐτοὶ καὶ
ἡρμήνευον, ἀνίστων νεκρούς, καὶ προεφήτευον, καὶ ἄλλα
μυρία, ὧν ἡ συνδρομὴ ἐπ᾽ οὐδενὸς ὤφθη τῶν προφητῶν,
5 ἐθαυματούργουν.

63. In Joann. ix. 6. Rome, *Vat.* 758; *Reg.* 9:
Ven. 27.

Νομίζω τοῦτο λελέχθαι πρὸς παράστασιν τοῦ ποιότητα
δυνάμεως ἰατρικῆς ἐσχηκέναι τὸν σίελον τοῦ χριστοῦ. εἰ
καὶ μὴ αὐτὸς δὲ ὁ τυφλὸς περὶ τῆς ἀναβλέψεως παρεκά-
λεσεν, ὅμως εὑρεθήσεται ἐπαινετὸς ἐν τῷ παρέχειν ἑαυτὸν
10 τῷ Ἰησοῦ ἐπιχρίοντι πηλῷ τοὺς ὀφθαλμοὺς αὐτοῦ, καὶ τῷ   cf. Jo ix 11
ἀδιστάκτως ποιῆσαι τὸ προστεταγμένον, οὐδὲ εἰρηκότος
αὐτὸν ἀναβλέψειν τοῦ Ἰησοῦ. μήποτε δὲ ὁ τοῦ κυρίου
σίελος σύμβολον ἦν λόγου ὡς ἐν λόγοις ἐσχάτου, οὗ μείζονα
χωρῆσαι ἀνθρωπίνη οὐ δύναται φύσις. ἀλλ᾽ ἐπεὶ ὁ τοιοῦτος
15 λόγος οὐ γυμνὸς ὕλης καὶ σωματικῶν παραδειγμάτων εἰς
ἀνθρώπους ἔρχεται, διὰ τοῦτο πτύει χαμαὶ ὁ Ἰησοῦς καὶ
ποιεῖ πηλόν. ὅρα τοίνυν εἰ δύνασαι πᾶσαν τὴν γραφὴν
καὶ τὸν τρόπον τῆς ἐν αὐτῇ ἀπαγγελίας διηγούμενος εἰπεῖν
συνεστηκέναι διὰ μὲν τὰ θεῖα νοήματα ἀπὸ τοῦ σιέλου τοῦ
20 χριστοῦ, διὰ δὲ τὴν ὡς ἐν ἱστορίαις καὶ ἀνθρωπίνοις πρά-
γμασιν ἀπαγγελίαν ἐκ τῆς ἀπὸ τῶν χαμαὶ γῆς. ὡς εἶναι
τὸ πᾶν γράμμα τοῦ νόμου καὶ προφητῶν καὶ τῶν λοιπῶν
γραφῶν ἀπὸ τοῦ τοιοῦδε πηλοῦ, ᾧ καὶ χρῖσαι δεῖ τοὺς τῶν
μὴ βλεπόντων ὀφθαλμούς, μετὰ δὲ τοῦτο ἀπελθεῖν εἰς τὸν
25 Σιλωὰμ τοῦ ἀπεσταλμένου ὑπὸ τοῦ θεοῦ· δι᾽ οὗ δηλοῦται ἡ   cf. Jo ix 7
ἐν ταῖς ζητήσεσι καὶ τῆς ἀληθείας διαπορήσεσιν ὡσπερεὶ
κολύμβησις. καὶ γὰρ Ἰὼβ πού φησι· Βροτὸς δὲ ἄλλως   Job xi 12

δε
10 επιχριοντα RVS   τῷ] το RVS   12 μηπω R* μηποτ ωδε
R²: om. δὲ S*   16 αυου S*   17 ποιη R   21 απαγγελη (vid.)
S: επαγγελη RV   25 αποσταλμενου RV   η] ει R   26 ωσπερει]
ὡς περι RV   27 ἄλλως] αλλος RVS

νήχεται λόγοις. ἀπονιψώμεθα τοιγαροῦν τῷ ὕδατι τῆς κολυμβήθρας τοῦ ἀπεσταλμένου τὸν ἐπιχρισθέντα τοῖς ὀφθαλμοῖς πηλὸν, ἵνα μετὰ τοῦτο ἀναβλέψαι δυνηθῶμεν.

cf. He v 12 νοήσεις δὲ πηλὸν τὴν ἀρχὴν τῶν στοιχείων τῶν λογίων τοῦ cf. 1 Co xiii 11 θεοῦ, καθ' ἣν ὡς νήπια γάλακτι τρεφόμεθα· ἐπειδὰν δὲ καταρ- 5 γηθῇ τὰ τοῦ νηπίου καὶ στερεᾶς τροφῆς μεταλάβωμεν, ἀπορ- ριπτόμεθα τὸν πηλὸν, ἵνα ἐπανέλθωμεν πρὸς τὸν Ἰησοῦν βλέποντες. πάντα δὲ ταῦτα περὶ τὸν υἱὸν τοῦ θεοῦ στρέ- φεται· κατὰ γὰρ διαφόρους ἐπινοίας αὐτός ἐστι καὶ ὁ ἀπε- σταλμένος. καὶ τὰ μὲν ἀνθρώπινα ἐκδέχου πρὸ τοῦ Σιλωάμ, 10 ἐπὶ δὲ τὰ θειότερα αὐτοῦ ἀνάφερε τὸ ἀπεσταλμένον ὕδωρ καὶ Σιλωάμ. καὶ παρὰ τῷ Ἡσαΐᾳ νοήσεις τὸν θεῖον καὶ εὐσταθῆ λόγον διὰ τούτων σημαίνεσθαι, λόγους δὲ ἐθνῶν cf. Is viii 6 f. καὶ ἑτεροδόξων τὸν Ῥαασὼν καὶ τὸν υἱὸν Ῥομελίου. ἐπεὶ πῶς ἀντὶ τοῦ ὕδατος τοῦ Σιλωὰμ βασιλεῖς ἤθελεν ὁ λαός, 15 πῶς δὲ καὶ ὕδωρ ποταμοῦ ἐστιν ἰσχυρὸν καὶ πολύ, τῶν Ἀσ- συρίων βασιλεὺς καὶ πᾶσα ἡ δύναμις αὐτοῦ, ἐὰν μὴ καὶ αὐτὸς δύναμίς τις ἀντικειμένη τυγχάνῃ, κατακλύζουσα τῷ πλήθει τῶν ἑαυτῆς πιθανῶν τὴν μὴ θέλουσαν Ἰουδαίαν ὕδωρ τοῦ Σιλωὰμ καὶ ἐπικρατοῦσαν αὐτοῦ; τὸ δὲ μὴ παρόντα θερα- 20 πεῦσαι, κελεῦσαι δὲ ἀπελθόντα νίψασθαι, καὶ νιψαμένῳ τὴν θεραπείαν παρασχεῖν, οἰκονομοῦντος ἦν τὸ μηδένα λαθεῖν τὸ cf. Jo v 8 f. γινόμενον θαῦμα. ὥσπερ γὰρ τῷ παραλύτῳ τὸν κράββατον λαβεῖν ἐκέλευσεν ἐν ἡμέρᾳ καθ' ἣν οὐκ ἐξῆν τοῦτο ποιεῖν, ἵν' οὕτως ἕκαστος ἐγκαλῶν ἐπὶ τῇ παρανομίᾳ τοῦ γεγονότος 25 θαύματος μανθάνῃ τὸ μέγεθος, οὕτω καὶ τούτῳ πόρρωθεν ὄντι τῆς κολυμβήθρας ἐκέλευσεν ἀπελθόντι νίψασθαι.

9, 10 αποσταλμενος RVS   11 επει R   θειωτερα R   τὸ] τον RVS   αποσταλμενον R   13 διὰ τούτων σημαίνεσθαι] post Ῥομελίου RVS   14 ρααϲων S   16 πολυς RSV   16, 17 Ἀσυ- ριων RVS   17 πᾶσα ἡ δύναμις] πασαν δυναμιν R: πασαν η Δ' VS   26 μανθανει R

64. In Joann. ix. 8. Rome, *Vat.* 758; *Reg.* 9:
Ven. 27.

Ὁ προσαίτης δι' ἀπορίαν τῶν ἀναγκαίων καὶ ἀδυναμίαν
τοῦ εὐσχημονέστερον αὐτὰ πορίζειν ἐπαιτεῖ. τοιούτους δ'
ἂν εὕροις τοὺς ἁπάντων τῶν ἐπαγγελλομένων τὴν ἀλήθειαν
Ἑλλήνων καὶ βαρβάρων οἱονεὶ αἰτοῦντας ὠφέλειαν, ἀπορίᾳ
5 πρέποντος πορισμοῦ τῷ λογικῷ τῆς ἀληθείας ἀπεριστάτως
πλουσίων θεωρημάτων. ἀλλ' ἀπαγορεύων τὴν τοιαύτην
διαζήτησιν ὁ λόγος φησί που· Τέκνον, ζωὴν ἐπαιτήσεως μὴ   Sap Sir xl 28
βιώσῃς, ὡς κρεῖττον ἀποθανεῖν ἢ ἐπαιτεῖν. ἐπαιτεῖν δὲ αἰσχύ-   (29)
νεται ὁ ἐν τοῖς εὐαγγελίοις οἰκονόμος τῆς ἀδικίας, καὶ διὰ
10 τοῦτο τῷ μὲν ὀφείλοντι ἑκατὸν κόρους σίτου ἔλεγε Δέξαι σου   Lc xvi 6 f.
τὸ γράμμα καὶ γράφε ἑξήκοντα, τῷ δὲ ἑκατὸν βάτους ἐλαίου
Δέξαι σου τὸ γράμμα καὶ ποίησον ὀγδοήκοντα· προκρίνας
τοῦ μετ' αἰσχύνης ἐπαιτεῖν τὸ λαβεῖν ἀπὸ τοῦ ὀφείλοντος τῷ
κυρίῳ, καὶ διὰ τοῦτο ἐπαινεθείς. οὐ μόνον τοίνυν ὁ Ἰησοῦς
15 ἀπήλλαξε τὸν ἀπὸ γενετῆς τῆς τυφλότητος, ἀλλὰ καὶ τοῦ   cf. Jo ix 1
προσαιτεῖν. ἐχαρίσατο γὰρ αὐτῷ ἅμα τῷ βλέπειν καὶ θεω-
ρίαν πῶς ποριστέον αὐτῷ ἔσται τὰ πρὸς σωτηρίαν ψυχῆς
ἀναγκαῖα. ἐνταῦθα μὲν οὖν ἡ τυφλότης τοῦ προσαιτεῖν
αἰτία, ἐν δὲ ταῖς Πράξεσιν ἡ χωλότης, ὧν ὁ ἀπαλλαγεὶς οὐ   cf. Act iii 2
20 προσαιτήσει ἔτι.

65. In Joann. ix. 16. Rome, *Vat.* 758; *Reg.* 9:
Ven. 27.

Εἴπερ δὲ ὡς ὑπελάμβανον οἱ Φαρισαῖοι, ὁ μὴ τηρῶν ὃ
ἐκεῖνοι ἐνόμιζον εἶναι σάββατον οὐκ ἔστι παρὰ θεοῦ. οἱ δὲ
ἐν τῷ ἱερῷ ἱερεῖς τὸ σάββατον βεβηλοῦντες παρὰ θεοῦ   cf. Mt xii 5
ἦσαν. οὕτω δὲ οὐκ ἐναργὲς ἦν τὸ μὴ εἶναι παρὰ θεοῦ τὸν
25 τὸ σάββατον αὐτῶν μὴ τηροῦντα, ὡς μηδὲ ὑπὸ πάντων τῶν
τότε Φαρισαίων τὸν λόγον εἰρῆσθαι, ἀλλ' ἐκ τῶν Φαρισαίων   cf. Jo ix 16

11 γράφε] γράφαι V*   ἑκατὸν] ρ̅ R   **12** ὀγδοήκοντα] π̅ R
13, 14 του κυριου RVS   **19** Πράξεσιν] πρασ RV   **22** δὲ] + οι RVS

τινὲς τοῦτο ἔλεγον, ὥς φησιν ὁ εὐαγγελιστής. πρόσχες δὲ
καὶ τῷ· Τοιαῦτα σημεῖα· μὴ μάτην κειμένῳ. ἐπειδὴ γὰρ
σημείων διαφοραί εἰσιν, ὥστε ποιεῖν, καθά φησιν ὁ ἀπό-

cf. 2 Thess ii 8 ff.
στολος, καὶ τὸν ἐν νόμῳ καὶ τὸν ἄνομον, ὃν ὁ κύριος ἀναλοῖ
τῷ πνεύματι τοῦ στόματος αὐτοῦ, ἐν πάσῃ δυνάμει, σημείοις 5
καὶ τέρασι ψεύδους, καὶ τὸν θεὸν διὰ τῶν προφητῶν· τό· Τὰ
τοιαῦτα· εἴρηται ὡς ὑπερβαίνει τὰ διὰ Χριστοῦ γενόμενα τῷ

cf. Job i 3
καὶ ἀληθῆ εἶναι καὶ μέγαλα ἐπὶ γῆς. εἰ δέ τις ὡς οὐχ ὑγιῶς

Jo ix 16
λεγομένῳ τῷ· Πῶς δύναται ἄνθρωπος ἁμαρτωλὸς τοιαῦτα
σημεῖα ποιεῖν; ἀναγινώσκων τὰς τοῦ Σαμψὼν πράξεις ἐρεῖ 10
μηδὲ ἁμαρτήματα εἶναι τὰ ὑπὸ τοῦ Σαμψὼν γενόμενα, οἷον
τὰ περὶ γυναῖκας, ἀλλ᾽ οἰκονομίας δηλουμένας· οὐ γὰρ πρόσ-
κειται τό· Ἐποίησε τὸ πονηρὸν ἐνώπιον Κυρίου.

66. In Joann. ix. 14. Rome, *Reg.* 9: Ven. 27. Cf. Corderius, p. 252.

⸢Παρατηρητέον δὲ τὸ πρόσωπον τοῦ εὐαγγελιστοῦ ὅτι
φησὶ καὶ ἀνεῴχθαι τοὺς ὀφθαλμοὺς τοῦ τυφλοῦ <καὶ> βεβλε- 15

Jo ix 14
φέναι αὐτόν· ἀνεῴχθαι μὲν διὰ τοῦ· Ἦν δὲ σάββατον ἐν ᾗ
ἡμέρᾳ τὸν πηλὸν ἐποίησε καὶ ἤνοιξεν αὐτοῦ τοὺς ὀφθαλμούς·

Jo ix 7
βεβλεφέναι δὲ διὰ τοῦ· Καὶ ἐνίψατο καὶ ἦλθε βλέπων.
τῶν δὲ λεγομένων τὴν διαφορὰν παραθησόμεθα ἀπὸ τοῦ

cf. Tobit xi 13 (14)
Τωβήθ, περὶ οὗ, ἐπείπερ λευκώματα ἐγεγόνει ἐν τοῖς 20
ὀφθαλμοῖς αὐτοῦ, οὐκ ἀναγέγραφεν ὅτι ἀνεῴχθησαν αὐτοῦ

cf. Mc viii 25
οἱ ὀφθαλμοί, ἀλλ᾽ ὅτι ἐνέβλεψε. δι᾽ ὅλου δὲ τοῦ περὶ
τοῦ τυφλοῦ τόπου τηρήσεις ἀμφότερα, τῶν μὲν τοῦτο
λεγόντων τῶν δὲ ἐκεῖνο, καὶ σχίσματος γενομένου.
τηρήσεις δὲ καὶ ἐν τῷ Ἡσαΐᾳ προφητεύοντι περὶ Χριστοῦ 25

cf. Is lxi 1
ἐπιδημίας ὅτι ἔρχεται ὀφθαλμοὺς τυφλῶν ἀνοῖξαι. ἐξῆς δὲ⸣

4 τὸν 1°] των RVS   των ανομων RVS   7 ὑπερβαινοντων
RVS   γενόμενα] γεγεννημενα R*   τῷ] το RV   9 τῷ] το
RVS   10 αναγινωσκοντας RVS   11 γινομενα R   14—26 om.
Παρατηρητέον—ἐξῆς δὲ Cord.   14 ὅτι] το RVS   15 om.
καὶ RSV   16 διὰ τοῦ] δι αυτου RVS   20 Τωβήθ] βηθ RV
23 τουτων RVS   24 τῶν] τον R²VS   ἐκεῖνο S²] εκεινω RV:
εκεινη S*   26 ἔρχεται]+ο R

ἔστιν ἰδεῖν καὶ τὸν ἀποκρινάμενον πῶς μὲν τοῖς προτέροις
⌐πῶς δὲ τοῖς δευτέροις ἀποκρίνεται, τοῖς μὲν προτέροις⌐ ἀκρι-
βέστερον, ὡς γείτοσι καὶ θεωροῦσιν αὐτὸν τὸ πρότερον ὅτι cf. Jo ix 8, 11
προσαίτης ἦν, τοῖς δὲ Φαρισαίοις οὔτε τὰ περὶ τοῦ Σιλωὰμ cf. Jo ix 15
5 διηγήσατο, οὔθ' ὅτι ὁ σωτὴρ τὸν πηλὸν ἐποίησεν, οὔθ' ὅτι
προσέταξέ τι αὐτῷ. καὶ τάχα ὁρῶν ὁ θεραπευθεὶς τῶν μὲν
προτέρων ἐχομένην τὴν πεῦσιν φιλομαθίας, τῶν δὲ δευτέρων
κακοηθείας, οὕτως ἑκατέροις ἀπεκρίνατο.

67. In Joann. ix. 21. Rome, *Vat.* 758; *Reg.* 9:
Ven. 27. Corderius, p. 256.

⌐Πρὸς τῷ διεψεῦσθαι καὶ ἄλλο ἥμαρτον εἰς προῦπτον
10 κακὸν περιβάλλοντες ἑαυτῶν τὸν υἱόν. οἶμαι δὲ καὶ τοῦτο
λόγον ἔχειν, ὅτι⌐ τοῦ τυφλοῦ ὁ σωτὴρ ἀνοίγων τοὺς ὀφθαλ-
μοὺς οὐ παιδίου ἀνέῳξεν ἀλλ' ἡλικίαν ἔχοντος, ἵνα βλέπῃ ὡς
ἀνήρ. τοιοῦτοι δὲ ἦσαν καὶ οἱ λοιποὶ ἀναβλέψαντες τυφλοί.
ἀληθὲς δὲ ὅτι καὶ ἡλικίαν ἔχων αὐτὸς περὶ ἑαυτοῦ λαλῆσαι
15 δύναται, καὶ μάλιστα ὅτε Ἰησοῦς αὐτὸν ἀναβλέψαι ποιεῖ.
οὐδὲ γὰρ δεῖται οὗτος ἑτέρου πρεσβεύοντος ὑπὲρ αὐτοῦ.

68. In Joann. ix. 27. Rome, *Vat.* 758; *Reg.* 9:
Ven. 27.

Νῦν τὸ μέν· Οὐκ ἠκούσατε· ἴσον ἐστὶ τῷ Οὐ παρεδέ-
ξασθε, οὐκ ἠθελήσατε τὸ λεγόμενον. τὸ δέ· Τί οὖν πάλιν Jo ix 27
θέλετε ἀκούειν; ἰσοδυναμεῖ τῷ Τί δέ, ὦ οὗτοι, ἄρα νῦν
20 ἀκούειν θέλετε; μάτην γὰρ θέλετε ἀκούειν, εἰ μὴ πιστεύετέ

1 om. καί Cord. ἀποκρινόμενον Cord. 2 om. πῶς δὲ—
προτέροις Cord. 5 ὁ σωτήρ] post πηλὸν Cord. om. τὸν Cord.
7 εχομενων RV: ερχομενων S Cord. 8 ἀποκρινεται RVS
9—11 om. Πρὸς τῷ—ὅτι Cord. 9 τῷ] το RVS 11 om. τοῦ
RVS ὁ σωτὴρ ἀνοίγων] ανοιγων ο χς RVS: pr. δὲ Cord.
12 βλέπῃ] βλέπει και RVS² 13 ἀνήρ] +ορα RVS τουτοι
Cord. ἀναβλέψαντες] pr. οι Cord. 14 δὲ]+και S om. ὅτι
Cord. ἡλικίαν] pr. ο Cord. 15 ὅταν Cord. ποιῇ Cord.
16 οὐδὲ] οὔτε Cord. om. ἑτέρου Cord. αὐτοῦ] εαυτου RVS

μοι ἀληθεύοντι, προσκαλεσαμένου πάντα τὸν μανθάνοντα τὸ
ἐμοὶ συμβεβηκὸς ἐπὶ τὸ μαθητευθῆναι αὐτῷ, ὡς θειότερον
πάσης διδασκαλίας ἀνθρωπίνης διδάξαντι.

69. In Joann. ix. 30. Rome, *Vat.* 758; *Reg.* 9:
Ven. 27.

Jo ix 30

Ἔχεταί τινος ἀξιολόγου ὑπονοίας τό· Ἐν τούτῳ θαυ-
μαστόν ἐστι. θαυμαστὸν γάρ ἐστιν εἰ Ἰησοῦς πόθεν ἐστὶν 5
ὑπὸ τῶν τυχόντων γινώσκεται, οὐ γὰρ ὁρῶσιν αὐτοῦ τὴν
ῥίζαν καὶ τὴν πηγὴν τὸν πατέρα.

70. In Joann. ix. 31. Rome, *Vat.* 758; *Reg.* 9:
Ven. 27. Corderius, p. 258.

Οὐκ ἂν δὲ τηλικοῦτο δόγμα τι εἰ ἦν ἀληθές, τὸ μὴ
ἀκούεσθαι τὸν ἁμαρτωλὸν ὑπὸ τοῦ θεοῦ, ⌜ἀποσεσιώπητο,
ἀλλ᾽ εἴρητο ἂν ὑπό τινος ἀξίου πιστεύεσθαι, φέρε εἰπεῖν ἢ 10
τοῦ θεράποντος ἢ τινος τῶν προφητῶν⌝. πῶς δέ, εἰ ἁμαρ-
τωλὸν οὐκ ἤκουσεν ὁ θεός, ἐδιδάσκοντο οἱ ἁμαρτωλοὶ λέγειν·

Mt vi 12

Ἄφες ἡμῖν τὰ παραπτώματα ἡμῶν, ὡς καὶ ἡμεῖς ἀφίεμεν
τοῖς ὀφειλέταις ἡμῶν; τίνων οὖν ἀκούει θεός; τῶν νευόντων
εἰς μετάνοιαν, κἂν μήπω ἐπαύσαντο τοῦ εἶναι ἁμαρτωλοί. 15
εἰ μὴ ἤκουεν ὁ θεὸς ἁμαρτωλῶν, οὐκ ἂν μετὰ τελωνῶν καὶ

cf. Mt ix 11 f.

ἁμαρτωλῶν ὁ σωτὴρ ἡμῶν ἤσθιε καὶ ἔπινεν. ἀλλὰ μὴ
ἐπακουομένων τῶν διὰ τὸ κακῶς ἔχειν χρῃζόντων ἰατρῶν,
οὐκ ἂν ἐθεράπευσεν αὐτούς. διόπερ ὡς ἀνυούσης τῆς εὐχῆς
τῶν ἡμαρτηκότων μὲν οὐ πάντως δὲ ἀπιστούντων ἔτι 20

Ps cxxix
(cxxx) 3

λέγεται τό· Ἐὰν ἀνομίας παρατηρήσῃς, Κύριε, Κύριε τίς

2 συμβεβηκως RVS το] τω RVS   θειωτερον RV   3 δι-
δαξαντα RV   6 γινωσκομενος RVS   8 om. δὲ Cord.
om. τι εἰ Cord.   om. τὸ RVS   9—11 om. ἀποσεσιώπητο—
προφητῶν Cord.   ἀποσεσιωπητε RVS   10 ειρηται V: ειρητε
RS   11 θεραπευοντος RV   δὲ] γὰρ Cord.   εἰ] η RV
14 θεός] pr. ο V   15 εἰς] ἐπὶ Cord.   κἂν] εἰ καὶ Cord.
16 ηκουσεν RVS   17 εσθιεν RVS   18 κακῶς ἔχειν] καλως εχειν
μη RVS   χριζοντων RV: χρησόντων Cord.   19 om. οὐκ—
αὐτοὺς RVS   ανιουσης RV   20 ἡμαρτημένων Cord.   21 παρα-
τηρήσῃ Cord.

ὑποστήσεται; ⌜ἴσως δὲ οὐ περὶ οὗ ἔτυχεν ἐν τῇ εὐχῇ τοῦ
ἁμαρτωλοῦ, ἀλλὰ περὶ τῶν τηλικούτων ἔργων φησὶν, ὁποῖα
ἦν τὰ τοῦ Ἰησοῦ ἔργα. περὶ γὰρ τῶν τοιούτων ἔργων
ἀξιούμενος ὁ θεὸς ὑπὸ ἁμαρτωλῶν οὐκ ἀκούει⌝.   cf. Jo ix 31

**71. In Joann. ix. 35. Rome, *Vat.* 758; *Reg.* 9:
Ven. 27.**

5 Ἤκουϲεν ὁ Ἰηϲοῦϲ ὅτι ἐξέβαλον αὐτὸν ἔξω, καὶ Jo ix 35
εὑρὼν αὐτὸν εἶπεν αὐτῷ Ϲὺ πιϲτεύειϲ εἰϲ τὸν υἱὸν τοῦ
ἀνθρώπου; Ἐπεὶ ἐξέβαλον αὐτὸν οἱ Ἰουδαῖοι ἔξω ἀπ'
αὐτῶν διὰ τὴν ἐπὶ τῷ σωτῆρι παρρησίαν, διὰ τοῦτο εὗρεν
αὐτὸν ὁ Ἰησοῦς. εἰ ἐπὶ τὸ ζητῆσαι καὶ σῶσαι τὸ ἀπολωλὸς cf. Lc xix 10
10 ἐλήλυθεν ὁ σωτὴρ, τέλος δὲ τῷ ζητοῦντί ἐστιν ἡ εὕρεσις τοῦ
ζητουμένου, δῆλον ὅτι οὐχ ἁπλῶς γε ἀκουστέον τό· Εὑρὼν
αὐτόν. καὶ γὰρ αὐτὸν τότε μάλιστα ἔχρην εὑρίσκεσθαι ὅτε
ἐξεβλήθη ὑπὸ τῶν μὴ παραδεξαμένων τὴν περὶ Ἰησοῦ
μαρτυρίαν. ἐκείνων γὰρ ἔξω γενόμενος ἐπιτηδεῖος πρὸς τὸ
15 εὑρεθῆναι γεγένηται. συνετώτερον δὲ ἀκουστέον καὶ τό·
Ἤκουσεν ὁ Ἰησοῦς ὅτι ἐξέβαλον αὐτὸν ἔξω. ἐπεὶ ἀκούσας
τὸ τοιοῦτον τῆς ἀκοῆς αὐτοῦ ἄξιον εὑρίσκει τὸν περὶ οὗ ἤκου-
σεν. εὑρὼν δὲ αὐτὸν ἠρώτα τὸν εὑρεθέντα Εἰ πιστεύεις εἰς
τὸν εὑρόντα υἱὸν τοῦ ἀνθρώπου; καὶ τάχα ὁ μὲν ἀρχόμενος
20 πιστεύει εἰς τὸν υἱὸν τοῦ ἀνθρώπου, ὁ δὲ διαβαίνων
ἀναβαίνει καὶ ἐπὶ τὸ πιστεῦσαι εἰς τὸν υἱὸν τοῦ θεοῦ·
ὥστ' ἂν εἰπεῖν αὐτόν Εἰ καὶ Χριστόν ποτε κατὰ σάρκα cf. 2 Co v 16
ἔγνωμεν, ἀλλὰ νῦν αὐτὸν οὐκέτι γινώσκομεν κατὰ σάρκα
μόνον, ἀλλὰ καὶ υἱὸν τοῦ θεοῦ. πῶς δὲ ἐρωτᾷ ὁ πάντα
25 εἰδώς; καὶ ὅρα εἰ πρὸς τοῦτο φήσεις, παρατιθέμενος τό·
Ἔγνω Κύριος τοὺς ὄντας αὐτοῦ· καὶ τό· Οὐκ οἶδα ὑμᾶς· 2 Tim ii 19;
οὐ γὰρ ἅμα τῷ εὑρεθῆναί τις ἄξιός ἐστι τοῦ γινώσκεσθαι cf. Num xvi 5
κατὰ τό· Νῦν δὲ γνόντες θεόν, μᾶλλον δὲ γνωσθέντες ὑπ' Ga iv 9

1—4 om. ἴσως—ἀκούει Cord.   7 ἀνθρώπου] θεου RV   10 τῷ]
το RV   11 γε] δε R : δη V   12 ὅτε] pr. η RVS   21 τὸ]
τω RV   23 ἔγνωμεν] εγνω R*VS : εγνωριζεν R²   27 τῷ] το RV

αὐτοῦ. ἀλλὰ μετὰ τὴν εἰσαγωγὴν προκοπῆς δεῖ, ἵν᾽ ὀφθῇ
τις καὶ γνωσθῇ τῷ θεῷ. διὰ τοῦτο ἐρωτῶν αὐτὸν ὁ σωτήρ
Jo ix 35 φησι· Σὺ πιστεύεις εἰς τὸν υἱὸν τοῦ ἀνθρώπου; ἐπεὶ δὲ
οὐδέπω ἐδύνατο λέγειν ὅτι Πιστεύω, ἀλλ᾽ ὡς ἀγνοῶν ἀποκρι-
Jo ix 36 θεὶς εἶπε τό· Τίς ἐστι, Κύριε, ἵνα πιστεύω εἰς αὐτόν; ἐν 5
μεθορίῳ τοίνυν ὑπῆρχεν, ἵν᾽ οὕτως εἴπω, ἀπιστίας καὶ
Jo ix 37 πίστεως. διὰ τοῦτό φησι πρὸς αὐτὸν ὁ σωτήρ· Καὶ ἑώρακας
αὐτὸν καὶ ὁ λαλῶν μετά σου ἐκεῖνός ἐστιν.

72. In Joann. ix. 39. Rome, *Vat.* 758; *Reg.* 9: Ven. 27.

Τοιαύτη γὰρ παράδοσις καὶ δόξα παρὰ Ἰουδαίοις ἐκράτει·
Jo ix 2 ὅθεν καὶ οἱ μαθηταὶ ἠρώτων τὸν Ἰησοῦν· Οὗτος ἥμαρτεν ἢ 10
οἱ γονεῖς αὐτοῦ; ἀλλ᾽ ἀπεφήνατο λέγων ὁ κύριος ὅτι Οὔτε
οὗτος οὔτε οἱ γονεῖς αὐτοῦ· περὶ οὗ ἐν τοῖς ἔμπροσθεν
εἴρηται.

73. In Joann. ix. 37. Rome, *Vat.* 758; *Reg.* 9: Ven. 27.

Jo ix 37 Οὐ παρέργως ἀκουστέον τοῦ μέν· Ἑώρακας· ἐπὶ τὸν
παρελθόντα χρόνον ἀναφερομένου, τοῦ δέ· Ὁ λαλῶν μετά 15
σου· ἐπὶ τὸν ἐνεστηκότα, ὅτι ἐκεῖνος ὁ ἑωραμένος ὁ αὐτός
Jo xiv 9 ἐστι τῷ νῦν λαλοῦντι μετ᾽ αὐτοῦ, παρατιθέμενος· Τοσούτῳ
χρόνῳ μεθ᾽ ὑμῶν εἰμι καὶ οὐκ ἔγνωκάς με, Φίλιππε; ὁ
ἑωρακὼς ἐμὲ ἑώρακε τὸν πατέρα. πολλοὶ γὰρ ἑωρακότες
αὐτὸν οὐκ ἔγνων αὐτόν. ἑώρακεν οὖν κυρίως αὐτὸν ὁ τοῖς 20
τῆς ψυχῆς ὀφθαλμοῖς ὑπ᾽ αὐτοῦ τοῦ θεοῦ φωτιζόμενος. ἀπὸ
ἀμφοτέρων τοίνυν ὠφεληθεὶς ὁ ποτὲ τυφλός, ἀπό τε τοῦ ὁρᾶν
Jo ix 38 καὶ ἀπὸ τοῦ λόγου, οὐ μόνον εἶπε· Πιστεύω, Κύριε· ἀλλὰ
καὶ προσεκύνησεν αὐτῷ.

3 ἀνθρώπου] θ̄ῡ RVS   **9** τοιαυτην V²   παραδοσιν R*V*:
παραδοσις R²V²   δοξαν RV   **11** ἀλλ᾽ ἀπεφήνατο] αλλα πεφη-
νατε RV   Οὔτε] om. R*: ins. in mg. al. man.   **16** εστηκοτα R
17 Τοσούτῳ] pr. τω S: τωσουτω V   **20** εγνωσαν RV   **23** om.
καὶ R   ἀπὸ] + τε RV

74. In Joann. x. 30. Rome, *Vat.* 758; *Reg.* 9:
Ven. 27. Vide infra p. 311.

Εἰ πάλιν ἐβάστασαν πρότερον ἐβάστασαν. εἴπερ οὖν
μὴ λανθάνει ἡμᾶς τοῦτο γεγραμμένον, ἀναγκαῖον ζητῆσαι
τὴν αἰτίαν τῆς προσθήκης τοῦ Πάλιν. οἶμαι δὲ ὅτι ὁ
κακῶς λέγων τινὰ λίθον ἐπὶ τὸν κακολογούμενον βάλλει.
5 κακῶς δὲ αὐτὸν ἔλεγον ἐν τοῖς ἀνωτέρω, ὅτε καὶ σχίσμα   Jo x 19
ἐγένετο ἐν τοῖς Ἰουδαίοις διὰ τοὺς λόγους αὐτοῦ. πάλιν
οὖν τὸ βάρος τῶν δυσφήμων βαστάσαντες λόγων τρόπον
ἀφιεμένων ἐπ' αὐτὸν λίθον ὥρμησαν ἐπὶ τὸ λιθάσαι αὐτὸν
τῇ κακολογίᾳ. διὰ τοῦτό φησιν ἡ σοφία· Ὁ βάλλων λίθον   Sap Sir xxvii
10 εἰς ὕψος ἐπὶ τὴν κεφαλὴν αὐτοῦ βάλλει. βάλλειν γὰρ λίθον   25 (28)
εἰς ὕψος λέγεται ὁ ἀδικίαν εἰς ὕψος λαλῶν. εὑρήσεις δὲ ἐν
τῇ θείᾳ γραφῇ μίγμα τοῦ ὡς ἀνιστορικοῦ πρὸς τὸν γυμναστι-
κὸν, καὶ μάλιστα παρὰ τῷ Ἰωάννῃ. τήρει γὰρ ἐν τῇ πρὸς
τὴν Σαμαρεῖτιν διαλέξει πῶς τὸ μέν· Ἐκαθέζετο ἐπὶ πηγῆς   Jo iv 6
15 ὁ Ἰησοῦς· ἀπαγγελία ἐστὶν ὡς περὶ σωματικῆς πηγῆς καὶ
σώματος αἰσθητοῦ. οὐκέτι δὲ δυνατὸν περὶ τοῦ σωματικοῦ
ποτοῦ ἀκούειν ὅτε Ἀπεκρίθη ὁ Ἰησοῦς καὶ εἶπεν αὐτῇ Εἰ   Jo iv 10
ᾔδεις τὴν δωρεὰν τοῦ θεοῦ καὶ τίς ἐστιν ὁ λέγων σοι Δός μοι
πιεῖν, σὺ ἂν ᾔτησας αὐτὸν καὶ ἔδωκέ σοι ὕδωρ ζῶν. καὶ τὰ
20 παραπλήσια· Πολλὰ ἔργα ἔδειξα ὑμῖν· διὰ ποῖον αὐτῶν   Jo x 32
ἔργον λιθάζετέ με; εἴ τις ἐπανελθὼν συναγάγοι ἀπὸ τῆς
ἀρχῆς τοῦ εὐαγγελίου τὰ ἔργα Ἰησοῦ, ἀναγαγὼν αὐτὰ ἐπὶ   cf. Mc i 1
τὰς πνευματικὰς ἐργασίας, οὗτος μάλιστα ὄψεται ποῖα
πολλὰ ἔργα ἔδειξε τοῖς βαστάσασι λίθους ἵνα λιθάσουσι   cf. Jo x 31
25 τὸν Ἰησοῦν· οἷον ἓν τῶν καλῶν ἔργων ἦν τὸ ἐν Κανᾷ   cf. Jo ii 3
σημεῖον, ὅτε ὑστέρησεν ὁ πρότερος οἶνος, διὰ τό· Ὁ νόμος   Lc xvi 16
καὶ οἱ προφῆται μέχρι Ἰωάννου· <τὸ> καλοῦ οἴνου εὐπορη-
κέναι ἡμᾶς, οἷς συνανάκειται Ἰησοῦς. καὶ αὕτη γε ἀρχὴ

1 πάλιν] προτερον RVS   πρότερον] παλιν RVS   2 λανθα-
νην RV   7 τροπων RV   8 τὸ] τω RV   9 της κακολογιας S
11 λεγετε RV   λαλῶν] βαλων RV   14 πηγῆς] της γης RV
19 πιεῖν] ποιειν R*   20, 21 ποιων αυτον εργων RV   27 om. τὸ RV

τῶν σημείων ἐστὶν αὐτοῦ ἐν τῇ κλήσει τοῦ ἀπὸ τῶν ἐθνῶν

Jo ii 11   λαοῦ· ἐπεὶ καὶ γέγραπται· Ταύτην τὴν ἀρχὴν τῶν σημείων
ἐποίησεν ὁ Ἰησοῦς. τὸ δὲ ἑξῆς τοῦτο τὸν οἶκον τοῦ πατρὸς

cf. Jo ii 16   αὐτοῦ, οἶκον ἐμπορίου γενόμενον, ἀποκαταστῆσαι εἰς τὸ
πάλιν γενέσθαι οἶκον τοῦ πατρὸς αὐτοῦ. καὶ τί με δεῖ 5
λέγειν ὅσα πεποίηκεν ἔργα καλὰ ἐκ τοῦ πατρὸς αὐτοῦ;

75. In Joann. x. 40. Rome, *Vat.* 758; *Reg.* 9: Ven. 27.

Ἵνα μὴ ἐκφανῇ σφόδρα τὴν θεότητα καταστήσῃ, συνὼν
ἐπὶ πλέον τοῖς κατέχειν ἐπειγομένοις καὶ μὴ κατεχόμενος,
καὶ τῆς ἀνθρωπίνης τάξεως παραχαράξῃ τὸν ῥυθμόν. πρόσ-
χες δὲ εἰ δύναταί τινα λόγον ἔχειν τὸ μὴ ἁπλῶς γεγράφθαι 10

Jo x 40   τό· Ἀπῆλθεν εἰς τὸν Ἰορδάνην· ἀλλ' ἐπέκεινα καὶ πέραν

cf. Jos xxii   αὐτοῦ. ὥσπερ καὶ οἱ διὰ Μωσέως κληροδοτούμενοι τὴν γῆν,
ἥττους ὄντες τῶν διὰ τοῦ Ἰησοῦ κληροδοτουμένων, ἐν τῷ
πέραν τοῦ Ἰορδάνου ἐκληρώθησαν· ἔνθα βωμὸν μὲν, σύμβο-
λον τοῦ ἐν τῇ ἁγίᾳ γῇ θυσιαστηρίου, κατεσκεύασαν, θυσίαν 15
δὲ ἢ ὁλοκαυτώματα ἐπ' αὐτοῦ οὐκ ἀνέφερον. ἀλλ' ἤδη

Jo x 40   τοπικώτερον ἀκούομεν τοῦ· Ἀπῆλθεν πέραν τοῦ Ἰορδάνου
εἰς τὸν τόπον ὅπου ἦν ὁ Ἰωάννης τὸ πρότερον βαπτίζων.

cf. Jos iii   καὶ ὁ τοῦ Ναυῆ μέντοιγε Ἰησοῦς ἀπὸ τοῦ πέραν τοῦ
Ἰορδάνου μετὰ τεραστίων δυνάμεων διαβιβάζει τὸν λαόν. 20

cf. 4 Reg ii   ἀλλὰ καὶ Ἡλίας μέλλων ἀναλαμβάνεσθαι ὡς εἰς τὸν οὐρα-
νὸν ἅρματι πυρὸς καὶ ἵπποις πυρὸς ἀπὸ τοῦ πέραν τοῦ
Ἰορδάνου τῇ μηλωτῇ διασχίσας τὸ ῥεῦμα τοῦ ποταμοῦ
διέρχεται.

76. In Joann. x. 39. Rome, *Vat.* 758; *Reg.* 9: Ven. 27.

Jo x 39   Ἐζήτουν πάλιν ἀυτὸν πιάσαι· καὶ ἐξῆλθεν ἐκ τῆς 25
χειρὸς ἀυτῶν. Κατὰ δὲ ἀναγωγὴν εἰσί τινες βουλόμενοι

9 παραχαραξει R   22 πυρινω R   26 αυτου RS   αγωγην R

θηρεῦσαι τὸν κατὰ Χριστιανισμὸν λόγον ἐπὶ τὸ ἀνατρέψαι
καὶ ἀνελεῖν αὐτόν. οὗτοι νῦν λέγοιντ' ἂν ζητοῦντες πιάσαι
τὸν Ἰησοῦν. ἀλλ' ἐπεί· Εἰς κακότεχνον ψυχὴν οὐκ εἰσελεύ- Sap Sol i 4
σεται σοφία· καί· Δοκιμαζομένη ἡ ἐν τῷ λόγῳ δύναμις Sap Sol i 3
5 ἐλέγχει τοὺς ἄφρονας· διὰ τοῦτο ἐξέρχεται ὅτε δοκεῖ τοῖς
κρατοῦσιν εἶναι ἐν τῇ χειρὶ αὐτῶν ὁ τῆς ἀληθείας λόγος καὶ
ἔξω γίνεται τῆς χειρὸς αὐτῶν, οὐ δυναμένων αὐτοῦ κατασχεῖν.
διόπερ ὅτε καὶ δοκοῦσιν ἀνατρέπειν οὐ τὸ ἀληθὲς ἀνατρέπου-
σιν, οἳ γὰρ συνίασιν αὐτοί. ἐξελθὼν δὲ ἐκ τῆς χειρὸς
10 αὐτῶν ἔρχεται παρὰ τῷ ποταμῷ Ἰορδάνῃ, ὃς ἑρμηνεύεται
κατάβασις, ἔνθα οἱ οὐρανοὶ ἀνοιγόμενοι μαρτυροῦσι τῷ λόγῳ
ὅτι Οὗτός ἐστιν ὁ υἱὸς τοῦ θεοῦ, εἰς ὃν εὐδόκησεν ὁ πατήρ. cf. Mt iii 17
κἂν πέραν δέ τις τυγχάνει τοῦ ποταμοῦ, ἀλλ' ἐγγίσας αὐτῷ
εὑρήσει τὸν Ἰησοῦν τὸ βέλτιον Ἰωάννου βαπτίζοντα.
15 Ἰωάννης μὲν γὰρ τὸ αἰσθητὸν πρῶτον ἐβάπτισεν βάπτισμα,
Ἰησοῦς δὲ τὸ νοητόν, εἴ γε ἐν πνεύματι ἁγίῳ ἐβάπτιζεν καὶ cf. Mt iii 11
πυρί, μᾶλλον τοῦ ὀφθέντος ἐπὶ τῆς βάτου πυρὸς μὴ κατα- cf. Ex iii 2
καίοντι. πρόσχες δὲ ἐπιμελῶς τῷ· Ὅπου ἦν Ἰωάννης τὸ Jo x 40
πρῶτον βαπτίζων· ἀναμφιβόλως εἰρημένῳ, καὶ ἀμφότερα
20 ἰδὼν τὰ σημαινόμενα ἀπὸ τῆς λέξεως κρῖνον ὁπότερον
χρὴ αὐτῶν παραδέξασθαι· πρῶτον ἐβάπτιζεν Ἰωάννης cf. Jo i 28; iii
πέραν τοῦ Ἰορδάνου· δεύτερον δὲ ἐν Αἰνών, ἐγγὺς τοῦ ²³
Σαλήμ. ἀπῆλθεν οὖν ὁ Ἰησοῦς πέραν τοῦ Ἰορδάνου ἔνθα
πρῶτον ἐβάπτισεν Ἰωάννης τοῦ βαπτίσματος οὗ ἐβάπτιζεν
25 ἐν Αἰνών· ἢ καὶ οὕτως· τὸ μὲν πρῶτον βάπτισμα Ἰωάννης
ἐβάπτισε πέραν τοῦ Ἰορδάνου, τὸ δὲ δεύτερον Ἰησοῦς ὁ
χριστὸς ἐβάπτισεν ὅπου τὸ πρῶτον βάπτισμα δοὺς Ἰωάννης
ἐβάπτισε. δοκεῖ δέ μοι τὸ δεύτερον ἔχειν λόγον μᾶλλον παρὰ
τὸ πρότερον. εἴποι δ' ἄν τις καὶ περὶ τῆς προτέρας τοιαῦτα·
30 τὸ πρῶτον βάπτισμα πέραν τοῦ Ἰορδάνου δίδωσιν Ἰωάννης, ὃ
ἑρμηνεύεται κατάβασις, τὸ δὲ δεύτερον ἐν Αἰνών, ἐγγὺς τοῦ
Σαλήμ. Αἰνὼν δὲ ἑρμηνεύεται Ὀφθαλμὸς βασάνου, καὶ

1 τὸ] τω RV   13 κἂν] και R   18 τῷ] το RV

Σαλὴμ Αὐτὸς ὁ ἀναβαίνων. ἤδη οὖν διορατικώτεροι εἰσὶν
οἱ τὸ δεύτερον λαμβάνοντες λύτρον, καὶ ἀπὸ πολλῆς
βασάνου καὶ πόνου κτησάμενοι τὸν τῆς ψυχῆς ὀφθαλμόν.
καὶ ἔπρεπέ γε τὸ πρῶτον εἶναι βάπτισμα παρὰ καταβάσει,
τὸ δὲ δεύτερον παρὰ ἀναβαίνοντι.   5

77. In Joann. xi. 1. Rome, *Vat.* 758; *Reg.* 9: Ven. 27.

Τὸ ὄνομα τοῦ Λαζάρου δὶς ἐν τοῖς εὐαγγελίοις εὕρομεν·
cf. Lc xvi 19 ff.   πρότερον μὲν ἐν τῷ κατὰ Λουκᾶν ἐν τῇ παραβολῇ τοῦ πλου-
σίου καὶ τοῦ καλουμένου Λαζάρου, ὅτε καὶ ἀπέθανε καὶ εἰς
τὸν κόλπον τοῦ Ἀβραὰμ ἀπῆλθεν· δεύτερον δὲ κατὰ τὴν
ἐκκειμένην λέξιν. πότερον δὲ ὁμωνυμία ἐστὶ δύο ὄντων   10
Λαζάρων, ἢ ἐκεῖνός ἐστιν οὗτος; φήσει γὰρ ὁ βουλόμενος
περὶ ἑνὸς λέγειν ἀμφοτέρους τοὺς εὐαγγελιστὰς ὅτι ἐν ταῖς
cf. Jo xi 39; Lc xvi 22   τρισὶ ταῖς μεταξύ, τεταρταῖος γὰρ ἀνέστη Λάζαρος, ἀπενε-
χθεὶς ὑπὸ τῶν ἀγγέλων εἰς τὸν κόλπον τοῦ Ἀβραὰμ ἀνεπαύ-
σατο. καὶ διὰ τὰ ὑπὸ τοῦ πλουσίου εἰρημένα ἐν τῷ·   15
Lc xvi 27 f.   Ἐρωτῶ οὖν σέ, πάτερ, ἵνα πέμψῃς αὐτὸν εἰς τὸν οἶκον
τοῦ πατρός μου, ἵνα μὴ καὶ αὐτοὶ ἔλθωσιν εἰς τὸν τόπον
τοῦτον τῆς βασάνου· ὑπὸ μὲν τοῦ Ἀβραὰμ οὐκ ἀπεστάλη,
Lc xvi 29   εἰπόντος· Ἔχουσι Μωσέα καὶ τοὺς προφήτας. ὁ δὲ σωτὴρ
καὶ κύριος ἡμῶν ἀνέστησεν αὐτόν, τάχα κατὰ τὸ σιωπώμενον 20
ἀπαγγελοῦντα περὶ ὧν ἑώρακεν καὶ τὰ περὶ τὰς ψυχὰς
οἰκονομούμενα. ἀλλὰ ταῦτα λῆρος· ὁ μὲν γὰρ παρὰ τῷ
cf. Lc xvi 20   πλουσίῳ ἀπερίστατος ἦν καὶ ἀπερριμμένος ἐν τῷ πυλῶνι,
ὁ δὲ εἶχε Μαρίαν καὶ Μάρθαν ἀδελφὰς εὐπόρους καὶ
περιβοήτους παρὰ τοῖς Ἰουδαίοις, ὡς καὶ τὸν Ἰησοῦν   25
ὑποδέχεσθαι. καὶ ἄκουσον τί φησιν αὐτὸς ὁ εὐαγγελιστὴς
Jo xi 2   Ἰωάννης· Ἦν δὲ Μαρία ἡ ἀλείψασα τὸν κύριον μύρῳ. ἡ
ἔχουσα μύρον καὶ ἀγαπωμένη ὑπὸ τοῦ Ἰησοῦ οὐκ ἠλέησε

1 διορατικωτερον V   2 πολης RV   3 βασάνου] βαστανου S:
βαστανουσι RV   4 παρακαταβασις RV   7 om. μὲν R
8 om. καὶ 3° V   11 φήσει] φειση R   18 απεσταλει R
28 ηλεησας RS

τὸν ἀδελφόν, ἐπιθυμοῦντα κορεσθῆναι ἀπὸ τῶν ψιχίων τῶν cf. Lc xvi 21
πιπτόντων ἀπὸ τῆς τραπέζης τοῦ πλουσίου; ἀλλ' οὐκ ἂν
ἔχοι λόγον. ἀπὸ Βηθανίας δὲ ἦν, ὅπερ ἑρμηνεύεται Οἶκος
ὑπακοῆς. τάχα πᾶς ὁ ἀπὸ Βηθανίας ᾠκειωμένος ὑπακοῇ
5 φίλος ἐστὶ τοῦ Ἰησοῦ. ἐπεὶ δὲ τρεπτή ἐστιν ἡ ἀνθρωπίνη
φύσις, κἂν ἀσθενῆσαί ποτε τοῦ Ἰησοῦ φίλος. ἀσθενῆσαι
δ' ἂν ὅτε μὴ πάρεστιν αὐτῷ ὁ Ἰησοῦς, καὶ οὐ μόνον
ἀσθενῆσαι ἀλλὰ καὶ ἀποθάνοι.

78. In Joann. xi. 2. Rome, *Reg.* 9: Ven. 27.
[Corderius, p. 278.]

Ὅτι Μαρία ἡ αὐτή ἐστι καὶ παρὰ τῷ Λουκᾷ ἡ ἀλείψασα cf. Lc vii 38
10 τὸν κύριον μύρῳ δῆλον. ἀλλ' ἐκεῖνος μὲν αὐτῆς ἐσιώπησε
τοὔνομα· Ἰωάννης δὲ καὶ τὸ ἐκείνῳ παραλειφθὲν ἀνεπλήρωσε.
τίς δ' ἂν μὴ παρατραπείη ἐκ τῆς τοιαύτης τοῦ Ἰησοῦ
μαρτυρίας περὶ Μαρίας πρὸς τὸ μὴ ἀπογνοὺς ἑαυτὸν ἐπὶ
τοῖς πρότερον ἥκειν καὶ παρακαθέζεσθαι τοῖς ποσὶ τοῦ
15 Ἰησοῦ καὶ μαθητεύεσθαι αὐτῷ; καὶ γὰρ αὕτη, φησὶ, γυνὴ Lc vii 37 f.
ἦν ἐν τῇ πόλει ἁμαρτωλὸς, ἥτις ἐπιγνοῦσα ὅτι κατάκειται ἐν
τῇ οἰκίᾳ τοῦ Φαρισαίου, κομίσασα ἀλάβαστρον μύρου καὶ
στᾶσα ὀπίσω παρὰ τοὺς πόδας κλαίουσα τοῖς δάκρυσιν
ἤρξατο βρέχειν τοὺς πόδας αὐτοῦ. εἴποι δ' ἄν τις τὴν μὲν
20 Μαρίαν σύμβολον εἶναι τῶν ἀπὸ ἐθνῶν, τὴν δὲ Μάρθαν τῶν
ἐκ περιτομῆς· τὸν δὲ ἐκ νεκρῶν ἀνιστάμενον ἀδελφὸν αὐτῶν
τῶν διά τινα ἁμαρτήματα εἰς ᾅδου καταβεβηκότων, κατὰ τό·
Ἀποστραφήτωσαν οἱ ἁμαρτωλοὶ εἰς τὸν ᾅδην. καὶ οὐκ Ps ix 18
ἀπιθάνως διὰ τὴν ἐν τῷ Μωυσέως νόμῳ πολιτείαν φησὶν
25 εἰρῆσθαι τῇ Μάρθᾳ· Μάρθα, περὶ πολλὰ θορυβῇ, ὀλίγων Lc x 41
δέ ἐστι χρεία· εἰς σωτηρίαν γὰρ οὐ τῶν πολλῶν κατὰ τὸ

5 επειδη RV 6 ἀσθενῆσαι 1°] ασθενηση RV ἀσθενῆσαι 2°]
ασθενησοι RV 8 ασθενησει R : ασθενηση V αποθανη RV
9—19 om. Ὅτι—αὐτοῦ Cord. 14 παρακαθεζεσται S: παρα-
σκευαζεσθαι RV 22 τῶν] τον RV 24 om. τῷ Cord.
Μωσεως V φησει V 25 Μάρθα] + Μαρθα RVS θορυβῇ]
+ και περισπαται RVS

γράμμα τοῦ νόμου ἐντολῶν χρεία, ἀλλ᾽ ὀλίγων, ἐν οἷς
κρέμαται ὅλος ὁ νόμος καὶ οἱ προφῆται, τῶν περὶ ἀγάπης
νενομοθετημένων.

Mt xxii 40 *(left margin, at line 2)*

79. In Joann. xi. 4. Rome, *Vat.* 758; *Reg.* 9:
Ven. 27. [Corderius, p. 282.]

Ὡς μὲν ἐν συμβόλῳ δηλούτω τὸν κατὰ τὴν ἱστορίαν
θάνατον· ὡς δὲ πρὸς ἀναγωγὴν παριστάσθω θάνατον ὃν 5
ἔσθ᾽ ὅτε ὑπνοῦσιν οἱ μὴ ὑπὸ θεοῦ τοὺς τῆς ψυχῆς ὀφθαλμοὺς
πεφωτισμένοι. οὐ πάντως δὲ οἱ μὴ πεφωτισμένοι κοιμῶνται
εἰς θάνατον, ἀλλὰ τῶν ἐνδεχομένων ἐστί· καὶ διὰ τοῦτό
φησιν ὁ ψαλμῳδός· Φώτισον τοὺς ὀφθαλμούς μου, μήποτε
ὑπνώσω εἰς θάνατον. καὶ πρόσεχε ἐπιμελῶς τῷ Μήποτε. 10
εἶπε τοίνυν τοῖς μαθηταῖς παρρησίᾳ, τὸ πρῶτον γὰρ ἐν
παροιμίαις εἴρηκεν· Λάζαρος κεκοίμηται. Καὶ χαίρω δι᾽
ὑμᾶς ὅτι οὐκ ἤμην ἐκεῖ· εἰ γὰρ ἦν ἐκεῖ οὐκ ἂν τέθνηκε
Λάζαρος· ἀδύνατον γὰρ ἀποθανεῖν τινα παρόντος Ἰησοῦ.
ἵνα δὲ ἀναστῇ ἐκ νεκρῶν ὁ ἀποθανών, ἐλθεῖν δεῖ τὸν Ἰησοῦν 15
πρὸς τὸν ἀποθανόντα. δι᾽ ὑμᾶς μέν, φησί, χαίρω, πιστεύον-
τας ἐκ τοῦ μαθεῖν ὅτι ἀπέθανεν ἐκεῖνος οὐκ ὄντος μου παρ᾽
αὐτῷ, καὶ ἵνα βεβαιωθῆτε ἐν τῇ πίστει. αὐτὸς μὲν οὖν
μόνος ἐξυπνίζει τὸν Λάζαρον, τῶν δὲ μαθητῶν ἔργον ἦν
τεθνηκότα δεδεμένον τὰς χεῖρας καὶ τοὺς πόδας κειρίαις, 20
καὶ τῆς ὄψεως αὐτοῦ σουδαρίῳ περιδεδεμένης, λῦσαι αὐτὸν
δεσμοῖς νεκρῶν δεδεμένον καὶ ἀφιέναι αὐτὸν ὑπάγειν κατὰ
τὴν τοῦ Ἰησοῦ κέλευσιν. φησὶ δὲ ὁ Θωμᾶς· Ἄγωμεν ἵνα
συναποθάνωμεν αὐτῷ· ἀναγνοὺς τὰς περὶ τοῦ σωτῆρος
προφητείας· εἰκὸς δὲ ὅτι καὶ ἠκηκόει λείπεσθαι οἰκονομίαν 25
τῷ υἱῷ τοῦ θεοῦ τὴν περὶ ψυχῶν, ἣν ἔμελλε ποιεῖν καταβὰς
εἰς τὸ χωρίον αὐτῶν ἵνα τοῖς ἐν φυλακῇ πνεύμασι κηρύξῃ,
πορευθεὶς πρὸς αὐτά, ἀπειθήσασί ποτε. ἀκούσας οὖν ὅτι

(left margin notes)
Ps xii (xiii) 4 *(at line 9)*
Jo xi 11, 15 *(at line 12)*
cf. Jo xi 44 *(at line 19)*
Jo xi 16 *(at line 23)*
cf. 1 Pe iii 19 f. *(at line 27)*

5 ὅν] ο R   10 τῷ] το R   18 οὖν] ου R   24 ἀναγνοὺς]+ο
θωμας RVS Cord.: hic inc. Corderius.   26 ἦν]+και R
28 om. οὖν RVS

Πορεύομαι ἵνα ἐξυπνίσω αὐτόν· ᾤετο οὐκ ἄλλως ἂν ἐξυπνώ- Jo xi 11
σεσθαι καὶ ἐκ νεκρῶν ἀναστήσεσθαι τὸν Λάζαρον ἢ τοῦ
Ἰησοῦ καταβάντος εἰς τὸ τῶν ψυχῶν χωρίον· ἔτι δὲ καὶ τοῦ
σωτῆρος εἰπόντος· Οὐδεὶς αἴρει τὴν ψυχήν μου ἀπ' ἐμοῦ, Jo x 18
5 ἀλλ' ἐγὼ τίθημι αὐτὴν ἀπ' ἐμοῦ· καὶ τὰ ὅμοια. εἶτα ὡς
γνήσιος αὐτοῦ μαθητὴς, κρίνας αὐτῷ ἀκολουθεῖν ὅποι ποτ' cf. Ap xiv 4
ἂν ἀπίῃ, ἐβούλετο αὐτῷ καὶ τοὺς λοιποὺς μαθητὰς χάριτι
τοῦ Ἰησοῦ συναποθέσθαι τὰ σώματα αὐτῶν. μήποτε δὲ καὶ
τοῦτο ἠπίστατο, ὅτι οὐκ ἄλλως ἔσται συζῆσαι τῷ Ἰησοῦ μὴ
10 συναποθανόντα αὐτῷ, καθὰ καὶ Παῦλος δοκεῖ. οἱ δὲ μὴ cf. 2 Ti ii 11
βουλόμενοι διὰ τοῦτο αὐτὸν λέγειν φήσουσιν ὅτι ὑποπτεύων
τὸν ἐσόμενον φθόνον τῶν Ἰουδαίων ἐκ τοῦ ἀναστῆναι τὸν
Λάζαρον καὶ τὸν ἐπόμενον κίνδυνον τοῦτο αὐτὸν εἰρηκέναι.
Ἐλθὼν οὖν ὁ Ἰησοῦς εὗρεν αὐτὸν τέσσαρας ἡμέρας ἔχοντα. Jo xi 17
15 ὁ τέταρτος ἀριθμὸς ὑλικός τις καὶ σωματικὸς ὢν κατωτικός
ἐστιν, ἐπεὶ τὰ γενικὰ σώματα τέσσαρά ἐστιν, ὅθεν οἱ
δουλούμενοι καὶ οἱ κακούμενοι τέσσαρσιν ἑκατοντάσιν ἐτῶν
πάσχουσι, κατὰ τὸ εἰρημένον· Κακώσουσιν αὐτοὺς καὶ τα- Ge xv 13
πεινώσουσιν αὐτοὺς ἔτη ῡ. τάχα δὲ καὶ τοῦτο εἰς καθαίρεσιν
20 τῶν τῇ φύσει τοῦ σώματος ἀκολουθησάντων ἁμαρτημάτων
τεσσαράκοντα νηστεύει Μωσῆς ἡμέρας, ὁμοίας δὲ καὶ
Ἡλίας, καὶ ὑπὲρ τῶν ἡμετέρων ἁμαρτημάτων ὁ σωτήρ. καὶ
νῦν οὖν ἐλθὼν ὁ Ἰησοῦς εὗρε τὸν Λάζαρον τέσσαρας ἤδη
ἡμέρας ἔχοντα ἐν τῷ μνημείῳ, ὅπερ ἐστὶ νεκρῶν οἰκητήριον·
25 ἁμαρτωλοῖς γὰρ οἱ τάφοι οἰκίαι εἰσὶν, ὅθεν καὶ οἱ δαι-
μονιζόμενοι ὡς ἐπὶ οἰκεῖον τόπον εἰς τὰ μνημεῖα κατα- cf. Mc v 3 ff
φεύγουσιν· οἵτινες ὅσον μὲν ἔνδον εἰσὶν, οὐδεὶς ἰσχύει διὰ
τῆς ὁδοῦ ἐκείνης ἀπελθεῖν, ὅταν δὲ ἐξέλθωσι τὴν γυμνότητα
ἀποτιθέμενοι, ἱματισμῷ κοσμοῦνται καὶ σωφρονοῦσι, καὶ cf. Mc v 15

1 om. ἂν RVS   ἐξυπνισθησεσθαι V   3 ἔτι δὲ] ταδε RVS
5 ἐμαυτου V   6 αὐτοῦ] ὁ τοῦ σωτῆρος Cord.   κρίνας] pr. και
Cord.   ἀκολουθησαι RV   7 ἀπίῃ] ἀπῄει Cord.   om. αὐτῷ
RVS   8 συναποθέσθαι—αὐτῶν] αποθεσθαι το σωμα RVS: hic
expl. Cord.   18 om. καὶ ταπεινώσουσιν αὐτοὺς RV   22, 23 τῶν
—οὖν] locus in V male laesus   25 εἰσὶν—δαιμονιζόμενοι] locus
in V male laesus   26 τοπων R*

τοῖς ποσὶ τοῦ Ἰησοῦ παρακαθέζονται. ὁ δὲ Ἰησοῦς ἐν
καινῷ τίθεται μνημείῳ καὶ καθαρᾷ εἰλίσσεται σινδόνι, καὶ
οὐ φθάνει ἐπὶ τῶν τεσσάρων ἡμερῶν ὧν ἐν νεκροῖς. διὸ
καὶ ἐν νεκροῖς ἐλεύθερος ἦν, καὶ ἐν ἐλευθέρῳ καὶ ἁγίῳ
ἀριθμῷ τῷ τρία ἐγείρεται. ἐν ᾧ καὶ ἁγιάζει ἡμᾶς τῷ λουτρῷ 5
τοῦ ὕδατος, εἰπὼν δεῖν βαπτίζεσθαι ἡμᾶς εἰς τὸ ὄνομα τοῦ
πατρὸς καὶ τοῦ υἱοῦ καὶ τοῦ πνεύματος.

**80. In Joann. xi. 18. Rome, *Vat.* 758; *Reg.* 9:
Ven. 27.**

Βηθανία ἑρμηνεύεται Οἶκος ὑπακοῆς, Ἰερουσαλὴμ δὲ
Ὅρασις εἴρηται. γειτνιᾷ τοίνυν ἐν μέσῳ σταδίων ιε´ ὅσοι
καὶ τοῦ ναοῦ ἀναβαθμοί. διαιρεῖται δὲ ὁ ιε´ ἀριθμὸς εἰς τὸν 10
ζ´ τοῦ σαββάτου καὶ τὸν η´ τῆς περιτομῆς, οἷς μόνοις μερίδα
διδόναι ὁ Ἐκκλησιαστὴς παραινεῖ· Δὸς μερίδα, λέγων, τοῖς
ἑπτά, καί γε τοῖς ὀκτώ. εἴπερ δὲ σύμβολόν ἐστι Μαρία μὲν
τοῦ θεωρητικοῦ βίου, Μάρθα δὲ τοῦ πρακτικοῦ, Λάζαρος δὲ
τοῦ μετὰ τὴν πίστιν ἐν ἁμαρτίαις γενομένου, εἰκότως Μαρία 15
καὶ Μάρθα πενθοῦσι τὸν Λάζαρον, καὶ πενθοῦσαι δέονται τῆς
περὶ τοῦ ἀδελφοῦ παραμυθίας, ἣν βούλονται μὲν προσάγειν
αὐταῖς Ἰουδαῖοι. πρὸ τοῦ πληρώματος <δὲ> τοῦ χρόνου
λόγῳ ἀπογινώσκουσι τοῦ δύνασθαι παῦσαι τοῦ ἐπὶ τῷ
νεκρῷ κλαυθμοῦ τὴν ἀδελφὴν τοῦ τεθνεῶτος. δοκεῖ δὲ ἡ 20
Μάρθα νῦν σπουδαιοτέρα εἶναι τῆς Μαρίας, εἴ γε Μάρθα μὲν
ἔδραμε πρὸς τὸν Ἰησοῦν, Μαρία δὲ οἴκοι ἔμενε καθεζομένη.
εἰσὶ δέ τινες, ὡς ἑκατόνταρχος, μὴ ὄντες ἱκανοὶ τὸν Ἰησοῦν
ὑποδέξασθαι, ἕτεροι δὲ ἄξιοι, ὡς ὁ ἀρχισυνάγωγος· ὅθεν
Μάρθα ὡς ὑποδεεστέρα ἔδραμε πρὸς τὸν Ἰησοῦν, ἡ δὲ Μαρία 25
ἀναμένει οἴκοι αὐτὸν ὑποδέξασθαι, ὡς χωρητικὴ τῆς αὐτοῦ
ἐπιδημίας. καὶ οὐκ ἂν ἐξῆλθε τοῦ ἑαυτῆς οἴκου, εἰ μὴ
ἤκουσε τῆς ἀδελφῆς λεγούσης· Ὁ διδάσκαλος πάρεστι καὶ
φωνεῖ σε. καὶ ἐγερθεῖσα οὐχ ἁπλῶς ἠγέρθη ἀλλὰ ταχύ, καὶ

cf. Mt xxvii 59 f.

cf. Ps lxxxvii (lxxxviii) 6
cf. Eph v 26
cf. Mt xxviii 19

Eccl xi 2

cf. Jo xi 19

cf. Mt viii 8
cf. Mc v 22 f.

cf. Jo xi 20

Jo xi 28 f.
cf. Jo xi 29

3 τεσσάρων] δ´ R   11 ζ´] ευδομον R   η´] ογδοον R   18 om. δὲ
RVS   21 εἶναι] ην RVS   23 ὄντες]+δὲ RV   29 φωνεῖ] φωνη RV

πεσοῦσα πρὸς τοὺς πόδας τοῦ Ἰησοῦ εἶπεν ἃ εἶπεν, ἐκείνης
μὴ προσπεσούσης.

81. In Joann. xi. 26. Rome, *Reg.* 9 : Ven. 27.
[Corderius, p. 286.]

Οὐκ ἀγνοῶν δὲ ὁ σωτὴρ πότερον πιστεύει ἡ Μάρθα τοῖς
λεγομένοις, ἢ μή, πυνθάνεται λέγων· Πιστεύεις τοῦτο; ἀλλ' Jo xi 26
5 ὑπὲρ τοῦ ἡμᾶς, ἢ καὶ τοὺς τότε παρόντας, μαθεῖν ἐκ τῆς
ἀποκρίσεως αὐτῆς τὴν διάθεσιν αὐτῆς. ἄλλος δέ τις φήσει
ὅτι οὐδὲ πυνθάνεται, ἀλλ' ἀποφαίνεται τό· Πιστεύεις τοῦτο.
εἶτα πληροῦσα ἡ Μάρθα τὴν ἀπόφασιν τοῦ σωτῆρος λέγει·
Ναί, κύριε· καὶ οἷον οὐ μόνον τοῦτο ὃ σὺ λέγεις πιστεύω, Jo xi 27
10 τὸ δὲ σὲ εἶναι τὸν χριστὸν οὐ μόνον ἄρτι πιστεύω, ἀλλὰ
καὶ πεπίστευκα, καὶ ὅτι σὺ εἶ ὁ υἱὸς τοῦ θεοῦ ὁ εἰς τὸν
κόσμον ἐρχόμενος, καὶ ἐπιδημῶν πᾶσι τοῖς πιστεύουσιν εἰς
σέ.

82. In Joann. xi. 32. Corderius, p. 287.

Ζητήσαι δ' ἄν τις διὰ τί λέγει· Εἰ ἦς ὧδε· ἐξετάζων τὰ Jo xi 32
15 τῆς ἀναγωγῆς, εἰ ἐστί τι ὅπου οὐκ ἔστιν ὁ Ἰησοῦς; ὥσπερ
οὖν ὅπου εἰσὶ δύο ἢ τρεῖς συνηγμένοι εἰς τὸ αὐτοῦ ὄνομα, Mt xviii 20
ἐκεῖ ἐστιν ἐν μέσῳ αὐτῶν· ἄλλων δὲ μέσος ἔστηκε τῶν μὴ cf. Jo i 26
γινωσκόντων αὐτόν· οὕτως παρῆν τῇ Μαρίᾳ καὶ τῇ Μάρθᾳ.
οὐχ οὕτω γὰρ προκεκόφεισαν ὡς γινώσκειν αὐτὸν παρόντα.

83. In Joann. xi. 34. Rome, *Vat.* 758 ; *Reg.* 9 :
Ven. 27.

20 Τὸ δέ· Ποῦ τεθείκατε αὐτόν; μὴ θαυμάσῃς εἰ ὥσπερ
ὑπὸ ἀγνοοῦντος λέγεται. ἀγνοεῖν γὰρ οὐ μόνον τὸν σωτῆρα
ἀλλὰ καὶ τὸν πατέρα φησὶν ἡ γραφὴ κατὰ σημαινόμενον

3 om. δὲ RVS   σωτὴρ] π̅η̅ρ R   5 ἡμᾶς] pr. καὶ Cord.
6 αὐτῆς 1°—αὐτῆς 2°] την αυτης διαθεσιν RVS: hic expl. Cord.
φησῃ RV   14 ζητησει Cord.   λεγοι Cord.   20 τεθηκατε RV
21 λεγετε RV   22 ἡ γραφὴ] οι γραφοι S: om. RV

ι Co xiv 37 f. κατὰ τό· Εἴ τις ἐν ὑμῖν πνευματικὸς ἐπιγινωσκέτω ἃ γράφω
ὑμῖν, ὅτι τοῦ θεοῦ ἐστίν· εἰ δέ τις ἀγνοεῖ ἀγνοεῖται.
Jo xi 34   ἐρωτᾷ· Ποῦ τεθείκατε αὐτόν; ὥς γε τοῖς μαθηταῖς ἐν-
cf. Jo xi 35 τέλλεται ἀφιέναι τοὺς νεκρούς. δακρύει δὲ ὁ Ἰησοῦς ἐάν
τις αὐτοῦ τῶν φίλων ἐν μνημείῳ γένηται.   5

84. In Joann. xi. 38. Rome, *Reg.* 9: Ven. 27.
[Corderius, p. 290.]

cf. Jo xi 33   Μακρὰν μὲν τυγχάνων τοῦ μνημείου ἐνεβριμήσατο τῷ
πνεύματι. ὅτε δὲ ἐγγὺς γίνεται τῷ νεκρῷ οὐκέτι ἐμβρι-
μᾶται τῷ πνεύματι, ἀλλὰ συνέχει ἐν ἑαυτῷ τὴν ἐμβρίμησιν.
Jo xi 38   διὸ λέγεται· Ἐμβριμώμενος ἐν ἑαυτῷ ἔρχεται εἰς τὸ μνη-
μεῖον. πάλιν δὲ ἐπιτιμᾷ τῷ πάθει ἵνα μάθωμεν ὅτι ἄνθρωπος 10
γέγονεν ἀτρέπτως, ὡς ἡμεῖς. Ἦν δὲ σπήλαιον καὶ λίθος
cf. Lc xxiii ἐπέκειτο ἐπ' αὐτοῦ. ἐτέθη γὰρ οὐκ ἐν οἰκοδομήτῳ τινὶ
53   μνημείῳ ἀλλ' ἐν λαξευτῷ ἐν πέτρᾳ. καὶ τάχα διὰ τοῦτο
cf. Lc xi 47 οὐαὶ τοῖς οἰκοδομοῦσι τάφους ἢ μνημεῖα. οἰκοδομεῖσθαι
γὰρ δεῖ οἰκίας, καὶ ναὸν, καὶ εἴ τι τοῖς ζῶσίν ἐστι χρήσιμον. 15
Jo xi 39   εἶτά φησιν· Ἄρατε τὸν λίθον· ἐπεὶ τὸ σπήλαιον μνημεῖον
ἦν οὐχ ἥψατο αὐτὸς τοῦ λίθου, ἀλλ' ἑτέροις ἐπέτρεψεν ἆραι
τοῖς ἐπιτηδείοις πρὸς τὸ ἔργον. τοῦ δὲ ἐπικειμένου τῷ
cf. Ge xxix στόματι τοῦ φρέατος ἐν τῇ Γενέσει καὶ ἐμποδίζοντος τὰ
10
cf. Ge xxx 42 πρόβατα τοῦ πίνειν, ἀφ' ὧν ἔμελλε γενέσθαι τὰ ἐπίσημα 20
καὶ ἡ μερὶς τοῦ Ἰακώβ, αὐτὸν ἔδει ἐπιλαβέσθαι τὸν
Ἰακώβ, καὶ προσελθόντα τῷ λίθῳ ἀποκυλίσαι αὐτόν. καὶ
ἔδει γε ἐπὶ μὲν τοῦ φρέατος αὐτὸν προσελθεῖν τὸν Ἰακώβ,
ἔξω δὲ τοῦ σπηλαίου στῆναι τὸν Ἰησοῦν.

3 τεθηκατε V   7 τῶν νεκρῶν Cord.   7, 8 om. οὐκέτι—ἀλλὰ
RVS   8 συγχεει RV (vid.)   10, 11 om. πάλιν—ἡμεῖς RVS
11, 12 om. καὶ—αὐτοῦ Cord.   12 om. ἐτέθη γὰρ RVS   13 om.
μνημείῳ RVS   om. ἐν πέτρᾳ RVS   om. καὶ Cord.   15 χρή-
σιμον] expl. Cord.   17 ἀλλ' ἑτέροις] haec verba in V male laesa
sunt: αλλενετεροις S   επετρεπεν RVS   19 Γενέσει] γενε RV

85. In Joann. xi. 51. Rome, *Vat.* 758; *Reg.* 9:
Ven. 27. [Corderius, p. 298.]

Οὐκ, εἴ τις προφητεύει, προφήτης· ἀλλ' εἴ τις προφή
της, οὗτος προφητεύει. Βαλαὰμ γὰρ, μάντις ὤν, προφη- cf. Jos xiii 22
τεύει. οὐ γὰρ, εἴ τις ἰατρικόν τι ἐποίησεν, ἤδη καὶ ἰατρός·
ἢ καὶ οἰκοδομικόν τι ποιήσας, ἤδη καὶ οἰκοδομικός. καί
5 τινες μὲν βούλονται μὴ ἀπὸ τοῦ ἁγίου πνεύματος τὸν
Καιάφαν εἰρηκέναι διὰ τὸ λέγειν τὸν Δαυεὶδ ἁμαρτήσαντα·
Καὶ τὸ πνεῦμά σου τὸ ἅγιον μὴ ἀντανέλῃς ἀπ' ἐμοῦ· καὶ Ps l (li) 13
μὴ κατοικεῖν αὐτὸ ἐν σώματι καταχρέῳ ἁμαρτίᾳ, ἀλλ' ὑπὸ cf. Sap Sol
i 4
ἐνεργείας πονηρῶν πνευμάτων. δύνασθαι γάρ φασιν ἔστιν
10 ὅτε προλέγειν τοὺς δαίμονας ὡς ἐπὶ Παύλου τὸ πνεῦμα τοῦ cf. Act xvi
16 f.
πύθωνος, καὶ ἐπὶ τοῦ σωτῆρος τό· Ἔα, τί ἡμῖν καὶ σοί, υἱὲ Lc iv 34
τοῦ θεοῦ; μανθάνομεν δὲ ὅτι οὐ πάντα λέγουσιν ἀφ' ἑαυτῶν
οἱ ἄνθρωποι, ἀλλά τινα καὶ ἐνεργούμενοι ἢ ὑπὸ κρείττονός
τινος δυνάμεως ἢ ὑπὸ χείρονος. πλὴν ὥσπερ τινὲς τῶν
15 ἑτεροδόξων τὸν νοῦν τῆς γραφῆς παρεκδέχονται, οὕτως οἱ
Φαρισαῖοι τὸ ὑπὸ Καιάφα ῥηθὲν πρὸς τὸν ἑαυτῶν ἐκλαμβά
νουσι νοῦν.

86. In Joann. xi. 54. Rome, *Reg.* 9: Ven. 27.
Corderius, p. 299.

Θέλει μὲν ἐπιστρέφειν ἡμᾶς ἀπὸ τοῦ ἀλογώτερον καὶ
θερμότερον ἐπιπηδᾶν τοῖς κινδύνοις, μηδ' ἂν ὑπὲρ τῆς
20 ἀληθείας ὦσιν, ἀλλὰ καταλαμβανομένους μὲν ἵστασθαι,
μέλλοντας δὲ ἀναδύεσθαι, διὰ τὸ τῆς ἐκβάσεως ἄδηλον.
πρὸς δὲ ἀναγωγὴν ῥητέον ὅτι Ἰησοῦς πάλαι μὲν παρρησίᾳ
τοῖς Ἰουδαίοις περιεπάτει διὰ τῶν προφητῶν, νῦν δὲ οὐκέτι.
οὐ γάρ ἐστιν ἐν αὐτοῖς λόγος θεοῦ, ἀλλ' ἀπῆλθεν ἀπ' αὐτῶν
25 εἰς τὴν ἔρημον, περὶ ἧς λέγεται· Ὅτι πολλὰ τὰ τέκνα τῆς [s liv 1

2 om. οὗτος Cord.   3 om. τι RVS   4 om. ἢ καὶ—οἰκοδο-
μικός RVS   καὶ 2°] + ὁ Cord.   οἰκοδομικός] expl. Cord.
16 ἑαυτὸν V   18 θέλει μέν] καὶ βουλομενου του λογου RV
22—25 om. ὅτι—λέγεται RV

ἐρήμου μᾶλλον ἢ τῆς ἐχούσης τὸν ἄνδρα· ἐγγὺς Ἐφραὶμ,
ἥτις ἑρμηνεύεται Καρποφορία· ἀδελφὸς ὢν Μανασσῇ πρε-
σβυτέρου τοῦ ἀπὸ λήθης· μετὰ γὰρ τὸν ἀπὸ λήθης λαὸν
γεγέννηται ἡ ἐξ ἐθνῶν καρποφορία. κἀκεῖ ἔμεινεν μετὰ τῶν
μαθητῶν· πάρεστι γὰρ τῇ καρποφορίᾳ. καὶ ἐπὶ τῇ γενέσει 5

cf. Ge xlvii 12 μὲν τοῦ Ἐφραὶμ εἴποι ἂν ὁ γεννήσας αὐτὸν σιτομέτρης ἡμῶν
cf. Phil ii 8 κύριος, ὁ ταπεινώσας ἑαυτὸν καὶ γενόμενος ὑπήκοος μέχρι
Ge xli 52 θανάτου· Ηὔξησέ με ὁ θεὸς ἐν γῇ τῆς ταπεινώσεώς μου.

87. In Joann. xii. 26. Rome, *Vat.* 758; *Reg.* 9: Ven. 27.

Ὁ ἑπόμενος αὐτῷ τῷ ἕπεσθαι αὐτῷ διακονεῖ αὐτῷ. ὁ δὲ
διακονῶν αὐτῷ διάκονος αὐτοῦ ἐστί· καὶ διὰ τοῦτο ὅπου 10
ἔστιν ὁ λόγος καὶ αὐτός ἐστιν. οὐ σωματικῶς δὲ καὶ
τοπικῶς τὴν ἐπαγγελίαν νοητέον. εἰ δὲ, ὡς ἐν σωματικοῖς
τόποις, ἔστι τις τόπος τοῦ αἰθέρος ἐν τοῖς καθαρωτάτοις καὶ
λεπτότητι φωτὸς διαυγεστέροις, οὐκ ἂν ἁμάρτοι τις τῶν ἐν
σώματι τοὺς διαφέροντας ἀπολαμβάνοντας κατὰ τὴν ἀξίαν 15
ἐν τῇ ἀναστάσει σῶμα δόξης ὑπερεχούσης καὶ διαφερούσης
ἐν ἐκείνοις γίνεσθαι τοῖς χωρίοις ὡς ἐπιτηδειοτάτοις πρὸς
τὴν σχολὴν τῶν θεωρημάτων τοῦ θεοῦ λόγου. καὶ τῇ μὲν
ἐπινοίᾳ ἕτερόν ἐστι τὸ ὅπου ἔστιν ὁ θεὸς λόγος ἐκεῖ εἶναι
τὸν διάκονον αὐτοῦ, τῷ δὲ πράγματι ταὐτόν ἐστι τῷ τιμᾶσθαι 20
αὐτὸν ὑπὸ τοῦ πατρός. τῇ γὰρ τιμῇ τῇ ἀπὸ τοῦ πατρὸς τὸ
τιμώμενον γίνεται ὅπου ὁ θεὸς λόγος.

88. In Joann. xii. 27. Rome, *Vat.* 758; *Reg.* 9: Ven. 27.

Πᾶσα ἡ τοῦ Σατανᾶ δύναμις ἅμα τοῦ αὐτῆς ἡγεμόνος
κατὰ τὸν καιρὸν τοῦ σωτηρίου πάθους ἐπεστράτευσε τῷ

4, 5 κἀκεῖ—μαθητῶν] Ἀπῆλθεν ἐκεῖθεν εἰς Ἐφραὶμ Cord.
5 καρποφορα RV ἐπὶ] ἐν RV 6 om. μὲν Cord. εἴποι
ἂν] εἶπεν Cord. 7 κύριος] pr. ὁ Cord. 8 om. Ηὔξησε—μου
Cord. 16 δοξη RV 17 om. τοῖς R 20 ἐστι]+ παρα RVS

σωτῆρι· ἃς ὁρῶσα ἡ τοῦ σωτῆρος ψυχὴ ἀνθρωπίνως ἐταράτ-
τετο, οὐ τὸν θάνατον δειλιῶσα, εἰ καὶ τοῦτο ἀνθρώπινον,
ἀλλὰ τὸ μὴ ἡττηθῆναι. ἐνεδίδου γὰρ αὐτῇ ὁ χριστὸς καὶ
πάσχειν ἔσθ᾿ ὅτε τὰ ἴδια, καὶ ἐπείπερ ἔμελλε τοῖς ὑπα- cf. He v 9
5 κούουσιν αὐτῷ αἴτιος σωτηρίας αἰωνίου γίνεσθαι, διὰ τοῦτο
περὶ τούτων ἐλυπεῖτο αὐτοῦ ἡ ψυχὴ, καὶ ἐταράττετο, οὐχ ὡς
ἄν τις νομίσειεν ὑπὸ τῆς ταραχῆς κατακρατούμενος, ἀλλ᾿
ἀκαριαίως· τοῦτο γὰρ σημαίνει τὸ νῦν, ἅμα γὰρ τῷ ἄρξασθαι
καὶ ἐπαύσατο, καὶ ὡς ἔπος εἰπεῖν σημεῖον ἦν χρόνου. ὅρα
10 δὲ μήποτε καὶ αὐτὸς πρὸς τὰς στρατευομένας κατ᾿ αὐτοῦ
δυνάμεις πονηρὰς ἀγῶνα εὔχεται γενέσθαι οὐκ ἐν παρατάσει
χρόνου ἀλλ᾿ ἐν τῷ νῦν, †ἥτις† Ἰησοῦ ψυχῇ ἤρκει πρὸς τὸ
νικηθῆναι πᾶσαν τὴν δύναμιν τοῦ πονηροῦ.

89. In Joann. xii. 31. Corderius, p. 317.

Τὸ ἐν τῷ σταυρῷ πάθημα αὐτοῦ κρίσις ἦν τοῦ κόσμου
15 τούτου παντός, ἐπείπερ εἰρηνοποιήσας διὰ τοῦ αἵματος τοῦ Col i 20
σταυροῦ αὐτοῦ, εἴτε τὰ ἐπὶ γῆς εἴτε τὰ ἐν οὐρανοῖς, μετὰ cf. Col ii 15
θριαμβεύσεως ἐν τῷ ξύλῳ, ἃς ἀπεξεδύσατο ἀρχὰς καὶ
ἐξουσίας, ἐκάθισεν ἐν τοῖς ἐπουρανίοις, ἀποκαθιστὰς πάντα cf. Eph ii 6
ἐπὶ τὸ ἑκάστῳ ἁρμόζον καὶ πρέπον τέλος. ἐπεὶ οὖν τὸ
20 συνέχον τὴν περὶ ἑκάστου τῶν ὄντων κρίσιν ἡ ἐν τῷ σταυρῷ
οἰκονομία ἦν, διὰ τοῦτο, ἐγγίζοντος τοῦ κατὰ τὸ ἐν αὐτῷ
πάθος καιροῦ, εἶπε τό· Νῦν ἡ κρίσις ἐστὶ τοῦ κόσμου Jo xii 31
τούτου.

90. In Joann. xii. 31 ff. Rome, Vat. 758; Reg. 9: Ven. 27.

Ἐπεὶ τὸ τοῦ σωτῆρος ἡμῶν πάθος ἐπὶ καθαρισμῷ τῶν
25 προεγνωσμένων ἐγίνετο ἐν οἷς ὁ κόσμος κρίνεσθαι ἔμελλε,
διὰ τοῦτο λέλεκται τό· Νῦν κρίσις ἐστὶ τοῦ κόσμου τούτου· Jo xii 31

4 τοῖς] pr. παρα RV   **6** περὶ] παρα R   **8** τῷ] το RV
10 αὐτὸς] αυτον RV   **15** εἰρηνοποιήσας] εἰρήνην ὁ ποιήσας Cord.
24 Ἐπεὶ] επι R

ὡσανεὶ ἔλεγεν Ἐνέστη καιρὸς ἀναδείξεως τῶν κρινούντων
τὸν κόσμον· ἢ ἐπεὶ τῷ καιρῷ τοῦ σωτηρίου πάθους ἔμελλεν
ὁ τύραννος καθαιρεθήσεσθαι, λέλεκται τό· Νῦν ὁ ἄρχων
τοῦ κόσμου ἐκβληθήσεται· ἢ τάχα κατὰ τὸ ἐξώτερον
σκότος.   5

Ἄγνοιαν δὲ αὐτῷ ἐλέγχουσι τὴν περὶ τοὺς προφήτας
καὶ τὴν οὐκ ἀκριβῆ γνῶσιν τῶν γεγραμμένων ὑποδεικνύουσιν.
cf. Jo xii 34   τὸ μὲν γὰρ εἰς τὸν αἰῶνα μένειν τὸν χριστὸν ἀπὸ τῶν
τοιούτων εἰλήφασι φωνῶν· τὸ δὲ τοῦ θανάτου μυστήριον
μεταξὺ γινόμενον καὶ τὴν πρὸς ὀλίγον διάλυσιν τῆς ψυχῆς 10
ἀπὸ τοῦ σώματος οὐ συνίεσαν οὐδὲ ἐξηκρίβουν.   τὴν δὲ
αἰτίαν αὐτοὺς ἔδει εἰδέναι ὅτι δύο προφητευομένων Χριστοῦ
ἐπιδημιῶν, τὴν μὲν ἐνδοξοτέραν καὶ ἐπὶ συντελείᾳ ἐσομένην
τοῦ αἰῶνος ὁ ὄχλος τῶν Ἰουδαίων ἤλπιζε, τὴν δὲ πρὸ αὐτῆς
cf. Lc xiii 35   οὐ πάνυ τι συνίει.   διὸ καταλείπεται ὁ οἶκος αὐτῶν.   15

91. In Joann. xii. 35. Rome, *Vat.* 758; *Reg.* 9: Ven. 27.

cf. Mt xiii 12   Ἐπείπερ ὡς παντὶ τῷ ἔχοντι δοθήσεται καὶ περισσευ-
θήσεται, οὕτως ἀπὸ τοῦ μὴ ἔχοντος καὶ ὃ δοκεῖ ἔχειν ἀρθήσε-
cf. Lc xix 20   ται ἀπ᾽ αὐτοῦ· εἴ τίς τε λαβὼν τὴν μνᾶν δεσμεύσει αὐτὴν ἐν
Jo xii 35   σουδαρίῳ, ἀκούσεται τό· Ἔτι μικρὸν τὸ φῶς ἐν ὑμῖν ἐστιν·
Lc xix 24   ὅσον γὰρ οὐδέπω λέξεται τό· Ἄρατε ἀπ᾽ αὐτοῦ τὴν μνᾶν· 20
cf. Lc xvi 10   ἐπείπερ ὁ ἐν ὀλίγῳ ἄδικος καὶ ἐν πολλῷ ἄδικός ἐστι· καὶ
οὕτω δ᾽ ἄν τις τὰ κατὰ τὸν τόπον διηγήσαιτο.   ὥσπερ ἡ
βασιλεία τοῦ θεοῦ παρὰ Ἰουδαίοις ἦν, οὕτω καὶ τὸ φῶς ἐν
αὐτοῖς ἐτύγχανε· καὶ ὥσπερ διὰ τὸ μὴ ἀποδεδωκέναι αὐτοὺς
τοὺς ἐπιβάλλοντας τῇ βασιλείᾳ τοῦ θεοῦ καρποὺς ἤκουσαν 25
Mt xxi 43   τό· Ἀρθήσεται ἀφ᾽ ὑμῶν ἡ βασιλεία τοῦ θεοῦ καὶ δοθήσε-
ται ἔθνει ποιοῦντι τοὺς καρποὺς αὐτῆς, οὕτως ἐπείπερ ὄντος
cf. Jo xii 35   τοῦ φωτὸς ἐν αὐτοῖς οὐ περιεπάτησαν ὡς μὴ σκοτίαν αὐτοὺς
λαβεῖν.   διὰ τοῦτο μετὰ τὸν μικρὸν χρόνον τὸ ἐν αὐτοῖς

2 επι R   6 om. δὲ R   αυτων V

φῶς ἀπ' αὐτῶν ἀφηρέθη καὶ ἐδόθη τῷ ποιοῦντι ἔθνει τοὺς
καρποὺς τοῦ φωτός, γενομένῳ ὡς τὰ ἄστρα τοῦ οὐρανοῦ καὶ
χρηματίζοντι φῶς τοῦ κόσμου, καὶ τοῦτο εἰληφότι ἀπὸ τοῦ
φήσαντος· Ἐγώ εἰμι τὸ φῶς τοῦ κόσμου.　　　　　Jo viii 12

92. In Joann. xii. 39 f. Rome, *Vat.* 758; *Reg.*
9: Ven. 27. Corderius, p. 322.

5　Ὅτι γὰρ αὐτεξουσίους ἡμᾶς οἶδεν ἡ θεία γραφὴ, ψέγουσα
μὲν ὡς παρ' ἑαυτοὺς ψεκτοὺς τοὺς ἁμαρτάνοντας, ἐπαινοῦσα
δὲ ὡς παρὰ τὴν ἑαυτῶν αἰτίαν ἐπαινετοὺς τοὺς τηροῦντας τὴν
θείαν ἐντολὴν, ἄκουσον τί φησιν ἐν τῷ Δευτερονομίῳ· Καὶ　Deut x 12 f.
νῦν, Ἰσραὴλ, τί Κύριος ὁ θεός σου αἰτεῖ παρά σου ἀλλ' ἢ
10　φοβεῖσθαι Κύριον τὸν θεόν σου, πορεύεσθαι ἐν πάσαις ταῖς
ὁδοῖς αὐτοῦ καὶ ἀγαπᾶν αὐτὸν καὶ λατρεύειν Κυρίῳ τῷ θεῷ
σου ἐξ ὅλης καρδίας σου καὶ ἐξ ὅλης τῆς ψυχῆς σου,
φυλάσσεσθαι τὰς ἐντολὰς τοῦ κυρίου καὶ τὰ δικαιώματα
αὐτοῦ, ὅσα ἐγώ σοι ἐντέλλομαι σήμερον, ἵνα εὖ ᾖ σοί; ἐν
15　δὲ τῷ Μιχαίᾳ· Εἰ ἀναγγέλῃ σοι, ἄνθρωπε, τί καλόν; ἢ τί　Mi vi 8
Κύριος ἐκζητεῖ παρά σου ἀλλ' ἢ τοῦ ποιεῖν κρίμα καὶ ἀγαπᾶν
ἔλεος, καὶ ἕτοιμον εἶναι τοῦ πορεύεσθαι μετὰ Κυρίου τοῦ
θεοῦ σου; ὅσον οὖν ἐπὶ τούτοις δυνατόν ἐστιν ἕκαστον ἡμῶν
γενέσθαι δίκαιον ἢ ἄδικον. νοήσεις τοίνυν τό· Ἐτύφλωσεν　Jo xii 40
20　αὐτῶν τοὺς ὀφθαλμοὺς καὶ ἐπώρωσεν αὐτῶν τὰς καρδίας·
ἀναφέρεσθαι ἐπὶ τὸν πονηρὸν, καθὰ προείρηται, τυφλώσαντα
τινῶν τοὺς ὀφθαλμοὺς καὶ πηρώσαντα αὐτῶν τὴν καρδίαν,
ἵνα μὴ ἴδωσι τοῖς ὀφθαλμοῖς, καὶ ἵνα μὴ νοήσωσι τῇ
καρδίᾳ, καὶ ἵνα μεταστραφῶσι καὶ ἰάσηται αὐτοὺς ὁ κύριος.
25　οὐ γὰρ ὥσπερ εἴρηται· Τετύφλωκεν αὐτῶν τοὺς ὀφθαλμοὺς
καὶ πεπώρωκεν αὐτῶν τὴν καρδίαν· οὕτω γέγραπται καὶ τό·

1, 2 ἔθνει τοὺς καρποὺς] τους καρπους τα εθνη RV　om. τοὺς
καρποὺς τοῦ φωτὸς S　**5** om. Ὅτι γὰρ RVS　ψέγουσα] λεγουσα
RVS　**6** ἑαυτοὺς] αὐτοὺς Cord.　**7** ἑαυτῶν] αὐτῶν Cord.
8—18 om. ἄκουσον—θεοῦ σου RVS　**18** om. ἐστιν RV
19 τοίνυν] οὖν Cord.　ἐντύφλωσεν Cord.　**20** om. αὐτῶν 2° RVS
21—24 om. καθὰ—κύριος RVS　**23—26** om. καὶ—καρδίαν RVS
26 om. καὶ τό RVS

Ἵνα μὴ στραφῶσι καὶ ἰάσηται αὐτούς. ἄλλος οὖν ὁ τυφλῶν

cf. Is lxi 1 τοὺς ὀφθαλμοὺς καὶ πωρῶν τὰς καρδίας, καὶ ἄλλος ὁ ἰώμενος
τοὺς ἐπιστρέφοντας καὶ τοὺς συντετριμμένους τὴν καρδίαν
καὶ τοὺς τυφλούς. καὶ ὁ ἀπόστολος· δὲ ἐν τῇ πρὸς Κοριν-
2 Co iv 3 f. θίους δευτέρᾳ τοῦτό φησιν· Εἰ δέ ἐστι κεκαλυμμένον <ἐν 5
τοῖς ἀπολλυμένοις ἐστὶ κεκαλυμμένον>, ἐν οἷς ὁ θεὸς τοῦ
αἰῶνος τούτου ἐτύφλωσε τὰ νοήματα τῶν ἀπίστων, εἰς τὸ
μὴ αὐγάσαι τὸν φωτισμὸν τῆς δόξης τοῦ εὐαγγελίου τοῦ
χριστοῦ, ὅς ἐστιν εἰκὼν τοῦ θεοῦ. καὶ οὐ θαυμαστὸν εἰ
ὑποβάλλοντες ἑαυτοὺς δι' ὧν ἥμαρτον τῷ πονηρῷ τυφλοῦν- 10
cf. Jo xii 40 ται τοὺς ὀφθαλμοὺς ὑπ' αὐτοῦ καὶ πωροῦνται τὰς καρδίας
κατὰ τὸ θέλημα αὐτοῦ, πάντα ποιοῦντος ἵνα μὴ ἴδωσι τοῖς
ὀφθαλμοῖς καὶ νοήσωσι τῇ καρδίᾳ καὶ στραφῶσιν. ἀλλὰ
Jo xii 39 καὶ εἰς τό· Διὰ τοῦτο οὐκ ἠδύναντο πιστεύειν· τοιαῦτα λεκ-
cf. Jo ix 1 τέον, ὅτι ὥσπερ ἐπὶ τοῦ ἀπὸ γενετῆς τυφλοῦ, ὃν ὕστερον 15
ὁ σωτὴρ ἡμῶν ἰάσατο, εἴ τις ἔλεγεν ὅτι Οὐδὲ δύναμαι
βλέπειν διὰ τὸ τυφλὸν εἶναι, οὐ τοῦτο ἔλεγεν, ὅτι οὐ δυνατὸν
cf. Jo xi 37 αὐτόν ποτε ἰδεῖν· δυνατὸν γὰρ ἦν, Ἰησοῦ τοῦ ἀνοίγοντος τοὺς
ὀφθαλμοὺς τῶν τυφλῶν χαριζομένου τοῖς τυφλοῖς τὸ βλέπειν,
τοὺς τέως μὴ δυνηθέντας βλέπειν ὕστερον ἰδεῖν. οὕτω τούς 20
ποτε μὴ δυναμένους πιστεύειν διὰ τὸ τετυφλῶσθαι αὐτῶν
τοὺς ὀφθαλμοὺς ὑπὸ τοῦ πονηροῦ οὐκ ἀδύνατον ἦν πιστεῦσαι
Mt ix 27 προσελθόντας τῷ Ἰησοῦ καὶ εἰπόντας· Υἱὲ Δαβὶδ, ἐλέησον
ἡμᾶς· καὶ ἀξιώσαντας ἀναβλέψαι. περὶ δὲ τοῦ μὴ αὐταῖς
λέξεσιν εἰρῆσθαι παρὰ τῷ προφήτῃ τὸ κείμενον ἐν τῷ 25
εὐαγγελίῳ οὐ θαυμαστὸν, πολλαχοῦ τοῦτο ποιησάντων τῶν

1 ιασεται V　　2 τὴν καρδίαν Cord.　　ἄλλος] ἕτερος RVS
2, 3 ο τους επιστρεφοντας ιωμενος RVS　　3—9 om. καὶ—θεοῦ RVS
5, 6 om. ἐν τοῖς—κεκαλυμμένον Cord.　　11 om. τὰς καρδίας Cord.
12 αὐτοῦ]+τὴν ἑαυτῶν καρδίαν Cord.　　ποιουντες RV　　13—15 ὀ-
φθαλμοῖς—λεκτέον] locus male laesus in V　　15 om. ὃν V Cord.
16—18 εἴ τις—ἰδεῖν] locus male laesus in V　　16 Οὐδὲ δύναμαι]
οὐ δύναται Cord.　　17 om. βλέπειν—δυνατὸν RVS　　18 ποτε
αυτα RV　　τοῦ ἀνοίγοντος] τω ανοιξαι RVS　　19 om. τῶν
τυφλῶν—βλέπειν RVS　　20 δυνηθέντας] δυνατον R　　21, 22 om.
διὰ τὸ—πονηροῦ RVS　　23, 24 om. καὶ—ἀναβλέψαι RVS
24 om. δὲ Cord.　　26 πολλαχοῦ]+γαρ V　　τοῦτο]+γαρ RS

διακονησαμένων τὰ τῆς καινῆς διαθήκης λόγια, ὡς καὶ ἐν ἄλλοις τετηρήκαμεν. πλὴν ἰσοδυναμεῖ τὰ τοῦ Ἡσαΐου ῥητὰ τοῖς ἐγκειμένοις ἐν τῷ εὐαγγελίῳ.

93. In Joann. xii. 44. Rome, *Vat. Gr.* 758; *Reg.* 9: Ven. 27. [Corderius, p. 326.]

Καὶ τοῦτο δὲ ἐν τῇ προκειμένῃ λέξει κατανοητέον, ὅτι
5 δύο πράγματα λέγεται περὶ τοῦ σωτῆρος. πρότερον μὲν ὃ
καὶ πρότερον γίνεται, πρότερον γὰρ τὸ πιστεύειν εἰς αὐτόν·
δεύτερον δὲ ὃ καὶ δεύτερον ὁδῷ παραγίνεται· τοῦτο γάρ ἐστι
τὸ ὑπὲρ τὸ πιστεύειν, ὅπερ ἐστὶ τὸ θεωρεῖν τὸν λόγον, καὶ ἐν
τῷ θεωρεῖν τὸν λόγον θεωρεῖν τὸν πατέρα. φθάνει δὲ τὸ
10 μὲν πιστεύειν καὶ ἐπὶ τὸ πλῆθος τῶν προσερχομένων τῇ
θεοσεβείᾳ, τὸ δὲ θεωρεῖν τὸν λόγον καὶ ἐν αὐτῷ τὸν πατέρα
κατανοεῖν οὐκ ἔστιν ἐπὶ πάντας τοὺς πιστεύοντας ἀλλ' ἐπὶ
μόνους τοὺς καθαροὺς τῇ καρδίᾳ. οὕτως δὲ ἀκούω καὶ cf. Mt v 8
τοῦ· Ὁ ἑωρακὼς ἐμὲ ἑώρακε τὸν πατέρα. οὐ γὰρ ὁ προσ- Jo xiv 9
15 βάλλων τὴν ἐν τοῖς σωματικοῖς ὀφθαλμοῖς ὁρατικὴν δύναμιν
τῷ τε Ἰησοῦ τῷ τε σώματι ἑώρακε τὸν πατέρα καὶ θεὸν
αὐτοῦ. οἶμαι δὲ ὅτι καὶ ἐδεῖτο χρόνου καὶ συνασκήσεως
ἵν' οὕτως ἴδῃ τὸν Ἰησοῦν, καὶ ὁρῶν τὸν υἱὸν θεωρήσῃ καὶ τὸν
πατέρα. διόπερ εἰπόντι τῷ Φιλίππῳ· Δεῖξον ἡμῖν τὸν Jo xiii 8 f.
20 πατέρα καὶ ἀρκεῖ ἡμῖν· εἶπεν ὁ Ἰησοῦς· Τοσούτῳ χρόνῳ
μεθ' ὑμῶν εἰμι καὶ οὐκ ἔγνωκάς με; ὁ ἑωρακὼς ἐμὲ ἑώρακε
τὸν πατέρα. πρόσχες δὲ εἰ δύνασαι τῇ διαφορᾷ τοῦ πιστεύειν
καὶ τοῦ θεωρεῖν ἐνιδὼν συνεῖναι καὶ τὴν αἰτίαν δι' ἣν οὔτε
ὁμοίως τῷ· Ὁ πιστεύων εἰς ἐμὲ οὐ πιστεύει εἰς ἐμὲ ἀλλ' εἰς Jo xii 44

1 διακονουμένων Cord. λόγια] λεγει RVS 2 τετηρηκασι
RV (vid.) S ἰσοδυναμοῖ Cord. 3 om. ῥητὰ RVS om. ἐν
Cord. 4 om. καὶ Cord. 5 λεγει V 9 om. τὸν λόγον
θεωρεῖν RVS 10 om. τὸ πλῆθος Cord. 14 τοῦ· Ὁ] τὸ Cord.
ὁ προσβάλλων] προβαλλων RV 17 αὐτοῦ] expl. Cord. 18 θεω-
ρήσει RV 19 πατερα] + ο εωρακως εμε εωρακε τον π̄ρ̄α R
21, 22 om. ὁ ἑωρακὼς—πατέρα R

τὸν πέμψαντά με· εἴρηται τό· Καὶ ὁ θεωρῶν ἐμὲ θεωρεῖ τὸν
πέμψαντά με· οὔτε παραπλησίως τῷ· Ὁ θεωρῶν ἐμὲ θεωρεῖ
τὸν πέμψαντά με· λέλεκται τό· Ὁ πιστεύων εἰς ἐμὲ οὐ
πιστεύει εἰς ἐμὲ ἀλλ᾽ εἰς τὸν πέμψαντά με. πιστεύων μὲν
γὰρ εἰς τὸν υἱὸν οὐκ εἰς τὸν υἱὸν ἀλλ᾽ εἰς τὸν πατέρα τῶν 5
ὅλων πιστεύει θεόν. θεωρῶν δέ τις τὸν λόγον καὶ τὴν σοφίαν
καὶ τὴν ἀλήθειαν οὐχὶ θεωρεῖ ταύτην μόνην ἀλλὰ καὶ πατέρα.
οἶμαι δὲ ὅτι εἰς παράστασιν τοῦ μέγα εἶναι τὸ δηλούμενον
μυστήριον, πρῶτον μὲν ἐν τῷ πιστεύειν εἰς τὸν υἱόν, δεύτερον
δὲ ἐν τῷ θεωρεῖν αὐτὸν, λέλεκται πρὸ τοῦ· Ὁ πιστεύων εἰς 10
ἐμὲ καὶ θεωρῶν ἐμέ· τό· Ἰησοῦς δὲ ἔκραξε καὶ εἶπε· μεγάλη
γὰρ ἡ περὶ τούτων ἦν μυστικὴ φωνή. ὅτι δὲ δυνατὸν
πιστεύειν τῇ θεωρίᾳ καὶ μὴ θεωρεῖν αὐτῇ δῆλον ποιήσει ὁ
Jo viii 31 f. εὐαγγελιστὴς λέγων· Ἔλεγεν ὁ Ἰησοῦς πρὸς τοὺς πεπιστευ-
κότας αὐτῷ Ἰουδαίους Ἐὰν μείνητε ἐν τῷ λόγῳ τῷ ἐμῷ, 15
γνώσεσθε τὴν ἀλήθειαν, καὶ ἡ ἀλήθεια ἐλευθερώσει ὑμᾶς·
πρόσχες γὰρ ἐπιμελῶς ὅτι τοῖς πεπιστευκόσι λέγει ὡς
μηδέπω ἐπεγνωκόσι τὴν ἀλήθειαν ἀλλὰ μόνον αὐτῇ πεπι-
στευκόσι τό· Ἐὰν μείνητε ἐν τῷ λόγῳ τῷ ἐμῷ, γνώσεσθε τὴν
ἀλήθειαν. 20

94. In Joann. xii. 46. Rome, *Vat.* 758; *Reg.* 9:
Ven. 27.

Ἔλαμψε μὲν γὰρ τὸ φῶς τὸ ἀληθινὸν παραγεγονὼς ὁ
σωτήρ· οἱ δὲ οὐκ ἠθέλησαν ἐνατενίσαι πρὸς αὐτὸ οὐδὲ τῇ
σελασφόρῳ αἴγλῃ τῶν δογμάτων αὐτοῦ περιπατεῖν. διὸ
cf. Jo xii 35 ἀκολούθως αὐτοὺς κατέλαβεν ἡ σκοτία δίκην ἀπαιτοῦσα τῆς
προκατασχούσης αὐτοὺς μοχθηρίας. καὶ τοῦτο λέγοιτ᾽ ἂν 25
τετυφλῶσθαι καὶ πεπωρῶσθαι εἰκότως. καὶ ὥσπερ τῷ

1—3 om. εἴρηται—πέμψαντά με R   1 θεωρεῖ] αλλα RV : om.
S   3 om. με S   4 πιστεύων μὲν] πιστευωμεν RV   8 παρα-
τασσιν R : παρατασιν V   9 a verbis δευτερον δὲ usque ad finem
fragmenti plurimis locis mutilus est Cod. Ven.   11 τὸ]+δε R
13 καὶ μὴ] μη και R   16 ελευθερωση R   19 μείνητε]+εν εμοι S
21 Ἔλαμψε κ.τ.λ.] Hoc fragmentum in Cod. S non collatum.
21 φῶς] φη R   22 οἱ] ο R   οὐδὲ] ουδεν RV   26 πε-
πωρωσασθαι R

θελήσαντι περιπατεῖν ἐν τῷ φωτὶ ἕπεται καὶ τὸ εἰδέναι ποῦ cf. Jo xii 35
ὑπάγει, οὕτως τῷ μὴ θελήσαντι περιπατεῖν ἐν τῷ φωτὶ
συνακολουθεῖ τὸ βαδίζοντα ἐν τῇ σκοτίᾳ εἶναι καὶ τυφλῶν
καὶ πεπωρωμένων ὁδὸν ἀθλίως ἐξανύειν. προείρηται δὲ καὶ
5 ὡς τῆς δεσποτικῆς καὶ σωτηρίου διδασκαλίας ἡ ἀστραπὴ
τυφλοὺς καὶ πεπωρωμένους ἐστηλίτευσε τοὺς Ἰουδαίους,
καὶ τὴν πρὶν ἐνοῦσαν τοῖς ψυχικοῖς αὐτῶν ὄμμασι λύμην καὶ
ἀβλεψίαν ἐμφανεστέραν τε καὶ κατάδηλον ἐποίησε μᾶλλον.
ὥσπερ γὰρ ὁ αἰσθητὸς ἥλιος λαμπρὰς ἐναφιεὶς τὰς ἀκτῖνας
10 ἐλέγχει τοὺς νοσοῦντας τὰ ὄμματα, οὕτω καὶ ὁ νοητὸς ἥλιος
τὸ φῶς τὸ ἄδυτον καὶ ἀνέσπερον ἐπιδημήσας τῷ κόσμῳ καὶ
διὰ τῶν θεοπρεπῶν τε καὶ ὑπὲρ λόγον θαυμάτων ἐναστράψας
αὐτοῦ τῆς θεότητος τὴν αἴγλην ἐπὶ πλέον διήλεγξεν τῶν
ἀγνωμόνων Ἰουδαίων τὸ προκατασχὸν αὐτῶν τὰ τῆς ψυχῆς
15 ὄμματα σκότος καὶ τὴν ἀβλεψίαν.

95. In Joann. xii. 49. Rome, *Vat.* 758; *Reg.* 9:
Ven. 27.

Μετὰ ταῦτα ζητήσεις, διὰ τὸ ἐν συμπλοκῇ εἰρῆσθαι·
Τί εἴπω καὶ τί λαλήσω; πότερον διαφορὰν ἔχει τὸ εἰπεῖν καὶ Jo xii 49
τὸ λαλῆσαι ἢ ταὐτόν ἐστιν ἐκ παραλλήλου εἰρημένον. παρα-
θήσεις οὖν τὰ ῥήματα ἐν οἷς ἀναγέγραπται τό· Εἶπε· καὶ
20 συνεξετάσεις ἐκείνοις περὶ ὧν εἴρηται τό· Ἐλάλησα. εἰ δὲ
συμβάλλεταί τι εἰς τὴν περὶ τούτων ἐξέτασιν τὸ δι' ὅλης τῆς
κοσμοποιίας οὐ λελαληκέναι μὲν θεόν, ἀναγεγράφθαι δὲ
περὶ αὐτοῦ τό· Εἶπε· καὶ αὐτὸς ἐπιστήσεις πρὸς τὸ ἐν τῷ cf. Ge i 3 ff.
Λευιτικῷ συνεχῶς εἰρημένον· Καὶ ἐλάλησε κύριος πρὸς cf. Lev iv 1 ff.
25 Μωυσῆν λέγων. καὶ ὅρα εἰ δύνασαι ἐν μὲν τῷ εἰπεῖν τὸ
προστακτικὸν ἀπὸ αὐθεντείας φάσκειν σημαίνεσθαι, ἐν δὲ τῷ·
Ἐλάλησε· τὸ διδασκαλικόν. Καὶ οἶδα ὅτι ἡ ἐντολὴ αὐτοῦ Jo xii 50
ζωὴ αἰώνιός ἐστι· περὶ οὗ ζητῆσαι τις ἂν διὰ τί μὴ λέλεκται

1 τὸ] τω V   2 τῷ 1°] το V   3 συνακολουθη RV   5 σωτη-
ριας R   8 εποιησαν RV   18 om. τὸ R   ἢ] ει R
26 προστακτικω V   28 ζητησει RVS

ὅτι ζωὴν αἰώνιον περιποιεῖ ἡ ἐντολὴ τοῦ θεοῦ, ἀλλ' ὅτι αὐτή

cf. Jo xvii 3 ἐστι καθ' ὑπόστασιν ἡ αἰώνιος ζωή, ὡς καὶ τὸ γινώσκειν τὸν
μόνον ἀληθινὸν θεὸν καὶ ὃν ἀπέστειλεν Ἰησοῦν Χριστόν.
ἔστιν οὖν ἡ αἰώνιος ζωὴ ἑκάτερον αὐτῶν. εἰ μέντοι ἡ
ἐντολὴ τοῦ θεοῦ ζωὴ αἰώνιός ἐστιν, ἐστὶ δὲ ἐν τῷ δικαίῳ ἡ 5
ἐντολὴ τοῦ θεοῦ, τῷ ζῶντι μακαρίως δι' αὐτήν, αἱρετή ἐστιν
ἡ ζωή.

96. In Joann. xiii. 2. Rome, *Vat.* 758; *Reg.* 9:
Ven. 27. [Corderius, p. 332.]

Ἄριστον μέν ἐστιν ἡ πρώτη καὶ πρὸ τῆς συντελείας τῆς
ἐν τῷ βίῳ τούτῳ ἡμέρας πνευματικῆς τοῖς εἰσαγομένοις
ἁρμόζουσα τροφή· δεῖπνον δὲ ἡ τελευταία καὶ τοῖς ἤδη ἐπὶ 10
πλέον προκεκοφόσι παρατιθεμένη κατὰ λόγον. καὶ ἄλλως
δὲ εἴποι ἄν τις ἄριστον μὲν εἶναι τὸν νοῦν τῶν παλαιῶν
γραμμάτων, δεῖπνον δὲ τὰ ἐναποκεκρυμμένα τῇ καινῇ δια-
θήκῃ μυστήρια. οἶμαι τοίνυν ὅτι οἱ μετὰ Ἰησοῦ δειπνοῦντες
καὶ ἐν τῇ ἐπὶ τέλει τοῦ βίου τούτου ἡμέρᾳ μεταλαμβάνοντες 15
σὺν αὐτῷ τροφῆς δέονται μὲν καθαρσίου τινός, οὐ μὴν περὶ
τῶν πρώτων τοῦ τῆς ψυχῆς, ἵν' οὕτως ὀνομάσω, σώματος·
ἀλλ' ὡς ἂν εἴποι τις χρῄζουσιν ἀποπλύνασθαι τὰ τελευταῖα
καὶ τὰ ἔσχατα καὶ τῇ γῇ ἀναγκαίως ὁμιλοῦντα. καὶ τοῦτο
πρῶτον μὲν ὑπὸ Ἰησοῦ δύναται γενέσθαι, δεύτερον δὲ ὑπὸ 20
Jo xiii 14 τῶν μαθητῶν αὐτοῦ τῶν ἀκουσάντων· Καὶ ὑμεῖς ὀφείλετε
ἀλλήλων νίπτειν τοὺς πόδας. οἱ μὲν οὖν πολλοὶ καὶ μετὰ
τὸ λουτρὸν κονιορτοῦ τῶν ἁμαρτημάτων πληροῦνται καὶ τὴν
κεφαλήν, ἢ τὰ ὀλίγῳ ταύτης κατωτέρω. οἱ δὲ γνησίως τῷ
Ἰησοῦ μαθητευθέντες, ὡς φθάσαι καὶ ἐπὶ τὸ συνδειπνεῖν 25
Jo xiii 4 αὐτῷ, μόνους τοὺς πόδας δέονται νίψασθαι. Ἐγείρεται
τοίνυν, φησίν, ἐκ τοῦ δείπνου. ὅπερ καὶ τούτῳ κατανοή-

1 περιποιη RV   ὅτι] η RVS   2 τη αιωνιω ζωη RVS   4 εἰ]
η RV   9 ημερα πνικη RVS   11 προκεκοφῶσι Cord.: προκο-
ψασιν RVS   12 om. μὲν R   τῶν] τον V   14 μυστήρια]
expl. Cord.   17 ονομαση R: ονομασ V   25 τὸ] τῷ RV
27 τουτο RV

σωμεν. καὶ ὅρα ἐν τούτοις εἰ δύνασαι λέγειν ὅτι ἀπερι-
στάτως μὲν αὐτὸν εὔφρανε τὸ μετὰ τῶν μαθητῶν δειπνεῖν,
περιστατικῶς δὲ καὶ ἀναγκαίως διὰ τοὺς μαθητὰς ἀπὸ τοῦ
δείπνου ἐγείρεται καὶ ἐπὶ ποσὸν τοῦ δείπνου παύεται, ἕως
5 τῶν μαθητῶν καθαρίσῃ τοὺς πόδας, οὐ δυναμένων ἔχειν μέρος cf. Jo xiii 8
μετ' αὐτοῦ ἐὰν μὴ αὐτὸς αὐτοὺς νίψῃ.

97.   In Joann. xiii. 8.   Rome, *Vat.* 758; *Reg.* 9:
Ven. 27.   [Corderius, p. 335.]

Εἰ δὲ καὶ ὑγιεῖ προθέσει <πρὸς> τὸν διδάσκαλον τοῦτο
ἔλεγεν ὁ Πέτρος, ἀλλ' ὅμως ἐπιβλαβῶς τοῦτο ἔλεγεν.   τοῦ
δὲ τοιούτου εἴδους τῶν ἁμαρτημάτων ὁ βίος πεπλήρωται τῶν
10 ἐν τῷ πιστεύειν προτιθεμένων μὲν τὰ κρείττονα, διὰ δὲ
ἄγνοιαν τὰ ἐπὶ τἀναντία φέροντα λεγόντων.   οὐκ ἀπὸ
Πέτρου δὲ ἤρξατο, κατὰ τοὺς ἀρίστους τῶν ἰατρῶν.   καὶ γὰρ
ἐκεῖνοι ἀπὸ τῶν κατεπειγόντων καὶ χείρονα πεπονθότων τὴν
ἀρχὴν καὶ τὴν θεραπείαν <ποιοῦνται>.   τί δήποτε δὲ εἰπών·
15 Ὁ λελουμένος οὐκ ἔχει χρείαν νίψασθαι, ἀλλ' ἔστι καθαρὸς Jo xiii 10
ὅλος· ἔνιψε τοὺς τῶν μαθητῶν πόδας; λεκτέον τοίνυν ὅτι
Παντὶ τῷ ἔχοντι δοθήσεται καὶ περισσευθήσεται.   ἐπεὶ Mt xiii 12
τοίνυν εἶχον οἱ μαθηταὶ τὸ εἶναι καθαροί, προστίθησιν ὁ
Ἰησοῦς τῇ καθαρότητι αὐτῶν καὶ τὸ νίπτειν αὐτῶν τοὺς πόδας
20 οὔτε τοὺς μὴ λελουμένους νίψων ἂν οὔτε τοὺς μὴ ὅλως καθα-
ρούς.   σύμβολον τοίνυν ἐστὶ τὸ νίψασθαι τοὺς πόδας τοῦ
καθαρθῆναι τὰς βάσεις τῶν ποδῶν, ἵνα γένωνται καθαροὶ καὶ
ὡραῖοι εἰς τὸ ἐπιβαίνειν ταῖς τῶν ἀνθρώπων ψυχαῖς.   εὐ-
καίρως δὲ χρησόμεθά ποτε τῷ· Οὐ μὴ νίψῃς τοὺς πόδας μου Jo xiii 8
25 εἰς τὸν αἰῶνα· ἐπὶ τῶν προπετέστερον καὶ ἀκρίτως εἰπόντων

3 om. καὶ S   7 om. πρὸς RV   14 ποιοῦνται] om. R, et V
(lac. relict.)   18 εἶχον] locis quibusdam mutilus est Cod. Ven.
21—23 σύμβολον—ψυχαῖς] Vid. Corderius p. 335   21 om. τοίνυν
Cord.   τὸ] του RV   νίψασθαι]+ὑμῶν Cord.   πόδας]+ὑπ'
ἐμοῦ Cord.   τοῦ] το RV   22 ποδῶν] ψυχῶν ὑμῶν Cord.
om. καθαροὶ καὶ Cord.   23 εἰς τὸ] καὶ δυνηθεῖεν καθαροὶ Cord.
24 τῷ] το R

τι ποιήσειν ὅπερ αὐτοῖς μὴ λυσιτελεῖ ἐμμένουσι τῷ κακῶς
κεκριμμένῳ κἂν μετὰ ὅρκου διὰ πολλὴν προπέτειαν τὸ
τοιοῦτόν ποτε γένηται, καὶ φήσομεν ὥσπερ ὁ εἰπὼν Πέτρος·

Jo xiii 8

Οὐ μὴ νίψῃς μου τοὺς πόδας εἰς τὸν αἰῶνα· κωλύεται δὲ ἐμ-
μένειν τῇ τοῦ λεγομένου ὁμολογίᾳ, ἵνα ἔχῃ μέρος μετὰ 5
Ἰησοῦ, οὕτω καὶ σὺ ὁ δεῖνα ἀκατακρίτως ἐπαγγειλάμενος τὸ
βέλτιον ποιήσεις μεταθέμενος ἐπὶ τὸ ἐν πράξει εὐλογώτερον
ἀπὸ τοῦ ἐμμένειν τῷ κακῶς κριθέντι.

98. In Joann. xiii. 18. Rome, *Vat. Gr.* 758; *Reg.*
9: Ven. 27.

Παραπέφρασται τὸ ῥητὸν τῆς προφητείας ἀπὸ τοῦ

Ps xl (xli) 10

ψαλμοῦ οὕτως ἔχον· Καὶ γὰρ ὁ ἄνθρωπος τῆς εἰρήνης μου 10
ἐφ' ὃν ἤλπισα, ὁ ἐσθίων ἄρτους μου, ἐμεγάλυνεν ἐπ' ἐμὲ
πτερνισμόν. οὐκοῦν ὁ σωτὴρ περὶ τοῦ Ἰούδα καὶ ἑαυτοῦ
φησὶν εἰρῆσθαι. ἐν ᾧ ζητήσεις πῶς ἄνθρωπος εἰρήνης
Ἰούδας ἦν καὶ ἐπ' αὐτὸν ὁ σωτὴρ ἤλπισεν. δηλοῦσθαι οὖν
διὰ τούτων νομίζω ὅτι γνησίως ποτὲ πεπιστεύκει. οὐ γὰρ 15
ἂν οὐδέποτε υἱὸν εἰρήνης γενόμενον αὐτὸν ἀποστέλλων μετὰ

Lc x 5

τῶν λοιπῶν ἔλεγεν αὐτῷ τὸ λέγειν· Εἰρήνη τῷ οἴκῳ τούτῳ.

cf. Jo xiii 2

καὶ γὰρ ὅρα μεθ' ὅσα ὁ διάβολος ἔβαλεν αὐτοῦ εἰς τὴν
καρδίαν τὰ κατὰ τοῦ σωτῆρος, εἰ καὶ πρὸ ὀλίγου κλέπτην

cf. Jo xii 6

εἶναι μεμαρτύρητο· οὐκ ἂν δὲ οἶμαι ἀρχῆθεν κλέπτης ὢν 20
ἐπιστεύθη τὸ γλωσσόκομον. ἄξιος οὖν ὢν τοῦ πιστευθῆναι,
εἰ καὶ προεγνώσθη μεταπεσούμενος, ἐπιστεύθη· καὶ τηλι-
κοῦτος ἦν ἄνθρωπος εἰρήνης Χριστοῦ ὡς ἐλπίδας ἀγαθὰς
ποτε τὸν Ἰησοῦν ἐπ' αὐτῷ ὡς καλῷ ἀποστόλῳ ἐσχηκέναι.
ἐγὼ δὲ οἶμαι ὅτι καὶ λόγων ἀπορρήτων τροφιμωτάτων κε- 25

Ps xl (xli) 10

κοινώνηκε τοῖς ἀποστόλοις, περὶ ὧν φησίν· Ὁ ἐσθίων ἄρτους
μου ἐμεγάλυνεν ἐπ' ἐμὲ πτερνισμόν. ταὐτὸν δέ ἐστι τῷ·
Ἐμεγάλυνεν· τό· Ἐπῆρεν· καὶ εἰ χρὴ τήν· Ἐπῆρεν ἐπ' ἐμὲ
πτέρναν αὐτοῦ· καί· Ἐμεγάλυνεν ἐπ' ἐμὲ πτερνισμόν· σαφη-
νίσαι λέξιν, ὅτι τοῦτο ποιεῖ ὁ λὰξ ἐντείνων τινί. 30

4 νιψη S   19 κλεπτειν R   22 επιστωθη RVS

99. In Joann. xiii. 19. Corderius, p. 339.

Τοῦτο γὰρ τὸ ἐσόμενόν φησιν· Ἀπ' ἄρτι λέγω ὑμῖν πρὸ Jo xiii 19
τοῦ γενέσθαι, ἵν' ἐπὰν γένηται τὸ πληρωθησόμενον τῶν προ-
φητευθέντων ἐν τῇ γραφῇ, πιστεύσητε ὅτι ἐγώ εἰμι περὶ οὗ
ταῦτα πεπροφήτευται. βεβαίαν γὰρ, φησὶν, ἕξετε καὶ διὰ
5 τοῦτο τὴν περὶ ἐμοῦ γνῶσιν.

100. In Joann. xii. 21. Rome, *Vat. Gr.* 758 ;
Reg. 9: Ven. 27.

Σημείωσαι τίνα τρόπον ἐν τοῖς ἐξεταζομένοις τό· Ἐμαρ-
τύρησεν· ἀναφέρεται εἰς τό· Εἷς ἐξ ὑμῶν παραδώσει με. Jo xiii 21
καὶ τοῦτο γὰρ λεγόμενον καὶ προφητευόμενον τοῖς μαθηταῖς
περὶ Ἰούδα, τοῦ ἑνὸς ἐξ αὐτῶν, μαρτυρία ἦν ὁμώνυμος,
10 οἶμαι, τῷ παρὰ τὸ μαρτυρεῖν καὶ ἀποθνήσκειν ὑπὲρ θεο-
σεβείας σημαινομένῳ. ὥσπερ δὲ ἐπὶ τοῦ Λαζάρου τό·
Ἐνεβριμήσατο τῷ πνεύματι· εἶπεν, ἐπειδὴ τὸ μέλλον προο- Jo xi 33
ρῶν τὴν ὀργὴν ἐνεδείκνυτο ὥστε δεῖξαι ὅτι ἐκείνων τῶν οὐ
γινομένων τὴν γνῶσιν ἔχων ὡς ἐπὶ παροῦσιν ὀργίζεται, οὕτως
15 ἐνταῦθά φησιν αὐτὸν ἐπὶ τῇ ἐσομένῃ τοῦ Ἰούδα προδοσίᾳ
τεταράχθαι ἐκπληττόμενον τῆς μοχθηρίας τοῦ τρόπου τὴν
ὑπερβολήν. βλέπουσιν οὖν εἰς ἀλλήλους οἱ μαθηταὶ ἀπο- Jo xiii 22
ρούμενοι περὶ τίνος λέγει. καὶ γὰρ Ἰούδας τάχα ἐκ προ-
τέρων χρηστοτέρων ἐδυσώπει τοὺς ἀποστόλους πρὸς τὸ
20 μηδὲν ὑπονοῆσαι περὶ αὐτοῦ φαῦλον. τάχα δὲ καὶ τοῦτο,
ὅτι ἕκαστος κατὰ τὸ δυνατὸν ἀνθρωπίνῃ φύσει ἐνεώρα εἰς
τὴν προαίρεσιν τοῦ ἑτέρου, ἐπαπορῶν εἰ δύναται ἡ τοιαῦτα
πράξασα ψυχὴ, καὶ οὕτω πρὸς τὸν ἀψευδῆ διδάσκαλον διατε-
θεῖσα, ἐπὶ τοσοῦτον ἐκτραπῆναι καὶ ἐπιλαθέσθαι τῶν τοῦ
25 διδασκάλου μαθημάτων ὡς καὶ ἐπὶ τὴν προδοσίαν αὐτοῦ
φθάσαι. ἐπεὶ δὲ καὶ τὸ νεύειν ἐν ταῖς Παροιμίαις εἰς δια-
βολὴν λαμβάνεται· Ὁ γὰρ φαῦλος ἐννεύει μὲν ὀφθαλμοῖς, Pr v 1
φησὶ, σημαίνει δὲ ποδί, διδάσκει δὲ νεύμασι δακτύλων· καὶ ὁ

10 τὸ] τω RV   12 ἐπειδη RV   28 ποδὶ] ποδας RS

B. II.   20

ἐννεύων ὀφθαλμοῖς μετὰ δόλου συνάγει ἀνδράσι λύπας·
λεκτέον ὅτι φαῦλον οὐ τὸ νεύειν ἐστὶν, ἀλλὰ τὸ νεύειν ὀφ-
θαλμοῖς τουτέστι πλαγιάζειν τὸν ὀφθαλμὸν καὶ μὴ ὀρθὰ
βλέπειν. τὸ γὰρ νεύειν μετὰ δόλου ψεκτόν ἐστιν.

101. In Joann. xiii. 27. Corderius, p. 343. [Rome,
Vat. 758; *Reg.* 9: Ven. 27.] Ap. Corderium Ἀνωνύμου
dicitur.

Τὸ δοθὲν ψωμίον ὑπὸ τοῦ Ἰησοῦ τοῖς μὲν ἄλλοις μα- 5
θηταῖς γέγονεν εἰς σωτηρίαν, τῷ δὲ Ἰούδα εἰς κρίμα, ὥσπερ
καὶ Παύλῳ δοκεῖ· Ὁ ἀναξίως ἐσθίων τὸν ἄρτον τοῦ κυρίου
καὶ πίνων αὐτοῦ τὸ ποτήριον εἰς κρίμα ἐσθίει καὶ πίνει.
καὶ διὰ τοῦτο· Μετὰ τὸ ψωμίον εἰσῆλθεν εἰς αὐτὸν ὁ
σατανᾶς.   10

cf. 1 Co xi
27, 29

Jo xiii 27

102. In Joann. xiii. 30. Rome, *Vat.* 758; *Reg.* 9:
Ven. 27. Corderius, p. 346.

Οὐ μόνον δὲ κατὰ τὸ ἁπλούστερον ἐξῆλθε τοῦ οἴκου, ἐν
ᾧ τὸ δεῖπνον ἐγίνετο ἀλλὰ καὶ τὸ τέλεον ἐξῆλθεν ἀπὸ τοῦ
Ἰησοῦ, ἀνάλογον τῷ· Ἐξῆλθον ἐξ ἡμῶν. εἰ δὲ χρὴ ὡς μὴ
εἰκῇ παρερριμμένον ὑπὸ τοῦ εὐαγγελιστοῦ ἐξετάσαι καὶ τό·
Ἦν δὲ νύξ· λεκτέον ὅτι συμβολικῶς τότε ἡ αἰσθητὴ νὺξ ἦν, 15
εἰκὼν τυγχάνουσα τῆς γενομένης ἐν τῇ ψυχῇ Ἰούδα νυκτός,
ἧς νυκτός, φησὶν ὁ Παῦλος, οὐκ ἐσμὲν τέκνα οὐδὲ σκότους·
καὶ τό· Ἡμεῖς δὲ ἡμέρας ὄντες νήφωμεν.

1 Jo ii 19

Jo xiii 30

1 Th v 5

1 Th v 8

103. In Joann. xiii. 31. Rome, *Vat.* 758; *Reg.*
9: Ven. 27.

Γέγραπται· Οὐδεὶς ἔγνω τὸν υἱὸν εἰ μὴ ὁ πατήρ. καὶ
εἴρηται· Μακάριος εἶ, Σίμων Βαριωνᾶ, ὅτι σὰρξ καὶ αἷμα 20

Mt xi 27

Mt xvi 17

5 om. δοθὲν RVS   om. ὑπὸ τοῦ Ἰησοῦ RVS   om. μαθηταῖς
RVS   6—8 ὥσπερ—πίνει] αναξιως εσθιοντα RVS   9 εἰσε-
λήλυθεν Cord.   11 om. δὲ RVS   om. τοῦ οἴκου Cord.   12 τὸ
τέλεον] πλέον Cord.   13 om. ἀνάλογον—ἡμῶν RVS   τῷ] τὸ
Cord.   14 ευαγγελιου RVS   εξεταση RVS   17 om. οὐδὲ
RVS   σκοτος RS : σκοτ V

οὐκ ἀπεκάλυψεν. ὅσον οὖν οὐκ ἔγνωστο ὁ υἱὸς τῷ κόσμῳ
οὐδέπω ἐν κόσμῳ δεδόξαστο. καὶ ἦν ἡ ζημία τοῦ μὴ δοξά-
ζεσθαι αὐτὸν ἐν τῷ κόσμῳ οὐ τοῦ μὴ δεδοξασμένου ἀλλὰ
τοῦ οὐ δοξάζοντος αὐτὸν κόσμου. ὅτε οὖν ἀπεκάλυψεν ὁ
5 οὐράνιος πατὴρ οἷς ἀπεκάλυψεν ἀπὸ τοῦ κόσμου οὖσι τὴν τοῦ
υἱοῦ γνῶσιν, τότε ἐδοξάσθη ὁ υἱὸς τοῦ ἀνθρώπου ἐν τοῖς ἐγνω-
κόσιν αὐτόν. οἱ γὰρ ἀνακεκαλυμμένῳ προσώπῳ τὴν δόξαν cf. 2 Co iii 18
κυρίου ἐνοπτριζόμενοι τὴν αὐτὴν εἰκόνα μεταμορφοῦνται.

104. In Joann. xiii. 33. Rome, *Vat.* 758; *Reg.* 9:
Ven. 27.

ΤΕΚΝΊΑ, ἔτι μικρὸν μεθ᾽ ὑμῶν εἰμί. Ἐντεῦθεν ἔστιν Jo xiii 33
10 ἰδεῖν καὶ τῶν παραπλήσιον φωνῶν, ὡς τινων ὁ σωτήρ ἐστι
πατήρ. τῷ μὲν γὰρ παραλυτικῷ φησί· Θάρρει, τέκνον· καὶ Mt ix 2, 22
τῇ αἱμορροούσῃ· Θάρσει, θύγατερ· καὶ νῦν τοῖς μαθηταῖς
λέγει Τεκνία. χρὴ δὲ εἰδέναι ὅτι οὐχ ὥσπερ ἐπὶ τῶν
ἀνθρώπων οὐ δύναται τὸ τέκνον γενέσθαι ἀδελφὸς οὗ ἔφθασε
15 γενέσθαι τέκνον, οὕτως ἀδύνατον μεταβαλεῖν ἐκ τέκνου
Ἰησοῦ πρὸς τὸ γενέσθαι αὐτοῦ ἀδελφόν. οὗτοι γάρ, πρὸς
οὓς εἶπε Τεκνία, μετὰ τὴν τοῦ σωτῆρος ἀνάστασιν, ὡσπερεὶ
μεταποιηθέντες ἀπὸ τῆς ἀναστάσεως Ἰησοῦ γίνονται τοῦ
πρότερον εἰπόντος Τεκνία ἀδελφοί. διὸ γέγραπται· Πορεύου Jo xx 17
20 πρὸς τοὺς ἀδελφούς μου καὶ εἰπὲ αὐτοῖς. τάχα δὲ ὥσπερ
ἔστι μεταβαλεῖν ἐκ δούλου Ἰησοῦ, δοῦλοι δὲ ἦσαν οἱ μαθηταὶ
πρὸ τοῦ εἶναι τεκνία, καὶ δῆλον ἐκ τοῦ· Οὐκ ἔστι δοῦλος Jo xiii 16
μείζων τοῦ κυρίου αὐτοῦ· ἐπιστήσεις δὲ εἰ ὁ δοῦλος πρότερον
μαθητὴς γίνεται, εἶτα τεκνίον, εἶτα ἀδελφὸς Χριστοῦ καὶ
25 υἱὸς αὐτοῦ. μαθητὴν δὲ ἐν τούτοις λεκτέον τὸν ἐκ τοῦ
παρέχειν αὐτὸν παραληψόμενον τὴν τοῦ λόγου ἐπιστήμην,
μανθάνοντα ἀπὸ τοῦ τοιούτου διδασκάλου τὴν σοφίαν τοῦ
θεοῦ.

3 οὐ τοῦ] ουτω V   δεδοξασμενον V   4 αὐτὸν] αυτου RV
8 εικοναν V   17 ωσπεροι R   18 μεταποιωθεντες RVS   20 om.
μου S   26 παραλειψομενους V

105. In Joann. xiv. 3. Rome, *Vat.* 758; *Reg.* 9:
Ven. 27. Corderius, pp. 354, 355.

cf. Jo xiv 2
Jo xiv 3
Ἐναντίον εἶναι δοκεῖ τῷ προειρημένῳ. ἄνω μὲν ὡς οὐκ
οὔσης τοῦ ἑτοιμάσαι χρείας φησὶν, ἐνταῦθα δὲ ὅτι· Ἐὰν
πορευθῶ, ἑτοιμάσω τόπον ὑμῖν. ὃ οὖν λέγει τοιοῦτόν ἐστιν·
ὅτι ὅσον πρὸς τὴν ἀφθονίαν τῶν ἀγαθῶν ὧν κατὰ πρόγνωσιν
ηὐτρέπισεν ὁ πατὴρ, ὥστε τοὺς εὖ καὶ κατὰ πᾶσαν ἀκρίβειαν 5
βιοῦντας ἐνδιαιτᾶσθαι τοῖς ἑτοιμασθεῖσι καλοῖς διηνεκῶς, οὐ
χρεία ὥστε ὑμῖν εὐτρεπισθῆναι παρ' ἐμοῦ, ἀλλ' ὥστε ὑμᾶς τὴν
προσήκουσαν ἐπιδείξασθαι γνώμην. πλὴν ἀλλ' ἐγὼ τούτων
ὑμῖν ἑτοιμαστὴς καὶ πρόξενος γίνομαι. τί γὰρ <τὸ·>
Πάλιν ἔρχομαι καὶ παραλήψομαι ὑμᾶς πρὸς ἐμαυτόν; ἐπειδὰν 10
γὰρ, φησὶ, τῇ εἰς οὐρανοὺς ἀνόδῳ παρασχῶ καὶ ὑμῖν τῆς
τῶν ὁμοίων ἀπολαύσεως τὴν ἀφορμὴν, ὥστε φανῆναι τὸν
καταστάντα τούτων αἴτιον ὑμῖν, αὐτὸς ἐλεύσομαι πάλιν,
λέγει δὲ τὴν ἐξ οὐρανῶν δευτέραν αὐτοῦ παρουσίαν, καὶ
λαβὼν ὑμᾶς ἀνελεύσομαι εἰς τοὺς οὐρανούς, ὅπου καὶ αὐτός 15
εἰμι, ὥστε καὶ ὑμᾶς ἔχειν μεθ' ἑαυτοῦ τῶν αὐτῶν ἀπολαύοντας
2 Ti ii 12
ἐμοί. Εἰ γὰρ ὑπομένομεν, φησὶν ὁ Παῦλος, καὶ συμβασι-
λεύσομεν.

106. In Joann. xx. 25. Rome, *Vat.* 758; *Reg.* 9
(Cod. Ven. mutilus est). [Corderius, p. 460.]

Ἔοικέ τι ἀκριβὲς καὶ ἐξητασμένον ἔχειν ὁ Θωμᾶς, ὅπερ
παρίσταται καὶ ἐκ τῶν ὑπ' αὐτοῦ λεγομένων, ἅπερ οἶμαι 20
αὐτὸν εἰρηκέναι μὴ ἀπιστοῦντα τοῖς λέγουσι τεθεωρηκέναι
τὸν κύριον, ἀλλ' εὐλαβούμενον μήποτε φάντασμά ἐστι, καὶ
Mt xxiv 5
μεμνημένον τοῦ· Πολλοὶ ἐλεύσονται ἐπὶ τῷ ὀνόματί μου

λέγοντες ὅτι Ἐγώ εἰμι. τοῦτο δὲ οἶμαι πεπονθέναι καὶ
τοὺς λοιποὺς ἀποστόλους, ἀλλὰ κατ' ἐξοχὴν τὸν Θωμᾶν.
ὅτι δὲ καὶ οἱ λοιποὶ ἀπόστολοι τοιοῦτόν τι ἐνενόησαν
ἰδόντες τὸν Ἰησοῦν δῆλον ἐκ τοῦ γεγράφθαι ὅτι Ἐδόκουν Mc vi 49
5 ὅτι φάντασμά ἐστι· καὶ ἀπεκρίθη καὶ εἶπεν αὐτοῖς Ψηλα- Lc xxiv 39
φήσατέ με καὶ ἴδετε, ὅτι πνεῦμα ὀστᾶ καὶ σάρκα οὐκ ἔχει,
καθὼς ἐμὲ θεωρεῖτε ἔχοντα. περὶ δὲ τοῦ πῶς λέγεται αὐτῷ
Μὴ γίνου ἄπιστος ἀλλὰ πιστός· καὶ εἰς τὸ ὄνομα δὲ τοῦ Jo xx 27
Θωμᾶ τοιαῦτα ἂν λεχθείη, ὅτι τῶν μὲν ἀξιωθησομένων ὑπὸ
10 τοῦ σωτῆρος μείζονος θεωρίας περὶ τῆς ἐν τῷ ὄρει μετα-
μορφώσεως αὐτοῦ καὶ τῶν ὀφθέντων ἐν δόξῃ Μωσέως καὶ cf. Lc ix 30 f.
Ἠλίου τὰ ὀνόματα μετεποίησεν. τῶν δὲ λοιπῶν διὰ τοῦτο
τὰ ὀνόματα οὐ μετεποίησεν, ἐπεὶ καὶ αὐτάρκη καὶ καθ' ἑαυτὰ
ἦν παραστῆσαι τὸ ἑκάστου ἦθος. περὶ μὲν οὖν τῶν λοιπῶν
15 ἀποστόλων οὐ νῦν πρόκειται λέγειν, περὶ δὲ τοῦ Θωμᾶ,
ὃς ἑρμηνεύεται Δίδυμος, διὰ τοῦτο, ἐπεὶ δίδυμός τις τὸν λόγον
ἦν ἀπογραφόμενος τὰ θεῖα δισσῶς καὶ μιμητὴς Χριστοῦ τοῖς
μὲν ἔξω ἐν παραβολαῖς λαλοῦντος, κατ' ἰδίαν δὲ τοῖς ἰδίοις cf. Mc iv 11,
μαθηταῖς τὰ πάντα ἐπιλύοντος. καὶ οὐκ ἄτοπόν γε φάσκειν 34
20 τοὺς γνησίους Χριστοῦ μαθητὰς κατορθοῦν διττὸν τοῦτο τῆς
ἐν λόγῳ παρασκευῆς, ὅπερ ἤδη τάχα καὶ ἐξαιρέτως εἶχεν
ἔκτοτε ὁ Θωμᾶς. εἴποι δ' ἄν τις καὶ διὰ τοῦτο τὴν ἑρμηνείαν
μόνου τούτου ἀναγεγράφθαι, τῷ βεβουλῆσθαι τὸν εὐαγγελι-
στὴν Ἕλληνας ἐντυγχάνοντας τῷ εὐαγγελίῳ ἐπιστῆσαι τῇ
25 ἰδιότητι τῆς ἑρμηνείας τοῦ ὀνόματος κατ' ἐξοχὴν μόνου
ἑρμηνευθέντος ἐπὶ τῷ εὑρεῖν τὴν αἰτίαν τοῦ καὶ Ἑλληνιστὶ
ἐκκεῖσθαι τὸ ὄνομα αὐτοῦ.

3—7 om. ὅτι—ἔχοντα RS   7 ἔχοντα] expl. Cord.   12, 13
om. τῶν δὲ—μετεποίησεν S   12 τοῦτο] τουτων R   16 ὃς] οσον
R   επειδη S   21 ἐξαιρέτως] εξαιρεσεως R   εἶχεν] +τους
γνησιους Χῦ μαθητας R   23 μονον R   25 μονου S

107. Eusebius, *H. E.*, vi. 25.

Καὶ ἐν τῷ πέμπτῳ δὲ τῶν εἰς τὸ κατὰ Ἰωάννην Ἐξη-
γητικῶν, ὁ αὐτὸς ταῦτα περὶ τῶν ἐπιστολῶν τῶν ἀποστόλων
φησίν.

cf. 2 Co iii 6   Ὁ δὲ ἱκανωθεὶς διάκονος γενέσθαι τῆς καινῆς διαθήκης,
cf. Ro xv 19   οὐ γράμματος, ἀλλὰ πνεύματος, Παῦλος, ὁ πεπληρωκὼς τὸ 5
εὐαγγέλιον ἀπὸ Ἱερουσαλὴμ καὶ κύκλῳ μέχρι τοῦ Ἰλλυρικοῦ,
οὐδὲ πάσαις ἔγραψεν αἷς ἐδίδαξεν ἐκκλησίαις ἀλλὰ καὶ αἷς
cf. Mt xvi 18   ἔγραψεν ὀλίγους στίχους ἐπέστειλε. Πέτρος δὲ ἐφ' ᾧ οἰκο-
δομεῖται ἡ Χριστοῦ ἐκκλησία, ἧς πύλαι ᾅδου οὐ κατισχύσουσι,
μίαν ἐπιστολὴν ὁμολογουμένην καταλέλοιπεν· ἔστω δὲ καὶ 10
cf. Jo xiii 25   δευτέραν· ἀμφιβάλλεται γάρ. τί δεῖ περὶ τοῦ ἀναπεσόντος
λέγειν ἐπὶ τὸ στῆθος τοῦ Ἰησοῦ Ἰωάννου, ὃς εὐαγγέλιον ἓν
cf. Jo xxi 25   καταλέλοιπεν, ὁμολογῶν δύνασθαι τοσαῦτα ποιήσειν ἃ οὐδὲ
ὁ κόσμος χωρῆσαι ἐδύνατο; ἔγραψε δὲ καὶ τὴν Ἀποκάλυψιν,
cf. Ap x 4   κελευσθεὶς σιωπῆσαι καὶ μὴ γράψαι τὰς τῶν ἑπτὰ βροντῶν 15
φωνάς. καταλέλοιπε δὲ καὶ ἐπιστολὴν πάνυ ὀλίγων
στίχων· ἔστω δὲ καὶ δευτέραν καὶ τρίτην· ἐπεὶ οὐ πάντες
φασὶ γνησίους εἶναι ταύτας. πλὴν οὐκ εἰσὶ στίχων
ἀμφότεραι ἑκατόν.

108. Pamphilus, *Apol. pro Origene*, 5. Migne,
Patr. Gr. xvii. 583.

Ex secundo (?) libro secundum Joannem de his ipsis. 20
Origenes. Unigenitus ergo Deus Saluator noster a
Patre generatus, natura et non adoptione Filius est.
Natus est autem ex ipsa Patris mente, sicut uoluntas
ex mente. Non enim diuisibilis est diuina natura, id
est, ingeniti Patris, ut putemus uel diuisione uel immi- 25
nutione substantiae eius Filium esse progenitum. Sed
siue mens, siue cor, aut sensus de Deo dicendus est,
indiscussus permanens, germen proferens uoluntatis,
factus est Uerbi Pater ; quod uerbum *in sinu Patris*

requiescens, annuntiat *Deum* quem *nemo uidit unquam,* Jo i 18
et reuelat Patrem, quem nemo cognouit nisi ipse solus, cf. Mt xi 27:
Jo vi 44
his quos ad eum Pater coelestis attraxerit.

109. Pamphilus, *Apol. pro Origene,* 5. Migne,
xvii. 580.

De eisdem in quinto libro de Euangelio secundum
5 Joannem.

Origenes. Unigenitus Filius Saluator noster, qui
solus ex Patre natus est, solus natura et non adoptione
Filius est.

Item in ipso libro.

10 Origenes. Unus ergo est uerus Deus *qui solus habet* 1 Tim vi 16
immortalitatem, lucem habitat inaccessibilem. Unus et
uerus Deus, ne scilicet multis ueri Dei nomen conuenire
credamus. Ita ergo et hi qui accipiunt *spiritum adoptionis* Ro viii 15
filiorum, in quo clamamus Abba, Pater, filii quidem
15 Dei sunt, sed non sicut unigenitus Filius. Unigenitus
enim natura Filius, et semper, et inseparabiliter Filius
est : ceteri uero pro eo quod susceperunt in se Filium
Dei, *potestatem* acceperunt *Filii Dei fieri. Qui* licet *non* Jo i 12 f.
ex sanguine, neque ex uoluntate carnis, neque ex uoluntate
20 *uiri, sed ex Deo nati sint,* non tamen ea natiuitate sunt
nati, qua natus est unigenitus Filius. Propter quod
quantam differentiam uerus Deus habet ad eos quibus
dicitur : *Ego dixi : Dii estis,* tantam differentiam habet Ps lxxxi
(lxxxii) 6
uerus Filius ad eos qui audiunt : *Filii excelsi omnes.*

110. Eustathius Antioch. *de Engastrimytho* c. 21.
(Harnack, *Texte u. Unters.* II. 4, p. 60. Migne, *Patr.
Gr.* XVIII. 657.) Cf. Frag. 74 (p. 283).

25 Οὐκ ἔλαττον δὲ καὶ τὸ τῆς λιθοβολίας δρᾶμα θεωρῶν,
ἐπειδὴ καὶ τοῦτο πειρᾶται (sc. ὁ Ὠριγενὴς) τροπολογῆσαι,

τοῦ εὐαγγελικοῦ καταψεύδεται γράμματος· Οὐ πάνυ τι,
λέγων, εὕραμεν ζητήσαντες ἐν τοῖς πρὸ τούτου
cf. Jo x 31 ὅτι ἐβάστασαν οἱ Ἰουδαῖοι λίθους ἵνα λιθάσωσιν
αὐτόν. εἶτα μετ᾽ ὀλίγα φησίν· Εἰ γὰρ πάλιν ἐβά-
στασαν, πρότερον ἐβάστασαν.

INDEX LOCORUM.

Pages marked with an asterisk contain an allusion only. The references to the O. T. follow the LXX numbering. References in thick type are to the Second Volume.

INDEX VERBORUM.

The references in thick type are to the Second Volume.

CAMBRIDGE: PRINTED BY J. AND C. F. CLAY, AT THE UNIVERSITY PRESS.

Printed in the United Kingdom
by Lightning Source UK Ltd.
121076UK00001B/329